Barbara Tuchman, geboren 1912 in New York als Tochter des Bankiers Maurice Wertheim und Enkelin von Henry Morgenthau sen., der als amerikanischer Botschafter in der Türkei eine wichtige Rolle im Ersten Weltkrieg spielte, gilt als die bedeutendste amerikanische Historikerin. Sie studierte Geschichte am Radcliffe College und arbeitete anschließend wissenschaftlich am Institute of Pacific Relations. Journalistisch tätig war sie für die Zeitschrift *Nation* – u.a. als Berichterstatterin über den spanischen Bürgerkrieg – und die englische Zeitung *New Statesman and Nation.* Zwei ihrer Bücher wurden mit dem Pulitzer-Preis ausgezeichnet: »August 1914« und »Sitwell and the American Experience in China«. Ihre Werke sind in dreizehn Sprachen übersetzt, und ihr zuletzt in Deutschland erschienenes Buch »Der ferne Spiegel« wurde auf Anhieb ein Bestseller. Barbara Tuchman ist Präsidentin der Historiker-Vereinigung in den USA.

Für die Erlaubnis, Copyright-Material zitieren zu dürfen, danke ich folgenden Autoren und Verlegern:
Der Society of Authors als literarischem Nachlaßverwalter des verstorbenen A. E. Housman sowie Messrs. Jonathan Cape Ltd., Verleger der *Collected Poems* von A. E. Housman.
Mr. M. B. Yeats und der Macmillan & Co. Ltd. für vier Zeilen aus »The Valley of the Black Pig« von William Butler Yeats, aus den *Collected Poems* von W. B. Yeats, Copyright 1906.
Mrs. George Bambridge, der Methuen & Co. Ltd. und The Macmillian Company of Canada Ltd. für die Zeilen aus »The Truce of the Bear« und »The White Man's Burden« von Rudyard Kipling, aus *Rudyard Kipling's Verse: Definite Edition.*

Kapitel 2 ist auszugsweise in *The Atlantic Monthly* vom Mai 1963 erschienen. Kapitel 3 ist auszugsweise in *American Heritage* vom Dezember 1962 und in *The Nation* – Ausgabe zum 100jährigen Jubiläum – vom September 1965 veröffentlicht worden. Kapitel 1 wurde auszugsweise in *Vogue* 1965 abgedruckt.

Vollständige Taschenbuchausgabe 1981

Titel der Originalausgabe »The Proud Tower«
Aus dem Amerikanischen von Hartmut Garding
Umschlaggestaltung Rambow, Lienemeyer, van de Sand
Gesamtherstellung Clausen & Bosse, Leck
Printed in Germany 6 5
ISBN 3-426-03671-1

Barbara W. Tuchman: Der stolze Turm

Ein Portrait der Welt vor dem Ersten Weltkrieg 1890–1914

Mit 34 Abbildungen

Knaur

... derweil vom stolzen Turm der Stadt
der Tod gigantisch schaut hernieder.

Aus »The City in the Sea«
EDGAR ALLAN POE

Dank und Anerkennung

Mr. Cecil Scott von der Macmillan Company, der dieses Buch von Anfang bis Ende verfolgt hat, schulde ich den größten Dank: für sein beständiges Interesse und für seine konstruktive Kritik sowie seine dankbar aufgenommenen Ermutigungen.

Für ihre Ratschläge, Anregungen und Antworten auf Anfragen bin ich sehr zu Dank verpflichtet: Mr. Roger Butterfield, Verfasser von *The American Past;* Professor Fritz Epstein von der Indiana University; Mr. Louis Fischer, Verfasser von *The Life of Lenin;* Professor Edward Fox von der Cornell University; Mr. K. A. Golding von der International Transport Workers' Federation, London; Mr. Jay Harrison von Columbia Records; Mr. John Gutman von der Metropolitan Opera; Mr. George Lichtheim vom Institute on Communist Affairs, Columbia University; Mr. William Manchester, Verfasser von *The House of Krupp;* Professor Arthur Marder, Herausgeber der Briefe Sir John Fishers; Mr. George Painter, dem Biographen von Proust; Mr. A. L. Rowse, dem Autor einer Einführung in das Werk Graham Wallas; Miss Helen Ruskell und den Mitarbeitern der New York Society Library; Mr. Thomas K. Scherman, Direktor der Little Orchestra Society; Mrs. Janice Shea für ihre Auskünfte über Zirkusunternehmen in Deutschland; Professor Reba Soffer vom San Fernando Valley State College für seine Auskünfte über Wilfred Trotter; Mr. Joseph C. Swidler, Vorsitzender der Federal Power Commission; und Mr. Louis Untermayer, neben vielem anderen Herausgeber der *Modern British Poetry.* Ebenso geht mein Dank an die vielen anderen, die mir mit Rat und Tat zur Seite gestanden haben, deren Namen aber hier nicht alle genannt werden können.

Für seine Hilfe bei der Suche nach geeigneten Illustrationen bin ich Mr. A. J. Ubels vom Königlichen Archiv in Den Haag, den Mitarbeitern der Art and Print Rooms der New Yorker Public Library und Mr. und Mrs. Harry Collins von Brown Brothers sehr verbunden.

Mein besonderer Dank gilt den beiden unermüdlichen Lesern der Korrekturfahnen, Miss Jessica Tuchman und Mr. Timothy Dickinson, für ihre Verbesserungen und Korrekturen und Mrs. Ester Bookman, die das Manuskript sowohl dieses wie auch meines vorherigen Buches, *August 1914,* einwandfrei getippt hat.

Barbara W. Tuchman

Inhalt

Vorwort

Die Epoche, deren letzten Jahre Thema dieses Buches sind, hat sich nicht einfach überlebt, noch fand sie ein zufälliges Ende durch das unglückliche Zusammentreffen bestimmter Umstände, sondern sie explodierte in jener alles vernichtenden Eruption, die als ein welterschütterndes Ereignis in die Geschichte eingegangen ist. Jedoch bleibt diese Explosion selbst auf den folgenden Seiten unerwähnt, denn sie war ja noch nicht eingetreten, und die Menschen, über die in diesem Buch berichtet wird, kannten sie noch nicht. Daher habe ich versucht, mich im Rahmen dessen zu bewegen, was damals bekannt war.

Der Große Krieg von 1914–1918 hat sich wie ein breiter Streifen verbrannter Erde zwischen uns und die Zeit davor geschoben. Die Vernichtung so vieler Menschenleben, deren Entfaltung in den nachfolgenden Jahren er abschnitt; die Zerstörung von Glaubenssätzen; der tiefgreifende Wandel der Vorstellungen und die unheilbaren Wunden der Desillusionierung und Enttäuschung, die er schlug, rissen sowohl physisch wie auch psychologisch eine tiefe Kluft zwischen beiden Epochen auf. Dieses Buch ist daher ein Versuch, das Wesen jener Welt, die den Großen Krieg heraufbeschwor, zu entdecken.

Das Buch ist nicht so geworden, wie ich es mir vorstellte, als ich begann. Vorgefaßte Meinungen blieben eine nach der anderen auf der Strecke, je weiter ich mit meinen Untersuchungen vorankam. Es war weder ein Goldenes Zeitalter noch eine *Belle Epoque*, ausgenommen vielleicht für die sehr dünne Schicht der Privilegierten. Es war keineswegs ausschließlich eine Zeit des Vertrauens, der Naivität, der Behaglichkeit, Stabilität, Sicherheit und des Friedens. All diese Faktoren waren sicherlich existent. Die Menschen hatten damals größeres Vertrauen in ihre Werte und Konventionen, sie waren naiver in dem Sinn, daß sie größeres Vertrauen in die Zukunft der Menschheit setzten, als man das heute tut, wenngleich sie weder friedlicher noch – abgesehen von den oberen Zehntausend – in größerem Wohlstand lebten. Unsere Fehleinschätzung liegt darin, daß wir annehmen, es habe damals weder Zweifel noch Furcht, weder Unruhen noch Proteste, Gewalttätigkeiten oder Haß gegeben. Wir haben uns von den Menschen dieser Zeit selbst irreführen lassen, die, wenn sie über jene breite Kluft des

Krieges zurückschauen, ihr früheres Leben in dem lieblich-rosigen Schimmer einer Abenddämmerung von Sicherheit und Frieden sehen. Ihre Erinnerungen und ihre Sehnsüchte haben unser Urteil über die Vorkriegszeit mitgeformt, aber ich kann dem Leser ein Urteilskriterium anbieten, das sich bei meinen Forschungen herauskristallisierte: alle Behauptungen der Zeitgenossen jener Epoche über den Glanz dieser Ära sind erst nach 1914 ausgesprochen worden.

Ein Phänomen von solch erschreckender Bösartigkeit, wie das des Ersten Weltkrieges kann einfach nicht aus einem Goldenen Zeitalter erwachsen. Vielleicht hätte ich dies wissen müssen, als ich mit meiner Arbeit begann, aber ich wußte es nicht. Doch ich hatte so ein Gefühl, daß die Genesis des Krieges nicht in der ›Großen Politik‹, nicht in dem, was Izvolsky mit Aerenthal oder Sir Edward Grey mit Poincaré besprach, nicht in jener verhängnisvollen Kette von Rückversicherungsverträgen, zwei- und dreiseitigen Allianzen, nicht in der Marokko-Krise und nicht in dem Wirrwarr auf dem Balkan lag; alles Fakten, denen die Historiker in ihrer Suche nach den Ursachen mit großer Akribie nachgespürt haben. Es war zweifelsohne notwendig, diese Ereignisse und Zusammenhänge zu untersuchen, und wir, die Nachfolger, sind tief in der Schuld dieser Forscher, aber das darf uns nicht darüber hinwegtäuschen, daß ihre Arbeit abgeschlossen ist. Ich halte es daher mit Sergei Sazonow, dem russischen Außenminister zur Zeit des Kriegsausbruches, der nach einer Serie solcher Untersuchungen ausrief: »Genug der Chronologie!« Die Methode über die ›Große Politik‹ zum Wesen der Dinge vorzustoßen, ist erschöpft. Außerdem ist diese Methode irreführend, denn sie verleitet uns dazu, bei der so sehr bequemen Illusion zu verweilen, daß es ja »die da oben«, die bösen Politiker waren, die stets für den Krieg verantwortlich sind, während wir, das unschuldige Volk, lediglich geführt werden. Dieser Eindruck ist jedoch falsch.

Die, wie man so sagt, politischen Ursachen des Ersten Weltkrieges sind nicht mehr als die Fieberkurve des Patienten; sie geben hingegen keine Auskunft über die wahre Ursache des Fiebers. Um die treibenden Kräfte und die tieferen Hintergründe aufzuspüren, muß man die Gesellschaft als Ganzes zum Untersuchungsobjekt machen und versuchen, herauszufinden, was die Menschen bewegte und zu ihren Handlungen veranlaßte. Ich habe mich daher bemüht, mich auf die Gesellschaft und weniger auf den Staat zu konzentrieren. Machtpolitik und wirtschaftliche Rivalitäten, so wichtig sie auch sein mögen, sind nicht mein Thema.

Der Zeitabschnitt, der in diesem Buch behandelt wird, ist die Kulminationsphase einer Entwicklung, deren Geschwindigkeit in der Geschichte des Menschen ohne Parallele ist. Seit dem letzten Ausbruch einer allgemeinen Kriegspsychose in den napoleonischen Kriegen, hatte die industrielle und naturwissenschaftliche Revolution die Welt verändert. Als der Mensch in das 19. Jahrhundert eintrat, besaß er außer seiner eigenen Kraft die der gezähmten Tierwelt, ergänzt durch die Kraft des Windes und des Wassers, aber so hatte er auch das 13. oder gar das 1. Jahrhundert begonnen. Als jedoch das 20. Jahrhundert heraufzog, hatte er gelernt, die Probleme des Transports, der Kommunikation, der Produktion und der Waffentechnik mit der tausendfach verstärkten Energie seiner Maschinen zu bewältigen. Die Industriegesellschaft gab dem Menschen neue Kräfte und neue Zielsetzungen, während sie aber gleichzeitig auch durch den Gegensatz von Armut und Reichtum, von wachsender Bevölkerung und übervölkerten Städten, durch Klassen- und Gruppenantagonismen und die Trennung von der Natur und von der Befriedigung durch die eigene Arbeitsleistung neue Spannungen heraufbeschwor. Die Naturwissenschaften erschlossen dem Menschen neue Reichtümer und neue Horizonte, aber sie nahmen ihm seinen Glauben an Gott und die Sicherheit, die er in den Dingen gefunden hatte, die er kannte und beherrschte. Als das 19. Jahrhundert zu Ende ging, gab es ebenso viel Unruhe wie Sicherheit. Wenn auch das *fin-de-siècle* meist als Epoche der Dekadenz gilt, so war die Gesellschaft um die Jahrhundertwende doch nicht so sehr durch den Zerfall, als durch die neuen, ungeheuren inneren Spannungen und aufgestauten Energien geprägt. Stefan Zweig, der 1914 dreiunddreißig Jahre alt war, meinte, der Kriegsausbruch habe »nichts mit irgendwelchen Ideen und nicht einmal etwas mit Grenzfragen zu tun. Ich kann ihn nicht anders als durch jene überschüssige Kraft erklären, eine tragische Konsequenz der inneren Dynamik, die sich in den vierzig Jahren des Friedens angestaut hatte und nun einen gewaltsamen Ausbruch suchte«.

In meinem Versuch, die Welt vor dem Kriege darzustellen, mußte ich notwendigerweise eine Auswahl treffen. Da ich nun dieses Buch abschließe, bin ich mir darüber im klaren, daß unter dem gleichen Titel ein zweites, ja sogar ein drittes geschrieben werden könne mit völlig anderen Komponenten und ohne daß man sich wiederholen müßte. Man könnte über die Literatur dieser Epoche berichten, über ihre Kriege – den chinesisch-japanischen, den spanisch-amerikanischen, den Burenkrieg, den russisch-japanischen, die Balkankriege – über den Imperialismus, die Naturwissenschaften, die Entwicklung der Technik, der Wirtschaft und des Handels, über die Frauen, die Herrscherhäuser, über die Medizin, die Malerei, über so viele verschiedene Themen, je nach der persönlichen Neigung des Historikers. Man hätte über König Leopold II. von Belgien, über Tschechow, Sargent, The Horse oder U.S. Steel schreiben können, die alle in meinem ersten Entwurf enthalten waren. Es sollte auch ein Kapitel über irgendeinen gewöhnlichen Kaufmann oder Angestellten als Repräsentant des stummen, ruhmlosen, anonymen Mittelstandes dabei sein, aber ich habe diesen Mann nicht gefunden. Ich glaube jedoch, daß ich dem Leser eine Erklärung über die Art meiner Aus-

wahl schuldig bin. Als erstes habe ich mich auf den angelsächsischen Bereich und auf Europa beschränkt, zwei Regionen, die unsere Erfahrungen und unsere Kultur am unmittelbarsten geprägt haben, und ich habe Osteuropa beiseitegelassen – wenngleich es auch sehr bedeutsam ist – da es doch eine andere Tradition besitzt. Das Kriterium bei der Auswahl der Themen war, daß sie wahrhaft repräsentativ für den in Frage stehenden Zeitraum sein und einen spürbaren Einfluß auf die Epoche vor 1914, nicht nachher, ausgeübt haben mußten. Dieser Beschränkung fielen das Automobil und das Flugzeug, Freud und Einstein, sowie die Bewegungen, die sie auslösten, zum Opfer. Auch exzentrische Persönlichkeiten, so faszinierend sie sein mögen, habe ich nicht berücksichtigt.
Ich bin mir bewußt, daß das vorliegende Buch keine Gesamtlösung anbietet, aber aus der Heterogenität der Zeitepoche sinnvolle Verallgemeinerungen herauslesen zu wollen, wäre nicht korrekt. Ich bin mir ebenfalls darüber im klaren, daß das Buch keinesfalls eine Gesamtdarstellung enthält. Es ist durchaus keine falsche Bescheidenheit, wenn ich das hier erwähne, sondern lediglich das Wissen um die Fakten, die ich nicht berichten konnte. Die Gesichter und die Stimmen derjenigen, die ich nicht berücksichtigt habe, sind, nun da ich das Buch beendet habe, um mich.

Barbara W. Tuchman

I

Die Patrizier

England: 1895-1902

1 Die Patrizier

Im Juni 1895 trat in England eine Regierung ihr Amt an, die – selbst Exponent der klassischen englischen Aristokratie – noch alle Attribute dieser Gesellschaftsordnung und deren ganz besondere Funktionsweise in vollem Umfang und ohne Einschränkung vorfand; sie war die letzte ihrer Art in der westlichen Welt. Als in jenem Jahr die Konservativen siegreich aus den Parlamentswahlen hervorgingen, stand Großbritannien gerade im Zenit seiner imperialen Macht, und das Kabinett, das nach der Wahl gebildet wurde, war die grandiose und glanzvolle Verkörperung dieser Macht. Die Mitglieder des Kabinetts entstammten jenen Kreisen des Großgrundbesitzes, die seit Generationen die Geschicke Englands lenkten. Als die ersten Bürger ihres Landes empfanden sie es als selbstverständliche Pflicht, die Interessen Englands zu wahren und seine Regierungsgeschäfte zu führen. Für sie war Regieren eine Verpflichtung, Erbe, Gewohnheit – und, zumindest in ihren Augen, ein Vorrecht.

Der Premierminister war ein Marquis und stammte in direkter Linie von den beiden Staatsministern ab, die der Königin Elisabeth I. und dem König James I. gedient hatten. Der Kriegsminister – ebenfalls ein Marquis – entstammte einer Familie, die bereits seit 1181 den erblichen Titel des Barons führte; sein Großvater hatte unter drei verschiedenen Herrschern in sechs verschiedenen Kabinetten amtiert. Der Präsident des Geheimen Staatsrates – ein Herzog – besaß über 7000 Hektar Land in elf verschiedenen Ländern und seine Familie stand seit dem 14. Jahrhundert im Dienste der englischen Krone. Er selbst war 34 Jahre Mitglied des Unterhauses gewesen und hatte dreimal die Berufung zum Premierminister abgelehnt. Die Familie des Staatssekretärs für die Kronkolonie Indien hatte ihren Stammsitz 1315 von Robert Bruce als Lehen erhalten. Der Staatssekretär selbst war der Sohn eines Herzogs und seine eigenen vier Söhne saßen ebenfalls allesamt im Parlament. Der Präsident des für die Koordination der Gemeindeverwaltungen zuständigen Amtes (Local Government Board) war ein sehr bekannter Landedelmann, der einen Herzog zum Schwager und einen Marquis zum Schwiegersohn hatte. Einer seiner Vorfahren war in der Regierungszeit Charles II. Lord Mayor von London gewesen; er selbst war schon seit 27 Jahren Parlamentsmitglied. Die Vorfahren des Lordkanzlers waren im normannischen Gefolge von Wilhelm dem Eroberer nach England gekommen, und der Name der Familie hatte sich über 8 Jahrhunderte ohne irgendwelche zusätzlichen Titel erhalten. Der Vizekönig für Irland – ein Earl – war ein Großneffe des Herzogs von Wellington und bekleidete das erbliche Amt eines Kurators des Britischen Museums. Außerdem gehörten dem Kabinett ein Viscount, drei Barone und zwei Baronets an. Von den sechs nichtadeligen Kabinettsministern war einer der Präsident der Bank von England; ein anderer stammte aus einer Familie des Landadels, die ihr *county* bereits seit dem 16. Jahrhundert im Parlament vertrat; einer – der gleichzeitig als Führer des Unterhauses fungierte – war der Neffe des Premierministers und zukünftiger Erbe eines Besitzes in Schottland im Werte von vier Millionen Pfund; und einer, ein bemerkenswerter, stets ein wenig Unruhe stiftender Geist, war ein Fabrikbesitzer aus Birmingham, der als erfolgreichster Mann Englands allgemeine Anerkennung gefunden hatte.

Außer durch Reichtum, Titel, Grundbesitz und uralten Stammadel zeichnete sich die neue Regierung zum Kummer der liberalen Opposition und nach den Worten eines ihrer Mitglieder durch »eine beinahe beklemmende Überfülle an Talenten und Kapazitäten« aus. Mit seiner unangefochtenen Autorität und durch die in den Wahlen errungene Majorität im Unterhaus sowie die Vierfünftel-Majorität des Oberhauses gegen alle Eventualitäten gesichert, befand sich das Kabinett, wie dasselbe Oppositionsmitglied zugab, in einer Position »unangreifbarer Stärke«.

Als zusätzliche Verstärkung erhielt es noch die Unterstützung der liberalen Whig-Aristokraten, die sich 1886 von der Liberalen Partei getrennt hatten, da sie mit Mr. Gladstones Forderung nach Selbständigkeit für Irland nicht einverstanden waren. Sie gehörten ebenfalls zum größten Teil dem Kreis der Großgrundbesitzer an und sahen – wie ihre Brüder bei den Tories – die Union mit Irland als sakrosankt an. Unter der Führung des Herzogs von Devonshire, des Marquis von Lansdowne und Mr. Joseph Chamberlains waren sie bis 1895 unabhängig geblieben, hatten sich dann den Konservativen angeschlossen und die beiden Gruppen verschmolzen zu der, im Anklang an die Politik, die sie zusammengeführt hatte, so genannten Unionist Party. Mit Ausnahme Mr. Chamberlains repräsentierte diese Koalition jene Klasse, für die aufgrund ihrer Tradition, Erziehung und Tätigkeit der Besitz von Landgütern und die Ausübung von Regierungsämtern untrennbar miteinander verknüpft waren. Seit dem Tag, da die angelsächsischen Herzöge zu ihrer ersten nationalen Versammlung zusammentraten, um ihren König zu beraten, haben die Großgrundbesitzer Englands im Parlament gesessen und die Pflichten des Oberrichters, des Friedensrichters (Standesbeamten) und des Lord Lieutenant der Miliz in ihren *counties* ausgeübt. Die Kunst des Regierens erlernten sie bei der Verwaltung ihrer Güter. Sie lenkten die Geschicke der Nation mit der gleichen Unbeirrbarkeit und Selbstverständlichkeit, mit der die Biber ihre Dämme bauen. Das Regierungsamt war die ihnen vorbestimmte Rolle und ihre natürliche Aufgabe.

Aber diese Rolle war bedroht. Unten im Volk gärte und rumorte es; radikale Oppositionelle forderten eine Besteuerung arbeitsfreier Einkommen aus dem Landbesitz; Freiheitskämpfer verlangten die Unabhängigkeit Irlands, aus dem ein ansehnlicher Teil englischer Einkünfte floß; Gewerkschaftler strebten die Vertretung der Arbeitnehmer im Parlament an, forderten das Recht auf Streik sowie weiter Eingriffe in das freie Spiel der Marktkräfte; Sozialisten wollten das Eigentum verstaatlichen, Anarchisten wollten es gänzlich abschaffen; junge empordrängende Nationen und unerwartete Herausforderungen aus dem Ausland erheischten Aufmerksamkeit. Noch war das Rumoren gedämpft, aber es verdichtete sich in einem einzigen Wort: Wandel, und die, denen das Geschäft des Regierens oblag, konnten diesen neuen Ton einfach nicht überhören.

Als Fels in dieser Brandung des Wandels, geschickt und entschlossen, aber in der Verteidigung der bestehenden Ordnung mit leidenschaftlicher Überzeugung handelnd stand ein Peer, Kanzler der Universität Oxford auf Lebenszeit, zweimal Minister für Indien und zweimal Außenminister und nun zum dritten Male Premierminister: Robert Talbot Gascoyne-Cecil, Lord Salisbury, neunter Earl und dritter Marquis der Cecils.

Lord Salisbury war auf eine Art der Inbegriff seiner Klasse und dennoch in vielem ganz untypisch für sie – zumindest wenn man davon, daß die Freiheit, anders zu sein, ein Charakteristikum dieser Kaste war, absieht. Er war hochgewachsen (1,90 Meter groß) hatte für einen Engländer ungewöhnliches, tiefschwarzes Haar und war als junger Mann schmal, linkisch, leicht vornübergebeugt und kurzsichtig gewesen. Nun, im Alter von 65 Jahren, hatte sich seine jugendliche Schlankheit verloren und er war gesetzter geworden; seine breiten Schulter fielen mehr denn je vornüber und sein massiger, beinahe kahler Kopf mit dem vollen, lockigen, grauen Bart ruhte schwer auf ihnen. Melancholisch; durchgeistigt; Schlafwandler und oft tiefen Depressionen, die er Nervenstürme nannte, unterworfen; scharfzüngig und vielfach geradezu bewußt taktlos; vom Gesellschaftsklatsch gelangweilt und die Einsamkeit suchend; skeptisch, kritisch mit sehr scharfem Verstand ausgestattet: das war Lord Salisbury. Man nannte ihn den Hamlet der englischen Politik. Er stand über der Konvention und lehnte es beispielsweise ab, während seiner Amtszeit als Premier in der Downing Street zu wohnen. Er war sehr religiös und hatte ein reges Interesse an den Naturwissenschaften. Auf seinem Landsitz Hatfield besuchte er jeden Morgen vor dem Frühstück eine Privatkapelle, und in einem Flügel des Hauses hatte er sich ein chemisches Labor eingerichtet, in dem er ungestört experimentieren konnte. Er ließ den Flußlauf bei Hatfield regulieren und baute eine kleine Kraftstation für das Landgut. Entlang den alten Balken seines Hauses verlegte er eine der ersten elektrischen Lichtanlagen in ganz England, und wenn die Cecils des abends in eine Unterhaltung oder Diskussion – ihre Haupt- und Lieblingsbeschäftigung – vertieft waren und die Drähte plötzlich Funken sprühten, dann pflegten die Familienmitglieder mit einem Kissen nach der knisternden Fontäne zu werfen, ohne sich weiter in ihrem Gespräch stören zu lassen.

Sport bedeutete Lord Salisbury überhaupt nichts und Menschen nur sehr wenig. Seine Zurückgezogenheit wurde noch durch seine Kurzsichtigkeit verstärkt, die so groß war, daß er einmal ein Mitglied seines Kabinetts und ein anderes Mal seinen Butler nicht erkannte. Als der Burenkrieg zu Ende ging, nahm er bei einer Gelegenheit ein handsigniertes Bild König Edwards in die Hand, sah es nachdenklich an und murmelte: »Armer Buller (womit er den britischen Oberkommandierenden in Südafrika bei Ausbruch des Krieges meinte), was für ein Schlamassel er doch angerichtet hat.« In einem anderen Fall sah man ihn mit einem recht unbedeutenden Peer in einer angeregten Unterhaltung über Militärfragen; Salisbury hatte angenommen, er spreche mit Lord Roberts, dem Feldmarschall.

Für das zweite Ich, den engsten Freund und die bevorzugte Freizeitbeschäftigung des vornehmen Engländers, das Pferd, hatte Salisbury nicht viel übrig. Reiten war für ihn nicht mehr als eine Möglichkeit der Fortbewegung, bei der das Pferd »ein unerläßliches, wenn auch höchst unbequemes Adjunkt« war. Auch von der Jagd hielt er nicht viel. Er fuhr in den Parlamentsferien weder in den Norden, um Moorhühner zu schießen, noch nach Schottland auf die Rotwildpirsch. Wenn das Protokoll seine Anwesenheit auf dem königlichen Schloß Balmoral verlangte, dann spazierte er nie durch den Park und »weigerte sich hartnäckig«, wie Sir Henry Ponsonby, der Privatsekretär Königin Viktorias, schrieb, »die Landschaft oder das Rotwild zu bewundern«. Ponsonby war von Salisbury angewiesen, dessen Zimmer in dem düsteren Schloß »stets gut zu heizen« – d.h. mindestens auf eine Temperatur von 28 bis 30 Grad. Gewöhnlich verbrachte der Premier seine Ferien in Frankreich, und zwar in Beaulieu an der Riviera, wo er ein Landhaus hatte. Dort konnte er dann sein exzellentes Französisch praktizieren und sich in die Abenteuer des Grafen von Monte Christo vertiefen, das einzige Buch bei dem er, wie er dem jüngeren Dumas einmal sagte, die Politik vergaß.

Seine sportliche Betätigung war auf das Tennisspiel beschränkt, und als er älter wurde, erfand er eine eigene Art der körperlichen Ertüchtigung, die darin bestand, frühmorgens auf einem Dreirad durch den St.-James-Park oder über die eigens dafür präparierten Wege seines Parks in Hatfield zu radeln. Dabei pflegte er dann eine Art Sombrero und einen Poncho zu tragen, in dem er fast wie ein Mönch aussah. Ein junger Kutscher begleitete ihn und mußte ihn bergauf schieben. Wenn es dann wieder bergab ging, rief er dem jungen Mann zu, er solle hinten aufspringen, und dann sauste der Premierminister davon, mit flatterndem Poncho, während sich der Diener krampfhaft an seinen Schultern festhielt und die Pedale rundum wirbelten.

Hatfield lag rund 30 Kilometer nördlich von London in Hertfordshire und war seit fast 300 Jahren im Besitz der Cecils. James I. hatte das Landgut seinem Premierminister Robert Cecil, dem ersten Earl von Salisbury, im Austausch für ein Haus der Cecils, an dem der König Gefallen gefunden hatte, übereignet. In der königlichen Residenz von Hatfield hatte Königin Elisabeth I. ihre Jugend verbracht und auf die Nachricht von ihrer Berufung auf den Thron hin ihre erste Staatsratssitzung abgehalten, bei der sie William Cecil, Lord Burghley, als Ersten Staatssekretär vereidigte. Die Long Gallery des Hauses ist rund 60 Meter lang, ihre Wände sind mit einer kunstvoll geschnitzten Wandverkleidung bedeckt, die Decke ist mit Blattgold ausgelegt. Die Marble Hall, die ihren Namen von dem schwarzweißen Marmorfußboden hat, mutet mit ihrer bemalten und vergoldeten Decke und den Brüsseler Gobelins wie ein Schmuckkästchen an. Im roten King-James-Salon hängen lebensgroße Familienporträts, von Romney, Reynolds und Lawrence gemalt. Die Bibliothek ist bis unter die Decke mit rund 10 000 in Leder oder Pergament gebundenen Folianten vollgestopft. In einem anderen Raum werden die Casket Letters der schottischen Königin Maria Stuart, Rüstungen von Soldaten der spanischen Armada, die Wiege des später enthaupteten Königs Charles I. und Porträts der Könige James I. und George III. aufbewahrt. Die Eibenhecken im Park sind in der Form von Zinnen geschnitten, und über den Garten schrieb Pepsy, daß er niemals zuvor »so herrliche Blumenbeete und Stachelbeeren, so groß wie Muskatnüsse«, gesehen habe. In der Eingangshalle hängen Standarten, die in Waterloo erbeutet und den Cecils vom Herzog von Wellington geschenkt worden waren. Wellington war häufig zu Gast in Hatfield, und er war ein großer Verehrer der Mutter des Premierministers. Ihr zu Ehren trug er den Jagdrock der Hatfield Hounds, wenn er ins Feld zog. Von der ersten Marquise gibt es ein Porträt, das von Joshua Reynolds gemalt ist; sie nahm noch bis ins hohe Alter von 85 Jahren, fast blind und am Sattel festgebunden, an Parforcejagden teil. Dabei wurde sie stets von einem der Stallburschen begleitet, der jedesmal wenn ein Hindernis auftauchte, schrie: »Jump dammit, my Lady, jump!«

Diese ungewöhnliche Frau führte den Cecils frisches Blut zu, denn die Familie hatte nach Burghley und dessen Sohn keine weiteren Persönlichkeiten von außergewöhnlichem Format mehr hervorgebracht. Im Gegenteil, die ausgesprochene Mittelmäßigkeit der nachfolgenden Generationen war, wie ein späterer Cecil einmal bemerkte, nur durch gelegentlich auftretende, »ziemlich erstaunliche Dummheit« unterbrochen worden. Aber der zweite Marquis erwies sich als ein starker und sehr fähiger Mann mit einem ausgeprägten Pflichtgefühl gegenüber seinem Land. Um die Mitte des vorigen Jahrhunderts hatte er in mehreren Tory-Kabinetten Ministerposten inne. Sein zweiter Sohn, wiederum ein Robert Cecil, war der Premierminister von 1895, dessen fünf Söhne sich ebenfalls allesamt auszeichneten. Einer wurde General, ein anderer Bischof, ein weiterer wurde Minister, einer vertrat Oxford im Parlament und der fünfte erhielt aufgrund seiner Verdienste um die Regierung einen eigenen Peerstitel. »Bei Menschen und bei Pferden«, so kommentierte Lord Birkenhead die Erfolge der Cecils, »spielt die Frage der Vererbung eine bemerkenswerte Rolle.« Die Studienkollegen des jungen Robert Cecil in Oxford waren alle davon überzeugt, daß er eines Tages Premierminister werden würde, und zwar entweder trotz oder gerade wegen seiner absolut kompromißlosen Haltung. Sein ganzes Leben hindurch hat er sich niemals darum bemüht, diese Unnachgiebigkeit zu verbergen oder zu verbrämen. Seine stets sehr schwungvollen Reden waren bekannt wegen ihrer Boshaftigkeit und Ungebührlichkeit. Er war, wie Disraeli von ihm sagte, »kein Mann, der seine Worte auf die Goldwaage legte«, und der Begriff »Salisbury« ist geradezu zu einem Synonym für politische Unbesonnenheit geworden. Er verglich die Iren wegen ihrer Unfähigkeit, sich selbst zu regieren, mit den Hottentotten und sprach von einem indischen Parlamentskandidaten als von »diesem schwarzen Mann«. Lord Morley war der Ansicht, es sei ein Genuß, Salisburys Reden zu lesen, denn »darin findet sich mit Sicherheit irgendeine brillant-pikante Unbesonnenheit, deren man sich mit Vergnügen erinnert«. Die Frage, ob dies jeweils nur zufällige Schnitzer waren, oder ob eine Absicht dahintersteckte, wird wohl offen bleiben müssen, denn, wenngleich Salisbury seine Reden bisweilen auch ohne Manuskripte hielt, so hatte er sie sich doch in Gedanken zurechtgelegt, und seine Formulierungen waren klar und ohne jegliche grammatikalische Fehler. In jener Zeit galt die Kunst der freien Rede noch als unerläßlicher Bestandteil der Ausbildung eines Politikers, und jeder, der eine Rede von Blatt abgelesen hätte, wäre als bedauernswerter Tropf verlacht worden. Wenn Salisbury sprach, so berichten Zeitgenossen, »dann schien jeder Satz für seine Argumentation ebenso wesentlich, ebenso klar und ebenso notwendig zu sein wie für einen Sportler seine Gliedmaßen«.

Wenn er in der Öffentlichkeit eine Rede vor einem Auditorium hielt, das ihm im Grunde gleichgültig war, dann konnte er sehr linkisch sein, aber im Oberhaus, unter seinesgleichen, da war er voll und ganz in seinem Element. Er hatte eine sonore Stimme und wechselte die Stimmlage nur gelegentlich, wenn er seinen eisigen Spott oder seinen vernichtenden Sarkasmus über das Haus ausgoß. Als einmal ein kurz zuvor geadelter Liberaler das Wort nahm und dem Oberhaus in hochtrabenden Whig-Phrasen eine Vorlesung hielt, fragte Salisbury nach dem Namen des Sprechers, und als ihm sein Nachbar die gewünschte Auskunft zugeflüstert hatte, antwortete er laut und vernehmlich: »Ach, ich dachte, der wäre schon lange tot.« Wenn er anderen Rednern zuhören mußte, dann plagte ihn sehr rasch die Langeweile, und er begann, unruhig mit dem Fuß hin- und herzuwippen, als wolle er sagen: »Wann ist das hier denn nun endlich vorbei?« Oder er hob die Ferse ein wenig vom Boden und wippte unablässig mit dem Knie. Wenn er das manchmal zu Hause tat, weil ein Besucher ihm auf die Nerven ging, dann schwang der Fußboden mit und die Möbel im Raum begannen zu klappern. Im Oberhaus beschwerten sich seine Kollegen, die mit ihm in der ersten Reihe saßen, darüber, daß seine Zappeligkeit sie seekrank mache. Und wenn seine Beine einmal ruhig waren, dann wirbelte er mit seinen langen, schmalen Händen einen Brieföffner im Kreis herum oder trommelte nervös mit den Fingern auf der Armlehne seines Sessels.

Er ging fast niemals zum Essen aus und gab außer ein oder zwei politischen Empfängen in seinem Haus in der Arlington Street oder einer gelegentlichen Gartenparty in Hatfield keine Gesellschaften. Er mied den Carlton, den offiziellen Klub der Konservativen, und zog statt dessen den Junior Club vor, wo extra ein Tisch für ihn reserviert war und in der Bibliothek große Plakate zur Ruhe mahnten. Er pflegte von morgens früh bis spät in die Nacht zu arbeiten, und nach dem Abendessen kehrte er an seinen Schreibtisch zurück, frisch und voller Energie, so als beginne eben erst ein neuer Tag. In seiner Kleidung war er meist sehr nachlässig und nicht selten sah er geradezu unordentlich aus. Die Farbe seiner Hosen und Westen war gewöhnlich ein tristes Grau; sein schwarzer Tuchrock war vom vielen Tragen schon glänzend geworden. Aber so wenig er auf seine Kleidung achtete, so sehr war er doch auf die Pflege seines Bartes bedacht. Sein Barbier erhielt stets sehr genaue Anweisungen beim Stutzen; er trug ihm auf »hier oder dort noch ein klein wenig wegzunehmen«, und dann »starrten der Künstler und sein Objekt angestrengt in den Spiegel, um das Resultat zu begutachten«.

Trotz seiner scharfen Zunge und seines Sarkasmus begegnete er seinen vertrauten Kollegen und Gleichgesinnten mit einem Charme, der, wie einer von ihnen feststellte, »bei Verhandlungen nicht unerheblich zu Buche schlug«. Den Parteiangelegenheiten galt sein ganz besonderes Interesse, und für sie gab er sogar seine sonst so streng gewahrte Reserviertheit auf. Bei einer Gelegenheit nahm er zum allgemeinen Erstaunen eine Einladung zu dem traditionellen Dinner an, das der Führer des Unterhauses für die Freunde und Förderer der Partei gab. Zuvor hatte er darum gebeten, daß man ihm alle biographischen Einzelheiten über jeden einzelnen der Gäste angab. Während der Abendgesellschaft begeisterte der Premier seinen Tischnachbarn, einen bekannten Agrarökonomen, mit seiner gründlichen Kenntnis über Fruchtwechsel und Viehzucht und plauderte anschließend angeregt mit jedem der Gäste. Ehe er sich verabschiedete, wandte er sich an seinen Privatsekretär und meinte: »Ich glaube, ich habe sie alle durch. Nur einen, den Senffabrikanten, den habe ich nicht gefunden.«

Mr. Gladstone, der seiner politischen Richtung nach der erbittertste Gegner Salisburys war, schätzte diesen gesellschaftlich als einen »großen Gentleman«. Im Privatleben war Salisbury liebenswürdig, sympathisch und das genaue Gegenteil des Staatsmannes Salisbury. Der Beifall der Massen war für ihn unwichtig, denn da das Volk ungebildet war, hatte seine Haltung für ihn keinerlei Bedeutung. Er ignorierte die öffentliche Meinung, und weder besaß noch kultivierte er jene persönliche Note, die einen politischen Führer für den Mann auf der Straße so populär macht und ihm einen liebevollen Spitznamen einbringt. In der Presse, ja sogar in *Punch* hieß er stets nur Lord Salisbury. Er versuchte auch gar nicht, aus seiner Mißachtung für den Mob jeglicher Art – wobei er »nicht einmal das Unterhaus ausschloß« – ein Geheimnis zu machen. Nachdem er ins Oberhaus aufgerückt war, hatte er sich nie mehr ins Unterhaus begeben, etwa um dort den Debatten von der Peers-Tribüne aus zu folgen oder um mit den Unterhausmitgliedern zu plaudern. Wenn er im House of Lords sprach und dabei nicht umgehen konnte, auf das Unterhaus Bezug zu nehmen, dann tat er es nur in einem Ton überheblicher Geringschätzung; sehr zum Vergnügen der Besucher aus dem Unterhaus, die gekommen waren, um ihm zuzuhören. Aber dies war im Grunde genommen lediglich eine äußerliche Pose, die seine tiefverwurzelte Haltung des überzeugten Patriziers noch nachdrücklicher unterstreichen sollte. Rang und Titel waren in seinen Augen Plunder, und Ehrungen oder andere Formen der Anerkennung ließen ihn völlig kalt. Er war absolut davon überzeugt, daß es ihm als einem Cecil und dazu noch als einem bedeutenden Mitglied dieser Familie ganz einfach zustand, zu regieren, und er sah keinen Anlaß, irgend jemandem für die Inanspruchnahme dieses ihm zustehenden Rechtes irgendwelche Konzessionen zu machen.

Da er im Alter von 23 Jahren, ganz nach der damals üblichen Verfahrensweise für junge Adelige, nämlich über einen ›sicheren‹, d.h. von der Familie kontrollierten Wahlkreis ins Unterhaus eingezogen, während seiner fünfzehnjährigen Mandatszeit ohne Schwierigkeiten fünfmal wiedergewählt worden und danach 27 Jahre lang Mitglied des Oberhauses gewesen war, besaß er nur wenig Erfahrung auf dem Gebiet der Stimmenwerbung. Er betrachtete sich nicht als *dem* Volk sondern als *für das* Volk verantwortlich. Es war in seine Obhut gegeben und nicht dem Volke, sondern der Monarchie erwies er seine Reverenz. Königin Viktoria zuliebe milderte er sogar seine Schroffheit, wenn er die Tatsache, daß die Aufenthalte in Balmoral ihn langweilten, auch nicht verheimlichen konnte. Dennoch verehrte er die Königin, die etwa zehn Jahre älter war als er, nicht nur als seine Monarchin, sondern auch als Frau. Sie wiederum setzte sehr großes Vertrauen in ihn und besuchte ihn des öfteren in Hatfield. Sie schätzte Salisbury, wie sie Bischof Carpenter einmal sagte, »wenn auch nicht als den Bedeutendsten, so doch als einen der bedeutendsten ihrer Premierminister«, wobei sie Disraeli mit einbezog. Salisbury war »stets schlecht zu Fuß« und daher der einzige Mann, den die Königin je aufforderte, in ihrer Gegenwart Platz zu nehmen. Obwohl die beiden in geistiger Hinsicht völlig verschieden waren, wenn man einmal von dem ihnen gemeinsamen starken Gefühl für Macht absieht, schätzten sich die zierliche hochbetagte Königin und ihr großer, schwerer, alternder Premierminister sehr und erwiesen sich gegenseitig Respekt und Hochachtung.

Unbedeutende Staatsangelegenheiten handhabte Salisbury ebenso nachlässig wie seine Kleidung. Als einmal zwei Geistliche ähnlichen Namens als Kandidaten für ein Bischofsamt zur Diskussion standen, von denen einer vom Erzbischof von Canterbury besonders empfohlen worden war, ernannte der Premier prompt den anderen zum Bischof. Als man ihn dann vorwurfsvoll auf diesen Lapsus aufmerksam machte, meinte er trocken: »Ach, ich denke, er wird seine Sache genauso gut machen wie der andere.« Nur bei wirklich wichtigen Dingen konnte er sich völlig auf seine Aufgabe konzentrieren und eine der allerwichtigsten Aufgaben war für ihn, den dominierenden Einfluß des Adels und der Exekutive aufrechtzuerhalten – nicht etwa aus eigennützigen Motiven heraus, sondern weil er glaubte, daß allein diese beiden Kräfte in der Lage sein würden, die Einheit der Nation und den Bestand des Staates gegen die aufstrebenden, demokratischen Tendenzen, die er ein »Bündel in sich gespaltener, mißtrauischer und rebellischer Fraktionen« nannte, zu garantieren.

Klassenkampf und Atheismus stellten für Salisbury die größten Gefahren für den Staat dar, und aus diesem Grund verachtete er auch die Sozialisten, und zwar nicht so sehr, weil sie das Eigentum angriffen, sondern vielmehr, weil sie den Klassenkampf predigten und ihre ideologische Wurzel im Materialismus hatten. Beides war für ihn gleichbedeutend mit der Ablehnung jeglicher geistiger Werte. Salisbury erkannte durchaus die Notwendigkeit sozialer Reformen, aber er war der Ansicht, daß diese nur durch wechselseitige Beeinflussung und durch den Druck der bestehenden Parteien aufeinander verwirklicht werden könnten. Der Workmen's Compensation Act zum Beispiel, der die Versorgung der Arbeiter bei Arbeitsunfällen dem Unternehmer anlastete, wurde 1897 mit seiner Unterstützung und gegen den Willen einiger seiner Anhänger, die darin eine Beeinträchtigung des privaten Unternehmertums sahen, eingebracht und verabschiedet.

Dagegen bekämpfte er alle Versuche, die darauf abzielten, das politische Gewicht der Massen zu vergrößern. Als junger Mann von 30 Jahren, noch nicht ahnend, daß er einmal den Peerstitel erben würde, hatte er seine politische Philosophie in einer Serie von rund dreißig Artikeln niedergelegt, die Anfang der sechziger Jahre des vorigen Jahrhunderts im *Quarterly Review* veröffentlicht wurde. Im Gegensatz zu der immer stärker werdenden Forderung jener Zeit nach einem Reformgesetz in der Stimmrechtsfrage hatte er erklärt, es sei die Aufgabe der Konservativen Partei, die Rechte und Privilegien der besitzenden Klasse gegen das zahlenmäßige Übergewicht der Masse zu verteidigen. Nach seiner Auffassung lag der entscheidende Kern in der Frage der Ausdehnung des Wahlrechts nicht in der Forderung, daß die arbeitende Bevölkerung die Möglichkeit zur Stimmabgabe erhielt, sondern vielmehr in der vorhersehbaren Konsequenz, daß dadurch im Parlament eine Situation entstehen würde, die dem »reinen Stimmenübergewicht eine Macht verleiht, die es einfach nicht haben darf«.

Er kritisierte die Liberalen, weil sie die arbeitende Klasse so sehr verherrlichten, »als sei diese anders als die übrigen Engländer«, während der einzige Unterschied in Wirklichkeit nur darin bestand, daß sie weniger Erziehung und Eigentum hatten. Seine Warnung lautete, daß »je kleiner der Besitz ist, desto größer die Gefahr eines Mißbrauchs des Wahlrechts«. Er glaubte, die uneingeschränkte Ausübung der Demokratie sei eine Bedrohung der Freiheit, denn in der Demokratie »sind die Leidenschaften nicht die Ausnahme, sondern die Regel«. Außerdem sei es für »Männer, deren Geist im Denken und Studium nicht geübt und diszipliniert ist«, absolut unmöglich, »eine langfristige Politik zu verfolgen«. Das Stimmrecht auf die Armen auszudehnen, während die Besteuerung der Reichen verstärkt wird, würde, so schrieb Salisbury, eine völlige Trennung von Macht und Verantwortung herbeiführen. »Die Reichen zahlen die Steuern, und die Armen machen die Gesetze.«

Er glaubte nicht an den Grundsatz der politischen Gleichheit. Für ihn gab es die führerlose Masse auf der einen Seite und die geborenen Führer auf der anderen. »Der Mann, von dem bei gegebenem, gesundem Empfinden ein Volk die Ausübung der Herrschaft erwartet, zeichnet sich durch Reichtum, in manchen Ländern auch durch seine Geburt, in allen Ländern aber durch seine intellektuellen Fähigkeiten und seine Kultur aus.« Diese Männer haben sowohl die Muße als auch die notwendige finanzielle Unabhängigkeit, um sich einem Regierungsamt widmen zu können, so daß ihre Ambitionen nicht »durch den Makel gemeiner Habsucht erniedrigt werden ... Sie sind im ureigensten und besten Sinne des Wortes die Aristokraten ihres Landes ... Daher ist es von höchster Wichtigkeit, daß der Herrscher eines Landes aus ihrem Kreise hervorgeht«. Als Klasse sollten sie »jenes politische Übergewicht besitzen und behalten, das ihnen aufgrund ihrer außerordentlichen Befähigung unbestritten zusteht«.

Salisbury hielt an seiner Überzeugung von der Bedeutung dieser »außerordentlichen Befähigung« so unerschütterlich fest, daß er 1867, als die Tory-Regierung für das Zweite Reformgesetz eintrat, das den in den Städten wohnenden Arbeitern das Wahlrecht verlieh und die Zahl der Wahlberechtigten verdoppelte, im Alter von 37 Jahren seinen Kabinettsposten unter Protest niederlegte, obwohl er ihn erst knapp ein Jahr zuvor angetreten hatte, nur um nicht an etwas teilhaben zu müssen, das er als einen Verrat an den Prinzipien der Konservativen ansah. Die Kehrtwendung seiner Partei, von Disraeli sehr geschickt in die Wege geleitet, einmal um »die Whigs mit ihren eigenen Waffen zu schlagen« und zum anderen, um den damaligen politischen Notwendigkeiten Rechnung zu tragen, verfolgte Lord Cranborne (wie Lord Robert Cecil nach dem Tode seines älteren Bruders im Jahre 1865 jetzt hieß) mit äußerstem Abscheu. Der Gedanke, daß er sich mit diesem Schritt seine gesamte, weitere politische Karriere verbauen könnte, hielt ihn nicht davon zurück als Minister für Indien zu demissionieren und in einer von Erbitterung und tiefem Ernst erfüllten Rede im Parlament Einspruch gegen die Politik der Parteiführer, Lord Derby und Mr. Disraeli, zu erheben. Er beschwor die Abgeordneten, von einer Entscheidung Abstand zu nehmen, die zwar kurzfristig politische Vorteile bringen mochte, auf lange Sicht hingegen sie selbst als Klasse und als Stand auslöschen mußte. »Der Wohlstand, der Geist und die Kraft unserer gesellschaftlichen Schicht: all das hat ihnen die Macht in die Hand gegeben, um derentwillen Sie so stolz auf Ihr Volk sind und die den Überlegungen dieses Hauses so viel Gewicht verleiht. All das wird aber durch die Übermacht der Zahl einfach hinweggefegt werden«. Salisbury sah Konfliktfälle voraus, bei denen die Interessen der Arbeitgeber und die der Arbeitnehmer aufeinanderprallen würden und die nur durch eine politische Lösung bereinigt werden könnten. »In diesem politischen Machtkonflikt stellen Sie der hoffnungslosen Minderheit von Unternehmern die überwältigende Zahl der Arbeitnehmer gegenüber.« Im Endergebnis würden hierdurch »die Klassen, die bisher so viel zur Größe und Wohlfahrt ihres Landes geleistet und beigetragen haben, zu politischer Macht- und Bedeutungslosigkeit« verurteilt sein.

Ein Jahr später, nach dem Tode seines Vaters, wurde er als der dritte Marquis von Salisbury ins Oberhaus aufgenommen. Und nun, im Jahre 1895, nach fast dreißig Jahren, hatten sich seine politischen Leitgedanken um kein Jota verändert. Wandel bedeutete für ihn nicht: ein Schritt zu einer Verbesserung, und die Zukunft fand er keinesfalls erstrebenswerter als die Gegenwart. Daher widmete er sich mit »grimmiger Entschlossenheit« der Aufrechterhaltung der bestehenden Ordnung. Er war der Überzeugung, daß »eine Position ohne die Macht, die diese Position ursprünglich einmal symbolisiert hat, nicht mehr als ein leeres Trugbild« sei, und er hatte sich zum Ziel gesetzt, jeden weiteren Angriff auf die Vormachtstellung jener Klasse, in der der Titel und die Position immer noch ein sichtbares Symbol der Macht darstellten, solange er lebte und England regierte entschieden zurückzuschlagen. Stets auf der Hut vor den heranrückenden Feinden, stand er gegen das neue Zeitalter. Die Kräfte der Demokratie hatten den Mann, den Lord Curzon einmal als »jene eigenartige, machtvolle, unergründliche, brillante, widerspenstige und schwere Last an der Spitze« charakterisiert hatte, zwar eingeschlossen, aber noch nicht angegriffen.

Der Durchschnitt der herrschenden Klasse jedoch, von Lord Salisburys allzu tiefgründigen und kassandrischen Gedankengängen wenig beeindruckt, sorgte sich nicht sonderlich um die Zukunft, denn dazu war die Gegenwart viel zu vergnüglich. Die Festung der Privilegierten schien gegen Ende des 19. Jahrhunderts uneinnehmbar, obgleich sie an vielen Ecken und Kanten berannt wurde und an einigen sogar schon brüchig zu werden begann. Das Leben schien für die privilegierte Kaste »sicher und behaglich ..., denn auf dem Land lastete der Frieden«. Zwar war das Budget Sir William Harcourts für das Jahr 1894, das von den Liberalen unter Lord Rosebery, dem recht unbedeutenden Nachfolger Gladstones, eingebracht worden war, ohne Zweifel für viele ein Schock, denn Harcourt verkündete die Einführung der Erbschaftssteuer und – was eigentlich noch das schlimmste war – eine Progression dieser Steuer von einem Prozent für eine Erbschaft von 500 Pfund bis acht Prozent bei Nachlässen von mehr als einer Million Pfund. Außerdem wurde die Einkommensteuer von einem Penny pro Pfund auf acht Pennies heraufgesetzt. Obwohl als Trostpflaster und um die Lasten etwas zu verteilen gleichzeitig eine Bier- und Branntweinsteuer eingeführt wurde, so daß die Arbeiter, die ja keine Einkommensteuer zahlten, auch ihr Teil zur Deckung des Staatshaushaltes beitrugen, reichte dies doch nicht aus, um den Schock der neuen Erbschaftssteuer zu mildern. Der Herzog von Devonshire sah eine Zeit voraus, die, wie er meinte, »wahrscheinlich noch zu meinen Lebzeiten eintreten wird« und in der große Landgüter, wie etwa sein eigenes Gut Chatsworth, einzig und allein aufgrund »des unerbittlichen Zwangs der demokratischen Finanzierung« aufgegeben werden müßten.

Aber ein bedeutenderes und vom Standpunkt der Konservativen erfreulicheres Ereignis des Jahres 1894 kompensierte den Effekt des Budgets. Mr. Gladstone zog sich aus dem parlamentarischen Leben und aus der Politik zurück. Sein letzter, in seinem achten Lebensjahrzehnt unternommener Versuch, die Home Rule für Irland durchzudrücken, war im Oberhaus von einer ergrimmten Versammlung der Lords, die sich zu diesem Zweck so zahlreich wie noch nie zuvor versammelt hatten, abgewiesen worden. Gladstone hatte mit dieser Frage seine Partei unwiderruflich gespalten, er selbst war inzwischen 85 Jahre alt geworden, und nun war seine Karriere zu Ende. Als im darauffolgenden Jahr die Konservativen siegreich aus den Wahlen hervorgingen, drückte die *Times* die allgemeine Stimmung durchaus zutreffend aus, als sie schrieb, daß die Home Rule, jener »Bazillus, den Mr. Gladstone in unser politisches Leben inkubiert hat und der den gesamten Organismus zu vergiften drohte«, nun zumindest für längere Zeit nicht mehr virulent werden würde, so daß England wieder in Ruhe und Frieden seinen Geschäften nachgehen könne. Die herrschenden Kräfte waren fest im Sattel.

Der Begriff der ›herrschenden Kräfte‹ war seltsamerweise keine Prägung der konservativ eingestellten *Times*, sondern er stammte von Mr. Gladstone selbst, der dem Landadel angehörte und dies weder jemals vergessen, noch die ihm angeborene Überzeugung, daß Besitztum verpflichtet, aufgegeben hatte. Er besaß ein Gut von rund 2800 Hektar in Hawarden, auf dem cirka 2500 Pächter lebten und das jährlich zwischen 10 000 und 15 000 Pfund an Pacht einbrachte. In einem Brief an seinen Enkel drängte der »große Radikale« Englands den jungen Mann, der das Gut einmal erben würde, jene Teile des Besitzes, die frühere Generationen verloren hatten, zurückzukaufen und Hawarden in seiner früheren Größe und als »einflußreiche Kraft« des Landes wiedererstehen zu lassen, denn, so sagte Gladstone, »die Gesellschaft kann auf ihre herrschenden Kräfte nicht verzichten«. Kein Herzog hätte das besser ausdrücken können. Er traf genau die Haltung der konservativen Großgrundbesitzer, die zwar Gladstones schärfste Gegner waren, mit denen er aber die Grundüberzeugung von der »außerordentlichen Befähigung«, die der ererbte Grundbesitz verleiht, und von der Bedeutung dieses Faktums für den Bestand des Staates teilte. Ihr Credo war das genaue Gegenteil von dem, was in den noch sehr jungen Vereinigten Staaten galt. Dort war gerade die niedrige Geburt ein besonderer Vorzug, und erst die Self-Made-Man-Karriere wurde als Beweis der persönlichen Fähigkeiten akzeptiert. Männer in gehobenen Lebensverhältnissen, so nahm man dort an, waren wahrscheinlich entweder dumm oder skrupellos oder gar beides zusammen. In Gegensatz dazu glaubten die Engländer, die unter der Herrschaft der besitzenden Klassen eine langsame, Generationen hindurch andauernde Entwicklung durchgemacht hatten, daß die Kontinuität von Erziehung, Wohlstand und sozialer Verantwortung in den großen Familien der natürliche Nährboden für die »außerordentliche Befähigung« sei.

Dies qualifizierte die Mitglieder dieser Familien zur Ausübung des Regierungsamtes, einer Tätigkeit, die in England wie nirgends anders so sehr als die angemessenste und erstrebenswerteste Profession eines Gentleman angesehen wurde. Privatsekretär eines Onkels oder eines anderen Verwandten, der im Kabinett saß, zu sein: das war für einen Gentleman entweder eine ernsthafte Anwartschaft auf einen Sitz im Kabinett oder doch zumindest eine ihm gemäße Beschäftigung, wie etwa das Beispiel Sir Schomberg McDonnells, des Privatsekretärs von Lord Salisbury und Bruders des Earl von Antrim, zeigt. Auch die diplomatische Karriere war sehr begehrt und stand dem Talentierten offen. Der Marquis von Dufferin und Ava lernte während seines Aufenthalts als Botschafter in Paris im Jahre 1895 im Selbstunterricht persisch und vermerkte in seinem Tagebuch, daß er in diesem

Jahr elf Dramen des Aristoteles in griechisch gelesen und außerdem 24 000 Worte aus einem persischen Wörterbuch auswendig gelernt habe, »8000 perfekt, 12 000 ziemlich gut und 4000 weniger gut«. Der Militärdienst in einem Eliteregiment der Garde, der Husaren oder Ulanen war eine ebenfalls akzeptable Rolle für einen jungen Mann aus gutem Hause, doch zog dieser Beruf vor allem die schwächeren Charaktere an. Die weniger Wohlhabenden gingen entweder zur Marine oder wurden Geistliche, und wenn man Geld verdienen mußte, dann gab es immer noch die Möglichkeit, Journalist oder Jurist zu werden. Aber vor allem anderen war das Parlament die naturgegebene und erstrebte Sphäre, in der man seine »außerordentlichen Fähigkeiten« unter Beweis stellte. Der Weg zu einem Posten im Kabinett, wo Macht, Einfluß, die Mitgliedschaft im Staatsrat, sowie nach der Pensionierung die Peerswürde zu gewinnen waren, führte ausschließlich über das Parlament.

Der Staatsrat, dem 235 bedeutende Persönlichkeiten aller Bereiche, Stände und Sparten angehörten, übte zwar nur noch traditionelle und zeremonielle Funktionen aus, aber er war doch noch von einer Aura der Gewichtigkeit und Bedeutung umgeben. Die Peerswürde war immer noch das magische Attribut, das einen Mann vor seiner Umgebung auszeichnete. Ein Sitz im Kabinett war daher höchst begehrt, und es gab hinter den Kulissen oft heftige Ränke und Rankünen um die Besetzung der Ministerposten. Nichts fesselte die Aufmerksamkeit der Engländer so sehr wie das komplizierte Menuett der Kabinettsbildung nach einem Regierungswechsel. Klubs und Salons waren erfüllt von Raunen und Tuscheln; Cliquen und Allianzen wurden gebildet, zerfielen und wurden neu gebildet, bis die Glücklichen schließlich mit dem Siegeslorbeer bekränzt stolz hervortraten. Um diesen Preis zu erringen, bedurfte es harter Arbeit und großen Zeitaufwandes; Fachwissen war dagegen nur selten notwendig. Es war ja nicht die Aufgabe des Ministers, die Arbeit selbst zu tun, sondern dafür zu sorgen, daß sie getan wurde, ganz in dem Stil, in dem er seinen Gutshof bewirtschaftet hatte. Unwichtige Details, wie etwa die richtige Plazierung des Kommas, das Lord Randolph Churchill beispielsweise während seiner Amtszeit als Schatzminister »jenes verdammte Pünktchen« genannt hatte, waren nicht die Sache des Ministers.

Die Mitglieder von Lord Salisburys Kabinett, die überwiegend, wenn auch nicht alle, ererbten Grundbesitz, Geld oder Titel besaßen, waren nicht um der materiellen Vorteile wegen in die Regierung eingetreten. Es schien ihnen in der Tat richtig und notwendig, daß die Staatsgeschäfte von Männern geführt wurden, denen, wie Lord Salisbury gesagt hatte, »nicht der Makel gemeiner Habsucht« anhaftete. Die ehrenamtliche, parlamentarische Karriere war nicht mit materiellem, wohl aber mit ideellem Gewinn und mit Ehrungen verbunden. Das House of Commons war das Zentrum des Kapitals, des Empires und der Gesellschaft; hier konzentrierte sich die Elite des Landes. Ehrgeiz und Pflichtgefühl waren die Motive dieser Männer; abgesehen davon erwartete man von ihnen, daß sie ins Parlament eintraten. Die Söhne folgten den Vätern, ja, oft waren beide sogar zur gleichen Zeit Parlamentsmitglieder. James Lowther, stellvertretender Sprecher des Unterhauses von 1895 bis 1905, entstammte einer Familie, die seit rund 600 Jahren die Westmoreland-Wahlkreise vertrat. Sein Urgroßvater und sein Großvater waren beide ein halbes Jahrhundert und sein Vater 25 Jahre lang im Parlament gewesen. Der Kandidat eines ländlichen Wahlkreises war meist ein Mann, dessen Gutshof im Umkreis von 100 Kilometern respektvoll »das Haus« genannt wurde und dessen Familie seit mehreren hundert Jahren in ihrem Distrikt hohes Ansehen genoß. Da die Kosten für Nominierung und Wahl sowie für die laufende Betreuung des Wahlkreises vom Parlamentsmitglied selbst getragen werden mußten, war das Privileg, Volksvertreter zu sein, ein Luxus, den sich überwiegend nur die wohlhabenden Klassen leisten konnten. Von den 670 Unterhausmitgliedern des Jahres 1895 waren 420 Adelige, Landedelleute, Offiziere und Rechtsanwälte. Darunter waren 23 älteste Söhne von Peers sowie eine große Zahl jüngerer, adeliger Söhne, Neffen, Vettern und Onkel, so auch beispielsweise Lord Stanley, der zukünftige Erbe des sechzehnten Earl von Derby, der nach den Herzögen der reichste Adelige Englands war. Als ›junior whip‹ der Regierung mußte er draußen in der Lobby stehen und mit Überredungskunst oder Druckmitteln dafür sorgen, daß die Abgeordneten seiner Partei bei den Abstimmungen anwesend waren, obwohl er selbst, während er diese Tätigkeit ausübte, die Kammer nicht betreten durfte. Er war, wie ein Augenzeuge berichtet, ein »Diener des Adels«. »Diesen zukünftigen Träger eines großen und historischen Namens und Erben eines unermeßlichen Vermögens beinahe knechtlich arbeiten zu sehen«, das war ein Zeugnis sowohl seines persönlichen politischen Pflichtbewußtseins wie auch der Beweis der Anziehungskraft, die die politische Karriere ausübte.

Jedoch gingen aus der herrschenden Klasse nicht nur Staatsmänner hervor; es gab hier den gleichen Anteil Unfähiger, Mißratener, Gescheiterter oder ganz einfach Dummer wie in jeder anderen Schicht des Volkes auch. Neben den Premierministern und den Baumeistern des Empire hatte sie ihre ungebildeten Gesellen und langweiligen Klubtypen, ihre herumstolzierenden Gardeoffiziere, deren Beitrag zu einer Konversation auf ›Ha, ha‹ beschränkt war, ihre Verschwender, die sich durch Trinken, Wetten und Kartenspiel ruinierten, und natürlich die übliche Quote der Mittelmäßigen, die nie irgend etwas Bemerkenswertes taten, weder im Negativen noch im Positiven. Selbst Eton hatte seine ›Nieten‹, Burschen, die, wie ein Etonboy einmal sagte, »einfach kein gutes Material waren ... und die, wenn auch von Natur aus nicht bösartig, dann sicherlich schwachsinnig und wahrscheinlich degeneriert waren«. Obwohl manch einer, der in Eton noch als ›Niete‹ galt, später ein hochangesehenes Mitglied des Staatsrates werden konnte, blieben einige doch ihr Leben lang Versager. Einer der Neffen Lord Salisburys, Cecil Balfour, verschwand nach einer Scheckbetrugsaffäre nach Australien und starb dort, wie es hieß, an übermäßigem Alkoholgenuß.

Aber trotz solcher peinlicher Zwischenfälle kam den herrschenden Familien niemals ein Zweifel daran, daß es ihr Vorrecht sei, das Land zu regieren, und im großen und ganzen teilte das Volk diese Haltung. Ein Lord zu sein, so schrieb 1895 ein ganz besonders pittoreskes Exemplar dieser Gattung, Lord Ribblesdale, »ist immer noch eine recht populäre Sache«. Wegen seines für die damalige Zeit so typischen Aussehens ›Der Ahnherr‹ genannt, galt Lord Ribblesdale als eine so unnachahmliche, einzigartige Personifizierung des Patriziers, daß John Singer Sargent, der diese Klasse und diesen Typus in vielen seiner Gemälde verherrlicht hat, Ribblesdale darum bat, ihn porträtieren zu dürfen. Das Bild zeigt den Lord in voller Lebensgröße, gekleidet in das Gewand eines Masters der königlichen Buckhounds, mit dem langen Reitermantel, Zylinder, glänzenden Reitstiefeln und einer zusammengerollten Jagdpeitsche in der linken Hand. Sargents Ribblesdale blickt mit einer Haltung so selbstverständlicher Arroganz, Eleganz und Selbstsicherheit in die Welt, die einfach unnachahmlich und unwiederholbar ist. Als das Porträt in Paris ausgestellt wurde, besuchte Ribblesdale den Kunstsalon, und während er durch die Räume schritt, folgte ihm ein Schwarm begeisterter Franzosen, die in ihm das Modell des Bildes erkannt hatten und einander flüsternd auf *ce grand diable de milord anglais* aufmerksam machten.

Zur Eröffnung der Rennwoche in Ascot führte Lord Ribblesdale die Prozession der königlichen Gäste über den grünen Turf an. Einen prachtvollen, kastanienfarbenen Braunen reitend, hob er sich in seinem dunkelgrünen Rock mit dem goldenen Hundegeschirr am goldenen Gürtel deutlich gegen den blauen Junihimmel ab. Niemand, der dieses Schauspiel miterlebt hatte, konnte es je vergessen. Aber Ribblesdale nahm auch seine Verpflichtung gegenüber seinem Land ernst und leistete als ›whip‹ der Liberalen im Oberhaus, als aktives Mitglied des Londoner County Council und als verantwortlicher Kurator der National Gallery seinen Beitrag. Wie den meisten seines Standes fiel ihm der Umgang mit den Landarbeitern, die auf den Gütern und bei den Jagden der Adeligen Dienst taten, durchaus nicht schwer. Als die Königin J. Miles, einen Stallknecht der Buckhounds, mit einer Ehrennadel für fünfzig Jahre treuer Dienste auszeichnete, ritt Ribblesdale von Windsor herüber, gratulierte ihm und nahm eine Einladung von Mrs. Miles »zum Tee und zu einem Schwätzchen« an. Wie er selbst einmal schrieb, »führt die Sorglosigkeit und Sicherheit der Lebensverhältnisse von frühester Jugend an dazu, daß der Edelmann im allgemeinen ein freundliches und aufgeschlossenes Wesen annimmt ... Seine Selbstzufriedenheit mögen andere als ein Zeichen von Dummheit oder Egoismus ansehen, aber in den seltensten Fällen fordert sie bewußte Ablehnung heraus, ja meist tritt das genaue Gegenteil ein.« Trotz einer in der liberalen Presse vorherrschenden Tendenz, die Peers als »in einem erschreckenden Ausmaß durch X-Beine und fliehende Stirn« charakterisiert darzustellen, hielt Ribblesdale unbeirrt an seiner Überzeugung fest, daß ein Peer in seinem *county* immer noch hohes Ansehen genoß.

Solange er sich mit den Interessen und Problemen des *county* identifizierte und mit den Pächtern, Kleinbauern und den Kaufleuten seines Marktstädtchens in gutem Einvernehmen stand, hätte er sich schon sehr ausgiebig daneben benehmen müssen, ehe er »das Prestige eines alten Namens und bewährter Institutionen erschöpft«. Aber trotz dieser optimistischen Einstellung konnte auch Lord Ribblesdale das ferne Grollen nicht überhören, und er wählte dreißig Jahre später als Motto für seine Memoiren den Ausspruch Chateaubriands: »Ich habe jene große Liebe für die Freiheit gehegt, wie sie einer Aristokratie eigen ist, deren letzte Stunde geschlagen hat.«

Um die Mitte des Sommers erreichte die Londoner Saison ihren Höhepunkt. Die Gesellschaft zeigte sich in ihrem strahlendsten Glanz, und einem Pariser Aristokraten, der in London zu Besuch weilte, kam es so vor, als sei »im Juni und Juli eine Schar olympischer Götter und Göttinnen auf England herabgestiegen«. Sie schienen »auf goldenen Wolken zu wohnen und ihren Wohlstand so leicht, so selbstverständlich und nonchalant zu genießen, wie eine Blume ihre Blütenpracht entfaltet.« Im Kielwasser des Prinzen von Wales schwamm eine graziöse »Flottille weißer Schwäne mit langen, zierlichen Hälsen und funkelnden, juwelengeschmückten Köpfen«, darunter beispielsweise Lady Glenconnor, Herzogin von Leinster und Lady Warwick. Die Herzogin, die in den achtziger Jahren sehr jung starb, war, wie Lord Ernest Hamilton berichtet, »eine göttliche Erscheinung ... und von einer unglaublichen, überwältigenden Schönheit«. Die Gräfin von Warwick, »die schönste verheiratete Frau Londons«, war die Geliebte des Prinzen von Wales und die Ursache eines berühmten Skandals, in dessen Verlauf Lord Charles Beresford um ein Haar seinen zukünftigen Monarchen geschlagen hätte. Einem Gesellschaftsjournal erschien sie als »eine Göttin, mit einer wohlgerundeten Figur, die sie kokett-elegant zu umhüllen weiß, und einer hoheitsvollen, stolzen Haltung; ihr Ruhm ist sogar bis in die hintersten Winkel des flachen Landes gedrungen«. Sie galt als ›Schönheit‹, und das war zu der damaligen Zeit ein Titel, der der Trägerin den Status einer Persönlichkeit des öffentlichen Lebens verlieh. »Steh auf, Daisy!«, rief ihr ihre Mutter zu, als die Gräfin sich nach einer außergewöhnlich stürmischen Überquerung des Irischen Kanals noch in ihrer Kabine erholte, während das Schiff bereits im Hafen festmachte, »die Leute wollen dich sehen.«

Die Flügel der mächtigen, mit barocken Schnörkeln überladenen Portale der Häuser am Berkeley und Belgravia Square standen keinen Augenblick still, denn hier herrschte ein ständiges Kommen und Gehen. Niemanden hielt es zu Hause. Der Tag begann gewöhnlich morgens um zehn mit einem Ritt im Park und endete am darauffolgenden Morgen um drei bei einem Ball. An einem bestimmten Ort im Hyde Park, zwischen Albert Gate und Grosvenor Gate, trafen sich die Mitglieder des exklusiven, tonangebenden Zirkels der Gesellschaft beim morgendlichen Ausritt oder bei der nachmittäglichen Spazierfahrt zwischen Tee und Dinner. London hatte sein ›Georgian air‹ noch nicht verloren. Die Fenster der Häuser und die kleinen Plätze, wo die Familien wohnten, nach denen Häuser und Plätze benannt waren – Devonshire House und Lansdowne House, Grosvenor Square und Cadogan Place – waren mit Blumen übersät. Prächtige Equipagen belebten das Straßenbild, und die vornehmen Damen in ihren Viktoria-Chaisen, begleitet von ihrem ›Tiger‹, der kerzengerade und mit verschränkten Armen auf dem Kasten saß, ließen ihre Peitsche besonders laut über die elegant dahintrabenden Ponys knallen, wenn sie unter den anerkennenden Blicken der Herren an den Fenstern der umliegenden Klubs vorbeirollten. Die Gentlemen pflegten sich dann unter tiefen Seufzern gegenseitig zu bestätigen, »was für eine herrliche Sache es doch sei, zu beobachten, wie eine schöne Frau ein prächtiges Pferdegespann durch die Straßen Londons kutschiert«. Ein paar Straßen weiter trabten die Royal Guards vorbei, in ihren knallroten Röcken und weißen Reithosen auf schwarzen Pferden, und ihr Sattel- und Zaumzeug knarrte und klirrte leise. Gegen die Silhouetten der hohen Kutschen sah man das bekannte Profil irgendeines Politikers oder Honoratioren, der sich auf dem Weg zu einem der großen Häuser oder zu einem der Klubs auf der Pall Mall oder am Picadilly befand. Für die Konservativen war es der Carlton-Club, für die Liberalen der Reform-Club, das Athenäum für die *crème de la crème*, der Turf für die Sport- und Rennenthusiasten und im Travellers', White's, Brook's oder Boodle's trafen sich die Herren zu leichter Konversation im Kreise Gleichgesinnter. Die Regierungsgeschäfte und die Probleme des Empire jedoch wurden im »besten Klub Londons«, dem House of Commons, das während der Saison tagte, diskutiert. Die Qualität der Bibliothek, des Rauchsalons und des Speisezimmers, der Diener, Kellner und des Weinkellers entsprachen in jeder Hinsicht den Anforderungen, die bei der Profession der hier amtierenden Gentlemen an sie gestellt werden mußten. Damen in ihren weiten Hüten und knöchellangen Kleidern saßen zusammen mit den Abgeordneten und Ministern auf der Terrasse über der Themse, blickten hinüber auf die hoheitsvolle

Würde von Lambeth Palace am anderen Ufer und klatschten über politische Tagesereignisse.
Bei privaten Abendgesellschaften mit blumengeschmückten Tischen und Dienern, die hinter jedem Stuhl bereitstanden, unterhielten sich die Gentlemen im eleganten Frack mit weißer Krawatte mit ihren Tischdamen, die Wolken von Tüll um ihre Schultern drapiert hatten und Sternchen oder Krönchen in ihren kunstvoll aufgetürmten Frisuren trugen. Die Konversation plätscherte jedoch keineswegs einfach so dahin, sondern sie wurde als eine Kunst gepflegt, »deren Beherrschung hohes Ansehen eintrug«. In der Oper, die unter dem energischen Patronat Lady de Greys hoffähig geworden war, sang Nellie Melba mit dem unvergleichlich reinen Sopran ihre Liebesduette zusammen mit dem umschwärmten Idol der Saison, Jean de Reszke. Aus der königlichen Loge leuchteten die tiefausgeschnittene Samtrobe Lady Warwicks »in mephistophelischem Purpur mit nur wenigen Diamanten besetzt« und die scharlachroten Federn ihres Haarschmucks herüber. Wie auf Kommando erhoben sich in Reih und Glied die Lorgnons, wenn Lady de Grey den Saal betrat, und man begutachtete, was sie, die Rivalin der Warwick um den Titel der bestangezogenen Dame Englands, heute abend trug. Anschließend bei den Parties Lady de Greys, deren Teilnehmer ›Bohemiens in Samt und Seide‹ genannt wurden, befanden sich zuweilen auch Mme. Melba, der Prinz von Wales und – bis zu seinem Schicksalsjahr 1895 – Oskar Wilde unter den Gästen. Jeden Abend gab es zahlreiche politische Empfänge, die bis Mitternacht, oder Bälle, die bis in den frühen Morgen dauerten. Auf der obersten Stufe der weitausschwingenden Treppe stehend begrüßten die Herzogin von Devonshire oder Lady Londonderry, die beiden Gebieterinnen über die Londoner Gesellschaft, eingehüllt in eine Kaskade blitzender Diamanten den nicht endenwollenden Strom ihrer vornehmen Gäste, während der Zeremonienmeister mit Stentorstimme eine Orgie von Titeln, Namen und Würden verlas: »Seine Durchlaucht … Ihre Hoheit … Der Ehrenwerte … Lord und Lady … Seine Exzellenz der Botschafter von …« und unten in dem von Fackeln erleuchteten Innenhof ein Diener nach der Kutsche Seiner Lordschaft rief.
Innerhalb der Gesellschaft hatten sich verschiedene Gruppen herausgebildet, die teilweise ineinander übergingen und miteinander in Verbindung standen. Die ›flotte‹, sportliche Marlborough-Clique gruppierte sich um die füllige, aber durchaus königliche Gestalt des Prinzen von Wales, dessen Zigarre und charakteristischen hannoveranischen Züge mit dem kurzen grauen Bart unverwechselbar waren. Von der nervtötenden Monotonie der höfischen Etikette, die seine verwitwete Mutter vorschrieb, unendlich gelangweilt (wie jeder, der diesem Zeremoniell unterworfen war), öffnete der lebenslustige, wählerische Prinz seinen noblen Kreis einer Reihe ungewöhnlicher Außenseiter, vorausgesetzt, sie waren entweder reich, schön oder

amüsant: Amerikanern, Juden, Bankiers und Börsenmaklern, ja, sogar ab und zu einmal einem Fabrikanten, einem Forschungsreisenden oder einer anderen Berühmtheit der Zeit. Von Berufswegen kam der Prinz mit allen möglichen Leuten zusammen, und unter seinen persönlichen Freunden befanden sich einige der fähigsten Männer des Landes, wie etwa der Admiral Sir John Fisher. Die Behauptung, der Prinz habe niemals ein Buch gelesen, war eine sehr ungezogene Zeitungsente. Zugegeben, er zog Marie Cornelli jedem zeitgenössischen Autor vor, aber er hatte Lieutenant Winston Churchills erstes Buch *The Malakand Field Force* mit »dem allergrößten Interesse« gelesen und dem Verfasser ein sehr freundliches Anerkennungsschreiben zukommen lassen, in dem er ihm versicherte, er finde »die Beschreibungen und den Stil ganz exzellent«. Aber im großen und ganzen wurden Intellektuelle und Literaten in seinem Kreis nicht sonderlich geschätzt und geistige Schärfe und Witz nicht gewürdigt, denn, Lady Warwick zufolge, wollte die Gesellschaft oder irgendeine ihrer Gruppen »nicht zum Nachdenken angeregt werden«. Man war vergnügungssüchtig, rücksichtslos, gedankenlos und ausgesprochen extravagant. Die Emporkömmlinge, besonders Juden, stießen in den meisten Fällen auf Ablehnung, »nicht etwa, weil wir sie als Individuen nicht mögen, denn einige von ihnen waren charmant, ja sogar brillant, sondern weil sie Köpfchen hatten und etwas von Finanzdingen verstanden«. Dies war besonders störend, denn die Gesellschaft wollte sich vor allem nicht über das Geldverdienen den Kopf zerbrechen, sondern höchstens über das Geldausgeben.

Rechts von der Gruppe der Bonvivants standen die ›Unbestechlichen‹, die strengen, reaktionären, äußerst klassenbewußten, alteingesessenen Familien, die den Kreis des Prinzen als ›vulgär‹ abtaten und sich selbst als den wahren Hort des guten gesellschaftlichen Tones betrachteten. Jede dieser Familien war von einer Korona ärmerer Vettern vom Lande umgeben, die ein oder zwei Mal in ihrem Leben in London auftauchten, um eine Tochter in die Gesellschaft einzuführen, ansonsten aber noch kaum dem 18. Jahrhundert entwachsen waren. Am linken Flügel standen die Intellektuellen oder die ›Souls‹, die sich um ihre Sonne und ihren Mittelpunkt, Arthur Balfour, Neffe Lord Salisburys und die brillanteste und populärste Gestalt Londons, scharten. Sie waren literarisch gebildet, gaben sich profund philosophisch und ergingen sich in endloser Selbstbewunderung. Ihr eigener Kreis war für sie wie ein Spiegel, vor dem sie sich wie ein eitler Pfau drehten und wendeten. »Sie sitzen hier herum und unterhalten sich über Ihre geistige und seelische Verfassung«, meinte Lord Charles Beresford 1888 anläßlich eines Dinners, »ich werde Sie daher ›Souls‹ nennen.« Und so hieß die Gruppe fortan. Als Admiral der Marine und ganz besonders Glanzstück des Zirkels um den Prinzen von Wales gehörte Lord Charles selbst nicht zu den Souls, obwohl er eine sehr extravagante Frau geheiratet hatte, die zum Nachmittagskleid ein Diadem zu tragen pflegte und von Sargent porträtiert wurde. Die Originaltreue des Malers ging so weit, daß er ihr zwei Augenbrauenpaare malte, denn, so bemerkte Sargent lakonisch, sie habe in der Tat zwei Brauen über jedem Auge: eine natürliche und darüber die gestrichelte ihres Make-up.

Die Männer der Souls hatten fast alle eine politische Laufbahn eingeschlagen und waren beinahe ausnahmslos ›junior ministers‹ in Lord Salisburys Kabinett. Eines ihrer führenden Mitglieder, George Wyndham, der Verfasser eines Buches über französische Dichter und einer Einführung zu Norths *Plutarch*, war eine Zeitlang der parlamentarische Privatsekretär Arthur Balfours, ehe er schließlich 1898 die Berufung zum Unterstaatssekretär im Kriegsministerium erhielt, obwohl Lord Salisbury widerstrebend bemerkt hatte: »Ich mag keine Poeten.« George Curzon, Unterstaatssekretär im Foreign Office und später Vizekönig in Indien, gehörte ebenfalls zu den Souls, ebenso wie St. John Brodrick, der spätere Kriegsminister. Beide sollten einmal die Peerswürde erben und wehrten sich vergeblich gegen das unvermeidliche Schicksal zwangsweiser Versetzung in das Oberhaus. Auch die Mitglieder der Tennant-Familie gehörten zu den Souls: Alfred Lyttelton, ein Kricket-Champion und späterer Kolonialminister, der mit Laura Tennant verheiratet gewesen und inzwischen Witwer geworden war; Lord Ribblesdale, der Charlotte Tennant geheiratet hatte; und die sehr liberale dritte Schwester, Margot, bei deren Hochzeit mit dem scheidenden Innenminister Asquith außer zwei ehemaligen Premierministern, Gladstone und Lord Rosebery, zwei zukünftige Premiers, nämlich der Bräutigam selbst und Arthur Balfour, anwesend waren. Besondere Bewunderung genoß Harry Cust, Erbe der Brownlow-Baronie, Gelehrter und Sportmann. Er war ein so glänzender Kopf, daß ihm allein aufgrund seines Ansehens, ohne daß er zuvor Erfahrungen auf dem Gebiet des Pressewesens gehabt hätte, bei einer Dinner-Gesellschaft der Posten eines Chefredakteurs bei der *Pall Mall Gazette* angeboten wurde. Cust nahm sofort an und machte die Zeitung vier Jahre lang. Allerdings beeinträchtigte seine ›fatale Zügellosigkeit‹ gegenüber dem schönen Geschlecht – das ihn ›unwiderstehlich faszinierend‹ fand – seine öffentliche Karriere, und so erfüllte er nie die Hoffnungen, die man anfangs in ihn gesetzt hatte.

Die Londoner Gesellschaft war relativ klein und sehr homogen, und ihre *conditio sine qua non* war der Landbesitz. Wollte ein Außenseiter in diesen Kreis eindringen, dann mußte er zunächst einmal ein Gut kaufen und dort leben; allerdings half selbst das in manchen Fällen nicht. Als John Morley, damals Kabinettsminister, den Ort Skibo besuchte, wo Andrew Carnegie ein Schwimmbad hatte bauen lassen, zeigte er dies dem ihn begleitenden Polizeidetektiv und fragte ihn um seine Meinung. »Na ja, Sir«, antwortete der Detektiv vorsichtig, »mir scheint, das ganze hier riecht ein bißchen nach Parvenü.«

Innerhalb der, wie Winston Churchill sie nannte, »exklusiven und mächtigen Gruppe«, der zweihundert führenden Familien, die seit Generationen über England herrschten, war jeder mit jedem verwandt oder verschwägert, und man kannte sich untereinander. Aufgrund ihrer exponierten Stellung in der Gesellschaft und ihres Reichtums fühlten der Adel und die Vornehmen eine Verpflichtung, den Bestand ihrer Klasse zu erhalten, und so war die Zahl der Kinder in diesen Familien zumeist recht groß; fünf oder sechs waren durchaus die Regel, sieben oder acht nicht ungewöhnlich und neun oder mehr keineswegs selten. Der Herzog von Abercorn, der Vater Lord George Hamiltons, eines der Minister in Salisburys Kabinett, hatte sechs Söhne und sieben Töchter; der vierte Baron Lyttelton, der Schwager Gladstones und Vater Alfred Lytteltons, hatte acht Söhne und vier Töchter; und der Herzog von Argyll, der unter Gladstone Minister für Indien gewesen war, hatte zwölf Kinder. Bei so vielen Geschwistern und der häufigen Wiederverheiratung verwitweter Ehepartner war jeder mit einem Dutzend anderer Familien verwandt. Bei den verschiedenen gesellschaftlichen Ereignissen, die täglich stattfanden, bei Pferderennen oder Jagden, bei Cowes, bei den Regatten, in der Royal Academy, im Gerichtssaal oder im Parlament war es mehr als wahrscheinlich, daß man einen entfernten Vetter, einen Onkel seines Schwagers oder eine Schwester seines Stiefvaters auf der Gegenseite antraf. Wenn ein Premier sein Kabinett bildete, dann war es unvermeidlich, daß einige der Kabinettsmitglieder mit ihm oder untereinander verwandt waren. Mit Vetternwirtschaft hatte dies absolut nichts zu tun. In dem Kabinett von 1895 beispielsweise war der Kriegsminister Lord Lansdowne mit der Schwester Lord George Hamiltons, des Ministers für Indien, verheiratet, während Lansdownes Tochter den Neffen und zukünftigen Erben des Herzogs von Devonshire und Lord President des Geheimen Staatsrates, geheiratet hatte.

Die Regierenden des Landes, so sagte einer von ihnen, »kannten einander, ganz abgesehen von ihrer Arbeit in Westminster, recht gut«. Sie waren zusammen auf die gleiche Schule gegangen und hatten eines der beiden bevorzugten Colleges, Christ Church in Oxford oder Trinity College in Cambridge, gemeinsam besucht. Hier wurden die zukünftigen Premierminister – wie etwa Lord Rosebery und Lord Salisbury, die auf Christ Church, oder ihre direkten Nachfolger, Arthur Balfour und Sir Henry Campbell-Bannermann, die auf Trinity College gewesen waren – auf ihre Aufgabe vorbereitet. Die eigentliche Pflanzschule für Politiker jedoch war Balliol, dessen hervorragender Leiter, Benjamin Jowett, ein Mann mit großen pädagogischen Fähigkeiten, die Studenten, die intelligent waren und »deren soziale Stellung sie dazu befähigen mochte, im öffentlichen Leben einmal hohe Ämter zu bekleiden« unter seine besondere Obhut nahm. Christ Church hingegen, meist einfach das ›House‹ genannt, war die bevorzugte Schule der reichen und begüterten Aristokratie. In der Jugendzeit jener Männer, die in den neunziger Jahren das Land regierten, hatte Dean Liddell die Schule geleitet. Liddell war ein ausnehmend schöner Mann von großer Eleganz und mit ausgezeichneten, geschliffenen Umgangsformen, dessen Tochter Alice von einem damals unbekannten Mathematiklehrer, Charles Dodgson, sehr verehrt wurde. Der größte Teil der Zeit im ›House‹ war mit Fuchsjagden, Rennen, einer nicht allzu ernst genommenen Form des Kricket und einer »schier endlosen Zahl exzellenter Dinners im Kreise der fabelhaftesten Burschen der Welt« ausgefüllt.

Wenn diese ›Burschen‹ dann im hohen Alter ihre Memoiren schrieben, fanden sich auf den ersten Seiten meist zahllose Fußnoten und Hinweise auf diesen oder jenen Charles, Arthur, William und Francis aus den Schultagen des Autors, der später »Oberkommandierender des kaiserlichen Generalstabes«, »Bischof von Southampton«, »Sprecher des Parlaments« oder »Botschafter in Athen« geworden war. In den langen Jahren des Zusammenlebens war man einander so nahe gekommen, daß man sich gegenseitig um kleine Gefälligkeiten bitten konnte. Als Winston Churchill 1898, damals 23 Jahre alt, entgegen der sehr bestimmten Weigerung seines Oberkommandierenden Sir Herbert Kitchener an der Sudan-Expedition teilnehmen wollte, war sein Wunsch trotz des Verbots nicht unrealisierbar. Winstons Großvater, der siebte Herzog von Marlborough, war im Kabinett Disraelis ein Kollege von Lord Salisbury gewesen. Premier Salisbury hörte sich also die Bitte des jungen Winston wohlwollend an und versprach zu helfen. Da die Zeit jedoch knapp zu werden drohte, wandte sich Winston an den Privatsekretär Salisburys, Sir Schomberg McDonnell, »den ich seit meiner Kindheit von gesellschaftlichen Anlässen her kannte«. Winston traf McDonnell an, als dieser sich gerade zu einer Abendgesellschaft ankleidete, und trug ihm seine Bitte vor. Der Sekretär zeigte sich außerordentlich hilfsbereit. »Ich werde mich sofort darum kümmern«, sagte er und schon war er fort und hatte seine Dinnereinladung total vergessen. Solche kleine Gefälligkeiten waren damals gang und gäbe.

Das Erziehungssystem war für alle gleich. Es hatte nicht zum Ziel, ausgesprochen wissenschaftliche Köpfe oder präzise Denker heranzubilden, sondern den Schüler mit einer »nonchalanten Würde«, die ihm den Status eines englischen Gentleman verlieh, und dem unerschütterlichen Glauben, daß dieser Status das höchste Gut des Menschen auf Erden sei, auszustatten. Ein solcher Status verpflichtete den Inhaber natürlich, seinem Leitbild gerecht zu werden. Im Zimmer eines jeden Etonschülers hing das berühmte Bild Lady Butlers, das einen Offizier mitten in dem Desaster am Majuba-Hügel zeigt, wie er mit blankem Säbel und dem Ruf: »Floreat Etona!« todesmutig nach vorne stürmt. Dieser Geist mag, wie oft behauptet wurde, die Ursache dafür sein, daß britische Offiziere zwar stets sehr tapfer, selten aber überragende Strategen waren. Gleichwohl, Eton besucht zu haben, das bedeutete, »von einem Gefühl mühelos errungener Überlegenheit durchdrungen zu sein und sich in dem Bewußtsein eines unangreifbaren Primats zu wiegen«. Mit diesem geistigen Rüstzeug versehen sahen seine Träger mit heiterer Gelassenheit in die Welt und bedauerten jeden, der dieses Gefühl nicht besaß. Als Sir Charles Tennant und sein Partner sich bei einer Golfpartie gerade auf einen Abschlag vorbereiten wollten und von einem Fremden, der sich vordrängelte und seinen eigenen Ball auf den »tee« legte, in höchst ungehöriger Weise gestört wurden, war der erboste Partner Tennants nahe daran, aus der Haut zu fahren. »Ach, ärgern Sie sich doch nicht«, beschwichtigte ihn Sir Charles, »vielleicht ist er kein richtiger Gentleman, der arme Kerl.«

Die Aristokratie Kontinentaleuropas beneidete die Engländer um ihre märchenhafte Welt und versuchte ernsthaft, sie zu imitieren (ausgenommen vielleicht die russische, die französisch sprach und eigentlich niemanden imitierte). Deutsche Adelige heirateten Engländerinnen und gefielen sich in Tweedanzügen und Raglanjacken. In Frankreich konzentrierte sich das Leben der *haute monde* um den Jockey-Club, dessen Mitglieder Whisky tranken und sich in ihren roten Jagdröcken von Helleu, dem französischen Gegenstück zu Sargent, porträtieren ließen.

Es war durchaus nicht zufällig, daß das bewunderte Vorbild mit Pferden in Zusammenhang gebracht wurde, denn der englische Gentleman war ohne sein Pferd undenkbar. Seit dem Tag, da ein Mann zum ersten Mal ein Pferd bestiegen und dadurch an Größe, Schnelligkeit und, mit der Erfindung des Steigbügels, an Kampfkraft gewonnen hatte, hob das Pferd den Regierenden aus der Masse der Regierten heraus. Der Reiter war das Symbol der Herrschaft, und nirgendwo auf der Welt war das Pferd so elementarer Bestandteil einer Klasse wie im Falle der englischen Aristokratie. Es war das Attribut ihrer Macht. Als ein zeitgenössischer Schriftsteller die Haltung der Oligarchie der Großgrundbesitzer beschreiben wollte, da griff er bezeichnenderweise auf Termini aus der Reitkunst zurück: für diese Schicht, so schrieb er, bestand die Gesellschaft »aus einer kleinen, ausgewählten Schicht von Aristokraten, die mit Stiefel und Sporen auf die Welt gekommen und dazu geboren ist, zu reiten, und einer riesigen, schemenhaften Masse, die seit ihrer Geburt Sattel und Zaumzeug trägt und deren Schicksal es ist, geritten zu werden«.

Auch 1895 war das Pferd im Leben der Upper Class immer noch ebenso unentbehrlich und allgegenwärtig wie der Diener, nur wurde es bedeutend höher geschätzt und besser behandelt. Es war Fortbewegungsmittel, Gegenstand der Freizeitbeschäftigung und der Konversation; es inspirierte Zuneigung, Tapferkeit, Poesie und das Gefühl physischer Überlegenheit. Beim Rennen, dem Sport der Könige, wie auch bei der Kavallerie, der Elitetruppe

der Nation, war das Pferd das wesentlichste Element. Wenn ein englischer Patrizier in Wehmut an die Zeit seiner Jugend zurückdachte, dann waren es für ihn die Jahre, »in denen ich aus der Höhe des Sattels auf das Leben herabschaute und dem Himmel so nah war wie nie«.
Die Galerie im Tattersall, wo man sich des Sonntagsabends einfand, um die Pferde der Montagsauktion zu begutachten, war ebenso fashionable wie die Oper. Auch fuhr man nicht einfach zum Rennen nach Newmarket, sondern man besaß oder mietete ein Haus in der Umgebung und wohnte dort während der Saison. Der gesamte Rennsport stand unter der Aufsicht der drei Stewarts des Jockey Club, gegen deren Entscheidungen es keinen Einspruch gab. Drei der Minister in Lord Salisburys Kabinett – Henry Chaplin, der Earl von Cadogan und der Herzog von Devonshire – waren alle zu verschiedenen Zeiten Stewarts des Jockey Club gewesen. Der Besitz einer Stute und die Rennpferdzucht verschlangen ein Vermögen. Als Lord Rosebery, der mit einer Rothschild verheiratet war, während seiner Amtszeit als Premier 1894 das Derby gewann, telegraphierte ihm Chauncey Depew aus Amerika: »Jetzt noch ein Platz im Himmel, und das Maß der Glückseligkeit ist voll.« Aber Depew hatte sich getäuscht, denn Rosebery gewann das Derby noch zweimal, nämlich 1895 und 1905. Der Prinz von Wales gewann 1896 mit seinem großartigen Fuchs Persimmon, der aus seiner eigenen Zucht stammte, und wiederholte seinen Sieg 1900 mit Persimmons Bruder Diamond Jubilee. Aber der größte Tag Epsoms kam 1909, als er das Derby zum drittenmal, diesmal mit Minoru, gewann, denn inzwischen war der Prinz König geworden, und dies war der erste Derbysieg eines regierenden Monarchen. Als das Purpur, Scharlach und Gold der königlichen Farben am Tattenham-Bogen nach vorne kam, gerieten die Zuschauer in helle Aufregung, und als Minoru dann auf der Geraden in einem furiosen Tempo Kopf an Kopf mit seinem Rivalen um den Sieg kämpfte, brach die Menge, außer sich vor Begeisterung, in ein ohrenbetäubendes Geschrei aus, und es gab Tränen der Freude, als Minoru schließlich mit einer Kopflänge gewann. Absperrungen wurden durchbrochen, man klopfte dem König auf die Schulter, schüttelte ihm die Hand und »sogar die Polizisten schwenkten ihre Helme und schrien sich heiser«.
Auch ein berühmtes Pferdegespann verlieh erhöhtes Prestige. So war beispielsweise Lord Londesborough, der Präsident des Four-in-Hand Club als ein ›swell‹ – das heißt, eine Person von außerordentlicher Eleganz, die großen Aufwand trieb – bekannt. Man rühmte den untadeligen Geschmack in seinem ganzen Aufzug ebenso sehr wie die »Schnelligkeit, Schönheit und Grazie« seines Pferdegespanns. Das Kutschpferd war mehr als nur ein dekoratives Schaustück; es war ein unerläßliches Mittel zur Fortbewegung und übte von daher seine Tyrannei aus. Als eine Nichte Charles Darwins 1900 mitgenommen wurde, um bei der Einschiffung Lord Roberts nach Südafrika

zuzusehen, bekam sie wohl das Schiff, nicht aber Lord Roberts zu Gesicht, »weil die Equipage nach Hause mußte, denn sonst wären die Pferde überanstrengt worden«. Wenn ihre Tante Sara, Mrs. William Darwin, zum Einkaufen nach Cambridge fuhr, dann pflegte sie auch bei dem kleinsten Hügel zu Fuß hinter ihrer Kutsche herzugehen, und wenn sie bei ihren Besorgungen mehr als zehn Meilen zurückzulegen hatte, schickte sie ihre Equipage nach Hause, nahm sich eine Mietdroschke und erledigte ihre restlichen Besuche.

Aber die große Leidenschaft des Reiters war die Parforcejagd. Mit Hunden und Reitern über Hügel und Felder zu jagen, so schrieb Wilfrid Scawen Blunt in einem Sonett, das war ein Gefühl, »als habe mein Pferd Flügel und als sei ich selbst ein Gott«. Der richtige Pferdenarr konnte einfach nicht genug bekommen von den Aufregungen, den Gefahren und der Schönheit der Hetzjagd, von dem klagenden Ton des Jagdhorns, dem aufgeregten Kläffen der Meute, den dahinfliegenden rotberockten Reitern und schwarzgekleideten Damen im Damensattel, den mächtigen Sätzen über Bäche, Hekken, Steinmauern und Gräben und sogar von den Stürzen, den gebrochenen Knochen und den bitterkalten abendlichen Heimritten. Es war eine Lust, in dieser Zeit zu leben und der privilegierten Klasse anzugehören, aber die Parforcejagd, das war Entzückung schlechthin. Die Enthusiasten – ganz gleich ob männlich oder weiblich – gingen in der Woche fünf- bis sechsmal auf die Jagd. Von Mr. Knox, dem Hauskaplan des Herzogs von Rutland, sagte man, daß er sogar unter seiner Soutane und dem Chorhemd Stiefel und Sporen trug und »selbst wenn er auf der Kanzel stand nichts anderes als Pferde im Kopf hatte«. Die Familie des Herzogs konnte an der Eile, mit der er des Morgens die Gebete sprach, ablesen, ob Mr. Knox an diesem Tag auf die Jagd ging oder nicht.

Henry Chaplin, ein sehr beliebter Squire in Lord Salisburys Kabinett, galt als Urtyp des englischen Landedelmannes; er betrachtete sich selbst als den Repräsentanten der Agrarinteressen im Parlament, legte aber ebenso viel Wert auf seine Pflichten als Master der Blankney Hounds und konnte sich manchmal einfach nicht entscheiden, welche dieser Pflichten nun wichtiger war. Bei Debatten oder Kabinettssitzungen zeichnete er oft Pferdeskizzen auf irgendwelchen offiziellen Dokumente. Wenn seine Anwesenheit als Minister während der parlamentarischen Fragestunde erforderlich war, dann wartete ein Sonderzug auf ihn und brachte ihn nach Abschluß der Sitzung dorthin, wo die Jagdgesellschaft gerade weilte. Irgendwo zwischen zwei Stationen hielt der Zug an, Mr. Chaplin erschien in weißen Reithosen und rotem Jagdrock, kletterte die Böschung hinab und fand seinen Stallknecht und sein Pferd am Treffpunkt vor. Da er rund zweieinhalb Zentner wog, war er ständig auf der Suche nach Pferden, die sein Gewicht tragen konnten, und nicht selten mußte er mehrmals im Laufe eines Tages die

Pferde wechseln. »Ihn auf einem seiner schweren Pferde daherpreschen zu sehen, war ein herrlicher Anblick.« In einem Fall gab es aus einem Feld keinen anderen Ausweg als nur eine schmale Öffnung in einer sehr hohen Hecke. In diesem Durchlaß stand jedoch ein Baumschößling, umgeben von einem etwa 1,40 Meter hohen eisernen Gitter. »Man rief nach einem Beil oder einem Messer, als plötzlich der Squire mit der Geschwindigkeit einer Lokomotive heranbrauste, das Monokel fest ins Auge geklemmt und nichts anderes sehend als die eine Öffnung in der Hecke. Es gab kein Halten mehr; auch das Bäumchen konnte ihn nicht stoppen; sein Gewicht und das seines Pferdes knickten den Schößling wie ein dünnes Hölzchen, und schon war er auf und davon, ohne zu merken, daß da jemals ein Baum gestanden hatte.«

Die Unkosten für die Zucht und den Unterhalt einer Meute die von dem ›Master‹ der Meute getragen werden mußten, und außerdem der Unterhalt eines eigenen Stalles waren nicht gerade gering. Mr. Chaplins Extravaganz ging sogar soweit, daß er sich eine Zeitlang zwei Meuten hielt und zwei Parforcejagden organisierte, bis er sich schließlich mit seiner Rennpferdzucht, dem Unterhalt einer Rotwildjagd in Schottland und der Bewirtung seines sehr verwöhnten Freundes, des Prinzen von Wales, ruinierte und das Familiengut verlor. Auf einer seiner letzten Jagden im Jahre 1911 stürzte der damals schon über Sechzigjährige vom Pferd und erlitt einen doppelten Rippenbruch sowie eine Lungenverletzung. Aber ehe man ihn nach Hause brachte, bestand er darauf, im nächsten Dorf anzuhalten und dem ›Whip‹ der Konservativen im Unterhaus zu telegraphieren, daß er an diesem Abend nicht zur Abstimmung in London sein werde.

George Wyndham, der 1902 als Minister für Irland ins Kabinett kam, wurde wie Henry Chaplin zwischen seinen Leidenschaften für die Jagd und die Politik hin- und hergerissen. In seinem Falle war die politische Tätigkeit nicht ganz frei von persönlichen Ambitionen, denn er hatte es auf das Amt des Premierministers abgesehen. Da er außerdem noch Gedichte schrieb und sowohl die Kunst wie die Literatur liebte, hatte er stets die schwere Qual der Wahl unter seinen vielen Liebhabereien. Einer seiner Sportsfreunde riet ihm davon ab, sein Leben der Politik zu widmen, und nannte ihm Harry Chaplin als das abschreckende Beispiel eines Mannes, von dem man in seiner Jugend mehr erwartet hatte. Es war nicht einfach, sich diesem Argument zu verschließen und nicht das sorglose Leben vorzuziehen, besonders wenn man mit ansehen mußte, wie die Gentlemen des morgens in ihren roten Jagdröcken, frisch geweißten Reithosen und einer Schürze, die die Hose schützen sollte, zum Frühstück erschienen, oder wenn am Weihnachtsabend, wie Wyndham beschreibt, »neununddreißig Personen sich zum Dinner um den Tisch versammelten«, von denen dreißig dann am nächsten Morgen zur Jagd aufbrachen. »Heute waren wir wieder alle draußen ... Drei von uns sausten gleich auf und davon (fünfzig Längen vor den anderen). Der Rest war überall verstreut. Auf dem Feld schwärmten wir aus, aber es wurde so schnell geritten, daß man sich seinen Platz nicht richtig aussuchen konnte. Also nahmen wir das Gelände wie es kam, während die Hunde an unserer Seite jaulten. Niemand konnte dem anderen auch nur einen Zoll abgewinnen. Das ist ein unvergleichliches Hochgefühl. Das sind die Freuden der Jagd. Es gibt nichts Schöneres.«

Die älteste Rolle des Reiters jedoch, älter noch als die bei der Fuchsjagd, war die des Ritters. Die Kavallerieoffiziere betrachteten sich denn auch stets als die Elite der Armee und waren in der Tat höher angesehen, allerdings mehr aufgrund des mit der Kavallerie verbundenen Sozialprestiges als wegen ihrer geistigen Fähigkeiten oder ihrer Phantasie. Sie gaben sich »selbstsicher«, wie einer von ihnen später schrieb, und kultivierten jenes »überlegene Selbstvertrauen, das Jugend, Standeszugehörigkeit und der Stolz auf das Vaterland uns einflößten«. Während der ersten Jahre beim Regiment schafften sie es, durch die tägliche Routine des Drills und dadurch, daß sie wöchentlich mindestens einmal aus dem Sattel auf den Kopf fielen, »jenen chronischen Zustand dumpfer Benommenheit zu erreichen, der das Ziel eines jeden Kavallerieoffiziers ist«. Das Polospiel, das die Regimenter im Geburtsland dieses Sports, in Indien, kennengelernt hatten, war ihre ganze Leidenschaft und die Kavallerieattacke das A und O ihrer Strategie. Die militärischen Führer der Nation kamen meist aus der Kavallerie, und sie glaubten an die Überlegenheit der Kavallerieattacke wie an die Anglikanische Kirche. Als der Inbegriff eines klassischen Kavallerieoffiziers galt ein Mann, eine brillante und geradezu geniale Persönlichkeit, ein enger Freund des Prinzen von Wales, »beliebt bei Hofe und in den Clubs, auf dem Rennplatz und bei den Jagden ... und einer der leuchtendsten Sterne der Militärs in der Londoner Gesellschaft«: Oberst Brabazon von den 10. Husaren. Er war 1,80 Meter groß, hatte ein glattes, regelmäßig geschnittenes Gesicht, helle graue Augen und ein energisches Kinn, einen gewaltigen Schnurrbart, um den ihn der deutsche Kaiser beneidet hätte, und nicht minder exzellente Ideen. Als General Brabazon (er war inzwischen avanciert) 1902 vor dem Committee of Imperial Defense über seine Erfahrungen während des Burenkrieges, in dem er die Imperial Yeomanry geführt hatte, aussagte, da elektrisierte er förmlich »die Kommission mit seinen Berichten über seine persönliche Teilnahme an Kämpfen und Handgemengen und durch seine Theorien über den Einsatz der Kavallerie im Krieg«. Dazu gehörte auch, wie Lord Esher dem König berichtete, unter anderem »ein abgrundtiefes Mißtrauen gegenüber den Waffen, mit denen die Kavallerie ausgerüstet war, und seine Vorliebe für Überraschungstaktiken und den Einsatz von Männern, die mit Tomahawks ausgerüstet sind«. Die Art seines Vortrags war »für diesen galanten Offizier höchst charakteristisch ... seine Skizzen von Kavallerieattacken unter den obengenannten Bedingungen schlugen die Phantasie der Komiteemitglieder in ihren Bann«. Anschließend hörte die Kommission Oberst Douglas Haig, zuletzt oberster Stabsoffizier der Kavalleriedivision im Südafrikanischen Krieg, der die geplante Abschaffung der Lanze aufs äußerste bedauerte und seine Überzeugung von der Wirksamkeit der *arme blanche*, des Kavalleriesäbels, als ausgezeichnete Waffe für die Truppe nachdrücklich bekräftigte.

Das eigentliche Lebenselement des englischen Patriziers jedoch waren sein Landgut, seine Pächter und Kleinbauern, der Geruch des eingebrachten Korns und der Viehställe; es war dort, wo das Leben im ›Haus‹, der dominierenden Einheit des gesamten Distrikts, den Gang der Dinge in der kleineren Einheit, dem Dorf, bestimmte, auf dem Grund und Boden, den seine Familie seit Generationen besessen, bebaut, verpachtet und aus dem sie ihr Einkommen bezogen hatte. In dieser Umgebung hatte er als Kind die Natur kennengelernt und erlebt, den Himmel, die Bäume und Felder, die Vögel und das Rotwild im Wald. »Die außerordentliche Schönheit des Zuhause unserer Kindertage war ein Geschenk des Himmels«, schrieb Lady Frances Balfour. Die prächtigen Schlösser – wie etwa Schloß Blenheim, das den Herzögen von Marlborough, oder Chatsworth, das den Herzögen von Devonshire, Wilton, das den Earls von Pembroke, Warwick Castle, das den Earls von Warwick, Knole, das den Sackvilles oder Hatfield, das den Salisburys gehörte – hatten drei- oder vierhundert Zimmer, Hunderte von Kaminen, und die Gesamtfläche des Daches maß man nach Hektar. Andere Häuser, die nicht ganz so geräumig waren, sind dagegen vielfach länger bewohnt gewesen, etwa Renishaw, in dem die Sitwells über siebenhundert Jahre gewohnt haben. Aber gleichgültig ob groß oder klein, die Besitzer dieser Häuser hörten nie auf anzubauen, Veränderungen vorzunehmen oder die Landschaft zu verschönern. Hügel wurden abgetragen oder neu aufgeschüttet, Seen herbeigezaubert, Flußläufe umgeleitet und breite Schneisen in den Wald geschlagen, an deren Ende ein Marmorpavillon als Blickfang stand.

Die Zahl der Häuser, die eine Familie besaß, war erstaunlich; ein Haus in der Stadt, das Familiengut mit dem Stammsitz, ein zweites Landhaus, eine Jagdhütte im Norden, eine weitere in Schottland und vielleicht ein Schloß in Irland. Das war keineswegs ungewöhnlich. Lord Salisbury beispielsweise besaß außer Hatfield und seinem Londoner Haus in der Arlington Street, das Manor House in Cranborne, Dorsetshire, eine Villa in Frankreich, und wäre er ein Sportsmann gewesen, so hätte er sicher auch noch ein Häuschen in Schottland oder einen Rennstal in der Nähe von Epsom oder Newmarket gehabt. Damals gab es in England 115 Personen, die mehr als 20 000 Hektar Land besaßen, davon 45, die über 40 000 Hektar hatten.

Allerdings muß dazu gesagt werden, daß ein Großteil des Bodens nicht genutzt wurde und nur ein geringes Einkommen brachte. Rund 60 bis 65 Personen, alles Peers, hatten sowohl Landbesitz von mehr als 20 000 Hektar als auch ein jährliches Einkommen von über 50 000 Pfund, davon bezogen 15 – sieben Herzöge, drei Marquis, drei Earls, ein Baron und ein Baronet – aus ihrem Landbesitz allein ein Einkommen von mehr als 100 000 Pfund. In ganz Großbritannien gab es bei einer Gesamtbevölkerungszahl von 44 500 000 rund 2500 Großgrundbesitzer, von denen jeder mehr als 1200 Hektar Land besaß und ein Pachtaufkommen von über 3000 Pfund hatte.

Einkommen unter 160 Pfund waren einkommensteuerfrei, und in diese Kategorie fielen etwa 18 bis 20 Millionen Menschen. Davon waren etwa drei Millionen in Büros oder im Dienstleistungsgewerbe beschäftigt und verdienten durchschnittlich 75 Pfund pro Jahr. $15^1/_2$ Millionen waren Arbeiter, Soldaten, Seeleute, Postbeamte, Polizisten oder im landwirtschaftlichen, beziehungsweise häuslichen Dienstleistungssektor und verdienten weniger als 50 Pfund im Jahr. Das Existenzminimum für eine fünfköpfige Familie lag damals bei 55 Pfund im Jahr oder 21 Shilling und acht Pennies in der Woche. Hausdiener schliefen in Dachkammern oder fensterlosen Kellerräumen. Die Landarbeiter wohnten in Hütten, für die sie einen Shilling Miete in der Woche zahlten. Sie mußten von morgens fünf, wenn das Signalhorn ertönte, bis zum Einbruch der Dunkelheit mit Sense, Pflug und Sichel auf den Feldern arbeiten. Wenn das Dach ihrer Hütte undicht war oder die Balken langsam verrotteten, dann hafteten sie dem Eigentümer für die Reparaturen, und wenn der Gutsbesitzer im Falle der Arbeitsunfähigkeit nicht für sie sorgte, dann mußten sie ihren Lebensabend im Armenhaus verbringen. Die dienstbaren Hausgeister jedoch – die Stallknechte, Gärtner, Zimmerleute, Schmiede, Hirten und lanfwirtschaftlichen Hilfskräfte –, deren Familien ebenso lange auf dem Gut gewohnt hatten wie die Schloßherren, taten ihren Dienst »mit Leidenschaft und voller Hingabe ... denn daran hing ihr ganzer Stolz«.

Vom Beginn der Moorhuhn-Saison im August bis zur Wiedereröffnung des Parlaments luden sich die Gutsbesitzer gegenseitig zu wochenlangen Besuchen und Parties ein, bei denen zwischen zwanzig und fünfzig Gäste anwesend waren. Da jeder Gast seinen Diener mitbrachte, mußte der Hausherr oft bis zu hundert Personen bewirten; bei einer Hausparty des Herzogs von Devonshire in Chatsworth waren es sogar einmal vierhundert. Der beliebteste Zeitvertreib war die Jagd; man müßte dabei vor allem genügend Ausdauer und Treffsicherheit an den Tag legen, damit man mit Hilfe eines Gewehrträgers und drei oder vier Büchsen eine unbegrenzte Anzahl Niederwild, das von einem Heer von Treibern aufgescheucht wurde, zur Strecke bringen konnte. Von Grafschaft zu Grafschaft, kreuz und quer durch ganz Schottland zog die rastlose adelige Jagdgesellschaft, und ihr

Weg war durch Tausende und aber Tausende erlegter Vögel und Hasen gezeichnet. Man war dauernd unterwegs: zur Vogeljagd beim Prinzen in Sandringham, zur Parforcejagd beim Herzog von Beaufort (in blau und braun statt scharlachrot) und seiner Meute in Wiltshire, auf der Rotwildjagd durch die weglosen schottischen Wälder, Buchten und Klippen (»Bleib'n Se unten, Squire, bleib'n Se unten«, flüsterte ein Jagdgehilfe Mr. Chaplin zu, als dieser auf eine Lichtung kriechen wollte, um bis auf Schußweite an einen Hirsch heranzukommen. »Se sin um de Hüfte rum so jut jebaut, ick ha' Angst, det Vieh wird Se erblicken.«), zu Weihnachtsfeiern und einundzwanzigsten Geburtstagen oder zur gelegentlichen Entspannung in Bad Homburg oder in Marienbad, um die übersättigten Mägen zu entlasten und sich wieder für die nächste Runde fit zu machen.

Den Morgen verbrachten die Gentlemen zumeist im Moor auf der Jagd; die Damen erschienen bereits zum Frühstück in eleganten Hüten und überraschten am Nachmittag durch den vollendeten Chic und die verführerische Eleganz ihrer teagowns aus *eau de Nil*-Satin mit goldbesticktem *mousseline de soie* drapiert und Zobelbesatz am Saum und am Revers«. Am Abend folgte dann das Galadinner in großer Abendtoilette. Den ganzen Tag über huschten Scharen von Dienern lautlos umher, brachten den Morgentee und die *Times,* ließen das Badewasser ein und schleppten Kohlen für die Kamine heran, füllten die Vasen täglich mit frischen Blumen, murmelten »Seine Durchlaucht ist in der großen Bibliothek«, schlugen den Gong zu den Mahlzeiten und warteten auf Mylady, um ihr beim Aufschnüren der Corsage behilflich zu sein.

In einem kleinen Messingrähmchen an der Zimmertür steckte eine Karte mit dem Namen des Gastes und eine entsprechende Karte fand sich neben der Klingel im Anrichteraum des Butlers. Bei der Verteilung der Zimmer galt es die bekannten, wenn auch uneingestandenen Liaisons zu beachten. Solange die Partner solcher internen Seitensprünge keinen öffentlichen Skandal, ausgelöst etwa durch die erboste Gattin oder den gehörnten Gemahl, heraufbeschworen, konnten sie tun und lassen, was ihnen beliebte. Die einzige Überlegung von Gewicht war dabei, den unteren Klassen keinen Fall von Ehebruch bekannt werden zu lassen. In dieser Hinsicht war der Kodex eisern. Innerhalb der geschlossenen Gesellschaft der regierenden Klasse galt es als eine unverzeihliche Sünde, ein Mitglied dieser Gemeinschaft öffentlich bloßzustellen; eine Klage vor dem Scheidungsrichter oder Publicity, die die Mitglieder in Verruf brachte, durfte es einfach nicht geben. Falls der Herr Gemahl sich bedauerlicherweise absolut weigerte, Vernunft anzunehmen und damit drohte, die entsprechenden Schritte zu unternehmen, dann traten sämtliche *arbiter* der Gesellschaft, darunter, wenn unbedingt notwendig (und ungeachtet seiner keineswegs blütenweißen Weste), auch der Prinz von Wales, in Aktion, um den Unglücksraben von seinem

Vorhaben abzubringen. Er dürfe seine Klasse nicht einer derartigen Bloßstellung aussetzen, erinnerten sie ihn dann, und außerdem sei es seine Pflicht, den Schein zu wahren und den neugierigen Blicken der gemeinen Masse eine makellose Schauseite zu bieten. Meist war der Arme dann so eingeschüchtert, daß er gehorchte, selbst wenn er dann, wie es in einem Falle tatsächlich vorgekommen ist, außer in Gesellschaft zwanzig Jahre lang kein Wort mit seiner Frau sprach.

In ihrer luxuriösen und verschwenderischen Welt war Zügellosigkeit oberstes Gesetz. Berühmte Exzentriker, wie etwa der als Nachtschwärmer bekannte Herzog von Portland, der übelgelaunte, selbstherrliche Sir George Sitwell und Sir William Eden waren lediglich Repräsentanten ihrer Klasse, innerhalb deren die Gewohnheit zu tun und zu lassen, was man wollte, bis zum Exzeß gesteigert war. Für die Mehrzahl von ihnen war es ja auch nicht gerade schwierig, heiter und beschwingt durchs Leben zu gehen, denn es wurde alles getan, um ihnen alle Annehmlichkeiten und Behaglichkeit zukommen zu lassen und ihnen, als den Großen und Reichen der Gesellschaft, den Weg durch dieses Leben möglichst ohne Unterbrechung so lebenswert wie nur möglich zu machen.

Das Ergebnis war der snobistische, blasierte englische Lord. Als Oberst Brabazon, der einen Sprachfehler bei der Aussprache des ›r‹ kultivierte, einmal zu spät auf den Bahnhof kam und hörte, daß der Zug nach London gerade abgefahren war, befahl er dem Stationsvorsteher: »Dann bwingen Sie miw einen andewen!« Die Gentlemen, die gewöhnlich keine Lust verspürten, auf den zugigen Provinzbahnhöfen zu warten, und denen die Fahrt mit den kleinen Bummelzügen zu langsam ging, pflegten sich einfach einen Privatzug für durchschnittlich 25 Pfund pro Fahrt zu mieten. Es gab nicht wenige unter ihnen, die – wie die Königin Viktoria – in ihrem ganzen Leben keine Fahrkarte zu Gesicht bekamen. Die Damen der Hautevolee trugen Exklusivmodelle von Worth oder Doucet, die ihren Kundinnen so viel Sorgfalt angedeihen ließen, als wollten sie sie porträtieren. »Um mal etwas anderes zu haben als die anderen Leute«, hatte die in England geborene Schönheit Prinzessin Daisy von Pless, »einen Saum echter Veilchen« auf die Schleppe ihrer Hofrobe nähen lassen, die aus durchsichtiger Spitze gefertigt, mit blauem Chiffon unterlegt und mit goldenen Münzen übersät war.

Da es ihnen an nichts fehlte und die Sorge in ihren Kreisen meist unbekannt war, erfreuten sich die Patrizier Englands bester Gesundheit. Wenigstens fünf der führenden Minister in Lord Salisburys Kabinett waren über 1,80 Meter groß, also weit über dem Durchschnitt der damaligen Zeit. Von den insgesamt neunzehn Kabinettsmitgliedern wurden alle, außer zweien, über siebzig Jahre alt; sieben überschritten die Achtziger und zwei sogar die Neunziger, und das zu einer Zeit, in der die durchschnittliche Lebenserwartung eines Neugeborenen 44 Jahre und die eines Zweiundzwanzigjährigen 62 Jahre betrug. Im Schutze ihrer Privilegien kultivierten sie eine Lebensart, die Lady Warwick nur mit den Worten »Sie haben eben ein gewisses Flair« zu beschreiben vermochte.

Nur ab und zu verursachte das ferne, dumpfe Grollen in der Atmosphäre den englischen Patriziern ein leichtes Unbehagen, das vage Vorgefühl einer nicht mehr allzu fernen Veränderung, die das Ende ihres unbeschwerten Daseins bedeuten würde. Nach dem Dinner unterhielten sich die Gentlemen beim Portwein über die Ausbreitung der Demokratie und die Bedrohung durch den Sozialismus. In den Zeitungen erschienen Karikaturen John Bulls, wie er ängstlich über einen Zaun hinweg auf einen Stier namens Labour schaut. Die meisten Menschen waren sich der drängenden Zeitprobleme durchaus bewußt, konnten sich aber angesichts der gegenwärtigen Ordnung nicht ernsthaft vorstellen, daß es wirklich weitreichende Veränderungen geben könnte; einige jedoch waren tief beunruhigt. Der junge Arthur Ponsonby sah jeden Abend an dem Ufer der Themse zwischen Westminster und Waterloo Bridge »das ärmliche Gewimmel der heimatlosen, elenden Asozialen, die auf Bänken schliefen«; er brach mit der Höflingstradition seines Vaters und seines Bruders und wurde Sozialist. Lady Warwick versuchte, die quälenden Zweifel an diesem Leben, das sich nur in der Suche nach Annehmlichkeiten erschöpfte, durch »wiederholte Anfälle von Caritas« zu beruhigen, bei denen sie von »der inneren Überzeugung, daß die Dinge so wie sie waren, nicht richtig waren, und dem gebieterischen Impuls, bei der Richtigstellung der Dinge helfen zu müssen« getrieben wurde. 1895 las sie einen polemischen Artikel des sozialistischen Publizisten Robert Blatchford in dessen Zeitung *Clarion* über einen Ball, der auf Warwick Castle anläßlich der Übernahme des Titels durch ihren Gatten gegeben worden war. Voller Zorn eilte sie spornstreichs nach London, das Haus voller Gäste zurücklassend, und trat ihrem Feind gegenüber. Sie erklärte ihm, daß viele, die in der Winterszeit keine Arbeit fänden, durch die Feste auf Warwick Castle zu Brot kämen. Mr. Blatchford erklärte seiner schönen Besucherin dagegen die Natur der produktiven Arbeit und die Prinzipien der sozialistischen Theorien. Sie kehrte tief bewegt von diesen völlig neuen Gedankengängen nach Warwick zurück und widmete fortan, zum äußersten Mißbehagen ihrer Klasse, ihre Energie, ihr Vermögen und ihren Einfluß der Verbreitung dieser Ideen.

Lady Warwick war jedoch ein Einzelfall und keineswegs die Exponentin eines allgemeinen Trends. Als Nation legte England 1895 eine Art unbekümmerter Hochnäsigkeit an den Tag, die seinen Nachbarn die Galle hochsteigen ließ. Die ›splendid isolation‹ war sowohl ein realer außenpolitischer Tatbestand, als auch eine weitverbreitete Attitüde im Lande selbst. Großbritannien machte sich weder ernsthafte Sorgen wegen möglicher Feinde, noch erachteten die Engländer es für notwendig, Bundesgenossen zu gewinnen. So hatten sie auch keinerlei Freunde. In einer Welt jedoch, in der die Energien anderer Nationen darauf gerichtet waren, ihre Grenzen zu sprengen, konnte dieser glückliche Zustand nicht von langer Dauer sein. Am 20. Juli, als die Regierung Salisbury noch nicht einmal einen Monat lang im Amt war, wurde England ganz plötzlich und völlig überraschend von einer Seite herausgefordert, von der niemand eine solche Aktion erwartet hätte, nämlich von den Vereinigten Staaten. Es handelte sich um einen hartnäckigen Grenzstreit zwischen Venezuela und Britisch Guinea. Unter Hinweis darauf, daß England sich auf Kosten Venezuelas territorial ausdehne und damit die Monroe-Doktrin verletze, hatten die Venezolaner die USA dazu angestachelt, auf einer endgültigen Klärung der Frage zu bestehen. Der amerikanische Präsident Grover Cleveland war zwar ein Mann von durchaus gesundem Menschenverstand, der auf dem Boden der Tatsachen stand, doch befanden sich seine Landsleute zu diesem Zeitpunkt gerade in einer Stimmung wachsenden Selbstbewußtseins. Wie schon Rudyard Kipling betonte, hat Frankreich sein Deutschland und Großbritannien sein Rußland als Ventil für chauvinistische Gefühle. Genauso hatte Amerika sein England, das einzige Land, das sich dafür eignete, daß »amerikanische Politiker bei öffentlichen Reden darauf herumtrampelten«. Am 20. Juli sandte Clevelands Außenminister Richard Olney eine Note an Großbritannien, in der es hieß, die Mißachtung der Monroe-Doktrin sähe er »als einen unfreundlichen Akt gegen die Vereinigten Staaten an«. Mit nur mühsam verhülltem Säbelrasseln fuhr er dann fort, die USA seien »Herr der Situation und praktisch für jeden Gegner unverwundbar«.

Das war im diplomatischen Verkehr eine höchst ungewöhnliche Sprache, aber Olney hatte die Note bewußt provokativ gehalten, weil seiner Erfahrung nach »die Vereinigten Staaten in den Augen der Engländer eine *quantité negligable* waren, so daß nur Worte, die wie Hammerschläge fallen, eine Wirkung zeigen werden«. Allerdings verfehlten sie ihre Wirkung auf Lord Salisbury, der gleichzeitig auch als Außenminister amtierte. Er war ebenso wenig geneigt, auf derartige Angriffe zu reagieren, wie er sich von seinem Schneider zum Duell hätte fordern lassen. Die Außenpolitik war seit 20 Jahren sein Metier gewesen. 1878 hatte er zusammen mit Disraeli am Berliner Kongreß teilgenommen und sich durch alle Tücken und Gefahren der damals aktuellen verwirrenden und hartnäckigen Kontroverse der Balkanfrage hindurchgewunden. Salisbury verfuhr also nicht nach der Methode Palmerstones, den der Prinz von Wales so sehr bewunderte, »weil er genau wußte, was er wollte, und seinen Willen gegen alle Widerstände durchsetzte«. Die außenpolitischen Probleme waren außerdem lange nicht mehr so unkompliziert wie in den Glanzzeiten Lord Palmerstones und

Salisbury war bei ihrer Lösung auch keineswegs auf dramatische Effekte aus. Ein diplomatischer Sieg, so pflegte er zu sagen, wird durch »eine Serie mikroskopisch kleiner Vorteile errungen; durch eine vorsichtige Empfehlung hier und einige opportune Artigkeiten dort; eine kluge Konzession heute und weitsichtige Beharrlichkeit morgen; durch vollendetes Taktgefühl, unendliche Geduld und eine Ruhe, die durch keine noch so große Torheit, keine Provokation und keinen Fauxpas erschüttert werden kann«. Allerdings war er der Ansicht, daß derartige Feinheiten und Finessen gegenüber einer Demokratie, also beispielsweise den Vereinigten Staaten, einfach falsch am Platze seien, wie seiner Überzeugung nach auch das Wahlrecht für die Arbeiter zu schade war. Also ließ er Olneys Note zunächst einmal vier Monate lang unbeantwortet.

Als er sie dann schließlich am 26. November beantwortete, konstatierte er lakonisch, daß »die umstrittene Grenze von Venezuela absolut nichts mit den Fragen, um die sich die Monroe-Doktrin dreht, zu tun hat«, und er verschloß sich kompromißlos jeder Verhandlung »über die Grenze einer englischen Besitzung, die bereits zur britischen Krone gehörte, als die Republik Venezuela noch gar nicht bestand«. Er befolgte also noch nicht einmal die wichtigste Grundregel diplomatischer Gepflogenheiten: einen Spielraum für Verhandlungen offen zu lassen. Dieser Affront war selbst für Cleveland zu stark. In einer Botschaft an den Kongreß vom 17. Dezember kündigte er an, daß eine amerikanische Untersuchungskommission die Frage des Grenzverlaufes untersuchen und eine endgültige Regelung treffen werde. Jede weitere territoriale Expansion Großbritanniens über diese Linie hinaus werde als »mutwilliger Angriff« auf die Rechte und Interessen der Vereinigten Staaten angesehen. Cleveland wurde zum Volkshelden, ein Tornado des Hurrapatriotismus fegte durch ganz Amerika und die *New York Sun* verkündete: »KRIEG FALLS NOTWENDIG«. Es dauerte nicht lange und das Wort ›Krieg‹ wurde so unbekümmert gebraucht, als handle es sich um eine Strafexpedition gegen die Irokesen oder die Barbary-Piraten.

England war verblüfft, und die Kommentare variierten entsprechend der Parteizugehörigkeit. Die Liberalen waren über den hochnäsigen Ton Lord Salisburys auf das äußerste erbost, während die Tories sich über die amerikanische Vermessenheit ärgerten. »Jeder Engländer, der nur einen Funken Nationalgefühl in sich hat«, so schrieb der Romanschriftsteller und Tory-Journalist Morley Roberts in einem der unvermeidlichen Briefe an die *Times*, »kann nicht anders als mit Verachtung auf die Monroe-Doktrin herabschauen. Die Engländer, und nicht die Bewohner der Vereinigten Staaten sind die größte Macht auf dem amerikanischen Kontinent, und keiner dieser republikanischen Hunde kann ohne unsere Erlaubnis das Maul aufreißen und bellen.« Wenn der Ton auch übertrieben war, der Ärger und der Zorn waren durchaus echt. Obwohl einsichtige Männer auf beiden Seiten des Atlantik die Absurdität der Streitfrage erkannten, raste die Kriegshysterie in beiden Ländern. Es wurde schließlich immer schwieriger, eine Beendigung des Konfliktes abzusehen, als ganz plötzlich eine dritte Macht glücklicherweise Anlaß zur Ablenkung und damit Abkühlung bot.

Niemand besaß ein so ausgesprochenes Talent dafür, die Animosität anderer Völker auf sich zu ziehen, wie der Katalysator jener Epoche, der deutsche Kaiser Wilhelm II. Da er es unentwegt darauf anlegte, die Wichtigkeit seiner Person und seines Landes hervorzukehren, eine Rolle zu spielen, sich in Pose zu werfen und in den Lauf der Geschichte einzugreifen, ließ er keine Gelegenheit dazu ungenutzt. Er lechzte geradezu danach, Einfluß nehmen zu können, und das gelang ihm ja dann auch schließlich.

Am 29. Dezember 1895 war der schon seit längerem schwelende Konflikt zwischen der Burenrepublik Transvaal und der britischen Kapkolonie durch die Jameson-Raid offen ausgebrochen. Offiziell unter britischem Mandat stehend, tatsächlich aber autonom, blockierte die Burenrepublik den Vormarsch der Engländer durch Afrika. Außerdem unterdrückte sie die ›Uitlanders‹ – das waren sowohl Engländer als auch Angehörige anderer Staaten –, die vom Gold angelockt in solchen Scharen nach Transvaal gekommen waren und sich dort niedergelassen hatten, daß sie die Buren schließlich zahlenmäßig weit übertrafen. Sie besaßen jedoch weder das Wahlrecht, noch genossen sie die sonstigen Bürgerrechte und waren infolge dieser Mißstände und der ständigen Diskriminierung auf das äußerste erbittert. Inspiriert vom ungeduldigen Genius des Imperialismus, Cecil Rhodes, war Dr. Jameson mit sechshundert berittenen Gefolgsleuten in Transvaal eingefallen, in der Hoffnung, einen Aufstand der Uitlanders provozieren, die Burenregierung stürzen und die Südafrikanische Republik unter die Kontrolle der Briten bringen zu können. Seine Truppe war zwar nach drei Tagen eingekreist und gefangen genommen, aber durch seinen Vorstoß wurde jene Kettenreaktion, die dann vier Jahre später zum Burenkrieg führte, ausgelöst.

Zunächst jedoch bot dieser Zwischenfall dem stets auf der Lauer liegenden Kaiser eine Gelegenheit. Er telegraphierte dem Präsidenten der Burenrepublik, Krüger, seine Glückwünsche zu der erfolgreichen Abwehr der Eindringlinge und betonte, daß dies ohne »die Hilfe der mit ihm befreundeten Mächte in Anspruch zu nehmen« gelungen sei. Natürlich war jedermann klar, daß solche Hilfe in der Zukunft auf Anfrage gewährt werden würde. Augenblicklich wandte sich die Aufmerksamkeit des britischen Volkes von Amerika ab und richtete sich auf Deutschland. Der Zorn der Briten wurde von Präsident Cleveland, der die Rolle des Unruhestifters ohnehin nicht besonders gut spielen konnte, abgelenkt und auf den Kaiser übertragen, der sie wesentlich besser beherrschte. Von allen Manövern Wilhelms II., die Deutschland, was der Kaiser im Grunde stets am meisten gefürchtet hatte, schließlich isolierten, war das Krüger-Telegramm das wirkungsvollste. Es ließ eine Feindseligkeit erkennen, die die Briten zutiefst erschreckte. Seit diesem Vorfall begann der Gedanke, daß die britische Isolation möglicherweise gefährlich und gar nicht so ›splendid‹ sein könnte, die Politiker des Landes ernsthaft zu beunruhigen.

Das Jahr 1895 war reich an düsteren und schockierenden Ereignissen, von denen eines die Londoner Gesellschaft besonders schwer erschütterte. Zwei Monate vor dem Amtsantritt der Konservativen wurde Oscar Wilde wegen schwerer Unzucht mit Männern nach Paragraph 11 der Ergänzung zum Strafgesetzbuch angeklagt und verurteilt. Damit war nicht nur dieser brillante Schriftsteller, sondern auch die Philosophie der Dekadenz, die er symbolisiert hatte, für die Gesellschaft erledigt.
Die Vermutung, daß sich ein allmählicher Zerfallsprozeß vollziehe, war zwei Jahre zuvor in einem vieldiskutierten Buch Max Nordaus mit dem Titel *Degeneration* erneut sehr nachdrücklich geäußert worden. Über 600 Seiten hinweg und sich zunehmend hysterischer gebärdend, spürt Nordau den Zersetzungstendenzen nach, die im Realismus Zolas, im Symbolismus Mallarmés, dem Mystizismus Maeterlincks, der Musik Wagners, den Dramen Ibsens, den Bildern Manets, den Romanen Tolstois, der Philosophie Nietzsches, den Lehren des Anarchismus und des Sozialismus, in der Damenmode, den Geisteskrankheiten, Selbstmorden und nervösen Leiden, in der Rauschgiftsucht, dem Tanz und der sexuellen Freiheit verborgen lauern und die alle zusammen eine Gesellschaft ergeben, die ohne Selbstkontrolle, Disziplin oder Scham »ihrem sicheren Untergang entgegenstrebt, da sie zu verbraucht und zu verwelkt ist, um noch etwas Großes schaffen zu können«.
Oscar Wilde war bereits, wie es einem Manne entsprach, der sich der Dekadenz verschrieben hat, dabei, sich selbst zu zerstören. Bisher hatten seine Erfolge es ihm ermöglicht, seine Rolle als Ästhet, Wüstling und Spötter zu spielen. Er entzückte seine Freunde mit dem unvergleichlichen Esprit seiner Bemerkungen, wie das Theaterpublikum mit seinen Stücken. Allmählich jedoch hatte seine Arroganz als Künstler das Maß des Erträglichen überstiegen; er wurde unbeherrscht und maßlos in seinen Begierden, fett, aufgedunsen und liederlich, so daß sich, wie einer seiner Freunde bemerkte, »alle seine schlechten Eigenschaften in seinem Gesicht abzeichneten«. Auch der Erfolg befriedigte ihn nicht, denn seine Übersättigung verlangte danach, den bitteren Kelch des Unglücks bis zur Neige auszukosten. »Ich war ein Problem«, sagte er in einem Augenblick der Selbsterkenntnis über sich, »für das es keine Lösung gab.« Er beschwor seine eigene Verhaftung herauf, als er gegen den Marquis von Queensberry Anklage wegen Verleumdung erhob. Die daraufhin folgenden Gerichtsverhandlungen rissen den

Schleier der Diskretion von der Gesellschaft und gaben den Blick frei auf den fahlen Glanz des Lasters: Kuppelei und Erpressung; Strichjungen; heimliche Verabredungen in billigen Hotels mit einem Kammerdiener, einem Stallburschen oder einem Bootswärter, den man am Strand aufgegriffen hatte. Gegen den jungen, gut aussehenden Lord Alfred Douglas, den Sohn des Marquis von Queensberry, der auch in den Fall verwickelt war und sich der Zuneigung und Gesellschaft Oscar Wildes erfreut hatte, wurde keine Anklage erhoben. Auch damals, als Lord Arthur Somerset, ein Sohn des Herzogs von Beaufort und ein Freund des Prinzen von Wales, 1889 bei einer Polizeirazzia in einem Homosexuellen-Bordell aufgegriffen wurde, erfolge keine Anklage. Man hatte ihm die Möglichkeit gegeben, auf den Kontinent zu entwischen und dort nach seiner Fasson zu leben. Der Prinz hatte Lord Salisbury darum gebeten, daß man Somerset gelegentlich erlauben möge, seine Eltern auf deren Landgut unauffällig zu besuchen, »ohne befürchten zu müssen, aufgrund jener schrecklichen Beschuldigung verhaftet zu werden«.

Frank Harris, damals Herausgeber des *Fortnightly Review*, nahm an, daß die herrschende Klasse sich auch in einem Akt der Solidarität vor ihren Freund Oscar Wilde stellen würde. Er setzte voraus, daß die Aristokraten in ihrer Voreingenommenheit den außergewöhnlichen dem gewöhnlichen Menschen vorziehen und daß sie sich für einen ›genialen Mann‹ ebenso einsetzen würden wie für einen Lord oder einen Millionär. Er hatte sich getäuscht. Wilde hatte den unverzeihlichen Fehler begangen, das Interesse der Öffentlichkeit auf seine Verfehlung zu ziehen. Und da es obendrein noch ein Künstler und Intellektueller war, den man in der schummrigen Höhle des Lasters erwischt hatte, forderte er den entrüsteten Aufschrei der Spießer heraus und stürzte die britische Öffentlichkeit in einen der heftigsten ihrer periodisch auftretenden Moralin-Anfälle. Der Richter war voreingenommen; die öffentliche Meinung schmähte den Angeklagten; und die Gesellschaft, die er amüsiert hatte, wandte sich von ihm ab. Droschkenkutscher und Zeitungsjungen rissen gemeine Witze über ›Oscar‹, die Presse verunglimpfte ihn, seine Bücher wurden aus dem Handel gezogen, und auf den Plakaten, die ›The Importance of Being Earnest‹ ankündigten, das brillanteste seiner Stücke, das damals gerade das Publikum begeisterte, wurde der Name Oscar Wilde überklebt. Sein Sturz, so kommentierte der Gentleman und Sozialist H. M. Hyndman den Fall, »war das betrüblichste Ereignis innerhalb der literarischen Welt, das ich kenne«. Mit ihm zerstob in England, wenn nicht gar auch auf dem Kontinent, der goldene Dunst über der Dekadenz des *fin-de-siècle*.

Der von Lord Salisbury am Ende des Jahres ernannte *Poeta Laureatus* hätte als Literat keinen größeren Kontrast darstellen, nichts die Re-Inthronisation spießbürgerlicher Wohlanständigkeit eindringlicher markieren können.

Seit dem Tode Tennysons im Jahre 1892 hatte es keinen Poeta laureatus mehr gegeben, da weder Gladstone noch Lord Rosebery, die ihre Verantwortung gegenüber der Literatur sehr ernst nahmen, einen würdigen Nachfolger finden konnten. Swinburne war aufgrund seiner peinlichen Angewohnheiten und Ansichten bedauerlicherweise »absolut unmöglich« (obwohl Gladstone »sein Genie bewunderte«). William Morris war Sozialist, von Hardy waren damals nur seine Romane bekannt, und die jüngeren poetischen Talente tendierten in die Richtung der Yellow Books und der Mauve Decade. Der junge Anglo-Inder Rudyard Kipling hatte in seinen *Barrack Room Ballads* von 1892 zwar einen recht kraftvollen und überzeugenden Ton gefunden, sich aber doch einer sehr ungeschliffenen Sprache bedient, so daß weder er, noch W. E. Henley, noch Robert Bridges in Betracht kamen. Die übrigen Kandidaten waren Durchschnitt und einer von ihnen, Sir Lewis Morris, provozierte die, wie ein Zeitgenosse es beschreibt, »spontanste und witzigste Bemerkung, die je in England geäußert wurde«. Morris, Autor eines Elaborats mit dem Titel *The Epic of Hades*, wäre sehr gerne Poeta laureatus geworden und beschwerte sich eines Tages bei Oscar Wilde: »Ich bin umgeben von einer Verschwörung des Schweigens. Was soll ich tun, Oscar?«
Wilde: »Mach mit.«
Nach dem Prinzip, daß – ähnlich wie im Falle der beiden Bischöfe – der eine Dichter so gut ist wie der andere, ernannte Lord Salisbury nach seiner Amtsübernahme Alfred Austin zum Poeta laureatus. Austin war ein stockkonservativer Journalist, Gründer und Herausgeber des *National Review* und Verfasser vor Patriotismus nur so strotzender Verse, die er zu aktuellen Anlässen, wie beispielsweise beim Tode Disraelis, anzufertigen pflegte. Als ein Freund ihn einmal auf grammatikalische Fehler in seinen Gedichten aufmerksam machte, antwortete Austin: »Ich wage es nicht, die Reime zu verändern, denn sie werden mir von oben eingegeben.« Er war von sehr kleiner Statur, nur etwa 1,50 Meter groß, hatte ein rundes Gesicht mit einem gepflegten weißen Schnurrbart und kannte als Autor politischer Artikel, die er mit ›Diplomaticus‹ zeichnete und in denen er die Außenpolitik der Konservativen kommentierte, den Premier persönlich und besuchte ihn des öfteren in Hatfield. Er hatte seine Laufbahn als Korrespondent im deutsch-französischen Krieg von 1870 mit einem Interview, das ihm Bismarck in Versailles gewährte, begonnen. Dreißig Jahre später mußte er sich zu der schmerzlichen Erkenntnis durchringen, daß Deutschland in seinen Kriegen zwischen 1850 und 1870 »ohne Zweifel zu Mitteln Zuflucht genommen hat, von denen man sich nicht vorstellen kann, daß Alfred der Große oder auch irgendeiner der heutigen britischen Minister sie angewendet hätte«. Sein bis dahin populärstes Werk war ein Buch in Prosa über die englischen Gärten, aber schon zwei Wochen nach seiner Ernennung zum Poeta laureatus

übertraf er alle Erwartungen mit einem in der *Times* veröffentlichten Gedicht über die Jameson-Raid:

> There are girls in the gold-reef city,
> There are mothers and children too!
> And they cry, Hurry up! for pity!
> So waht could a brave man do? . . .
>
> So we forded and galloped forward,
> As hard as our beasts could pelt,
> First eastward, then trending northward,
> Right over the rolling veldt . . .

Das Echo der Heiterkeitsstürme, die dieses Opus hervorrief, drang sogar bis zur Königin, und sie befragte Salisbury deswegen. Er mußte zugeben, daß der erste Erguß des neuen königlichen Laureaten »unglücklicherweise dem Geschmack der Leute auf der Galerie der Schmierentheater entsprach, die die Verse mit großer Vehemenz sangen«. Salisbury machte sich nie die Mühe zu erklären, warum seine Wahl gerade auf Austin gefallen war, abgesehen von einer Bemerkung, die er so ganz nebenbei machte, nämlich daß er »es so gewünscht habe«. Austin war zwar absolut kein Gewinn für die englische Lyrik, aber er war genau das, was das englische Volk damals haben wollte.

Der Engländer glaubte, wie ein amerikanischer Beobachter feststellte, er habe die beste Regierung der Welt und selbst wenn er in der Opposition stand, war er davon überzeugt, daß sein Land von pflichtbewußten Männern regiert wurde. Ihre Regierungsform »ist das, worauf die Engländer am stolzesten sind . . . und sie haben ein unerschütterliches Vertrauen in die persönliche Integrität ihrer Politiker«. Alfred Austin war die Personifizierung dieses Stolzes. Während des strahlenden Sommers im Jubilee Year 1897 – des Diamantenen Regierungsjubiläums der Königin Viktoria – fand ihn ein Besucher auf dem Rasen seines Landhauses in seinem hohen Korbstuhl sitzend, in einen weißen Leinenanzug gekleidet, einen Panamahut auf dem Kopf, in eine angeregte Unterhaltung mit Lady Paget und Lady Windsor vertieft. Man hatte sich gerade darauf geeinigt, daß jeder in der Runde seine Vorstellung vom Himmel darlegen sollte. Austins Wunsch war höchst patriotisch. Er wünschte sich, in einem Garten zu sitzen und unaufhörlich Telegramme zu erhalten, die abwechselnd einen Sieg der Engländer zur See und zu Lande meldeten.

Es war ein Leichtes, sich über Alfred Austin mit seinem kleinen Wuchs, seinem großartigen Gehabe und seinen banalen Reimen lustig zu machen, und in der Tat war er das Ziel vieler Witze. Dennoch steckte in seinem Jubiläumswunsch eine Einfachheit und Demut, eine grenzenlose, glückliche Liebe und Bewunderung für sein Land, ein Nicht-wahr-haben-wollen aller

Mißstände, die eine Geisteshaltung und einen Bewußtseinszustand widerspiegelten, der ebenso unwiederholbar war wie die Erscheinung Lord Riblesdales.

Das Oberhaus konnte nun, nachdem die Konservativen die Liberalen abgelöst hatten, in Ruhe das Kommende erwarten und seinen Neigungen folgen, die im wesentlichen darin bestanden, so wenig wie möglich zu arbeiten. Während der letzten Regierungsjahre der Liberalen hatte es sich aufgerafft, um ›die Fäulnis‹ zu bekämpfen, die durch die Gesetze der Radikalen verursacht worden war. Das Haus hatte die Employers Liability Bill (Unfallschutz und Versorgung der Arbeiter), die Parish Council Bill, das die Demokratisierung der Kommunalverwaltungen vorantreiben sollte, und schließlich natürlich die Home Rule Bill abgelehnt. In der letzten Rede seiner Laufbahn am 1. März 1894 hatte Gladstone sehr nachdrücklich und warnend darauf hingewiesen, daß die »fundamentalen Meinungsverschiedenheiten« zwischen den beiden Kammern im Laufe der letzten Jahre einen Punkt erreicht hatten, der eine Lösung »für diese außergewöhnlichen Gegensätzlichkeiten und die fortwährenden Konflikte in Prinzipienfragen und Angelegenheiten von allergrößter Bedeutung« in irgendeiner Form notwendig machte. Vorschläge für eine Reform des Oberhauses, um die ungünstige Verteilung der Gewichte im Falle einer Regierung der Liberalen zu beheben und damit zugleich Ansatzpunkte für Kritiker zu beseitigen, hatte es in großer Zahl gegeben. Doch jetzt, da beglückende Harmonie die Streitigkeiten verdrängt hatte, war davon nicht mehr so häufig die Rede. Gladstones Warnung geriet in Vergessenheit, und die Lords verfielen wieder in ihr gewohntes Schweigen.
Von den 560 Lords nahmen viele der sogenannten ›Hinterwäldler‹ überhaupt nie an Sitzungen teil. Andere ließen sich nur in Krisenzeiten sehen, und nur wenig mehr als fünfzig kamen regelmäßig zu den Beratungen. Es war, wie Lord Newton meinte, »die gutmütigste Versammlung, die man sich vorstellen kann«. Man ertrug Redner, die sich im Unterhaus keine fünf Minuten hätten halten können, geduldig bis zum Ende. Die Debatten wurden stets »in äußerst höflicher Form« und mit einer Zurückhaltung geführt, die eine beinahe schon »an Gleichgültigkeit reichende Distanziertheit« zu dokumentieren schien. Parteigegensätze wurden »mit dem Mantel gut einstudierter Höflichkeit« zugedeckt. Es war kein sehr anregendes Auditorium, besonders nicht für die Liberalen, deren Führer Lord Rosebery sich darüber beklagte, daß »jeder der Zuhörer den Eindruck macht, als sei er entweder völlig erschöpft oder zu Tode gelangweilt«.
Lord Salisbury hatte das House of Lords während seiner Amtszeit als Premier vollkommen in der Hand, obwohl sein offizielles Oberhaupt eigentlich der Lordkanzler war, der den Vorsitz führte. Zur Zeit Salisburys übte

Lord Halsbury, ehemals ein Bürgerlicher mit dem Namen Hardinge Giffard und Sproß einer der ältesten Familien Englands, das Amt des Speakers aus. Der Stammvater der Giffards hatte bei Hastings gekämpft und war später von William Rufus zum Earl von Buckingham erhoben worden. Der Titel starb dann zwar in der nächsten Generation aus, die Familie jedoch blieb bestehen, nicht gerade mit Reichtümern, dafür aber um so mehr mit Energie und Tatkraft gesegnet. Der sehr lebhafte Lordkanzler, damals zweiundsiebzigjährig, wurde achtundneunzig Jahre alt. Eine Gestalt wie aus den Pickwick Papers: untersetzt, kurze Beine, rote Wangen, weiße Haarbüschel über den Ohren und ein gutmütiges Gesicht. Aber trotz seiner heiteren Art konnte Lord Halsbury ein harter Gegenspieler sein, unerbittlich im Gerichtssaal und mit einem unfehlbaren Gedächtnis ausgestattet. Er trug stets einen dunklen Überrock, einen Derby-Hut mit viereckigem Kopf, einen ›echt blauen‹ Tory-Schlips. Einem jüngeren Mitglied des Oberhauses zufolge »lehnte er jegliche Veränderung prinzipiell und rundheraus ab«. Weil die Familie nicht allzuviel Geld besaß, war er zu Hause von seinem Vater erzogen worden, einem Rechtsanwalt und Herausgeber der sehr angesehenen Tory-Zeitung *Standard*, der seinen Sohn bis vier Uhr nachmittags in Griechisch, Latein und Hebräisch unterrichtete. Giffard war ein so aufrechter und rechtschaffener Mann, daß er ablehnte, als ihm der Herzog von Newcastle, ein Bewunderer seiner Zeitung, anbot, das Studium seiner drei Söhne in Oxford zu finanzieren. Trotzdem absolvierte der Jüngste das Merton-College, erreichte innerhalb kürzester Frist die Spitze der Juristenlaufbahn, kam zu Geld und gewann auf seinem Weg nach oben viele Freunde. Allerdings machten ihm gewisse Kreise den Vorwurf, er »übe sein hohes Amt mit einem fröhlichen Zynismus aus« und benutze seine Stellung am Oberhofgericht skrupellos für politische Protektion. Als man ihn jedoch unter einer Anzahl von Anwärtern zum Lordkanzler erwählte und damit nach der königlichen Familie und dem Erzbischof von Canterbury zum höchsten Würdenträger Englands machte, »stand der Carlton Club wie ein Mann hinter ihm«. Lord Coleridge, Lordoberrichter und Liberaler, schrieb: »Ihre Politik ist mir natürlich absolut unverständlich, aber in allem anderen, als Gelehrter, als Gentleman und als Jurist, wüßte ich niemanden, dem es eher anstünde, uns zu führen«.

Zwei hochgestellte Peers in Lord Salisburys Kabinett, der fünfte Marquis von Lansdowne und der achte Herzog von Devonshire, waren ursprünglich Whigs gewesen und erst später zu den Konservativen übergewechselt. Lord Lansdowne, der Kriegsminister, war ein Aristokrat vom Scheitel bis zur Sohle. Aalglatt und eiskalt, sehr elegant, sehr korrekt und sehr höflich, war er der gegebene Kandidat für ein hohes Zeremonialamt. Mit achtunddreißig Jahren war er Generalgouverneur von Kanada, mit dreiundvierzig Vizekönig von Indien gewesen. Sein Familienname lautete Fitzmaurice. Im

12. Jahrhundert hatte der erste Fitzmaurice sich in der irischen Grafschaft Kerry niedergelassen, und der jetzige Marquis war der 28. Lord von Kerry in direkter männlicher Linie. Er war einer jener Anglo-Iren, die »einen ausgesprochenen Instinkt fürs Regieren haben«, wie der *Spectator* einmal die Qualitäten Lord Salisburys kommentierte. Dieser Instinkt hatte sich bereits bei dem Ur-Ur-Großvater Lansdownes, dem ersten Marquis, gezeigt, der als Earl von Shelburne Minister unter Georg III. und während des letzten Jahres des amerikanischen Unabhängigkeitskrieges für kurze Zeit Premierminister gewesen war. Der gleiche Instinkt verhalf seinem Großvater, dem dritten Marquis, in den Jahren 1827 bis 1857 zum Posten des Innenministers und zu anderen Ministerämtern in sechs verschiedenen Regierungen; danach lehnte er das Amt des Premiers ab und schlug die Herzogswürde aus. Der derzeitige Marquis schien einem Schwager, Lord Ernest Hamilton, »der größte Gentleman seiner Zeit« und hätte bei einem internationalen Wettbewerb der Gentlemen zweifelsohne als der Vertreter Großbritanniens nominiert werden müssen.
Älter und noch würdevoller als Lansdowne war Spencer Compton Cavendish, der achte Herzog von Devonshire, dessen patrizisches Gehabe jedoch von jeglicher Befangenheit frei war. Er war vermutlich der einzige Mann in England, der unabhängig und nachlässig genug war, um eine Verabredung mit seinem König zu vergessen. Edward VII. hatte den Herzog wissen lassen, daß er an einem bestimmten Tag mit ihm in Devonshire House zu Abend speisen wolle. Der König traf auch am verabredeten Tag ein, zur allergrößten Verwirrung der Dienerschaft, denn der Herzog war nicht zu Hause und mußte erst in aller Eile aus dem Turf-Club herbeigeholt werden.
1895 war er zweiundsechzig Jahre alt, hochgewachsen, bärtig, das lange Habsburger Gesicht mit der edlen, scharfgeschnittenen Nase von schweren Augenlidern überschattet. Als Lord Hartington hatte er vierunddreißig Jahre im Unterhaus gesessen und war nun Lord President des Staatsrates in Lord Salisburys Kabinett. Er besaß rund 75 000 Hektar Land und erzielte allein aus seinem Grundbesitz ein Einkommen von 186 000 Pfund, ungerechnet die Erträge aus den investierten Kapitalien. Obwohl für seine Apathie bekannt, hatte er mehr Kabinettsposten in einer größeren Zahl verschiedener Regierungen bekleidet als irgendeiner seiner Zeitgenossen: Er war Erster Lord der Admiralität unter Lord Palmerston, Kriegsminister unter Lord John Russell, Postminister, Minister für Irland, Indien und wieder Kriegsminister in den verschiedenen Kabinetten Gladstones. Es war ein gewohntes Bild, Lord Hartington in seinem leichten offenen Wagen über Whitehall zum Parlament fahren zu sehen, die Zügel lässig in der Hand, eine dicke Zigarre im Mund und einen Collie neben sich.
Während der beiden Krisen gegen Ende der achtziger Jahre hatte er eine

führende Rolle in der wachsenden Opposition gegen Gladstone gespielt, durch die schließlich die Liberale Partei gespalten wurde: das war einmal die Expansionsdebatte gewesen, ausgelöst durch General Gordons Expedition in den Sudan, und dann natürlich die irische Frage mit der Home Rule. Wenngleich man ihn nicht zu den brillantesten und mitreißendsten Rednern zählen konnte, so hinterließ doch seine Rede von 1886, in der er seinen Bruch mit Gladstone ankündigte, einen tiefen Eindruck. Er erklärte schlicht und einfach, daß man nicht auf einer falschen Position beharren und eine Regierung, selbst die der eigenen Partei, weiterhin unterstützen könne, wenn man die Grundsätze dieser Regierung nicht mehr billige. Mit dieser Haltung flößte er, wie ein Mitglied des Hauses später sagte, »Hunderten von Männern im ganzen Land ein neues Gefühl für Pflicht ein und gab ihnen größere Handlungsfreiheit«. Henry Chaplin war der Überzeugung, daß ihm »nach dieser Rede das Amt des Premierministers sicher« sei. Einige Jahre zuvor hatte die Königin bei ihren hartnäckigen Versuchen, die im Grunde unvermeidliche Ernennung Gladstones zu umgehen, Lord Hartington gebeten, die Regierung zu bilden. Aber er hatte abgelehnt und damit Gladstone seine Reverenz erwiesen, der, wie er wußte, nur den Posten des Premiers und kein anderes Amt akzeptieren würde.

Nach der sehr fundierten Ansicht Balfours war Lord Hartington »von allen Staatsmännern, die ich kenne ... der überzeugendste Redner«, weniger wegen der Wahl seiner Worte, sondern wegen des untadeligen Charakters, der in ihnen zum Ausdruck kam. Er vermittelte seinen Zuhörern das Gefühl, daß hier ein Mann stand, »der sein Bestes getan hatte, um jeden Aspekt der anstehenden Frage zu berücksichtigen; der allein durch die Logik zu einer bestimmten Schlußfolgerung gelangte und der uns kein Argument, positiv oder negativ, vorenthält ... Einen ehrlicheren Mentor kann man sich nicht wünschen«. Diese Charaktereigenschaft, die Hartington – wiederum Balfour zufolge – »in viel größerem Ausmaß als irgend ein anderer Mann, den ich kenne« besaß, begründete seinen großen Einfluß auf die öffentliche Meinung. Dadurch war er für jede Regierung unentbehrlich. Ob im Kabinett, im Parlament oder in der Öffentlichkeit, stets gab ihm dieser Wesenszug »ein dominierendes Gewicht in jeglicher Versammlung«.

Der Herzog hätte sich sicherlich ein anderes Leben gewünscht, denn er nahm die harte Arbeit und den großen Zeitaufwand, die das Regierungsamt mit sich brachten, nicht wegen persönlicher Ambitionen auf sich, sondern aus einem Gefühl der Pflicht. Aber er wurde dafür durch die beruhigende Gewißheit belohnt, daß er sowohl in den Augen der Königin als auch des Volkes als eine der Säulen galt, auf denen der Staat ruhte. »Die Königin kann diesen Brief nicht beschließen«, schrieb ihm Viktoria 1892, »ohne dem Herzog zum Ausdruck zu bringen ... wie sehr sie bei der Aufrechterhaltung von Ordnung und Sicherheit in ihrem ausgedehnten Empire auf seinen Bei-

stand vertraut. Wir alle müssen« – so schloß sie mit einer schlichten Zusammenfassung ihrer Weltanschauung – »an dieser großen und notwendigen Aufgabe gemeinsam arbeiten«.
Allerdings arbeitete der Herzog ohne sichtbaren Enthusiasmus mit. »Er zeigt sich nie verärgert, dagegen oft gelangweilt«, meinte einer seiner Freunde; »er nimmt alles viel zu sehr auf die leichte Schulter«, ein anderer. Es gab böse Zungen, die behaupteten, seine Lethargie sei nur der Ausdruck seiner Faulheit; andere dagegen meinten, sie entspringe einer wohlberechneten Abneigung, die Dinge zu überstürzen. Was auch immer der Grund war, seine Angewohnheit, im unpassendsten Moment einfach einzuschlafen, unterstrich seine lethargische Haltung recht auffällig. Selbst seine eigenen Reden langweilten ihn. Als er einmal über das Budget für Indien referierte, hielt er einen Augenblick inne, beugte sich zu dem ihm zunächst sitzenden Kollegen hinüber und flüsterte ihm, ein Gähnen mühsam unterdrückend zu: »Verdammt langweiliger Kram.«
Seine einzige Leidenschaft waren seine Rennpferde; allerdings unterhielt er, ob aus Leidenschaft, Gewohnheit oder Trägheit rund dreißig Jahre lang eine Liaison mit »einer der schönsten Frauen Europas«, wie man sie zu Beginn der Affäre rühmte. Es handelte sich um die herrschsüchtige, ehrgeizige Herzogin Louise von Manchester, die deutscher Abstammung war. Ihr erster Ehemann hatte sie enttäuscht, weil er sich frühzeitig verausgabt hatte. Dem Kodex seiner Kaste folgend, nahm er jedoch davon Abstand, beziehungsweise wurde dazu überredet, einen öffentlichen Skandal heraufzubeschwören. Somit erfreuten sich die Herzogin und Lord Hartington sowohl ihrer gegenseitigen Gesellschaft als auch einer unantastbaren moralischen und gesellschaftlichen Position. Als der Herzog von Manchester starb, heiratete die Witwe 1892 den früheren Lord und jetzigen Herzog von Devonshire, kurz nachdem dieser den Titel geerbt hatte. Die ›Doppelherzogin‹ wie sie jetzt genannt wurde, fuhr also fort, ihre formidablen Talente zur Erreichung ihres Lebenszieles einzusetzen, nämlich ihren Mann zum Premierminister zu machen.
Allerdings erhielt sie vom Herzog dabei nicht die nötige Unterstützung. Er gehörte nicht zu den Leuten, deren brennender Ehrgeiz nach dem höchsten Amt im Staate jeden anderen Gedanken auslöschte. Als Salisbury, nachdem der Herzog die liberalen Unionisten aus der Partei herausgelöst hatte, ihm zweimal die Führung eines Koalitionskabinetts anbot, lehnte er ab, da er zu einer Koalition noch nicht bereit war. 1895 jedoch war die Kluft zwischen den gemäßigten und den radikalen Liberalen noch tiefer geworden, andererseits aber hatte der Usus, zusammen mit den Tories zu stimmen, eine Brücke geschlagen, so daß der Herzog nun zusammen mit vier anderen liberalen Unionisten diese Brücke überschritt und in Lord Salisburys Kabinett Minister wurde.

Dies war das konservative – oder besser gesagt – das Unionisten-Kabinett, das im Juni 1895 die Regierungsgeschäfte aufnahm. In Windsor befürchtete man, daß es eine delikate Situation geben könne, wenn der Herzog und die übrigen ehemaligen Liberalen bei der Entgegennahme ihrer Bestallungsurkunden als Mitglieder von Lord Salisburys Kabinett ihren früheren Kollegen begegneten, während diese gerade das Schloß verließen. Um also allen Seiten die Peinlichkeit einer solchen Begegnung zu ersparen, hatte der Privatsekretär der Königin taktvollerweise das Arrangement so getroffen, daß die scheidenden Liberalen ihre Urkunden um 11 Uhr zurückgeben sollten, während die neuen Minister in einem anderen Salon warteten, bis ihre Vorgänger das Schloß verlassen hatten. Es hätte auch alles wie am Schnürchen geklappt, wäre der Herzog nicht – wie immer – verspätet angekommen, so daß er den vorbestimmten Wartesalon verfehlte und seine alten Kollegen traf, als diese gerade den Audienzsaal verließen. Er wurde natürlich mit boshaften und höhnischen Sticheleien über seine neuen Freunde überhäuft, aber »kein Gesicht wäre für eine solche Situation besser geeignet gewesen«, berichtet ein Augenzeuge, denn der Herzog »schritt mit offenem Mund und halbgeschlossenen Lidern an ihnen vorbei und ließ sich nicht aus der Ruhe bringen«.

Einer der Vorfahren der Cavendishs war Präsident des Oberhofgerichts während der Bauernrevolte von 1381 gewesen. Sein Sohn John hatte Wat Tyler getötet, wofür er von Richard II. auf der Stelle zum Ritter geschlagen wurde, während sein Vater zur gleichen Zeit an einem anderen Ort von einer wütenden Volksmenge gefangen genommen und aus Rache enthauptet wurde. Pflichtbewußt, wenn auch nicht mit besonderem Enthusiasmus, trugen die Cavendishs im Laufe der folgenden Jahrhunderte ihr Teil an der Regierung des Landes mit. Der vierte Herzog war von 1756 bis 1757 kurz Premierminister, während Pitt und Newcastle ihre Fehde austrugen, trat aber sofort zurück, als ein Nachfolger für ihn gefunden war. Sein Bruder, Lord John Cavendish, war zweimal Schatzkanzler, in welcher Eigenschaft Edmund Burke ihm »absolute Integrität ... und völliges Desinteresse« bescheinigte und wünschte, daß man Lord John dazu anhalten könnte, »ein gewisses Mindestmaß an Regelmäßigkeit bei der Wahrnehmung seiner Pflichten zu zeigen«, wofür ihm dann die Teilnahme an Fuchsjagden in vertretbarem Umfang gestattet sein sollte. Der fünfte Herzog zeichnete sich durch seine Heirat mit der hinreißend schönen Herzogin Georgiana von Devonshire aus, die von Gainsborough als eine bleiche, von einem inneren Feuer durchglühte Gestalt vor dem Hintergrund drohend zusammengeballter Sturmwolken gemalt wurde, während Reynolds sie lachend mit einem kleinen Kind auf den Knien porträtierte. Ihre Schönheit und ihr unwiderstehlicher Charme waren ebenso außergewöhnlich wie die Höhe ihrer Spielschulden, nämlich eine Million Pfund. Glücklicherweise gehörten die

Cavendishs zu den zwei oder drei reichsten Familien Englands. Als ein Verwalter den alten Herzog einmal mit dem Ausdruck tiefsten Bedauerns darauf hinwies, daß sein ältester Sohn, der damalige Lord Hartington, eine Neigung habe, sehr viel Geld auszugeben, antwortete der Herzog: »Sehr gut! Sehr gut! Lord Hartington wird ja wohl genügend Geld zum Ausgeben haben.«

Weder sein Vermögen, noch seine Stellung als der älteste Sohn, noch seine Abneigung gegen jegliche Anstrengung noch seine Leidenschaft für den Pferdesport hatten ausgereicht, »um gewisse ererbte Instinkte für das Ausüben der Herrschaft« in dem Herzog zum Erlöschen zu bringen. Er fühlt, daß er »dem Staat gegenüber eine Schuld hat, die abgetragen werden muß«. Dieses Pflichtgefühl, das jeder, der ihn kannte, an ihm bemerkte, entsprang nicht allein der Tatsache, daß er einen so großen Familienbesitz hatte, sondern ebenso sehr dem Bewußtsein, mit überlegenen Fähigkeiten ausgestattet zu sein. Sein Vater, ein Mathematiker und Kenner des klassischen Altertums, häufig »der gelehrte Herzog« genannt, hatte ihn selbst erzogen und unterrichtet. Später auf dem Trinity College in Cambridge war er trotz seines müßiggängerischen, sportlichen und gesellschaftlichen Lebens im Kreise der ›Junker‹ der einzige in seine Clique, der einen Honour Degree, und zwar den B. A. (Bachelor of Arts) in Mathematik, erreichte. Mit vierundzwanzig Jahren trat er ins Parlament ein, mit dreißig war er zum ersten Male Kabinettsminister. Sein Bruder Lord Frederick Cavendish machte ebenfalls in der Politik Karriere. Er fiel 1882 am Tage seines Amtsantritts als Minister für Irland im Phoenix-Park von Dublin einem Attentat zum Opfer. Die Ermordung eines englischen Ministers durch irische Rebellen war eine ebensolche Sensation wie der Tod General Gordons in Kartum. Entweder als Folge der Ermordung seines Bruders oder aus einem anderen, weniger ersichtlichen Grund hatte sich der Herzog angewöhnt, stets einen Revolver mit sich herumzutragen, und dies war ein dauernder Anlaß der Sorge für seine Familie. »Er verlor die Dinger andauernd und kaufte sich immer wieder einen neuen Revolver«, schrieb sein Neffe. »Als er starb, lagen in Devonshire House nicht weniger als zwanzig herum.«

Mit dem Einzug der Herzogin, einer unermüdlichen Gastgeberin, wurden die Veranstaltungen der Devonshires die prächtigsten der gesamten Londoner Gesellschaft. Jedes Jahr gaben der Herzog und die Herzogin einen großen Empfang zur Parlamentseröffnung und an jedem Derby-Tag bot Devonshire House, übersät mit Rosen und Sommerblumen aus den Gärten des Herzogs, die Szenerie für einen rauschenden Ball. Vor dem Ball gab der König für die Mitglieder des Jockey-Club ein Dinner im Buckingham-Palast, während die Königin einer Einladung der Herzogin folgte. Der Kostümball der Devonshires von 1897, dem Jubilee Year, war die berühmteste und verschwenderischste Veranstaltung der ganzen Epoche. Auf Schloß Chatsworth in Derbyshire, wo die Cavendishs seit 400 Jahren ihren Stammsitz hatten, erreichten die Hausparties mit dem jährlichen Besuch des Prinzen und der Prinzessin von Wales, die auch später als König und Königin noch kamen, ihren Höhepunkt. Jeder Wunsch wurde den königlichen Gästen von den Augen abgelesen; sogar die Mätresse des Königs war eingeladen worden. Mrs. Keppel pflegte bei diesen Gelegenheiten stets in einer mit funkelnden Diamanten übersäten Robe zu erscheinen und der König, jedenfalls behauptete dies die Prinzessin Daisy von Pless, »has his bridge in a separate room with her, while in the other rooms people are massed together also, of course, playing Bridge«.

Das unvorstellbar luxuriöse Chatsworth-Castle war in dem rötlichgelben Stein der Gegend erbaut und von einem Park umgeben, den der Gartenarchitekt Brown im Stil des 18. Jahrhunderts angelegt hatte. Wasserkaskaden rauschten über eine fast 200 Meter lange steinerne Treppe, die den italienischen Wasserlandschaften der Renaissance nachempfunden war. Aus den Blättern einer kupfernen Trauerweide kullerten – von einem trickreichen Mechanismus produziert – große Tränen herab. Blumengirlanden und Früchte, aus Holz täuschend nachgeahmt, rankten sich an den Wänden entlang. Die Bibliothek, sowie die Bilder- und Plastikensammlung erreichte königliche Ausmaße und war der der Medicis vergleichbar. Sie wurde wie eine öffentliche Stiftung verwaltet, und die Kustoden des Herzogs gewährten Kunsthistorikern und Kunstliebhabern jederzeit Zutritt, kauften neue Stücke hinzu und liehen ihre Schätze sehr großzügig an Ausstellungen aus. Der Memling von Chatsworth war zeitweilig in Brügge und die van Dykes in Antwerpen zu sehen. Das Schloß selbst war ganzjährig für das Publikum geöffnet, das zu Tausenden durch die Hallen und Gänge schlurfte. Es machte dem Herzog Spaß, die Besucher bei ihrem Rundgang zu beobachten, und in der Annahme, daß sein Gesicht ihnen ebenso unbekannt sein würde wie das ihre ihm, stand er da, ohne zu bemerken, daß er erkannt worden war, und »wunderte sich, warum das Hausmädchen, das als Fremdenführer fungierte, sowie die Besuchergruppe um sie herum plötzlich stehen blieben und ihn anstarrten«. Obgleich Rennpferde ihm wesentlich mehr bedeuteten als Bücher, versetzte er doch seinen Bibliothekar einmal in höchstes Erstaunen, als dieser ihm eine Erstausgabe von *Paradise Lost* zeigte und der Herzog sich hinsetzte und mit großem Vergnügen laut daraus vorlas. Schließlich trat die Herzogin hinzu und meinte, indem sie den Herzog mit ihrem Sonnenschirm anstieß: »Wenn er jetzt anfängt, Poesie zu lesen, dann kommt er heute überhaupt nicht mehr zu seinem Spaziergang.«

Prunk langweilte ihn, Gepränge war ihm zuwider. Als der König beschloß, ihn zum Grand Commander des neuen Viktoria-Ordens zu machen, fragte der Herzog den Privatsekretär des Königs, Sir Frederick Ponsonby, »in seiner schläfrigen Art«, was er denn bloß »mit dem Ding da« anfangen solle.

»Ich habe noch nie jemanden gesehen, der sich bei der Aussicht, einen Orden zu bekomemn, weniger enthusiastisch gezeigt hat. Er schien der Ansicht zu sein, daß dies lediglich seine Garderobenprobleme komplizieren würde.« Bei den Proben für die Krönungszeremonie Edwards im Jahre 1902, bei denen die Peers in Krone und Tagesanzug recht komisch aussahen, erschien der Herzog – wie gewöhnlich – zu spät und schlenderte nach den Anweisungen des Earl Marshall mit einem unbeschreiblich gelangweilten Gesicht, die rechte Hand in die Hosentasche vergraben, über die Bühne. Er fühlte sich in seinen alten, ausgebeulten, aber höchst bequemen Hosen und Jacken am wohlsten. Nie machte er die geringsten Umstände mit seinen Gästen und mied sorgfältig jene, die eventuell langweilig hätten sein können. Bei einer Gelegenheit, als ein Redner im Oberhaus sich über »den größten Augenblick seines Lebens« ausließ, hob der Herzog die Augenlider gerade lange genug, um seinem Nachbarn zuzuflüstern: »Der größte Augenblick meines Lebens war, als mein Schwein den ersten Preis bei der Skipton-Ausstellung bekam.« Nach dem Turf-Club war der Travellers-Club, der für seine Exklusivität und seine Atmosphäre »ernster Stille« bekannt war und wo Lesen, Dösen und Meditieren den Vorzug vor der Konversation genossen, sein beliebtester Aufenthaltsort. Auf die für ihn höchst unerquickliche Aufgabe, vor einem Auditorium in der Öffentlichkeit reden zu müssen, pflegte er sich auf eine sehr originelle Art und Weise vorzubereiten, in die er den jungen Winston Churchill einmal einweihte, als die beiden auf einer Kundgebung zur Förderung des Freihandels in Manchester erschienen. »Bist du nervös, Winston?« fragte der Herzog und fuhr, nachdem er eine bejahende Antwort erhalten hatte, fort: »War ich früher auch. Aber jetzt, wenn ich bei einer öffentlichen Versammlung aufs Podium klettere, dann sehe ich mich erst einmal richtig um, setze mich hin und sage mir ›Einen solchen Haufen verdammter Idioten habe ich mein Lebtag noch nicht beieinander gesehen‹ und dann fühle ich mich wesentlich erleichterter und ruhiger.« Wenn er allerdings wollte, dann konnte er »ein exzellenter Gesellschafter ... und ein reizender Gesprächspartner sein«, aber eben nur dann, wenn ihm danach zumute war. 1885 kam er einmal sehr hungrig und erschöpft von einem langen Tag, der mit ermüdenden Komiteesitzungen ausgefüllt war, zu einer Dinnerparty und zog ein verdrießliches Gesicht, als sich herausstellte, daß die ersten Gänge zwar hübsch aussahen, aber wenig substanzreiche, französische Gerichte waren und nicht die solide Kost, die er bevorzugte. Als dann schließlich ein Roastbeef hereingetragen wurde, rief er mit seiner tiefen Stimme: »Hurra, endlich was zu essen!« und beteiligte sich alsbald auch an der Konversation. Einer der anwesenden Gäste, ein Schriftsteller namens Wilfred Ward, bemerkte, daß Lord Hartington jedesmal, wenn er anderer Ansicht war als Gladstone, der sich ebenfalls in der Gesellschaft befand, »den Finger stets genau auf die schwache Stelle in den

Lord Salisbury

Lord Ribblesdale, gemalt von Sargent, 1902

Die Wyndham-Schwestern, gemalt von Sargent, 1899

Chatsworth

Ausführungen Mr. Gladstones legte, die dieser mit seinem rednerischen Geschick zu überspielen versuchte«. Achtzehn Jahre danach traf Ward den Herzog wieder, und zwar in der Britischen Botschaft in Rom. Da der Herzog ihn nicht erkannte, erinnerte Ward ihn an den Ort ihrer ersten Begegnung. Darauf rief der Herzog sehr lebhaft aus: »Natürlich, jetzt erinnere ich mich. Das war doch da, wo es nichts Ordentliches zu essen gab.« An die unzureichenden französischen Gerichte, so fährt Ward in seiner Anekdote fort, konnte sich der Herzog »nach fast zwanzig Jahren noch genau erinnern«.

Nachdem er 1891 den Herzogstitel geerbt hatte, ging er trotzdem – ganz anders als Salisbury – ins Unterhaus und »man sah ihn bei den großen Debatten gewöhnlich in der ersten Reihe der Peers' Gallery ungehemmt gähnend«. Als Herzog hatte er noch mehr Arbeit als zuvor. Er besaß Güter in Derbyshire, Yorkshire, Lancashire, Lincolnshire, Cumberland, Sussex, Middlesex und Irland, und er ließ es sich nicht nehmen, die Bücher der Höfe selbst zu prüfen und alle wichtigen Fragen mit seinen Gutsverwaltern durchzusprechen. Er war außerdem Lord Lieutenant von Derbyshire, Kanzler der Universität Cambridge, Präsident der British Empire League und Schirmherr verschiedener kirchlicher Pfründen, die er ebenfalls besuchen mußte. Er war Direktor oder Vorstandsmitglied bei einer Reihe von Firmen, an denen er beteiligt war, darunter zwei Eisenbahnlinien, einem Stahlkonzern, einem Wasserwerk und einer Werft. Obgleich er selbst seinen Fähigkeiten auf kaufmännischem Gebiet nicht traute, sagten seine Mitarbeiter doch von ihm, daß es »wenn er eine Sache erst einmal in den Griff bekommen hatte, niemanden gab, der ein unlogisches Argument besser widerlegen oder herausfinden konnte, wo der wirkliche Kern des Problems lag«. Er brauchte viel Zeit zum Überlegen, und wenn er eine Sache nicht kapierte, dann bestand er darauf, daß sie von Anfang an noch einmal durchgekaut wurde, bis er sie verstanden hatte. Er nahm all diese verschiedenen Pflichten wahr, behauptete aber nach wie vor, daß er bei seinen Rennpferden in Newmarket am glücklichsten sei. Einmal traf er W. H. Smith, den damaligen Führer der Konservativen im Unterhaus, in Aix-les-Bains, setzte sich sofort mit ihm zusammen und unterhielt sich mit ihm eine halbe Stunde lang über Politik, worauf er sagte: »Es war doch recht erfreulich, an einem solchen Ort auch einmal etwas zu arbeiten.« Möglicherweise hätte er ohne seine vielen Pflichten das Leben noch langweiliger gefunden als es für ihn ohnehin war.

Der konservativen Regierung von 1895 brachte er, abgesehen von seiner langjährigen Erfahrung und dem Prestige seines Namens und Ranges, ein unschätzbares Kapital an öffentlichem Vertrauen ein, das er sich in den vierzig Jahren seiner Karriere erworben hatte. Seine Uneigennützigkeit stand außer Frage. Er war so offensichtlich bar jeglicher persönlicher Ambitionen, schrieb der Herausgeber des *Spectator*, »daß er nie unwürdiger Motive verdächtigt worden ist und daß niemand jemals die Vermutung ausgesprochen hat, er arbeite in seine eigene Tasche«. Wenn der Herzog ein Amt übernahm, dann spürte das Volk, daß es geführt wurde. Er ist nie Premier geworden, noch hat er je ein Derby gewonnen, aber niemand, so meinte die *Times*, »besaß größere Autorität in der politischen Meinungsbildung seiner Landsleute«. Das Ausmaß seines persönlichen Einflusses war für ihn immer wieder Anlaß zur Verwunderung. »Ich verstehe überhaupt nicht, wieso ich den Leuten sagen soll, was ich täte, wenn die Entscheidung bei mir läge«, protestierte er. »Sie sollen tun, was sie für richtig halten, und ich tue, was ich für richtig halte. Sie wollen doch im Grunde gar nicht, daß ich eingreife.« Und als der Prinz von Wales, der sich genauso wie seine Untertanen auf das Urteil des Herzogs in Personen- und Sachfragen verließ, ihn als Schiedsrichter bei delikaten gesellschaftlichen Dingen konsultierte, beschwerte er sich: »Ich weiß wirklich nicht warum, aber jedesmal, wenn jemand dabei erwischt wird, daß er beim Kartenspielen mogelt, dann wird der Fall mir zugeschoben.« Durch die Verbindung von ererbten Traditionen und persönlicher Charakterstärke war er zum Gewissen seines Landes geworden. Wenn zu ernsten oder hochfeierlichen Anlässen ein Repräsentant benötigt wurde, dann übernahm der Herzog mit seiner ruhigen, beinahe schon melancholischen Würde diese Rolle. Er war, wie Lord Rosebery sagte, »eine der imponierenden Reserven *(reserve forces)* unseres Landes«.

Unter den Ministern Lord Salisburys, die 1895 ihre Plätze auf der Regierungsbank im Unterhaus einnahmen, waren zwei Baronets, einmal der neunte und einmal der sechste in der Erbfolge seiner Familie, und zwar Sir Michael Hicks-Beach, der Schatzkanzler, und Sir Matthew White Ridley, der Innenminister. Der erstere, ein hochgewachsener, schmaler und sehr strenger Mann, war ein Erzkonservativer und gehörte zu den führenden Persönlichkeiten sowohl der anglikanischen Kirche als auch der Großgrundbesitzer; er wurde ›schwarzer Michael‹ genannt. Bissig und scharfzüngig wie er war, befahl er einmal kurz angebunden seinem Sekretär, nachdem er die Anmerkungen eines Liberalen zu seinem Budget durchgelesen hatte: »Gehen Sie mal rüber und sagen Sie dem Mann, er sei ein Ferkel!« Neben diesen beiden saßen Henry Chaplin und Walter Long, die Vertreter des Landadels, jener alten Aristokratie ohne Titel, die »die Peerswürde zwar verschmähten, es aber als eine Ehrenpflicht ansahen, sofort nach Erreichung der Großjährigkeit an den Parlamentswahlen teilzunehmen«. Walter Long war Vorsitzender des Ausschusses für Landwirtschaft und mit einundvierzig Jahren das jüngste Kabinettsmitglied. Er »äußerte in seinem ganzen Leben nichts, das der Aufzeichnung wert gewesen wäre«. Er »döste nur vor sich hin«, berichtet ein Augenzeuge, »die Arme verschränkt, der Kopf auf ein Kissen zurückgesunken, und sein gerötetes Bacchusgesicht war ein farbiger Tupfer in der Szenerie«. Dagegen verteidigte Henry Chaplin »energisch, tatkräftig und wachsam das Empire gegen die bübischen Tricks der Opposition«.

Der vierundfünfzigjährige Henry Chaplin war eine eindrucksvolle Erscheinung mit seinem großen, wohlgeformten Kopf, der langen Nase, dem vorspringenden Kinn, den langen Koteletten und einem Monokel. Außerdem war er eine bemerkenswerte Persönlichkeit und einer der beliebtesten Männer seiner Generation, »der Öffentlichkeit wohlbekannt. Jedermann kannte ihn von Ansehen«. Er war das sichtbare Symbol des englischen Landedelmannes. Sein Ressort war das Local Government Board, das sich mit den Armengesetzen, dem Wohnungsproblem, der Städteplanung, dem Gesundheitswesen und der Gemeindeverwaltung befaßte. Die Funktion dieses Ministeriums hat Winston Churchill einmal sehr prägnant beschrieben, als ihm dieser Posten 1908 angeboten wurde und er daraufhin antwortete: »Ich wehre mich entschieden dagegen, zusammen mit Mrs. Sidney Webb in einer Suppenküche eingeschlossen zu werden.« Chaplin dagegen nahm seine Pflichten als Minister wie auch als Parlamentsmitglied mit außerordentlichem Ernst wahr. Er betrachtete sich und seine Wähler als Bollwerk echten Britentums. Der Zeusdonner seiner Stimme und seine eleganten Armbewegungen beim Reden wirkten nicht etwa, wie ein Augenzeuge berichtete, eitel und hohl, sondern drückten »die ruhige, unauslöschliche und unerschütterliche Ruhe der herrschenden Klasse« aus. Unbeeindruckt von den höchst abstrusen Problemen des Regierungsamtes, engagierte er sich bei irgendwelchen Steuergesetzen oder Schulgesetzen ebenso wie vor einem schwierigen Graben bei der Parforcejagd. Er plädierte sogar mit großem Nachdruck für den Bimetallismus – ein Doppelwährungssystem – als Heilmittel in wirtschaftlichen Krisensituationen. Einmal fuhr er sich nach einem zweistündigen Exkurs durch dieses ihm recht wenig bekannte Gebiet mit einem Taschentuch über die Stirn, lehnte sich zu Arthur Balfour herüber und fragte: »Wie war ich, Arthur?«

»Großartig, Harry, großartig!«

»Hast du verstanden, was ich gemeint habe, Arthur?«

»Kein Wort, Harry, kein Wort.«

Arthur Balfour, der ›Prinz‹ der Cecils, Neffe des Premiers und sein politischer Erbe, ein Künstler des Debattierens und das Idol der Londoner Gesellschaft, war der Musterknabe seiner Partei und ihr offizieller Führer im Unterhaus. 1895 war er siebenundvierzig Jahre alt, und als sein Onkel 1902 zurücktrat, wurde er dessen Nachfolger als Premierminister. Er war 1,80 Meter groß, hatte blaue Augen, gewelltes braunes Haar, einen Schnurrbart und ein weiches, rundes Gesicht, das Heiterkeit und Gelassenheit ausstrahlte. Seine Haltung vornehm, seine Figur gertenschlank, sein Auftreten lässig, dennoch wirkte sein Gesicht irgendwie undurchdringlich und undurchschaubar.

Selten sah man ihn aufrecht sitzen. Meist suchte er sich, bequem zurückgelehnt, so weit wie möglich der Horizontale anzunähern, »gerade so, als wolle er ausprobieren«, schrieb der parlamentarische Korrespondent von *Punch*, »ob es ihm gelänge, auf seinen Schulterblättern zu sitzen«. Ihm waren alle Privilegien der herrschenden Klasse zuteil geworden: Reichtum, blaues Blut, gutes Aussehen, bezaubernder Charme und »der beste Kopf, der sich in unserer Zeit mit der Politik beschäftigt«. Er war ein ernstzunehmender Philosoph, dessen zweites größeres Werk *The Foundations of Belief* 1895 herauskam. Der amerikanische Philosoph William James las es »mit dem allergrößten Vergnügen« und schrieb an seinen Bruder Henry: »In einem derartigen Buch steckt mehr an wahrer Philosophie als in fünfzig deutschen, die vor Spitzfindigkeiten und Fachausdrücken nur so strotzen.«

Obwohl im Grunde schweigsam und in sich gekehrt, besaß Balfour ein sehr gewinnendes Wesen, das ihm viel Bewunderung einbrachte. Mit seinem Charme bezauberte er jeden, der mit ihm sprach. »Wenn er auch der intelligenteste Gesprächspartner war, dem ich je begegnet bin«, sagte John Buchan über ihn, »so zog er die Unterhaltung doch nie an sich, sondern er ließ die Qualitäten der anderen voll zur Geltung kommen.« Nach einem Abend in seiner Gesellschaft, schrieb Austen Chamberlain, »ging man fort in dem Gefühl, daß man in Hochform gewesen war und wirklich etwas Vernünftiges gesagt hatte«. Balfours politische Gegner konnten sich seiner Ausstrahlung ebenso wenig entziehen wie seine Freunde. Er war der einzige Konservative, dem Gladstone in der Debatte jenen Terminus widmete, der gewöhnlich den Mitgliedern seiner eigenen Partei vorbehalten war, »mein ehrenwerter Freund«. Auch die Damen erlagen seinem Charme. »Mein Gott«, seufzte Constance Lady Battersea nach einem Besuch bei ihm, »welch ein Unterschied zwischen ihm und den meisten anderen Männern!« Margot Asquith fand seine »konzentrierte Aufmerksamkeit« und die »elegante Neigung seines Kopfes«, wenn er mit ihr sprach, so »unwiderstehlich«, daß sie, damals noch unverheiratet und selbst führend in der Londoner Gesellschaft, »Himmel und Erde in Bewegung setzte«, wie Lady Jebb erzählt, um ihn zu einer Heirat mit ihr zu bewegen. Auf die Heiratsgerüchte hin angesprochen antwortete Balfour: »Nein, das trifft nicht zu. Ich möchte meine Karriere lieber selbst in die Hand nehmen.«

Als der älteste Sohn Lady Blanche Balfours, der Schwester Lord Salisburys, war er auf den Namen seines Paten, des Herzogs von Wellington, getauft worden. Väterlicherseits stammte er aus altem schottischem Geblüt, und Arthurs Großvater James Balfour, der bei der Ostindischen Kompanie

Reichtümer erworben hatte, war es, dem die Familie ihren Wohlstand verdankte. Er hatte Ende des 18. Jahrhunderts ein Gut von rund 4000 Hektar in Schottland, in der Nähe von Wittingham am Firth of Forth erworben, das dann zum Familienstammsitz wurde, außerdem eine Rotwildjagd, einen Fluß, der von Lachsen wimmelte und ein Forsthaus. Gleichzeitig erhielt er einen Sitz im Parlament und vermählte sich mit der Tochter des achten Earl von Lauderdale. Eine Tochter aus dieser Ehe, also eine Tante Arthur Balfours, heiratete den Herzog von Grafton, so daß Balfour zusammen mit der Salisbury-Cecil-Linie »den halben englischen Hochadel zu seiner Verwandtschaft zählen konnte«. Sein jüngerer Bruder Eustace heiratete später Lady Frances Campbell, die Tochter des Herzogs von Argyll, Enkelin des Herzogs von Sutherland, Nichte des Herzogs von Westminster und Schwägerin der Prinzessin Louise, der Tochter der Königin Viktoria.

Balfours Vater, ebenfalls Parlamentsmitglied, starb im Alter von 35 Jahren, als Arthur erst sieben Jahre alt war, und damit oblag die Erziehung der fünf Söhne und drei Töchter Lady Blanche, bei der die Religiosität der Cecils ganz besonders stark ausgeprägt war. Sie lehrte Arthur die Werke Jane Austens sowie das Lieblingsbuch ihres Bruders, den *Graf von Monte Christo*, schätzen und weckte ihn ihm das Cecilsche Pflichtgefühl. Als ihr Sohn während seines Studiums in Cambridge Gefallen an der Philosophie gefunden hatte und sein Erbe an seinen Bruder abtreten wollte, um sich der wissenschaftlichen Tätigkeit widmen zu können, schalt sie ihn heftig wegen seiner Feigheit, da er sich der Verantwortung und der Verpflichtung seiner Position entziehen wolle.

Sein mißglückter Versuch, am Trinity College First Honours in Geisteswissenschaften zu erringen, beeinträchtigte weder seine Gutmütigkeit noch seine heitere Laune. Er war, wie Lady Jebb, die Doyen der Gesellschaft in Cambridge schrieb, »in gewissem Sinn ein junger Prinz und beinahe ebenso verwöhnt«. Von Arthurs vier Brüdern wurde Frank Professor für Embryologie und wäre, wie Darwin meinte, »der größte Biologe Englands« geworden, wäre er nicht im Alter von einunddreißig Jahren beim Bergsteigen in den Schweizer Alpen tödlich verunglückt. Von Gerald, der außergewöhnlich hübsch war, sagte Lady Jebb, er sei der »überlegenste Mann, dem ich je begegnet bin«, während ihre Nichte ihn für »den eingebildetsten« hielt. Eustace kam nicht über das Mittelmaß hinaus, Cecil war das schwarze Schaf der Familie und starb entehrt in Australien. Aber Arthur, so meinte Lady Jebb, war »der Beste in einer Familie der Besten ... ein Mann, der von jedermann geliebt wird«. Sie war jedoch auch der Ansicht, daß er von Natur aus »gefühlskalt« sei und daß die einzige Liebesromanze seines Lebens mit May Lyttelton, der Schwester eines seiner Freunde in Cambridge und Nichte Gladstones, die im Alter von fünfundzwanzig Jahren starb, als Balfour gerade siebenundzwanzig war, »seine Kräfte in dieser Hinsicht vollkommen erschöpft hatte«. Dies galt auch in späteren Jahren als die allgemein akzeptierte Erklärung für die Tatsache, daß Balfour Junggeselle blieb. In Wirklichkeit war es jedoch weniger seine Gefühlskälte, als die Tatsache, daß er seine Freiheit über alles liebte, die eine endgültige Bindung verhinderte.

Zu seinem Freundeskreis zählten zwei hervorragende Gelehrte vom Trinity College: sein Tutor Henry Sidgwick, später Professor für Moralphilosophie, und der Physiker John Strutt, später dritter Baron Rayleigh, Nobelpreisträger und Kanzler der Universität, die beide Schwestern Balfours heirateten. Zu der damaligen Zeit, als ein Intellektueller gleichzeitig ein Agnostiker sein mußte, galt Balfour wegen seiner tiefen Religiosität bei seinen Cambridger Freunden als »kurioses Überbleibsel aus einer vergangenen Generation«. Als er dann 1879 sein erstes Buch *A Defense of Philosophic Doubt* veröffentlichte, nahmen seine Freunde in der Londoner Gesellschaft aufgrund des Titels an, daß Arthur ein Vertreter des Agnostizismus sei und pflegten »stets sehr ernst dreinzuschauen«, wenn sein Name fiel. Tatsächlich jedoch verteidigte Balfour in seinem Buch das Recht auf religiösen Glauben, indem er Zweifel an der materiellen Realität anmeldete. Diese Haltung kommt in seinem späteren Werk *The Foundations of Belief* noch deutlicher zum Ausdruck. In Wittingham, das seine unverheiratete Schwester Alice für ihn führte und wo seine verheirateten Brüder mitsamt ihrer großen Kinderschar wohnten, pflegte er jeden Sonntagabend das gemeinsame Gebet zu sprechen. Mit den Schriften des Alten Testamentes auf das beste vertraut, zeigte er ein besonderes Interesse an »dem Volk des Buchs der Bücher« und befaßte sich sehr eingehend mit den Problemen eines Juden in der modernen Welt. Seine Nichte und Biographin übernahm von ihm in ihrer Jugend den Gedanken, daß »die christliche Religion und Kultur gegenüber dem Judentum eine unermeßlich große Dankesschuld hat, die ihm sehr schlecht vergolten wurde«.

Bei allen Abendgesellschaften Londons war er ein gern gesehener Gast. Freundlich lächelnd ignorierte er die eiserne Regel, derzufolge der Führer des Unterhauses während der Sitzung stets anwesens zu sein hat, verschwand des öfteren während der Dinnerzeit und kam völlig unbefangen Stunden später im eleganten Abendanzug wieder ins Parlament zurück. Jedes Tagebuch dieser Epoche erwähnt seinen Namen als bei Dinner- und Hausparties anwesend. »Bei den Rothschilds«, schrieb John Morley, »nur Balfour da, *partie carrée*, wie immer höchst erfreulich«. Er gehörte zu den zwanzig Herren, die bei Harry Custs Dinner so intensiv in ihre Unterhaltung vertieft waren, daß sie sich sogar durch den Ausbruch eines Feuers im oberen Stockwerk des Hauses nicht stören ließen, so daß die Diener zusammen mit dem Portwein Badetücher als Schutz vor den Wasserfontänen der Feuerwehr aushändigten. Er war in Blenheim Palace bei einer Gesellschaft der Marlboroughs zu Gast, bei der auch der Prinz und die Prinzessin von

Wales, die Curzons, die Londonderrys, die Grenfells und Harry Chaplin anwesend waren. Er war in Chatsworth bei einer Party der Devonshires zusammen mit dem Herzog und der Herzogin von Connaught, dem österreichischen Botschafter Graf Mensdorff, dem häßlichen, faszinierenden und recht unsoliden Marquis de Soveral, dem Botschafter Portugals, den de Greys, Ribblesdales und Grenfells. Er war in Hatfield bei einer Gesellschaft der Salisburys zusammen mit dem Herzog von Argyll, Mr. Speaker Peel und dessen Tochter, Mr. Buckle von der *Times*, George Curzon und General Lord Methuen. In Cassiobury, dem Haus Lord Essexs, fand Edith Wharton, als sie eines Sonntags gegen Ende einer glänzenden Londoner Saison zum Tee dort eintraf, »auf dem Rasen unter den großen Zedern die *crème de la crème* der Londoner Gesellschaft vor: Arthur Balfour, Lady Desborough, Lady Elcho, John Sargent, Henry James und viele andere aus diesem illustren Kreis, die von den gesellschaftlichen Strapazen der vorausgegangenen Wochen allesamt derartig erschöpft waren, daß sie außer einem freundlichen Lächeln nicht mehr viel zu geben hatten«. Am häufigsten traf man Balfour jedoch in Clouds, dem Haus des Baronet Sir Percy Wyndham und dem beliebtesten Versammlungsort der Souls auf dem Lande. In dieser kongenialen Gesellschaft war Lady Elcho, eine der drei schönen Wyndham-Schwestern, ein besonderer Anziehungspunkt für Balfour. Obgleich sie mit einem seiner Freunde verheiratet war, verband sie und Balfour eine diskrete Affäre, die rund zwölf Jahre dauerte und von der noch Briefe erhalten sind. Als Sargent die Schwestern 1899 malte, löste er sich etwas von dem strikten Realismus früherer Arbeiten. Das Gruppenporträt von Lady Elcho, Mrs. Tennant und Mrs. Adeane in ihren strahlend weißen Kleidern und ihren Posen lässiger, unnachahmlicher Eleganz ist ein atemberaubender Traum weiblicher Aristokratie.

Die Damen der Souls waren, in bewußter Reaktion auf das viktorianische Frauenideal, entschlossen, sich intellektuell zu geben, schlank zu sein und gleichzeitig eine neue Freiheit der privaten Moral zu praktizieren. Das einzige amerikanische Mitglied der Gruppe, die bezaubernde Frau Henry Whites, des ersten Botschaftssekretärs der amerikanischen Botschaft, Daisy, wurde einmal von einem Freund gelobt, weil sie sich nicht »von all diesen Leuten, die ihre Liebhaber haben« beeinflussen ließ. In dieser Hinsicht unterschieden sich die Souls durch nichts von dem etwas philisterhafteren Kreis um den Prinzen von Wales. Sie alle beteiligten sich an der gleichen offenen Verschwörung, mit der sich die Gesellschaft von den viktorianischen Moralvorstellungen löste, ohne jedoch den Anschein der Schicklichkeit aufzugeben. Balfours Liaison mit Lady Elcho war eine Zeitlang so ernst, daß ihre Freunde sich erhebliche Sorgen machten. Über die Gefühle des Ehemannes Lord Hugo Elcho, Erbe des Earl von Wemyss und, wenn auch schweigsames, Mitglied desselben Zirkels, ist nichts bekannt. Die Affäre, wie auch jene des

Herzogs von Devonshire, war der erlaubte Exkurs einer Person, deren Charakter und Stellung so sehr über jeden Zweifel erhaben war, daß sie nicht angegriffen werden konnte.
Als Balfour im Alter von sechsundzwanzig Jahren zum erstenmal ins Parlament gewählt wurde, und zwar über einen Wahlkreis, den die Familie beherrschte, geschah dies weniger aufgrund seiner persönlichen Wünsche. Es war ganz einfach das unausweichliche Schicksal des ältesten Sohnes der Familie. Als er dann jedoch anstelle seines Onkels, der es vorgezogen hatte, in seinem eigenen Haus zu bleiben, als Erster Lord des Schatzamtes und Führer des Unterhauses in Downing Street No. 10 einzog, erwachte seine latente politische Leidenschaft im selben Maße, in dem sein diplomatisches Geschick und seine politische Macht wuchsen. Das bedeutete jedoch nicht, daß er seine anlagebedingte Distanz zu den Dingen seiner Umgebung aufgegeben hätte. Wenn er auf Kritik stieß, dann war das für ihn kein Anlaß zum Ärger, sondern er betrachtete sie als ein Untersuchungsobjekt, so wie er etwa auch ein seltenes Insekt betrachtete. »Nicht schlecht, nicht schlecht!« pflegte er dann über seinen Gegner zu sagen. »Hat zwar etwas komische Ansichten, aber – nicht uninteressant.« Im Grunde seines Herzens war er sowohl ein Konservativer und demzufolge bestrebt, die guten Seiten der Welt, so wie er sie sah, zu bewahren, als auch gleichzeitig ein Liberaler mit, wie seine Schwägerin meinte, einem »aufgeschlossenen Blick für den Fortschritt«. Er sei »ein natürlicher Jungbrunnen«, so sagten seine Freunde und strahlte »Frische, Heiterkeit und Schwung« aus. Später, als Premier, war er der erste Mann in diesem Amt, der im Auto am Buckingham-Palast vorfuhr und im Homburg ins Unterhaus ging.
Er rechnete sich selbst zur jüngeren Generation der Tories, die zwar die Notwendigkeit, den immer nachdrücklicher vorgebrachten Forderungen der Arbeiterklasse entgegenzukommen, erkannt hatte, jedoch als Angehörige einer privilegierten Klasse sich nicht endgültig der Gegenseite anzuschließen vermochten, wenn es um entscheidende Fragen ging. In seinen ersten Parlamentsjahren hatte sich Balfour den vier ›radikalen‹ Tories, der sogenannten Vierten Partei unter der Führung Lord Randolph Churchills, angeschlossen. Ihr Platz war in der ersten Reihe unter dem Mittelgang, und Balfour hatte sich ebenfalls dorthin gesetzt, weil er, wie er sagte, dort genügend Raum für seine langen Beine habe; aber die Wahl des Platzes war ein Hinweis auf seine politische Haltung. Die Vierte Partei waren die Hornissen im Bienenstaat der sogenannten ›Tory-Demokratie‹; man glaubte, die ständig wachsende politische Macht der Labourpartei durch eine Zusammenarbeit der Tories mit Labour eindämmen zu können. Falls Labour feststellen würde, so meinte Lord Randolph 1892, daß sie »ihre Ziele erreichen und ihre eigenen Vorteile sichern können«, und zwar unter der geltenden Verfassung – die zu erhalten Aufgabe der Tories war – dann wäre alles in

Ordnung. Falls aber die Konservativen den Labourforderungen »in einem unvernünftigen und kurzsichtigen Versuch, alle derzeitigen Vorrechte der besitzenden Klasse aufrechtzuerhalten« hartnäckig Widerstand leisteten, dann würde Labour sich gegen sie stellen. Da die Tories eine Minderheit darstellten, mußte es ihnen eine Verpflichtung sein, sich der Unterstützung »der Majorität von Labouranhängern« zu versichern.

Wenn es allerdings um die praktisch-politische Entscheidung ging, dann zeigte sich Balfour selbst nicht so ganz von seinem so eindringlich und nachdrücklich formulierten Argument überzeugt, ebenso wenig übrigens wie Lord Randolph. *In abstracto* glaubte Balfour an die Demokratie, an die Notwendigkeit, das Wahlrecht weiteren Kreisen zu gewähren und die Arbeitsbedingungen sowie die Rechte von Labour zu verbessern. Allerdings durfte dies alles nicht auf Kosten der Privilegien geschehen, von denen die herrschende Klasse wie von Schutzwällen umgeben war. Hier lag das entscheidende Dilemma der ›Tory-Demokratie‹. Ihre Verfechter waren der Überzeugung, daß es möglich sein müsse, die Forderungen der Arbeiter zu erfüllen, während gleichzeitig die Zitadelle der Privilegien unangetastet blieb. Balfour jedoch ahnte die bittere historische Wahrheit voraus: daß nämlich Fortschritt und Gewinn einer Gruppe niemals ohne den bleibenden Verlust von Werten der anderen Gruppe erzielt werden kann. Er gab zwar auch weiterhin seiner Überzeugung Ausdruck, daß der Sozialismus die arbeitenden Klassen niemals für sich gewinnen werde, »wenn jene, die die kollektiven Kräfte der Gemeinschaft regieren, sich geneigt zeigen ... jeden berechtigten Grund zur Klage zu beseitigen«. Aber wenn es darum ging, diese Verbesserungen zu konkretisieren, dann zeigte er sich weder enthusiastisch noch besonders interessiert. »Was ist denn nun eigentlich eine ›Gewerkschaft‹?« fragte er einmal einen liberalen Freund. Margot Asquith erklärte ihm, daß er seinem Onkel in der Art seines Humors, seinem literarischen Stil und seinem intensiven Interesse an Wissenschaft und Religion sehr ähnle. Gab es überhaupt noch einen Unterschied zwischen den beiden? »Natürlich gibt es einen Unterschied«, antwortete Balfour. »Mein Onkel ist ein Tory – ich bin ein Liberaler.« Jedoch die Tatsache, daß sein Onkel sich durch Balfours frühe Eskapaden mit den Tory-›Radikalen‹ nicht beeindrucken ließ und das absolute Vertrauen zwischen den beiden ungetrübt blieb, deutet darauf hin, daß die grundsätzlichen Übereinstimmungen in ihren Ansichten größer waren als die Unterschiede.

Balfour war für seine Zeitgenossen ein Rätsel, so widersprüchlich war sein Wesen, so unversöhnlich zeigte er sich vielfach in seinen Ansichten, so gänzlich war er, im Leben wie in der Politik, Dogmen abgeneigt. Folglich sah er sich oft dem Vorwurf ausgesetzt, ein Zyniker zu sein, und diejenigen, deren Weltbild von liberalen Gesichtspunkten bestimmt war, hielten ihn für intellektuell pervers. H. G. Wells porträtierte ihn in der Figur des Eversham in *The New Machiavelli.* »Bei dem Spiel um Vorteile für die eigene Partei entwickelte Eversham zeitweilig eine geradezu gottlose Skrupellosigkeit unter Einsatz seiner messerscharfen Logik... War er wirklich engagiert? War irgend etwas für ihn wirklich von Bedeutung?« Auch Winston Churchill gebrauchte einmal das Wort ›gottlos‹, als er sich mit Mrs. Asquith über Balfour unterhielt. Sie meinte, daß Geheimnis von Balfours unerschütterlicher Ruhe in einer Krise liege darin, daß ihn »die Dinge, um die es geht, nicht wirklich berühren oder daß er glaubt, das Glück der Menschheit sei nicht davon abhängig, ob die Ereignisse nun diesen oder jenen Verlauf nehmen«. Tatsache jedoch ist, daß Balfour zwar bestimmte Grundüberzeugungen hatte, andererseits aber imstande war, die vernünftigen Argumente von beiden Seiten zu erkennen – die Crux aller selbständig denkenden Menschen. Einmal stand er, anläßlich einer Einladung zum Abendessen, in dem betreffenden Haus zwanzig Minuten lang am Fuß einer großen Treppe, die sich in zwei Aufgänge teilte, und versuchte, wie er einem verdutzten Beobachter erklärte, eine logische Begründung dafür zu finden, warum die eine Seite der Treppe beim Hinaufsteigen der anderen vorzuziehen sei.

Als Salisbury seinen Neffen 1887 überraschend auf den schwierigen und gefährlichen Posten des Ministers für Irland berief, erwartete man allgemein ein Fiasko. Damals galt Balfour als der kraftlose Intellektuelle, den die Presse mit Vergnügen ›Prince Charming‹ oder gar ›Miss Balfour‹ nannte. In Irland aber tobte ununterbrochen der Kampf zwischen Gutsbesitzern und Landpächtern, der durch den Aufruhr um die Home Rule Bill noch verschärft worden war. Die Polizei mußte täglich Pächter, die ihre Pacht nicht bezahlen konnten, von ihrem Land vertreiben, und wurde dafür vom Mob mit Steinen beworfen und mit Vitriol und kochendem Wasser überschüttet. Die Erinnerung an das Schicksal Lord Frederick Cavendishs vor fünf Jahren wurde durch eine ununterbrochene Kette von Überfällen wach gehalten, und »jedermann bis hinauf in die höchsten Stellen zitterte vor Angst«. Balfour jedoch ignorierte einfach die drohende Lebensgefahr und versetzte beide Inseln in Erstaunen. Er erklärte, er werde das Gesetz »ebenso rücksichtslos« zur Geltung bringen »wie Oliver Cromwell« und Mißstände im Bereich der Landverteilung »so radikal wie nur irgendein Reformer« beseitigen. Seine resolute Handlungsweise »überraschte seine Gegner«, schrieb John Morley, »und weckte bei seinen Freunden Begeisterungsstürme, die im politischen Leben unserer Tage kaum übertroffen worden sind«. Sie brachte ihm allgemeinen Ruhm ein. In Irland den Namen ›Bloody‹ Balfour und in England die Anerkennung als der kommende Führer seiner Partei.

Als W. H. Smith 1891 vom Posten des Führers der Konservativen im Unterhaus zurücktrat, wurde Balfour einstimmig zu seinem Nachfolger gewählt. Als Minister für Irland hatte er durch die völlige Mißachtung der drohenden Lebensgefahr einen persönlichen Mut – oder einen Mangel an Furcht – bewiesen, den seine Zeitgenossen nicht bei ihm vermutet hätten. George Wyndham, damaliger Privatsekretär Balfours, schrieb aus Dublin, daß die Bewunderung der irischen Loyalisten für ihn schon »beinahe komisch« wirke. Er meinte, daß aufgrund der Tatsache, »daß großer Mut eine so seltene Gabe ist und ein so großer Teil des menschlichen Elends in der Furcht begründet liegt, die Menschen bereit sind, sich dem zu unterwerfen, der seine Furchtlosigkeit bewiesen hat«. Winston Churchill meint, sie entspringe der »Gemütskälte« Balfours, gesteht ihm aber gleichzeitig zu, daß »er der mutigste Mann seiner Zeit war. Ich glaube, wenn man ihm eine Pistole unter die Nase hielte, könnte man ihn damit absolut nicht schrecken.«

Dieselbe Eigenschaft machte ihn auch zu einem Meister in der Debatte. Da er sich seiner Fähigkeiten bewußt war, fürchtete er weder seine Gegner noch eine Niederlage. Laut Morley verfuhr Balfour nach dem Rezept Dr. Johnsons, demzufolge »die respektvolle Behandlung des Gegners diesem einen Vorteil gibt, auf den er keinen Anspruch hat«. Er debattierte mit »kühnem Scharfsinn und ätzenden Spott«. Wenngleich er in der Öffentlichkeit auch seinen verletzenden Sarkasmus zügelte, so konnten seine Bonmots in privatem Kreise dagegen sehr scharf sein. Von einem Kollegen sagte er einmal: »Wenn er ein bißchen mehr Grips hätte, dann könnte es gerade zu einem Dummkopf reichen.« Im Unterhaus bewahrte er gegenüber seinen Gegnern eine fast rücksichtsvolle Höflichkeit, und während der erbitterten Attacken der irischen Mitglieder des Hauses saß er ganz still und mit einem zufriedenen Lächeln auf dem Gesicht da. Wenn er sich dann erhob, um auf die Vorwürfe zu antworten, dann zerfetzte er sie mit Worten, die den Effekt einer »Gewehrkugel auf eine Seifenblase« hatten. Aber auch an ihm ging all das nicht spurlos vorüber. Einem Freund gestand er einmal, daß er nach einer scharfen Debatte im Unterhaus oft nicht schlafen könne. »Ich verliere zwar nie die Beherrschung, aber es geht einem doch an die Nerven und man braucht Zeit, um sie wieder zu beruhigen.« Er bewunderte Macaulay, dessen Erzählungen er unwiderstehlich und dessen Stil er hervorragend fand. Seine eigenen Reden, die er ohne Konzept hielt, waren nicht einstudiert, aber dennoch perfekt und abgerundet. Lord Willoughby de Broke, ein aktives, junges Mitglied des Oberhauses, der des öfteren herüberkam, um Balfour reden zu hören, meinte, daß es ein unbeschreibliches Vergnügen sei, »Gedanken und Argumente in genau der richtigen Reihenfolge und ohne daß der gedankliche Prozeß ihrer Entstehung spürbar wird, vorgesetzt zu bekommen. Der gesamte meisterliche Vorgang des Denkens, Argumentierens und Formulierens wurde mit einem derartig vollendeten Können und solch absoluter Leichtigkeit demonstriert, daß es allein schon ein Vergnügen war, ihn bei der Ausführung dieser Kunst zu beobachten.«

Balfour ging mit Fakten sehr wenig sorgfältig um, bei Zahlen war er recht unsicher und sein Gedächtnis war nicht gerade seine Stärke, aber er überspielte diese Schwächen mit einer Technik, die das Haus immer wieder aufs Neue amüsierte. Wenn er sich mit einem sehr diffizilen Gesetzesentwurf befaßte, dann achtete er stets darauf, daß neben ihm ein kompetenter Minister, etwa der Innenminister oder der Generalstaatsanwalt, saß. Falls er dann über irgendein Detail stolperte, konnte ihm der Fachkollege die entsprechende Richtigstellung zuflüstern. Sir Henry Lucy, der Parlamentskorrespondent von *Punch* beschreibt diese Szene folgendermaßen: Mr. Balfour machte dann jeweils eine kurze Pause, bedachte seinen Kollegen mit einem freundlichen Blick, in den sich die Spur einer Zurechtweisung mischte, und sagte dann: »Sehr richtig!« Beim nächsten Fehler und der geflüsterten Korrektur wiederholte sich dies Schauspiel, nur klang das »sehr richtig« diesmal etwas strenger, so als wolle er deutlich machen, daß es auch in diesen Dingen doch eine Toleranzgrenze gebe, und daß er seinem Kollegen zwar einmal vergeben könne, dieser ihn aber doch nicht andauernd unterbrechen möge.

Pünktlichkeit gehörte ebenfalls nicht zu seinen starken Seiten, und oft genug kam er gemächlich hereingeschlendert, wenn die parlamentarische Fragestunde schon fast vorüber war. Er löste eine kleine Revolution aus, als er die kurze Mittwochnachmittagsitzung auf den Freitag verlegte, um das Wochenende zu verlängern, eine Einrichtung übrigens, die er eigens dazu erfand, um in Ruhe Golf spielen zu können. »Dieses verdammte schottische Krocket«, wie ein verärgerter Sportsmann es nannte, verdankt seine Popularität nicht zuletzt dem Einfluß Balfours. Mit absoluter Unbekümmertheit und gegen jegliche Sitte spielte er, außer in Schottland, sogar an Sonntagen. Seine Ausstrahlungskraft war so groß, daß die Gesellschaft ihm nachmachte, was immer er auch tat, und so wurde die Sitte des Wochenendes auf dem Lande geboren. Er ging weder auf die Rotwild- noch auf die Parforcejagd, spielte aber außer Golf mit Begeisterung Tennis, fuhr, wenn immer es möglich war, Fahrrad – einmal sogar 20 Meilen hintereinander – und gab sich einer verschämten Leidenschaft für die neuen Automobile hin. Seine Vorstellungen von Freizeitgestaltung paßten nicht in jedermanns Konzept. Als er einmal seine Schwester Lady Rayleigh besuchte und sie ihn fragte, was man denn zu seiner Unterhaltung tun könne, antwortete er: »Ach, irgendwas Amüsantes. Hol doch noch ein paar Leute von Cambridge herüber, mit denen man sich über Wissenschaft unterhalten kann.« Musik gehörte ebenfalls zu seinen Lieblingsbeschäftigungen; er schrieb einen Aufsatz über Händel für die *Edinburgh Review* und unternahm eine musikalische Studienreise durch Deutschland, in deren Verlauf er selbst die etwas schwierige Cosima Wagner bezauberte.

Seine Nonchalance und sein lässiges Auftreten täuschten über seine enorme

Arbeitsenergie und -kapazität hinweg. Außer der Führung der Regierungspartei im Unterhaus übernahm er wiederholt vertretungsweise für seinen Onkel außenpolitische Missionen. Bei Rücktritt Salisburys 1902 meinte Lord Esher, daß seine Abwesenheit durch die »ungeheure Energie Arthurs« wettgemacht werden würde. Um Kraft zu sparen, erledigte Balfour so viel wie möglich im Bett und stand selten vor Mittag auf.
Außerdem las er ununterbrochen: stets lag ein wissenschaftliches Buch aufgeschlagen auf dem Kaminsims, und während er sich ankleidete, pflegte er darin zu lesen; ein Kriminalroman lag auf seinem Nachttisch; die Regale seines Privatsalons waren vollgestopft mit dickleibigen philosophischen und theologischen Werken; der Rest stapelte sich auf dem Sofa, Zeitschriften lagen zerstreut auf Tischen und Stühlen herum, und wenn er in der Badewanne französische Romane las, so diente ihm sein Schwamm als Buchstütze. Zeitungen hingegen las er nie und Gäste, die in seinem Haus übernachteten, mußten sogar feststellen, daß er sie noch nicht einmal abonniert hatte, eine Nachlässigkeit, für die ihn Mr. Buckle, der Herausgeber der *Times*, kräftig schalt. Einmal erwähnte der Journalist T. W. Stead in einer Unterhaltung mit dem Prinzen von Wales, Balfour sei zwar eine gute Rückversicherung in einer Auseinandersetzung, aber er sei ihm doch zu wenig engagiert und scheine stets gleichgültig. »Ah«, meinte der Prinz und nickte, »er liest keine Zeitung, wissen Sie.«
Der Prinz hegte keine besondere Sympathie für Balfour, da dieser ihm zu herablassend war. Königin Viktoria hingegen bewunderte ihn. Bei einem Besuch auf Balmoral, so berichtet Sir Henry Ponsonby, diskutierte Balfour mit der Königin, »und demonstrierte ihr, wo er anderer Ansicht war als sie. Aber er tat dies in einer Art und Weise, daß die Königin zum Nachdenken angeregt wurde ... Ich vermute, daß die Königin ihn gut leiden kann, daß sie aber ein wenig Angst vor ihm hat.« Der jüngere Ponsonby meint, die Königin habe sehr viel von Balfour gehalten, »wenngleich er sie auch nie ganz ernst zu nehmen schien«. Die Königin äußerte sich über Balfour nach einer Unterredung mit ihm im Jahr 1896, bei der eine Anzahl von Problemen, darunter Kreta, die Türkengreuel, der Sudan und das Erziehungsgesetz zur Sprache gekommen waren. Sie zeigte sich »sehr beeindruckt von der außerordentlichen Fairness, Unparteilichkeit und geistigen Größe Mr. Balfours. Er sieht stets alle Aspekte einer Frage. Seine Haltung anderen gegenüber ist äußerst großzügig, er ist sehr liebenswürdig und frohgelaunt.«
Die Überlegenheit und Sorglosigkeit dieser Zeit sollten jedoch nicht mehr von langer Dauer sein, und Balfour besaß Schwächen, die im neuen Jahrhundert zum Vorschein kommen sollten. Aber samt seinen Schwächen war er in Charakter und Eigenschaften die letzte Blüte der Patrizier und von ihm galt, was Celeste, die Haushälterin Prousts, beim Tode ihres Herren

sagte: »Wenn man M. Proust gekannt hat, erscheinen einem die anderen Menschen gewöhnlich und gemein.«

Seit den Tagen Roms hatte es kein so riesiges Imperium mehr gegeben wie das britische jener Epoche. Es umfaßte über ein Viertel der Erde, und am 22. Juni 1897, am Tage des Diamantenen Jubiläums der Königin Viktoria, marschierte der lebendige Beweis dieses Imperiums in stolzen Formationen zum Dankgottesdienst in die St. Paul's Cathedral. Der Anlaß war wie geschaffen für eine Feier der unter der britischen Krone versammelten Völkerfamilie. Die ausländischen Herrscher, die 1887 zum Goldenen Jubiläum in London gewesen waren, fehlten diesmal. An ihrer Stelle saßen die elf Premierminister der Kolonien und Dominions Kanada, Neuseeland, der Kap-Kolonie, Natal, Neufundland und der sechs australischen Staaten in den Staatskarossen. Aus jedem Winkel des Globus waren berittene Truppen zur großen Parade gekommen: die Mounted Rifles vom Kap; die Canadian Hussars; die New South Wales Lancers; die Trinidad Light Horse; die Ulanen von Khapurthala, Badnagar und anderen indischen Staaten mit ihren hohen Turbanen und langen Bärten; und die Zaptichs von Zypern auf ihren schwarzen Ponies und ihren mit Troddeln verzierten Fezen. Dunkelhäutige Infanterieregimenter »herrlich und furchteinflößend zugleich« mit den Worten einer hingerissenen Presse, paradierten in einer bunten Phantasie schmucker Uniformen durch die Straßen: die Borneo Dyak Police, die Jamaica Artillery, die Royal Nigerian Constabulary, die hochgewachsenen Sikhs aus Indien, die Houssas von der Goldküste, Chinesen aus Hongkong, Malaien aus Singapur, Neger von den westindischen Inseln, aus British Guiana und Sierra Leone; Kompanie auf Kompanie zog vor einer überwältigten Zuschauermenge vorbei, die schier geblendet war von diesem eindrucksvollen Zeugnis der Macht und Größe ihres Landes. Am Ende der Prozession kam in einem offenen Landauer von acht Schimmeln gezogen die Hauptperson des Tages, eine winzige Gestalt in Schwarz mit cremefarbenen Federn an ihrem Hut. Die Sonne schien, bunte Flaggen flatterten in der Brise, die Straßenlaternen waren mit Blumen geschmückt, und die ganzen sechs Meilen des Zugweges entlang jubelten und winkten Millionen begeisterter Menschen in einem Rausch von Zuneigung und Stolz. »Niemand, so glaube ich, hat jemals eine solche Ovation erlebt, wie sie mir zuteil wurde«, schrieb die Königin in ihr Tagebuch. »In jedem Gesicht leuchtete echte Freude. Ich war sehr bewegt und von Dankbarkeit erfüllt.«

Schon seit einigen Monaten hatte ein Hauch von Selbstbeweihräucherung in der Luft gelegen, »eine Art Optimismus«, so sagte Rudyard Kipling, »der mir Furcht einjagte«. Dies bewog ihn schließlich, zur Feder zu greifen, und am Morgen nach der großen Parade erschien in der *Times* die ernste Mahnung von ›Recessional‹. Ihre Wirkung war ungeheuer. »Das großartigste

Gedicht, das je geschrieben wurde«, verkündete der bekannte Jurist, Sir Edward Clarke. Jedoch, ganz gleich wie ernst die Menschen die Warnung auch immer nahmen, wie konnten sie denn, während die Feierlichkeiten anhielten, die Salutschüsse hallten und hohe Persönlichkeiten in ihren Zylindern zur Empire-Konferenz nach Whitehall eilten, ahnen und glauben, daß diese sichtbare Größe in Wahrheit die Größe von ›Ninive und Tyros‹ sei?

Am 11. Oktober 1899 brach ein entfernter Konflikt, der sich seit der Jameson-Raid zu einer immer stärker werdenden Herausforderung entwickelt hatte, offen aus: der Burenkrieg begann. »Joes Krieg«, wie Salisbury ihn bezeichnete – eine Anspielung auf die aggressive Rolle des Kuckucks in seinem Nest, des Kolonialministers Joseph Chamberlain. Obwohl Chamberlain seine Laufbahn als radikaler Liberaler im Kreise von Männer begonnen hatte, die aus Prinzip gegen den Imperialismus waren, hatte er sich inzwischen daran gewöhnt »imperialistisch zu denken«, wie er es ausdrückte. Dieser Meinungsumschwung ließ sich leicht erklären bei einem Mann, der ein ausgeprägtes Gespür für günstige Gelegenheiten besaß, denn allein während der letzten zwölf Jahre waren dem Empire Gebiete einverleibt worden, die insgesamt vierundzwanzigmal so groß waren wie das Mutterland. Als Chamberlain 1895 der Regierung beitrat, hatte er das Kolonialministerium in der Überzeugung gewählt, daß hier der Schlüssel lag, »die Entwicklung der Zukunft zu erkennen« und zu meistern; ein kategorischer Imperativ, der gerade um diese Zeit die Augen Amerikas in Richtung Kuba und Hawai lenkte, und der Deutsche, Belgier, Franzosen und sogar Italiener dazu anreizte, sich an der Jagd nach den besten Landstrichen Afrikas zu beteiligen.

Chamberlain war ein Mann von überwältigender Energie und Fähigkeit und von einem verzehrenden Ehrgeiz besessen, der sich nie zufriedengab. Obwohl nicht der Klasse der Grundbesitzer zugehörig, hatte er in seinem Auftreten eine Autorität und Gelassenheit entwickelt, die er zu einzigartiger Perfektion brachte. Sein Gesichtschnitt war streng, aber vornehm, seine Augen unergründlich und sein glatt gekämmtes Haar tiefschwarz. Ein Monokel an schwarzem Band war der einzige Schmuck in seinem maskenhaften Gesicht, wie die täglich frische Orchidee im Knopfloch der einzige Schmuck seines tadellos geschneiderten Anzuges war. Nachdem er als Schraubenfabrikant in Birmingham genug verdient hatte, um sich im Alter von achtunddreißig Jahren aus dem Geschäftsleben zurückziehen zu können, war er Bürgermeister seiner Stadt geworden und hatte sich durch seine Leistungen auf dem Gebiet der Erziehung und der Sozialreformen die Achtung und Anerkennung ganz Englands erworben. Ohne Zeit zu verlieren, war er dann mit vierzig Jahren als Vertreter Birminghams ins Parlament gewählt worden, trat hier als leidenschaftlicher Sprecher der Radikalen auf, prangerte Adelige und Plutokraten so erbarmungslos wie ein Sozialist an und kam bald darauf als Handelsminister in Gladstones Regierung von

1880 zu Kabinettsehren. Er war ein hart zuschlagender, kühler und meisterhafter Kämpfer, dessen Popularität in Mittelengland viele Stimmen gewann, und somit ein politischer Faktor, mit dem jede Regierung rechnen mußte. Er selbst sah sich bereits als Nachfolger Gladstones. Aber der Große alte Mann hatte in diesen Dingen keine Eile und Chamberlain, der zu ungeduldig war, um warten zu können, suchte und fand anläßlich der Home-Rule-Frage einen Grund, die Partei zu verlassen, mitsamt seinem recht beachtlichen Wählerstamm. Da man sich damals gerade auf die Wahlen von 1895 vorbereitete, waren die Konservativen mehr als froh, ihn für sich gewinnen zu können. Er teilte die Gleichgültigkeit der Patrizier gegenüber der öffentlichen Meinung absolut nicht, kopierte sie aber in seiner Kleidung und in seinem Gehabe um so genauer und verschaffte sich damit das Image einer bemerkenswerten Persönlichkeit. Für die Masse hieß er nur ›Pushful Joe‹ oder der ›Minister für das Empire‹. In der neuen Regierung war er die bekannteste Figur.

Nur Lord Salisbury ließ sich nicht von ihm beeindrucken. »Er hat sich noch nicht dazu durchgerungen, eine eigene Überzeugung zu entwickeln«, hatte er 1886 an Balfour geschrieben, »und darin liegt die unendliche Überlegenheit Gladstones«. Balfour war bezeichnenderweise freundlicher, dafür aber auch deutlicher. »Joe kann sich, obwohl wir ihn alle sehr mögen, irgendwie nicht völlig an unseren Kreis anpassen«, schrieb er an Lady Elcho. »Er geht keine chemische Verbindung mit uns ein.« Das war auch nicht verwunderlich. Chamberlain war weder auf einer Public School noch auf einer Universität (d.h. Oxford oder Cambridge) gewesen, wo Lord Esher zufolge »jeder, der dieselben Fähigkeiten hat wie er, lernt, sich selbst zu beherrschen«. Ja, er war noch nicht einmal Mitglied der anglikanischen Kirche. Nichtsdestoweniger bewegte er sich sehr geschickt im Kreise seiner neuen Verbündeten und gab auf der Terrasse des Unterhauses eine große Teegesellschaft, an der unter anderem drei Herzoginnen teilnahmen. Ihm konnte man in der Tat niemals Gleichgültigkeit vorwerfen – ein Vorwurf der Balfour oft gemacht worden ist –, denn Chamberlain vertrat stets irgendeine Meinung, die er dann jeweils mit unermüdlicher Intensität verfocht. Aber er besaß keinen festen, tiefverwurzelten Standpunkt. Obwohl er nur fünf Jahre jünger war als Salisbury und zwölf Jahre älter als Balfour, repräsentierte er die Kräfte und Methoden der neuen Zeit, zu der die Salisbury-Regierung wesensmäßig im Gegensatz stand. »Der Unterschied zwischen Joe und mir«, sagte Balfour, »ist der Unterschied zwischen der Jugend und dem Alter. Ich gehöre zu den Alten.« Balfour ruhte in der langen Tradition von Stabilität und Sicherheit, der Zugehörigkeit zur Spitze; Joe dagegen war der nach oben strebende Industriemagnat, der es eilig hatte, vorwärts zu kommen. Die Dinge, in denen sie nicht zueinander paßten, waren also in der Tat Fragen von elementarer Bedeutung.

Zunächst jedoch war die Zusammenarbeit zwischen Chamberlain und seinen neuen Kollegen vertrauensvoll und loyal. Als man bei der Jameson-Raid seine Hand zu spüren glaubte und die Liberalen wütende Anklagen gegen ihn erhoben, stellte sich die Regierung einmütig vor ihn, und ein parlamentarischer Untersuchungsausschuß sah sich nicht in der Lage, irgendwelche definitiven Anhaltspunkte bis zum Kolonialministerium zurückzuverfolgen. Joe überstand die Affäre, ohne einen Verlust seiner Macht oder einen Dämpfer seiner Aggressivität hinnehmen zu müssen. »Ich weiß nicht, welchen unserer zahlreichen Feinde wir zuerst die Stirn bieten sollen«, schrieb er nach dem Krüger-Telegramm an Salisbury, »stellen wir uns also wenigstens einem.« Als zuständiger Minister für die zunehmend feindseliger werdenden Verhandlungen mit der Burenrepublik war seine beliebteste Methode, wie Balfour an Salisbury berichtete, »die Leute dauernd bis aufs Blut zu reizen«. Während dies allmählich seine Wirkung zeigte, wurde eine lange zurückliegende Schmach gerächt: 1898 nahm Kitchener Kartum ein und hißte die britische Flagge über dem Grab Gordons. Weiter oben am Nil, in Faschoda, stand eine französische Militärexpedition, die in den Sudan eingedrungen war, den Engländern Gewehr bei Fuß gegenüber und zog sich erst nach einer Zeit voller Spannung, in deren Ablauf sich die Franzosen über die Aussichtslosigkeit ihrer Lage klar geworden waren, wieder zurück, ohne einen Schuß abzufeuern. Mit dem zunehmenden Prestige Englands stieg auch seine Unbeliebtheit.

Dann kam der Burenkrieg. Die britische Armee, für die die Jahre der ›splendid isolation‹ einen gewissen Verlust an Flexibilität mit sich gebracht hatten, war völlig auf den Krimkrieg eingestellt und mußte eine ganze Serie von Niederlagen in Südafrika hinnehmen. Die Buren, so stellte sich heraus, besaßen Kanonen von Krupp und Creuzot, und ihre Kanoniere waren nicht selten Deutsche oder Franzosen. Präsident Krüger hatte die Reparationsgelder für die Jameson-Raid dazu benutzt, um Kanonen, Maschinengewehre und große Mengen von Gewehren und Munition zu kaufen, und sich so für den unvermeidlichen Waffengang zu rüsten. In der sogenannten ›Schwarzen Woche‹ im Dezember 1899 wurde Lord Methuen bei Magersfontein besiegt, General Gatacre unterlag bei Stormberg, der Oberkommandierende Sir Redvers Buller verlor bei Colenso außer der Schlacht auch noch elf Geschütze, und die Orte Kimerlay und Ladysmith wurden eingeschlossen. Die Menschen in der Heimat konnten dies einfach nicht begreifen. Der Herzog von Argyll, der auf dem Krankenbett lag, erholte sich nicht mehr von diesem Schlag und zitierte sterbend die Worte Tennysons über den Herzog von Wellington: »Der nie ein englisches Geschütz verlor«.

Nach der Schwarzen Woche konnten sich die Briten nie mehr als die unumstrittenen Herren der Welt fühlen. Dies wurde noch deutlicher, als der deutsche Kaiser wenige Monate später erfolgreich darauf bestand, die Strafexpedition zur Niederschlagung des Boxeraufstandes in Peking unter deutsches Kommando zu stellen. Sicher, das Kontingent bestand überwiegend aus Deutschen, da die Mehrzahl der englischen Truppen bereits an Ort und Stelle war, aber dennoch hatte sich Salisbury aus Prinzip dagegen ausgesprochen. Es sei ein englisches Charakteristikum, so erklärte er dem deutschen Botschafter, selbst wenn es unsinnig sei, »einem Ausländer niemals die Befehlsgewalt über britische Soldaten zuzugestehen«. Aber Salisbury konnte sich in diesem Augenblick nicht leisten, einen Konflikt heraufzubeschwören, der eine Unterstützung der Buren zur Folge gehabt hätte, und war gezwungen nachzugeben.

Im neuen Jahr, mit neuen Kräften, Verstärkungen und einem neuen Oberbefehlshaber, der den unglücklichen Buller ablöste, kam der Krieg allmählich unter Kontrolle. Mafeking wurde im Mai 1900 entsetzt – was zu Hause hysterische Ovationen auslöste –, Lord Roberts erreichte im Juni Pretoria, und die Annektierung Transvaals wurde am 1. September in der Annahme proklamiert, daß nur noch Säuberungsaktionen bevorstünden. Diese Woge neugewonnenen Selbstvertrauens ausnutzend, bewarben sich die Konservativen in den sogenannten Khaki-Wahlen vom Oktober erneut um das Regierungsmandat. Mit dem Slogan: »Jeder Sitz der Liberalen ist ein Sitz der Buren«, erreichten sie eine beträchtliche Regierungsmehrheit. Aber obgleich das patriotische Fieber grassierte, gab es auch Strömungen gegen diesen Krieg, die nicht allein von den ›Little Englanders‹ der Gladstone-Tradition kamen, sondern dieses Mal eher durch ein ungutes Gefühl über die Anrüchigkeit der englischen Motive verursacht wurden, wie etwa dem verführerischen Glitzern des Goldes in den Minen des Rand, einer Aura des räuberischen Kapitalismus, von Kommerzialismus und Profitmacherei. Die Ablehnung des Krieges gab dem jungen Parlamentsmitglied David Lloyd George Gelegenheit, sich einen Namen zu machen, wenngleich er auch nicht so weit ging, sich der Annektierung zu widersetzen, sondern lediglich vorschlug, Verhandlungen zur Beilegung des Konflikts aufzunehmen.

Viele Leute innerhalb und auch außerhalb der Regierung erwarteten das herannahende 20. Jahrhundert in der Gewißheit, daß bestimmte Illusionen unwiederbringlich verloren waren. Lady Salisbury sagte im November 1899 zu einer jungen Verwandten kurz vor deren Tod: »Die junge Generation mag uns kritisieren, wie sie will; wird sie jemals etwas zustande bringen, das so gut ist wie das, was wir gekannt haben?«

Das Jahr 1900 und nicht 1899 war das hundertste und letzte Jahr des 19. Jahrhunderts; so hatte der Astronom Royal nach reichlichem Abwägen des Für und Wider entschieden. Der Augenblick des Überganges war gekommen. Das von den größten Hoffnungen erfüllte und den gewaltigsten Veränderungen geprägte, das fortschrittlichste, geschäftigste und reichste Jahrhundert, das die Weltgeschichte je gesehen hat, war zu Ende. Drei Wochen nach der Jahrhundertwende, am 24. Januar 1901, starb Königin Viktoria, und erneut brach das Gefühl, daß mit ihr eine Epoche zu Ende ging, durch. Lord Salisbury, seines Amtes müde, trug sich ebenfalls mit Rücktrittsabsichten, aber er glaubte, die Bühne nicht verlassen zu können, ehe nicht der Sieg in Südafrika, der sich immer noch nicht eingestellt hatte, endlich errungen war. Er kam schließlich im Juni 1902, und am 14. Juli 1902 trat Salisbury zurück. Wieder breitete sich das unbestimmte Bewußtsein aus, daß hier etwas Bedeutendes sein Ende gefunden hatte: eine Autorität, ein Typus, eine Tradition hatte Abschied genommen. Die Pariser Zeitung *Le Temps,* noch immer unter der Demütigung von Faschoda leidend, schrieb: »Was heute mit dem Rücktritt Lord Salisburys zu Ende geht, ist eine ganze geschichtliche Epoche. Es ist eine Ironie des Schicksals, daß das, was er weitergibt, ein demokratisiertes, imperialisiertes, kolonialisiertes und vulgarisiertes England ist – also in jeder Beziehung das Gegenteil dessen, was die Tories, die aristokratische Tradition und die Hochkirche, deren lebendiger Ausdruck er war, beinhalten. Es ist das England Mr. Chamberlains und, ungeachtet der nominellen Führung, nicht das Mr. Balfours.«

Königin Viktoria, Lord Salisbury und das 19. Jahrhundert waren nicht mehr. Ein Jahr vor ihrem Tode kehrte die Königin von einem Besuch in Irland auf ihrer Jacht nach England zurück und fühlte sich bei der rauhen See nicht wohl. Als eine besonders schwere Woge das Schiff erschütterte, zitierte sie ihren Arzt herbei und befahl ihm, nicht wissend, daß sie damit einen längst verstorbenen Vorgänger wiederholte: »Gehen Sie augenblicklich nach oben, Sir James, richten Sie dem Admiral meine besten Grüße aus und sagen Sie ihm, daß so etwas nicht wieder vorzukommen hat.«

Aber die Wellen ließen sich nicht aufhalten.

II

Ideologie und Realität

Die Anarchisten: 1890-1914

2 Ideologie und Realität

Die Vision einer Gesellschaft ohne Staat, ohne Regierung und Gesetz, ohne das Recht auf Eigentum, eine Gesellschaft, in der die Korruption ausgemerzt ist und der Mensch in völliger Freiheit so gut sein kann, wie Gott es ihm aufgegeben hat, übte eine derartige Faszination aus, daß ihretwegen im Laufe der zwanzig Jahre vor 1914 sechs Staats- und Regierungsoberhäupter ermordet wurden. Präsident Carnot von Frankreich fiel ihr 1894 zum Opfer, der spanische Ministerpräsident Canovas 1897, die österreichische Kaiserin Elisabeth 1898, der italienische König Umberto 1900, der amerikanische Präsident McKinley 1901 und ein weiterer spanischer Ministerpräsident, Canalejas, 1912. Keine dieser Personen konnte als Tyrann bezeichnet werden. Ihr Tod war vielmehr die Geste verzweifelter oder in die Irre geführter Männer und sollte die Aufmerksamkeit der Welt auf die Ideologie des Anarchismus lenken.

In dieser Bewegung, die diese sechs Menschenleben verschlang, gab es keinen einzelnen herausragenden Helden oder Führer. Ihr Zentrum war die ›Idee‹ und diese war, wie ein Historiker es bezeichnete, »ein Tagtraum verzweifelter Romantiker«. Sie hatte ihre Theoretiker und Denker, Männer des Geistes, aufrecht und ernst, die die Menschen liebten, und sie hatte ihre Werkzeuge, die kleinen Leute, die durch Unglück, Verzweiflung oder Zorn, durch die Demütigung und Hoffnungslosigkeit der Armut in einem Grade für die Idee empfänglich waren, daß sie sich schließlich in einem Akt der Besessenheit dazu getrieben fühlten zu handeln. Dies waren die Attentäter. Zwischen den beiden Gruppen gab es keinerlei direkte Verbindung. Die Denker konstruierten ihre phantastischen Papiermodelle eines tausendjährigen anarchistischen Reiches in Zeitungsartikeln und Pamphleten; sie gossen Tiraden des Hasses und der Verunglimpfung über die herrschende Klasse und deren verachteten Bundesgenossen, die Bourgeoisie, aus; sie riefen mit schmetternder Stimme zu Aktionen auf, zu einer »Propaganda der Tat«, um den Sturz des Feindes herbeizuführen. Wen aber riefen sie? Welche Taten wollten sie ausgeführt sehen? Das haben sie nie präzisiert. Tief unten, in den ärmsten Schichten der Gesellschaft, saßen den Denkern unbekannte, einsame Männer und hörten ihre Worte. Sie vernahmen das Echo der Tiraden und der Trompetenstöße und vermeinten einen Schimmer des glänzenden Milleniums erkennen zu können, in dem es ein Leben ohne Hunger und ohne einen Herren über sich geben würde. Und dann stand plötzlich einer von ihnen auf, vielleicht weil er in seinem Innersten verletzt worden war, vielleicht weil er ein Sendungsbewußtsein in sich verspürte, ging auf die Straße, tötete – und opferte sein eigenes Leben auf dem Altar der Idee.

Sie kamen aus den Brutstätten der Armut, wo der Hunger und der Schmutz regierten, wo Schwindsüchtige husteten und die Luft von Latrinengestank, dem Geruch dampfenden Kohls und schalen Biers erfüllt war; wo kleine Kinder plärrten und Ehepaare sich in einer der unzähligen, plötzlich ausbrechenden Reibereien anschrien; wo der Regen durch die undichten Dächer rann und die eisigen Winterstürme durch die zerbrochenen Fensterscheiben fegten; wo ein Privatleben unvorstellbar war und Männer, Frauen, Großeltern und Kinder in einem Raum hausten, aßen, schliefen, sich paarten, ihre Notdurft verrichteten, krank wurden und starben; wo der Teekessel zwischen den kärglichen Mahlzeiten als Waschbottich herhalten mußte; wo alte Kisten als Stühle, ein Haufen faulenden Strohs als Bett und ein paar Bretter über zwei Holzböcken als Tisch dienten; wo oft genug nicht einmal alle Kinder einer Familie gleichzeitig auf die Straße konnten, weil es nicht genügend Kleider für sie gab; wo anständige Familien unter Säufern, Schlägern, Dieben und Prostituierten leben mußten; wo das Leben nur die Extreme der Arbeitslosigkeit oder des endlosen Schuftens kannte; wo ein Zigarrendreher und dessen Frau siebzehn Stunden am Tag und sieben Tage in der Woche für einen Lohn von 13 Cent die Stunde arbeiteten, um sich und ihre drei Kinder am Leben erhalten zu können; wo der Tod der einzige Ausweg und die einzige Extravaganz war; und wo man die zusammengekratzten Ersparnisse eines ganzen Lebens für einen Begräbniswagen mit Blumen und eine Parade von Trauergästen hinauswarf, nur um der Anonymität und der letzten Schmach eines Grabes auf Potter's Field zu entgehen. Die Anarchisten glaubten, daß nach der Abschaffung des Privateigentums, das für sie der Inbegriff alles Bösen war, niemand mehr von der Arbeitskraft eines anderen Menschen leben könne und die menschliche Natur die Freiheit haben würde, ihr natürliches Maß an gerechtem Ausgleich unter den Menschen zu finden. Die Rolle des Staates würde dann durch die freiwillige Zusammenarbeit der einzelnen und die Rolle des Gesetzes durch das oberste Gesetz des allgemeinen Wohlergehens ersetzt werden. Um zu diesem Ziel zu gelangen, war jedoch der Weg einer Reform des sozialen Unrechts mittels Abstimmung oder Überredung von vorneherein sinnlos, denn die herrschenden Schichten würden ihr Eigentum beziehungsweise die Macht und die Gesetze, die dieses Eigentum schützten, niemals freiwillig aufgeben. Daher die Notwendigkeit zur Anwendung von Gewalt. Nur ein revolutionärer Umsturz des bestehenden und insgesamt bösartigen Systems würde das gewünschte Ergebnis zeitigen. Wenn erst einmal die alte Struktur in Trümmern lag, dann würde die neue soziale Ordnung, in der alle gleich waren und es keine Autorität gab, wie eine strahlende Morgensonne über der ganzen Menschheit aufgehen, und jedermann hätte alles, was er benötigte, in ausreichendem Maße zu seiner Verfügung. Diese Vorstellung schien so vernünftig, daß die unterdrückten Klassen, wenn man ihnen erst einmal diese Gedankengänge nahegebracht hatte, unweigerlich darauf reagierten. Die Aufgabe eines Anarchisten war es nun, sie durch die Propaganda des Wortes und der Tat für diese Ideologie zu gewinnen, und eines Tages würde dann eine solche Tat das flammende Signal für den allgemeinen Aufstand sein.

Während der anfänglichen Periode, während der sich die Ideologie herausbildete und die etwa um die Zeit des Revolutionsjahres 1848 begann, waren ihre beiden größten Propheten der Franzose Pierre Proudhon und dessen Schüler, Michael Bakunin, ein Exilrusse, der später zum aktiven Führer der Bewegung wurde.

»Wer immer seine Hand ausstreckt, um mich zu beherrschen«, verkündete Proudhon, »ist ein Usurpator und ein Tyrann; ihn erkläre ich zu meinem ärgsten Feind ... die Beherrschung des Menschen durch den Menschen ist Sklaverei«, denn die Gesetze der Herrschenden sind »Spinnweben für die Reichen, aber stählerne Ketten für die Armen«. Die »höchste Perfektion« einer freien Gesellschaft ist erreicht, wenn es keine Obrigkeit mehr gibt, und dieser Gesellschaft gab Proudhon als erster den Namen ›An-Archie‹. Er geißelte die Institution der Regierung mit einer leidenschaftlichen Verachtung. »Regiert werden, das heißt, von Personen beobachtet, inspiziert, bespitzelt, kommandiert, indoktriniert, kontrolliert, beherrscht und zensiert zu werden, die weder Weisheit noch Tugend besitzen. Darunter fällt jeder Akt der Registrierung, Abstempelung, Besteuerung, Patentierung, Lizenzierung, Schätzung, Messung, Ermahnung, Korrektur oder Täuschung. Unter dem Vorwand des öffentlichen Wohls wird man ausgebeutet, monopolisiert, belogen und betrogen und wird bei der mindesten Regung des Protestes oder der Klage bestraft, bedrängt, geschmäht, zusammengeschlagen, niedergeknüppelt, entwaffnet, verurteilt, verdammt, eingekerkert, erschossen, erdrosselt, deportiert, verkauft, beschwindelt, getäuscht, geschändet und entehrt. Das ist Regierung. Das ist ihre Gerechtigkeit. Das ist ihre Moral! Und wenn man sich dann vorstellt, daß es unter uns Demokraten gibt, die glauben, eine Regierung sei gut und notwendig; Sozialisten, die im Namen der Freiheit, Gleichheit und Brüderlichkeit diese Schande unterstützen; Proletarier, die sich als Kandidaten für das Präsidentenamt der Republik zur Verfügung stellen. Welch eine Heuchelei!«

Proudhon war davon überzeugt, daß die »abstrakte Idee des Rechts« die Notwendigkeit einer Revolution überflüssig machen würde und daß die

Menschen dazu überredet werden könnten, die Gesellschaft ohne Obrigkeit aus Vernunft und Einsicht heraus zu akzeptieren. Was Bakunin unter dem Eindruck seiner Erfahrungen im Rußland Nikolaus' I. hinzufügte, war die Notwendigkeit der gewaltsamen Revolution. Im Gegensatz zu seinem Gegenspieler Karl Marx, der davon ausging, daß die Revolution nur von einem industriellen Proletariat, das für diese Aufgabe ausgebildet und organisiert sei, kommen könne, war Bakunin der Überzeugung, daß die unmittelbare Revolution nur in einem der wirtschaftlich rückständigen Länder – Italien, Spanien oder Rußland – ausbrechen würde, wo die Arbeiter, obwohl unausgebildet, unorganisiert und ohne Bewußsein ihrer eigenen Wünsche und Forderungen, trotzdem bereit seien sich zu erheben, weil sie nichts mehr zu verlieren hatten. Die Aufgabe des verantwortungsbewußten Anarchisten mußte es daher sein, die Ideologie bei den Massen, die von der herrschenden Klasse in Ignoranz und Befangenheit gehalten wurden, populär zu machen. Es war notwendig, ihnen die Einsicht in ihre eigenen Wünsche zu geben und in ihnen die Gedanken, die ihren Impulsen entsprachen, zu wecken – die Gedanken der Revolution. Wenn das geschähe, dann würden die Arbeiter wissen, was sie wollten, und dann wäre »ihre Macht und Stärke unwiderstehlich«. Bakunin verlor jedoch die Kontrolle über die Erste Internationale an Marx, der die Organisierung propagierte.

Die gesamte Konstruktion der anarchistischen Ideologie krankte jedoch an einem inhärenten Paradoxon, das jeden Fortschritt unmöglich machte. Der Anarchismus lehnte die politische Partei ab, die Proudhon eine bloße »Variation des Absolutismus« genannt hatte; wollte man jedoch eine Revolution durchführen, so war es notwendig, sich einer Autorität, Organisation und Disziplin zu unterwerfen. Wo auch immer Anarchisten sich trafen, um ein Programm auszuarbeiten, tat sich dieses Dilemma vor ihnen auf. In strikter Loyalität zur Ideologie wiesen sie jedoch die Notwendigkeit der Organisation zurück. Die Revolution würde spontan aus den Massen hervorbrechen und alles, was man dazu benötigte, war allein die Ideologie – und der Zündfunke. Jeder Streik, jede Unruhe und jede kleine Revolte, so hofften die Anarchisten – und fürchteten die Kapitalisten – könnte dieser Funke sein. Madame Hennebau, die Frau des Direktors in Zolas *Germinal*, sah, als sie den Marsch der streikenden Bergarbeiter im blutigen Abendschimmer der sinkenden Sonne betrachtete, »die rote Vision einer Revolution, die eines düsteren Abends am Ende dieses Jahrhunderts alles hinwegreißen wird. Ja, an diesem Abend werden die Menschen endlich von ihren Ketten befreit und sie werden das Blut der Bourgeoisie vergießen ... im Donner der Stiefel dieser gleichen, furchtbaren Truppe mit ihren schmutzigen Gesichtern und ihrem stinkenden Atem, wird die alte Welt hinweggefegt werden ... Feuer wird auflodern, nichts wird übrigbleiben, kein Sou von den größten Vermögen und kein Rechtstitel auf erworbenes Eigentum.«

Und doch wurde jedesmal, wenn die Bergarbeiter Zolas den Gewehren der Gendarmerie gegenüberstanden, der Funke ausgetreten. Jener magische, traumhafte Augenblick, in dem die Massen ihre Sehnsüche und ihre Macht erkennen, kam nie. 1871 flammte der Aufstand der Pariser Kommune auf und verlosch wieder; auch er hatte keine allgemeine Erhebung auslösen können. Enttäuscht schrieb Bakunin an seine Frau: »Wir haben nicht an die große Masse derjenigen gedacht, die überhaupt nicht an dem leidenschaftlichen Kampf für ihre Freiheit beteiligt sein wollen. Da die Leidenschaft fehlt, was nützt es uns da, in der Theorie Recht gehabt zu haben? Wir waren ohnmächtig.« Er verzweifelte an der Rettung der Welt und starb, seiner Illusionen beraubt, im Jahre 1876 – ein Kolumbus, wie Alexander Herzen sagte, ohne Amerika.

In der Zwischenzeit waren seine Ideen bei den Narodniki oder Populisten, auch Partei des Volkswillens genannt, die 1879 in seiner alten Heimat gegründet wurde, auf fruchtbaren Boden gefallen. Aufgrund der gemeinschaftlichen Nutzung des Bodens, der für die russischen Bauern typisch war, sahen die Reformer in dem Bauern den geborenen Sozialisten, der nur auf das Erscheinen eines Messias wartet, um aus seiner Lethargie aufgerüttelt und zum Marsch in die Revolution getrieben zu werden. Dieser Messias sollte die Bombe sein. »Terrorakte«, so hieß es in dem Programm der Narodniki, »bestehen darin, die schädlichste Person der Regierung zu beseitigen, um so das Prestige der Obrigkeit zu untergraben und auf diese Weise den revolutionären Geist in den Massen und ihr Vertrauen auf den Erfolg der Sache zu wecken.«

1881 führten die Narodniki einen Schlag, der die Welt erschreckte: sie ermordeten den Zaren Alexander II. Es war ein triumphaler Coup gleichzusetzen, so meinten sie, dem Sturm auf die Bastille. Er würde ihren Protest herausschreien, die Bedrückten sammeln und die Unterdrücker in Angst und Schrecken versetzen. In Wirklichkeit jedoch leitete er die Reaktion ein. Der tote Zar, dessen Krone zwar das Symbol der Autokratie gewesen sein mochte, galt jedoch in der Bevölkerung als ›Befreier‹ der Leibeigenen und wurde von den Bauern sehr betrauert; sie nahmen sogar an, »die Adeligen hätten den Zaren getötet, um ihr Land zurückzubekommen«. Die Minister begannen eine Kampagne barbarischer Repressalien, die Öffentlichkeit gab alle Hoffnung auf eine Reform auf, duckte sich und die revolutionäre Bewegung zog sich »gebrochen und demoralisiert in die Keller der Verschwörung zurück«. Der erste Abschnitt in der Geschichte des Anarchismus war zu Ende.

Ehe die Ideologie in den neunziger Jahren eine zweite Blüte erlebte, trat ein einzelnes, erschütterndes Ereignis ein, das die Dimensionen des Anarchismus überproportional aufblähte; allerdings war der Schauplatz nicht Europa sondern Amerika, Chicago. Dort verurteilte im August 1886 Richter Joseph Gary acht Anarchisten zum Tode durch den Strang, weil am 4. Mai desselben Jahres sieben Polizisten durch eine Bombe getötet worden waren, die mitten in einem Polizeikordon explodierte, als die Beamten sich gerade anschickten, eine Versammlung streikender Arbeiter auf dem Haymarket Square auseinanderzutreiben.

Diese Veranstaltung war der Höhepunkt einer Kampagne für den Acht-Stunden-Tag, die selbst wiederum der Höhepunkt eines bereits seit zehn Jahren tobenden Arbeitskonfliktes war, der sich um Chicago konzentrierte. Bei jedem Zusammenstoß hatten die Arbeitgeber mit den Machtmitteln des Gesetzes – Polizei, Miliz und Gerichte – als ihren Verbündeten gekämpft. Auf die Forderungen der Arbeiter antwortete man mit scharfer Munition, Aussperrungen und dem Schutz der Streikbrecher durch die Agenten von Pinkerton, die bewaffnet und als Hilfssheriffs vereidigt worden waren. In diesem Klassenkampf verhielt sich der Staat durchaus nicht neutral. Genährt durch das Elend und die Ungerechtigkeit wuchs der Zorn der Arbeiter und mit ihm die Furcht der Unternehmer, ihr Gefühl einer ständig zunehmenden Bedrohung und ihre Entschlossenheit, diesen schwelenden Brand zu ersticken. Selbst Henry James spürte in seiner Abgeschiedenheit, daß hier eine »finstere, anarchistische Unterwelt von Schmerz, Leid und Haß erfüllt zu einem machtvollen Aufbruch drängt«.

Der Anarchismus war nicht im eigentlichen Sinne eine Arbeiterbewegung, sondern lediglich ein Element in dem allgemeinen Aufbruch der unteren Klassen. Aber die Anarchisten sahen in den Kämpfen der Arbeiter das glimmende Feuer der Revolution, das sie hofften, zu einer hellen Flamme entfachen zu können. »Ein Pfund Dynamit ist mehr wert als ein Schock Patronen«, rief August Spieß, der Herausgeber der deutschsprachigen Chicagoer Tageszeitung *Die Arbeiter-Zeitung*. »Polizei und Miliz, die Bluthunde des Kapitalismus, sind bereit zu morden!« Damit hatte er recht, denn im Verlauf eines Zusammenstoßes zwischen Arbeitern und Streikbrechern schoß die Polizei tatsächlich, und es gab zwei Tote. »Rache! Rache! Arbeiter zu den Waffen!« kreischten die Flugblätter, die Spieß an diesem Abend druckte und verteilte. Er rief zu einer Protestversammlung für den nächsten Tag auf. Sie fand auf dem Haymarket Square statt. Die Polizei marschierte auf, um sie auseinanderzutreiben, und da wurde die Bombe geworfen. Wer sie geworfen, ist nie bekannt geworden.

Die Schlußworte der Angeklagten nach dem Urteil, die erfüllt waren von dem unbedingten Glauben an die Prinzipien des Anarchismus und vom Bewußtsein ihres Märtyrertums, hallten durch ganz Europa und Amerika und waren die beste Propaganda für die Ideologie, die die Bewegung jemals hatte. Da direkte Beweise zur Feststellung ihrer Schuld fehlten, wußten die Angeklagten und erklärten dies auch mit voller Lautstärke, daß sie nicht wegen Mordes vor Gericht gestellt und verurteilt worden waren, sondern wegen des »Verbrechens« ihrer Zugehörigkeit zur anarchistischen Bewegung. »Die Welt soll hören«, rief August Spieß, »daß im Jahre 1886 im Staate Illinois acht Männer zum Tode verurteilt wurden, weil sie an eine bessere Zukunft glaubten!« Dieser Glaube hatte allerdings die Anwendung von Dynamit einbezogen, und die Rache der Gesellschaft war entsprechend hart – nicht zuletzt deswegen, weil die Furcht, in der die Gesellschaft gezittert hatte, so groß gewesen war. Schließlich wurden die Todesurteile von dreien der Angeklagten dann doch in Gefängnisstrafen umgewandelt. Der jüngste, hübscheste und fanatischste von ihnen, Louis Lingg, dem während des Verfahrens nachgewiesen worden war, daß er Bomben hergestellt hatte, beging am Abend vor der Hinrichtung mit Hilfe einer Kapsel Knallquecksilber Selbstmord und schrieb sterbend mit seinem eigenen Blut: »Lang lebe der Anarchismus.« Viele sahen seinen Selbstmord als das Eingeständnis seiner Schuld an. Die übrigen vier, darunter Spieß, wurden am 11. November 1887 gehenkt.

Noch Jahre danach fand sich auf der Literatur der Anarchisten die Silhouette der Galgen und der vier Gehenkten; der Jahrestag des 11. November wurde von den europäischen und amerikanischen Anarchisten als ein revolutionärer Gedenktag begangen. Aber auch die Öffentlichkeit wurde durch die Schatten der Galgen auf das Elend, den Protest und das Gären innerhalb der arbeitenden Klasse aufmerksam.

Männer, die Anarchisten waren, ohne es zu wissen, standen an jeder Straßenecke. Der New Yorker Polizeireporter Jacob Riis, der 1890 in einem Buch beschrieb *How the Other Half Lives*, beobachtete an der Ecke von Fifth Avenue und Fourteenth Street einen Mann, der plötzlich auf eine Kutsche losstürzte, in der zwei elegante Damen saßen und ihren nachmittäglichen Einkaufsbummel machten, und mit einem Messer auf die prächtigen, glänzenden Pferde einstach. Als man ihn verhaftete, sagte er: »Die da brauchen nicht an morgen zu denken. Was die in einer Stunde ausgeben, das würde mich und meine Kinder ein ganzes Jahr lang über Wasser halten.« Er gehörte zu den Anarchisten der Tat.

Die meisten von ihnen jedoch verharrten in dumpfem Schweigen, oder drückten ihren Protest nur in ohnmächtiger Klage aus, wie jener von seinem Land vertriebene irische Bauer, den ein Besucher fragte, während er sein Feld zum letzten Mal bestellte, was er sich denn wünsche. »Was ich mir wünsche?« zürnte der alte Mann und schüttelte die geballte Faust gen Himmel. »Ich wollte, der Tag des Jüngsten Gerichts käme.«

Die Armen lebten am Rande einer Gesellschaft, in der Macht, Reichtum und Verschwendung schon die Grenze der Maßlosigkeit erreicht hatten, in der auf den Tischen der Reichen bei einer einzigen Mahlzeit Fisch, Fleisch und Geflügel standen, in der die Palais mit Marmorfußböden und damastenen

Wandbespannungen versehen waren und dreißig, vierzig oder fünfzig Räume hatten, einer Gesellschaft, in der sich die Privilegierten im Winter in dicke Pelze hüllen konnten und von einer Schar von Dienern umgeben waren, die ihnen die Schuhe putzten, das Haar legten, das Bad richteten und das Feuer im Kamin anzündeten. In dieser Welt machten sich zum Beispiel die übersättigten Gäste bei einem Essen für Mme. Nellie Melba im Savoy, als zum Dessert herrliche Pfirsiche – die Delikatesse der Saison – »duftend und köstlich in Watte verpackt« serviert wurden, einen Spaß daraus, die vorübergehenden Passanten vom Fenster aus mit den Früchten zu bewerfen.

Das waren die Herrscher und die Wohlhabenden, für deren immensen Reichtum es scheinbar nur eine Erklärung gab, nämlich, daß er aus den Taschen der Massen stammte. »Was ist Eigentum?« so lautete Proudhons berühmte Frage, und er gab selbst die Antwort: »Eigentum ist Diebstahl!« »Weißt du«, fragte Enrico Malatesta in seinem *Talk Between Two Workers*, einem klassischen Werk der Anarchisten in den neunziger Jahren, »daß jedes Stückchen Brot, das die da oben essen, deinen Kindern weggenommen ist; daß jedes feine Geschenk, das sie ihren Frauen machen, für deine Frau Armut, Hunger, Kälte und vielleicht sogar Prostitution bedeutet?«

Obwohl die wirtschaftlichen Vorstellungen der Anarchisten sehr vage waren, nährten sie einen glühenden Haß gegen die herrschende Klasse. Sie haßten, wie Bakunin sagte, »alle Peiniger der Menschheit: Priester, Monarchen, Politiker, Soldaten, Beamte, Finanziers, Kapitalisten, Geldverleiher und Juristen.« Für die Arbeiter selbst war der »Feind« nicht ein anonymer, weit entfernter Reicher, sondern dessen sichtbarer Repräsentant: der Hauseigentümer, der Fabrikbesitzer, der Chef, der Polizist.

Sie konnten hassen, aber nur wenige von ihnen waren Rebellen. Die meisten vegetierten apathisch dahin, abgestumpft durch die Armut, und einige gaben sogar auf. Eine Frau mit vier Kindern, die für das Zusammenkleben von einem Gros (144 Stück) Zündholzschachteln $4^1/_2$ Cent bekam und in siebzehn Stunden Arbeit am Tag sieben Gros schaffte, also $31^1/_2$ Cent verdiente, beging Selbstmord, indem sie sich aus dem Fenster stürzte. Sie war »entmutigt«, wie eine Nachbarin sagte. Ein junger Mann, dessen Mutter erkrankt war und der selbst seine Arbeitsstelle verloren hatte, wurde wegen versuchten Selbstmordes angeklagt. Die Frau des Schleusenwärters, die ihn aus dem Fluß gezogen hatte, sagte als Zeugin aus, daß »er, sobald sie ihn herausgezogen hatte, wieder zurückkroch«, bis schließlich ein paar Arbeiter kamen und ihr halfen. Als der Magistrat ihr ein Kompliment wegen ihrer Muskelkraft machte, lachten die Zuschauer, aber ein Beobachter namens Jack London schrieb: »Das einzige, was ich vor mir sah, war ein Junge an der Schwelle des Lebens, der sich danach drängte, einen schmutzigen Tod zu sterben.«

Die Mißerfolge der Anarchisten mit der praktischen Verwirklichung ihrer Idee in der Zeit Bakunins, veranlaßte die Theoretiker und Praktiker des Anarchismus, sich von der der Realität ab, und der Utopie zuzuwenden. In der in den neunziger Jahren beginnenden Phase wurden die Ziele der ohnehin schon recht unrealistischen Ideologie noch utopischer, und ihre Taten hatten weniger denn je Kontakt zur Realität. Die Anarchisten wurden ungeduldig. Sie verachteten die kümmerlichen Versuche der Sozialisten und Gewerkschaften zur Durchsetzung des Acht-Stunden-Tages. »Acht Stunden Arbeit für einen Chef sind acht Stunden zuviel«, verkündete das Anarchistenblatt *La Révolte.* »Wir wissen, was an unserer Gesellschaft nicht in Ordnung ist. Es ist nicht die Tatsache, daß der Arbeiter zehn, zwölf oder vierzehn Stunden arbeitet, sondern daß es einen Chef gibt.«

Der prominenteste unter den neuen Führern des Anarchismus war Prinz Peter Kropotkin, Aristokrat von Geburt, Geograph von Beruf und Revolutionär aus Überzeugung. Seine aufsehenerregende Flucht nach zweijähriger Inhaftierung aus dem berüchtigten Fort Peter und Paul im Jahre 1876 gab ihm das Fluidum eines Helden, das in den Jahren seines Exils in der Schweiz, Frankreich und England durch seine unbußfertigen und unentwegten Predigten für die Sache der Revolution lebendig erhalten wurde.

Kropotkins Glaube an die Menschheit war trotz seiner bitteren Lebenserfahrung unbegrenzt und unerschütterlich. Der englische Journalist Henry Nevinson, der ihn gut kannte, sagte von ihm, er mache den Eindruck, als »sehne er sich danach, die gesamte Menschheit an seiner Brust zu bergen und zu beschützen«. Sein kahles Haupt war von einem buschigen, braunen Haarkranz umgeben, das Gesicht mit dem dichten, struppigen Vollbart strahlte Wärme und Freundlichkeit aus. Er war sehr klein; »es war kaum genug Körper da, um den massigen Kopf zu tragen«. Von den Prinzen von Smolensk abstammend, die der Familientradition zufolge der Rurik-Dynastie angehörten, welche vor den Romanows über Rußland geherrscht hatte, nahm Kropotkin seinen Platz in der langen Reihe der ›schuldbewußten‹ russischen Adeligen ein, die wegen ihrer Zugehörigkeit zu einer Klasse, welche seit Jahrhunderten die Menschen unterdrückt hatte, von ihrem Gewissen geplagt wurden.

Kropotkin ist 1842 geboren. Nach seiner Dienstzeit als Kosakenoffizier in Sibirien, wo er die Geographie dieser Region studierte, wurde er Sekretär der Geographischen Gesellschaft, in deren Auftrag er die Gletscher Schwedens und Finnlands erforschte. Inzwischen war er aber auch Mitglied eines geheimen Ausschusses geworden. Als dies entdeckt wurde, nahm man ihn gefangen und kerkerte ihn ein. Nach seiner Flucht im Jahre 1876 – dem Todesjahr Bakunins – ging er in die Schweiz, wo er zusammen mit Elisée Reclus, dem französischen Geographen und Anarchisten, an dessen monumentaler Geographie der Welt arbeitete. Kropotkin schrieb den Band über

Sibirien und gründete zusammen mit Reclus die Zeitschrift *Le Révolte*, die sie drei Jahre lang herausgaben. Das Blatt wurde nach seinem Verbot und der Wiedergeburt in Paris unter dem Namen *La Révolte* das bekannteste und langlebigste Journal der Anarchisten. Der unaufhaltsame Strom seiner überzeugenden und leidenschaftlichen Polemik, das Prestige das ihm seine Flucht aus dem gefürchteten russischen Gefängnis verschaffte, seine aktive Arbeit mit den Schweizer Anarchisten im Jura – der Grund für seine Ausweisung aus der Schweiz –, all dies noch gesteigert durch den Titel eines Fürsten machte Kropotkin zum anerkannten Nachfolger Bakunins.
In Frankreich, wohin er sich 1882 als nächstem Zufluchtsort wandte, lebte die Tradition der Kommune in einer militanten, anarchistischen Bewegung weiter, von der es eine florierende Zweigstelle in Lyon gab. Eine Polizeirazzia und eine Vergeltungsbombe, die ein Menschenleben forderte, hatte den Arrest von zweiundfünfzig Anarchisten, darunter Kropotkin, zur Folge, und zwar aufgrund einer Anklage wegen Zugehörigkeit zu einer internationalen Liga, die sich der Abschaffung des Eigentums, der Familie, des Staates und der Religion verschrieben hatte. Kropotkin wurde zu fünf Jahren Gefängnis verurteilt und nach drei Jahren von Präsident Grévy begnadigt. Darauf ließ er sich mit Frau und Tochter in England nieder, dem letzten Refugium aller politisch Exilierten dieser Zeit.
In einem kleinen Haus in Hammersmith, einer grauen, wohlanständigen Siedlung am Rande Londons, nahm er seine Arbeit wieder auf und schrieb überschwengliche Lobeshymnen auf die Gewalt für *La Révolte;* er verfaßte gelehrte Artikel für geographische Zeitschriften und für *Nineteenth Century;* er konferierte in fünf Sprachen mit anderen Radikalen, die ihn besuchten, hielt Vorträge bei Klubtreffen der Anarchisten in einem Keller nahe der Tottenham Road, spielte Klavier und bezauberte jeden, der ihm begegnete, mit seiner guten Laune und seiner heiteren Art. »Seine Milde und Liebenswürdigkeit grenzten an Heiligkeit«, schrieb George Bernard Shaw, »und mit seinem vollen Bart und seiner Herzensgüte hätte man ihn für einen Hirten aus dem Lande, wo Milch und Honig fließt, halten können. Seine einzige Schwäche war die Angewohnheit, den Ausbruch des Krieges innerhalb der nächsten vierzehn Tage vorauszusagen. Schließlich hat er dann ja auch recht behalten.« Diese ›Schwäche‹ war jedoch ein Ausdruck von Kropotkins Optimismus, denn für ihn war der Krieg die erwartete Katastrophe, die die alte Welt zerstören und den Weg in eine triumphale Zukunft des Anarchismus öffnen würde. »Er kann nicht mehr weit sein«, schrieb er. »Alles und jedes bringt ihn näher.«
Diese sympathische Persönlichkeit, gekleidet in den schwarzen Gehrock des viktorianischen Gentleman, war ein kompromißloser Apostel der Gewalt. Der Fortschritt der Menschen zur Perfektion werde gehemmt, so schrieb er, durch die »Trägheit derjenigen, die ihr eigenes Interesse an der beste-

henden Ordnung haben«. Daher bedurfte es, um die Entwicklung weiterzutreiben, eines gewaltsamen Ereignisses, »das die Menschheit aus ihren alten Geleisen auf neue Pfade schleudert ... Die Revolution wird zu einer zwingenden Notwendigkeit!« Der Geist der Revolution muß bei den Massen durch die unablässige ›Propaganda der Tat‹ geweckt werden. Diese Phrase, die zum Banner der anarchistischen Gewalttätigkeiten wurde, war zum ersten Male 1878 von einem französischen Sozialisten, Paul Brousse, gebraucht worden. In diesem Jahr hatte es vier Attentatsversuche auf gekrönte Häupter gegeben: zwei auf Kaiser Wilhelm I. von Deutschland und je eines auf die Könige von Spanien und Italien. »Die Idee ist auf dem Vormarsch«, schrieb Brousse, »und wir müssen alles daransetzen, um die Propaganda der Tat ins Leben zu rufen. Der Weg zum Beginn der Revolution führt durch eine königliche Brust.«

Im darauffolgenden Jahr befürwortete Kropotkin bei einem Anarchistenkongreß im Schweizer Jura besonders nachdrücklich die Propaganda der Tat, wobei er jedoch bezüglich der Methodik weniger ausführlich war. Er hat zwar nie direkt von Attentaten gesprochen, aber er plädierte während der achtziger Jahre für eine Propaganda »durch Rede und geschriebenes Wort, durch Dolch, Revolver und Dynamit«. In *La Révolte* formulierte er einen anfeuernden Aufruf an die »Männer des Mutes, die willens sind, nicht nur zu reden, sondern auch zu handeln; reine Charaktere, die Gefängnis, Exil und Tod einem Leben vorziehen, das ihren tiefsten Überzeugungen zuwider ist; kühne Naturen, die wissen, daß man um zu gewinnen etwas wagen muß«. Männer dieses Schlages sollten die Vorhut der Revolution bilden, noch lange, ehe die Massen dazu bereit seien, und inmitten des »Geredes, der Klagen und Diskussionen« die »Tat der Meuterei« vollbringen.

»Eine einzelne Tat«, schrieb Kropotkin bei einer anderen Gelegenheit, »ist eine bessere Propaganda als tausend Pamphlete.« Worte »verwehen in der Luft wie das Gebimmel der Kirchenglocken«. Taten waren vonnöten, »um den Haß gegen die Ausbeuter zu entfachen, die Herrscher lächerlich zu machen, ihre Schwäche bloßzulegen und vor allem um den Geist der Revolution zu wecken«. Die Taten, die er auf dem Papier so emphatisch forderte, wurden ausgeführt; allerdings nicht von ihm.

In den neunziger Jahren, als er in seinem fünften Lebensjahrzehnt stand, mäßigte Kropotkin seinen Enthusiasmus für die einzelne Gewaltaktion ein wenig, gab jedoch seine Forderung nach der Revolution niemals auf. Wenn auch »der revolutionäre Geist durch solche Akte enorm gewinnt«, schrieb er in der Märzausgabe 1891, von *La Révolte*, »so sind es doch nicht solche heroischen Taten, die eine Revolution auslösen. Der Aufstand ist vor allem eine Massenbewegung ... Institutionen, die in Jahrhunderten der Geschichte verwurzelt sind, lassen sich nicht mit ein paar Kilo Sprengstoff einfach hinwegsprengen. Die Zeit für solche Aktionen ist vorüber und nun ist die Zeit gekommen, da die Gedanken des Anarchismus und des Kommunismus die Massen durchdringen müssen!« Widerrufe haben jedoch selten die gleiche Stärke und Durchschlagskraft wie die ursprüngliche Forderung.

In London debattierte Kropotkin in einem Restaurant in Holborn während des Bergarbeiterstreiks von 1893 mit Ben Tillett und Tom Mann, zwei hartgesottenen Gewerkschaftlern. »Wir müssen zerstören! Wir müssen niederreißen! Wir müssen uns von den Tyrannen befreien!« schrie Mann.

»Nein«, erwiderte Kropotkin mit seinem ausländischen Akzent, während seine klugen Augen hinter den Brillengläsern funkelten, »wir müssen aufbauen. Wir müssen in den Herzen der Menschen neu aufbauen. Wir müssen ein Königreich Gottes errichten.«

Er hatte die Pläne für dieses Königreich bereits vorbereitet. Nach der Revolution – die nach seinen Berechnungen drei bis fünf Jahre dauern würde, damit die Regierungen gestürzt, die Gefängnisse, Garnisonen und Slums niedergerissen und die Industrien, der Landbesitz und jegliches Privateigentum enteignet werden konnten – würden Freiwillige eine Bestandsaufnahme aller Nahrungsmittel, Häuser und Produktionsmittel machen. Die gedruckten Listen sollten dann in Millionenauflage verteilt werden und jeder konnte sich von den Dingen, die ausreichend vorhanden waren, nehmen, was er brauchte, und diejenigen, die knapp waren, würden rationiert. Alle Güter sollten Gemeinschaftseigentum sein. Jedermann durfte seinen Bedürfnissen entsprechend Lebensmittel und sonstige Bedarfsgegenstände aus dem Gemeinschaftskaufhaus beziehen und hatte das Recht, »selbst zu entscheiden, was er für ein komfortables Dasein benötigt«. Da es dann keine Erbschaften mehr gab, wäre auch der Neid verschwunden. Alle arbeitsfähigen Männer zwischen einundzwanzig und fünfundvierzig oder fünfzig Jahren sollten mit der Gesellschaft ›Verträge‹ eingehen, und zwar über ihre Gruppen oder Gemeinden, durch die sie sich verpflichteten, pro Tag fünf Stunden in einem Beruf ihrer Wahl zu arbeiten. Als Gegenleistung garantierte ihnen die Gesellschaft die Nutzung der »Häuser, Läden, Straßen, Beförderungsmittel, Schulen, Museen usw.«. Die Notwendigkeit, Zwang oder Strafen anzuwenden war nicht gegeben, denn die Menschen würden ihren Vertrag allein deswegen erfüllen, weil »Zusammenarbeit, Unterstüzung und Sympathie« mit, von und für ihre Nachbarn notwendig waren. Dieser Prozeß, so meinte Kropotkin, würde allein aufgrund seiner Vernünftigkeit in Gang gehalten werden, obwohl eigentlich selbst er bemerkt haben müßte, daß die Vernunft sehr selten ein Beweggrund für menschliches Handeln ist.

Bernard Shaw legte mit seinem unnachsichtigen Scharfsinn diese Problematik in einem Traktat mit dem Titel *The Impossibilities of Anarchism*, das 1893 veröffentlicht und während der folgenden zehn Jahr wiederholt neuaufgelegt wurde, bloß. Wenn der Mensch gut ist und nur die Institutionen schlecht, und wenn der Mensch wieder gut wird, sobald das korrupte System ihn nicht mehr unterdrückt, so fragte er, »wie sind dann Korruption und Unterdrückung, unter denen die Menschen heute stöhnen, überhaupt zustande gekommen?« Immerhin war die Tatsache, daß Shaw sich bemüßigt fühlte, dieses Traktat zu schreiben, sein Tribut an die Bedeutung der Ideologie.

Das komplizierteste Problem des anarchistischen Plans war die Frage der Bewertung von Gütern und Leistungen. Den Theorien von Proudhon und Bakunin zufolge sollte jeder entsprechend seiner Leistung in Waren bezahlt werden. Aber das hätte ja eine Körperschaft bedingt, die die Werte festlegte und die Bewertung vornahm; eine Autorität, die ja als solche das Schreckgespenst der ›reinen‹ Anarchie war. Kropotkin und Malatesta gingen bei ihrer Lösung davon aus, daß die Menschen zum Besten des Ganzen arbeiten *wollten* und, da alle Arbeit angenehm und würdevoll war, jedermann freiwillig zum Wohl der Gemeinschaft beitragen und ebenso freimütig seine Güter aus dem Warenhaus der Gemeinde beziehen würde, ohne daß eine Notwendigkeit der Bewertung bestand.

Als Beweis hierfür entwickelte Kropotkin seine Theorie der »gegenseitigen Hilfe«, um zu zeigen, daß der Anarchismus in den Gesetzen der Natur ein wissenschaftliches Fundament besaß. Darwins These, so argumentierte er, ist von den Theoretikern des Kapitalismus pervertiert worden. Das Leben in der Natur wird in Wirklichkeit nicht durch das Gesetz des Stärkeren und den Instinkt eines jeden Lebewesens, auf Kosten seiner Genossen zu überleben, beherrscht, sondern im Gegenteil von dem Instinkt eines jeden Tieres, die Art durch »gegenseitige Hilfe« zu erhalten. Er wies als Beispiele auf die Ameisen und Bienen, auf die Wildpferd- und Rinderherden – die einen Verteidigungsring bilden, wenn sie von Wölfen angegriffen werden –, auf die gemeinschaftliche Feldbestellung und die Dorfgemeinschaft im Mittelalter hin. Seine ganz besondere Bewunderung galt dem Kaninchen, das, obwohl wehrlos und ohne besondere Verteidigungswaffen, dennoch überlebte und sich vermehrte. Das Kaninchen symbolisierte für ihn die Lebensfähigkeit der Schwachen, die, wie ein früherer Prophet geweissagt hatte, die Erde bevölkern würden.

Obwohl Kropotkins Forderung nach einer totalen Zerstörung der Bourgeoisie-Welt niemals an Nachdruck verlor, konnte diese Welt nicht umhin, ihn zu ehren. Er war doch ein so hervorragender Gelehrter – und außerdem ein Fürst. Als er die Mitgliedschaft in der Royal Geographic Society ablehnte, weil sie unter königlicher Schirmherrschaft stand, lud man ihn dennoch zum Dinner der Gesellschaft ein. Als er sich bei dem Toast des Vorsitzenden ›Auf den König‹ nicht von seinem Platz erhob, stand der Präsident prompt noch einmal auf und brachte einen Trinkspruch »Lang lebe Fürst Kropotkin« aus, dem sich die gesamte Gesellschaft anschloß. Als er

1901 die Vereinigten Staaten besuchte und am Lowell-Institut in Boston einen Vortrag hielt, bemühte sich die gesamte intellektuelle Elite Bostons um ihn. Seine Memoiren wurden bei *Atlantic Monthly* herausgebracht, und seine Bücher erschienen bei den angesehensten Verlegern. Als seine *Mutual Aid* erschien, bezeichnete die *Review of Reviews* sie als »ein gutes, heiteres und erquickliches Buch, das man gerne liest«.

Abgesehen von den Gedankengängen Kropotkins war die Ideologie des Anarchismus auch in Frankreich sehr weit entwickelt worden. Aus einer ganzen Reihe von Theoretikern, von denen einige ernst zu nehmen, andere unbedeutend waren, traten Elisée Reclus und Jean Grave als die führenden Köpfe hervor. Reclus mit seinem dunklen Bart, dem melancholischen Gesichtsausdruck und der düsteren Schönheit eines byzantinischen Christus, war der Prophet der Bewegung. Er hatte auf den Barrikaden der Kommune gekämpft und über die staubige, blutgetränkte Straße nach Versailles den Gang ins Gefängnis angetreten. Er stamme aus einer bekannten Gelehrtenfamilie und hatte neben seiner Arbeit als Geograph jahrelang das System des Anarchismus in Büchern und Zeitschriften, die er zusammen mit Kropotkin oder Grave herausgab, erläutert und gepredigt. In seinen Vorlesungen an der Université Nouvelle in Brüssel, wo er eine Zeitlang als Ordinarius für Geographie tätig war, übte er auf seine Zuhörer »eine unwiderstehliche Anziehungskraft aus«, wie einer von ihnen schrieb. Er ging von der Entstehung der Erde über zu der Zukunft der Menschen und »bewies wie Rousseau einen unerschütterlichen Glauben an das Gute im Menschen, das dieser, sobald er aus den Fesseln einer Gesellschaft, die sich auf Gewalt gründete, befreit war, offenbaren würde«.
Im Gegensatz zu ihm stammte Grave aus einer Arbeiterfamilie. Erst Schuhmacher und dann, wie Proudhon, Schriftsetzer und Drucker, hatte er in den achtziger Jahren Versuche mit Knallquecksilber angestellt, weil er die Polizeipräfektur oder das Palais Bourbon, den Sitz des französischen Parlaments, in die Luft sprengen wollte. In seinem Buch *The Dying Society and Anarchism* argumentierte er so überzeugend für den Sturz des Staates und erging sich in so vielen umstürzlerischen Andeutungen, daß es ihm zwei Jahre Gefängnis einbrachte. Während dieser Zeit arbeitete er an seinem zweiten Buch, *Society After the Revolution*, das er dann unmittelbar nach seiner Entlassung selbst druckte und verlegte. Da es eine Utopie war, hielten die Behörden es nicht für gefährlich subversiv. In seiner Dachstube im fünften Stock eines Hauses in einer Arbeiterstraße, der Rue Mouffetard, redigierte, schrieb und druckte er auf einer Handpresse *La Révolte*, während er gleichzeitig an seiner großen Geschichte *Le Mouvement libertaire sous la troisième république* arbeitete. In einem Zimmer, dessen ganzes Mobiliar aus einem Tisch und zwei Stühlen bestand, lebte und arbeitete er

»still, unermüdlich und anspruchslos«, mit dem unvermeidlichen langen schwarzen Arbeitskittel der Franzosen angetan, umgeben von Pamphleten und Zeitungen und derartig auf seine Aufgabe konzentriert, daß »er wie ein Eremit aus dem Mittelalter schien, der vor achthundert Jahren vergessen hat zu sterben«.

Die Anhänger, die die Masse der Bewegung ausmachten, bildeten nie eine regelrechte Partei, sondern formierten sich lediglich in kleinen, örtlichen Gruppen und Klubs. Einige der Genossen ließen eine Ankündigung bei ihren Freunden herumgehen, in der es beispielsweise hieß, daß »die Anarchisten von Marseilles eine Gruppe, genannt die ›Rächer und Ausgehungerten‹ gründen wollen und daß man sich am Sonntag um ... Uhr treffen wird. Alle Genossen sind herzlich eingeladen und können verläßliche Freunde mitbringen, die sich die Diskussionen anhören und daran teilnehmen möchten«. Solche Gruppen gab es nicht nur in Paris, sondern in den meisten größeren Städten und in vielen der Kleinstädte. Darunter waren die ›Unbezwingbaren‹ von Armentieres, die ›Fronarbeiter‹ von Lille, die ›Allzeitbereiten‹ von Blois, ›Land und Unabhängigkeit‹ von Nantes, ›Dynamit‹ von Lyons, die ›Antipatrioten‹ von Charleville. Zusammen mit ähnlichen Gruppen anderer Länder veranstalteten sie von Zeit zu Zeit Kongresse, beispielsweise in Chicago während der Weltausstellung von 1893, aber sie bildeten weder auf nationaler noch auf internationaler Ebene irgendeine organisierte Struktur.

Enrico Malatesta, die Fackel des Anarchismus, war Italiener und ständig unterwegs, um das Feuer der Idee in jeden Winkel der Erde zu tragen, in dem es eine Anarchistengruppe gab. Er war zehn Jahre jünger als Kropotkin und sah aus wie ein romantischer Räuber und Kampfgefährte des Grafen von Monte Christo. Tatsächlich aber kam er aus einer gutsituierten mittelständischen Familie und war als junger Medizinstudent von der Universität Neapel verwiesen worden, weil er sich zur Zeit der Pariser Kommune an einem Studentenkrawall beteiligt hatte. Daraufhin machte er eine Elektrikerlehre durch, um sich seinen Lebensunterhalt verdienen zu können, schloß sich der italienischen Sektion der Internationale an, ergriff Partei für Bakunin in dessen Streit mit Marx, inszenierte eine mißglückte Bauernrevolte in Apulien, kam ins Gefängnis und ging schließlich ins Exil. 1891 versuchte er, den belgischen Generalstreik von dessen unmittelbarem Ziel, dem allgemeinen Wahlrecht für Männer, wegzudirigieren, weil die Wahl nach seiner Ansicht nur eine Fußangel des Bourgeoisie-Staates war. Wegen ähnlicher revolutionärer Umtriebe wurde er aus einem Gastland nach dem anderen ausgewiesen und schließlich zu fünf Jahren Gefängnis auf der Strafinsel Lampedusa verurteilt, von wo er aber während eines Sturmes mit einem Ruderboot floh. Als er Italien nicht mehr verlassen durfte, versteckte er sich in einer Kiste, die die Aufschrift ›Nähmaschinen‹ trug und auf ein

Schiff nach Argentinien verladen wurde. Dort, so hoffte Malatesta, könne er in Patagonien Gold finden, das als Kapital zur Förderung der revolutionären Sache dienen sollte. Er fand auch tatsächlich Gold, nur wurde sein Claim von der argentinischen Regierung beschlagnahmt.

Da er sich nicht damit zufrieden gab, über den kommenden Untergang des Staates nur zu reden, war Malatesta andauernd in praktische Versuche verwickelt, die das Ziel hatten, diesen Untergang möglichst zu beschleunigen. Das setzte ihn dem Verdacht aus, von der Route des ›reinen‹ Anarchismus abzuweichen und in Richtung auf den Marxismus zu tendieren. Einmal schoß sogar ein italienischer Anarchist, der dem extremen *anti-organizzatori*-Flügel angehörte, auf ihn. Malatesta verlor jedoch niemals den Mut, ganz gleich, wie viele der Aufstände sich als Totgeburten erwiesen, und war stets entweder gerade aus dem Gefängnis entlassen oder gerade wieder eingeliefert, oder er hatte wieder einmal eines seiner dramatischen Fluchtabenteuer hinter sich. Dennoch tauchte er, wie Kropotkin sagte, immer wieder auf, »so wie er uns das letzte Mal verlassen hat, bereit, den Kampf erneut aufzunehmen, mit der gleichen Liebe zu den Menschen und stets ohne Haß gegenüber seinen Gegnern oder Gefängniswärtern«.

Optimismus war das hervorstechendste Merkmal dieser Führer. Für sie stand es unumstößlich fest, daß die Anarchie wegen ihrer absoluten Richtigkeit triumphieren und das kapitalistische System infolge seiner Verrottetheit zusammenbrechen müsse. Das herannahende Ende des Jahrhunderts, so glaubten sie, sei die magische Zeitgrenze. »Die ganze Menschheit erwartet die Geburt einer neuen Ordnung«, schrieb Reclus. »Das Jahrhundert, das so viele große Erfindungen in der Welt der Wissenschaft gesehen hat, kann nicht dahingehen, ohne uns noch größere Eroberungen zuteil werden zu lassen. Nach so viel Haß sehnen wir uns danach, einander zu lieben, und aus diesem Grund sind wir gegen das Recht auf Eigentum und verachten das Gesetz.«

Kropotkins gütige Augen sahen in der ihn umgebenden Welt ermutigende Anzeichen. Die zunehmende Zahl öffentlicher Museen, Bibliotheken und Parks zum Beispiel schienen ihm Fortschritte in der Richtung auf den Anarchismus zu sein, bei dessen Ankunft alles Privateigentum in Gemeineigentum übergehen würde. Wurden nicht überall Straßen- und Brückenzölle abgeschafft? Stellten die Kommunalbehörden nicht Wasser und Straßenbeleuchtung unentgeltlich zur Verfügung? Als Glieder in der Kette der anarchistischen Beweisführung dafür, daß die Gesellschaft der Zukunft nicht mehr durch die Regierung, sondern durch die »freie Assoziierung der Menschen in Gruppen« beherrscht werden würde, galten Einrichtungen wie das Rote Kreuz, die Gewerkschaften und sogar die Reederei- und Eisenbahnkartelle (die von einer ganz anderen Gruppe von Reformern in Amerika wiederum als ›Trusts‹ angegriffen wurden).

Der Anarchismus am Ende des Jahrhunderts, so wie er von Männern wie Kropotkin, Malatesta, Jean Grave und Reclus formuliert wurde, erreichte, wie ein Kenner es ausdrückt, »eine glänzende moralische Größe«, dies allerdings nur auf Kosten einer recht beträchtlichen Entfernung von der Realität. Diese Männer waren alle wegen ihrer Überzeugung im Gefängnis gewesen; Kropotkin hatte dort sogar durch Skorbut seine Zähne verloren. Sie lebten also keineswegs in einem Elfenbeinturm, ausgenommen vielleicht, daß sie ihre Köpfe in einen elfenbeinernen Turm steckten. Sie konnten ihre Entwürfe von einem Staat, in dem allgemeine Harmonie herrschte, nur konstruieren, indem sie die Evidenz menschlichen Verhaltens und die Lehren der Geschichte ignorierten. Ihr Beharren auf der Revolution entsprang unmittelbar ihrem Glauben an die Menschheit, die, wie sie annahmen, nur des hehren Beispiels und eines kräftigen Anstoßes bedurfte, um ihren Weg in das goldene Zeitalter zu finden. Sie verkündeten diesen ihren Glauben lautstark und wortgewaltig. Die Konsequenzen waren nicht selten tödlich.

Eine neue Epoche des gewalttätigen Anarchismus begann kurze Zeit nach dem hundertsten Jahrestag der Französischen Revolution in Frankreich. Eine zweijährige Schreckensherrschaft brach aus, während der Dynamit, Revolver und Messer tödliche Ernte hielten und in deren Verlauf namenlose Staatsbürger wie bedeutende Männer das Leben verloren. Eigentum wurde zerstört, das allgemeine Gefühl der Sicherheit zutiefst erschüttert. Furcht und Terror griffen um sich, und dann verschwand der Spuk ebenso plötzlich wie er gekommen. Das Signal zu diesem Aufruhr wurde 1892 von einem Mann gegeben, dessen Name allein schon »Revolution und Haß zu atmen schien«. Seine Tat war, wie fast alle, die sich daran anschlossen, ein Racheakt für Genossen, die von den Knechten des Staates mißhandelt worden waren.
Am 1. Mai des vorausgegangenen Jahres 1891 war in einem Arbeitervorort von Paris, in Clichy, ein Demonstrationszug von Arbeitern, an dessen Spitze *les anarchos* mit blutroten Fahnen und revolutionären Transparenten marschierten, von berittener Polizei angegriffen worden. Während des Handgemenges wurden fünf Polizisten leicht und drei Anarchistenführer schwer verletzt. Nachdem man die Anarchisten auf die Polizeistation geschleift hatte, wurden sie, immer noch blutend und ohne ärztliche Hilfe, einer *passage à tabac* von beispielloser Grausamkeit unterworfen. Man zwang sie Spießruten zu laufen, während die Polizisten auf sie einschlugen, sie traten und mit den Revolvergriffen mißhandelten. Bei der Gerichtsverhandlung klagte der Generalstaatsanwalt Bulot einen der drei an, am Tage vor der Demonstration die Arbeiter aufgefordert zu haben, sich zu bewaffnen, und ihnen gesagt zu haben: »Wenn die Polizei auftaucht, dann scheut Euch nicht, sie wie tolle Hunde niederzuschießen. Nieder mit der Regierung! Es

lebe die Revolution!« Bulot forderte daraufhin die Todesstrafe, was angesichts der Tatsache, daß es ja keine Toten gegeben hatte, eine unmögliche Forderung war, die besser unterblieben wäre, denn sie war der Auslöser der nun folgenden Kette von Sprengstoffanschlägen. Zunächst jedoch sprach der amtierende Richter M. Benoist einen der Angeklagten frei und verurteilte die beiden anderen zu drei, beziehungsweise fünf Jahren Gefängnis, dem Maximum, das unter den gegebenen Umständen möglich war.

Sechs Monate nach dem Prozeß wurde das Haus M. Benoists am Boulevard Saint-Germain durch eine Bombe demoliert. Zwei Wochen später, am 27. März, explodierte eine zweite Bombe im Haus des Staatsanwalts Bulot in der Rue de Clichy. In der Zeit zwischen diesen beiden Anschlägen hatte die Polizei eine Beschreibung des vermutlichen Attentäters veröffentlicht, in der er als ein schmaler, muskulöser junger Mann beschrieben wurde, zwischen zwanzig und dreißig Jahren alt, mit knochigem gelblichem Gesicht, braunem Kopf- und Barthaar, von kränklichem Aussehen und mit einer runden Narbe an der linken Hand. Am Tag der zweiten Explosion saß ein Mann, auf den diese Beschreibung paßte, im Restaurant Véry auf dem Boulevard Magenta und unterhielt sich angeregt mit einem Kellner namens Lhérot über die Explosion, von der in diesem Quartier noch niemand etwas wußte. Außerdem äußerte er anarchistische und antimilitaristische Gedankengänge. Lhérot wunderte sich zwar über den seltsamen Gast, unternahm aber nichts. Zwei Tage danach war der Mann wieder da. Diesmal sah Lhérot die Narbe und verständigte die Polizei. Als sie eintraf, um den Verdächtigen zu verhaften, wurde der schmächtige junge Mann plötzlich zu einem rasenden Giganten mit Riesenkräften, und es gelang zehn Männern erst nach einem fürchterlichen Kampf, ihn zu überwältigen und festzunehmen.

Das war Ravachol. Anstelle seines richtigen Namens Königstein hatte er den Namen seiner Mutter angenommen, weil sein Vater seine Frau mit ihren vier Kindern im Stich gelassen hatte. Damals war Ravachol gerade acht Jahre alt und wurde zum Haupternährer der Familie. Im Alter von achtzehn Jahren hatte er Eugène Sues *Le Juif errant* gelesen und den Glauben an die Religion verloren. Statt dessen hatte er die Lehren der Anarchisten aufgenommen, ihre Versammlungen besucht und war als Folge davon zusammen mit einem seiner jüngeren Brüder aus seiner Stelle als Färbergehilfe entlassen worden. In der Zwischenzeit starb seine jüngere Schwester, und die ältere gebar ein uneheliches Kind. Obwohl Ravachol wieder Arbeit fand, verdiente er doch nicht genug, um die Familie vor dem Elend zu bewahren. Folglich erschloß er sich illegale Einkunftsquellen; allerdings bewies er auch hier wiederum einen wilden Stolz auf seine Prinzipien. »Um einem Leben wie das von Tieren zu entgehen«, war es das Recht der Armen, die Reichen zu berauben, erklärte er im Gefängnis. »Zu verhungern ist feige und würdelos. Ich habe es vorgezogen ein Dieb, Falschmünzer und

Mörder zu werden.« Er hatte tatsächlich all diese Verbrechen und außerdem noch schwere Raubüberfälle begangen.
Bei der Gerichtsverhandlung am 26. April sagte er aus, das Motiv für seinen Anschlag sei Rache für die Anarchisten von Clichy gewesen, die von der Polizei zusammengeschlagen worden waren und denen man »noch nicht einmal Wasser gegeben hatte, um ihre Wunden zu säubern«, und über die Bulot und Benoist die Höchststrafe verhängt hatten, obwohl die Geschworenen die Mindeststrafe empfohlen hatten. Sein Auftreten zeigte Entschlossenheit, und in seinen Augen flackerte jenes eigentümliche fanatische Feuer, das eine tiefe innere Überzeugung verrät. »Mein Ziel war es, Terror zu verbreiten, um die Gesellschaft dazu zu zwingen, den Leidenden und Hungernden Beachtung zu schenken«, sagte er und faßte damit in einem einzigen Satz die gesamte Breite der Ideologie von der Propaganda der Tat zusammen. Während er in der Presse als ein Ausbund finsterer Gewalttätigkeit und Verschlagenheit geschildert wurde, sagten Zeugen aus, daß er der Frau eines der Verurteilten von Clichy Geld gegeben und für ihre Kinder Kleidung gekauft habe. Am Ende der eintägigen Verhandlung wurde er zu lebenslänglichem Zuchthaus und zu Zwangsarbeit verurteilt. Aber die Affäre Ravachol hatte gerade erst begonnen.
Der Kellner Lhérot war inzwischen zum Helden des Tages geworden und erzählte Journalisten und Gästen bereitwilligst die Geschichte von der Narbe, der Identifizierung und Verhaftung Ravachols. Als Folge davon zog er die Aufmerksamkeit eines unbekannten Rächers auf sich, der im Restaurant Véry eine Bombe zündete, die allerdings nicht Lhérot sondern dessen Schwager, den Besitzer des Lokals, M. Véry, tötete. *Le Pére Peinard,* eine Anarchistenzeitung, die einen rauhen Straßenjargon kultivierte, begrüßte die Tat mit dem makabren Wortspiel »Vérification!«
Mittlerweile hatte die Polizei eine ganze Serie von Verbrechen Ravachols aufgedeckt, darunter einen schweren Juwelenraub in Verbindung mit Leichenfledderei, einen Mord an einem zweiundneunzigjährigen Geizhals und dessen Haushälterin, einen weiteren Mord an zwei alten Frauen, die einen Eisenwarenladen hatten – und bei denen er vierzig Sous erbeutete – und einen Mord an einem anderen Ladenbesitzer, bei dem er überhaupt nichts gefunden hatte. »Sehen Sie diese Hand?« soll Ravachol gesagt haben, »sie hat ebenso viele Bourgeois getötet wie sie Finger hat.« Während dieser ganzen Zeit hatte er als friedlicher Untermieter irgendwo in einem Zimmer gewohnt und der Tochter seines Wirts das Lesen beigebracht.
Die Verhandlung wegen dieser Morde wurde am 21. Juni in einer Atmosphäre der Furcht, die durch die Bombe des Rächers im Restaurant Véry ausgelöst worden war, eröffnet. Jedermann in Paris erwartete eine Explosion im Palace de Justice; das Gerichtsgebäude war von Militär umstellt; die Richter, die Geschworenen und die Rechtsanwälte hatten allesamt Poli-

zeieskorten. Nach der Verkündung des Todesurteils sagte Ravachol, daß er alles, was er getan habe, für die »Idee des Anarchismus« getan habe, und er fügte die prophetischen Worte hinzu: »Ich bin sicher, daß ich gerächt werde!«

Angesichts dieser ungewöhnlichen Gestalt, die ein verbrecherisches Ungeheuer und gleichzeitig ein Verteidiger und Rächer der Unglücklichen war, zerfiel die anarchistische Presse in Uneinigkeit. In *La Révolte* lehnte Kropotkin Ravachol als die *Opera-buffa*-Version des »echten und authentischen Revolutionärs« ab. Solche Taten, meinte Kropotkin, »sind nicht Teil der stetigen, täglichen Vorbereitungsarbeit, von der man zwar wenig sieht, die aber für die Förderung der revolutionären Sache immens wichtig ist. Dazu bedarf es anderer Männer als der Ravachols. Sie gehören der fin-de-siècle-Bourgeoisie an und dort sollen sie auch bleiben.« Auch Malatesta distanzierte sich in dem literarischen Anarchistenjournal *l'En Dehors* von Ravachol.

Die Schwierigkeit bestand jedoch darin, daß Ravachol fast – nicht ganz – zu einer Gruppe von Ego-Anarchisten gehörte, die in dem Deutschen Max Stirner einen ernsthaften Theoretiker und einige hundert Anhänger ihres radikalen Individualismus hatten. Sie verkündeten eine extreme Verachtung gegenüber jeglichem bürgerlichen Sentiment und jeder Regung gesellschaftlichen Zurückhaltung und erkannten ausschließlich das Recht des Individuums an, »anarchistisch zu leben«. Das schloß ein, daß Diebstahl wie auch jedes andere Verbrechen, das im Augenblick einen Zweck erfüllte, erlaubt war. Sie waren nur an sich selbst interessiert, nicht aber an der Revolution. Die unbeherrschten Aktionen dieser ›Miniatur-Borgias‹, die gewöhnlich in Schießereien mit der Polizei endeten und unter der Fahne des ›Anarchismus‹ inszeniert wurden, trugen viel zu der Furcht und dem Zorn der Öffentlichkeit bei, die zwischen der echten und der verfälschten Form nicht unterschied. Ravachol war beides, denn es gab in ihm eine Spur echten Mitleids und Gemeinschaftsgefühls für die Unterdrückten seiner Klasse, die ein Anarchistenblatt sogar dazu verleitete, ihn mit Jesus zu vergleichen.

Am 11. Juli schritt er gefaßt und unbußfertig zur Guillotine und starb mit dem Aufschrei: *Vive l'anarchie!* Damit war Ravachols Position mit einem Schlag klar. Über Nacht wurde er zu einem Märtyrer des Anarchismus und einem Helden der Unterwelt. *La Révolte* änderte den Kurs. »Er wird gerächt werden!« verkündete das Blatt und leistete damit seinen Beitrag zu dem sich nun entwickelnden Teufelskreis der Rache. *L'En Dehors* veranstaltete eine Sammlung für die Kinder eines zusammen mit Ravachol verurteilten Komplizen. Unter den Spendern befanden sich der Maler Camille Pissarro, der Dramatiker Tristan Bernard, der belgische Sozialist und Dichter Emile Verhaeren und Bernard Lazare (der bald darauf eine prominente Rolle in der Dreyfus-Affäre spielen sollte). Ein neues Verb ›ravacholiser‹, mit der

Bedeutung, ›einen Feind vernichten‹, wurde geprägt, und der Gassenhauer ›La Ravachole‹, der zu der Melodie von ›La Carmagnole‹ gesungen wurde, enthielt den Refrain:

Ce viendra, ce viendra!
Chaqu'un bourgeois son attentat!

Ravachols eigentliche Bedeutung lag weniger in seinen Anschlägen, sondern vielmehr in der Tatsache seiner Hinrichtung. Aber mittlerweile war auch auf der anderen Seite des Atlantik die Epoche der Gewalttätigkeit ausgebrochen.

Der Anarchismus, der für sexuelle Beziehungen ebenso absolute Freiheit forderte wie für alle anderen Bereiche, hatte auch seine Liebesaffären. Eine dieser Amouren, die auf die Bewegung in Amerika einen explosiven Effekt haben sollte, entspann sich gerade zu dieser Zeit in New York. Sie begann 1890 bei dem Gedenktreffen für die Haymarket-Märtyrer, bei dem ein Exildeutscher, der Herausgeber des New Yorker anarchistischen Wochenblattes *Freiheit*, Johann Most, ein Mann mit verunstaltetem Gesicht und Körper, die Ansprache hielt.
Durch einen Unglücksfall in der Kindheit, bei dem er ohne ärztliche Betreuung geblieben war, verkrüppelt, hatte er eine harte Jugend durchgemacht. Einsam und ausgestoßen war er von Ort zu Ort gewandert, manchmal dem Verhungern nahe, manchmal mit Gelegenheitsarbeiten beschäftigt, und hatte beinahe zwangsläufig eine Feindschaft gegen die Gesellschaft entwikkelt, die in ihm mit der Zähigkeit und Geschwindigkeit von Unkraut wucherte. Er hatte schließlich eine Buchbinderlehre durchgemacht, hatte polemische Artikel für die revolutionäre Presse geschrieben und war während der siebziger Jahre für eine Legislaturperiode Abgeordneter im Reichstag gewesen. Wegen revolutionärer Umtriebe verbannt, hatte er sich zunächst nach England geflüchtet, wo er zum Anarchisten wurde und seine ultraradikale Zeitung *Freiheit* gründete. Sein Extremismus riß ihn anläßlich der Ermordung Alexanders II. im Jahre 1881 zu solch enthusiastischen Ovationen hin, daß man ihn zu achtzehn Monaten Gefängnis verurteilte. Als seine Genossen, noch während seiner Haft, die Ermordung Lord Frederick Cavendishs durch irische Rebellen in Dublin mit der gleichen Begeisterung begrüßten, war die traditionelle englische Toleranz erschöpft. Die *Freiheit* wurde verboten, und Most wanderte nach seiner Entlassung in die USA aus.
Die Polemik und die ungezügelte Wildheit der in den Staaten neugegründeten *Freiheit* hielt unvermindert an. Sie schien einem Leser als ein Strom von »Lava, die lodernde Flammen des Hohns, des Spotts und der Verachtung hochschleudert ... und glühenden Haß verströmt«. Nachdem er ins-

geheim eine Zeitlang in einer Sprengstoffabrik gearbeitet hatte, publizierte Most ein Handbuch über die Herstellung von Bomben und dozierte in der *Freiheit* unverblümt über die Verwendung von Dynamit und Nitroglyzerin. Seine Ziele wie sein Haß waren allumfassend und auf die Zerstörung der »bestehenden Klassenherrschaft« durch »unbarmherzige«, revolutionäre Aktionen gerichtet. Most lehnte den Acht-Stunden-Tag, jene »verdammte Angelegenheit« wie er es nannte, ab, denn selbst wenn er erreicht werden könnte, würde er nur dazu dienen die Massen von ihrem wahren Ziel, nämlich dem Kampf gegen den Kapitalismus und für eine neue Gesellschaft, abzulenken.

1890 war Most vierundvierzig Jahre alt, ein Mann von mittlerer Statur mit vollem grauem Haar, das ein Gesicht umrahmte, dessen untere Hälfte durch den ausgerenkten Kiefer nach links verschoben war. Er war ein harter, verbitterter Mann, aber bei seiner Rede auf der Gedenkfeier zeigte er sich derart gewandt, wortgewaltig und leidenschaftlich, daß er die Zuhörer sein abstoßendes Äußeres vergessen ließ. Eine Zuhörerin fand seine blauen Augen »sympathisch«, und er schien ihr »Haß und Liebe zugleich auszustrahlen«. Emma Goldman, eine temperamentvolle, russisch-jüdische Einwanderin von einundzwanzig Jahren, eine Rebellin von Natur, war von ihm hingerissen. Ihr Begleiter an diesem Abend war Alexander Berkman, ebenfalls russischer Jude, der seit knapp drei Jahren in den USA lebte. Die Verfolgung in Rußland und die Armut in Amerika hatte diese beiden jungen Menschen zu begeisterten Revolutionären gemacht, und der Anarchismus wurde ihr Glaubensbekenntnis. Emma hatte nach ihrer Ankunft in den Staaten als Näherin in einer Fabrik für 2,50 Dollar in der Woche zehneinhalb Stunden täglich gearbeitet. Die Miete für ihr Zimmer betrug 3 Dollar im Monat. Berkmans Familie war etwas besser gestellt; in Rußland war sie so wohlhabend gewesen, daß sie sich Diener halten und ihn auf das Gymnasium schicken konnte. Aber dann hatte es wirtschaftliche Schwierigkeiten gegeben; ein Onkel, den er sehr gern hatte, war wegen revolutionärer Gesinnung von der Polizei verhaftet worden, und man hatte nie wieder etwas von ihm gehört. Sascha (Alexander) war von der Schule verwiesen worden, weil er einen nihilistischen und atheistischen Aufsatz geschrieben hatte. Jetzt, im Alter von zwanzig Jahren, hatte er »einen Nacken und einen Brustkorb wie ein Riese«, eine hohe Gelehrtenstirn, intelligente Augen und ein sehr ernstes Gesicht. Emma sucht sich in den Armen Saschas von der »Spannung und der furchtbaren Aufregung«, die Mosts Rede in ihr hervorgerufen hatte, zu befreien. Später führte sie ihre Begeisterung auch in die Arme Mosts. Die Spannungen innerhalb dieses Arrangements waren durchaus die gleichen wie in einem bürgerlichen Dreiecksverhältnis.

Im Juni 1892 streikte die Stahlarbeitergewerkschaft aus Protest gegen eine Lohnkürzung bei der Carnegie Steel Company in Homestead, Pennsylvania. Die Gesellschaft hatte die Lohnsenkung als gezielte Maßnahme angeordnet, um die Gewerkschaft zu vernichten, und in der Erwartung der Auseinandersetzung das Werksgelände mit einem Lattenzaun und mit Stacheldraht umgeben, in dessen Schutz sie die Produktion mit Hilfe von dreihundert durch die Pinkerton-Agentur angeheuerten Streikbrechern aufrechterhalten wollte. Andrew Carnegie hatte sich, da er ja inzwischen ein Philantrop geworden war, diskreterweise für den Sommer an einen Lachsfluß nach Schottland zurückgezogen und es seinem Direktor Henry Clay Frick überlassen, den Kampf mit der Gewerkschaft auszufechten. Er hätte niemanden finden können, der dafür geeigneter gewesen wäre. Frick kam aus einer gutsituierten Familie in Pennsylvania – ein bemerkenswert gut aussehender Mann von dreiundvierzig Jahren, mit einem dicken, schwarzen Schnurrbart und kurzem Kinnbart, höflich und beherrscht in seinem Auftreten, und Augen, die ganz unvermittelt ›eiskalt‹ blicken konnten. Er war stets vornehm elegant gekleidet, trug dunkelblaue Anzüge mit Nadelstreifen, keinerlei Schmuck, und als er sich einmal durch eine Karikatur im Pittsburger *Leader* beleidigt fühlte, sagte er zu seinem Sekretär: »Das geht nicht. Das geht auf gar keinen Fall. Stellen Sie fest, wem die Zeitung gehört und kaufen Sie sie.«

Am 5. Juli sollten die Streikbrecher, die im Auftrage Fricks angeworben worden waren, eintreffen und die Arbeit im Werk aufnehmen. Als die gepanzerten Boote, in denen sie über den Monongahela-Fluß gebracht wurden gerade zur Landung ansetzten, gingen die streikenden Arbeiter mit selbstgefertigten Kanonen und Gewehren, mit Dynamit und brennendem Öl zum Angriff über. Am Ende des erbitterten Kampfes gab es zehn Tote und siebzig Verwundete, aber die Pinkertons waren von den siegreichen Arbeitern blutig zurückgeschlagen worden. Der Gouverneur von Pennsylvania entsandte 8000 Mann Miliz, das gesamte Land befand sich in heller Aufregung. Inmitten von Pulverqualm, Tod und Aufruhr stellte Frick ein Ultimatum, in dem er bekanntgab, daß er sich weigere, mit der Gewerkschaft zu verhandeln, und daß er die Arbeit mit nichtorganisierten Arbeitskräften weiterführen wolle. Jeden Arbeiter, der sich weigere an seinen Arbeitsplatz zurückzukehren, werde er entlassen und aus seinem Haus jagen.

»Homestead! Ich muß nach Homestead!« rief Berkman an jenem Abend, als Emma mit der Zeitung in der Hand hereinstürzte. Das war, so meinten sie, »der psychologisch günstigste Augenblick für eine Tat... Das Land stand gegen Frick, und ein Streich gegen ihn würde die Aufmerksamkeit der ganzen Welt auf die revolutionäre Sache lenken.« Die Arbeiter streikten nicht nur für sich selbst, sondern »für die Zukunft, für ein freies Leben, für die Anarchie« – wenn sie das auch nicht wußten. Bisher waren sie nur »blind aufsässig« gewesen, jetzt aber fühlte Berkman sich aufgerufen, den Kampf »zu erhellen« und ihn mit der »Vision des Anarchismus zu verbinden, die allein den Unzufriedenen ein starkes, revolutionäres Zielbewußtsein geben kann«. Die Beseitigung eines Tyrannen war nicht nur berechtigt, sondern sie war geradezu ein »Akt der Befreiung, der den unterdrückten Menschen neues Leben und neue Entfaltungsmöglichkeiten schenken würde«. Daher war es die »vornehmste Pflicht« und die »edelste Prüfung eines jeden echten Revolutionärs«, für dieses Ziel sein Leben zu opfern.

Berkman bestieg den Zug nach Pittsburg und war entschlossen, Frick zu töten, selbst aber wenigstens so lange zu überleben, »um meine Tat vor Gericht rechtfertigen zu können«. Dann wollte er im Gefängnis »wie Lingg von eigener Hand sterben«.

Am 23. Juli begab er sich zu Fricks Büro und wurde auch vorgelassen, nachdem er eine Karte mit der Aufschrift »Agent eines New Yorker Arbeitsvermittlungsbüros« vorgezeigt hatte. Frick konferierte gerade mit seinem Stellvertreter John Leishman, als Berkman eintrat, einen Revolver zog und schoß. Die erste Kugel verwundete Frick an der linken Halsseite, die zweite traf ihn rechts und als Berkman ein drittes Mal schießen wollte, wurde sein Arm von Leishman hochgeschlagen, so daß die Kugel nicht traf. Blutend hatte Frick sich erhoben und auf Berkman gestürzt, der außerdem von Leihsman angegriffen wurde, hinfiel und die beiden Männer mitriß. In dem Handgemenge gelang es ihm, eine Hand frei zu bekommen: Er zog einen Dolch aus der Tasche und stach Frick siebenmal in die Seite und ins Bein, ehe ihn ein Hilfssheriff und andere, die in den Raum stürzten, überwältigen konnten.

»Ich will sein Gesicht sehen«, flüsterte Frick, selbst aschgrau im Gesicht und mit blutüberströmter Kleidung. Der Sheriff faßte Berkman beim Schopf, riß seinen Kopf hoch und Frick sah seinem Angreifer in die Augen. Auf der Polizeiwache fand man bei Berkman zwei Kapseln Knallquecksilber von der gleichen Art, wie sie Lingg besessen hatte. Frick blieb am Leben, der Streik wurde mit Hilfe der Miliz niedergeschlagen und Berkman zu sechzehn Jahren Gefängnis verurteilt.

All dies hatte die amerikanische Bevölkerung in atemloser Spannung gehalten, aber der Schock, der die Öffentlichkeit traf, war harmlos im Vergleich zu dem, der die Anarchistenkreise erschütterte, als Johann Most, der Hohepriester der Gewalttätigkeit, am 27. August in der *Freiheit* seiner Vergangenheit untreu wurde und Berkmans Versuch des Tyrannenmordes öffentlich rügte. Er führte aus, daß die Bedeutung terroristischer Einzelaktionen überschätzt worden sei und daß sie in einem Land, in dem es kein klassenbewußtes Proletariat gebe, keine Revolution auslösen könnten. Für Berkman, der in den Augen der Anarchisten ein Held war, hatte er nur verächtliche Bemerkungen übrig. Als er diese Ansichten in einer Versammlung wiederholte, fuhr plötzlich mitten aus dem Publikum eine Furie hoch: Emma Goldman sprang mit einer Pferdepeitsche bewaffnet auf das Podium und schlug ihren ehemaligen Geliebten damit ins Gesicht. Der Skandal war unbeschreiblich.

Daß sowohl in Mosts als auch in ihrem Verhalten ganz persönliche Motive mitschwangen, kann kaum bezweifelt werden. Most mag zwar die Äußerungen Kropotkins und Malatestas aufgegriffen haben, die schon anläßlich des Falles Ravachol den Wert gewalttätiger Einzelaktionen in Frage gestellt hatten. Aber der der Sache ganz ergebene Berkman war kein Ravachol, und es war offensichtlich, daß hier die Eifersucht auf den Jüngeren, der sowohl in der Liebe als auch in der revolutionären Bewegung sein Rivale war, Most gereizt hatte. Sein verrückter Angriff auf einen Genossen, der bereit gewesen war, sein Leben für die Ideologie einzusetzen, war ein fürchterlicher Verrat, von dem sich die Bewegung in Amerika niemals wieder vollständig erholte.

Auf die Öffentlichkeit hatte er im großen und ganzen keine Wirkung, denn sie wußte nur von den Aktionen der Anarchisten, den *attentats*, wie die Franzosen sie nannten. Die Furcht der Gesellschaft vor der zerstörerischen Kraft in ihrer Mitte wuchs mit jeder neuen Attacke. Ein Jahr nach Homestead brach die Angst erneut aus, als Gouverneur John P. Altgeld von Illinois die drei Haymarket-Gefangenen begnadigte. Altgeld, ein eigenartiger, harter, leidenschaftlicher Mann, in Deutschland geboren und im Alter von drei Monaten in die USA gekommen, hatte in seiner Jugend viel Hartes durchgemacht und stets schwer arbeiten müssen. Mit sechzehn Jahren hatte er im Bürgerkrieg gekämpft, später Jura studiert und war erst Staatsanwalt, dann Richter und schließlich Gouverneur geworden. Mit Grundstücksspekulationen hatte er sich ein Vermögen erworben. Sein politischer Liberalismus grenzte bereits an Besessenheit. Er hatte sich geschworen, sobald er die Macht dazu besaß das Unrecht, das der damalige Standgerichtsprozeß begangen hatte, wieder gutzumachen, und außerdem hatte er eine persönliche Abneigung gegen Richter Gary. Sofort nach seiner Wahl zum Gouverneur ließ er die Prozeßakten gründlich studieren. Am 26. Juli 1893 sprach er die Begnadigung aus, wobei er gleichzeitig ein 18 000 Worte umfassendes Dokument vorlegte, das die Ungesetzlichkeit des ursprünglichen Urteils bewies. Er konnte darin nachweisen, daß das Gericht parteiisch zusammengesetzt und »ausgewählt wurde, um eine Verurteilung zu erreichen«, daß der Richter gegen die Angeklagten voreingenommen und nicht bereit gewesen war, ein faires Verfahren durchzuführen, und daß der Generalstaatsanwalt zugegeben hatte, daß zumindest in einem Falle keine ausreichenden Unterlagen für eine Verurteilung vorhanden waren. Diese Tatbestände waren als solche keineswegs unbekannt gewesen. In dem Jahr zwischen dem Urteilsspruch und der Vollstreckung hatten viele prominente Chicagoer, die wegen des Todesurteils ein ungutes Gefühl hatten, privat auf eine Begnadigung hingewirkt und tatsächlich in den drei Fällen die Umwandlung des Urteils in Haftstrafen erreicht. Als Altgeld jedoch die Unzulänglichkeit des Gerichts in aller Öffentlichkeit anprangerte, erschütterte er das öffentliche Vertrauen in eine der grundlegenden Institutionen der Gesellschaft. Hätte er den drei Anarchisten durch einen Gnadenakt die Freiheit gegeben, die Aufregung wäre weit geringer gewesen. So aber wurde er von der Presse, von den Geistlichen auf der Kanzel und von bedeutenden Persönlichkeiten aller Bereiche attackiert. Die Toledaner Zeitung *Blade* behauptete, er ermutige »die Vernichtung der Kultur«, und die New Yorker *Sun* war derartig aufgebracht, daß sie sogar zu Versen ihre Zuflucht nahm:

Oh wild Chicago . . .
Lift up your weak and guilty hands
From out the wreck of states
And as the crumbling towers fall down,
Write ALTGELD on your gates!

Altgeld unterlag in der darauffolgenden Wahl und bekleidete bis zu seinem Tode, der ihn 1902 im Alter von fünfundvierzig Jahren ereilte, kein Amt mehr.

Gleichzeitig mit den Ereignissen in Amerika war auch in Spanien die Herrschaft des Dynamits ausgebrochen, und zwar wurde sie dort mit heftigerer Grausamkeit eröffnet, mit noch erbitterterer Wildheit ausgeübt und hielt länger an als in irgendeinem anderen Land. Spanien ist der Desperado unter den Ländern Europas und von einem tragischen Lebensgefühl durchdrungen, das sich in der Kahlheit seiner rauhen Berge, in der Düsterkeit seiner steil in den Himmel ragenden Kathedralen, den ausgedörrten Flußläufen im Sommer und auch vielleicht darin ausdrückt, daß einer seiner bedeutendsten Könige sich bereits zu Lebzeiten sein Mausoleum bauen ließ und es sogar bewohnte. Der Nationalsport Spaniens ist kein Spiel, sondern ein Ritual der Gefahr, des Blutes und des Tötens. Die entthronte Königin Isabella II. drückte nach einem Besuch der Hauptstadt im Jahre 1890 die Eigentümlichkeit Spaniens in einem Brief an ihre Tochter aus: »Madrid ist trostlos, und alles ist noch unwirklicher als gewöhnlich.«
Es war daher nur natürlich, daß der Kampf der Titanen – zwischen Marx und Bakunin – in Spanien zugunsten der anarchistischen Richtung entschieden wurde; allerdings organisierten sich die Anarchisten Spaniens, wo man ja ohnehin alles viel ernster nimmt als sonstwo, mit dem Ergebnis, daß der Anarchismus hier wirklich Fuß fassen konnte und seine Macht sogar noch bis in die jüngere Vergangenheit hinein wirksam war. Wie Rußland, so war auch Spanien ein riesiger Tiegel, in dem das revolutionäre Element brodelte und durch den schweren Deckel der Gewalt von den herrschenden Schich-

ten unter Druck gehalten wurde. Die Kirche, die Großgrundbesitzer, die *Guardia Civil* und all die übrigen Wächter des Staates hielten diesen Dekkel nieder. Obwohl Spanien den Cortes und damit eine demokratische Fassade besaß, hatten die arbeitenden Massen in der Wirklichkeit keine Möglichkeit, Reformen oder Veränderungen legal durchzuführen, wie dies in England oder Frankreich der Fall war. Folglich war der Anreiz zum Anarchismus mit seinen explosiven Methoden hier wesentlich stärker. Immerhin war die spanische Form des Anarchismus nicht die ›reine‹, sondern eine kollektivistische, und das aus rein pragmatischen Gründen, denn der Druck von oben war so stark, daß Einzelaktionen von vornherein hoffnungslos gewesen wären.

Im Januar 1892 fand jene Eruption statt, die – wie die Maidemonstration in Clichy – einen blutigen Teufelskreis von Aktionen, Vergeltungsschlägen und Rache auslöste. Im Süden des Landes, wo die Bauern die ausgedehnten *latifundia* der abwesenden Gutsbesitzer Tag um Tag für einen Hungerlohn bearbeiten mußten, für den sie sich gerade ein Brot kaufen konnten, gärte es und hier und da brachen kleine Revolten aus. Vierhundert dieser Bauern rotteten sich zusammen und marschierten mit Heugabeln, Sensen und den Feuerwaffen, deren sie habhaft werden konnten, bewaffnet in das Dorf Jerez de la Frontera in Andalusien. Ihr Ziel war die Befreiung von fünf Kameraden, die wegen ihrer Teilnahme an einem Arbeitskampf vor zehn Jahren zu lebenslänglichem Kerker in Ketten verurteilt worden waren. Der Aufstand wurde prompt von der Miliz niedergeschlagen und vier der Führer garrottiert. Das ist eine spanische Exekutionsmethode, bei der das Opfer mit dem Rücken an einen Pfahl gebunden und mit einem Halseisen, das der Henker zusammenzieht, erwürgt wird. Zarzuela, einer der Verurteilten, rief am Pfahl stehend die Menge auf, »uns zu rächen«.

Das Bollwerk der spanischen Regierung war General Martinez de Campos, der 1874 mit starkem Arm die Monarchie restauriert, anschließend die Karlisten besiegt, eine Erhebung in Kuba niedergeschlagen und schließlich als Ministerpräsident und Kriegsminister amtiert hatte. Am 24. September 1893 nahm er eine Truppenparade in Barcelona ab. Aus der ersten Reihe der Zuschauermenge warf ein Anarchist namens Pallas, der zusammen mit Malatesta in Argentinien gewesen war, erst eine und dann noch eine weitere Bombe, durch die das Pferd des Generals, ein Soldat und fünf Umstehende getötet wurden, während das eigentliche Opfer des Anschlags, unter dem Körper seines Pferdes begraben, wie zum Hohn, mit nur ein paar Abschürfungen davon kam. Pallas hatte, wie er mit Stolz zugab, vorgehabt, den General »samt seinem ganzen Stab« zu töten. Als er von einem Kriegsgericht zum Tode verurteilt wurde, rief er aus: »Ich nehme das Urteil an! Aber es gibt Tausende, die weitermachen werden.« Man gestattete ihm, seinen Kindern Lebewohl zu sagen, verweigerte ihm aber aus irgendeinem barbarischen Grund, sich von seiner Frau und seiner Mutter zu verabschieden. Als man ihn zur Exekution führte, bei der er mit dem Rücken zum Peloton stehen mußte – eine spanische Variante der üblichen Verfahrensweise –, wiederholte er den Ruf Andalusiens: »Die Rache wird furchtbar sein!«

Der Racheakt kam in der Tat wenige Wochen später, wiederum in der katalanischen Hauptstadt, und war, zumindest was die Zahl der Toten angeht, der blutigste von allen Anarchistenanschlägen. Am 8. November 1893, fast am Jahrestag für die Haymarket-Opfer, fand die Eröffnung der Theatersaison im Teatro Lyceo von Barcelona statt. Das Publikum, in eleganter Abendgarderobe, lauschte den Klängen von ›Wilhelm Tell‹. Mitten in dieses Drama der Auflehnung gegen einen Tyrannen hinein explodierte eine Bombe, die von einem der Ränge geworfen worden war, und tötete fünfzehn Zuschauer auf der Stelle, während eine zweite Bombe im Zuschauerraum lag und jeden Augenblick hochzugehen drohte. Die Explosion löste ein Inferno des »Schreckens und Terrors«, der Angstschreie und Flüche, sowie eine wilde Flucht nach den Ausgängen aus, bei der die Menschen sich »wie wilde Tiere benahmen und sich ihren Fluchtweg rücksichtslos freikämpften, weder Geschlecht noch Alter achtend«. Als schließlich die Verwundeten hinausgetragen wurden, in zerfetzten Abendkleidern und blutüberströmten Frackhemden, sammelte sich vor dem Theater eine große Menschenmenge, die – wie ein Reporter berichtete – »sowohl auf die Anarchisten wie auf die Polizei fluchte«. Sieben weitere Personen erlagen später ihren Verletzungen, so daß insgesamt 22 Todesopfer und 50 Verwundete zu beklagen waren.

Die Reaktion der Obrigkeit war grausam und hart. Die Polizei durchkämmte jeden Klub, jedes Haus und jeden Ort, der als Sammelplatz sozial Unzufriedener bekannt war. Hunderte, ja Tausende wurden verhaftet und in die Verliese von Montjuich geworfen, jenes berüchtigte Gefängnis, das mehr als 200 Meter über dem Meer aufragt und dessen Kanonen sowohl den Hafen wie die Stadt Barcelona beherrschten, damit jeder Aufruhr in dieser Stadt, in der es ständig gärt und brodelt, im Keim erstickt werden kann. Mit der Zeit waren die Zellen so überfüllt, daß die neu ankommenden Häftlinge auf die Kriegsschiffe unten im Hafen gebracht werden mußten. Da in diesem Fall niemand bereit war, die Schuld für so viele Tote auf sich zu nehmen, wurde erbarmungslos gefoltert, um ein Geständnis zu erzwingen. Die Gefangenen wurden mit glühenden Eisen gemartert, durch Peitschenhiebe gezwungen dreißig, vierzig oder fünfzig Stunden hintereinander im Kreis zu laufen und anderen Torturen unterworfen, die im Lande der Inquisition heimisch waren. Auf diese Weise erpreßte man Informationen, die schließlich im Januar 1894 zu der Verhaftung eines Anarchisten namens Santiago Salvador führte, der gestand, daß der Sprengstoffanschlag in der Oper ein Racheakt für Pallas gewesen sei. Seine Verhaftung wurde von seinen Kameraden in Barcelona sofort mit einem neuen Bombenanschlag beantwortet, bei dem zwei unschuldige Menschen ums Leben kamen. Als Gegenzug verhängte die Regierung sechs Todesurteile gegen Gefangene, denen auf der Folter eine Art Geständnis abgepreßt worden war und vollstreckte die Urteile im April. Salvador, der vergeblich versucht hatte, mit einem Revolver und mit Gift Selbstmord zu begehen, wurde im September abgeurteilt und im November hingerichtet.

Die grausige Geschichte von der Explosion in der Oper von Barcelona alarmierte die Behörden in ganz Europa, und sogar die Engländer sahen sich veranlaßt zu fragen, ob es ratsam sei, den Anarchisten zu gestatten, ihre Doktrin öffentlich zu verbreiten. Als die Anarchisten dann drei Tage später ihre traditionelle Versammlung zum Andenken an die Märtyrer vom Haymarket abhielten, wurde im Parlament eine Anfrage eingebracht, die das Verhalten des Innenministers Mr. Asquith in Zweifel zog, denn dieser hatte der Versammlung die notwendige Zustimmung des Innenministeriums erteilt. Mr. Asquith versuchte zwar die Angelegenheit zu bagatellisieren, wurde aber dem Bericht eines Reporters zufolge von dem Führer der Opposition, Arthur Balfour, »zerrissen«, als dieser in seiner lässigen Art andeutete, daß das Recht, Bomben zu werfen, weder ein Diskussionsthema für öffentliche Versammlungen sei, noch mit der Begründung, daß die Gesellschaftsordnung schlecht sei, verteidigt werden könne. Ob durch Balfour überzeugt oder durch ein erneutes Überdenken der Vorfälle in Spanien veranlaßt, revidierte Asquith seine Haltung und verkündete wenige Tage später, daß »die Verbreitung der anarchistischen Doktrinen eine Bedrohung für die gesellschaftliche Ordnung sei« und fürderhin keine öffentlichen Versammlungen der Anarchisten mehr gestattet würden.

Die Anarchisten Londons waren zu dieser Zeit überwiegend Russen, Polen, Italiener und andere Exilierte, die sich um den Anarchistenklub ›Autonomie‹ gruppierten. Eine zweite Gruppe vorwiegend jüdischer Emigranten, die in verzweifelter Armut im East End lebte und arbeitete, gab eine Zeitung in Jiddisch, *Der Arbeiter-Fraint*, heraus und pflegten sich im Klub ›International‹ in Whitechapel zu treffen. Die englischen Arbeiter, für die die Terrorakte weniger selbstverständlich waren als für Slawen und Romanen, waren im großen und ganzen unbeteiligt und uninteressiert. Gelegentlich trat wohl ein Intellektueller wie William Morris als Fackelträger auf, aber auch er war im wesentlichen nur an seiner eigenen Version eines utopischen Staates interessiert, und als sein Einfluß gegen Ende der achtziger Jahre abnahm, verlor er auch die Kontrolle über den *Commonweal*, eine Zeitung, die er gegründet und herausgegeben hatte, an militantere und orthodoxere Anarchisten. Ein weiteres Journal, *Freedom*, war das Organ einer aktiven Gruppe, deren Mentor Kropotkin war, und ein drittes, *The Torch* – herausgegeben von den beiden Töchtern William Rosettis –, galt als die

Stimme Malatestas, Faures und anderer französischer und italienischer Anarchisten.
1891 erschien *The Soul of Man Under Socialism* und mit diesem Buch gesellte sich für kurze Zeit ein unerwarteter Anhänger zu der Bewegung, ließ sich nieder wie ein prächtiger Schmetterling und flog bald wieder davon. Der Verfasser dieses Aufsatzes war nämlich Oscar Wilde, der von der Persönlichkeit Kropotkins sehr beeindruckt gewesen war und außerdem Gefallen gefunden hatte an der Idee, daß die wahre Freiheit des Künstlers nur in einer Gesellschaft gewährleistet war, in der es »natürlich weder Autorität noch Zwang« gab. Trotz des Titels seiner Schrift lehnte er den Sozialismus jedoch aus den gleichen Gründen wie die orthodoxen Anarchisten ab, weil er nämlich »autoritär« war. Wenn die Obrigkeit mit wirtschaftlicher Macht ausgestattet ist, »wenn wir also eine industrielle Tyrannei haben, dann ist das Los der Menschen im letzteren Fall noch schlimmer als in dem jetzigen«. Wildes Version des Sozialismus gründete sich auf den Individualismus; wenn dieser der wahren Natur des Menschen erst einmal zum Durchbruch verholfen hatte, dann würde der Künstler endlich zu seinem vollen Recht kommen.

In Frankreich hatten mittlerweile ununterbrochen neue Anschläge stattgefunden. Am 8. November 1891, während des Bergarbeiterstreiks gegen die Société des Mines de Carmaux wurde im Pariser Büro der Gesellschaft in der Avenue de l'Opéra eine Bombe gefunden. Die Concierge hatte den Sprengkörper entdeckt, man trug ihn vorsichtig auf die Straße und ein Polizist nahm ihn auf die nächstgelegene Bezirksstation in der Rue des Bons Enfants mit. Als er mit der Bombe zur Tür hereinkam, gab es eine fürchterliche Explosion, die außer ihm noch fünf weiteren Polizisten, die sich im Raum befunden hatten, das Leben kostete. Sie wurden förmlich in Stücke gerissen, Blut und Fleischfetzen klebten an den geborstenen Wänden und zersplitterten Fenstern und Teile von Gliedmaßen lagen verstreut umher. Der Verdacht der Polizei richtete sich auf Emile Henry, den jüngeren Bruder eines bekannten radikalen Redners und Sohn von Fortuné Henry, der, als man ihn während des Kommuneaufstands zum Tode verurteilt hatte, nach Spanien geflohen war. Als jedoch Emile Henrys Alibi überprüft wurde, schien es unmöglich, daß er zur bewußten Zeit in der Avenue de l'Opéra gewesen sein konnte, und so wurde vorläufig niemand verhaftet.
Die Explosion in der Polizeistation versetzte ganz Paris in den Zustand panischer Angst; niemand wußte, wo die nächste Bombe explodieren würde. Jeder, der mit der Polizei oder dem Gesetz in irgendeiner offiziellen Verbindung stand, wurde von seinen Hausgenossen – in Paris wohnt man zumeist in großen Appartementhäusern – wie ein Aussätziger behandelt; in vielen Fällen wurde ihm sogar gekündigt. Die Stadt, so berichtet ein

englischer Besucher, war »absolut paralysiert« vor Schreck. Die besseren Kreise der Gesellschaft »lebten wieder wie zu Zeiten der Kommune. Sie wagten nicht, ins Theater, ins Restaurant oder in die eleganten Geschäfte auf der Rue de la Paix zu gehen, oder im Bois de Boulogne auszureiten, weil man hinter jedem Baum einen Anarchisten wähnte. »Fürchterliche Gerüchte liefen um: die Anarchisten hätten die Kirchen unterminiert, Blausäure in das Wasserreservoir der Stadt geschüttet, sie versteckten sich angeblich hinter den Droschkensitzen, um die Passagiere zu überfallen und auszurauben. In den Vororten wurden Truppen zusammengezogen und in höchster Alarmbereitschaft gehalten, Touristen reisten ab, die Hotels standen leer, die Omnibusse fuhren ohne Fahrgäste und die Museen waren verbarrikadiert. Die Öffentlichkeit war zu dieser Zeit ohnehin mit Groll und Verachtung gegen den Staat erfüllt, denn kaum hatte die Republik den Staatsstreich Boulangers abgewehrt, als sie wegen einer Korruptionsaffäre von beachtlichem Ausmaß angeprangert wurde, die anläßlich des Panamakanal-Skandals und der Praktiken bei der Ordensverleihung ans Tageslicht kam. Tag für Tag wurde in den Jahren 1890 bis 1892 im Parlament die Kette der Panamafinanzierung durch Anleihen, Schmiergelder, schwarze Kassen und illegitime Einflußnahme enthüllt, in die, wie es hieß, schließlich 104 Abgeordnete verwickelt waren. Selbst George Clemenceau wurde durch seinen Bekanntenkreis kompromittiert und verlor bei der darauffolgenden Wahl sein Mandat.

Im selben Maße, wie der Staat das Vertrauen seiner Bürger verlor, gewann der Anarchismus an Anhängern. Die Intellektuellen begannen mit der anarchistischen Ideologie zu spielen, und die tiefe Abneigung gegen Regierungen und Gesetze, die in den meisten Menschen mehr oder weniger vorhanden ist, kam immer mehr zum Durchbruch. Selbst im reputierlichsten Bürger steckt ein kleiner Anarchist und der regte sich während der neunziger Jahre in den Künstler- und Intellektuellenkreisen recht kräftig. Der Romanschriftsteller Maurice Barrès, der zu verschiedenen Zeiten jede mögliche Haltung innerhalb des politischen Spektrums als Plattform für sein Talent benutzt hatte, verherrlichte die Ideologie des Anarchismus in seinen Arbeiten *L'Ennemi des Lois* und *Un Homme Libre*. Der Dichter Laurent Tailhade begrüßte die kommende anarchistische Gesellschaft als eine »Zeit des Segens«, in der die Aristokratie aus der Elite des Geistes bestehen würde und »der einfache Mann die Fußspuren des Dichters küsssen wird«. Der literarische Anarchismus galt als neue Mode unter den Symbolisten wie Mallarmé und Paul Valéry. Der Schriftsteller Octave Mirbeau fühlte sich von den anarchistischen Lehren angezogen, weil er einen Abscheu vor jeder Autorität hatte. Er verachtete alle Uniformierten: Polizisten, Fahrkartenkontrolleure, Boten, Conciergen, Diener. In seinen Augen war ein Hausbesitzer ein Abtrünniger, wie sein Freund Léon Daudet von ihm berichtet, ein Minister war ein Dieb, und Rechtsanwälte und Finanziers machten ihn krank; was er tolerierte, das waren lediglich Kinder, Bettler, Hunde, einige wenige Maler und Bildhauer und sehr junge, attraktive Damen. »Er war der festen Überzeugung, daß es kein Elend in der Welt zu geben brauchte«, sagte einer seiner Freunde, »aber daß es das Elend gab, war der Anlaß seines Zorns.« Von den Malern zeichnete Pissarro für *Le Père Peinard* und einige der glänzendsten und bissigsten Pariser Illustratoren, darunter Théophile Steinlen, brachten in den Anarchistenjournalen ihren Ekel vor der sozialen Ungerechtigkeit zum Ausdruck, manchmal sogar, wenn etwa der Präsident von Frankreich im beschmutzten Pyjama gezeigt wurde, in einer Art und Weise, die später nicht mehr akzeptiert wurde.

Eine Vielzahl dieser kurzlebigen Journale und Bulletins erschienen damals unter Namen wie *Antichrist, Neuer Morgen, Schwarze Fahne, Menschenfeind, Der Schrei des Volkes, Die Fackel, Die Peitsche, Neue Menschheit, Unbestechlich, Sans-Culotte, Land und Freiheit* oder *Rache.* Gruppen und Klubs, die sich »Antipatriotische Liga« oder »Freiheitskämpfer« nannten, trafen sich in schwach erleuchteten Hallen mit kahlen Bankreihen, machten ihrer Verachtung für den Staat und ihrem Herzen Luft oder diskutierten über die Revolution. Niemals aber kam es zu einer Organisation, zu einem Zusammenschluß oder zur Wahl eines Führers. Es wurden keine Pläne geschmiedet, und Befehle nahm man nicht entgegen. In ihren Augen befand sich der Staat in seiner Panik wegen der Affäre Ravachol und der Fäulnis, die im Panama-Skandal sichtbar geworden war, bereits im Auflösungszustand.

Im März 1893 kehrte ein zweiunddreißigjähriger Mann namens August Vaillant nach Paris zurück. Er kam aus Argentinien, wohin er in der Hoffnung, ein neues Leben in einer neuen Welt beginnen zu können, ausgewandert war, doch hatte er dort nicht Fuß fassen können. Er selbst war unehelich geboren worden und gerade zehn Monate alt, als seine Mutter einen Mann heiratete, der nicht sein Vater war und sich weigerte, für das Kind zu sorgen. Vaillant kam zu Pflegeeltern. Mit zwölf Jahren war der Junge dann allein in Paris und lebte von Gelegenheitsarbeiten, gelegentlichen Diebereien und Betteln. Irgendwie gelang es ihm dann, die Schule zu besuchen und Stellungen in Büros zu erhalten. Zwischendurch gab er eine Wochenzeitung heraus, *l'Union Socialiste,* die jedoch nur kurze Zeit existierte. Bald strebte er, wie so viele Entwurzelte, dem Anarchismus zu. Als Sekretär der *Fédération des groupes indépendants* hatte er Kontakt zu den Wortführern der Anarchisten, darunter Sebastian Faure, dessen »harmonische und wohlklingende Stimme«, dessen geschliffene Sprechweise und überzeugende Art jeden, der ihm zuhörte, dazubrachte, an das tausendjährige Reich des Anarchismus zu glauben. Vaillant heiratete, trennte sich dann wieder von seiner Frau, behielt aber seine Tochter Sidonie bei sich und nahm sich eine Geliebte. Da er kein Leichtfuß oder Freigeist war, hielt er seine kleine Familie bis zum Schluß zusammen. Nach seinem Fehlschlag in Argentinien versuchte er sich wieder eine Existenz in Paris aufzubauen, und erfuhr – wie sein Zeitgenosse Knut Hamsun, der um die gleiche Zeit hungrig durch die Straßen Oslos wanderte – die Demütigung »dauernder Rückschläge, halber Versprechungen, abrupter Absagen, trügerischer und betrogener Hoffnungen und immer wieder neuer Anläufe, die immer wieder im Nichts endeten«, bis er schließlich so ins Elend geriet, daß er sich nicht einmal mehr eine neue Stelle suchen konnte, weil die Kleider, die er am Leibe trug, zu jämmerlich aussehen. Da er sich auch keine neuen Schuhe kaufen konnte, trug er ein Paar weggeworfene Galoschen, die er auf der Straße gefunden hatte. Endlich fand er Arbeit in einer Zuckerraffinerie und verdiente drei Francs am Tag – zu wenig, um drei Menschen zu ernähren.

Beschämt und verbittert, weil er seine Tochter und seine Geliebte hungern sehen mußte, von einer Welt, in der er nicht Fuß fassen konnte, aller Illusionen beraubt, beschloß er, sich das Leben zu nehmen. Aber er wollte nicht still verschwinden, sondern mit einem Aufschrei des Protestes, »mit dem Schrei einer ganzen Klasse«, wie er am Abend vor seiner Tat schrieb, »die ihr Recht fordert und eines Tages den Worten Taten folgen lassen wird. Schließlich werde ich in der Genugtuung sterben, zu wissen, daß ich getan habe, was ich konnte, um die Ankunft einer neuen Epoche zu beschleunigen.«

Da er jedoch niemanden töten wollte, plante Vaillant eine Tat, die nicht ohne Logik war. Er sah die Krankheit der Gesellschaft in dem von Skandalen geschüttelten Parlament exemplifiziert. Also fabrizierte er eine Bombe aus einem Tiegel, den er mit Nägeln und einer nicht tödlichen Ladung Sprengstoff füllte. Am Nachmittag des 9. Dezember 1893 nahm er sie mit auf die Zuschauertribüne der Chambre des Députés. Ein Augenzeuge beobachtete, wie eine große, bleiche Gestalt plötzlich aufstand und einen dunklen Gegenstand in den Saal mitten unter die Abgeordneten schleuderte. Vaillants Bombe detonierte mit dem ohrenbetäubenden Donner einer Kanone, überschüttete die Parlamentarier mit einem dichten Schauer von Metallsplittern, verletzte einige, tötete aber niemanden.

Die Sensation war riesengroß, als die Nachricht von dem Attentat nach außen drang, und ein cleverer Journalist machte das Ereignis unsterblich, als er am Abend dieses Tages bei einem Diner, das die Herausgeber des Journals *La Plume* zu Ehren einer Reihe bekannter Persönlichkeiten gab, darunter Zola, Verlaine, Mallarmé, Rodin und Laurent Tailhade, diese um eine Stellungnahme bat. Der letztgenannte antwortete etwas emphatisch: *Qu'importe les victimes si le geste est beau?* (Was bedeuten die Opfer, wenn die Geste großartig war?). An diese Bemerkung, die in der Morgenausgabe von *Le Journal* veröffentlicht wurde, sollte man sich bald darauf unter grausigen Umständen wieder erinnern. An diesem gleichen Morgen stellte sich Vaillant.

Ganz Frankreich verstand seine Geste, und einige Franzosen, die keineswegs Anarchisten waren, sympathisierten mit ihm. Ironischerweise kamen diese Sympathiekundgebungen von der extremen Rechten, deren antirepublikanische Kräfte – Royalisten, Jesuiten, wurzellose Aristokraten und Antisemiten – den Bourgeois-Staat aus persönlichen Gründen verachteten. Edouard Drumont, der Autor von *La France Juive* und Herausgeber von *La Libre Parole,* der damals gerade vollauf damit beschäftigt war, gegen die Juden, die in den Panamaskandal verwickelt waren, zu wüten, produzierte sich mit einem Artikel »Schmutz, Blut und Gold – Von Panama zur Anarchie«. »Die Männer des Blutes«, so schrieb er, »wurden aus dem Schlamm Panamas geboren.« Die Herzogin d'Uzès, die in eine der drei ersten Herzogsfamilien eingeheiratet hatte, erbot sich, der Tochter Vaillants ein Heim zu geben und für ihre Erziehung Sorge zu tragen (Vaillant zog es jedoch vor, seine Tochter der Obhut Sebastian Faures anzuvertrauen).

Gereizt und entschlossen, die Anarchisten ein für allemal zum Schweigen zu bringen, unternahm die Regierung Schritte, um die anarchistische Propaganda zu ersticken. Zwei Tage nach der Explosion von Vaillants Bombe verabschiedete die Kammer einstimmig zwei Gesetze, die das Drucken direkter oder ›indirekter‹ Aufforderungen zu Terrorakten oder die Komplizenschaft bei solchen Plänen für gesetzwidrig erklärten. Obwohl sie *les lois scélérates* (die schurkischen Gesetze) genannt wurden, stellten sie doch keine unbillige Maßnahme dar: es war in erster Linie die ›Propaganda der Tat‹, die die Attentate veranlaßte. Die Polizei durchsuchte die Cafés und Versammlungsorte der Anarchisten, 2000 Haftbefehle wurden ausgestellt, Klubs und Diskussionsgruppen aufgelöst, *La Révolte* und *Le Père Peinard* verboten. Die führenden Anarchisten verließen das Land.

Am 10. Januar stand Vaillant vor den fünf Richtern in den roten Roben und dem schwarzen goldverzierten Barett. Man hatte ihn des versuchten Mordes angeklagt, während er darauf bestand, daß er nur versucht habe zu verwunden. »Hätte ich töten wollen, dann hätte ich nur eine größere Ladung zu nehmen brauchen und den Behälter mit Schrot, anstatt mit Nägeln gefüllt.« Sein Verteidiger, Maître Labori, der später in einem Fall, der noch berühmter und dramatischer war und mit noch größerer Erbitterung geführt wurde, eine Rolle spielen sollte, verteidigte ihn mit großer Beredsamkeit als einen *exaspéré de la misère.* Es sei das Parlament, so führte Labori aus, das eigentlich schuldig sei, denn es habe versäumt, »das Elend der Armut zu lindern, die ein Drittel dieser Nation bedrückt.« Trotz Laboris Bemühungen wurde Vaillant zum Tode verurteilt, und das war das erste Mal im

19. Jahrhundert, daß die Todesstrafe über einen Angeklagten verhängt wurde, der nicht getötet hatte. Verhandlung, Urteilsfindung und -verkündung wurden innerhalb eines einzigen Tages durchgepeitscht. Beinahe unmittelbar danach begann der Strom der Gnadengesuche an Präsident Sadi Carnot zu fließen, darunter eines von einer Gruppe von 60 Abgeordneten, die von Abbé Lamire geführt wurde, der selbst bei der Explosion verwundet worden war. Der fanatische Sozialist Jules Breton kommentierte, daß, falls Carnot »sich kalt und herzlos gegen eine Begnadigung entschließen sollte, kein einziger Franzose ihn betrauern würde, wenn er eines Tages selbst das Opfer einer Bombe werden sollte«. Als Anstiftung zum Mord kostete dies Breton zwei Jahre Gefängnis. Das war der zweite Kommentar zur Vaillant-Affäre, der eine seltsame und düstere Bedeutung gewinnen sollte.

Die Regierung sah sich angesichts des anarchistischen Angriffs auf den Staat nicht in der Lage, Milde walten zu lassen, und Carnot weigerte sich, das Urteil abzuändern. Folglich wurde Vaillant am 5. Februar 1884 exekutiert. Sein letzter Aufschrei war: »Tod der Bourgeoisie! Es lebe die Anarchie!«

Das verhängnisvolle Karussell des Todes begann sich nun immer schneller zu drehen. Nur sieben Tage, nachdem Vaillant zur Guillotine geschritten war, wurde er durch einen Anschlag gerächt, der eine scheinbar so sinnlose Grausamkeit darstellte, daß die Öffentlichkeit sich inmitten eines Alptraumes zu befinden glaubte. Diesmal war das Attentat nicht gegen einen Vertreter des Gesetzes, des Eigentums oder des Staates gerichtet, sondern gegen den Mann auf der Straße. Die Bombe explodierte im Café Terminus am Gare Saint-Lazare, inmitten »friedlicher, unbekannter Bürger, die sich in einem Café getroffen hatten, um noch ein Bier zu trinken, ehe sie schlafen gingen«, wie *Le Journal* schrieb. Es gab einen Toten und zwanzig Verletzte. Wie sich erst später herausstellte, hatte der Attentäter jedoch nach einer für ihn zwingenden, dennoch wahnwitzigen Logik gehandelt. Doch ehe es zur Gerichtsverhandlung kam, erzitterte Paris unter der Wucht einer ganzen Explosionsserie: in der Rue Saint-Jacques wurde ein Passant getötet, im Faubourg Saint-Germain, wobei jedoch niemand zu Schaden kam, und eine dritte Bombe explodierte in der Tasche eines belgischen Anarchisten, Jean Powels, als er die Kirche Sainte-Madelaine betrat. Er fand dabei den Tod, aber man konnte nachweisen, daß die beiden anderen Bomben ebenfalls von ihm stammten. Am 4. April 1894 explodierte die vierte Bombe in dem vornehmen Restaurant Foyer, wobei zwar niemand getötet wurde, aber Laurent Tailhade, der dort dinierte, der gleiche Tailhade, der nur vier Monate zuvor die Opfer mit der »Größe der Geste« bagatellisiert hatte, ein Auge verlor.

Die Hysterie in der Öffentlichkeit wuchs. Als bei einer Theatervorstellung einige Kulissen hinter der Bühne mit erheblichem Getöse umfielen, stürzte die Hälfte des Publikums in panischem Schrecken zu den Ausgängen und schrie: *Anarchistes! Une bombe!* Zeitungen richteten eine neue Spalte ein mit der Überschrift *La Dynamite.* Als am 27. April der Prozeß gegen den Attentäter vom Café Terminus eröffnet wurde, ward mit einem Mal die fürchterliche Eigenschaft der anarchistischen Ideologie sichtbar, Menschenliebe in Menschenhaß umwandeln zu können.

Der Angeklagte, so stellte sich heraus, war jener selbe Emile Henry, der schon einmal im Verdacht gestanden hatte, die Bombe im Büro der Mines des Carmaux gelegt zu haben, deren Explosion sechs Polizisten das Leben gekostet hatte. Da er ohnehin schon wegen Mordes im Café Terminus angeklagt war, nahm er jetzt auch noch den Ruhm, die anderen Morde begangen zu haben, für sich in Anspruch. Ein Beweis dafür konnte jedoch nicht erbracht werden. Er gab zu Protokoll, daß er den Anschlag auf das Café Terminus als Racheakt für Vaillant und mit der vollen Absicht verübt habe, »so viele Menschen wie möglich zu töten. Ich hatte mit fünfzehn Toten und zwanzig Verletzten gerechnet«. Tatsächlich hatte die Polizei in seinem Zimmer Material gefunden, das für zwölf oder fünfzehn weitere Bomben ausgereicht hätte. Seine kalte Leidenschaft, sein intellektueller Stolz und seine tiefe Verachtung für den einfachen Menschen ließen Henry als den ›St. Just des Anarchismus‹ erscheinen. Er war ein hervorragender Student gewesen, der die berühmte Ecole Polytechnique besucht hatte, war aber wegen Beleidigung eines Professors von der Schule verwiesen worden. Zur Zeit des Attentats war er als Tuchhändlergehilfe für 120 Francs im Monat beschäftigt, in welchem Beruf sein reger Intellekt bei weitem nicht ausgelastet war. Mit seinen zweiundzwanzig Jahren war er zusammen mit Berkman der gebildetste, mit der Ideologie des Anarchismus am besten vertraute unter allen Attentätern – und er war es mit Leib und Seele.

Im Gefängnis schrieb er einen langen, logisch in sich geschlossenen Rechenschaftsbericht über seine Erfahrungen mit der zynischen und ungerechten Bourgeoisie-Gesellschaft, über seinen »zu großen Respekt vor der Initiative des einzelnen«, der ihn davon abhielt, sich den Herden der Sozialisten zu nähern und über seinen Weg zum Anarchismus. Er zeigte sich mit den anarchistischen Doktrinen sowie mit den Schriften Kropotkins, Reclus, Graves, Faures und anderer völlig vertraut, wobei er jedoch betonte, daß ein Anarchist nicht »blind alles glaubt« und nicht eine oder alle Ideen eines Theoretikers voll und ganz akzeptiert.

Erst als er erklärte, warum er das Café Terminus gewählt hatte, wurde deutlich, worin er sich von den anderen unterschied. Dort, so sagte er, kommen »all die Satten, die Gutsituierten, all die Komplizen und Handlanger des Eigentums und des Staates hin; ... die ganze Masse der braven kleinen Bourgeois, die ihre 300 oder 500 Francs im Monat verdienen und viel reaktionärer sind als ihre Herren; die die Armen hassen und sich auf die Seite der Starken schlagen. Das ist die Kundschaft des Terminus und der anderen großen Cafés dieser Art. Jetzt wissen Sie, warum ich dort zugeschlagen habe.«

Als der Richter ihm in der Verhandlung vorwarf, daß er unschuldige Menschenleben in Gefahr gebracht habe, antwortete Henry mit eisigem Hochmut und einem Satz, der das Banner der Anarchisten hätte zieren können: »Es gibt keine unschuldigen Bourgeois!« Jene Anarchistenführer, so sagte er weiter, die »sich von der Propaganda der Tat distanzieren«, wie Kropotkin und Malatesta im Fall Ravachol, und die »versuchen, spitzfindige Unterschiede zwischen den Theoretikern und den Terroristen zu machen, sind Feiglinge ... Wir, die wir den Tod bringen, wissen ihn auch zu empfangen ... Mein Kopf wird nicht der letzte sein, den Sie rollen lassen. In Chicago haben Sie gehenkt; in Deutschland geköpft; in Jerez garrottiert, in Barcelona füsiliert und in Paris guillotiniert, aber es gibt etwas, das Sie niemals zerstören werden: Die Anarchie ... Sie ist die gewaltsame Revolte gegen die bestehende Ordnung. Sie wird mit Ihrem Tod enden.«

Henry ging dem Tod gefaßt entgegen, und sogar der sarkastische Clemenceau, der die Vollstreckung des Todesurteils am 21. Mai 1894 mit ansah, war bewegt und verwirrt. Er sah Henry, wie dieser »mit dem Antlitz eines gequälten Christus, totenbleich und mit unversöhnlichem Ausdruck, versuchte, seinem schmächtigen Kinderkörper seinen intellektuellen Stolz aufzuzwingen«. Der Verurteilte ging trotz seiner Ketten die Stufen zum Richtblock rasch hinauf, sah sich um und rief mit einer heiseren, erstickten Stimme: *Courage Camerades! Vive l'anarchie!* Die Reaktion der Gesellschaft auf Henry schien Clemenceau in diesem Augenblick »wie ein Akt der Brutalität«.

Fast ohne Verzögerung folgte der nächste Schlag, der letzte in der französischen Serie und, was sein Opfer angeht, der bedeutendste, was den Attentäter betrifft jedoch der unbedeutendste. Am 24. Juni 1894 wurde der französische Staatspräsident Carnot beim Besuch einer Ausstellung in Lyon von einem jungen italienischen Arbeiter erstochen, wobei der Mörder *Vive la revolution! Vive l'anarchie!* ausrief. Der Präsident fuhr in einer offenen Kutsche durch das Spalier der Zuschauer und hatte seiner Eskorte Anweisung gegeben, die Menschen bis an das Fahrzeug herankommen zu lassen, falls sie dazu Anstalten machten. Als ein junger Mann, der eine zusammengerollte Zeitung in der Hand hielt, aus der ersten Reihe nach vorne stürzte, hielten die Leibwächer ihn nicht auf, da sie annahmen, die Zeitung enthalte einen Blumenstrauß für den Präsidenten. In Wirklichkeit aber verbarg sie einen Dolch, den der junge Mann dem Präsident mit einem einzigen, furchtbaren Stoß 15 Zentimeter tief in den Leib stieß. Drei Stunden später war Carnot tot. Seine Witwe erhielt am darauffolgenden Morgen einen Brief, der von dem Attentäter aufgegeben worden und an die ›Witwe Carnot‹ adressiert war. Er enthielt ein Foto Ravachols mit dem Text: »Er ist gerächt!«

Der Attentäter war ein noch nicht einundzwanzigjähriger Bäckerlehrling namens Santo Caserio. In Italien geboren und in Mailand, damals eine Brutstätte politischer Unruhen, zum ersten Mal mit den Anarchisten in Berührung gekommen, wurde er im Alter von achtzehn Jahren zu einer Gefängnisstrafe verurteilt, weil er anarchistische Traktätchen an Soldaten verteilt hatte. Der Drift der übrigen ruhelosen und unruhestiftenden Geister folgend kam er in die Schweiz und schließlich nach Cette in Südfrankreich, wo er Arbeit fand und auch eine Anarchistengruppe mit dem Namen *Les Cœurs de Chêne* antraf. Er brütete noch über dem Fall Vaillant und der Weissagung des Präsidenten, die Begnadigung auszusprechen, als er zufällig von dem bevorstehenden Besuch des Präsidenten in Lyon in der Zeitung las. Spontan entschloß sich Caserio zu einer ›großen Tat‹. Er erbat sich von seinem Chef Urlaub und zwanzig Francs, die ihm noch zustanden, und kaufte sich von dem Geld einen Dolch und eine Fahrkarte nach Lyon. Dort tauchte er dann in der Volksmenge unter und wartete, bis er schließlich seine Chance sah.

Bei seiner Verhaftung und auch vor Gericht war er sehr fügsam, ruhig und freundlich. Sein bleiches und etwas gewöhnlich aussehendes Gesicht hatte einen heiteren, gelassenen Ausdruck und schien einem Journalisten wie »die weiße Maske eines mehlüberstäubten Pierrot, von zwei kleinen hellblauen Augen erleuchtet, die unverwandt ins Leere starrten. Auf seiner Oberlippe fand sich der Anflug eines Bärtchens, das sich für seine Vorwitzigkeit zu entschuldigen schien.« Während des Verhörs und der Verhandlung blieb er ruhig und sprach recht vernünftig über die Prinzipien des Anarchismus, von denen er jedoch durch und durch überzeugt war. Er beschrieb seinen Anschlag als vorsätzliche »Propaganda der Tat«, und nur ein einziges Mal zeigte er eine Gefühlsregung. Das war bei der Erwähnung seiner Mutter, der er sehr verbunden war und der er regelmäßig geschrieben hatte, wenn er von zu Hause fort war. Als der Gefängniswärter ihn am Morgen des 15. August, dem Tag der Hinrichtung, weckte, weinte er kurze Zeit, gab aber dann auf dem Weg zur Guillotine keinen Laut mehr von sich. Nur als sein Kopf auf den Richtblock gelegt wurde, murmelte er einige Worte, die von einigen als *Vive l'anarchie* verstanden wurden, während andere behaupteten, er habe *A voeni nen* gesagt, was im lombardischen Dialekt »Ich will nicht« bedeutet.

Mit dem Mord an dem obersten Repräsentanten des Staates hatte der Anarchismus in Frankreich seinen Höhepunkt erreicht, nach dem jedoch, angesichts der politischen Realitäten und der tatsächlichen Entwicklung in der Arbeiterbewegung, ein Rückzug einsetzte. Zunächst jedoch sah es erst ein-

mal so aus, als erhielten die Anarchisten eine weitere großartige Gelegenheit zu neuer Propaganda und weitere Märtyrer. Die Regierung ging nämlich nun ihrerseits zum Angriff über und eröffnete am 6. August einen Massenprozeß gegen dreißig der bekanntesten Anarchisten, weil sie versuchen wollte, eine Verbindung zwischen Theoretikern und Terroristen nachzuweisen. Da die bekannteren Terroristen schon alle hingerichtet waren, konnte die Regierung lediglich drei unbedeutende Typen der ›Diebe‹-Kategorie vorweisen, von denen jedoch keiner ein Ravachol war. Von den Führern hatte Elisée Reclus das Land verlassen, aber sein Neffe Paul Reclus, Jean Grave und Sebastian Faure standen vor dem Richter. Da es weder eine Partei noch sonst irgendeine Form der Kooperation unter den Angeklagten gab, war die Anklage ähnlich schwierig wie in einem Fall, bei dem das Corpus delicti fehlt. Nichtsdestoweniger erhob der Staatsanwalt Anklage gegen die, wie er es nannte, ›Sekte‹, die sich die Zerstörung des Staates durch eine Propaganda zum Ziele gesetzt habe, durch die Diebstahl, Plünderung, Brandstiftung und Mord ermutigt würde, wobei »jedes Mitglied der Sekte je nach seinem Temperament und seinen Fähigkeiten mitwirkte«. Vielleicht aus Furcht vor dem unwiderstehlichen Rednertalent Faures hörte der Ankläger überhaupt nicht mehr auf zu reden und ließ die Angeklagten kaum zu Wort kommen; er mußte es ohnehin jedesmal bereuen, wenn er einem von ihnen die Gelegenheit zu einer Bemerkung ließ. Zu Felix Fenéon, dem Kunstkritiker und Vorkämpfer der Impressionisten, der ebenfalls unter den Angeklagten war, gewandt, sagte der Gerichtsvorsitzende: »Man hat Sie gesehen, als Sie zusammen mit einem Anarchisten hinter einer Straßenlaterne konspiriert haben.«
»Können Sie mir sagen, Euer Ehren«, fragte Fenéon zurück, »wo das ist: ›hinter einer Straßenlaterne‹?«
Da es keine Beweise für eine unmittelbare Verbindung der Angeklagten untereinander und zwischen ihnen und den Terroristen gab, zeigten sich die Geschworenen wenig beeindruckt und sprachen alle, außer den drei Einbrechern, die Gefängnisstrafen erhielten, frei. Wieder einmal hatte sich der gesunde Menschenverstand der Franzosen durchgesetzt.
Das vernünftige Urteil der Geschworenen nahm den Anarchisten eine *cause cèlèbre*, aber ein anderer wichtiger Grund für den Niedergang, der nun einsetzte, war die Tatsache, daß die französischen Arbeiter zu realistisch waren, um sich einer Sache zu verschreiben, die unter einer selbstauferlegten Bewegungs- und Handlungsunfähigkeit litt. Die geistigen Führer des Anarchismus, wie Kropotkin, Malatesta, Reclus und sogar Johann Most, erkannten allmählich die Aussichtslosigkeit der Terrorakte, aber bei der Suche nach anderen Möglichkeiten, den Staat zu stürzen, stießen sie immer wieder an die Grenze des der Ideologie innewohnenden Paradoxons, daß nämlich eine Revolution Organisation, Disziplin und Autorität ver-

langt, während der ›reine‹ Anarchismus dies rundheraus verbot. Die Unmöglichkeit, dieses Dilemma zu lösen, machte sich allmählich bemerkbar.
Von der Zweiten Internationale 1896 in London verbannt, weil sie sich weigerten, die Notwendigkeit politischer Aktionen anzuerkennen, beriefen die Anarchisten im Jahre 1900 einen eigenen Kongreß nach Paris ein. Sie versuchten, eine gemeinsame Formel zu finden, die alle Genossen akzeptieren könnten, aber jeder Vorschlag scheiterte an dem hartnäckigen Widerstand Jean Graves, der an dem Prinzip der Individualität festhielt. Ein zweiter Versuch, auf einem Kongreß in Amsterdam 1907 erbrachte als Ergebnis ein nur kurze Zeit operierendes Internationales Büro, das schließlich aus Mangel an finanzieller Unterstützung in sich zusammenfiel und seine Tätigkeit einstellte.
Und doch lag eine gewisse Tragik in der Ablehnung der Autorität durch die Anarchisten, denn wie der von den Jesuiten erzogene Sebastian Faure in einem Augenblick nüchternen Realismus sagte, »endet jede Revolution mit dem Erstehen einer neuen Herrschaftsgruppe«.
Realisten einer anderen Richtung begannen in diesen Jahren das Gespräch mit der Arbeiterbewegung aufzunehmen. Die französischen Arbeiter wollten den Acht-Stunden-Tag und keine Bombenanschläge auf das Parlament oder Attentate auf den Präsidenten. Immerhin war es die anarchistische Propaganda der Tat, die ihnen die eigenen Absichten bewußt machte und sie davon überzeugte, daß es notwendig war, für diese Ziele zu kämpfen. Darum wurde Ravachol, für den sie Verständnis hatten, zum Volkshelden, und die Lieder über ihn wurden überall gesungen. Seit dem Massaker während des Aufstands der Pariser Kommune hatte das französische Proletariat daniedergelegen; die Attentate der Anarchisten brachten es wieder auf die Beine. Die Proletarier spürten, daß die Stärke in der gemeinsamen Aktion lag und 1895, nur ein Jahr nach dem letzten Attentat, wurde die Confédération Générale de Travail (CGT), der französische Gewerkschaftsverband, gegründet.
Auf die Anarchisten, die durch das ihrer Ideologie innewohnende Paradoxon verbittert waren, übte die CGT eine starke Anziehungskraft aus. Einer nach dem anderen ging in die Gewerkschaft und nahm dabei so viel wie möglich von der ursprünglichen Doktrin mit. Diese Verschmelzung von anarchistischer Theorie und gewerkschaftlicher Praxis nahm schließlich eine Form an, die unter der Bezeichnung Syndikalismus bekannt wurde, abgeleitet von *syndicat*, dem französischen Wort für ›Gewerkschaft‹. In dieser veränderten Form, die von den Extremisten der ›reinen‹ Richtung – wie etwa Jean Grave – gemieden wurde, entwickelte sich der französische Anarchismus in den Jahren 1895 bis 1914.
Sein Dogma war die direkte Aktion durch den Generalstreik, und sein neuer Prophet hieß Georges Sorel. Unter seiner Führung ersetzte der General-

streik die Propaganda der Tat. Der Umsturz des Kapitalismus, so argumentierte Sorel, könne nur verwirklicht werden, wenn die Arbeiterklasse den Willen zur Macht entwickle. Die Anwendung von Gewalt sollte lediglich das Mittel sein, um den revolutionären Willen zu wecken und auszubilden. Die Syndikalisten lehnten den Staat und jeden, der, wie die Sozialisten willens war, mit ihm zusammen zu arbeiten, weiterhin ab, und sie hatten ebenso wenig wie ihre anarchistischen Vorläufer Verständnis für halbherzige Reformmaßnahmen. Der Streik, der Generalstreik und nochmals der Streik, das war ihre Parole. Sie behielten die Hauptelemente der alten Bewegung bei, aber ein Teil ihrer wesentlichen Substanz, die visionäre, großartige Unabhängigkeit, ging verloren.

In Spanien hingegen sollte der Teufelskreis der Gewalttätigkeit noch lange nicht zur Ruhe kommen. Am 7. Juni 1896, am Tage des Fronleichnamsfestes in Barcelona, wurde eine Bombe mitten in die Prozession geworfen, als diese, geführt vom Bischof und dem kommandierenden General von Barcelona, eben die Kirche betrat. Die beiden Repräsentanten von Kirche und Armee, denen der Anschlag gegolten hatte, blieben unverletzt, aber elf Menschen kamen ums Leben und vierzig wurden verletzt. Die grauenhafte Szenerie aus Blut, Geschrei und panischer Angst war vergleichbar mit der Todesnacht in der Oper drei Jahre zuvor. Es gelang den Anarchisten, das gesamte Land in lähmende Furcht zu stürzen, mit Ausnahme allerdings eines Mannes, des Ministerpräsidenten Antonio Canovas del Castillo, der alles andere als furchtsam war.

1895 war er zum fünften Mal als Ministerpräsident berufen worden, und er war, wie es damals hieß, »ein Mann aus dem Volke, der – über seine Tätigkeit als Journalist, Ingenieur, Diplomat und durch die Wahl in den Cortes – an die Spitze der Konservativen Partei aufgestiegen war. 1874 hatte er den politischen Teil der Restauration der Krone übernommen. Neben seiner politischen Arbeit verfaßte er Gedichte und literarische Kritiken, schrieb an einer Biographie Calderons, einer zehnbändigen Geschichte Spaniens und war Präsident der Königlichen Akademie für Geschichte. Er sammelte Bilder, seltenes Porzellan, alte Münzen und Spazierstöcke, bewohnte ein prachtvolles, luxuriöses Haus in Madrid, kleidete sich stets in Schwarz und lehnte – genau wie Frick – Juwelen wegen ihrer »aufdringlich ordinären Gewöhnlichkeit« ab. Ob er nun von den Republikanern als Reaktionär verschrien oder von seinen Freunden als der fähigste Politiker seiner Zeit gepriesen wurde, Einigkeit bestand insoweit, als er als der einzige Mann galt, der in der Lage war, die Konservative Partei zusammenzuhalten und die Kolonie Kuba für Spanien zu bewahren. Obwohl er einen Plan für die Autonomie Kubas entworfen hatte, schickte er doch andererseits General Weyler aus, um die *insurrectos* niederzuwerfen. Seine starke Hand und

seine drakonischen Maßnahmen, die im Gegensatz zu denen seines liberalen Vorgängers, standen, machten sich allmählich bemerkbar. Canovas hatte auch gar keine Bedenken, gegen die Anarchisten rücksichtslos vorzugehen. Mit seiner Zustimmung begannen die Massenverhaftungen erneut. Vierhundert Personen wurden insgesamt festgenommen, wobei die Regierung wie üblich die Chance eines gegebenen Vorwandes wahrnahm und gegen alle Feinde des Regimes vorging, seien es nun Anarchisten, Antiklerikale oder katalanische Republikaner. Die Schmerzensschreie von Montjuich hallten erneut durch die Straßen Barcelonas. Furchtbare Gerüchte gingen um, wonach der Staatsanwalt für achtundzwanzig der vierundachtzig Angeklagten, die vor ein Kriegsgericht gestellt werden sollten, die Todesstrafe fordern würde. Dies war aufgrund eines Gesetzes möglich, das der Cortes nach der Opernhaus-Explosion verabschiedet hatte. Demzufolge war das Kriegsgericht für alle Verbrechen, die mit Sprengstoff ausgeführt wurden, zuständig; den Schuldigen drohte der Tod. Wer durch Reden, Artikel oder Bilder zur Gewalt aufgerufen hatte, konnte mit lebenslänglichem Zuchthaus bestraft werden. Der Prozeß fand hinter dem steinernen Vorhang von Montjuich statt, und nur Militärpersonen waren zugelassen. Lediglich die Urteile erfuhr die Öffentlichkeit: acht Todesurteile, von denen vier vollstreckt und vier umgewandelt wurden, sechsundsiebzig Gefängnisstrafen zwischen acht und neunzehn Jahren. Einundsechzig der Häftlinge wurden auf die Strafkolonie Rio de Oro verbannt.
Gleichzeitig erfuhr die Öffentlichkeit aus erster Hand über die Foltern, die 1893 an den Gefangenen von Montjuich verübt worden waren. Tarrida del Marmol, Angehöriger einer der führenden katalanischen Familien und Direktor der polytechnischen Akademie von Barcelona, war wegen seiner liberalen Anschauungen von der Verhaftungswelle erfaßt worden, und sein Bericht, der 1897 unter dem Titel *Les Inquisites de l'Espagne* veröffentlicht wurde, löste entsetzte Proteste aus. Er enthielt unter anderem einen posthum veröffentlichten Brief eines Mitgefangenen, einen Hilfeschrei, den dieser vor seiner Hinrichtung geschrieben hatte und der an »alle guten Menschen dieser Erde« gerichtet war. Darin beschreibt er, wie er des Nachts aus seiner Zelle zu einer Klippe über dem Meer geschleppt worden war, wo die Soldaten ihre Gewehre durchluden und ihn zu erschießen drohten, wenn er nicht alles wiederhole, was der Leutnant ihm vorsprach. Als er sich weigerte, mißhandelten sie seine Geschlechtsteile, eine Prozedur, die später, als er zehn Stunden lang an seiner Zellentür aufgehängt war, wiederholt wurde. Außerdem zwang man ihn mit Peitschenhieben, fünf Tage lang ununterbrochen zu laufen. »Schließlich gab ich alles zu, was sie hören wollten, und in meiner Schwäche und Feigheit unterschrieb ich mein Geständnis.«
Wenig später, im August 1897, fuhr Ministerpräsident Canovas in die Sommerferien nach Santa Agueda. Während der ruhigen Tage in dem bas-

kischen Bergkurort fiel ihm ein blonder wohlerzogener Gast auf, dessen Spanisch einen leichten italienischen Akzent hatte und der ihn schon mehrfach höflich gegrüßt hatte. Canovas fragte seinen Sekretär, ob er den fremden jungen Mann kenne, und erfuhr, daß dieser als Korrespondent der italienischen Zeitung *Il Popolo* angemeldet war. Eines Morgens, als der Ministerpräsident mit seiner Frau zeitunglesend auf der Terrasse saß, erschien plötzlich der junge Italiener, zog einen Revolver aus der Tasche und schoß aus drei Meter Entfernung dreimal auf Canovas. Der Ministerpräsident war auf der Stelle tot. Señora Canovas sprang, außer sich vor Schmerz und Wut, auf den jungen Mann zu, der seinen Revolver immer noch in der Hand hielt, schlug ihm mit ihrem Fächer ins Gesicht und schrie: »Mörder! Mörder!«
»Ich bin kein Mörder«, antwortete der Italiener streng. »Ich bin Anarchist und der Rächer meiner Genossen. Mit Ihnen, Señora, habe ich nichts zu schaffen.«
Während des Verhörs nach seiner Verhaftung stellte sich heraus, daß sein wirklicher Name Michel Angiollilo war. Wähend seiner Militärzeit in der italienischen Armee war er dreimal wegen Insubordination im Strafbataillon gewesen. Nach seiner Entlassung aus der Armee war er Drucker, ein Beruf, der eine gewisse Affinität zu den Anarchisten zu haben scheint, entweder weil sie den Kontakt zum gedruckten Wort suchen, oder weil dieser Kontakt zum Anarchismus führt. Jedenfalls wurde Angiollilo zu achtzehn Monaten Gefängnis verurteilt, weil er subversive Literatur gedruckt hatte. 1895 kam er nach einem mißglückten Versuch, zusammen mit anderen italienischen Genossen eine geheime Druckerei in Marseille aufzuziehen, nach Barcelona und verließ die Stadt erst wieder nach der Fronleichnamsexplosion. Er trieb sich eine Zeitlang in Belgien herum, war dann in London und kaufte sich dort den Revolver, in der Absicht, den spanischen Ministerpräsidenten zu ermorden, weil dieser »die Massenfolter und Massenhinrichtung der Anarchisten angeordnet hatte«. Er kehrte nach Spanien zurück, beobachtete Canovas in Madrid, fand aber keine günstige Gelegenheit. Er folgte ihm nach Santa Agueda und führte hier sein Vorhaben schließlich aus. Eine Woche später versuchte er vor dem Kriegsgericht seine anarchistischen Prinzipien zu erklären, und als man ihn schweigen hieß, schrie er: »Aber ich muß mich doch rechtfertigen können!« Er erhielt jedoch keine Erlaubnis dazu. Bei seiner Hinrichtung durch die Garrotte verweigerte er die Sterbesakramente und blieb kaltblütig bis zuletzt.
In der europäischen Presse brach der entrüstete Aufruhr erneut los, und man forderte eine konzentrierte Aktion, um die »tollen Hunde« von Anarchisten endgültig zu vernichten. Man spürte allgemein, daß der Verlust eines Mannes vom Format Canovas' für Spanien schwer zu verwinden sein würde, wenn er nicht gar, wie die New Yorker *Nation* prophezeite, »ein natio-

Prinz Peter Kropotkin

Redaktionsbüro von *La Révolte*

›Kellerdomizil‹: photographiert von Jacob A. Riis, um 1890

›Aussperrung‹: Originaltitel *L'Attentat du Pas de Calais*
von Théophile Steinlen, aus *Le Chambard Socialiste*, 16. Dezember 1893

nales Unglück war«. Tatsächlich erwies sich sein Tod als einer jener Schicksalsschläge, die dem Ablauf der Ereignissse eine entscheidende Wende geben. Nach dem Tode von Canovas gelangten die Liberalen schließlich wieder an die Regierung, aber schon wenig später ließen sie sich von dem wilden Geheul der von Hearst lancierten Entrüstungskampagne gegen den ›Schlächter‹ Weyler, die damals gerade in den USA im Gange war, einschüchtern. General Weyler wurde abgelöst, als er kurz davor stand, die Ruhe und Ordnung in Kuba wieder herzustellen. Die kubanische Rebellion flammte folglich wieder auf und lieferte, den Imperialisten in den Vereinigten Staaten den Vorwand für den am bewußtesten provozierten Krieg des Jahrhunderts. Wäre Canovas noch am Leben gewesen, hätte es diesen Vorwand nie gegeben.

Für seinen Tod jedoch gab es wenigstens noch einen Grund; für zwei der drei weiteren Morde, die innerhalb der nächsten drei Jahre folgen sollten, gab es überhaupt keinen. Sie waren zum Teil die Folge der anarchistischen Propaganda, von der die Anregung kam, mehr aber noch das Ergebnis der öffentlichen Aufregung über die Aktionen der Anarchisten, die den Attentätern den Glanz großer Berühmtheit vorgaukelte und die beschränkten Gemüter vergiftete.

Die erste dieser Mordtaten wurde am 10. September nahe der Fähre am Quai Mont Blanc in Genf mit einem Dolch verübt. Hier trafen sich in einer tödlichen Begegnung, die so sinnlos war, wie der Blitzstrahl, der ein kleines Kind erschlägt, zwei Menschen, die so unterschiedlich, in ihrem täglichen Leben so weit voneinander entfernt waren, daß sich ihr Lebenswege nie gekreuzt hätten, wäre nicht dieser wahnwitzige Augenblick gewesen. Die eine dieser beiden Personen war Kaiserin Elisabeth von Österreich, die Gemahlin des Kaisers Franz Joseph, und die andere war Luigi Lucheni, ein vagabundierender italienischer Arbeiter.

Kaiserin Elisabeth war die schönste, zugleich aber auch die melancholischste Fürstin unter den gekrönten Häuptern Europas. Sie hatte im Alter von sechzehn Jahren geheiratet und den Thron bestiegen und zog jetzt, im Alter von einundsechzig Jahren, immer noch ruhelos von einem Ort zum anderen, in einer nicht endenwollenden Flucht vor der Unruhe ihrer Seele. Sie war berühmt wegen ihrer großen Schönheit und ihres herrlichen, langen braunen Haares, wegen ihrer eleganten schlanken Figur und der Grazie ihres Ganges. Manchmal, in sprühender Laune, konnte sie als ›Inkarnation des Charmes‹ gelten, aber oft litt sie so sehr unter Kopfschmerzen, daß sie sich in der Öffentlichkeit nur mit einem Fächer vor dem Gesicht zeigte. Sie war »eine Märchenprinzessin«, schrieb Carmen Sylva, die rumänische Königin, »mit unsichtbaren Flügeln, die davonfliegt, sobald ihr die Welt unerträglich wird«. Sie schrieb traurige, romantische Gedichte und hatte miterleben müssen, wie das Leben ihres Sohnes mit einem melodramatischen Selbstmord endete. Ihr Vetter, König Ludwig von Bayern, starb, vom Wahnsinn umnachtet, im Starnberger See; der Bruder ihres Mannes, Maximilian, wurde in Mexiko erschossen, und ihre Schwester kam bei einem Brand in einem Pariser Basar ums Leben. »Die Bürde des Lebens lastet so schwer auf mir«, schrieb sie ihrer Tochter, daß es mich oft schmerzt und ich wünschte, ich wäre tot.« Sie entfloh nach England oder Irland und verbrachte Wochen bei der Parforcejagd, wobei sie rücksichtslos über die halsbrecherischsten Zäune hinwegsetzte. In Wien lernte sie die gefährlichen Kunststückchen der Zirkusreiter. Zeitweilig lebte sie streng diät und ihre tägliche Nahrung bestand aus einer Apfelsine und einem Glas Milch. Als ihre Gesundheit die Strapazen des Reitsports nicht mehr zuließ, unternahm sie sechs- bis achtstündige Gewaltmärsche, bei denen niemand mehr mit ihr Schritt halten konnte. Es war offensichtlich was sie suchte. »Ich will den Tod«, schrieb sie ihrer Tochter vier Monate, ehe sie nach Genf kam.

Am 9. September besuchte sie die am Genfer See gelegene Villa der Baronin Adolfe de Rothschild, deren Privatpark aus libanesischen Zedern, von zahmen Stachelschweinen aus Java und exotischen Vögeln mit buntschillerndem Gefieder belebt war und eine entrückte, verzauberte Welt für sich bildete. Als sie am darauffolgenden Morgen das Hotel verließ, um die Fähre zu besteigen, wartete der Italiener Lucheni draußen auf der Straße auf sie.

Er war von Lausanne gekommen, wo er kurz zuvor der Polizei als verdächtiges Subjekt angezeigt worden war. Der Wärter eines Krankenhauses, in das er gebracht worden war, weil er sich bei der Arbeit auf einer Baustelle verletzt hatte, entdeckte bei seinen Habseligkeiten ein Notizbuch mit Anarchistenliedern und einer Skizze, die einen Totschläger darstellte, auf dem ›Anarchia‹ und darunter auf italienisch ›Für Umberto I.‹ eingraviert war. An Außenseiter der Gesellschaft und Exilierte aller Art gewöhnt, hatte die Schweizer Polizei dies nicht als ausreichenden Grund für eine Verhaftung oder Überwachung angesehen.

Nach dem, was er dem Krankenwärter erzählt hatte, war seine Mutter im Alter von achtzehn Jahren schwanger nach Paris gekommen, wo sie in der millionenfachen Anonymität der großen Stadt ihr uneheliches Kind zur Welt gebracht hatte. Später war es ihr dann gelungen, wieder nach Italien zurückzukehren, wo sie ihr Kind in einem Armenhaus in Parma aussetzte und anschließend nach Amerika verschwand. Mit neun Jahren war der Junge Arbeiter bei der italienischen Eisenbahn. Als er später zum Wehrdienst eingezogen wurde, kam er zur Kavallerie, führte sich gut und brachte es bis zum Korporal. Nach seiner Entlassung im Jahre 1897 wurde er, da er weder Geld noch Berufspläne hatte, Diener bei seinem früheren Hauptmann, dem Prinzen d'Aragona, verließ diesen aber bald darauf im Zorn, weil ihm eine Lohnerhöhung versagt worden war. Später bat er dann zurückkommen zu dürfen, aber er war dem Prinzen zu aufsässig und daher ungeeignet für den

Domestikendienst. Arbeitslos und grollend begann Lucheni *L'Agitatore, Il Socialista, Avanti* und andere revolutionäre Zeitungen und Pamphlete zu lesen, deren Thema damals gerade die Fäulnis der Bourgeoisie-Gesellschaft war, dargestellt am Beispiel Dreyfus. Ein einzelner Samson, so hieß es dort, konnte mit einem Streich den Staat stürzen. Lucheni, der inzwischen nach Lausanne gekommen war, schickte Ausschnitte aus diesen Zeitungen an seine früheren Kameraden aus dem Kavallerieregiment. Anläßlich eines Todesfalles, bei dem ein Arbeiter während eines Streits getötet wurde, bemerkte er zu einem Freund: »Ach, wie gern würde ich einmal jemanden töten. Aber es müßte jemand Wichtiges sein, damit es in die Zeitung kommt.« Er besuchte die Versammlungen italienischer Anarchisten, die wilde Pläne diskutierten, wie mit einer großen Tat die Welt aus den Angeln gehoben werden könnte, und das beliebteste Opfer war dabei König Umberto von Italien.

Inzwischen berichteten die schweizerischen Zeitungen von dem bevorstehenden Besuch der Kaiserin Elisabeth in Genf. Lucheni wollte sich ein Stilett kaufen, besaß aber nicht die nötigen zwölf Francs. Statt dessen fertigte er sich einen Dolch aus einer alten Feile, die er sorgfältig schärfte und in einen Griff einpaßte, den er aus einem Stück Brennholz geschnitzt hatte. Als die Kaiserin und ihre Hofdame, Gräfin Sztaray, zum Quai Mont Blanc gingen, trat Lucheni ihnen in den Weg. Mit erhobener Hand lief er auf sie zu, hielt einen Augenblicke inne, sah unter den Sonnenschirm, um sich der Identität der Kaiserin zu versichern, und dann stieß er ihr das Messer ins Herz. Vier Stunden später war sie tot. Als Lucheni von zwei Gendarmen verhaftet wurde, hielt ein aufmerksamer Passant ihn in seinem großen Augenblick mit der Kamera fest. Das Bild zeigt ihn, wie er entspannt und gelöst zwischen den beiden Polizisten einhergeht, ein zufriedenes Lächeln, ja beinahe ein Schmunzeln auf dem Gesicht. Auf der Polizeistation berichtete er bereitwilligst über seine Pläne und seine Vorbereitungen zu dieser Tat, und als er erfuhr, daß die Kaiserin gestorben war, drückte er seine ›Zufriedenheit‹ aus. Er bezeichnete sich als Anarchist und bestand darauf, daß er aus eigener Initiative gehandelt habe und nicht als Mitglied irgendeiner Gruppe oder Partei. Als man ihn fragte, aus welchem Grund er die Kaiserin getötet habe, antwortete er: »Als Teil des Krieges gegen die Reichen und Großen ... Umberto wird als nächster an die Reihe kommen.«

Aus dem Gefängnis schrieb er an den Schweizer Bundespräsidenten und an die Zeitungen, verkündete in seinen Briefen seine Überzeugung, prophezeite den bevorstehenden Sturz des Staates und unterzeichnete mit »Luigi Lucheni, Anarchist und einer der gefährlichsten Attentäter«. An die Prinzessin d'Aragona schrieb er: »Mein Fall ist dem des Dreyfus vergleichbar.« Aber selbst hinter dem armseligen verrückten Größenwahn Luchenis glühte die Idee, denn er schrieb der Prinzessin auch, daß er in den fünfundzwanzig Jahren seines Lebens genug von der Welt gesehen habe und daß er nun das Gefühl habe, »so zufrieden wie noch in meinem Leben zu sein ... Ich habe der Welt kundgetan, daß die Stunde nicht mehr fern ist, wo eine neue Sonne über den Menschen aufgeht und alle gleich sein werden.«

Da es in der Schweiz keine Todesstrafe gab, wurde Lucheni zu lebenslänglichem Kerker verurteilt. Zwölf Jahre später, als er nach einem Streit mit einem Wärter in die Einzelzelle mußte, erhängte er sich an seinem Gürtel.

Einen Monat nach der Ermordung der Kaiserin war Kaiser Wilhelm II. wegen eines in allen Einzelheiten angekündigten offiziellen Besuchs in Jerusalem der Herrscher, der am meisten Beachtung fand. Die Polizei nahm entlang der Reiseroute sämtliche bekannten Anarchisten in Schutzhaft. Die internationale Erregung erreichte einen Höhepunkt, als in Alexandrien ein italienischer Anarchist verhaftet wurde, der eine Bombe und eine Fahrkarte nach Haifa bei sich hatte und offenbar beabsichtigte, den Kaiser zu ermorden. Wilhelm hatte wenig von den Anarchisten seines eigenen Landes zu befürchten, denn die beiden Attentäter, die die Anschläge auf seinen Großvater versucht hatten, waren die einzigen und letzten deutschen Aktivisten gewesen. Ansonsten beschränkte sich der Beitrag der deutschen Anarchisten auf die Theorie – abgesehen von denen, die nach Amerika auswanderten. Die Deutschen waren für den Anarchismus nicht geeignet, wie Bakunin verächtlich festgestellt hatte, denn bei ihrer Vorliebe für die Autorität »wollen sie Herren und Sklaven zugleich sein, und der Anarchismus akzeptiert weder das eine noch das andere«.

Der Mörder des französischen Staatspräsidenten, des spanischen Ministerpräsidenten, der österreichischen Kaiserin wie auch der potentielle Attentäter Kaiser Wilhelms waren Italiener. In Italien selbst hatte ein Schmied namens Pietro Acciarito versucht, König Umberto zu ermorden, wobei er ähnlich wie Caserio bei dem Attentat auf Präsident Carnot auf die Karosse des Königs zulief. Aber schneller reagierend als Carnot, sprang der König blitzschnell auf die Seite und wich dem Stoß aus. Dann wandte er sich mit einem Achselzucken an seine Eskorte: *Sono gli incerti del mestiere* (Das sind die Risiken des Berufs) und befahl seinem Kutscher weiterzufahren. Acciarito sagte bei der Polizei aus, daß er eigentlich lieber »den alten Affen«, gemeint war Papst Leo XIII. getötet hätte, aber da er nicht in den Vatikan hineingelangte, habe er sich entschlossen, die Monarchie, das zweitgrößte Übel nach dem Papsttum, anzugreifen.

Der glühende Haß der unteren Schichten auf die bestehende Gesellschaft und die Hilflosigkeit der Gesellschaft, sich gegen solche Attacken zu verteidigen, wurde immer deutlicher. Wie üblich verhaftete die Polizei, von dem Wunschtraum beseelt, einer ›Verschwörung‹ auf die Spur kommen zu können, ein halbes Dutzend angeblicher Komplizen Acciaritos, denen aber letzten Endes keine Verbindung zu ihm nachgewiesen werden konnte. Verschwörungen von Gruppen oder Parteien sind ja relativ leicht aufzudecken, denn es gibt immer Informanten. Aber wie kann man sich gegen den überraschenden Überfall eines Einzelgängers schützen?

Dieses Problem war so gravierend, daß die italienische Regierung im November 1898 eine internationale Konferenz der Polizeipräsidenten und Vertreter der Innenministerien nach Rom einberief, um eine gemeinsame Lösung auszuarbeiten. Die geheimen Sitzungen zogen sich über einen Monat hin, ohne ein Resultat zu erbringen, wenn man von dem negativen, aber bewundernswerten Ergebnis absieht, daß Großbritannien, die Schweiz und Belgien sich weigerten, ihr traditionelles Asylrecht aufzugeben und verdächtige Anarchisten auf Verlangen ihrer Heimatländer auszuliefern.

Im darauffolgenden Jahr 1899 brachen in Italien mehrere kleine Revolten aus, ausgelöst durch neue Steuern und Importzölle auf Getreide, welche die Anarchisten als eine weitere Phase des Krieges gegen die Armen ansahen. Die Unruhen breiteten sich trotz Unterdrückungsmaßnahmen und blutigen Zusammenstößen zwischen Militär und Aufständischen sowohl im Süden wie auch im Norden aus. In Mailand wurden Straßenbahnen umgeworfen und als Barrikaden benutzt; die Polizisten wurden mit Steinen beworfen; Frauen warfen sich vor Militärzüge, um die Ankunft von Truppen zu verhindern; der Belagerungszustand wurde verhängt und die ganze Toskana unter Kriegsrecht gestellt. Die Nachricht, daß die Revolution endlich da war, veranlaßte Tausende italienischer Arbeiter, aus der Schweiz, aus Spanien und Südfrankreich zurückzukehren, um daran teilzunehmen. Die Ruhe wurde erst wieder hergestellt, nachdem ein halbes Armeekorps nach Mailand in Marsch gesetzt worden war. Sämtliche sozialistischen und revolutionären Zeitungen wurden verboten und das Parlament vertagt. Obwohl es der Obrigkeit gelang, die Ordnung wieder herzustellen, war die Ruhe doch trügerisch, und unter der Oberfläche gärte es weiter.

Der Monarch, der sich plötzlich in diese Situation gestellt sah, ein harmloser Mann mit einem gewaltigen weißen Schnurrbart, hatte zwar allerhand persönlichen Mut und einen vornehmen, ritterlichen Charakter, brachte aber für das Königsamt kaum mehr Talent mit als irgend ein anderer Angehöriger des Hauses Savoyen. Umberto war ein Pferdenarr und ein passionierter Jäger, hatte zur Kunst überhaupt kein Verhältnis – das überließ er der Obhut der Königin, war hingegen sehr regelmäßig in seinen Gewohnheiten. Jeden Morgen stand er um sechs Uhr auf, erledigte die Verwaltungsarbeit für seine privaten Güter (deren Einkünfte recht beträchtlich waren und bei der Bank von England deponiert wurden), besuchte anschließend seine Ställe, fuhr jeden Nachmittag zur gleichen Stunde in seiner Kutsche die gleiche Route durch die Gärten der Villa Borghese und besuchte jeden Abend zur gleichen Zeit eine Dame, der er schon seit der Zeit vor seiner dreißig Jahre zurückliegenden Eheschließung die Treue hielt. Am 29. Juli

1900 verteilte er in Monza, der königlichen Sommerresidenz in der Nähe von Mailand, von seiner Kutsche aus Preise an Sportler, als ein Mann an den Wagen herantrat und aus einer Entfernung von kaum zwei Metern viermal auf ihn schoß. Der König sah ihn einen Moment lang vorwurfsvoll an, sank gegen die Schulter seines Adjutanten, konnte seinem Kutscher noch ein ›Avanti‹ zuflüstern und verschied.
Der Attentäter, »der seine rauchende Waffe frohlockend in die Höhe hielt«, wurde auf der Stelle verhaftet. Sein Name war Gaetano Bresci, ein dreißigjähriger Seidenweber und Anarchist, der aus Paterson, New Jersey, in der Absicht nach Italien gekommen war, den König zu ermorden. Der Mord an Umberto ist der einzige Fall einer anarchistischen ›Propaganda der Tat‹, für die es einige, wenn auch unbewiesene, Anhaltspunkte einer voraufgegangenen Verschwörung gibt.
Paterson war sowohl ein Zentrum der Italiener als auch des Anarchismus. Die Anarchisten hielten hier zahlreiche Versammlungen ab und diskutierten hitzig eine Tat, die das Signal für den Sturz der Unterdrücker sein könnte. Gewiß figurierte der König von Italien hierbei als ihr bevorzugtes Objekt, ob aber tatsächlich, wie es in den Berichten nach dem Attentat behauptet worden ist, das Los gezogen wurde, um denjenigen auszuwählen, der die Tat vollbringen sollte, oder ob diese Diskussionen Bresci einfach inspiriert haben, auf eigene Faust zu handeln, ist ungewiß. Das Bild von der anarchistischen Verschwörergruppe in einem finsteren Keller, die das Los zieht um den Attentäter zu bestimmen, war ein beliebtes Klischee der Journalisten jener Zeit.
Ein phantasiereicher Reporter stellte Bresci gar als von Malatesta unterwiesen dar, »dem Kopf und führenden Geist all dieser Verschwörungen, die die Welt in der letzten Zeit mit ihrem furchtbaren Erfolg erschreckt haben«. Er behauptete, daß Malatesta in einer italienischen Bar in Paterson gesehen worden sei, aber die Polizei fand keine Beweise dafür, daß Bresci Malatesta gekannt hat. Er hatte sich jedoch in Paterson einen Revolver besorgt, beziehungsweise es war ihm einer gegeben worden, mit dem er im Wald Schießübungen veranstaltete, während seine Frau und seine dreijährige Tochter in der Nähe Blumen pflückten. Außerdem erhielt er von seinen Genossen, vielleicht auch auf andere Weise das Geld, um sich eine Passage auf dem Zwischendeck bei einer französischen Linie zu kaufen, und er hatte außerdem noch genug, um von Le Havre nach Italien zu reisen.
»Er war nicht so verrückt zu glauben, daß seine Tat einen Regierungszusammenbruch hervorrufen würde« erklärte Pedro Esteve, der Herausgeber der Anarchistenzeitung von Paterson einem Reporter. »Aber wie hätte er sonst den Menschen in Italien zeigen können, daß es in der Welt eine Bewegung des Anarchismus gibt?« Esteve, ein freundlicher und sehr belesener Mann, dessen Bücherschrank neben Emerson auch Jean Grave enthielt, konnte es

durchaus verstehen, daß einer seiner Leser sich aufmachte, um den Protest der Massen in einer großartigen Geste auszudrücken.
Brescis Genossen schickten ihm Gratulationstelegramme ins Gefängnis und trugen Paletten mit seinem Bild auf dem Revers. Sie bestanden auch bei einer Massenversammlung in Paterson, an der über tausend Personen teilnahmen, darauf, daß es keine Verschwörung gegeben habe. »Wir brauchen nicht zu reden oder Verschwörungen anzuzetteln«, sagte Esteve, einer der Hauptredner. »Wenn man Anarchist ist, dann weiß man, daß man das, was man tut, allein und auf eigene Verantwortung unternimmt.«
Bresci selbst erlitt das gleiche Schicksal wie die übrigen Werkzeuge der Propaganda der Tat. Da die Todesstrafe in Italien abgeschafft war, wurde er zu lebenslänglicher Haft verurteilt, wobei die ersten sieben Jahre Einzelhaft waren. Wenige Monate später beging er im Gefängnis Selbstmord.
In den Vereinigten Staaten las ein Amerikaner polnischer Abstammung mit Namen Leon Czolgosz die Zeitungsberichte über die Ermordung König Umbertos immer wieder und wieder. Die Ausschnitte wurden sein kostbarster Besitz, den er jeden Abend mit in sein Bett nahm. Er war damals achtundzwanzig Jahre alt, klein und schmal, mit einem eigenartigen, starren Ausdruck in den hellblauen Augen. Er war kurz nachdem seine Eltern in die USA gekommen waren geboren worden, hatte noch fünf Brüder und drei Schwestern und lebte bei seiner Familie auf einer kleinen Farm in Ohio. Wie sein Vater berichtete, machte er stets den Eindruck, als »denke er mehr nach als die anderen Kinder«, und weil er so gerne las, galt er als der Intellektuelle in der Familie. 1893 war der damals Zwanzigjährige durch einen Streik in einer Drahtfabrik arbeitslos geworden und schien, wie sein Bruder bemerkte, danach »stiller und nicht mehr so fröhlich wie vorher«. Da seine Gebete und der Priester der örtlichen Gemeinde ihm nicht weiterhelfen konnten, löste er sich von der katholischen Kirche und begann, die Pamphlete der »Freidenker« zu lesen. Durch sie wurde sein Interesse am politischen Radikalismus geweckt. Er schloß sich dem polnischen Arbeiterkreis an, indem man den Sozialismus und Anarchismus diskutierte und, wie er später sagte, »über die Präsidenten sprach und darüber, daß sie zu nichts taugen«.
1898 befiel ihn ein unbekanntes Leiden, das ihn niedergeschlagen und launisch machte. Er hörte auf zu arbeiten, blieb zu Hause, aß alleine oben in seinem Schlafzimmer, hielt sich für sich, las die Chicagoer Anarchistenzeitung *Free Society*, Bellamys Utopie *Looking Backward* und grübelte. Er fuhr nach Chicago und Cleveland, wo er Anarchistenversammlungen besuchte, die Reden Emma Goldmans hörte und sich mit einem Anarchisten namens Emil Schilling des öfteren unterhielt. Ihm gegenüber äußerte er seine Besorgnis über das Verhalten der amerikanischen Armee, die nach der Befreiung der Philippinen von spanischer Herrschaft nun gegen die Filipinos

Krieg führte. »Das steht nicht im Einklang mit dem, was man uns in der Schule über unsere Fahne lehrte«, sagte Czolgosz besorgt.

Da eine Fahne für einen Anarchisten nicht gerade ein Gegenstand der Verehrung ist, schöpfte Schilling Verdacht und veröffentlichte in der *Free Society* eine warnende Notiz des Inhalts, daß der sich so seltsam aufführende polnische Besucher ein *agent provocateur* sein könnte. Das war am 1. September 1901. Diese Vermutung sollte sich jedoch als ein gewaltiger Irrtum herausstellen. Fünf Tage später tauchte Czolgosz in Buffalo auf, wo er den Präsidenten der USA, McKinley, bei einem Empfang anläßlich der Pan-American Expedition erschoß. Der Präsident starb acht Tage später, und Theodore Roosevelt wurde sein Nachfolger. Somit vollbrachte Czolgosz, der von allen anarchistischen Attentätern das geringste Verständnis für die Ideologie des Anarchismus besaß, die Tat mit den weitreichendsten Konsequenzen.

»Ich tötete Präsident McKinley«, schrieb Czolgosz in seinem Geständnis, »weil es meine Pflicht war«, und er fügte später hinzu, »weil er ein Feind der arbeitenden, der guten Menschen war«. Er berichtete Reportern von den Reden und Doktrinen Emma Goldmans, »daß alle Herrscher vernichtet werden sollten ... und das veranlaßte mich so sehr zum Nachdenken, daß mir der Kopf zerspringen wollte«. Er sagte, »McKinley lief im ganzen Land umher und redete von Prosperität, aber für die Armen gab es keinen Wohlstand.« Und weiter: »Ich glaube nicht, daß wir einen Herrscher über uns haben sollten. Es ist ganz richtig, zu töten ... Ich kenne andere Männer, die genauso denken wie ich, nämlich, daß es gut ist, den Präsidenten zu töten und keinen Herrscher zu haben ... Ich glaube auch nicht an die Wahl; das ist gegen meine Prinzipien. Ich bin Anarchist. Ich glaube auch nicht an die Ehe, sondern ich bin für die freie Liebe.«

Die humanitäre Idee des Anarchismus, seine Vision von einer besseren Gesellschaft, hatte Czolgosz Gesichtskreis nicht erreicht. Wie Caserio, der einfältige Mörder Präsident Carnots, war er der Typ des Königsmörders, der von dem Wahn besessen ist, es sei seine Mission, den Herrscher zu töten. Das wurde kurz nach der hastigen Verurteilung Czolgosz und seiner Hinrichtung auf dem elektrischen Stuhl am 29. Oktober durch Dr. Walter Channing, Professor für Psychopathologie in Tufts und Sohn des Dichters William Ellery Channing, bekannt. Da das offizielle gerichtspsychiatrische Gutachten ihn nicht befriedigte, machte Channing seine eigenen Studien und kam zu dem Schluß, daß Czolgosz ein Fall von latenter *dementia praecox* und das Opfer eines Wahns gewesen sei, den der französische Psychiater Dr. Emmanuel Regis bereits 1890 analysiert und beschrieben hatte. Dr. Regis zufolge ist der Typ des Königsmörders grüblerisch und eigenbrötlerisch und »jeglicher gesunde Menschenverstand, den er besessen haben mag, wird verdrängt von der krankhaften Zwangsvorstellung, daß es ihm aufgetragen ist, eine große Tat zu vollbringen, sein Leben für eine gerechte Sache zu opfern und einen Monarchen oder einen anderen Würdenträger im Namen Gottes, seines Landes, der Freiheit, der Anarchie oder eines ähnlichen Prinzips zu töten.« Er zeichnet sich aus durch Vorbedacht und Besessenheit, handelt nicht blindlings oder spontan, sondern bereitet sich im Gegenteil sehr sorgfältig und ganz allein vor. Er ist ein Einzelgänger. Stolz auf seine Rolle und seine Mission handelt er stets am hellichten Tag und in der Öffentlichkeit; er verwendet niemals eine heimtückische Waffe – wie etwa Gift – sondern eine, die persönliche Gewalttätigkeit erfordert. Er versucht auch anschließend nicht zu fliehen, sondern zeigt sich stolz auf seine Tat und sucht sowohl den Ruhm als auch den Tod, entweder durch Selbstmord oder durch ›indirekten‹ Selbstmord als hingerichteter Märtyrer.

Diese Beschreibung trifft durchaus zu, aber damit der Wahn virulent werden kann, bedarf es eines gewissen Klimas des Protestes – und eines Vorbildes. Beides wurde durch das Credo der Anarchisten und ihre Taten geliefert; es bedurfte der ganzen Serie von Aktionen, die von Ravachol bis Bresci reichte, um einen dazu zu inspirieren, den Präsidenten der Vereinigten Staaten zu ermorden.

Die Öffentlichkeit war inzwischen außerordentlich aufgebracht, und sie bestand ja nicht nur aus den Reichen, sondern auch aus jenen, die die Reichen imitierten, den normalen Bürgern, den kleinen Bourgeois; denn der kleine Angestellte identifiziert sich – wie Emile Henry genau wußte, als er seine Bombe ins Café Terminus warf – mit seinem Arbeitgeber. Seine Existenz hängt, wie er glaubt, von der Unversehrtheit des Eigentums der Reichen ab. Werden sie bedroht, dann fühlt auch er sich bedroht und ist von einer unbestimmten Angst erfüllt, daß die Anarchisten alle Grundlagen, auf denen sein tägliches Leben aufgebaut ist – die Fahne, die Familie, die Ehe, die Kirche, die Wahl, das Gesetz –, zerstören wollen. Der Anarchist wurde also jedermanns Feind. Seine finstere Gestalt wurde zum Synonym für alles Böse, Subversive, gleichbedeutend, so sagte ein Professor der politischen Wissenschaft in *Harper's Weekly*, mit dem »König aller Anarchisten, dem Erzrebellen Luzifer«. Die anarchistische Doktrin, so führte das *Century Magazine* nach dem Tode McKinleys aus, »ist ein größeres Übel für die Welt als jede andere frühere Konzeption zwischenmenschlicher Beziehungen«.

Der neue Präsident, eine außerordentliche vielschichtige Persönlichkeit, die gleichermaßen in der Lage war, tiefste Einsicht zu zeigen, mutig zu handeln und extreme Banalität an den Tag zu legen, sah in den Anarchisten ganz schlicht und einfach Verbrecher »gefährlicher« und moralisch »verderbter« als die normale Sorte. In seiner Botschaft an den Kongreß vom 3. Dezember 1901 sagte Theodore Roosevelt: »Der Anarchismus ist ein Verbrechen gegen die gesamte Menschheit, und die Menschen müssen sich gegen die Anarchisten zusammenschließen.« Für ihn war die Ideologie keineswegs ein Produkt sozialer oder politischer Ungerechtigkeit und ihr Protest und ihre Besorgnis um den arbeitenden Menschen schien ihm »übertrieben und schändlich«. Denn die Institutionen der Vereinigten Staaten«, so fuhr der Präsident mit Nachdruck fort, geben »jedem ehrlichen und klugen Mann der Arbeit« die Möglichkeit zum Aufstieg. Er drang darauf, daß die anarchistischen Schriften, ihre Versammlungen und Reden von nun an als aufrührerisch behandelt, daß die Anarchisten überhaupt nicht mehr toleriert und daß alle Anarchisten, die sich bereits im Lande befänden, deportiert werden sollten. Der Kongreß solle, so bat der Präsident, »alle Personen, von denen bekannt ist, daß sie an die Prinzipien des Anarchismus glauben, oder Mitglieder einer anarchistischen Gruppe sind« rücksichtslos ausweisen. Ihr Plädoyer für den Mord und die Gewaltwanwendung solle durch einen internationalen Vertrag als Verstoß gegen das internationale Recht behandelt werden – wie die Piraterie –, so daß die Bundesregierung die Möglichkeit bekomme, die Anarchisten zu bekämpfen.

Nach langen Diskussionen und nicht ohne erheblichen Widerstand gegen die Aufhebung des traditionellen Rechts freien Zutritts änderte der Kongreß 1903 das Einwanderungsgesetz dahingehend, daß nunmehr alle Personen, die »nicht an eine organisierte Regierung glauben, diese Irrlehre verbreiteten und gegen die Regierung opponierten« von der Einwanderung ausgeschlossen wurden. Dieses Amendment rief den entrüsteten Protest der Liberalen hervor, die tiefbekümmert auf die Ideale, die in der Freiheitsstatue verkörpert waren, hinwiesen.

Von der zwiespältigen Natur des Anarchismus, dem Haß gegen die Gesellschaft auf der einen und der Menschenliebe auf der anderen Seite, kannte die Öffentlichkeit nur die erste. Die Bomben und Explosionen, die Attentate mit Revolver und Dolch zogen die Aufmerksamkeit auf sich. Von der Ideologie des Anarchismus, die darauf hoffte, die Menschen durch den Morast der Gewalt ins Gelobte Land führen zu können, wußte die Öffentlichkeit nichts. Die Presse charakterisierte beispielsweise Malatesta als den bösen Geist des Anarchismus, »schweigsam, kalt, intrigant«. Sie zeigte ihn nicht als den Mann, dessen Philosophie des Altruismus ihn dazu veranlaßt hatte, zwei Häuser, die er von seinen Eltern geerbt hatte, den Mietern, die sie bewohnten, zu schenken. Da die Öffentlichkeit ebenso wenig von der Propaganda der Tat wußte, konnte sie in den Aktionen der Anarchisten keinen Sinn finden. Sie schienen wahnwitzig, verrückt, Ausübung des Bösen um seiner selbst willen. In der Presse wurden die Anarchisten gewöhnlich als »wilde Bestien«, »heimliche Geistesgestörte«, Degenerierte, Verbrecher, Feiglinge, Missetäter, »haßerfüllte Fanatiker« und »von pervertiertem Intellekt und morbider Raserei getrieben« bezeichnet. »Ein tollwütiger Hund ist die engste Parallele der Natur zu den Anarchisten«, erklärte *Blackwood's*, die distinguierte britische Monatszeitschrift. »Wie ist es möglich«, so fragte Carl Schurz nach der Ermordung Canovas, die Gesellschaft »vor einer Kombination von Verrückten und Verbrechern zu schützen?«

Diese Frage ließ sich nicht beantworten. Alle möglichen Vorschläge wurden vorgebracht, darunter die Einrichtung einer internationalen Strafkolonie für die Anarchisten, oder ihre Einweisung in Irrenanstalten, oder allgemeine Deportation, wobei jedoch unklar blieb, welches Land sie schließlich aufnehmen sollte, wenn sie aus allen Ländern ausgewiesen wurden.

Und dennoch: der Protestschrei, der bei jeder anarchistischen Tat erklang, wurde von einigen gehört und verstanden. Inmitten der Hysterie um den Tod McKinleys hatte Lyman Abbott, Herausgeber des *Outlook* und Vertreter der New England tradition, aus der die ›Abolitionisten‹ – Anhänger einer Bewegung, die für die Abschaffung der Negersklaverei in den Südstaaten eintrat – hervorgegangen waren, den Mut zu fragen, ob der Haß der Anarchisten auf die Regierung und das Gesetz nicht vielleicht in der Tatsache begründet lag, daß Regierung und Gesetz ungeachtet verfuhren. Solange die Gesetzgeber ein Vorzugsrecht für bestimmte Klassen schaffen, das, so meinte Abbott, »die Ausplünderung vieler zum Nutzen einiger weniger ermutigt, die Reichen beschützt und die Armen vergißt«, solange würde der Anarchismus »die Abschaffung der Gesetze verlangen, denn er sieht in dem Gesetz lediglich ein Werkzeug der Ungerechtigkeit«. Er wandte sich an die gutsituierten Gentlemen des 19. Jahrhunderts und wies darauf hin, daß »der Anarchismus an der Stelle angreift, wo die Wurzel des Übels sitzt«. Er sprach damit eine Sorge aus, die bereits in Reformbewegungen, wie etwa der sozialen Wohlfahrtsarbeit von Jane Addams, die sie von Hull House aus in die Wege geleitet hatte, ihren Niederschlag fand und später bei den von Theodore Roosevelt sogenannten ›Muckrakers‹, die in zwei oder drei Jahren damit beginnen sollten, die Ungerechtigkeit, Verderbtheit und Korruption im amerikanischen Leben aufzudecken.

Mit dem Anschlag auf McKinley ging die Epoche der anarchistischen Attentate in den westlichen Demokratien zu Ende. Selbst Alexander Berkman erkannte in seinem Gefängnis, wie er Emma Goldman schrieb, die Vergeblichkeit individueller Akte der Gewalt, solange kein revolutionsbewußtes Proletariat vorhanden war. Dieser zweite Widerruf löste bei Emma Goldman, die selbst unverändert daran glaubte, »hemmungsloses Schluchzen« aus und »erschütterte sie bis ins innerste Mark«, so daß sie krank und bettlägerig wurde. Obwohl sie eine fanatische Anhängerschar behielt, besonders bei der Presse, die sie die ›Königin der Anarchisten‹ nannte, war die anarchistische Passion im großen und ganzen erloschen und ging, wie in Frankreich bei den Syndikalisten, in eine realistischere Kampfesweise über. In den Vereinigten Staaten wurden die Anarchisten von der 1905 gegründeten Organisation International Workers of the World aufgesogen, wenn auch hier, wie in jedem Land, Unbelehrbare übrig blieben, die der ursprünglichen Lehre einsam die Treue hielten.

In Spanien und Rußland, den beiden Randstaaten Europas, die industriell rückständig waren und despotisch regiert wurden, nahm dagegen die Zahl der Bombenanschläge und Attentate zu, als die Welt ins 20. Jahrhundert eintrat. Der Sprengstoffanschlag auf König Alfonso und seine junge englische Braut am Tage ihrer Hochzeit, bei dem zwanzig Menschen getötet wurden, ließ die furchtbare Erkenntnis, daß nur ein unendliches Reservoir des Hasses eine derartige Tat provoziert haben konnte, Gewißheit werden. Der Haß der regierenden Klasse hingegen wurde 1909 deutlich, als die Regierung nach einer fehlgeschlagenen Revolte in Barcelona, die unter dem Namen ›rote Woche‹ bekannt geworden ist, Francisco Ferrer, einen radikalen, antiklerikalen Propagandisten, der allerdings kein eigentlicher Anarchist war, hinrichten ließ. Dieser Fall löste in ganz Europa einen Sturm der Entrüstung aus, bei dem die spanischen Ungerechtigkeiten – wie üblich – das Ventil für das liberale Gewissen waren. 1912 lauerte ein spanischer Anarchist namens Manuel Pardinas dem Ministerpräsidenten José Canalejas in den Straßen Madrids auf und erschoß ihn von hinten, als dieser sich gerade die Auslagen einer Buchhandlung in der Puerta del Sol ansah. Die Wahl des Opfers war denkbar schlecht getroffen, denn Canalejas, der im Gefolge der Ferrer-Affäre ins Amt gekommen war, stand im Begriff, einige Reformen durchzuführen, die die uneingeschränkte Macht der Kirche und der Großgrundbesitzer beschneiden sollten. Aber diese Tat war der Beweis dafür, daß die spanischen Anarchisten in ihrem unablässigen Kampf gegen die Gesellschaft, wie Shaw schrieb, von einem Gewissen getrieben wurden, »das weit über das Maß des Erträglichen hinaus unterdrückt wird«.

In Rußland, wo die revolutionäre Tradition alt und tiefverwurzelt ist, war der Kampf voller Verzweiflung, aber doch hoffnungsvoll weitergegangen. In jeder Generation hatten sich in diesem langen Krieg zwischen Rebellen und Despoten neue Kämpfer hervorgetan. 1887, in dem Jahr in dem die Haymarket-Anarchisten gehenkt wurden, erlitten fünf Studenten der Universität Petersburg wegen eines versuchten Bombenanschlags auf Alexander III. das gleiche Schicksal. Ihr Führer Alexander Uljanow rechtfertigte die Anwendung des Terrors bei der Gerichtsverhandlung als die einzige Methode, die in einem Polizeistaat möglich war. Er hatte noch zwei Brüder und drei Schwestern, alles Revolutionäre, von denen ein jüngerer Bruder, Wladimir Iljitsch, schwor, Rache zu nehmen, seinen Namen in Lenin umänderte und seine revolutionäre Tätigkeit noch intensiver fortsetzte. Zunehmende Unruhen während der neunziger Jahre ließen die Revolutionäre glauben, daß die Zeit für eine Erhebung reifte. Ein neuer Zar, ein schwacher Autokrat und damit die gefährliche Sorte Herrscher, begann seine Regierung 1895 damit, daß er sämtliche Petitionen für eine Konstitution als »unsinnige Träumereien« einfach vom Tisch fegte, womit er bei den Demokraten des Landes Verzweiflung und bei den Anarchisten Frohlocken auslöste. In den Städten folgte ein Streik der neuen Industriearbeiterschicht dem anderen. Über allem, wie der Mond auf die Gezeiten eine unerklärliche mysteriöse Anziehungskraft ausübend, schwebte der immer näher rückende Augenblick, in dem ein Jahrhundert zu Ende gehen würde. Er äußerte sich in einem Gefühl, daß etwas endete und ein neuer Beginn bevorstand; es war dies eine ›Zeit des Umbruchs‹.

Sämtliche Gruppe von Unzufriedenen fühlten die Notwendigkeit, sich auf eine Zeit des Handelns vorbereiten zu müssen, ihre Stärke in Parteien zu sammeln und ein Programm zu formulieren. Aber der alte Konflikt zwischen den Anhängern des Marxismus mit seiner unnachgiebigen Forderung nach Organisation und Ausbildung und den Erben der Narodniki-Tradition, die glaubten, daß die Revolution spontan durch einen Terrorakt ausgelöst werden würde, schwelte noch immer. Als Folge hiervon formierten sich in den Jahren 1897 und 1898 zwei Parteien, die marxistisch-sozialdemokratische Partei und die sozialistisch-revolutionäre Partei, die 1901 zu einer einzigen Partei verschmolzen.

Insoweit, als sie die Organisierung in einer Partei akzeptierten, waren die sozialistischen Revolutionäre keine Anarchisten im ursprünglichen Sinne mehr, aber sie teilten die Überzeugung der Anarchisten, daß Terroraktionen die Revolution auslösen könnten. Wie diese so sahen auch sie die Revolution als einen strahlenden Sonnenaufgang, unter dessen freundlichen Strahlen die Zukunft sich selbst gestalten würde. Die Identifizierung der Anarchisten mit Russen, die in der Öffentlichkeit vielfach verbreitet ist, rührt teilweise aus der Vorliebe der russischen Attentäter für die Bombe her, die seit der Ermordung des Zaren im Jahre 1881 eine speziell russische Waffe zu sein schien, und teilweise aus einem unbewußten Syllogismus: Russen sind Revolutionäre, Anarchisten sind Revolutionäre, ergo: Anarchisten sind Russen. Orthodoxe Anarchisten, von denen es kleine Gruppen in Genf und Paris gab, die Zeitschriften in russischer Sprache herausgaben und ihre Anregungen von Kropotkin bezogen, spielten jedoch in Rußland selbst keine Rolle.

1902 drückte Maxim Gorki in seinem *Nachtasyl* all das Leid, die Erbärmlichkeit und die Verzweiflung Rußlands aus. »Der Mensch muß für etwas Besseres leben!« ruft der betrunkene Kartenspieler in dem Stück aus; »etwas Besseres«, wiederholt er, und nach Worten suchend, um diese Philosophie deuten und erklären zu können, fällt ihm nichts anderes ein, als nochmals zu wiederholen: »Für etwas Besseres«. Für dieses Ziel ermordete die Terrorbrigade der sozialistischen Revolutionäre zwischen 1901 und 1903 den Erziehungsminister Bogolepow; den Innenminister Sipiagin, dem die Geheimpolizei unterstand und den Gouverneur von Ufa, Bogdanowitsch, der den Bergarbeiterstreik im Ural mit besonderer Brutalität erstickt hatte. Am 15. Juli 1904, mitten im russisch-japanischen Krieg, beseitigten sie den zweiten Innenminister und bestgehaßten Mann in ganz Rußland, Wenzel von Plehwe. Als Ultrareaktionär war Plehwe in dem Glauben, daß die Autokratie von jeglicher Konzession an den Demokratisierungsprozeß verschont werden müsse, womöglich noch strenger als der Zar. Seine gesamte Politik bestand darin, jeden möglichen Ansatz der Gegnerschaft zu dem bestehenden Regime im Keim zu ersticken. Er verhaftete Revolutionäre, unterdrückte die orthodoxen ›alten Anhänger‹, schränkte die *semstrows*, die Dorfverwaltungen ein, verfolgte die Juden, versuchte Polen, Finnen und Armenier gewaltsam zu russifizieren und vergrößerte als Ergebnis die Zahl der Feinde des Zarismus und überzeugte sie von der Notwendigkeit einer radikalen und endgültigen Änderung.

Über eine seiner bevorzugten Methoden, um dem allgemeinen Mißmut ein Ventil zu schaffen, drückte er sich einem Kollegen gegenüber so aus: »Wir müssen die Revolution im Blut der Juden ersticken«. Von seinen Agenten angestachelt und von der Polizei toleriert, steigerten sich die russischen Bewohner von Kischinew 1903 während des Passahfestes in eine Raserei der Gewalt gegen die Juden, schlugen und töteten sie, verbrannten und plünderten die Häuser und Läden, entweihten die Synagogen und rissen die geheiligte Thora aus den Armen eines alten weißhaarigen Rabbi, der mit Entsetzen ansehen mußte, wie sie von den Russen besudelt wurde, und der dann unter ihren Knüppelschlägen und Fußtritten den Tod fand. Das Entsetzen über das Pogrom von Kischinew hallte nicht nur in der ganzen Welt wieder, sondern ergriff auch Evno Asew, einen Führer der Terrorbrigade, der gleichzeitig Agent der Geheimpolizei und außerdem Jude war. Asew gab die Information von der geplanten Ermordung Plehwes nicht weiter, und so konnte der Plan ausgeführt werden. Plehwes Tod war ein fürchterlicher Schlag gegen das Regime, als dessen Verkörperung er galt, und machte einen ungeheuren Eindruck auf die russische Bevölkerung. Die Vorzeichen schienen dem Fürsten Swjatopolk-Mirskij, dem Nachfolger Plehwes, so unheilvoll, daß der Attentäter auf sein Geheiß nicht zum Tode, sondern zu lebenslänglicher Zwangsarbeit in Sibirien verurteilt wurde, denn der Fürst hoffte, durch eine mildere Politik die Lage bessern zu können.

Sechs Monate später, im Januar 1905, fand dann das Massaker vor dem Winterpalais statt, jener ›blutige Sonntag‹, an dem die Palastwachen das Feuer auf eine Gruppe von Arbeitern eröffneten, die gekommen waren, um dem Zaren eine Petition für eine Konstitution zu überreichen. Daraufhin schmiedeten die Terroristen Pläne, um den Zaren, dessen Onkel, den Großfürsten Wladimir, der für das Massaker verantwortlich gemacht wurde, und den Großfürsten Sergei, der angeblich den größten Einfluß auf den Zaren hatte, zu ermorden. Sergei war der Generalgouverneur von Moskau und wegen der unbarmherzigen Brutalität seiner Herrschaft, wegen seines unberechenbaren und herrschsüchtigen Charakters und seiner extrem autokratischen Einstellung, die schon fast an Geistesgestörtheit grenzte, bekannt und berüchtigt. Einem englischen Beobachter zufolge war »seine Grausamkeit ebenso außergewöhnlich wie seine selbst von der russischen Aristokratie als ausschweifend bezeichnete Lasterhaftigkeit«. Obwohl Evno Asew im Sold der Polizei stand, sollte er der Brigade ein gewisses Maß an Erfolgen lassen, um sie zufriedenzustellen und seine Position als einer ihrer Führer halten zu können, ohne die er für die Polizei wesentlich weniger wertvoll gewesen wäre. Im Februar 1905 fiel Sergei dem Bombenattentat eines jungen Revolutionärs namens Kaliajew zum Opfer, der selbst, zwar im Gesicht blutend, aber sonst unverletzt in seinem alten blauen Mantel und dem roten Halstuch inmitten der Trümmer stand. Von dem Großfürsten und seiner Kutsche blieb nur »eine formlose Masse von Fetzen und Bruchstücken, ungefähr 20 bis 25 Zentimeter hoch« übrig. Als der Zar des Abends die Nachricht erhielt, kam er wie gewöhnlich zum Souper, erwähnte den Mord mit keinem einzigen Wort, sondern »amüsierte sich nach dem Essen mit seinem Schwager damit, daß sie versuchten, sich gegenseitig von den langen, schmalen Sofa herunterzustoßen«, wie ein Gast dieses Abends berichtet.

Bei seinem Prozeß im April 1905 sagte Kaliajew, inzwischen abgemagert, ausgezehrt und mit tief eingesunkenen Augen, seinen Richtern: »Wir gehören zwei verschiedenen Lagern an, die sich bekämpfen ... zwei Welten, die frontal aufeinanderprallen. Sie, die Repräsentanten des Kapitals und der Unterdrückung, und ich, einer der Rächer des Volkes.« Rußland stand mitten im Krieg, sowohl nach außen gegen Japan, als auch nach innen, gegen die Revolution. »Was bedeutet all dies? Es ist das Urteil der Geschichte über Sie.« Als das Todesurteil verkündet wurde, sagte Kaliajew, er hoffe, daß der Henker den Mut haben würde, es in aller Öffentlichkeit zu vollstrecken. »Lernen Sie, der herannahenden Revolution direkt ins Auge zu blicken«, sagte er dem Gericht. Aber er wurde nach Mitternacht heimlich und in schwarze Kleider gehüllt im Gefängnishof gehenkt und an der Gefängnismauer verscharrt.

Im Oktober kam die Revolution; die Propaganda der Tat mit den Attentaten auf Plehwe und den Großfürsten Sergei hatte dazu beigetragen, in den Massen die Bereitschaft zum Aufstand zu wecken. Er war jedoch weder von den sozialistischen Revolutionären, noch den Sozialdemokraten oder den Anarchisten organisiert und geführt, sondern es war die spontane Revolution, an die Bakunin geglaubt hatte und die er selbst nicht mehr miterleben konnte. In Übereinstimmung mit der Theorie der Syndikalisten brach sie im Gefolge eines Generalstreiks aus und konnte in der ersten Phase, als das Regime von Furcht erfaßt war, erfolgreich das Zugeständnis einer Konstitution sowie die Einrichtung der Duma erzwingen. Obwohl diese Versprechen anschließend wieder zurückgezogen wurden, nachdem die Regierung ihre Nerven wiedergefunden hatte und die Revolution brutal erstickt wurde, gab sie der Theorie der Syndikalisten von der ›direkten Aktion‹ Auftrieb und verstärkte die Abwanderung der Anarchisten in die industriellen Gewerkschaften. In Rußland gelang es der Terrorbrigade, noch einige weitere Attentate zu verüben, ehe sie unter dem Schock der Entdekkung Asews im Jahre 1908 zerfiel. Als dann 1911 der Ministerpräsident Stoljpin ermordet wurde, hatte sich das Zwielicht der Epoche Romanow bereits so sehr verdunkelt, daß man nie herausfand, ob der Attentäter nun wirklich ein echter Revolutionär oder ein *agent provocateur* der Polizei gewesen war.

Ganz gleich, wie sehr seine Aktionen unter der selbstgewollten Beschränkung litten und wie visionär seine Träume auch waren, so hat der Anarchismus doch in jedem Fall den Krieg zwischen den beiden großen Gesellschaftsschichten, zwischen der Welt der Privilegien und der Welt des Protestes, auf furchtbare Weise dramatisiert. Auf der einen Seite rüttelte er das soziale Gewissen wach, auf der anderen führte er seine spezifische Gewalttätigkeit und seinen Extremismus dem Kampfpotential der organisierten Arbeiterschaft zu, als seine Energien im Syndikalismus aufgingen. Die Ideologie des Anarchismus übte eine beträchtliche Anziehungskraft auf die Menschen aus, aber wegen des ihm innewohnenden Paradoxons konnte er sich nicht zu einer Gruppe zusammenführen, die gemeinschaftlich hätte handeln können. Es war der letzte Aufschrei des individuellen Menschen, die letzte Regung der Massen in Richtung auf eine individuelle Freiheit, die letzte Hoffnung eines unbeschränkt freien Lebensstils, das letzte Mal, wo die geballte Faust gegen den allmächtigen Staat erhoben wurde, ehe der Staat, die Partei, die Gewerkschaft, die Organisation obsiegten.

III

Ein Traum geht zu Ende

Die Vereinigten Staaten: 1890-1902

3 Ein Traum geht zu Ende

Als der amerikanische Kongreß im Januar 1890 seine neue Legislaturperiode begann, führte ein neuer Speaker im Repräsentantenhaus den Vorsitz. Mit seinen fast 1,90 Metern war er ein Riese von Statur, wog ungefähr 270 Pfund, und über dem schwarzen Anzug und dem weißen Kragen »thronte ein kolossales, glattrasiertes Kindergesicht wie eine Casaba-Melone auf einer dicken schwarzen Staude. Eine Gestalt wie sie in ein Gemälde von Frans Hals passen würde, mit langen, weißen Händen, die einen Memling in Verzückung versetzt hätten«. Sein Tonfal war schleppend, und er machte sich ein Vergnügen daraus, in das Furioso einer hitzigen Debatte kühle, schimmernde Perlen seines Sarkasmus tropfen zu lassen und das verblüffte Gesumme und Geraune, das er damit auslöste, mit der freundlichen Gelassenheit eines neuenglischen Buddha zu beobachten. Als ein weitschweifiger Dauerredner, der Abgeordnete Springer aus Illinois, sich einmal im hohen Haus ereiferte, im Recht zu sein wäre ihm lieber als Präsident zu sein, warf der Speaker ein: »Der Herr Abgeordnete möge sich nicht unnötig beunruhigen; er wird weder das eine noch das andere jemals sein.« Ein anderes Mitglied des Hauses, das wegen seiner unausgegorenen Gedanken und seiner zögernden Sprechweise bekannt war, begann seinen Vortrag einmal mit den Worten: »Ich überlege mir, Mr. Speaker, ich überlege mir ...«, als der Vorsitzende ihn unterbrach und die Hoffnung zum Ausdruck brachte, daß »niemand den Herrn Abgeordneten in dieser seiner lobenswerten und neuartigen Tätigkeit unterbrechen möge«. Von zwei besonders einfältigen Rednern sagte er einmal: »Sie können den Mund nicht aufmachen, ohne etwas von der Summe der menschlichen Erkenntnis abzuziehen.« Es hieß, er verzichte eher auf einen guten Freund als auf ein witziges Bonmot. Jedoch schätzte man ihn in dem kleinen, ausgewählten Kreis seiner Freunde als »einen der erfrischendsten und anregendsten Gesprächspartner, der je eine Gesellschaft belebt hat«, dessen Konversation »vor guter Laune nur so überschäumte wie edler Sekt«. Das war Thomas B. Reed, republikanischer Abgeordneter von Maine, fünfzig Jahre alt. Nach vierzehn Jahren im Kongreß galt er schon als »der fähigste Debattenredner, den es je in Amerika gegeben hat«, und noch ehe die Legislaturperiode zu Ende war, würde man ihn »den größten parlamentarischen Führer seiner Zeit ... und die weitaus brillanteste Erscheinung in der amerikanischen Politik« nennen. Obwohl die Tradition seiner Familie auf die Gründerjahre Neu-Englands zurückgeht, war Reed weder durch ererbten Grundbesitz, noch durch Reichtum oder durch seine gesellschaftliche Stellung auf die politische Laufbahn vorbereitet worden. In Amerika galten diese Kriterien nichts, und diejenigen Männer, die sie besaßen, waren nicht in der Politik. Gutsituierte, alteingesessene Familien nahmen die Bürde des Regierungsamtes nicht auf sich – im Gegenteil, sie scheuten sie sogar. John, der älteste Bruder von Henry Adams, »der in der Familie als der Klügste galt und von dem man annahm, daß er sich besonders hervortun werde«, verdiente zwar bei der Union Pacific Railroad ein Vermögen, »zog sich aber von der Regierungsverantwortung zurück«, wie Henry berichtet. »Er besaß alles, was er sich nur wünschen konnte: Reichtum, Kinder, gesellschaftliches Ansehen und Einfluß; und er lachte über die Vorstellung, daß er sich opfern solle, nur um das Kabinett Clevelands zu zieren oder Sympathiekundgebungen vom irischen Mob zu erhalten.« Diese Einstellung war durchaus nicht auf die ohnehin schon recht strapazierte Adams-Familie beschränkt. Als der junge Theodore Roosevelt 1880 seinen Entschluß faßte, in die Politik zu gehen, wurde er von den »Herren der kultivierten und vornehmen Lebensart« ausgelacht, und man sagte ihm, die Politik sei ein »schmutziges Geschäft«, das von »Barbesitzern, Droschkenkutschern und ähnlichen Typen betrieben werde, mit denen sich abzugeben er todsicher unerquicklich, übel und widerwärtig finden werde«.

Dieser Verzicht der Reichen beruhte auf dem Erfolg der amerikanischen Unabhängigkeitsbewegung und der Niederlage der Ideen Hamiltons, den Staat unter Wahrung der Interessen der herrschenden Klasse zu organisieren. Die Prinzipien Jeffersons und die Demokratie Jacksons hatten sich durchgesetzt. Die Gründerväter und Unterzeichner der Unabhängigkeitserklärung waren in der Mehrzahl wohlhabende und gutsituierte Männer, aber der Erfolg dessen, was sie zustande brachten, war, daß die Männer ihres Standes abgeschreckt wurden, sich an der Regierungsverantwortung zu beteiligen. Mit der Einführung des allgemeinen Wahlrechts für den männlichen Teil der Bevölkerung wog die Stimme des Wohlhabenden bei der Wahl ebenso schwer wie die des armen Mannes, und da die Privilegierten in der Minderheit waren, scheuten sie die Auseinandersetzung und zogen sich zurück. Nach den ersten sechs Präsidenten der USA kam keiner mehr aus einer reichen Familie (es sei denn man rechnete die Harrisons dazu). Sie zogen sich in die Behaglichkeit ihrer Villen zurück, gingen den Beschäftigungen ihres Standes nach und überließen das Feld der Regierungsgeschäfte zunehmend den ehrgeizigen Emporkömmlingen, die von unten heraufdrängten. Sie hingegen konzentrierten ihre Fähigkeiten in der Hauptsache auf profitable Bank- und Handelsgeschäfte, weniger auf die

Verwaltung ihrer Landgüter, die sie nach und nach aufgaben. Der Niedergang setzte zuerst bei den großen Gütern der aus den Niederlanden stammenden führenden Familien New Yorks ein; die großen Pflanzungen der Südstaaten folgten im und nach dem Bürgerkrieg. Die alteingesessenen Familien Bostons waren zwar auch weiterhin recht aktiv und wohlhabend, hielten sich aber im großen und ganzen von der Regierungstätigkeit fern. Der stolze ›Mittelpunkt‹ brachte nach den zwei Präsidenten der Adams-Familie keinen weiteren Präsidenten mehr hervor. »Der wertvollste, gemäßigste, fähigste und kultivierteste Teil der Bevölkerung«, so schrieb Emerson in seinem Essay über die Politik, »ist zaghaft und beschränkt sich lediglich drauf, seinen Besitz zu verteidigen«.

Der Engländer James Bryce zeigte sich vierzig Jahre später über die »Apathie der wohlhabenden Klassen und anspruchsvollen Geister« höchst erstaunt und widmete der Frage ›Warum die fähigsten Männer der Politik fern bleiben‹ ein ganzes Kapitel in seinem Buch *The American Commonwealth*. Ihnen fehlte das Gefühl des *Noblesse oblige*. Der »Mangel an Interesse in den gebildeten und wohlhabenden Schichten« war, so glaubte er, teils durch den geringen Respekt, den ihnen die Massen entgegenbrachten, bedingt. »Da die Masse des Volkes die Ausübung der Herrschaft nicht von ihnen erwartet, treten sie auch nicht freiwillig hervor, um sie zu übernehmen.«

Da der feste Rückhalt des Grundbesitzes fehlte, hatte sich keine Klasse herausbilden können, deren Herrschaftsanspruch erblich war, die an einen traditionellen Ehrenkodex gebunden war, und so stand Amerika der hemmungslosen Ausbeutung durch Spekulanten, Plünderer, Pioniere, Verbrecher und Profitmacher offen – und durch sie kam die Korruption in das politische Leben. Mit dem ungeheuren Aufschwung und der Befreiung der Wirtschaft nach dem Bürgerkrieg machte Amerika eine Phase noch nie dagewesener Expansion durch. Die Bevölkerungszahl erhöhte sich in den Jahren 1880 bis 1900 um 50 Prozent von 50 Millionen auf 75 Millionen. Da es lukrative Unternehmen in Hülle und Fülle gab, beschränkte sich die Regierungsfunktion darauf, Amerika für die Kapitalisten der siebziger und achtziger Jahre sicher – und rentabel – zu machen. Die Regierung war ein bezahlter Handlanger geworden, und ihre Skandale und dunklen Geschäfte nahmen so groteske Formen an, daß die Bevölkerung aufgebracht war und Reformen verlangte. Aber die reichen Gentlemen »ließen sich nicht dazu herab, in die Politik zu gehen«, wie Edith Wharton von der New Yorker Gesellschaft berichtet. Wenige ihrer Freunde »aus den besten Kreisen der Gesellschaft« setzten ihre Fähigkeiten in öffentlichen Ämtern ein. Amerika »verschwendete diese Klasse, anstatt sie zu gebrauchen«.

Ohne eine Rolle in der Regierung und ohne wirtschaftlichen Rückhalt durch Landbesitz gerieten die Reichen Amerikas sehr leicht in Panikstimmung. Als die Finanzkrise von 1893 das Vermögen von John Adams bedrohte, »verlor er die Nerven«, wie Henry erzählt. »Das gesamte Nervensystem Bostons schien total zerrüttet, und mit John brachen eine ganze Reihe führender Persönlichkeiten zusammen. Ich habe absolut keinen Anlaß anzunehmen, daß er etwa schwächlicher gewesen ist als irgendeiner von uns. Meine Nerven sind schon seit langem zum Teufel.« Obwohl viele seiner Klasse tatsächlich stärkere Nerven hatten als John Adams, so waren sie doch bei weitem nicht so gut wie die von Lewis Morris, dem Besitzer des Gutes Morrisiana. Als sein Bruder ihn beschwor, die Unabhängigkeitserklärung wegen der sich daraus ergebenden Konsequenzen nicht zu unterzeichnen, antwortete Lewis: »Zum Teufel mit den Konsequenzen. Gib mir die Feder!«

Der Speaker des Repräsentantenhauses Thomas B. Reed verkörperte in Charakter, Bildung und der Art seiner absoluten Unabhängigkeit das Beste, das Amerika damals in die Politik schicken konnte. Er stammte aus der rauhen, nördlichen Region Neu-Englands. Als er 1839 geboren wurde, war seine Familie schon seit zweihundert Jahren in Maine ansässig. Mütterlicherseits stammte er aus einer der Mayflower-Familien, väterlicherseits stammte er von George Cleve ab, der 1632 aus England herübergekommen war, das erste Haus eines weißen Mannes in Maine gebaut und die Portland-Kolonie gegründet hatte und deren erster Gouverneur gewesen war. Jener Reed, der Cleves Ur-Ur-Enkelin geheiratet hatte, entstammte einer Seefahrer- und Fischerfamilie. Diese Vorfahren und ihre Nachbarn hatten weder jemals viel Land besessen, noch waren sie reich gewesen. Sie hatten generationenlang versucht, ihr Siedlung auf dem steinigen Boden am Leben zu erhalten und die Überfälle der Indianer, die Abgeschiedenheit und die schneereichen Winter zu überstehen. Der Kampfgeist, der in diesem Ringen gegen das Schicksal geboren wurde, war ein bedeutendes Erbteil Thomas Reeds. Sein Vater, Kapitän eines kleinen Küstenkutters, hatte eine Hypothek auf sein Haus aufnehmen müssen, um seinen Sohn auf die Schule nach Bowdoin schicken zu können. Reed trug selbst zu der Finanzierung seines Studiums bei, indem er Unterricht gab und täglich die zehn Kilometer von seiner Unterkunft zum College und zurück zu Fuß ging. Die Söhne der Familien von Portland gingen nicht nach Bowdoin, weil ihr gesellschaftlicher Status das verlangte, sondern ganz einfach, um dort eine gute Ausbildung zu erhalten. Da die meisten von ihnen in der gleichen Situation waren wie Reed, war die Semesterordnung so angelegt, daß sie im Winter Zeit hatten, um Unterricht zu geben. Reed hatte ursprünglich vorgehabt, Geistlicher zu werden, aber im Laufe der vielen nächtlichen Sitzungen in seiner Dachkammer, bei denen er zusammen mit einem Kommilitonen die *French Revolution* von Carlyle, den *Faust* und *Die Leiden des jungen Werthers*, Macaulays *Essays* und die Romane von Thackeray und

Charles Reade laut rezitierte, gewann er eine religiöse Einstellung, die zu individualistisch war, als daß sie in eine der bestehenden Religionsgemeinschaften gepaßt hätte. Nach seinem Examen im Jahre 1861 studierte er Jura, gab weiterhin für zwanzig Dollar im Monat Unterricht und war bei den Familien »reihum in Kost und Logis«.
Der Bürgerkrieg berührte ihn nicht, bis er 1864, in die Marine eintrat und auf einem Kanonenboot auf dem Mississippi eine nicht allzu kriegerische Militärzeit mitmachte. Er war zwar Offizier, gestand jedoch später ohne Umschweife ein, daß er niemals unter Beschuß gewesen war. Die übliche Aura von heldenhaftem Ruhm und Glanz, der die Kriegserinnerungen der meisten Männer mit der Zeit umgibt, war Reed fremd. »Was waren das doch für herrliche Zeiten in der guten alten Marine«, pflegte er zu sagen, wenn das Gespräch in seiner Umgebung auf Kriegserinnerungen kam, »als ich für den Proviant an Bord verantwortlich war. Ich kannte sämtliche Vorschriften, und die anderen kannten sie nicht; also genoß ich meine sämtlichen Privilegien und die der anderen dazu.« Er sollte dieses Verfahren mit dem gleichen Erfolg im Kongreß wiederholen.
Als Reed 1865 in Maine als Anwalt zugelassen wurde, war er ein stattlicher, kräftiger junger Mann von fünfundzwanzig Jahren mit einem gut geschnittenen, hübschen Gesicht und vollem blondem Haar. Im Laufe der folgenden zehn Jahre war er als Stadtrat von Portland tätig, wurde in die untere Kammer der Legislative und später in den Senat gewählt, erhielt seine Ernennung zum Generalstaatsanwalt von Maine, heiratete und nahm an Gewicht zu. Er hatte zwei Kinder, eine Tochter und einen Sohn, der sehr früh starb. Sein Haar wurde immer lichter, und seine Figur rundete sich immer mehr, bis er schließlich, wenn er durch die Straßen von Portland ging, »wie eine Fregatte unter Schaluppen« wirkte. Schweigend, gemessen, mit nach innen gekehrtem Blick und ohne von seiner Umgebung Notiz zu nehmen bewegte er sich mit dem schwerfälligen, leicht schwankenden Gang eines Elefanten. »Wie eng die Straßen scheinen, wenn er daherkommt«, wunderte sich einmal ein Passant.
1876 wurde Reed, inzwischen sechsunddreißig Jahre alt, in den Kongreß gewählt, wo er den Platz Blaines einnahm, der in den Senat aufrückte. Als Mitglied des Komitees, daß die von den Demokraten wegen Wahlbetrugs angefochtene Hayes-Tilden-Wahl untersuchen sollte, zogen seine Kreuzverhöre Scharen von Zuhörern an, die seine oratorische Kunstfertigkeit bewunderten, und er wurde im ganzen Land bekannt. In den darauffolgenden Kongressen wurde er Mitglied des besonders wichtigen Ausschusses für Geschäftsordnungsfragen und Vorsitzender des Rechtsausschusses und konnte von Legislaturperiode zu Legislaturperiode seine Kenntnisse von der Geschäftsordnung und den parlamentarischen Finessen vertiefen.
Die Geschäftsordnung hatte sich, wie ein Abgeordneter einmal sagte, zu

einem Sammelsurium von Regeln ausgewachsen, »das die Gesetzgebung mehr behinderte als förderte«, eine Sammlung, so »vertrackt und geheimnisvoll« wie das Instrumentarium eines mittelalterlichen Kabbalisten. Doch Reed beherrschte es. »Meiner Ansicht nach hat es zu keiner Zeit und in keinem Parlament einen Vorsitzenden gegeben, der besser gewappnet war als er«, sagte ein professioneller Beobachter des Geschehens, Senator Henry Cabot Lodge, der sieben Jahre lang zusammen mit Reed im Repräsentantenhaus gewesen war. Reed kann nicht nur die parlamentarische Praxis und deren Spielregeln, sondern »er verstand sich wie wenige auch auf die Theorie und die Philosophie des Systems«. Ob absichtlich oder unbewußt, jedenfalls bereitete er sich auf den Moment vor, wo er dem Repräsentantenhaus als Speaker zeigen würde, daß niemand im Saal hinsichtlich der Beherrschung der Geschäftsordnung mit dem Vorsitzenden würde konkurrieren können.

Aber selbst mit diesem Rüstzeug versehen hätte er sich nicht die nötige Autorität verschaffen können, wäre er nicht, wie Lodge meint, außerdem auch noch der »eleganteste und wirkungsvollste Debattenredner gewesen, den ich je gesehen oder gehört habe«. Er sprach nie ein Wort zuviel, vergaloppierte sich nie im Satzbau, geriet niemals in Verlegenheit und war nie gezwungen, etwas zurückzunehmen oder seine Aussage abzuschwächen. Seine Repliken kamen blitzschnell, prägnant, klar und zwingend. Niemand konnte wie er mit knappen Sätzen ein Problem darstellen, eine Zweifelsfrage klären, ein Argument widerlegen oder einen logischen Fehler nachweisen. Sein Stil war lebendig und sehr bildhaft. »Kaum Zeit genug für die Erdbeeren zum Reifwerden«, sagte er, um eine Zeitspanne von zwei Monaten zu umschreiben. Er hatte eine Art, Dinge auszudrücken und zu formulieren, die die jeweilige Situation genau trafen und die ganz typisch für ihn war. In einem Disput darüber, wer von seinen beiden Kollegen, Berry oder Curtis, der größere war, bat er die beiden sich zu erheben, damit man die Größe vergleichen könne. Als Berry sich langsam zu seiner vollen Größe emporreckte, sagte Reed: »Mein Gott, Berry, wieviel von dir versteckst du eigentlich immer in deinen Hosentaschen?« Seine Bonmots waren berühmt. »Alle Weisheit dieser Welt besteht darin, mit den Wölfen zu heulen«, war eins und »Ein Staatsmann ist ein Politiker auf dem toten Gleis« lautete ein anderes. Seine Reden pflegte er nur sehr sparsam mit Gesten zu begleiten. »Wenn er sich erhob«, berichtet Lodge, »wobei er den schmalen Gang völlig ausfüllte, und wartete, bis sein Gegner geendet hatte, die Hände auf das Pult gestützt; wenn jeglicher Ausdruck aus seinem Gesicht gebannt war und er aussah, als könne er keinen klaren Gedanken fassen und kaum verstehen, was gesagt wurde, dann war er am gefährlichsten.« Einmal stand eines seiner Opfer nach einer Replik Reeds sprachlos da, während er sich freundlich lächelnd in der Runde umsah und bemerkte: »Nun, nachdem ich diese Fliege in den flüssigen Bernstein meiner Ausführungen eingeschlossen habe, fahre ich fort...«

Die Schärfe und Logik seiner Gedanken kamen bei den »Fünf-Minuten-Debatten« besonders deutlich zum Ausdruck. »Russell, Sie verstehen offensichtlich den Sinn der Fünf-Minuten-Regel nicht«, sagte er zu dem Vertreter von Massachusetts. »Ihr Ziel ist es, dem Haus entweder richtige oder falsche Information zu vermitteln. Sie haben mittlerweile im Laufe dieses Nachmittags mehrere solcher Fünf-Minuten-Perioden für sich in Anspruch genommen, ohne das eine noch das andere zu tun.«

Reed brachte seine Argumente im Plauderton vor, durchaus ohne rednerisches Pathos. Als er einmal wieder seiner Lieblingsbeschäftigung nachging und den Senat, von dem er nichts hielt, lächerlich machte, beschrieb er die Wahl eines Präsidenten in fünfzig Jahren, bei der dieser aufgrund einer Verfassungsänderung von und aus den Reihen der Senatoren gewählt werden würde. »Als die Stimmzettel eingesammelt und ausgebreitet worden waren, sah man den Obersten Richter, der die Wahl leitete, zögern und die in seiner Nähe standen, bemerkten, daß er ganz blaß im Gesicht wurde. Es mußte etwas Unerwartetes eingetreten sein. Mit großer Mühe erhob sich der Richter und verkündete der wartenden Menge über ein Megaphon, das Edison kurz zuvor erfunden hatte, das erstaunliche Resultat: von den sechsundsiebzig Senatoren hatte jeder eine Stimme erhalten.«

Anläßlich einer Diskussion über wirtschaftliche Privilegien im Zusammenhang mit einer Steuerdebatte erzählte er, daß ihm beim Spaziergang durch die Straßen New Yorks »übel wird«, wenn er »die Ziegelsteinfassaden der reichen Kaufleute mit der ärmlichen Tugend der Menschen auf den Bürgersteigen« vergleicht. »Ich empfinde keine Sympathie für die Leute in den Häusern. Aber wenn dieses Gefühl in mir hochsteigt, dann weiß ich auch aus welchem Grund. Es ist der gute, ehrliche, edelmütige Neid. Aber wenn die Herren von der anderen Seite des Hauses eben dieses gleiche Gefühl haben, dann meinen sie es sei Wirtschaftspolitik.«

Wenn Reed aufstand und das Wort ergriff, verbreitete sich die Kunde hiervon wie ein Lauffeuer durch die Korridore; die umherstehenden Gruppen lösten sich auf und die Abgeordneten eilten zu ihren Sitzen; Langeweile und Desinteresse verschwanden und das Haus lauschte mit gespannter Aufmerksamkeit der barocken Prosa, den sarkastischen Nadelstichen und den Geistesblitzen Reeds. Jeder der Abgeordneten ersehnte sich den Ruhm einer Auseinandersetzung mit Reed, aber er ließ sich nicht von den »kleinen Fischen« ködern, sondern erwiderte nur denen, die er als würdige Gegner erachtete.

Die Reporter, stets auf der Lauer nach einem seiner Bonmots, baten ihn immer wieder, die Ereignisse des Tages zu kommentieren. Das gelang ihnen nicht immer. Als man ihn einmal um eine Stellungnahme zu einer Botschaft des Papstes bat, antwortete Reed: »Die überwältigende Bedeutungslosigkeit dieser Botschaft verschlägt mir die Sprache.« Auf die Frage, was denn das größte Problem sei, vor das sich das amerikanische Volk gestellt sehe, meinte er: »Wie man rechtzeitig einem Fahrrad ausweicht?«

Nach seiner ersten Legislaturperiode stand seine Nominierung als Vertreter des ersten Distrikts von Maine bei den folgenden Wahlen außer Frage. Die Wahlen selbst waren jedoch eine zweite Sache und beinahe hätte er die Wahl von 1880 verloren, weil er sich ungeachtet des starken Sentiments gegen die *greenbacks* (Papierdollar) in Maine weigerte, in der Frage des freien Silberkurses Kompromisse zu schließen oder dem Problem auszuweichen. Er gewann sein Mandat dann doch, allerdings mit nur hundertneun Stimmen Vorsprung. Aber je berühmter er wurde, desto größer wurde die Zahl seiner Wähler in den alle zwei Jahre stattfindenden Wahlen. Sogar Demokraten gaben zu, daß sie »insgeheim« für ihn gestimmt hatten. »Er entsprach den Vorstellungen Neu-Englands«, sagte Senator Hoar aus Massachusetts. »Die Leute wollen lieber ihn als irgend jemand anders über die Probleme der Gemeinschaft reden hören, und dabei ist weder Blaine noch McKinley ausgenommen.« Der Grund dafür war vielleicht derselbe, aus dem ein Engländer einmal versucht hatte, das Erfolgsgeheimnis Lord Palmerstons zu erklären: »Was Palmerston bei der Bevölkerung so beliebt macht, ist seine Schert-Euch-zum-Teufel-Attitüde.«

Reed verabscheute es, sich bei den Massen anzubiedern und ließ niemals eine Vertraulichkeit zwischen sich und ihnen aufkommen. Aber unter seinesgleichen war er »der angenehmste Gesellschafter, den man sich vorstellen kann«. Innerhalb der kleinen Welt der damaligen Oberschicht Washingtons galt er als ein jovialer Mann von großer Ausstrahlungskraft; er war ein Pokerspieler, ein sehr guter Erzähler und ein vielumworbener Dinnergast. Einmal kam das Gespräch bei einer Dinnergesellschaft auf Glücksspiele, und der New Yorker Senator Choate, ebenfalls ein exzellenter Anekdotenerzähler, bemerkte recht salbungsvoll, er habe noch nie in seinem ganzen Leben auf ein Pferd gesetzt, Karten gespielt oder gewettet. »Ich wünschte, das könnte ich von mir auch behaupten«, seufzte einer der anwesenden Gäste. »Und warum können Sie das nicht?« fragte Reed in seinem schleppenden Tonfall. »Choate hat's ja auch getan.«

Seine Tischgespräche waren durch seine umfassende literarische und humanistische Bildung geprägt und bereichert. Seine Lieblingsdichter waren Burns, Byron und Tennyson; sein Lieblingsroman Thackerays *Vanity Fair*; die satirische englische Zeitschrift *Punch* gehörte zu seiner regelmäßigen Lektüre. Balzac, von dem er sagte, daß »fast alle seine Bücher so traurig sind, daß man es in Worten kaum ausdrücken kann«, las er im Original. Er hatte angefangen französisch zu lernen, als er die Vierzig schon überschritten hatte und führte zur Übung ein Tagebuch in französischer Sprache. Die

Existenz einer nationalen Bibliothek ist ein Verdienst Reeds, der mit unermüdlicher und beredter Ausdauer die in dieser Frage zu erwartende Sparsamkeit des Hauses schließlich überwand und ausreichende Mittel für die Library of Congress sicherte.

»Man konnte ihm stundenlang zuhören, aber er war auch ein guter Zuhörer«, sagte Lodge, »denn er nahm an allem Anteil, sein Interesse war unbegrenzt und nichts Menschliches war ihm fremd.« »Tom Reed war zum Dinner bei uns«, schrieb ein junger Freund Lodges aus New York, »und er war großartig.« Wenig später verhalf Reed, der selbst ein Verfechter der Beamtenreform war, dem jungen Mann zu einer Stellung bei der Beamtenrechtskommission in Washington, und wenn das neue Kommissionsmitglied einmal Unterstützung vom Kapitol brauchte, dann konnte es stets auf Reed rechnen. Als der junge Mann dann später auf der nationalen Bühne eine Rolle zu spielen begann, zollte ihm Reed das vielleicht denkwürdigste Lob seiner Laufbahn: »Theodore, wenn es irgend etwas gibt, für das ich dich mehr als alles andere bewundere, dann ist es deine schöpferische Interpretation der Zehn Gebote.« Mit allerdings wesentlich weniger Prophetengabe hatte er auch vorausgesagt: »Theodore wird niemals Präsident werden, denn er hat absolut kein politisches Gespür.«

1889 jedoch erwies sich Theodore Roosevelt während der innerparteilichen Auseinandersetzungen zwischen Reed und McKinley, Joe Cannon und zwei anderen um das Amt des Speakers im Repräsentantenhaus als politisch sehr nützlich. Während Roosevelt im Nordwesten auf die Jagd ging und Farmen besuchte, benutzte er die Gelegenheit für eine zugkräftige Werbekampagne, und es gelang ihm in den vier Staaten, die erst vor kurzem in die Union eingetreten waren – Washington, Montana und die beiden Dakotas – sicherzustellen, daß sie in den nächsten Kongreß republikanische Abgeordnete entsenden würden. Nach seiner Rückkehr nach Washington schlug er sein persönliches Hauptquartier in einem Hinterzimmer des alten Wormley-Hotel auf, ›trommelte‹ die neuen Kongreßmitglieder zusammen und legte sie auf Reed fest. Obwohl sich Reed zur Verzweiflung seiner Anhänger strikt weigerte, mit dem Köder einer späteren Berufung in einen der Ausschüsse auf Stimmenfang auszuziehen, gewann er die Wahl.

Er hatte nun das neben dem Präsidentenamt höchste Wahlamt inne, zu dem seine Partei ihm verhelfen konnte. Da er »ehrgeizig wie Luzifer« war, wie Reeds guter Freund Champ Clark von ihm sagte, beabsichtigte er keineswegs stehenzubleiben, wo er stand. Er hatte beschlossen, sobald er sein Amt als Speaker antrat, ein Vorhaben auszuführen, daß ihn schon seit langem beschäftigte, über das er jedoch mit niemandem gesprochen hatte und mit dem er seine politische Zukunft aufs Spiel setzt. Er wußte, daß dieser bevorstehende Kampf die Aufmerksamkeit des gesamten Volkes auf ihn lenken mußte. Er wußte aber auch, daß ein Mißerfolg das Ende seiner Kar-

riere als Kongreßmitglied bedeuten würde. Der Einsatz war hoch: er hatte die »Tyrannei der Minderheit«, die das Haus in einem Zustand »hilfloser Handlungsunfähigkeit« paralysierte, zu brechen oder mußte zurücktreten.
Das System, das Speaker Reed bekämpfen wollte, hieß allgemein das stumme – oder schwindende – Quorum (Beschlußfähigkeit). Damit war ein Verfahren gemeint, durch das die Oppositionspartei jeden Gesetzgebungsakt, der ihr nicht paßte, verhindern konnte, indem sie bei der Feststellung der Beschlußfähigkeit ihre Anwesenhcit verleugnete, das heißt, sie verlangte einen Namensappell und schwieg, wenn ihre Namen aufgerufen wurden. Da die Geschäftsordnung vorschrieb, daß ein Mitglied des Hauses nur dann als anwesend galt, wenn es auf den Appell mündlich antwortete, und da die Beschlußfähigkeit jeweils auf die Gesamtheit der gewählten Abgeordneten bezogen war, konnten die Obstruktionspolitiker, die stummen Flibustier, wie man sie nannte, in der Tat die Arbeit des Hauses jederzeit lahmlegen.
Bei der Wahl von 1888 hatten die Republikaner gesiegt, und dies war nach sechzehn Jahren das erste Mal, daß eine Partei sowohl die Exekutive als auch den Kongreß kontrollierte, wenn auch mit einer äußerst knappen Mehrheit. Der starrköpfige Benjamin Harrison war ein Minderheitenpräsident gewesen, da er in den allgemeinen Volkswahlen gegen Cleveland unterlegen war und nur durch die seltsame Einrichtung des Wahlmännerkollegiums auf seinen wackeligen Thron gelangt war. Die republikanische Mehrheit im Haus war hauchdünn: 168 zu 160, also nur drei Sitze mehr, als für die Beschlußfähigkeit (165 Sitze) notwendig waren. In dieser Situation sahen sich die Republikaner mit der Aufgabe konfrontiert, zwei bedeutsame Gesetzesentwürfe durchbringen zu müssen, nämlich die Mills Bill zur Steuerreform und die Force Bill, die sich gegen die Wahlsteuer und andere Manipulationen der Südstaatler richtete, mit denen diese die Farbigen von der Wahl fernhalten wollten. Die Demokraten hatten sich darauf vorbereitet, diese Gesetze zu Fall zu bringen, und wollten außerdem die Zuerkennung von vier republikanischen Mandaten, davon zwei für Farbige, in Südstaatenwahlkreisen, in denen die Wahl angefochten worden war, verhindern.
Reed sah hierin eine Existenzfrage der Regierungsform mit gewählten Volksvertretern. Falls die Demokraten eine Gesetzgebung blockieren konnten, die die Republikaner kraft ihres Wahlsieges das Recht hatten durchzusetzen, dann war das eine nachträgliche Entstellung des Wahlergebnisses. Die Rechte der Minderheit – davon war Reed überzeugt – waren durch die Freiheit der Debatte und der Wahl gewahrt; wenn aber die Minderheit in der Lage war, die Handlungen der Mehrheit zu vereiteln, »dann wird sie zur Tyrannei«. Reed war der Auffassung, daß es die Aufgabe des Kongresses sei, Gesetze zu machen und nicht nur sie zu beraten. Daher war es

die Pflicht eines Speakers gegenüber seiner Partei und gegenüber dem Volk, nicht bloß den Schiedsrichter in der Debatte zu spielen, sondern dafür zu sorgen, daß diese Funktion auch tatsächlich ausgeübt wurde.

Das Amt des Speakers im Repräsentantenhaus war eine einflußreiche Position, die damals noch mit allen jenen Rechten ausgestattet war, die 1910 während der Revolte gegen Joe Cannon auf die Ausschüsse übertragen wurden. Da der Speaker *ex officio* Vorsitzender des Geschäftsordnungskomitees war, in dem sich die Stimmen der beiden Republikaner und der beiden Demokraten gegenseitig aufhoben, und da er das Recht hatte, die Mitglieder der verschiedenen Ausschüsse zu ernennen, hing sowohl die politische Karriere vieler Abgeordneter, als auch der Verlauf der Legislaturperiode von seiner Entscheidung ab. In Reeds Hand lag nun »Macht, gekoppelt mit Verantwortung«. Unbeschadet eines bekannten Zitats hat die Macht auch noch andere Wirkungen als nur die korrumpierende; sie kann nämlich auch das Verständnis für die Zusammenhänge vergrößern und manchmal gebiert sie sogar Größe. Das Amt des Speakers, das die Washingtoner *Post* als »nicht weniger einflußreich als das des Präsidenten« beschrieben hatte, konnte der Steigbügel zu diesem höchsten Ziel sein. Reed war der Mann, der eine solche Gelegenheit weder ungenützt vorbeigehen ließ, noch trat er ihr unvorbereitet entgegen.

Sein Entschluß, das stumme Quorum zu brechen, stand fest, und sein Feldzugsplan war fertig. Er hatte dabei niemanden zu Rate gezogen, teils weil ihm keiner geglaubt hätte, daß eine auch nur minimale Erfolgsaussicht bestand, teils weil er sich der Unterstützung seiner eigenen Partei nicht ganz sicher war. Es gab in der Tat Anhaltspunkte, die vermuten ließen, daß sie eine ablehnende Haltung einnehmen würde. Da Reeds Ansichten über die stummen ›Flibustier‹ bekannt waren, war es jedermann klar, daß diese Frage in der neuen Sitzungsperiode eine wichtige Rolle spielen würde. REED WIRD SIE ZÄHLEN, prophezeite eine Schlagzeile der Washingtoner *Post*, und in dem folgenden Artikel hieß es, daß selbst Mr. Cannon, Reeds engster Mitarbeiter, gegen einen solchen Versuch war. Die Demokraten rüsteten sich für die Schlacht. Der Amtsvorgänger Reeds, Mr. Carlisle, ließ wissen, daß jedes Gesetz, das ohne »namentliche Abstimmung« beschlossen und verabschiedet werden sollte, als verfassungswidrig vor Gericht gebracht werden würde.

Reed vertraute jedoch darauf, daß er Recht bekommen würde, falls es zu einem Gerichtsverfahren käme, und war hinsichtlich der Haltung seiner Partei willens, Vabanque zu spielen. Er rechnete jedoch damit, daß die Demokraten in ihrem Zorn die Republikaner dazu veranlassen würden, ihm zu Hilfe zu eilen. Als die erste der umstrittenen Abstimmungen für den 19. Januar festgesetzt wurde, war er bereit für die Schlacht. Wie erwartet, erhob sich aus den Reihen der Demokraten der Ruf, die Beschlußfähigkeit sei nicht gegeben, und ein Anwesenheitsappell wurde verlangt. Er ergab 163 Ja-Stimmen, alles Republikaner, jedoch fehlten zwei Stimmen für die Beschlußfähigkeit. Reeds Stunde hatte geschlagen. Sein großes weißes Mondgesicht – »das größte Gesicht, das ich je gesehen habe«, wie ein Kollege sagte – zeigte nicht die mindeste Regung, und der schleppende Tonfall seiner Stimme beschleunigte sich nicht im geringsten, als er verkündete: »Der Speaker ordnet an, daß der Herr Sekretär die Namen der folgenden Abgeordneten als anwesend verzeichnet mit der Anmerkung, daß sie die Teilnahme an der Abstimmung verweigern.« Und damit begann er die Namen aufzurufen. Im gleichen Augenblick brach, wie ein Reporter berichtet, »die Hölle los. Ein unbändiger Sturm der Entrüstung erhob sich – und es ist zweifelhaft, ob es im Haus jemals zuvor eine solch heftige Erregung und flammende Empörung, solch vernichtende Drohungen und wirklich gefährliche Situationen gegeben hat« wie sie in den nun folgenden fünf Tagen zu beobachten waren. Die Republikaner applaudierten begeistert. Die Demokraten »trommelten auf ihre Pulte und schrien sich heiser«, während die Stimme ihres zukünftigen Speakers Mr. Crisp aus Georgia durch den Saal dröhnte: »Ich protestiere! Ich protestiere gegen die Entscheidung des Vorsitzenden!« Die Explosion war »die heftigste, die man je in einem Parlament gesehen hat«, erinnerte sich ein Mitglied später. Ungerührt und ohne Bewegung fuhr der Speaker in seiner Namensliste fort: »Mr. Blanchard, Mr. Bland, Mr. Blount, Mr. Breckinridge aus Arkansas, Mr. Breckinridge aus Kentucky ...«

Blitzschnell fuhr der Abgeordnete Kentuckys hoch, der wegen »seines silbernen Haares und seiner silbernen Zunge berühmt war«. »Ich verweigere dem Vorsitzenden das Recht, dies zu tun. Dieses Verfahren ist revolutionär!« rief er aus.

Die durchdringende Stimme vom Vorstandstisch klang unbeirrt weiter: »Mr. Bullock, Mr. Bynum, Mr. Carlisle, Mr. Chipman, Mr. Clement, Mr. Covert, Mr. Crisp, Mr. Cummings« – über das Zischen, Pfeifen und die Protestrufe hinweg, unaufhaltsam das Alphabet durchlaufend – »Mr. Lawler, Mr. Lee, Mr. McAdoo, Mr McCreary ...«

»Ich verweigere Ihnen das Recht, Mr. Speaker, mich als anwesend zu verzeichnen«, brüllte McCreary.

Zum ersten Mal hielt der Speaker inne, ließ die augenblicklich eintretende Totenstille im Saale für einen kurzen Augenblick in der Luft hängen, so wie ein Schauspieler sein Publikum in atemloser Spannung hält, und sagte dann mit sanfter Stimme: »Der Speaker stellt als Tatsache fest, daß der Herr Abgeordnete anwesend ist. Möchten Sie dies bestreiten?«

Unbeirrt durch Proteste, Weigerungen und Ordnungsrufe, die den Saal in ein Tollhaus verwandelten, fuhr er mit dem Namensaufruf fort; die S's, die T's bis zum Schluß des Alphabets. Dann schien er mit einem Mal die ganze

Kraft seines massigen Körpers zu sammeln, alle Macht seiner achtunggebietenden Persönlichkeit aufzubieten und donnerte mit einer Stimme, mit der er, wenn er wollte, jeden Saal füllen konnte: »Das Präsidium stellt hiermit fest, daß die Beschlußfähigkeit im Sinne der Verfassung gegeben ist.«

Der Tumult, der nun folgte, war noch wüster als das voraufgegangene Spektakel. Der Abgeordnete Breckinridge aus Kentucky verlangte einen Geschäftsordnungsbeschluß mit der Begründung, daß der Speaker keine rechtliche Grundlage für sein Vorgehen habe. »Das Präsidium verwirft eine solche Entscheidung«, erklärte Reed kühl.

»Ich protestiere gegen die Entscheidung des Präsidiums«, schrie Breckinridge.

»Ich beantrage, den Protest zurückzustellen«, fuhr blitzschnell ein wachsamer Republikaner, Mr. Payson aus Illinois, dazwischen. Da dieser Antrag, falls er durchkam, die Geschäftsordnungsdebatte beendet hätte, schäumten die Demokraten vor Wut. Etwa hundert von ihnen »waren aufgesprungen und schrien ihre Wortmeldungen heraus«, schrieb ein Reporter. ›Fighting Joe‹ Wheeler, der kleine Ex-Kavalleriegeneral der Konföderierten, hatte keine andere Möglichkeit nach vorne zu kommen, als, »wie ein Steinbock über die Felsen, von Pult zu Pult zu springen«, da die Gänge völlig verstopft waren. Während sich die Erregung immer mehr steigerte, war nur ein einziger Demokrat noch auf seinem Platz geblieben, ein riesenhafter Abgeordneter aus Texas, der mit bedeutungsvoller Mimik ein Bowiemesser an seinem Stiefel wetzte. Als schließlich ein Republikaner meinte, daß »wir über diesen Punkt diskutieren sollten«, weil er von solch eminenter Bedeutung war, ließ Reed die Debatte zu. Die Auseinandersetzung dauerte vier Tage und die Demokraten kämpften um jeden Fußbreit Boden. Sie bestanden darauf, daß das Journal Wort für Wort gelesen wurde, sie brachten Proteste und Geschäftsordnungsanträge ein und verlangten immer neue Namensappelle, bei denen Reed jedesmal prompt die schweigenden Mitglieder als anwesend zählte und damit einen erneuten Ausbruch wütender Beschimpfungen auslöste. Einmal ließ sich der Abgeordnete McKinley, der wie stets bemüht war, sich bei allen Seiten beliebt zu machen, aus Unachtsamkeit das Wort nehmen und mußte von Reed angestoßen werden. »Der Abgeordnete von Ohio möchte nicht unterbrochen werden.«

»Ich wünsche keine Unterbrechung«, echote McKinley tapfer und schloß die Bresche.

Da Reed bei jeder kritischen Frage die Anwesenden unerbittlich zählte und sein Sprüchlein »Eine verfassungsmäßige Beschlußfähigkeit zur Fortführung der Tagesordnung ist gegeben« wiederholte, steigerte sich die Wut und Erbitterung der Demokraten immer mehr. Eine Gruppe drang unter lauten Verwünschungen durch die Gänge nach vorn und drohte, ihn vom

Präsidentenstuhl wegzuzerren. Einen Augenblick lang – so berichtet ein Augenzeuge – sah es so aus, »als wollten sie über den Speaker herfallen«. Reed blieb eisern. Angesteckt von der Leidenschaft im Saal lehnten sich die Besucher und Zeitungskorrespondenten über das Geländer der Zuschauertribüne, schwangen die Fäuste gegen den Speaker und stimmten in den Chor der Beleidigungen und Schmähungen ein. »Anstand und Sitte«, so lamentierte ein Reporter, »waren total vergessen. Die Abgeordneten rasten mit wutverzerrten Gesichtern durch den Saal ... und schrien, schimpften und fluchten wie verrückt.« Sie nannten Reed einen Tyrannen, einen Despoten und Diktator und schleuderten ihre Beleidigungen wie Steine durch die Luft. Unter all den Varianten des Wortes ›Tyrann‹ kristallisierte sich ›Zar‹, das damalige Symbol des unbegrenzten Absolutismus, als die häufigste heraus, und ›Zar‹ Reed wurde der Speaker fortan genannt. Je wütender die Demokraten wurden, desto ruhiger und gelassener wurde Reed. Seinen Stuhl mit seinem massigen Körper ausfüllend, schien er »heiter und ungetrübt wie ein Sommermorgen«. Obwohl seine Sekretärin in seinem Privatzimmer während einer Sitzungspause beobachtete, wie er sich vor aufgestautem Zorn zitternd an seinem Schreibtisch festhielt, so gab er im Saal niemals auch nur das leiseste Anzeichen dafür, daß die üblen Beschimpfungen ihn überhaupt berührten. Es gelang ihm, sich eisern zu beherrschen, »kühl und entschlossen wie ein Raubritter«, sagte die New Yorker *Times*.

Das Geheimnis seiner Selbstbeherrschung hat er einem Freund einmal viel später enthüllt. Seine Entscheidung über das, was er tun würde, falls das Haus ihm die Unterstützung versagte, stand fest. »Ich hätte ganz einfach den Präsidentenstuhl verlassen, wäre vom Amt des Speaker zurückgetreten und hätte meinen Sitz im Kongreß aufgegeben.« In dem Anwaltsbüro Elihu Roots in New York wartete eine Stelle als Rechtsanwalt auf ihn. »Wenn die politische Tätigkeit darin besteht, daß man hilflos im Speakeramt sitzt und zusehen muß, wie die Mehrheit nicht in der Lage ist, Gesetze zu verabschieden, dann hätte ich genug davon gehabt und wäre mit Freuden bereit gewesen, die ganze Sache aufzugeben.« Nachdem er aber erst einmal seinen Entschluß gefaßt hatte, so sagte er, »war ich auf das Schlimmste gefaßt und dafür gewappnet«. Dies wiederum wirkte sich auf seinen Kampfgeist und sein Stehvermögen sehr besänftigend aus.

Ja, es war sogar noch mehr als nur besänftigend: Seine Entscheidung gab ihm ein Selbstvertrauen und eine Stärke, die Männer, welche das Schlimmste fürchteten oder Prinzipien aufgeben, nur um das Schlimmste zu verhüten, niemals besitzen. Sie gab ihm eine moralische Überlegenheit über das Haus, was die Abgeordneten unbewußt an der Atmosphäre spürten.

Inzwischen hatten die Demokraten ihre Taktik geändert und verließen den Saal tatsächlich, wobei sie darauf hofften, daß es den Republikanern nicht möglich sein würde, eine beschlußfähige Anzahl zusammenzubekommen.

Als die Demokraten einer nach dem anderen zur Tür herausschlüpften, durchschaute Reed die Absicht und ordnete an, die Türen zu verschließen. Augenblicklich entstand ein wüstes Gedränge, und ein jeder wollte den Saal noch schnell vor der nächsten Abstimmung verlassen. Unter Aufgabe jeglichen »Gefühls für persönliche oder offizielle Würde« versteckten sich die Demokraten unter Pulten und hinter Zwischenwänden. Der Abgeordnete Kilgore aus Texas trat sogar eine der verschlossenen Türen mit dem Fuß auf, um zu entkommen. ›Kilgore's Kick‹ war noch lange Zeit ein Festessen für die Karikaturisten.

Am fünften Tag blieben die Demokraten dem Haus allesamt fern, und als es zur Abstimmung kam, fehlte den Republikanern die erforderliche Zahl für die Beschlußfähigkeit. Zwei Republikaner, die krank waren, wurden auf ihren Bahren hereingebracht; immer noch war einer zu wenig. Von einem anderen Mitglied wußte man, daß er sich auf dem Weg nach Washington befand. Plötzlich – so berichtet ein Reporter – flog die Tür auf, »ein paar rote Haare leuchteten auf und eine Stimme sagte: »Noch einer, Mr. Speaker!« Mr. Sweeney aus Iowa wurde registriert, die Beschlußfähigkeit war gegeben, und die Abstimmung ergab 166 zu null. Die Schlacht war geschlagen. Schmollend kehrten die Demokraten auf ihre Sitze zurück, und das Geschäftsordnungskomitee arbeitete eine Reihe neuer Regelungen aus, die natürlich vom Speaker vorbereitet und diktiert wurden. »Reeds Regeln« wurden am 14. Februar angenommen und sahen unter anderem vor, 1) daß alle Mitglieder des Hauses abstimmen müssen, 2) daß die für die Beschlußfähigkeit notwendige Zahl einhundert ist, 3) daß alle Anwesenden gezählt werden und 4) daß keine Verzögerungsanträge zugelassen werden, wobei die Definition dessen, was ein Verzögerungsantrag ist, beim Speaker des Hauses liegt.

Fünf Jahre später schrieb Theodor Roosevelt, daß die Reform Reeds und der Sieg über die stummen ›Flibustier‹ »weit größere und bleibendere Bedeutung« gewonnen hatte, als irgendeines der Gesetze, das mit ihrer Hilfe in dieser Legislaturperiode durchgebracht wurde. Reed war sich über diesen Sachverhalt klar, als der Sieg feststand. Am Ende der 51. Kongreßsession sagte er in seiner Schlußansprache, daß »das Urteil der Geschichte«, das einzige sei, welches wirklich Gewicht habe, und daß er sehr zuversichtlich sei, daß dieses Urteil gut ausfallen werde, »denn wir sind in der Schaffung einer verantwortungsbewußten Regierung ein gutes Stück weitergekommen«.

Früher als das Urteil der Geschichte, und damals von vielen als sein Äquivalent angesehen, kam jedoch das Porträt Sargents. Reeds Parteifreunde hatten es in Auftrag gegeben, um ihm ihre Anerkennung damit auszudrükken, aber das Bild mißlang. »Eigentlich soll es ihn darstellen, wie er gerade die Beschlußfähigkeit des Hauses feststellt«, sagte ein Kritiker, »aber in Wirklichkeit sieht es so aus, als habe man ihn eben dazu verleitet, in eine Zitrone zu beißen.«

Das Ende des stummen Quorums wurde in allen parlamentarischen Kreisen der Welt diskutiert. In Amerika wurde Reed durch seinen Erfolg zu einer der führenden Persönlichkeiten des politischen Lebens und der sichere Kandidat seiner Partei für die Nominierung zu den Präsidentenschaftswahlen von 1892. Aber seine Zeit war noch nicht gekommen, und Reed wußte dies, denn als man ihn fragte, ob er denn annehme, daß seine Partei ihn nominieren werde, antwortete er: »Sie könnten sich etwas Schlimmeres einfallen lassen, und ich glaube, sie werden es tun.«

Er behielt recht. Man nahm ihm sein ›Zarentum‹ immer noch übel, und sein Sarkasmus hatte auch nicht gerade dazu beigetragen, ihm viele Freunde zu gewinnen. Ebenso war auch sein Abscheu vor politischen Machenschaften, seine Weigerung, mit ›keep smiling‹ und Händeschütteln um Stimmen zu werben oder Politiker mit Versprechungen für sich zu gewinnen, nicht dazu angetan, die Zahl seiner Anhänger zu vergrößern. Die Parteifunktionäre zogen es vor, den unvermeidlichen Harrison zu nominieren, einen zwar unbestechlichen, aber griesgrämigen Mann, den man den ›Eisberg im Weißen Haus‹ nannte. Reed konnte Harrison nicht ausstehen und gab sich nicht die geringste Mühe, dies zu verheimlichen. Als Harrison einen Mann, den Reed verachtete, zum Collector, einem hohen Verwaltungsbeamten, für Portland, die Geburtsstadt Reeds, ernannte, sprach Reed nicht mehr mit ihm, so lange er lebte.

Als die Demokraten 1892 eine so große Mehrheit im Repräsentantenhaus besaßen, daß sie die für die Beschlußfähigkeit notwendige Anzahl stets erreichen konnten, hoben sie Reeds Reformen triumphierend wieder auf. Er aber vertraute auf die geschichtliche Entwicklung, denn »das Haus hat mehr Verstand, als seine Mitglieder«, wie er zu sagen pflegte. Der Lauf der Geschichte ließ ihn denn auch nicht allzu lange warten. Im nächsten Kongreß war die demokratische Mehrheit auf die Hälfte zusammengeschmolzen, und außerdem war das demokratische Lager in der Währungsfrage sowie in einigen anderen heißumstrittenen Problemen gespalten, so daß Reed, eine großartige Revanche erhielt. Immer wieder und wieder verlangte er einen Anwesenheitsappell, und als der Abgeordnete Bland aus Missouri gegen dieses »destruktive Flibustiern« empört Einspruch erhob, konterte Reed: »Destruktiv? Sie meinen doch wohl konstruktiv.« Als Oppositionsführer hatte er seine Partei ebenso unbestritten in der Hand wie als Speaker. »Die Herren auf der anderen Seite folgen ihm blindlings«, sagte der amtierende Speaker Crisp seufzend. »Privat sagen sie zwar ›Das hätte Reed nicht tun sollen‹ oder ›Jenes ist falsch‹, aber wenn Reed kommt und sagt, ›So wird's gemacht‹, dann wagt keiner ihm zu widersprechen.« Als die Demokraten schließlich nachgeben und seine Reformmaßnahmen wieder einführen mußten, um ihr eigenes politisches Programm nicht zu gefährden, enthielt sich Reed jeder Geste des Triumphs. »Das, was heute hier stattgefunden hat, ist wesentlich eindrucksvoller als alles, was ich sagen könnte«, meinte er. »Ich beglückwünsche den Dreiundfünfzigsten Kongreß zu dieser Entscheidung.«

Als 1890 am Wounded Knee Creek die letzte bewaffnete Auseinandersetzung zwischen den Indianern und den Weißen der USA stattfand und das Census Bureau (Statistisches Bundesamt) bekanntgab, daß es im Westen keine Grenze mehr gab, zeichnete sich eine neue Bewährungsprobe für Reed ab. Im selben Jahr verkündete Captain A. T. Mahan, der Präsident des Naval War College (Kriegsmarineschule): »Ob die Amerikaner wollen oder nicht, nun müssen sie beginnen, über die Grenzen ihres Landes hinauszublicken.«

Alfred Thayer Mahan war ein ruhiger, fast verschlossener Marineoffizier einer der klügsten Köpfe seiner Zeit, der es sich zum Ziel gesetzt hatte, »die Stimme zu sein, die Amerika ständig an seine Interessen im Ausland mahnt«. Nur wenige Amerikaner waren sich der Tatsache bewußt, daß ihr Land Interessen im Ausland hatte, und viele waren sogar der Ansicht, daß sich die USA gar nicht außerhalb ihrer Grenzen engagieren sollten. Die Frage, um die es sich konkret drehte, war die Annexion Hawaiis. 1887 hatten die USA in Pearl Harbor eine Marinebasis errichtet, aber der Hauptanstoß für eine Annexion kam aus den Kreisen derjenigen, die dort Grundbesitz hatten, an der Spitze Richter Dole und der Zuckertrust. Mit Unterstützung der amerikanischen Marine löste diese Gruppe im Januar 1893 einen Aufstand gegen die Regierung von Hawaii aus; Richter Dole wurde Präsident Dole und begann unverzüglich, mit dem amerikanischen Geschäftsträger einen Annexionsvertrag auszuarbeiten, den Präsident Harrison schon im Februar dem Senat vorlegen konnte. Da dieser bei der Wahl gegen den früheren Präsidenten Cleveland unterlegen war, der am 4. März in sein Amt eingeführt werden sollte, bat er, in der Hoffnung eine Ratifizierung des Vertrages zu erreichen, ehe der neue Präsident im Amt war, den Senat die Sache sofort zu entscheiden. Dieses Verfahren war jedoch zu plump, und der Senat sträubte sich.

Cleveland war ein Gegner der Expansion in jeder Form und sowohl in der Integrität der Person, als auch im Aussehen Reed nicht unähnlich. Als man Reed einmal in einem schlechtbeleuchteten Raum irrtümlich für Cleveland hielt, sagte er: »Um Gottes willen! Sagen Sie das bloß nicht Grover. Er bildet sich ohnehin schon viel zu viel auf sein gutes Aussehen ein.« Kaum eine Woche, nachdem er im Amt war, zog Cleveland den Annexionsvertrag aus dem Senat zurück, zum allergrößten Bedauern von Reeds jungem Freund Roosevelt, der »ganz entschieden« für ein »Niederholen der Flagge«, war, wie er es ausdrückte.

Das Motiv der Annexionisten war rein wirtschaftlich und egoistisch. Erst Mahan machte aus dieser Frage ein Problem von schicksalshafter Bedeutung und Tragweite für die Nation. Im gleichen Monat, in dem Cleveland den Vertrag revozierte, veröffentlichte Mahan einen Artikel im *Forum* mit dem Titel ›Hawaii und unsere zukünftige Stellung als Seemacht‹. In diesem Artikel erklärte er, daß die Beherrschung der See das wesentlichste Element für die Macht und den Wohlstand einer Nation sei, und daß es daher »als Beitrag zur Festigung unserer Seemacht unerläßlich ist, Seestützpunkte zu errichten, wenn immer das in rechtlich vertretbarer Weise getan werden kann«. Hawaii »ist ein strategischer Punkt von so hoher Bedeutung, daß er äußerster Aufmerksamkeit wert ist«; die Lage der Insel sei »von einzigartiger Wichtigkeit ... und erlaubt die wirtschaftliche sowie die militärische Beherrschung des Pazifik«. In einem zweiten Artikel, der ebenfalls im März im *Atlantic Monthly* erschien, wies Mahan auf die unbedingte Notwendigkeit hin, den geplanten Isthmus-Kanal als ebensolchen Beitrag zur zukünftigen Seemachtstellung Amerikas zu fördern.

Captain Mahans drückte sich mit solcher Autorität aus, die sowohl ein Produkt seines Charakters, wie seines Stils war, daß alles, was er schrieb, unwiderlegbar schien. Er hatte sich bereits als Verfasser von *The Influence of Sea Power on History* einen Namen gemacht; dem Manuskript lag eine 1887 am Naval War College gehaltene Vorlesung zugrunde, und war 1890 als Buch veröffentlicht worden. Seine Wirkung auf die Marinespezialisten der ganzen Welt, ausgenommen der USA, war verblüffend und spontan. Selbst in Amerika erregte es, obwohl es drei Jahre dauerte, bis sich ein Verleger dafür fand, die Aufmerksamkeit einiger weniger nachdenklicher Männer, die sich mit der amerikanischen Politik beschäftigten. Theodore Roosevelt, der mit vierundzwanzig Jahren ein Buch über *The Naval War of 1812* geschrieben hatte, war zu einem Vortrag am Naval War College eingeladen worden, wo er Mahan hörte und sein Schüler wurde. Als *The Influence of Sea Power on History* veröffentlicht wurde, las er es »in einem durch« und schrieb an Mahan, er sei davon überzeugt, daß das Buch ein »Klassiker des Marinewesens« werden würde. Walter Hines Page und Horace E. Scudder, die damals Chefredakteure vom *Forum* und vom *Atlantic Monthly* waren, sehr bedeutenden Organen der politischen Meinungsäußerung, räumtem Mahan regelmäßig einige Spalten ein. Harvard und Yale verliehen ihm die Ehrendoktorwürde, und auch viele seiner Berufskollegen waren nicht so traditionalistisch, als daß sie seine Ideen völlig verworfen hätten. Sein Vorgänger am Naval War College, Admiral Stephen Luce, der Mahan zu seinem Nachfolger vorgeschlagen hatte, als er selbst das Kommando über das Nord-Atlantik Schwadron übernahm, brachte seine Einheiten nach Newport, so daß seine Offiziere die Vorlesungen des neuen Schulkommandanten hören konnten. Luce meinte, Mahan sei für die

Marine das, was Jomini in den Tagen Napoleons für die Armee gewesen sei. Nach der ersten Vorlesung Mahans stand Luce auf und rief: »Das, meine Herren, ist Captain Mahan!«

Was Mahan entdeckt hatte, war das machtpolitische Element der Seemacht; wer die See beherrschte, beherrschte auch die Lage. Wie M. Jourdain sein ganzes Leben hindurch Prosa sprach, ohne es zu wissen, so war diese Erkenntnis schon seit langem praktisch angewendet worden, ohne daß sich eine der Seemächte dessen bewußt gewesen wäre. Daher war Mahans Formulierung einfach überwältigend. Auf sein erstes Buch folgte ein zweites, *The Influence of Sea Power in the French Revolution*, in dem er seine Theorie bekräftigte und weiter ausbaute. Die Idee dazu war ihm durch eine ›Eingebung‹ gekommen, als er Mommsens *Römische Geschichte* las. »Mir kam plötzlich der Gedanke, wie anders sich die Dinge hätten entwickeln können, wenn Hannibal Italien von der See her erobert ... oder wenn er in ständiger Seeverbindung mit Karthago gestanden hätte.« Mit einem Mal ging Mahan auf, »daß die Beherrschung der Meere ein historischer Faktor war, der überhaupt noch nicht systematisch untersucht und beschrieben worden war«. Es war »einer jener Geistesblitze, die das Dunkel im Innern erhellen«. Monate seines Urlaubs im Jahre 1885, ehe er das Kommando am Naval War College übernahm, verbrachte Mahan in der New Yorker Volksbücherei am Astor Place – »jeden Nerv bis zum äußersten angespannt« – und verfolgte mit steigender Aufregung seine These durch den Gang der Geschichte.

In Amerika sah man den Aufbau einer Flotte, die zu mehr als nur zur Küstenverteidigung imstande sein würde, traditionsgemäß als Sakrileg gegen die ursprüngliche Idee Amerikas an, derzufolge die amerikanische Nation ohne Krieg und Eroberung auskommen und der Welt das Beispiel einer neuen, friedlicheren Zukunft geben sollte. Die europäischen Nationen, die seit Jahrhunderten Seemächte gewesen waren, erkannten erst durch Mahan die Bedeutung ihrer Macht. Ein Kommentator mit dem Pseudonym ›Nauticus‹ meinte, daß das Meer die Welt Jahrtausende hindurch beeinflußt habe, genau wie der Sauerstoff; aber so, wie das Wesen und die Eigenschaften des Sauerstoffs unbekannt waren, bis Priestley sie entdeckte, »so wäre die Bedeutung der Seemacht ohne Mahan unentdeckt geblieben«.

Als Mahan 1893 das Kommando über das Flaggschiff der Europäischen Station erhielt (eigentlich gegen seinen Willen, denn er wäre lieber in den USA geblieben und hätte weiter an seinen Büchern gearbeitet), wurde er in England mit noch nie dagewesenen Ehren empfangen. Die Königin gab ihm zu Ehren ein Staatsbankett in Osborne; er speiste mit dem Prinzen von Wales und war der erste Ausländer, der vom Royal Yacht Squadron eingeladen wurde. Für ihn jedoch gab der Klub ein Dinner für rund hundert Gäste, alles Admiräle und Kapitäne. John Hay, der zu dieser Zeit zufällig in Lon-

* Vergehen gegen Heiliges : Gotteslästerung

don war, schrieb an Mahan, daß »die gesamte geistige Elite hier darauf wartet, Sie willkommen heißen zu können«. Der damals amtierende Premier Lord Rosebery lud ihn zu einem privaten Dinner ein, an dem außer den beiden nur noch John Morley teilnahm, und bei dem man sich bis Mitternacht unterhielt. Er machte die Bekanntschaft Balfours und Asquiths, besuchte Salisbury in Hatfield und dinierte ein zweites Mal mit der Königin im Buckinghampalast, Oxford und Cambridge verliehen ihm die Ehrendoktorwürde, bei welcher Gelegenheit er die rote Robe der Juristen über seiner Galauniform mit dem Degen trug; man sagte, er sei der einzige, der von beiden Universitäten in der gleichen Woche einen Titel erhalten habe.

Nach einem kurzen Abstecher auf den Kontinent, bei dem er mit einem Reiseführer, einem Regenschirm und einem Fernglas bewaffnet den Spuren Hannibals folgte, belegte ihn sein enthusiastischster Schüler, Kaiser Wilhelm II., mit Beschlag und lud ihn während der Cowes-Woche auf seine Jacht, die *Hohenzollern*, ein. *The Influence of Sea Power on History* hatte den Kaiser auf den Gedanken gebracht, daß die Zukunft Deutschlands auf dem Wasser liege, ein Gedanke, dessen Auswirkungen epochal sein sollten. Auf seinen Befehl befand sich an Bord eines jeden Schiffes der deutschen Kriegsmarine ein Exemplar von Mahans Buch. Des Kaisers eigene Exemplare in Deutsch und Englisch wimmelten nur so von Randbemerkungen, und alle wichtigen Stellen waren dick unterstrichen. »Ich verschlinge gerade Captain Mahans Buch und versuche, es auswendig zu lernen«, telegraphierte er einem Freund 1894, als Mahan sich in Europa aufhielt. »Das Buch ist ganz ausgezeichnet und in jeder Hinsicht klassisch. Es befindet sich an Bord aller meiner Schiffe und Kapitäne wie Offiziere zitieren es dauernd.« Die Japaner zeigten sich nicht minder interessiert. *The Influence of Sea Power on History* wurde als Lehrbuch an den japanischen Kriegs- und Marineschulen eingeführt, und sämtliche weiteren Werke Mahans ins Japanische übersetzt.

Die naheliegende Schlußfolgerung aus Mahans These war die zwingende Notwendigkeit, die amerikanische Kriegsflotte, die zu dieser Zeit völlig vernachlässigt war, aufzubauen. Wie Clevelands Marineminister William C. White 1887 sagte, hatte die Marine weder genügend Feuerkraft, um kämpfen zu können, noch war sie so schnell, daß sie rechtzeitig fliehen könnte. Mahans Urteil zufolge konnte sie es noch nicht einmal mit der chilenischen Flotte aufnehmen, von der spanischen ganz zu schweigen. Als der Isthmus-Kanal, der ohne eine entsprechende Seemacht mehr eine Bedrohung, denn ein Vorteil sein würde, 1880 ernsthaft diskutiert wurde, schrieb er: »Wir müssen unverzüglich damit beginnen, eine Flotte aufzubauen, die zum Zeitpunkt der Fertigstellung des Kanals der englischen zumindest gleichwertig ist ... Ich gebe mich zwar keinen Augenblick lang der Hoffnung hin, daß dies tatsächlich geschehen wird, aber falls es nicht geschieht, dann können wir unsere Monroe-Doktrin gleich abschreiben.«

Von da an plagte er Freunde, Kollegen und Zeitungskorrespondenten mit diesem Thema. Seine Leidenschaft war die Seemacht, nicht so sehr die Flotte als solche, denn der Dienst auf See behagte ihm überhaupt nicht, und er sah auch gar nicht wie ein Seemann aus. Er war über 1,80 Meter groß, drahtig und schmal, hielt sich stets kerzengerade, hatte ein langes, schmales Gesicht mit eng zusammenstehenden blaßblauen Augen, eine lange scharfgeschnittene Nase, einen rötlichen Schnurrbart und einen kurzgeschnittenen Kinnbart. Die ganze Ausstrahlungskraft seiner Persönlichkeit konzentrierte sich in der oberen Hälfte seines Gesichtes, in den Augen, der hohen Gelehrtenstirn und den buschigen Augenbrauen. Er war ein Jahr jünger als Reed und stand somit 1890 im Alter von fünfzig Jahren. Gewöhnlich war er außerordentlich reserviert und zurückhaltend, aber gelegentlich konnte – wie seine Frau berichtet – seine ›Bootsmaatsstimme‹ recht laut werden. Sein Bruder nannte ihn Alf. Er hatte keinen Sinn für Humor und stellte in moralischer Hinsicht hohe Ansprüche. So teilte er den Abscheu der wohlanständigen Spießbürger vor den Romanen Zolas und verbot seinen Töchtern, sie zu lesen. Seine Skrupel waren so ausgeprägt, daß er seinen Kindern die Benutzung von Regierungsbleistiften untersagte, als die Familie in einem marineeigenen Haus auf dem Gelände der Marineschule wohnte.

Er hatte wenig Freunde und Bekannte, und sein gesellschaftliches Leben war, abgesehen von der einen Gelegenheit seiner Pflichttournee im Ausland, äußerst kärglich. Er hatte wenig Talent, sich seiner Umgebung mitzuteilen und zog sich auf sich selbst zurück. Er glich einem Dampfkessel, in dessen Innerem es zwar kocht, der Dampf jedoch nur an einer Stelle ausströmt. Genau wie Reed zeichnete er sich durch ungewöhnliche Klarheit und Logik der Gedankengänge aus und war in seinen Schlußfolgerungen sehr bestimmt. Als er einmal in Aden an Land gegangen war, um eine jüdische Kolonie zu besuchen, schrieb er: »Ich hege keine antisemitischen Gefühle. Jesus Christus war Jude, und das ist mir genügend Bürgschaft für seine ganze Rasse.« In nicht mehr als neunzehn Worten erledigte er zu seiner völligen Zufriedenheit ein Problem, das die Menschheit neunzehn Jahrhunderte lang beunruhigt hatte und daß in seinen Tagen mit neuen Konflikten und neuer Bösartigkeit wieder aufgebrochen war. Samuel Ashe, ein enger Freund Mahans aus der Zeit, da sie Klassenkameraden in Annapolis gewesen waren, sagte von ihm: »Er ist der gebildetste und klügste Mann, den ich kenne.«

1890 begann man endlich damit, die Flotte aufzubauen. Auf die Empfehlungen des Policy Board, den der Marineminister Harrisons, Benjamin Tracy, einberufen hatte, bewilligte der Kongreß, zwar unwillig und nicht ohne starke innere und äußere Widerstände, den Bau der Schlachtschiffe *Oregon*,

Indiana und *Massachusetts*. Zwei Jahre später folgte ein viertes, die *Iowa*. Mahans jahrelange Kampagne begann die ersten Früchte zu tragen. Die Politik, die im Bau dieser Schiffe zum Ausdruck kam, kündigte einen grundsätzlichen Kurswechsel an. Die neue Richtung war: über die Grenze hinaus, wenngleich dies auch noch weit davon entfernt war, allgemein akzeptiert zu werden. Diese Schiffe symbolisierten die Überzeugung, daß Amerika eine Flotte aufbauen müsse, die in der Lage sei, gegen die besten Schiffe eines möglichen Feindes zu bestehen. Großbritannien würde sich, so kalkulierte man, wegen der Nähe Kanadas zurückhalten, und das Gleichgewicht der politischen Kräfte in Europa war derart, daß ein europäischer Feind wohl kaum gewagt hätte, seine gesamte Flotte in amerikanische Gewässer zu schicken. Das Ziel der USA mußte es daher sein, die Überlegenheit in diesen Gewässern sicherzustellen, und das wiederum bedeutete eine Flotte, die in der Lage war, die amerikanischen Küsten durch Offensivmanöver gegen feindliche Basen zwischen Neufundland und den Karibischen Inseln zu verteidigen. Dies war die Aufgabe der Schlachtschiffe. Sie gehörten der 10 000-Tonnen-Klasse an, hatten eine Durchschnittsgeschwindigkeit von 15 Knoten, ihre Ladekapazität für Kohle reichte bei mittlerer Geschwindigkeit für einen Operationsradius von beinahe 8000 Kilometern aus, und ihre Bewaffnung bestand aus vier 33-Zentimeter-Geschützen und acht 20-Zentimeter-Geschützen. In der Kombination von Panzerung und Feuerkraft stellten sie das Beste dar, das zu der damaligen Zeit technisch und konstruktionsmäßig möglich war. Bei den Probefahren der *Indiana* 1895 und der *Iowa* 1896 zeigten sich die Briten tief beeindruckt und betrachteten sie als gleichwertig mit den besten englischen Schiffen, von denen das neueste der ›Majestic‹-Klasse 15 000 Tonnen und vier 30-Zentimeter-Geschütze sowie zwölf 15-Zentimeter-Geschütze hatte.

Die Schiffe gaben den Anhängern Mahans neuen Auftrieb. Roosevelt, der immer noch bei der Beamtenrechtskommission tätig war, verfügte zwar noch nicht über eine entsprechende Resonanz, aber sein Freund und politischer Mentor, Senator Henry Cabot Lodge, war in Washington der eifrigste Verfechter von Mahans Ansichten. Lodges Familie hatte ihr Vermögen mit Schnellseglern und im Chinahandel erworben; er selbst hatte mehrere Biographien und historische Bücher über die Kolonialepoche verfaßt und war durch sein reges Interesse an der amerikanischen Geschichte in die politische Laufbahn gekommen. Sein Großvater, ebenfalls ein Henry Cabot Lodge, konnte sich noch daran erinnern, wie er als kleiner Junge in seinem Elternhaus hinter dem Büfett versteckt den Präsidenten George Washington beim Frühstück beobachtet hatte. Als der jüngere Lodge 1886 ins Repräsentantenhaus gewählt wurde, verschaffte er sich dort durch seine zahlreichen und wohlüberlegten Diskussionsbeiträge sehr rasch Respekt und erwies sich als ein sehr fähiger Meister der politischen Strategie und Taktik. Er war geschickt, aufgeschlossen, energisch und sowohl tatkräftig wie auch intelligent. Zusammen mit Roosevelt kämpfte er für eine Beamtenrechtsreform. Er war Mitglied des kleinen Zirkels, der sich um die beiden Parteilosen John Hay und Henry Adams gruppierte und die Aktionen der Regierung mit einer Mischung aus Nachdenklichkeit und Zynismus gewissermaßen vom Zuschauerraum aus verfolgte. Da Lodge und Roosevelt der Oppositionspartei angehörten, hatten sie keinerlei Einfluß auf die Politik Präsident Clevelands, aber sie vertraten ihre Sache mit Feuereifer.

»Erst durch Seemacht wird ein Volk groß«, rief Lodge am 2. März 1895 im Senat aus. Er hatte eine Karte des Pazifik aufgestellt, auf der die britischen Stützpunkte mit leuchtenden roten Kreuzchen markiert waren, und demonstrierte mit Hilfe eines Zeigestocks die nach Mahans Ansicht lebenswichtige Bedeutung Hawaiis. Die Wirkung seiner Rede war überwältigend und wurde durch den, wie er seiner Mutter schrieb, »verzweifelten Ernst« des Sprechers verstärkt. Hawaii mußte erobert und der Kanal gebaut werden. »Wir sind eine große Nation, wir beherrschen diesen Kontinent, wir sind die dominierende Macht in dieser Hemisphäre und unser Erbe ist zu gewaltig, als daß wir es vertändeln oder aufgeben könnten. Wir müssen es vielmehr bewahren und vergrößern.« Noch während er sprach, strömten die Senatoren von ihren Aufenthaltsräumen in den Sitzungssaal, Mitglieder des Repräsentantenhauses erschienen und mit ihnen Journalisten und Angehörige des Verwaltungspersonals, bis die Kammer schließlich so vollbesetzt war, daß die Zuhörer an den Wänden entlang stehen mußten. Lodge spürte, daß er ihre »ungeteilte Aufmerksamkeit hatte ... Als ich mich hinsetzte, kamen alle und wollten mir die Hand schütteln ... und das geschieht im Senat sehr selten«. In einem Artikel, der im gleichen Monat im *Forum* erschien, unterstrich Lodge nochmals seine Haltung und stellte nüchtern fest, daß »der Besitz der Insel Kuba zu einer Notwendigkeit für die Vereinigten Staaten wird, sobald der Kanal fertiggestellt ist«. Er sagte allerdings nicht, wie dieser Notwendigkeit Rechnung getragen werden sollte: ob die USA die Insel von Spanien kaufen oder sie einfach besetzen sollten. Er gab jedoch seiner Überzeugung Ausdruck, daß die Kleinstaaten der Vergangenheit angehörten und daß die Expansion eine Bewegung sei, die »die Zivilisierung und den Fortschritt der Menschheit« fördern würde. Zu diesem Zeitpunkt tat die Geschichte ein übriges. Am 24. Februar 1895 erhoben sich die Kubaner gegen die spanische Herrschaft, und am 8. März verfolgte und beschoß ein spanisches Kanonenboot das amerikanische Handelsschiff *Alliance* in der Annahme, die Amerikaner befänden sich auf einer Piratenfahrt. Diese ›Beleidigung unserer Flagge‹, wie der Vorfall genannt wurde, provozierte eine Flut von Kommentaren seitens der Mitglieder des außenpolitischen Senatsausschusses, die zeigte, daß Lodge keineswegs tauben Ohren gepredigt hatte. Der Appetit der Amerikaner auf neue Gebiete machte sich bemerkbar. Senator Morgan von Alabama, der demokratische Ausschußvorsitzende, erklärte, die Lösung liege klar auf der Hand: »Kuba muß eine amerikanische Kolonie werden.« Reeds Kollege, allerdings nicht sein Freund, Senator Frye von Maine stimmte dem zu und meinte: »Wir müßten in jedem Fall von der Insel Besitz ergreifen, schon allein um unser Territorium abzurunden.« Mit schöner Offenheit fügte er hinzu: »Falls wir sie nicht kaufen können, dann wäre ich dafür, die Gelegenheit für eine Eroberung zu suchen.« Ein anderer Republikaner, Senator Cullom von Illinois, drückte die Meinung der Amerikaner noch deutlicher aus: »Es ist Zeit, daß wir aufwachen«, sagte er, »und uns über die zwingende Notwendigkeit klar werden, daß wir einige Gebiete annektieren müssen – wir wollen die ganze nördliche Hemisphäre haben.« Im Jahre 1895 war es nicht notwendig, Agressivität als etwas anderes zu markieren. Auch sprachen die Senatoren noch nicht von einer Unterstützung der Kubaner in deren rechtmäßigem Kampf für die Freiheit, denn die *insurrectos* verbrannten amerikanische Besitzungen ebenso enthusiastisch wie spanische und waren noch nicht als Freiheitskämpfer hingestellt worden.

Präsident Cleveland jedoch war entschieden gegen Expansion, und die ungezügelte Habgier der Senatoren hatte keine Auswirkungen auf die offizielle Politik. Erst ein Akt Clevelands selbst ließ Ende 1895 diese neue Haltung der Amerikaner mit vulkanartiger Heftigkeit zum Durchbruch kommen. Clevelands nachdrückliches Beharren auf der Monroe-Doktrin im Falle von Venezuela und die Herausforderung Großbritanniens markierten den Beginn einer neuen Epoche im amerikanischen Leben mit einer solchen Deutlichkeit, als hätte man eine Signalflagge am amerikanischen Fahnenmast gehißt. Im Falle Venezuelas handelte es sich weder um einen territorialen noch um einen anderen Gewinn, sondern es drehte sich ganz einfach – wie es Cleveland und besonders seinem äußerst resoluten Außenminister Richard Olney schien – darum, ein amerikanisches Recht zu behaupten. Die Eruption von Chauvinismus, Hurrapatriotismus und allgemeiner Kriegslüsternheit, die durch diesen Akt ausgelöst wurde, rief allgemein Verblüffung und Erstaunen hervor, wenngleich eigentlich weniger der Mann auf der Straße, sondern vielmehr die Reichen, Mächtigen und Stimmgewaltigen die hauptsächlichen Agitatoren waren. Der Union League Club habe 1600 Mitglieder, sagte einer seiner Vertreter, die »in dieser Frage ohne Ausnahme wie ein Mann hinter Mr. Cleveland stehen ... Eine abweichende Meinung gibt es nicht«. Glückwünsche von anderen Republikanern, die voller Bewunderung waren, überschwemmten das Weiße Haus, darunter auch einer von Theodore Roosevelt. Die Schlagzeilen der New Yorker *Times* waren maßlos übertrieben und standen in keiner Beziehung zu dem darunterstehenden Artikel. KRIEGSVORBEREITUNGEN IM GANGE und DIE NATION IST EMPÖRT oder BEREIT ZUM KRIEG GEGEN ENGLAND: *Armee-*

und Marineführer bekunden große Bereitwilligkeit zum Krieg. Invasion Kanadas wird diskutiert. Der Vertreter der Armee, der zitiert wurde, war weit davon entfernt, von einer Invasion Kanadas zu sprechen, sondern gab ein sorgfältiges und nüchternes Bild von der Unzulänglichkeit der amerikanischen Armee und Marine und stellte mit Nachdruck fest, daß Amerika »in einem Krieg gegen England ein trauriges Schauspiel liefern würde«.

Die Woge des Militarismus, der durch die Venezuela-Botschaft hervorgerufen wurde, schockierte viele Menschen, die die USA immer noch im Geiste ihrer Gründerväter als eine Nation betrachtete, die dem Militarismus, der Eroberung, stehenden Heeren und all den übrigen schlechten Angewohnheiten, die man der Alten Welt zuschrieb, abhold war. Diese Tradition war regional in Neu-England und generationsmäßig bei den älteren Jahrgängen – das heißt, den 1890 rund Fünfzigjährigen – am stärksten ausgeprägt. Sie standen Jefferson noch näher, der gesagt hatte: »Wenn es einen Grundsatz gibt, der zutiefst in den Vorstellungen eines jeden Amerikaners verwurzelt ist, dann ist es der Gedanke, daß wir mit Eroberungen nichts zu tun haben wollen«. Sie nahmen die Unabhängigkeitserklärung und deren Prinzipien, daß nämlich rechtmäßige Macht nur aus der Zustimmung der Regierten abgeleitet werden kann, sehr ernst. Sie betrachteten eine Ausdehnung der amerikanischen Herrschaft über fremde Völker auf fremdem Boden als eine Verletzung dieses Grundsatzes und eine Entweihung der amerikanischen Ideale. Die ursprüngliche amerikanische Demokratie war für sie eine Fackel, ein Ideal, ein Beispiel der ›schönen neuen Welt‹, die sich zu der alten in Gegensatz gestellt hatte. Sie wollten keine Titel, Würden, keine Aristokraten in Reithosen, keine Orden oder was der heimtückischen Fallstricke einer Monarchie mehr sind. Als die Marine den Titel ›Admiral‹ einführte, tobte ein Offizier: »Was? Admiräle? Niemals! Die wollen als nächstes bloß Herzöge sein.«

Einwanderer der ersten Generation, die geleitet von dem amerikanischen Traum in die Vereinigten Staaten gekommen waren, hielten genauso unverbrüchlich an den Grundsätzen der Gründerväter fest wie diejenigen, die diese Prinzipien seit Generationen hochgehalten hatten. Einige waren nach der fehlgeschlagenen Revolution von 1848 auf ihrer Suche nach Freiheit in die USA gekommen, wie etwa der Vater Altgelds oder wie Carl Schurz, der inzwischen sechzigjährig als Journalist, Chefredakteur, Kabinettsmitglied und Senator seit Lincolns Zeiten ein einflußreicher Mann und Reformator gewesen war. Einige waren gekommen, um der Unterdrückung oder der Armut zu entfliehen und eine neue Existenz zu suchen, wie jener schottische Weber, der 1848 mit seinem zwölfjährigen Sohn Andrew Carnegie, oder jener holländisch-jüdische Zigarrendreher, der 1863 mit seinem dreizehnjährigen Sohn Samuel Gompers aus einem Londoner Slum herüberkam. Einige waren, wie E. L. Godkin, der Chefredakteur von *Nation* und von der

New Yorker *Evening Post*, nicht als Flüchtling vor der Unterdrückung, sondern als freiwillig Exilierte der Alten Welt von Amerika als dem lebendigen Zeugnis des demokratischen Ideals angezogen worden. Für sie, wie für jene, deren Vorfahren in den dreißiger Jahren des 17. Jahrhunderts eingewandert waren, verkörperte Amerika ein neues Prinzip, und sie sahen den aufstrebenden, militanten Geist als einen Verrat an diesem Prinzip an.

Godkin war erfüllt von »Furcht und Sorge um das Land« und entschlossen, gegen die Venezuela-Botschaft Stellung zu beziehen, selbst auf die Gefahr hin, daß er damit seine Zeitung bei der »halb verrücktgemachten Öffentlichkeit« aufs Spiel setzte. Als Sohn einer englischen Familie, die seit dem 12. Jahrhundert in Irland ansässig war, wo auch er geboren wurde und seine Jugend verbrachte, hatte er zunächst als Korrespondent englischer Zeitungen über den Krimkrieg und den amerikanischen Unabhängigkeitskrieg berichtet. Später wurde er Chefredakteur von *Nation*. Die Zeitschrift war 1865 von einer Gruppe von vierzig Aktionären gegründet worden, die ein Stammkapital von 100 000 Dollar mit dem erklärten Ziel zur Verfügung stellten, für die Rechte der arbeitenden Klasse und der Neger, für eine allgemeine Volkserziehung und für die »Wahrung der demokratischen Prinzipien in Staat und Gesellschaft« zu streiten. 1883 wurde Godkin der Nachfolger von Carl Schurz als Chefredakteur der *Evening Post*, blieb aber gleichzeitig auch noch für *Nation* tätig und hatte durch diese beiden Medien, wie William James sagte, »großen Einfluß auf alle, die sich mit den Fragen des öffentlichen Lebens befassen«.

Godkin war ein gutaussehender, bärtiger und temperamentvoller Kelte, einmal streitlustig, dann wieder in melancholische Grübelei versunken, ein lebhafter Kämpfer und ein ›Muckraker‹, noch ehe Roosevelt diesen Begriff prägte. Er verfolgte die korrupten Praktiken der Tammany-Politiker, einer Gruppe demokratischer Politiker in New York, die zum Inbegriff von Korruption und Amtsmißbrauch geworden waren, mit solcher Hartnäckigkeit, daß diese ihn einmal innerhalb eines Tages dreimal wegen Verleumdung verhaften ließen. James Russell Lowell stimmte der Ansicht eines britischen Journalisten zu, der gesagt hatte, daß Godkin die *Nation* zur »besten Zeitschrift der Welt« gemacht habe; James Bryce, der berühmte Autor von *The American Commonwealth* erklärte die *Evening Post* zur »besten englischsprachigen Zeitung«. Im eigenen Land hingegen waren die Meinungen unterschiedlicher. Gouverneur Hill aus New York erklärte, daß er für die »Handvoll von mugwumps« – unabhängige demokratische Politiker, die nicht mit der offiziellen Parteilinie konform gehen – in New York City, die die *Evening Post* lasen, nichts übrig habe.

»Das Problem mit diesem verdammten Blättchen ist nur, daß jeder Chefredakteur im Staate New York es liest.« Darauf beruhte Godkins überragender Einfluß, daß nämlich andere Meinungsmacher ihre Meinung von

ihm bezogen – allerdings nicht alle. »Welch erschreckende geistige Entartung stellt sich ein, wenn man sie (die *Evening Post*) oder *Nation* regelmäßig liest«, schrieb Theodore Roosevelt 1893 an Captain Mahan.
1895 war Godkin vierundsechzig Jahre alt und sah sehr besorgt in die Zukunft. Die Vereinigten Staaten, so schrieb er seinem Freund, »verfügen über eine enorme Macht und wollen sie unbedingt und ohne Rücksicht gegen jeden einsetzen, der daherkommt, ohne jedoch genau zu wissen, wie man mit der Macht umgeht, und daher schweben sie dauernd am Rande einer furchtbaren Katastrophe.« Tatsächlich hatte die Regierung zu diesem Zeitpunkt gerade erst ein Schlachtschiff in Auftrag gegeben und Godkins Ansicht, daß die Hurrapatrioten »absolut verrückt« seien, war gar nicht so unbegründet. Er glaubte, daß dieser neue Geist des »grimmigen Optimismus«, wie er ihn sehr treffend bezeichnete, im Endeffekt nur Unheil bringen würde.
William James, Professor für Philosophie in Harvard, war ebenso sehr beunruhigt. »Es ist nicht uninteressant, festzustellen«, schrieb er anläßlich der Venezuela-Affäre, »wie nahe an der Oberfläche in uns allen die Lust am Kampf liegt und wie gering der Anstoß ist, der genügt, um sie zu wecken. Jedoch, *wenn* sie erst einmal erwacht ist, dann gibt es kein Zurück mehr.«
Sein Kollege in Harvard, Charles Eliot Norton, Professor für Kunstgeschichte und anerkannter Kulturpapst Amerikas, zog bei einer Versammlung in der Shepard Memorial Church in Cambridge, Mass., gegen die Kriegstreiberei vom Leder. »Dieser Schrei brutaler Zustimmung, der in allen Teilen dieses Landes zu hören war«, sagte er, erfülle jeden vernünftig denkenden Menschen, der sein Vaterland liebt, mit »der allergrößten Besorgnis« für die Zukunft.
Die weißhaarige schlanke Gestalt mit den vornübergeneigten Schultern, die rauhe und doch sehr wohlklingende Stimme mit dem typischen Bostoner Akzent und der Charme dieser »so großartigen, weltmännischen und sympathischen Erscheinung« kam nie so eindringlich zum Durchbruch wie dann, wenn er gegen den Strom der Masse schwamm. Er war 1827 geboren, nur ein Jahr nachdem Jefferson und John Adams gestorben waren, und verkörperte das puritanische und militant liberale Gewissen der älteren Generation. Er war der Sohn Andrew Nortons, des ›Papstes der Unitarier‹ in Neu-England und Professors für Theologische Literatur, der Catherine Eliot, die Tochter eines reichen Bostoner Kaufmannes geheiratet hatte und die lange Reihe seiner Pastoren-Vorväter bis auf John Norton, einen puritanischen Geistlichen, der 1635 nach Amerika gekommen war, zurückverfolgen konnte.
Wie Lord Salisbury, so glaubte auch Norton an die Überlegenheit einer aristokratischen Klasse, die für ihn jedoch nicht durch den Besitz von Land gekennzeichnet war, sondern durch die Gemeinsamkeit von Kultur, Bil-

dung, Lebensphilosophie und Lebensstil. Ein Student parodierte ihn einmal und sagte: »Ich möchte vorschlagen, daß wir uns heute nachmittag beschäftigen mit der ent-setz-li-chen Nied-rig-keit von ALLEM!« Eine seiner Studentinnen in Radcliffe beschrieb in ihrem Tagebuch aus dem Jahre 1895, daß er »so mild und gütig aussieht... während er uns in seiner sanften Art beibringt, daß es besser für uns gewesen wäre, in einer so entarteten und unglückseligen Zeit überhaupt nicht geboren worden zu sein«. Norton war unter den ersten, die Artikel für *Atlantic Monthly* schrieben, als das Blatt 1857 von James Russell Lowell gegründet wurde, hatte dann später zusammen mit Lowell als Chefredakteur des *North American Review* gearbeitet und als einer der vierzig Aktionäre das Magazin *Nation* mitbegründet.

In einem Brief an Godkin über die Venezuela-Botschaft Clevelands meinte Norton, das diese »ein miserabler Abschluß des Jahrhunderts« sei und viel dazu beigetragen habe, »die unheilvollsten Kräfte ... den barbarischen Geist der Arroganz und der ungerechtfertigten Überheblichkeit« zu fördern. Was ihn aber noch mehr erbitterte und verwirrte, war die »tiefe Besorgnis«, daß die Demokratie als solche sich nun doch nicht als »ein Garant für Frieden und Wohlergehen« erweisen sollte, denn in ihr konnte auch der Einfluß derjenigen überhand nehmen, »die so unzivilisiert sind, daß keine Schule ihnen Verstand und Vernunft beibringen könnte«. Das hätte auch Lord Salisbury gesagt haben können. Norton war von jener Bitterkeit erfüllt, die ein Mann verspürt, wenn er eines Tages feststellen muß, daß seine Geliebte nicht gar so wunderschön – und so rein – ist, wie er immer geglaubt hatte. »Ich fürchte«, schrieb er einem englischen Freund, »daß Amerika einen langen Weg voller Irrtümer und Unrecht einschlägt und sehr wahrscheinlich immer mehr und mehr zu einer Macht der Unruhestifter und Barbaren wird ... Es sieht so aus, als ob die Welt in ein neues Stadium eintritt, in dem es eine neue Disziplin des Leidens geben muß, um die Menschen an die veränderten Umstände anzupassen.«

Aber er hatte noch nicht jenes Stadium des trostlosen und enttäuschten Pessimismus erreicht, in dem sich Henry Adams befand, der hin und wieder in Washington auftauchte, zwischen Amerika und Europa hin- und herpendelte und ohne Unterlaß sein trauriges Los beklagte. Dieses Jahrhundert war nach seiner Ansicht »morsch und bankrott«, und die Gesellschaft der Gewöhnlichkeit, Gemeinheit, Geistesschwäche und moralischen Auszehrung verfallen. Er selbst sah sich am Rande des »geistigen Untergangs« und »kam um vor Langeweile«. Er fand Amerika unerträglich und floh nach Europa; fand Europa nicht zum Aushalten und kehrte nach Amerika zurück; er sah »überall nur Niedergang«, »das brackige Wasser des *fin-de-siècle* ... und spürte nirgendwo einen Luftzug, der die schwüle Luft der Bildung belebte oder die geistige Gefühllosigkeit der Selbstzufriedenheit kräuselte«.

Die Venezuela-Krise war ihm lediglich eine Bestätigung seiner Überzeugung, daß »die heutige Gesellschaft morscher ist, als je eine andere vor ihr. Alles ist nur noch eine nicht überschaubare Struktur aus Schuld und Betrug«. Dies war jedoch in Wirklichkeit weniger eine Beurteilung des gegenwärtigen Zustandes, als vielmehr die Reaktion auf den heftigen Schock, den er während der Finanzkrise von 1893 erlitten hatte. Auch Adams sah wie die meisten Menschen die Gesellschaft im Spiegelbild seiner selbst und schrieb seine eigenen Unzulänglichkeiten und seine geistige Sterilität der Gesellschaft als Ganzem zu. »Obwohl durch und durch dekadent«, sagte er 1895 von sich selbst, »habe ich nicht mehr genug Lebenskraft, um noch sinnlich zu sein.« Das morsche alte Jahrhundert steckte jedoch voller Lebenskraft, und er hätte sich nur einmal in seinem engeren Bekanntenkreis umzusehen brauchen, wo er in Lodge und Roosevelt jenen »grimmigen Optimismus« gefunden hätte, den Godkin überall feststellte.

Obwohl zehn Jahre älter als Adams, gestattete Norton sich gelegentlich den Luxus eines vorsichtigen Optimismus, wenn er sich vorstellte, daß der Verlust der Werte, die ihm teuer waren, vielleicht durch einen Gewinn für das Wohlergehen der Menschen kompensiert werden würde. »Heutzutage geht es weitaus mehr Menschen materiell gut als jemals zuvor in der Geschichte«, schrieb er 1896, und er konnte dem Gedanken nicht widerstehen, »daß unsere Zeit doch sehr interessant war und immer noch ist.«

Die letzten Jahre waren in der Tat voller Ereignisse gewesen. Cleveland hatte trotz seines guten Willens mit großen Schwierigkeiten zu kämpfen. Industrielle Unruhen erschütterten das Land. Der Panik von 1893 folgte eine Depression. 1894 marschierte Coxeys Arbeitslosenarmee auf Washington, und der blutige Pullman-Streik erbitterte und erschreckte beide Seiten in dem immer heftiger werdenden Kampf zwischen den Arbeitern und den Kapitalisten. In den Kongreßwahlen vom November eroberten die Republikaner mit einer überwältigenden Mehrheit von 140 Sitzen (244 zu 104) die Kontrolle über das Haus zurück, und als der 54. Kongreß im Dezember 1895 zusammentrat, kehrte auch die wohlbekannte mächtige schwarze Gestalt mit dem großen weißen Gesicht auf den Stuhl des Speakers zurück.

Reed stand im Zenith seiner Macht. Die gefährliche Auseinandersetzung der ersten Amtsperiode lag lange zurück und der Guerillakrieg des Oppositionsführers war vorbei. Nun besaß er unbegrenzte Macht. »Mit der Brutalität seines Intellekts beherrscht er alles«, sagte ein Abgeordneter einmal. Seine gut gedrillten Truppen, obwohl gelegentlich und mit der Zeit zunehmend widerspenstig, waren doch zu sehr daran gewöhnt zu gehorchen. Wenn der Speaker die Hand hob, standen die Republikaner wie ein Mann auf, und falls sich zufällig einmal einer von ihnen in einem Augenblick zu Wort meldete, in dem es Reed lieber war, daß nichts gesagt wurde, dann ließ seine abweisende Handbewegung den Abgeordneten auf seinen Sitz zurücksinken. »Er übt eine absolutere Kontrolle über das Haus aus als irgendein anderer Speaker jemals zuvor«, sagte Senator Cullom von Illinois.

Sehr auf Würde und Anstand bedacht gestattete Reed weder, daß die Parlamentarier im Saal rauchten, noch daß sie in kurzärmligen Hemden erschienen; ja, er griff sogar die so beliebte Sitte, die Füße auf das Pult zu legen, an. Als ein Abgeordneter mit besonders ins Auge fallenden weißen Socken sich einmal so weit gehen ließ und diese sehr bequeme Haltung einnahm, erhielt er vom Vorstandstisch einen Zettel: »Der Zar ordnet an, daß Sie Ihre Parlamentärsflaggen einholen.«

Seine Regentschaft war unangefochten; er hatte keinen unmittelbaren Rivalen und begünstigte niemanden. Er war sehr darauf bedacht, keinen Neid aufkommen zu lassen, und so vermied er es sogar, sich auf der Straße zusammen mit einem Abgeordneten zu zeigen. Allein spazierte die riesige Gestalt von dem alten Shoreham Hotel (damals noch an der Ecke Fifteenth und H-Street), wo er wohnte, hinunter zum Capitol Hill, gab, wenn er gegrüßt wurde, den Gruß knapp zurück, und ließ sich von den Fremden, die auf der Straße stehenblieben und ihm nachstarrten, nicht im geringsten stören. Er hatte eine Art »gelassener Größe«, sagte ein Kollege, die seiner Philosophie entsprang und ihn »gegen die Sorgen und Befürchtungen des täglichen Lebens unempfindlich machte«. Reed gab einmal einen Hinweis auf seine Lebensphilosophie, als ihn ein Freund, der ihn eines Abends besuchte und mit ihm über politische Fragen sprechen wollte, bei der Lektüre von Sir Richard Burtons *Kasidah* fand und Reed ihm daraus folgende Zeilen vorlas:

Do what thy Manhood bids thee do
from none but self expect applause
he noblest lives and noblest dies
who makes and keeps his self made laws.

(Tu, was deine Mannesehre dir befiehlt,
Von niemandem, außer von dir selbst erwarte Lob.
Der ist der größte unter Lebenden und Toten,
Der seine eigenen Gesetze macht und danach lebt.)

Seine eigenen Gesetze waren sein innerer Halt und schützten ihn vor jeder Verwirrung. Einmal hatte Reed den Geschäftsordnungsantrag eines demokratischen Abgeordneten abgewiesen; dieser erinnerte sich daran, daß Reed in seinem Handbuch *Reeds Regeln* einen genau entgegengesetzten Standpunkt eingenommen hatte. Rasch ließ er das Buch herbeiholen, blätterte es durch, stürzte sich auf die einschlägige Stelle, marschierte in der Erwartung seines Triumphes zum Podium und schob Reed das Buch unter die Nase. Der Speaker las den Abschnitt aufmerksam durch, sah den Mann vor ihm mit seinen leuchtenden braunen Augen an und sagte dann mit Bestimmtheit: »Oh, das *Buch* hat Unrecht.«

Während der Venezuela-Krise sagte er in der Öffentlichkeit wenig, hielt die Republikaner im Haus unter strikter Kontrolle und vertraute auf Clevelands grundsätzlicher Abneigung gegen Auslandsabenteuer, die er teilte, und darauf, daß der Präsident dem Drängen der Hurrapatrioten, dies oder das zu annektieren, nicht nachgeben würde. Reed lehnte jede Form der Expansion und alles, was damit zusammenhing, rundheraus ab. Er war davon überzeugt, daß die Größe Amerikas im eigenen Land liege und daß durch eine Verbesserung der Lebensverhältnisse und der politischen Bildung der Amerikaner mehr erreicht werden könne, als durch die Ausdehnung der amerikanischen Herrschaft über halbwilde Völker, deren Assimilation ohnehin recht schwierig sein würde. Für ihn war die republikanische Partei der Hort dieser Prinzipien und die Expansion »eine Politik, die ein Republikaner niemals rechtfertigen und noch viel weniger verfolgen sollte«.

1894 waren Präsidentschaftswahlen, und Reed wollte sich von seiner Partei als Kandidat aufstellen lassen. Da die Demokraten über ihre Unstimmigkeiten in verschiedene Lager gespalten waren, sahen die Chancen für einen republikanischen Sieg recht gut aus und die Nominierung war ein Preis, für den es sich zu kämpfen lohnte. »Er ist in bester Verfassung sowohl seelisch wie auch körperlich«, schrieb Roosevelt, »und er glaubt, daß die Konstellation für ihn günstig ist.« Reed hatte sich seinen Schnurrbart abrasiert, und einem Reporter kam es so vor, als fühle er sich jetzt »verpflichtet, sich selbst ernst zu nehmen«, was seinen Esprit beträchtlich dämpfte. Seine Position als Kandidat war außerdem dadurch recht kompliziert, daß seine eifrigsten Wahlkämpfer, Lodge und Roosevelt, in der Expansionsfrage seiner Ansicht genau diametral entgegengesetzt standen, aber dies hatte noch keinen Anlaß zu Divergenzen gegeben. »Ich bin mit ganzem Herzen bei der Kampagne für Reed« sagte Roosevelt.

Reed lehnte es ab, mit den üblichen Methoden um Stimmen und politische Unterstützung zu buhlen. Wenn ein Abgeordneter eine private Zuweisung für seinen Distrikt haben wollte, ohne den er sich nicht in der Lage sah, Sympathien für Reeds Nominierung zu wecken, blieb Reed völlig ungerührt. »Ihr Antrag wird nicht zugelassen, selbst wenn Sie mit Reed-Plaketten im Knopfloch herumlaufen«, sagte er einem von ihnen. Als der Eisenbahnmagnat Collins P. Huntington von der Southern Pacific dreimal um einen Besuch von Reeds Wahlkampfleiter F. J. Aldrich bat, sagte Reed schließlich zu, daß Aldrich kommen würde. »Aber denken Sie daran: keinen Dollar von Mr. Huntington für meinen Wahlfond.« Aldrich gestand bei seiner Unterredung ein, daß Reed nur von ein paar seiner persönlichen

Freunde Spenden angenommen und nun etwa 12 000 Dollar in seinem Fond habe. Verärgert ließ Huntington durchblicken, daß Reeds Konkurrenten nicht so zimperlich seien. »Die anderen haben das Geld genommen«, sagte er und zeigte damit, daß er sich nach allen Seiten hin abgesichert hatte.

Aber es gab noch jemanden, der recht freigebig Geld für einen Rivalen Reeds ausgab. Mark Hanna, starker Mann von Ohio und Königsmacher, hatte bei der letzten Wahl ein Auge auf Reed gehabt, aber dieser war ihm zu ironisch, zu wenig manipulierbar und in seinen Reden zu sehr Neu-Engländer. Wie Henry Adams sagte, war Reed »zu clever, zu eigensinnig und zu zynisch«, um den Parteibonzen ins Konzept zu passen. Seitdem hatte Hanna sich um einen Mann bemüht, der das genaue Gegenteil Reeds war – der liebenswerte, verbindliche und gut aussehende McKinley, von dem es hieß, seine größte Sorge sei es, sich überall beliebt zu machen. Er war manipulierbar. Außerdem hatte er sich bisher noch keine Feinde geschaffen, und seine Ansichten in der entscheidenden Währungsfrage waren, wie ein Biograph es taktvoll umschrieb, »nie so explizit gewesen«, als daß er sich dadurch bei den Advokaten des freien Silberkurses oder bei der Goldstandard-Gruppe »hätte unbeliebt machen können«. Reeds bedauerte nun, daß er McKinley durch die Ernennung zum Vorsitzenden des Finanzausschusses die Möglichkeit gegeben hatte, sich als Initiator der McKinley Tariff Bill im ganzen Land einen Namen zu machen. Seit dem 51. Kongreß, als McKinley in der Frage des Quorums einige Einwände gegen die Methode des Speakers zu machen gewagt hatte, mochte Reed ihn nicht besonders. Er hielt McKinley für zu nachgiebig, eine Meinung, die er in einem unsterblichen Satz ausdrückte: »McKinley hat nicht mehr Rückgrat als ein Schokoladenbaiser.« (Dieser Satz ist allerdings auch Roosevelt zugeschrieben worden, und es ist nicht ganz sicher, wer der wirkliche Urheber ist.)

Hanna hingegen sah in McKinley weniger ein Schokoladenbaiser als eine Art Lohengrin und war ziemlich sicher, daß er die Nominierung McKinleys durchdrücken konnte, solange dessen Rivalen untereinander uneins waren und sich nicht hinter einem Mann sammelten, besonders nicht hinter Reed, der der einzige war, der wirklich das Format zum Präsidenten hatte. Hanna kalkulierte, daß Reed zu unbeugsam sein würde, um sich um die Unterstützung der anderen zu bemühen. Und er hatte recht. Die Parteiführer aus dem Osten sahen, daß es im Lager Reeds nichts zu ergattern gab und verpfändeten ihre Stimme woanders. Als einer der politischen Häuptlinge aus Kalifornien Reed um das Versprechen bat, daß ein Mann aus seinem Staat in den Supreme Court berufen würde, lehnte Reed dieses Ansinnen ab und sagte, daß die Nominierung für ihn wertlos sei, sofern sie nicht von jeglicher Art von Geschäften und Machenschaften frei sei. Der Kalifornier wurde bald darauf in der Umgebung Hannas gesehen. Als Pingree, Gouverneur von

Michigan, der die Delegierten seines Staates unter strikter Kontrolle hatte, nach Washington kam, um Reed zu besuchen, hatte Aldrich die allergrößten Schwierigkeiten, Reed dazu zu überreden, aus dem Sitzungssaal in sein Büro zu kommen, wo der Gouverneur auf ihn wartete. Als er schließlich hinunter ging, legte Pingree seine Ansichten über das freie Silber dar, die Reed glattweg ablehnte und dem Gouverneur dies auch ohne Umschweife sagte. »Pingree wollte sich für Reed einsetzen«, seufzte Aldrich hilflos. »Er ging weg und trat für McKinley ein.«

Reed erkannte, wohin die Dinge liefen, aber er konnte sich nicht selbst untreu werden. »Es gibt Menschen, die aufrecht stehen«, sagte er einmal, »und andere, die kriechen, selbst wenn die sehr viel Geld oder ein sehr hohes Amt haben.«

Als er in einer meisterhaften Rede den freien Silberkurs, der weniger eine Frage der Währung, als des Klassenkampfes war, zerfetzte, zertrümmerte und vernichtete, schrieb Roosevelt voller Enthusiasmus: »Oh, was gäbe ich nicht alles darum, wenn Sie unser Bannerträger wären.« Manchmal jedoch, so bekannte Roosevelt, war er »recht ungeduldig« mit Reed, der für seinen hartnäckigen Kampf um eine große Flotte kein Verständnis zeigte. »Auf mein Wort«, beschwerte Roosevelt sich bei Lodge, »ich meine doch, daß es nicht mehr als recht und billig wäre, wenn Reed auf Ihre und meine Wünsche etwas mehr einginge!« Auch Lodge war verärgert, weil Reed sich weigerte, »angefangen beim Kabinett, Ämter und Posten zu versprechen und Geld auszugeben, um sich der Delegierten aus den Südstaaten zu versichern«. Mark Hanna hingegen hatte genügend Geldmittel zur Verfügung und war recht intensiv damit beschäftigt, im Süden die Stimmen von weißen und schwarzen Delegierten, die käuflich waren, zu sammeln. »Sie waren alle für mich, ehe sie gekauft wurden«, sagte Reed.

Er hatte nicht mehr viel Hoffnung, und noch ehe der Parteitag zusammentrat, sprach er in einem Brief an Roosevelt davon, sich aus der Politik zurückzuziehen und wieder eine Anwaltspraxis aufzumachen. »Mit einem Wort, mein Junge, ich bin müde und habe genug von diesem Geschäft. Ich möchte nicht erleben, daß meine Schulden von einem Syndikat bezahlt werden (gemeint war McKinley)... Darüber hinaus scheinen die Trauben immer höher zu hängen und außerdem sehr, sehr sauer zu sein. Die ganze Geschichte ist eine Farce.«

Im Juni hielt Lodge in St. Louis die Nominierungsrede. Reed erhielt im ersten Wahlgang 84 Stimmen, McKinley 661, und damit waren die Trauben außer Reichweite gerückt.

Präsident Cleveland wurde von dem Parteitag der Demokraten ebenfalls zurückgewiesen; man gab einem ehrgeizigen, sechsunddreißigjährigen Kongreßabgeordneten aus Nebraska den Vorzug, der für seine demagogischen Fähigkeiten bekannt war und dem Parteitag die denkwürdigste Rede seit jenem Tage lieferte, da Patrick Henry die Freiheit oder den Tod gefordert hatte. »Eingehüllt in den Panzer einer gerechten Sache ... einer Sache, die so heilig ist wie die der Freiheit ... Drücken Sie die Krone aus Dornen nicht auf das Haupt der arbeitenden Klasse. Nageln Sie die Menschheit nicht an ein Kreuz aus Gold!« Als die Hysterie sich gelegt hatte, wandte sich Gouverneur Altgeld mit einem »Ausdruck des Überdrusses und einem spöttischen Lächeln« an Clarence Darrow und sagte: »Ich habe über Bryans Rede nachgedacht. Was hat er eigentlich gesagt?«

Der gesamte Wahlkampf war begleitet von einem Ausbruch extremer Emotionen und gegenseitigen Hasses. Silber stand gegen Gold; das Individuum gegen die Interessengruppe; der Bauer gegen den Eisenbahnmagnaten, der mit seinen hohen Frachtraten den Rahm abschöpfte und enorme Profite machte; der kleine Mann gegen den Bankier, den Spekulanten und den Hypothekenverleiher. Unter den Republikanern befürchtete man ernstlich, daß ein Sieg der Demokraten angesichts der Gewalttätigkeiten in Homestead und beim Pullman-Streik die Abschaffung des kapitalistischen Systems zur Folge haben würde. Fabrikbesitzer sagten ihren Arbeitern, daß »die Fabriksirene am Mittwochmorgen nicht ertönen wird«, falls Bryan gewählt werden würde. Selbst *Nation* unterstützte McKinley. Als er dann schließlich als Sieger aus der Wahl hervorging, konnten sich die Kapitalisten wieder beruhigt und in ihrer Abwehr der sozialen Proteste bestärkt in ihre Sessel zurücklehnen. »Mark Hannas Ära«, schrieb ein Zeitgenosse im Rückblick, »kennzeichnet den Höhepunkt der rücksichtslosen Mißachtung durch die Mächtigen. Ich kann mich noch daran erinnern, wie Hanna mit dem Charme einer Bulldogge die Unbeschränktheit der privaten Monopole verteidigte ... Diesen Ton kann man heute einfach nicht mehr anschlagen.«

Die Arena war inzwischen für eine neue Auseinandersetzung vorbereitet, in deren Verlauf sich sowohl das Schicksal Reeds wie auch das seines Landes entscheiden sollte. Cleveland hatte sich geweigert, auf eine Resolution des Senats zu reagieren, in der die kubanischen Rebellen als kriegsführende Partei anerkannt wurden, was den Verkauf von Waffen an die Aufständischen ermöglicht hätte. Die Resolution war »nur eine Meinungsäußerung der ehrenwerten Gentlemen, die dafür gestimmt haben«, meinte der Präsident und da die Entscheidung, was damit zu geschehen habe, ausschließlich bei der Exekutive lag, betrachtete er sie »lediglich als einen Ratschlag«, der jedoch »die Politik der Regierung nicht berührt«. Mittlerweile war aber McKinley ins Weiße Haus gezogen; er persönlich war zwar gegen einen Krieg mit Spanien, hatte aber in der Kunst, mit seiner Überzeugung auch zu leben, keine Übung. Der spanische Ministerpräsident Canovas war tot, und die Zügel lagen in schwächeren Händen. In New York handelte William Randolph Hearst, der Verleger des *Journal*, nach dem Rezept des Chefredakteurs der ersten englischen Boulevard-Zeitung *Daily Mail*, der auf die Frage, was die Auflage einer Zeitung in die Höhe treibt, geantwortet hatte: »Krieg.« Veranlaßt durch die Erfordernisse eines Auflagenkrieges zwischen ihm und Joseph Pulitzers New Yorker *World* beteiligte sich Hearst an der Kriegstreiberei, indem er fürchterliche Geschichten über die Grausamkeiten der Spanier berichtete und den Heroismus der Kubaner sowie den Schicksalsweg und die Pflichten der Amerikaner glorifizierte.

Ein weiterer neuer Faktor in der weltpolitischen Situation war der Sieg Japans über China im Jahre 1895, der mit einem Mal deutlich machte, daß Japan die aufstrebende Macht Asiens war. Kaiser Wilhelm II. fühlte sich danach dazu veranlaßt, den Begriff von der ›gelben Gefahr‹ zu prägen. Der Aufstieg Japans ließ die Forderung nach dem Isthmus-Kanal noch dringlicher und überzeugender erscheinen und unterstrich Mahans Beweisführung, daß der Besitz Kubas in der karibischen See wie auch der Besitz Hawaiis im Pazifik für die strategische Verteidigung des Kanals unabdingbare Voraussetzungen waren. In einer Artikelserie des Jahres 1897 legte Mahan dar, daß die karibische See ein hochwichtiger militärischer Kreuzungspunkt war, der entweder von Kuba oder von Jamaica aus kontrolliert werden konnte. Mit sehr viel Sachverstand und stichhaltigen Argumenten wies er dann nach, daß Kuba vom Standpunkt der Gesamtlage, der Stärke und der Hilfsquellen betrachtet »unendlich überlegen« sei.

Mahàns Stimme im Senat war Lodge, der sein Argument wiederholte, der Kanal mache Kuba zu einer »Notwendigkeit«. Als zusätzlichen Anreiz für die Senatoren, die weniger strategisch als vielmehr materialistisch dachten, führte er aus, welch großartige Investitionsmöglichkeiten für amerikanisches Kapital und welch reiche Märkte für amerikanische Güter diese »herrliche Insel ... kaum besiedelt und außerordentlich fruchtbar« bot. Roosevelt plädierte in gleicher Weise, wenn immer er Gelegenheit und Zuhörer fand. Die laute Kampagne, die er und Lodge führten, drang auch an das Ohr eines äußerst distinguierten Hörers, der sie jedoch sehr mißbilligte.

Der Präsident der Universität Harvard, Charles William Eliot, die ›Eiche‹ Neu-Englands, verurteilte anläßlich eines Vortrages in Washington über die vieldiskutierte Frage eines internationalen Gerichtshofes die Doktrinen der ›Hurrapatrioten‹ als »offensiv«. Sie gehörten in Länder, in denen es von jeher eine Militärkaste gegeben habe, aber »nicht in die amerikanische Gesellschaft ... und doch versuchen einige meiner Freunde, sie als patriotisches Amerikanertum zu deklarieren«. Dann erklärte er den nach seiner festen Überzeugung grundsätzlichen Unterschied zwischen Amerika und den europäischen Staaten. »Der Aufbau einer Flotte und riesiger stehender Heere bedeuten ... die Aufgabe dessen, was für Amerika charakteristisch ist ... Der Aufbau einer großen Flotte, besonders der Bau von Schlachtschiffen war stets die Politik der Engländer und Franzosen. Das darf niemals ein Teil unserer Politik werden.« Das Prinzip der amerikanischen Politik sollte es vielmehr sein, auf die Kraft des Friedens zu vertrauen. Demgegenüber seien die Hurrapatrioten ein Ausbund der »Agression, die in jedem Menschen steckt«. Roosevelt und Lodge zählte er ausdrücklich zu den Hurrapatrioten und nannte sie, wie man erfuhr, in privatem Kreise sogar »degenerierte Söhne Harvards«.

Eliot besaß eine unbestrittene Autorität. Er stammte von den Eliots und den Lymans ab, die seit dem 17. Jahrhundert in Neu-England ansässig waren und gehörte zu einer Gruppe, die sich als der Elite zugehörig betrachtete. »Eliza«, protestierte Mrs. Eliot, als eine Freundin in die Episcopal Church eintrat, »du kniest nieder und bezeichnest dich als einen armen Sünder? Weder ich noch sonst jemand aus meiner Familie käme je auf den Gedanken, so etwas zu tun.« Eliots Vater war der Bürgermeister von Boston, Mitglied des Kongresses, und außerdem als Schatzmeister Mitglied des siebenköpfigen Gremiums, in dessen Händen die Verwaltung Harvards lag, und das ein englischer Besucher einmal als die »Regierung der sieben Vettern« bezeichnet hatte. Er selbst war seit fünfundzwanzig Jahren Präsident von Harvard und hatte in dieser Zeit einen ständigen und erbitterten Kampf gegen die traditionalistischen Kräfte an der Universität geführt, um sie von einer Paukanstalt des 18. Jahrhunderts in ein modernes College zu verwandeln. Während dieser Zeit hatte man ihn, wie Präsident Hyde von Bowdoin sagte, »mißverstanden, beschimpft, verleumdet und gehaßt«, und Eliot selbst gestand, daß er jedesmal das Gefühl habe, vor einer feindselig eingestellten Zuhörerschaft zu stehen, wenn er in der Öffentlichkeit sprach. Da er jedoch eine Kämpfernatur war, machte ihm das wenig aus. Übrigens war er gewiß kein Mann von einnehmendem Wesen. Über 1,80 Meter groß, mit einem »Rücken wie ein Ruderer und einem massigen, aber gutgeformten Schädel« war er jedoch eine »vornehme Erscheinung« und gewohnt zu befehlen. Ein rotes Feuermal, das eine Gesichtshälfte bedeckte und den einen Mundwinkel zu einem scheinbar verächtlichen Grinsen verzog, hatte ihn früh zum Einzelgänger werden lassen. Hinzu kam als zusätzliches Handikap, daß er als Professor der Chemie obendrein auch noch Wissenschaftler war; dennoch hatte man ihn im Alter von fünfunddreißig Jahren zum Präsidenten von Harvard gewählt. Sein Ideal war der »Gentlemen, der zugleich auch ein Demokrat ist.« In Dingen, die er für richtig hielt, war er unerbittlich. Als einmal ein Baseballspieler wegen schlechter Noten die Mannschaft der Universität Harvard verlassen mußte, bemerkte Eliot, daß dies durchaus kein Verlust sei, denn dieser Spieler nehme ja zu Täuschungsmanövern Zuflucht. Auf die Frage: »Wieso?« erklärte Eliot: »Er wird doch überall deswegen gerühmt, daß er vortäuscht, den Ball in die eine Richtung zu werfen, und dann wirft er ihn in eine andere.«

Gegen die Interesselosigkeit und geistige Trägheit der alten Garde setzte er die Aufnahme der modernen Wissenschaften in den Unterrichtsplan durch, führte das Wahlfächersystem ein, verpflichtete ein Professorenkollegium für Harvard, das die goldene Zeit der Universität begründete, machte die juristische und die medizinische Fakultät zu den besten und berühmtesten im ganzen Land und modernisierte durch seinen Einfluß das gesamte Erziehungssystem der USA. Als er 1894 sein fünfundzwanzigjähriges Jubiläum als Präsident der Universität feierte, hatte sich die Opposition gegen ihn in Respekt und Bewunderung verwandelt. Man bezeichnete ihn als den bedeutendsten Präsidenten, den Harvard je gehabt hatte, und als den »ersten Privatmann des Landes«. Es hieß, das Bostoner Sinfonieorchester könne die Saison nicht ohne ihn eröffnen, und das blutrote Feuermal war kein Stigma mehr, sondern wurde zu einem »Emblem des Triumphes über die Schwierigkeiten des Lebens«.

Roosevelt hingegen, damals dreißig Jahre alt, zählte Eliot zu der alten Garde, die sich weigerte zu akzeptieren, daß Amerikas Zukunft erklärtermaßen jenseits seiner eigenen Grenzen lag. Er war zutiefst von den Lehren Mahans durchdrungen und sah es daher als dringend notwendig an, daß sein Land sich auf die große Rolle, die sich allmählich abzuzeichnen begann, vorbereitete. Wenn er über viele der einflußreichen Männer seiner Zeit sprach, die gegen diese Rolle einen tiefen Abscheu hegten, überschlug sich seine Stimme oft vor ohnmächtigem Zorn. »Wenn wir es nicht schaffen, eine Nation zu werden«, schrieb er an Lodge, nachdem er erfahren hatte, daß Eliot sie »degenerierte Söhne Harvards« genannt hatte, »dann deshalb, weil die Lehren von Carl Schurz, Präsident Eliot, der *Evening Post* und der sterilen Sentimentalisten, die den internationalen Gerichtshof propagieren, einen kraftlosen und furchtsamen Menschenschlag« heranziehen, »der den großartigen Kampfgeist unserer Rasse aufzehrt«.

Es machte ihn rasend, daran zu denken, daß gerade jetzt, wo der Krieg mit Spanien vor der Tür stand, ein Vertreter dieses kraftlosen und furchtsamen Typs im Weißen Haus saß. Roosevelt hatte es sich in den Kopf gesetzt, daß es innerhalb der Regierung irgend jemanden geben müsse, der wachsam und fähig genug war, die kommenden großen Ereignisse zu bewältigen. Er wollte den Mann, der die Zeichen der Zeit erkannt hatte – nämlich ihn – und das Instrument, das diese Zukunft gestalten würde – die Flotte – zusammenbringen. McKinleys Marineminister, der frühere Gouverneur von Massachusetts, John D. Long, war ein freundlicher älterer Herr, der sein Amt ein wenig auf die leichte Schulter nahm. Roosevelt war davon überzeugt, daß er selbst, falls er seine Ernennung zum Assistant Secretary durchsetzen könnte, durch seine unermüdliche Energie und seine neuen Ideen der wirkliche Herr des Ministeriums werden könnte.

Mit dieser Auffassung stand er keineswegs allein. Long meinte etwas besorgt: »Roosevelt ist begabt, bekannt, fähig und erfahren genug um Kabinettsminister zu werden – ist das hier nicht ein bißchen zu klein für ihn?«

Das einzige, was gegen Roosevelt sprach, so schrieb Lodge ihm, nachdem er seinetwegen bei McKinley interveniert hatte, war »die Furcht, daß Du sofort mit irgend jemandem Krieg anfangen wirst«. Trotzdem ernannte McKinley, der wie üblich von einer stärkeren Persönlichkeit überzeugt wurde, Roosevelt am 5. April, und die Bestätigung erfolgte am 8. April. Der agressive und weitsichtige McClure, Chefredakteur von *McClure's Magazine*, spürte sofort, wo diese Ernennung, falls sie erst einmal ausgesprochen war, hinführen würde. »Wir müssen sofort mit Mahan Verbindung aufnehmen«, schrieb er seinem Chef vom Dienst. »Er ist der größte Marinespezialist des Jahrhunderts, und sein Gebiet wird immer populärer.« Zwischen Roosevelt und McClure bestand so etwas wie Geistesverwandtschaft, und McClure sah voraus, was Roosevelt tun würde. »Roosevelt scheint recht einflußreich«, fuhr er in seinem Brief fort. »Schreib ihm und versuche einmal, seine Marinegeschichte zu kriegen. Mahan und Roosevelt sind genau unsere Kragenweite.« Das traf in der Tat zu. McClure teilte ihre Auffassung von Macht, Gewalt und Einmaligkeit der Gelegenheit. Als er im letzten Jahr des Jahrhunderts Walter Hines Page als Redakteur engagieren wollte, telegraphierte er ihm: »Muß Sie sofort sprechen. Habe die tollste Sache der Welt.« Als Page einwilligte, jubilierte McClure und antwortete ihm, daß sie das beste Redaktionsbüro der Welt aufbauen würden. »*Wir* haben die Zukunft vor uns, mein lieber Junge.«

Nun wurde auch die schon einmal zu Fall gebrachte Annexion Hawaiis erneut aufgegriffen. Roosevelt unternahm am 22. April einen Versuch, McKinley aufzurütteln, als er dem Präsidenten berichtete, daß die Japaner einen Kreuzer nach Honolulu geschickt hatten. Er schrieb an Mahan und fragte, wie das politische Problem der Akquisition dieser Inseln zu lösen sei. »Tun Sie nichts Unrechtes«, lautete die klassische Antwort, »aber besetzen Sie die Inseln zuerst und lösen Sie die Probleme anschließend.« Falls es nach ihm ginge, erwiderte Roosevelt, würden sie »morgen« annektiert, Spanien sofort aus den Westindischen Inseln verjagt und ein Dutzend neuer Schlachtschiffe gebaut und die Hälfte davon an der Pazifikküste stationiert. Er berichtete von der bedauerlichen Tendenz im Kongreß, das Marinebauprogramm zu stoppen, bis sich die Finanzlage etwas übersichtlicher gestaltet habe. »Zu meiner Überraschung und Verärgerung ist Tom Reed dieser Ansicht.«

Reed war zwar immer noch unumschränkter Herrscher über die republikanischen Abgeordneten und konnte daher alle ungesunden Gelüste nach einer Annexion unter ihnen unterdrücken, als Speaker aber war er auch gehalten, die Politik der Regierung mit Hilfe des Hauses zu lancieren. Die Frage jedoch lautete: Was war die Politik der Regierung? Die weiche, zögernde Politik McKinleys, oder der ›Drang nach außen‹, den Lodge und Roosevelt propagierten, und der durch die Ideen Mahans und durch die Intervention des Zuckertrusts verstärkt wurde? Die Antwort auf diese Frage kam im Juni, als die Regierung einen neuen Annexionsvertrag mit Hawaii schloß, den McKinley unterzeichnete und dann dem Senat zur Ratifizierung zuleitete. Obwohl es unwahrscheinlich war, daß die benötigte Zweidrittel-Mehrheit im Senat zustande kommen würde, waren die Anti-Expansionisten besorgt. Carl Schurz, dem McKinley – wie immer darum bemüht, sich beliebt zu machen – bei einer früheren Gelegenheit seinen Mangel an Interesse für Hawaii bekundet hatte, hielt dem Präsidenten dies vor, als sie nach einem Dinner bei einer gemütlichen Zigarre zusammensaßen. McKinley war offensichtlich verlegen und brachte vor, daß er den Vertrag nur deshalb an den Senat geschickt habe, um eine Meinungsäußerung zu erhalten. Trotzdem war Schurz »von düsteren Vorahnungen« erfüllt, als er das Weiße Haus verließ. In England schrieb der *Spectator* etwas nervös, daß der Vertrag »das Ende einer historischen Politik der Republik seit ihrer Gründung ... und möglicherweise ein allmähliches Übergehen in eine weniger friedliebende, ja vielleicht sogar militante Machtpolitik darstelle«.

Die Bevölkerung wurde im Hinblick auf Kuba immer erregter. Reed betrachtete den von Hearst fabrizierten Wirbel um die spanische Unterdrükkung mit Verachtung und das Eintreten der Republikaner für die Sache Kubas als Heuchelei. Er mußte jedoch mitansehen, daß seine Partei ihre moralische Integrität verlor und zu einer Partei des politischen Zweckhandelns wurde, die auf das Geschrei der unwissenden Massen reagierte. Ohne vorherige Absprache unterdrückte er die Resolution, die die ›Republik‹ Kuba als kriegführende Partei anerkannte. Er bediente sich auch der Plattform der Magazinartikel, um gegen die Expansion zu argumentieren. Sein Artikel ›Das Empire hat Zeit‹ wurde der Kriegsruf der Gegner einer Annexion Hawaiis. Hier wurde zum erstenmal völlig offen von ›Empire‹ und ›Imperialismus‹ gesprochen, Begriffe, mit denen man bisher die hastige Jagd nach afrikanischen Kolonien bezeichnet hatte, wie sie unter den europäischen Mächten gerade üblich war; im Zusammenhang mit der amerikanischen Politik waren sie jedoch bislang tunlichst vermieden worden. James Bryce, der vielleicht einzige Engländer, von dem man einen Ratschlag akzeptierte, beschwor die Amerikaner, von einer Annexionspolitik Abstand zu nehmen. Amerikas geographische Lage und seine immense Macht, so schrieb er im *Forum*, befreiten es von der drückenden Bürde der Militärausgaben, unter denen die europäischen Staaten schier zusammenbrachen. Amerikas Mission in der Welt war es, »den Völkern der alten Welt ein Beispiel des Verzichts auf Streitigkeiten, Kriege und Eroberungen zu geben, die einen so großen und beklagenswerten Teil der europäischen Annalen ausmachen«. Dem ›Landhunger‹, der zur Zeit in Europa grassierte, jetzt nachzugeben, bedeutete eine »vollständige Abkehr von den Maximen der ehrwürdigen Gründer der Republik«. Aus seinen nüchternen Worten sprach die

Furcht eines Mannes um sein Lebenswerk und die flehentliche Bitte an Amerika, die großen Hoffnungen, die seine Geburt begleitet hatten, nicht zu enttäuschen.

Mahans Gedanken waren inzwischen bei der strategischen Planung der Operationen gegen Spanien schon weit über Hawaii hinaus zu den abgelegenen Philippinen geschweift. Für ihn ging es nicht um die Vergrößerung des Landbesitzes, sondern der Seemacht, jenes beherrschenden Elements, das ihn zu einer pathetischen Würdigung der englischen Flotte zur Zeit der napoleonischen Kriege inspiriert hatte: »Diese weit entfernten, sturmgepeitschten Schiffe, denen die Armada niemals Beachtung geschenkt hatte, standen nun zwischen ihr und der Beherrschung der Welt.« Ende 1897 fachte er die immer heftiger werdende Debatte mit einem Buch an, *The Interest of America in Sea Power*, einer Sammlung seiner wesentlichsten Artikel der vergangenen sieben Jahre. Außerdem beriet er Roosevelt bei der Ernennung eines neuen Kommodore für das asiatische Geschwader, von dem man erwarten konnte, daß er mit Entschlossenheit und Tatkraft handeln würde, falls es die Situation erforderte. Der Auftrag des neuen Kommodore George Dewey war von vornherein klar. »Das asiatische Geschwader soll Manila blockieren und falls möglich einnehmen«, schrieb Roosevelt am 21. September 1897 an Lodge, und er sorgte dafür, daß das asiatische Geschwader für diese Operation ausreichend mit Kohle versehen war.

Am 15. Februar gab es im Hafen von Havanna auf dem amerikanischen Kreuzer *Maine* eine Explosion, das Schiff sank und man hatte 260 Tote zu beklagen. Die Ursache des Unglücks ist nie festgestellt worden, aber bei der damals herrschenden Stimmung war kaum etwas anderes zu erwarten, als daß man einen heimtückischen Anschlag der Spanier dahinter vermutete. Die Kriegstreiber brachen in ein hysterisches Geschrei aus, die Fürsprecher für den Frieden wurden niedergeschrien. McKinley zögerte zunächst, gab aber wenig später den Schreiern nach, da er einen Bruch innerhalb seiner Partei befürchtete. Nicht so Speaker Reed. Während der zwei Monate, in denen die Verhandlungen mit Spanien liefen, die darauf abzielten, die Spanier zum Krieg zu zwingen, tat Reed sein Bestes, um die heranrollenden Wogen aufzuhalten, indem er die Zeit in der Debatte begrenzte und Resolutionen, die die Unabhängigkeit der Kubaner anerkannten, unterdrückte. Als Senator Proctor, der in Vermont eine Reihe von Marmorbrüchen besaß, in einer emphatischen Rede für den Krieg plädierte, meinte Reed: »Proctors Einstellung ist durchaus nicht überraschend. Ein Krieg bringt immer eine Hochkonjunktur in Grabsteinen.« Die kriegslüsterne Presse griff ihn aufs schärfste an, und im Haus, das – wie die Bevölkerung – im großen und ganzen für den Krieg war, erregten seine Entscheidungen heftigen Widerspruch. »Ehrgeiz, Interessen, Landhunger, Stolz, reine Kampflust oder was es auch sonst immer sein mag«, kommentierte die Washingtoner

Post, »ein neuartiges Gefühl hat uns ergriffen ... Wie ein Tiger im Dschungel, der einmal Blut geleckt hat und mehr will, so giert das amerikanische Volk nach dem Empire.«

Die Wogen waren stärker als Reed. Als er eines Morgens beim Frühstück im Shoreham-Hotel von Reportern gebeten wurde, einen Kommentar über diese Flucht in den Krieg abzugeben, zeigte er ihnen einen Brief des Gouverneurs Morton von New York, in dem dieser ihn eindringlich bat, seinen Platz zu verlassen und durch seine aktive Teilnahme an der Debatte die »Abgeordneten von dem Plan einer Intervention abzubringen«. »Abbringen? Der Gouverneur könnte mich genauso gut darum bitten, in die Prärie von Kansas hinauszugehen und einen Zyklon aufzuhalten.« Er konnte die Debatte über das Ultimatum an Spanien nicht verhindern, und die Abstimmung von 311 Ja- zu 6 Nein-Stimmen war ein guter Maßstab für die Wucht des Zyklons. Einem der sechs sagte Reed: »Ich beneide Sie um den Luxus, abstimmen zu können. Dort wo ich saß, konnte ich es nicht.«

Der Krieg wurde am 25. April 1898 erklärt. Mahan, der zu der Zeit gerade in Rom war, wurde von Reportern gefragt, wie lange seiner Ansicht nach der Krieg dauern werde und gab eine, wie sich herausstellen sollte, absolut richtige Prognose: »Ungefähr drei Monate.« Er kehrte sofort nach Hause zurück und wurde in das dreiköpfige Naval War Board berufen. Roosevelt schickte ihm einen Operationsplan für den Krieg gegen die Philippinen und schrieb, nachdem er Mahans Kommentar erhalten hatte: »Es steht außer Frage, daß Sie uns weit voraus sind. Sie haben uns genau die Anregungen gegeben, die wir gesucht haben.«

Am 30. April lief Commodore Deweys Geschwader in die Bucht von Manila ein und zerstörte in einer eintätigen Beschießung, die mit dem klassisch gewordenen Befehl: »Sie können das Feuer eröffnen, wenn Sie bereit sind, Gridley!« eingeleitet wurde, die spanischen Kriegsschiffe und Küstenbatterien, beziehungsweise setzte sie außer Gefecht. Niemals zuvor war das Land von einem solchen Stolz erfüllt gewesen. DIE GRÖSSTE SEEOPERATION DER NEUZEIT, lautete eine Schlagzeile. Aber der Sieg konfrontierte Amerika plötzlich mit einem neuen Problem, über das sich außer einigen wenigen niemand Gedanken gemacht hatte: Was nun? Die Masse der amerikanischen Bevölkerung wußte, wie Mr. Dooley sagte, noch nicht einmal, ob die Philippinen eine Insel oder ein Dosengemüse waren, und selbst McKinley mußte zugeben, daß er »nicht genau wußte wo diese verdammten Inseln lagen«. Aber die Apostel Mahans wußten, wo sie waren, und was mit ihnen zu geschehen hatte. Vier Tage nach dem Sieg Deweys schrieb Lodge: »Wir müssen die Inseln auf jeden Fall halten ... Die amerikanische Flagge weht über ihnen und darf niemals mehr heruntergeholt werden.« Da es jedoch seit ungefähr dreißig Jahren eine eigene philippinische Unabhängigkeitsbewegung gab, der eine recht beträchtliche Anzahl von Filipinos angehörte, die vielen von ihnen das Leben gekostet hatte, für die sie im Gefängnis gewesen oder ins Exil gegangen waren, nahm Lodge also bei seiner recht simplen Lösung wenig Rücksicht auf die Zustimmung der Regierung. Der Führer der Unabhängigen, ein junger Mann von achtundzwanzig Jahren, Emilio Aguinaldo, der in Hongkong im Exil gewesen war, hatte sich nach Deweys Sieg unverzüglich auf den Rückweg zu den Philippinen begeben.

In Amerika konnte der Ausbruch eines Krieges, der auf dem Territorium des Feindes ausgetragen wurde und die Heimat nicht gefährdete, die Kriegsgegner nicht etwa zum Schweigen bringen, sondern er gab ihnen im Gegenteil noch mehr Energie. Urplötzlich formierten sie sich zu einer Einheit: als Anti-Imperialisten. Als der inzwischen siebzigjährige Professor Norton seine Studenten beschwor, sich nicht an einem Krieg zu beteiligen, mit dem »wir alles, was unserer Nation heilig und teuer war, über Bord werfen«, löste er eine Flut von Beschimpfungen und Drohungen aus. Ein irischer Politiker aus Boston schlug vor, ihm eine Lynchabordnung ins Haus zu schicken, die Presse bezeichnete ihn als ›Verräter‹, und sogar Senator Hoar von Massachusetts rügte ihn öffentlich, aber Nortons Kummer über die Politik seines Landes war zu groß, als daß er sich davon hätte einschüchtern lassen. Bei einer Versammlung der Congregational Church in Cambridge, Mass., wies er darauf hin, wie bitter es doch sei, daß Amerika sich nun gegen seine Ideale wandte und sich »in einen ungerechten Krieg stürzte«, gerade zu einem Zeitpunkt, wo jenes Jahrhundert zu Ende geht, das die bedeutendsten Fortschritte im Bereich der Wissenschaften und für die Erhaltung des Friedens gesehen hatte.

Auch andere Männer in Boston erhoben ihre warnende Stimme, darunter Moorfield Storey, Präsident des Massachusetts Reform Club und der Beamtenrechtsreform-Liga sowie ehemaliger Präsident der amerikanischen Juristenvereinigung, und Gamaliel Bradford, ein erbitterter Kritiker der Regierung, der wegen seiner Ein-Mann-Kreuzzüge mit seinen Briefen an die Zeitungen bekannt war. Der erste Story (noch ohne ›e‹) hatte sich 1635 in Massachusetts niedergelassen; Bradford seinerseits war ein Nachfahre des ersten Gouverneurs der Plymouth-Kolonie. Sie beriefen eine Versammlung in die Faneuil Hall ein, und hier wurde am 15. Juni 1898, drei Tage, nachdem Aguinaldo die Philippinen für unabhängig erklärt hatte, die Anti-Imperialisten Liga gegründet. Ihr Präsident war der achtzigjährige Republikaner George S. Boutwell, ehemaliger Senator von Massachusetts und Ex-Finanzminister unter Präsident Grant. Das erklärte Ziel der Liga war es nicht, den Krieg als solchen zu bekämpfen, sondern darauf zu dringen, daß er nicht in einen Versuch, ein Empire zu errichten ausartete, nachdem er als Befreiungskrieg begonnen worden war. Die Suche nach Macht, Geld und Ruhm im Ausland, so behaupteten die Vertreter der Liga, lenke von den notwendigen Reformen im eigenen Lande ab und bringe in ihrem Gefolge eine zu große Stärkung der Zentralregierung auf Kosten der traditionellen Rechte der Einzelstaaten und Kommunalverwaltungen. Die Amerikaner hätten genug damit zu tun, die Korruption in ihren Gemeinden zu beseitigen, den Kampf zwischen Arbeitern und Kapitalisten zu schlichten, die Währungsfrage zu lösen, die Ungerechtigkeit im Steuersystem aufzuheben, den Mißbrauch öffentlicher Ämter abzustellen und den Farbigen im Süden sowie den Indianern im Westen zu ihrem Recht zu verhelfen, ehe man daran gehen konnte, die Herrschaft auf fremde Völker auszudehnen.

Das waren die Probleme, die die Reformer beschäftigten. Viele von ihnen schlossen sich nun, zusammen mit Unabhängigen und Oppositionellen der verschiedensten Schattierungen sowie bekannten Demokraten, die notgedrungen zu Anti-Expansionisten geworden waren, der Liga an. Unter ihren vierzig Vizepräsidenten waren Ex-Präsident Cleveland, dessen ehemaliger Finanzminister und Speaker Carlisle, sein früherer Kriegsminister William Endicott, Senator ›Pitchfork Ben‹ Tillman, Präsident David Starr Jordan aus Stanford, Präsident James B. Angell von der University of Michigan, Jane Addams, Andrew Carnegie, William James, Samuel Gompers, der Präsident der American Federation of Labor und eine Vielzahl weiterer Kongreßmitglieder, Geistlicher, Professoren, Juristen und Schriftsteller. Der Romanschriftsteller William Dean Howells hielt den Krieg für eine »abscheuliche Sache«. Als sein Freund Mark Twain von einer ausgedehnten Auslandsreise zurückkehrte, trat auch er der Liga bei. Außer Godkins *Evening Post* waren ihre wichtigsten Presseorgane der Bostoner *Herald*, die Baltimore *Sun* und der *Republican* in Springfield. Zwei weitere republikanische Zeitungen, das Bostoner *Evening Transcript* und der Philadelphia *Ledger*, unterstützten die Liga ebenfalls.

Auf der Seite der Anti-Imperialisten schwang ein starkes Ressentiment mit, geboren aus den zunehmenden Schwierigkeiten mit den Farbigen seit dem Bürgerkrieg, nämlich die Abneigung gegen die wachsende farbige Bevölkerung. Mit den »Kolonien, die von Analphabeten und minderwertigen Rassen bewohnt werden«, mit denen die Amerikaner nichts gemein haben, würde es nichts als Ärger geben, schrieb Godkin recht barsch in *Nation*. Carl Schurz brachte das gleiche Argument gegen den Kanal vor. »Wenn sie (die Imperialisten) erst einmal mit ihrer Expansionspolitik angefangen haben«, dann würden sie schließlich auch darauf bestehen, daß beide Ufer des Kanals in amerikanische Hände kämen und Landstriche annektieren, »die von dreizehn Millionen Spanisch-Amerikanern und indianischen Mischlingen bewohnt werden«, die den Kongreß mit zwanzig Senatoren und fünfzig oder sechzig Abgeordneten überschwemmen würden. Von Hawaii, wo die Asiaten gegenüber den Weißen bei weitem in der Überzahl waren, drohte das gleiche.

Die Anti-Imperialisten konnten allerdings nicht die Populisten, die Gefolgsleute Bryans, und die Gruppe der späteren Progressisten, für sich gewinnen. Obgleich diese Gruppen gegen ein stehendes Heer, eine Flotte und das Engagement im Ausland opponierte und sich in der Theorie antimilitaristisch, antiimperialistisch und antieuropäisch gab, war sie doch gleichermaßen wie alle anderen von dem Kriegsfieber gegen Spanien gepackt, denn Spanien galt als der grausame europäische Tyrann, der vor der Schwelle Amerikas die Freiheit mit Füßen trat. Bryan propagierte den Krieg nicht weniger laut als Roosevelt und ließ sich sogar zum Obersten bei den Third Nebraska Volunteers ernennen, allerdings zu einem Zeitpunkt, als es schon zu spät war, um noch an Operationen in Kuba teilzunehmen. Am stimmgewaltigsten von allen jedoch gebärdete sich ein junger Anwalt aus Indianapolis, der mit seinen sechsunddreißig Jahren bereits einen Ruf als politischer Demagoge hatte und bald der Führer der Progressisten werden sollte. Der Drang zum Empire hatte in Albert Beveridge seinen glühendsten Propagandisten. Wie Bryan besaß er jenes gefährliche demagogische Talent, daß sowohl Gedanken wie Handlungen provozieren kann. Als der Krieg ausbrach, war Beveridge schier außer sich vor Verzückung.

»Wir sind ein Volk von Eroberern«, hatte er schon im April in Boston proklamiert, noch ehe der Sieg in der Manila-Bucht erfochten war. »Wir müssen dem Ruf unseres Blutes folgen, neue Märkte und, falls notwendig, neue Länder erobern ... In des Allmächtigen unendlichem Weltenplan ... sind die niedrigen Kulturen und die in Verfall geratenen Rassen« dazu verurteilt, »der höheren Kultur einer edleren und stärkeren Rasse« zu weichen. Die Pan-Germanisten in Berlin und Joseph Chamberlain in London redeten ebenfalls von der Mission der überlegenen Rasse, die je nachdem teutonisch oder angelsächsisch war; aber Beveridge brauchte von ihnen nichts mehr zu lernen, er wußte Bescheid. Er sah in den augenblicklichen Ereignissen »den Sieg eines mächtigen Volkes und seiner freien Institutionen«, sowie die Erfüllung eines Traumes, »den Gott in die Herzen« Jeffersons, Hamiltons, John Brights, Emersons, Ulysses E. Grants und anderer »imperialistischer Geister« gesenkt hatte: der Traum von der »Expansion Amerikas bis endlich auf allen Meeren der Welt jene Blume der Freiheit, die Flagge unserer großen Republik, erblüht«. Es war allerdings nicht so sehr die Freiheit, sondern vielmehr die Ausweitung des Handels, den Beveridge im Auge hatte. Amerikanische Fabriken und amerikanische Farmen, so sagte er, produzierten mehr, als die Amerikaner selbst verbrauchten. »Das Schicksal hat uns unsere Politik vorgezeichnet; der Handel der Welt muß unser werden und er wird unser sein ... Wir werden die Ozeane mit unseren Handelsschiffen durchpflügen. Wir werden eine Kriegsflotte bauen, die unserer Größe angemessen ist ... amerikanisches Gesetz, amerikanische Ordnung und amerikanische Kultur wird an den Küsten, die bisher blutig und

in Dunkel gehüllt waren, Fuß fassen, und durch diese Diener Gottes werden sie in Zukunft freundlich und hell sein.«
Beveridge war von den Möglichkeiten zur Größe derartig hingerissen, daß er beinahe unverhüllt mit dem Säbel rasselte. Der Pazifik sei »unser natürliches Operationsfeld. Dort besitzt Spanien ein Inselreich, und dort ist eine mächtige amerikanische Flotte stationiert. Daher müssen die Philippinen logischerweise unser erstes Ziel sein«.
Während des Sommers allerdings, als andere sich freiwillig meldeten und in Kuba kämpften, an Gelbfieber erkrankten – an dessen Folgen mehr als 5000 starben –, blieb Beveridges Gehorsam gegenüber dem Ruf des Blutes rein rhetorisch. Er verhöhnte und verspottete die Anti-Imperialisten und ihre Argumente: »Kuba kein Nachbar? Puerto Rico kein Nachbar? Die Philippinen kein Nachbar? Nun, Dewey und Sampson werden sie zu Nachbarn machen. Amerikanische Schnelligkeit, amerikanische Kanonen, amerikanischer Mut, amerikanische Intelligenz und Kraft werden sie für ewig in unserer Nachbarschaft halten ... Wer wagt es da, Halt zu rufen, jetzt wo wir endlich ein Volk sind, das groß genug ist für den Ruhm und die Aufgabe, die das Schicksal für uns bereithält.« Im darauffolgenden Jahr wurde Beveridge zum Senator gewählt. »Wir sind ein großes Volk«, bemerkte Mr. Dooley, »aber das Beste an uns ist, daß wir das wissen.«
Theodore Roosevelt war während dieser Monate an der Front. Obwohl er ein hohes und wichtiges Amt bekleidete, hatte er sich schon lange vorher dazu entschlossen, im Kriegsfalle all dies aufzugeben und aktiv zu dienen. In einem Privatbrief erklärte er dies einem Freund, indem er sagte, daß bei einem Mann wie ihm, den man einen ›Lehnstuhl- und Salonpatrioten‹ genannt habe, »die Machtposition, wie bedeutend oder unbedeutend sie auch sein mag, dahin wäre, wenn ich nicht versuchen würde, nach den Doktrinen zu leben, die ich solange gepredigt habe«. Unmittelbar im Anschluß an Manila trat er von seinem Amt als Assistant Secretary zurück, lehnte das Kommando über ein freiwilliges Kavallerieregiment, das der Kriegsminister Alger ihm angeboten hatte, ab und bat darum, als Oberstleutnant dienen zu dürfen, und zwar unter der Bedingung, daß sein Freund Oberst Leonard Wood von der regulären Truppe das Kommando übernehme. Dies geschah. Zwei Monate später, am 24. Juni, kämpfte er am San Juan Hill. Am 3. Juli waren die Kampfhandlungen beendet, der draufgängerische ›Rough Rider‹ Teddy Roosevelt war ein Held und wurde im November im Triumph zum Gouverneur von New York gewählt.
Inzwischen sahen die Befürworter der Annexion bei der Siegestrunkenheit des Kongresses eine neue Chance. Da sie immer noch nicht in der Lage waren, die notwendige Zweidrittel-Mehrheit im Senat zusammenzubringen, hatten sie den Weg über eine Joint Resolution (gemeinsame Resolution von Haus und Senat) gewählt, da diese lediglich einer einfachen Mehrheit be-

durfte. Diese Resolution war am 18. März im Senat eingebracht worden, aber Reed hatte sie während der ereignisreichen Tage des April von der Tagesordnung des Repräsentantenhauses fernhalten können. Sein unnachgiebiges Regiment, so kommentierte die Washingtoner *Post*, machte ihn zu dem »gefährlichsten Widersacher im öffentlichen Leben«. Er war in der Tat der einzige Mann, den der sonst so furchtlose Beveridge nicht anzugreifen wagte. Als man ihn drängte, an Reed zu schreiben und ihn zu bitten, seinen Widerstand aufzugeben, antwortete Beveridge: »Ich glaube nicht, daß irgendwelche Bemühungen meinerseits die Meinung und den Willen des Speakers auch nur im geringsten zu beeinflussen vermöchten, denn er steht unverrückbar wie der Felsen von Gibraltar.«

Aber seitdem der Krieg nun auch auf die Philippinen übergegriffen hatte, war er selbst für Reed schwer, seine eiserne Selbstbeherrschung aufrecht zu erhalten. Auf das äußerste erbittert sagte er zu Champ Clark aus Missouri, er wünschte, »Dewey würde sofort von dort wegfahren. Falls er das nicht tut, dann werden wir unendliche Schwierigkeiten bekommen«. Die Annexionisten argumentierten, daß die USA Hawaii besetzen müßten, denn sonst würden Großbritannien oder gar Japan dies tun. Japan bereite sich ohnehin schon darauf vor, die Kontrolle auf den Inseln zu übernehmen und dirigiere mit staatlichen Subventionen einen Strom von Auswanderern auf die Inseln. Außerdem lag Hawaii nun für die Amerikaner in greifbarer Nähe. »Wir brauchen Hawaii genauso sehr und sogar noch notwendiger als wir Kalifornien gebraucht haben«, sagt McKinley am 4. Mai seinem Sekretär George Cortelyou. »Das ist unser vorbestimmtes Schicksal *(Manifest Destiny)*.«

Am 4. Mai wurde die Resolution auch im Repräsentantenhaus eingebracht. Reed hielt sie drei Wochen lang von der Tagesordnung fern, und zwar gegen zunehmenden Druck und Widerstand. Die Behauptung, die Kontrolle Hawaiis sei für den Sieg über Spanien im Pazifik notwendig, sah er als einen reinen Vorwand an, der von dem Zuckertrust und den Imperialisten vorgeschoben war. Damit stand er gegen seinen Präsidenten, gegen beinahe seine gesamte Partei im Kongreß und gegen viele seiner Freunde außerhalb des Kongresses. »Die Opposition kommt jetzt fast ausschließlich nur noch von seiten Reeds, der nichts unversucht läßt, die Hawaii-Resolution aus dem Weg zu schaffen«, schrieb Lodge an Roosevelt. Reed ging sogar so weit, sich der Unterstützung der Demokraten zu versichern. Als deren zukünftiger Speaker Champ Clark, der, obwohl Demokrat, ein guter Freund Reeds war, diesen bat, ihn in das Finanzkomitee zu berufen, ersuchte ihn Reed, in den Auswärtigen Ausschuß zu gehen, wo er die Unterstützung Clarks »als eines Mannes, der die gleiche Überzeugung hegt wie ich und dafür kämpfen kann«, benötigte.

»Wenn Sie es so sehen«, antwortete Clark bewegt, »dann stehe ich zu Ihrer

Verfügung.« Er gab den Platz, den er sich schon so lange gewünscht hatte, auf, um dem kompromißlosesten Gegner seiner Partei zu helfen.
Der Widerstand gegen Reed in seiner eigenen Partei nahm dauernd zu. Am 24. Mai unternahmen republikanische Abgeordnete im Haus den ungewöhnlichen Schritt, eine Petition zu unterzeichnen, die eine parteiinterne Beratung über die Resolution forderte. Damit stand plötzlich für Reed all das, was er in seinem Kampf gegen das stumme Quorum erfochten hatte, auf dem Spiel. Das grundlegende Motiv seiner Kampagne und von *Reeds Regeln* war es ja gewesen sicherzustellen, daß der Wille des Hauses, so wie er durch einen Mehrheitsbeschluß seiner Mitglieder zum Ausdruck kam, gelten mußte. Reed zweifelte nicht daran, daß er von seiner unangreifbaren Position aus und bei seiner Meisterschaft in der Beherrschung der Geschäftsordnung sowie mit der Hilfe Clarks die Abstimmung über die Hawaii-Resolution verhindern konnte, aber damit würde er die Strömung nicht aufhalten. Er wußte, daß seine eigene Partei, die Mehrheitspartei, die Annexion wollte und daß das Haus insgesamt dafür war. Wenn er seine ganze Autorität in die Waagschale warf, würde er die Resolution aufhalten, aber falls ihm das gelänge, würde er damit gleichzeitig all das wieder zerstören, wofür er zuvor so hart gekämpft hatte: nämlich seine Reform, die die Garantie dafür darstellte, daß das Haus eine echte Kontrolle über die Politik hatte und daß der Wille der Mehrheit weder durch Geschäftsordnungstricks noch durch die Willkür eines Speakers blockiert werden konnte. Der ganze Sinn und Zweck von Reeds Kampf gegen die stummen ›Flibustier‹ stand damit vor seiner Bewährungsprobe und hatte sich in tragischer Ironie gegen ihn selbst gewandt. Er mußte nun zwischen seinem Abscheu vor den Auslandseroberungen und seinen Pflichten als Speaker, zwischen seiner innersten Überzeugung auf der einen Seite und *Reeds Regeln* auf der anderen entscheiden.
Hier war nur eine Entscheidung möglich. Da er den Wert dessen, was er im 51. Kongreß erreicht hatte, nur allzu gut kannte, beugte er sich der Majorität. Die Debatte wurde am 11. Juni eröffnet und am 15. Juni wurde die Resolution mit 201 zu 91 Stimmen verabschiedet, bei fast einstimmiger Unterstützung der Republikaner. Reed selbst war allerdings nicht anwesend. Der Abgeordnete Dalzell, der ihn vertrat, kündigte vor der Abstimmung an: »Der Speaker des Hauses ist durch Krankheit verhindert. Er hat mich jedoch gebeten dem Haus mitzuteilen, daß er, falls er anwesend wäre, mit Nein stimmen würde.« Reed hatte eine Position bezogen, schrieb *Nation*, mit der er unter seinen Parteifreunden »absolut allein« stand. »Der Mut, sich dem allgemeinen Wahn zu widersetzen und vor allem sich gegen seine eigene Partei zu stellen, ist eine Tugend, die leider so wenig verbreitet ist, daß wir nicht umhin können, dem Manne, der sie besitzt unsere Hochachtung zu zeigen.«

Thomas B. Reed

Kapitän (später Admiral) Alfred Thayer Mahan

Charles William Eliot

Samuel Gompers

Die Annexion Hawaiis wurde am 7. Juli, vier Tage nachdem der Krieg in Kuba durch die Seeschlacht bei Santiago beendet worden war, formell ratifiziert. Bei Santiago war die spanische Flotte bei dem Versuch, die amerikanische Blockade zu durchbrechen, durch die überlegene Feuerkraft der fünf so spät gebauten Schlachtschiffe *Indiana, Oregon, Massachusetts, Iowa* und *Texas* vernichtet worden. Mit der Kapitulation von Santiago ging zwei Wochen später die Herrschaft der Spanier zu Ende, die nicht durch die kubanischen Rebellen, sondern durch die Vereinigten Staaten besiegt worden waren. Als dann die Friedensverhandlungen aufgenommen wurden, erwiesen sich die Leidenschaften, die während der drei vergangenen Jahre für die Sache der kubanischen Freiheitskämpfer aufgepeitscht worden waren, all die Resolutionen des Kongresses, die eine Anerkennung der unabhängigen kubanischen Republik befürworteten und die Erklärungen, daß eine Annexion nicht beabsichtigt sei, als ein ernstliches Hindernis für die »Notwendigkeit« des Senators Lodge. Kuba nach diesem Sieg zu besetzen war unmöglich, wie verlockend die strategischen und kommerziellen Vorteile auch immer sein mochten. Aber eine kleinere Insel, Puerto Rico, bot sich an. Man forderte von Spanien den Verzicht auf Kuba und die Abtretung Puerto Ricos und vertrieb damit die Spanier gänzlich aus der westlichen Hemisphäre. Der Grad der Unabhängigkeit Kubas und die Art seiner Beziehungen zu den Vereinigten Staaten sollten unter der Aufsicht einer amerikanischen Besatzungsmacht ausgearbeitet werden. Das Resultat war das Platt-Amendment, das 1901 zustande kam und Kuba praktisch zu einem amerikanischen Protektorat machte.

In der Zwischenzeit wurden am 12. August in Washington die vorläufigen Friedensverhandlungen unterzeichnet, die jedoch die endgültige Regelung der noch schwierigeren Philippinen-Frage der Friedenskommission in Paris überließ. Als Lodge die Bilanz des Krieges zog, konnte er mit Befriedigung feststellen: »Wir sind zu einer der führenden Weltmächte aufgestiegen, und ich denke, wir haben einen bleibenden Eindruck auf Europa gemacht.« Mahan, der über das gleiche Thema an Mrs. Roosevelt schrieb, drückte sich sogar noch schwülstiger aus: »Die fröhlichen Jugendjahre unserer Nation sind nun für immer dahin. Von jetzt an sehen wir uns mit den Sorgen und Befürchtungen des Mannesalters konfrontiert.«

Zu Hause versuchten die Anti-Imperialisten – durch Versammlungen, Proteste, Reden, Artikel, Petitionen und öffentliche Kundgebungen – ihr Land davor zu bewahren, sich im Pazifik einen Archipel zusammenzustehlen, der die trügerische Schönheit des Paradiesapfels hatte. Carl Schurz beschwor McKinley, die Philippinen der Mandatshoheit einer kleineren Macht, wie etwa Holland oder Belgien zu überantworten, so daß die USA »die große neutrale Macht der Welt« bleiben konnte. Frankreich befand sich zu dieser Zeit gerade in seinem ›Dreyfus-Sommer‹, und auch die Amerikaner spürten in diesen Monaten, daß ihr Land einen kritischen Punkt erreicht hatte, an dem sich sein Charakter und seine Zukunft entscheiden würde. Privat wie in der Öffentlichkeit tobte die Debatte um die Streitfrage, ob die Philippinen zu halten oder der Autonomie der Filipinos zu übergeben seien. Selbst der im allgemeinen sehr nüchterne Mahan wurde von dem Fieber der Gerechtigkeit befallen und schrieb einem englischen Freund über die Verpflichtung Amerikas, die Philippinen zu halten: »*Deus Vult!* Das war der Kampfruf der Kreuzzüge und der Puritaner, und ich bezweifle, ob jemals ein würdigeres Wort geäußert wurde.«

Im August fand in Saratoga eine dreitägige Konferenz über »die augenblicklich drängendsten Probleme in der Geschichte der Republik« statt, an der die führenden Persönlichkeiten des öffentlichen Lebens, sowohl Befürworter wie Gegner der Expansion, teilnahmen. Das beliebteste Thema der Expansionisten, die ihre stärksten Argumente vorbrachten, war die Vision der riesigen, unerschlossenen Märkte Asiens mit unbegrenzten Möglichkeiten für die amerikanische Wirtschaft. Für die Anti-Imperialisten sprach Henry Wade Rogers, Präsident der Northwestern University und Vorsitzender der Konferenz am Eröffnungstage, der nachdrücklich darauf hinwies, daß es nicht notwendig sei, ein Gebiet zu annektieren, um dort Handel zu treiben. Aber er konnte nicht annähernd soviel Leidenschaft bei seinen Zuhörern wecken wie Richter Grosscup, der das gerichtliche Verbot beim Pullman-Streik ausgesprochen hatte, und der nun eine überschwengliche Hymne auf »den enormen Aufschwung unserer kommerziellen Aktivität, der, wie ich sicher glaube, vor uns liegt« sang. Die Philippinen und Hawaii im Besitz der Amerikaner würden diese in die Lage versetzen, den Seeweg nach Asien zu kontrollieren, einen ganzen Kontinent, »dessen Türen weit offen stehen und uns den Zugang zu der Hälfte der begehrenswerten Gebiete sowie einem Drittel der Bevölkerung dieser Erde gestattet«.

Samuel Gompers sprach sich gegen die Eroberung fremder Länder aus, nicht nur weil er darin einen Verrat an den amerikanischen Prinzipien sah, sondern weil dadurch auch die Lohnsituation der amerikanischen Arbeiter gefährdet wurde. Seltsame Allianzen bildeten sich in diesen Tagen unter den Anti-Imperialisten heraus. Als Gompers bei einer anderen Versammlung in Chicago erklärte, die Besetzung der Philippinen bewies, »daß unser Krieg ohne gerechten Grund geführt wurde«, sandte ihm Andrew Carnegie ein Glückwunschtelegramm mit der Aufforderung: »Lassen Sie uns zusammenstehen, um die Republik zu retten.«

Präsident McKinley entschied sich nach vielen Gewissenserforschungen und Gebeten für das, was seine Berater von ihm wollten und was bei seiner Partei populär war: die Philippinen mußten in amerikanischem Besitz bleiben. Mittlerweile gab man in Paris den spanischen Unterhändlern zu verstehen, daß die Zeit für Spielereien nun vorbei sei; jetzt gehe es um Besitzansprüche. Entweder gab Spanien nach, oder es mußte die Fortsetzung des Krieges gewärtigen. Die USA offerierten eine mehr oder weniger symbolische Kaufsumme von 20 Millionen Dollar, um die Annahme des Unvermeidlichen zu verzuckern. Am 10. Dezember erfolgte dann die Unterzeichnung des Friedensvertrages, der die Souveränität über die Philippinen auf die USA übertrug, während die 20 Millionen Dollar nach der Ratifizierung fällig wurden. »Wir haben 10 Millionen Malaien für zwei Dollar das Stück sozusagen am Halm eingekauft«, lautete Reeds ätzender und zugleich prophetischer Kommentar, »und niemand kann sagen, wieviel die Ernte kosten wird.«

Obwohl Aguinaldo und seine Männer inzwischen schon auf etwas Derartiges vorbereitet waren, nahmen sie von dieser neuen Entwicklung mit Bitterkeit und Schmerz Kenntnis und konnten kaum glauben, daß ihre Befreier und Verbündeten nun zu Eroberern geworden waren. Ohne eine organisierte Armee und ohne moderne Waffen rüsteten sie sich zu erneutem Kampf, während sie jedoch immer noch auf den möglichen Rückzug der Amerikaner hofften. Sie wußten von der starken anti-imperialistischen Strömung in den Staaten und hegten daher die Hoffnung, daß der Senat den Vertrag nicht ratifizieren würde.

Die Eröffnung der Wintersaison am 5. Dezember stand ausschließlich unter dem Eindruck der Kontroverse um den Vertrag, die noch heftiger war als im Falle Hawaiis. Jede Stimme zählte. Um die Zweidrittel-Mehrheit zu bekommen, mußten die Republikaner, die von Lodge als ›Whip‹ geführt wurden, bei ihren eigenen Mitgliedern und bei den Demokraten, die sich geneigt zeigten, jeden Kunstgriff, jedes Argument und jedes mögliche Druckmittel anwenden, während auf der anderen Seite die Anti-Imperialisten darum kämpften, mindestens so viele Senatoren für sich zu gewinnen, daß sie wenigstens eine Stimme mehr als ein Drittel bekamen. Im Haus schlugen manche Mitglieder Reed sogar vor, eine Koalition aus Demokraten und anti-imperialistischen Republikanern zu bilden und eine Resolution gegen den Vertrag durchzupauken, die seine Ablehnung im Senat zur Folge gehabt hätte. Obwohl es in gut informierten Kreisen Washingtons inzwischen ein offenes Geheimnis war, daß Reed die Regierung samt ihrem Präsidenten »verachtete«, weigerte er sich. Solange er der Lotse der Regierung war, wollte er keine Revolte gegen sie anführen. Seine Pflichten als Speaker erfüllten ihn in dieser Zeit mit abgrundtiefem Abscheu. »Reed ist fürchterlich verbittert«, schrieb Lodge an Roosevelt, »und sagt in privatem Kreis alles mögliche Unschöne über die Regierung und ihre Politik, so daß ich mich von ihm fern halte, denn ich mag ihn gern und muß gestehen, daß seine Haltung für mich unbeschreiblich schmerzlich und enttäuschend ist.«

Die Öffentlichkeit war nicht besonders glücklich über das Philippinen-Abenteuer und hatte keine klare Vorstellung von den Pflichten, die es mit sich brachte. Insbesondere Demokraten und Populisten hatten geglaubt, der

Krieg in Kuba diene der Sache der Freiheit. Nun war er wie durch Magie zu einem Eroberungsfeldzug und zur Unterdrückung eines unwilligen Volkes geworden. Amerika war das neue Spanien. In diesem unglücklichen Augenblick wurde den Amerikanern durch zwei Männer, die beide ein außerordentliches Feingefühl für geschichtliche Entwicklungen besaßen, ein höchst eindrucksvoller Rat erteilt. Am 1. Februar 1899 veröffentlichte S. S. McClure auf zwei Seiten seines Magazins eine Ermahnung in Versen von Rudyard Kipling, die an die verwirrten Amerikaner gerichtet war:

Take up the White Man's Burden
Send forth the best ye breed,
Go bind your sons to exile
To serve your captives' need;
To wait in heavy harness,
On fluttered folk and wild,
Your new-caught, sullen peoples,
Half-devil and half-child ...
Take up the White Man's Burden
The savage wars of peace,
Fill full the mouths of famine
And bid the sickness cease ...
Ye dare not stoop to less ---

Nimm auf des Weißen Mannes Bürde
Und schick heraus die Besten der Nation
Schick Deine Söhne in die Fremde
Um mitzutragen der Gefangnen Last
In schweres Zaumzeug eingespannt
dem ungebärdig, wilden Volk zu dienen
Dem frisch erobert, widerspenstgen
Halb Kinder und halb Teufel-Stämmen
Nimm auf des Weißen Mannes Bürde
Den blutgen Krieg des Friedens
Und halte Hungersnot und Seuche
Für immerdar von ihnen fern ...
Und wagt es nicht, Euch weniger zu beugen ---

Darin klang der Ton der Gerechtigkeit wieder auf; Kipling hatte in meisterhafter Weise die richtige Kombination von nobler Bestimmung und uneigennütziger Mission getroffen. Das Gedicht wurde überall nachgedruckt und zitiert, und innerhalb einer Woche war es im ganzen Land bekannt. Es trug viel dazu bei, diejenigen, die wegen den imperialistischen Aufgaben Amerikas noch Zweifel hegten, zu überzeugen.

In Washington sah es inzwischen so aus, als sei den Gegnern des Philippinen Vertrages ein Erfolg beschieden, denn den Republikanern fehlte eine Stimme an der Zweidrittel-Mehrheit für die Ratifizierung. Plötzlich tauchte William Jennings Bryan in Washington auf und beschwor seine Gefolgsmannen zu deren großer Verblüffung, *für* den Vertrag zu stimmen. Der Führer der Demokratischen Partei wollte bei den Wahlen des Jahres 1900 selbst Präsidentschaftskandidat seiner Partei werden, aber er wußte, daß er dazu ein neues Wahlkampfthema brauchte. Daß mit einer Wiederholung der Silberfrage nichts mehr zu gewinnen war, konnte er sich ausrechnen, und so zeigte er sich durchaus bereit, sie zugunsten der Expansionsfrage aufzugeben. Er war sicher, daß die Aufrechterhaltung der amerikanischen Stützpunkte auf den Philippinen derartig viele Schwierigkeiten aufwerfen würde, daß dies ein zündendes Wahlkampfthema abgeben würde – aber zunächst mußte der Akt vollzogen sein. Folglich machte er seiner Partei klar, daß es unmöglich sei, den Vertrag abzulehnen. Diese außergewöhnliche Logik erstaunte und schockierte die Abgeordneten, die der Ansicht waren, daß es hier um ein Prinzip ging. Senator Pettigrew, der »Silber«-Senator von South Dakota, war darüber so erbost, »daß ich ihm schließlich erklärte, er habe in dieser Sache in Washington überhaupt nichts verloren«. Bei dem diffizilen Gleichgewicht der Kräfte hing die wichtigste Abstimmung seit der Sezessionsfrage von der Entscheidung eines oder zweier wankelmütiger Senatoren ab. Einige zeigten sich beeindruckt als Bryan argumentierte, die Ratifizierung würde den Krieg beenden.
Die Abstimmung war auf den 6. Februar festgesetzt und ihr Ausgang höchst unsicher, so daß jede Seite sich ängstlich bemühte, ihre Kräfte zu sammeln und die vermutlichen Ja- und Nein-Stimmen zu zählen, als die Filipinos sich gegen die amerikanische Herrschaft erhoben. Freiheitskämpfer griffen die amerikanischen Truppen in der Nacht zum 4. Februar außerhalb Manilas an. Auf diese Nachricht hin brach in Washington eine noch wildere Spekulationswelle aus, aber niemand konnte vorhersagen, was bei der Sache herauskommen würde. In letzter Minute erhielt der Senat noch eine Petition, mit der Ex-Präsident Cleveland, der Harvard-Präsident Eliot und 22 weitere Persönlichkeiten von hohem Rang und Namen energisch gegen den Vertrag protestierten, es sei denn, er enthalte eine Klausel, die eine Annexion der Philippinen und Puerto Ricos ausschloß. »In Übereinstimmung mit den Prinzipien, nach denen unsere Republik gegründet ist, sind wir gehalten, die Rechte der Einwohner ... auf Unabhängigkeit und eine autonome Regierung zu achten«, hieß es dort, und es folgte ein Hinweis auf die Erklärung McKinleys, daß die gewaltsame Annexion Kubas »nach unserem moralischen Empfinden eine verbrecherische Agression« sei. Die Annexion der Philippinen sei dies nicht minder, schloß die Petition. Diese Argumente waren nicht zu widerlegen, aber mit solchen Ansichten waren weder Rich-

terämter zu gewinnen noch versprachen sie eine politische Karriere oder etwas dieser Art, womit Lodge und Bryan zu winken pflegten.
Als der Senat am 6. Februar zur Abstimmung schritt, wurde der Vertrag mit 57 zu 27 Stimmen angenommen, genau eine Stimme mehr als erforderlich. Lodge sagte, daß dies der »unsicherste und härteste Kampf war, den ich je ausgetragen habe«. Im Rückblick auf die Ereignisse herrschte allgemeine Übereinstimmung, daß Bryan die Entscheidung gebracht hatte. Zu dem Zeitpunkt, da in Washington die Stimmen ausgezählt wurden, waren auf den Philippinen bereits 59 Amerikaner gefallen und 278 verwundet, und die Filipinos hatten rund 500 Opfer zu beklagen. Die Rechnung für das Errungene wurde präsentiert.
»Die Art, mit der Amerika seine ehrwürdigsten Grundsätze bei der allergeringsten Versuchung verriet, war geradezu ekelhaft«, schrieb William James in einem Privatbrief. Öffentlich, im Bostoner *Evening Transcript*, schrieb er: »Wir haben uns nun in aller Öffentlichkeit dazu hergegeben, das heiligste Gut der Menschheit zu zertreten – den Versuch eines Volkes, das in langer Knechtschaft gelebt hat«, die Freiheit zu gewinnen und sein eigenes Schicksal in die Hand zu nehmen. Das Traurigste für Leute wie James war jedoch die Tatsache, daß hiermit ein Traum zu Ende ging, der Traum von Amerika. Amerika, so schrieb Norton, »hat seine einzigartige Position als Führer im Fortschritt der Kultur verloren und seinen Platz unter den vielen habgierigen und egoistischen Nationen unserer Zeit eingenommen«.
Für viele war die Vorstellung, daß amerikanische Gewehre auf Filipinos schossen, schmerzlich. Die Entrüstung der Anti-Imperialisten verstärkte sich, ihre Mitgliederzahl erreichte eine halbe Million, Zweigstellen der Liga wurden in Boston, Springfield, New York, Philadelphia, Baltimore, Washington, Cincinatti, Cleveland, Detroit, St. Louis, Los Angeles und in Portland, Oregon, eingerichtet. »Wir verleugnen jetzt alles, woran wir je geglaubt haben«, schrieb Moorfield Storey. »Dieses großartige, freie Land, das seit mehr als einem Jahrhundert den Unterdrückten aller Länder Zuflucht geboten hat, ist nun selbst zum Unterdrücker geworden.« Er war immer noch nicht bereit aufzugeben und hoffte, daß Reed, von dem Roosevelt gesagt hatte, daß er »der einflußreichste Mann im Kongreß« sei, die Führung übernehmen werde. Er schrieb an Senator Hoar und bat ihn, »Mr. Reed zu überreden, das zu tun, was seine Pflicht ist. Er ist in großen Dingen sehr schwerfällig und zeigt wenig Angriffslust. Wenn er hervortreten würde, dann glaube ich, könnte er wirklich der nächste Präsident sein.«
Es war zu spät. Reeds Schwerfälligkeit war die eines Mannes, für den der Kampf nichts mehr als Bitternis enthielt. Diejenigen, deren Lebenswerk nicht im politischen Bereich lag, waren zwar über die Entwicklung der Dinge zutiefst erschüttert, aber sie mußten nicht daran zerbrechen. Reeds

ganzes Leben aber war der Kongreß, die Politik, die repräsentative Regierungsform, wobei für ihn jedoch die unerläßliche Forderung bestand, daß die Herrschaft in der Richtung ausgeübt wurde, an die er glaubte. Seine Partei und sein Land hatten sich aber auf einen Kurs begeben, für den er nur tiefes Mißtrauen und Abscheu übrig hatte. Ihm gegenüber das Wort ›Expansion‹ zu erwähnen, so sagte ein Journalist, sei »ein Griff ins Wespennest« und provoziere einen »Ausbruch von Feuer und Schwefel«. Der Lauf der Dinge hatte sich gegen Reed gewandt; er konnte ihn weder ändern noch war er bereit, sich ihm anzupassen.

Wie für sein Land, so war auch für ihn jetzt der Zeitpunkt gekommen eine Entscheidung zu treffen. Er hätte durchaus noch eine weitere Legislaturperiode als Speaker amtieren können. Aber er spürte bereits die wachsende Abneigung im Haus gegen einen Speaker, der der Regierung zu feindlich gesinnt war, als daß er ihr als erster Offizier hätte weiter dienen können. Joe Cannon und viele andere seiner alten Freunde zeigten sich ob seiner Haltung und seiner Bemerkungen über den Präsidenten verärgert, aber niemand wagte den Versuch, ihn seines Amtes zu entheben. Reed bezweifelte nicht, daß er die Kontrolle auch weiterhin in der Hand hätte, wußte aber auch, daß dies eine Zeit wäre, in der er sich gegen eine kläffende Meute zu seinen Füßen würde wehren müssen. In diesen Tagen wurde er »launisch und bissig« und behandelte seine alten Freunde, die ihn einer nach dem anderen verließen, barsch und abrupt.

Falls er sein Amt als Speaker beibehielt, würde dies jedoch auch bedeuten, daß er die Philippinen-Politik unterstützen mußte, die in seinen Augen abscheulich war. Es würde bedeuten, weiterhin der Sprecher der Partei Lincolns zu sein, die so lange seine Heimat gewesen war und sich nun dazu entschlossen hatte, anders als Lincoln es gemeint hatte, »die letzte große Hoffnung dieser Welt böswillig zu vergeuden«. Zu seinem langjährigen Freund und Sekretär Asher Hinds meinte Reed: »Ich habe versucht, vielleicht nicht immer mit Erfolg, meine Handlungen als Träger eines öffentlichen Amtes mit meinem Gewissen in Übereinstimmung zu bringen, und kann auch jetzt nichts anderes tun.« Für ihn hatte das Leben in der politischen Arena Sinn und Zweck verloren, und mit einem Mal ging ihm die ganze Tragik des menschlichen Daseins auf: Die Menschen können zwar die Idealkonstruktionen des Zusammenlebens auf dem Papier entwerfen, aber sie vermögen nicht danach zu leben.

Im Februar 1899, nach der Abstimmung über den Vertrag, faßte er seinen Entschluß. Obwohl er zu dieser Zeit in der Öffentlichkeit noch nichts darüber verlauten ließ, begannen in der Presse Gerüchte umzulaufen, daß er sich aus der Politik zurückziehen wolle. Als Reporter ihn damals wegen seiner Gegnerschaft zu der Philippinen-Politik und der Nicaragua-Kanal-Bill befragen wollten, wehrte er sie mit einem Ausdruck »der Erschöpfung und des Ekels« ab. Nach dem Ende der 55. Kongreßsession gab er eine Mitteilung heraus, und das Unglaubliche wurde wahr. Speaker Reed zog sich aus dem Kongreß zurück und nahm nach einem Urlaub in Europa eine Tätigkeit als Seniorpartner des New Yorker Rechtsanwaltsbüros Simpson, Thacher und Barnum auf.

»Der Kongreß ohne Tom Reed! Unvorstellbar!« hieß es in einem Leitartikel der New Yorker *Tribune*. Allenthalben breitete sich ein Gefühl unbestimmter Furcht aus, als sei ein bedeutendes Wahrzeichen plötzlich vom Erdboden verschluckt worden und zu Füßen der Zuschauer gähne eine riesige Leere. Die *Times*, die nie zu Reeds Anhängern gehört hatte, fühlte sich veranlaßt, einen Leitartikel von einer ganzen Spalte Länge über diesen »nationalen Verlust« zu bringen. Darin hieß es, daß »in unserem politischen Leben irgend etwas nicht stimmen kann«, wenn ein solcher Mann die Tätigkeit als privater Rechtsanwalt einem Leben in der Politik vorziehe. Ihre Washingtoner Korrespondenten nannten das Ereignis immer häufiger eine ›Kalamität‹ für den Kongreß. In der *Evening Post* bedauerte Godkin den politischen Verlust eines so seltenen Phänomens, eines »gereiften, rational denkenden Mannes«.

Reed selbst gab in der Öffentlichkeit keine Erklärung über seinen Rücktritt ab, abgesehen von einem Abschiedsbrief an seine Wähler in Maine. »Ein Amt, das man wie einen Orden im Knopfloch herumträgt, ist der Beachtung nicht wert.« Als eine Reporterschar ihn im New Yorker Manhattan-Hotel stellte und ihm vorhielt, die Öffentlichkeit warte auf ein klärendes Wort von ihm, antwortete Reed: »Die Öffentlichkeit! Ich habe kein Interesse an der Öffentlichkeit«, drehte sich auf dem Absatz um und ging davon.

Die militärischen Operationen auf den Philippinen nahmen ständig an Umfang und an Verbissenheit zu. Um den hartnäckigen Guerillakrieg der Filipinos unter Kontrolle zu bekommen, schickte die amerikanische Armee Regimenter, Brigaden, Divisionen auf den Kriegsschauplatz, bis schließlich 75 000 Mann – mehr als viermal so viel wie in Kuba – auf den Inseln waren. Die Filipinos verbrannten Militärstationen, legten Hinterhalte, überfielen Patrouillen, verstümmelten die Gefangenen oder begruben sie gelegentlich bei lebendigem Leib. Die Amerikaner schlugen mit nicht weniger grausamen Maßnahmen zurück; sie verbrannten ganze Dörfer und töteten die Bewohner, wenn dort ein amerikanischer Soldat mit durchschnittener Kehle gefunden wurde; sie wandten die ›Wasserbehandlung‹ und andere Foltern an, um Informationen zu erpressen. Sie waren fast 5000 Kilometer von der Heimat entfernt und litten unter Hitze, Malaria, Tropenregen, Schlamm und Moskitos. Sie sangen: »Verdammt, verdammt sei der Filipino, zivilisiert ihn mit 'ner Kugel . . .« und nicht selten gaben die Offiziere Befehl, keine Gefangenen zu machen. Sie gewannen zwar sämtliche

Gefechte, aber ihr Gegner konnte seine Kräfte ständig neu auffüllen. Ein Überfall, bei dem man zwar nicht Aguinaldo, aber seinen kleinen Sohn gefangennahm, machte zu Hause Schlagzeilen. Als Reed an diesem Morgen in sein Büro kam, sagte er mit gespieltem Erstaunen: »Was? Arbeiten wir denn heute? Ich habe angenommen, ihr feiert heute, denn gerade habe ich in der Zeitung gelesen, daß die amerikanische Armee den kleinen Sohn Aguinaldos gefangen genommen hat und den letzten Nachrichten zufolge in wilder Jagd hinter der Mutter her ist.«
Aguinaldo kämpfte um Zeit und hoffte, daß die antiimperialistischen Strömungen in Amerika den Rückzug der Truppen, die ihrer Aufgabe ohnehin schon müde waren, erzwingen würden. Je länger der Krieg anhielt, desto lauter und heftiger protestierten die Anti-Imperialisten. Ihr Chicagoer Programm vom Oktober 1899 verlangte eine »sofortige Beendigung dieses Krieges gegen die Freiheit«. Sie sammelten Berichte über die übelsten Fälle amerikanischer Grausamkeit auf den Philippinen und verbreiteten sie. Die schamlosesten Reden der Imperialisten stellten sie den salbungsvollsten Aussprüchen über die Mission des weißen Mannes gegenüber. Sie verteilten Pamphlete, die von Andrew Carnegie bezahlt wurden, und der Geschäftsführer der Liga, Edward Atkinson, beantragte beim Kriegsministerium, die Pamphlete nach den Philippinen schicken zu dürfen. Als der Antrag abgelehnt wurde, schickte er sie trotzdem.
In dem Bemühen, den Krieg rasch zu beenden und die »frisch erobert, widerspenstigen Stämme« schleunigst zu befrieden, um sie ohne den Makel des Unterdrückers regieren zu können, entsandte der Präsident mehrere Studienkommissionen auf die Philippinen. Sie sollten die Greueltaten untersuchen und herauszufinden versuchen, was die Filipinos – abgesehen von der Autonomie – eigentlich wollten. Außerdem sollten sie einen Bericht über mögliche Regierungsformen vorlegen. Im April 1900 wurde der zurückhaltende und freundliche Richter William Howard Taft auf die Inseln geschickt, um dort ein Zivilregime zu errichten. Er brachte eine Charta mit, die der Kriegsminister Elihu Root aufgesetzt hatte und die den Filipinos einen gewissen Grad an interner Autonomie zugestand. Da aber weder die Filipinos noch die Amerikaner bereit waren, die Kampfhandlungen einzustellen, war der Versuch verfrüht. Taft blieb jedoch trotzdem dort, mit der festen Absicht, die Regierungsgewalt im Interesse des »kleinen braunen Bruders« zu übernehmen, sobald sich eine Chance dazu ergeben sollte. Als seine Freunde in Amerika sich um sein Wohlergehen sorgten und fürsorgliche Telegramme mit Anfragen über den Zustand seiner Gesundheit schickten, kabelte er an Elihu Root, daß er sich großartig fühle und daß er des öfteren zu Pferd ausreite. Da Taft immerhin ein Mann von rund zweieinhalb Zentnern war, telegraphierte Root postwendend zurück: »Wie geht's dem Pferd?«

Trotz der Schwierigkeiten gab es unter den führenden Republikanern keine Bedenken oder Zweifel an der Richtigkeit des neuen Kurses Amerikas. Das Gesetz zum Bau des Nicaragua-Kanals lag dem Senat vor, und dort befand sich auch Albert Beveridge, dessen Allianz mit dem Allmächtigen so eng war wie eh und je. »Wir werden als Treuhänder Gottes unseren Anteil an der Mission unserer Rasse bei der Zivilisierung der Welt auf uns nehmen«, tönte er am 8. Januar 1900. Er klärte die Senatoren darüber auf, daß Gott »die englischsprechenden und die teutonischen Stämme« seit tausend Jahren auf diese Aufgabe vorbereitet habe.
Einige der Zeitgenossen Beveridges fanden das neue Bild Amerikas abstoßend. William Vaughn Moody vernahm den Lärm »eines ungerechten Krieges, der unheilvoll über den Pazifik herüberdröhnte« und schrieb seine ›Ode in a Time of Hesitation‹, die im Mai 1900 im *Atlantic Monthly* erschien. Ist der »Adler denn noch unser Wappen-Tier«, so fragte er, oder:

Shall some less lordly bird be set apart?
Some gross-billed wader where the swamps are fat?
Some gorger in the sun? Some prowler with a bat?

Haben wir ein weniger königliches Tier gewählt?
Einen dickschnäbligen Sumpfvogel aus dem tiefsten Moor?
Einen Aasgeier unter glühender Sonne? Oder gar die Fledermaus?

Das Gefühl, das hier zum Ausdruck kommt, erfüllte auch Godkin, der in seiner Enttäuschung eine bemerkenswerte und für die damalige Zeit geradezu hellseherische Äußerung tat: »Der Geist des Militarismus«, schrieb er im Januar 1900 an Moorfield Storey, »hat von den Massen Besitz ergriffen, in deren Hände die Macht übergegangen ist.«
Der Krieg trat in sein zweites Jahr, und das Engagement der amerikanischen Streitkräfte war unvermindert stark, als ein Ereignis näher rückte, das das Ende des Krieges bedeuten konnte: die Präsidentschaftswahlen. Darauf hofften sowohl die Anti-Imperialisten wie auch Aguinaldo. Die erste der Kuriositäten, die die Wahlen produzierten und die zum Teil aus dem verzweifelten Bemühen einiger Demokraten herrührten, einen anderen Kandidaten als Bryan für die Nominierung zu finden, war die zunehmende Popularität Admiral Deweys. Nachdem er sich informiert und festgestellt hatte, daß »die Ausübung des Präsidentenamtes nicht allzu schwierig ist«, gab der Admiral bekannt, daß er zur Verfügung stehe. Aber seine Formulierungen waren nicht allzu mitreißend und die Bindung an die Partei zu schwach, so daß seine Kandidatur schließlich zusammenfiel. Der Schatten Bryans wurde drohender.
Die Anti-Imperialisten steckten in einem verzweifelten Dilemma. McKinley war der Repräsentant der Imperialisten und Bryan, wie Carl Schurz meinte,

»der böse Geist der antiimperialistischen Sache«, wegen seines Verrats bei dem Philippinenvertrag gehaßt und wegen seines Radikalismus gefürchtet. Schurz traf sich im Januar 1900 mit Carnegie, Gamaliel Bradford und Senator Pettigrew im Plaza-Hotel in New York und unternahm einen Versuch, eine dritte Partei zu gründen, so daß die Amerikaner »von den morschen, alten Parteikadavern nicht gezwungen werden, zwischen zwei Übeln wählen zu müssen«. Carnegie erklärte sich auf der Stelle bereit, 25 000 Dollar zur Verfügung zu stellen, während die übrigen zusammen ebenfalls die gleiche Summe aufbrachten. Kurze Zeit später jedoch ließen Mitglieder des Stahltrusts, mit dem Carnegie damals über den Verkauf seines Unternehmens verhandelte, durchblicken, daß das Geschäft platzen würde, falls er sich gegen McKinley stellte. Da Carnegie die United States Steel einer dritten Partei vorzog, widerrief er seine Unterstützung, erhielt seine Aktien und zog sich aus dem Geschäftsleben zurück. Schurz und die übrigen veranstalteten jedoch in Indianapolis einen ›Kongreß der Freiheit‹, bei dem sie Reed baten, ihr Kandidat zu sein. Aber weder er noch irgend jemand sonst zeigte sich bereit, die aussichtslose Aufgabe, eine ›mugwump‹-Partei zu führen, auf sich zu nehmen. Im Juli geschah dann in Kansas City das Unvermeidliche: Bryan wurde nominiert.

Wie geplant, kämpfte er gegen den Imperialismus und zog unermüdlich kreuz und quer durch das Land. Er hatte zwar einen Makel, aber seine Anziehungskraft, seine Leidenschaftlichkeit und seine scheinbare Ernsthaftigkeit sprachen die Menschen trotzdem an und fanden sogar über den Pazifik hinweg ein Echo. Ausgerechnet in Bryan, ohne dessen Eingreifen der Vertrag von Paris hinfällig gewesen wäre, setzten die Filipinos ihre Hoffnungen. »Die große Demokratische Partei der Vereinigten Staaten wird die Wahl im nächsten Herbst gewinnen«, versprach Aguinaldo in einer Proklamation. »Der Imperialismus wird in seinem wahnsinnigen Versuch, uns mit Waffengewalt unterwerfen zu wollen, unterliegen.« Der Ruf seiner Truppen lautete: »Aguinaldo! Bryan!«

In dem Programm von Chicago hatte die Anti-Imperialisten-Liga schon im Hinblick auf die kommende Wahl gesagt: »Wir werden jede Person oder Partei, die die Unterwerfung eines Volkes vertritt, bekämpfen.« Es gab keinen anderen Ausweg, wie ein Freund des Ex-Präsidenten Cleveland diesem schrieb, »als sich die Nase zuzuhalten und für Bryan zu stimmen«. Diese etwas unterkühlte Begeisterung der Demokraten für ihren Kandidaten trug ihnen den Spitznamen die ›Wähler mit der zugehaltenen Nase‹ ein. Das Magazin *Nation* erachtete beide Kandidaten für gleichermaßen unakzeptabel und unterstützte keinen von beiden. Wie ein unzufriedener Leser es ausdrückte, zog das Blatt es vielmehr vor, »auf dem Zaun zu sitzen und beide zu beschimpfen«.

Die Republikaner hatten keinerlei derartige Schwierigkeiten. Obwohl sie sich lieber Expansionisten als Imperialisten nennen ließen, waren sie auf ihre Politik stolz und glaubten an deren Ziele. Unverblümt wie immer sagte Lodge: »Manila mit seiner herrlichen Bucht ist die Perle des Ostens ... es ist das Tor zu den Märkten Chinas ... können wir da zögern und feige einen, wie Dante es nennt, ›großen Verzicht‹ leisten?« Nachdem Minister Hay die Politik der Offenen Tür proklamiert hatte, spielte China eine bedeutende Rolle in den Überlegungen der Amerikaner. Während des Wahlsommers deuteten der Boxeraufstand und die amerikanische Beteiligung an der Expeditionstruppe die weitgespannte Rolle an, die das Land nun spielte. Ihr überzeugtester und lautester Propagandist war McKinleys neuer Kandidat für das Amt des Vizepräsidenten, Theodore Roosevelt, der anstelle des Präsidenten die Hauptlast des Wahlkampfes übernommen hatte. Unsicher über den Wahlausgang, denn der ›volle Teller‹ war mehr ein Slogan denn ein Faktum, warb er so energisch und so unermüdlich um Wählerstimmen, daß der ›Rough Rider‹ mit seinem Kneifer und seinem nie erlahmenden Schwung in den Augen des Publikums und der Karikaturisten der eigentliche Kandidat war. Er verhöhnte den Geist des Militarismus als ein ›schemenhaftes Gespenst‹, behauptete, daß die Expansion »unsere Institutionen und unsere traditionelle Politik in keiner Weise beeinträchtige« und sagte, daß es sich nicht darum drehe, »ob wir uns ausdehnen wollen – denn das haben wir ja schon getan –, sondern ob wir uns wieder zurückziehen sollen«.

Die Amerikaner hörten Tausende von Reden und lasen unzählige Zeitungsartikel, in denen jeder mögliche Aspekt für oder gegen den Imperialismus und jeder Gesichtspunkt des Krieges auf den Philippinen behandelt wurde. Dank den Bemühungen der Anti-Imperialisten erfuhren sie mehr über das Verhalten ihrer Truppen als das sonst in einem Krieg üblich ist. Dumdumgeschosse, die ein Jahr zuvor von der Den Haager Friedenskonferenz auf das strikteste abgelehnt worden waren (außer von den Briten), waren an amerikanische Einheiten ausgegeben worden. Schließlich bestätigten sie, wie die Engländer in den Khaki-Wahlen des gleichen Jahres, die amtierende Regierung. Was ein Volk zu einer bestimmten Zeit denkt, läßt sich am besten daran ermessen, was es tut. McKinley und Roosevelt wurden mit 53 Prozent der abgegebenen Stimmen gewählt und erhielten damit einen größeren Vorsprung gegenüber Bryan als die Republikaner in der Wahl von 1896 gehabt hatten. Expansion und Eroberung waren akzeptiert, der Bruch mit der amerikanischen Vergangenheit bestätigt worden. Amerika trat in das 20. Jahrhundert ein, während der Krieg auf den Philippinen mit unverminderter Heftigkeit weiterging.

Für Aguinaldo gab es nach der Wahl keine Hoffnung mehr. Er zog sich in die Berge zurück, kämpfte weiter, wurde im März 1901 durch ein Täuschungsmanöver gefangengenommen und unterzeichnete in der Haft ein Treugelöbnis zu den Vereinigten Staaten zusammen mit einer Proklamation an sein Volk, in der er zur Beendigung des Widerstandes aufrief: »Es ist genug Blut geflossen! Es hat genug Tränen und Zerstörung gegeben.«

Professor Norton drückte die Trauer der Anti-Imperialisten in einem Brief aus, den er im gleichen Monat schrieb, als Aguinaldo gefangengenommen wurde. »Ich komme zu der einen Schlußfolgerung, daß ich Amerika zu idealistisch betrachtet, meine Hoffnungen zu hoch geschraubt und mir ein zu vollkommenes Bild von dem gemacht habe, was aus dem Land hätte werden können. Niemals hat eine Nation eine solche Möglichkeit gehabt; Amerika war die Hoffnung der Welt. Eine derartige Chance, den Stand der menschlichen Kultur auf eine höhere Ebene zu heben, wird es nie wieder geben.«

Sechs Monate später fiel der Schuß von Czolgosz, und Roosevelt – »dieser verdammte Cowboy« wie Mark Hanna sagte, als er die Nachricht erhielt – nahm den Platz McKinleys ein. Hannas Bemerkung traf jedoch nicht zu, denn es war der Architekt eines neuen Zeitalters, der nun im Alter von dreiundvierzig Jahren Präsident wurde.

Reed schrieb Roosevelt einen Glückwunschbrief, aber die Korrespondenz war förmlich, und die Kluft zwischen beiden blieb. In New York genoß Reed die Freundschaft Mark Twains, dessen Esprit, Gedankengänge und ironische Haltung der seinen entsprachen. Sie waren zusammen zu Gast auf der Jacht des Multi-Trust-Kapitalisten Henry. H Rogers bei einer langen Kreuzfahrt, auf der das Gerücht entstand, Reed habe 23 ›Pokerhands‹ hintereinander gewonnen. Er kam ab und zu noch einmal nach Washington, in einem Fall anläßlich eines Prozesses vor dem Obersten Gerichtshof, bei dem er die Richter mit dem bemerkenswerten Stil seines Vortrages unterhielt. Ins Repräsentantenhaus ging er jedoch nicht mehr; wohl gab er Gesellschaften und besuchte seine alten Freunde im Finanzausschuß. Auf Anraten seines Arztes nahm er Pfunde ab, aber sein Gesundheitszustand war bedenklich. Im Sommer 1902 war er die Hauptperson bei der Hundertjahrfeier von Bowdoin College, was ihm »ein seltenes Vergnügen bereitete, wie man es vielleicht nochmal erleben wird, das man aber besser nicht sucht«, wie er sagte. Im Dezember war er wieder in Washington, als ihm in einem der Ausschußräume im Kapitol plötzlich schlecht wurde. Es stellte sich heraus, daß er sich im Endstadium einer chronischen Nierenentzündung befand. Fünf Tage später, am 6. Dezember 1902, starb Reed im Alter von zweiundsechzig Jahren. Joe Cannon, sein Nachfolger als Speaker, sagte von ihm: »Er war der brillanteste Kopf und der mutigste Mann, den ich je im politischen Leben gesehen habe.« Diese Eigenschaften und seine selbstgeschaffenen Gesetze hatten Reed einen festen Halt auf dem sumpfigen Boden der Politik gegeben; er war kompromißlos bis zum letzten, ein seltenes Exemplar einer ungewöhnlichen Rasse, ein wirklich unabhängiger Mann.

IV

J'accuse

Frankreich: 1894-1899

4 J'accuse

Der Engländer Sir Almeric Fitzroy, Sekretär des Herzogs von Devonshire, prägte in den neunziger Jahren die Redewendung von dem »unvergänglichen Glanz Frankreichs«. Er war der Ansicht, daß die gesamte westliche Kultur tief in der Schuld jenes Landes stand, von dem »der Impuls, der die Alte Welt aus ihrer Agonie erlöste und die Welt unserer Tage mit Sinn und Leben erfüllte« ausgegangen war. Für einen Zeitraum von zwei Jahren jedoch, vom Sommer 1897 bis zum Sommer 1899, fiel diese Welt in die Agonie der früheren Auflösungstendenzen zurück, als Frankreich von einem Fieber moralischer und politischer Leidenschaften geschüttelt wurde, wodurch alte Wunden aufgerissen, die Gesellschaft gespalten, die Ehre der Nation bedroht, ihre geistigen Kräfte und Energien aufgezehrt und das Land in einer der heftigsten Wirren seiner Geschichte gestürzt wurde.

Während dieser beiden ›endlosen Jahre‹ des Kampfes um die Wiederaufnahme eines Gerichtsverfahrens gegen einen Mann, der zu Unrecht verurteilt worden war, »schien es, als stünde das Leben still«, schrieb der damals etwa zwanzigjährige Léon Blum, der spätere Ministerpräsident. Es war, als ob sich in diesen Jahren der Verwirrung und der Turbulenz, eines wahrhaften Bürgerkrieges ... alles auf eine einzige Frage konzentrierte. Die tiefsten Gefühle der Menschen, ihre persönlichen Beziehungen untereinander wurden unterbrochen, umgekrempelte und neu formuliert ... Die Affäre Dreyfus war eine Krise der Menschheit, die zwar weniger umfassend und zeitlich nicht so ausgedehnt war wie die Französische Revolution, dieser aber an Ungestüm und an Bedeutung in nichts nachstand.«

»Sie hätte selbst unter den Engeln Zwietracht gestiftet«, schrieb ein Vertreter der Gegenseite, der Graf de Vogüé. »Erhaben über die Niedrigkeit der Motive und die animalischen Leidenschaften standen sich die edelsten Geister Frankreichs in diesem erbitterten und fürchterlichen Konflikt mit einer für beide Seiten gleichermaßen geltenden Aufrichtigkeit und Größe der Emotionen gegenüber.«

Die Hauptpersonen dieses Dramas spürten die elementare Großartigkeit des Sturmes, der sie umtobte, und in dem ungestümen, wilden Feuer ihrer Gefühle verglühte jegliche Dekadenz; sie wurden sich ihrer »großen Prinzipien und unerschöpflichen Kräfte« wieder bewußt. Sie fanden sich umgeben von Haß, Bösartigkeit und Furcht, aber auch von Mut und Opfergeist. Ihr Kampf erreichte epische Dimensionen, und von seinem Ausgang hing der Fortbestand der Republik ab. Beide Seiten stritten für eine Idee, für ihre Idee von der Zukunft Frankreichs: auf der einen stand das Frankreich der Gegenrevolution, auf der anderen das Frankreich von 1789. Die einen kämpften um ihre letzte Chance, die progressiven Kräfte innerhalb der Gesellschaft einzudämmen und die alte Wertordnung wieder herzustellen, die anderen, um die Ehre der Republik von einem Makel zu reinigen und sie vor dem Zugriff der Reaktion zu retten. Für die Revisionisten, die eine Wiederaufnahme (Revision) des Verfahrens anstrebten, war Frankreich der Quell der Freiheit, das Land der Aufklärung und der Vernunft, der Normer von Recht und Gesetz; das Bewußtsein, ihr Land könnte ein Verbrechen begangen haben und diese schreiende Ungerechtigkeit stillschweigend dulden, schien ihnen unerträglich. Sie kämpften für das Recht. Die andere Seite gab vor, im Namen des Vaterlandes für die Erhaltung der Armee als dem Schild und Beschützer der Nation und der Kirche als dem Mentor und Lehrer der Seele zu streiten. Dies war die Gruppe der Nationalisten; in ihren Reihen fanden sich neben Männern, deren Ehrenhaftigkeit über jeden Zweifel erhaben war, verantwortungslose Demagogen. Sie nahmen zu Kampfmaßnahmen Zuflucht, die rücksichtslos, brutal und schändlich waren, und die Welt mußte mit Verwunderung und Verachtung zusehen, wie der Name Frankreichs Schaden litt. Die streitenden Parteien hatten sich mit einem solchen Ingrimm ineinander verkeilt, daß sie die Gefangenen ihrer einmal eingegangenen und unwiderruflichen Verpflichtung wurden und sich nicht mehr voneinander lösen konnten, obwohl ihre Auseinandersetzung das Land zersplitterte und dem Feind an den Grenzen Möglichkeiten in die Hand gab, die dieser Tag um Tag aufs Neue prüfte und abwog.

»Wir waren Helden«, äußerte Charles Péguy in dem Versuch, die politischen Bewegungen seiner Zeit mit mystischen Begriffen aus dem Erbe der Jungfrau von Orléans zu beschreiben und zu erhöhen. »Die Affäre Dreyfus«, so schrieb er 1910, »kann nur durch das Verlangen nach Heldentum erklärt werden, das dieses Volk, diese Rasse, ja unsere gesamte Generation in periodischen Abständen erfaßt. Das gleiche trifft zu auf jene andere schwere Prüfung: den Krieg ... Wenn ein großer Krieg oder eine bedeutende Revolution ausbricht, dann nur, weil ein großes Volk, eine große Rasse, ihre Fesseln sprengen muß, weil sie ganz einfach genug hat, besonders dann, wenn sie des Friedens überdrüssig wird ... Der plötzliche Wunsch nach Ruhm, nach Kampf, der Drang, Geschichte machen zu wollen, lösen schließlich die Explosion, die Eruption aus ...« Die Größe und Erhabenheit der Werte und Kräfte, die Péguy in dieser Affäre sah, bezogen diese Eigenschaft aus der Tatsache, daß sie die Kräfte und Werte dieser Zeit und der damaligen Erfahrung waren. Die Affäre vermittelte den Menschen das Empfinden, mächtiger zu sein als das Leben.

Der *casus belli* war die Verurteilung eines jüdischen Armeeoffiziers wegen Landesverrats zugunsten Deutschlands; das Ziel des Kampfes bestand für die eine Seite darin, die Wiederaufnahme des Verfahren zu verhindern, und für die andere, eben diese durchzusetzen. Als Folge innerer Schwäche verlagerte die Regierung in dem Bemühen, das ursprüngliche Verdikt zu untermauern und abzustützen, ihr ganzes Gewicht auf die Seite ihrer potentiellen Zerstörer. Sie erfreute sich keineswegs der Stabilität, des Respekts und der soliden Institutionalisierung ihres englischen Gegenstücks, sondern die französische Regierung war unsicher, im Vertrauen der Bevölkerung nur oberflächlich verankert, sie wurde verspottet und befand sich stets in der Defensive. Seit 1789 hatte die Republik der wiedererstehenden Monarchie zweimal weichen müssen. Nach 1871 war die Dritte Republik gekommen, und Frankreich lebte wieder auf, der Handel blühte und das französische Kolonialreich entstand. Die Kunst entfaltete sich, und Paris erwarb sich den Ruhm, das Zentrum der Kultur zu sein. Zum hundertsten Jahrestag der Revolution errichtete Frankreich das höchste Bauwerk der Welt, jene kühne, unerhörte Struktur, die hoch über der Seine aufragt, ein Wahrzeichen französischer Vitalität und Genialität.

Im politischen Bereich jedoch war das Land immer noch nicht zur Ruhe gekommen, denn die Bitterkeit der unversöhnten und unzufriedenen Anhänger des *ancien régime* und des Zweiten Kaiserreiches war ein steter Quell der Unruhe im Innern. Außenpolitisch sah es sich durch die überlegene Macht Deutschlands und das Gefühl eines noch nicht bis zu Ende gekämpften Krieges zwischen beiden bedrückt, sehnte sich nach *revanche* und hatte keine Möglichkeit, sie sich zu verschaffen. 1889 schuf sich die Unzufriedenheit mit der Republik in dem fehlgeschlagenen Versuch eines Staatsstreichs des Generals Boulanger ein Ventil, der von allen Kräften der Gegenrevolution – der Kirche, den 200 führenden Familien der Wirtschaft und der Hochfinanz, der entwurzelten Aristokratie, den Royalisten und den Gefolgsleuten und Anhängern dieser Gruppen – unterstützt wurde. Boulangers Putsch endete mit einem Fiasko, das der damalige Ministerpräsident Charles Floquet mit der Bemerkung kommentierte: »In Ihrem Alter, General, war Napoleon bereits tot.« Dennoch erschütterte dieser Putschversuch die Republik und löste bei der Rechten sowohl Hoffnung als Enttäuschung aus.

Die Verhaftung, der Prozeß, die Verurteilung und Bestrafung des Hauptmanns Alfred Dreyfus, eines Artillerieoffiziers beim Generalstab, die während der Monate Oktober bis Dezember 1894 stattfanden, waren keineswegs ein ausgemachtes Komplott mit dem Ziel, einen Unschuldigen absichtlich zu belasten und zu verdammen. All dies war vielmehr das Ergebnis eines begründeten Verdachts, der durch Abneigung, einige Indizienbeweise und ein instinktives Vorurteil verstärkt worden war. Die Indizien wiesen auf einen Verrat militärischer Geheimnisse an Deutschland seitens eines Artillerieoffiziers im Generalstab hin. Dreyfus war – abgesehen davon, daß diese Voraussetzungen auf ihn zutrafen – Jude, der ewig Fremde, das gegebene Subjekt, das den Makel des Verrats beinahe unwillkürlich anzog. Als Mensch war er bei seinen Offizierskameraden nicht sonderlich beliebt. Steif, schweigsam, kalt und beinahe unnatürlich korrekt; er hatte keine Freunde, äußerte keinerlei profilierten Ansichten und zeigte nach außen kaum je eine Gemütsbewegung; seine übertriebene Korrektheit im Dienst war höheren Orts bereits unangenehm aufgefallen. Diese Charaktereigenschaften ließen ihn in dem Augenblick, als der Verdacht auf ihn fiel, sogleich in einem ungünstigen Licht erscheinen. Seine ganze Erscheinung, das genaue Gegenteil eines lauten Großtuers, schien die perfekte Tarnung für einen Spion zu sein. Er war von mittlerer Statur, hatte mittelbraunes Haar und mit seinen sechsunddreißig Jahren im mittleren Alter. Seine Stimme war ausdruckslos und sein Gesicht alltäglich; nur der randlose Kneifer, die in seinen Kreisen damals übliche Form des Augenglases, verlieh ihm einen bescheidenen Grad von Distinktion. Seine Schuld wurde augenblicklich als sicher angenommen. Da sich weder ein Motiv noch materielle Beweise fanden, schlossen die mit der Untersuchung beauftragten Offiziere, insbesondere Major Henry und Oberst du Paty de Clam, diese Lücke, indem sie geeignetes Belastungsmaterial konstruierten und fabrizierten. Sie waren so vollkommen davon überzeugt, es mit einem schändlichen Verräter zu tun zu haben, der Geheimnisse der militärischen Verteidigung an den Erbfeind verraten hatte, daß sie sich durchaus berechtigt fühlten, jegliches Material, das zu seiner Verurteilung benötigt wurde, zu beschaffen. Das Dossier, das sie zusammentrugen, später als die ›Geheimakte‹ bekannt, war so überzeugend, daß die Mitglieder des Generalstabes keinen Augenblick an der Schuld von Dreyfus zweifelten, aber es enthielt keinen einzigen juristischen Beweis. In voller Kenntnis dieses Sachverhaltes ordnete der damalige Kriegsminister Mercier mit Zustimmung der Regierung, deren Mitglied er ja war, an, das Kriegsgerichtsverfahren gegen Hauptmann Dreyfus *in camera* abzuhalten, da es sich hier um einen besonders heiklen Fall handelte, weil Deutschland darin verwickelt war und er einen erpresserischen Druck seitens der Presse befürchtete. Als die Fragen der fünf Militärrichter Zweifel erkennen ließen, übergab man ihnen die Geheimakte zur Einsicht, enthielt sie aber der Verteidigung vor. Von diesen Dokumenten überzeugt, fällten die Richter einstimmig einen Schuldspruch. Da die Todesstrafe für politische Verbrechen 1848 abgeschafft worden war, lautete das Urteil auf lebenslängliche Haft, und da der Angeklagte sich weigerte, ein Geständnis abzulegen und auch weiterhin seine Unschuld beteuerte, wurde er auf die

Teufelsinsel, eine der drei Strafkolonien vor der südamerikanischen Küste, die besonders hartnäckigen Verbrechern vorbehalten war, verbannt. Die Teufelsinsel, ein nackter Fels von rund 3 Kilometer Länge und rund 500 Meter Breite, wurde völlig geräumt und Dreyfus unter der ständigen Aufsicht seiner Wärter in einer Steinhütte untergebracht. Ein Gerücht, wonach Dreyfus gestanden haben sollte, schien den einstimmigen Schuldspruch des Schiedsgerichts zu bestätigen und nahm, als es von Zeitung zu Zeitung weitergereicht wurde, allmählich den Status einer offiziellen Verlautbarung an, welche die Öffentlichkeit zufriedenstellte.

Die nun folgenden drei Jahre waren durch intensive Bemühungen einerseits die Wahrheit aufzudecken, andererseits sie zu vertuschen, ausgezeichnet. Der lange, qualvolle Kampf für eine juristische Überprüfung des Falles, die ›Revision‹, wie man es nannte, wurde durch die Zweifel einiger weniger Männer ausgelöst, die bei dem Gedanken an das Geheimverfahren ein ungutes Gefühl hatten und eine Rechtsbeugung vermuteten. Aufgrund der Tatsache, daß das Material, das zur Verurteilung geführt hatte, der Verteidigung nicht zugänglich gewesen war, machten sie geltend, das Verfahren sei ungesetzlich und sammelten Beweismaterial, das auf den vermutlichen Täter, den liederlichen und undurchsichtigen Offizier Major Ferdinand Walsin-Esterhazy hindeutete. Der Druck und die Nachforschungen dieser Männer veranlaßten die Offiziere, die den Fall gegen Dreyfus konstruiert hatten, zu dem Versuch, die schwachen Punkte ihrer Anklage zu untermauern. Major Henry vom Büro für Spionageabwehr, das von Amts wegen mit Fälschungen und außerhalb der Legalität stehenden Handlungen zu tun hatte, fälschte einen Brief, der angeblich vom italienischen Militärattaché Major Panizzardi an dessen deutschen Kollegen geschrieben worden war, und der Dreyfus nachträglich belastete. Um diesen Brief zentrierte sich in der Folgezeit die Verteidigung der Armee. Jeder Schritt in dem Kampf um Revision löste eine Gegenmaßnahme des Generalstabes aus, die darauf abgestellt war, den Fall weiter abzusichern und die alten Lügen durch neue zu tarnen. Geheime Treffen, Warnungen und Erpressungen, Untergrundverbindungen zwischen Paty de Clam und Esterhazy, Maskierungen mit falschen Bärten und dunklen Brillen und eine ganze Reihe melodramatischer Unternehmen verstrickten die Armee so tief in das Lügengewebe, daß sie gar nicht mehr in der Lage war, sich öffentlich zu rechtfertigen und es sich nicht leisten konnte, die Wiederaufnahme des Verfahrens zuzulassen. Jeder, der für die Revision eintrat, oder die Gesetzmäßigkeit der Verurteilung von Dreyfus in Zweifel zog, wurde *ipso facto* zu einem Feind der Armee und damit weitergehend zu einem Feind Frankreichs abgestempelt.

Die Armee als solche war weder politisiert, noch besonders klerikal, noch ausschließlich aristokratisch oder royalistisch, ja noch nicht einmal antisemitisch, wenngleich auch viele ihrer Offiziere all dies zugleich waren. Als

Ganzes repräsentierte sie jedoch einen Teil der Republik und nicht wie die Kirche den Widerpart des republikanischen Staates. Trotz der antirepublikanischen Ressentiments einzelner Offiziere hatte sie ihre Rolle als ein Werkzeug der staatlichen Ordnung akzeptiert. Die Republik, die auf die Armee angewiesen war, arbeitete darauf hin, sie zu einer brauchbareren, besser geschulten Einrichtung zu machen, als es das Operationskorps des Zweiten Kaiserreiches gewesen war, das sich vom Krimkrieg bis Sedan mit mehr Schneid als generalstäblerischer Planung in den Kampf gestürzt hatte. Insgesamt gesehen war das Offizierskorps noch immer von den Absolventen von Saint-Cyr beherrscht, die zum größten Teil aus Familien des Landadels stammten, welche sich ihrerseits wiederum den Ideen der Revolution völlig verschlossen. Der Klassenkult der Armee zielte darauf ab, sich von den Zivilisten abzuheben, und sie kümmerte sich wenig um das, was sonst in der Nation vor sich ging. Sie war ein Klub, der die Loyalität seiner Mitglieder untereinander pflegte und seine Besonderheit herausstellte, deren sichtbares Zeichen die Uniform war. Im Gegensatz zu den Offizieren der englischen Armee, die außerhalb ihrer Dienstzeit nie in Uniform waren, trugen die französischen Offiziere vor 1900 niemals etwas anderes. Die Besoldung war schlecht, der Beförderungsweg langwierig und der Dienst in den Provinzgarnisonen langweilig. All das mußte durch das Prestige kompensiert werden, das sie genossen: die Ehre, die Immunität und das Signum ihrer Kaste, kurz, die Wertschätzung, die ihnen entgegengebracht wurde.

Diese Wertschätzung war keineswegs gering. In den Augen der Bevölkerung stand die Armee über der Politik; sie verkörperte die Nation, Frankreich, die Größe Frankreichs. Es war die Armee der Revolution und die des Kaiserreiches; die Armee der Kanonade von Valmy 1792, über die Goethe gesagt hatte: »Von hier und heute geht eine neue Epoche der Weltgeschichte aus.« Es war die Armee von Marengo, Austerlitz und Wagram; die *Grande Armée*, die Lavisse einst so stolz »eines der vollkommensten Werkzeuge des Krieges, das die Welt je gesehen hat«, genannt hatte, die Armee des Küraß und des Säbels, des Käppi und der *pantalon rouges*, die Armee von Sebastopol und Malakoff, von Magenta und Solferino, die Armee, die Frankreich zur größten Militärmacht Europas gemacht hatte, bis Preußen auf der Bühne erschien, die Armee sowohl der Tragödie wie des Ruhmes, die Armee der ›Letzten Patrone‹ und der ungestümen Kavallerieattacken von Sedan, die den deutschen Kaiser zu dem Ausruf veranlaßt hatten: *Oh, les braves gens!* Fünfundzwanzig Jahre später war die Armee angesichts des allgegenwärtigen Schattens von Deutschland sowohl der Verteidiger der Nation als auch das Werkzeug der *revanche*. Eines Tages würde sie das Mittel zur Wiederherstellung der nationalen Ehre sein. Wenn ein Regiment mit fliegenden Fahnen, dem Oberst an der Spitze, vorbeimarschierte, nahmen die Männer den Hut ab. Wie Anatole France es eine seiner Gestalten ausdrücken ließ – wobei er die Armee nur verspotten, jedoch keineswegs verunglimpfen wollte – war sie »alles, was uns von unserer ruhmreichen Vergangenheit geblieben ist. Sie ist unser Trost in der Gegenwart und unsere Hoffnung für die Zukunft«. Die Armee, das waren *les braves gens.*

Im Verlauf der Affäre Dreyfus jedoch wurde sie zum Gefangenen ihrer Freunde und Bundesgenossen – der Klerikalen, der Royalisten, der Antisemiten, Nationalisten und all der Antirepublikaner, die die Ehre der Armee zum Kondensationskern ihrer eigenen Ziele machten. Gefangen in der Falle ihrer ursprünglichen Festlegung auf die Schuld von Dreyfus, der Fälschungen und Machenschaften ihrer Offiziere, mit denen diese Schuld bewiesen werden sollte, wurde die Ehre der Armee zu einem Synonym für die Aufrechterhaltung des ursprünglichen Urteils. Dies war das Fort, das es gegen die Revisionisten zu verteidigen galt.

Der Widerstand gegen die Wiederaufnahme wurzelte in der Überzeugung, daß eine erneute Verhandlung die Ehre der Armee diskreditieren würde, und eine Armee ohne Ehre konnte nicht gegen Deutschland kämpfen. »Revision heißt Krieg«, verkündete das Royalistenblatt *Gazette de France* und ein Krieg, der von einer entehrten Armee ausgefochten wurde, war *la Debâcle* – dies war die Bezeichnung für die Niederlage von 1870. Wie konnten die Soldaten in die Schlacht gehen, wenn sie von Offizieren geführt wurden, die sie verachten gelernt hatten? fragte der Royalist Graf d'Haussonville. Obwohl ihm der Gedanke an den unschuldigen Mann im Gefängnis »unerträglich« war und er die Verleumdungskampagne gegen die Juden als »abscheulich« empfand, schien ihm die im Namen von Dreyfus geführte Kampagne gegen die Armee doch noch schlimmer, denn sie untergrub das Vertrauen in das Offizierskorps. Die Furcht vor dem, was möglicherweise geschehen könnte, wenn die Armee durch dieses Mißtrauen geschwächt würde, nahm Abgeordneten und Volk gegen die Revision ein. Die Armee war ihr Garant des Friedens. »Frankreich liebt den Frieden und erstrebt den Ruhm«, sagten die Franzosen, und auch diese Einstellung war in Gefahr, durch die Revision entwertet zu werden. Da die Revision die Unfehlbarkeit des Generalstabes in Zweifel stellen würde, war sie gleichbedeutend mit einem Sakrileg gegen *la gloire militaire,* und jeder, der sie befürwortete, war zumindest pro-deutsch, wenn nicht gar ein Verräter.

Durch das in betrügerischer Absicht konstruierte Labyrinth aus Dokumenten, Faksimiles, Gerichtsverfahren und Geheimakten gänzlich verwirrt, konnte das Volk sich nicht mit dem Gedanken abfinden, daß diese selbe Armee, die in seiner Vorstellung mit glänzenden Paraden, mit Uniformen, Epauletten, Kanonen und Fahnen verknüpft war, vorsätzliche Fälschungen begangen haben sollte, mit dem Ziel, einen Unschuldigen ins Gefängnis zu bringen. Wie sollte man auch nur einen Augenblick lang annehmen können, daß die Offiziere, die, den blitzenden Degen in der Hand, beim Klang von Marschmusik und Trommelwirbeln so stolz auf ihren Pferden vorbeiritten, sich in muffigen Büros über ihre Pulte beugten, Handschriften fälschten und Briefe mit Schere und Leim zusammenstückelten? Das hatte weder etwas mit Tapferkeit, noch mit militärischem Geist zu tun und konnte daher nur eine Verleumdung sein. Die Bevölkerung war überwiegend patriotisch und republikanisch; sie glaubte, was in den Zeitungen stand; sie verehrte die Armee und haßte und fürchtete die ›Anderen‹ – die *sans-patries*, Brandstifter, Verleumder der Kirche, die Dreyfusianer – die sich, wie man ihnen immer wieder einredete, dazu verschworen hatten, die Armee zu zerstören. Das Volk schrie: *Vive l'Armée!* und *Vive la République!*, »Nieder mit den Dreyfusianern!« »Es lebe Mercier!« und alle möglichen anderen Beschwörungsformeln, die dazu geeignet waren, das Übel zu bannen und die Menschen in ihrem Glauben zu bestärken.

Die Armee war in der Gestalt des Generals Auguste Mercier personifiziert, der 1894 als Kriegsminister die Verhaftung von Dreyfus angeordnet hatte und durch diesen Schritt und seine Folgen zum Idol der Anhänger der Armee und zum Symbol ihrer Sache wurde. Bei den Gesellschaften der *haute monde* erhoben sich die Damen von ihren Plätzen, wenn General Mercier den Raum betrat. Er war einundsechzig Jahre alt, groß, schlank, hielt sich stets kerzengerade und hatte ein sehr gepflegtes Äußeres; die Augen in dem scharfgeschnittenen Gesicht mit der Adlernase und dem nach oben gebürsteten Schnurrbart ließen keine Regung erkennen und waren gewöhnlich halb von den Lidern überschattet; nur gelegentlich öffneten sie sich, um einen kalten, durchdringenden Blick hervorschießen zu lassen. Als Veteran der Kämpfe in Mexiko und vor Metz im Jahre 1870 begrüßte der Generalstab 1893 seine Ernennung zum Kriegsminister, da er ein echter Soldat und kein Politiker war. An dem Tag, an dem der Anarchist Vaillant seine Bombe in die Abgeordnetenkammer warf, war Mercier in all dem Rauch und Tumult unbeweglich auf seinem Platz sitzen geblieben und hatte lediglich einen Splitter, der von einem Sitz hinter ihm abgeprallt war, aufgefangen und ihn dem Abgeordneten, der hinter ihm saß, mit unbewegtem Gesicht und den Worten zurückgegeben: »Sie können ihn gerne behalten.« Er war ein Mann von Charakter, entschieden und nachdenklich, in seiner Art weltmännisch, reserviert und stets höflich. Auch als der Kampf immer heftiger wurde, wich er niemals von seiner Gepflogenheit ab, seine Gegner mit ›Monsieur‹ anzureden, während andere diese mit *sale bête* oder *ce salaud* apostrophierten.

1894 hatte er die Verhaftung von Dreyfus angesichts des offensichtlichen Verrats innerhalb des Generalstabs und wohl wissend, wie schwach die rechtlichen Indizien waren, in der Hoffnung angeordnet, ein Geständnis zu bekommen. Als sich diese Hoffnung nicht erfüllte und die Offiziere der Untersuchungskommission noch verzweifelt nach Beweisen suchten, um die Anklage untermauern zu können, erfuhr die antisemitische Zeitung *La Libre Parole* durch eine Indiskretion von der Verhaftung und behauptete sofort, Dreyfus würde niemals verurteilt werden, denn Mercier stünde im Sold der Juden. Als er sich den Angriffen und Sticheleien dieser und anderer Zeitungen ausgesetzt sah, hatte Mercier den Militärexperten des *Figaro* zu sich gerufen und ihm seiner ehrlichen Überzeugung entsprechend mitgeteilt, daß er von Anbeginn Beweise in der Hand gehabt habe, »die den Verrat von Dreyfus laut hinausschrien«, und daß dessen Schuld »unzweifelhaft feststand«. Damit kettete er die Armee noch vor der Gerichtsverhandlung an die Schuld von Dreyfus und legte den Kernpunkt der Affäre so präzise fest, daß es später keine Möglichkeit des Ausbruchs mehr gab. Dies wurde dann auch blitzartig von allen erkannt. »Heute gilt es, entweder für Mercier oder für Dreyfus Partei zu ergreifen; ich bin für Mercier«, sagte dessen parlamentarischer Adjutant, General Riu zu Reportern. »Falls Dreyfus freigesprochen wird, muß Mercier gehen«, schrieb der royalistische Journalist Cassagnac in *L'Autorité,* und da Mercier ein Mitglied der Regierung war, fügte er hinzu: »Wenn Dreyfus nicht schuldig ist, dann ist es die Regierung.« Von diesem Punkte an verhärtete jede Wiederholung dieser Alternativen die Fronten immer mehr.

Während des Verfahrens hatte General Mercier seine Genehmigung erteilt, daß die Geheimakte zwar den Richtern zur Einsichtnahme vorgelegt, der Verteidigung jedoch nicht zugänglich gemacht wurde – dadurch war das Verfahren im Sinne der Prozeßordnung ungesetzlich. Im vollen Bewußtsein der Bedeutungsschwere seines Vorgehens, stand Mercier in den folgenden zwei Jahren dennoch unerschütterlich zu seiner Enscheidung, ungeachtet der offenbar werdenden Fälschungen und Justizirrtümer, ja, er wies sogar immer wieder darauf hin, daß er von der Schuld Dreyfus' überzeugt war. Nachdem Dreyfus einmal aufgrund der falschen Beweise verurteilt worden war, hätte die Wiederaufnahme des Verfahrens das Kriegsministerium, den Generalstab und ihn selbst entehrt. Wie einer seiner Kollegen es darstellte, war die Lage die, daß »General Mercier praktisch zum Verräter abgestempelt wird, wenn Dreyfus in einem neuen Verfahren freigesprochen würde«. Ungeachtet der erneuten Untersuchungen, Beweisaufnahmen, der Prozesse gegen Esterhazy und später gegen Zola, der Untersuchung des Appellationsgerichts und des abschließenden Verfahrens in Rennes, hielt Mercier die Zitadelle des Fehlurteils. Markig, hoheitsvoll, mit unbewegtem Gesichtsausdruck, ohne je die Selbstbeherrschung zu verlieren, selbst als das gesamte Gebäude, das er errichtet hatte, zusammenbrach, erinnerte er einen Beobachter des Geschehens an jene Gestalt in Dantes Inferno, die mit Verachtung um sich blickte, »als habe er für die Hölle nichts als Geringschätzung übrig«.

Alle Mächte, außer der Wahrheit, waren auf seiner Seite. Jedesmal, wenn die Dreyfusianer neues Beweismaterial vorbrachten, von dem sie überzeugt waren, daß es die Revision erzwingen müsse, wurde es von der Armee erstickt, unterdrückt, abgelehnt oder mit weiteren falschen Beweisen beantwortet, wobei sie von der Regierung, allen *bien-pensants*, den gutgläubigen Anhängern der Kirche und dem Geschrei und Gezeter von vier Fünfteln der Presse unterstützt wurde. Die Presse hatte die Affäre Dreyfus geschaffen und verhinderte nun einen Waffenstillstand.

Die Pariser Tageszeitungen waren buntgemischt, boshaft, heftig, literarisch, erfinderisch, persönlich, gewissenlos, oftmals bösartig und das lebendigste und wichtigste Element des öffentlichen Lebens. Ihre Zahl betrug zur Zeit der Affäre Dreyfus zwischen fünfundzwanzig und fünfunddreißig. Sie repräsentierten jede nur denkbare Schattierung der politischen Skala: republikanisch, konservativ, katholisch, sozialistisch, nationalistisch, bonapartistisch, legitimistisch, unabhängig, absolut unabhängig, konservativ-katholisch, konservativ-monarchistisch, republikanisch-liberal, republikanisch-sozialistisch, republikanisch-unabhängig, republikanisch-progressiv, republikanisch-radikalsozialistisch. Teils waren es Morgen-, teils Abendblätter, und einige hatten illustrierte Beilagen. Auf vier bis sechs Seiten brachten sie die üblichen innen- und außenpolitischen Nachrichten, Neuigkeiten aus der *haute monde*, Berichte über *le turf*, die Mode, das Theater oder die Oper, über Konzerte und Kunstausstellungen, über die Salons und die Akademie. Sämtliche der bekannten Schriftsteller, darunter Anatole France, Jules Lemâitre, Maurice Barrés und Marcel Prévost, lieferten Kolumnen und Kritiken, und ihre Romane erschienen in Fortsetzungen auf der unteren Hälfte der ersten Seite. Die zuständigen Fachredakteure schrieben bei wichtigen Anlässen mit vollem Namen gezeichnete Leitartikel mit oft leidenschaftlich heftigen Ausfällen. Die Presse war für Paris das tägliche Brot, das Fleisch und der Wein. Im Journalismus wurden Tausende kleiner und einige bedeutende Karrieren gemacht und, angefangen bei den Mitgliedern der Akademie bis herunter zu den hungernden Anarchisten, bedeutete er für viele eine zusätzliche Verdienstquelle. Bekannte Politiker wandten sich dem Journalismus zu, wenn ihre Amtszeit zu Ende war, teils um eine politische Plattform, teils aber auch um einen Lebensunterhalt zu haben.

Jeder, der genügend Energie, ausreichende finanzielle Unterstützung und eine gängige Weltanschauung hatte, konnte über Nacht eine Zeitung gründen. Talent zum Schreiben war kein unbedingtes Erfordernis, denn in der politisch-literarischen Welt von Paris konnte ohnehin jeder schreiben – und tat dies auch; spontan, rasch und in Mengen. Die Artikel brachten einen Wasserfall von Meinungen, Kritiken und Kontroversen. Olympisch und verantwortungsbewußt führte *Le Temps* den Reigen an. Ihre übergroßen Seiten waren die Standardlektüre für jedermann, der im öffentlichen Leben

stand, ihre Kritiken entschieden über das Schicksal eines Theaterstücks, und die Leitartikel André Tardieus zur Außenpolitik waren von solchem Gewicht, daß der deutsche Außenminister von Bülow bemerkte: »In Europa gibt es drei Großmächte – und M. Tardieu.« *Le Temps* war die einzige Zeitung, die sich hoheitsvoll aus der Affäre heraushielt, wenngleich sie sich mit der Zeit auch der Sache der Revision zuneigte. *Le Figaro*, das nächstbedeutende Blatt, engagierte sich wesentlich stärker. Sein Herausgeber Fernand de Rodays glaubte Dreyfus, als er hörte wie dieser anläßlich seiner Degradierung laut seine Unschuld beteuerte. Drei Jahre später publizierte er die ersten Beweise gegen Esterhazy und die ersten Artikel Zolas. Obwohl er Vater und Schwiegervater von Offizieren war, verunglimpften seine erzürnten Kollegen von der nationalistischen Presse ihn als einen Verleumder der Armee und veranstalteten eine Kampagne, um die Abonnenten des *Figaro* zum Abbestellen der Zeitung zu bewegen. Die Verleger der Zeitung gaben dem Druck nach und de Rodays mußte gehen, ein Ereignis von solcher Bedeutung, daß sich sofort der Klatsch seiner bemächtigte und zu berichten wußte, er habe 400 000 Francs erhalten, um Dreyfus zu unterstützen, und die Verleger 500 000, um ihn loszuwerden.
Die Erpressungen der nationalistischen Presse, so schrieb Zola, der sie in extremer Weise zu spüren bekam, plagten Frankreich wie eine »schändliche Krankheit und niemand hat den Mut, das Land davon zu heilen«. Die eigentlichen Unruhestifter waren privat geförderte Zeitungen, die spezielle Interessen vertraten, oder einzelne Redakteure, die entweder absolut wirre oder überhaupt keine Prinzipien hatten. Da war Ernest Judet von *Le Petit Journal*, der die Kampagne gegen Clemenceau führte und ihn anläßlich der Panama-Affäre mit Schmutz bewarf und dann, als Clemenceau 1906 Ministerpräsident wurde, sein Haus in Neuilly verbarrikadierte, so, als müsse er sich gegen eine Belagerung verteidigen. Er war ständig von der Furcht vor den Freimaurern gejagt und trug stets einen geladenen Revolver und einen mit Blei gefüllten Spazierstock, der rund sechs Kilo wog, mit sich herum. Da war der alte Royalist Paul de Cassagnac, der die Sitte der Beschimpfungen und Beleidigungen im Journalismus eingeführt hatte und jedermann und alles attackierte, und zwar aus reiner Gewohnheit, und ohne dabei besonders konsequent zu sein. Da war Arthur Meyer, ein getaufter Jude, Sohn eines Schneiders und Enkel eines Rabbiners, ein glühender Boulangist und Royalist, der *Le Gaulois* herausgab und sich auf die Ereignisse innerhalb der *haute monde* spezialisiert hatte. Dies war die Zeitung, die in der Welt der ›Guermantes‹ gelesen wurde. Meyers rückhaltlose Übernahme des Standpunktes und der Ansichten dieser Kreise erforderte eine besondere Art von Mut oder einfach reine Dickfelligkeit. Er war keinesfalls ein Charles Swann, der sich mühelos in diese Umgebung einpassen konnte, sondern sah eher wie die Karikatur eines Juden aus, die ein Antisemit gezeichnet hatte. Den-

noch hatte er in den Faubourg eingeheiratet – die mitgiftlose Tochter des Grafen de Turenne –, war in den Kreis der Herzogin d'Uzès aufgenommen worden und hatte mit dem verstorbenen Kronprätendenten, dem Grafen von Paris, Freundschaft geschlossen, war sein Berater und Vertrauter geworden und beeinflußte durch den Schnitt seiner Anzüge und die Fältelung seiner Krawatte die Herrenmode von Paris.
Henri, Comte de Rochefort, vom *L'Intransigeant* gehörte zu jener Art von Journalisten, deren Fähigkeit, Unheil zu stiften, durch keinerlei Bindung an eine Doktrin beeinträchtigt wird: je unausgereifter ihre Überzeugungen, desto brillanter und beißender ihre Feder. Rochefort vereinigte in seiner Person beinahe jede Tendenz der Dritten Republik, ganz gleich, wie widersprüchlich sie auch sein mochten; er war ein geborener ›Anti‹, ein ›aristo‹ mit einem weißen Spitzbart, hellen Augen und einem dröhnenden Lachen; einer seiner Freunde beschrieb ihn einmal als einen »Reaktionär, der nicht weiß, daß er einer ist«. Seine *Abenteuer meines Lebens* füllten fünf Bände. Er hatte sämtliche Stationen von einem Gegner Napoleons III. bis zu einem Verbündeten Boulangers durchgemacht, und sein täglicher Artikel war das Entzücken des am leichtesten zu beeindruckenden und zu erregenden Teiles der Bevölkerung.
Zu Beginn der Affäre versuchten die Dreyfusanhänger in der Annahme, er würde Gefallen daran finden, die Unschuld eines Verurteilten zu beweisen, den alle Welt für schuldig hielt, Kontakt zu ihm aufzunehmen, und Rochefort hatte sich durchaus geneigt gezeigt. Er war dann aber von seinem Verleger Ernest Vaughan von dem Vorhaben abgebracht worden, weil dieser befürchtete, die Öffentlichkeit würde die Diskreditierung der Armee nicht dulden. Rochefort fand die andere Seite mindestens ebenso interessant und aufregend, während Vaughan seine Meinung bald darauf änderte. Die beiden zerstritten sich mit dem Ergebnis, daß Vaughan die Zeitung verließ und ein eigenes Blatt, *L'Aurore*, gründete und damit den Dreyfusanhängern ein Sprachrohr verschaffte, das ihnen bislang gefehlt hatte. Rochefort revanchierte sich mit der unglückseligsten Story der ganzen Affäre. Er teilte seinen Lesern mit, daß ein Brief des deutschen Kaisers an Dreyfus existiere, den der Präsident der Republik unter Androhung eines Krieges an den deutschen Botschafter Graf Münster hatte zurückgeben müssen, nicht jedoch ohne ihn vorher photographieren zu lassen. *L'Intransigeant* behauptete mit »absoluter Sicherheit«, dies sei das »geheime Dokument«, aufgrund dessen Dreyfus verurteilt worden war.
Die Öffentlichkeit war durch das Lügengewebe und die Intrigen, die die Affäre umgaben, derart verwirrt, daß dieses Märchen in weiten Kreisen der Bevölkerung Glauben fand. Wie ein böser Geist verfolgte es die Bemühungen um die Revision auf Schritt und Tritt und gab dem Argument, die Revision bedeute Krieg, neue Nahrung. Was die öffentliche Meinung in dieser

Affäre beeinflußte, war nicht eigentlich das, was tatsächlich geschah, sondern das, was, wie die nationalistische Presse sowie das Geflüster und die Gerüchte vorgaben möglicherweise geschehen könnte. Graf Münster hatte in der Tat interveniert, allerdings lediglich um die Existenz einer Verbindung zu Dreyfus offiziell zu verneinen. Aber in der Sicht der Masse kam dieser Schritt einem Ultimatum gleich. Die Generäle, deren ganzes Denken aus gegebenem Anlaß von dem Problem Deutschland durchdrungen war, führten diese Episode als weiteren Grund gegen die erneute Verhandlung des Falles Dreyfuß an und argumentierten derart überzeugend, daß sie sich schließlich selbst überzeugten. General Mercier gab zu Protokoll, daß er nach dem Besuch des Grafen Münster zusammen mit dem Präsidenten und dem Ministerpräsidenten bis Mitternacht gewartet habe, um zu »erfahren, ob das Ergebnis Krieg oder Frieden sein würde«. General Boisdeffre, der Chef des Generalstabes, fuhr die Prinzessin Mathilde Bonaparte, als diese die Unschuld von Dreyfus verteidigte, zornig an: »Wie können Sie so etwas zu mir sagen, der ich die Briefe Dreyfus' an den deutschen Kaiser in der Hand gehabt habe!« Auf das äußerste erbost rief die berühmte Gastgeberin: »Wenn Sie die Briefe tatsächlich gesehen haben, dann können es nur Fälschungen gewesen sein. Ich kann das einfach nicht glauben.« Worauf Boisdeffre wütend den Raum verließ und die Prinzessin mit einem Aufseufzen ausrief: *Quel animal, ce général!*
Die Wahrheit und das, was die Leute dafür hielten, wurden zu einem unentwirrbaren Knäuel. Die wiederholten Dementis der deutschen Regierung hinsichtlich einer Beziehung zu Dreyfus wurden schlicht und einfach mit der Begründung ignoriert, daß Berlin die Namen der Spione, mit denen seine Agenten zusammenarbeiteten, gar nicht kennen konnte. Auf der anderen Seite vermittelte die nationalistische Presse den Eindruck, Deutschland sei durch die Verurteilung von Dreyfus durch die Armee, obwohl jede Verbindung zu ihm geleugnet würde, derart brüskiert, daß es zum Krieg bereit sei. Jede Bereitschaft, die Revision zu erwägen, wurde als feiges Nachgeben unter dem deutschen Druck beschimpft – und als Beweis der Macht des ›Syndikats‹.
Das ›Syndikat‹ war eine Schöpfung der antisemitischen Presse und personifizierte für die Rechte das Übel schlechthin. Es war angeblich eine geheime Bruderschaft der Juden, eine schwarze und üble Verschwörung, deren Kräfte nun mobilisiert wurden, um die Verurteilung von Dreyfus rückgängig zu machen und an seiner Stelle einen Christen als Verräter verurteilen zu lassen. Eine jede Entwicklung in der Affäre, die den Nationalisten ungelegen kam, wurde dem ›Syndikat‹ zugeschrieben. Prominente und geachtete Persönlichkeiten, die sich für die Revision aussprachen, standen angeblich im Sold des ›Syndikats‹. Die Beweise für die Fälschungen der Armee waren selbst Fälschungen des ›Syndikats‹. Die Nationalisten behaupteten, das ›Syndikat‹

habe seit 1895 zehn Millionen Francs ausgegeben, um Richter und Handschriftenexperten zu bestechen und um Journalisten und Minister zu Falschaussagen zu verleiten. Sie behaupteten weiterhin, der Fond, der von den großen jüdischen Banken gebildet worden war, lagere in den Gewölben einer internationalen Bank in Berlin. Sie sagten, der deutsche Berater des ›Syndikats‹ sei Pastor Günther, der Hauskaplan des Kaisers. Das Ziel des ›Syndikats‹ war es angeblich, den Glauben der Nation in die Armee zu zerstören, ihre militärischen Geheimnisse zu enthüllen und, wenn das Land ohne Verteidigungsmöglichkeit dastand, dem Feind die Tore zu öffnen. Das ›Syndikat‹ wurde von den Karikaturisten als eine fette Figur mit ausgeprägt jüdischen Zügen, Ringen an den Fingern, Uhrkette und einem Ausdruck boshaften Triumphes porträtiert, die einen Fuß auf den Nacken der am Boden hingestreckten Marianne setzt. Als die Affäre an Ungestüm und Heftigkeit zunahm, schwoll das ›Syndikat‹ in der Vorstellung der Nationalisten zu einer monströsen Liga an, der nicht nur Juden, sondern auch Freimaurer, Sozialisten, Ausländer und alle möglichen anderen übelmeinenden Personen angehörten. Angeblich bezog es seine Gelder von den Feinden Frankreichs, die Dreyfus als einen Vorwand benutzten, um die Armee zu diskreditieren und die Nation zu zersplittern. Die Demütigung, die man bei Faschoda von den Engländern hatte hinnehmen müssen, wurde ebenfalls als eine Machenschaft des ›Syndikats‹ hingestellt. Das ›Syndikat‹ war überall; es verkörperte den Haß und die Angst der Rechten. Es war ›der Feind‹ schlechthin.

Dieser plötzliche und bösartige Ausbruch von Antisemitismus in Frankreich war Teil eines umfassenderen Phänomens. Der Antisemitismus begann gegen Ende des 19. Jahrhunderts als Komponente anderer an die Oberfläche drängender Kräfte, die zwischen den Klassen und Nationen Spannungen erzeugten, eine Rolle als politischer und sozialer Faktor zu spielen. Die Industrialisierung, der Imperialismus, das Wachstum der Städte, der allmähliche Abbau der Agrarstruktur, die Macht des Geldes und die Macht der Maschine, die geballte Faust der Arbeiter, die rote Fahne des Sozialismus, das Absinken der Aristokratie, all diese Tendenzen und Faktoren brodelten wie das Innere eines Vulkans, der kurz vor der Eruption stand: »Etwas Großartiges – das alte, kosmopolitische, feudale und bäuerliche Europa« lag im Sterben, wie ein Zeitgenosse es formulierte, und sein Verschwinden schuf Konflikte, Befürchtungen und neue Machtkonstellationen, die eines Ventils bedurften.

Ein klassisches Ventil war der Antisemitismus. Als Blitzableiter, um die Unzufriedenheit mit der regierenden Klasse abzulenken, erschien er unter Bismarck während der siebziger Jahre in Deutschland und während der achtziger Jahre in Rußland. Die Pogrome von 1881 und die darauffolgenden Maigesetze brachten den Juden die bittere Erkenntnis Mazzinis: »Ohne Land bist du für die Menschheit ein Bastard.« Der Antisemitismus diente der besitzenden Klasse ebenfalls als Blitzableiter; seine Bösartigkeit spiegelt die tiefe Beunruhigung wider, die man in diesen Kreisen bei der Vorahnung des bevorstehenden Zusammenbruchs der alten Ordnung empfand. Die alten Werte verschwanden. Die Anschläge der Anarchisten, die Agitation der Sozialisten, das wachsende Selbstvertrauen der Arbeiter bedrohten sowohl die gesellschaftliche Stellung wie den Besitz, und nichts löst so leicht Feindschaft aus, wie die Bedrohung des Eigentums. Im Westen wurden so kultivierte Männer wie der Sekretär Balfours, George Wyndham, und der besondere Freund Theodore Roosevelts, der englische Diplomat Cecil Spring-Rice, von dieser Feindseligkeit erfaßt. Henry Adams erging sich in dauernden und maßlosen Ausfällen: er wünschte sich, das Ende des »ewigen Juden« und aller »Goldwanzen« zu erleben; »wir sind in der Hand der Juden, die mit unseren Werten machen, was sie wollen«; »ich habe *France Juive*, *Libre Parole* und all das andere mit großem Interesse gelesen; ich vertreibe mir die Zeit mit der Lektüre von Drumonts antisemitischen Traktaten«. Bei den Männern dieser Kaste entsprang das Ressentiment dem Haß auf die neue Macht des Geldes (obwohl Adams selbst sich für nichts mehr interessierte als für Geld), das heißt, auf die Macht des neuen ›Goldwanzen‹-Geldes, das aus Kapitalanleihen, Aktien und Finanzoperationen stammte, anstatt aus der akzeptablen Form der Rendite aus dem Besitz und der Verpachtung von Land. Das jüdische Problem, erklärte der Herzog von Orléans während der Affäre Dreyfus, war das des Wirtschaftskrieges. Der Tag war nicht mehr fern, an dem alle Personen, die dem Landbesitz und damit ihrem Vaterland verbunden waren, sich gegen die »anonymen und vagabundierenden« Vermögen der Juden würden verteidigen müssen, die sich mit Unterstützung der Regierung an dem Bankrott der Union Générale vollgefressen hatten. Die Union Générale war eine katholische Bank, die mit dem Segen des Papstes Leo XIII. und dem ausdrücklichen Ziel, das Kapital der Gläubigen zu verwalten, gegründet worden war. Auf den Rat ihrer Priester hin hatte die Aristokratie ihr Kapital und die katholischen Familien des Mittelstandes ihre Ersparnisse dort investiert. Als die Union Générale 1882 infolge der überlegenen Mittel und geschickteren Manöver ihrer Rivalen, darunter der Rothschilds, zusammenbrach, verloren arme und reiche Katholiken gleichermaßen ihr Geld. Die Schuld wurde den Juden in die Schuhe geschoben. Die jüdische ›Frage‹ begann, in den Spalten der klerikalen und royalistischen Blätter eine Rolle zu spielen. Den Juden wurden geheime Verschwörungen und böse Kräfte zugeschrieben. Alle jene Beschuldigungen, die von den Juden, als den ewig Fremden, die ihre Individualität nicht aufgeben wollten, selbst ausgelöst worden waren, wurden wieder hervorgeholt. Juden waren keine Franzosen; sie waren Fremde innerhalb des französischen Volkskörpers; möglicherweise konspirierten sie sogar gegen Frankreich und sicherlich gegen die Kirche; sie waren die Förderer der antiklerikalen Bewegung und die Feinde aller katholischen *bien-pensants.*

Der französische Antisemitismus bedurfte, wie seine virulenten Formen zu anderen Zeiten der Geschichte, der Verbindung von Auslöser und besonderen Umständen. Der Auslöser war in diesem Fall der zuvor unbekannte Edouard Drumont, der im Gefolge des Zusammenbruchs der Union Générale ein zweibändiges Buch, *La France Juive,* geschrieben hatte, das 1886 erschienen war und sofort zu einem großen Erfolg wurde. Es war eine Polemik, gemischt aus Rothschild und Ritualmord und keineswegs ein philosophisches Traktat wie Gobineaus früher erschienener *Essai sur l'inégalité des races humaines,* der jenseits des Rheins, wo man mit der Entwicklung einer Theorie der Herrenrasse beschäftigt war, sein größtes Echo fand. Drumonts Zentralthema war das Übel der jüdischen Finanzmacht. Das Buch wurde viel gelesen und mehrfach neu aufgelegt und seinem Autor, einem herzhaften, wohlbeleibten Mann mit rotem Gesicht und einem buschigen schwarzen Bart, ging es glänzend. 1889 gründete er zusammen mit dem Marquis de Morés die Nationale antisemitische Liga, um die »geheime und gnadenlose Verschwörung« der jüdischen Finanz, die »das Wohlergehen, die Ehre und die Sicherheit Frankreichs Tag um Tag gefährdet«, zu bekämpfen. Bei ihrer ersten Versammlung in der Öffentlichkeit zeigten sich der Herzog d'Uzès, der Herzog von Luynes, Prinz Poniatowski, der Graf de Breteuil und andere Mitglieder der Aristokratie höchst erfreut darüber, neben richtigen Arbeitsleuten aus den Metzgerläden und den Schlachthäusern zu sitzen, die ihrerseits natürlich geschmeichelt waren, daß sich ihre Überzeugungen mit denen der Adeligen deckten.

Nach dem Bucherfolg und der Liga war der nächste Schritt Drumonts die Gründung einer Zeitung. *La Libre Parole* erschien im Jahre 1892 zum erstenmal, zu einer Zeit, als sich der Zorn der bei der Panamaanleihe geprellten Geldgeber gerade auf deren führende Initiatoren, Cornelius Herz und Baron de Reinach, beides Juden, richtete. Drumonts Zeitung wurde wegen ihrer überschäumenden Philippiken und der wütenden Verfolgung der Übeltäter zu einer Macht. Zur gleichen Zeit unternahm sie eine Kampagne, die zum Ziel hatte, daß jüdische Offiziere aus der Armee ausgeschlossen werden sollten. Als deren Ergebnis forderten zwei dieser Offiziere Drumont und den Marquis de Morès zum Duell. Der Marquis ging dabei ungewöhnlicherweise so weit, seinen Gegner zu töten, wurde der Unfairness angeklagt, jedoch in einem Gerichtsverfahren freigesprochen.

Als Dreyfus verurteilt wurde, erklärte *La Libre Parole* der Öffentlichkeit dessen Motive: Rache für die den Juden zugefügten Beleidigungen und der Wunsch seiner Rasse, Frankreich zu ruinieren. *A mort! A mort le juifs!*

kreischte die hysterische Menge am Rande des Exerzierplatzes, auf dem die Zeremonie der Degradierung Dreyfus' stattfand.

Diesen Schrei hörte auch der Pariser Korrespondent der Wiener *Neuen freien Presse*, Theodor Herzl, der inmitten der Menge stand. »Wo?« so schrieb er später. »In Frankreich! Im republikanischen, modernen, kultivierten Frankreich; ein Jahrhundert nach der Verkündung der Menschenrechte.« Der Schock brachte ihm Klarheit in einer Reihe von Fragen, die ihn schon seit langem beschäftigt hatten. Er kehrte nach Hause zurück und schrieb *Der Judenstaat*, dessen erster Satz das Ziel des Buches angab, »die Wiedererrichtung eines jüdischen Staates«. Innerhalb von achtzehn Monaten brachte er es fertig, die desorganisierteste und gespaltenste Gemeinschaft der Welt auf dem Ersten Zionistenkongreß zusammenzubringen. Man zählte zweihundert Delegierte aus fünfzehn Ländern. Dreyfus gab den Impuls zum Entstehen einer neuen weltpolitischen Einflußsphäre, die seit 1800 Jahren hatte warten müssen.

Der erste Dreyfusanhänger war Bernard Lazare, ein Linksintellektueller und Journalist, der eine kleine Rundschau, genannt *Politische und Literarische Konversationen* herausgab und seinen Lebensunterhalt als Redaktionsmitglied des katholischen und konservativen *Echo de Paris* verdiente. Seiner politischen Überzeugung nach war er Anarchist, im literarischen Bereich Symbolist, und er war Jude. Vor den kurzsichtigen Augen trug er scharfe Gläser, aber diese Augen strahlten einen Glanz aus, in dem »ein 5000 Jahre altes Feuer glühte«, wie sein Freund Péguy von ihm sagte. Lazare ahnte das Urteil gleich zu Beginn voraus und hatte von dem Kommandanten des Gefängnisses erfahren, daß Dreyfus weit davon entfernt war, ein Geständnis abzulegen, und niemals aufgehört hatte, seine Unschuld zu beteuern. Mit der Hilfe von Mathieu Dreyfus, der von der Unschuld seines Bruders überzeugt war, und nach einer mühseligen Suche nach Beweismaterial, die durch eisiges Schweigen, Vertuschungsversuche und verschlossene Türen erschwert wurde, brachte Lazare schließlich eine Streitschrift mit dem Titel: *Ein Justizirrtum; die Wahrheit im Fall Dreyfus* heraus. Obwohl er 3000 Exemplare davon an Minister, Abgeordnete, Redakteure, Journalisten und andere Meinungsmacher verteilte, wurde die Schrift ignoriert. Nicht viel mehr Erfolg hatten Lazares und Mathieu Dreyfus' Besuche bei einflußreichen Persönlichkeiten des öffentlichen Lebens. »Sie langweilen uns mit ihrem Juden«, sagte Clemenceau. Der Graf Albert de Mun, der bedeutende katholische Sozialreformer, weigerte sich, sie zu empfangen, und der Führer der Sozialisten, Jean Jaurès, zeigte sich abweisend. Die Sozialistenzeitung *La Petite Republique* kam in einer Kritik über Lazares Pamphlet zu der zu erwartenden marxistischen Schlußfolgerung, daß »streikende Arbeiter Tag für Tag ungerecht verurteilt werden, ohne Verrat begangen zu haben, und unserer Sympathien mehr bedürfen als Dreyfus«.

Die Sozialisten sahen in dieser Affäre weder einen Anlaß zur Besorgnis noch einen Ansporn zu aktivem Engagement. Unter den gegebenen Bedingungen des Klassenkampfes rührte sie das Unglück eines Bourgeois nicht im geringsten. Ihrer Tradition nach waren sie antimilitaristisch, und Dreyfus war, abgesehen davon, daß er der Bourgeoisie angehörte, ein Armeeoffizier. Ein Justizirrtum, begangen an einem Mitglied der regierenden Klasse war eine Wendung des Schicksals, die sie eher geneigt waren, zu begrüßen als zu beklagen.

Aber Lazares Unternehmen ließ die ersten Zweifel wach werden und begründete die Bewegung der Dreyfusanhänger. Sie erfaßte auch Lucien Herr, den Bibliothekar der Ecole Normale Supérieure, des Herzstücks der akademischen Welt. Hier wurden die besten Studenten des Landes von den gelehrtesten Professoren auf ihre Laufbahn als die zukünftigen Lehrer Frankreichs vorbereitet. Herr war überzeugter Sozialist und ein Freund und Lehrer der Studenten. Während der Sommerferien 1897 pflegte er jeden Nachmittag seinen jungen Freund Léon Blum zu besuchen und alle möglichen Probleme mit ihm zu diskutieren. Eines Tages sagte er unvermittelt: »Weißt du, daß Dreyfus unschuldig ist?« Es dauerte einen Augenblick, bis Blum den Namen eingeordnet hatte, dann erinnerte er sich an den Offizier, der wegen Landesverrats verurteilt worden war. Er war überrascht, denn wie die meisten hatte auch er den Bericht über Dreyfus' Geständnis als die offizielle Version akzeptiert. Herrs Einfluß war jedoch überzeugender. »Er lenkte unsere Gedanken und unser Gewissen«, schrieb Blum. »Er erkannte die Wahrheit so klar, daß er sie ohne Mühe mitteilen konnte.«

Auch andere Männer, die dabei gewesen waren, als Gambetta die Dritte Republik gründete, und für die die Prinzipien, die sie verkörperte, heilig waren, hatten ein ungutes Gefühl. Zwei von ihnen traten in der Folgezeit besonders hervor: Senator Ranc, ein führender Radikaler und Mitglied der ersten Regierung der Republik, und der jüngere Joseph Reinach, der im Alter von zwanzig Jahren Gambettas Chefsekretär gewesen war. Als Neffe und Schwiegersohn des seit dem Panamaskandal berüchtigten Baron de Reinach war er besonders empfindlich, aber es war weniger die Sympathie für den anderen Juden als vielmehr die Sorge um die Justiz in Frankreich, die das Motiv seines Handelns bildete. Sie fanden ihren Anführer in einem Mann, der allgemeine Anerkennung genoß: Senator Scheurer-Kestner, Vizepräsident des Senats, einer der Mitbegründer der Republik und der ehemalige Herausgeber von Gambettas Zeitung *La République Française*. Als geborener Elsässer, der sich nach 1871 für Frankreich entschieden hatte, war er auf Lebenszeit zum Senator gewählt worden und galt als die Verkörperung der verlorenen Provinz. Als ein Reporter von *La Libre Parole* ihn wegen eines Interview aufsuchte und sich in einem Sessel niederließ, »hätte selbst der Herzog von Saint-Simon nicht empörter sein können«, so hieß es, als der Senator Scheurer-Kestner, der außer sich war, daß es jemand von dieser Zeitung überhaupt gewagt hatte, sein Haus zu betreten. Er war entsetzt, als er erfuhr, daß die Armee Beweisstücke unterschlagen hatte, die die Unschuld des Mannes auf der Teufelsinsel dokumentierten und Esterhazy als den wirklichen Autor des Dokuments, aufgrund dessen Dreyfus verurteilt worden war, entlarvten.

Diese Beweisstücke waren von einem Armeeoffizier, dem Obersten Picquart, entdeckt worden, der wenige Monate nach der Verurteilung von Dreyfus zum Leiter der Spionageabwehr ernannt worden war. Als er dem Chef und dem Vize des Generalstabs, den Generälen Boisdeffre und Gonse, seine Ergebnisse unterbreitete, stieß er auf einen Wall eisiger Ablehnung, sowohl was die Verfolgung Esterhazys als auch die Freilassung Dreyfus' anging. Als Picquart hart blieb, fragte Gonse ihn, warum er denn einen solchen Wirbel darum mache, Dreyfus von der Teufelsinsel zurückzuholen.

»Aber, Herr General, der Mann ist doch unschuldig«, erwiderte Picquart. Man machte ihm jedoch klar, daß das völlig ›unwichtig‹ sei und daß der Fall keineswegs erneut aufgerollt werden könne, weil der General Mercier darin verwickelt und das Beweismaterial gegen Esterhazy nicht stichhaltig genug sei. Als Picquart andeutete, daß die Angelegenheit wesentlich unangenehmer ausgehen könnte, falls die Familie Dreyfus, von der man wußte, daß sie Nachforschungen anstellte, die Wahrheit ans Licht bringen würde, antwortete Gonse: »Wenn Sie nichts sagen, wird niemand etwas davon erfahren.«

Picquart starrte ihn ungläubig an. »Aber das ist ja ungeheuerlich, Herr General. Ich werde jedenfalls mein Geheimnis nicht mit ins Grab nehmen!« rief er aus und verließ das Zimmer. Picquart handelte zu diesem Zeitpunkt wie auch während des gesamten späteren Verlaufs der Affäre aus einem rein abstrakten Respekt vor der Gerechtigkeit, nahm dabei ein erhebliches Risiko bezüglich seiner Karriere auf sich, hatte keinerlei persönliche Motive, keine alten Rechnungen zu begleichen, kein Bedürfnis nach öffentlichem Ruhm, wie andere, spätere Akteure in der Affäre es an den Tag legten, war durch und durch Soldat und in seiner Diensterfüllung so loyal und gehorsam wie nur irgendein anderer Offizier. Im Grunde genommen war er sogar antisemitisch eingestellt, und bei einer Gelegenheit, als er Reinach, der Reserveoffizier war, bei einem Manöver seinem Stab angegliedert werden sollte, hatte er sich geweigert und gesagt: »Ich mag keine Juden.« Dreyfus bedeutete ihm kein Jota mehr als Reinach. Es war allein die Tatsache, daß die Armee wissentlich die ungerechte Behandlung eines Unschuldigen duldete, die er nicht verwinden konnte. Als er in seinem Drängen nicht nachließ, wurde er zu einem Infanterieregiment in Tunesien versetzt. Da er der Gehorsamspflicht der Armee unterlag, konnte er keine öffentliche Erklärung abgeben, aber es gelang ihm während eines Urlaubs für kurze Zeit nach Paris zurückzukehren, und bei dieser Gelegenheit informierte er einen Freund, einen Rechtsanwalt, über den wahren Sachverhalt und hinterlegte bei ihm ein versiegeltes Kuvert mit seinem Bericht, der im Falle seines Todes dem Präsidenten der Republik übergeben werden sollte. Als seine Enthüllungen bekannt wurden, beorderte man ihn nach Frankreich zurück, verhaftete ihn, klagte ihn an und verurteilte ihn wegen ungehörigen Betragens, stieß ihn aus der Armee aus, verhaftete ihn ein zweites Mal und verurteilte ihn zu einem Jahr Gefängnis.

In der Zwischenzeit hatte sein Anwalt die Information an Scheurer-Kestner, mit dem er eng befreundet war, weitergegeben. Dieser teilte die Fakten unverzüglich der Öffentlichkeit mit, informierte seine Kollegen im Senat über die Unschuld Dreyfus' und forderte eine erneute Gerichtsverhandlung. Er intervenierte bei der Regierung, bedrängte den Kriegs- und den Justizminister und suchte wiederholt den Ministerpräsdenten und den Staatspräsidenten auf. Diese verzögerten die Angelegenheit und vertrösteten ihn mit dem Versprechen, daß ›Untersuchungen‹ stattfinden würden. Im Mai 1898, also in acht Monaten, standen die Parlamentswahlen bevor. Ein Revisionsverfahren hätte einen wütenden Aufschrei der aggressiven Presse und eine öffentliche Untersuchung der Armeepraktiken, die, wenn erst einmal begonnen, alles möglich nach sich ziehen konnte, zur Folge gehabt und konnte sich sowohl auf das Verhältnis zu Rußland, mit dem Frankreich kurz zuvor erst ein Militärbündnis abgeschlossen hatte, wie auch auf das zu Deutschland in unerwünschter Weise auswirken. Diese Probleme der Innen- und Außenpolitik wogen schwerer als die Frage der Gerechtigkeit für einen Mann auf einer weit entfernten Felseninsel; außerdem war das Wesen der Gerechtigkeit für Männer, die ihr Amt behalten wollten, nicht immer so klar erkennbar, wie für diejenigen, die draußen standen. Die Minister ließen sich von den Angehörigen des Generalstabes, und zwar aufgrund des von Major Henry gefälschten Briefes, dessen Echtheit zu bezweifeln sie keinen Anlaß hatten, davon überzeugen, daß Dreyfus trotz allem schuldig sein mußte und daß Esterhazy möglicherweise sein Komplize oder lediglich eine unerfreuliche Komplikation der gesamten Angelegenheit darstellte, die jedoch die fürchterliche Turbulenz einer Wiederaufnahme des Verfahrens in keinem Fall rechtfertigte.

Scheurer-Kestner schlug vergeblich Alarm. Daraufhin veröffentlichte er einen Brief in *Le Temps*, in dem er die Öffentlichkeit davon in Kenntnis setzte, daß Dokumente vorhanden waren, »die beweisen, daß Hauptmann Dreyfus nicht der Schuldige ist«, und forderte eine offizielle Untersuchung des Kriegsministeriums, »um den wirklichen Schuldigen zu finden«.

Zur gleichen Zeit veröffentlichte *Le Figaro* einige Briefe Esterhazys, davon einen in Faksimile, an eine verflossene Geliebte, die während der Boulangisten-Ära geschrieben worden waren und auf schockierende Weise eine tiefe Verachtung für sein Heimatland offenbarten. »Wenn man mir heute sagte, daß ich morgen als Hauptmann der Ulanen im Kampf gegen die Franzosen fallen würde, dann wäre ich vollkommen glücklich«, hatte er geschrieben und den Wunsch hinzugefügt, er möchte Paris »unter der roten Sonne der Schlacht fallen und der Plünderung durch 100 000 betrunkene Soldaten preisgegeben sehen«. Dieser außergewöhnliche, giftige und haßerfüllte Ausfall gegen Frankreich in der gleichen Handschrift wie das *bordereau*, aufgrund dessen Dreyfus verurteilt worden war, erschien den Dreyfusanhängern wie ein Wunder. Das *bordereau* war ein Dokument, das aus dem Papierkorb des deutschen Militärattachés entwendet worden war, und den ursprünglichen Beweis für den Tatbestand des Landesverrats dargestellt hatte. Es war eine Liste der erhaltenen Information.

Sie glaubten ihre Schlacht gewonnen, aber sie mußten erfahren, wie Reinach schrieb, »daß die Gerechtigkeit nicht vom Himmel herunterfällt, sondern erobert werden muß«. Die Zeitungen der Rechten bezeichneten die Briefe sofort als Fälschungen, die das ›Syndikat‹ fabriziert habe. Esterhazy selbst, ein verschuldeter Glücksspieler und Börsenspekulant, ein eleganter und gewitzter Schurke, der mit der Tochter eines Marquis verheiratet war, ein Mann von kränklichem und bleichem Aussehen mit einer gekrümmten Nase, einem breiten schwarzen Magyarenschnurrbart, den »Händen eines Straßenräubers« und dem Gehabe eines »eleganten und verräterischen Zigeuners oder einer großen Wildkatze, wachsam und vollkommen selbstbeherrscht«, wie ein Beobachter schrieb, wurde von der nationalistischen Presse in einen Helden verwandelt, und seine Unschuld zu einem Glaubenssatz erhoben.

Im gleichen Maße wurde Scheurer-Kestner geschmäht und beschimpft und die Öffentlichkeit aufgerufen, am Tage, an dem er seine Erklärung im Senat abgeben sollte, zu demonstrieren. Hochgewachsen, aufrecht, bleich, mit hoher Denkerstirn, weißem Bart und der strengen Haltung eines Hugenotten aus dem 16. Jahrhundert ging er gemessenen Schritts zum Rednerpult, so als besteige er das Schafott. Draußen in dem nebligen Winternachmittag stand die Menge Kopf an Kopf im Jardin de Luxembourg und johlte gegen einen Mann, von dem sie nichts wußte und den sie nicht kannte. Er trug den feindselig eingestellten Senatoren seinen Appell an die Vernunft mit langsamer, schleppender Stimme vor, immer wieder von den Buhrufen und dem beleidigenden Gelächter im Haus unterbrochen. Als er die Senatoren daran erinnerte, daß er der letzte Vertreter Elsaß-Lothringens sei, was sie zu jeder anderen Zeit beeindruckt hätte, stieß er auf eine Wand eisigen Schweigens, und als er geendet hatte, folgten ihm die haßerfüllten Blicke auf seinem Weg vom Rednerpult zu seinem Platz. Einen Monat später fiel er bei der jährlichen Wahl der Senatsoffiziellen als Kandidat für das Amt des Vize-

präsidenten durch und verlor ein Amt, das er beinahe seit Bestehen der Republik inne gehabt hatte.
Sein Kampf veranlaßte jedoch Clemenceau, den Schrecken der Regierung, den *homme sinistre*, wie die Konservativen ihn nannten, der in der Debatte, als Journalist, in der Unterhaltung und als Duellant gefürchtet war, ihm seine kraftvolle Unterstützung zu gewähren. Anläßlich der Panama-Affäre hatte Clemenceau mit Paul Déroulède und anläßlich der Affäre Dreyfus mit Drumont ein Duell ausgetragen. Er hatte Medizin studiert, daneben war er aber auch Theaterkritiker und förderte die Dramen Ibsens, war ein alter Freund Claude Monets, dessen Werk, wie er 1895 schrieb, die Augen der Menschen »auf eine subtilere und erhabenere Vision der Welt lenkte«. Er hatte Toulouse-Lautrec beauftragt, eines seiner Bücher zu illustrieren, und Gabriel Fauré, zu einem seiner Theaterstücke die Musik zu schreiben. »Allein die Künstler sind auf dem richtigen Weg«, sagte er gegen Ende seines Lebens. »Vielleicht vermögen sie, der Welt ein wenig Schönheit zu geben; ihr Vernunft beizubringen ist ein unmögliches Unterfangen.«
Durch die Panama-Affäre hatte er sein Amt und sein Parlamentsmandat verloren. Als man ihn im Falle Dreyfus durch die Fakten überzeugte, erkannte er augenblicklich die Umrisse einer großen Affäre und griff zu, wobei er diese jedoch keineswegs ausschließlich als ein Instrument seiner politischen Ambitionen betrachtete. Für Clemenceau war die Bedrohung durch Deutschland der dominierende Faktor des politischen Lebens. »Wer«, so fragte er, über Esterhazys Vision von den preußischen Ulanen, die die Franzosen mit dem Säbel niedermachen, entsetzt, »wer von unseren Führern hat zu diesem Mann Verbindung gehabt? Wer schützt Esterhazy? ... Wem ist das Leben der französischen Soldaten und die Verteidigung Frankreichs ausgeliefert worden?« Nach Deutschland kam der Antiklerikalismus. »Die französische Armee ist in den Händen der Jesuiten ... Hier liegt die Wurzel des gesamten Dreyfus-Falles.« Jeden Tag schrieb, focht und stritt er in *L'Aurore* für die Sache der Revision und verfaßte in den nun folgenden 109 Tagen 102 Artikel und im Laufe der nächsten drei Jahre wurden es fast 500; genug, um fünf Bände zu füllen. Aus allen sprach die Sorge um die Gerechtigkeit. »Es gibt keinen Patriotismus ohne Gerechtigkeit ... Sobald die Rechte eines einzelnen Individuums verletzt werden, sind unser aller Rechte in Gefahr ... Die wahren Patrioten sind wir, die wir für die Gerechtigkeit kämpfen und Frankreich vom Joch der goldverbrämten Unfehlbarkeit befreien wollen.«
Die Dreyfus-Affäre schwemmte jedoch auch Opportunisten hoch. Urbain Gohier, ein Ex-Monarchist, der nun vorgab Sozialist zu sein, geißelte in *L'Aurore* die Armee. Ihre Offiziere seien »Generale des Debakels«, »Kaiserlicks«, die nichts anderes als »Kampf und Niederlage kennen« und außer über Frankreich keinen Sieg zu erringen imstande waren, die »Kavallerie

Sodoms«, die sich ein Gefolge von Frauenzimmern aushielt. »Die eine Hälfte Frankreichs schleudert Beleidigungen gegen die andere Hälfte«, schrieb die in Frankreich geborene Prinzessin Radziwill, geborene de Castellane, besorgt aus Berlin. Sie war mit dem Prinzen Anton Radziwill, dem preußischen Mitglied einer internationalen Familie polnischen Ursprungs verheiratet, der »es liebte, englisch zu sprechen, während sein Bruder, ein Russe, französisch sprach«. Sie hatte es sich zur Aufgabe gemacht, für das Ziel der deutsch-französischen Annäherung zu wirken. »Niemand kann voraussehen, wie das enden wird«, fuhr sie in ihrem Brief fort, »aber es kann nicht auf diese Weise weitergehen, ohne daß sich ernsthafte moralische Gefahren ergeben.«

Die Gefahr war nicht nur eine moralische. Deutschland beobachtet den internen Konflikt Frankreichs, der die Aufmerksamkeit der Franzosen völlig in Anspruch nahm, auf das genaueste. Die wiederholten deutschen Dementis einer Verbindung zu Dreyfus waren weniger im Interesse der Gerechtigkeit ausgesprochen worden als vielmehr um die französische Zwietracht noch zu vergrößern. In dem sicheren Bewußtsein seiner Schuldlosigkeit zögerte der Kaiser nicht, seine Besucher und könglichen Verwandten davon in Kenntnis zu setzen, daß in Frankreich ein Unschuldiger verurteilt worden war. Dies machte die Runde durch den gesamten europäischen Hochadel. 1897, als der Fall noch nicht zu einer Affäre geworden war, sagte Graf Witte, der führende russische Minister, zu einem Mitglied der französischen Mission: »Ich sehe im Augenblick nur eines, das Ihrem Lande große Schwierigkeiten bringen könnte, und das ist die Geschichte mit diesem Hauptmann, der vor drei Jahren unschuldig verurteilt worden ist.«

Dieses Postulat von der Unschuld Dreyfus', das man in St. Petersburg so einfach als gegeben hinnahm, wurde in der französischen Abgeordnetenkammer von einem ernsthaften und ehrenwerten Mann mit hohen Idealen auf das leidenschaftlichste zurückgewiesen. Für den Grafen Albert de Mun hatte die Frage von Dreyfus' Schuld oder Unschuld eine andere Dimension angenommen; nicht anders wie der Wein und das Brot des Sakramentes hatte sich ihre Beschaffenheit verändert. Der Glaube, daß Dreyfus schuldig sei, war für ihn gleichbedeutend mit dem Glauben an Gott.

Die Fusion dieser beiden Gedanken beruhte auf dem unablässigen Krieg zwischen der Kirche und der Republik und ist nur vor diesem Hintergrund zu erklären. Seit der Revolution war die Kirche in der Defensive gegen das Ziel der Republik, »die Menschheit ohne Gott und ohne Königreich zu organisieren«, wie Jules Ferry es ausdrückte. Die religiösen Orden leisteten den Versuchen der Republik, sie aus der beherrschenden Position im Erziehungswesen zu entfernen, erbitterten Widerstand. Sie setzten ihre Hoffnungen auf jene Kreise, die eine Restauration der katholischen Monarchie anstrebten. Das fixierte die Position der Kirche in Frankreich im Rahmen der

Affäre. Sie war der Verbündete der Armee sowohl ihrer eigenen Intentionen wie auch der republikanischen Propaganda wegen, die stets das ›Schwert mit dem Weihrauchfaß‹ in Verbindung brachte. Die Republik sah in den Jesuiten den militanten und aggressiven Generalstab des Klerikalismus, der die Fäden der Dreyfus-Affäre zog. Der Führer der Jesuiten, Pater du Lac, war der Beichtvater sowohl General Boisdeffres als auch des Grafen de Mun, und sie galten als seine Sprachrohre.

Für Papst Leo XIII., der die Situation aus der Entfernung betrachtete, schien es durchaus im Bereich des Möglichen, daß die Republik sich als beständig erweisen würde. Nach dem Zusammenbruch des Boulanger-Coups glaubte er nicht mehr an die ernsthafte Möglichkeit der Restauration der Monarchie. Außerdem benötigte er die Unterstützung Frankreichs in seiner Auseinandersetzung mit dem italienischen Staat. In seiner Enzyklika von 1892 drängte er die französischen Katholiken, sich mit der Republik auszusöhnen, sie zu unterstützen, sie zu unterwandern und schließlich unter ihre Kontrolle zu bringen, eine Politik, die den Namen *Ralliement* erhielt. Die progressiven Katholiken sammelten und verbündeten sich, andere taten dies nicht, und die Linke stand der ganzen Politik mit Mißtrauen gegenüber. »Sie akzeptieren die Republik«, sagte Léon Bourgeois, der Führer der Radikalen bei einer Versammlung der *Ralliés*. »Sehr gut. Aber akzeptieren Sie auch die Revolution?« De Mun gehörte zu denjenigen, die sie nie akzeptiert hatten.

Als de Mun mitten in der Affäre Dreyfus den Höhepunkt einer französischen Karriere – die Aufnahme in die Académie Française – erreichte, wählte er die Gegenrevolution zum Thema seiner Ansprache. Die Revolution, so führte er aus, sei »der Grund und die Ursache allen Übels dieses Jahrhunderts«; sie war »die Auflehnung der Menschen gegen Gott«. Er glaubte, die alten Ideale und Ideen würden »mit unwiderstehlicher, evolutionärer Kraft in unsere Tage zurückkehren« und die »gesellschaftliche Konzeption des 13. Jahrhunderts wieder aufleben« lassen. Die Wunden der sozialen Ungerechtigkeit zu heilen, unter der die arbeitenden Klassen hatten leiden müssen, und die Massen, die sich von der Kirche entfernt hatten, zurückzuführen, das waren die Hauptziele seiner politischen Tätigkeit gewesen.

Als junger Kavallerieoffizier in Saint-Cyr hatte de Mun das Leben und die Sorgen der Armen aus erster Hand kennengelernt, als er sich in seiner Garnisonsstadt an der karitativen Arbeit der Gesellschaft des heiligen Vinzenz von Paul beteiligte. Während des Kommuneaufstandes sah er als Adjutant General Galliffets, der die Bataillone kommandierte, die auf die Aufständischen schossen, wie ein Mann sterbend auf einer Bahre hereingebracht wurde. Die Wache bemerkte, das sei einer der ›Aufrührer‹, woraufhin sich der Mann mit letzter Kraft aufrichtete und rief: »Nein, Ihr seid die Aufrührer!« und starb. In der Urgewalt dieses Aufschreis, der gegen ihn, gegen seine

Uniform, seine Familie und seine Kirche gerichtet war, erkannte de Mun die Ursache des Bürgerkrieges und hatte sich gelobt, diesen Riß heilen zu helfen. Er machte die »Gleichgültigkeit der Bourgeoisie und den grimmigen Haß der Gesellschaft auf die arbeitende Klasse« für den Aufstand der Kommune verantwortlich. Die wirklich Schuldigen, so hatte ihn einer der St.-Vinzenz-Brüder belehrt, sind »Sie, die Reichen, die Großen, die Glücklichen des Lebens, die an den Menschen vorbeigehen, ohne sie wahrzunehmen«. Um die Menschen zu finden und zu erkennen, hatte de Mun unter den Armen gewirkt. »Es genügt nicht, das Übel und seine Ursache zu erkennen«, sagte er. »Wir müssen uns unserer Verantwortung bewußt werden und eingestehen, daß die Gesellschaft ihre Pflicht gegenüber der arbeitenden Klasse vernachlässigt hat.« Er beschloß, sich der Politik zuzuwenden, aber seine Kandidatur für die Kammer und seine Aktivität waren von der Armee nicht gern gesehen. Vor die Entscheidung gestellt, gab de Mun sein Patent zurück und zerbrach seinen Degen.

Aber auch in der Kammer bewahrte er sich seine Liebe für die Armee, und sie war das Thema seiner glänzendsten Reden. Sie waren erfüllt von dem Feuer missionarischen Eifers und belebt durch den meisterlichen Elan eines brillanten Redners; de Mun wurde bald darauf nur noch *le curassier mystique* genannt. Da er die sorgsam gepflegte Kunst des gesprochenen Wortes zu so hoher Perfektion entwickelt hatte, galt er als der hervorragendste Wortführer seiner Partei, als der ›Jaurès der Rechten‹. Schon rein äußerlich verlangte seine hoch aufragende Gestalt Achtung und Respekt; wenn er sich erhob und das Wort ergriff, gaben ihm seine sparsame Gestik und sein vornehmes Auftreten sogleich das Gewicht einer Autorität ohnegleichen. Aus ihm sprach die Kraft der Überzeugung, und er modellierte seine Sätze ganz bewußt; mit seiner Stimme spielte er wie auf einer Geige, sonor und vibrierend, oder mit einem gedämpften Tremolo, in langen harmonischen Perioden, plötzlich abbrechend und mit einer überraschenden Kadenz schließend. De Muns Rededuelle mit seinen beiden Hauptgegnern – Clemenceau und Jaurès – waren hochdramatische Ereignisse voller Spannung und stilistisch so hervorragend, daß sie die Zuhörer anzogen wie eine Vorstellung mit Sarah Bernhardt.

Wenngleich die alte Garde de Mun auch vorwarf, er sei ein Sozialist, fördere subversives Gedankengut und erschüttere die festgefügte Ordnung, so war er doch in wesentlichen Zügen seiner Klasse gegenüber loyal. Er hatte Boulanger unterstützt und war bis 1892 ein so glühender Royalist gewesen, daß der Graf de Chambord (der letzte bourbonische Kronprätendent, ein Enkel Karls X., der sich Henri V. nannte und 1883 starb) der Pate eines seiner Kinder war. Als Leo XIII. jedoch zum *Ralliement* aufrief, schwor de Mun der royalistischen Politik – wenn nicht gar seinen royalistischen Sentiments – ab und wurde zum Führer der *Ralliés*, obwohl die meisten der französischen Royalisten zunächst wie betäubt waren und anschließend gegen diese Politik rebellierten. Sein Ziel war zwar die soziale Gerechtigkeit, aber trotzdem lehnte er den Sozialismus ab wegen der »Verneinung der Autorität Gottes«, während »wir seine Autorität bestätigen«; »der Sozialismus behauptet, die Menschen seien unabhängig, wir lehnen diesen Standpunkt ab ... Der Sozialismus ist die Revolution der Logik und wir sind die Gegenrevolution. Es gibt keine Gemeinsamkeit und keine Möglichkeit, liberal zu sein.«

In seinen Worten wurde der Abgrund zwischen beiden Weltanschauungen deutlich, und seine persönliche Stellungnahme für die eine Seite war unvermeidlich. Das führte während der Affäre Dreyfus dazu, daß er sich mit Straßenräubern liieren und mit den Mitteln, die Drumont bestimmte, kämpfen mußte. De Mun hatte das ›Syndikat‹ bei der ersten Debatte in der Kammer über die Affäre erwähnt. »Was ist das für eine mysteriöse, geheime Macht«, fragte er, wobei er Reinach fixierte, »die stark genug ist, das gesamte Land in Ungemach zu stürzen, so wie es in den letzten Wochen geschehen ist, und die Führer der Armee dem Zweifel und dem Verdacht auszusetzen, wo jene« – und hier hielt er inne, als drohten seine Gefühle ihn zu überwältigen, »wo jene unser Land eines Tages vielleicht gegen den Feind führen müssen. Dies ist keine politische Frage. Hier geht es nicht um Freunde oder Gegner der Regierung; hier gibt es nur Franzosen, die darum ringen, ihr kostbarstes Gut zu verteidigen und zu erhalten ... die Ehre ihrer Armee.«

Seine stolze Haltung und das erregende Vibrato seiner Stimme riß die Abgeordneten von ihren Sitzen, und sie spendeten stürmischen Beifall. Reinach hatte das Gefühl, als sei die gesamte Kammer von einer alles beherrschenden, emotionalen Woge erfaßt und zu keiner rationalen Überlegung mehr fähig. »Ich spürte über meinem Haupt den Haß von dreihundert hypnotisierten Zuhörern und wagte mich nicht zu rühren; ein Wort, eine Bewegung konnte diesen Wahnsinn in eine Raserei der Wut verwandeln. Wie kann man gegen einen Wirbelsturm ankämpfen?« Jaurès blieb stumm und viele auf der linken Seite des Hauses applaudierten »aus einem Enthusiasmus heraus, der aus der Furcht geboren ist«. De Mun forderte von der Regierung gebieterisch eine unmißverständliche Erklärung, in der die Schuld Dreyfus' bestätigt wurde. Der Kriegsminister General Billot kam diesem Verlangen nach und erklärte »feierlich und in aller Form, als Soldat und Oberbefehlshaber der Armee, daß ich an die Schuld Dreyfus' glaube«. Der Ministerpräsident folgte mit einem Appell an alle guten Franzosen, die Regierung im Interesse des Landes und der Armee, die »mit solchen Schwierigkeiten zu kämpfen hat und von solch heftigen Ausbrüchen der Leidenschaft bedrängt wird« zu unterstützen. Das Ausmaß dieser Leidenschaften wurde jedermann klar, als es zu einem Duell zwischen Reinach und dem

Sozialisten Alexandre Millerand kam, der in beispielloser Weise der Regierung zur Hilfe eilte und die Anklagen der Dreyfusanhänger gegen die Armee öffentlich als ›illoyal‹ rügte.
Außer de Mun gab es noch andere Angehörige des Adels in der Kammer, allerdings standen sie als Royalisten in der Opposition. Sie nahmen keinen Anteil an den laufenden Regierungsfragen der Republik. Unter ihnen befand sich der Herzog de la Rochefoucauld, der den älteren Adel aus der Zeit vor dem Kaiserreich repräsentierte; sein Reichtum basierte auf Pommery-Sekt und Singer-Nähmaschinen, und als Vorsitzender des Jockey-Club galt er als der anerkannte Führer des *gratin*, der Spitze der französischen Gesellschaft. Außerdem war da noch der Marquis de Breteuil, der einen Distrikt der Hautes-Pyrénées vertrat, und sein Freund der Graf de Greffulhe, dessen gelber Bart und teils majestätisches, teils manieriertes Gehabe ihm den Flair einer Persönlichkeit von besonderem Rang verlieh. Er war einer der reichsten Männer Frankreichs, und seine Gattin galt als die schönste Frau der Gesellschaft; das Paar hatte Marcel Proust als Vorbild für seine Gestalten des Herzogs und der Herzogin de Guermantes gedient. Graf Boni de Castellane, der Dandy und Arbiter in Fragen des Geschmacks in seinem Kreis, gehörte ebenfalls der Kammer an. Er war groß, schlank, hatte einen rosigen Teint, blaue Augen und eine schmalen, gepflegten Schnurrbart. Er war mit der etwas starrköpfigen amerikanischen Erbin Anna Gould verheiratet und hatte sich mit ihrer Mitgift einen Marmorpalast gebaut, der kostbare Antiquitäten enthielt und die Perfektion dessen, was mit Geld zu erreichen war, darstellte. Bei der Gesellschaft anläßlich der Eröffnung seines Hauses hatte er einen Diener in roter Robe am Fuße der Treppe postiert und als der Großherzog Wladimir ihn fragte: »Wer ist denn der Kardinal da drüben?«, antwortete der Gastgeber: »Oh, der steht nur da, um einen farbigen Kontrast zu dem Marmor abzugeben.« Graf Bonis Urteil über die Affäre lautete, daß die Juden »in ihrem taktlosen Bestreben, einen Glaubensbruder zu retten«, den gerichtlichen Prozeß in arroganter Weise störten und gleichzeitig oder abwechselnd Dreyfus »als Vorwand für ihre Kampagne gegen die Armee benutzen, was ohne Zweifel seinen Ursprung in Berlin hat«. In keinem Fall »kann ich sie unterstützten«. Das war die allgemeine Ansicht des *gratin*, der, nach den Worten eines seiner vornehmsten Abtrünnigen, des Marquis de Galliffet, »immer noch nicht versteht, was eigentlich vorgeht«.
Einige von ihnen hatten auf literarischem oder auf anderen Gebieten Lorbeeren errungen. Der Graf Robert de Montesquiou, ein Ästhet von hohen Graden, der eine luxuriöse Verschwendung mit lavendel- und goldfarbener Seide betrieb, schrieb umfangreiche symbolistische Gedichte und war sowohl für Proust als auch für Huysmans die Verkörperung der Dekadenz und das Vorbild für ihre Gestalten des Baron de Charlus und des Baron de Esseintes.

Montesquiou war das, was Oscar Wilde gerne gewesen wäre, hätte er mehr Geld, weniger Talent und weniger Humor gehabt. Der Prinz de Sagan, ein anderer bekannter Päderast, der stets eine frische Blume im Knopfloch trug und seinen Schnurrbart immer vorschriftsmäßig wichste, wetteiferte mit seinem Neffen, dem Grafen Boni, um die Ehre des Hohepriesters der Eleganz und focht mit Abel Hermant, in dessen satirischen Romanen über das Leben der ausschweifenden Reichen er sich persönlich angegriffen fühlte, ein Duell aus. Die Komtesse Anna de Noailles verfaßte Gedichte und schwebte in ihren langen weißen Gewändern »wie ein Geist, der zu schön ist, um wahr zu sein«, durch die Räume ihres Hauses. Bei ihren Gesellschaften hatte sich alle Aufmerksamkeit auf sie zu konzentrieren. Sie kümmerte sich recht wenig um ihre Gäste, »sie lächelte lediglich, wenn sie ankamen, und seufzte, wenn sie sich verabschiedeten«. Der Graf de Vogüé, ein Romanschriftsteller und Mitglied der Akademie, beeinflußte die französische Literatur durch seine Studien über Turgenew, Tolstoi und Dostojewski, die die Franzosen mit den Werken dieser bedeutenden russischen Dichter bekannt machten.

Dies waren die hervorragenden Vertreter; die Masse der übrigen rund tausend Angehörigen des *gratin* zeichnete sich in der Hauptsache, wie einer von ihnen es beschrieb, durch das »sichere Bewußtsein ihrer Überlegenheit, die trotz des scheinbaren Gegenteils dennoch vorhanden war«, aus. Graf Aimery de la Rochefoucauld war wegen »der beinahe fossilen Starrheit seiner aristokratischen Vorurteile« bekannt. Empört über die unmöglichen protokollarischen Formen in einem bestimmten Haus sagte er zu einem Freund seiner eigenen Gesellschaftsschicht: »Komm, wir gehen und unterhalten uns auf dem Heimweg über Rangfragen.« Über den Herzog de Luynes bemerkte er, daß dessen Familie »im Jahre 1000 ein Niemand war«. Der Herzog d'Uzès war vom gleichen Schlag; einer seiner Vorfahren hatte dem König, als dieser sich darüber verwundert zeigte, daß noch niemand aus der Familie Marschall von Frankreich gewesen war, geantwortet: »Sire, meine Ahnen fielen stets zu früh in der Schlacht.«

Der *gratin* war nicht sehr gastfreundlich; einige der Familien »boten ihren Freunden noch nicht einmal eine Limonade an«, ganz gleich wie reich sie waren. Die Herren betrachteten sich als die einzigen Vertreter ihres Geschlechts, die sich anzuziehen wußten, sich in der Liebe auskannten, und sie tauschten die kleinen Beweise der Zuneigung berühmter Kurtisanen untereinander aus. Sie folgten den Anweisungen höhergestellter Mitglieder ihrer Klasse und waren in ihrem Auftreten und ihrem Benehmen fanatisch anglophil. Die Greffulhes und die Breteuils waren eng mit dem Prinzen von Wals befreundet, *le betting* war die große Mode in Longchamps, in Chantilly fand *le Derby* und in Auteuil *le steeple-chase* statt. Ein unerwünschtes Mitglied im Jockey-Club war eine *black-boulé,* und Charles Haas, das

Vorbild für die Gestalt des Swann, hatte ein ›Mr.‹ auf seine Visitenkarte drucken lassen.

Im Château des Herzogs von Luynes in Dampierre fand ein englischer Besucher einen Anstrich von Modernität durch die Autos, den Billardsaal und im Geschnatter der Damen, »aber unter dieser dünnen Glasur tut sich die Leblosigkeit des Toten Meeres auf. Sämtliche Bücher sind in die Bibliothek außerhalb des Hauses hinter Schloß und Riegel verbannt. Im Haus selbst gibt es weder ein Buch, noch eine Zeitung, noch Schreibpapier und nur eine einzige Feder.« Die beiden Schwestern, die Herzoginnen de Luynes und de Brissac, und deren Freundin, die Gräfin de Vogüé, die alle Mutterfreuden entgegensahen, waren »herrliche Geschöpfe« und sehr angenehme Gesprächspartnerinnen, solange man sich über nichts anderes als über Sport mit ihnen unterhielt. Der Gastgeber war der Oberkammerherr des damaligen Kronprätendenten. Diese Gesellschaft bestand »aus Kindern, die in ihrer geistigen Entwicklung zurückgeblieben sind und die Juden, die Amerikaner, die Gegenwart, die letzten beiden Jahrhunderte, die Regierung, die Zukunft und die Kunst hassen«.

Nach republikanischem Gesetz waren sämtliche Kronprätendenten des Landes verwiesen. Die Hoffnungen der Bonapartisten konzentrierten sich auf Prinz Victor Napoleon, einen Enkel Jérome Bonapartes, während die Sympathien der Legitimisten bei einem Enkel Louis-Philippes, dem Grafen von Paris, lagen, von dem Thiers gesagt hatte: »Von weitem macht er den Eindruck eines preußischen Offiziers und aus der Nähe den eines Schwachsinnigen.« Nach seinem Tode trat sein Sohn, der Herzog von Orléans, die Nachfolge an, ein etwas wirrköpfiger junger Mann, der im Jahre 1890 eines Tages in seiner forschen Art in Frankreich auftauchte und seine feste Absicht kundtat, »er wolle *la gamelle* (etwa: das Mistschicksal) der französischen Soldaten teilen«, das heißt, er wollte seinen Wehrdienst ableisten. Da seine Romanze mit der Primadonna Nellie Melba ihn ebenfalls zum Stadtgespräch machte, war er bald unter dem wenig ehrerbietigen Spitznamen ›Gamelba‹ bekannt, den Rochefort geprägt hatte. Vor der Affäre Dreyfus schien seine Sache völlig aussichtslos; aber die Affäre war für die Royalisten ein neuer Kristallisationspunkt, neue Hoffnung und erneuter Auftrieb, außerdem fanden sie in den Antisemiten neue Verbündete und neue Kraft. Der Antisemitismus wurde in der Gesellschaft modern, wenn er auch mit einigen unerwünschten Nebenerscheinungen verbunden war, denn damit ergab sich für die Parvenüs eine Möglichkeit, sich den Zugang zu der Gesellschaft zu erzwingen, je nach dem Grad, in dem sie sich für die neue Sache engagierten. »Diese ganze Dreyfus-Geschichte ruiniert die Gesellschaft«, beklagte sich der Baron de Charlus, und die Herzogin de Guermantes fand es »absolut unerträglich«, daß alle Leute, um die man sein Leben lang einen Bogen gemacht hatte, nun akzeptiert wurden, nur weil sie jüdische Geschäftsleute boykottierten und Sonnenschirme mit der Aufschrift ›Nieder mit den Juden‹ herumtrugen.

Der *gratin* spielte weder innerhalb der Regierung noch im kulturellen Leben eine Rolle, sondern bildete lediglich den Hintergrund, das Motiv, das Stimulans und die finanzielle Rückendeckung der Reaktion. Der einzige wirkliche Führer, der während der Affäre aus ihren Reihen hervorging, war de Mun. Er hatte die Regierung dazu gezwungen, Zola wegen Verleumdung der Armee in seinem offenen Brief *J'accuse* gerichtlich zu verfolgen, und hatte damit die Kausalkette ausgelöst, die den Fall zu einer Sache der gesamten Nation machte und nun nicht mehr auf einen kleinen Kreis von Beteiligten begrenzt werden konnte. Hätte die Regierung nach ihren eigenen Vorstellungen handeln können, wäre es nie zu einem derartigen Schritt gekommen, denn man wollte die Diskussion, die Zeugenaussagen und vor allem die Kreuzverhöre möglichst vermeiden. Aber unter der Führung de Muns hatte die Rechte in ihrem Zorn Rache gefordert und das Gewicht seiner Autorität hatte ihre Wirkung nicht verfehlt. Da niemand vom Kriegsministerium in der Kammer war, um auf die Angriffe Zolas zu antworten, verlangte de Mun die Aussetzung der Debatte, bis der Kriegsminister herbeigeholt worden war, denn nichts war wichtiger, als die Ehre der Armee zu verteidigen. Ein Abgeordneter schlug vor, die Angelegenheit solange ruhen zu lassen und andere Tagesordnungspunkte zu behandeln. »Die Armee kann nicht warten!« erklärte de Mun hoheitsvoll. Ohne weiteren Widerspruch verließen die Abgeordneten den Saal, bis der Minister schließlich kam und stimmten anschließend, von der leidenschaftlichen Rede de Muns aufgeputscht, für eine gerichtliche Verfolgung Zolas.

»Ein Koloß mit schmutzigen Füßen, aber immerhin ein Koloß«, so hatte Flaubert über Zola geurteilt. Obgleich er der wahrscheinlich meistgelesene und besthonorierte französische Schriftsteller seiner Zeit war, hatte der brutale Realismus seiner Romane doch die Ablehnung und den Abscheu weiter Kreise erregt. Ohne Gnade offenbarte Zola die gemeinen, niedrigen und korrupten Elemente in jeder Gesellschaftsschicht, von den Slums bis zum Senat. Bauern, Prostituierte, Bergleute, Bourgeois, Geschäftsleute, Alkoholiker, Ärzte, Offiziere, Geistliche und Politiker wurden in gigantischem Detail bloßgestellt. Noch schlimmer: das angeblich so wohltätige 19. Jahrhundert selbst wurde in Zolas Darstellung demaskiert und die furchtbare Armut der Massen als Folge der Industrialisierung gezeigt. Mit seiner Interpretation des Krieges von 1870 in *La Débâcle* erboste er die Armee, und nach *Germinal* galt er als der Vorkämpfer der Arbeiter gegen die etablierte Gesellschaftsordnung. Er war ein Agnostiker, der allein an die Wissenschaft als Werkzeug des sozialen Fortschritts glaubte. Aber die literarische Reaktion auf den Realismus und den ›Bankrott der Wissenschaft‹ war schon im Gange.

Agnostizismus: philos. Lehre, die das übersinnliche Sein für unerkennbar hält –

Ein Jahr vor der Verhaftung Dreyfus' hatte Zolas Ruhm mit der Veröffentlichung des letzten Teiles seiner immensen, zwanzig Bände umfassenden Darstellung des französischen Lebens seinen Höhepunkt erreicht. Bei der Gesellschaft, die Zolas Verleger anläßlich dieses Ereignisses gab und die auf dem Grand Lac im Bois de Boulogne stattfand, waren Dichter, Staatsmänner, Botschafter, Schauspielerinnen und Schönheiten der Gesellschaft, berühmte Persönlichkeiten aus den verschiedensten Bereichen, angefangen bei Poincaré bis Yvette Guilbert, anwesend. Was blieb nun noch für ihn zu tun übrig? Der Fall Dreyfus eröffnete einen neuen Weg zur Größe, allerdings nur für den Mann, der fähig war, ihn zu beschreiten. Es erforderte viel Mut, den Staat in die Schranken zu fordern, und das Können und das Genie eines großen Dichters, um *J'accuse* zu verfassen, und es bedurfte der Sympathie mit den Leidenden als Anstoß zum Handeln. Zola hatte das Leid kennengelernt, als er in seiner Jugend zwei Jahre lang ohne Arbeit in der Dachstube eines schäbigen Hotels zugebracht hatte, wobei er oft sehr hungrig war, daß er Fallen für die Spatzen auf dem Dach aufstellte und sie auf einer Gardinenstange aufgespießt über einer Kerze briet.

Sein erster Artikel in der Affäre schloß nach der Zusammenfassung des Beweismaterials gegen Esterhazy – der Handschrift, dem *petit bleu* und dem Ulanen-Brief – mit der Feststellung: »Die Wahrheit ist auf dem Vormarsch und nichts kann sie aufhalten.« Als die Armee einen Monat später das Kriegsgerichtsverfahren gegen Esterhazy eröffnete, waren die Dreyfusanhänger, in der Annahme, dies sei die umständliche Art der Armee, einer Revision nun endlich doch zuzustimmen, außer sich vor Freude. Tatsächlich jedoch war dieser Prozeß ein Mittel, um das Esterhazy-Problem aus der Welt zu schaffen, und zwar mit Hilfe eines Verfahrens, dessen Ausgang die Armee in der Hand hatte und kontrollieren konnte. Esterhazy wurde freigesprochen und von dem Mob als ein ›Opfer der Juden‹ umjubelt. Das Urteil »traf uns wie ein Keulenschlag«, schrieb Blum. Es war, als sei Dreyfus zum zweiten Male verurteilt worden. Der Vormarsch der Wahrheit war nun doch, trotz allem, aufgehalten worden.

Die einzige Möglichkeit, eine offizielle Anerkennung des Beweismaterials zu erzwingen, war ein Zivilgerichtsverfahren. Dies war das Ziel von Zolas offenem Brief an den Präsidenten von Frankreich. Er konzipierte ihn an dem Tag, an dem Esterhazy freigesprochen wurde, mit der vollen Absicht, ein Gerichtsverfahren gegen sich selbst zu erzwingen. Er schloß sich in sein Studierzimmer ein, arbeitete vierundzwanzig Stunden ohne Unterbrechung, meisterte die Verwicklungen und Geheimnisse des inzwischen zum größten Rätsel der Geschichte gewordenen Falles und komprimierte seine schriftliche Anklage auf 4000 Worte. Er brachte das Manuskript am Abend des 12. Januar in die Redaktion von *L'Aurore*, und es erschien am nächsten Morgen unter der Überschrift, die Ernest Vaughan (oder nach einer ande-

ren Version: Clemenceau) vorgeschlagen hatte: J'ACCUSE! 300 000 Exemplare wurden verkauft, davon viele an Nationalisten, die sie auf der Straße verbrannten.
In mehreren Abschnitten, die alle mit *J'accuse*, ich klage an, begannen, nannte Zola zwei Kriegsminister namentlich, und zwar die Generäle Mercier und Billot, und schrieb, der eine sei der »Komplize bei einer der größten Missetaten des Jahrhunderts« und der andere sei »im Besitz positiver Beweise für die Unschuld von Dreyfus, halte sie aber zurück«. Zola klagte die Oberkommandierenden des Generalstabes, die Generäle Boisdeffre und Gonse, als Komplizen, den Oberst du Paty de Clam (von Major Henry wußte er nichts) als den »teuflischen Autor« der gleichen Verbrechen an. Er klagte das Kriegsministerium an, in der Presse eine »abscheuliche Kampagne zu veranstalten«, um die Öffentlichkeit zu täuschen und seine eigenen Verfehlungen zu vertuschen. Er beschuldigte das erste Kriegsgericht, »auf Befehl« ein illegales Verfahren durchgeführt und das Esterhazy-Gericht des juristischen Verbrechens, einen Schuldigen wissentlich freigesprochen zu haben. Die Anklagen waren in voller Kenntnis der Paragraphen über Verleumdung verfaßt, »um den Durchbruch der Wahrheit und der Gerechtigkeit zu beschleunigen. Sie sollen mich ruhig vor Gericht stellen. Die Untersuchung soll in aller Öffentlichkeit durchgeführt werden. Ich warte nur darauf.«
Die Bevölkerung war entsetzt, daß solche Vorwürfe gegen die militärischen Führer der Nation erhoben werden konnten; das erschien geradezu als ein Akt des Aufruhrs. Auch viele Revisionisten waren der Ansicht, Zola sei zu weit gegangen. Er hatte eine ohnehin schon sehr hitzige Debatte in schier unerträglichem Maß noch weiter angeheizt, indem er den Mittelstand verschreckt und verärgert und als Konsequenz hieraus dessen Unterstützung der Armee und die Abneigung gegen die Dreyfusanhänger verstärkt hatte. Anschließend an die de Mun-Resolution des nächsten Tages verkündete die Regierung, daß Zola angeklagt werden würde. Er wurde von der Presse mit einer bösartigen Flut aus Haß, Schmutz und Beleidigungen überschüttet und in Schmähliedern, die an allen Straßenecken verkauft wurden, verunglimpft. Man karikierte ihn auf die bösartigste Weise; ›pornographisches Schwein‹ war unter den Schimpfnamen, mit denen man ihn belegte, noch der höflichste. Pakete mit Exkrementen wurden ihm ins Haus geschickt, Strohpuppen, die ihn darstellen sollten, auf Scheiterhaufen verbrannt und Handzettel, auf denen es hieß: »Die Antwort aller guten Franzosen auf Emile Zola ist: »*Merde!*« verteilt. Dies war einer der ungezügelsten emotionalen Ausbrüche in der ganzen Affäre Dreyfus, wobei man Zola mit Hinweis auf seinen italienischen Vater als ›Ausländer‹ beschimpfte. Tatsächlich war Zola in Paris geboren, seine Mutter war Französin, und er war im Haus seiner Großeltern in Aix-en-Provence aufgewachsen.

Die Klageschrift der Regierung, die im Namen General Billots als des amtierenden Kriegsministers eingebracht worden war, ignorierte sämtliche Anklagen Zolas bezüglich der Dreyfus-Affäre und beschränkte sich allein auf die Frage des Freispruchs ›auf Befehl‹ im Falle Esterhazy. Mit diesem Trick hatte der Gerichtsvorsitzende die Möglichkeit, sämtliche Zeugenaussagen, die nicht ausschließlich mit diesem Anklagepunkt zu tun hatten, auszuschließen. In einem wütenden Protest gegen dieses Verfahren warf Jaurès der Regierung in der Kammer vor: »Sie liefern die Republik den Jesuiten-Generälen aus!« woraufhin der nationalistische Abgeordnete Graf de Bernis ihn tätlich angriff und damit einen derartigen Tumult heraufbeschwor, daß die Militärwachen herbeigerufen werden mußten, um die Ordnung wieder herzustellen.

J'accuse lenkte die Aufmerksamkeit der Welt auf die Affäre und verlieh ihr die Ausmaße eines heroischen Dramas. Daß die französische Armee solcher Verbrechen angeklagt und der im Ausland bekannteste französische Dichter auf solch infame Weise attackiert werden konnte, wurde jenseits von Frankreichs Grenzen mit Erstaunen und Erschrecken zur Kenntnis genommen. Die Welt sah »bekümmert und bestürzt« auf das Geschehen, schrieb Björnstjerne Björnson aus Norwegen. Bei der Eröffnung des Prozesses waren sich die Dreyfusanhänger dieses Publikums durchaus bewußt. »Die Szene ist Frankreich; die Welt ist das Theater«, sagten sie. Der Prozeß verwandelte die Affäre von einer lokalen zu einer universalen, weltweiten Angelegenheit.

Der Dichter, der zur damaligen Zeit das größte Ansehen in der Welt genoß, Anton Tschechow, war von Zolas Intervention tief beeindruckt. Er hielt sich gerade in Nizza auf, verfolgte den Prozeß mit wachsender Spannung, las sämtliche Wortprotokolle und berichtete nach Hause: »Wir sprechen hier über nichts anderes als über Zola und Dreyfus.« Er fand die antisemitischen und Anti-Dreyfus-Tiraden der St. Petersburger *Neuen Zeit*, der führenden Tageszeitung, die die meisten seine Romane veröffentlicht hatte, »einfach abstoßend« und stritt sich mit dem Chefredakteur der Zeitung, einem alten und sehr engen Freund.

Die Meinung im Ausland, ausgenommen da, wo sie durch Vorurteile gegen die Juden geprägt war, betrachtete die Frage im wesentlichen unter dem Aspekt der Gerechtigkeit, und man konnte nicht verstehen, warum die Franzosen sich der Revision so hartnäckig widersetzten. Die feindselige Haltung des Auslandes wurde schließlich selbst zu einem Element dieses Widerstandes. »Französische Zeitungen fragen immer wieder, warum das Ausland solchen Anteil an der Affäre nimmt«, schrieb die Prinzessin Radziwill. »Als ob die Frage der Gerechtigkeit nicht alle Welt anginge.« Das traf zu, aber in Frankreich bestand die Affäre Dreyfus nicht nur aus dieser Frage. Sie war nicht nur ein Kampf der Rechten gegen die Linke, denn einige

der Akteure – Scheurer-Kestner, Clemenceau, Reinach und Anatole France – gehörten nicht zur Linken. Die Auseinandersetzung wurde mit Begriffen wie Gerechtigkeit und Patriotismus ausgetragen, aber im Grunde genommen war es ein Kampf der Rechten gegen die Vernunft.
Der Prozeß gegen Zola wurde am 7. Februar 1898 eröffnet und dauerte 16 Tage. Die Atmosphäre im Palais de Justice und auf der Ile de la Cité war »von unterdrückter Mordlust« erfüllt, sagte ein Augenzeuge. »Welche Leidenschaften kamen in den Gesichtern der Menschen zum Ausdruck! Welcher Haß flammte in den Augen auf, wenn sich die Blicke gewisser Personen kreuzten.« Der Gerichtssaal war bis zu den Fensterbänken vollbesetzt mit Journalisten, Anwälten, Offizieren und Damen in Pelzmänteln. Marcel Proust war jeden Tag auf der Zuschauertribüne zu finden und brachte sich Kaffee und Butterbrote mit, um nur ja keinen Augenblick zu verpassen. Von draußen drang das Gegröle und Gejohle von Drumonts Mob herein, den er für 40 Sous pro Kopf angeheuert hatte. Sämtliche Armeeoffiziere, die mit den Prozessen und Untersuchungen der Fälle Dreyfus, Esterhazy und Picquart befaßt gewesen waren, erschienen und beschworen die Echtheit der Dokumente, darunter auch das Panizzardi-Briefes, der zum »positiven Beweis« für die Schuld Dreyfus' erklärt wurde. (Der Außenminister, der von den Italienern bereits darüber informiert worden war, daß es sich um eine Fälschung handelte, hatte versucht, den Prozeß zu verhindern, aber die Regierung wagte es nicht, diesen Schritt zu unternehmen, aus Furcht vor einer Revolte der Armee.) General Mercier, aufrecht, hoheitsvoll, unbewegt »in seine eigene Unfehlbarkeit verstrickt«, bekräftigte auf seine Ehre als Soldat, daß Dreyfus rechtens und gerecht verurteilt worden sei. Die Versuche der Verteidigung, die Zeugen ins Kreuzverhör zu nehmen, wurden immer wieder durch die scharfe Ablehnung des Gerichtsvorsitzenden vereitelt. Erklärungen Zolas oder seines Anwalts, des Mâitre Labori, oder Clemenceaus, der, obwohl kein Jurist, die Vertretung von *L'Aurore* übernommen hatte, wurden von dem unartikulierten Gebrüll der Zuhörermassen niedergeschrien. Zola, der nervös und bedrückt schien, beherrschte sich außerordentlich, bis er schließlich über die Grenzen des Erträglichen gepeinigt »Kannibalen!« herausspie – ein Wort, das Voltaire in der Calas-Affäre benutzt hatte. Esterhazy wurde bei seinem Auftritt im Zeugenstand von der Menge mit dem Ruf: *Gloire au victime du Syndicate* begrüßt. Auf den Stufen des Gerichtsgebäudes schüttelte Prinz Henri d'Orléans dem Schreiber des Ulanen-Briefes die Hand und grüßte in ihm die »französische Uniform«.
»Paris zittert«, schrieb ein englischer Besucher; er spürte den Blutdurst in der Luft. Der Mob warf die Fensterscheiben von Zolas Haus und den Büros von *L'Aurore* ein. Läden wurden geschlossen, und Touristen reisten ab. Eine Welle antisemitischer Ausschreitungen, die von Drumonts rechter Hand,

Jules Guérin, organisiert wurden, überschwemmte Le Havre, Orléans, Nancy, Lyon, Bordeaux, Marseille und kleinere Städte und erreichte ihren Höhepunkt in Algier, wo die Plünderung des jüdischen Viertels vier Tage lang anhielt; viele Juden wurden zusammengeschlagen, und es gab einige Tote. In Paris schossen Vermittlungsbüros aus dem Boden, in denen man für einen Tagessatz von fünf Francs oder eine Gebühr von zwei Francs pro Abend Lumpen anheuern konnte, die »Nieder mit den Juden! Es lebe die Armee! Speit auf Zola!« schrien. Als Zola an einem der Verhandlungstage das Gerichtsgebäude zusammen mit Reinach verließ, stürzte sich die Menge auf sie und schrie: »Nieder mit den Verrätern! Tod den Juden!« Die beiden mußten von der Polizei herausgehauen werden. Von da an wurde Zolas Kutsche jeden Tag auf dem Weg vom und zum Gerichtsgebäude von berittener Polizei eskortiert, die manchesmal eingreifen mußte, wenn der Mob drohte, die Kutsche anzugreifen. Zolas Freund Desmoulins, der die Aufgabe einer Leibwache übernommen hatte, trug einen Revolver bei sich.

Im Gerichtssaal schritt die Wahrheit trotz der Widerstände und des Geschreis unaufhaltsam voran. Weder der junge und stürmische Labori, von dem es hieß er sei »nicht nur ein Intellekt, sondern ein Temperament«, noch Clemenceau, hart, unerbittlich und in der Debatte unschlagbar, ließen sich einschüchtern oder zum Schweigen bringen. Die Geschworenen, so lauteten die Gerüchte, neigten zu einem Freispruch. General Boisdeffre warnte im Zeugenstand: »Wenn die Nation kein Vertrauen in die Führer der Armee mehr hat ... dann sind diese bereit, ihre schwere Aufgabe an andere abzutreten. Sie brauchen dies nur zu sagen.« Das war eine offene Drohung des gemeinsamen Rücktritts des Generalstabes für den Fall, daß die Geschworenen zu einem Freispruch kommen sollten. Boisdeffre machte es allen klar: Entweder wir oder Zola. Das war die eigentliche Kernfrage, über die die Geschworenen zu entscheiden hatten, und nicht die Schuld oder Unschuld von Dreyfus. Sie kamen fast alle aus kleinbürgerlichem Milieu: ein Lohgerber, ein Blumengärtner, ein Weinhändler, ein Angestellter, ein Vermieter und zwei Arbeiter. Mit einer unausgesprochenen Drohung veröffentlichte *La Libre Parole* ihre Namen und Geschäftsadressen sowie Leserbriefe, die, für den Fall, daß der ›Italiener‹ freigesprochen würde, Rachemaßnahmen ankündigten.

In seiner Schlußrede schwor Zola, ständig von Buhrufen und Gezische unterbrochen, bei den vierzig Jahren seiner Arbeit und den vierzig Bänden französischer Literatur, die er dem Land geschenkt hatte, daß Dreyfus unschuldig sei. Zola hatte gehandelt, um sein Land aus »den Klauen der Lügen und der Ungerechtigkeit« zu retten, und selbst wenn er verurteilt werden sollte, »wird Frankreich mir eines Tages dafür danken, daß ich dazu beigetragen habe, seine Ehre zu retten«. Clemenceau schloß: »Ihre Aufgabe, meine Herren Geschworenen, ist es, ein Urteil zu fällen, allerdings weniger

über uns als über sich selbst. Wir stehen hier vor Ihnen; Sie aber werden sich vor der Geschichte zu verantworten haben.«
Zola wurde mit 7 zu 5 Stimmen verurteilt, und das Wunder war, daß fünf der Geschworenen es gewagt hatten, für einen Freispruch zu stimmen. Die Place Dauphine vor dem Gericht war schwarz von Menschen, die ihren Triumph lauthals bekundeten. »Hör nur! Hör dir das an!« sagte Zola, während er im Begriff stand, das Gericht zu verlassen. »Das hört sich an, als warteten sie darauf, daß ihnen jemand ein paar Fleischbrocken zum Fraß vorwirft.« Clemenceau sagte einem Freund, er sei »überzeugt gewesen, daß im Falle eines Freispruchs kein einziger Dreyfusanhänger im Gerichtsgebäude mit dem Leben davongekommen wäre«. Zola erhielt die Höchststrafe, nämlich ein Jahr Gefängnis und 3000 Francs Geldstrafe, und nachdem seine Berufung verworfen worden war, gab er dem beharrlichen Drängen seiner Freunde nach und floh nach England. »Man hätte ihn auf die Teufelsinsel schicken sollen, damit er seinem Freund Dreyfus Gesellschaft leisten kann«, lautete der Kommentar von Henry Adams, »und mit ihm so viel französischen Mist, wie die Insel fassen kann, darunter den größten Teil der Presse, einen beträchtlichen Teil der Theaterwelt, sämtliche Börsenmakler und einen oder zwei Rothschilds als warnendes Beispiel.« Dies war seine wirkliche Überzeugung, für die er nicht bezahlt worden war wie der Pariser Mob, dessen Gefühle er jedoch auf das genaueste widergab.

Der Prozeß hatte den Effekt eines Wirbelsturms, der sämtliche Kommunikationselemente der Gesellschaft mit in seinen Sog riß. »Das Gewissen jedes einzelnen ist angesprochen«, schrieb *Le Petit Parisien*. »Niemand folgte mehr der Vernunft, eine Diskussion ist unmöglich, jeder hat eine feste Position bezogen.« Ganze Familien und sogar die Dienerschaft waren in dieser Frage gespalten. In einer der berühmtesten Karikaturen Caran d'Aches befiehlt der Vater einer großen Familie beim Abendessen: »Über dieses Thema wird nicht geredet!« Das nächste Bild zeigt ein wüstes Durcheinander von umgestürzten Tischen und Stühlen, Messer und Gabeln sausen durch die Luft, Stuhlbeine werden als Keulen benutzt. Die Unterschrift lautet: »Man sprach darüber.«
In dem Versuch, ihre Bemühungen zu vereinheitlichen, gründeten die Dreyfusanhänger die Liga der Menschenrechte, die Protestkundgebungen abhielt und Redner durch das ganze Land schickte. Sie setzte eine Petition für eine Revision auf, die schließlich die Spaltung der Gesellschaft sichtbar und unvermeidlich, machte. Unter der Überschrift *Protest der Intellektuellen* erschien das Dokument täglich in *L'Aurore* mit immer neuen Unterschriften. Die Organisatoren der Unterschriftensammlungen waren Marcel Proust und dessen Bruder Robert (der Vater der beiden weigerte sich danach wochenlang, auch nur ein Wort mit seinen Söhnen zu sprechen), Elie Halévy

und dessen Bruder Daniel sowie ihr Vetter Jaques Bizet, der Sohn des Komponisten, alle knapp unter dreißig Jahre alt. Schon eine der ersten Unterschriften, die sie bekamen, erwies sich als größter Coup: es war die der »letzten Blüte romanischen Genies« und des Führers der Akademie, Anatole France. »Trotz einer Kopfgrippe stand er vom Bett auf und empfing uns in Pantoffeln«, berichtete Halévy. »›Zeigt her!‹ sagte er, ›ich werd's unterschreiben. Diese ganze Geschichte ist derart empörend, daß ich alles unterschreibe.‹« France war Rationalist und fand die Unvernunft ekelhaft. Als zynischer und satirischer Kommentator der menschlichen Dummheit hatte er weder für Kreuzzüge noch für Dreyfus als Menschen – von dem er nicht ganz unberechtigt annahm, daß er der »gleiche Typ Offizier ist wie seine Richter; hätte er in ihrer Haut gesteckt, würde er wahrscheinlich ebenso wenig gezögert haben, einen Schuldspruch zu fällen« – irgendwelche Sympathien. Aber er haßte die Masse, und aus reinem Oppositionsgeist war er meist auf der Seite der Regierungsgegner zu finden.

Seine Prosa war so klar wie ein Gebirgsquell. Seit 1889, als er nach einem letzten Streit mit seiner Frau im Morgenmantel und Pantoffeln mit einem Tablett, auf dem sich Federkiel, Tintenfaß und unvollendete Manuskripte befanden, die Straße hinabgeschritten war, sich in einem Hotel eingemietet und nach seinen Kleidern geschickt hatte, betrat er sein Haus nie mehr, lebte von da an im Haus seiner Geliebten, Mme. Arman de Caillavet, und war die Zierde ihres Salons. Mme. Arman übte eine Art von Bewunderung erfüllter Tyrannei über ihn aus und schloß ihn in sein Zimmer ein, wenn er zu faul war zum Schreiben. Die Serie seiner zeitkritischen Romane, die sich um M. Bergeret drehten, waren seit 1895 als Fortsetzungen in der extrem rechtsgerichteten Zeitung *Echo de Paris* erschienen, und auch während der Affäre wurden sie weiterhin dort abgedruckt und stellten eine Art ironischen Kommentars zu den anderen Artikeln dar. Die Tatsache, daß France unterschrieben hatte, entzückte die Revisionisten und erstaunte beide Seiten. Er »gehörte doch ganz und gar zu uns« und hätte sich niemals auf »deren« Seite schlagen dürfen, lamentierte Léon Daudet.

Als der ›Protest der Intellektuellen‹ zum erstenmal erschien, trug er 104 Unterschriften. Innerhalb von einem Monat waren es 3000, darunter André Gide, Charles Péguy, Elisée Reclus, Gabriel Monod sowie weitere Gelehrte, Dichter, Philosophen, Ärzte, Professoren und ein Maler, Claude Monet, der aus Sympathie für Clemenceau unterschrieb. Diese einzige politische Aktion in seinem Leben, die Unterschrift, beschwor den Streit mit Degas herauf, und die beiden wechselten jahrelang kein Wort mehr miteinander. Degas war mittlerweile fast völlig erblindet und ließ sich jeden Morgen *La Libre Parole* vorlesen; er betrachtete die *arrivistes* der republikanischen Ära mit Verachtung. »Zu meiner Zeit«, sagte er geringschätzig, »wäre so etwas unmöglich gewesen.«

Künstler und Musiker waren zwar insgesamt gesehen politisch indifferent, tendierten jedoch wenn überhaupt, zum Lager der Nationalisten. Debussy gehörte zu dem Kreis um Léon Daudet im Café Weber auf der Rue Royale und auch Puvis de Chavannes war ein Anhänger der Nationalisten.
Professoren und Lehrer der Sorbonne, der Ecole Normale, der medizinischen Fakultät, der höheren Schulen und der Provinzuniversitäten unterzeichneten; viele waren gegen das Unterschreiben, andere enthielten sich dieses Schrittes aus Furcht vor Repressalien. »Wenn ich unterschreibe«, sagte ein Schuldirektor zu Clemenceau, »dann schickt mich dieser Esel Rambaud (der damalige Erziehungsminister) in die finsterste Ecke der Bretagne, wo ich langsam verrotten kann.« Der hervorragende Wissenschaftler Emile Duclaux, der Nachfolger Pasteurs, unterschrieb sofort und meinte, wenn man im Labor Angst vor einer Revision habe, dann käme man außer vielleicht durch Zufall der Wahrheit niemals auf die Spur. Ihm folgten weitere Wissenschaftler und engagierten sich in der Affäre; einige mußten darunter leiden. Professor Grimaux vom Polytechnikum, der nicht nur unterschrieb, sondern auch im Zola-Prozeß aussagte, verlor sein Ordinariat für Chemie. Hitzige Debatten über die Frage, ob solch große Geister wie Hugo, Renan, Taine oder Pasteur unterschrieben haben würden oder nicht, waren an der Tagesordnung. Schüler und Lehrer standen einander gegenüber; die Studentenschaft war gespalten; Ausschüsse für und gegen wurden gebildet, vor allem in der Provinz, wo die Fakultäten unter starkem katholischem Einfluß standen.
Wie eine Eisscholle, die auseinander bricht, spaltete sich die französische Geisteswelt in der Frage des Protestes, und als sich die Affäre Dreyfus noch weiter ausdehnte, entfernten sich auch die beiden Hälften immer weiter voneinander. Ehemalige Freunde gingen stumm aneinander vorbei, und was sie einander noch hätten sagen können, »hätte die Welten, die zwischen ihnen lagen, niemals überbrückt«. Als Pierre Louys, der Autor der *Aphrodite*, die entgegengesetzte Auffassung vertrat wie sein Freund Léon Blum, brach die Verbindung zwischen ihnen ab, und sie begegneten einander nie mehr. Während die Protestaktion lief, versuchten drei Journalisten und Freunde Léon Daudets, diesen zu überzeugen, und appellierten anläßlich eines gemeinsamen Mittagessens drei Stunden lang »an meinen Patriotismus, an meine Intelligenz und an mein Herz«. Vor der Affäre war Daudet im Hause der Laboris zu Gast gewesen; Madame Labori hatte Lieder von Schumann vorgetragen, und der Abend hätte nicht entzückender sein können: »Er, robust und beredt, und sie voller Charme, Talent und Gutherzigkeit«. Auch in dem schönen Haus Octave Mirbeaus am Pont-de-l'Arche, wo sich van Goghs ›Irisfeld‹ befand, die Hausherrin ihre Besucher mit »liebevoller und verschwenderischer Gastfreundschaft« und einer »von der Butter bis zum Wein, vom Öl bis zur Suppe« unvergleichlichen

Küche verwöhnte, war Daudet ein gern gesehener Gast gewesen. Nach der Affäre Dreyfus war das Wort ›Nationalist‹ für Mirbeau ein Synonym für ›Attentäter‹, und Daudet bezeichnete die Demokratie als »ein vergiftetes Terrain«. Kurz nach der Verurteilung Zolas schrieb Daudet wöchentliche Schmähschriften von beispielloser Zügellosigkeit für *La Libre Parole* und *Le Gaulois*.

Maurice Barrès, der brillante Romanschriftsteller, der die Literatur mit einer politischen Karriere verband, gehörte ebenfalls zu denjenigen, von denen man angenommen hatte, daß sie Revisionisten werden würden. Léon Blum bat ihn um seine Unterschrift und war sich seiner Sache völlig sicher, aber Barrès sagte, er wollte es sich erst noch einmal überlegen. Als er dann schließlich zur Feder griff, war es, um Blum einen abschlägigen Bescheid zu geben. Obwohl Barrès Freundschaft und Respekt für Zola empfand, sagte er, daß er zweifle und in seinem Zweifel vorzöge, »dem Instinkt des Patriotismus zu folgen«. Wenige Monate später fand er die Antwort auf seine Zweifel in den mythischen Begriffen von Blut und Boden, er bezeichnete Zola als einen »heimatlosen Venezianer« und erklärte nach dem gleichen Prinzip das Phänomen der Juden: sie hätten »keine Heimat, so wie wir das verstehen. Für uns ist die Heimat das Land unserer Vorfahren, die Erde, in der unsere Toten ruhen. Für sie ist die Heimat dort, wo sie ihre Interessen am besten wahrnehmen können.« Barrès wurde der intellektuelle Führer der Nationalisten und gab ihnen die Begriffe an die Hand, mit deren Hilfe die Rechte den Patriotismus ausschließlich für sich in Anspruch nahm.

Eine weitere Ergänzung ihres Arsenals, klein, aber ungeheuer wirkungsvoll, war *Psst!*, ein vierseitiges Wochenblatt mit Karikaturen, das von Forain und Caran d'Ache an einem Tisch in Café Weber zusammengestellt und herausgegeben wurde. Caran d'Aches Karikaturen waren Musterbeispiele einprägsamer Supervereinfachung. Forain war ein Maler, der seine pointierten Ansichten über die Pariser Gesellschaft schroff und in grellem Schwarz-Weiß zum Ausdruck brachte. Seine Ölgemälde allerdings provozierten Degas zu dem vernichtenden Kommentar: »Wenn er malt, hat er seine Hände in meinen Taschen.« Forains Entwurf für das Titelblatt zeigt einen preußischen Offizier, der hinter einer finsteren und zynischen Gestalt steht, die das Syndikat darstellen soll, und ihr die Maske Zolas vor das Gesicht bindet. In einem einzigen Bild waren damit sämtliche Elemente der Affäre Dreyfus, wie die Nationalisten sie sahen, komprimiert. Reinach, das bevorzugte Objekt von *Psst!*, wurde gewöhnlich als ein Orang-Utan mit Zylinder und ausgeprägt jüdischen Zügen dargestellt, der wiederholt nach Berlin reiste, um mit preußischen Offizieren in Pickelhauben zu konferieren. Scheurer-Kestner und andere Revisionisten erschienen als hakennasige Juden in den typischen Überziehern mit Pelzkragen, wie sie die Bankiers trugen, während sie deutsche Gelder verteilten, mit dem Käppi der Armee Fußball spielten oder vom Grabe Ravachols Unkraut »als Blumenstrauß für Zola« pflückten. Und immer wieder erschien ein großer hölzerner Soldat, der kerzengerade, unbeweglich und unerschrocken inmitten der Bösewichte steht, stets tapfer und brav – die Armee. Der Intellektuelle war meist eine magere Gestalt mit einem Wasserkopf, dem Davidstern auf der Stirn und einer Feder in der Hand, die größer war als der Körper, und der seine »Verachtung für alles Französische« dokumentierte. Die einzige Abwechslung in der Thematik war das gelegentliche Auftauchen ›Oncle Sams‹, des ›Neuen Gargantua‹, der bald Spanien, bald Hawaii, Puerto Rico oder die Philippinen verschlang.

Die Affäre Dreyfus war überall und zu jeder Stunde gegenwärtig. Als Léon Blum zu einem neuen Zahnarzt ging, fand er einen jungen Mann mit dem Auftreten und Gebaren eines Kavallerieoffiziers vor, der, als sein Patient sich in den Behandlungsstuhl setzte, unvermittelt sagte: »Egal was kommt. Die werden es nicht wagen, Picquart anzutasten.« Gaston Paris, ein berühmter Kenner des Mittelalters und Mitglied der Akademie, beschloß einen wissenschaftlichen Artikel über Philipp den Guten mit einem bewegenden Aufruf an die Gerechtigkeit, mit dem er augenblicklich seine Einstellung erkennen ließ. Paul Stapfer, der Doyen der philosophischen Fakultät in Bordeaux, wurde von seinem Amt suspendiert, weil er in einer Rede am Grabe eines Kollegen diskrete Andeutungen über die revisionistischen Tendenzen des Verstorbenen gemacht hatte. In der Légion d'Honneur gab es einen Sturm der Entrüstung, als Zola ›suspendiert‹ wurde, und der Erfolg war, daß sowohl die militärischen Mitglieder, die seinen Ausschluß gefordert hatten, wie auch diejenigen Mitglieder, die zu Zola hielten, verärgert waren. Anatole France und andere entfernten das rote Band der Ehrenlegion von ihren Fräcken. In den Cafés saßen Revisionisten und Nationalisten an getrennten Tischen oder auf entgegengesetzten Seiten der Terrasse. Ganze Dörfer bezogen Stellung. Ein Bewohner von Samois, etwa 20 Kilometer von Paris entfernt, sagte, daß in seinem Dorf jeder ein Dreyfusanhänger sei, während es in Francoville, 5 oder 6 Kilometer weiter, fast nur Dreyfusgegner gebe.

Im Februar 1898 zeigten sich fast alle Mitglieder des Dîner Bixio, eines Dining-Club der Auserwählten, die sich dort trafen, um das Vergnügen der gegenseitigen Gesellschaft zu genießen, »besorgt und betrübt« über die Affäre; im März sagte der Marquis de Galliffet, er vermeide es aus diesem Grund aus dem Haus zu gehen oder Besuche zu machen; im Mai bot sich für kurze Zeit ein anderer Gesprächstoff an. »Haben die Amerikaner die *Maine* selbst in die Luft gejagt?«; im November waren alle völlig niedergeschlagen; ein Klubmitglied verzeichnete in seinem Tagebuch: »So viel Trübsal habe ich bisher noch bei keinem Diner erlebt.«

Beim Premierenabend von Romain Rollands Drama *Les Loups* wurde das Theater zum Schlachtfeld. Rolland hatte das Stück innerhalb von sechs Tagen geschrieben, um der Welt zu zeigen, daß Frankreich von »einem der verwickeltsten Probleme zerrissen wird, das das menschliche Gewissen beschäftigen kann; ein Dilemma, das eines Corneille würdig wäre: Soll man das Land oder die Gerechtigkeit opfern?«. Die Tatsache, daß Picquart in einer der Logen und der Oberst du Paty de Clam im Parkett saß, ließ das Publikum vor Spannung und Erregung förmlich zittern. Picquart war nach seiner ersten Verhaftung gerade aus der Armee ausgestoßen worden und wohnte der Premiere als Gast Edmond Rostands bei, dessen *Cyrano de Bergerac* ihn wenige Monate zuvor auf den Gipfel des Ruhmes gebracht hatte. Seit etwa zehn Jahren hatten die französischen Theaterbesucher unter dem Skeptizismus, dem Symbolismus und der Ibsennachahmung des Théâtre Libre gelitten. »Wir dürsteten nach Selbstbestätigung, Idealen, Vorbildern«, schrieb ein Kritiker, »und da kam Cyrano! Unser Durst wurde gestillt.« Cyranos Geist wehte an diesem Abend durch das Theater.
Als der Schauspieler, der Picquart darstellte, auf der Bühne seinem Gegner gegenübertrat, brach im Publikum ein Sturm los, noch ehe er ein Wort sagen konnte. »Das ganze Theater zitterte in seinen Fugen.« Die üblichen *Vive-!* und *A bas!*-Rufe erreichten ihren Höhepunkt, als irgend jemand im Publikum *A bas la patrie!* brüllte und ein dreizehnjähriger Anarchist von den oberen Rängen »Nieder mit dem Christentum!« rief. Rolland selbst dachte: »Meine Vorstellungen und Gedanken sind völlig verloren, aber das macht nichts. Das Stück zählt nicht. Das wirkliche Schauspiel findet hier im Publikum statt. Hier ist lebendige Geschichte.«
Das Blutbad hielt auch am nächsten Tag noch an. *Echo de Paris* und *La Presse* entließen ihre Theaterkritiker, das Collège Stanislas sagte einen Empfang für Mme. Rostand ab, und zwei Zeitungen eröffneten eine Boykott-Kampagne gegen *Cyrano*, dessen Popularität sich jedoch stärker erwies als die Solidaritätserklärung seines Autors mit Picquart. Rolland vermerkte in seinem Tagebuch: »Mir ist dieses Dasein im Kampf lieber als die tödliche Ruhe und traurige Erstarrung der letzten Jahre; Gott, gib mir den Kampf, Feinde, johlende Massen; so viel Kampf, wie ich fähig bin durchzustehen.«
Péguy brachte das gleiche Gefühl zum Ausdruck: die Langeweile über den Frieden. Andere teilten diese Haltung. In diesem Sommer, so erinnerte sich Senator Ranc später, erwartete man ständig einen überraschenden Überfall. »An einem Tag wurde man gewarnt, wegen der Gefahr eines Angriffs antisemitischer Banden, nicht in seinem Haus zu übernachten, und am nächsten Tag wegen der Gefahr einer Verhaftung durch die Polizei. Es war aufregend; man spürte, daß man lebte; nichts ist so belebend wie eine Zeit voller Ereignisse und Kampf, in dem Bewußtsein, für eine gute Sache zu streiten.«

Mit dem Tage, an dem Joseph Reinach ganz zu Beginn der Affäre den Gästen im Salon von Mme. Emile Straus erklärt hatte, Dreyfus sei unschuldig verurteilt worden, begannen sich die Salons in zwei Richtungen zu spalten. Bis dahin hatte sie die Welt der Mode und des Geistes miteinander verbunden und die scharfe, politische Trennung zwischen den Klassen und den intrigierenden Parteien überbrückt. Die Salons waren für Frankreich das, was die Landhaus-Parties für England waren. Dies war der Markt, auf dem Ideen ausgetauscht wurden, die Börse für gesellschaftliche und politische Gefälligkeiten, und alle Salons fanden sich in der einen, einzigen, unendlich bedeutsamen Frage vereint: Wer wird als nächster in die Akademie aufgenommen werden, wer wird die dunkelgrüne Uniform anziehen und vor der Elite von Paris seine Lobrede auf den verstorbenen Unsterblichen halten, dessen Platz er nun einnehmen würde? Jetzt aber begannen sie, sich voneinander zu entfernen und getrennte Einheiten zu bilden; dabei ging aber ihre Fähigkeit, Menschen gegensätzlicher Anschauungen zusammenzubringen, bisher ihr bedeutendster kultureller Beitrag, verloren.

In der Regel hatte jeder Salon seinen *grand homme*. Bei Mme. Auberon, der Doyenne der Gastgeberinnen, war es zuerst Dumas *fils*, dann d'Annunzio. Mme. Emile Straus, die schöne Genoveva mit den dunklen Augen, aus denen die verhaltene Glut eines Vulkans leuchtete, zog zu viele an, als daß sie sich auf einen hätte konzentrieren können. Sie war die Tochter des Komponisten Halévy und mit Georges Bizet verheiratet gewesen. Als sie nach dem Tode Bizets Straus heiratete, ließ sie eine Schar untröstlicher Verehrer zurück. In ihrem Salon hatte sich vor den Verheerungen, die die Affäre Dreyfus anrichtete, die Seele und das Salz von Paris versammelt. Der Philosoph Henri Bergson, die Schauspielerin Réjane, der britische Botschafter Lord Lytton, der Professor für Chirurgie, Pozzi, Marcel Prévost, Forain, Proust und die Prinzessin Mathilde, deren Salonabende mittwochs stattfanden, sie alle kamen am Samstagnachmittag zum Boulevard Haussmann und brachten die neuesten Nachrichten aus der Kammer, vom Quai d'Orsay, aus den Theatern und den Redaktionsbüros mit. Nach Reinachs Erklärung verließ Lemâitre den Kreis und war von da an die Zierde des rechtsgerichteten Salons der Gräfin de Loynes. Weitere Trennungen schlossen sich an.

Der Sonntagssalon von Mme. Arman de Caillavet auf der Avenue Hoche, wo Anatole France glänzte, war das Zentrum der Revisionisten. Clemenceau, Briand, Reinach, Jaurès und Lucien Herr waren regelmäßig dort zu finden. Mme. Arman wünschte im Grunde, nur Schriftsteller und Politiker um sich zu haben, und brüskierte den Adel mit der einzigen Ausnahme von Mme. de Noailles, die zu den Dreyfusanhängern gehörte und deren Auftritte denen »einer orientalischen Märchenprinzessin glichen, wenn sie aus ihrer Sänfte stieg . . . und den Strom ihrer Rede mit feurigen Blicken begleitete«. Auf allen Tischen lagen die Bücher von Anatole France, und der Meister selbst stand inmitten einer Gruppe und diskutierte über ein ausgewähltes Thema, wobei er ab und zu innehielt, um ankommende Gäste zu begrüßen, sich nach rechts und links zu verbeugen, die einzelnen Gäste einander vorzustellen, sich über die Hand einer bleichen, katzenhaften, in Chinchilla gehüllten Gestalt zu beugen und dabei den Fluß seiner Gedanken über die Dichtkunst Racines, das Phänomen Robbespierre oder die Epigramme Rabelais' nicht abreißen zu lassen.

Die Affäre verdrängte Rabelais. Bei Mme. Auberon waren noch Gäste aus beiden Lagern eingeladen, und die Diskussionen, die dieses Thema berührten, wurden sogleich höchst leidenschaftlich. »Diese Petition der sogenannten ›Intellektuellen‹ ist ungeheuerlich und impertinent«, erboste sich Ferdinand Brunetière, der Chefredakteur der obrigkeitshörigen *Revue des Deux Mondes.* »Mit diesem Namen wollen sie sich doch nur über die anderen stellen; als ob Schriftsteller, Wissenschaftler und Professoren etwas besseres seien als andere Leute ... Welches Recht haben sie, sich in die Angelegenheiten der Militärjustiz zu mischen?« Victor Brochard, Professor für klassische Philosophie an der Sorbonne, erwiderte hitzig: »Gerechtigkeit basiert nicht auf den Gerichten sondern auf dem Gesetz ... Einen Menschen aufgrund von Beweismaterial zu verurteilen, das man ihm noch nicht einmal zeigt, ist nicht nur illegal, sondern geradezu Justizmord ... Heute sind es nicht die Generäle oder Rochefort oder die Schreier von *La Libre Parole* oder Esterhazy oder Ihr Herzog von Orléans, die das Gewissen Frankreichs repräsentieren. Sondern das sind wir, die Intellektuellen.«

Das Hauptquartier der Rechten war der Salon der Mme. de Loynes auf der Avenue des Champs Elysées, wo Jules Lemâitre regierte. Mme. de Loynes hatte nach ihrer anfänglichen Karriere in der Halbwelt den ältlichen Grafen de Loynes geheiratet, war zu einer anerkannten Macht bei der Ernennung der Akademiemitglieder geworden und wurde nun im Laufe der Zeit die Gouvernante, Mutter, Schwester und wahrscheinlich auch Geliebte Lemâitres, wenngleich unfreundliche Klatschmäuler auch behaupteten, die Beziehungen der beiden seien rein platonisch gewesen. Das Zimmer, in dem sich ihre Gäste am Freitagabend zum Diner versammelten, war mit Plüschmöbeln ausgestattet, auf dem Kaminsims stand eine nackte Minerva aus Marmor und an der Wand hing ein, wie Boni de Castellane es bezeichnete, »kitschiger« Meissonier. Lemâitre, der gefeierte Theaterkritiker des *Journal des Débats,* war ein außerordentlich vielseitiger Schriftsteller, der sich mit Dramen, Gedichten, Kurzgeschichten, kritischen Essays, Biographien und ausgewählten Reden, politischen Stücken, Begutachtungen und Polemiken befaßte. Seine gesammelten Werke füllten 50 Bände. Obwohl er eigentlich ein Theoretiker der Kunst war, hatte er doch das französische Theater durch seinen Alarmruf in der *Revue des Deux Mondes* davor bewahrt, von den Wogen, die vom Norden heranrollten – Ibsen, Hauptmann, Sudermann und Strindberg – überschwemmt zu werden, und durchschritt erwartungsgemäß die Tore der Akademie. Die Früchte der Demokratie und des allgemeinen Wahlrechts für Männer hatten ihn enttäuscht und ernüchtert. »Die Republik hat mich von der Republik geheilt«, schrieb er. »Von der Romantik hatte mich bereits das Leben geheilt.« Von den »literarischen Spielereien« gleichermaßen enttäuscht sehnte er sich danach, die Rolle eines Mannes der Tat zu spielen, sich mit Dingen zu beschäftigen, die nicht bloß auf den Seiten irgendeiner literarischen Rundschau ein Scheindasein führten, sondern Menschen aus Fleisch und Blut mit Leidenschaft zu erfüllen vermochten. Höchst zeremoniell und unter Hochrufen wurde er im Speisezimmer von Mme. de Loynes' zum Vorsitzenden der Ligue de la Patrie Française erkoren, die von den Nationalisten gegründet worden war, um die Intellektuellen der Rechten gegen die ›Feinde des Vaterlandes‹ zu vereinen. Dem Komitee gehörten unter anderem die Vogüé, Barrès, Forain, Mistral, der Dichter der Wiederbelebung der Provence, der Komponist Vincent d'Indy und der Maler Carolus Duran an.

Bei ihrer ersten Versammlung zog die Ligue de la Patrie 15 000 Zuhörer an, nach einem Monat hatte sie 30 000 Mitglieder. Man wählte Lemâitre zum Vorsitzenden, um ein Mitglied der Akademie an der Spitze aufweisen zu können und so ein Gegengewicht zu Anatole France zu haben. Lemâitre gefiel sich jedoch zu sehr in der Rolle des Spötters und Nörglers, als daß er den Witz und die Energie für eine Führerrolle hätte aufbringen können, und wenn er nach einer fünfminütigen Diskussion seine Ansicht nicht hatte durchsetzen können, nahm er keinen weiteren Anteil mehr an der Debatte.

Der liebenswürdige Dichter François Coppée war als Vizepräsident nicht wesentlich wirkungsvoller. Seine Freunde hatten ihn mehr oder weniger gezwungen, das Amt anzunehmen. Er lebte in der wehmütigen Erinnerung an die Vergangenheit und schrieb romantische Verse über die Bescheidenheit früherer Zeiten. Als ein englischer Freund ihn einmal fragte: *Que faites vous, Maître, dans cette galère?* (Was tun Sie denn in diesem Haufen?), antwortete er: »Um Ihnen die Wahrheit zu sagen, ich weiß es auch nicht ganz genau.« Er verlieh jedoch dem unbestimmten Gefühl Ausdruck, daß Religion und Patriotismus, die Frankreich einst groß gemacht hatten, verschwanden und daß sie, falls sie nicht wiederbelebt würden, in der steigenden Flut des Materialismus untergehen mußten.

Die wirkliche Initiative und Führung der Liga ging von Barrès, Drumont, Rochefort und Déroulède, dem Führer der alten Ligue des Patriotes, aus. In den Ausschußsitzungen, in denen die Politik der Liga formuliert wurde, geschah es nicht selten, daß Drumont laut auflachte und rief: »Diese Gesellen sind mein Untergang.« Rochefort, der stets nur sich selbst zuhörte, sagte nach langen Diskussionen ungeduldig: »Ja, ja, es ist zum Verrücktwerden

– was für eine *canaille!*« und dann erzählte er Coppée eine Anekdote, mit der er diesen bezauberte. »Jeder von uns ist als einzelner eine bedeutende Persönlichkeit«, sagte Lemaître zu Mme. de Loynes, »aber zusammen sind wir bedeutungslos.«

Dennoch spürten sie, daß die Sache todernst war. Durch die Debatten über *bordereaux* und *petit bleu* hindurch »vernahm man den Marschtritt der barbarischen Legionen«, schrieb Léon Daudet. Die Anhängerschaft an Dreyfus war das Fremde vor den Toren. Sie bedeutete die Revolution. Sie bedeutete außerdem Juden, Freimaurer, Freidenker, Protestanten, Anarchisten und Internationalisten. Jeder suchte und fand unter den Dreyfusanhängern seine persönlichen Feinde, Barrès sah das »Un-Französische«, Arthur Meyer »die Allianz von Anarchismus und Anhängerschaft an Dreyfus« und die beiden Hohepriester dieses »doppelt scheußlichen Kultes« waren für ihn Anatole France und Octave Mirbeau. Brunetière sah den »Individualismus ... die große Malaise unserer Zeit ... den Übermenschen Nietzsches, den Anarchisten, den Persönlichkeitskult.«

Der starke Mann der radikalen Regierung, die nach den Wahlen vom Mai 1898 die Amtsgeschäfte übernahm, war der Kriegsminister Godefroy Cavaignac, ein Zivilist. Er war ein Mann von strenger republikanischer Rechtschaffenheit, ein »meergrüner Unbestechlicher«, der sich selbst als die Geißel der parlamentarischen Korruption betrachtete. Er hatte die Panama-Untersuchung ausgelöst und den Stab über Clemenceau gebrochen. Während einer sechsmonatigen Amtszeit im Jahre 1895 hatte er sich von der Echtheit der Geheimakte überzeugt und glaubte fest an die Schuld von Dreyfus. Der scheidende Ministerpräsident Méline hatte versucht, der Sache Herr zu werden, indem er sich weigerte anzuerkennen, daß der Fall nach der Urteilsverkündung überhaupt noch existierte. Cavaignac hingegen war entschlossen, den Fall mit allen Konsequenzen erneut aufzugreifen. Er überprüfte die Dokumente und gelangte zu der Überzeugung, daß Esterhazy zwar in den Fall verwickelt, daß das Dreyfus-Urteil aber dennoch gerechtfertigt war. Daraufhin befahl er die Verhaftung Esterhazys wie auch Picquarts und begab sich mit der festen Absicht in die Kammer, die Revision ein für allemal zu begraben. Voll gerechten Zorns und jeden Widerspruch von vorneherein ausschließend teilte er den Abgeordneten mit, daß Esterhazy zu Unrecht freigesprochen worden war und als Komplize behandelt werden würde, daß er sich aber gleichzeitig »der Schuld von Dreyfus absolut sicher« sei. Er rekapitulierte die gesamte Geschichte des Falles, rekonstruierte das Gebäude, das die Dreyfusanhänger mit ihren Gegenbeweisen Stück um Stück eingerissen hatten und zitierte als abschließenden Beweis das angebliche Geständnis von Dreyfus und den Panizzardi-Brief, von dem Méline, der bis vor zwei Wochen Ministerpräsident gewesen war und in der Kammer saß, wußte, daß es sich um eine Fälschung handelte. Als Cavaignac geendet hatte, erhoben sich die Abgeordneten von ihren Sitzen und applaudierten stürmisch. Er hatte eine furchtbare Last von ihnen genommen, und sie stimmten mit 545 zu 0 (bei 19 Enthaltungen, darunter der schweigsame Méline) für eine *affichage*, das heißt eine öffentliche Aushängung von Cavaignacs Rede in jedem Rathaus in Frankreich. »Jetzt ist der verhaßte Fall endgültig erledigt«, sagte de Vogüé an diesem Abend in seinem Klub. »Jetzt ist Dreyfus bis an sein Lebensende an seinen Felsen gekettet.«

Für die Dreyfusanhänger war dies ein fürchterlicher Rückschlag, ein »furchtbarer Augenblick«. Ein Journalist, der Lucien Herr die Nachricht direkt aus der Kammer brachte, traf diesen zusammen mit Léon Blum in Herrs Studienzimmer an. Sie waren unfähig, ein Wort zu sagen; den Tränen nahe saßen sie da, vor Bestürzung und Hoffnungslosigkeit gelähmt. Plötzlich läutete die Türglocke und Jaurès stürmte herein. Er tat die Gesten seiner Freunde, die ihn aufforderten, mit ihnen zu trauern, mit einer Handbewegung ab und schalt sie mit triumphierender Stimme: »Was, Ihr auch? ... Versteht Ihr denn nicht, daß wir jetzt, zum erstenmal, des Sieges sicher sein können? Méline war unangreifbar, weil er nichts gesagt hat. Aber Cavaignac hat gesprochen und deshalb können wir ihn schlagen ... Jetzt hat Cavaignac die Dokumente genannt und ich, ja ich, sage Euch, daß sie unecht sind; sie riechen unecht und sie klingen unecht. Es sind Fälschungen ... dessen bin ich sicher und werde es beweisen. Die Fälscher sind aus ihren Löchern hervorgekrochen; wir haben sie bei der Gurgel. Weg mit Euren Trauermienen! Tut das gleiche wie ich: freut Euch.«

Jaurès ging und schrieb *Les Preuves* (Die Beweise), eine Serie von Artikeln, die noch in derselben Woche in der Sozialistenzeitung *La Petite Republique* erschienen. Die Leser dieser Artikel waren wie vor den Kopf geschlagen; dies war das erste Anzeichen einer Kollaboration der Sozialisten mit der Bourgeoisie. Die Affäre ermöglichte das Überschreiten der Brücke zum Klassenfeind.

Jaurès selbst war schon vor Zolas Prozeß ein Dreyfusanhänger gewesen und hatte sich dazu bekannt. Klein, untersetzt, kräftig, mit rotem Gesicht und jovialem Wesen, strahlte er geradezu Kampfesfreude aus. Mit seinem großen Kopf, dem wirren Bart, der unordentlichen Kleidung und den weißen Ziehharmonikasocken entsprach er genau dem Bild, das man sich von einem Arbeiterführer machte. Er stammte jedoch nicht aus der Arbeiterklasse, sondern aus der verarmten Linie einer angesehenen Bourgeois-Familie und hatte die Ecole Normale besucht, wo er sich in Griechisch, Latein und der Geisteswissenschaften auszeichnete. Mit seinem Klassenkameraden Henri Bergson, mit dem er um die Ehre des Primus gerungen hatte, verband ihn Freundschaft. Als er im Zola-Prozeß darauf wartete, in den Zeugenstand gerufen zu werden, war er zusammen mit Anatole France auf den Gängen des Gerichtes auf- und abgegangen und hatte Gedichte des 17. Jahrhunderts rezitiert. Wenn er in der Kammer mit schweren, zielbewußten Schritten auf das Rednerpodium stieg und ein Glas Rotwein hinunterstürzte, ehe er zu sprechen begann, dann verharrten die Zuhörer, voller Bewunderung oder voller Feindseligkeit, in gespannter Aufmerksamkeit. Seine Stimme hatte ein »großartiges Klangvolumen«, und er sprach fast ein wenig zu laut. Er hätte ohne weiteres leiser sprechen können und wäre in den letzten Reihen immer noch gut verstanden worden, aber, wie Rolland sagte, bereitete es ihm ein sinnliches Vergnügen, seine Stimme in voller Lautstärke ertönen zu lassen. Eineinhalb bis zwei Stunden lang konnte er über ein Thema reden ohne Notizen und ohne sich durch Zwischenrufe aus dem Konzept bringen zu lassen. Im Gegenteil, sie inspirierten ihn zu neuen Gedanken. Wenn er angegriffen wurde, dann spielte er mit seinem Gegner »wie eine große Katze mit einer Maus, er streichelte sie, ließ sie hier und dorthin springen ... und dann vernichtete er sie mit einem harten Schlag, einem einzigen letzten Wort«.

Er war nie ein Sektierer gewesen, der einer besonderen Richtung der Orthodoxie den Vorrang vor dem Endziel gegeben hätte, eine Angewohnheit, die die sozialistische Bewegung oft in Verlegenheit brachte. Für Jaurès, der den Carmaux-Streik persönlich geleitet hatte, war der letzte Zweck, die Macht der Arbeiterklasse, nicht eine Theorie, sondern ein erreichbares Ziel und die Einheit der Sozialisten eine Notwendigkeit zu dessen Durchsetzung. Nachdem Lucien Herr und andere ihn erst einmal von der Unschuld Dreyfus' überzeugt hatten, war er der Ansicht, daß der Sozialismus an Gewicht verlöre, wenn er sich von dem Kampf gegen die Gerechtigkeit fernhielte. Indem der Sozialismus die Sache des Rechts zu seiner eigenen machte, würde er an dem schließlichen und unvermeidlichen Sieg teilhaben, sich einen neuen Weg zur Macht eröffnen und an Ehre und Ruhm gewinnen. Die Affäre, so wie Jaurès sie sah, konnte zum Katalysator für eine Vereinigung des linken Flügels unter der Führung der Sozialisten werden.

Seine Freunde in der sozialistischen Partei teilten jedoch seinen Enthusiasmus keineswegs. Gemäßigte, wie Millerand und Viviani, wollten in diese »dunkle und gefährliche« Angelegenheit nicht verwickelt werden; die Extremisten, von Jules Guesde angeführt, widersetzten sich, obwohl persönlich Dreyfusanhänger, einer Aktion der Partei, da sie der Meinung waren, hier würden Kräfte der Arbeiterklasse für eine Sache abgezweigt, die nicht die ihre war. Bei einer Parteiversammlung nach der Veröffentlichung von *J'accuse*, als es sich darum drehte, welchen Kurs man einschlagen solle, falls die Rechte die Klageerhebung gegen Zola fordern würde, drehten und wendeten sich die Gemäßigten und zogen angesichts der vor der Tür stehenden Wahlen die Besonnenheit der Tapferkeit vor. »Warum sollen wir für Zola unsere Wiederwahl aufs Spiel setzen?« meinten sie. »Er ist kein Sozialist ...

und trotz allem doch nichts anderes als ein Bourgeois.« Während die Parteifraktionen noch stritten, riß Guesde mit einer ostentativen Geste der Verachtung das Fenster auf, um frische Luft hereinzulassen und rief: »Zolas Brief ist der bedeutendste revolutionäre Akt des Jahrhunderts!« Aber es blieb schließlich bei der bloßen Geste, und Guesde unterschrieb das Manifest, das erklärte: »Überlaßt es der Bourgeoisie, sich über *patrie*, Gesetz, Gerechtigkeit und andere Vokabeln zu zerreißen, die leere Begriffe sind, solange die kapitalistische Gesellschaft noch besteht.« Die Widerrechtlichkeit der Affäre sollte als Waffe benutzt werden, um die Bourgeoisie zu schlagen, nicht aber als ein Anlaß, um »das Proletariat für einen Teil der Bourgeoisie zu mobilisieren und damit zu immobilisieren«. Der Fall Dreyfus war nichts anderes als ein Machtkampf zwischen zwei Bourgeoisie-Fraktionen: auf der einen Seite die Klerikalen, auf der anderen die jüdischen Kapitalisten und ihre Freunde. Die Sozialisten konnten weder die eine noch die andere Seite unterstützen, ohne das Anliegen des Klassenkampfes zu gefährden. »Zwischen de Mun und Reinach«, so tönte Guesde, »bewahrt Euch Eure völlige Freiheit.«

Aber wie de Mun gesagt hatte, gab es zwischen diesen beiden Seiten keinen Raum für Freiheit. »Sie können es sich nicht vorstellen, wie mich das peinigt!« sagte Jaurès zu Péguy. »Unsere Feinde sind kein Problem – aber unsere Freunde! Sie zehren an meinen Kräften, weil sie Angst haben, nicht wiedergewählt zu werden. Sie ziehen mich dauernd am Rock, um zu verhindern, daß ich aufs Podium steige.« Aber Jaurès schüttelte sie ab, weigerte sich zu schweigen und verlor, allerdings mehr aufgrund der Opposition seitens der Industrie in seinem Distrikt als aufgrund seines Engagements in der Affäre, in der Wahl vom Mai 1898 tatsächlich sein Mandat. Daraufhin benutzte er *La Petite Republique* als seine politische Plattform, so wie Clemenceau sich *L'Aurore* zugewandt hatte, und er schrieb täglich einen politischen Leitartikel. Als er *Les Preuves* begann, war der Klassenhaß noch so tief in der sozialistischen Tradition verwurzelt, daß es notwendig war, Dreyfus zu deklassieren, um die Linke zum Kampf für die Gerechtigkeit sammeln zu können. »Er ist kein Offizier und auch kein Bourgeois mehr ... Er ist einfach das lebende Zeugnis der Verbrechen der Obrigkeit ... Er ist die Menschheit selbst.« Jaurès setzte sich Punkt für Punkt mit dem Beweismaterial auseinander und nahm jedes von Cavaignacs Argumenten und Dokumenten einzeln auf, trennte säuberlich zwischen Gerücht und Erpressung und wies die Fälschung nach. Die Wucht seiner Logik und die Ernsthaftigkeit seiner unermüdlichen Bemühungen gab den Dreyfusanhängern neuen Auftrieb. Cavaignac hingegen war außer sich. Anläßlich einer Abendgesellschaft des Kabinetts regte er an, alle führenden Revisionisten wegen Verschwörung gegen den Staat festzunehmen und nannte Mathieu Dreyfus, Bernard Lazare, Ranc, Reinach, Scheurer-Kestner, Picquart, Clemenceau, Zola und andere. Als einer seiner Kollegen ihn spöttisch fragte, warum nicht auch die Anwälte, antwortete Cavaignac: »Aber natürlich!« und fügte der Liste die Namen von Labori und Demange, dem Anwalt von Dreyfus, hinzu.

Nichtsdestoweniger hatten *Les Preuves* ihn erschüttert. Um auf gewisse Anklagen Jaurès' antworten zu können, ordnete er eine erneute Untersuchung der Dokumente an, diesmal durch einen Offizier, der zuvor noch nicht mit dem Fall befaßt gewesen war. Nacht für Nacht arbeitete dieser Offizier beim Schein seiner Lampe und stellte fest, daß der entscheidende Panizzardi-Brief aus zwei Papierstücken zusammengeklebt war, deren Zeilen eine leicht voneinander abweichende Farbe aufwiesen. Oberst Henry (er war inzwischen befördert worden) hatte die unbeschriebenen Teile zweier echter Briefe Panizzardis benutzt, um das Dokument zusammenzustückeln. Durch dieses Ergebnis alarmiert, forschte der untersuchende Offizier weiter und suchte seinen Weg durch die dunklen Gänge eines Labyrinths aus Unstimmigkeiten und Widersprüchlichkeiten zu finden, berichtete seine Entdekkungen pflichtgemäß weiter und besiegelte damit das Schicksal des Kriegsministers.

Cavaignac, der Held der Affäre Dreyfus, erkannte, daß der ganze Fall, den er der Kammer und dem Lande präsentiert hatte, wie eine Seifenblase platzte. Das entscheidende Schriftstück war eine Fälschung; die Erklärung, die ihm die Zustimmung der Nation eingetragen hatte, war ein Betrug. Für einen so prinzipientreuen Mann wie Cavaignac war es unmöglich, diese Entdeckung zu verheimlichen; er mußte sich zu dem tragischen Irrtum bekennen. Da er nicht Mitglied der Armee war, fiel ihm dies leichter. Er befahl die Verhaftung Oberst Henrys, der nach Cherche Midi überführt wurde, wo auch Dreyfus untergebracht gewesen war. In dieser Nacht, am 31. August 1898, beging Oberst Henry mit einer Rasierklinge, die man ihm gelassen hatte, Selbstmord.

Armeeoffiziere, die hiervon erfuhren, waren aufs höchste bestürzt; einige weinten. Das war ein Makel auf der Ehre der Armee, der »schwerer wog als Sedan«, sagte einer von ihnen. Léon Blum, der zu der Zeit seine Ferien in Zürich verbrachte, erfuhr morgens um 10 Uhr von dem Hotelportier, was geschehen war. »Ich glaube, ich war in meinem ganzen Leben noch nicht so aufgeregt. Die übergroße Freude, die mich erfüllte, hatte ihren Ursprung in dem Sieg der *Vernunft*. Die Wahrheit hatte schließlich doch gesiegt.« Dieses Mal, so schien es den Dreyfusanhängern, hatten sie ihr Ziel endgültig erreicht. In gewissem Sinne traf dies auch zu, denn die Wahrheit war nun offenbar. Daraus jedoch die Konsequenzen ziehen, war eine andere Sache.

Cavaignac trat zurück, und zwei Wochen später war auch sein Nachfolger, der sechste Kriegsminister seit der Verhaftung von Dreyfus, zurück-

Der Mob bei Zolas Prozeß: Originaltitel *Les Moutons de Boisdeffre*, von Théophile Steinlen, aus *La Feuille*, 28. Februar 1898

Das ›Syndikat‹: von Forain, aus *Psst!* 24. Juni 1899

›Allegorie‹: von Forain, aus *Psst!*, 23. Juli 1898

Coucou, le voilà!

›Der Brunnen der Wahrheit‹: von Caran d'Ache, aus *Psst!*, 10. Juni 1899

getreten. Die Regierung ergab sich in das Unvermeidliche und unterbreitete den Fall dem Cour de Cassation, dessen Aufgabe es war, darüber zu befinden, ob ein Urteil aufrecht erhalten oder aufgehoben werden solle. Dieser Schritt, den man als ein Mißtrauensvotum gegen die Generäle ansah, veranlaßte einen weiteren Kriegsminister zum Rücktritt. In der Erwartung der Gerichtsentscheidung, ob der Fall angenommen oder abgelehnt werden würde, kochte Paris vor Aufregung. Falls das Gericht den Fall annahm, mußte die Geheimakte den zivilen Behörden vorgelegt werden, was die Armee unter allen Umständen verhindern wollte. Die englische Zeitschrift *Spectator* war davon überzeugt, daß die Logik der Situation zu einem Staatsstreich der Armee führen mußte. In Paris verbreiteten die Royalisten und andere wilde Extremisten der rechtsgerichteten Ligen in der Hoffnung, genau dies zu provozieren, Gerüchte über ein Komplott, hielten Versammlungen ab und schickten ihre bezahlten Schreier durch die Straßen. Dies war die Stunde, die sich Déroulède so lange ersehnt hatte.

Déroulède, ein verantwortungsloser Agitator, war Schriftsteller und Abgeordneter. Langbeinig und mit einer langen Nase, sah er aus wie Don Quichote und die Windmühlen, die es anzugreifen galt, fand er in allen Bereichen der Republik. Er war ein Veteran von 1870 und hatte 1882 eine *Ligue des Patriotes* gegründet, um den Geist der *revanche* lebendig zu erhalten. Ihr Emblem waren die Jahreszahlen ›1870–18 – –‹; die zweite Zahl war in plumper Symbolik offen gelassen, und ihr Motto, großartig, aber ziemlich sinnlos, lautete *France Quand Même*. Déroulède schrieb patriotische Verse, verabscheute die Royalisten ebenso wie die Republik und hatte den »politischen Verstand eines Kindes«. Um eine Krise anzuheizen, liierte er sich mit Jules Guérin, dem aktiven Führer der antisemitischen Liga, die vom Herzog von Orléans subventioniert wurde, der hoffte, im Gefolge der Krise eine Chance für sich zu ergattern. Die Spannung nahm zu, als 20 000 Bauarbeiter auf dem Gelände der Weltausstellung von 1900 streikten und die Regierung Truppen anforderte, die die Bahnhöfe besetzten und auf den Straßen patroullierten. Ein Gerücht lief um, der Staatsstreich sei für den Tag der Parlamentseröffnung am 25. Oktober geplant. Déroulède und Guérin beriefen eine riesige Protestversammlung vor dem Palais Bourbon ein, um »unser Vertrauen in die Armee und unseren Abscheu vor den Verrätern« zu demonstrieren.

Die Sozialisten, beziehungsweise ein Teil von ihnen, entdeckte plötzlich, daß die Republik es wert war, gerettet zu werden. Wenngleich auch sie das bestehende System stürzen wollten, so mochten sie doch nicht dabei zusehen, wie es von der Rechten gestürzt wurde. Außerdem erfuhren sie von ihren lokalen Organisationen, daß ihre Neutralität in der Affäre Dreyfus sie in einer Anzahl Wahlkreise kompromittierte. »Weil wir scheinbar alle Formen des Bourgeoisie-Republikanertums ablehnen«, schrieb ein Partei-

mitglied aus der Provinz, »denken viele Leute, wir seien die Bundesgenossen der monarchistischen Reaktionäre.«
Die Sozialistenführer versandten per Rohrpost Einladungen an ihre verschiedenen Gruppen und beriefen eine Notstands-Versammlung ein, um angesichts der drohenden Gefahr eine einheitliche Front zu bilden; die Dringlichkeit der Situation war derart groß, daß es ihnen tatsächlich gelang, ein gemeinsames Komitee der Wachsamkeit zu bilden. Echter revolutionärer Tradition folgend beschloß es, jeden Abend zusammenzutreten und die Massen zu Demonstrationen aufzurufen. Zusammenstöße mit den rechtsgerichteten Ligen, Unruhen, ja sogar der Bürgerkrieg drohten. In großer Angst appellierte die Liga für Menschenrechte der Dreyfusanhänger an alle Republikaner, einen öffentlichen Aufruhr zu vermeiden, aber Jaurès erkannte die Chance für die Sozialisten. »Paris zittert vor Entschlossenheit... Das Proletariat formiert sich.« Jedoch von Guesde gewarnt, die Provokation eines Ausbruchs spiele nur den Generälen in die Hände, die, so glaubte man, nur auf die Chance warteten, in einem Aufruhr die Macht an sich zu reißen, überdachte das Komitee der Wachsamkeit die Sachlage erneut. Die Sozialisten würden nichts provozieren, verkündete es dann. »Die revolutionären Gruppen halten sich bereit, je nach den Umständen in Aktion zu treten oder sich der aktiven Teilnahme zu enthalten.«
Die Royalisten waren sich »des Tages« so sicher, daß André Bouffet, der *chef de cabinet* des Herzogs von Orléans, dem Kronprätendenten telegraphisch mitteilte, daß seine Anwesenheit in dem nahegelegenen Brüssel am 24. Oktober »unumgänglich« sei. Der Herzog, der sich zu der Zeit in Böhmen auf der Jagd befand, antwortete: »Soll ich sofort kommen, oder kann ich hier warten? Wichtige Angelegenheiten!« Unerbittlich kabelte Bouffet zurück: »Aufenthalt nahe der Grenze notwendig.« Aber der Herzog war besser beraten und blieb, wo er war.
Der Tag kam, die Menge versammelte sich um die Kammer, füllte die Place de la Concorde und die umliegenden Straßen, einzelne riefen immer wieder dieselben Forderungen, rote Fahnen wehten. »Es schien als stehe entweder ein neuer Kommuneaufstand oder der Coup eines Diktators bevor.« Die Atmosphäre war bedrohlich; Truppen und Polizei waren überall. Der Tag verging, und die Republik bestand immer noch, denn der Rechten fehlte es an dem notwendigen Auslöser für einen Staatsstreich – einem Führer. Sie hatte ihre lauten, aber doch kleinen Fanatiker; um jedoch die Regierung in einem demokratischen Land aus dem Sattel zu heben, bedarf es entweder ausländischer Hilfe oder der Fähigkeiten eines Diktators. Schon als Boulanger sich am Grabe seiner Geliebten erschoß, hatte Clemenceau mitleidlos gesagt, in diesem Mann »hoch zu Roß« habe nicht mehr als »die Seele eines Leutnants« gesteckt. Das war auch auf diesen Tag anwendbar.
Die Ereignisse jagten einander. Am 29. Oktober gab der Kassationshof be-

kannt, er werde den Fall übernehmen und seine Untersuchung beginnen. VICTOIRE! verkündete *L'Aurore* in den gleichen Lettern wie seinerzeit J'ACCUSE! Die Revisionisten begrüßten diese Entscheidung als die Wiederherstellung der zivilen Macht über das Militär. Dann forderte das Gericht die Geheimakte an. Der Kriegsminister weigerte sich und trat zurück. Damit löste er den Rücktritt der gesamten Regierung aus. Während der nun folgenden sieben Monate rückte das Gericht ins Zentrum der Angriffe. Von diesem Augenblick an war die Rechte in der Defensive, und die Affäre Dreyfus trat in die Periode ihrer größten Raserei ein. Das Gericht wurde von der nationalistischen Presse als das »Heiligtum des Verrats«, eine »Zweigstelle der Synagoge«, die »Höhle des Judas« und eine »Kombination von Börse und Bordell« geschmäht. Die Richter waren entweder »von Deutschland gekauft«, »Kammerdiener der Synagoge« oder »Spitzbuben im Hermelinpelz«. Von allen Seiten wurde Druck ausgeübt; beide Seiten beschuldigten sich gegenseitig, die Richter zu bestechen, und es gelang den Nationalisten, den Fall aus der Strafkammer, die als zu positiv eingestellt galt, herauszudrängen, so daß er nun vor dem vereinigten Gericht aller drei Kammern lag, von dem man hoffte, daß es sich eher unter Druck setzen ließ.

Zur gleichen Zeit entlud sich ein Anti-Dreyfus-Gewitter über dem Haupte Picquarts. Um ihn von der Aussage vor dem Kassationshof fernzuhalten, hatte die Armee ihn kurz vor seinem Kriegsgerichtsverfahren ins Cherche Midi überführt. Die Liga der Menschenrechte organisierte jeden Abend in den Provinzstädten wie auch in Paris öffentliche Protestversammlungen. Jaurès' Name und Prestige zog bei einer Versammlung in Marseille 30 000 Personen an. Jaurès, der Wissenschaftler Duclaux, Anatole France, Octave Mirbeau und Sebastien Faure waren die beliebtesten Redner. Arbeiter und Bourgeoisie, Studenten und Professoren, Arbeiterfrauen und Damen aus der Gesellschaft drängten sich in den Hallen und standen auf den Bürgersteigen, applaudierten den berühmten Sprechern und marschierten gemeinsam mit dem Ruf *Vive Picquart!* vor die Gefängnistore des Cherche Midi. Unterschriften für einen Protest zugunsten Picquarts trafen zu dieser Zeit nicht nur zu Hunderten, sondern zu Tausenden ein, darunter von 34 Mitgliedern des Institut de France. Unter den neuen Namen waren die Sarah Bernhardts und Hervé de Kerohants, des Herausgebers von *Soleil*, ehemals ein Gegner der Revision, der den Protest als »Patriot, Royalist, Christ« unterschrieb. Ernest Lavisse, Historiker und Mitglied der Akademie, war so bewegt, daß er sich zum Handeln entschloß, und als eine Geste persönlichen Protestes von seinem Ordinariat in Saint-Cyr zurücktrat.

Selbst die Anarchisten, die bislang voller Verachtung und Gleichgültigkeit gewesen waren, wurden in dem Sog der Affäre hineingezogen. Zuvor hatten sie die Dreyfus-›Parade‹, wie es in ihrer Zeitung *Le Père Peinard* hieß, als einen »Haufen schmutziger Typen« bezeichnet, der von Clemenceau und dem »alten Ausbeuter Scheurer-Kestner, der Kröte Yves Guyot (Herausgeber von *Le Siècle*) und dem häßlichen Reinach, jenen drei Übeltätern, die mithalfen, die *lois scélérates* zusammenzubrauen«, angeführt wurde. Nunmehr jedoch, da ihr Feind, die Bourgeoisie, die Leiden ihrer beiden Märtyrer beklagte, taten die Anarchisten das gleiche für ihre Märtyrer, die zu Zwangsarbeit in Französisch-Guinea verurteilt worden waren. Das Interesse an diesen Fällen wurde dadurch geweckt und so erreichte die Liga der Menschenrechte fünf Begnadigungen.

Einige Angehörige der Rechten konnten vor der Wahrheit nicht länger die Augen schließen. Mme. de Greffulhe, Herrscherin über den *gratin*, die insgeheim von der Unschuld Dreyfus' überzeugt war, schrieb dem deutschen Kaiser und bat, ihn aufsuchen zu dürfen, um ihn zu fragen, ob die Deutschen Dreyfus wirklich als Spion eingesetzt hatten. Die einzige Antwort, die sie erhielt, war ein großer Korb Orchideen. Proust hat diesen Gesinnungswandel an einer seiner Romangestalten, dem Fürsten de Guermantes gezeigt, der Swann gegenüber gesteht, daß er nach dem Selbstmord Oberst Henrys insgeheim *Le Siècle* und *L'Aurore* zu lesen begonnen habe. Er und seine Frau hatten, ohne daß der eine es vom anderen wußte, den Abbé gebeten, für Dreyfus und dessen Familie Messen zu lesen, wobei sie zu ihrem Erstaunen feststellten, daß auch der Abbé an die Unschuld von Dreyfus glaubte. Als der Fürst eines Morgens dem Dienstmädchen auf der Treppe begegnete, das der Fürstin eben das Frühstück heraufbringen wollte, bemerkte er, daß sie irgend etwas unter der Serviette verbarg, und fand *L'Aurore*.

Abgesehen von den Generälen, die sich in ihren Widerstand verrannt hatten, gab es viele rangniedrigere Armeeoffiziere, die tief besorgt waren. »Wenn wir unter uns sind und kein Außenseiter dabei ist«, sagte ein Offizier zu Galliffet während einer Bahnfahrt, »sind wir gar nicht so antirevisionistisch, wie die Leute von uns glauben. Im Gegenteil, wir würden auch gerne Licht in diese Angelegenheit gebracht und die Missetäter bestraft sehen, so daß, falls Vergehen vorgekommen sind, die Armee nicht die Verantwortung dafür tragen muß.« Er war der Ansicht, daß sich die öffentliche Meinung gegen die Armee wenden würde, falls man Picquart vor Gericht stellen und verurteilen würde.

Der bittere Kelch war für die Armee voll, als in der gleichen Woche, in der der Kassationshof seine Untersuchung aufnahm, für Oberst Marchand der Befehl zum Rückzug aus Faschoda kam. Jaurès geißelte das imperialistische Abenteuer als ein Verbrechen des Kapitalismus, mit dem man den Frieden leichtfertig in Gefahr gebracht habe, ohne die Eventualitäten einer Konfrontation mit England bedacht zu haben. Als sei seine ohnehin schon erstaunliche seherische Fähigkeit durch die Affäre noch mehr geschärft worden, schrieb er: »Der Friede hängt von der Laune des Zufalls ab. Aber falls der Krieg ausbricht, wird er umfassend und fürchterlich sein. Er wird zum ersten Male die ganze Welt ergreifen und alle Kontinente in den Abgrund reißen. Der Kapitalismus hat das Schlachtfeld erweitert, und der gesamte Planet wird sich mit dem Blut unzähliger Menschen röten. Eine schrecklichere Anklage kann gegen dieses Gesellschaftssystem gar nicht erhoben werden.« Zu seiner Zeit war es noch möglich anzunehmen, daß der Fehler im System und nicht bei den Menschen selbst lag.

Die Heftigkeit der Auseinandersetzung in der Affäre Dreyfus ließ nicht nach. Als Reinach eine Artikelserie für *Le Siècle* schrieb, in der er Oberst Henry beschuldigte, »ein persönliches Interesse« an dem Ruin von Dreyfus gehabt zu haben, überredete Drumont Mme. Henry, Reinach wegen Verleumdung zu verklagen, und veranstaltete eine öffentliche Sammlung zu ihren Gunsten, die der Treffpunkt für die Nationalisten aller Schattierungen wurde. Ein Transparent mit der Aufschrift »Für die Witwe und die Waise Oberst Henrys und gegen den Juden Reinach!« spannte sich entlang der Hausfront von *La Libre Parole* auf dem Boulevard Montmartre und wurde nachts angestrahlt. Innerhalb eines Monats hatten 15 000 Personen 130 000 Francs gestiftet. Ihre Namen und Kommentare liefern eine Geschichte der Rechten – und zwar nicht nur dieser Epoche, sondern jeder beliebigen anderen. 500 Francs, die höchste Einzelspende, kamen von der Gräfin Odon de Montesquiou, geborene Bibesco, 30 Sous von einem Leutnant, »arm an Geld, aber reich an Haß«. Es gab alle Spielarten des Hasses, hauptsächlich aber den Haß auf die Juden, der sich in Vorschlägen wie diesen ausdrückte: alle Juden zu häuten, sie zu brandmarken, in heißem Öl zu kochen, mit Vitriol zu übergießen, sie zu entmannen oder andere scheußliche körperliche Mißhandlungen zu begehen. Es gab den Haß auf Ausländer und Intellektuelle und sogar den »500 Jahre alten Haß gegen England«, aber viele gaben ihre Francs auch einfach aus Sympathie für die Witwe und das Kind. Ein Priester spendete »für die Verteidigung des ewigen Gesetzes gegen den judäo-christlichen Trug«, ein Musikprofessor für »Franzosen gegen Ausländer«; es spendete ein Beamter, »der Gott in den Schulen will«, ein anonymer Spender, der »nach sechs Monaten Ehe von einem Juden ruiniert war«, ein Arbeiter, »das Opfer der anarchistischen Kapitalisten Jaurès und Reinach«. Es gab unzählige »echte Patrioten« und einen »Franzosen, der alles satt hatte«. Es gab die *Vives* für Drumont, Rochefort, Déroulède, Guérin, Esterhazy, den Herzog von Orléans, *l'Empereur, le Roi*, die Helden von Austerlitz und Jeanne d'Arc. Reinach war das Hauptziel des Angriffs; Dreyfus dagegen wurde kaum erwähnt. General Mercier spendete 100 Francs ohne Kommentar; der Dichter Paul Valéry drei Francs, »nicht ohne Überlegung«.

Überraschend und unter etwas merkwürdigen Umständen starb der Präsident der Republik, Félix Faure, und die Erregung steigerte sich noch mehr.

Die Öffentlichkeit spürte, daß hier irgend etwas unerklärt geblieben war, und tatsächlich war die Wahrheit derart beschämend, daß man sie nicht verbreiten konnte. Präsident Faure hatte sich stets seiner amourösen Abenteuer gerühmt. Nun hatte ihn der Tod bei einem Schäferstündchen im Elysée ereilt. Das Gefühl, daß die Umstände seines Ablebens vertuscht worden waren, lud die ohnehin schon spannungsgeladene und von Verdächtigungen erfüllte Atmosphäre noch mehr auf.

Die Präsidentschaftswahlen wurden inmitten der hysterischen Schlacht um den Spruch des Gerichts durchgeführt, der Senatspräsident Emile Loubet, ein solider, einfacher Republikaner ländlicher Abstammung siegte über den konservativen Kandidaten Méline. Da Loubet zur Zeit des Panamaskandals Ministerpräsident gewesen war, wurde er von den Nationalisten verachtet. Sie bezeichneten seine Wahl als eine »Beleidigung Frankreichs«, eine »Herausforderung gegenüber der Armee« und einen »Sieg des jüdischen Verrats«. Entlang dem Weg, den Loubet vom Gare Saint-Lazare zum Elysée-Palast zurücklegte, stand der von den Nationalisten bezahlte Mob, johlte und machte einen derartigen Lärm, daß man nicht einmal mehr die Kapelle, die die ›Marseillaise‹ intonierte, hören konnte. »Die Republik ist unter meiner Obhut vor dem Zusammenbruch sicher«, sagte Loubet ruhig. »Das wissen sie und deshalb sind sie so wütend.«

Die Rechte, in ihrem Zustand völliger Unzurechnungsfähigkeit, war jedoch gerade darauf aus, diesen Zusammenbruch der Republik herbeizuführen. »Innerhalb einer Woche haben wir Loubet aus dem Präsidentenpalais gejagt«, brüstete sich Jules Lemâitre. Das Staatsbegräbnis für Faure sollte der Stichtag für den Staatsstreich sein. Man wollte die Armee dazu überreden, das Land zu retten. Die ›Ligisten‹ glaubten, sie könnten dies mit einem Protestschrei, einer Geste, bei irgendeiner günstigen Gelegenheit erreichen und gaben sich erst gar nicht mit einer ernsthaften Organisation des Putsches ab. Ihr Plan war, die Militäreskorte, die bei der Trauerparade das Ehrengeleit stellte, auf dem Rückweg zur Kaserne an der Place de la Nation abzufangen und sie dazu zu veranlassen, den Elyséepalast zu besetzen. Déroulède führte zusammen mit Guérin eine Bande von 200 Patrioten durch die Straßen, griff dem Pferd des kommandierenden Offiziers der Brigade, General Roget, in die Zügel und rief: »Zum Elysée, General! Folgen Sie uns, General, folgen Sie uns! Zur Place Bastille! Zum Hôtel de Ville! Zum Elysée! Freunde erwarten uns! Ich bitte Sie, General, retten Sie Frankreich! Schaffen Sie eine Republik des Volkes und werfen Sie die *parlementaires* heraus!« Aber der General behielt einen kühlen Kopf, ließ weitermarschieren und die Menge schrie, ohne zu begreifen worum es eigentlich ging, bereitwilligst: »Rettet Frankreich! *Vive l'Armée!*« Die Soldaten marschierten weiter und schleppten Déroulède und seine Gefolgsleute mit bis in die Kaserne. Dort riß Déroulède seinen Mantel auf und zeigte seine Schärpe, die ihn als ein Mitglied der Kammer auswies und das Emblem der parlamentarischen Immunität war, wurde aber trotzdem zu einer Polizeistation gebracht, der Anstiftung zum Aufruhr angeklagt und lieferte mit seinem Prozeß einen weiteren Anlaß zu leidenschaftlichen Ausbrüchen und Auseinandersetzungen. Dieses Fiasko schmälerte die Erwartungen der Rechten jedoch nicht im geringsten. Im darauffolgenden Monat erhielt die Antisemitische Liga 56 000 Francs vom Herzog von Orléans und 100 000 Francs von Boni de Castellane.

Noch ehe man richtig Zeit gehabt hatte, sich von diesen Wirren zu erholen, verkündete der Kassationshof den Spruch, auf den ganz Frankreich wartete. Seine sechsundvierzig Richter in ihren scharlachroten Roben mit dem Hermelinbesatz erklärten sich mit der Revision einverstanden. Ein Kreuzer lief zur Teufelsinsel aus, um Dreyfus für die Verhandlung zurückzuholen. Zola kehrte aus England zurück und *L'Aurore* brachte in den nun schon bekannten Lettern seinen Artikel JUSTICE! Darin wurde festgestellt, daß sich die Grenzen und Unterschiede zwischen den vielen verschiedenen Splittergruppen und Parteien zu einer einzigen großen Trennungslinie formiert hatten, die Frankreich in zwei Lager spaltete: Die Kräfte der Reaktion und der Vergangenheit gegen die Kräfte der Gerechtigkeit und der Zukunft. Dies schien die logische Schlachtordnung für die Vollendung der Aufgabe von 1789 zu sein. Mit dem unerschütterlichen Optimismus ihrer Zeit begrüßten die Dreyfusanhänger die Entscheidung des Gerichts als den Vorboten der sozialen Gerechtigkeit im neuen Jahrhundert. Die drückende Last der Schande schien von Frankreich genommen und machte nun dem Stolz Platz. »Welche andere Nation«, so schrieb ein Korrespondent von *Le Temps* in Den Haag, wo die Friedenskonferenz tagte, »hat das Privileg gehabt, den Pulsschlag der Welt während der letzten drei Jahre beschleunigen zu können?« Die Wiederaufnahme des Verfahrens war nicht nur ein Triumph der Gerechtigkeit, sondern auch der »Freiheit der Menschen«. Auch Nicht-Franzosen hatten dieses Gefühl. William James, der damals gerade Europa bereiste, schrieb, als er Licht in das Dunkel der Affäre Dreyfus fallen sah: »Dies mag eine jener moralischen Krisen sein, die Anfang und Höhepunkt zugleich sind und die neue Traditionen, neue Inhalte und neue Profile schaffen.«

Die Nationalisten schäumten vor Wut. Caran d'Ache zeichnete eine Karikatur, die einen grinsenden Dreyfus zeigte, während neben ihm Reinach mit einer Peitsche in der Hand befahl: »Komm her, Marianne!« Auf der Titelseite fand sich eine Karikatur Zolas, der mit einer Dreyfus-Puppe unter dem Arm aus einem Abort heraufsteigt; Unterschrift: »Die Wahrheit steigt aus ihrer Quelle empor.«

Der aufgestaute Zorn über die Gerichtsentscheidung entlud sich am darauffolgenden Tage auf dem Haupte Loubets, als dieser das Rennen in Auteuil besuchte. Es war der Sonntag des *Grand Steeple*, des bedeutendsten Ereignisses der Saison. Als die Karosse des Präsidenten vor der Haupttribüne eintraf, tönte es aus verschiedenen Gruppen elegant gekleideter Herren mit der weißen Nelke der Royalisten oder der blauen Kornblume der Antisemiten im Knopfloch in stampfendem Rhythmus: *Dé-mis-sion! Pa-na-ma! Dé-mis-sion! Pa-na-ma!* und Spazierstöcke wurden drohend durch die Luft geschwungen. Der Schreie und Drohungen nicht achtend, nahm Präsident Loubet seinen Platz ein. Plötzlich löste sich ein hochgewachsener Mann mit einem blonden Schnurrbart, weißer Nelke und weißer Krawatte, der später als Baron Ferdinand de Christiani identifiziert wurde, aus der Gruppe, sprang die Stufen empor und schlug dem Präsidenten mit einem schweren Spazierstock auf den Kopf. Die Damen in der Umgebung Loubets schrien vor Entsetzen laut auf, dann trat eine plötzliche Stille und Erstarrung ein. Als jedoch die Genossen des Angreifers herbeistürzten, um ihn aus den Händen der Wachen zu befreien, brach ein fürchterlicher Tumult los. Einige wurden verhaftet, andere drängten sich um die Polizisten, schrien und schlugen mit ihren Stöcken um sich. Die Szenerie war *un charivari infernal*. General Zurlinden, der Gouverneur von Paris, beorderte telephonisch drei Kavallerieabteilungen als Verstärkung herbei. Loubet, wenn auch etwas mitgenommen, entschuldigte sich bei der Gattin des italienischen Botschafters, Gräfin Tornielli, die neben ihm saß, für die Verwirrung. »Es war ein Ehrenplatz«, antwortete sie.

Der Angriff auf Loubet war ein Angriff auf die gesamte Republik; die Bevölkerung war erschreckt und entrüstet. Telegramme von Komitees und Gemeinderäten aus ganz Frankreich strömten ins Elysée und ließen ein Ausmaß an Loyalität erkennen, wie man es nach den Ereignissen der letzten Jahre nicht erwartet hatte. Loubet gab bekannt, er werde in der nächsten Woche die Einladung zum Rennen in Longchamps annehmen. Nach dieser Vorankündigung riefen die Ligen und Zeitungen beider Seiten zu Demonstrationen auf und sammelten ihre Bataillone. Die Regierung traf außergewöhnliche Vorsichtsmaßnahmen. 30 Schwadronen Kavallerie und eine Infanteriebrigade feldmarschmäßig ausgerüstet, flankierten die Straßen vom Elyséepalast nach Longchamps, während auf dem Rennplatz selbst Dragoner von der *Garde Républicaine*, mit Gewehren bewaffnet, im Abstand von 10 Metern über das gesamte Gelände und an den Wettschaltern postiert waren. Berittene Polizei patrouillierte an der Rennstrecke. Entlang der Straßen, die der Präsident passieren mußte, und auf dem Rennplatz versammelten sich 100 000 Menschen, von denen viele die rote Rosette der Linken trugen. Wiederum hatte die Drohung von rechts die Arbeiter auf die Straße gebracht, vermutlich nicht so sehr, um den Bourgeoisie-Staat zu retten, als vielmehr um den Mitgliedern der herrschenden Klasse Trotz zu bieten. Die Anwesenheit von mehr als 6 000 Hütern des Gesetzes verhinderte einen größeren Aufruhr, aber den ganzen Tag über stie-

ßen Demonstrantengruppen aufeinander, kleinere Unruhen und Schlägereien brachen aus, Parolen und Gegenparolen wurden geschrien, Hunderte wurden verhaftet, Reporter, Polizisten und Demonstranten wurden verletzt. Als die Massen am Abend nach Paris zurückströmten, fegte der Sturm durch die Cafés. *Vive la République!* schrien die einen, *Vive l'Armée!* die anderen. Flaschen und Gläser, Karaffen und Tabletts wurden als Wurfgeschosse, Tische und Stühle als Schlagwaffen benutzt. Polizeikommandos griffen ein; der Zorn, die Zahl der Beulen an den Köpfen und die nationale Animosität nahmen zu. Selbst außerhalb von Paris, in einer Pension in Brest, wo Offiziere und Professoren wohnten, konnten »diese jungen Männer, die alle gleichermaßen von der Liebe zu Frankreich erfüllt waren«, nicht mehr miteinander reden, ohne daß der Punkt erreicht wurde, wo jedes weitere Wort zum Duell geführt hätte. Es war Zeit, so drängte *Le Temps*, für »einen Gottesfrieden«.
Aber davon war man weit entfernt. Als die Regierung in der Woche nach dem Rennen von Longchamps wieder einmal zurücktrat, waren die Furcht und die Schwierigkeiten, die mit einem Kabinettsamt verbunden waren, so groß, daß es acht Tage lang niemandem gelang, eine neue Regierung zu bilden. In diesem Vakuum trat ein Mann in den Vordergrund, der fest entschlossen war, die Affäre Dreyfus zu ›liquidieren‹. Dadurch war es ihm möglich, Bedingungen zu stellen, die unter normalen Umständen unannehmbar gewesen wären. René Waldeck-Rousseau, dreiundfünfzig Jahre alt, war der berühmteste Rechtsanwalt von Paris, ein geschliffener Redner, den man den ›Perikles der Republik‹ nannte, Sproß einer wohlhabenden katholischen Familie, die in der Bretagne ansässig war, beeindruckte er durch Haltung, Manieren und gewählte Kleidung. Mit dem kurzgeschnittenen Haar und dem kleinen Schnurrbart hätte er ein Engländer sein können. Er war passionierter Angler und Jäger und besaß einiges Talent zur Aquarellmalerei. Rochefort bezeichnete ihn wegen seines stets sehr gepflegten Äußeren als *Waldeck le pommadé*. Von den Radikalen bewundert und vom Zentrum toleriert galt er als der Repräsentant des *juste milieu*.
Die Affäre Dreyfus näherte sich mit dem bevorstehenden Wiederaufnahmeverfahren ihrem Höhepunkt. Um sich angesichts des zu erwartenden furchtbaren Drucks im Amt halten zu können, stellte Waldeck mit voller Absicht eine Ministerliste zusammen, die für beide Seiten gleichermaßen als rotes Tuch wirken mußte, so daß sich ihr Druck gegenseitig aufheben würde. Er berief den Sozialisten Millerand zum Handelsminister und einen mit Ruhm bedeckten Militär, den Marquis de Galliffet, den ›Schlächter‹ der Kommune, zum Kriegsminister. Der Tumult in der Presse und im Parlament, mit dem dieser bemerkenswerte Ausweg aufgenommen wurde, war ohne gleichen. »Absolute Verrücktheit... Reiner Wahnsinn... Ungeheuerlich... Infam!« schallte es von beiden Seiten. Die Ernennung Millerands brachte

nicht nur die Rechte zur Raserei, auch in der Sozialistischen Internationale verursachte seine Berufung einen Skandal und eine Spaltung von beträchtlichem Ausmaß und historischer Bedeutung. Die Übernahme eines Ministeramtes in einer kapitalistischen Regierung war ein Verrat, der dem des Judas gleichkam. Tief betrübt bat Jaurès Millerand, das Angebot abzulehnen, aber Waldeck hatte sich mit Bedacht einen Mann ausgesucht, der der Verlockung des Amtes nicht würde widerstehen können. Die Sozialisten mußten sich nun entscheiden, ob sie die Regierung Waldeck unterstützen oder ablehnen wollten, wenn es zur Vertrauensfrage in der Kammer kam. Falls die Regierung unterlag, so bedeutete das Chaos. Jaurès ließ sich von Lucien Herrs Argumentation überzeugen: »Welch ein Triumph für den Sozialismus, daß die Republik nur mit der Hilfe der Partei des Proletariats gerettet werden kann.« Die Guesde-Richtung jedoch hielt am Prinzip des Klassenkampfes fest. Ein Sozialist, so stellte Guesde fest, »betritt das Parlament wie einen Feindstaat und nur, um den Klassenfeind zu bekämpfen.« Jaurès warnte, daß der Sozialismus, falls er diese Haltung beibehielte, auf die Ebene eines »sterilen und unversöhnlichen Anarchismus« herabsinken würde; aber er drang nicht durch. Die Union Socialiste sagte sich los; fünfundzwanzig Parlamentsmitglieder stimmten für eine Unterstützung der Regierung, siebzehn dagegen. Guesde begeisterte seine Gruppe mit dem Vorschlag, das Auftreten der neuen Regierung in der Kammer mit dem Ruf: *Vive la Commune!* zu begrüßen, sich bei der Abstimmung jedoch der Stimme zu enthalten, um nicht plötzlich als Verbündete der Rechten dazustehen.

Am nächsten Tag standen sie zehn Minuten lang in der Kammer und schleuderten den neuen Ministern ihr *Vive la Commune! A bas les fusilleurs! A bas l'assassin!* entgegen. Das Ziel dieses Angriffs, der fast siebzigjährige General Marquis de Galliffet, Prinz de Martigues, ein Mann mit sonnenverbranntem Gesicht und hellen Augen, blickte spöttisch in den Saal, halb belustigt und halb verärgert. Er hatte im Krimkrieg, in Italien, Mexiko, Algerien und bei Sedan gekämpft. Dort hatte ihm einer seiner Offiziere, als der General sein Regiment in die letzte Kavallerieattacke führte, zugerufen: »So oft Sie wollen, General, solange noch einer von uns übrig ist.« Von dem Patriotismus und dem Kampfgeist des großen Gambetta tief beeindruckt, wurde und blieb Galliffet ein loyaler Republikaner und brachte öffentlich seine Verachtung für Boulanger zum Ausdruck. Die Augen in seinem braunen Gesicht waren tief eingesunken, die Nase sprang scharf vor, wie der Schnabel eines Raubvogels, aber seine Gestalt war immer noch jung und elastisch, und er glich ein wenig einem »Banditenhäuptling, der sich vor nichts fürchtet, oder einem *grand seigneur,* den nichts erschüttern kann«. Obwohl er eine Silberplatte im Magen hatte, und wegen seiner alten Wunden hinkte, spielte er in den Tuilerien Tennis, und seine Liebesaffären, die er mit Genuß und mit manchmal allzu vielen schlüpfrigen Details erzählte, waren das Entzücken des Bixio. Einmal berichtete er, wie ihm Mme. de Castiglione ihr Aktporträt, das von Baudry gemalt worden war, gezeigt hatte. Als er sie fragte, ob sie wirklich so schön sei wie auf dem Bild, habe sie entkleidet auf dem Sofa posiert. »Das Bild war besser«, schloß Galliffet. Man nannte ihn den *sabreur de la parole*, denn er erzählte seine Geschichte so, »als ob er an der Spitze seiner Schwadron gegen den Feind anstürmte«. Da für ihn der Kampfgeist der Armee das Wichtigste war und er Picquart, der unter ihm gedient hatte, gut leiden mochte, war er zum Revisionisten geworden. Wegen dieses Sündenfalles wurde er im Jockey-Club geschnitten, und nachdem er Minister geworden war, kündigte er seine Mitgliedschaft im Cercle de l'Union, und zwar weniger aus Überzeugung, als wegen der ›schwachsinnigen‹ Mitglieder, die sich in Auteuil eine Verhaftung eingehandelt hatten. »Man kann«, so drückte er sich aus, »nicht einem Klub angehören, dessen Mitglieder man verhaften muß. Das ist nicht fein.« Sarkastisch und exzentrisch, voller Stolz darauf, daß er nur noch von seiner Pension lebte, obwohl er einst reich gewesen war, besaß er »Mut, Unverschämtheit, Intelligenz, Verachtung für den Tod und Hunger nach dem Leben.«

In seiner Eigenschaft als Kriegsminister hatte er all diese Eigenschaften bitter nötig. Angesichts der böswilligen Sticheleien der Guesde-Extremisten in der Kammer, stand er plötzlich auf und donnerte: *L'assassin, présent!* Der Tumult wurde noch größer. Nationalisten, die Mitte, die Radikalen schrien Beleidigungen und schwangen die Fäuste. Millerand, wie Waldeck ein Rechtsanwalt, mit kurzgeschnittenem grauem Haar, Lorgnon und einem gepflegten schwarzen Schnurrbart und von sehr bestimmtem, aggressivem Wesen, war nahe daran, mürbe zu werden. Sein Schnurrbart begann zu zittern und er glich »einer riesigen Katze, die in einen Regenschauer geraten ist«. Man beobachtete, daß Galliffet sich eine Reihe von Namen notierte. Er erklärte dazu später: »Ich dachte mir, es wäre ganz gut, wenn ich diese Burschen einmal zum Diner einlade.«

Waldeck versuchte, sich Gehör zu verschaffen, und stand eine Stunde lang am Rednerpult, ohne mehr als zehn Minuten lang gehört zu werden. Er kämpfte verzweifelt, und es gelang ihm schließlich, die Regierung mit einer Mehrheit von sechsundzwanzig Stimmen durchzubringen.

Galliffet hatte sich der Regierung »ohne Illusion« zur Verfügung gestellt, wie er der Prinzessin Radziwill schrieb, und vor allem deshalb, weil sie Frankreich den Frieden im Innern bringen wollte, »wenn das überhaupt möglich ist«. »Die Presse der Rechten will, daß ich ein zweiter Boulanger werde, und die Linke hätte am liebsten, wenn ich alle Generäle, die ihr nicht passen, einen Kopf kürzer machte. Die Masse benimmt sich idiotisch. Wenn ich einen schuldigen General antaste, werde ich beschuldigt, die Armee zu massakrieren; wenn ich ihn ungeschoren lasse, werde ich des Verrats angeklagt. Was für ein Dilemma. Bedauern Sie mich.« In Wirklichkeit war er jedoch höchst zufrieden mit seinem Ministeramt, obwohl er Loubet ein wenig »zu sehr Bourgeois« fand, und beim nächsten Treffen des Bixio war er äußerst »lustig und amüsant«. Er berichtete eine spannende Geschichte von einer recht fülligen, etwa vierzigjährigen Dame, die ihn in seinem Büro aufgesucht hatte, um ihm ein kleines Geschäftchen vorzuschlagen, bei dem es um den Ankauf von 20 000 Pferden durch die Armee ging und bei dem für ihn eine runde Million abfallen würde. »Eine Million«, sagte er ihr, »das ist nicht viel, verglichen mit den 25 Millionen, die ich, wie jeder weiß, vom Syndikat bekommen habe. Sprechen Sie mit Waldeck. Er ist nämlich neidisch auf mich, weil er nur 17 Millionen bekommen hat.«

Sechs Wochen später, am 8. August 1899 sollte das Kriegsgerichtsverfahren gegen Dreyfus in der Garnisonsstadt Rennes, einer katholischen und aristokratischen Ecke der traditionell konterrevolutionären Bretagne, eröffnet werden. Frankreich bebte in Erwartung dieses Ereignisses; mit jeder Woche, die den Augenblick näher brachte, wuchs die Spannung. Die Augen der Welt richteten sich auf Rennes. Sämtliche bedeutenden Zeitungen des Auslandes entsanden ihre Starreporter. Lord Russell of Killowen, der Lordoberrichter Englands, kam als Beobachter. Alle, die in der Affäre Dreyfus eine Rolle gespielt hatten, fanden sich ein, außerdem Hunderte französischer Journalisten sowie bedeutende Persönlichkeiten des politischen, gesellschaftlichen und literarischen Lebens. Die Geheimakte wurde mit einem Munitionswagen der Artillerie in eine Eisenkiste verpackt aus Paris herübergebracht. Alle Welt sprach von dem bevorstehenden Prozeß. Ein Freispruch würde die endgültige Rechtfertigung der Dreyfusanhänger bedeuten, den Nationalisten würde er den Todesstoß versetzen, ein unvorstellbarer Schlag, den man nicht hinnehmen konnte. Wie auf Befehl griffen sie das ursprüngliche Thema ihrer Erpressung wieder auf: entweder Dreyfus oder die Armee. »Hier muß eine Wahl getroffen werden«, schrieb Barrès im *Journal*; Rennes, so sagte er, sei der Rubikon. »Falls Dreyfus unschuldig ist, dann sind die sieben Kriegsminister schuldig, und der letzte sogar noch mehr als der erste«, echote Meyer im *Le Gaulois*. General Mercier gab, ehe er nach Rennes aufbrach, einen Tagesbefehl heraus: »Dreyfus wird erneut verurteilt werden. Denn in dieser Sache gibt es einen Schuldigen, und zwar ihn oder mich. Ich bin es mit Sicherheit nicht, also ist es Dreyfus ... Er ist ein Verräter, und ich werde es beweisen.«
Am 8. August, morgens sechs Uhr, trat das Gericht im Saal des *lycée*, dem einzigen Raum in Rennes, der sowohl das Gericht, als auch die sechshundert Zuhörer aufnehmen konnte, zusammen. In der ersten Reihe saß der ehemalige Präsident Casimir-Périer, neben ihm Mercier, dessen gelbliches Gesicht wie immer ausdruckslos war, sowie die Witwe Oberst Henrys in ihrem

schwarzen Trauerschleier. Würdenträger, Offiziere in Uniform, Damen in leichten Sommerkleidern und mehr als vierhundert Journalisten füllten die Reihen dahinter. Mit einer unter dem enormen Druck des Augenblicks heiser gewordenen Stimme befahl Oberst Jouaust, der Vorsitzende der sieben Militärrichter: »Bringen Sie den Angeklagten herein!«
Mit einem Schlag verstummte jedes Gespräch. Ruckartig wandten sich die Köpfe der Anwesenden der kleinen Tür in der Wand zur Rechten zu. Alle Blicke hingen wie gebannt an dieser Stelle, so, als erwarte man in ehrfürchtiger Scheu das Erscheinen eines Gespenstes. Der Angeklagte war in der Tat ein Geist, denn niemand von den hier Versammelten hatte ihn in den letzten fünf Jahren gesehen und außer seiner Familie, den Anwälten und den ursprünglichen Anklägern kannte ihn niemand. Fünf Jahre lang war er ihnen allen gegenwärtig gewesen, aber nicht als Mensch, sondern als eine Idee; jetzt würde er durch diese Tür in die Wirklichkeit zurückkehren wie Lazarus aus seinem Grab. Eine Minute verstrich und dann noch eine, während die wartende Menge in atemloser Stille verharrte, einer peinigenden Stille, »wie sie wahrscheinlich niemals zuvor eine Menschenmenge überwältigt hat«.
Die Tür öffnete sich, zwei Wärter erschienen, und in ihrer Mitte eine schmale, erschöpfte, ausgemergelte Gestalt, das Zerrbild eines Menschen, weder jung noch alt, mit eingefallenem Gesicht, ausgetrockneter Haut und einem Körper, der beinahe ausgehöhlt schien. Mühevoll hielt er sich aufrecht, um nicht bei den letzten Schritten von der Tür zum Zeugenstand zusammenzubrechen. Nur der Kneifer, den man von den Bildern her kannte, hatte sich nicht verändert. Eine Welle des »Erschreckens und Mitleids« erfaßte die Zuschauer, und der Blick Picquarts, dessen Leben Dreyfus so entscheidend verändert hatte, war so intensiv, daß die Leute zwischen beiden ihn förmlich zu spüren glaubten. Andere, deren Karriere er verändert oder zerstört hatte – Clemenceau, Cavaignac – sahen ihn zum erstenmal.
Viereinhalb Jahre lang hatte Dreyfus kaum ein Wort gesprochen oder ein gesprochenes Wort gehört. Krankheit, Fieber, die tropische Sonne, zeitweilige Fesselung in Ketten und die Brutalität seiner Gefängniswärter, deren Verhalten den Aufruhr in Frankreich widerspiegelte, hatten ihn entkräftet. Er war kaum fähig zu sprechen und vermochte nur langsam zu begreifen, was man ihm sagte. Als er die drei Stufen zum Podium hinaufstieg, schien es einen Augenblick lang, als würde er das Gleichgewicht verlieren, dann aber richtete er sich auf, salutierte mit undurchdringlichem Gesicht und erhob die behandschuhte Rechte zum Schwur. Als er die Uniformmütze abnahm zeigte sich, daß sein Haar vorzeitig weiß geworden war. Er blieb eine Statue. Nichts von der Affäre, dem Kampf in der Presse, den Duellen, den Petitionen, den Unruhen und dem Mob auf den Straßen, den Ligen, Prozessen, Verleumdungsklagen, Berufungen, Staatsstreichen, nichts von

Scheurer-Kenstner, Reinach, der Verhaftung Picquarts, dem Prozeß gegen Zola, dem Kriegsgerichtsverfahren gegen Esterhazy, dem Selbstmord Henrys und nichts von dem Angriff auf die Person des Präsidenten von Frankreich war bis zu ihm gedrungen. Während des Prozesses machte er auf viele Beobachter einen ungünstigen Eindruck. Fest entschlossen, keinen Anlaß zum Mitleid zu geben, zog er sich die Abneigung vieler zu, die bereit gewesen waren, Mitleid mit ihm zu empfinden. G. A. Henty, der wie die meisten Engländer in der Überzeugung gekommen war, daß man Dreyfus fälschlicherweise belastet hatte, begann plötzlich zu zweifeln. »Der Mann sah aus wie ein Spion und er redete wie ein Spion ... und falls er keiner ist, dann will ich verdammt sein, wenn er keiner werden sollte.« Henty sprach für die letzten Romantiker, die geglaubt hatten, abstrakte Konzeptionen wie die Gerechtigkeit seien unzweideutig und Menschen, die sich seltsam benehmen, seien Spione.

Im Endeffekt war es weniger der Eindruck, den Dreyfus hinterließ, durch den das Ergebnis beeinflußt wurde, so wenig er die Affäre gemacht hatte, sondern es war das Dilemma, das Mercier schon vor langer Zeit formuliert hatte. Und General Mercier war es auch, der unter den Hunderten von Zeugen den Prozeß beherrschte. Mit kalter Autorität, hoheitsvoll in seiner Selbstsicherheit, übernahm er die volle Verantwortung für die Anordnung, derzufolge die Geheimakte der Verteidigung vorenthalten worden war. Dies war, wie er es ausdrückte, eine »moralische« Entscheidung gewesen. Im Zeugenstand weigerte er sich, auf Fragen zu antworten, die ihm nicht paßten, und wenn er sich nicht im Zeugenstand befand, mischte er sich ein, ohne daß ihm das Wort erteilt worden wäre. Als die Geheimakte überprüft wurde, befahl er, die Öffentlichkeit auszuschließen, und das Gericht gehorchte ihm. Als man ihn danach fragte, ob die Armee Beweismaterial unterdrückt habe, war der Zynismus, der aus seinen Antworten sprach, wie Reinach zugab, »beinahe bewundernswert ... gerade so, als ob ein Verbrechen die Quelle einer besonderen Art von Schönheit sei«. Mercier »hat Halluzinationen«, schrieb Galliffet. »Er glaubte, er sei die Inkarnation Frankreichs ... aber trotzdem ist er ein ehrenwerter Mann.«

Während sich die Wochen der Untersuchung und der Beweisaufnahme mit der schier endlosen Folge von Zeugen, die persönlich und leidenschaftlich engagiert waren, hinzogen, wurde der Streit der Juristen, wurden die Dispute der Journalisten und Beobachter, die hitzigen Gefühlsausbrüche innerhalb der Stadt und die Spannung hinsichtlich des Urteils beinahe unerträglich. In Paris veranlaßte das Gerücht, für den Tag, an dem Mercier aussagen sollte, sei ein Staatsstreich geplant, die Regierung, die Häuser von hundert Verdächtigen zu durchsuchen und fünfundsechzig von ihnen aus dem Bett heraus zu verhaften, darunter Déroulède. Guérin hingegen konnte entkommen, verbarrikadierte sich zusammen mit vierzehn seiner Genossen in einem Haus in der Rue Chabrol, wo sie ein Waffenlager hatten, und hielt sechs Wochen lang der halbherzigen Belagerung der Polizei stand. »Ich rühre mich von sieben Uhr morgens bis sieben Uhr abends, sieben Tage in der Woche nicht aus meinem Büro, um für alle Eventualitäten gewappnet zu sein«, schrieb Galliffet.

Am 14. August wurde der beredte und aggressive Maître Labori, der »wie ein Herkules aussah und wie ein Boxer kämpfte«, außerhalb des Gerichtsgebäudes von einem jungen Mann mit rotem Haar angeschossen, jedoch nicht getötet. Der Attentäter lief davon und rief: »Ich habe gerade Dreyfus erschossen! Ich habe Dreyfus getötet!« Der Name war bereits wieder zu einem Abstraktum geworden. Dieser Zwischenfall brachte die Erregung auf den Siedepunkt. Da der Angreifer mit Laboris Aktentasche davongelaufen und nicht gefaßt worden war, vermuteten die Dreyfusanhänger ein Komplott der Nationalisten, die vor nichts zurückschreckten. Sie bezeichneten ihre Gegner als »Mörder«, einen »Generalstab von Kriminellen« und schworen, daß »wir für jeden von uns, den sie töten, einen von ihnen umbringen werden – Mercier, Cavaignac, Boisdeffre, Barrès«. Die Prinzessin Radziwill schrieb an Galliffet: »Mein Gott, welch ein Ende für dieses Jahrhundert.«

Der Prozeß war am 9. September zu Ende, und die Welt wurde durch das unglaubliche Urteil tief erschüttert. Mit 5 zu 2 Stimmen wurde Dreyfus erneut verurteilt, doch billigte man ihm diesmal mildernde Umstände zu. So konnte man ihn zu fünf Jahren Gefängnis verurteilen – die bereits verbüßt waren – anstatt zu lebenslänglich. Da es jedoch bei Landesverrat niemals mildernde Umstände geben konnte, bedeutete die Entscheidung für beide Seiten eine unerhörte Provokation. Die Idee, mildernde Umstände geltend zu machen, stammte vom Anklagevertreter, der sich sagte, daß es leichter sein würde, einen Schuldspruch zu erhalten, wenn die Richter nicht ihr Gewissen damit belasten mußten, Dreyfus auf die Teufelsinsel zurückzuschicken.

Das Urteil wirkte auf alle wie eine fürchterliche Katastrophe. Die Menschen waren sprachlos. Königin Viktoria telegraphierte an Lord Russell: »Die Königin hat das schreckliche Urteil mit Erschütterung zur Kenntnis genommen und hofft, daß der arme Märtyrer bei den höchsten Gerichten Berufung einlegen wird.« »Frevelhaft, zynisch, barbarisch und voller Haß«, schrieb der Korrespondent der *Times*, unfähig, einen Satz zu bilden. Wie ein zorniger Isaias donnerte Clemenceau: »Was bleibt übrig von der historischen Tradition, die uns einst zu dem Meister des Rechts auf der ganzen Welt gemacht hat? Die Welt wird widerhallen von der Frage: Wo ist Frankreich? Was ist aus Frankreich geworden?« Die Meinung der Weltöffentlichkeit wurde plötzlich zu einem Faktor, und das um so mehr, als die Weltausstellung des Jahres 1900 vor der Türe stand. In Evian am Genfer See, wo ein Großteil des *gratin* die Ferien verbrachte, fand Proust die Gräfin de Noailles in Tränen: »Wie konnten sie so etwas tun? Was wird das Ausland von uns denken?« Im Lager der Nationalisten hingegen war der gleiche Grund Anlaß zur Freude. »Seit 1870 ist dies unser erster Sieg über die Fremden!«, frohlockte *Le Gaulois*.

Die Stärke des emotionalen Engagements war auf der ganzen Welt gleichermaßen spürbar. Die Aufregung in Odessa war »einfach unvorstellbar«; in Berlin herrschte höchste Verstimmung, im weit entfernten Melbourne »Ekel und Abscheu«; in Chicago fanden Protestversammlungen statt, und von allen Seiten kamen Vorschläge, die Weltausstellung zu boykottieren. In Liverpool war die *Times* innerhalb weniger Minuten ausverkauft und wurde zu Überpreisen gehandelt. In Norwegen lehnte der Komponist Grieg es ab, seine Werke im Théâtre Chatelet zu dirigieren, weil er »über die Verachtung, die in Ihrem Lande gegenüber der Gerechtigkeit offenbar wurde« erbost war. Die Engländer, die wegen des Faschoda-Zwischenfalles ohnehin schon von einer Woge antifranzösischer Gefühle hochgetragen worden waren, zeigten sich am meisten entrüstet. Der Hyde Park hallte wider von Protestkundgebungen; die Zeitungen sprachen von einer »Beleidigung der zivilisierten Welt«; Industriefirmen und kulturelle Vereinigungen drängten auf einen Boykott der Weltausstellung als Mittel, um die französische Regierung unter Druck zu setzen; ein Hotelier im Seen-Distrikt setzte ein französisches Ehepaar, das sich auf der Hochzeitsreise befand, vor die Tür. In einem Leserbrief hieß es sogar, selbst die Transvaal-Frage »verblasse neben dieser bedeutenderen Frage, in der es um Wahrheit und Gerechtigkeit ging«. Die *Times* jedoch erinnerte ihre Leser daran, daß viele Franzosen »mehr als ihr Leben riskiert« hatten, um die Niederlage der Gerechtigkeit zu verhindern; man könne überzeugt sein, daß sie den Kampf nicht aufgeben und das Unglück von Rennes wieder gutmachen würden.

Der Kampf wurde in der Tat fortgesetzt, aber die öffentliche Meinung nahm nicht mehr daran teil. Die Affäre Dreyfus war eine jener Angelegenheiten, für die es keine wirklich glückliche Lösung gab. Waldeck-Rousseau bot Dreyfus die Möglichkeit einer Begnadigung an, die, trotz des wütenden Widerspruchs von Clemenceau, mit der Begründung angeommen wurde, daß dies eine Frage der Menschlichkeit sei – denn Dreyfus konnte nicht mehr zugemutet werden – und mit der Einschränkung, man würde deshalb die Bemühungen, den Namen von Dreyfus reinzuwaschen, nicht einstellen. Galliffets Tagesbefehl an die Armee lautete: »Der Vorfall ist abgeschlossen... Vergessen Sie die Vergangenheit, damit Sie an die Zukunft denken können.« Waldeck brachte ein Amnestiegesetz ein, demzufolge sämtliche im Zusammenhang mit der Affäre schwebenden Verfahren niedergeschlagen werden sollten, worauf beide Seiten mit Verärgerung reagierten; die Rechte, weil Déroulède davon ausgenommen war, und die Dreyfusanhänger, weil Picquart, Reinach und andere, denen Unrecht widerfahren war oder die verklagt worden waren, nun keine Möglichkeit mehr hatten, sich Genugtuung zu verschaffen. Waldeck jedoch blieb unerbittlich: »Die Amnestie richtet niemanden, sie klagt auch nicht an, sie spricht niemanden frei, sie ignoriert ganz einfach.« Die Debatte darüber hielt in aller Heftigkeit noch ein ganzes Jahr an, ehe das Gesetz verabschiedet wurde. Die Feindschaft jedoch schwelte weiter. Die Positionen, die im Verlaufe der Affäre bezogen worden waren, verhärteten sich bis zur völligen Erstarrung. Lemâitre, der mehr aus Sensationslust, denn aus Überzeugung mitgemacht hatte, wurde ein besessener Royalist; Anatole France rückte zur äußersten Linken.

Der Kampf verlagerte sich nun von der moralischen auf die politische Ebene, von Dreyfus zur Revolution der Dreyfusanhänger. Die Schlacht blieb die gleiche, lediglich das Kampffeld war ein anderes. Es ging nicht mehr um Gerechtigkeit und Revision, sondern um die Bemühungen der Regierungen Waldeck und Combes, der auf Waldeck gefolgt war, die Macht des Klerus zu beschneiden und das Erziehungssystem sowie die Armee zu republikanisieren. Der Kampf tobte so heftig wie eh und je um Waldecks Vereinsgesetz, das gegen die religiösen Orden gerichtet war, über die Affäre des Generals André und die *fiches*, nachdem bekannt geworden war, daß der übereifrige Kriegsminister im Jahre 1904 Berichte freimaurerischer Offiziere als Grundlage für die Beförderung katholischer Offizierskameraden benutzt hatte. Den unermüdlichen Bemühungen von Mathieu Dreyfus, Reinach und Jaurès war es zu verdanken, daß schließlich eine endgültige Revision und die Aufhebung des Urteils von Rennes durch den Kassationshof erreicht wurde. Am 13. Juli 1906, dem Vorabend des Bastille-Feiertages, fast zwölf Jahre nach der Verhaftung von Dreyfus und sieben Jahre nach dem Urteil von Rennes, verabschiedete die Kammer mit 422 zu 32 Stimmen ein Gesetz, durch das Dreyfus und Picquart wieder in die Armee aufgenommen wurden, wobei de Mun immer noch unter den Gegnern war. Dreyfus wurde mit dem Orden der Ehrenlegion ausgezeichnet und erhielt den Rang eines Majors, während Picquart General wurde, was beide bei normalem Verlauf der Dinge ohnehin geworden wären. 1902 ging Drumont seines Sitzes in der Kammer verlustig; *La Libre Parole* verlor an Bedeutung und wurde 1907 zum Verkauf angeboten, ohne daß sich jedoch ein Interessent gefunden hätte. Zola starb 1902, und an seinem Grab würdigte Anatole France in bewegenden und noblen Worten den Mann, der »einen Augenblick lang .. das Gewissen der Menschheit war«. 1908 wurde die Urne Zolas ins Panthéon übergeführt. Im Verlauf der Zeremonie schoß ein Mann namens Gregori auf Dreyfus, verwundete ihn am Arm, wurde jedoch später von einem Schwurgericht freigesprochen. 1906 wurde Clemenceau Ministerpräsident und ernannte Picquart zum Kriegsminister. Picquart auf dem Sessel Merciers, »das ist wirklich eine tolle Sache«, sagte Galliffet. »Es gibt doch noch Dinge, die einen dafür entschädigen, daß man sich nicht dazu entschließen kann zu sterben.«

Rennes war der Höhepunkt. Nach Rennes war weder der Kampf für die Gerechtigkeit, noch der Kampf der Rechten gegen die Republik zu Ende, wohl aber die Affäre Dreyfus. Solange sie dauerte, zeigte sich Frankreich wie zu Zeiten der Revolution als ein Land, das zu außerordentlichem politischem Engagement fähig war. Es war eine Zeit der Exzesse. Die Menschen machten rückhaltlos von ihren Fähigkeiten und Glaubenssätzen Gebrauch. Sie verausgabten sich völlig und ließen am Vorabend des neuen Jahrhunderts deutlich werden, wieviel an Kraft und Ungestüm zu seinem Empfang bereit stand.

V

Krieg oder Frieden

Den Haag: 1899 und 1907

5 Krieg oder Frieden

Begeisterung, Hoffnung, Argwohn – vor allem aber Erstaunen erfüllten die Weltöffentlichkeit, als am 19. August 1898 bekannt wurde, der junge russische Zar, Nikolaus II. habe die Völker der Welt aufgerufen, sich zu einer Konferenz zusammenzufinden, auf der Rüstungsbeschränkungen diskutiert werden sollten. Überall in den Hauptstädten herrschte höchste Verwunderung über diesen »Blitzstrahl aus dem Norden«, wie *Le Temps* das Ereignis nannte. Daß dieser Aufruf ausgerechnet von jenem mächtigen und sich rapide ausdehnenden Koloß kam, den die übrigen Nationen heimlich fürchteten und trotz der zweihundertjährigen Tünche europäischer Kultivierung immer noch als halbzivilisiert und barbarisch ansahen, gab Anlaß zu ungläubiger Verblüffung, in die sich weitverbreitetes Mißtrauen mischte. Von Alaska bis nach Indien, von der Türkei bis nach Polen war der Druck der russischen Expansion spürbar geworden. »Der Zar mit dem Ölzweig in der Hand; das ist neu in der Geschichte«, lauteten Kommentare aus Wien. Dennoch war mit dieser Einladung ein Akkord angeschlagen worden, der sofort und bereitwilligst Resonanz fand.

Die Furcht vor dem Anwachsen der Rüstungsindustrie war weitverbreitet. Krupp, der Koloß von Essen, war das größte Unternehmen in Europa, das einer einzigen Familie gehörte. Skoda, Schneider-Creuzot, Vickers-Maxim, riesige Trusts, die durch Zusammenschlüsse mehrerer Firmen entstanden waren, verkauften ihre Erzeugnisse auf allen Kontinenten, belieferten in militärischen Auseinandersetzungen beide Seiten und profitierten von jedem Völkerzwist. Mit jedem Jahr kamen neue Waffen auf den Markt, mit denen sich in noch kürzerer Zeit noch mehr Menschen umbringen ließen. Sobald die Streitkräfte einer Macht einen neuen Waffentyp übernahmen, löste dies die entsprechenden Bemühungen bei dem Rivalen aus. Mit jedem Jahr stiegen die Kosten, die riesigen Waffenlager wuchsen und die alles vernichtende, tödliche Explosion schien über kurz oder lang unvermeidlich.

Das Manifest des Zaren, an sämtliche in St. Petersburg vertretenen Regierungen gerichtet, war der Versuch, diesen Prozeß aufzuhalten. Das Dokument legte dar, daß ungeachtet der im Laufe der letzten zwanzig Jahre immer wieder ausgesprochenen Lippenbekenntnisse zum Frieden »die geistigen und materiellen Kräfte der Völker, ihre Arbeitskraft wie ihre Kapitalreserven durch die Herstellung furchtbarer Zerstörungsmaschinen in höchst unproduktiver Weise aufgezehrt worden sind.« Was heute noch als letzte Entwicklung der Wissenschaft galt, war morgen schon hoffnungslos veraltet und mußte ersetzt werden. Das System der »Rüstung *á l'outrance* verwandelt den bewaffneten Frieden in eine drückende Bürde, die auf allen Völkern lastet und schließlich zu eben der Sintflut führen mußte, die sie verhindern soll«. Diesen maßlosen Wettlauf zu beenden, war nun das Gebot der Stunde für jedermann.

Daß diese Aufforderung ausgerechnet von russischer Seite kam, überstieg die kühnsten Träume der Friedensapostel. »Wie herrliche Musik wird es über die gesamte Erde erklingen«, schrieb eine Wiener Zeitung. Redewendungen, wie »eine neue Epoche der Zivilisation«, »die Morgenröte einer neuen Ära«, »der Vorbote eines neuen Jahrhunderts«, waren in allen Zeitungen zu finden. In Belgien nannte man den Aufruf eine »wahre Erlösung«, einen Akt von »kolossaler Bedeutung«, dessen Urheber als »Nikolaus der Friedliche« in die Geschichte eingehen würde. In New York sah man in dem Manifest den möglichen Beginn »der bedeutungsvollsten und wohltätigsten Entwicklung der Neuzeit – ja, der gesamten Geschichte«. Rom pries es als eines »der großen Dokumente, das seinem Jahrhundert zur Ehre gereicht«, und Berlin begrüßte den »neuen Evangelisten an den Ufern der Neva«, dessen Ziel erhaben und wunderbar in der Theorie, in der Praxis jedoch undurchführbar sei. Humanitär, aber utopisch, lautete das übereinstimmende Urteil in London. Eine Ausnahme machte Kipling, der eine schreckliche Warnung aussprach, denn England und Rußland standen sich damals an der indischen Nordwestgrenze bei Fuß gegenüber. Seine Antwort auf das Manifest des Zaren war das Gedicht *The Bear that Walks like a Man*. Es berichtet in einer grausigen Allegorie von einem Mann, der auf der Bärenjagd entstellt und seines Augenlichts beraubt wird, als er »von Mitleid und Erstaunen erfüllt« sein Gewehr nicht abfeuert, weil der Bär sich aufgerichtet hat und um Gnade zu flehen schien. Da zerschmetterte ihm ein Hieb der »stählernen Tatze« das Gesicht.

When he stands up as pleading, in wavering, manbrute guise,
When he veils the hate and cunning of his little swinish eyes;
When he shows as seeking quarter, with paws like hands in prayer,
That is the time of peril – the time of the Truce of the Bear!

(Wenn er sich erhebt, schwankend, scheinbar Mensch in tierischem Gewand
Wenn Haß und Arglist in seinen kleinen Schweinsaugen er verschleiert,
Wenn scheinbar er Pardon erfleht, die Pranken wie zum Gebet erhebt,
Dann droht Gefahr – das ist des Bären Waffenstillstand!)

Der Argwohn hinsichtlich der russischen Beweggründe und zynische Spekulationen darüber waren weitverbreitet. Die meistdiskutierte Frage war, ob sich die Russen zuvor mit ihrem Verbündeten Frankreich beraten hatten. Da Abrüstung das Einverständnis mit dem status quo voraussetzte und Frankreich den Verlust Elsaß-Lothringens niemals verschmerzt hatte, gab der Schritt seines Verbündeten, wie die *Times* es ausdrückte, ein »höchst überraschendes Rätsel« auf. Aus der französischen Reaktion war jedoch klar ersichtlich, daß vorher keine Aussprache stattgefunden hatte. *»Et l'Alsace-Lorraine?«* lautete die in einer einzigen Zeile zusammengefaßte Reaktion von *l'Intransigeant*. Dennoch herrschte in weiten Kreisen die Auffassung, daß der Vorschlag zu einer Konferenz, der zu einem Zeitpunkt gemacht wurde, da die »unerträgliche Hochnäsigkeit und die grenzenlosen Ansprüche« des angelsächsischen Imperialismus aller Welt auf die Nerven gingen und die Aufrechterhaltung des Friedens nur mehr »ein Wunder des Gleichgewichts« war, sehr zu begrüßen sei.

Jede der angesprochenen Nationen sah in dem Manifest des Zaren wie in einem Zauberspiegel das Konterfei ihres besonderen Feindes. Für Deutschland lag es auf der Hand, daß die Geste des Zaren ein »Schlag ins Wasser« wäre, falls England der Flottenabrüstung nicht zustimmte. Wenige Tage später verkündete der deutsche Kaiser seinen schicksalsschweren Beschluß: »Deutschlands Zukunft liegt auf dem Wasser.« Die Briten sahen das Haupthindernis in den Seemachtbestrebungen Deutschlands. Die europäischen Sozialisten waren davon überzeugt, daß die russischen Motive, gleichgültig welcher Art sie waren, angesichts der Grausamkeiten der zaristischen Unterdrückung jedenfalls nicht reiner Menschenliebe entsprangen. Der deutsche Sozialist Wilhelm Liebknecht bezeichnete den Aufruf als eine »Täuschung«. Die Verfechter der Friedensidee sahen darin vielfach eine Reaktion auf den spanisch-amerikanischen Krieg, der für sie ein Vorspiel zu der drohenden Weltkatastrophe war. Viele Europäer waren nach der Besetzung der Philippinen durch die Amerikaner zu der Überzeugung gelangt, daß es nun notwendig werde, die amerikanische Expansion einzudämmen. Die Amerikaner selbst fanden den Gedanken, daß der Zar durch ihren Sieg über Spanien zu seinem Manifest angeregt worden war, recht einleuchtend. Godkin sprach für die Antiimperialisten, als er mit Betrübnis feststellte, daß dieser »großartige Aufruf« zu einem Zeitpunkt ergehe, da die Vereinigten Staaten dem »Geist des Militarismus und dem Gedanken der gewaltsamen Eroberung« mehr denn je in ihrer Geschichte verhaftet waren.

Die Verwirrung hinsichtlich der Beweggründe hielt weiter an. Eine von weiten Kreisen für plausibel gehaltene Erklärung war die, daß der Zar weniger aus humanitären Motiven gehandelt habe, als aus dem menschlichen Wunsch, Wilhelm II. zuvorzukommen, von dem man allgemein annahm,

er wolle die Gelegenheit seines bevorstehenden Besuches in Jerusalem zu einer ähnlichen Proklamation benutzen.
Der Selbstmord des Obersten Henry in der Dreyfusaffäre zog bald die Aufmerksamkeit der Weltöffentlichkeit auf sich. Zehn Tage später hielt die Welt erneut den Atem an, als Kaiserin Elisabeth von Österreich einem Anarchistenanschlag zum Opfer fiel. Die Amerikaner waren mit dem Empfang ihrer aus Kuba heimkehrenden Regimenter beschäftigt und die Engländer mit dem Marsch Kitcheners auf Karthum. Ab September verdüsterte die Faschodakrise, die das Gespenst eines Krieges zwischen England und Frankreich heraufbeschwor, den politischen Horizont. Es schien, als habe dieser Zwischenfall die Erinnerung an Elsaß-Lothringen ausgelöscht, vermerkte der deutsche Botschafter mit Zufriedenheit. Die Bemühungen um den Frieden allerdings gingen im Wirbel dieser Sensationen unter.
Dies traf allerdings nicht für jene kleine Gruppe zu, die sich in Europa und Amerika der Sache des Friedens verschrieben hatte und von dem Aufruf des Zaren förmlich elektrisiert worden war. Eine der prominentesten Gestalten in diesem Kreis war die Baronin Bertha von Suttner, deren Antikriegsroman, ›Die Waffen nieder‹, Tolstoi als ›Onkel Toms Hütte‹ der Friedensbewegung bezeichnet worden war. Als Bertha von Suttner von dem Manifest des Zaren hörte, war sie außer sich vor Freude. Glückwunschschreiben von ihren Freunden im Internationalen Friedensbüro, in der Interparlamentarischen Union und in der Peace and Arbitration Association trafen in großer Zahl ein. »Was auch immer daraus werden mag«, schrieb Björnstjerne Björnson, »von jetzt ab wird die Luft von Friedensgedanken erfüllt sein.« Die Baronin personifizierte den missionarischen Eifer und die aufopferungsvolle Hingabe der Friedensbewegung. Die geborene Komtesse Kinsky, 1843 als Kind einer verarmenden Adelsfamilie zur Welt gekommen, war zu charakterstark und zu sehr von Tatendrang erfüllt, als daß sie sich von der Woge aristokratischer Dekadenz hätte mitreißen lassen. Als Dreißigjährige nahm sie eine Stellung als Gouvernante und Gesellschafterin bei den Töchtern der Familie Suttner an. Zwischen ihr und dem um sieben Jahre jüngeren Sohn und Erben der Familie entwickelte sich bald eine leidenschaftliche Zuneigung. Doch Bertha besaß keine Mitgift, und so mußten sich die beiden unter den schmerzlichsten Seelenqualen trennen. »Er kniete vor mir nieder und küßte demütig den Saum meines Kleides: ›Unvergleichliche, königliche, großmütige Frau, deine Liebe hat mich eine Glückseligkeit kennen gelehrt, die mein Leben weihen wird. Leb wohl!‹«
Eine Zeitungsannonce, in der ein »sehr begüterter, kultivierter, älterer Herr, wohnhaft in Paris«, eine gereifte und gebildete Dame als Sekretärin und Vorsteherin seines Haushalts suchte, bot einen Ausweg. Die Komtesse fand eine Anstellung bei dem Erfinder des Dynamits, Alfred Nobel.
Nobel war ein seltsamer, spöttischer Idealist und Pessimist, zurückhaltend,

melancholisch, beinahe menschenscheu und mit 43 Jahren wohl kaum als »älterer Herr« anzusprechen. Er hatte mit der Herstellung von Sprengstoff Millionen verdient und war über die Folgen auf das äußerste bestürzt. Er schien weniger eine Sekretärin zu suchen, als vielmehr jemanden, der ihm zuhörte. »Ich wünschte«, sagte er zu seiner neuen Angestellten, »ich könnte eine Substanz oder eine Maschine erfinden, die eine so verheerende Vernichtungskraft hat, daß Kriege dadurch ganz und gar unmöglich gemacht werden.« Trotz spontaner gegenseitiger Sympathie, trotz des »ungeheuren intellektuellen Vergnügen« an seiner Gesellschaft und einer Andeutung von seiner Seite, daß daraus mehr werden könne, gab sie den Wünschen ihres Herzens nach, verließ ihn nach einer Woche wieder, kehrte in die Arme ihres Geliebten zurück und floh mit ihm. Nach zwölfjähriger Ehe und einer Karriere als Schriftstellerin bedeutete die Entdeckung der International Peace and Arbitration Association in London für sie eine Offenbarung. Im Programm der Organisation hieß es, daß nun, am Ende des 19. Jahrhunderts, für die Menschheit die Zeit gekommen sei, sich über die Möglichkeiten einer friedlichen Beilegung von Konflikten und die Abschaffung des Krieges zu verständigen. Augenblicklich und leidenschaftlich von diesem Gedanken begeistert, machte sich die Baronin an die Gründung von Zweigstellen der Organisation in Wien und Berlin. 1891 hatte sie mit ihren Bemühungen, die durch die *Neue Freie Presse* publik gemacht wurden, in Wien Erfolg. Die zu diesem Anlaß veröffentlichte Proklamation enthielt die Ideale der Befürworter des Friedens auf der ganzen Welt. Sie waren der Ansicht, ein neuer Krieg sei moralisch unmöglich, denn »die Menschen haben ihre früheren barbarischen Sitten und die Mißachtung des Lebens zum Teil verloren«. Außerdem sei er materiell eine Unmöglichkeit, da die Vernichtungskraft der neuen Waffen furchtbar sei. Die Pazifisten waren daher davon überzeugt, daß die Massen, wenn ihnen auch höhere Einsichten fehlten, sich dennoch nach dem Frieden sehnten. Die Regierungen hingegen bekräftigten zwar sämtlich, daß der Krieg vermieden werden müsse, vergrößerten aber dessen ungeachtet ihr Rüstungspotential, um sich auf eben diesen Krieg vorzubereiten. Diesem »monströsen Widerspruch« müsse nun endlich ein Ende gemacht werden.
Die Interparlamentarische Union, 1888 in Paris zu dem Zweck konstituiert, die Mitglieder der verschiedenen nationalen Parlamente an einen Tisch zu bringen und sich um den Frieden zu bemühen, hielt jährlich einen Kongreß in einer der europäischen Hauptstädte ab. In den Vereinigten Staaten erklärte die Universal Peace Union die schrittweise Abrüstung und die Einrichtung eines ständigen Schiedsgerichtshofes zu ihrem Hauptziel. In Genf war der Alabama-Streit zwischen den USA und Großbritannien friedlich geregelt worden. Daher war die Bewegung für eine internationale Schieds- und Schlichtungsinstanz in diesen beiden Ländern ungewöhnlich stark. Ihr

Ziel war es, den Krieg durch ein Schiedsgerichtsverfahren zu ersetzen. Seine Befürworter glaubten, daß es möglich sein müsse, zunächst durch bilaterale, später durch multilaterale Verträge ein praktikables Verfahren auszuarbeiten, nach dem diese Institution funktionieren könne. Wenn es dann noch gelänge, die Menschen von den verheerenden Auswirkungen künftiger Kriege zu überzeugen, und daß es »unmöglich« geworden sei, überhaupt noch Krieg zu führen, dann würden sie lieber verhandeln als kämpfen. Diese Auffassung basierte auf der Annahme, daß der Mensch ein vernunftbegabtes Wesen sei, und daß Kriege durch Streitigkeiten ausgelöst werden, die auf anderem Wege gelöst und aus der Welt geschafft werden können. Zu der damaligen Zeit glaubte man an den sittlichen wie an den materiellen Fortschritt der Menschheit und dachte nicht an die Möglichkeit, daß der Krieg auch ein Ausbruch von Elementarkräften sein konnte, die wie ein Sturmwind über die Menschen hinwegfegen und sie mitreißen.

Nobel war ein glühender Verfechter des Gedankens einer internationalen Schiedsgerichtsinstanz. Allerdings konnte er sich nicht für den Abrüstungsgedanken begeistern, der ihm für seine Zeit eine unsinnige Forderung zu sein schien. Er drängte auf die Schaffung eines Gerichtshofes und auf eine internationale Übereinkunft, derzufolge jedem Zwist ein einjähriger Waffenstillstand vorangehen sollte. 1882 kam er selbst, wenn auch inkognito, zu dem Friedenskongreß nach Bern und sagte Bertha von Suttner, daß er »etwas Großartiges für die Sache des Friedens« tun wolle, wenn sie ihn nur »unterrichtete und von dem Sinn der Sache überzeugte«. Die Freundschaft zwischen beiden war über die Jahre durch Briefe und gelegentliche Besuche lebendig geblieben. Er schrieb ihr, daß sich eine neue Ära der Gewalttätigkeit abzuzeichnen scheine: »Man hört bereits das ferne Grollen der Geschütze. Zwei Monate später schrieb er wiederum: »Ich möchte mit meinem Vermögen eine Stiftung gründen, aus der alle fünf Jahre ein Preis an denjenigen verliehen wird«, der am wirkungsvollsten der Sache des Friedens gedient hatte. Er wollte die Stiftung nach sechs Preisverleihungen auslaufen lassen, »denn wenn die Gesellschaft sich innerhalb von dreißig Jahren nicht reformiert, dann wird sie unweigerlich in Barbarei zurückverfallen«. Nobel grübelte über seinem Plan und nahm ihn 1895 in sein Testament auf, verlängerte allerdings die Frist, die er den Menschen einräumte. Im darauffolgenden Jahr starb er.

Die Befürworter der internationalen Schlichtungsinstanz hätten 1897 beinahe einen großen Triumph verzeichnen können: Der amerikanische Außenminister Olney und der britische Botschafter Sir Julian Pauncefote schlossen für ihre Länder einen Vertrag ab zur Beilegung sämtlicher Streitfragen zwischen beiden Nationen. Ausgenommen waren einzig Territorialfragen, denn die Erinnerung an die Venezuela-Affäre war noch zu frisch. Der Senat wehrte sich jedoch gegen diese Beschneidung seiner Rechte in der Außenpolitik, und der Ratifizierungsantrag wurde mit drei Stimmen Mehrheit abgelehnt. Diese Niederlage war, wie Olney meinte, nicht nur ein »Unglück von nationalem, sondern weltweitem Ausmaß«. Sie erschütterte die allgemeine Überzeugung vom sittlichen Fortschritt der Menschheit.

In dieser Überzeugung, die im Verlauf der vergangenen zehn oder fünfzehn Jahre durch zahllose Anzeichen für neue Entwicklungen innerhalb der Gesellschaft genährt worden war, wurzelte die Friedensbewegung. Die großartigen Entdeckungen der Wissenschaft hatten den Menschen materielles Wohlergehen gebracht. Die Auffassung des 19. Jahrhunderts, daß der Mensch mit zunehmendem Wohlstand an Aggressivität verliere, schien sich zu bestätigen. Es gab fließendes Wasser, Straßenbeleuchtung, Kanalisation, konservierte Lebensmittel, Nähmaschinen, Waschmaschinen, Schreibmaschinen, Rasenmäher, Grammophon, Telegraphie und Telephon, und seit dem Beginn der neunziger Jahre die pferdelose Kraftdroschke, die dem einzelnen ein Maximum an Beweglichkeit verlieh. Es schien unvorstellbar, daß so viele materielle Verbesserungen nicht auch einen geistigen Wandel mit sich gebracht haben sollten, daß das neue Jahrhundert nicht der Beginn einer neuen Ära in der Geschichte der menschlichen Verhaltensweisen darstellen sollte, kurz, daß die Menschen nicht viel zu zivilisiert für den Krieg geworden waren. Die Wissenschaft schien nachgewiesen zu haben, daß alle Phänomene gewissen Gesetzmäßigkeiten unterlagen. Und wenn die materielle Welt des Menschen begreiflich und beherrschbar war, warum dann nicht auch seine geistige Welt? »Die sozialen Bedingungen werden sich verändern«, schrieb die Baronin Suttner mit Nachdruck. Die jüngere Generation stimmte dem zu. »1898 hat man uns überzeugend eingeredet, daß die Zeit der Kriege vorbei ist«, schrieb Julien Benda, ein französischer Intellektueller, der damals einunddreißig Jahre alt war. »Fünfzehn Jahre lang, von 1890 bis 1905, haben die Männer meiner Generation wirklich an den Weltfrieden geglaubt.«

Angst und Glaube waren die Triebkräfte der Friedensbewegung: die Furcht vor den ungebändigten Kräften des Maschinenzeitalters, die ungeheure Zunahme der mechanischen Kräfte; die erstaunlichen neuen Methoden und Werkzeuge und die rasche Aufeinanderfolge neuer Erfindungen; die fantastischen Möglichkeiten, die die Elektrizität in sich barg – all dies ließ das Gefühl entstehen, daß den Menschen eine Macht in die Hand gegeben war, die sie nicht mehr wirksam kontrollieren konnten, Macht, die sich selbständig machen, sich gegen ihn wenden und vernichten würde, wenn man sie nicht bändigte. 1820 hatte der Verbrauch mechanischer Energie auf der Welt noch 778 Tonnen (Brennstoffe und Wasserkraft in Kohleeinheiten ausgedrückt) betragen; 1898 hingegen war er auf 15 Millionen gestiegen. Im selben Maße hatte sich auch die Produktivität erhöht. Die Staaten wuchsen, die Bevölkerung nahm zu. Die Sterblichkeitsziffer ging unter der Einwirkung von Medizin und Hygiene beträchtlich zurück, so daß die Bevölkerung Europas 1870 um 100 Millionen angestiegen war, also sich gegenüber 1650 verdoppelt hatte. Im selben Zeitraum hatte Großbritannien 12 Millionen Quadratkilometer an neuem Territorium hinzugewonnen, Deutschland 2,6 Millionen Quadratkilometer und Belgien 2 Millionen Quadratkilometer, also das 77fache des Mutterlandes. Die Bevölkerung der Vereinigten Staaten hatte sich mehr als verdoppelt und die Produktion war je Kopf der Bevölkerung um das Vierfache gestiegen. Die Gewinne der Carnegie Steel Company stiegen von 6 Millionen Dollar im Jahre 1896 auf 40 Millionen Dollar im Jahre 1900. Die neue Antriebsmaschine, der Verbrennungsmotor, ersetzte die Dampfmaschine. Damit waren die Voraussetzungen für die Entstehung der Erdölindustrie gegeben. Dampfturbine und Dieselmotor brachten weitere Motorkräfte; durch Wasserkraft gewonnene Energie pulsierte in Tausenden von Dynamos. Die Dampfschiffe wurden größer, es stand mehr Laderaum zur Verfügung und sie liefen schneller. Stahl, der Rohstoff, der für das Zeitalter von entscheidender Bedeutung war, erhielt mit der Erfindung der Bessemerbirne tausendfältige neue Verwendungs- und Weiterverarbeitungsmöglichkeiten. Schlag auf Schlag kamen die neuen Erfindungen in den neunziger Jahren: Das Aluminium und weitere Leichtmetallegierungen wurden entwickelt; die chemische Industrie schuf neue Stoffe und Verarbeitungsmethoden; die Massenproduktion unter Verwendung austauschbarer Teile, das sogenannte ›amerikanische System‹, wurde in allen Industrienationen eingeführt; das Dynamit mit seiner unerhörten Sprengkraft ermöglichte gewaltige Sprengungen in Steinbrüchen und Bergwerksschächten, dazu Mammutprojekte wie etwa den Simplon-Tunnel und den Panamakanal. Die Dynamitproduktion stieg von 11 Tonnen im Jahre 1867, als Nobel es auf den Markt brachte, auf 66 500 Tonnen im Januar 1897. Die Großunternehmer, die die Schwerindustrie finanzierten, bildeten Kartelle und Trusts mit ungeahnten finanziellen Reserven. Nirgends jedoch war ein derartiger Kräftezuwachs zu verzeichnen wie auf dem Gebiet des Kriegswesens. Die stetig wachsende Bevölkerung schuf das Reservoir für riesige stehende Heere. Dem Beispiel Deutschlands folgend übernahmen sämtliche europäischen Mächte nach 1871 das System der allgemeinen Wehrpflicht. Um die Massenheere auszurüsten und bewaffnen zu können, brauchte man die Massenproduktion. Die Munitionsfabriken verschafften sich die Kontrolle über Rohstoffe, Bergwerke, Eisengießereien und Transportmittel. Märkte und Gewinnmöglichkeiten waren nahezu unbegrenzt und reagierten spontan auf die gegebenen Anreize. In dem Jahrzehnt von der Mitte der achtziger bis zur Mitte der neunziger Jahre fand durch die Einführung der kleinkalibrigen Schnellfeuergewehre, der verbesserten Maxim-Maschinengewehre und des rauchlosen Pulvers eine völlige Umwälzung in der Landkriegführung statt. Schußweite, Feuergeschwindigkeit und Treffsicherheit erhöhten sich um das Fünffache oder mehr und veränderten den Ablauf einer Schlacht grundlegend. Die Infantrie, die bei Waterloo drei Patronen pro Minute verschossen hatte, konnte nun 16 Schuß in der Minute abgeben. Das kleinere Kaliber vergrößerte die Reichweite und erhöhte die Treffsicherheit des Geschosses. Die Entwicklung des automatischen Rücklaufs bei Kanonen erhöhte in gleichem Maße die Feuergeschwindigkeit der Artillerie. Vor allem das rauchlose Pulver, zwischen 1887 und 1891 von Nobel patentiert, dehnte das Kampffeld aus, erlaubte eine bessere Sicht, die Tarnung der Geschütze, verkürzte die Ladezeit und erhöhte die Reichweite und Zielgenauigkeit der Artillerie von 1000 Meter auf rund 5000 Meter. Das Kampfgeschehen würde sich in Zukunft also über riesige Entfernungen ausdehnen, und eine Armee konnte bereits unter Beschuß genommen werden, ehe sie den Feind überhaupt gesehen hatte. Damit waren die Geschütze wichtiger geworden als das Gewehr, wenn das auch noch kaum jemand erkannt hatte. In der Seekriegführung waren es Torpedo und Mine, die die Kampfweise revolutionierten. Die ersten Experimente mit U-Booten ließen ein neues, fürchterliches Gespenst auftauchen. Manch einer verherrlichte die gewaltige Kraft, die in den Adern dieser Welt pulsierte; andere fürchteten sie und waren mit Ibsen der Ansicht, daß »der Tod mit auf dem Kutschbock sitzt«. Das Verlangen der Völker nach irgendeiner Form gemeinsamer Anstrengungen, um die drohende Katastrophe aufzuhalten, drückte sich in immer vernehmlicheren Manifestationen aus und wurde schließlich so lautstark, daß Premierminister Salisbury ihm nachgeben mußte. In seiner Guild-Hall-Rede im Jahre 1897 wies er auf die Waffenlager und auf die jährlichen Verbesserungen der »Todesinstrumente« hin. Dies würde zu einem »fürchterlichen Akt gegenseitiger Vernichtung, der für die christliche Zivilisation tödlich sein wird« führen, falls man nicht den Versuch machte, das zu verhindern. Ohne die Abrüstung ausdrücklich zu erwähnen, sagte er, daß die einzige Hoffnung, diese Katastrophe abzuwenden, darin bestehe, alle Mächte an einen Tisch zu bringen, ihre Meinungsverschiedenheiten auf friedliche Weise beizulegen und sie schließlich in einer Art »internationaler Verfassung zusammenzuschweißen«. Da Salisbury kein Optimist war, ging er nicht so weit anzudeuten, daß sich auf diese Weise der Krieg abschaffen ließe, sondern er beschränkte seine Hoffnungen auf »eine lange Zeit blühenden Handels und dauerhaften Friedens«.

Der russische Zar war weder ein größerer Pazifist noch ein größerer Idealist als Salisbury. Der 1893 eben Dreißigjährige war ausgesprochen engstirnig und geistig äußerst unbeweglich, ohne Weitsicht und nur von dem einen Gedanken beseelt, ohne Schmälerung der absoluten Macht, so wie seine Vorfahren zu regieren. Seine kleinbürgerlichen Ansichten waren »die Folge des Einflusses der vielen Kammerzofen in der Umgebung seiner Mutter«, sagte Pobiedonostzew, der Oberprokuror des Heiligen Synod. Seine politische Aktvität erschöpfte sich darin, die Einführung der konstitutionellen Monarchie zu hintertreiben. Für andere Probleme hatte er weder Zeit noch Interesse. Im Gegensatz zu dem vor Temperament überschäumenden deutschen Kaiser, den es jedes Mal in den Fingern juckte, wenn er eine Depesche erhielt, fand der Zar die Ereignisse der Weltpolitik geistig zu anstrengend. »Es geschehen in der Tat so viele seltsame Dinge in der Welt«, schrieb er seiner Mutter zu der Zeit, als alle Welt nach Faschoda blickte und über den bevorstehenden Besuch des Kaisers in Jerusalem sprach. »Man liest darüber und zuckt mit den Achseln.«

Der Vorschlag, eine Friedenskonferenz einzuberufen, stammte nicht von ihm. Der Gedanke war aus ganz bestimmten politischen Gründen in drei der wichtigsten und in einer höchst kritischen Lage befindlichen Ministerien – Krieg, Finanzen und Auswärtiges – geboren worden. Seine Entstehung ging auf die Tatsache zurück, daß Rußland im Rüstungswettlauf zurückgeblieben war und nun den Anschluß nicht mehr fand. Kriegsminister Alexei Kuropatkin hatte in Erfahrung gebracht, daß Österreich, Rußlands Hauptrivale, beabsichtigte, die verbesserte Schnellfeuerkanone mit einer Feuergeschwindigkeit von sechs Schuß pro Minute, die von der deutschen und der französischen Armee bereits übernommen worden war, ebenfalls einzuführen. Die Russen, deren Feldhaubitze einen Schuß pro Minute abgaben, besaßen nicht die finanziellen Mittel, um die Umrüstung ihrer gesamten Artillerie auf die neue Kanone zu finanzieren. Sie befanden sich im Gegenteil als Folge der Umrüstung der Infanterie bereits unter erheblichem finanziellem Druck. Falls man Österreich jedoch dazu überreden konnte, einem zehnjährigen Moratorium bezüglich der neuen Kanonen zuzustimmen, so meinte Kuropatkin, dann könnten sich beide Länder diese Ausgabe ersparen – warum also nicht? Denn ob sie beide umrüsteten oder sich darauf einigten, nicht umzurüsten, »das Endergebnis ist bei einem Krieg der beiden Gruppen gegeneinander das gleiche«.

Kuropatkin unterbreitete seine einfache aber großartige Idee zunächst dem Zaren, der daran nichts auszusetzen fand, und anschließend dem Außenminister Graf Murawiew, der vorsichtshalber den Finanzminister Graf Witte ebenfalls zu Rate zog. Witte war ein fähiger, energiegeladener Mann und für einen Minister des Zaren mit einem ungewöhnlichen Maß an gesundem Menschenverstand ausgestattet; er versuchte ständig, Rußland gegen die Kräfte der Lethargie, der Autokratie und des Zerfalls auf die Bedingungen der modernen, industrialisierten Gegenwart vorzubereiten. Er knurrte über jeden Rubel, der für Waffen ausgegeben wurde, haßte die jähe Unterbrechung der friedlichen Entwicklung, die ein Krieg verursachte, und war fest davon überzeugt, daß das Wettrüsten »eine größere Last ist als der Krieg selbst«. Er wies jedoch darauf hin, daß der Erfolg von Kuropatkins chinesischer Philosophie, mit dem Feind im voraus ein Abkommen zu schließen, davon abhing, ob man den Österreichern vertrauen konnte und das sei natürlich schlechthin unmöglich. Außerdem sei der Vorschlag in dieser Form geradezu schädlich, da er »aller Welt unsere finanzielle Schwäche deutlich vor Augen führt«. Statt dessen, so schlug er vor, solle man anstelle eines bilateralen ein internationales Moratorium über die neuen Waffen anregen. Er unterhielt sich mit Murawiew über die unberechenbaren und unermeßlichen Schäden, die der ständig zunehmende Militarismus in der Welt verursachte, und über die Wohltat, die man der Menschheit erweisen würde, wenn man eine Rüstungsbeschränkung einführte. Innerhalb weniger Tage berief er eine Kabinettssitzung ein und stellte den Aufruf an die Nationen zur Diskussion. Der Zar gab seine Zustimmung. Wenn sich die furchtbare Geschwindigkeit, mit der die Welt voranschritt, abbremsen ließe, so meinten er und seine Berater, wenn man etwas tun könnte, »um die Menschen davon abzuhalten, immer wieder etwas Neues zu erfinden«, dann könnte Rußland davon nur profitieren.

Genau zu diesem Zeitpunkt erschien in Rußland ein höchst eindrucksvolles sechsbändiges Werk mit dem Titel: ›Der Moderne Krieg‹. Witte kannte den Autor, Iwan Bloch, wie auch dessen Thesen; ob er allerdings davon beeinflußt wurde, läßt sich nicht sagen. Bloch, getaufter Jude und Autodidakt, hatte als Agent im Eisenbahntransportgeschäft ein Vermögen verdient; davon aber nicht befriedigt, ging er ins Ausland, um an europäischen Universitäten Volkswirtschaft und politische Wissenschaften zu studieren. Nach seiner Rückkehr aus Westeuropa wurde er in Warschau zu einer einflußreichen Persönlichkeit im Bank- und Eisenbahngeschäft und kam so mit Witte in Berührung. Bloch schrieb eine Reihe wissenschaftlicher Arbeiten über industrielle und monetäre Probleme und begann schließlich mit der Arbeit an seinem Hauptwerk, das ihm zu einem Platz unter den Unsterblichen verhelfen sollte. Sein Studium und seine Erfahrungen im Geschäftsleben ließen in ihm die Sorge keimen, daß der begrenzte Krieg der Vergangenheit in Zukunft nicht mehr möglich sein würde: Keine der kämpfenden Parteien konnte damit rechnen, einen entscheidenden Sieg auf dem Schlachtfeld zu erringen; so waren sie gezwungen, einander bis zur völligen Erschöpfung zu bekämpfen und sich dabei zwangsläufig zu ruinieren. Die wirtschaftliche Verflechtung der Völker, die wechselseitige Abhängigkeit in der Hochfinanz, im Außenhandel, bei den Rohstoffen und dem ausgedehnten Netz der Handelsbeziehungen bedeutete nach Blochs Ansicht, daß sich der Sieger künftig nicht mehr vom Besiegten unterschied. Die Vernichtungskapazität der modernen Waffen würde ein Vielfaches an Menschenopfer fordern. Die Ein-Tage-Schlacht gehörte der Vergangenheit an. Ganze Armeen würden sich wochen- und monatelang eingraben; aus Schlachten würden Stellungskriege werden, die die gesamte Bevölkerung in Mitleidenschaft zogen. Keiner der modernen Staaten war in der Lage, einen entscheidenden Sieg zu erringen, ohne seine eigenen Hilfsquellen völlig zu erschöpfen und seine Gesellschaftsstruktur vollkommen zu zerbrechen. Der Krieg war wirklich zu einer Unmöglichkeit geworden, »es sei denn um den Preis des Selbstmordes«.

Blochs Schlußfolgerungen brachten ihn mit der Friedensbewegung zusammen (möglicherweise war es auch umgekehrt). Um die Gesellschaft von der Größe und Unmittelbarkeit der Gefahr zu überzeugen, gebrauchte er ein Argument, das noch schreckenerregender war als das des Krieges – die soziale Revolution. Wenn der gegenwärtige Zustand sich nicht ändere, so argumentierte er, dann müßten die Staaten sich entweder im Rüstungswettkampf erschöpfen, oder sie würden in die Katastrophe eines Krieges hineingerissen. In beiden Fällen stünde am Ende die »Umwälzung der sozialen Ordnung«. Die Verschwendung der volkswirtschaftlichen Produktionsmittel für ein steriles, unproduktives Gut war die Ursache für die zunehmende antimilitaristische Haltung der Massen. Daher bereitete eine Regierung mit ihren Kriegsvorbereitungen »in Wirklichkeit den Sieg der sozialen Revolution« vor. Falls man jedoch die Regierungen hiervon überzeugen konnte, dann, so meinte Bloch, würden sie eher bereit sein, unmilitärische Wege und Möglichkeiten zur Beilegung ihrer Streitigkeiten zu suchen. Seine sechs Bände waren eine umfangreiche Sammlung von Daten über Feuerkaft, Blockaden, Fracht- und Transportkapazitäten, Verlustziffern und jeden nur denkbaren militärischen und wirtschaftlichen Faktor, an dem sich die Verwundbarkeit der modernen Staaten nachweisen ließ. Ähnlich wie Marx zog auch Bloch aus einer gegebenen Situation einen dogmatischen Schluß und formulierte eine Theorie über eine unvermeidliche historische Entwicklung. Er war davon überzeugt, daß die Rüstungsausgaben eine Nation notwendigerweise »erschöpfen« mußten, so wie Marx davon überzeugt gewesen war, daß die Kapitalisten das Proletariat immer tiefer in Armut stürzen würden. Weder Bloch noch einer der anderen Friedenspropagandisten berücksichtigte, daß die zunehmende Produktion der Rüstungs- und der ihr nachgeordneten Industriebetriebe natürlich auch neue Arbeitsplätze schuf. Die in Rußland weitverbreitete Furcht vor der sozialen Revolution machte Blochs Argumentation jedoch besonders zugkräftig. So gewährte der Zar ihm eine Audienz. Blochs Beweisführung schlug sich auch in dem von Murawiew ausgearbeiteten Manifest nieder. Offenbar spürte der Außenminister die Überzeugungskraft, die in Blochs Thesen steckte. In einem Gespräch mit dem britischen Botschafter bat Murawiew diesen, in seinem Bericht ausdrücklich zu betonen, die russische Friedensinitiative würde »den unzufriedenen und aufrührerischen Klassen« deutlich machen, daß es mächtige Regierungen gab, die wie sie die produktiven Kräfte einer Nation lieber nutzbringend und nicht im »ruinösen Wettbewerb« eingesetzt sähen. Der Botschafter antwortete diplomatisch, daß es sehr schwer sei, »sich den noblen

Beweggründen, denen dieses bemerkenswerte Dokument seine Entstehung verdankt«, zu entziehen.

»Das ist der größte Blödsinn und Quatsch, der mir je untergekommen ist«, schrieb der Prinz von Wales wesentlich weniger diplomatisch an Lady Warwick. Wenn er ärgerlich wurde, bediente er sich immer desselben Tons wie seine Mutter. »Das ist ganz einfach ein Ding der Unmöglichkeit. Frankreich kann dem doch niemals zustimmen – und *wir* auch nicht.« Er war davon überzeugt, daß es sich hier um nichts anderes als um einen »neuen Trick dieses alten Fuchses« und »gerissenen Intriganten« Murawiew handelte, den dieser »dem Zaren eingeflüstert hat«. Dies war auch übereinstimmend die Ansicht der angesprochenen Regierungen. Sie nahmen den Vorschlag mit kühler Distanz auf und akzeptierten die Einladung – denn niemand wollte sich exponieren und der Konferenz eine Absage erteilen –, aber im Grunde erwarteten sie »nichts als Schwierigkeiten« davon. Der österreichische Außenminister meinte, daß es von nun an für die Regierungen schwieriger sein werde, ihren Parlamenten neue militärische Forderungen vorzulegen.

Durch diese Reaktion ein wenig entmutigt, aber dennoch entschlossen nicht aufzugeben, verschickte Murawiew im Januar 1899 einen zweiten Rundbrief mit acht Verhandlungspunkten. Der erste enthielt den Vorschlag, die Zahl der Streitkräfte, beziehungsweise das Militärbudget, innerhalb eines festzulegenden Zeitraumes nicht zu erhöhen. Der letzt Punkt befaßte sich mit der Übereinkunft bezüglich der Errichtung einer internationalen Schiedsgerichtsinstanz und den damit zusammenhängenden Verfahrensfragen. Die Punkte 2, 3 und 4 betrafen das Verbot oder die Beschränkung neuer Waffentypen und neu entwickelter Kampfmittel, wie etwa U-Boote, Giftgase und das »Abschießen von Projektilen aus Ballonen«, wofür es noch keine spezielle Vokabel gab, die Punkte 5, 6 und 7 bezogen sich auf die Regeln und Bestimmungen bezüglich der Kriegführung zu Lande sowie auf die Ausweitung der Genfer Konvention von 1864 auf den Seekrieg. Die Punkte 2 bis 7 wurden von den Friedensstreitern rundheraus abgelehnt, denn ihr Ziel war es ja, den Krieg abzuschaffen, nicht die Kriegführung zu humanisieren. Sie hatten den Verdacht, daß diese Fragenkomplexe aufgeworfen worden waren, um bei den Regierungen Interesse zu wecken und die Teilnahme regierungsoffizieller sowie militärischer Vertreter sicherzustellen. Dies traf in der Tat auch zu.

In den Ministerialkanzleien herrschte emsige Geschäftigkeit, die diplomatischen Kuriertaschen quollen über vor Depeschen und die Botschafter sprachen bei den Außenministern vor und versuchten, in dem vorgeschriebenen Konversationsmenuett die Intentionen der Regierung herauszufinden, bei der sie akkreditiert waren. Lord Salisbury, so hieß es in einem deutschen Bericht, sei »sehr skeptisch« und Kaiser Franz Joseph nehme eine »ableh-

nende Haltung« ein und betrachte jegliche Begrenzung der militärischen Waffentechnik als »unannehmbar«. In Rom lehnte der Marquis Visconti-Venosta es ab, an einer Konferenz teilzunehmen, »die keinerlei brauchbare Ergebnisse versprach«. Washington war bereit, eine Delegation zu entsenden, wollte aber nichts in der Richtung einer Rüstungsbeschränkung unternehmen. Belgien sah der Konferenz mit »Bedauern und Besorgnis« entgegen, denn es befürchtete, daß jegliche Abänderung der Kriegsregeln lediglich die Macht einer Invasionsarmee stärken oder die Rechte einer legitimen Verteidigung gegen die Invasion beschneiden würde. Berlin reagierte mit der Aufstellung von drei neuen Armeekorps. Die Haltung in den verschiedenen Hauptstädten unterschied sich nur wenig: eine Rüstungsbeschränkung sei »undurchführbar«; die Begrenzung der Neuentwicklungen unerwünscht; ein Schlichtungsurteil in Fragen, in denen es um die »nationale Ehre oder lebenswichtige Interessen« ging, unannehmbar und nur in Fragen von untergeordneter Bedeutung eventuell möglich. Die Art der Kriegführung, jedoch war ein akzeptables Diskussionsthema.
Da Murawiew befürchtete, daß das aufgeregte Gerede der Befürworter des Friedens über die Abrüstung Mißverständnisse über die wirkliche Absicht seiner Vorschläge habe aufkommen lassen, machte er eine Rundreise durch die verschiedenen Hauptstädte und erklärte in persönlichen Gesprächen, worauf der Vorstoß Rußlands wirklich abzielte, nämlich auf die Zementierung des Status quo. Dies schien ein durch und durch logischer und vernünftiger Vorschlag zu sein. Die Mächte konnten sich sogar darauf einigen, so schlug er vor, nur einen ganz bestimmten festzulegenden Prozentsatz der Bevölkerung zu den Waffen zu rufen, was die Streitkräfte beträchtlich verringern, andererseits aber die »Chancengleichheit« nicht beeinträchtigen würde. »Idiot«, notierte der deutsche Kaiser an den Rand dieses Memorandums.
Niemand war von dem Vorschlag des Zaren mehr beunruhigt als Wilhelm II., in dessen Vorstellungswelt das Militär gleichbedeutend mit dem Staat war und damit mit ihm, der den Staat personifizierte. Der weiße Umhang und der blitzende Helm, in dem er so gerne posierte, der Glanz und die Farbenpracht der Uniformen, der Galopp der Kavallerie; das bunte Spiel der Regimentsfahnen, die daherrasselnde Artillerie, der ganze Firlefanz des Offizierskorps und der gesamten Armee und seit kurzem die verführerische Vision der Seemacht, all dies waren Facetten des selben Diamanten – des Militärs. Alles andere – der Reichstag, die politischen Parteien, der Staatshaushalt und die Wahlen –, waren mehr oder weniger unwesentliche Ärgernisse, abgesehen von der Diplomatie, auf die sich nur ein Monarch verstand und die auf den unteren Ebenen unweigerlich verpfuscht wurde.
Der Kaiser war 1888 im Alter von neunundzwanzig Jahren auf den Thron gekommen, nach der 99-Tage-Herrschaft seines Vaters, während der es

für einen kurzen Augenblick in Deutschland eine liberale Regierung gegeben hatte. Wilhelms erste Proklamation nach der Thronbesteigung war nicht wie die seines Vaters »An mein Volk«, sondern »An meine Armee« gerichtet. Darin hieß es: »Wir gehören zusammen, ich und die Armee; das Schicksal hat uns aneinandergekettet.« Das Verhältnis, das ihm vorschwebte, brachte er in einer Erklärung zum Ausdruck, die er vor einer Kompanie junger Rekruten abgab: »Wenn euer Kaiser es euch befiehlt, dann müßt ihr auf Vater und Mutter schießen.« Das Gefühl einer persönlichen Verantwortung für die Geschicke Deutschlands und Europas drückte sich in den vielen »ich«'s und »mein«'s aus, mit denen er seine Reden zierte. »Es gibt nur einen Herrn in diesem Reiche und das bin ich; ich dulde keinen neben mir.« Oder, einige Jahre darauf: »Es gibt in Europa keine andere Macht, die das Gleichgewicht der Kräfte garantiert, außer mir – mir und meinen fünfundzwanzig Armeekorps.« Er war jedoch bereit, dem Allmächtigen, der als »der alte Verbündete meines Hauses« figurierte, einen geziemenden Platz einzuräumen. Bemerkungen wie diese quittierte man im Ausland mit Kopfschütteln, und mancher dachte wie der Prinz von Wales »wie anders doch alles gekommen wäre« wenn der Vater des Kaisers noch lebte. Allerdings, so meinte der Prinz, klängen die Reden seines Neffen im Deutschen nicht ganz so absurd wie in der englischen Übersetzung.

Die Kaiserin bekundete, daß sie ihren Gemahl seit langem nicht so verärgert gesehen habe wie über den unvermittelten Einbruch »Nickys« in eine Domäne, die er als die seine betrachtete, denn er pflegte den Zaren in wohlgesetzten, englisch geschriebenen und mit »Willy« unterzeichneten Briefen gern väterlich zu beraten. Ob er nun beabsichtigt hatte, in Jerusalem eine ähnliche Erklärung abzugeben oder nicht – der tiefere Grund für seine Verärgerung lag darin, daß er »es ganz einfach nicht ausstehen kann, daß ein anderer im Rampenlicht steht«, wie Graf Eulenburg es formulierte.

In der bei einer ersten Durchsicht des Manifestes gewonnenen Annahme, daß es sich hierbei um die »allgemeine Abrüstung« handle, deren Implikationen er sofort unter ganz persönlichen Gesichtspunkten beurteilte, sandte er unverzüglich eine Depesche an Nicky. Man stelle sich einen Monarchen vor, so wetterte er, »der der Oberkommandierende seiner Armee ist und seine durch jahrhundertealte Traditionen geheiligten Regimenter auflöst ... und sein Land dem Anarchismus und der Demokratie preisgibt«. Dennoch versicherte er, daß der Zar für seinen humanitären Vorschlag, den »interessantesten und überraschendsten dieses Jahrhunderts« allgemeine Anerkennung finden werde. »Von nun an wird Dich die gesamte Welt mit Ehren überhäufen, selbst wenn der praktische Teil wegen der Schwierigkeiten in den Details scheitern sollte.« Der sich nun ergebende Briefwechsel wimmelte nur so von Randbemerkungen, Ausrufen und Ausrufungszeichen, sowie teils sehr scharfsinnigen, teils recht vulgären und trivialen Beobachtungen, von denen eine der ersten lautete: »Damit hat er den Demokraten und der Opposition eine hervorragende Waffe in die Hand gegeben.« Einmal verglich er den Vorschlag mit der Forderung der Spartaner an Athen, die Stadtmauern nicht wieder aufzubauen; ein anderes Mal kritzelte er einer plötzlichen Eingebung folgend die durchaus berechtigte Frage an den Rand: »Womit soll Krupp dann seine Arbeiter bezahlen?«

In Deutschland war weder ein Motiv noch eine Veranlassung für den Frieden zu plädieren gegeben, wie das in Rußland der Fall war. Deutschlands Möglichkeiten waren nicht beschränkt und ebensowenig sah es sich dem Problem einer unterentwickelten Industrie gegenüber. Als Murawiew dem Grafen Eulenburg in Berlin auseinandersetzte, der beherrschende Gedanke des russischen Vorschlages sei, daß die jährliche Zunahme der Rüstungsausgaben die Staaten schließlich an den Punkt des *non possumus* bringen würde, hätte er kein unpassenderes Argument wählen können. Ein *non possumus* existierte nicht im Vokabular des damaligen Deutschland. Das deutsche Reich barst vor Energie und konnte beträchtliche materielle Erfolge und Fortschritte aufweisen. Nach der Reichsgründung im Jahre 1871, die in den Kriegen des vorausgegangenen Jahrzehnts mit dem Schwert erkämpft worden war, hatte sich der wirtschaftliche Wohlstand mit derselben Plötzlichkeit eingestellt wie in den Vereinigten Staaten nach dem Bürgerkrieg. Immer mehr Kräfte wurden für die Entwicklung der natürlichen Rohstoffe freigesetzt. Deutschland machte Anfang der neunziger Jahre die erste Hälfte einer fünfundzwanzig Jahre dauernden Phase durch, in deren Verlauf das Sozialprodukt um das Doppelte anstieg, die Bevölkerung um 30 Prozent zunahm, das Eisenbahnsystem um 50 Prozent erweitert, Städte gegründet, Kolonien erobert und riesige Industrieunternehmen aufgebaut wurden, deren Gewinne und mit ihnen die Zahl der Beschäftigten rapide wuchsen. Albert Ballin vergrößerte die Tonnage seines Dampfschiffimperiums um das Siebenfache, während das Kapital in diesem Zeitabschnitt um das Zehnfache anstieg. Emil Rathenau entwickelte die Elektroindustrie und vervierfachte innerhalb von zehn Jahren die Zahl der Beschäftigten. Die IG-Farben schufen die Anilinfarben, August Thyssen herrschte über sein Kohle- und Stahlreich an der Ruhr. Mit Hilfe eines neuen Schmelzverfahrens wurde es möglich, auch die lothringischen Minetterze trotz ihres hohen Phosphorgehalts zu verhütten. Die deutsche Kohle- und Stahlproduktion lag 1898 um das Vierfache über dem Niveau von 1871 und hatte die englische überrundet. Das Volkseinkommen hatte sich verdoppelt, lag jedoch noch unter dem britischen, pro Kopf der Bevölkerung etwa um ein Drittel. Deutsche Bankhäuser eröffneten ihre Filialen in der ganzen Welt, deutsche Handelsvertreter verkauften Erzeugnisse »Made in Germany« von Mexiko bis Bagdad.

Deutsche Universitäten und Technische Hochschulen genossen Weltruf, die deutschen Forschungsmethoden galten als die gründlichsten, und die deutschen Philosophen waren tonangebend. Das Kaiser-Wilhelm-Institut war im Bereich der chemischen Grundlagenforschung führend in der Welt. Die deutsche Wissenschaft rühmte sich der Erfindungen Kochs, Ehrlichs und Röntgens. Die Entdeckung der Röntgenstrahlen allerdings war mindestens ebenso sehr ein Ergebnis der Zeit, wie der deutschen Wissenschaft; 1897 bis 1899 hatte J. J. Thomson in England das Elektron entdeckt, um dieselbe Zeit das Ehepaar Curie in Frankreich die Freisetzung von Energie beim Zerfall radioaktiver Stoffe. Deutsche Professoren verbreiteten deutsche Ideale und deutsche Kultur im Ausland, unter ihnen Kuno Francke, der in Harvard lehrte und dem zufolge in Deutschland »jeder Bereich des nationalen Strebens voller Leben und intensiver Aktivität« war. Er konnte seine Verehrung für dieses erhabene Schauspiel nur mühsam beherrschen:

»Gesundheit, Kraft und Ordnungssinn werden auf jedem Fleckchen deutschen Bodens offenbar.« Die Besucher waren beeindruckt »von den blühenden, gutgeführten Bauernhöfen und Landgütern, dem Gedeihen der Dörfer, den sorgfältig aufgeforsteten Wäldern ... den rasch wachsenden Städten, die von wohlgenährten und ordentlichen Menschen bevölkert werden ... mit ihren stolzen Ratshäusern und stattlichen Gerichtsgebäuden, Theatern und Museen, die überall aus dem Boden sprießen, einem bewundernswerten System der Nachrichtenübermittlung, den beispielhaften Einrichtungen für Erholung und Unterhaltung, den bedeutenden Universitäten und Technischen Hochschulen.« Die Ordentlichkeit der Menschen dokumentierte sich in ihrer »gesitteten Durchführung politischer Versammlungen und ihrer nüchternen Entschlossenheit und erfolgreichen Organisierung der Arbeiterklasse in dem Bemühen um soziale Verbesserungen« sowie durch ihre »respektvolle und aufgeschlossene Haltung gegenüber allen Formen der Kunst«. Über allem aber stand die »großartige Armee mit ihrer männlichen Disziplin und ihren hohen moralischen Ansprüchen«. Diese Komponenten in ihrer Gesamtheit boten den Beweis für einen »wundervoll organisierten und auf eine höhere Form des nationalen Seins gerichteten Gemeinschaftswillens«. Ganz offensichtlich war diese Stimmung nicht dazu angetan, den Vorschlag zur Selbstbeschränkung annehmbar zu machen.

Deutschlands Größe war, wie seine Historiker ihren Darstellungen über den wunderbaren nationalen Aufstieg erklärten, durch das Schwert erreicht worden. Treitschke predigte in seiner ›Deutschen Geschichte im 19. Jahrhundert‹, einem fünfbändigen Werk von mehreren tausend Seiten, das zwischen 1879 und 1894 veröffentlicht wurde, die Überlegenheit des Staates, dessen politisches Instrument der Krieg war und dessen Recht, für die Ehre der Nation oder für lebenswichtige Interessen zu den Waffen zu greifen, durch nichts beeinträchtigt werden durfte. Die deutsche Armee war der sichtbare Ausdruck der Treitschkeschen Forderung. Ihre Autorität und ihr Prestige wuchsen von Jahr zu Jahr. Ihre Offiziere waren Kreaturen, die sich durch eine unbeschreibliche Arroganz auszeichneten, über dem Gesetz standen und sich von der Bevölkerung in beinahe abergläubischer Verehrung bewundern ließen. Jeder, der einen Offizier beleidigte, konnte wegen indirekter Majestätsbeleidigung belangt werden. Die Damen traten auf den Bürgersteigen zur Seite, um einen Offizier vorbeizulassen.

1891 wurde der Alldeutsche Verband gegründet, der alle Mitglieder der germanischen Rasse, wo immer sie auch ansässig sein mochten, in einem pangermanischen Staat vereinigen wollte. Das Herzstück sollte Großdeutschland unter Einschluß von Belgien, Luxemburg, der Schweiz, Österreich-Ungarn, Polen, Rumänien und Serbien sein. Nach Abschluß des ersten Stadiums sollte es seine Herrschaft über die ganze Welt ausdehnen. Der Verband verteilte Plakate mit der Aufschrift »Dem Deutschen gehört die Welt«, die in den Schaufenstern der Geschäfte ausgehängt wurden. In einer Darstellung der Verbandsziele erklärte der Führer der Alldeutschen, Ernst Hasse, schlicht: »Wir wollen Gebiete, selbst wenn sie Ausländern gehören, damit wir die Zukunft nach unseren Bedürfnissen gestalten können.« Dies war eine Aufgabe, die zu erfüllen seine Landsleute sich durchaus imstande fühlten.

Jeder Ausbruch bewaffneter Feindseligkeiten in der Welt, wie etwa der chinesisch-japanische Krieg von 1895 oder der spanisch-amerikanische Krieg, weckte in den Deutschen den unbändigen Wunsch, sich einzumischen. Admiral von Diederichs, der Kommodore des deutschen Pazifik-Geschwaders in der Manila-Bai, war in Versuchung, einen raschen Griff nach den Philippinen zu tun, und nur Admiral Deweys zorniger Ausruf: »Wenn Ihr Admiral den Krieg will, dann kann er ihn sofort haben!«, der auffällig unauffällig und höchst wirksam von den Manövern des britischen Geschwaders unterstützt wurde, veranlaßte Diederichs schließlich, sich zurückzuziehen. »Für die deutsche Mentalität liegt etwas Ungeheuerliches in der Tatsache, daß irgendwo ein Krieg stattfindet, an dem sie nicht beteiligt sind«, kommentierte Außenminister Hay. Dewey war verständlicherweise der Ansicht, die Deutschen hätten ganz einfach »schlechte Manieren«. »Sie sind zu ehrgeizig«, sagte er, »und eines Tages werden sie den Bogen überspannen.«

An der Spitze des deutschen Staates stand eine völlig unberechenbare Regierung, deren Minister vom Parlament unabhängig waren und nur des Vertrauens ihres Souveräns bedurften, der seinerseits die Mitglieder des Reichstages als »Schafsköpfe« bezeichnete. Da für ein Regierungsamt Voraussetzung die Zugehörigkeit zur Adelsklasse war, für eine politische Karriere die bedingungslose Übernahme der Prinzipien der konservativen Parteien, blieben neuen politischen Talenten praktisch die Türen verschlossen. »Nicht einmal der zahmste Liberale hatte auch nur die geringste Chance, einen Posten von einigem Gewicht zu erhalten«, bedauerte der Chefredakteur des ›Berliner Tageblatts‹. Seit der Entlassung Bismarcks durch den Kaiser im Jahre 1890 hatte niemand aus der aktiven und schöpferischen Schicht der Intelligenz mehr ein bedeutendes Amt innegehabt. Der Kanzler war von Wilhelm II. ausgewählt worden, weil er gegenüber Bismarck eine Erholung für den Kaiser bedeutete. Prinz Chlodwig zu Hohenlohe-Schillingsfürst war ein väterlicher Mann von angenehmem Wesen, dessen Wahlspruch angeblich lautete: »Trag stets einen guten schwarzen Anzug und halt den Mund.« Der Außenminister Graf Bernhard von Bülow war ein äußerst eleganter Herr, verbindlich und sehr von sich selbst eingenommen. In der Unterhaltung oder in seinen Briefen pflegte er sich stets derartig salbungsvoll auszudrücken, daß man das Gefühl hatte, er reibe sich ununterbrochen die Hände wie ein orientalischer Teppichhändler. Er pflegte sich Notizen auf seine Manschetten zu machen, damit auch nicht der kleinste Wunsch seiner Majestät vergessen würde. Er versuchte, daß lässige Auftreten Balfours im Parlament zu kopieren, und übte unter der Aufsicht eines Attachés vom Außenministerium vor dem Spiegel die typische Haltung Balfours, beide Hände an den Rockaufschlägen. »Paß auf«, flüsterte ein eingeweihter Beobachter im Reichstag, als Bülow sich erhob, um das Wort zu ergreifen, »jetzt kommt das Spiel mit den Revers.«

Hinter Bülow stand, unsichtbar, aber einflußreich, Holstein, der ganz im Stil des byzantinischen Hofes die Kontrolle über die Außenpolitik ausübte, ohne ein offizielles Amt zu haben. Für ihn war die gesamte Diplomatie eine Verschwörung, die Anregungen ausländischer Regierungen voller versteckter Fallgruben, folglich führte er die Auslandsbeziehungen unter der Voraussetzung, alle Welt sei feindlich gegen Deutschland eingestellt. Das Interesse einer Großmacht, so erklärte er Bülow, sei nicht notwendigerweise mit der Erhaltung des Friedens identisch, »sondern vielmehr mit der Unterwerfung seiner Feinde und Rivalen«. Deshalb »müssen wir den Verdacht hegen«, daß das russische Ziel »eher ein Mittel zur Macht, denn zum Frieden ist«. Bülow stimmte ihm zu. Seine Demarchen an die Geschäftsträger im Ausland waren voller Warnungen vor Fallen und finsteren Komplotten; die Verhandlungsthemen Murawiews behandelte er, als seien sie hochbrisanter Sprengstoff. »Es wäre wünschenswert«, schrieb er an seinen Botschafter in London, »wenn diese Friedens- und Abrüstungsidee ... infolge englischer Einwände Schiffbruch erlitte, ohne daß wir in der Vordergrund treten müssen«, und er beauftragte den Botschafter, in diesem Sinne mit Balfour Gedankenaustausch zu pflegen.

Balfour, der amtierende Außenminister Lord Salisburys, war jedoch kein sehr gut gewähltes Opfer für Bülows Manipulationen. Trotz ihrer erheblichen Skepsis hinsichtlich der Ergebnisse fühlte sich die britische Regierung, im Gegensatz zu der deutschen, von der internationalen Konferenz nicht bedroht und hatte keineswegs vor, sie scheitern zu lassen und sich damit Angriffen aus aller Welt auszusetzen. Außerdem ließ sich die Öffentlichkeit in England nicht zum Narren halten. In den vier Monaten nach dem Manifest des Zaren trafen im Außenministerium über 750 Resolutionen von den verschiedensten Gruppen im Lande ein, in denen die Idee einer internationalen Konferenz begrüßt und »die ernsthafte Hoffnung«, wie es in einer der Resolutionen hieß, geäußert wurde, daß die Regierung Ihrer Majestät ihren Einfluß geltend machen werde, damit »ein praktisches Resultat erzielt wird«. Diese Resolutionen kamen nicht nur von etablierten Friedensgruppen und religiösen Vereinigungen, sondern vielfach von Versammlungen in den Städten und Grafschaften, von ländlichen Distriktkomitees und Landräten; sie waren vom Bürgermeister unterzeichnet, mit dem Siegel der Grafschaft versehen und durch den Lord Lieutenant übermittelt. Einige wurden ganz einfach von »den Bewohnern Bedfords«, den »Einwohnern von Rotherhead« oder »einer öffentlichen Versammlung in Bath« geschickt. Viele kamen von den lokalen Gruppen der liberalen Partei, dagegen hielten sich die Konservativen und die Gemeinden der anglikanischen Kirche auffallend zurück. Sämtliche nonkonformistischen Sekten waren vertreten: Baptisten, Methodisten, Kongregationalisten, Christian Endeavor, Welsh Nonconformists und Irish Evangelists. Die Society of Friends überreichte eine Petition mit 16 000 Unterschriften. Bibelgruppen, Erwachsenenschulen, Frauenschulen, die National British Women's Temperance Association, die Handelskammer von Manchester, die West of Scotland Peace and Arbitration Association, das General Board of Protestant Dissenters, der Bürgermeister von Leicester, der Oberbürgermeister von Sheffield und der Stadtdirektor von Pool gehörten zu den Unterzeichnern.

Voluminöse Bände dieser Resolution, mit dem zittrigen »S« abgezeichnet, zeugten davon, das Salisbury die öffentliche Meinung zur Kenntnis nahm. Eine Abordnung der International Crusade for Peace mit dem Earl von Aberdeen und dem Bischof von London an der Spitze konferierte mit Lord Balfour, der die Gruppe mit einer wohlgesetzten Rede empfing. Er legte darin »eine zuversichtliche Haltung hinsichtlich der Begrenzung, ich will nicht sagen der völligen Abschaffung, aber der Begrenzung des Krieges in der Zukunft« an den Tag und bekundete, daß er der bevorstehenden Konferenz als einem »großen Meilenstein für den Fortschritt der Menschheit« erwartungsvoll entgegensah, unabhängig davon, so fügte er hinzu, ob sie praktische Ergebnisse zeitigen werde oder nicht. Das war ganz und gar nicht das, worauf Bülow gehofft hatte.

Die Friedensbewegung wurde durch William T. Stead personifiziert, einem jener höchst lebhaften, einfallsreichen und produktiven Journalisten, mit denen die damalige Zeit so reich gesegnet war. Er war der Gründer und

Chefredakteur der *Review of Reviews* und ständig mit flammender Begeisterung in irgend einen Kampf für das Gute verwickelt. Seine Kraft schien unerschöpflich, sein Optimismus grenzenlos und sein Egoismus gigantisch. Als selbsternannter Papst des Journalismus lautete seine offizielle Telegrammadresse »Vatican, London«. Während der achtziger Jahre hatte er die liberale Tageszeitung *Pall Mall Gazette* herausgegeben und mit einem Feuerwerk politischer Raketen zur Pflichtlektüre eines jeden gemacht, der im öffentlichen Leben stand. »Sie sind zu scharf, insgesamt gesehen zu scharf«, sagte ihm der Prinz von Wales, der die Zeitung regelmäßig las. Stead stürzte sich ohne Rücksicht auf Verluste in eine Pressekampagne nach der anderen; vom Schutz der Prostituierten bis zum »gesunden Imperialismus« reichte die Skala. Er wetterte gegen die Grausamkeiten der Bulgaren, die Verhältnisse in sibirischen Gefangenenlagern, die Fahnenflucht General Gordons in Karthum, die Sklaverei im Kongo, die Arbeiteropfer des ›Bloody Sunday‹ auf dem Trafalgar Square; er kämpfte für die Adoption von Kleinkindern, für Dorfbüchereien, die Förderung des Esperanto, für den internationalen Erfahrungsaustausch von Wissenschaftlern und die Lösung der Wohnungsfrage für die Armen. Sein Glanzstück leistete er sich mit einer Artikelserie »A Maiden Tribute of Modern Babylon«, in der er beschrieb, wie er ein dreizehnjähriges Mädchen für fünf Pfund gekauft hatte, um damit auf dramatische Weise den Handel mit Minderjährigen für die Prostitution anzuprangern. Dieser Artikel wurde eine Weltsensation. Stead wurde zwar wegen Entführung angeklagt und zu einer Gefängnisstrafe verurteilt. Immerhin wurde erreicht, daß man die Grenze der Minderjährigkeit von dreizehn auf sechzehn Jahre heraufsetzte.

Stead besuchte im Jahre 1889 das russische Reich, interviewte Alexander III. und wurde prompt zum Fürsprecher einer anglo-russischen Allianz im besonderen und ein Freund der Russen im allgemeinen. Aus Freundschaft für Admiral Fisher kämpfte er für eine starke Marine; mit General Bloch arbeitete er an einem Buch, *In Darkest England,* Cecil Rhodes unterstützte er in seinem Anliegen einer weltweiten Föderation und Union der englischsprechenden Länder. Anläßlich eines Besuches in Chicago im Jahre 1893 entschloß er sich, die Stadt zu reformieren. Er zeigte ihre Übel auf, entwarf in einem Buch mit dem Titel *If Christ Came to Chicago* einen Plan für die Reformation und organisierte, um diesen Plan in die Wirklichkeit umzusetzen, die Civic Federation, der sowohl Arbeiterführer wie auch Mrs. Potter Palmer angehörte. Während seines Aufenthaltes sprach er mit Gouverneur Altgeld und lud Fielden, einen der begnadigten Anarchisten, ein, neben ihm auf dem Rednerpodium Platz zu nehmen.

Als roter Faden zog sich durch seine Kampagnen der Glaube an die Pflicht des Menschen, die Gesellschaft zu verbessern und den britischen Einfluß immer weiter auszudehnen. Er pflegte sich mit Vorliebe des Ausdrucks

»God's Englishman« zu bedienen und betrachtet sich als den Korrektor des Übels ganz allgemein; alles, was seine Macht vergrößerte, war ein wohltätiger Einfluß. Die Standpunkte, die er innerhalb eines Fragenkomplexes einnahm, wie etwa im Falle der Rüstungsbegrenzung einerseits und dem Ausbau der Marine andererseits, waren häufig diametral entgegengesetzt, so daß man ihm vorwarf, unseriös zu sein, obwohl dies durchaus nicht zutraf, wenn er sich auch nicht immer sehr geschickt verhielt.

1890 gründete er sein eigenes Journal, die monatlich erscheinende *Review of Reviews*, mit dem ausdrücklichen Ziel, das Blatt innerhalb der englischsprechenden Welt so bekannt zu machen »wie die Bibel ... damit die Menschen den Willen Gottes und ihre Pflichten gegenüber ihren Mitmenschen erkennen«. Da eine Monatsschrift als politisches Organ wenig befriedigend war, träumte er davon, einen Millionär zu finden, der ihm eine Tageszeitung finanzierte. Einmal äußerte er in Paris einem Freund gegenüber: »Ich bin nach Notre Dame gegangen und habe mich mit Gott darüber unterhalten.«

Stead wurde von vielen verachtet, aber er war mit einer ganzen Reihe prominenter Persönlichkeiten gut befreundet, darunter Cecil Rhodes, Sir John Fisher, James Bryce, Kardinal Manning, Lord Esher, Lord Milner, Mrs. Annie Besant und Lady Warwick, die für ihn einen Lunch à deux mit dem Prinzen von Wales arrangierte. Stead interviewte Herrscher, Kabinettsminister und Erzbischöfe und half allen »notleidenden Menschen, gequälten Tieren, unterbezahlten Stenotypistinnen, unverstandenen Frauen, verfolgten Geistlichen, verhöhnten Politikern, potentiellen Selbstmördern, Sektierern aller Art und kinderlosen Ehepaaren«. Seine Rede floß wie ein breiter, mächtiger Strom, und bei seinen Vorträgen »eilte er mit Siebenmeilenstiefeln über den Globus«. Außer Artikelschreiben, Zeitung machen, Reisen, Interviews und Vorträgen diktierte er während der zweiundzwanzig Jahre bei der *Review of Reviews* insgesamt etwa 80 000 Briefe, also durchschnittlich etwa zehn pro Tag. Er verteidigte den Spiritismus gegen Angriffe und betrachtete sich als die Reinkarnation Charles II., der durch ihn Abbitte für sein früheres Leben auf Erden leistete.

Er war nicht sehr groß, hatte helle blaue Augen, einen rötlichen Bart und trug, da er den üblichen schwarzen Tuchrock nicht ausstehen konnte, demonstrativ einen Anzug aus grobem Tweed und einen Schlapphut. Er hatte viel guten Willen aber ein weniger gutes Urteilsvermögen. Hätte er beide Qualitäten in gleichem Maße besessen, wäre er einfach »unwiderstehlich« gewesen, wie Lord Milner meinte. Ein amerikanischer Journalist sah in ihm sämtliche Attribute der Engländer dieser Zeit in übersteigerter Form vereinigt und beschrieb ihn als »den perfekten Vertreter des 19. Jahrhunderts«. Milner sah in ihm eine Kreuzung von Don Quichote und P. T. Barnum, was möglicherweise auf dasselbe herauskam.

Stead war seinem ganzen Naturell nach ein leidenschaftlicher Verfechter der Schiedsgerichtsidee und hoffte, daß die Etablierung eines ständigen Gerichtshofes die Vorstufe zu den Vereinigten Staaten von Europa sein könnte. 1894 hatte er dem Zaren vorgegriffen und ein weltweites Abkommen der Mächte vorgeschlagen, in dem sie sich verpflichten sollten, bis zum Ende des Jahrhunderts ihre Militärausgaben nicht weiter zu erhöhen. Als der russische Vorschlag die Weltöffentlichkeit überraschte, erkannte Stead darin augenblicklich die größte Chance seines Lebens. Um die Menschen davon zu überzeugen, daß der Zar es ernst meinte, und um möglichst viele Sympathien für die Konferenz zu mobilisieren, faßte Stead auf der Stelle den Entschluß, als Teil einer großangelegten Kampagne sämtliche europäischen Hauptstädte zu besuchen. Den Höhepunkt seiner Reise sollte dann ein Interview mit dem Zaren bilden. Auch die Bemerkung des Prinzen von Wales, daß der junge Herrscher und Neffe seiner Gemahlin »ein Schwächling ist ... keinen Charakter hat und Ihnen nicht im geringsten nützen kann«, die ihm durch Lady Warwick übermittelt wurde, konnte Stead nicht von seinem Vorhaben abbringen. Er hatte vor, auf seiner Route den Papst, den Kaiser, den Präsidenten von Frankreich und König Leopold von Belgien zu interviewen. Den letztgenannten wollte er dazu überreden, sich zum Sprecher der Liga der kleineren Nationen zu machen. Um eventuellen Interventionen von offizieller Seite vorzubeugen, suchte er Lord Balfour im Foreign Office auf. Dieser gab sich zunächst »nonchalant und ironisch«, wurde aber dann angesichts Steads phantastische Höhenflüge zunehmend unzugänglicher. Balfour ließ keinen Zweifel daran, daß es ihm unbegreiflich war, wie Stead »die wachsende Größe und Macht Rußland« so leichtfertig unterschätzen konnte. Dies würde zwar in ihrer Generation nicht von Bedeutung sein, »aber was ist mit unseren Kindern ... In was für einer Welt werden sie leben, wenn Rußland seinen Einfluß auf ganz Südosteuropa ausgedehnt hat«. Er drohte jedoch nicht damit, Stead irgendwelche Hindernisse in den Weg zu legen.

Kaum einen Monat nach der Veröffentlichung des Manifests war Stead unterwegs. In Paris gelang es ihm zwar nicht, bis zu Präsident Félix Faure vorzudringen, aber er führte ein Gespräch mit Clemenceau, der ihm sagte, daß »die Konferenz zu nichts führen würde«, und sich weigerte seine Haltung zu ändern. Während König Leopold, der deutsche Kaiser und Papst Leo XIII. ihm ebenfalls auswichen, gewährte Zar Nikolaus II. ihm nicht nur eine, sondern gleich drei Audienzen und erfüllte damit ein Versprechen, das sein Vater Stead vor zehn Jahren gegeben hatte. Stead war von der Freundlichkeit des Zaren überwältigt. Da er mit höfischen Gepflogenheiten nicht vertraut war, betrachtete er dieses Benehmen als einen Beweis für den Charakter des Mannes und erkannte nicht, daß es eben zum Geschäft eines Monarchen gehörte, liebenswürdig zu sein. Auf jeden Fall war er entschlossen, aus Nikolaus einen Helden zu machen. Der Zar, so informierte er seine Leser, war charmant, sympathisch, wachsam, klardenkend, witzig und geistvoll, von herzlicher Offenheit, bewundernswerter Bescheidenheit, noblem Ernst, großer Entschlossenheit und einem bemerkenswerten Gedächtnis, »außergewöhnlich rascher Auffassungsgabe, einem weiten Horizont und reichem Tatsachenwissen«. All dies stand im Dienste der Sache des Friedens. Steads Lobeshymne auf die Intentionen Rußlands schoß über die wirklichen Ziele des Landes derart weit hinaus, daß die russischen Minister sich bei der englischen Regierung beschwerten, sie seien »äußerst peinlich berührt«. Seine Artikel waren jedoch Manna für die Friedensbewegung. Nach seiner Rückkehr vom Kontinent brachte er eine neue Wochenzeitung heraus, *War Against War*, organisierte den International Peace Crusade und entwickelte eine äußerst rege Geschäftigkeit, um die Forderung der Öffentlichkeit nach einer Konferenz, die nicht fehlschlagen konnte, ja, nicht fehlschlagen durfte, zu stärken.

Die öffentliche Meinung war indessen keineswegs einheitlich. Die Liberalen – wenn auch nicht alle – teilten Steads Begeisterung, nicht so die Konservativen. In jedem Volke steckt etwas von der »Kampfeslust, die mein Blut in Wallung bringt«, wie William Earnest Henley es ausdrückte. Es war genau das gleiche Gefühl, das Romain Rolland, der später als einer der bedeutenden Pazifisten hervortreten sollte, 1898 freudig ausrufen ließ: »Gib mir den Kampf!« Der Materialismus der Zeit, die zunehmende Verweichlichung und die Macht des Geldes als Ersatz für Muskelkraft erzeugten in vielen Menschen ein Gefühl des Widerwillens und manchmal sogar die bewußte Suche nach Härte, wie etwa im Falle des jungen Theodore Roosevelt, den es immer wieder in die Rocky Mountains zog. Die Menschen verspürten ein Verlangen nach Noblem, Erhabenem und vermeinten, einen Schimmer davon in der Aussicht auf Gefahr und Kampf, im Opfer und selbst im Tod auf dem Schlachtfeld zu finden. Der Journalist Henry Nevinson wurde während seiner Dienstzeit als Offizier der Freiwilligen von einem martialischen Eifer erfaßt und stieß seine sozialistischen Freunde vor den Kopf, als er erklärte, er wolle »nicht in einer Welt leben, in der es keinen Krieg gibt«. In späteren Jahren schien es ihm, als sei diese Begeisterung teils aus der Unkenntnis dessen, was Krieg wirklich bedeutet, teils unter dem Einfluß Kiplings und Henleys aufgeflammt.

In gewissem Umfang konnte Henley als der Stead der Konservativen gelten, wenngleich er nicht die elementare Kraft und das soziale Gewissen Steads besaß. Kein germanischer Hochgesang auf die Herrenrasse konnte seine Huldigung an *England, my England* übertreffen, dessen »gepanzerte Faust« die Geschicke wohltätig lenkte, dessen »kraftvolle Menschenrasse« ohnegleichen und dessen Schiffe »der alten sturmgepeitschten See Entzücken« waren; sein England war:

Chosen daughter of the Lord
Spouse-in-Chief of the ancient Sword
There's the menace of the Word
In the song on your bugles blown
England!
Our of Heaven on your bugles blown!

Die auserwählte Tochter Gottes
Des alten Schwerts Gefährtin
Im bloßen Wort schon steckt die Drohung
Und in der Hörner Schall
England!
Vom Himmel tönt der Hörner Ruf.

Dies war ein Patriotismus, der bereits an Wahn grenzte und eine Geisteshaltung charakterisierte, nicht ein Volk. Von gleicher Geisteshaltung waren die Amerikaner, die den Tiraden Albert Beveridges lauschten: »Wir sind ein Volk von Eroberern ... Wir müssen der Stimme unseres Blutes folgen.« Indirekt waren diese Gefühlsausbrüche Folgen der seit den Fahrten Christopher Kolumbus' schicksalhaftesten Seereise – der Reise Charles Darwins an Bord der *Beagle*. Darwins Erkenntnisse, die er in der ›Entstehung der Arten‹ niedergelegt hat, ergaben auf die menschliche Gesellschaft angewandt die philosophische Grundlage für die Theorie, daß der Krieg nicht nur eine Naturnotwendigkeit war, sondern darüber hinaus auch der Verbesserung der Menschheit diente. Indem die stärkere und überlegenere Rasse sich in einem kriegerischen Konflikt durchsetzte, brachte sie die Zivilisation um einen Schritt weiter. Denker, Philosophen, Historiker, Polit- und Militärwissenschaftler in Deutschland arbeiteten mit ameisenhaftem Eifer und der Verbissenheit einer Bulldogge an dieser Theorie und erhoben sie zum nationalen Dogma. Houston Stewart Chamberlain, der Schwiegersohn Wagners, lieferte in den ›Grundlagen des 19. Jahrhunderts‹ eine Rechtfertigung der Rassentheorie. Das in deutsch veröffentlichte Werk wies nach, daß die Arier aufgrund ihrer körperlichen und geistigen Überlegenheit gegenüber anderen Rassen das Recht hatten, die Erde zu beherrschen. Treitschke erklärte, der Krieg sei die Quelle des Patriotismus, da er ein großes Volk läutere und einige, und außerdem ein Quell der Stärke, da er es mit neuer Lebenskraft erfülle. Friede bedeute Stagnation und Dekadenz, und die Hoffnung auf einen ewigen Frieden war nicht nur eine »Unmöglichkeit, sondern geradezu unmoralisch«. Wenn der Krieg ein Volk adelte, so folgerten die Generale von der Goltz und Bernhardi, dann wurde er zu einer Notwendigkeit. Es war das Recht und die Pflicht der edleren, stärkeren und überlegeneren Rasse, ihre Herrschaft über die minderwertigeren Völker auszudehnen. In deutschen Augen hieß das: die Herrschaft über die Welt. Für andere Nationen

bedeutete es die Herrschaft über die Kolonien. Der Darwinismus wurde die Bürde des weißen Mannes. Der Imperialismus erhielt seinen kategorischen Imperativ.
Captain Mahan trieb diese indirekte Wirkung Darwins auf die Spitze götzenhafter Verabsolutierung. »Ehrenhafte Zusammenstöße« unter den Nationen seien »ganz offensichtlich ein Gesetz des Fortschritts«, schrieb er in einem Artikel einer Serie, die in den Jahren 1897–1899 erschien, und wo er versuchte, den Amerikanern ihren Schicksalsweg zu weisen. Der Artikel war überschrieben ›Der moralische Aspekt des Krieges‹. In einem anderen, ›Ausblick in das Zwanzigste Jahrhundert‹, schrieb er, daß nichts für die Zukunft unserer Rasse so unheilvoll ist« wie die gegenwärtige lautstarke Tendenz, »die sich weigerte, im Soldatenstand – im Krieg« die Quelle »heroischer Ideale« zu erkennen. In einem Privatbrief schrieb er: »Kein größeres Unglück könnte geschehen, als daß die zivilisierten Nationen ihre Kriegsvorbereitungen aufgeben und sich für die internationale Schlichtung entscheiden.« Seine These lautete, daß Macht, Gewalt und letztlich der Krieg die Faktoren waren, die die großen Schicksalsfragen einer Nation lösten, und das Vertrauen auf einen anderen Mechanismus, wie etwa den des Schiedsgerichtes, würde sich als eine Illusion erweisen. Falls Armeen und Flotten durch ein Schlichtungsverfahren ersetzt werden würden, dann werde die europäische Kultur möglicherweise »untergehen, denn sie hat ihre Kampfkraft verloren«. Dennoch war Mahan der Überzeugung, das 20. Jahrhundert werde zeigen, daß sich das Gewissen der Menschen vervollkommnet habe. Er hätte der Macht nicht auf so überzeugende Weise das Wort reden können, wenn er nicht gleichzeitig an den Fortschritt geglaubt hätte. Seine moralische und charakterliche Redlichkeit strahlt ein Bild aus, das ihn zusammen mit seiner Frau und seinen beiden erwachsenen Töchtern zeigt. Festen Blickes starren vier Augenpaare direkt in die Kamera. Die scharfgeschnittenen Nasen die streng zusammengepreßten Lippen, die hochgeschlossenen Blusen der Damen, am Hals mit einer Brosche gehalten, die Hüte steif auf dem hochaufgetürmten Haar – all dies drückt eine Haltung »selbstsicherer Gewißheit« aus, eine Gattung, die, ebenso wie die Riblesdales, zum Aussterben verurteilt war.
Die Notwendigkeit des Kampfes kehrte bei den verschiedensten Autoren in immer wieder neuen Gewänden wieder: bei Henri Bergson als *élan vital*, bei Shaw als *Life Force* und in dem fremdartigen dunklen Gedankengebäude Nietzsches, dessen Faszination damals über ganz Europa ausstrahlte. Nietzsche hatte erkannt, daß die Religion als die primäre Triebkraft im Leben der Menschen an Bedeutung verlor und formulierte seine Herausforderung in drei Worten: »Gott ist tot«. Er selbst hätte den Übermenschen an Gottes Stelle gesetzt, aber die Menschen substituierten ganz einfach den Patriotismus dafür. In dem Maße, wie der Glaube an Gott von der fort-

schreitenden wissenschaftlichen Erkenntnis verdrängt wurde, nahm die Vaterlandsliebe den leer gewordenen Platz in den Herzen der Menschen ein. Der Nationalismus absorbierte nun jene Kräfte, die einst der Religion gewidmet waren. Da die Menschen früher für ihren Glauben gekämpft hatten, gab es keinen Grund daran zu zweifeln, daß sie dies auch für dessen Nachfolger tun würden. Die Vorahnung eines heraufziehenden Konfliktes erfüllte die Atmosphäre. Yeats, der 1895 in Paris lebte, wachte eines Morgens mit einer apokalyptischen Vision auf:

... Unknown spears
Suddenly hurtle before my dream awakened eyes,
And then the clash of fallen horsemen and the cries
Of unknown perishing armies beat about my ears.

... Unbekannte Speere
Schwirren plötzlich vor meinen traumbeschwerten Augen,
Der Lärm gestürzter Reiter und der Schrei
Von unbekannten, todgeweihten Heeren dringt an mein Ohr.

Gänzlich unabhängig davon vernahm A. E. Housman im gleichen Jahr den dumpfen Wirbel ferner Trommeln in seiner Einsamkeit:

On the idle hill of summer
Sleepy with the flow of streams.
Far I hear the steady drummer
Drumming like a noise in dreams.

Far and near and low and louder
On the roads of earth go by,
Dear to friends and food for powder,
Soldiers marching, all to die ...

Far the calling bugles hollo,
High the screaming fife replies,
Gay the files of scarlet follow:
Woman bore me, I will rise ...

Auf dem verträumten Sommerhügel
Schläfrig von des Baches Ton
Hör ich der Trommeln fernen, dumpfen Wirbel
Grollend, jedem Traum ein Hohn.

Fern und nah und leis' und lauter
Zieh'n auf den Straßen dieser Welt,
Teure Freunde als Kanonenfutter
Marschkolonnen todgeweiht.

Hohl die fernen Hörner klingen
Schrill ertönt der Pfeifen Schrei
Froh die purpurnen Kolonnen singen:
Ein Weib gebar mich; bin dabei!

Den Haag, die Hauptstadt eines kleinen neutralen Landes sollte der Konferenzort sein, und der Konferenzbeginn war auf den 18. Mai 1899 festgesetzt. Die bereits vor der Konferenz getroffenen Absprachen unter den Teilnehmern ließen eine Reihe alter Ressentiments wieder aufleben und schufen neue. China und Japan, die Türkei und Griechenland, Spanien und die Vereinigten Staaten hatten vor kurzem noch Krieg gegeneinander geführt. England und Transvaal standen am Rande eines bewaffneten Konfliktes, der jeden Augenblick ausbrechen konnte. Die gastgebenden Holländer hätten beinahe ein Scheitern der Konferenz heraufbeschworen, noch ehe sie begonnen hatte, da sie wegen ihrer ungeteilten Sympathien für die Buren die Teilnahme Transvaals und des Oranjefreistaates forderten. Die Türkei protestierte gegen die Einbeziehung Bulgariens, und Italien drohte mit einer Absage, falls die Teilnahme des Vatikanstaates dessen Anerkennung als eine weltliche Macht implizierte. Deutschland sah darin sofort einen Schritt von »höchst unheilvoller Tragweite«, verdächtigte Italien des Versuches, sich aus dem Dreierbund lösen zu wollen, und drohte seinerseits damit, der Konferenz fernzubleiben, sobald eine der übrigen größeren Mächte dies tat. Nachdem diese Schwierigkeiten schließlich alle ausgeräumt waren, gingen die Nationen daran, die Delegierten zu bestimmen.

Die Auswahl spiegelte die Zwiespältigkeit der Diskussionsthemen wider, die sich einerseits um den Frieden und die Frage der internationalen Schlichtung, andererseits um die Probleme der Kriegsführung drehten. Obwohl die Schiedsgerichtsbarkeit in dem ursprünglichen Manifest des Zaren nicht erwähnt wurde, hatte Murawiew sie in sein Punkteprogramm für die Konferenz aufgenommen. In den Augen der Öffentlichkeit war sie zu einem Hauptanliegen der Konferenz geworden. Die Boston Peace Crusade hielt in den Monaten März und April wöchentliche Versammlungen ab und forderte, daß die USA sich auf das Ziel eines »ständigen Tribunals im 20. Jahrhundert« festlegten. Da der Kongreß sich damals gerade in Nöten wegen der Ratifizierung des Friedensvertrages mit Spanien befand, drängte man Präsident McKinley, den Präsidenten der Harvard University, Professor Eliot, zu ernennen, in der Hoffnung, dadurch die antiimperialistischen Strömungen dämpfen zu können. Da Eliot mit großer Wahrscheinlichkeit kein sehr manipulierbarer Delegierter werden würde, zog Präsident McKinley es vor, Andrew White, den ehemaligen Präsidenten der Cornell University und jetzigen Botschafter in Berlin, zum Delegationsführer zu bestimmen. White, vom Geschichtsprofessor zu einer prominenten Persönlichkeit des öffentlichen Lebens aufgestiegen, war ein zäher Arbeiter und hochherziger Mann, der die Dinge immer richtig sah. In Den Haag stand er sehr bald in freundschaftlichen Beziehungen zu dem Herzog von Tetuan, dem Abgesandten des eben besiegten Feindes Spanien, und dieser teilte Whites »Leidenschaft für Kathedralen und Orgelmusik«. Außer White wurde ein Delegierter ernannt, der mit absoluter Sicherheit über die amerikanischen Interessen wachen und eine äußerst nüchterne Haltung gegenüber dem Konferenzgeschehen einnehmen würde, ein Mann, von dem man selbst bei optimistischster Betrachtungsweise nicht sagen konnte, daß er der Konferenz positiv gegenüberstünde – Captain Alfred Thayer Mahan. Als sein Name auf der Liste erschien, vertiefte sich das Mißtrauen Deutschlands bezüglich der Konferenz. »Unser größter und gefährlichster Widerpart«, schrieb Kaiser Wilhelm II. düster.

Die Instruktionen der amerikanischen Regierung an die Delegierten begannen mit der Zurückweisung des ursprünglichen Konferenzzieles. Eine Beschränkung der Aufrüstung zu diskutieren sei »nicht sinnvoll«, denn der amerikanische Rüstungsstand lag ohnehin unter dem der europäischen Mächte, und daher konnte man den Europäern in dieser Sache nicht die Initiative überlassen. Hinsichtlich der Beschränkung der Weiterentwicklung von Waffensystemen sah man es als »zweifelhaft an, ob sich eine internationale Übereinkunft in diesem Bereich als durchführbar erweisen würde«. Die Delegierten sollten jene Bemühungen, die auf eine Formulierung von Gesetzen zur Humanisierung der Kriegführung gerichtet waren, unterstützen und selbst einen Plan für ein Schiedsgericht vorlegen. Sie wurden ebenfalls angewiesen, die Immunität von privatem Eigentum im Falle der Aufbringung auf hoher See vorzuschlagen, ein scheinbar sehr positiver Vorschlag, der jedoch voll verborgener Tücken steckte.

Frankreich nominierte Léon Bourgeois zum Delegationsführer, einen ehemaligen Ministerpräsidenten und Befürworter des Schiedsgerichtsgedankens, dessen Amtszeit von 1895–1896 von dem hartnäckigen Bemühen gekennzeichnet war, die stufenweise Einkommensbesteuerung gegen den heftigen Widerstand des Senates durchzusetzen. Die Vorlage war nur mit einer sehr knappen Mehrheit abgelehnt worden. Da die Dreyfus-Affäre drohte, jeden Augenblick eine Regierungskrise heraufzubeschwören, in deren Gefolge Bourgeois möglicherweise wieder ins Ministerpräsidentenamt zurückkehren konnte, bot die Haager Konferenz eine elegante Möglichkeit, ihn von der Bühne wegzukomplimentieren. Bourgeois war »liebenswürdig, elegant und wortgewandt«, wie ein etwas boshafter Amtsgenosse ihn beschrieb, »er kultivierte einen schönen, rabenschwarzen Bart und gab mit sanfter Stimme Allgemeinplätze von sich«.

Frankreich befand sich infolge der Affäre in einem Zustand des Superpatriotismus und fühlte sich durch das Versäumnis der Russen, ihre Verbündeten vor dem Manifest zu konsultieren, beleidigt. Es war daher entschlossen, keine Fixierung des Status quo hinzunehmen und begrüßte die Konferenz ebenso wenig wie die übrigen Nationen. »Dem Krieg abzuschwören, heißt, in gewissem Sinne seinem Vaterland abschwören«, lautete der Kommentar eines französischen Offiziers zu der Botschaft des Zaren. Mme. Adam, die Freundin Gambettas und Hohepriesterin der *revanche*, antwortete, als man sie zu einem Vortrag Bertha von Suttners einlud: »Ich? Zu einem Vortrag über den Frieden? Auf keinen Fall. Ich bin für Krieg!« Trotzdem entsandte Frankreich als zweiten Delegierten einen entschiedenen Befürworter des Friedens nach Den Haag, den Baron d'Estournelles de Constant. Er war bis zum Alter von fünfundvierzig Jahren Berufsdiplomat gewesen und hatte den Lauf, den die internationale Politik nahm, mit zunehmender Besorgnis verfolgt, bis ihn schließlich eines Tages im Jahre 1895 die leichtsinnige Kriegsandrohung wegen einer Lappalie derart schockierte, daß er die Diplomatie aufgab und sich der aktiven Politik zuwandte, um der Sache des Friedens zu dienen. Er war ein gutaussehender Mann mit geschliffenen Umgangsformen und repräsentierte auf der Konferenz als offizieller Delegierter den missionarischen Eifer und die Stimme der Friedensbewegung.

Als Initiatoren der Konferenz stellten die Russen den Vorsitzenden, und zwar in der Person ihres Botschafters in England, Baron de Staal, eines netten älteren Herren mit weißem Backenbart und einem viereckigen Derby-Hut. Der Prinz von Wales beschrieb ihn als »einen der wenigen wirklich guten Menschen auf dieser Welt ... der nie eine Unwahrheit sagt«, was eine nützliche, wenn nicht gar unabdingbare Voraussetzung für seine Aufgabe war. Der eigentliche Leiter der russischen Delegation war Feodor de Martens, emeritierter Professor für internationales Recht an der Universität St. Petersburg, der niemanden vergessen ließ, daß er als der führende europäische Jurist auf seinem Gebiet galt. Er war ein »Mann von großem Wissen«, wie Witte sagte, »aber absolut nicht weitherzig«. Der militärische Sachverständige Rußlands war der spätere Generalstabschef Oberst Jilinsky. Graf Münster, der deutsche Botschafter in Paris, in dessen Botschaft ein Papierkorb der Ausgangspunkt der Dreyfus-Affäre gewesen war, sah der Konferenz als Delegationschef seines Landes mit wenig Enthusiasmus entgegen. »Leeres Korn zu dreschen ist stets eine mühselige Arbeit«, schrieb er an einen Freund. Eine Rüstungsbeschränkung war *ausgeschlossen*, eine beliebte deutsche Vokabel. Die Schlichtungsidee war zwar bedeutungsvoll, aber die Hoffnung auf eine Übereinkunft vermutlich sinnlos. Damit Rußland nicht an Gesicht verlor, konnte man nicht zulassen, daß die Konferenz mit einem Fiasko endete und mußte ihre Tätigkeit mit dem »Mantel des Friedens« zudecken. Münster, ein weißhaariger Herr alter Schule, den Andrew White als einen »glänzenden Vertreter« des alten deutschen Adels ansah, war eine Zeitlang in England stationiert gewesen, hatte eine Engländerin geheiratet und freute sich über nichts so sehr, als wenn man ihn für einen Engländer hielt. Außer je einem Militär- und Marinesachverständigen standen ihm noch zwei juristische Berater zur Seite: Professor Zorn von der Universität Königsberg und Baron von Stengel, Professor an der Universität München, dessen hauptsächliche Qualifikation in seiner Schrift ›Ewiger Friede‹ bestand, in der er die bevorstehende Konferenz lächerlich gemacht und die Tugenden des Krieges gepriesen hatte. Obwohl Stengel im Grunde nichts wesentlich anderes sagte als das, was die meisten anderen Nationen auch glaubten, sagte er es doch in deutscher Manier derart rüde und laut, daß des Kaisers prompte Reaktion, ihn zum Delegierten zu ernennen, nicht einmal der herausgestreckten Zunge bedurfte, um als Geste verstanden zu werden. Stead, der damals gerade in Berlin war, protestierte; Bülow erging sich in endlosen Beschwichtigungen, und die deutschen satirischen Zeitschriften karikierten Stengel als Stier im Tulpenbeet.

Ein magisches Element hatte die Konferenz trotz der allgemeinen Verachtung und Abneigung Realität werden lassen, und der gleiche magische Zauber brachte ihr von seiten Großbritanniens das Kompliment einer starken Delegation ein. Der Delegationsführer und Botschafter in Washington, Sir Julian Pauncefote, war an dem ersten Schlichtungsvertrag der Welt als Verhandlungspartner beteiligt gewesen und galt als der hervorragendste Vertreter dieser Idee in der offiziellen Politik. Pauncefote war ein ruhiger, wohlbeleibter, würdiger Herr, der an einen Eisbären erinnerte und diplomatische Wunder vollbrachte, wobei er sich an sein Motto hielt: »Nie nachgeben und niemals Anlaß zum Ärgernis bieten.« »Ich habe keinen Augenblick gezögert, ihm mein Herz zu eröffnen«, sagt Außenminister Hay, »denn er war eine Seele von einem Mann.« Pauncefote war begleitet von dem kürzlich pensionierten Speaker des Unterhauses, Sir Arthur Peel, dessen eindrucksvolle Erscheinung im Speakersessel die größten Unruhestifter im Hause im Zaume gehalten hatte. »Wenn Peel aufbrauste, hatte man das Gefühl, mitten auf dem Meer in einen Orkan geraten zu sein«, sagte einer von ihnen; »Langweiligkeit konnte er ertragen, aber keine Gemeinheiten, von niemanden, egal ob er gut oder schlecht gekleidet war.« Als Heeres- und Marineberater hatte die Regierung Salisbury zwei außergewöhnliche Männer aus den höchsten Rängen der beiden Waffengattungen ausgewählt. Generalmajor Sir John Ardagh, der sein Hebräisch- und Mathematikstudium am Trinity College in Dublin mit Auszeichnung abgeschlossen hatte, war daran anschließend von der klerikalen in die militärische Laufbahn übergewechselt, hatte in der Folgezeit am deutsch-französischen und am russisch-türkischen Krieg als Beobachter teilgenommen, hatte in Ägypten und im Sudan aktiv gedient und war nun Leiter des militärischen Geheimdienstes.

Sein Kollege von der Marine war der größte Individualist seiner Zeit und besaß eine Vitalität und einen Tatendrang, der ihn zu jeder Zeit als eine bemerkenswerte Persönlichkeit ausgezeichnet hätte. Admiral Sir John Fisher war eine urgewaltige Naturerscheinung, die ausschließlich auf die Renaissance der britischen Seemacht auf dem Weg über die Modernisierung der Kriegsflotte gerichtet war. Seine einzige Leidenschaft außer der Marine war das Tanzen und er frönte ihr, indem er alles tanzte, vom Matrosentanz bis zum Walzer. Wenn gerade einmal keine Damen zur Hand waren, mußten seine Offizierskollegen einspringen. Wofür Fisher auch immer kämpfte, stets war es ein Kampf gegen die Trägheit und Lethargie des »so-ist-es-immer-gewesen«. Während seiner ganzen Karriere fegte er bei den Menschen und auf den Schiffen den Rost und den Kalk, der sich angesetzt hatte, mit einem eisernen Besen aus. Zwanzig Jahre vor der Zeit forderte er Öl- statt Kohlefeuerung für seine Schiffe, ersetzte das Training mit Entermessern durch Gewehrübungen, forcierte die Maschinisten- und Technikerausbildung anstelle der Segelmanöverübungen, führte die Zerstörerklasse ein und leistete Pionierarbeit im Entwerfen von Geschützbewaffnung, Panzerung und Schiffsmodellen. Während der Beschießung Alexandriens benötigte man plötzlich einen gepanzerten Zug, um die Landungstruppen zu transportieren, also konstruierte Fischer einen. Er war Kommandant der Torpedoschule gewesen, danach Leiter der Marinegeschützabteilung, Inspekteur der Docks, Dritter Seelord und Generalinspekteur der Marine; zur Zeit war er Oberkommandierender der Atlantikflotte.

Sein Geburtsland war Indonesien, und sein fremdartiges, breites, glattrasiertes Gesicht gab seinen unzähligen Feinden Anlaß zu der gehässigen Vermutung, Fisher habe asiatische Vorfahren. Wenn er auf seinem Flaggschiff »mit dem stetigen, rhythmischen Tritt eines Panthers umherstreifte, erbebte das Mannschaftsdeck und mit ihm die gesamte Mannschaft. Wie ein Lauffeuer verbreitete sich dann die Warnung: ›Achtung, Jack kommt!‹, und jedermann nahm strammste Haltung an, während der Große auftauchte und wieder verschwand«. Auf die Orthodoxen hatte der unaufhörliche Strom seiner Ideen entweder eine lähmende oder eine aufreizende Wirkung. Wenn er über irgendeinen neuen Gedanken oder über ein Programm sprach, so fixierte er sein Gegenüber mit seinen blitzenden Augen, während seine geballte Faust zur Unterstreichung eines jeden Satzes auf die offene Handfläche niedersauste. In seinen Briefen markierte er den Akzent durch drei- oder vierfache Unterstreichung des betreffenden Wortes, und er schloß nicht nur »in Eile« sondern »in drängender Eile« oder mit der Warnung »Verbrennen Sie diesen Brief!« Gern zitierte er auch Napoleons Grundsatz *J'ordonne ou je me tais* (Ich befehle oder schweige). Allerdings war er nicht fähig, sich an das letztere zu halten.

Zum damaligen Zeitpunkt hatte er für den Eventualfall eines Krieges mit Frankreich wegen des Faschoda-Zwischenfalles einen Plan ausgearbeitet, der einen Überfall auf die Teufelsinsel vorsah, Dreyfus sollte entführt, in Frankreich an Land gesetzt, die Armee in Verlegenheit und Verwirrung gestürzt und Zwietracht gesät werden. Als Motto für einen seiner Zerstörer wählte er *Ut Veniant Omnes* (Laßt sie nur alle kommen). Für den Gefechtsfall lautete seine offizielle Devise: »Kein Quartier geben, keine Gefangenen machen, alles versenken, keine Zeit für Gnade; *Frappez vite et frappez fort, l'audace, l'audace, toujours l'audace*«, aber dies war mehr auf moralische Wirkung abgestellt, denn als ernsthafte Taktik gemeint. Als Lord Salisbury ihn zum Marineberater für Den Haag ernannte, meinte er, es könne wohl keinen Zweifel daran geben, daß Jacky Fisher auf der Friedenskonferenz kämpfen würde. »Das tat ich auch wirklich«, schrieb Fisher später. »Allerdings nicht für den Frieden.«

Den Haag erwies sich als eine äußerst gute Wahl. Der Charme des Huis ten Bosch, der Sommerresidenz der Oranier, wo die Konferenz tagte; die angenehme, halbstündige Fahrt von der Küste bei Scheveningen, wo die meisten der Delegierten Quartier gefunden hatten, zum Tagungsort, die Gastfreundlichkeit der Holländer, das sommerliche Wetter und die blühende Landschaft, all das zusammen mußte selbst die zynischsten Geister beeindrucken. Schwarzweiß gefleckte Kühe grasten friedlich auf den Wiesen entlang der Straße, die Kanäle spiegelten den strahlenden Himmel wider, die schwerfälligen Windmühlenflügel drehten sich gemächlich, und Segelboote schienen über grüne Wiesen dahinzugleiten, denn das hohe Gras verbarg die Kanäle. In der sonst so stillen Stadt, einem »liebenswürdigen Anachronismus« aus roten Ziegelsteinhäusern und gepflasterten Straßen, herrschte geschäftiges Treiben, um die Gäste willkommen zu heißen. Die Flaggen der vertretenen Nationen schmückten die gediegenen Hotels, Fenster wurden geputzt, Treppenstufen geschrubbt, öffentliche Gebäude gesäubert und poliert. Den Haag schien aus seinem Dornröschenschlaf, in den es im 17. Jahrhundert versunken war, aufzuwachen.

Das Huis ten Bosch war ein königliches Schloß aus roten Ziegeln mit weißen Fensterrahmen und stand inmitten eines herrlichen Parks außerhalb der Stadt. Von den Fenstern aus blickte man auf grüne Rasenflächen und Rosengärten, Brunnen und marmorne Nymphen. In dem Wäldchen, das dem Haus den Namen gegeben hatte, konnten die Delegierten in den Verhandlungspausen durch die herrlichen Buchenalleen spazieren und sich unterhalten, dem Vogelgezwitscher lauschen und das Spiel der Sonnenstrahlen zwischen den Blättern beobachten.

Die Vollversammlungen wurden in der durch drei Stockwerke gehenden Mittelhalle abgehalten, die mit goldenen Damastvorhängen und mit Fresken ausgeschmückt war, auf denen die früheren fürstlichen Statthalter zu Pferd oder auf dem Thron in historischen Augenblicken dargestellt waren. Von der Decke blickten die Cupidos, die nackten Venusgestalten und das grinsende Skelett des Sensenmannes auf die neuinstallierten Reihen der mit

grünem Filz bezogenen Pulte für die 108 Delegierten aus 26 Ländern herab. Schwarze Bratenröcke beherrschten das Bild, hier und da von einem bunten Uniformrock, dem roten Fez eines Türken oder dem blauen Seidengewand eines Chinesen unterbrochen. Die eigentliche Arbeit der Konferenz wurde in den Komitees geleistet, die sich in den vielen kleineren Salons des Schlößchens versammelten, wo Delfter oder Meissner Porzellan, chinesische Tapeten und persische Teppiche einen würdigen Rahmen bildeten. Die holländischen Gastgeber baten täglich zu einem exquisiten Mittagessen mit erlesenen Weinen und Zigarren unter den kristallenen Lüstern des weißen Speisesalons, wo die Delegierten sich zu zwanglosen Gesprächen zusammenfanden. Der sichere Geschmack und die Würde des Arrangements, die hervorragenden Spirituosen, die Schönheit der Umgebung, die festlichen Bälle am Abend und die Empfänge während des Nachmittags begannen allmählich die Stimmung hochmütiger Geringschätzung, die zu Beginn der Konferenz geherrscht hatte, zum Schmelzen zu bringen.
Bei seiner Ankunft glaubte Andrew White, daß keine Versammlung sich je »in einem solchen Geiste hoffnungsloser Skepsis hinsichtlich des Ausganges ihrer Zusammenkunft« befunden habe. Der berühmte deutsche Professor Mommsen, der gefeiertste Historiker seiner Zeit, hatte vorausgesagt, daß die Konferenz als »das Versehen eines Druckers in die Geschichte eingehen« werde. Selbst einige der Freunde Bertha von Suttners waren mehr als hoffnungslos. Prinz Scipio Borghese, den sie als Beobachter eingeladen hatte, antwortete, daß es zwar nichts Anregenderes gäbe, als die Gesellschaft einer *»groupe du high-life pacifique«* zu genießen, aber unglücklicherweise müsse er im Mai zu der Hochzeit seiner Schwester irgendwo tief in Ungarn. Während der Eröffnungsansprache de Staals, die dieser mit zuweilen zittriger Stimme vortrug, ließ der Vorsitzende seinen hölzernen Hammer fallen, was augenblicklich und beinahe begierig als böses Omen interpretiert wurde. De Staals »beklagenswerte« Unkenntnis der parlamentarischen Verfahrensweise und seine unbekümmerte Art, Geschäftsordnungsanträge und Vorschläge anzunehmen, erschienen White als die Vorboten eines »hoffnungslosen Chaos«.
Die Konferenz bildete drei Ausschüsse: einen für Rüstungsfragen, einen für Regeln der Kriegsführung und einen für die Schlichtungsfrage, die alle wiederum in Unterausschüsse aufgeteilt waren. Den Vorsitz in dem ersten Ausschuß führte August Beernaert, ehemaliger Ministerpräsident und jetziger Chefdelegierter Belgiens, den König Leopold einmal den »größten Zyniker des gesamten Königreiches« genannt hatte. Beernaert war ein sehr aufgeschlossener Politiker, der zu Beginn seiner Karriere die rechte Hand König Leopolds bei dessen riesigen Unternehmungen im Kongo gewesen war wie auch bei den Bemühungen, die Grenzen des Landes gegen eine Invasion zu sichern. Später hatte er jedoch einen Wandel durchgemacht und war Pazifist und regelmäßiger Gast der Friedenskongresse geworden. Als

Präsident der belgischen Abgeordnetenkammer besaß er immer noch politisches Gewicht. Professor de Martens aus Rußland war der Vorsitzende des zweiten Ausschusses und Léon Bourgeois der des dritten.
Die Delegierten waren sich der unbequemen Gegenwart des Weltgewissens in Gestalt der großen *groupe du high-life pacifique*, die als Beobachter nach Den Haag gekommen war, durchaus bewußt. Da man von vorneherein mit einem Fehlschlag rechnete, hatte die Konferenz sich für geheime Sitzungen entschlossen, von denen die Presse rigoros ausgeschlossen blieb. Dies erwies sich jedoch als ein hoffnungsloses Unterfangen, denn das Pressekorps wurde von W. T. Stead persönlich angeführt, der als Korrespondent des *Manchester Guardian* in Den Haag war. Durch seine aufdringlichen, bohrenden Interviewfragen und mit seinen unzähligen persönlichen Verbindungen gelang es ihm, eine tägliche Chronik der Konferenz zusammenzustellen, die er auf einer Seite der führenden Den Haager Zeitung *Dagblad* veröffentlichte. Die Delegierten verschlangen sie, die übrigen Korrespondenten waren davon abhängig, und die Friedenspropagandisten verbreiteten die Neuigkeiten sofort unter ihren Landsleuten. Schließlich fügte sich die Konferenz dem Unvermeidlichen und ließ die Presse zu.
Die Gruppe der Beobachter wurde von Bertha von Suttner angeführt, die als Korrespondentin der Wiener ›Neuen Freien Presse‹ tätig war. Ihrer festen Überzeugung nach würde der 18. Mai »ein epochemachendes Datum in der Weltgeschichte« werden. Sie lud die Delegierten zu ihren Teegesellschaften ein und beriet sich mit d'Estournelles, Beernaert und anderen ihrer Freunde über die einzuschlagende Strategie. Iwan Bloch kam aus Rußland und brachte einige Koffer mit Exemplaren seines Buches mit, die er verteilte. Er hielt Lichtbildervorträge für die Öffentlichkeit und gab Empfänge für die Delegierten, bei denen er erlesene Speisen geschickt mit Bildern und Graphiken über die beängstigende Entwicklung der Feuerwaffen mischte. Dr. Benjamin Trueblood, ein Quäker und der Sekretär der amerikanischen Peace Society, kam aus Boston, Charles Richet, Chefredakteur der *Revue Scientifique* und Leiter der französischen Friedensbewegung, kam aus Paris. Die Königin von Rumänien schickte unter ihrem Pseudonym Carmen Sylva ein Gedicht. Frau Selenka aus München überreichte eine Petition der Pazifisten, die von Frauen aus 18 Ländern unterzeichnet war; eine belgische Petition mit 100 000 und eine holländische mit 200 000 Unterschriften wurden ebenfalls der Konferenz übergeben. Andrew White sah sich einer Flut von Leuten mit »Plänen, Projekten, Geheimrezepten, Ideen und Tricks aller Art« ausgesetzt und wurde mit Pamphleten, Büchern, Briefen, Predigten, Telegrammen, Petitionen, Resolutionen, Gebeten und Segenssprüchen geradezu überschüttet. Aber durch all diese Schrulligkeiten hindurch spürte er den Ausdruck eines Gefühls, das »tiefer ging und weiter verbreitet war als alles, was ich mir hätte träumen lassen«.

Graf Münster hingegen war entsetzt. »Die Konferenz hat den politischen Plebs der ganzen Welt nach hier gelockt«, schrieb er an Bülow, »Journalisten der übelsten Sorte wie Stead, getaufte Juden, wie Bloch, und weibliche Friedensfanatiker, wie Frau von Suttner ... Dieser lärmende Haufe, der von Jungtürken, Armeniern und Sozialisten in diesem Geschäft auch noch aktiv unterstützt wird, wirkt in aller Öffentlichkeit unter der Ägide Rußlands.« Münster betrachtete Stead als einen »erwiesenermaßen bezahlten Agenten Rußlands« und die gesamte Konferenz als ein russisches Komplott mit dem Ziel, die deutsche Militärüberlegenheit zu beseitigen. Selbst in Münsters Heimat fand dieser »lärmende Haufe« ein Echo, als eine Gruppe von Reichstagsmitgliedern, Professoren und Schriftstellern zur Unterstützung der Konferenzziele aufrief. Obwohl sie jede Vereinbarung, die »die deutsche Position im Kreise der Nationen auch nur im geringsten schwächen könnte« ablehnten, so hofften sie doch auf einige Ergebnisse, die Europa von der erdrückenden Bürde der Rüstungsbesteuerung befreien und den Ausbruch eines Krieges verhindern würden.

Unter dem Eindruck, daß die Hoffnungen der Welt auf sie gerichtet waren, regte sich in den Delegierten der Wunsch, diese Hoffnungen nicht zu enttäuschen. Nach den beiden ersten Wochen, so schrieb Pauncefote, »begannen sie entgegen ihrer ursprünglichen Einstellung, Interesse zu zeigen«.

Einige zumindest wollten, und wenn auch aus keinem anderen Grunde als dem der *amour-propre*, wie der holländische Delegierte Karnebeek es formulierte, zu einem Erfolg kommen. Andere zeigten sich von der Tatsache, daß sich hier so viele Nationen zusammengefunden hatten, beeindruckt und begannen, in die Zukunft zu blicken, auf »eine Föderation der europäischen Staaten ... Das ist ein Traum, der in Den Haag begonnen hat. Europa muß sich entscheiden, ob es diesen Traum weiter verfolgen will – oder die Anarchie.«

Eine kleine Hoffnung bestand für den Gedanken der internationalen Schlichtungsinstanz. Aussichtslos war dagegen die Lage, soweit es Fragen der Rüstungsbeschränkung betraf, gleichgültig, ob es sich um reduzierte Armeestärken, konstante oder geringere Militärausgaben oder neue Waffengattungen handelte. Trotz der verzweifelten Versuche der Russen, die von den kleineren Nationen sowie von vielen der zivilen Delegierten äußerst intensiv unterstützt wurden, lehnten die Militärsachverständigen der Großmächte jeden Vorschlag hinsichtlich einer Beschränkung oder eines Moratorium als »unpraktikabel« ab. Der Höhepunkt dieser Debatte kam, als der russische Oberst Jilinsky in einem bewegenden Appell auf den Abschluß eines fünfjährigen Moratoriums drängte und die Nationen dazu aufrief, sich von der Bürde der Kriegslasten, die das Leben in Europa zu ersticken drohte, zu befreien. Mit großer Beredsamkeit und Überzeugungskraft unterstützte ihn der niederländische Delegierte General den Beer Portugael, der die Nationen mit Bergsteigern verglich, »die durch das Seil ihrer Militärorganisationen unlösbar miteinander verknüpft« auf einen Abgrund zutaumelten und abstürzen würden, wenn man sie nicht durch eine »übergroße Anstrengung« davor bewahrte. Anschließend erhob sich der deutsche Militärdelegierte. Oberst Gross von Schwartzkopf zerfetzte die bestechende Argumentation und die bewegenden Formulierungen seiner Vorredner mit Worten, kalt und schneidend wie Stahl. Das deutsche Volk, so führte er aus, werde durchaus »von der Last der Militärausgaben nicht erdrückt... Es hastet auch nicht blindlings dem Ruin und der Erschöpfung entgegen«. Im Gegenteil, wirtschaftlicher Aufschwung, Wohlergehen und Lebensstandard seien im Wachsen begriffen. Oberst Schwartzkopf war von dem Schwung seiner eigenen Rede so mitgerissen, daß er nicht davor zurückschreckte, es als die Pflicht Deutschlands zu bezeichnen, dieses Moratorium zurückzuweisen, womit er den übrigen Großmächten die unerfreuliche Aufgabe abnahm. Als deutlich wurde, daß Deutschland sich an keinem wie auch immer gearteten Moratorium beteiligen würde und daher nicht die geringste Aussicht auf eine Übereinkunft bestand, stimmten die übrigen Nationen erleichtert für eine Überweisung des Vorschlages an einen Unterausschuß zur weiteren Beratung. Auf diese Weise, schrieb Sir John Fisher in seinem Bericht an die britische Regierung über seine Stimmentscheidung, trat man den Russen nicht zu nahe und die Öffentlichkeit erhielt den Eindruck, daß England sich der *Diskussion* des Vorschlages keineswegs widersetzte.

In den Ausschußsitzungen in Den Haag benahm sich Fisher überraschend zurückhaltend und umsichtig; inoffiziell war er jedoch der alte. »Die Vermenschlichung des Krieges!« explodierte er, »da kann man genauso gut von der Vermenschlichung der Hölle quatschen.« Seine Erwiderung auf die Bemerkungen eines »blöden Esels«, der über die »Vorzüge einer kultivierten Kriegführung« sprach, bei der »den Gefangenen die Füße mit warmem Wasser gewärmt werden und sie Hafergrütze bekommen«, waren nicht druckreif. In Steads Autogrammbuch schrieb er: »Die Überlegenheit der britischen Marine ist der beste Garant für den Frieden der Welt.« Er wohnte im Hotel Kurhaus in Scheveningen, das ihm seinen Beschreibungen zufolge äußerst gut gefiel: »Hier herrscht dauernder Betrieb; die Kapelle spielt beim Frühstück, Mittag- und Abendessen!!! Unaufhörlich kommen riesige Kisten an, und der Portier rast herum wie ein Wilder. Eisenbahnschalter, Telegrammaufgabe und Postamt im Hotel!!« Die übrigen Marinedelegierten behandelten Fisher mit ehrfürchtigem Respekt. Seine Beförderung zum Oberkommandierenden der Mittelmeerflotte, die während der Konferenzdauer ausgesprochen wurde, »machte großen Eindruck auf die Ausländer«, unter anderem auch auf die Baronin Suttner, die seine Abwesenheit bei einem Ball de Staals auf das lebhafteste bedauerte, denn Fisher war einer der

»besten Tänzer«. Man nannte ihn den »tanzenden Admiral«, und er gab sich stets völlig natürlich und ungezwungen. »Niemand in Den Haag war beliebter als er«, schrieb Stead. Aufgrund seiner Kontakte zu den deutschen Delegierten war Fisher zu der Überzeugung gelangt, daß Deutschland, und nicht Frankreich der Gegner Englands sein würde. Er erfuhr von dem deutschen Marinedelegierten, daß die gesamte britische Flotte im Kriegsfalle wertlos sein würde, denn die Deutschen wollten sie mit ihren U-Bootschwärmen vernichten.

England war einer Beschränkung im Bereich der Marinerüstung durchaus nicht abgeneigt, denn damit würde das deutsche Marinebauprogramm beschnitten und der Status quo zementiert werden. Die Briten machten ihre Zusage jedoch davon abhängig, ob es gelang, eine Formel für die Inspektion und Kontrolle zu finden, was, wie Fisher berichtete, »absolut unmöglich« sei. Er hielt nicht viel von dem russischen Vorschlag, der gute Glaube der Regierungen sei eine ausreichende Garantie. Es wäre besser gewesen, so meinte der französische Delegierte ganz unverblümt, wenn Rußland geradeheraus zugegeben hätte, sein einziges Interesse bestünde darin, für die nächsten drei Jahre Ruhe und Frieden zu haben. Die Deutschen wiederum lehnten jegliche Beeinträchtigung ab und Japan werde, wie es in einem englischen Bericht hieß, »erst dann zustimmen, wenn es den Status der großen Seemächte erreicht hat, d. h. also nie«.

Die Haltung der Vereinigten Staaten wurde von dem nüchternen Realisten Captain Mahan klar und unmißverständlich zum Ausdruck gebracht, allerdings weniger in öffentlichen Diskussionen als im privaten Gespräch. Seine Regierung, so ließ er die Briten wissen, würde eine Begrenzung der Marinerüstung unter keinen Umständen auch nur diskutieren; im Gegenteil, der bevorstehende Kampf um die Märkte Chinas werde eine »sehr beträchtliche Vergrößerung« der amerikanischen Geschwader im Pazifik nach sich ziehen, wodurch die Interessen von mindestens fünf Mächten berührt würden. Über jeder Ausschußsitzung und jeder Diskussion schwebte der Schatten Mahans wie eine Stimme des Gewissens, die ständig »Nein« sagte – ein Gewissen allerdings, das sich nicht für den Frieden regte, sondern für eine uneingeschränkte Ausübung der kriegerischen Macht. Er besaß von allen »die größte Ernsthaftigkeit«, schrieb ein Beobachter.

Dieser Ernst veranlaßte ihn auch dazu, sich der traditionellen Haltung seiner Regierung in der Frage der Immunität von Privateigentum auf hoher See zu widersetzen. Was einst für die Vereinigten Staaten in einer Zeit der Schwäche und Neutralität ein berechtigtes politisches Ziel gewesen war, hatte nach Mahans Ansicht jetzt für die bedeutende Seemacht keine Gültigkeit mehr. Das Recht zu kapern machte das Wesen der Seemacht aus, insbesondere der britischen Seemacht, deren Interessen sich, wie Mahan glaubte, nun mit denen Amerikas deckten. Mit Blick in die Zukunft galt es, die Rechte Ameri-

kas als kriegführender Partei zu sichern und nicht zurückblickend die Rechte als neutraler Macht.
Als White, seinen Instruktionen folgend, versuchte, diesen Punkt in die Tagesordnung aufnehmen zu lassen, formulierte Fisher stellvertretend für Mahan die Ablehnung. Angenommen, es handle sich um einen Kohlefrachter einer neutralen Macht, so meinte er, »Sie sagen mir, daß ich diesen Frachter nicht aufbringen darf. Aber ich sage Ihnen, daß nichts, das Sie hier beschließen oder irgendeine andere Macht der Welt dazu sagt, mich davon zurückhalten kann, dieses Schiff zu kapern oder auf den Grund des Meeres zu schicken, falls ich keine andere Möglichkeit habe zu verhindern, daß diese Kohle dem Feind in die Hände fällt.« Aus genau den entgegengesetzten Gründen unterstützte natürlich Deutschland den amerikanischen Vorschlag. Graf Münster war hocherfreut, endlich einmal eine positive Stellung beziehen zu können, und griff diese Möglichkeit, »unseren großen Einfluß zugunsten dieses Prinzips geltend zu machen«, begierig auf. Auch Bülow war davon entzückt, einer Maßnahme zustimmen zu können, die so offenbar im »Interesse der Allgemeinheit und der Menschlichkeit« lag. Beide wurden jedoch von ihrem eigenen Marinedelegierten, Kapitän Siegel, umgestimmt, der mit der Logik eines bei den Jesuiten ausgebildeten Schachspielers argumentierte. Der Zweck der Flotte, so legte er seiner Regierung dar, sei es, den Seehandel ihres Landes zu schützen. Wenn die Immunität des Privateigentums akzeptiert würde, dann brauche man keine Flotte mehr. Die Öffentlichkeit würde also folglich eine Verringerung der Zahl der Kriegsschiffe fordern und Marineprojekte würden im Reichstag bei der Haushaltsdebatte keine Mehrheiten mehr bekommen. Kurz, Kapitän Siegel machte deutlich, daß das Recht zu Aufbringung von Handelsschiffen aufrecht erhalten werden müsse, selbst wenn das auch im Interesse des Feindes lag, denn sonst verlöre die deutsche Kriegsmarine ihre Existenzberechtigung.
Diskussionen dieser Art regten die Konferenzteilnehmer an und nahmen ihre Aufmerksamkeit gefangen. Die Art der Kriegsführung war ja doch wesentlich interessanter als die Verhinderung des Krieges. Als man die Beschränkung der Entwicklung neuer Waffen und das Verbot bislang noch gar nicht entwickelter Tötungstechniken diskutierte, verteidigten die Militär- und Marinesachverständigen genauso wachsam wie Kapitän Siegel ihre Handlungsfreiheit. Den russischen Vorschlag, die Mächte sollten sich darauf einigen, »innerhalb eines bestimmten festgelegten Zeitraumes weder ihre Artillerie radikal umzurüsten, noch ihre Kaliber zu vergrößern«, ließ man an der Frage der Kontrolle scheitern. Sir John Ardagh wies darauf hin, daß ein Staat durch nichts daran gehindert werden konnte, neuartige Gewehrmodelle zu entwickeln und so lange zu lagern, bis sie benötigt würden. Dies veranlaßte den russischen Delegierten M. Raffalowitsch zu der hitzigen Antwort, daß »die Meinung der Öffentlichkeit und die parlamenta-

rischen Institutionen« eine ausreichende Sicherung darstellten. Dies war jedoch aus dem Munde eines Russen kein allzu überzeugendes Argument. Mahan erhob die gleichen Einwände wie Ardagh bezüglich der Kaliberbegrenzung für Seegeschütze, die Stärke der Panzerung und die Mündungsgeschwindigkeit der Granaten. Jegliche Form der internationalen Kontrolle, so sagte er, sei ein Einbruch in den Bereich der nationalen Souveränitäten, und die Delegierten stimmten ihm darin augenblicklich zu.

In der Debatte über die Ausdehnung der Genfer Rote-Kreuz-Konvention von 1868 auf den Seekrieg erhob sich die Frage der Rettung von Überlebenden aus dem Wasser nach einem Gefecht. Dies war der Anlaß, bei dem Fisher mit seiner Bemerkung über die Gefangenen und den Haferbrei herausplatzte. Als die Debatte vorüber war, konnte der englische Delegationsführer berichten: »Dank der energischen Haltung und der ausdauernden Bemühungen Sir John Fishers sind sämtliche Bestimmungen der ursprünglichen Artikel, die dazu geeignet gewesen wären, die Handlungsfreiheit der kriegführenden Parteien in irgendeiner Weise einzuengen oder zu behindern, sorgfältig eliminiert worden.«

Eine schicksalsschwangere Diskussion entwickelte sich über die Verteidigungsrechte einer unbewaffneten Zivilbevölkerung im Falle einer bewaffneten Invasion. Ardagh schlug vor, eine Abänderung dahingehend vorzunehmen, daß die »freie Entscheidung« einer Bevölkerung, sich dem Eindringling zu widersetzen, in die »Pflicht zum energischen und patriotischen Widerstand mit allen legitimen Mitteln« umgewandelt werde. Oberst Schwartzkopf wehrte sich »mit Händen und Füßen« dagegen und erhielt Unterstützung von den Russen. »Falls es irgendeiner Demonstration für die Notwendigkeit dieses Artikels bedurft hätte«, berichtete Ardagh, dann war es dieser »erbitterte Widerstand« der Deutschen und der Russen, der schließlich die Ablehnung der Klausel zur Folge hatte. Anschließend wandte sich der Ausschuß mit mehr Erfolg dem Verbot von Giftgasen, den Fragen des Verrats und der Kriegslist, der Bombardierung wehrloser Städte und jenen Regeln zu, die die Parlamentärsflagge, die Kapitulation, den Waffenstillstand sowie die Besetzung feindlichen Territoriums betrafen.

Im Ausschuß für die Beschränkung der Weiterentwicklung neuer Waffen war die anhaltend negative Tendenz allmählich recht peinlich geworden. Jedermann war daher erleichtert, als die Frage der Dumdum-Geschosse behandelt wurde, denn hier bot sich nicht nur die Möglichkeit, etwas für ungesetzlich zu erklären, sondern auch die Gelegenheit, den allgemein verbreiteten antibritischen Gefühlen ein Ventil zu verschaffen. Die Geschosse waren, wie Sir John Ardagh ausführte, von den Engländern entwickelt worden, um den Ansturm fanatischer Eingeborener aufzuhalten. Er sah sich jedoch den wütenden Angriffen sämtlicher Nationen ausgesetzt, ausgenommen der Amerikaner, die kurz davor standen, die Geschosse auf den Philippinen zu verwenden. In Kämpfen gegen Wilde, so erklärte Ardagh seiner aufmerksamen Zuhörerschaft, sei es häufig vorgekommen, daß »Krieger«, die mehrfach von unseren neuesten kleinkalibrigen Kugeln getroffen waren, welche einen kleinen, unkomplizierten Durchschuß verursachen, weiterstürmten und bis auf allernächste Nähe an die britischen Linien herankamen. »Der zivilisierte Soldat weiß, daß er, wenn verwundet, um so schneller wieder hergestellt ist, je eher man ihm hilft. Er läßt sich auf einer Bahre vom Schlachtfeld in ein Feldlazarett bringen und wird dort von einem Arzt oder vom Roten Kreuz entsprechend den Regeln, wie sie in der Konvention niedergelegt sind, behandelt und versorgt.«

»Der fanatische Wilde jedoch stürmt mit ähnlichen Verwundungen weiter, den Speer oder das Schwert in der Hand, und ehe man Zeit hat, ihm klar zu machen, daß seine Verhaltensweise eine flagrante Verletzung dessen ist, was man gemeinhin und übereinstimmend als das richtige Verhalten eines Verwundeten ansieht, hat er einem womöglich schon den Kopf eingeschlagen.« Hinter diesen recht frivolen Formulierungen stand für Ardagh das Argument, daß der Krieg eine äußerst bittere Angelegenheit sei. Er versuchte den Delegierten, in etwas höflicherer Weise als Fisher, verständlich zu machen, daß die Vorstellung, man könne einen Krieg auf zivilisierte Weise führen, lächerlich war. Die Delegierten hingegen zeigten sich wenig beeindruckt und stimmten mit 22 zu 2 gegen den hartnäckigen Widerstand der Briten, die von den Amerikanern Unterstützung erhielten, für ein Verbot der Dumdum-Geschosse.

Einstimmigkeit, bisher unmöglich, wurde schließlich in einem Punkte erreicht, und zwar in der Frage des Abschusses von Explosivkörpern aus Ballonen. Dies war eine Technik, die bisher noch keine Rolle gespielt hatte, und beinahe jedermann war willens, sie mit einem Bann zu belegen, ganz besonders die Russen, für die die Vorstellung einer weiteren Dimension in der Kriegführung einfach zu viel war. Wie Oberst Jilinsky beinahe wehklagend betonte, waren »die verschiedenen Möglichkeiten, den Feind zu treffen, nach Auffassung der russischen Regierung durchaus ausreichend«. In der Frage des Luftkrieges waren die meisten Delegierten zu einer Einigung bereit, und ein permanentes Verbot wurde ausgesprochen. Der Ausschuß beglückwünschte sich selbst zu diesem erfreulichen Ergebnis. Aber da erhob Oberst Crozier, der amerikanische Militärsachverständige, ganz überraschend Einwände gegen diesen Beschluß, nachdem er sich in der Zwischenzeit mit Mahan über diese Frage unterhalten hatte. Man stehe im Begriff, eine Waffe für immer zu verbieten, sagte er, mit der man keinerlei Erfahrung habe. Mit Hilfe neuer Entwicklungen und Erfindungen würden die Luftschiffe möglicherweise recht bald lenkbar sein und mit Motorenkraft in die Kampfgebiete gesteuert werden können, wo sie durch ihren Einsatz an kritischen Punkten den Ausgang der Schlacht entscheidend beeinflussen konnten und damit auf lange Sicht manches Menschenleben retten und die Konfliktdauer verkürzen würden. Konnte es daher im Interesse der Humanität liegen, solche Möglichkeiten auf immer auszuschließen? Anstelle eines permanenten Verbots schlug Oberst Crozier ein auf fünf Jahre befristetes vor, nach dessen Ablauf jedermann besser über die Einsatzfähigkeit der Luftschiffe Bescheid wußte. Diesmal zeigten sich die Delegierten beeindruckt und stimmten zu.

Die Einstimmigkeit hinsichtlich des Verbots von Giftgasen scheiterte an einer Gegenstimme – der Captain Mahans. Er weigerte sich hartnäckig, seinen Widerstand aufzugeben und erklärte, die Vereinigten Staaten lehnten eine Beschränkung der »erfinderischen Bemühungen ihrer Bürger auf dem Gebiet der Entwicklung von Kriegsgerät« entschieden ab. Bisher sei noch nichts in der Richtung einer Entwicklung dieser Gase unternommen worden, aber falls dies geschehen werde, so führte Mahan aus, würde das Gas weniger unmenschlich und grausam sein als der U-Bootkrieg, den die Konferenz nicht mit einem Verbot belegt hatte. Aber er blieb allein mit seiner Ablehnung, und der Ausschuß sprach ein Verbot für den Einsatz von Giftgasen aus.

Draußen in der Welt griffen inzwischen chinesische Nationalisten der ›Gerechten Faust‹, bekannt unter dem Namen »Boxer«, in Peking Ausländer an; Buren und Engländer standen sich in Südafrika Gewehr bei Fuß gegenüber; Amerika hatte die Philippinen besetzt; in Italien fanden Arbeitskämpfe statt; die spanische Polizei schoß auf Demonstranten, und es gab Tote; in Belgien löste die Wahlrechtsfrage eine heftige parlamentarische Krise aus, und alle Welt sprach über den tätlichen Angriff auf den Präsidenten der französischen Republik beim Rennen in Auteuil. »Wie langweilig wäre es doch in Europa ohne Frankreich«, meditierte der Korrespondent von *Le Temps* in einem Anfall von recht merkwürdigem Patriotismus. M. Bourgeois eilte nach Paris, um in die Krise einzugreifen, entschloß sich aber dann, die Bürde der Regierung doch nicht auf sich zu nehmen, und bald »flog der Friedensengel wieder nach Den Haag zurück, um erst dann wieder heimzukehren, als die Gefahr vorüber war«, wie Jaurès leicht verbittert kommentierte.

Umgeben von den Schönheiten des Huis ten Bosch, empfanden die Delegierten allmählich bei der Aussicht auf ein negatives Konferenzergebnis, das zu Beginn so leichtfertig als selbstverständlich hingenommen worden war, ein gewisses Unbehagen im Hinblick auf die möglichen Reaktionen der Öffentlichkeit, insbesondere der Sozialisten, die als das »mahnende Gewissen der Gesellschaft« galten. Sollte die Konferenz in einer zwar hochfeierlichen, aber im Grunde inhaltslosen Zeremonie enden, dann, so fürchtete man, würden die Sozialisten diesen Fehlschlag triumphierend als einen weiteren Beweis für die Unfähigkeit der bürgerlichen Regierungen herausstellen und sich selbst als die wahren Repräsentanten des Volkes in dessen Kampf gegen die Herren anbieten. Eine Anekdote des Barons d'Estournelles machte die Runde, dem Jaurès bei seiner Abreise aus Paris gesagt hatte: »Fahren Sie ruhig nach Den Haag und tun Sie, was Sie können, aber Sie werden sich vergeblich plagen. Sie werden nichts erreichen; Ihre Pläne werden fehlschlagen und wir werden am Schluß triumphieren.« Den ganzen Sommer hindurch strichen die Sozialisten, wie ein Delegierter es ausdrückte, um die Konferenz wie eine Katze um einen Vogelkäfig. Sie organisierten eine Massenversammlung von 3000 Personen in Amsterdam, auf der die Bemühungen der Regierungen als Täuschungsmanöver angegriffen und erklärt wurde, daß der Friede nur erreicht werden könne, wenn sich die Massen gegen das Kapital zusammenschlössen und organisierten.

»Warum hat man über die Tür zur Konferenz nicht *Mene Tekel Upharsin* geschrieben?« fragte der anonyme Korrespondent von *Le Temps*, der ein so bildhaftes und lebendiges Zeugnis dieses Sommers hinterließ. Er beobachtete die Kinder der holländischen Fischer beim Spiel auf der Straße, sah den Gruppen lachender Mädchen zu, die kokett vorbeischlenderten, und schrieb: »Wenn diese großartige Versammlung ihr Ziel nicht erreicht, können die stupiden Rivalitäten der Staaten untereinander eines Tages diese jungen Menschen niedermähen, und ihre jungen Leiber werden zu Millionen die Schlachtfelder bedecken.«

Die ganze Hoffnung der Konferenz richtete sich nun auf die Kommission, in der die Schiedsgerichtsfrage behandelt wurde. Die Delegationsführer der Großmächte Pauncefote, White, Bourgeois, Münster und de Staal, waren allesamt Mitglieder dieses Ausschusses, dessen Arbeit nun alle Aufmerksamkeit auf sich zog. Die Delegierten ließen sich von dem Sog der öffentlichen Meinung mitreißen und arbeiteten wirklich; die Diskussionen waren äußerst lebhaft, und die Standpunkte traten klar zutage. Die Engländer, die Russen und die Amerikaner waren mit je einem Vorschlag für ein ständiges Tribunal an den Verhandlungstisch gekommen; Pauncefotes Plan sah keine Zwangsschlichtung im Konfliktfalle vor und wurde daher als Diskussionsgrundlage akzeptiert. Graf Münster, flankiert von seinen beiden Professoren, erklärte sofort zu Beginn, daß Deutschland dem gesamten Konzept eines Schiedsgerichtes ablehnend gegenüberstehe. Die ganze Sache sei doch nichts als »Humbug«, meinte er einmal im Gespräch mit Andrew White, und sei außerdem für Deutschland »beleidigend«. Er scheute sich nicht hinzuzufügen, daß sein Land »auf den Krieg vorbereitet ist, und zwar so gut wie kein anderes Land«, und schneller mobil machen könne als England, Frankreich oder irgendeine der anderen Mächte. Einen Zwischenfall, der eventuell zu einem Krieg führen konnte, einem Schlichtungsverfahren zu unterwerfen, hieße ja doch nichts anderes, als der gegnerischen Macht mehr Zeit zu geben, und kam einem Verzicht Deutschlands auf den Vorteil

seiner raschen Mobilisierungskapazität gleich. »Genau das ist das Ziel dieses ganzen Schwindels«, schrieb der Kaiser an den Rand von Münsters Bericht.
Wilhelm II. wurde allein bei der bloßen Erwähnung der Schlichtungsidee schon rasend, denn er betrachtete dies als einen Eingriff in seine persönliche Souveränität und als ein Komplott, das Deutschland um die Vorteile seiner unvergleichlichen Militärmaschinerie bringen sollte. Dennoch setzte die Kommission ihre Bemühungen, eine Art Gerichtshof zu konstruieren fort, da Pauncefote, White und Bourgeois fest entschlossen waren, ein positives Konferenzergebnis zu erreichen. Die zivilen Delegierten mußten sich gegen den hartnäckigen Widerstand ihrer eigenen Regierungen und ihrer militärischen Berater durchsetzen, die über die geringste Andeutung einer Zwangsschlichtungsklausel bereits auf das äußerste alarmiert waren. Niemand wollte auch nur einen Fußbreit seiner Souveränität oder eine Minute militärischen Vorteils aufgeben, und zeitweilig waren die Aussichten auf eine Einigung recht schlecht. An einem dieser Tage wehte ein kühler Wind von der See her ins Land, und die Baronin Suttner vermerkte in ihrem Tagebuch: »Kalt, kalt sind die Herzen – kalt wie der Wind, der durch die Fensterritzen hereinpfeift. Mir ist eiskalt.«
Aber die Notwendigkeit, der Öffentlichkeit ein positives Ergebnis vorweisen zu müssen, war übermächtig, und zögernd, Schritt für Schritt, zeichneten sich die Konturen eines, wenn auch recht kümmerlichen, Tribunals ab. Jeder Vorschlag, der darauf abzielte, der Institution Autorität einzuräumen in Streitfragen, in denen es um die »nationale Ehre oder Lebensinteressen« ging, drohte das gesamte Gebäude zusammenstürzen zu lassen. Der österreichische Delegierte hatte nichts gegen ein Schiedsgericht einzuwenden, das kleinere Meinungsverschiedenheiten, »wie etwa die Auslegung von Post- oder Gesundheitsbestimmungen« behandelte, stemmte sich aber entschieden gegen jede weitergehende Kompetenz. Die Gruppe der Balkanländer – Rumänien, Bulgarien, Serbien und Griechenland – verursachten eine Krise, als sie damit drohten, den Ausschuß zu boykottieren, falls die vorgesehene Klausel bezüglich einer »Untersuchungskommission« beibehalten würde. Unter größten Schwierigkeiten, in Einzelabstimmungen, wurden die Rechte und Verfahrenseinzelheiten des Gerichtshofes festgelegt – allerdings nicht einstimmig.
Deutschland stimmte keinem einzigen der Anträge zu. Die übrigen Nationen, die den Gedanken ebenfalls ablehnten, ohne dies jedoch zugeben zu wollen, konnten sich auf die tägliche Nein-Stimme Graf Münsters verlassen, der ihnen diese Arbeit abnahm. Ein Gerichtshof jedoch, dem sich Deutschland nicht verpflichtet fühlte, so schrieb White verzweifelt, würde der Welt wie »ein Fehlschlag, ja vielleicht sogar wie eine Farce vorkommen«. Tag für Tag rang er mit den deutschen Delegierten und versuchte sie davon zu

überzeugen, daß ihre Ablehnung lediglich den Zaren in den Augen der einfachen Menschen zum Idol und den Kaiser zum Ziel des allgemeinen Hasses machen würde. Sie hätten kein Recht, ihren »noblen und begabten« Herrscher in eine solche Position hineinzumanövrieren. Er wiederholte die Anekdote d'Estournelles, und als dies Eindruck zu machen schien, flocht er sie auch in einem Brief an Bülow mit ein und bat außerdem Stead, von diesem Argument »in jeder Weise« Gebrauch zu machen. Stead folgte dieser Aufforderung mit solchem Feuereifer, daß Professor Zorn sich über den »Terror der Stead-Suttner Presse« beschwerte und seine Regierung warnte: Die Ablehnung jeglicher Zusammenarbeit erhöhe die Gefahr, daß Deutschland als die »einzige Bedrohung des Friedens« hingestellt werden würde. Der deutsche Botschafter in St. Petersburg warnte Bülow, der Zar werde sich persönlich beleidigt fühlen, wenn die Konferenz ergebnislos enden sollte, und die Welt werde Deutschland »die Verantwortung für das Scheitern« zuschieben. Der Druck begann sich allmählich auszuwirken. Graf Münster war bereits unschlüssig geworden, als plötzlich ein Telegramm aus Berlin eintraf, in dem es hieß, der Kaiser habe sich »entschieden und endgültig« gegen die Schlichtung ausgesprochen. Voller Verzweiflung überredete White den Grafen Münster, Professor Zorn nach Berlin zu entsenden, während er selbst den Sekretär der amerikanischen Delegation, Frederick Holls, schicken wollte, um dem Kaiser und seinen Ministern die Sachlage persönlich vorzutragen. Die für Freitag vorgesehene Sitzung der Schiedsgerichtskommission wurde verschoben, bis die beiden Emissäre zurück waren. Als White in sein Hotel zurückkam, wartete dort völlig überraschend Thomas B. Reed auf ihn, dessen »Herzlichkeit, Wärme und Verständnis« und dessen fesselnde Erzählergabe White über das sorgenerfüllte Wochenende hinweg halfen.

Der Kaiser vermied es, die beiden Besucher in Berlin zu empfangen, nahm aber einen Bericht Bülows entgegen, in dem dieser mit Bedauern darauf hinwies, daß der »sehr populäre Gedanke« der Schlichtung in der Konferenz auf fruchtbaren Boden gefallen sei und die Unterstützung der Amerikaner, Engländer, Italiener und sogar Russen habe, während Deutschland völlig isoliert in Gegnerschaft dazu stehe. Die Heftigkeit der Randbemerkungen spiegelten den tiefen Abscheu des Kaisers wider. »Ich habe diesem Blödsinn allein zugestimmt, damit der Zar in Europa nicht an Gesicht verliert«, kritzelte er. »In der Praxis werde ich jedoch auf Gott und die Schärfe meines Schwertes vertrauen und mich einen Scheißdreck um all ihre Beschlüsse kehren.«

Dies betrachtete man in Berlin offenbar als die huldvolle Einverständniserklärung Seiner Majestät, und die Nachricht, daß Deutschland dem Schlichtungsvertrag beitreten würde, traf zwei Tage später in Den Haag ein. Endlich rückte ein erfreuliches Konferenzergebnis in greifbare Nähe, und die Aussicht, mit leeren Händen dazustehen und das Triumphgeheul der Sozia-

listen anhören zu müssen, verringerte sich. Die Delegierten arbeiteten mit Feuereifer an der Paraphierung einer Konvention von 61 Artikeln, wobei sie sich jedoch mit »fast makabrem Fleiß« darum bemühten, auch die geringste Andeutung einer Zwangsschlichtung auf das Sorgfältigste zu vermeiden. Alles war zur Schlußabstimmung in der letzten Konferenzwoche beriet, als plötzlich und völlig überraschend ausgerechnet die Amerikaner querschossen. Die Delegierten waren fassungslos. Äußerst verlegen und höchst peinlich berührt sah sich White veranlaßt zu erklären, seine Delegation könne den Artikel 27 – einen Beitrag der Franzosen, der die Signatarmächte verpflichtete, in einem Streitfall die Parteien auf die Existenz des Gerichtshofes hinzuweisen – nicht unterzeichnen.
Whites hochnotpeinliche Lage war durch Mahan verschuldet, der seinerseits wiederum indirekt auf Stead reagiert hatte. Unter dem Einfluß von Steads überenthusiastischen Berichten hatte der *Manchester Guardian* die Schiedsgerichtskonvention als ein großartiges Friedensinstrument gepriesen, das, wäre es 1898 bereits verfügbar gewesen, die europäischen Mächte dazu gezwungen hätte, Spanien und die Vereinigten Staaten an den Verhandlungstisch zu bringen, wodurch der Krieg zwischen den beiden Völkern vielleicht verhindert worden wäre. Mahan war entsetzt, als er den Artikel las. Ein »ehrenhafter Zusammenstoß« hätte also möglicherweise nicht stattfinden können. Er sah für die Zukunft zahllose Fallstricke voraus, in denen sich die unvorsichtigen Füße Amerikas verfangen würden. Unverzüglich rief Mahan seine Delegationskollegen zusammen und hob immer wieder hervor, daß der Artikel 27 die USA verpflichten werde, sich in europäische Angelegenheiten zu mischen und umgekehrt. Falls die amerikanische Delegation dem zustimmte, würde sich zweifelsohne der Senat weigern, den Schlichtungsvertrag zu ratifizieren. Von Mahans bestechender Logik überzeugt und hypnotisiert gaben White und die übrigen Delegierten nach, obwohl sie damit ihre gesamten bisherigen Bemühungen aufs Spiel setzten. Wenn die Amerikaner sich weigerten, einen Teil der Übereinkunft zu ratifizieren, dann war zu erwarten, daß die anderen Nationen sich ebenfalls zurückzogen: Die gesamte, so unendlich behutsam aufgebaute Konstruktion würde in sich zusammenbrechen. Inständig bat White die Franzosen, den Artikel 27 fallenzulassen oder zumindest das Wort »Pflicht« abzuschwächen; Bourgeois und d'Estournelles weigerten sich jedoch, auch nur ein Komma zu verändern. Das Fiasko war da. In höchster Verzweiflung bemühte sich White, doch noch einen Kompromiß zustande zu bringen, und tatsächlich stimmten die Amerikaner in letzter Minute dem Artikel unter der Bedingung zu, daß daraus für sie keinerlei Verpflichtung entstand, sich in die europäische Politik »einzumischen, hineinzudrängen oder verwickelt zu werden«. So wurde die Schiedsgerichtsinstanz schließlich ans Licht der Welt gehoben – eine Zangengeburt, die kaum noch atmete.

Das Gesamtergebnis von Den Haag bestand aus drei Konventionen: über die Schlichtung von Konflikten, über Regeln und Vorschriften bezüglich der Kriegführung zu Lande und über die Ausdehnung der Genfer Konvention auf den Seekrieg. Weiterhin gab es drei Deklarationen: eine über den Abschuß von Projektilen aus Ballonen und eine über das Verbot der Verwendung von Giftgasen und von Dumdum-Geschossen. Es gab sechs »Wünsche«, in denen eine spätere Einigung als geboten bezeichnet wurde, und eine Resolution. In der letzteren stellte die Konferenz fest, daß eine Beschränkung der Militärausgaben sowie der Neuentwicklung von Waffen »für das moralische und materielle Wohlergehen der Menschen in höchstem Maße wünschenswert« sei und von den Staaten »weiterhin geprüft« werden solle. Dieser fromme Grabgesang war alles, was von dem ursprünglichen russischen Vorschlag übriggeblieben war. Dennoch schienen die Delegierten nicht gewillt, den Haager Gedanken restlos und endgültig zu begraben. Ganz gleich, mit wieviel Zynismus der einzelne auch zu dieser Konferenz gekommen war und wie kümmerlich das Endergebnis schließlich aussah, die meisten der Anwesenden konnten sich dem Eindruck nicht entziehen, an etwas Bedeutsamem teilgehabt zu haben, und sie wollten die Fundamente, die sie gelegt hatten, davor bewahren, wieder verschüttet zu werden. Dieses Gefühl schlug sich in dem »Wunsch« nach einer weiteren Konferenz zu einem späteren Termin nieder – wenn dieser Gedanke auch nicht von allen mit Zustimmung aufgenommen wurde. Graf Münsters mürrische Abschiedsbemerkung war, er habe kein Verlangen danach, die internationalen Konferenzen unkontrolliert »ins Kraut schießen« zu sehen.
Drei Monate nach dem Abschluß der Friedenskonferenz brach der Krieg zwischen England und den Buren in Südafrika aus. Mit Betrübnis vermerkte ein Ex-Delegierter, die Dreyfus-Affäre habe die Aufmerksamkeit der Welt von der Konferenz abgelenkt, und nun scheine der Burenkrieg sie zu widerlegen. Den Epilog sprach, wenn auch ungewollt, Andrew White, als er seinem recht schwierigen Kollegen Mahan widerwillig Tribut zollte: »Wenn er seine Stimme erhebt, dann verblaßt das Königreich Christi auf Erden.«

Als die Zweite Konferenz sich 1907 wiederum in Den Haag versammelte, hatten in der Zwischenzeit Kriege und Revolutionen, Umgruppierungen in den Machtblöcken, Regierungs- und Herrscherwechsel und natürlich der Übergang in ein neues Jahrhundert stattgefunden. Dieses 20. Jahrhundert war bereits eindeutig modern, das heißt, sein ganzes Streben und Trachten war mit äußerster Energie und verminderter Selbstsicherheit auf die Verfolgung materialistischer Ziele gerichtet; es hatte die Dekadenz überwunden, dafür aber den Zweifel dazugewonnen. Die Erzeugung mechanischer Energie und die Güterproduktion stiegen rapide an und beherrschten alles andere; ob dies jedoch eine Entwicklung war, die man uneingeschränkt begrüßen konnte, war inzwischen zweifelhaft geworden. Der Fortschritt, jene große Gewißheit des 19. Jahrhunderts, war auf einmal nicht mehr ganz so gewiß.

Ein ehrfürchtiger Schauer hatte die Menschen ergriffen, als das neue Jahrhundert eingeläutet wurde, gerade so, als habe Gott eine Seite im Schicksalsbuch der Menschheit umgeblättert. In Berlin schossen um Mitternacht die Kanonen Salut, um die Bedeutung des Augenblicks zu unterstreichen, und manch einer vernahm den Donner der Kanonen »mit Beben, denn man wußte, was das 19. Jahrhundert gebracht hatte; was aber würde das 20. bringen?«

Das erste, was es brachte war Gewalt. Als das neue Jahrhundert geboren wurde, herrschte in Peking, auf den Philippinen und in Südafrika Krieg, wenn diese Kämpfe auch noch an der Peripherie des Weltgeschehens stattfanden. Im Jahre 1900 befand sich Frankreich in einem Zustand inneren Aufruhrs und ohnmächtigen Zorns, *Punch* prophezeite, die Franzosen würden am Tage nach der Schließung der Weltausstellung England den Krieg erklären, »denn sie haben soviel in sich hineingefressen, daß sie wahrscheinlich sofort etwas völlig Verzweifeltes tun werden«. Im gleichen Jahr ermunterte Kaiser Wilhelm II. die deutschen Truppen, die sich für die Strafexpedition nach Peking einschifften, es den Hunnen an Rücksichtslosigkeit gleichzutun. Im Verlauf des Boxeraufstandes mußte er übrigens die Erfahrung machen, daß zu großer Eifer im Waffengeschäft auch höchst schädlich sein kann. Als er erfuhr, daß ein deutsches Kanonenboot in einem Artillerieduell mit einer chinesischen Küstenbefestigung, die mit den neuesten Kruppkanonen ausgerüstet war, 17 Treffer erhalten hatte, schickte er ein ärgerliches Telegramm an Friedrich Krupp: »Wenn ich meine tapferen Soldaten aussende, um gegen die gelben Bestien zu kämpfen, dann ist das nicht die rechte Zeit, aus einer solch ernsten Situation Profit zu schlagen.«

Geld und Größe waren Trumpf. Im Jahre 1900 hatte Morgan Carnegie Steel aufgekauft und zusammen mit Rockefeller und hundert weiteren Firmen den Giganten US Steel geschaffen, die erste Milliarden-Holding-Gesellschaft der Welt. König Leopold, der europäische Morgan, ein Unternehmer, für den sein Land zu klein war, machte aus dem Kongo ein recht rentables Imperium, während Briten und Amerikaner, die damit beschäftigt waren, Buren und Filipinos umzubringen, seine Methoden lautstark verurteilten. 300 Männer, so hieß es, »die sich alle untereinander kennen, kontrollieren das wirtschaftliche Geschehen auf dem Kontinent.«

1900 starb Oscar Wilde, ein aufgeschwemmtes menschliches Wrack, im Alter von vierundvierzig Jahren in Paris. Nietzsche starb fünfundfünfzigjährig mit umnachtetem Geist in Weimar. »Dann, im Jahre 1900«, so schrieb W. B. Yeats, »stieg jeder von seinem Podest herab; niemand wurde mehr

verrückt, beging Selbstmord oder trat der katholischen Kirche bei, und falls es jemand tat, dann habe ich es vergessen. Das viktorianische Zeitalter war besiegt worden.« Viele begrüßten diese Niederlage, andere bedauerten sie, aber die Tatsache als solche blieb unbestritten. So, als wolle sie dies unterstreichen, war unfaßbarerweise auf einmal auch die Königin nicht mehr.
Das Jahr 1900 hinterließ das bange Gefühl, daß die Kräfte und Energien der Welt davonliefen. Henry Adams fühlte sich bemüßigt, ein historisches ›Gesetz der Akzeleration‹ zu formulieren. Er meinte, er werde nie mehr die Champs Elysées hinunterfahren können, ohne eines Unglücks gewärtig zu sein, oder neben einer offiziellen Persönlichkeit stehen, ohne auf die Explosion einer Bombe zu warten. »Solange die Fortschrittsrate anhielt, verdoppelte sich die Gewalt dieser Bomben und ihre Zahl in jedem Jahrzehnt ... aus jedem Atom sprang Kraft ... Der Mensch konnte sie nicht länger bändigen. Ungeahnte Kräfte erfaßten ihn und schleuderten ihn umher, als habe er einen unter Strom stehenden Draht angefaßt oder halte sich an einem Automobil fest, über das er die Kontrolle verloren hatte.«
Sein Vergleich war durchaus angemessen, denn das Automobil war einer der beiden machtvollsten Faktoren des sozialen Wandels in diesem Jahrhundert; der andere war das Unbewußte im Menschen. Dieser zweite Faktor war in seiner vollen Tragweite noch nicht erkannt worden, doch hatte im Jahre 1900 der Wiener Arzt Sigmund Freud in seinem Buch ›Traumdeutung‹ das Wesen des Unbewußten definiert. Obwohl die Publikation nur wenig Aufmerksamkeit fand und es acht Jahre dauerte, bis die erste Auflage von 600 Exemplaren verkauft war, so war sein Erscheinen doch das Signal, daß das viktorianische Zeitalter endgültig vorbei war.
Die Weltausstellung von 1900 mit einer Ausstellungsfläche von rund 110 Hektar mitten im Herzen von Paris führte von April bis November ihren rund 50 Millionen Besuchern die Kräfte des neuen Jahrhunderts vor Augen. Da die Franzosen für diese Ausstellung den Eiffelturm nicht noch einmal bauen konnten, errichteten sie mit dem gleichen Elan ein neues Wunder der Architektur und der Schönheit, die Pont Alexandre III., deren niedriger, elegant geschwungener Brückenbogen die Seine in einem einzigen, graziösen Sprung überspannte. Sie galt als »einzigartig in der ganzen Welt«, und die beiden neuen festen Ausstellungsgebäude am rechten Seineufer, das Grand und das Petit Palais, wurden übereinstimmend als »gelungen und grandios« beurteilt. Nicht so die Porte Monumentale auf der Place de la Concorde, die, wie es einem Besucher vorkam, aus Latten, Gips, Glassplittern, Kitt, alten Spitzengardinen und Klebstoff zusammengekleistert war. Auf der Spitze stand anstelle der sonst üblichen Göttin des Fortschritts oder der Aufklärung eine Gipspariserin in einem langen Abendkleid, die die Besucher aus aller Welt mit offenen Armen willkommen hieß. Obwohl manch einer dies als lustig und chic empfand, wurde das Tor doch allgemein

als Gipfel der neuen Geschmacklosigkeit dieses Jahrhunderts abgelehnt. Farbige elektrische Birnen ließen des Nachts Lichtfontänen aufsteigen, die neue Metro wurde rechtzeitig fertig, und auf dem Nebengelände in Vincennes wurde eine Test- und Rennstrecke für Automobile eingerichtet. Von all den technischen Wundern erfreute sich das das Messegelände umgebende *trottoir roulant*, ein zweispuriger, beweglicher Bürgersteig, dessen eine Spur doppelt so schnell lief wie die andere, der größten Beliebtheit beim Ausstellungspublikum. In den verschiedenen Ausstellungspavillons hatten die Architekten in dem Bestreben, Sensationelles zu bringen, ein Höchstmaß an Originalität bewiesen, wie manche meinten, während andere der Ansicht waren, sie hätten lediglich »Schwulst in Stuck« geschaffen. Die Industrieausstellungen in der Halle der Maschinen, der Halle der Elektrizität, der Technik und des Transportwesens, des Bergbaus und der Metallurgie, der chemischen und der Textilindustrie zeigten die außerordentlichen Fortschritte des vergangenen Jahrzehnts.

Von den Nationenpavillons zog die meisten Besucher der russische an, ein byzantinischer Palast mit einer Ausstellung der Transsibirienbahn, in der man in einem prächtig ausgestatteten Eisenbahnwagen Platz nehmen und das Panorama der vorbeiziehenden Landschaft genießen konnte. Der Wiener Pavillon war eine Jugendstilphantasie mit verschnörkeltem Gitterwerk an den Balkonen und vielfach in sich verschlungenen Rankendekors auf Keramik und Mobiliar. Die Vereinigten Staaten hatten zwar die größte Zahl an Ausstellern nach Paris gebracht, aber der imposanteste Beitrag war der deutsche, ohne Zweifel in Qualität und Arrangement allen anderen überlegen. Und er dokumentierte die Entschlossenheit, jeden anderen Aussteller zu übertreffen. Die deutschen Dynamos waren die größten, der Turm auf dem deutschen Pavillon der höchste, die Scheinwerfer die hellsten und das deutsche Restaurant das teuerste. Gerüchten zufolge, hatte der Kaiser selbst die Verwendung des feinsten Porzellans und Silberbestecks, der elegantesten Gläser und des prunkvollsten Service angeordnet, so daß man sich, wie ein Besucher sagte, von echtem ›Wilhelm II.-Stil‹ umgeben fühlte. Die beiden größten Einzelausstellungen waren das Langrohrgeschütz von Schneider-Creuzot und die Sammlung der gefährlichen und schnellfeuernden Vickers-Maxim Maschinengewehre. Der Besucher betrachtete sie mit ernsten Gedanken. Ein englischer Korrespondent wurde durch sie dazu angeregt, darüber zu philosophieren, was diese Ausstellung für die Epoche, die sie einleitete, in Wahrheit bedeutete. Es schien ihm, als ob das Riesengeschütz von Schneider-Creuzot die Welt, die sich in Paris versammelt hatte, mit seiner stummen Drohung in Atem hielt und gleichzeitig den Übergang des Krieges aus dem Bereiche des Sportes in den Bereich der Wissenschaft ankündigte, in dem der menschliche Erfindungsgeist ausschließlich auf die Herstellung neuer Waffen ausgerichtet ist. Falls es jemals wieder Ruhe und

Beschaulichkeit geben sollte, so schrieb er, dann mochte auch die hohe Kunst des Friedens wieder aufleben, »aber in der Zwischenzeit hat uns die Pariser Ausstellung gelehrt, daß die glänzendste Errungenschaft der modernen Welt die reine Mechanik ist.«

Und die Triumphe der Mechanik hielten an. 1900 zerbrach Max Planck die Ketten der Newtonschen Physik und formulierte die Quantentheorie der Energie. 1905 veröffentlichte der Physiker Albert Einstein seine grundlegende Arbeit zur Relativitätstheorie. 1901 überspannte die drahtlose Telegraphie den Atlantik, und Daimler ersetzte die pferdelose Kutsche durch ein richtiges Automobil. 1903 erhob sich in Kitty Hawk eine motorgetriebene, lenkbare Flugmaschine in die Luft. Aber keine Epoche wird schließlich von allen Zeitgenossen gleich beurteilt. Für manchen enthielten die beinahe täglich neuen Wunder der Wissenschaft und der Technik keine Bedrohung wie für Henry Adams, sondern das Versprechen eines Fortschritts in der sozialen Gerechtigkeit. »Es schien lediglich eine Frage weniger Jahrzehnte«, meinte Stefan Zweig, ein junger Wiener Intellektueller, »ehe die letzten Spuren des Bösen und der Gewalt endgültig getilgt sein würden.«

1900 veranlaßte das deutsche Kriegsmarinegesetz England zur Aufgabe der Isolationspolitik. Dieses Gesetz sah den Bau von 19 neuen Schlachtschiffen und 23 Kreuzern innerhalb der nächsten 20 Jahre vor. Das war eine ganz klare und eindeutige Herausforderung der britischen Seemacht, dem Angelpunkt der Existenz Englands, und überzeugte die Briten davon, daß sie Freunde brauchten. 1901 legte der Hay-Pauncefote-Vertrag den Grundstein für die guten Beziehungen zu den Vereinigten Staaten. 1902 wurde die Politik der Isolation und des Vertrauens auf die eigene Stärke, einstmals so ›splendid‹ und selbstbewußt, durch eine formelle Allianz mit Japan für immer aufgegeben. 1903 bereitete König Edward VII. den Boden für die Aussöhnung mit Frankreich, als er zu einem offiziellen Besuch nach Paris kam, ein Ereignis, das sich vor allem durch den großen Takt und den sicheren Geschmack der Durchführung auszeichnete. 1904 kulminierte die neue Politik in dem Abschluß einer anglo-französischen Entente, die alte Feindschaften beseitigte und neue Freundschaften schuf und außerdem das politische Gleichgewicht in Europa grundlegend veränderte.

Zur gleichen Zeit nahmen die Briten eine gründliche Reorganisation ihrer Streitkräfte in Angriff, um für diese Welt voller neuer Herausforderungen gerüstet zu sein. Die englische Armee, so hatte sich herausgestellt, war im Vergleich zu den neuesten Entwicklungen rückständig. Balfour, inzwischen Premierminister, setzte einen Ausschuß für Verteidigungsfragen des Empires ein, der die Streitkräfte reorganisieren, modernisieren und eine neue Strategie ausarbeiten sollte. Sir John Fisher berief er in das dreiköpfige Gremium, und Captain Mahan hätte er als Nachfolger Lord Actons als Regius Professor für Moderne Geschichte nach Cambridge geholt, wenn

König Edward nicht mit der Begründung Einspruch erhoben hätte, daß genügend englische Historiker zur Verfügung stünden. 1904 ernannte er Fisher zum Ersten Seelord, und der neue Chef der Marine hatte sogleich einige folgenschwere Pläne bereit.

Im gleichen Jahr brach der russisch-japanische Krieg aus, in dessen Verlauf Rußland in eine Serie verlustreicher und langwieriger Feldzüge verwickelt wurde, die durch die Kapitulation von Port Arthur im Januar 1905 und die demütigende, wenn auch nicht entscheidende Niederlage in der Schlacht bei Mukden, im März, gekennzeichnet waren. Drei Wochen später gab es in Marokko Alarm für Europa.

Zur größten Verärgerung Deutschlands hatte die anglo-französische Allianz den Franzosen eine Einflußsphäre in Marokko eingeräumt. Nun, da Rußland den Franzosen nicht zu Hilfe kommen konnte, entschlossen sich Bülow und Holstein zu einer Kraftprobe, durch die sie die innere Schwäche der Entente bloßstellen zu können glaubten. Am 31. März 1905 warf der Kaiser überraschend und vielleicht ein wenig nervös geworden in Tanger den Fehdehandschuh in die Arena, eine Geste, die überall sofort verstanden wurde. Europa war schockiert, und die Geste war nur allzu erfolgreich. Mit ihr wurde vollendet, was mit dem Krüger-Telegramm begonnen hatte, und sie überzeugte die Nachbarn Deutschlands von dessen kriegerischen Absichten sowie von der Notwendigkeit speziellerer Vorbereitungen als nur der einer Entente. »Rollen Sie die Karte Europas zusammen«, hatte Pitt vor 99 Jahren nach dem Sieg Napoleons bei Austerlitz verzweifelt gesagt. Nun hatte England in einem ganz anderen Geiste diese Karte wieder aufgerollt. Es begann eine militärische Zusammenarbeit mit Frankreich, untermauerte diese Partnerschaft mit Waffenlieferungen und faßte seit Waterloo zum ersten Male wieder die Möglichkeit ins Auge, eine Expeditionstruppe zur Unterstützung eines bestimmten Verbündeten gegen einen bestimmten Feind auf den Kontinent zu entsenden.

Im Mai 1905 ereilte die russische Ostseeflotte in der Straße von Tsuschima ihr tödliches Schicksal. Dies war das erste Treffen moderner Großkampfschiffe auf hoher See. Obwohl die russische Flotte vernichtet wurde, beendete diese Niederlage den Krieg nicht und bewies damit die These Blochs, daß der Sieg nicht mehr auf dem Schlachtfeld errungen werden konnte, sondern nur durch die Erschöpfung der gesamten Hilfsquellen eines Volkes, wenn dieser Tatbestand auch nur von wenigen erkannt wurde. Japans Sieg erstaunte die Alte Welt und war der Neuen eine Warnung. Drei Monate nach Tsuschima, im Juli 1905, erbot sich der amerikanische Präsident, zwischen Rußland und Japan zu vermitteln, weniger, um die Russen zu retten, sondern vielmehr, um die Japaner aufzuhalten, die seiner Ansicht nach weit genug gekommen waren. Die beiden kriegführenden Parteien nahmen das Angebot an und kamen im August nach Portsmouth, New Hampshire, um unter der Schirmherrschaft des Präsidenten der Vereinigten Staaten von Amerika einen Friedensvertrag auszuhandeln. Dies war ein bedeutender Augenblick in der Geschichte der westlichen Welt. Noch für McKinley, Cleveland oder Harrison wäre es undenkbar gewesen, eine solche Rolle zu spielen, aber inzwischen waren die Machtverhältnisse und der Mann an der Spitze neu.

»Theodore! Mit all Deinen Schwächen und Fehlern ...«, dies war der einspaltige Leitartikel der New Yorker *Sun* gewesen, mit dem sie ihre Sympathien in der Präsidentschaftswahl des Vorjahres kundgetan hatte. Ihr damaliger Kandidat, der jetzige gewählte Präsident der Vereinigten Staaten, war ein höchst temperamentvoller Mann an der Spitze eines Landes, das in einem rapiden konjunkturellen Aufschwung begriffen war. Die Industrie war durch den spanisch-amerikanischen Krieg angekurbelt worden, die Depression, die Arbeitslosigkeit und die heftigen Arbeitskämpfe der neunziger Jahre waren überstanden und die bitteren Klassengegensätze der McKinley-Bryan-Kampagne hatte man durch die Politik des »Vollen Tellers« überbrückt. Die Progressisten, die neue Partei der Linken, war für die Expansion und glaubte, Amerikas Marschrichtung müsse »nach draußen und nach oben« weisen. An der Spitze marschierte Präsident Roosevelt, legte den Kohlestreik bei, ›nahm‹ Panama und begann mit dem Bau des Kanals, forderte die Trusts heraus, prägte für die oppositionellen Journalisten seiner Zeit den Begriff der ›muckrakers‹ (Schlammwühler), drängte den deutschen Kaiser aus Venezuela hinaus, und als ein angeblich amerikanischer Staatsbürger von marokkanischen Banditen entführt wurde, schickte er die amerikanische Flotte, um ihn zu befreien, mit der unmißverständlichen Forderung (die John Hay formuliert hatte): »Wir wollen Perdicaris lebend oder Raisuli tot.«

»Der Präsident ist bester Laune«, sagte sein Freund Jules Jusserand, der französische Botschafter, »er ist immer bester Laune.« Seine geistigen Energien sprudelten wie ein Geysir, und seine Schwächen waren die des Herrn Jedermann. Sein Justizminister Philander Knox bewunderte geradezu die Art, mit der der Präsident seine Ratschläge einfach ignorierte und meinte bei einer Gelegenheit: »Ah, Mr. President, warum sollen wir denn eine solch wunderschöne Aktion durch gesetzliche Spitzfindigkeiten belasten.« Präsident Eliot hingegen konnte sich immer noch nicht mit ihm einverstanden erklären, wenngleich er sich verpflichtet fühlte, Roosevelt in sein Haus einzuladen, als dieser 1905 zu seinem 25jährigen Abschlußjubiläum nach Cambridge kam. Bei seiner Ankunft war Roosevelt verschwitzt und wollte sich erfrischen. Er zog seinen Rock aus, rollte ihn zusammen und feuerte ihn derart heftig durch das ganze Schlafzimmer, daß er gleich ein paar Kopfkissen mit auf den Boden warf; dann zog er eine große Pistole aus der Tasche und knallte sie auf den Frisiertisch. Nachdem er sich erfrischt hatte, »kam er heruntergerast, als ginge es um sein Leben«, und als Eliot ihn fragte: »Frühstücken wir jetzt zusammen?« hatte er geantwortet: »O nein; ich habe Bischof Lawrence versprochen, ich würde mit ihm zusammen frühstücken und – du lieber Himmel!« –, dabei faßte er sich mit der rechten Hand in die Seite, »ich hab' meine Pistole vergessen!« Der Präsident der Vereinigten Staaten holte seine Pistole und sauste davon, um den Bischof aufzusuchen, während der Präsident von Harvard wegen dieser Übertretung des im Staate Massachusetts geltenden Verbotes, das Mitführen von Pistolen betreffend, entsetzt murmelte: »Höchst ungesetzlich; ein äußerst zügelloser Mann.«

Die Pistole verdeutlichte vielleicht mehr als die Mißachtung des Gesetzes das allgemeine Kredo der damaligen Zeit, daß nämlich das Leben ein Kampf sei. Niemand war davon mehr überzeugt als Roosevelt. Er verachtete Tolstoijs »verrückte Theorie, das die Menschen keine Kriege führen sollen« und behauptete, daß »ein Land, das die Fähigkeit verliert, sich in einer echten kriegerischen Auseinandersetzung durchzusetzen, schließlich alles verliert«. Es konnte ihn rasend machen, wenn er hörte, daß die Friedenspropagandisten den Fortschritt der Zivilisation mit einer »Abnahme des Willens zum Kampf« gleichsetzten; eine solche Schwächung, so sah er es, würde die Unterwerfung der fortschrittlicheren Kulturen unter die weniger weit fortgeschrittenen zur Folge haben. Er verwechselte den Wunsch nach Frieden mit persönlicher Feigheit und kam immer wieder auf diese Frage zurück: »Ich kann Männer wie (Edward Everett) Hale und Zeitungen wie die *Evening Post* und die *Nation* nicht ausstehen, weil sie alle eine entsetzliche physische Angst vor der Gefahr und der Härte haben und daher dazu neigen, den Krieg hysterisch zu verdammen und zu fürchten.« Er verachtete die »allgemeine Verweichlichung«, die er um sich herum beobachtete, und charakterisierte sie als »Eigensucht, Luxusstreben und Nachlässigkeit in den Prinzipien«. Besonders verhaßt aber war ihm »der Geist, den die Antiimperialisten an den Tag legen«. »Das ist mein Mann«, pflegte der deutsche Kaiser stets zu sagen, wenn die Rede auf Roosevelt kam.

Kein Präsident war sich seiner Wirkung auf die Öffentlichkeit derart genau bewußt wie Roosevelt. Als der Baron d'Estournelles ihn 1902 aufsuchte und ihn bat, etwas zu unternehmen, um die Position des Den Haager Schiedsgerichtshofes zu stärken, hörte der Präsident ihm aufmerksam zu. »Sie sind eine Gefahr oder eine Hoffnung für die Welt, je nachdem, ob Sie sich für die Aggression oder den Gedanken der friedlichen Schlichtung entscheiden«, sagte Estournelles. »Die Welt glaubt, daß Sie der Seite der Gewalt zuneigen. Beweisen Sie das Gegenteil.«

»Wie?«, fragte Roosevelt.

»Geben Sie dem Haager Gerichtshof Leben.« Prompt wies der Präsident seinen Außenminister an, einen Fall ausfindig zu machen, den man dem

Schiedsgericht zur Entscheidung vorlegen könne, und Hay grub pflichtgetreu eine alte Kontroverse mit Mexiko über Kirchenbesitz aus; dies wurde der erste Streitfall, den das Gericht in Den Haag verhandelte. Da Hay bereits während der ersten Friedenskonferenz Außenminister gewesen war und mit dem Schlichtungsgedanken sympathisierte, wollte er das Prestige des Gerichtshofes stärken und spielte ihm nun auch noch den Disput über die Schulden Venezuelas zu. Er befürchtete, daß der Präsident ein deutsches Angebot, als individueller Vermittler in dieser Angelegenheit zu fungieren, annehmen könnte und lief nervös in seinem Zimmer auf und ab, während er ausrief: »Ich hab' alles vorbereitet; alles ist bestens arrangiert. Wenn Teddy bloß bis morgen den Mund hält.« Aber auch diese Hürde wurde schließlich überwunden, und der Gerichtshof erhielt einen weiteren wichtigen Fall.

Schlichtungsverträge bilateraler Art begannen sich langsam zu mehren. England und Frankreich verständigten sich über ein solches Abkommen, als sie die Entente von 1904 schlossen, und Norwegen und Schweden zogen nach, als Norwegen 1905, ohne daß ein Schuß fiel, ein unabhängiger Staat wurde – ein Ereignis, das bereits als Beweis dafür gewertet wurde, daß die Menschen Fortschritte machten. Zwei weitere damals schwebende Konflikte, die Doggerbank-Affäre zwischen Rußland und England und die Schuldenfrage Venezuelas wurden ebenfalls dem Gerichtshof vorgelegt, dessen Existenz sich als ein unbezahlbarer Ausweg erwies, wenn man einerseits nicht das Gesicht verlieren, andererseits aber doch die öffentliche Meinung zufriedenstellen wollte. Der Haager Gedanke schien an Kraft zu gewinnen.

Im Sommer 1904 nahm die Interparlamentarische Union, die sich anläßlich der internationalen Messe in St. Louis versammelt hatte, eine Resolution an, in der der Präsident der Vereinigten Staaten gebeten wurde, eine zweite Friedenskonferenz einzuberufen, um die Themen, die in Den Haag vertagt worden waren, erneut aufzugreifen und die Schlichtungsfrage weiterzuführen. Das Ziel war, einen ständigen Internationalen Gerichtshof einzurichten. Präsident Roosevelt nahm die Resolution im Weißen Haus persönlich entgegen und empfing auch die Baronin Suttner, die in einer Privataudienz mit ihm über »dieses Thema, das meinem Herzen so nahe ist«, sprach. Sie fand ihn zuvorkommend, ernsthaft und »durch und durch von dem Ernst der Sache, die wir diskutierten« beeindruckt. Ihrem Tagebuch zufolge sagte er ihr: »Ein allgemeiner Friede steht bevor; er kommt sicher – Schritt um Schritt.« Wenngleich dies auch die wohl unwahrscheinlichste Äußerung der gesamten Epoche ist, so illustriert sie doch die Neigung der wirklich Gläubigen, genau das zu hören, was sie hören wollen.

Roosevelt spürte den Glanz einer Weltrolle und betrachtete sich für nicht weniger berufen, die Friedenskonferenz anzuregen, als der Zar. Dementsprechend wies Hay am 21. Oktober 1904 die amerikanischen Diplomaten an, ihren Gastregierungen vorzuschlagen, daß sich die Nationen erneut in Den Haag versammeln sollten. Die Tatsache, daß die zweite Konferenz, wie auch die erste, einberufen wurde, während es in Teilen der Welt noch Krieg gab, so meinte er, brauche nicht unbedingt als schlechtes Vorzeichen gewertet zu werden.

Die Nationen nahmen an, allerdings unter der Bedingung, daß die Konferenz erst dann zusammentrat, wenn der russisch-japanische Krieg beendet war. Kaum war er jedoch vorüber, als die Marokko-Krise ausbrach. Wiederum spielte Präsident Roosevelt eine entscheidende Rolle und konnte seinen Einfluß geltend machen, diesmal allerdings privat, indem er den Kaiser dazu überredete, einer internationalen Konferenz über Marokko zuzustimmen. Sie wurde im Januar 1906 in Algeciras abgehalten, unter Teilnahme der Vereinigten Staaten, und brachte eine diplomatische Niederlage für Deutschland, so daß es nun noch gereizter war als vorher. Die internationale Spannung wurde dadurch nicht vermindert.

Drei Monate vor Algeciras, im Oktober 1905 wurde *H. M. S. Dreadnought*, das erste seiner Klasse, auf Kiel gelegt. Da Geschütze und Panzerung von verschiedenen Rüstungsfirmen geliefert wurden, war sie innerhalb kürzester Zeit und bei strengster Geheimhaltung, ein Jahr und einen Tag danach, für die Probefahrt bereit und erreichte damit den größten aller militärischen Vorteile – den Überraschungseffekt. Der Entwurf der *Dreadnought* stammte von Admiral Fisher; sie war das größte, schnellste und am besten bestückte Schlachtschiff der Welt. Verglichen mit ihrer Wasserverdrängung von 18 000 Tonnen, den zehn 30-cm-Geschützen und dem neuen Dampfturbinenantrieb waren sämtliche bestehenden Flotten, die deutsche eingeschlossen, mit einem Schlag veraltet. Außerdem demonstrierte das Schiff das Vertrauen der Engländer in ihre Flotte und ihre Fähigkeit, die Marine wirkungsvoll zu modernisieren. Deutschland war nun nicht nur gezwungen, ein gleichwertiges Schiff zu bauen, sondern mußte darüber hinaus auch seine Häfen tiefer ausbaggern und den Nord-Ostsee-Kanal erweitern.

In Fishers Vorstellung wie in der Clemenceaus gab es nur einen Feind. Im Jahre 1904 schockierte er König Edward mit seiner halb scherzhaft gemeinten Bemerkung, man solle die gesamte deutsche Flotte »kopenhagen«, das heißt, durch einen überraschenden Feuerüberfall vernichten, und provozierte damit den erschreckten Ausruf des Königs: »Mein Gott, Fisher, Sie sind wohl verrückt geworden.« Im gleichen Jahr brachte der deutsche Kaiser seinen Außenminister Bülow aus der Fassung, als er in Kiel öffentlich erklärte, der Aufbau der Marine sei seiner Bewunderung für die englische Flotte zuzuschreiben, die er während seiner Kindheit in der Begleitung von »gütigen Tanten und freundlichen Admirälen« besucht hatte. Ein nationales Entwicklungsprojekt, für das die Bevölkerung Millionen in Steuern aufbringen mußte, derart sentimental zu begründen, so wetterte Bülow, werde den Reichstag nicht gerade ermuntern, die Finanzierung zu bewilligen. »Ach, dieser verdammte Reichstag«, war die Antwort des Kaisers. Inzwischen waren die Einladung für die zweite Konferenz in Den Haag ergangen, allerdings nicht von Roosevelt, sondern vom russischen Zaren, der das Bedürfnis verspürt hatte, in Europa wieder an Prestige zu gewinnen. Kaum war im September 1905 der Krieg mit Japan beendet, ließ der Zar in Washington durchblicken, daß er das Vorrecht, die Konferenz einzuberufen, gerne selbst ausüben wollte. Roosevelt zeigte sich entgegenkommend und gab seinen Anspruch auf. Der Vertrag von Portsmouth, der ihm wenige Monate später den Friedensnobelpreis einbringen sollte, so meinte er, sei des Guten genug gewesen. »Vor allem möchte ich *nicht* als professioneller Friedensengel erscheinen ... womöglich noch von der Sorte Godkin und Schurz«, schrieb er an seinen neuen Außenminister Elihu Root. (Hay war im Juli 1905 gestorben.) Sein Rückzug kam den Fürsprechern des Friedens allerdings gar nicht gelegen. Rußland sei, wie einer von ihnen sagte, »nicht in der vordersten Linie der Zivilisation«. Diese Tatsache wurde in aller Deutlichkeit klar, als 1905 die russische Oktoberrevolution ausbrach. Im Verlauf dieser Krise war der Zar gezwungen, einer Verfassung zuzustimmen und ein Parlament zuzulassen. Aber sobald sein Regime die Zügel wieder fest in der Hand hatte, widerrief er seine Zugeständnisse und löste die Duma zum Entsetzen der ausländischen Liberalen wieder auf. Insgesamt betrachtet schienen die Zeitumstände wenig günstig für eine Friedenskonferenz; eine ermutigende Entwicklung jedoch war der Regierungswechsel in England, der die Liberalen, die traditionelle Friedenspartei, an die Macht brachte. Der neue Premierminister Sir Henry Campbell-Bannerman, meist einfach C.-B. genannt, war ein besonnener, ruhiger Schotte aus einer reichen Kaufmannsfamilie, der sich bei Hofe und in der Gesellschaft durch seine Kritik der britischen Konzentrationslager im Burenkrieg unbeliebt gemacht hatte, als er diese als »Barbarei« bezeichnete. Dennoch mußte König Edward, nachdem er gezwungenermaßen mit Bannerman Bekanntschaft geschlossen hatte, zugeben, er sei, wie ein gemeinsamer Freund der beiden vorausgesagt hatte, wirklich »so aufrichtig und gutmütig, so clever und voller Humor«, daß man ihn einfach schätzen mußte. C.-B. besaß den Witz, den Takt und die weltmännische Art, die dem König gefielen, und die beiden Gentlemen, die eine Reihe von gemeinsamen Interessen hatten, empfanden einander bald als kongenial. Beide gingen jährlich einmal nach Marienbad, liebten Frankreich und pflegten eine enge Freundschaft mit dem Marquis de Galliffet. Obwohl C.-B. ein Liberaler war, hatte er zur Überraschung des Königs »recht vernünftige Ansichten über die Außenpolitik«. Er sprach fließend und akzentfrei französisch, ging mit Vorliebe in Paris einkaufen, liebte die französische Küche und die französische Literatur, besonders Anatole France.

C.-B. war als Liberaler alten Schlages ganz automatisch positiv zur Abrüstung eingestellt. (Eigentlich stand nicht die Abrüstung, sondern die Begrenzung der Aufrüstung zur Diskussion, doch wurde damals allgemein der bequemere Begriff Abrüstung gebraucht, und diesem Brauch ist hier entsprochen worden.) In seiner ersten öffentlichen Rede als Premierminister verpflichtete er seine Partei etwas voreilig darauf, bei der bevorstehenden Konferenz die Abrüstung voranzutreiben, obwohl in der Einladung des Zaren im Gegensatz zu 1899 auffällig vermieden worden war, dieses Thema anzuschneiden. Bannerman hingegen griff es dennoch kühn und unerschrocken auf und legte sich außerdem auch auf einen ständigen Gerichtshof fest. »Kann dieses große Land einen nobleren Part spielen«, so fragte er, »als sich an die Spitze einer Friedensliga zu stellen?« Damit mag er ein wenig über das hinausgegangen sein, was der harte Block innerhalb seines eigenen Kabinetts – Asquith, Haldane und Grey – für richtig erachtete, denn sie waren als liberale Imperialisten ganz und gar nicht so friedensselig wie der Premier. Mit unerwarteter Härte hatte der Siebzigjährige all ihren Versuchen, ihn ins Oberhaus zu befördern und damit im Unterhaus den Weg für Asquith frei zu machen, widerstanden. Er konnte sie allesamt nicht ausstehen und genoß seinen Triumph.

Alsbald jedoch bekam auch seine Regierung das unbarmherzige Dilemma zu spüren, das sich ergibt, sobald man in der Regierungsverantwortung steht. Nachdem sie die Tories jahrelang als Kriegstreiber gebrandmarkt hatten, waren sie nun selbst für die Sicherheit des Landes verantwortlich. Sie hatten zwar vor der Wahl die Kürzung der Rüstungsausgaben für Heer und Marine versprochen, zögerten jedoch nun, nachdem sie durch die Parlamentswahl an die Macht gekommen waren, den Modernisierungsprozeß der Streitkräfte, den die Tories in Gang gebracht hatten, abzubrechen. C.-B. bezeichnete zwar die Mitglieder des Verteidigungsausschusses – Fisher, Lord Esher und Sir George Clark –, vermutlich in dieser Reihenfolge als abscheulich, anmaßend und absolutistisch, aber er hatte sie übernommen und mit ihnen natürlich auch das Dreadnought-Programm. Kriegsminister Haldane strich zwar 3 Millionen Pfund bei den Heeresausgaben, schuf aber gleichzeitig durch radikale Reformen eine schlagkräftigere Armee, so wie Fisher es mit der Marine gemacht hatte. Er setzte einen Generalstab ein und stellte eine Reservetruppe, die Territorialstreitkräfte, auf. Den Public Schools und den Colleges wurden Offiziersschulen angegliedert und von der Regierung mit Waffen, Munition und Ausbildern ausgestattet. Die jungen Männer reagierten mit Begeisterung. Das Schmettern der Trompeten und der schrille Ton der Pfeife übten ihre magische Anziehungskraft aus, allerdings hauptsächlich auf die Offizierslehrgänge, denn die Rekrutierung für die Territorialtruppe ging nach dem Anfangsjahr allmählich zurück.

Die H. M. S. Dreadnought wurde 1906 in Dienst gestellt, ein etwas fragwürdiger Triumph für eine liberale Regierung, und Fisher verlangte für 1907 den Bau von drei weiteren Dreadnoughts. Für den Fall der Zurückweisung dieser Forderung drohte er zusammen mit drei weiteren Mitgliedern der Admiralität mit dem Rücktritt. Das Dilemma war für die Liberalen zwar höchst peinlich, aber es war durchaus lösbar. Während sie weiterhin betonten, daß die Flotte Defensivaufgaben zu erfüllen habe (was angesichts der Modalitäten einer Blockade in gewissem Maße vertretbar war), gelang es der Regierung, sowohl Fisher seine Dreadnoughts zu geben, als auch das liberale Gewissen zu beruhigen.

Zum zweiten Male sahen sich die Völker der Notwendigkeit gegenüber, nach Den Haag zu kommen, und wiederum war die Skepsis groß. Das ganze Jahr 1906 hindurch und noch in der ersten Hälfte von 1907 zögerten sie den unbequemen Tag durch unwichtige und belanglose Tagesordnungsdiskussionen hinaus. Das russische Programm, das im April 1906 vorgelegt worden war, enthielt als Diskussionsthemen die Schiedsgerichtsfrage und die Gesetze zur Kriegsführung, während die Abrüstungsfrage immer noch ignoriert wurde. Da Rußland soeben eine militärische Niederlage und eine Revolution überstanden hatte, war es damit beschäftigt, seine Rüstung wieder aufzufüllen und daher an einer Reduzierung des Kriegspotentials nicht im geringsten interessiert. Es hatte die Konferenz lediglich einberufen, um die Initiative von den Vereinigten Staaten zurückzugewinnen. Für den amtierenden russischen Außenminister Iswolski war die Abrüstung lediglich »ein Fimmel der Juden, Sozialisten und hysterischen Weiber«. Seitdem die Liberalen jedoch in England an der Macht waren, konnte das Thema der Abrüstung einfach nicht mehr umgangen werden. Es wieder auf die Tagesordnung zu setzen, nachdem man es 1899 zu Grabe getragen hatte, schien jedoch unmöglich; andererseits würde man völlige Hoffnungslosigkeit demonstrieren und den Zorn der Öffentlichkeit heraufbeschwören, wenn man es überhaupt nicht behandelte. Bei einer Konferenz der Interparlamentarischen Union im April 1906 hatte C.-B. die Delegierten gedrängt, in ihren Heimatländern »im Namen der Menschlichkeit darauf hinzuwirken, daß ihre Regierungen mit dem festen Vorsatz nach Den Haag kamen, Armee- und Flottenausgaben einzuschränken. Die Versammlung stand jedoch unter einem wenig glücklichen Stern, denn am Eröffnungstag, als die Delegierten sich um die stolzen Mitglieder des jüngsten Parlamentes drängten und sie beglückwünschten, traf die Nachricht ein, daß der Zar die Duma wieder aufgelöst hatte. C.-B. hielt die Begrüßungsansprache und war derart erschüttert, daß er die Entscheidung des Zaren mit den Worten angriff: »In irgendeiner Form wird die Duma wiedererstehen und deshalb sagen wir heute mit allem uns zu Gebote stehenden Ernst: Die

Duma ist tot, es lebe die Duma!« Seine unverblümte Offenheit trug ihm den offiziellen Protest der russischen Regierung ein.
Der deutsche Kaiser ließ wissen, daß seine Delegierten die Konferenz, von der er ohnehin »inbrünstig hoffte, sie möge gar nicht erst stattfinden«, verlassen würden, falls man die Abrüstung in irgendeiner Form zur Diskussion stellte. Er wurde in seinem eigenen Lande bereits von den militanten Pan-Germanisten, denen auch der Kronprinz angehörte, dafür gerügt, daß er in Algeciras nachgegeben und nicht gekämpft hatte. Deutsche Diplomaten deuteten in Gesprächen mit ausländischen Botschaftern an, daß der Kaiser möglicherweise abdanken müsse, falls Deutschland in Den Haag dazu gezwungen werden würde, der Rüstungsbeschränkung in irgendeiner Form zuzustimmen. Während einem seiner regelmäßigen Besuche bei König Edward, die aus Familiengründen geboten waren und gewöhnlich ein verheerendes Ergebnis hatten, diskutierten Onkel und Neffe über die bevorstehende Konferenz, und zwar in einer ungewöhnlich freundlichen Atmosphäre, die wahrscheinlich darauf zurückzuführen war, daß sie beide in diesem Thema nicht allzu weit voneinander abweichende Standpunkte hatten. Der König lehne die Konferenz »entschieden« ab, schreibt der Kaiser an Roosevelt, und habe selbst die Initiative ergriffen »mir zu sagen, daß er sie als ›Humbug‹ ansehe«. Seinem Bericht zufolge hatte König Edward gesagt, die Konferenz sei nicht nur nutzlos, da sich im Ernstfalle ja doch niemand an ihre Beschlüsse gebunden fühlen würde, sondern auch gefährlich, denn sie würde höchst wahrscheinlich mehr Spannung als Harmonie bringen.
Für Roosevelt war es ganz offensichtlich, daß das moderne Deutschland, »wachsam, aggressiv, militant und hochindustrialisiert ... die Haager Konferenz und die ganze Haager Idee verabscheut«. Seine größte Befürchtung war damals, daß die liberale britische Regierung »auf der Haager Konferenz sentimentale Anwandlungen« bekommen könnte. Dem neuen britischen Militärattaché Graf Gleichen, einem Vetter des Königs, sagte er, er hoffe, Haldane und Grey würden sich nicht von »sentimentalen Argumenten beeinflussen lassen« und befürchtete, daß sie »von ihrer Partei in diese Richtung gedrängt werden ... Lassen Sie das nicht zu«. Außerdem unterhielt er sich mit Gleichen ausführlich über seine neuesten Gedanken bezüglich einer Beschränkung in der Größe der Schlachtschiffe, anstelle einer Begrenzung der Ausgaben für Marineprojekte. Ohne zu wissen, daß seine anvisierte Obergrenze von 15 000 Tonnen bereits durch den Riesen in den Docks von Portsmouth überholt war, erklärte Roosevelt, ihm sei daran gelegen die Relation der britischen Marine zu den europäischen Flotten und zur japanischen Marine erhalten zu sehen. Als Gleichen dem König über dieses Gespräch berichtete, fügte er hinzu, daß das Essen in Roosevelts Haus in Oyster Bay »außerordentlich schlicht« und das gesamte Arrangement,

mit nur zwei Negerdienern im Haus, sehr primitiv gewesen war. Nicht einmal am Bahnhof habe ihn jemand abgeholt.
Nachdem die *Dreadnought* erst einmal in Dienst gestellt worden war, konnten die Vereinigten Staaten es sich nicht leisten, hinterherzuhinken. Im Januar 1907 bewilligte der Kongreß auf Antrag Roosevelts den Bau von zwei Schiffen der neuen Klasse. Die Flotte, so schrieb Roosevelt an Präsident Eliot, sei ein »unendlich mächtigerer Faktor zur Sicherung des Friedens als alle Friedensgesellschaften zusammen« und der Panamakanal weitaus wichtiger als die Konferenz in Den Haag. Hierauf bezugnehmend fügte er hinzu: »Meine Hauptsorge werden die phantastischen Visionäre sein, die verrückt genug sind, das Unmögliche zu versuchen.«
Einer dieser »Visionäre« war Andrew Carnegie, dessen Firma ein Viertel der gesamten Stahlproduktion der Vereinigten Staaten und genauso viel wie die Gesamtproduktion Englands erzeugte, als er sie 1900 für 250 Millionen Dollar in Obligationen an Morgan verkaufte. Carnegie war weniger zurückhaltend als Nobel und setzte sein Vermögen bereits zu seinen Lebzeiten zum Wohle der Menschen ein. Er hoffte, die Menschen nicht nur gescheiter – durch Stiftung von Bibliotheken – sondern auch friedliebender machen zu können, und hatte sich, dem Drängen Andrew Whites nachgebend, bereit erklärt, ein Gebäude für den Internationalen Gerichtshof in Den Haag zu stiften.
Inzwischen war er vollauf damit beschäftigt, zwischen dem Weißen Haus und Whitehall das Anliegen der Friedenskonferenz zu fördern, aber Roosevelt hatte das Interesse verloren, nachdem die Briten seinen Vorschlag zur Begrenzung der Schiffsgröße nicht angenommen hatten. Dennoch gelang es Roosevelt, sich nicht festlegen zu lassen, indem er seinen prominenten Briefpartnern jeweils das schrieb, was sie hören wollten. Er unterhielt sowohl mit dem deutschen wie mit dem englischen Staatsoberhaupt einen Briefwechsel, wobei er die Empfänger ganz unbekümmert mit »Mein lieber Kaiser Wilhelm« und »Mein lieber König Edward« anredete.
Zu diesem Zeitpunkt wollte kaum einer der Offiziellen, außer C.-B. und Außenminister Root, die Abrüstung auf die Tagesordnung setzen. Root hingegen meinte, sie müsse diskutiert werden, selbst wenn nichts dabei herauskomme, denn, wie er sagte, Resultate werden nie ohne eine Reihe von Fehlschlägen erzielt: »Fehlschläge sind notwendige Schritte auf dem Weg zum Erfolg.« C.-B war ebenfalls der Ansicht, daß die Welt es immer wieder versuchen müsse, zu einer Einigung zu kommen. Er selbst war kinderlos und litt noch unter dem erst kürzlich erfolgten schmerzlichen Verlust seiner Frau, seinem engsten Gefährten; außerdem spürte er, daß auch er am Ende seines Weges angelangt war. Dennoch ließ er in seinem Bemühen nicht ab. Im März 1907 unternahm er den für einen Premierminister höchst ungewöhnlichen Schritt, einen Artikel über tagespolitische Fragen zu ver-

öffentlichen. Unter dem Titel »Die Haager Konferenz und die Rüstungsbeschränkung«, erschien er in der ersten Ausgabe einer neuen liberalen Wochenzeitung, der (Londoner) *Nation.* Wenn auch die Bewaffnung und die Kriegsmaschinerie seit der ersten Konferenz an Stärke und Durchschlagskraft zugenommen habe, führte er aus, so gelte dasselbe auch von der Friedensbewegung, die inzwischen »unvergleichlich mächtiger und wesentlich stabiler« geworden war. Er glaubte, die Abrüstungsfrage solle behandelt werden, da auch hier wie im Falle der Schlichtungsinstanz Erfolge möglich waren, und das Gericht habe inzwischen »ein moralisches Gewicht erhalten, von dem 1899 niemand geträumt hätte«. England, so fuhr er fort, habe bereits seine Heeres- und Marineausgaben eingeschränkt (was durchaus zutraf, wenn man das neue Dreadnought-Programm nicht mitrechnete) und sei bereit, auf diesem Wege weiterzugehen, falls die übrigen Nationen mitzögen. Dies würde zugestandenermaßen die britische Überlegenheit zur See nicht berühren, da lediglich der Status quo zementiert wurde. Aber der Premier wiederholte seine These, daß die britische Flotte weder für einen einzelnen, noch für eine Gruppe von Staaten eine Bedrohung darstellte. Seine Argumentation bewegt sich auf dem messerscharfen Grat zwischen politischem Realitätssinn und liberalem Gewissen und wurde überall mit gemischten Gefühlen aufgenommen. Die Deutschen sahen darin einen weiteren Beweis für ein Komplott der Engländer, Franzosen und Russen, diese Frage in Den Haag durchzudrücken, ehe Deutschland den Vorsprung der *Dreadnought* aufgeholt hatte. Bülow verkündete öffentlich im Reichstag, daß Deutschland auf der Konferenz nicht bereit sei, über Abrüstungsfragen zu sprechen. König Edward war ebenfalls über das Eintreten seines Premiers für die Rüstungsbeschränkung verärgert, wie er auch mißbilligte, daß C.-B. die Forderung nach dem Frauenwahlrecht unterstützte. »Vermutlich kommt er in der nächsten Woche mit dem Kanaltunnel-Gesetz an«, knurrte Edward, aber in dieser höchst umstrittenen Frage hielt sich Bannerman zurück.

Außenminister Sir Edward Grey erklärte, daß England jederzeit bereit sei, in Den Haag über eine Haushaltsbegrenzung zu sprechen. Haldane konferierte ausführlich mit dem amerikanischen Diplomaten Henry White über die Notwendigkeit einer Reduzierung der Armeestärken und hatte 1906 Deutschland besucht, um dort das Terrain wegen einer möglichen Übereinstimmung zu sondieren. Aber hinter all diesem Gerede blieb die nüchterne Tatsache bestehen, daß weder die britische noch irgendeine andere Regierung ein echtes Interesse daran hatte, sich ihre Entscheidungsfreiheit hinsichtlich einer weiteren Aufrüstung beschneiden zu lassen. Der einzige, der die Rolle der Munitionsfabrikanten in diesem Zusammenhang erwähnte, war der italienische König, der darauf hinwies, daß eine Rüstungsbeschränkung »erheblichen Widerstand« von dieser Seite auslösen werde. Außerdem konnte er sich nicht vorstellen, daß der Kaiser jemals »Krupp die Flügel stutzen« würde. Als Professor de Martens im Auftrage der russischen Regierung die europäischen Hauptstädte bereiste und Sondierungsgespräche führte, wie es der inzwischen verstorbene Murawiew vor ihm getan hatte, faßte der amerikanische Botschafter in Berlin die Sachlage sehr nüchtern zusammen: »Weder de Martens noch sonst jemand glaubt daran ... daß auch nur die geringste Aussicht besteht, bei der bevorstehenden Konferenz könnten irgendwelche praktischen Schritte wegen einer Rüstungsbeschränkung unternommen werden.«

Dies war die in den Privatgesprächen der Diplomaten überwiegend geäußerte Ansicht; in der Öffentlichkeit hingegen konnte man die Sache des Friedens keineswegs derart illusionslos beurteilen, zumindest nicht in England und in den Vereinigten Staaten. Dabei drehte es sich weniger um die riesige, stumme, unbekannte und passive Masse. Welche Meinung hatte sie schon? Massenmeinungen können, wenn sie sich bilden, durch die Umstände verändert und wahrscheinlich eher durch das Geschmetter der Kriegstrompeten als durch sanfte Friedenstöne beeinflußt werden. Die dezidierte Meinung der politisch wachsamen Öffentlichkeit hingegen – insbesondere der Friedensbewegung – würde auf einen Ausschluß der Abrüstungsfrage aus der Haager Tagesordnung auf das höchste empört reagieren. Die jährlichen Friedenskongresse – 1901 in Glasgow, 1902 in Monaco, 1903 in Le Havre und Rouen, 1904 in Boston, 1905 in Luzern und 1906 in Mailand – verabschiedeten Resolutionen, in denen die Regierungen aufgefordert wurden, sich ernsthaft darum zu bemühen, ein Abkommen über die Abrüstung zu erreichen. Die Baronin Suttner, die 1905 den Friedensnobelpreis erhalten hatte, und ihre Freunde lenkten mit ihren Friedensgesellschaften und -vereinigungen sowie durch die jährliche Lake-Mohonk-Konferenz in Amerika unermüdlich die Aufmerksamkeit auf diese Frage. 1907 veröffentlichte Jane Addams ein Buch, *Newer Ideals of Peace*, durch das sie zwar das Mißfallen Roosevelts erregte, dem Friedenschor jedoch eine allseits beachtete Stimme hinzufügte.

Carnegie, der sich den Gedanken C.-B.'s von einer Friedensliga oder einem Bund der Völker, wie er es abwechselnd bezeichnete, zu eigen gemacht hatte, glaubte, der deutsche Kaiser sei der geeignete Mann, ein solches Projekt zu verwirklichen, denn »ich glaube, er ist derjenige, der für die Entscheidung über Krieg und Frieden in der Welt verantwortlich ist«. Da er schon einige Male vom Kaiser, der gern Millionäre um sich hatte, eingeladen worden war, ging er nun daran, diesen von seiner Pflicht zu überzeugen. In einem Brief vor seinem Besuch setzte er Wilhelm II. auseinander, wie dieser sich den Beinamen des ›Friedensbringers‹ in der Geschichte erwerben könne, und fügte in einem Begleitschreiben an den amerikanischen Botschafter hinzu: »Er und unser Präsident könnten ein Team bilden, wenn sie nur für die

Sache des Friedens kämpfen würden.« Nach seiner Ankunft in Kiel im Juli 1907 speiste er zweimal mit dem Kaiser zu Abend und wurde später zu einer dritten Audienz eingeladen. Carnegies Bericht über die Begegnung klang wie ein beinahe unheimliches Echo von Steads Interviews mit dem Zaren und dem Gespräch der Baronin Suttner mit Roosevelt. Carnegie fand, der Monarch sei ein »großartiger Mann, sehr intelligent, sehr humorvoll, mit einem gewinnenden Lächeln. Ich glaube, man kann ihm vertrauen, und er hat sich für den Frieden ausgesprochen ... Ein sehr anregender Mann; man muß ihn schätzen«. Als er den Bannkreis des gewinnenden Lächelns wieder verlassen hatte, erinnerte sich Carnegie an seine ursprüngliche Absicht und schrieb dem Kaiser einen weiteren Brief, in dem er ihn dazu drängte, die Welt in Den Haag davon zu überzeugen, daß er wirklich der »Apostel des Friedens« sei.

Worte und Gesten dieser Art waren eine typische Schwäche der Friedensadvokaten, die, falls sie von der Öffentlichkeit überhaupt registriert wurden, diese täuschen mußten. Gleichzeitig sagten die politischen Führer in der Öffentlichkeit nur das, was sich gut anhörte und politisch klug war, während sie die rauhe Wirklichkeit für Diskussionen im Kreise von ihresgleichen vorbehielten. Mahan, der inzwischen Admiral geworden war, veröffentlichte auch weiterhin seine Artikel über die Notwendigkeit unbeschränkter Freiheit für die aggressiven Kräfte und, insbesondere im Hinblick auf die bevorstehende Konferenz, über die Gefahr einer neuerlichen Forderung nach Immunität für privates Eigentum auf hoher See. Die Funktion des Militärs mußte seiner Ansicht nach vor den verständnislosen Laien geschützt werden. »Die in den meisten Ländern herrschende Voreingenommenheit der öffentlichen Meinung«, schrieb er in einem besorgten Bericht nach einer Auslandsreise an Präsident Roosevelt, sei dergestalt, daß »die Gefahr einer Fehleinschätzung oder Übereilung in der Kriegsfrage« gegeben sei.

Wegen dieser Voreingenommenheit der Öffentlichkeit war es für die amerikanische und die britische Regierung unumgänglich, die Aufnahme der Abrüstungsfrage in die Tagesordnung zu unterstützen. Weder Grey noch Roosevelt glaubten daran, daß die Diskussionen zu praktischen Ergebnissen führen würden, und in Gesprächen mit ausländischen Diplomaten erklärten beide, daß sie jedoch »wegen der öffentlichen Meinung« daran festhalten müßten. Deutschland, Österreich und Rußland waren fest entschlossen, die Frage auszuklammern, und zwar aus Furcht, die Diskussion hierüber könne sie in eine unerwünschte Situation hineinmanövrieren. Nach monatelangen komplizierten diplomatischen Verhandlungen wurde die Konferenz schließlich endgültig einberufen, die Abrüstungsfrage fehlte jedoch auf der Tagesordnung. Es gab allerdings derart viele Vorbehalte der Nationen hinsichtlich ihrer Teilnahme, daß ein Scheitern der Konferenz gleich nach dem Zusammentreten nicht ausgeschlossen schien. Großbritannien, die USA und Spanien behielten sich das Recht vor, die Rüstungsfrage zur Diskussion zu stellen, während Deutschland, Österreich und Rußland entschlossen waren, sich, sobald das Thema aufgeworfen wurde, entweder jeder Diskussion zu enthalten oder zurückzuziehen. Die Positionen der übrigen Staaten lagen zwischen diesen beiden Polen.

Mit dieser Hypothek belastet versammelten sich die Völker am 17. Juni 1907 erneut in Den Haag. Das erste Jahrzehnt des neuen Jahrhunderts war zu drei Vierteln verstrichen und zeigte bereits drei unverwechselbare Züge: die wirtschaftliche Blüte, der Aufbruch in der Kunst mit ihren neuen, erregenden Ausdrucksformen und »der Trommeln dumpfen, fernen Wirbel«. Viele hörten ihn nicht; andere, die ihn vernahmen, hörten ihn nicht einmal ungern. In der deutschen Marine war es unter Offizieren Brauch, auf »den Tag« anzustoßen. In einem Kurort nahe Bayreuth machte ein zu Besuch weilender Engländer die Bekanntschaft einer Gruppe deutscher Studenten und junger Marineoffiziere. »Sie diskutierten mit mir in der freundschaftlichsten und liebenswertesten Weise über den bevorstehenden Machtkampf zwischen unseren beiden Nationen.« Sie argumentierten, daß die Tage eines jeden Imperiums gezählt seien, und der Untergang Englands genauso sicher sei wie der Spaniens, Hollands und Frankreichs. Wer aber sollte den leer gewordenen Thron dann besteigen, wenn nicht jene starke, weise, edle und begabte Nation, deren Enstehung das herausragende Ereignis des 19. Jahrhunderts gewesen war, und die nun »für heroische Aufgaben bereitstand«. Aber Deutschland war offenbar nicht das einzige Land, das sich zu Großem berufen fühlte. Die Aggressivität der neuen Mächte Japan und USA hatte Europa davon überzeugt, daß beide auf einem Kollisionskurs lagen. Nach dem Sturm der Entrüstung, der durch den California Exclusion Act (ein Gesetz zur Einwanderungsbeschränkung) in Japan ausgelöst worden war, hatte sich auch in den beiden betroffenen Staaten diese Erkenntnis durchgesetzt. »Wir treiben auf einen Krieg zu«, schrieb Außenminister Root, »noch ist es nicht soweit; aber in ein paar Jahren . . .?«

Die Aussicht auf einen möglichen Krieg wurden von vielen Angehörigen der regierenden Klasse eher sachlich nüchtern zur Kenntnis genommen, denn als tragisch empfunden. Lord Lansdowne nahm im Oberhaus gegen das Altersversorgungsgesetz Stellung und sagte, daß dies mehr kosten werde als ein ausgedehnter Krieg; die Ausgaben für den Krieg in Südafrika jedoch seien eine wesentlich bessere Investition. »Ein Krieg, so schrecklich er in seinen Konsequenzen auch sein mag, hat zumindest den Effekt, die moralischen Kräfte eines Landes zu stärken«, während die zur Debatte stehende Maßnahme diese nur schwächen könne. Selbst für die Sprecher der Arbeiterklasse war die Gewalt und ihre Ausübung als solche nichts Schreckliches, wenn sie über die Perspektive eines Krieges auch entsetzt waren. In seinem Werk ›Über die Gewalt‹ behauptete George Sorel 1908, daß die proletarische

Gewalttätigkeit, im Interesse des Klassenkampfes ausgeübt, eine »großartige und heroische Sache« sei, ein Zivilisierungsfaktor, der die Welt vor der Barbarei bewahren könne.

Die zweite Konferenz hatte mehr Delegierte, tagte länger und konnte mehr an Ergebnissen aufweisen, aber ansonsten verlief sie nicht viel anders als die erste. Sie dauerte bis Ende Oktober – also vier, statt nur zwei Monate – und erarbeitete 14 Konventionen, verglichen mit nur drei bei der letzten. Da die Vereinigten Staaten auf der Teilnahme der lateinamerikanischen Staaten bestanden hatten, sehr zum Mißvergnügen der europäischen Mächte, waren diesmal 256 Delegierte aus 44 Nationen anwesend, im Gegensatz zu 108 aus 26 Nationen im Jahre 1899. Wegen der hohen Beteiligung war es notwendig, den Tagungsort vom Huis ten Bosch mit seiner herrlichen Parklandschaft in den Ridderzaal, den Sitz des niederländischen Parlamentes im Zentrum Den Haags zu verlegen. Viele der Delegierten waren schon bei der ersten Konferenz dabeigewesen, aber manch ein Teilnehmer von 1899 fehlte. Bourgeois und Beernaert führten wiederum die französische, beziehungsweise die belgische Delegation an, aber Münster, Pauncefote und de Staal waren in der Zwischenzeit verstorben. Auch Andrew White war nicht zurückgekehrt, ebenso Mahan und Fisher, wenn auch der Geist der beiden noch immer lebendig war. Der neue Tagungspräsident war wieder ein Russe, M. Nelidow, wie sein Vorgänger ein älterer Diplomat, der in seinem ganzen Auftreten seine Antipathie gegen die Konferenz deutlich spürbar werden ließ und, da er gesundheitlich nicht auf der Höhe war, die Leitung der russischen Delegation praktisch dem wichtigtuerischen Professor de Martens anvertraute, der seinerseits jedoch an der Gicht litt und oft ans Bett gefesselt war. Die russische Delegation schien untereinander uneins zu sein, denn sie war in zwei verschiedenen Hotels untergebracht.

Der Baron d'Estournelles, der zwei Jahre später zusammen mit Beernaert den Friedensnobelpreis erhalten sollte, vertrat auch diesmal wieder Frankreich. Unter den deutschen Sachverständigen befand sich wiederum Professor Zorn, kränklich und erschöpft aussehend. Neulinge waren der Italiener Graf Tornielli, dessen Frau an jenem unerfreulichen Tag von Auteuil neben Präsident Loubet gesessen hatte, und der bekannte Marquis de Soveral als Vertreter Portugals. Er war ein sehr enger Freund des englischen Königs und wurde in der Londoner Gesellschaft, wo man von ihm behauptete, er liebe die schönsten Frauen, und die interessantesten Männer seien seine Freunde, meist der »blaue Affe« genannt. Ein ganzer Block der Neulinge bestand aus den »geschniegelten Stutzern« aus Lateinamerika.

Die feste, bestimmte Art Pauncefotes wurde allgemein vermißt. Als er 1902 starb, ließ Roosevelt den Leichnam mit einem Kreuzer nach England überführen und sagte: »Ich hab' es nicht getan, weil er ein Botschafter, sondern weil er ein verdammt großartiger Mann war.« Sein Platz wurde von Richter Sir Edward Fry, einem zweiundachtzigjährigen weltfremden Quäker eingenommen, wenn auch nicht ausgefüllt. Fry war allerdings nicht so weltfremd, daß er die Kontrolle über die britische Delegation an seinen Kollegen Sir Ernest Satow abgetreten hätte, einen erfahrenen Diplomaten und ehemaligen Geschäftsträger in Peking, der, im Gegensatz zu Fry, fließend französisch sprach.

Die beherrschenden Gestalten der Konferenz waren die Delegationsführer der Vereinigten Staaten und Deutschlands: Mr. Joseph Hodges Choate, der mit seinen fünfundsiebzig Jahren und seinem weißen Bart das 19. Jahrhundert zu verkörpern schien, und Baron Marschall von Bieberstein, wendig und modern, der, obwohl nur zehn Jahre jünger als Choate, ganz eindeutig ein Mann der neuen Zeit war. Choate war ein freundlicher und sehr gewandter Mann, bekannt als hervorragender Anekdotenerzähler, von 1899 bis 1905 Botschafter in England und von Beruf Jurist; seine brillante Verteidigung der Besitztumsrechte vor dem Supreme Court im Jahre 1895 hatte die Einkommensbesteuerung um weitere 18 Jahre hinausgeschoben. Er besaß ein Sommerhaus in Stockbridge, das Stanford White entworfen hatte. Sein weißes Haar, das unter dem glänzenden Zylinder hervorschimmerte, wurde zu einem Wahrzeichen der Konferenz.

Baron Marschall, deutscher Botschafter in Konstantinopel, war ein großer, gutaussehender Mann mit zwei Schmissen in einem Gesicht, das »einer Maske hochmütiger Intelligenz« glich und »eine tiefe Verachtung für das *ensemble* der menschlichen Torheit auszudrücken schien«. Er spielte Schach und Klavier, züchtete Rosen und rauchte ununterbrochen winzige Zigaretten. Hin und wieder wischte er die heruntergefallene Asche von dem seidenen Revers seines Anzuges mit einer Handbewegung, als wolle er andeuten, daß er menschliche Probleme mit der gleichen desinteressierten Unbedenklichkeit behandelte. Er haßte die öffentliche Meinung, die, wie er sagte, stets so aussehe, wie die Zeitungen sie haben wollen. Eine Regierung, die nicht imstande war, die Presse zu kontrollieren, sei keinen Schuß Pulver wert, und die beste Methode, die Presse unter Kontrolle zu halten, so meinte er, sei, »ihr die Türe vor der Nase zuzuschlagen«. Auch über seine Kollegen auf der Konferenz hatte er sehr bestimmte Ansichten: de Martens war für ihn ein »Scharlatan ... mit einem außergewöhnlichen Mangel an Taktgefühl«; der Brasilianer Barbarosa »furchtbar langweilig«; Fry ein »lieber alter Herr, der vom wirklichen Leben keine Ahnung hat«; Tornielli »sanft und friedlich«; Tzudsuki, der japanische Delegierte, der in Deutschland studiert hatte, deutsch sprach und »die höchste Verehrung für Seine Majestät empfand, eine hervorragende Persönlichkeit«; der russische Militärsachverständige Oberst Michelson, der in einer Rede dafür eintrat, daß alle

Anstrengungen gemacht werden müßten, den Krieg durch Vermittlung zu verhindern, da er so verheerende Wirkungen habe, machte sich, laut Bieberstein, einer Redeweise schuldig, die man allenfalls von einer Baronin Suttner erwarten konnte, aus dem Munde eines Obersten aber einfach ein »Skandal« war; Choate war für ihn die »beeindruckendste Persönlichkeit« unter allen Delegierten, mit einer »außergewöhnlichen Intelligenz, profundem, juristischem Wissen und großen politischen Fähigkeiten«.

Baron Marschall selbst schockierte die Konferenz, als er während einer Diskussion über den Vorschlag, den Einsatz von Minen zu beschränken, vor der Torheit warnte, Gesetze und Regeln für die Kriegführung machen zu wollen, die durch die »Gesetze der Realität« außer Kraft gesetzt würden. Die Folgerungen, die aus dieser Bemerkung gezogen wurden, fanden ihren Niederschlag in der Presse. Auch der englische Poeta Laureatus schrieb einen Leserbrief an die *Times*. Alfred Austin war zu aufgebracht, um seine Entrüstung in Versform kleiden zu können, und schrieb, daß die Rede des Baron Marschall eine deutliche Warnung vor der zukünftigen Aggression Deutschlands sei, die vor allem dessen Nachbarn – Holland, Belgien, Frankreich und Österreich – aufmerksam registrieren sollten. Großbritannien aber sollte, »rechtzeitig gewarnt«, die allgemeine Wehrpflicht einführen; der Dichter schloß mit einer Zeile, die er von seinem Vorgänger Tennyson entliehen hatte: »*Form! Form, Riflemen! Form!*«

Wie beim erstenmal, so strömten auch jetzt wieder die Friedensfreunde aus allen Himmelsrichtungen in Den Haag zusammen, darunter Bertha von Suttner und Stead, der sich wieder selbst zum *rapporteur* ernannte. Wie beim ersten Mal veröffentlichte er eine tägliche Chronik über den Konferenzverlauf, über Persönlichkeiten, Debatten und private Abmachungen, diesmal allerdings in Form einer vierseitigen Tageszeitung, des *Courrier de la Conference*. Bloch war tot, sein Platz wurde nun von Andrew Carnegie eingenommen, der selbst den Grundstein für den neuen Friedenspalast legte, für den er eineinviertel Millionen Dollar gestiftet hatte. Die Nationen erklärten sich bereit, die besten Produkte ihres Landes als Baumaterial zu dem Gebäude beizusteuern, das ein Ausdruck der »weltweiten Hoffnung und des guten Willens« sein sollte. Wie zuvor, so hielten auch diesmal die Sozialisten und außerdem die Anarchisten und die Zionisten ihre internationalen Kongresse in Amsterdam ab, um etwas von dem Rampenlicht der Weltbühne auf ihre Anliegen zu lenken. Der holländische Pastor und Pazifist Domela Nieuwenhuis, der es fertig brachte, Religiosität und Anarchismus miteinander in Einklang zu bringen, ohne dabei unredlich zu sein, klagte Carnegie und die übrigen Konferenzdelegierten ohne Unterschied als Kaufleute des Todes an, die einen Tempel des Friedens bauten, während sie gleichzeitig Munitionsaufträge »sogar von den Japanern« annahmen – ein Vorwurf, der zwar grundsätzlich berechtigt war, doch im falschen Zeitpunkt gebracht wurde. »Wenn alle Arbeiter, ganz gleich welcher Nationalität, an dem Tag, an dem der Krieg erklärt wird, die Arbeit niederlegen, dann wird es keinen Krieg geben«, rief Nieuwenhuis aus.

Die Arbeit der Konferenz vollzog sich wieder in den Ausschüssen – Internationaler Gerichtshof, Regeln der Kriegführung zu Lande, Regeln der Kriegführung zur See. Ein vierter Ausschuß für Schiffahrtsgesetze kam neu hinzu. Bourgeois und Beernaert führten den Vorsitz in der ersten beziehungsweise der zweiten Kommission, Tornielli in der dritten und de Martens in der vierten. Die Begrüßungsansprache Nelidows bei der Eröffnungssitzung löste wenig begeisterte Reaktionen aus; die ersten Tage waren trüb, der Zeitplan und die Aufgabenverteilung völlig durcheinander, und die Akustik in der Vollversammlung derart miserabel, daß einige Delegierte sich bei einer Gelegenheit höchst lebhaft darüber stritten, ob der letzte Redner englisch oder französisch gesprochen habe.

Die Briten beharrten auf einer Diskussion der Abrüstungsfrage, und sei es auch nur, um die Öffentlichkeit von dem ehrlichen Bemühen der Konferenz und der Undurchführbarkeit des Gedankens zu überzeugen. Also legten sie der Konferenz diesen Fragenkomplex vor. Keine der anwesenden Nationen verließ die Versammlung, denn die Erklärungen, die Sir Edward Grey vor Beginn der Konferenz abgegeben hatte, so nebulos sie auch gewesen sein mochte, hatten dennoch überall den klaren Eindruck vermittelt, daß die anstehende Frage zur Zufriedenheit aller behandelt werden würde. Dies geschah dann auch. Sir Edward Fry hielt eine eindrucksvolle und bewegende Rede, in der er die erschreckende Entwicklung oder Waffentechnik beschrieb und anschließend den Antrag stellte, eine Resolution für eine »weitere ernsthafte Prüfung der Frage« zu verabschieden. Dies war genau der gleiche Wortlaut, mit dem die Abrüstung bereits 1899 vertagt worden war. Nelidow stimmte dem Antrag zu und meinte, wenn die Rüstungsbeschränkung 1899 nicht durchführbar gewesen war, dann sei sie es 1907 auch nicht. Die Delegierten nahmen Frys Antrag per Akklamation an. Die ganze Angelegenheit war innerhalb von fünfundzwanzig Minuten erledigt. Stead tobte über das »jämmerliche und skandalöse Debakel«, und sogar Außenminister Root kam zu dem Schluß, daß Greys Unterstützung in diesem Punkte eine bloße Geste gewesen war, um »die englische Öffentlichkeit zufriedenzustellen«.

Obwohl die Welt nach Frys »Begräbnisrede«, wie Marschall es nannte, das Interesse an der Konferenz verlor und selbst die Journalisten sich zu langweilen begannen, nahmen sich die Delegierten nun ernsthaft der Fragen der Kriegsführung und der Waffentechnik an. Da es hier um Probleme des nationalen Interesses ging, die es zu diskutieren und zu paraphieren galt – wie etwa die Rechte und Pflichten der Neutralen, die gewaltsame Eintreibung internationaler Schulden, die Regeln zur Eröffnung der Feindseligkeiten, also alles Fragen, die den Krieg als eine unabänderliche Tatsache des menschlichen Daseins hinnahmen – engagierten sich die Konferenzteilnehmer mit Leib und Seele. Tatsächlich arbeiteten sie intensiver als die Teilnehmer der ersten Konferenz, ganz so, als ob der Krieg nicht nur ein unabänderliches Faktum sei, sondern auch unmittelbar bevorstünde. Die Ausschüsse verhandelten zweimal am Tag, umfangreiche Dokumentationen mußten studiert, Expertengutachten geprüft und neue Entwürfe formuliert werden; daneben fanden zahllose Gespräche in privatem Kreise statt, um hier oder dort einen Kompromiß zu erreichen. »Seit meinem juristischen Staatsexamen habe ich nicht mehr so viel gearbeitet wie in den letzten sechs Wochen hier«, berichtete Marschall an Bülow.

Das Verbot des Abschusses von Projektilen und Explosivgeschossen aus Ballonen wurde erneut überprüft. Wiederum vermieden es die Delegierten, bis zum Extrem der Selbstverleugnung zu gehen, und verlängerten das Verbot um weitere fünf Jahre. Neutrale Länder, ein Thema das den Belgiern besonders am Herzen lag, erklärte man für unverletzlich. Man arbeitete anschließend eine Konvention von 25 Artikeln aus, in denen das Verfahren für den Fall einer Neutralitätsverletzung festgelegt wurde. Als Reaktion auf den hinterlistigen Überfall Japans auf Rußland, der die Feindseligkeiten im Jahre 1904 ausgelöst hatte, wurde dieses Thema erneut lebhaft diskutiert. Die Debatte kulminierte in einer Konvention, in der die Signatarmächte sich verpflichteten, Feindseligkeiten nicht ohne eine vorherige unmißverständliche Warnung in Form einer Kriegserklärung oder eines Ultimatums, verbunden mit einer bedingten Kriegserklärung, zu eröffnen. Eine weitere Konvention von 56 Artikeln legte die Regeln und Gesetze des Landkrieges fest. Im Hinblick auf die Venezuela-Affäre von 1902 wurde eine Konvention gegen die Anwendung von Gewalt bei der Eintreibung internationaler Schuldenverpflichtungen verabschiedet, ausgenommen im Fall der Ablehnung eines Vergleichsverfahrens seitens des Schuldners. Dies war ein wirklicher Fortschritt in der Entwicklung des internationalen Rechts.

Am heftigsten umstritten war die Frage der Seekriegsführung, wobei das Recht, Handelsschiffe zu kapern, den zentralen Streitpunkt bildete. Da das Kapern von Handelsschiffen die wesentlichste Waffe bei einer Blockade darstellte, war England entschlossen, sich jeglicher Beschränkung des Prisenrechts zu widersetzen. Deutschland andererseits wollte den Einsatz von U-Booten und Unterwasserkontaktminen als Abwehrwaffen gegen die Blokkade unbeeinträchtigt sehen, während Großbritannien dies natürlich eingeschränkt wissen wollte. Hinsichtlich der Immunität von Privateigentum hatte Grey inzwischen die Lehren Mahans begriffen, nicht so die amerikanische Delegation, Grey wies die englischen Abgesandten an, keinem Prinzip zuzustimmen, das, »bis zu seiner logischen Schlußfolgerung durchdacht, die Beseitigung der Handelsblockade zur Folge hat«. Da dies für ihn als Liberalen eine höchst zwiespältige Situation war, fügte er seiner Begründung ein Argument hinzu, auf das Mahan niemals gekommen wäre. England könne sich nicht mit einer Klausel einverstanden erklären, so schrieb er, die »die möglichen Konsequenzen eines Krieges derart entschärft, daß einige der in Betracht zu ziehenden Umstände, die ein Volk heutzutage vom Eintritt in den Krieg zurückhalten, aufgehoben werden«. In Normalsprache übersetzt heiß das: England könne sich nicht damit einverstanden erklären, Kriegsschäden möglicherweise so weitgehend einzuschränken und zu begrenzen, daß es den Völkern leichter fiel, einen Krieg zu beginnen. Die britischen Liberalen erachteten es als notwendig, für die selbstverständliche Politik der Selbstverteidigung nach einer moralischen Begründung zu suchen, eine Praxis, die von niemandem zu höherer Perfektion entwickelt und in derart unverständliche Formulierungen gekleidet wurde als von Sir Edward Grey.

Schließlich einigte man sich über acht Seekriegskonventionen, in denen die Anwendungsbestimmungen und Beschränkungen für jedes denkbare Mittel zur Bekämpfung des Feindes festgelegt wurden. Allein dreizehn Artikel befaßten sich mit dem Verbot des Einsatzes von Unterwasserkontaktminen, ausgenommen solche, die bereits eine Stunde nach dem Auslegen unschädlich waren. Weitere dreizehn Artikel beschäftigten sich mit der Beschießung von Küstenbefestigungen von See her; fünfundsiebzig Artikel formulierten die Verfahrensfragen eines internationalen Prisengerichtes. Andere Konventionen behandelten das Prisenrecht, das Wesen der Konterbande und die Rechte und Pflichten der Neutralen zur See, allerdings in so unbefriedigender Weise, daß all diese Fragen ein Jahr später auf einer Konferenz der Seemächte in London erneut aufgegriffen wurden.

In der Sache des Schiedsgerichtes war, da Pauncefote fehlte, Choate die treibende Kraft, als Rückenstärkung Außenminister Root, ebenfalls Berufsjurist, hinter sich. Roots Ziel war es, das Tribunal, das 1899 geschaffen worden war, umzuwandeln, und zwar von einem Gericht, dessen Anrufung der freien Wahl der streitenden Parteien und ihrem beiderseitigen Einverständnis mit dem Schlichtungsweg überlassen war, in einen ständigen Internationalen Gerichtshof mit fest ernannten Richtern, die Streitfragen des internationalen Rechts »durch richterliche Methoden und im Geiste der richterlichen Verantwortung« entscheiden konnten. Präsident Roosevelt unterstützte diese Bemühungen zwar, ohne jedoch allzu großes persönliches Interesse dafür zu zeigen. Während die Konferenz noch tagte, gestand er seinem Außenminister, daß er die »Entwicklung in Den Haag nicht verfolgt« habe. Seinem Freund Speck von Sternberg gegenüber, dem deutschen Botschafter, drückte er sich deutlicher aus, wie übrigens häufig Deutschen gegenüber. Er könne den Vorgängen in Den Haag kein echtes Interesse entgegenbringen, sagte er zu Sternberg, denn er empfinde »nichts als Abscheu« für das unsinnige Geschwafel der professionellen Friedensadvokaten.

Der amerikanische Vorschlag einen ständigen Gerichtshof zu schaffen, traf auf heftigen Widerstand. Eines der Haupthindernisse war die beharrliche Forderung der Brasilianer nach einer Beteiligung aller 44 Nationen an dieser Institution. Die Vorstellung, daß einer der, wie ein Kommentator es ausdrückte, »zerbröckelnden kleinasiatischen Staaten wie die Türkei oder Persien ... oder ein halbfertiger Jurist aus Mittel- oder Südamerika« Recht über sie sprechen sollte, erfüllte die europäischen Mächte mit Widerwillen. Der eigentliche Angelpunkt war jedoch auch diesmal wieder die Frage der Zwangsschlichtung. Davon würde, so berichtete Marschall nach Berlin, die Antwort auf die Frage abhängen: »War es eine Friedens- oder eine Kriegskonferenz, die 1907 in Den Haag stattfand?« Da sein eigenes Land das obligatorische Prinzip rundheraus ablehnte, machte er sich offenbar keine Illusionen bezüglich der Antwort auf diese Frage. Er verfiel aber nicht in den gleichen Fehler, den sein Vorgänger begangen hatte, und vermied es, sich in eine peinliche Isolation zu begeben. Statt dessen stand er, wie Choate sagte, zu dem Grundsatz des Schiedsgerichts, widersetzte sich jedoch jedem Versuch, diesen einer praktischen Verwirklichung nahe zu bringen. Die Konferenz arbeitete als möglichen Ausweg eine Liste relativ harmloser Fälle aus, in der die Anrufung des Gerichtshofes obligatorisch sein sollte, und man nahm an, daß alle Beteiligten zustimmen könnten. Acht Nationen sprachen sich jedoch dagegen aus, und sie wurde abgelehnt. Schließlich wurde die sechsundneunzig Artikel umfassende Konvention über die »Friedliche Beilegung internationaler Streitigkeiten« ohne eine Bestimmung über eine zwangsweise Schlichtung angenommen. Folglich konnte der Ständige Gerichtshof nicht eingerichtet werden.

Ein letzter Streitpunkt blieb: eine dritte Konferenz. Die Anhänger des Haager Gedankens wollten das Prinzip der gegenseitigen Abhängigkeit der Völker in der Form einer permanenten Organisation und periodischer Zusammenkünfte manifestiert sehen. Die Tage, da die Nationen von einander unabhängige, souveräne Einheiten gebildet hatten, waren vorbei, und ehe man auseinanderging, wollten sie eine bindende Zusage für die nächste Zusammenkunft durchsetzen. Die Gegner, im wesentlichen die europäischen Mächte, hatten kein Interesse an einer eventuellen weiteren Einschränkung ihrer Handlungsfreiheit und der möglichen Aufgabe von Souveränitätsrechten im Gefolge einer erneuten Forderung nach zwangsweiser Schlichtung zur friedlichen Konfliktbereinigung. Sie widersetzten sich der Festlegung auf eine dritte Konferenz, insbesondere weil hier der Druck von amerikanischer Seite kam. Außenminister Root hatte, getreu seinem Motto, daß wiederholte Fehlschläge für den Erfolg notwendig seien, und in der Überzeugung, daß jede der Konferenzen etwas dazu beigetragen habe, die nächste zu ermöglichen, Choate den Auftrag gegeben, eine Resolution durchzufechten, die die Einberufung einer dritten Konferenz zum Ziel hatte.

Gleichzeitig wollte Root damit den Russen die Initiative entwinden, indem er die Nationen jetzt festlegte. Choate kämpfte verbissen gegen die Abneigung der übrigen Delegationen, aber diese zeigten sich unnachgiebig. Schließlich drohte er Nelidow damit, die Resolution öffentlich in der Vollversammlung einzubringen, falls der Ausschuß keine Übereinkunft erzielte. Der Widerstand begann zu schmelzen. Die Delegierten verabschiedeten eine Resolution, in der die Empfehlung ausgesprochen wurde, eine weitere Konferenz »innerhalb eines Zeitraumes einzuberufen, der dem entspricht, der seit der letzten Konferenz verstrichen ist«, also in acht Jahren.

Dieses Ergebnis erzielt zu haben, schrieb Root an Roosevelt, bedeute einen Fortschritt »in der Richtung, das Verhalten der Völker mit ihrem ausdrücklich geäußerten Wunsch nach Frieden in Übereinstimmung zu bringen«. Dieser Wunsch war durchaus real. Zweimal hatte er die Nationen nach Den Haag gebracht. Zweimal hatte das natürliche Verlangen der Menschen nach Ordnung und Sicherheit mit den entgegengesetzten Tendenzen gerungen. Das Ziel einer neuen internationalen Ordnung, in der die Völker freiwillig das Recht auf den Kampf zugunsten der Sicherheit des Gesetzes aufzugeben bereit waren, lag immer noch vor ihnen. Der Fortschritt, der in Den Haag gemacht worden war, konnte, wie Choate später sagte, verständlicherweise nicht mehr als »langsam, tastend und spärlich« sein.

Er hoffte auf weitere Fortschritte bei der nächsten Konferenz im Jahre 1915.

VI

Ein Heldenleben

Deutschland: 1890-1914

6 Ein Heldenleben

Um die Jahrhundertwende machte in Deutschland ein kühner Revolutionär der Musik von sich reden, ein Neuerer der musikalischen Form, modern und wagemutig in der Konzeption, brillant in der Ausführung, allerdings nicht ganz frei von gelegentlicher Banalität, ein Barometer von dem sich die Atmosphäre seiner Zeit und seines Landes ablesen ließ: Richard Strauss. Jedes seiner neuen Werke, deren Premieren er gewöhnlich selbst dirigierte, lockte das Publikum in hellen Scharen in die Konzertsäle, ein Publikum, das begierig war, Neues zu erleben, und Kritiker, die danach lechzten, ihre scharfgeschliffenen Rapiere durch die Luft pfeifen zu lassen. Von 1889 bis 1899, im Alter von 25 bis 35 Jahren, schrieb Strauss sechs Werke – *Don Juan, Tod und Verklärung, Till Eulenspiegel, Also sprach Zarathustra, Don Quichote* und *Ein Heldenleben* – mit denen er eine neue Form schuf – oder »Formlosigkeit«, wie seine Kritiker behaupteten. Diese Kompositionen, Tondichtungen genannt, waren komprimierte Opern ohne Text. Bei der Premiere des *Don Juan* holte das Publikum den Komponisten fünfmal ans Dirigentenpult zurück, weil es wollte, daß die ganze Komposition noch einmal gespielt würde. Jener Teil aus *Ein Heldenleben,* der den Kampf mit dem Kritikern schildert, brachte einige Zuhörer derart in Rage, daß sie den Saal verließen; andere »erschauerten bei der Musik, während sich hier und da plötzlich jemand aus dem Publikum erhob und wild gestikulierte, ohne sich dessen bewußt zu werden«. Ob Strauss nun für die einen ein Sensationshascher und Verderber der reinen Musikkunst, für andere der Prophet eines neuen Musikzeitalters oder gar der »Schöpfer einer neuen Kunst« war, eines stand unbestritten fest: er behauptete Deutschlands führende Stellung in der Musikwelt, die mit Wagner einen Höhepunkt erreicht hatte. Er war »Richard II.«

In gewissem Sinne machte ihn das zu der bedeutendsten Erscheinung im deutschen Kulturleben, denn die Musik war der einzige Bereich, in dem das Ausland die von den Deutschen als selbstverständlich vorausgesetzte Überlegenheit anerkannte. In deutschen Augen war das deutsche Kulturleben die Fortsetzung der Klassik Griechenlands und Roms und sie selbst das gebildetste und kultivierteste Volk der Neuzeit, ein Tatbestand, den die Ausländer eigenartigerweise nicht so recht zu würdigen vermochten. Außer den deutschen Professoren und Philosophen gab es für sie nur noch Wagner, dem sie huldigten, und Bayreuth war der einzige Anziehungspunkt für sie. Das europäische Zentrum der Kunst, des Amusements und der Mode war Paris; London der gesellschaftliche Mittelpunkt; Rom der Ort des klassischen Altertums und Italien das Paradies der Reisenden, die Sonne und Schönheit suchten. Die neuen Strömungen und Impulse in der Literatur – Naturalismus, Symbolismus und Sozialkritik; die bedeutendsten Dichter – Tolstoij, Ibsen und Zola; die großen Romane von Dostojewski bis Hardy: all dies war außerhalb Deutschlands. In England gab es nach dem Höhepunkt der viktorianischen Epoche in den neunziger Jahren bereits wieder eine Fülle bedeutender Talente – Stevenson, Wilde, Shaw, Conrad, Wells, Kipling und Yeats. Rußland hatte in Tschechow einen unvergleichlichen Interpreten des Menschen. Die Malerei entwickelte sich in Frankreich zur Hochblüte, und Deutschland hatte kaum jemanden, außer Max Liebermann, dem Führer der Neuen Sezession, dem dies jedoch nicht mehr einbrachte, als die Präsidentschaft der Preußischen Akademie der Schönen Künste. In der Literatur gab es an hervorragenden Gestalten den Dramatiker Gerhart Hauptmann, einen Ableger Ibsens, und den Dichter Stefan George, einen Ableger Baudelaires und Mallarmés.

In der Musik jedoch hatte Deutschland die größten Meister hervorgebracht und erlebte nun als Krönung einer langen Reihe von Genies Wagner, dessen Dogma von der Verschmelzung der Künste zu einem Kult wurde, dem sich auch das Ausland bereitwilligst anschloß. Wagner-Gesellschaften von St. Petersburg bis Chicago trugen das ihre dazu bei, den Musikdramen des Meisters ein passendes Heim zu schaffen. Die ›Bayreuth-Idee‹ löste intellektuelle Gärungsprozesse aus, die weit über die Grenzen Deutschlands hinauswirkten. Die Deutschen glaubten, ihre Vorrangstellung in der Musik werde für immer ohne ernsthafte Herausforderung seitens eines anderen Landes erhalten bleiben. Während viele von ihnen, wie beispielsweise der Kaiser, die Modernität von Strauss ablehnte, war ihnen doch seine Überlegenheit ein gern zur Kenntnis genommener Beweis für die führende Stellung der deutschen Musik.

Nicht nur die Großstädte, sondern jede deutsche Stadt von mittlerer Größe besaß ein Opernhaus, eine Konzerthalle, eine Musikakademie, einen Orchester- oder Musikverein. Es gab kaum einen Deutschen, der nicht einem Chor oder einem Orchester angehörte. Frankfurt am Main, in den neunziger Jahren eine Stadt von 200 000 Einwohnern, also etwa ebenso groß wie Den Haag, Nottingham oder Minneapolis, konnte zwei Musikschulen mit einem hervorragenden Lehrerkollegium und Schülern aus vielen Ländern vorweisen, außerdem ein Opernhaus, »eines der schönsten in Europa«, in dem an jedem Abend in der Woche Aufführungen stattfanden, eine Musikgesellschaft mit einem 120 Mann starken Orchester, das regelmäßig Sinfonie- und

Kammerkonzerte gab, zwei große Chöre, die ebenfalls Konzerte veranstalteten, und hatte außerdem Gastvorstellungen vieler bekannter Künstler auf Tournee. Ähnlich war es in Berlin, München, Köln, Dresden, Leipzig, Stuttgart und anderen Städten, und darüber hinaus gab es vielerorts Musikwochen zu Ehren eines Komponisten oder aus irgendeinem anderen besonderen Anlaß.
Bei den Bayreuther Festspielen hatte sich seit dem Tode Wagners eine beklemmende Atmosphäre obligatorischer Verehrung breitgemacht. In der Droschke, die den Besucher zum Festspielhaus brachte, befand sich ein Schild über dem Sitz mit der Aufschrift ›Historisch!‹, was bedeutete, das der Meister dort gesessen hatte. Die Aufführungen begannen mit einem Trompetenstoß, so als wolle man das Publikum zu Andacht ermahnen. In der Pause gab es Bier und Würstchen und wieder das Trompetensignal; nach dem zweiten Akt noch einmal Bier, Würstchen und Trompeten, und nach dem dritten Akt folgte die gleiche Prozedur nochmals. Der Wagnerverehrer nahm die Werke des Meisters in sich auf, »als ginge er zur Heiligen Kommunion«, berichtet der junge Sibelius, der 1894 voller Erwartungen auf ein großes Erlebnis nach Bayreuth gekommen war und nun gar nicht schnell genug wieder von dort weg konnte. Als der damals zwanzigjährige Thomas Beecham 1899 ebenfalls nach Bayreuth kam, stellte er fest, daß die Kultgemeinde sich gespalten hatte. Unzufriedene beklagten den Niedergang der Festspiele, kritisierten die Herrschaft der Witwe, Frau Cosima, und verlangten stürmisch den Rücktritt des Sohnes Siegfried als Regisseur. Sie behaupteten, seine Regieleistung sei schwach und fade, die Sänger seien schlecht und die Aufführungen kitschig, während die Gruppe, die dem Wagner-Haus »Wahnfried« treu blieb, mit dem Vorwurf der Intrige und des Neides konterte.
Inzwischen war Strauss der neue Held geworden, wie er in seinem musikalischen Selbstporträt, *Ein Heldenleben*, bekennt. Er kam aus einem sehr wohlhabenden Elternhaus und war verwöhnt, stets korrekt wie ein Diplomat gekleidet, schlank, groß, mit breiten Schultern und gepflegten Händen. In seinem weichen Gesicht gab es keine scharfen Linien, sein Mund war der eines Kindes. Mit seinem blonden Schnurrbart und dem flachsblonden Haar, das bereits schütter zu werden begann, hatte Strauss weder etwas prometheisches, wie Beethoven, noch etwas poetisches wie Schuman an sich, sondern er sah ganz einfach nach dem aus, was er war: ein erfolgreicher, gutsituierter Künstler. Seit der Zeit, da er zwölf Jahre alt war, wurden seine Werke aufgeführt und er hatte mit sämtlichen bekannten Orchestern als Dirigent gearbeitet. Er war beherrscht, sich seiner Überlegenheit vollkommen bewußt, und er ließ dies in einer keineswegs unangenehmen Weise spüren – vermutlich, weil er ein Bayer und kein Preuße war.
Der letzte Bayernkönig, Ludwig II., der Wagner sehr verehrt hatte und

Die britische Delegation in Den Haag, 1899

Porte Monumentale

Die Pariser Weltausstellung, 1900

Halle der Elektrizität

Alfred Nobel

Bertha von Suttner

Die Krupp-Werke in Essen, 1912

in geistiger Umnachtung gestorben war, hatte sich 1866 gegen Preußen auf die Seite Österreichs geschlagen, und das kulturelle Leben Münchens war mehr nach Wien, denn nach Berlin orientiert. In München blühten die Künste, und für die Münchner war ihre Stadt das Athen der Moderne, das im Gegensatz zu dem spartanischen Preußen stand, dessen Junker, wie ihre klassischen Vorfahren, die Kultur und den Luxus verachteten. Die Bayern genossen als – vorwiegend katholische – Süddeutsche die Annehmlichkeiten des Lebens, sowohl die materiellen wie die ästhetischen. In München residierte Stefan George als Hohepriester des *l'art pour l'art*. Er gab seit 1892 für die große Schar seiner Jünger und Verehrer eine literarische Rundschau, *Blätter für die Kunst*, heraus. Darin versuchte er eine deutsche Antwort auf die Frage nach Geist und Stil der Kunst zu finden. Der politische Witz hatte in München seinen Platz in der satirischen Zeitschrift *Simplizissimus*, die 1896 gegründet worden war.

Als geborener Münchner gehörte Strauss einer Kultur an, die allem Preußischen mit Abneigung gegenüberstand, aber als Deutscher, der 1871 sieben Jahre alt war, wurde er mit dem neuen Nationalismus des Deutschen Reiches groß. 1864 geboren, war er fünf Jahre jünger als der Kaiser, Dreyfus und Theodore Roosevelt; er stammte aus einer Familie, in der Bier und Musik, die, in dieser Reihenfolge, wichtigsten Beschäftigungen seiner Geburtsstadt, eine harmonische Verbindung eingegangen waren. Sein Großvater war ein reicher Brauer, dessen musikalisch begabte Tochter den ersten Hornisten und Professor der Königlichen Musikakademie, Franz Strauss, geheiratet hatte. Es hieß, er sei der einzige, vor dem Wagner Angst habe. Obwohl er Wagners Musik »hervorragend« interpretierte, haßte er sie und brachte mit seinen heftigen Einwänden gegen die Anforderungen, die Wagner an sein Instrument stellte, einmal sogar das Kunststück fertig, daß es dem Meister die Sprache verschlug. Franz Strauss hatte sich nie an die Dissonanzen seines Sohnes gewöhnen und sich mit dessen Abkehr von der klassischen Musik abfinden können. Aber gerade das Waldhorn setzte Richard Strauss in seinen Kompositionen in so wunderbarer Klangfülle und Vollendung ein, als wolle er dem Manne ein Denkmal setzen, der auf die Frage, wie er denn seine Behauptung, der beste Hornist der Welt zu sein, beweisen wolle, geantwortet hatte: »Ich beweise es nicht; ich gebe es zu.«

Strauss' Eltern begannen mit der musikalischen Erziehung ihres Sohnes, als dieser vier Jahre alt war. Mit sechs Jahren begann er zu komponieren. Er konnte Noten lesen und schreiben, ehe er das Alphabet kannte. Während seiner Schulzeit lernte er bei dem Hofkapellmeister Meyer Theorie, bei Benno Walter Violine. Mit der »überschäumenden Vitalität«, die ihm eigen war, produzierte er gleichzeitig eine Reihe von Liedern, Instrumentalsoli und Sonaten. Als er zwölf war, wurde sein *Festmarsch* (Op. 1) in dem Gymnasium, das er besuchte, aufgeführt. Später fand sich dafür auch ein Verleger. Als Sechzehnjähriger bereits wurde ihm die Ehre einer öffentlichen Aufführung dreier Lieder zuteil. Ein Jahr später folgte sein *Streichquartett* (Op. 2) und schließlich, im gleichen Jahr, die Aufführung seiner *Symphonie in D-Moll* (Op. 3) durch die Münchner Musikalische Akademie vor einem begeisterten Publikum. Mit achtzehn schrieb er eine Bläserserenade, an der Hans von Bülow, damals Hofmusikintendant des Herzogs von Meiningen, und der hervorragendste Dirigent Deutschlands, Gefallen fand. Er bestellte bei ihm ein weiteres Stück dieser Art. Das Meininger Orchester war unter der Leitung von Bülows zu einem Musterorchester geworden. Seine Mitglieder mußten ihre Partituren auswendig lernen, dafür durften sie dann auch stehend, wie Solisten, spielen. Strauss schrieb eine Serenade für dreizehn Bläser, und Bülow lud ihn bei einer Matinee ein, das Stück selbst und ohne Probe zu dirigieren. Der zwanzigjährige Komponist dirigierte die Aufführung in »einem Zustand von leichtem Koma«, denn er hatte noch nie zuvor in der Öffentlichkeit dirigiert. Strauss wurde Bülows besonderer Schützling, spielte bei ihm als Solopianist in einem Mozart-Konzert und wurde mit einundzwanzig Jahren Musikdirektor in Meiningen. In der Komposition war sein Vorbild Mozart. Seine frühen Quartette und Orchesterstücke, die er vor seinem einundzwanzigsten Lebensjahr schrieb, sind denn auch Werke von großem Charme und ganz im Stil der klassischen Tradition.

Die Musikwelt der achtziger Jahre war geprägt von den Auseinandersetzungen der Klassik gegen die Romantik. Ein neues Musikwerk wurde oft weniger um seiner selbst willen gehört, sondern der Komponist wurde als Bewahrer der einen oder Anhänger der anderen Richtung gewürdigt. Komponisten, Kritiker und Publikum umkreisten in einem unaufhörlichen Kriegstanz die beiden Totempfähle Brahms und Wagner. Brahms, der 1897 starb, war für seine Anhänger der letzte große Klassiker; Wagner hingegen war für sie ein Anti-Christ und Liszt ein Satan zweiten Grades. ›Lisztisch‹ war der Ausdruck ihrer größten Verachtung. Die Wagnerianer andererseits betrachteten Brahms als spießig und traditionsbeladen, während ihr eigener Held für sie der Messias und der Napoleon der Musik zugleich war. Unter dem Einfluß seines Vaters und als Mozartjünger war Strauss antiwagnerisch, aber von Bülow bekehrte ihn. Selbst daß Wagner Bülows Gattin Cosima verführt hatte, konnte dessen Bewunderung für die Kunst des Verführers nicht schmälern. Außerdem wurde Strauss auch durch Alexander Ritter beeinflußt, der als Ehemann einer Nichte Wagners und erster Geiger in Meiningen besonderes Prestige genoß und Strauss davon überzeugte, daß Zukunftsmusik auf einer Ebene mit Berlioz, Liszt und Wagner stehe. »Wir müssen Brahms so lange studieren«, versicherte er, »bis wir entdecken, daß nichts an ihm dran ist.«

Ritters Einfluß wirkte auf Strauss »wie ein Sturmwind«. Dies und die Eindrücke einer Italienreise, wo die Sonne und die Wärme auf ihn wirkten, wie sie einst auf Ibsen und andere Nordländer gewirkt hatten, inspirierten ihn zu seinem ersten Werk in der neuen Form, *Aus Italien.* Er nannte es eine »symphonische Phantasie« und überschrieb die vier Sätze mit »In der Campagne«, »Zwischen den Ruinen Roms«, »Am Strande von Sorrent«, »Szenen aus dem Volksleben von Neapel«. Der Untertitel des zweiten Satzes lautete: »Phantastische Bilder eines vergangenen Glanzes; Empfindungen von Melancholie und Pracht inmitten eines sonnigen Daseins«. Die Tempobezeichnung war *allegro molto con brio* – eine seltsame Art, Melancholie auszudrücken, aber das *molto con brio* sollte charakteristisch für Strauss werden.

Die Tondichtung *Aus Italien* nahm den Faden bei Liszt und Berlioz wieder auf. Auch sie hatten mit erzählender und beschreibender Musik experimentiert, wenn auch innerhalb der traditionellen symphonischen Form. Dies formale Erfordernis nach einem Thema und dessen Durchführung hatte für die Programmusik manchmal recht seltsame Folgen: So bricht etwa, wie ein Kritiker es ausdrückte, in Raffs Symphonie *Im Walde* die Abenddämmerung während des Finales dreimal herein. Strauss vermied diese Schwierigkeit, indem er sich von der traditionellen Form löste. Er beschrieb, ohne seine Themen durchzuführen; er peinigte den Zuhörer mit einer Anzahl blendender Impressionen ohne Auflösung. Es überrascht also nicht, daß die symphonische Phantasie *Aus Italien* bei ihrer Uraufführung in München, unter Leitung des Komponisten, ausgezischt und ausgepfiffen wurde und der Abend in »allgemeinem Erstaunen und Zorn« endete.

Aber Strauss ließ sich von dem einmal eingeschlagenen Weg nicht mehr abbringen. Er schrieb als nächstes ein Orchesterwerk über Macbeth, womit er an den *König Lear* von Berlioz und den *Hamlet* von Liszt anschloß. Nicht die Ereignisse des Dramas, sondern der Konflikt Macbeths war sein Thema, das er mit dem ganzen musikalischen Ideenreichtum ausstattete, der seinen Ruhm begründen sollte. Inzwischen war er nach der Pensionierung Bülows dessen Nachfolger als Dirigent des Meininger Orchesters geworden. 1889 war er als Hofkapellmeister nach Weimar übergewechselt, wo er die Stelle einnahm, die vor dreißig Jahren Liszt innegehabt hatte. Er stellte ein sehr ungewohntes und anregendes Programm zusammen, in dem er neben den Klassikern auch die »verrückte, moderne« Musik spielte, und zog dadurch große Zuhörerscharen an. In einer Diskussion mit einem Freund, der seine Vorliebe für Brahms und Schumann bekundete, sagte Strauss: »Oh, sie sind eigentlich nur Nachahmer und werden sich nicht lange halten. Außer Wagner gibt es im Grunde nur noch einen großen Meister, und das ist Liszt.«

Am 11. November 1889 dirigierte er in Weimar die Uraufführung seines *Don Juan.* Im Mittelpunkt stand, wie Nikolaus Lenau, der Verfasser des

Gedichtes, das der Tondichtung zugrunde lag, gesagt hatte, nicht der »heißblütige Mann, der ewig hinter den Frauen her ist«, sondern die »Sehnsucht eines Mannes nach einer Frau, die für ihn der Inbegriff alles Weiblichen ist, und in dieser einen Frau will er alle Frauen dieser Erde besitzen, die ihm als einzelne Wesen nicht gehören können. Da er sie nicht findet, obwohl er von einer zur anderen stürmt, erfaßt ihn schließlich der Ekel, und dieser Abscheu ist der Teufel, der ihn holt.«

In der Verarbeitung dieses Themas legte sich Strauss vollends darauf fest, die Musik nichtmusikalische Funktionen erfüllen zu lassen: Er beschrieb Gestalten, Gefühle, Geschehnisse und Philosophien, eine Aufgabe, die eigentlich der Literatur zukommt. Er zwang die Instrumentalmusik, ohne Unterstützung durch das Wort und durch den Sänger, die Aufgaben der Oper, beziehungsweise dessen, was Wagner ein »Musikdrama« genannt hatte, zu übernehmen. Den Forderungen dieser neuartigen Symphonik gerecht zu werden, war niemand geeigneter als Richard Strauss. Durch seine Tätigkeit als Dirigent hatte er sich ein reiches musikalisches Wissen angeeignet; er besaß ein tiefes Verständnis für die Möglichkeiten eines jeden Instrumentes, ein überschäumendes Talent und eine schier unerschöpfliche Fülle von Ideen. Hinzu kam seine meisterliche Beherrschung der Kompositionstechnik. So gelang es ihm, die Musik entgegen ihrer eigentlichen Natur Dinge vollbringen zu lassen, die verblüfften und blendeten, so wie ein Zirkusdompteur, der seine dressierten Seelöwen ihre Kunststücke vorführen läßt. *Don Juan* war siebzehn Minuten lang bezaubernde Musik mit spielerischen, verliebten Melodien; tragischem Leid, dem wundervollen Lied der Melancholie, von einer Oboe gespielt; dem turbulenten Höhepunkt und dem denkwürdigen Abschluß in der enttäuschten Dissonanz einer Trompete. Seine Themen waren aufwühlend, weil sie nicht entwickelt und aufgelöst wurden, und mit seiner Episodenform opferte er die musikalische Reihenfolge zugunsten der erzählenden. Trotzdem nannte Bülow es einen »unerhörten Erfolg«. Eduard Hanslick hingegen, die anerkannte Kapazität unter den Musikkritikern, der für die ›Neue Freie Presse‹ und andere Wiener Zeitungen schrieb, und außer Brahms oder Schumann so ziemlich alles verriß, lehnte das Stück als »häßlich«, eine Ansammlung von Melodienfetzen ohne Entwicklung einer musikalischen Idee, rundweg ab.

Die Richtungskämpfe innerhalb der Musikwelt waren in Hanslick personifiziert. Er hatte das Wort »schauderhaft« in tausend Wiederholungen über Wagners Werke abgenutzt, bis Wagner ihn schließlich in der Gestalt des Beckmesser in den *Meistersingern* unsterblich machte. Hanslick verfolgte Bruckner und dessen von Wagner beeinflußte Sinfonien mit einem derartigen Ingrimm, daß Bruckner, als Kaiser Franz Joseph ihn bei einer Audienz fragte, ob er ihm einen Wunsch erfüllen könne, nur antworten konnte: »Halten'S den Hanslick zurück.« Nun tauchte mit Strauss schon wieder einer von dieser neuen Brut auf, den es zu verfolgen galt. Mit jedem neuen Werk von Strauss steigerten sich Hanslick und Konsorten zu neuen Höchstleistungen beleidigender Kritik.

Aber Strauss war von seiner Idee nicht mehr abzubringen. Ein Jahr nach dem *Don Juan* brachte Strauss ein noch anspruchsvolleres Werk heraus, *Tod und Verklärung*. Darin durchlebt ein sterbender Mann im Todeskampf noch einmal sein ganzes Leben, von der Unschuld der Kindertage über die Kämpfe und Enttäuschungen des Mannesalters bis hin zu der Agonie des Todes. Am Ende erklingt »der Ton himmlischer Sphären, die sich auftun, um ihn mit dem zu empfangen, was er auf Erden so sehnsüchtig gesucht hat«. Die Arbeit basierte auf einer Idee, und nicht auf einer literarischen Vorlage (obwohl sein Mentor Alexander Ritter hinterher ein Gedicht zu der Musik schrieb). Dadurch wich Strauss den Gefahren des allzu Spezifischen aus, und getragen von dem strahlenden Glanz des Orchester schwangen sich die Melodien in grandiosen Bögen in schwindelnde Höhen. Strauss war damals fünfundzwanzig Jahre alt, und verglichen mit ihm wirkte Liszt wie ein Amateur.

Strauss setzte seine Dirigententätigkeit fort, ermutigte andere zeitgenössische Komponisten, führte ihre Werke auf und schrieb schließlich seine erste Oper, *Guntram*, die jedoch als eine Imitation Wagners vom Publikum abgelehnt wurde, das vom Original bereits genug hatte. Strauss war nicht starr festgelegt: So konnte er *Hänsel und Gretel* mit der gleichen Begeisterung dirigieren wie *Tristan und Isolde*. Als Humperdinck, damals noch ein unbekannter Lehrer am Hochschen Konservatorium in Frankfurt, ihm die Partitur zuschickte, war Strauss begeistert und schrieb dem Komponisten: »Mein lieber Freund, Sie sind ein begnadeter Künstler und haben unserem lieben deutschen Volk ein Werk geschenkt, das es kaum verdient hat.« Die Uraufführung der Oper in Weimar 1893 machte Humperdinck über Nacht berühmt und wenig später reich.

1894 kehrte Strauss als 2. Hofkapellmeister nach München zurück. Nach dem Tode Bülows dirigierte er während der Wintersaison 1894–1895 die Konzerte der Berliner Philharmoniker. Im gleichen Jahr war er außerdem als Gastdirigent in Bayreuth. »So jung, so modern, aber wie wunderbar dirigiert er den *Tannhäuser*«, seufzte Cosima Wagner. Die Sommer widmete Strauss seinen eigenen Kompositionen, weil er, wie er sagte, am besten arbeiten könne, wenn die Sonne schien. Während der Konzertsaison wurde er als Gastdirigent von verschiedenen deutschen Städten verpflichtet. Mit den Berliner Philharmonikern ging er auf Europa-Tournee. In den Jahren 1895–1896 dirigierte er in Madrid und Barcelona, in Mailand, Paris, Zürich, Budapest, Brüssel, Lüttich, Amsterdam, London und Moskau. Mit seiner unerschöpflichen Energie dirigierte er einmal 31 Konzerte innerhalb von 31 Tagen. Am Dirigentenpult gab er sich natürlich, ohne extravagante

Gesten und Verrenkungen, führte den Taktstock sicher, bestimmt und unkompliziert, ein wenig eckig in den Bewegungen. Bei einem Crescendo ging er leicht in die Knie. »Er dirigiert mit den Knien«, sagte Grieg. In seinen Anforderungen an die Musiker war Strauss ein Despot, aber er geizte keineswegs mit Lob für ein gutes Solo, auch wenn es nur kurz war, stieg vom Pult herab, sobald das Stück beendet war, und schüttelte dem Solisten die Hand. Er war schon längst nicht mehr der »schüchterne, junge Mann mit dem wirren Haarschopf«, den Sibelius, damals ein junger Musikstudent in Berlin, gesehen hatte, wie er sich bei einer der ersten Aufführungen des *Don Juan* im Publikum erhoben und den Beifall entgegengenommen hatte. Sein Haar begann sich bereits ein wenig zu lichten, und ob er jemals schüchtern gewesen ist, sei dahingestellt. Er war inzwischen Anfang der Dreißig und nach dem Ableben Bülows der bekannteste Dirigent und der faszinierendste Komponist Deutschlands.

In der Zeit von 1895 bis 1898 schrieb er drei weitere Tondichtungen, noch gewagter in der Tonmalerei und noch kühner in der Themenwahl als alles bisherige in der Musik. Das Wunder der kunstvollen Polyphonie war noch verblüffender, die nicht aufgelösten Disharmonien noch beunruhigender, und an einigen Stellen schien die Musik bewußt provokativ.

Etwas so Witziges, Komisches, Blitzendes und Überraschendes wie *Till Eulenspiegels lustige Streiche* hatte es bisher noch nie gegeben. Das frische, schelmische Hornmotiv begleitet den mittelalterlichen Volkshelden, den Peer Gynt Deutschlands, auf seinem spitzbübischen Weg. Jede instrumentale Möglichkeit ist ausgenutzt, um seine Abenteuer zu porträtieren: wie er über den Marktplatz saust und Töpfe und Pfannen durcheinanderwirbelt, sich als Priester verkleidet, sich verliebt, und wie er schließlich unter dem lang anhaltenden Trommelwirbel, der das Todesurteil ankündigt, ein schlimmes Ende nimmt. Ein vorwitziger Schnörkel der Klarinetten symbolisiert seine letzte, verächtliche Geste am Galgen, ein dünner Triller trägt seinen letzten Atemzug davon, während seine Füße in der Luft schwingen. Strauss' Partiturüberschriften waren dieses Mal deutlicher; »Das war ein arger Kobold«, vermerkte er über einer Passage, oder »Hoppla! Zu Pferde mitten unter die Marktweiber«; oder »Liebeglühend«. Das charakteristische Till-Motiv, in immer neuen Abwandlungen auftauchend und wieder verklingend, bezauberte das Publikum. Die Musik sprühte vor Einfallsreichtum und war voller Überraschungen, wie die Darbietungen eines unübertrefflich witzigen und flinken Zauberers, und bereitete, abgesehen von den melancholischen Passagen, ungetrübtes Vergnügen. Sie war Ausdruck einer überschäumenden Phantasie, verbunden mit unerreichtem Können; nicht so allerdings für Hanslick, der das beliebteste Verdikt der entsetzten Orthodoxen strapazierte und das Stück als ein »Produkt der Dekadenz« bezeichnete.

Mit seinem nächsten Thema griff Strauss ein Zentralthema seiner Zeit auf. 1896 hatte die Welt Nietzsche entdeckt, der einsam und enttäuscht, unter ständiger Drogeneinwirkung gegen seine chronische Schlaflosigkeit stehend, ein Werk geschaffen hatte, das sich mit dem Übermenschen befaßte und auf den weiteren Verlauf der deutschen Geschichte bedeutsam einwirken sollte. Strauss reagierte sehr rasch auf diesen neuen Einfluß und entschloß sich, *Also sprach Zarathustra* zum Gegenstand einer Tondichtung zu machen.

Nietzsches verführerisches Konzept von der »Herrschaft der Besten«, einer neuen Aristokratie, die die Menschheit auf eine höhere Ebene des Seins führen würde, und von dem Aufstieg des Menschen zur größeren Vollkommenheit des Übermenschen, nahm die Phantasie Europas gefangen. Es belebte sowohl die sehnsüchtige Hoffnung nach dem Fortschritt der Menschheit, wie auch die beginnende Enttäuschung über die Demokratie. Nietzsche lehnte das demokratische Prinzip der gleichen Rechte für alle ab, da es die zum Führen Geborenen in der uneingeschränkten Anwendung ihrer Fähigkeiten hinderte. Während Lord Salisbury die Befürchtung gehegt hatte, die Demokratie werde zur politischen, und Charles Eliot Norton sie werde zur kulturellen Herabwürdigung des Menschen führen, sah Nietzsche in ihr das bleierne Gewicht, das die Menschen davon zurückhielt, ihre höchste Erfüllung zu erreichen. Der normative Zwang des Massengeschmacks, der Massenmeinung und der moralischen Vorurteile war für ihn der Ausdruck einer »Sklavenmentalität«. Die Führer der Menschheit mußten nach den Prinzipien einer »Herrenmoral« leben, die über den alltäglichen Vorstellungen von Gut und Böse standen. Das Ziel der menschlichen Evolution war der Übermensch, das »Künstler-Genie«, der zum gewöhnlichen Mensch in der gleichen Relation stand, wie der Homo sapiens zum Affen.

Also sprach Zarathustra und die folgenden Werke, *Jenseits von Gut und Böse, Der Wille zur Macht* und das abschließende *Ecce Homo*, sind die Stationen der ruhelosen Wanderschaft Nietzsches. Großartig und drohend wie Gewitterwolken türmen sich seine Gedanken. Seine Lehre ist ein uneingeschränktes Ja zu den Eingebungen der Kraft, denn sie ist, ungeachtet der Konflikte mit der konventionellen Moral, gut *per se*. Gesetz und Religion entmutigen solche Eingebungen und behindern damit den Fortschritt des Menschen. Das Christentum ist ein Mittel, um die Schwachen, Bescheidenen und Armen zu beruhigen. Der Übermensch dagegen hat keinen Gott nötig, sondern ist sich selbst Gesetz; seine Aufgabe ist die Selbsterfüllung und nicht die Selbstverleugnung; er schüttelt die Ketten der Tradition und Geschichte als unerträgliche Bürde der Vergangenheit ab. Nietzsche formulierte sein Glaubensbekenntnis nicht in logisch beschreibender Prosa, sondern in einer Art Prosapoesie, ähnlich der Sprache der Psalmen – verworren und dunkel, voller Höhengipfel und Sonnenaufgänge, Vogelgezwitscher

und tanzender Mädchen, Huldigungen an den Willen, die Freude und die Ewigkeit und voll tausend anderer, farbiger Metaphern und Symbole, die einen Zarathustra auf der Seelenwanderung zu dem höchsten Ziel der Menschheit begleiten.
Als seine Schriften während der achtziger Jahre herauskamen, fanden sie kaum Beachtung. Da die Deutschen sich also offensichtlich unfähig zeigten, sein Werk zu verstehen und zu begreifen, begann Nietzsche, sie zu verachten. Es trieb ihn nach Frankreich, Italien und in die Schweiz, während er sich, wie Georg Brandes bekundet, »in einen positiven Abscheu gegenüber seinen Landsleuten hineinsteigerte«. Es war der Ausländer Brandes, der Däne und Jude, der ihn entdeckte, und dessen Artikel über Nietzsche 1890 in deutscher Übersetzung in der *Deutschen Rundschau* veröffentlicht wurden. Erst dadurch wurde Nietzsche in Deutschland bekannt, und sein Ruhm begann sich zu verbreiten. Inzwischen war er jedoch dem Wahnsinn verfallen. Max Nordau, der Verfasser eines zweibändigen Werkes *Entartung,* verwandte, nachdem er davon erfahren hatte, diesen Tatbestand als einen schlagenden Beweis für seine Argumentation und widmete Nietzsche einige der ausfälligsten Passagen in seinem Buch. Da es in mehrere Sprachen übersetzt und überall in Europa und in den Vereinigen Staaten gelesen wurde, trug er dazu bei, Nietzsche berühmt zu machen. Nietzsche wurde als Prophet gepriesen, als Anarchist verurteilt und in den englischen, französischen und deutschsprachigen Literaturzeitschriften analysiert und diskutiert. Seine Aphorismen fanden Verwendung als Gedicht- und Kapitelüberschriften. Er wurde zum Gegenstand von Dissertationen und war das Vorbild einer Schar von Epigonen sowie der Brennpunkt einer ganzen Literatur, die Lobpreisungen und Verdammung über ihn häufte. Daß er die Deutschen als vulgär, materialistisch und philisterhaft beschimpfte, machte ihn in Frankreich besonders sympathisch, verhinderte aber nicht, daß er in seinem Vaterland zum Mittelpunkt eines Kultes wurde. Deutschland befand sich in einem Gärungsprozeß, und seine Bewohner reagierten mit Begeisterung auf Nietzsches Theorie vom Recht des Stärkeren. In seinen Schriften war diese Aussage in eine Fülle poetischer Gedanken und neuer Erkenntnisse eingebettet, aber seine Landsleute lösten sie aus diesem Zusammenhang heraus und verstanden sie als kategorischen Imperativ, als Direktive und Rechtfertigung. 1897 war der ›Nietzsche-Kult‹ ein Begriff geworden. Der Mann jedoch, der ein Zeitalter in seinen Bann geschlagen hatte, lag in Weimar auf seine Kissen gestützt und starrte mit traurigem, verlorenem Blick in eine fremde, kalte Welt.
Für die ›Künstler-Genies‹ dieser Welt war der *Zarathustra* unwiderstehlich. Rodin, der aus bäuerlichem Milieu stammende Bildhauer und einer der großen Neuerer in der Kunst, hörte bei einem Freund in Paris eine Passage aus dem Buch und war so sehr daran interessiert, daß er jeden Abend wieder-

kam, bis es zu Ende vorgelesen war. Am Schluß sagte er nach einer langen Pause: »Welch ein Thema für eine Bronze!« Auch Strauss war von diesem Thema gefangen und wollte es in Musik umsetzen; tatsächlich hatte Nietzsche selbst geschrieben, daß der *Zarathustra* »in seiner Gesamtheit als eine Komposition angesehen werden könne«. Strauss hatte jedoch nicht vor, Nietzsches Werk einfach in Musik umzusetzen, sondern beschied sich mit dem Versuch, »die Konzeption von der Entwicklung der menschlichen Rasse, von ihrem Ursprung über die verschiedenen Evolutionsphasen, religiöse wie wissenschaftliche, bis zu Nietzsches Idee des Übermenschen, mit musikalischen Mittel auszudrücken«. Das Ganze sollte eine »Huldigung an das Genie Nietzsches« sein.

Als bekannt wurde, daß Deutschlands fortschrittlichster Komponist an einer Tondichtung arbeitete, die von dem fortschrittlichsten Philosophen Deutschlands inspiriert war, begannen die Bewunderer nervös zu werden, und die Gegner spitzten ihre Federn. Nach siebenmonatiger Arbeit vollendete Strauss das Werk im August 1896. Es war für einunddreißig Holz- und Blechbläser, Pauken, Baßtrommel, Becken, Triangel, Glockenspiel, zwei Harfen und Orgel sowie die übliche Streicherbesetzung geschrieben; die Spieldauer, dreiunddreißig Minuten, war beinahe doppelt so lang wie die des *Till*. Das Stück wurde drei Monate nach der Fertigstellung unter der Leitung des Komponisten uraufgeführt. Trompeten leiten es ein, und dann schwillt es zu einem unbändigen Jubellied des gesamten Orchesters an, das weniger den Sonnenaufgang, wie es in der Partitur heißt, als die Erschaffung des Menschen zu beschreiben scheint. Seine Großartigkeit ist atemberaubend. Den Abschluß bilden zwölf dumpfe Glockenschläge, die allmählich in ein Pianissimotremolo der Geigen und Holzbläser übergehen und mit dem berühmten ›Rätsel‹ des wiederholten B-Dur Akkords im Diskant, dem ein dumpfes, mysteriöses C im Baß gegenübersteht, ausklingt. Dazwischen liegt eine Fülle bezaubernder polyphoner Effekte und musikalischer Einfälle, die für ein Dutzend Stücke ausgereicht hätten. So ist beispielsweise ›von der Wissenschaft‹ eine Fuge aus den zwölf Tönen der Halbtonleiter; das ›Tanzlied‹ der Mädchen auf einer Wiese, eingeleitet mit hohen Flötentönen in verhaltenem Walzertakt, fängt all die Frische und Lebensfreude einer grünen Welt ein. Die Komposition ist jedoch eher wienerisch als bacchantisch und wird durch den Einsatz des Glockenspiels und der Triangeln bis zu einem gewissen Grad vulgarisiert. Drei Tage nach der Premiere wurde der *Zarathustra* in Berlin, und innerhalb des nächsten Jahres in allen größeren deutschen Städten, sowie in Paris, Chicago und New York aufgeführt. Auch diesmal war die Reaktion der Kritiker wieder zwischen höchstem Lob und tiefster Verdammung geteilt. Hanslick empfand das Stück als »gequält und abstoßend«; der Amerikaner James Huneker nannte es »gefährlich erhaben«; für den berühmten Musikwissenschaftler Richard Batka

war es ein »Meilenstein in der modernen Musikgeschichte« und Strauss der »bedeutendste Komponist unserer Zeit«.
In Deutschland war der Erfolg angesichts der Überfülle von Aufführungen, Festspielwochen und durchgehenden Opernprogrammen, Konzerten, Liederabenden und Kammermusikabenden beinahe allzu mühelos gesichert; die Orchester nahmen jede Komposition an, sobald sie vollendet war. »In Deutschland gibt es zuviel Musik« meinte Romain Rolland mit Nachdruck. Als sowohl an der Musik wie auch an den Vorgängen in Deutschland höchst interessierter Beobachter erklärte er: »Dies ist keineswegs ein Paradoxon, denn es gibt für die Kunst kein größeres Übel als eine Überfülle der Kunst.« »Deutschland«, so führte Rolland aus (nicht ganz ohne französische Voreingenommenheit) »hat eine Musikflut ausgelöst und nun ertrinkt es darin« – ein Tatbestand, der auch Strauss nicht unberührt ließ. Sein früher Ruhm und nun die Führungsposition auf seinem Gebiet, verbunden mit der sicheren Beherrschung seines Ausdrucksmittels, ließen in ihm den Wunsch wach werden, zu blenden. In seiner folgenden Komposition, *Don Quichote*, ließ er seiner Vorliebe für den Ralismus die Zügel schießen.
Der Realismus war eine Leidenschaft der Deutschen. In Bayreuth erschien Brünhilde stets mit einem richtigen Pferd auf der Bühne, das sich entweder aus einer in der Pferdenatur begründeten Bühnenscheu oder durch die galoppierende Walkürenmusik angeregt, sehr zum Vergnügen des deutschen, wenn auch weniger des ausländischen Publikums mitten in der Szene unweigerlich daneben benahm. Der Maler Philipp Ernst, der Vater von Max Ernst, malte einmal seinen Garten und ließ einen Baum weg, weil dieser die Gesamtkomposition des Bildes gestört hätte. Als ihn dann Reue wegen dieses Verstoßes gegen den Realismus überkam, fällte er den Baum. Als Strauss in *Don Quichote* eine Windmaschine benutzte, um das Sausen der Windmühlenflügel darzustellen, konnte man es dem Publikum nicht verdenken, daß es sich fragte, ob diese Naturgetreuheit nicht bereits unkünstlerisch war. Das Blöken der Schafe, von gestopften Trompeten wiedergegeben, erregte den Zorn der Kritiker, obwohl man nicht bestreiten konnte, daß Strauss nicht nur das Blöken mit außerordentlichem Können nachahmte, sondern auch einen fast visuellen Eindruck von dem Gedränge und Gewoge der Tiere in der Herde vermittelte.
Die Entrüstung der Kritiker vergrößerte jedoch lediglich Strauss' Berühmtheit und lockte noch mehr Zuhörer in seine Konzerte. Mit vierunddreißig Jahren war er, wie der englische Kritiker Ernest Newman zugab, »der Musiker, über den die Welt spricht«. Wilhelm II. mochte zwar Strauss' Musik nicht, doch konnte es sich die deutsche Hauptstadt nicht leisten, auf ihn zu verzichten. Sechs Monate nach der Premiere des Don *Quichote* bot man ihm die Stelle eines Hofkapellmeisters an der Berliner Königlichen Oper an, und er akzeptierte.

Berlin war Preußen, der Erbfeind Münchens und Bayerns. In den Augen der Norddeutschen waren die Süddeutschen leichtlebig, bequem und sentimental und neigten zu der verachtenswerten Demokratie, ja sogar zum Liberalismus. In Süddeutschland hingegen betrachtete man den Norddeutschen als einen arroganten Eisenfresser mit schlechten Manieren und als einen unverschämten Maulhelden, der politisch reaktionär war und nichts anderes als Geschäfte im Kopf hatte.

Architektonisch war Berlin, die drittgrößte Stadt Europas, zwar neu, aber nicht schön. Die Stadt war im Gründerstil erbaut, und die großen öffentlichen Gebäude, Straßen und Plätze, die alle nach 1870 angelegt oder renoviert worden waren, um der neuen nationalen Größe einen angemessenen Rahmen zu geben, waren äußerst protzig und mit Vergoldungen überladen. Die Straße Unter den Linden sollte mit ihrer Länge, die mehr als einen Kilometer betrug, und der Doppelreihe von Bäumen offensichtlich die größte und schönste Prachtstraße in Europa werden. Sie endete an dem Triumphbogen des Brandenburger Tores, das wiederum auf die berühmte Siegesallee am Tiergarten mit den schimmerden Marmorstandbildern der helmbewehrten Hohenzollern führte. Als die Denkmäler unter der Regie des Kaisers errichtet wurden, beschwerte sich Max Liebermann, der von seinem Atelier aus den Tiergarten überblicken konnte: »Das einzige was ich dagegen tun kann, ist eine dunkle Schutzbrille tragen.« Das imponierende Reichstagsgebäude war von maximaler Größe, um seine minimale Macht zu kompensieren. Entlang der Leipziger Straße und der Friedrichstraße vibrierten die Kaufhäuser, Bankzentralen und Geschäfte unter der hektischen Geschäftigkeit einer stetig wachsenden Wirtschaft. Die Stadt war blitzsauber und die Menschen so ordentlich, daß eine Berliner Zimmerwirtin drei Pfennig für das Annähen eines Knopfes und zwanzig Pfennig für das Entfernen eines Tintenflecks auf die Rechnung setzte. Die Polizei war tüchtig, wenn auch ein englischer Besucher meinte, sie sei »äußerst grob und sogar brutal«. Die verbotenen Früchte des Lasters wurden auf dem Präsentierteller offeriert; die Küche war wenig interessant und die Damenmode provinziell. Preußische Sparsamkeit erlaubte keine Eleganz. Die Frauen der mittleren Schichten trugen selbstgemachte Kleider mit plissierten Blusen, graubraune Röcke, schwere Mäntel, plumpe Schuhe und wenig elegante Hüte, die zu allem und nichts paßten. Sie waren rundlich und gesetzt, hatten eine rauhe Haut und trugen das Haar zurückgekämmt oder in Zöpfen um den Kopf geschlungen.

Die Berliner Gesellschaft war aufgrund der fehlenden Verbindungen und der strikt eingehaltenen Klassengrenzen steif und langweilig. Geschäftsleute, Akademiker, Schriftsteller und Künstler waren ohne das adelnde »von« nicht hoffähig, und das bedeutete, daß sie mit dem Adel nicht gesellschaftlich verkehrten. Aber auch untereinander hatten sie wenig gesellschaftlichen Kontakt. Jeder Deutsche gehörte seinem bestimmten Kreis an, dessen Randbezirke säuberlich von den angrenzenden Gruppen getrennt waren. Sich außerhalb der Grenzen des eigenen Kreises zu bewegen oder gar zu heiraten, konnte nur Unordnung heraufbeschwören, und das fürchteten die Deutschen am meisten. Vielleicht um die gesellschaftliche Monotonie ein wenig aufzulockern, aßen manche Deutsche, Berichten zufolge, sieben Mahlzeiten am Tage.

Seit der Reichsgründung unter der Führung Preußens rekrutierte sich die regierende Klasse aus dem Stand der Junker, dem preußischen Adel, deren Zahl groß, deren Reichtum gering und deren Vorstellungswelt provinziell war. Da der katholische Adel Württembergs und Bayerns sie als grob, taktlos und für die gesellschaftliche Führungsrolle ungeeignet verachtete, machten die Junker ihren Mangel an Bildung durch Zackigkeit wett. Sie beherrschten die Armee, die in Deutschland den Staat beherrschte, und im Gefolge Bismarcks, ihres bedeutendsten Exponenten, besetzten sie die meisten der Regierungsämter, allerdings nicht die führenden Positionen in dem regen und aufregenden Geschäftsleben der Hauptstadt. Obwohl im Grunde antikommerziell, waren sie doch willige Agenten des Wirtschaftslebens und ihre Regierung unverhohlen die kommerziellste in ganz Europa. Der Kaiser bewunderte das Geld und nahm in seinen Kreis auch den reicheren, weltläufigeren, nichtpreußischen Adel auf. Das Leben bei Hofe war für seine minuziöse Etikette und die gewaltigen Staatsbankette mit viel zu lauter Musik bekannt. Ungetaufte Juden wurden bei Hofe nicht empfangen; gelegentliche Ausnahmen bildeten Hofjuden, wie etwa der Freund des Kaisers, Albert Ballin. Obwohl die Juden nur etwa ein Prozent der Gesamtbevölkerung ausmachten, war der Antisemitismus Mode, bedingt durch ihren rapiden Aufstieg in Wissenschaft und Kunst, im Geschäftsleben und den akademischen Berufen, nachdem die gesetzliche Emanzipation 1871 auch für das Deutsche Reich in Kraft getreten war. Ungeachtet dessen waren gläubige Juden jedoch von politischen, militärischen und akademischen Ämtern sowie von der Erhebung in den Adelsstand ausgeschlossen. Trotz dieser Zurücksetzung fühlten sie sich, zum Glück für Deutschland, nicht weniger als Deutsche. Der Bankier Bleichröder hatte Bismarck den nötigen Kredit für den deutsch-französischen Krieg beschafft; Albert Ballin war der Begründer der deutschen Handelsschiffart; Emil Rathenau baute die AEG auf, die die Elektrifizierung Deutschlands besorgte; Fritz Haber war der Entdecker des Verfahrens zur Stickstoffgewinnung aus der Luft, das Deutschland vom Import von Salpeter zur Sprengstoffherstellung unabhängig machte: Sie alle waren Juden und trugen einen Großteil zu der wachsenden Kraft Deutschlands bei. Die regierende Klasse in Deutschland wurde durch eine strebsame und fleißige Mittel- und Unterschicht getragen, die intensiv und unermüdlich arbeitete und für die es selten Ferien gab. Insgesamt gesehen war sie besser ausgebildet als die vergleichbare Schicht anderer Länder. Preußen hatte bereits 1820 die allgemeine Schulpflicht für Kinder im Alter von sieben bis vierzehn Jahren eingeführt, und in den neunziger Jahren waren an den Universitäten, umgerechnet auf die Bevölkerungszahl, zweieinhalb mal so viele Studenten immatrikuliert wie in England.

Der Herrscher dieses strebsamen Volkes war wie seine Untertanen fleißig und dynamisch, aber eher rastlos denn gründlich. Er kümmerte sich um alles und war an allem interessiert, manchmal mit gutem Erfolg. Als der Zirkus Barnum und Bailey 1901 in Deutschland gastierte und der Kaiser von der erstaunlichen Geschwindigkeit hörte, mit der der Zirkus seine Züge belud, schickte er einige Offiziere hin, damit sie die Technik studierten. Anstatt die schweren Gerätschaften von der Seite einzeln auf die Waggons zu hieven, hatten die Zirkusleute eiserne Verbindungsplanken durch den ganzen Zug gelegt, so daß alle Geräte an einem Ende aufgeladen und bis nach vorne durchgerollt werden konnten. Auf diese Weise war es möglich, drei Züge von je 22 Waggons innerhalb einer Stunde zu beladen. Dieses Verfahren wurde prompt übernommen, damit die Geschwindigkeit im deutschen Mobilisierungsapparat noch vergrößert werden konnte. Die Beobachter des Kaisers erkannten auch die Vorteile des großen Zirkusküchenwagens gegenüber den stationären Feldküchen der Armee und übernahmen auch diese Verbesserung, so daß nun auch während der Fahrt Verpflegung ausgegeben werden konnte.

Der Kaiser achtete mit peinlicher Genauigkeit darauf, zu jeder Gelegenheit auch die passende Uniform zu tragen. Als das Moskauer Künstlertheater in Berlin gastierte, wohnt er der Vorstellung in russischer Uniform bei. Mit großer Vorliebe arrangierte er bombastische Militärparaden, so die jährliche Frühjahrs- und Herbstparade der Berliner Garnison auf dem riesigen Tempelhofer Feld, auf dem 50 000 Mann, also mehrere Divisionen, aufmarschieren konnten. Auch auf dem Gebiet der Kunst hielt er sich für eine Autorität und bestimmte den Kunstgeschmack seiner Zeit. Allerdings waren seine Vorstellungen nicht besonders avantgardistisch. Als das Preisrichterkollegium 1896 Gerhart Hauptmann für den Schiller-Preis vorgesehen hatte, verlieh der Kaiser den Preis an Ernst von Wildenbruch, einen seiner Lieblingsschriftsteller, der historische Dramen im Stile von *Wilhelm Tell* produzierte. Als die Rhodes-Stipendien ausgeschrieben wurden, benannte der Kaiser die deutschen Kandidaten, »sehr gewöhnliche, reiche Leute«, wie ein Mitglied von Balliol feststellte, »die keinen guten Eindruck machen«. Einer von ihnen schoß im Park des Magdalen College einen Hirsch und mußte auf Befehl seines höchst verlegenen Monarchen wieder zurückkehren. Der Kaiser sah sich selbst gern als »kunstliebenden Fürsten«, wie er in seiner Rede zur Einweihung der Siegesallee sagte, »um den sich die Künstler scharen können« und unter dessen Regentschaft sich die Kunst wie in den Zeiten der Klassik »in der unmittelbaren Verbindung zwischen dem Künstler und seinem Auftraggeber« entfalten kann. In diesem Falle selbst der Auftraggeber, hatte er den Bildhauern der Denkmäler eine »klare und verständliche Aufgabe« gestellt und das Werk »in Auftrag gegeben und beschrieben«, es aber dann ihnen überlassen, seine Ideen auszuführen. Nun konnte er sich eines Resultats rühmen, das von dem »Makel der sogenannten modernen Tendenzen frei ist«.

Kunst, so verkündete er, sei ein Ideal. »Für uns Deutsche sind große Ideale, für die andere Völker kein Verständnis aufbringen, ein bleibender Besitz geworden«, den »nur das deutsche Volk« bewahren konnte. Er erwähnte den erzieherischen Wert der Kunst mit Blick auf die unteren Klassen, die sich nach einem anstrengenden Arbeitstag durch Versenkung in die Schönheit und die Ideale über sich selbst erheben konnten. Aber, so warnte er streng, »wenn die Kunst in die Gosse hinabsteigt, wie das heutzutage so oft geschieht und das Elend noch unerfreulicher darstellt, als es ohnehin schon ist«, dann »versündigt sich die Kunst gegen das deutsche Volk«. Als Herrscher dieses Landes fühlte er sich zutiefst beleidigt, wenn die Meister der Kunst »sich solchen Tendenzen nicht mit der entsprechenden Energie widersetzen«. Auch das Theater, so erklärte er 1898, solle zur Kultur der Seele beitragen, die Moral anheben und den »Respekt vor den höchsten Traditionen unseres deutschen Vaterlandes vertiefen«. Damit das Königliche Theater, das er stets »mein Theater« nannte, dieser Aufgabe gerecht werden konnte, arrangierte er eine Serie seiner historischen Lieblingsdramen zu angemessenen Preisen für ein Publikum der Arbeiterklasse. Er war ein Pedant, was die Genauigkeit im Detail von Bühnenbild und Kostümen anging, und für eine Ballett-Pantomime über Sardanapol durchstöberte er die Museen der Welt nach Hinweisen über assyrische Kampfwagen.

Er besuchte gern die Proben der Königlichen Oper und des Königlichen Schauspielhauses und führte sogar manchmal selbst Regie. Bei solchen Gelegenheiten pflegte er mit seinem schwarzgelben kaiserlichen Automobil vorzufahren und ließ sich an einem Arbeitstisch im Zuschauerraum nieder, der mit einem Stapel Papier und einer Reihe exakt ausgerichteter Bleistifte versehen war. Ein uniformierter Adjutant stand neben ihm, und wenn der Kaiser ihm ein Zeichen gab, hob er die Hand, worauf die Probe unterbrochen wurde. Der Kaiser erklärte dann mit vielen Gesten, welche Verbesserungen er zu sehen wünschte, und die Schauspieler versuchten es noch einmal. Das Ensemble war für ihn stets »meine Schauspieler«, und als einer von ihnen, Max Pohl, einmal plötzlich erkrankte, sagte der Kaiser zu einem Bekannten: »Stell dir nur vor, mein Pohl hat gestern einen Anfall gehabt.« Der Bekannte dachte, der Kaiser meine einen seiner Hunde und drückte sein Mitgefühl über den bedauerlichen Fall aus: »Ach, das arme Vieh.«

In der Musik war der Geschmack des Kaisers selbstverständlich konservativ. Er hörte gerne Bach, den größten von allen, und Händel. Was Opern betraf, die er, sofern es sich um deutsche Werke handelte, über alles liebte, pflegte er zu sagen: »Gluck ist mein Mann; Wagner macht zuviel Krach.« Bei den Aufführungen blieb er stets bis zum Schluß. Er veranstaltete des öfteren Konzerte im Schloß, deren Programme er selbst zusammenstellte und deren Proben er besuchte, wobei er allerdings erwartete, daß das Orchester vorher bereits geprobt hatte, so daß alles gut ablief. Auf seiner Norwegenreise bat er Grieg zu einer Audienz in die deutsche Gesandtschaft. Nachdem er vierzig Musiker zusammengeholt hatte, stellte er zwei Stühle vor das Orchester, einen für sich und einen für den Komponisten, und forderte diesen auf, die *Peer-Gynt-Suite* zu dirigieren. Während des Spiels korrigierte der Kaiser fortwährend Tempi und Ausdruck und wiegte sich bei dem Tanz der Anitra, der ihn »geradezu elektrisierte« in »orientalischen Bewegungen«. Am darauffolgenden Tag wurde die Aufführung mit dem vollständigen Orchester an Bord der kaiserlichen Jacht *Hohenzollern* wiederholt.

Während des ersten Teiles seiner Regierungszeit war die Bewunderung für den Kaiser ein nationaler Kult. Nach der langen Herrschaft seines Großvaters Wilhelm I., auf den die dreimonatige Regentschaft eines todkranken und schmerzgepeinigten Mannes folgte, begrüßte das Volk die Ankunft eines jungen und energischen Monarchen, der seine Rolle offensichtlich genoß und den vollen Glanz eines Königs entfaltete. Sein herrischer Blick und seine martialische Haltung, seine heldischen Posen, unterstrichen durch die leuchtenden Uniformen und die aufpeitschende Musik, begeisterten seine Untertanen. Junge Männer gingen zum Hoffriseur und ließen sich ihren Schnurrbart mit einer besonderen Vorrichtung zwirbeln; Offiziere und Beamte kopierten den herrischen Blick, und Arbeitgeber sprachen in dem äußerst dynamischen Stil des Kaisers zu ihren Arbeitern, so wie Diederich, die Hauptperson in Heinrich Manns beißender Satire über das wilhelminische Deutschland, *Der Untertan.* »Jetzt habe ich das Steuer selbst in die Hand genommen«, sagte er, als er die väterliche Fabrik geerbt hatte. »Mein Kurs ist der richtige, ich führe euch herrlichen Tagen entgegen. Diejenigen, welche mir dabei behilflich sein wollen, sind mir von Herzen willkommen, diejenigen jedoch, welche sich mir bei dieser Arbeit entgegenstellen, zerschmettere ich. Einer ist hier der Herr und das bin ich. Gott und meinem Gewissen allein schulde ich Rechenschaft. Ich werde euch stets mein väterliches Wohlwollen entgegenbringen. Umsturzgelüste aber scheitern an meinem unbeugsamen Willen.« Die Familie folgt ihm nach seinem ›Abgang‹ bestürzt und ehrfurchtsvoll, indes die Arbeiter einander noch lange stumm ansahen.

In die erste Hälfte der Regierungszeit des Kaisers, die 1888 begann, fiel der erste Aufschwung des Nietzsche-Kultes. Die rastlose Geschäftigkeit des Monarchen in allen möglichen Bereichen ließ ihn als den vielseitigen Mann erscheinen, den Übermenschen, der selbstverständlich in Deutschland

als Krönung jenes Jahrhunderts erschien, in dem die Entwicklung am weitesten vorangetrieben worden war. Und wo stand dieser Übermensch – an der Spitze des Staates. Als natürliche Folge wurde der Kaiser zum Idol. Der Diederich im Roman begegnet dem Kaiser zum erstenmal, als dieser an der Spitze einer Schwadron mit »steinernem Ernst« die Linden hinunter zum Brandenburger Tor reitet, um sich einer Demonstration von Arbeitern zu stellen. Hingerissen von ihrer Loyalität marschieren die Arbeiter, die eben noch nach »Brot und Arbeit« verlangt hatten, neben ihm her. Diederich stürzt dem Kaiser entgegen, gleitet aus und setzt sich mit Wucht in einen Tümpel, die Beine in die Luft, umspritzt von Schmutzwasser. Da lachte der Kaiser. Der Mensch war ein Monarchist, ein treuer Untertan! ... Diederich aus seinem Tümpel sah ihm nach, den Mund noch offen!
In Diederich, der stets nach unten tritt und nach oben buckelt, porträtiert Mann unbarmherzig einen Wesenszug seiner Landsleute – die Dienstbeflissenheit, die Kehrseite der aufgeblasenen Wichtigtuerei. Der Bankier Edgar Speyer, der nach siebenundzwanzig Jahren Aufenthalt in England in seine Geburtsstadt Frankfurt zurückkehrte, fand, daß die drei siegreichen Kriege und die Reichsgründung in Deutschland eine Atmosphäre geschaffen hatten, die »unerträglich« war. An die Stelle des deutschen Liberalismus war der deutsche Nationalismus getreten. Wohlstand und Selbstzufriedenheit schienen ihm wie ein Narkotikum auf die Menschen zu wirken; sie hatten nichts dagegen einzuwenden, ihre Freiheit einem zügellosen Militarismus und einer »unglaublichen« Unterwerfung unter Armee und Kaiser zu opfern. Universitätsprofessoren, die in Speyers Jugendjahren Führer des Liberalismus gewesen waren, »beugten sich jetzt auf die unterwürfigste Weise der Autorität«. Resigniert gab Speyer nach fünf Jahren auf und kehrte nach England zurück.
Für das, was Speyer beobachtet hatte, suchte Mommsen eine Erklärung. »Bismarck hat der Nation das Rückgrat gebrochen«, schrieb er 1886. »Der Schaden, den die Bismarcksche Ära anrichtet, ist unendlich größer als ihre Wohltaten ... Die Unterwerfung der deutschen Persönlichkeit, des deutschen Geistes ist ein Unglück, das sich nicht mehr wieder gutmachen läßt.« Was Mommsen jedoch nicht sagte, war, daß Bismarck sich ohne Resonanz in der deutschen Mentalität nicht hätte durchsetzen können.
In den neunziger Jahren war Strauss von der Idee des Übermenschen überzeugt und teilte die Bewunderung für den Kaiser. Dann aber änderte sich seine Haltung unter dem Eindruck persönlicher Erfahrungen während seiner Zeit als Hofkapellmeister der Berliner Königlichen Oper. Nach einer Aufführung von Webers *Freischütz*, einer Lieblingsoper des Kaisers, wurde Strauss in die kaiserliche Loge befohlen. »So, Sie sind also auch einer dieser modernen Komponisten«, stellte der Kaiser fest. Strauss verneigte sich. Mit Bezug auf einen anderen zeitgenössischen Komponisten, Schillings,

von dem er ein Werk gehört hatte, sagte der Kaiser: »Es war schauderhaft, ohne eine Spur von Melodie.« Strauss verneigte sich abermals und deutete an, daß die Melodie wohl da war, sich jedoch oft hinter der Vielstimmigkeit verbarg. Der Kaiser runzelte die Stirn: »Sie sind einer der schlimmsten.« Strauss verneigte sich stumm. »Die ganze moderne Musik ist völlig wertlos«, verkündete der königliche Kritiker und wiederholte, »ohne jede Spur von Melodie.« Strauss verneigte sich. »Ich ziehe den *Freischütz* vor«, sagte der Kaiser bestimmt. Strauss gab nach. »Euer Majestät, ich ziehe den *Freischütz* ebenfalls vor«, antwortete er.
Da sich der Kaiser nicht als das Idol erwies, das Strauss in ihm gesucht hatte, dauerte es nicht lange, bis er einen neuen Helden gefunden hatte – sich selbst. Dies schien ihm ein ganz selbstverständliches Thema für seine nächste größere Komposition zu sein, die er ohne falsche Bescheidenheit *Ein Heldenleben* betitelte. Seit der Fantasie *Aus Italien* hatte er keine Stimmungen, Eindrücke, versunkenen Kathedralen oder idyllischen Szenen mehr geschildert. Sein Thema war stets der Mensch gewesen: der Mensch im Kampf und auf der Suche nach dem Sinn des Daseins; mit seinen Feinden und seinen eigenen Leidenschaften ringend und in die drei großen Lebensabenteuer verwickelt: Kampf, Liebe und Tod. *Macbeth, Don Juan,* der namenlose Held von *Tod und Verklärung, Till Eulenspiegel, Zarathustra, Don Quichote* – sie alle waren Reisende auf der Wanderschaft und auf der Suche nach der Seele. Ein Proträt ihres Schöpfers leistete ihnen nun Gesellschaft.
Strauss' persönliche Erfahrungen mit den beiden ersten der drei großen Lebensabenteuer waren hinreichend, wenn auch nicht gerade dramatisch. Die Kämpfe mit seinen Kritikern hatten Narben hinterlassen. 1894 hatte er geheiratet. Mit dreiundzwanzig Jahren lernte er Pauline de Ahna kennen, die Tochter eines pensionierten Generals und Amateurbaritons, der in seiner Heimatstadt gelegentlich Wagner-Abende gab. Seinem Vorbild folgend, hatte seine Tochter an der Münchner Akademie der Tonkunst Gesang studiert, ohne jedoch beruflich große Fortschritte zu machen, bis Strauss sich in sie verliebte und Unterricht und Werbung derart wirkungsvoll miteinander verband, daß sie nach zwei Jahren an der Weimarer Oper Titelpartien sang, darunter die Elsa im *Lohengrin,* die Pamina in der *Zauberflöte,* die Leonore im *Fidelo* und die Hauptrolle in Strauss' eigener Oper *Guntram.* Anläßlich einer Tannhäuserprobe, in dem sie die Elisabeth sang, stritt sie sich wieder einmal mit ihm über das Tempo, stieß »fürchterliche Beleidigungen« aus, warf ihm den Klavierauszug an den Kopf und stürmte in ihre Garderobe. Strauss folgte ihr, und die Mitglieder des Orchesters vernahmen in stummem Staunen den Ausbruch weiblichen Zorns, der durch die geschlossene Garderobentür deutlich hörbar war. Als dann eine lange Stille eintrat, fragten sie sich, wer von den beiden, die Primadonna oder der Dirigent, wohl den anderen umgebracht haben könnte, und schickten

eine Abordnung los. Als Strauss auf das Klopfen hin die Tür zur Garderobe öffnete, stammelte der Wortführer, daß er und seine Kollegen, durch den Auftritt der Sängerin schockiert, meinten, sie seien es ihrem verehrten Herrn Kapellmeister schuldig, sich fürderhin zu weigern, eine Oper zu spielen, in der sie eine Rolle hatte. »Das ist aber sehr schade«, meinte Strauss lächelnd, »ich habe mich nämlich soeben mit Fräulein de Ahna verlobt.«

Die Beziehungen der beiden änderten sich auch während der Ehe nicht. Die Gattin kreischte, und der Ehemann lächelte und genoß es offensichtlich, herumkommandiert zu werden. In Gesellschaft erlaubte Pauline Strauss ihrem Mann nicht, mit anderen Damen zu tanzen, und zu Hause übte sie ihr Hausfrauenregiment mit »rücksichtslosem Fanatismus« aus. Strauss mußte sich an drei verschiedenen Fußmatten die Füße abtreten, ehe er sein eigenes Haus betreten durfte. Jeder Gast, ganz gleich welchen Alters oder Ranges, wurde an der Tür mit dem Befehl empfangen: »Putzen Sie sich die Füße ab!« Die Fußböden waren blitzblank, und Dienstboten, die den wie mit dem Lineal schnurgerade ausgerichteten Inhalt des Wäscheschrankes in Unordnung brachten, wurden unweigerlich von den Zornesschreien der Hausfrau verfolgt. Mit dem gleichen Enthusiasmus, mit dem sie andere züchtigte, unterwarf sich Frau Strauss auch selbst der Kasteiung und nahm täglich die Dienste einer Masseuse der harten Schule in Anspruch, während deren Anwesenheit der Hausherr spazieren gehen mußte, damit er die gequälten Schreie seiner Frau nicht hörte. 1897 gebar sie ihm einen Sohn, Franz, der sofort die Familientradition *molto con brio* aufnahm und, einem stolzen Bericht an die Großeltern zufolge, »wie am Spieß schrie«.

Wenn Pauline Strauss, begleitet von ihrem Mann, seine Lieder sang, die gewöhnlich mit einem längeren Klaviernachspiel endeten, dann schwenkte sie stets ein großes Chiffontuch, daß sie am Schluß mit einer großartigen Geste auf die Erde fallen ließ, um die Augen des Publikums von dem Pianisten weg auf sich zu lenken. Ihren Gästen erklärte sie in aller Ausführlichkeit, warum und wieso ihre Heirat eine schreckliche Mesalliance sei, während Strauss mit einem nachsichtigen Lächeln zuhörte. Sie hätte eigentlich jenen feschen Husaren heiraten sollen, und nun war sie an einen Mann gefesselt, dessen Musik noch nicht einmal mit der von Massenet vergleichbar war. Während eines Besuches in London, wo Strauss *Ein Heldenleben* dirigiert hatte, brachte man bei einem Abendessen im Hause der Speyers einen Toast auf den Komponisten aus, als seine Frau den Redner aufgeregt unterbrach: »Nein, nein!« – rief sie, indem sie auf sich deutete – »nein, nein! Auf Strauss-de Ahna.« Strauss lachte nur und schien, einem Beobachter zufolge, den Anspruch seiner Frau auf Vortritt höchst amüsant zu finden.

Sie war schuld an seinem Ordnungsfanatimus. Sein Schreibtisch war ein Musterbeispiel der Ordnung, seine Skizzen und Notenbücher so peinlich genau wie die Unterlagen eines Rechtsanwalts ausgerichtet, abgeheftet und verzeichnet. Seine Handschrift war gestochen klar und seine Noten »Wunder der Kalligraphie«; höchst selten fand sich eine Korrektur oder eine radierte Stelle darin. Mochten auch seine Lieder zu den ungewöhnlichsten Zeiten entstanden sein, manchmal während der Pausen eines Konzerts oder einer Oper, die er dirigierte, seine größeren Arbeiten schrieb er ausschließlich in seiner Sommervilla, zuerst in Marquartstein in Oberbayern, später in seinem palaisartigen Haus in Garmisch. Hier arbeitete er regelmäßig vom Frühstück bis zum Mittagessen in seinem Atelier und oftmals, so erzählte er einem Interviewer, den ganzen Nachmittag und Abend hindurch bis ein oder zwei Uhr nachts. Es machte ihm Spaß, seine unglaublich komplizierten Partituren zu schreiben, die oft so komplex in ihrer übertriebenen Aufgliederung in Instrumentalgruppen und den ineinander verwobenen Melodien waren, daß das Thema vom Ohr des Zuhörers gar nicht mehr wahrgenommen wurde. Es war nur noch für das Auge eines geübten Partiturlesers erkennbar, der die mathematische Genialität des Komponisten bewundern konnte. Dies wurde in Deutschland ›Augenmusik‹ genannt. Als man Strauss einmal ein Kompliment wegen seines großen Könnens machte, antwortete er, daß dies nichts sei, verglichen mit den Arbeiten eines jungen Wiener Komponisten namens Arnold Schönberg, der für eine Partiturseite fünfundsechzig Liniensysteme benötigte und sein Notenpapier speziell anfertigen lassen mußte. Strauss beherrschte sein Metier derart vollendet, daß er einem Besucher einmal sagte: »Fahren Sie nur fort. Ich kann meine Noten schreiben und mich dabei unterhalten.« Für eine sinfonische Dichtung benötigte er drei bis vier Monate. Gewöhnlich schrieb er die Partitur in Berlin zwischen Proben und Aufführungen.

Dem Besucher in Strauss' Sommerhaus offenbarte sich ein Organisationstalent von Frau Pauline, das dem des verstorbenen Feldmarschalls von Moltke vergleichbar war. Am Eingangstor zu dem Grundstück befand sich ein Sprechrohr unter einem Schild, das den Besucher aufforderte, die Klingel zu drücken und dann sein Ohr an die Muschel zu halten. Eine Stimme fragte ihn nach dem Namen, und falls er für würdig befunden wurde, informierte ihn die Stimme, daß das Tor nun offen sei. Ein zweites Schild instruierte ihn, wie das Tor zu öffnen und wieder zu schließen sei.

Frau Strauss gestattete keinen Müßiggang. Wenn sie ihren Mann einmal dabei antraf, wie er ziellos durch die Räume wanderte, pflegte sie zu kommandieren: »Richard, jetzt gehst komponieren!« und er gehorchte. Wenn er zuviel arbeitete, sagte sie: »Richard, leg den Bleistift weg!« und er legte ihn weg. Als er in Wien die Premiere seiner zweiten Oper, *Feuersnot*, dirigierte, wohnte Frau Strauss der Aufführung in der Loge des österreichischen Dirigenten und Komponisten Gustav Mahler bei und tobte, wie Frau Mahler sich erinnert, die ganze Zeit hindurch: Niemand könne diesen Kitsch wirklich mögen; wir seien alle Lügner, so etwas zu behaupten, wo wir doch genauso gut wie sie wüßten, daß da keine originäre Note drin sei. Das sei alles von Wagner und einem Dutzend anderer gestohlen, die besser waren als ihr Mann. Die Mahlers saßen stumm und verlegen da und wagten nicht zuzustimmen, denn »die alte Hexe war durchaus imstande, uns die Worte im Munde herumzudrehen und plötzlich loszuschreien, wir hätten all diese Bemerkungen gemacht«. Nach begeistertem Applaus und vielen Vorhängen kam Strauss strahlend in die Loge und fragte: »Nun, Pauksel, was hältst du von meinem Erfolg?«

»Du Dieb«, fauchte sie, »du wagst es noch, dich zu zeigen? Ich gehe nicht mit dir. Du bist scheußlich.« Eiligst in Mahlers Büro gezogen, tobte sie hinter verschlossenen Türen weiter, bis Strauss schließlich herausstolperte, gefolgt von seiner Ehehälfte, die mit fürchterlicher Stimme kundtat, daß sie nun ins Hotel zurückkehre, und: »Ich schlafe heute nacht allein.«

»Kann ich dich denn wenigstens begleiten«, bat Strauss demütig. »Schön – zehn Schritt hinter mir!« Und damit rauschte sie davon, in respektvollem Abstand gefolgt von dem Helden des Abends. Später gesellte sich Strauss bedrückt und erschöpft bei einem späten Abendessen wieder zu den Mahlers und verbrachte den Rest des Abends damit, die Tantiemen für den Fall eines großen und eines geringen Erfolges auszurechnen. Geldverdienen interessierte ihn ebenso sehr wie jeder andere Aspekt seines Berufes.

Strauss komponierte *Ein Heldenleben* im Sommer 1898 und beschrieb es als »ein heldisches Tongedicht . . . mit starker Hörnerbesetzung, stets heroisch im Ausdruck«. Das Stück dauerte vierzig Minuten, länger als jedes seiner früheren Werke. Es gibt viele Selbstporträts von Künstlern, aber Strauss war vermutlich der erste, der sich als Held bezeichnete, was möglicherweise eine Reflexion der nationalen Haltung war. Er dirigierte die Premiere am 3. März 1899 selbst, was in Anbetracht des provozierenden Titels, der Art der Musik und der Partiturbemerkungen ein beträchtliches Maß an Zivilcourage bewies. *Ein Heldenleben* ist in sechs Sätze gegliedert, die den »Helden«, seine »Feinde«, seine »Gemahlin«, seinen »Kampf«, seine »Friedensarbeit« und schließlich seine »Flucht aus der Welt und Erfüllung des Lebens« beschrieben. Formal gesehen ist das Stück eine Sonate mit einer Unzahl von Themen, die durchgeführt und wiederholt werden. Ein stolzes Hörnermotiv, das sich bis zum Fortissimo steigert, kündigt den Helden an. Aufgeregt meckernde Holzbläserpassagen symbolisieren seine Feinde, die Kritiker. Kadenzen der Solovioline, stellen die Gattin dar. Die Partituranweisungen sind bisweilen überdeutlich: »heuchlerisch schmachtend«, »frivol«, »hoheitsvoll«, »liebevoll« und schließlich in einem leidenschaftlichen und bewegenden Liebesduett »zart und liebend«. Plötzlich erklingt aus der Ferne – von drei Trompeten hinter der Bühne geblasen – der Ruf zu den Waffen. Mit wild dahinjagenden Geigen, wirbelnden Pauken, Fanfarengeschmetter und dem Donner der Baßtrommel tobt die Schlacht in einem verwirrenden, turbulenten Crescendo. Für das Publikum von 1899 klang das allerdings »scheußlich«. Inmitten dieses Aufruhr kehrt strahlend das Heldenthema wieder. Seine Friedenswerke, deren autobiographischer Charakter unmißverständlich ist, bestehen aus Themen aus den früheren Werken des Komponisten. Die schließliche Verklärung des Helden vollzieht sich unter gedämpfter, ernster Musik, die Strauss später in seinen Programmanweisungen als »Beerdigungszeremonie mit Flaggen und Lorbeerkränzen in das Grab eines Helden hinabsinkend« bezeichnete.

Romain Rolland erlebte wenige Wochen später die zweite Aufführung in Köln und war restlos begeistert, teils sicherlich noch unter dem Eindruck seines eigenen, soeben ausgefochtenen Kampfes über *Les Loups*. Obwohl ein Teil des Publikums pfiff und einige der Orchestermitglieder über die Musik lachten, »biß ich die Zähne zusammen und zitterte; mein Herz schlug dem jungen wiedererstandenen Siegfried entgegen.« In dem »fürchterlichen Lärm und Aufruhr« der Schlachtmusik hörte Rolland die »Erstürmung von Städten, die wilden Attacken der Kavallerie, unter denen die Erde erbebt und die unsere Herzen erschrecken macht«. Er war der Ansicht, dies sei »die großartigste Schlacht, die jemals mit Noten gemalt worden ist«. Zeitweilig ging die musikalische Idee in einem Strudel unter und tauchte wieder auf, manchmal war sie mittelmäßig im melodischen Empfinden, aber großartig in ihrem »harmonischen und rhythmischen Einfallsreichtum und der glanzvollen Orchestrierung«. Strauss, so schien es Rolland, drückte in hervorragender Weise einen »heldischen, herrischen, unbändigen und machtvollen« Willen aus. Auch Rolland war von dem Geist Nietzsches beeinflußt, und dies war für ihn der Grund, weshalb er Strauss großartig und seine Musik für die damalige Zeit einzigartig fand. Aber selbst in der Bewunderung blieb Rolland Franzose und konnte sich nicht versagen, politische Schlußfolgerungen zu ziehen. Nun, nachdem Strauss, wie Deutschland »seine Macht durch den Sieg bewiesen hat, kennt sein Stolz keine Grenzen«, meinte er abschließend. In ihm sah Rolland einen »Mann von vitaler, krankhaft übersteigerter, unausgeglichener Energie, die nur durch die Anstrengung des Willens kontrolliert wird« ein Mann, in dem sich das Gesicht Deutschlands widerspiegelte. Dennoch wurde Rolland sein Freund und Bewunderer.

Er hatte Strauss acht Jahre zuvor in Bayreuth kennengelernt. 1899 waren sie sich zum zweitenmal begegnet, als Strauss in Paris den *Zarathustra* dirigierte. Das war der dionysische Geist Nietzsches in voller Entfaltung. »Aha!« schrieb Rolland damals, »das allmächtige Deutschland wird sein Gleichgewicht nicht lange halten können. Nietzsche, Strauss, der Kaiser – Schwindel erfaßt das deutsche Hirn. Der Geist Neros geht um!« Rolland glaubte in dem mehrfach wiederkehrenden Thema der Verachtung und

in den die Tondichtungen abschließenden Todesszenen eine deutsche »Krankheit, verborgen unter der Stärke und der militärischen Straffheit« entdekken zu können. Er fand sie auch im *Heldenleben* wieder.
Als er Strauss in dessen Wohnung in Charlottenburg, dem eleganten Vorort Berlins, besuchte, stellte er fest, daß dieser mehr ein Bayer denn ein Nietzsche-Jünger war, mit einem »gewissen humoristischen Schalk, paradox und satirisch wie sein Till Eulenspiegel«. Wie Till hatte auch Strauss eine Freude daran, die Philister zu ärgern. Er schwankte zwischen Ausbrüchen von Energie und Anfällen von »Faulheit, Weichheit und ironischer Gleichgültigkeit«. Obwohl er Rolland gegenüber herzlich und wohlerzogen war, konnte er anderen gegenüber recht kurzangebunden sein, hörte kaum zu, wenn man mit ihm sprach und murmelte nur gelegentlich: »Was? Ach so, so.« Seine Tischmanieren waren schlecht, er pflegte die Beine übereinanderzuschlagen, hielt sich beim Essen den Teller unters Kinn und stopfte sich mit Süßigkeiten voll. Es kam vor, daß er sich im Wohnzimmer auf das Sofa legte, die Kissen zurechtklopfte und mit »unverschämter Gleichgültigkeit gegenüber seiner Umgebung« mit offenen Augen einschlief.
Es war nicht einfach zu entscheiden, ob er ein Till oder ein Übermensch war. In einem Artikel für die *Revue de Paris* präsentierte Rolland ihn als den »Künstlertyp des neuen Deutschland, die Reflexion eines heroischen Stolzes, der dem Delirium nahe ist, des Nietzscheschen Egoismus, der einen Kult der Gewalt und der Verachtung gegenüber der Schwäche predigt«. Aber er mußte zugeben, daß dieses Bild überzeichnet war. Rolland hatte die gleiche Schwierigkeit wie Matthew Arnolds Nichte, die auf einer der Karikaturen Max Beerbohms fragt: »Onkel Matthew, warum bist du nicht immer völlig ernst?« Strauss wollte seinem »Image« ebenfalls nicht dauernd gerecht werden und war durchaus bereit, dies zuzugestehen. »Sie haben recht«, schrieb er an Rolland. »Ich bin kein Held; ich habe nicht die notwendige Stärke; ich bin nicht dazu geschaffen zu kämpfen ... Ich gebe mir nicht die Mühe. Zur Zeit will ich nichts anderes, als leichte und frohe Musik schreiben. Keine Heldengesänge mehr.« Tatsache war, daß ihm in der Atmosphäre des Nietzsche-Kultes *Heldenleben* wie ein Gebot der Stunde vorgekommen war – es spiegelte mehr die nationale Mentalität als seine eigene wider.
Strauss war eine Saite, die der Zeitgeist angeschlagen hatte. Obwohl er nichts anderes als die höchst komfortable Geborgenheit des biederen und wohlhabenden Bürgertums kannte, spürte er das revolutionäre Rumoren in der Arbeiterklasse und brachte es in zwei seiner schönsten Lieder so überzeugend zum Ausdruck, daß eines davon, »Der Arbeitsmann«, die Hymne der sozialistischen Partei wurde. Das zweite, »Das Lied des Steinklopfers«, schätzte er von all seinen Liedern am meisten. Wenn der bedeutendste deutsche Konzertbariton der damaligen Zeit, Ludwig Wüllner, vom Komponisten am Flügel begleitet, diese Lieder vortrug, übten sie eine derart drama-

tische Faszination aus, daß ein Kritiker schrieb: »Wenn man diese grimmigen, trotzigen Klänge hört, dann meint man, die Marseillaise der Zukunft zu hören.« Von einem anderen seiner Lieder für eine Männerstimme, »Nächtlicher Gesang«, hieß es, daß man dabei »mitten im hellsten Sonnenlicht einen Schauer verspürt«.

Im *Heldenleben* begannen jedoch auch die überzeugten Verehrer Anzeichen einer tiefsitzenden Schwäche des Komponisten zu entdecken. Ernest Newman war davon überzeugt, daß Strauss die Musik mit mehr neuen Ideen bereichert hatte als irgend jemand sonst seit Wagner und »der Musik eine größere Kraft, eine stärkere Betonung des Gefühls und ein größeres Gewicht der Gedanken gegeben hat als jeder andere zeitgenössische Komponist«. Aber es schien, als sei er nicht in der Lage, das Verlangen, »die Menschen zu verblüffen«, das seiner im Grunde unwürdig war, zu unterdrücken. Seine technische Virtuosität und seine Ideenfülle waren so groß, daß er alles, was er aussagen wollte, auch mühelos aussagen konnte; es gab keine Grenze für seinen Erfindergeist, aber er konnte seine Gedanken nicht disziplinieren. Bei dem »Kichern, Knurren und Grunzen« der Feinde in *Heldenleben* hätte Newman gerne den Saal verlassen, denn das war für ihn »Grillenmusik«, genau wie die Schafe im *Don Quichote.* Er bemerkte eine Entgleisung des Geschmacks, eine Spur von Vulgarität bei einem Mann, der bereit war, »zwei der großartigsten Partituren des 19. Jahrhunderts« durch »Ungeheuerlichkeiten« wie diese zu verderben. Solche Reaktionen regten Strauss jedoch lediglich dazu an, die Ungeheuerlichkeiten weiterzutreiben, um seine Verachtung für das, was die »ewigen« Gesetze der Musik genannt wurde, zu beweisen. Daß er darauf bestand, die Kritiker ihre Eintrittskarten selbst bezahlen zu lassen, was auf dem ganzen Kontinent »Entrüstung« hervorrief, trug nicht gerade dazu bei, ihr Verhältnis zu ihm zu verbessern.

Für die jüngeren Kritiker waren Strauss' Dissonanzen nicht so peinlich wie seine Ungeheuerlichkeiten. Der Amerikaner Lawrence Gilman meinte, die Dissonanzen der Schlachtszene wie auch die der geistigen Verwirrung Don Quichotes seien »ausdrucksvoll und plastisch« und unterschieden sich beträchtlich von dem, was auf jene andere Art erreicht wurde, bei der »man sich einfach auf die Tastatur setzt«, wie Whistler es beschrieb. Abgesehen von den Monstrositäten waren in den Werken von Strauss genügend musikalische Wunder enthalten, um ihn über den Hohn und das Gemecker zu erheben; es war der nichtmusikalische Aspekt seiner Werke – jener didaktische Realismus seiner Partituranweisungen, der ihn in die Schußlinie der Kritiker brachte. Philipp Ernst hatte beschlossen, den Baum zu fällen, den er in seinem Bild ausgelassen hatte. Strauss bestand darauf, den Baum zu malen und eine Tafel mit der Aufschrift daran zu hängen: »Das ist ein Baum.« Darauf stürzten sich die Kritiker, wie etwa Newman, der über eine Posaunenpassage im *Zarathustra*, die mit »Verachtung« überschrieben war und von »Entzücken und Leidenschaft« gefolgt wurde, sagte, sie »könnte genauso gut einen Anfall von Zahnschmerzen darstellen wie Verachtung«. Auch die Verteidigung seiner Freunde, die behaupteten, Strauss wolle seine Musik nur als Musik gehört wissen und füge die Partituranmerkungen nur auf Wunsch und unter dem Druck seiner Kollegen und der Verleger hinzu, war nicht stichhaltig. Ein Künstler, der sich seines Wertes bewußt ist, machte keine derartigen Konzessionen. Außerdem war die literarische Etikettierung Teil seiner Konzeption, und er kritzelte sie in die Partitur, während er komponierte.

In Frankreich arbeitete zur gleichen Zeit Claude Debussy ebenfalls an musikalischen Schilderungen. Allerdings war er nicht so naturalistisch und präzise in der Beschreibung wie Strauss, sondern schillernder und fließender, mehr in der Art der impressionistischen Gemälde oder der symbolistischen Poesie. Das Ziel der Symbolisten war es, ein Thema nur anzudeuten, es aber nicht präzise zu formulieren. Wo Strauss exakt darstellte, deutete Debussy lediglich an. »Wenn die Leute absolut wissen wollen, was in einer sinfonischen Dichtung passiert, dann können wir gleich damit aufhören, so etwas zu schreiben«, meinte er. Auch Sibelius hatte wenig für eine naturalistische Darstellung übrig. Als ein Freund ihn einmal nach dem Anhören einer Platte mit seiner Vierten Symphonie fragte, was er denn nun wirklich damit aussagen wolle, antwortete Sibelius nach kurzer Überlegung: »Spiel sie noch einmal.«

Debussy jedoch bewunderte den um zwei Jahre jüngeren Strauss und gab zu, daß die Verklärung in *Tod und Verklärung* »vor den Augen des Publikums geschieht«. Als er 1903 den *Till Eulenspiegel* hörte, dachte er, diese Verhöhnung der musikalischen Gesetze käme beinahe »einer Musikstunde in einer Irrenanstalt gleich ... man weiß nicht, ob man lachen oder weinen soll und ist völlig überrascht, etwas an seinem gewohnten Platz zu finden«. Trotzdem hielt er das Stück für die Arbeit eines »Genies« und hatte höchsten Respekt vor der »verblüffenden Sicherheit im Einsatz des Orchesters« und dem »unbändigen Rhythmus, der uns von Anfang bis Ende gefangennimmt und zwingt, an den Streichen des Schelms teilzunehmen«. Beim *Heldenleben*, das er ebenfalls 1903 hörte, beeindruckte ihn die »zyklonenhafte Gewalt« des Stückes am stärksten. Der Zuhörer war nicht mehr Herr über seine Gefühle: »Ich sage immer wieder, daß es unmöglich ist, sich dem herrischen Zwang seiner Musik zu entziehen.« Debussys eigenes frühes Orchesterwerk *L'Après-midi d'un Faune*, dem ein Gedicht Mallarmés zugrunde lag, und seine *Nocturnes* für Orchester, die in den neunziger Jahren entstanden waren, veranlaßten Strauss, das Kompliment zurückzugeben. Debussy sei »innerhalb seiner eigenen begrenzten Domäne ein durchaus bemerkenswertes und einzigartiges Genie«, sagte er.

Strauss war stets überrascht, wenn irgendein anderer ein Werk von hoher Qualität schuf. »Ich wußte ja gar nicht, daß außer mir noch jemand in der Lage ist, so gute Musik zu schreiben«, bemerkte er in seiner »charmanten und originellen« Art zu Beecham, nachdem er ein Werk von Delius gehört hatte. Puccini hingegen mochte er nicht und konnte *Manon* nicht von *Tosca* und *Butterfly* nicht von *Bohéme* unterscheiden. Die italienische Oper galt nicht viel in Deutschland. Andere zeitgenössische Werke beurteilte er jedoch großzügiger. Da er an der Königlichen Oper in Berlin keine moderne Musik spielen konnte, solange der Geschmack des Kaisers tonangebend war, gründete er sein eigenes Orchester, die Tonkünstler, um die »fortschrittlichen Strömungen« in der Musik zu ermutigen. Das Tonkünstlerorchester wurde von privaten Mäzenen subventioniert und spielte sämtliche Tondichtungen von Liszt in chronologischer Reihenfolge wie auch Strauss' eigene Werke. Sie führten in Berlin die Stücke Tschaikowskis, Bruckners, Hugo Wolfs, Elgars und wenn auch nicht die Debussys, so doch die seiner Vorläufer Charpentier und d'Indy auf. Anläßlich eines Besuches in der Londoner Nationalgalerie in Begleitung Edgar Speyers und Edward Elgars blieb die Gruppe vor Tintorettos »Der heilige Georg und der Drache« stehen und Speyer bemerkte: »Hier haben wir die Revolution, die am Ende der großartigen venezianischen Epoche durchbrach. Könnte man nicht sagen, daß Tintoretto für die Musik das war, was unser Freund Richard Strauss heute für die Musik ist?« Von dieser Bemerkung betroffen, kehrte Strauss am Ende ihres Rundganges zu dem Bild zurück, betrachtete es eingehend und rief dann aus: »Speyer hat recht. Ich bin der Tintoretto der Musik.«
In seiner Position konnte er es sich leisten, seine weniger berühmten Kollegen zu fördern, und er tat dies auch nach Kräften. Nach einer Aufführung von Elgars *Dream of Gerontius* 1902 in Düsseldorf, einem Musikstück, das auf einem Gedicht Kardinal Newmans beruhte, erhob Strauss sein Glas »auf das Wohl und den Erfolg des ersten englischen Modernen, Meister Edward Elgar, und der jungen fortschrittlichen Komponistenschule in England«. Solch eine Ehrung von seiten Strauss' erstaunte die Musikwelt und löste unter den Kritikern die übliche Kontroverse aus, die zu provozieren ihm ein Vergnügen bereitete. Obwohl in England die Formulierung des Kompliments nicht gefiel, fühlte man sich dennoch geschmeichelt. Strauss zeigte sich nicht weniger empfänglich für die ultramoderne Musik Schönbergs, dessen Experimente mit atonaler Musik ihn derart beeindruckten, daß er Schönberg ein Liszt-Stipendium und die Berufung zum Professor für Komposition am Sternschen Konservatorium in Berlin verschaffte. Anläßlich der Premiere von Mahlers Dritter Symphonie 1902 in Köln sicherte ihm Strauss den Erfolg, indem er aufs Podium stieg und ostentativ applaudierte. Von 1900 an lud er als Präsident des von Liszt gegründeten Allgemeinen deutschen Musikvereins ausländische Komponisten dazu ein,

ihre neuesten Werke bei den Festwochen des Vereins zu präsentieren. Sibelius, der 1900 seinen *Schwan von Tuonela* dirigierte, fand Strauss »außerordentlich liebenswürdig«. Wenn Strauss bei diesen Konzerten selbst ans Dirigentenpult trat, begrüßte ihn das Orchester mit drei Fanfarenstößen und das Publikum erhob sich von den Plätzen.

Auch in England und in den Vereinigten Staaten war sein Ruhm weit verbreitet, und seine Gastspiele waren Ereignisse von besonderem Rang. 1903 wurde in London ein dreitägiges *Strauss-Festival* abgehalten; bei dem von *Aus Italien* bis *Heldenleben* seine sämtlichen Werke gespielt wurden. Strauss mochte die Engländer »sehr gern«, wie er Rolland einmal sagte. Ein Grund dafür war, daß sie das Reisen in Gegenden wie etwa Ägypten höchst angenehm machten und man »stets sicher sein kann, daß man ein sauberes Zimmer und die modernen Annehmlichkeiten der Zivilisation vorfindet«. Für Strauss war dies ein Beweis für die Überlegenheit dieses Volkes, weshalb auch, getreu nach Nietzsche, die Engländer und nicht die Buren Deutschlands Sympathie im Burenkrieg finden sollte. »Die Buren sind ein barbarisches und rückständiges Volk, das noch im 17. Jahrhundert lebt. Die Engländer sind kultiviert und stark. Es ist ganz richtig, daß der Starke triumphiert.«

In London erfreute er sich der Gastfreundschaft Edgar Speyers, der als Vorsitzender eines Syndikats, dem die Queens Hall gehörte, und als Direktor des Orchesters zusammen mit seiner Frau, die vor ihrer Heirat Geigerin gewesen war, ihr Haus am Grosvenor Square zum Mittelpunkt der künstlerischen und musikalischen Gesellschaft Londons gemacht hatte. Hier traf man Henry James oder Debussy; Frau Grieg sang die Lieder ihres Mannes; John Sargent, für den das Malen ein Beruf, die Musik und das Essen jedoch ein Hobby waren, fand sich bei einer der üppigen Dinnergesellschaften ein. Als Strauss einmal auf eine Zigeunerkapelle aufmerksam wurde, die in London herumzog und spanische Musik spielte, schlug er vor, sie für eine von Speyers Abendgesellschaften zu engagieren. Die Musikanten wurden im Garten verborgen; ihr Spiel hatte auf Sargent eine geradezu peinigende Wirkung, denn er war zwischen seinem Essen und dem Verlangen, zum Fenster zu laufen und die Quelle der Musik ausfindig zu machen, hin- und hergerissen.

In Amerika kannte und spielte man die Kompositionen von Strauss, seit Theodore Thomas, der Dirigent des Chicagoer Sinfonieorchesters 1884 die Symphonie in f-Moll, und der in Deutschland geborene Emil Paur 1888 mit den Bostoner Symphonikern *Aus Italien* gespielt hatte. Thomas und Paur, der später zu den New Yorker Philharmonikern ging, spielten alle Werke von Strauss, sobald sie erschienen waren. Für 1904 war die amerikanische Uraufführung seines neuesten Opus, der *Sinfonia Domestica*, als Hauptattraktion eines Strauss-Festivals in New York geplant. Man lud den Komponisten ein, sein neues Werk selbst zu dirigieren und weitere Konzerte in Chicago zu geben. Thomas, mehr als zwanzig Jahre lang ein glühender Strauss-Verehrer, hielt ihn damals für den »größten Musiker unserer Zeit und einen der größten Pianisten in der Musikgeschichte überhaupt«.

Mit dem neuen Reichtum der amerikanischen Wirtschaftsbosse entstand ein ganz neues Publikum und Mäzenatentum für die Musik und die bildenden Künste. Als der Pastor der Trinity Church in New York eine neue Kanzel brauchte, beauftragte er den Seniorpartner der führenden Architektenfirma McKim, Mead and White, ihm einen Entwurf zu machen »groß, breit, geräumig und schlicht, aber so, daß es an den richtigen Stellen nach etwas aussieht«. Als der gleiche McKim die Volksbücherei in Boston baute, ehrte man ihn mit einer Plakette, auf der die »glänzende Größe« seines Genies gerühmt wurde. Großartigkeit und Wuchtigkeit entsprachen dem damaligen Zeitgeist. Louis Tiffany entwarf ein Haus für sich selbst mit einer Treppenflucht, die einem Palais wohl angestanden hätte. In die Wände des Treppenhauses waren Negerkrale aus dem Sudan eingebaut. Die Treppe führte in eine Halle, die so riesig war, daß die Decke bei dem gedämpften Licht nicht mehr erkennbar war. In der Mitte des Saales ragte ein schwarzer Kamin in die Unendlichkeit, in dessen vier großen offenen Feuerstellen verschiedenfarbige Feuer flackerten, während die tief herunterhängenden Tiffany-Lampen ein geheimnisvolles Licht verbreiteten und ein unsichtbarer Organist das Vorspiel zum *Parsifal* spielte.

Die verschiedenen bedeutenderen amerikanischen Orchester, die von Kupferkönigen, Eisenbahnbaronen und ähnlichen Mäzenen finanziert wurden, waren für Strauss eine wichtige Quelle der Tantiemen, und so war er hocherfreut über die Einladung nach Amerika. Die konzertbeflissene amerikanische Öffentlichkeit wartete mit atemloser Spannung auf den »hervorragendsten lebenden Komponisten«, der, wie *Harper's Weekly* berichtete, »Bilder von überwältigender Aussagekraft« formte und »die Grenze der Erhabenheit« erreichte.

Die *Sinfonia Domestica,* das war nach der Uraufführung sofort klar, ging bis an die Grenzen des Lächerlichen. Sie wurde zwar auf Wunsch des Komponisten ohne Programmhinweise aufgeführt, so daß sie als »reine Musik« wirken konnte, doch hatte Strauss bereits einem Reporter erzählt, daß das Stück »einen Tag in meiner Familie« darstellte, mit einem dreifach variierten Thema über »Papa, Mama und Kind«. Bei der Premiere war es noch als Introduktion und Scherzo, Adagio, Doppelfuge und Finale bezeichnet, aber wie gewöhnlich fühlte sich der Komponist vor den folgenden Aufführungen zu einer offiziellen Deutung verpflichtet und erklärte, daß es sich um das Kind in der Badewanne, das Glück der Eltern, den Streit der Onkel und Tanten über die Familienähnlichkeit – »Ganz der Papa!«, »Ganz die Mama!« – und ähnliches handelte. Obwohl das Wiegenlied und das Liebesduett zu den schönsten Melodien von Strauss gehören, ist der überwiegende Eindruck der Sinfonie der eines polternden, kreischenden und wüsten Durcheinanders, das an einen verrücktgewordenen Zirkus denken läßt. Wenn das deutsche Familienleben wirklich so ausgesehen hat, dann wird die deutsche Geschichte verständlich. Das Werk, noch länger als das *Heldenleben*, wurde von dem entrüsteten Publikum vielfach als eine Beleidigung empfunden. »Es hört sich an als ob sämtliche heiligen Elefanten Indiens auf einmal in den Ganges getrieben würden«, sagte ein bekannter, aber ungenannter Dirigent zu Beecham, als das Stück einige Monate später in London gespielt wurde. »Die Herde hätte nicht mehr Krach machen können, als dieses kleine bayrische Baby in seiner Badewanne.« Gurgelndes Badewasser und klingelnde Wecker waren nicht genau das, was Wagner mit dem Ausdruck »das Wesentliche der Musik« gemeint hatte. Der vulgäre Geschmack des neuen Jahrhunderts schien plötzlich durch seinen bedeutendsten Komponisten bestätigt zu werden. Strauss verstand die Angriffe jedoch nicht. »Ich sehe nicht ein, warum ich nicht eine Sinfonie über mich schreiben soll«, sagte er zu Rolland. »Ich finde mich mindestens so interessant wie Napoleon oder Alexander.«

Dieser Vergleich mit zwei Welteroberern war bezeichnend. Die Selbstverständlichkeit, mit der die Deutschen in der Musik ihren Führungsanspruch behaupteten, war den anderen Völkern allmählich ein Ärgernis geworden. »Die deutschen Musiker stellten stets einen deutschen Neuling aufs Podest und machten dann ein Idol aus ihm«, schrieb Grieg 1903 an Delius. »Wagner ist tot, aber sie müssen irgend jemanden haben, um ihren Patriotismus befriedigen zu können, und so nehmen sie lieber einen Ersatz als gar niemanden.« 1905 wurde in Straßburg, der Hauptstadt des ehemals französischen und nun deutschen Elsaß, eine Musikwoche veranstaltet, die ausdrücklich dazu dienen sollte, Deutsche und Franzosen durch die Kunst einander näher zu bringen. In dem dreitägigen Programm wurden jedoch nur zwei französische Werke gespielt, während der erste Konzerttag mit Weber begann und mit Wagner endete, der zweite Tag Brahms, Mahler und Strauss gewidmet war und der letzte Tag ausschließlich Beethoven brachte. Die Auswahl aus Wagners Werk enthielt auch die letzte Szene aus den *Meistersingern*, in der Hans Sachs die Heuchelei und Flatterhaftigkeit der Ausländer brandmarkt, was ein Zuhörer als einen »gewissen Mangel an Höflichkeit und Takt« empfand.

Die zunehmende Verärgerung der Welt über Deutschland spiegelte sich in dem Eifer, mit dem ausländische Kritiker sich auf jedes Anzeichen eines Nachlassens in der Originalität von Strauss stürzten. Alle Welt verriß die *Sinfonia Domestica*. Newman zeigte sich erstaunt, daß ein »solch genialer Komponist so tief fallen konnte« und Gilman ließ durchblicken, wie sehr

Deutschland den übrigen Nationen auf die Nerven ging. Er zitierte Matthew Arnolds Behauptung, das Teutonentum tendiere unweigerlich zum »Häßlichen und Unedlen«, und schrieb, daß »nur ein Teutone mit seinem typischen Mangel an Takt« die *Domestica* ersonnen haben konnte.

Der Zeitgeist verlangte nach etwas anderem als Papa, Mama und Kind. Die Unruhe, die unter dem übersättigten Materialismus gärte, weckte im Künstler den Wunsch, zu schockieren und die weiche, mollige Decke der bürgerlichen Sattheit wegzureißen und zu zerfetzen. Auch diesmal wieder hellwach, reagierte Strauss sofort. Die *Sinfonia Domestica* hatte durch ihre Banalität schockiert. Nun spürte er das Verlangen, zu enervieren und aufzuschrecken, und ohne Übergang wechselte er vom bayrischen Familienleben zu einem Thema verderbter und lüsternen Leidenschaft – zu *Salome,* in der Fassung von Oscar Wilde.
In dem Exzeß von Maßlosigkeit und Grauenhaftigkeit war dieses Drama, war diese Salome in ihrer Jagd nach Sinnenlust um ihrer selbst willen, Wildes Versuch, das »Phosphorizieren der Fäulnis« zu erzeugen, wie Baudelaire es genannt hatte. Das 1891 in Französisch geschriebene Original sollte ein Jahr später in London mit Sarah Bernhardt in der Hauptrolle über die Bretter gehen, aber die Aufführung wurde vom Großkämmerer mit der Begründung verboten, die Darstellung des Johannes sei ein Sakrileg. Als das Stück in Buchform erschien (für die Freunde des Autors in »tyrischen Purpur und Silber« gebunden), lehnte die *Times* es als »eine Schilderung von Blutrünstigkeit und Zügellosigkeit, krank, bizarr, abstoßend und äußerst verletzend« ab. 1894 erschien eine englische Übersetzung von Lord Alfred Douglas, mit genüßlicher Bosheit von dem Dekadentesten der Dekadenten, Aubrey Beardsley illustriert. Drei seiner Zeichnungen, die von den Verlegern als unanständig angesehen wurden, mußte er zurückziehen. 1896, als Wilde im Gefängnis war, wurde die *Salome* in Paris von dem Schauspieler-Regisseur Lugné-Poë, der selbst die Rolle des Herodes spielte, in seinem Théâtre de l'Oeuvre aufgeführt, allerdings ohne die Bernhardt. Die Quintessenz der Dekadenz war jedoch schon überreif, und das Stück war kein Erfolg. In Deutschland hingegen befriedigte *Salome* die Sucht nach dem Grausigen und kam an. Nachdem das Stück 1901 zuerst in Breslau aufgeführt worden war, kam der große Erfolg 1902, als Max Reinhardt es ins Kleine Theater nach Berlin holte, wo Strauss es sah.
Wildes *Salome* war eigentlich mehr ein Gedicht als ein Drama, ein Spiel mit der Dekadenz, eine Orgie in Worten, die auf dem Papier durchaus wirkte, auf der Bühne jedoch peinlich war. Es präsentierte das Spektakel von Salome und ihrer heißen erotischen Begierde, Augen, Haare, Glieder, Körper und Liebe Jochanaans zu besitzen; von König Herodes und seinem Verlangen nach seiner Stieftochter; von dem wollüstigen Tanz, um die Lust des

Königs zu erregen und den grausigen Wunsch erfüllt zu bekommen; von dem schwarzen Henker, der sich aus der Versenkung erhebt und das blutüberströmte bärtige Haupt des Propheten emporhält; von der nekrophilen Verzückung angesichts des Hauptes auf der Schüssel und der endlichen Eroberung seiner toten Lippen; von dem Höhepunkt mit Herodes' entsetztem und reuevollem Befehl: »Man töte dieses Weib!« und ihrem Tod unter den Schilden der Soldaten. Das Berliner Publikum war begeistert. Wildes totenbleiche Fantasia kam in Deutschland zu ihrem Recht und erlebte eine phänomenale Spieldauer von zweihundert Aufführungen.

Die unterschwellige Morbidität in Deutschland, die bereits Rolland festgestellt hatte, kam während des ersten Jahrzehnts des neuen Jahrhunderts immer deutlicher zum Vorschein. Sie wuchs proportional mit dem Reichtum, der Stärke und der Arroganz Deutschlands, so, als provoziere der Druck von so viel materiellem Erfolg und militärischer Macht eine innere Reaktion, ein Verlangen nach Negierung, nach Zurschaustellung der Leidenschaften, die dieses herrische, meisterliche, erfolgreiche, wohlerzogene und ordentliche Volk zerrissen. Es war, als habe Bismarck Krafft-Ebing forciert. In der Tat bot Krafft-Ebings *Psychopathia Sexualis*, 1886 veröffentlicht, ein düsteres Reservoir, aus dem das deutsche Schauspiel, damals die lebendigste Form der nationalen Literatur, schöpfen konnte.

Das Theater rangierte in Deutschland neben der Musik und der Oper als ein kulturelles Ausdrucksmittel. Zu Beginn der neunziger Jahre brachte es eine Flut von Problemstücken hervor, die von Ibsen beeinflußt waren und eine Fülle neuer Stilformen und Bühnenexperimente schufen. Die Freie Bühne in Berlin praktizierte die Doktrin des Realismus und des Naturalismus und kopierte das Théâtre Libre in Paris. Sie eröffnete 1889 mit Ibsens *Gespenstern;* hierauf folgte Hauptmanns erstes Bühnenstück *Vor Sonnenaufgang.* Überall schossen neue Theater aus dem Boden. Der Gesellschaft wurde die Maske weggerissen und die »Bestie im Menschen«, das Zentralthema Zolas, mit Begeisterung bloßgelegt. Außer Ibsen wurden Strindbergs grausames *Fräulein Julie* aufgeführt, Tolstoijs *Macht der Finsternis,* Zolas *Therese Raquin,* die symbolistischen und neoromantischen Stücke von Maeterlinck, d'Annunzio und Hoffmannsthal, die sozialkritischen Dramen von Ibsens Schüler Shaw, die mondänen Satiren des Wieners Arthur Schnitzler und eine Fülle deutscher Tragödien. Studentenbühnen ließen den *Ödipus* und Euripides wiedererstehen. Tourneen machten auch die Provinz mit dem neuen Theater bekannt. Das Theater des Volkes, die Freie Volksbühne, gefolgt von der Neuen Freien Volksbühne stellten die Verbindung zum Sozialismus her. In München gründete Ernst von Wolzogen, der Librettist der Strauss-Oper *Feuersnot,* 1895 das Intime Theater. Um dieselbe Atmosphäre für Experimentierstücke bemüht, folgte Max Reinhardt seinem Beispiel 1902 in Berlin mit dem Kleinen Theater, wo er außer der *Salome* auch Maxim

Gorkis fürchterliche Vision vom Abschaum der Gesellschaft, das *Nachtasyl*, gab.

Tragödien waren Massenware am deutschen Theater; heitere Gesellschaftskomödien mit Happy-End waren nicht gefragt. Deutsche Lustigkeit beschränkte sich auf Klamauk, der entweder peinlich oder derb war. Die Tragödien boten jedoch keine Heilung des Übels wie bei Ibsen, noch waren sie mitfühlend wie die von Tschechow, sondern sie konzentrierten sich selbstquälerisch auf die Grausamkeit des Menschen gegen seine Mitmenschen, auf seine Neigung zur Selbstzerfleischung und seine Todessehnsucht. Mord, Selbstmord oder andere, mehr esoterische Todesarten waren die Lösung in beinahe sämtlichen deutschen Dramen der Jahrhundertwende. In Hauptmanns *Hannele* stirbt die kindliche Titelheldin in einem Armenhaus an Vernachlässigung und Mißhandlung; in *Versunkenen Glocken* ertränkt sich Heinrichs Frau, und er nimmt Gift; Rose Bernd, vergewaltigt und verlassen, erwürgt ihr Neugeborenes; im *Fuhrmann Henschel* erhängt sich der Held, nachdem er das seiner verstorbenen Frau gegebene Versprechen betrogen hat und eine Schlampe heiratet, die sein Kind vernachlässigt und umkommen läßt; in *Michael Kramer* wird der übersensible Sohn von seinem herrschsüchtigen Vater zum Selbstmord getrieben, ein sehr beliebtes Thema in Deutschland, das viele solcher Väter hatte. In Sudermanns *Magda* verhindert nur der tödliche Herzanfall des Vaters, daß er sich und seine Tochter erschießt, die natürlich ein uneheliches Kind erwartet, das unvermeidliche Schicksal der deutschen Heroine. Eine endlose Folge von ihnen wurde unter dem Druck der Umstände zu Hysterie, Wahnsinn, Verbrechen, Gefängnis, Kindsmord und Selbstmord getrieben. In Sudermanns *Sodoms Ende*, in dem der Ablauf, jedoch nicht der Ausgang variiert wird, treibt ein lasterhafter junger Künstler, der von der Frau eines Bankiers verdorben worden ist, seine Stiefschwester zum Selbstmord; er selbst stirbt an einem Blutsturz. In Wedekinds *Frühlings Erwachen*, einem dramatischen Erstling, bringt die Entdeckung des Sexuellen durch Halbwüchsige und der Konflikt mit der Lüsternheit der Erwachsenen die Katastrophe: die vierzehnjährige Titelheldin stirbt schwanger, offenbar an einer verpfuschten Abtreibung; der Junge wird von der Schule verwiesen und von seinen Eltern in eine Erziehungsanstalt gesteckt; sein Freund, der das Leben nicht mehr ertragen kann, begeht Selbstmord und erscheint in einer Schlußszene von dramatischem Symbolismus mit dem Kopf unter dem Arm auf einem Friedhof wieder. Im Laufe der Handlung richtet ein dritter Junge in einer Szene von ausgesprochener Autoerotik eine leidenschaftliche Liebeserklärung an das Bild einer nackten Venus, das er dann in die Toilette wirft. Das Stück wurde 1891 zum erstenmal aufgeführt, mit sensationellem Erfolg. Als Buch erlebte es sechsundzwanzig Auflagen.

Wedekind war im gleichen Jahr wie Strauss geboren. Während seiner bewegten Laufbahn war er Schauspieler, Journalist, Reklameagent eines Zirkus und Barde grausiger Ballade im *Überbrettl*. Als Redakteur des *Simplizissimus* wurde er sogar wegen Majestätsbeleidigung verurteilt. »In meiner Vorstellungswelt gibt es nur die Katastrophe; für mich ist das Leben grausam und düster«, diese Selbstcharakterisierung Henry James', traf auch auf ihn zu. Wenn man *Frühlings Erwachen* als Plädoyer für die sexuelle Aufklärung ansieht, dann war hier zumindest eine soziale Botschaft und eine Spur von Mitgefühl vorhanden; danach jedoch sah Wedekind nichts mehr als die Grausamkeit und das Dunkel. Zur gleichen Zeit, da Freud Schritt um Schritt das Unbewußte entdeckte, sah Wedekind es als eine furchtbare Vision und demaskierte es als pure Bösartigkeit. Von 1895 an waren seine Dramen Exzesse des Schlechten und der Pervertierung und schienen nichts anderes sagen zu wollen, als daß die Menschheit widerlich sei. Der *Erdgeist* und seine Fortsetzung, *Die Büchse der Pandora*, spielen in einer Welt von Zuhältern, Gaunern, Dieben, Erpressern, Mördern und Henkern. Dies ist die Welt der Titelheldin Lulu, die, sowohl heterosexuell wie lesbisch, die Inkarnation der Sinnlichkeit darstellt. Ort der Handlung sind Bordelle und Kaschemmen; die Themen sind Vergewaltigung, Abtreibung, Sadismus, Nekrophilie und Nymphomanie – ein »Strudel der Sexualität, der über die zackigen Felsen des Wahnsinns und des Verbrechens schäumt«, wie ein zeitgenössischer Kritiker es beschrieb. Es war jedoch eine Sexualität, die primär nicht kreativ, sondern zerstörerisch wirkte, sie gebar nicht Leben, sondern Tod. Lulus erster Mann stirbt an einem Herzanfall; ihr zweiter schneidet sich, von ihrer Perfidie verhext, die Kehle durch, und den dritten ermordet sie, nachdem er entdeckt, daß sie ihn mit seinem Sohn betrogen hat. Nach Gefängnis, Erniedrigung und Prostitution ist ihr zwangsläufiges Ende der Tod in einer letzten, tödlichen Explosion jener erotischen Macht, die Shaw, ein Dramatiker ganz anderer Art, zur gleichen Zeit als Life Force verherrlicht.

Der alles durchdringende Einfluß Nietzsches zeigte hier seine Wirkung. Shaw destillierte in seinem Mensch und Übermensch daraus eine philosophische Idee, aber die Deutschen nahmen Nietzsche wörtlich. Seine Zurückweisung der konventionellen Moral, die er als Stufe zu einer höheren Ebene des Seins konzipiert hatte, verstanden sie als einen Befehl, in die Gosse hinabzusteigen. Sudermann zitierte Nietzsches Worte: »Nur im Urwald des Lasters können neue Bereiche der Erkenntnis erschlossen werden.« Als eine Domäne der Kunst, wenn auch nicht der Erkenntnis, hatte dieser Dschungel die Dekadenten Frankreichs und die Ästheten Englands zu einem Streifzug verlockt, der mit dem Prozeß Wildes ein jähes Ende fand. In Deutschland jedoch war diese Bewegung auch nach der Jahrhundertwende noch lebendig, und Wedekind trieb sie mit einer Art enttäuschter Zügellosigkeit an neue Grenzen vor. Es war eine Form der Rebellion gegen den überwältigenden materiellen Erfolg des Landes, ein Gefühl, daß hinter diesen opulenten Festmählern, dem Pomp der Militärparaden, der Prahlerei von »Blut und Eisen« die Fäulnis lauerte. Wedekind und seine Artgenossen waren die Schwarzseher; sie verkörperten eine Tendenz, die sich jedoch gegen die Mischung aus Selbstvertrauen, Macht und Kampflust nicht durchsetzen konnte. Aber sie erkannten die Vorboten der Katastrophe, sie spürten den Brandgeruch in der Luft; der Geist Neros ging um.

Strauss war empfindsam genug, dies ebenfalls zu erkennen. Mit seinem sicheren Gespür griff er daher das Thema *Salome* für eine Oper, nicht für eine Tondichtung auf. Das Orchester war gewaltiger denn je und die Partitur von unglaublicher Kompliziertheit und übertriebener Dissonanz, so als sollte das Fürchterliche des Themas durch die Folterung des Trommelfells versinnbildlicht werden. Den Instrumenten wurden Höchstleistungen abgerungen; die Celli wurden zu den höchsten Tönen hinaufgejagt, als seien sie Violinen; Posaunen gebärdeten sich wie Flöten; die Pauken erhielten Vorlagen von nie dagewesener Schwierigkeit. Das musikalische Produkt war blendend. Strauss schrieb für Singstimmen ebenso virtuos wie für das Orchester. Die Rollen der Sänger enthielten unerhörte dramatische Steigerungen, während das Geschehen zugleich tiefer und tiefer in die Verderbnis absank. Salomes letzter Gesang, an das leblose Haupt gerichtet, war von einer ergreifenden Schönheit, die den Worten Oscar Wildes gerecht wurde und das Publikum begeisterte.

> »Ah! Warum hast du mich nicht angesehen, Jochanaan? Hättest du mich gesehn, du hättest mich geliebt! Ich dürste nach deiner Schönheit. Ich hungre nach deinem Leib... Nicht die Fluten noch die großen Wasser können dieses brünstige Begehren löschen ... Ah! Ich habe deinen Mund geküßt, Jochanaan. Ah, ich habe ihn geküßt deinen Mund.«

Als Berlin und Wien die Aufführung, wie London, mit der Begründung des Sakrilegs ablehnten, führte Strauss' großer Bewunderer, der Dirigent der Dresdener Königlichen Oper Ernst von Schuch das Werk dort am 9. Dezember auf. Die Vorstellung, ein einziger Akt, dauerte eine Stunde und vierzig Minuten, ohne Unterbrechung, und ersparte dem Publikum nichts. Jochanaans blutiges Haupt, in realistischer Totenblässe geschminkt, wurde für alle sichtbar hochgehalten; Salomes sieben Schleier fielen einer nach dem anderen unter den lüsternen Blicken des Herodes. Der Tod unter den Schilden der Soldaten brachte eine qualvolle Katharsis. Das Publikum reagierte mit unbändiger Begeisterung. Es gab achtunddreißig Vorhänge für den Komponisten und die Sänger. In darauffolgenden Vorstellungen in anderen deutschen Städten wurde *Salome* ein riesiger Erfolg und für Strauss ein ansehnlicher finanzieller Gewinn, der durch Verbote und Schwierigkeiten mit den Zensurbehörden nicht beeinträchtigt wurde. In Wien blieb das Verbot auf erzbischöflichen Einspruch hin bestehen, aber in Berlin wurde trotz der hartnäckigen Proteste der Kaiserin ein Kompromiß erreicht. Die Aufführung wurde unter der Bedingung gestattet, daß der Stern von Bethlehem am Himmel erscheint, während Salome stirbt, vermutlich um anzudeuten, daß Johannes der Täufer posthum über die unnatürliche Leidenschaft triumphiert hat.

Dennoch war Kaiser Wilhelm nicht zufrieden. Trotz seiner Vorliebe für derbe Späße, mit denen er seine Höflinge in äußerste Verlegenheit brachte, waren seine moralischen Ansichten mehr viktorianisch denn edwardianisch. Außerdem war er mit einem Musterbeispiel gutbürgerlicher deutscher Respektabilität verheiratet. Die Kaiserin Augusta, meist Dona genannt, war eine einfache, liebenswürdige Frau, die ihrem Mann sechs Söhne und eine Tochter schenkte, außerhalb ihrer Familie keinerlei Interessen hatte und bei jeder Gelegenheit, sogar auf der Jacht, riesige Federhüte trug. Jedes Jahr schenkte ihr Mann ihr zum Geburtstag zwölf dieser Hüte, die er selbst ausgesucht hatte und die sie dann tragen mußte. Ihre einzige historische Tat war ihr Beharren auf einem großen Doppelbett, in dem sie ihren Gemahl häufig mit Familienproblemen so lange wach hielt, daß er am nächsten Tag gereizt war. Kanzler Bülow schlug schließlich zum besten des Staates getrennte Schlafzimmer vor, aber gegen ihre Überzeugung, daß ein gutes deutsches Ehepaar zusammen zu schlafen habe, war er machtlos. Sie hatte sich bereits über Strauss' zweite Oper *Feuersnot* erregt, in der ein junges Mädchen seine Jungfernschaft opfert, damit ihr Dorf das Feuer zurückerhält. Mit der Begründung, die Aufführung sei unzüchtig, hatte die Kaiserin die Absetzung der Oper veranlaßt, woraufhin der Intendant der Königlichen Oper aus Protest zurückgetreten war. Der Kaiser selbst hatte das kaiserliche Wappen vom Deutschen Theater entfernt, als dort Mitte der neunziger Jahre Hauptmanns *Weber* als flammende sozialistische Demonstration inszeniert worden waren. Seitdem war jedoch ein Jahrzehnt vergangen, und aus moralischen Gründen eine Oper des führenden deutschen Komponisten zu verbieten würde den Kaiser dem ätzenden Spott des *Kladderadatsch* und anderer unehrerbietiger Journale ausgesetzt haben. Der Kaiser akzeptierte den Kompromiß und sagte: »Ich bedauere sehr, daß Strauss diese *Salome* geschrieben hat. Das wird ihm sehr schaden.« Darauf bemerkte Strauss später, daß sie ihm den Bau seines Hauses in Garmisch ermöglicht habe.

Außerhalb Deutschlands waren die Geschmäcker etwas prüder. *Salome* wurde das »Orkanzentrum der musikalischen Welt«. In New York erwartete ein gespanntes Publikum in der Metropolitan Opera am 22. Januar 1907 den Beginn der Aufführung mit »Vorahnungen«, die sich bald reichlich erfüllen sollten. Die Kritiker mußten zugeben, daß die Musik einzigartig schön war, wenn man sich erst einmal von diesem Porträt »einer psychopathischen Situation, die in ihrem Grauen und ihrer Abnormität im wahrsten Sinne des Wortes unbeschreiblich« war, losgerissen hatte. Dennoch waren die Melodien auf eine Weise pervertiert, die »den Geist krank macht und die Nerven zerfetzt«. Das Thema der Oper war keineswegs menschlich repräsentativ, wie es als Material für die Musik eigentlich sein sollte, und folglich wurde das Werk entsprechend beurteilt: »ungeheuerlich«, »pestartig«, »unerträglich und widerlich«, »verpestet, giftig, düster und bis ins Extrem peinlich«. Seine »erotische Pathologie« war nicht einmal für die »Unterhaltung unter Männern mit Selbstachtung« geeignet und der Tanz allein »müßte es einer Frau des Okzidents unmöglich machen, sich das anzusehen«. Die Presse steigerte sich in einen »gerechten Zorn« hinein und erklärte kategorisch, daß der Erfolg der Oper in Deutschland für Amerika überhaupt nichts besage. Die Metropolitan beugte sich schließlich dem Sturm und setzte die Inszenierung vom Spielplan ab.

London versuchte es erst drei Jahre später. Die Erlaubnis wurde zunächst verweigert, dann aber konnte diese Hürde mit der Unterstützung von Mrs. Asquith genommen werden. Sie lud Thomas Beecham, den Dirigenten der Covent Garden Opera in ihr Landhaus zu einem Besuch ein, wo er die Unterstützung des Premierministers gewinnen konnte. Beecham spielte Asquith den Einzug der Gäste aus dem *Tannhäuser* vor, das einzige Musikstück, das der Premier kannte, und nachdem Beecham ihm versichert hatte, daß die Vorliebe für Wagner kein Beweis für Philisterhaftigkeit und daß Strauss »der berühmteste und übereinstimmenden Ansichten zufolge der bedeutendste lebende Komponist« sei, sicherte sich Beecham die Fürsprache des Premiers. In Rücksprachen mit dem Großkämmerer, wurde der Text geändert und alle Passagen, in denen Salome von ihren Begierden spricht, in Bitten um geistige Führung umgewandelt. Als besondere Vorkehrung gegen das Sakrileg mußte sie ihr Schlußlied vor einer leeren Schüssel singen.

Mit Wildes *Salome* war Strauss auf eine Goldmine gestoßen, aber gab es noch einen zweiten Wilde? Es gab ihn, und mit ihm kam ein Thema, daß die *Salome* noch zu übertreffen versprach. Hugo von Hofmannsthal, ein junger Dichter und das literarische Wunderkind Wiens, war bereits berühmt, als er, sechsundzwanzigjährig, dem zehn Jahre älteren Strauss 1900 zum erstenmal begegnete. Der Enkel einer italienischen Adeligen und eines getauften Juden, der geadelt worden war, verkörperte die kosmopolitische Spannweite Wiens. Als er sechzehn Jahre alt und noch Gymnasiast war, las er Arthur Schnitzler sein erstes Versdrama vor, und dieser hatte das Gefühl, »zum erstenmal in meinem Leben einem Genie begegnet« zu sein. Zwei Jahre später, 1892, versetzte er unter dem Pseudonym »Loris« ganz *Jung Wien*, die literarische Avantgarde Wiens, mit einem Versdrama in helle Begeisterung. *Gestern* enthielt so viel Weltweisheit und abgeklärte Müdigkeit, daß Hermann Bahr, der Führer der jungen Literaten, vermutete, der Autor müsse ein avancierter Diplomat von fünfzig Jahren sein. Er konnte es nicht fassen, als sich herausstellte, daß der Verfasser ein achtzehnjähriger Jüngling war. »Ein merkwürdiger Junge ... er spricht auf den geringsten Reiz an, aber nur mit dem Intellekt, nicht mit dem Herzen, denn das blieb kalt.« Hofmannsthal war eine Mischung aus einem ›edwardian‹ Werther und einem Wiener Dorian Gray: schwach gegen sich selbst, schon ein Mann von Welt, »und dennoch in seiner frühreifen Altklugheit unendlich traurig«. Wie Wilde war er ein Künstler des Wortes, er spielte mit der deutschen Sprache wie auf einer Harfe. 1893 bestätigte ein weiteres Drama, *Der Tor und der Tod*, ihn als einen Dichter, der seine Muttersprache zu der Harmonie des Italienischen erheben konnte. Wenn das Wort allein um seiner selbst willen gebraucht wird, dann mag das Resultat zwar sehr musikalisch sein, der Sinn hingegen unklar. 1905 schloß Hofmannsthal einen Aufsatz über Wilde, diesem in perfekter Weise, wenn auch unbewußt nacheifernd, mit den Worten: »Wer die Kraft des Lebenstanzes kennt, fürchtet nicht den Tod. Denn er weiß, daß die Liebe tötet.« Dies erschien seinen Zeitgenossen als die »Fleisch gewordene dichterische Perfektion«. Er gehörte eine Zeitlang zu dem Bewundererkreis von Stefan George in München und befaßte sich mit der Problematik des Symbols und mit dem Paradoxon »der Wahrheit der Maske«. Als Wiener konnte er sich dem Pessimismus, der die Hauptstadt der ältesten europäischen Großmacht durchdrungen hatte, nicht entziehen.

In der Kaiserstadt Wien, dem Ort des Kongresses, der Europa nach Napoleon neu geordnet hatte, herrschte Zwielicht. Als Zentrum eines Staates, in dem eine Vielzahl von Rassen und unruhigen Völkerschaften seit Jahrhunderten zu einem unfreiwilligen Bund zusammengeschmiedet waren, hatte die Hauptstadt zu viele politische Probleme, die zu schwierig zu lösen waren – also wandte man seine Aufmerksamkeit anderen Dingen zu: der Kultur und dem Lebensgenuß, der Liebelei, wenn auch nicht der Liebe, der Verfeinerung der gesellschaftlichen Formen und, dies allerdings mit größtem Ernst, der Musik. Das Tempo war gemächlich, die Lebensart leichtsinnig und die allgemeine Haltung war eine Mischung aus Lebenslust und nonchalantem Fatalismus. Kaiser Franz Joseph stand 1905 im Alter von fünfundsiebzig Jahren und hatte seinen schwierigen Herrschaftsbereich siebenundfünfzig Jahre lang zusammengehalten. Die ruhelos umherziehende Kaiserin hatte von der Hand eines Anarchisten den Tod gefunden. Die Mitglieder des Hofes mußten, zum Nachweis ihrer untadeligen aristokratischen Geburt, sechzehn Ahnen vorzeigen können. Ganz offensichtlich ging hier eine Epoche ihrem Ende entgegen; jeder wußte es, und niemand sprach darüber.

Wien betrachtete Berlin herablassend als einen ungehobelten Parvenü. Dieses Gefühl kam in einem beliebten Schlager zum Ausdruck:

s'gibt nur a Kaiserstadt
s'gibt nur a Wien,
s'gibt nur a Räubernest
und das heißt Berlin

In der Stadt Beethovens und Schuberts waren die Musik und die Oper König. Der Mann auf der Straße diskutierte die jeweiligen Vorzüge der Orchester, die im Prater spielten. Kunst und Künstler standen in hohem Ansehen. Während Wien in der Politik, in der Regierung und in der Moral »leutselig und tolerant gegenüber der Liederlichkeit war . . . gab es in Sachen der Kunst kein Pardon; da stand die Ehre der Stadt auf dem Spiel«. Diese Ehre wurde vom Bürgertum und von den gebildeten Juden verteidigt, die das neue Mäzenatentum bildeten. Franz Joseph hatte nie ein Buch gelesen und mochte keine Musik. Der Adel hielt nicht nur auf Distanz zu Künstlern und Intellektuellen, sondern verachtete und fürchtete sogar das gesamte intellektuelle Leben. Aber er besaß die gepflegtesten gesellschaftlichen Umgangsformen in ganz Europa, und als Theodore Roosevelt einmal gefragt wurde, welchen Typ er bei seinen Reisen durch Europa am sympathischsten gefunden habe, antwortete er: »Den österreichischen Gentleman.«
In der Innenpolitik war das stärkste Sentiment der Antisemitismus, der zwar sehr offen und ausgesprochen war, aber eher Routine, denn Engagement reflektierte. Karl Lueger, der gutaussehende blondbärtige Bürgermeister Wiens und Führer der Christlichsozialen Partei war mehr offiziell, denn persönlich der führende Antisemit. »Ich entscheide, wer Jude ist und wer nicht«, pflegte er zu sagen. Der »schöne Karl« wie er genannt wurde, war der beliebteste Mann der ganzen Stadt. Sein Begräbnis im Jahre 1910 war ein bedeutendes Ereignis. Trotz aller Benachteiligungen waren die Juden, die etwa zehn Prozent der Wiener Bevölkerung ausmachten, die Befruchter der Wiener Kultur. Sie spielten eine hervorragende Rolle in der Presse, im Theater, in der Musik, der Literatur, der Hochfinanz, der Medizin und der Jurisprudenz. Sie stellten mit Gustav Mahler den Dirigenten der Wiener Hofoper und den führenden Komponisten des Landes, und Arthur Schnitzler war der wahrste Spiegel Wiens.
Schnitzler war wie Tschechow Arzt und besaß die gleiche Melancholie, die hinter seiner Ironie und seinem Spott durchschimmerte. Von seiner Tragödie *Professor Bernhardi* abgesehen, die von einem jüdischen Arzt handelte, der sich assimiliert hatte, aber nicht weit genug, waren Schnitzlers Gestalten stets Liebhaber, Suchende nach dem Sinn des Lebens, der Kunst und der Liebe, wobei sie jedoch stets, so wie es sich für Wien gehörte, ein wenig unlustig und gleichgültig waren. Es waren charmante, gutmütige, intelli-

gente und gebildete Charaktere, Ausdruck des Witzes, der Inkonsequenz, der Höflichkeit und der Bedenkenlosigkeit der Wiener Seele – und ihrer Müdigkeit. Der Held in *Der Weg ins Freie* wird sich sechs Monate nach der Heimkehr von einer »melancholischen und recht langweiligen« Reise durch Sizilien zusammen mit seiner Geliebten kurz vor der endgültigen Trennung bewußt, daß er seitdem nichts Richtiges mehr gearbeitet und noch nicht einmal das »klagende Adagio, das er in den Wellen, die sich an einem windigen Morgen am Strande von Palermo brachen« vernahm, niedergeschrieben hatte. Er ist erfüllt von dem Gefühl des »traumhaften und sinnlosen Charakters des Seins«. In einem Gespräch über eine hitzige Debatte im Landtag antwortet er auf eine Frage: »Hitzig? Nun ja, was wir hier in Österreich halt hitzig nennen. Die Leute sind nach außen hin aggressiv und innerlich völlig gleichgültig.«

Hofmannsthal schickte Strauss nach ihrer ersten Begegnung eine Versdichtung für ein Ballett, die er geschrieben hatte, nachdem er die »dionysische Schönheit« in den wortlosen Gesten des Tanzes entdeckt hatte. Er war der reinen Literatur nicht so ausschließlich verschrieben, daß er eine Zusammenarbeit mit Strauss nicht zu schätzen gewußt hätte und hoffte, daß dieser sein Libretto vertonen würde. Strauss war zu dieser Zeit jedoch zu sehr mit der *Feuersnot* und anderen Projekten beschäftigt. Hofmannsthal verfolgte die dionysische Spur weiter und sammelte Notizen über griechische Themen, über die Beziehung des Übernatürlichen zum Tierischen, über den »phallischen Überschwang« und die »Pathologie und verbrecherische Psychologie« der Tragödien, die damals gerade ihre Wiedergeburt auf der Bühne erlebten. Er fand dabei nicht die marmorne Reinheit des konventionellen klassischen Griechenlandbildes, wie es das 19. Jahrhundert sich geschaffen hatte, sondern Nietzsches Vision eines dämonischen Griechenland, dessen Sünden, Haß und verbotene, blutbefleckten Leidenschaften die Tragödie geboren hatten – die ersten Zeugnisse des menschlichen Zerstörungstriebes. Die zentrale Tragödie, die Äschylos, Sophokles und Euripides dramatisiert hatten, war die Schuldverkettung im Hause des Atreus, angefangen beim Opfertod der Iphigenie über die Ermordung des Agamemnon bis hin zum Muttermord, den Elektra und Orest aus Rache begehen. Hofmannsthal nahm diesen Faden auf. Allerdings stand seine *Elektra* Edgar Allan Poe näher als Euripides, sie war weniger menschliches Schicksalsdrama als ein Alptraum an barbarischen Fürchterlichkeiten.
Die Bühnenanweisung verlangt einen Palasthof bei Sonnenuntergang, in den »Flecken roten Lichtes durch den Feigenbaum wie Blutlachen auf die Erde und die Wände fallen«. Hofmannsthals Gestalten übertreffen Salome noch in der Überspanntheit ihrer Äußerungen von Qual und Begierde, in der grausamen Sehnsucht nach dem doppelten Mord an Klytämnestra und

Aegisth, in der Erinnerung an die schrecklichen Wunden Agamemnons, in den sexuellen Phantasien des Hasses, der als Bräutigam, hohläugig und mit giftigem Atem, erscheint und den Elektra an diesem Abend mit in ihr Bett nimmt, damit er sie alles, was es zwischen Mann und Frau gibt lehre. In wahnwitzigem gegenseitigem Haß umkreisen Mutter und Tochter einander wie tolle Hunde. Elektra ist eine manische Furie, die den Rachegeier mit ihrem Körper atzt und bei Sonnenuntergang, der Stunde, in der sie »nach ihrem Vater heult, im Staub vor Agamemnons Grab kriecht und zwischen den Hunden nach seinem begrabenen Leichnam scharrt. Klytämnestra ist innerlich bereits angefault, mit »einem fahlen, gedunsenen Gesicht« und übermäßig großen Augenlidern, die offenzuhalten sie »eine furchtbare Anstrengung« kostet. Sie geht stets in Purpur gekleidet, mit Edelsteinen und Talismanen bedeckt, und stützt sich auf einen elfenbeinernen Stab; ihre Schleppe wird von einer »gelben Gestalt, einer Ägypterin ähnlich ... einer aufgerichteten Schlange gleichend« getragen. Krank vor Angst, bösen Träumen und einer alten Lust wird sie von dem Verlangen getrieben, Blut zu vergießen; sie treibt Herden von Tieren auf die Opferbank und hofft, daß sie von den namenlosen Schrecken ihrer Alpträume erlöst wird, wenn nur das richtige Blut fließt. Kein Wort, kein Schmerz schnürt ihr die Kehle zu, sondern ein Nichts, das dennoch so furchtbar ist, daß ihre Seele »sich wünscht, erhängt zu sein, und jedes Glied in mir schreit nach dem Tod«.
»Kann man denn vergehn, lebend, wie ein faules Aas? Kann man zerfallen, wenn man gar nicht krank ist? Zerfallen wachen Sinnes, wie ein Kleid, zerfressen von den Motten? Sie scheint eine Allegorie auf Europa zu sein und das Stück war der Höhepunkt der Schwarzseher, eine apokalyptische Vision der Katastrophe. Als Klytämnestra in dem verzweifelten Bemühen, ihre Träume zu beenden, von Elektra wissen will, wer bluten und wer sterben muß, damit sie endlich schlafen kann, schreit Elektra ekstatisch: »Was bluten muß? Dein eigenes Genick ... Das Dunkel und die Fackeln werfen schwarzrote Todesnetze über dich –«
Das Stück wurde 1903 von Max Reinhardt in Berlin inszeniert, ein Jahr nach der *Salome*. Hofmannsthal war sich der Möglichkeiten bewußt, die es enthielt. Das Libretto für eine Strauss-Oper geschrieben zu haben galt damals als »der Gipfel zeitgenössischen Ruhms«. Wiederholt drängte er Strauss dazu, die *Elektra* als nächstes zu komponieren. Obwohl Strauss grundsätzlich interessiert war, zögerte er dennoch wegen der Ähnlichkeit mit *Salome* und suchte nach einem anderen Thema, das einen Menschen zeigen sollte, den seine Natur an die äußersten Grenzen treibt. »Etwas so richtig Ungestümes wie Cesare Borgia oder Savonarola wäre genau das, wonach ich suche«, schrieb er im März 1906 an Hofmannsthal. Nach einem Besuch in Den Haag, wo er Rembrandts »Saul und David« gesehen hatte, verfolgte ihn dieses Thema. So schlug er einen »rasenden Saul« vor. Dann

kam er zehn Tage später plötzlich mit der Idee: »Wie wäre es zur Abwechslung einmal mit einem Thema aus der Französischen Revolution?« Hofmannsthal kehrte jedoch immer wieder auf sein bereits fertiges Drama *Elektra* zurück und beteuerte, daß es etwas wirklich Originelles sei, obwohl der Einfluß Wildes deutlich spürbar war. Da er an einer Zusammenarbeit stark interessiert war, warf er seine ganze Überzeugungskraft in die Waagschale, und schließlich willigte Strauss ein. Er hatte inzwischen fünf sehr schmissige Militärmärsche für Wilhelm II. komponiert, wofür er den Kronenorden dritter Klasse erhielt.

Während Strauss an der *Elektra* arbeitete, wurde ein riesiger Skandal offenkundig, der die Verderbtheit der Spitzen der Gesellschaft enthüllte. Die Eulenburg-Affäre betraf Homosexuelle im unmittelbaren Bekanntenkreis des Kaisers, aber es war weniger dies, als vielmehr die Anhäufung von Bosheit, Intrige und privater Rachsucht, die hier aufbrach und Deutschland in recht düsterem Licht erscheinen ließ. Drei Jahre früher hatte Friedrich Krupp, der Firmenchef, Selbstmord begangen, nachdem er von der Sozialistenzeitung *Vorwärts* homosexueller Beziehungen zu Kellnern und Kammerdienern bezichtigt worden war. Diesmal war die Hauptperson Fürst Philipp zu Eulenburg, von 1884 bis 1903 Botschafter in Wien; ein gewandter und sehr kultivierter Aristokrat, der älteste und beste Freund des Kaisers, dem er mit seiner herrlichen Stimme Lieder am Klavier vorsang. Als der einzige Höfling, der insgesamt gesehen einen guten Einfluß auf den Souverän ausübte, war er das natürliche Ziel des Neides von Bülow und Holstein, der den Verdacht hegte, der Kaiser wolle Eulenburg zum Kanzler machen. Der Initiator des Skandals war Maximilian Harden, der gefürchtete und furchtlose Chefredakteur der Wochenzeitschrift *Die Zukunft*, von der man sagte, daß sie alles, was in Deutschland gut oder schlecht war, aufgriff und kommentierte. Ursache und Motiv der Affäre standen in gewissem Zusammenhang mit der diplomatischen Niederlage Deutschlands in Algeciras, die eine Welle gegenseitiger Beschuldigungen unter den Ministern ausgelöst hatte und in der Entfernung des spinnenhaften Holstein gipfelte. Dieser machte Eulenburg verantwortlich, obwohl seine Entmachtung heimlich von Bülow inszeniert worden war. Rasend vor Rachsucht liierte sich Holstein, der seit Jahren Geheimakten über das Privatleben seiner Kollegen angelegt hatte, nun mit Harden, der glaubte, daß Eulenburgs Einfluß auf den Kaiser zu pazifistisch und damit schlecht sei, um Eulenburg zu ruinieren. Mit Holsteins Unterlagen ausgerüstet, eröffnete Harden eine Verleumdungskampagne gegen Eulenburg und bezeichnete drei ältere Grafen, sämtlich Adjutanten des Kaisers, als Homosexuelle. Nach und nach erwähnte er dann die Freundschaft Eulenburgs mit dem Grafen Kuno Moltke, Chef einer Kavalleriebrigade, Stadtkommandant von Berlin und der »heikelste der Generale«, bekannt unter dem Spitznamen Tutu. Der Kaiser ließ seine Freunde augenblicklich fallen und zwang Moltke, Verleumdungsklage gegen Harden zu erheben. Genau das hatte Harden erreichen wollen, um Eulenburg ruinieren zu können. In vier Gerichtsverfahren, die zwei Jahre lang dauerten, vom Oktober 1907 bis zum Juli 1909, wurden vor der völlig benommenen Öffentlichkeit Unterlagen und Beweise für Perversitäten, Erpressungen und persönliche Feindschaften ausgebreitet. Die Zeugen, unter denen sich Diebe, Zuhälter und Geistesgestörte befanden, berichteten von »abscheulichen Orgien« im Regiment Gardes du Corps und bestätigten perverse Handlungen zwischen Eulenburg und Moltke, die zwanzig Jahre zurücklagen. Ein berühmter Spezialist der Pathologie berichtete über die medizinischen Details; Moltkes geschiedene und rachsüchtige Frau wurde in den Zeugenstand gerufen und die Anklage um den Vorwurf des Ungehorsam und des Meineids erweitert. Selbst Kanzler Bülow wurde von einem halbverrückten Fanatiker, der für die Rechte der Homosexuellen kämpfte, der Perversität bezichtigt und sah sich zur Klageerhebung gezwungen. Das Urteil des ersten Gerichts zugunsten Hardens wurde in der zweiten Instanz revidiert und in einem dritten Verfahren erneut umgekehrt, wobei Eulenburg diesesmal krank, entehrt und unter Arrest stehend in einem Krankenbett zur Verhandlung gebracht wurde. Die Öffentlichkeit war beunruhigt darüber, daß hier mit der Gerechtigkeit Schindluder getrieben wurde, die Leser der *Zukunft* erhielten den Eindruck, daß es überhaupt nur noch Perversität gebe, und das Ansehen von Kaiser und Hof sank erheblich. Zur gleichen Zeit wurde in Wien der Bruder Kaiser Franz Josephs, Erzherzog Ludwig-Viktor, genannt Luzi-Wuzi, in einen Skandal mit einem Masseur verwickelt.

In England waren die drei Prozesse gegen Oscar Wilde aufgelodert und innerhalb von zwei Monaten gelöscht worden; das ›Establishment‹ kehrte ihm den Rücken und vernichtete ihn. In Deutschland stand das ›Establishment‹ selbst vor Gericht. Und gerade da passierte dem Kaiser der unglaubliche Schnitzer bei seinem Interview mit dem *Daily Telegraph* im Oktober 1908. Seine ungewöhnlich unbesonnenen Äußerungen zur Außenpolitik, die Bülow unaufmerksamerweise durchschlüpfen ließ, lösten im Ausland Heiterkeit und Zorn aus und provozierten im Inland die Frage nach dem Geisteszustand des Kaisers. Einige verlangten sogar seine Abdankung. Bülow dachte, er vollführe ein besonders geschicktes Manöver, als er sich im Reichstag praktisch für den Souverän entschuldigte. Doch der Kaiser verzieh ihm das niemals. Verletzt und unwirsch zog sich der Kaiser auf das Gut seines Freundes, des Fürsten Fürstenberg, zurück, wo im Verlaufe eines abendlichen Festes der Chef des Militärkabinetts, Graf von Hülsen-Haeseler im rosa Ballettröckchen mit Blumenkranz erschien und zum Vergnügen aller »wunderbar tanzte«. Als er geendet hatte, fiel er tot um, vom Herzschlag getroffen. Ehe Ärzte herbeigeholt werden konnten, war bereits die Totenstarre eingetreten. Man konnte den Leichnam des Generals nur mit

Mühe von dem Ballettkostüm befreien und ihn, wie es sich gehörte, mit der Uniform bekleiden. Dies war kein glückliches Jahr für den Kaiser, wenn ihm sechs Monate später auch die Befriedigung zuteil wurde, den Rücktritt Bülows erzwingen zu können.

Daß die herrschende Schicht so sehr an Gesicht verloren hatte, veranlaßte ihre Mitglieder, nun erst recht forsch aufzutreten. Im selben Maß, in dem das Prestige des Kaisers sank, stieg die Zuneigung der extremen Militaristen zum Kronprinzen, einem eitlen jungen Mann, dessen Schmeichler ihm sagten, er sehe Friedrich dem Großen ähnlich, was in der Tat, zumindest äußerlich, zutraf. In der ewigen Konfliktsituation zwischen dem regierenden Monarchen und seinem ältesten Sohn meinten Wilhelm II. und ›Klein Willy‹, einander mit bombastischen Äußerungen übertreffen zu müssen »Ich stehe hier in schimmernder Wehr« und ähnliche Redewendungen des Kaisers stammen aus dieser Periode. Die nationale Hochstimmung, die das Bewußtsein der Macht verlieh, vertrug unbegrenzte Mengen an Bombast jeder Art. Die Deutschen sahen sich als die stärkste Militärmacht der Erde, als die tüchtigsten Kaufleute, die eifrigsten Bankiers; sie durchzogen jeden Kontinent, finanzierten die Türken, bauten eine Eisenbahn von Berlin nach Bagdad, beherrschten den Handel mit Lateinamerika, forderten die Seemacht Großbritannien heraus und organisierten im Bereich der Wissenschaft jedes Gebiet der menschlichen Erkenntnis. Sie waren imstande und hatten es auch verdient, die Welt zu beherrschen. Inzwischen übte Nietzsche, wie Brandes berichtet, »einen unangefochtenen Einfluß« auf seine Landsleute aus. Was ihnen fehlte und wonach sie verlangten war die Anerkennung ihrer Überlegenheit durch die übrige Welt. Solange ihnen das verwehrt blieb, wuchs die Enttäuschung und mit ihr der Wunsch, dieses Ziel mit dem Schwert zu erreichen. Vom Krieg zu reden, wurde allgemeine Übung. Als die ungeratenen Rhodes-Stipendiaten des Kaisers einmal betrunken waren, drohten sie ihren Oxforder Kollegen mit der »Invasion und Züchtigung durch die deutsche Armee«. 1912 erklärte General Bernhardi, der führende Militärtheoretiker dieser Tage, die bevorstehende Notwendigkeit des Krieges in einem Buch von unbestreitbarer Autorität und Überzeugungskraft, dessen Titel *Deutschland und der nächste Krieg* lautete.

Das andere Deutschland, das Deutschland des Geistes und des Gefühls, das liberale Deutschland, das 1848 unterlegen war und sich seitdem aus der Arena zurückgezogen hatte, gab sich damit zufrieden, Militarismus und Materialismus zu verachten und in seiner Ecke der höheren geistigen Werte zu schmollen. Seine Repräsentanten waren eine Kaste aus Professoren, Geistlichen, Ärzten und Juristen, die sich als die Geistesaristokratie betrachtete und sich den vulgären Reichen, der vulgären Aristokratie und den vulgären Massen unendlich überlegen fühlte. Sie war weder an den sozialen Problemen interessiert, noch beteiligte sie sich an der Politik. Ihr genügte

ihr Liberalismus für den Hausgebrauch, der nicht kämpfte, sondern sich in der abstrakten Opposition zum Regime ausdrückte, in der Verachtung für den Kaiser und in den antimilitaristischen Karikaturen des *Simplizissimus*. Personifiziert war diese Schicht in dem Philosophieprofessor Georg Simmel, dessen Vorlesung zur selben Stunde stattfand wie die Wachablösung am Schloß und in einem Hörsaal, von dem aus man die ›Linden‹ überblicken konnte. Beim ersten Ton der Militärkapelle pflegte Professor Simmel mitten im Satz abzubrechen und unbeweglich in einer Haltung von arroganter Verachtung und stoischem Dulden zu verharren, bis der barbarische Krach in der Ferne verklang. Erst dann setzte er sein Kolleg fort.
Bei der Hundertjahrfeier der Universität Berlin im Jahre 1910 trafen diese beiden Welten aufeinander, als die akademische Gesellschaft die Invasion ihres schnauzbärtigen Monarchen im goldenen Küraß und goldenen, adlerverzierten Helm des Regiments Gardes du Corps, begleitet von seinem Gefolge in prächtigen Uniformen und vom fürchterlichen Geschmetter der Fanfaren angekündigt, erlebte. Das Publikum war befriedigt von der Feststellung, daß der Kaiser »noch schlimmer aussah als auf den Karikaturen« und tröstete sich mit dem Gedanken, daß eine solche Invasion ihre heiligen Hallen für die nächsten hundert Jahre nicht wieder heimsuchen würde.

Strauss vollendete die Arbeit an der *Elektra* im Sommer 1908. Seine Verleger hatten ihm die Seiten aus der Hand gerissen. In Erwartung eines erneuten *succès de scandale* bezahlten sie rund 100 000 Mark dafür, beinahe das doppelte der 60 000 Mark, die Strauss für die *Salome* bekommen hatte, und erhöhten damit sein Jahreseinkommen für 1908 auf 240 000 Mark. Der Sensationshunger der deutschen Öffentlichkeit war mittlerweile so groß geworden, daß sich vier Städte um die Premiere bemühten. Aus Dankbarkeit gegenüber Schuch vergab Strauss sie nach Dresden, und die Stadt nahm dies zum Anlaß für eine Strauss-Woche, bei der *Salome*, *Feuersnot*, die *Sinfonia Domestica* und zwei Aufführungen der *Elektra* auf dem Spielplan standen – fünf Strauss-Abende hintereinander.
Die Proben für die neue Oper fanden in einer Atmosphäre der Turbulenz statt, alles war größer, lauter und heftiger als je zuvor. Die Partitur erforderte das bisher größte Orchester: Zweiundsechzig Streicher, darunter acht Kontrabässe; fünfundvierzig Bläser, davon sechs Baßtrompeten und eine Kontrabaßtuba, sechs bis acht Kesselpauken und eine Baßtrommel, alles in allem etwa hundertzwanzig Mann. Die Oper wurde in einem einzigen Akt durchgespielt und dauerte zwei Stunden, während denen die Elektra ununterbrochen auf der Bühne war. Ihre Partie war länger als die der Brünhilde im gesamten *Ring* und schien, der Anforderungen wegen, die an die Stimme gestellt wurden, »unsingbar«. Die Partie der Klytämnestra sang Frau Schumann-Heink, die sie »so entsetzlich« fand, daß sie mich beinahe

umgebracht hätte«, und sie nie wieder übernahm. Es gab Stellen, an denen sie das Fortissimo spielende Orchester begleitete, und Strauss, der den Proben vom Parkett aus zuhörte, rief: »Lauter, lauter, sag ich! Ich kann die Heink immer noch hören.«

Für ein legendäres Drama, das 1500 Jahre vor Christi Geburt stattgefunden haben soll, wollte Strauss alles so authentisch wie möglich haben. Er bestand darauf, daß als Opfertiere der Klytämnestra lebende Schafe und Ochsen auf die Bühne getrieben wurden. »Gott im Himmel! Strauss, sind Sie verrückt geworden?«, entsetzte sich der Regisseur. »Stellen Sie sich die Unkosten vor! Und die Gefahr! Was passiert, wenn Ihre Musik losbricht?« Die Tiere konnten in Panik geraten, in den Orchesterraum stürzen, die Musiker gefährden und sogar einige der wertvollen Instrumente zerschmettern. Strauss war unerbittlich. Schuch wurde herbeigeholt und protestierte ebenfalls. Nur nach fürchterlichen Debatten war Strauss zu bewegen, bezüglich der Ochsen nachzugeben und sich auf Schafe zu beschränken. In seiner Musik um ebensolchen Realismus bemüht, nahm Strauss Hofmannsthals Text praktisch vorweg. Das Klirren von Klytämnestras Armreifen hört man in der Schlagzeuggruppe; wenn Chrysothemis von einer stürmischen Nacht spricht, dann tobt dieser Sturm im Orchester; wenn die Tiere zur Schlachtbank getrieben werden, dann möchte der Zuhörer unwillkürlich zur Seite springen, um die Herde vorbeizulassen; wenn die schlüpfrige Blutlache beschrieben wird, dann schildert das Orchester sie in den grellsten Farben. Die Meisterschaft des Komponisten in der Orchestrierung schien übermenschlich, und seine Verstöße gegen die Gesetze der Musik rücksichtsloser als je zuvor. Er war, seinen eigenen Worten zufolge, bis an die Grenze dessen gegangen, was das Ohr noch aufzunehmen vermochte. Als der Premierenabend des 25. Januar 1909 heranrückte, hatte sich ein internationales Publikum, darunter Operndirektoren aus allen europäischen Ländern und, einem möglicherweise etwas überschwenglichen Reporter zufolge, »zweihundert renommierte Kritiker« versammelt. »Ganz Europa ist hier«, sagte der Hotelportier stolz zu Hermann Bahr, der aus Wien gekommen war.

Ohne Ouvertüre oder Vorspiel hebt sich der Vorhang, während das Orchester das Agamemnon-Thema aufbrausen ließ, das wie die Schläge eines Schicksalshammers an das Löwentor von Mykene donnert. Als der Vorhang sich nach zwei Stunden dämonischer Intensität wieder senkte, saß das Publikum sekundenlang wie betäubt und in tiefem Schweigen, bis sich schließlich ein paar Strauss-Anhänger fingen und zu applaudieren begannen. Eine Oppositionsgruppe pfiff, aber der überwiegende Teil des Publikums war zu eingeschüchtert, um überhaupt zu reagieren. Schließlich setzte sich der Beifall durch, es gab einen Vorhang nach dem anderen und sogar Hochrufe für den Komponisten. Die Brutalität des Librettos und die Gewalttätigkeit der musikalischen Aussage riefen die übliche Kontroverse hervor.

Manchen schien die *Elektra* überhaupt keine Musik mehr zu sein. »Tatsächlich glaubten einige sehr ernstzunehmende Leute, Richard Strauss sei übergeschnappt«, schrieb ein erschlagener Zuhörer. Aber bei der zweiten Vorstellung und bei den anderen Inszenierungen in Berlin, München und Frankfurt, erkannte man, mit welcher Meisterschaft Strauss Grauen und Schrecknisse, die im Muttermord gipfelten, musikalisch ausgedrückt hatte. Hermann Bahr fühlte, während er der Musik lauschte, daß etwas Düsteres der damaligen Gegenwart darin enthalten war: Stolz, der aus grenzenloser Macht geboren war; Verachtung gegenüber der Ordnung, »die in das Chaos zurückgelockt wird« und die Sehnsucht der Chrysothemis nach dem einfachen Gefühl. Zutiefst aufgewühlt, spürte er, daß dies ein »wunderbarer Abend« gewesen war und er kehrte angeregt und erhoben nach Wien zurück. Genau das war es, was Nietzsche gewollt hatte.

Als die Oper ein Jahr später, im Februar 1910, nach London kam, war ihr der Ruhm vorausgeeilt, und der Musikkrieg tobte bereits, noch ehe die erste Note gespielt war. Strauss kam, um für ein Honorar von 200 Pfund pro Abend zwei Aufführungen selbst zu dirigieren. Der Kritiker der *Daily Mail* war von den knappen und sparsamen Gesten des Dirigenten beeindruckt. »Ein hochgewachsener Mann mit weich geschwungenen Augenbrauen«, dessen stahlblaue Augen von Zeit zu Zeit zu den Musikern oder den Sängern hinüberblitzten, so wurde er beschrieben. Er hielt den Kopf beim Dirigieren völlig ruhig, und die Ellbogen schienen ihm am Körper festgewachsen zu sein. »Er macht den Eindruck eines Mathematikers, der mit überlegenem Wissen seine Formeln säuberlich an die Tafel schreibt.« Die *Times* befand, das Werk sei »in der gesamten Opernliteratur in seiner schieren Häßlichkeit unerreicht«, während der *Daily Telegraph* berichtete, der »Covent Garden ist nie zuvor Schauplatz solch hemmungsloser Begeisterung gewesen«. Die immer heftiger werdende Kontroverse ließ die Nachfrage nach Karten so in die Höhe schnellen, daß Beecham die Saison verlängern mußte. Für ihn war dies, abgesehen von dem Tod König Edwards VII. wenige Monate später, »das größte Ereignis des Jahres«. Tatsächlich jedoch konnte man die Oper außerhalb Deutschlands nicht mehr ohne politische Untertöne hören. George Bernard Shaw war der Ansicht, an den Angriffen auf Elektra sei die antideutsche Hysterie schuld. Er verfiel in das entgegengesetzte Extrem: In einem Artikel in *Nation* schrieb er, wenn er früher gesagt habe, die Anklage gegen die Narren und Geldwechsler, die Deutschland in einen Krieg mit Deutschland hineinzutreiben versuchten, könne in einem Wort zusammengefaßt werden: Beethoven, dann könne er heute mit der gleichen Berechtigung ›Strauss‹ sagen. Er nannte *Elektra* »den höchsten Gipfel der höchsten Kunst« und die Aufführung einen historischen Augenblick in der englischen Geschichte der Kunst »wie er zu unseren Lebzeiten möglicherweise nicht wiederkehrt«.

Strauss erkannte, daß mit *Salome* und *Elektra* eine Grenze erreicht war. Plötzlich, genau wie nach dem *Heldenleben*, hatte er genug von dem erhabenen Pathos, und beschloß zur Abwechslung eine komische Oper im Stile von Mozarts *Figaros Hochzeit* zu komponieren, um zu beweisen, daß Strauss alles konnte. Hofmannsthal erklärte sich bereit, das Libretto zu schreiben und machte sich Anfang 1909 an die Arbeit. Er entwarf ein »völlig originelles« Szenario, das im Wien des 18. Jahrhunderts spielte – »voll spaßiger Situationen und Typen« – und reichlich Gelegenheit für lyrische Kantilenen wie für derben Humor bot. Als Strauss die erste Szene erhielt, fand er sie entzückend und antwortete: »Das wird sich wie geschmiert in Musik umsetzen lassen.« Librettist und Komponist blieben das ganze Jahr über und auch noch Anfang 1910 in ständiger schriftlicher Verbindung und schufen eine neue Oper, den *Rosenkavalier*.

Die Partie des jugendlichen Liebhabers sollte von einer Frau in Männerkleidung gesungen werden. Hosenrollen waren zu Zeiten Mozarts an der Tagesordnung gewesen. Er selbst hatte die des Cherubino geschrieben. Aber in der Hofmannsthal-Strauss-Konzeption des Octavian schwang noch etwas mehr mit, und das war ein gewisser Situationskitzel. Nach dem Vorspiel, das mit dem charakteristischen Strauss'schen Realismus die Freuden des Liebesaktes beschrieb, wenn der Vorhang sich langsam hob und die Marschallin mit ihrem jungen Liebhaber noch im Bett lag, dann mußte die Entdeckung, daß beide Frauen waren, im Publikum ein eigenartiges, prickelndes Gefühl hervorrufen, über das sich die Autoren gewiß im klaren gewesen sind. Die Idee stammte ursprünglich von Hofmannsthal. Strauss behauptete später, dies sei notwendig gewesen, da kein Mann, der jung genug gewesen wäre, um die Rolle des Octavian singen zu können, die notwendigen schauspielerischen Erfahrungen haben konnte. Außerdem, so fügte er ganz offen hinzu, sei es sehr reizvoll gewesen, für drei Soprane zu schreiben. Er löste diese Aufgabe mit exquisiter Melodik, besonders im Terzett des letzten Aktes. In *Elektra* waren die Männerrollen unbedeutend gewesen; im *Rosenkavalier* spielte die männliche Hauptrolle ein rüder Wüstling, der entweder unsympathisch oder lächerlich war. Der Baron Ochs verkörperte die deutsche Vorstellung von Komik. Wie Strauss an Hofmannsthal während der Arbeit noch schrieb, vermißte er »eine echte komische Situation – das ist alles bloß amüsant, aber nicht komisch.« Er wollte, daß das Publikum lachte: »Lachen! Nicht nur bloß lächeln oder grinsen.«

Die lebenden Tiere durften natürlich nicht fehlen: Es erschienen ein Hund, ein Affe und ein Papagei auf der Bühne. Als Strauss von Hofmannsthal eine Liebesszene zwischen Sophie und Octavian verlangte, für die er ein »viel leidenschaftlicheres Duett« schreiben konnte, denn »das jetzige ist zu zahm, zu manierlich und schüchtern«, antwortete Hofmannsthal unwillig, daß diese beiden jungen Menschen nichts von der Walküre oder Tristan und

Isolde an sich hätten, und daß er unter allen Umständen verhindern wollte, daß sie in eine Art erotisches Geschrei Wagnerschen Stils ausbrächen. Das war nicht gerade taktvoll, und die Unverträglichkeit der Temperamente von Komponist und Librettist trat allmählich zutage. Tatsächlich ist ein Hauch von Tristan spürbar, ganz abgesehen von den Anleihen bei Mozart und sogar bei Josef Strauß. Das Hauptthema war in unverhülltem Anachronismus ein Wiener Walzer, den es im 18. Jahrhundert noch gar nicht gab.

Im April war die Partitur für den zweiten Akt bereits fertig und beim Drukker, noch ehe Strauss den dritten Akt bekommen hatte. Die Abenteuer des Baron Ochs, der dauernd in Verlegenheiten geriet, hatte Hofmannsthal aus den *Lustigen Weibern von Windsor* übernommen, allerdings mit dem Unterschied, daß Ochs im Gegensatz zu Falstaff die ganze Zeit hindurch ein unsympathischer Typ bleibt. Ende des Sommers war die Oper fertig, und am 26. Januar 1911, zwei Jahre nach der *Elektra*, fand in Dresden die Uraufführung des *Rosenkavalier* statt. Von da an gehörte er zum ständigen Repertoire der Opernbühne. Komponist und Librettist ließen den vollen Glanz des Wiener Charme erstrahlen, funkelnd wie die silberne Rose, die das Symbol der Oper war. Strauss hatte sein gesamtes Können, seine Schöpferkraft und Kühnheit – und seine Zwiespältigkeit – in die Partitur gelegt. Mit seiner unvergleichlichen musikalischen Ausdruckskraft konnte er das geschäftige Treiben eines Lever des 18. Jahrhunderts, die köstliche Entdekkung der jungen Liebe, der komischen Schrecken des Duells, die süße Melancholie der Entsagung der Marschallin, zur gleichen Zeit aber auch den derben Humor und lauten Klamauk treffend und realistisch darstellen. Er gab der Welt eine Silberrose, schön, glitzernd, aber hier und da schon ein wenig matt geworden.

1911 war Strauss auf dem Höhepunkt seiner musikalischen Laufbahn. Er war der berühmteste lebende Komponist, einer von jenen, schrieb der Musikerbiograph Richard Specht, ohne die man sich das geistige Leben der Zeit gar nicht mehr vorstellen könne. Obwohl er und Hofmannsthal sich sofort an die Arbeit für eine weitere Oper machten, *Ariadne auf Naxos*, hatte Strauss seinen Gipfelpunkt erreicht, und die Palme des Sieges wanderte bereits weiter.

Im Sommer 1908 flatterte die russische Ballettgesellschaft Sergei Diaghilews wie ein buntgefiederter Kolibri in die Gesellschaft der westlichen Welt. Ihre Saison war ein einziger Triumph ihrer glanzvollen, wilden, exotischen, überschäumenden Tanzkunst, ein weiterer »Blitz aus dem Norden«. Anstelle der müden Routine des klassischen Balletts zeigte sie die großartige Frische der zeitgenössischen russischen Musik und der neuen Libretti, ihre einfallsreiche Choreographie und die erstaunlichen neuen Bühnenbilder, die alle zusammen wie eine Juwelenfassung das Funkeln ihres kraftvollen, männlichen Tanzes zur Geltung brachten. Der Tänzer war ein Star und nicht mehr bloß der *porteur*, der die Ballerina hochhob; er fegte wie ein Wirbelwind voller Vitalität und Kraft über die Bühne. Über allen anderen strahlte der Stern Waslaw Nijinskis. Wenn er mit seinen gewaltigen Sprüngen das Publikum bezauberte, wenn er in der Luft still zu stehen schien, dann wußte man, daß dies der größte Tänzer aller Zeiten, die tänzerische Perfektion in Person war. Er war ein Engel, ein Genie, ein Apoll der Bewegung. Er tanzte sich in die Herzen des Pariser Publikums. Das Ensemble eroberte die Stadt im Sturm. Seine Anhänger sagten der Oper einen Abstieg voraus. »Es war, als ob der Welt am siebten Schöpfungstage etwas Neues geschenkt worden wäre«, schrieb die Gräfin de Noailles.

Neue Kunstrichtungen brachen sich allenthalben Bahn. Beim Salon d'Automne der Jahre 1905 und 1906 verkündeten die *Fauves*, an der Spitze Matisse, in aufregenden Farbkombinationen und verzerrten Linien ihr Credo einer Malerei, die von der Natur unabhängig war. In den Jahren 1907 und 1908 erkannten Picasso und Braque das Wesen der geometrischen Figur und schufen den Kubismus. Mit seinen Ausdrucksmitteln feierte Léger die Maschine, und eine ganze Reihe weiterer Künstler folgte ihm. In Deutschland brach sich die neue Idee bei den sogenannten Expressionisten Bahn, die durch Übertreibung und Verzerrung der Natur gefühlsmäßige Eindrücke zu erzielen suchten. Zwei Amerikaner zerbrachen alte Fesseln: Frank Lloyd Wright in Amerika und Isadora Duncan, die sich in den Jahren 1904–1908 in Europa aufhielt, führten die Emotion in den Tanz ein. Rodin, der für sein eigenes Metier sprach, damit aber das Ziel aller Kunstrichtungen definierte, hatte bereits gesagt: »Die klassische Bildhauerei suchte die Logik des menschlichen Körpers; ich suche seine Psyche.« Marcel Proust, der sich ebenfalls dieser Suche anschloß, zog sich 1906 in ein Zimmer mit korkbelegten Wänden zurück und schrieb *Ala recherche du temps perdu*. Thomas Mann nahm die Suche mit *Tod in Venedig* auf. In Bloomsbury bereitete Lytton Strachey eine neue Art der Biographie vor. Im Moskauer Kunsttheater entstand eine neue Form der Schauspielkunst. Die Irische Renaissance erblühte mit Yeats und J. M. Synge, der mit *Riders in the Sea* und *The Playboy of the Western World* bewies, daß er seit Shakespeare der erste Schriftsteller war, der gleichermaßen großartige Tragödie wie Komödie schreiben konnte. Die Zeit vibrierte in der Suche nach neuen Ausdrucksformen und neuen Bereichen. Als Blériot am 25. Juli 1905 den Kanal überquerte und damit fortführte, was die Gebrüder Wright begonnen hatten, schien es, als habe er damit eine Grenze aufgehoben, und jedermann in Europa spürte in seinem Triumph »eine Erhabenheit des Gefühls, das um nichts weniger herrlich ist, wie der Aufstieg in einem Flugzeug«.

Diese fieberhafte Suche und die Fruchtbarkeit der Stunde schien in dem russischen Ballett verkörpert. Die Tatsache, daß es aus dem zaristischen Ruß-

land kam, das man gleichermaßen als barbarisch und verlebt ansah, war genauso überraschend wie der Aufruf des Zaren zur Abrüstung. Das große Interesse an russischer Kultur, das durch die französisch-russische Allianz und die Weltausstellung geweckt worden war, hatte den unternehmungsfreudigen russischen Ballettmeister Diaghilew dazu veranlaßt, 1906 eine Ausstellung russischer Kunst nach Paris zu bringen. Die Gemälde und Plastiken, Ikonen und brokatenen Priestergewänder sowie die Juwelenwunder von Fabergé, alles Leihgaben aus der Sammlung des Zaren, aus Privatbesitz und Museen, füllten zwölf Räume. Die Veranstaltung stand unter der Schirmherrschaft des Großfürsten Wladimir, des russischen Botschafters in Paris, Iswolskij, und von Mme. Greffulhe. Im darauffolgenden Jahr organisierte Diaghilew eine blendende Konzertreihe mit russischer Musik. Rimskij-Korsakow dirigierte seine eigenen Werke; Rachmaninow spielte sein Klavierkonzert; Joseph Hofmann spielte ein Konzert von Scrjabine, und der herrliche Baß Schaljapin sang Auszüge aus Borodins *Prinz Igor* und Mussorgskijs *Boris Godunow*. Von der begeisterten Aufnahme ermutigt plante Diaghilew einen noch größeren Triumph mit einer Saison des russischen Balletts und der Oper. Das Hofballett stellte seine führenden Künstler frei, Anna Pawlowa, Nijinskij, Adolph Bolm, Tamara Karsawina und als Choreographen Michel Fokin. Für die Bühnenbilder und Kostüme gewann Diaghilew das großartige und provozierende Talent Léon Bakst, der durch die ausgezeichneten Maler Soudeikine, Roerich, Alexandre Benois und andere unterstützt wurde. Die Sensation der ersten Saison war *Kleopatra* mit einer Musik, die eine Mischung von mindestens fünf russischen Komponisten darstellte. Russische Themen verbanden sich mit ägyptischen und persischen Motiven, und selbst die historische Zauberin vom Nil hätte die hinreißende Schönheit und Gestalt Ida Rubinsteins nicht übertreffen können, wenn sie in einer Sänfte erschien, umgeben von einem wirbelnden Bacchanal von Schleiern und Rosenblättern, die so geschickt arrangiert waren, daß sie die Tatsache verbargen, daß sie als Tänzerin noch kaum ausgebildet war. Paris fand sie »fast zu schön, wie ein starkes Parfüm«.
In den nun folgenden sechs Jahren kehrte das Ballett in jeder Saison mit neuen und schwungvollen Aufführungen wieder, die die Choreographie und die Bühnenbildnerei revolutionierten. Die Musik wurde mit voller Orchesterbesetzung unter der Leitung von Pierre Monteux gespielt. Außer *Prinz Igor* und *Boris Godunow* wurde das Repertoire um weitere Opern – Mussorgskijs *Chowanschtschina*, Rimskij-Korsakows *Sadko* und *Iwan der Schreckliche* – erweitert. Die Pawlowa verließ die Gesellschaft später. 1909 aber war sie in *Les Sylphides* für den Tanz das, »was Racine für die Poesie war«, während die Karsawina »die einmalige Verbindung von klassischer Tradition und revolutionärer Kunst« darstellte. Die Ballettmusik war eine Orchesterbearbeitung von zwei Klavierkompositionen Chopins, die ein

Schüler Rimskij-Korsakows namens Igor Strawinsky, damals sechsundzwanzig Jahre alt, geschrieben hatte. Diaghilew hatte ihn 1908 damit beauftragt, nachdem er eine Aufführung von Strawinskys erstem Orchesterwerk in St. Petersburg gehört hatte. Im Gegensatz zu der Feinheit der *Sylphides* arrangierte Fokin die wilden Polowedtzer Tänze aus *Prinz Igor* mit ihren tartarisch-mongolischen Themen und einer wilden asiatischen Horde von Tänzern vor einem Bühnenbild in tristem Grau und Rot, mit niedrigen runden Steppenzelten und Rauchsäulen, die von den Lagerfeuern in den unendlichen Horizont der Steppe aufstiegen. Gefühle, die so lange aus dem Ballett verbannt gewesen waren, wurden durch die sinnliche, kraftvolle Darbietung und die berauschenden Farben Baksts neu belebt. Huris aus dem Sultansharem aus *Tausend und Eine Nacht*, Bacchanten von griechischen Vasen, russische Bojaren in Stiefeln, Harlekine und Colombinen aus der Commedia dell'arte, Waldgeschöpfe in braun, grün und gold in der »gleißenden Schönheit der gefleckten Python« und Tennisspieler in modernem Dress beherrschten die Bühne. Bakst inspirierte Paul Poiret und die Damenmode der nächsten fünf Jahre. Als der rothaarige Bakst in seinen eleganten und parfümierten Kleidern mit seinen Mitarbeitern Rimskij-Korsakows *Scheherazade* plante, sprang er auf einen Stuhl und erklärte in seinem gutturalen Akzent und mit überschwenglichen Gesten, wie die Leibwachen des Sultans jeden in Stücke hauen sollten: »Jeden, die Haremsfrauen und alle ihre schwarzen Liebhaber«. Für *Scheherazade* entwarf er ein Bühnenbild, das die »schauerlichen Taten der Lust und Grausamkeit« suggerierte, die Fokin dann begeistert in einem Tanz der von den Eunuchen auf Betreiben der Haremsfrauen aus ihren goldenen Käfigen befreiten Negersklaven schilderte. In einem orgiastischen Tanz der »Verzückung und Begierde« warfen sie sich den willigen Haremsdamen in die Arme. Die Erotik war ein Lieblingsthema des Balletts. Für *Thamar*, eine kaukasische Königin, eine Kleopatra *á la russe*, entwarf Bakst ein mittelalterliches Schloß über einem Fluß, dessen Wasser sich über den unglücklichen Liebhabern schlossen. In ihren verschiedenen Rollen als Verführerin verkörperte die zierliche und feenhafte Karsawina das Laster »mit einem hohen Grad an Glaubwürdigkeit«, wie ein Kritiker sagte.

Als Rimskij-Korsakow 1908 starb, komponierte Strawinsky einen *Chant Funèbre* für das Gedächtniskonzert in St. Petersburg. Diaghilew zeigte sich erneut tief beeindruckt und bat ihn, die Musik für ein Ballett zu schreiben, das auf dem russischen Märchen von dem Prinzen Igor und dem Feuervogel basierte. Es ist die Geschichte von einem bösen Hexenmeister und zwölf verzauberten Prinzessinnen in einem verwunschenen Wald. Der Komponist schuf eine phantasievolle, rhythmisch raffinierte Partitur mit herrlichen Melodien und einem unheimlichen, knisternden Tanz der Dämonen. Das Ballett wurde im Juni 1910 mit Bolm in der Rolle des Prinzen und der Kar-

sawina als Feuervogel uraufgeführt. Dies war das erste Werk Strawinskijs, das außerhalb Rußlands gespielt wurde. Debussy eilte hinter die Bühne und umarmte ihn. Das Publikum war begeistert, zeitgenössische Musik mit Genuß anhören zu können, ohne durch sie beunruhigt zu werden, und Diaghilew erhielt von allen Seiten Glückwünsche. Er gab sofort ein zweites Ballett für die nächste Saison in Auftrag. Als Strawinskij ihm ein Stück für Klavier und Orchester vorspielte, das er bereits fertiggestellt hatte und in dem er die Abenteuer der Petruschka schilderte, »jener unsterblichen und unglücklichen Puppe, Hauptattraktion auf jedem Jahrmarkt in jedem Land«, war Diaghilew restlos begeistert. Gemeinsam arbeiteten sie die Szenen des Balletts aus: der Karneval auf dem Jahrmarkt; die Volksmenge, die sich um die Buden drängt; der Zauberer mit seinen Kunststücken; die Zigeuner mit ihrem abgerichteten Tanzbären; die Puppenbühne, deren Puppen lebendig werden; die unglückliche Liebe zwischen Petruschka und dem Tänzer, und schließlich sein Tod unter den Händen seines Rivalen, des Mohren.
Petruschka war eine Musik von strotzender Vitalität, Ausdruck des russischen Volkscharakters, mit Volksliedern und dem Echo des Leierkastens, mit Humor und Satire und peinigendem Schmerz. Wie Strauß, so verschmähte auch Strawinskij eine Entwicklung seiner Themen, aber er setzte damit die Tradition der russischen »Fünf« fort und stand nicht in der deutschen Tradition. Er kümmerte sich nicht um die traditionelle Durchführung und Wiederholung des Themas, drückte sich prägnant und direkt aus und strebte nach dem »unmittelbaren Ausdruck in seiner einfachsten Form. Ich kann mit der ›Ausarbeitung‹ in der dramatischen Musik nichts anfangen. Das einzig Wesentliche ist das Gefühl und die Übertragung dieses Gefühls auf andere.«
Dies war Strawinsky mit *Petruschka* gelungen, und Paris bestätigte, was Debussy mit seiner Geste bereits angedeutet hatte: die Erscheinung eines originären und bedeutenden Komponisten. In der Rolle der Puppe zwang Nijinskij sich das Publikum zu. Von seinem Meister in einen schwarzen Kasten geworfen, erhob er sich, wirbelte die steifen Arme durch die Luft und sauste verloren herum; er war rührend in der Liebe und rasend in seiner Eifersucht. Seine Vorstellung war ein Triumph, der gerade zur rechten Zeit für die Londoner Season kam.

London begrüßte das russische Ballett ebenso begeistert wie Frankreich. In dem strahlenden Krönungssommer des Jahres 1911 »war das Leben voller Aufregung«. Die Hitze war schier unerträglich, die Festlichkeiten hatten ihren Höhepunkt erreicht, Flugzeuge starteten und landeten überall, und jedermann war von dem herrlichen Gefühl begeistert, das die Spannung des Fluges erzeugte, aber das russische Ballett »übertraf alles andere«. Es gab dem Tanz seinen »ursprünglichen Adel« wieder, schrieb Ellen Terry. Es war

eine Offenbarung künstlerischer Harmonie. Die Gesellschaft, die Intellektuellen, jeder, der behauptete Kunstverständnis zu besitzen, strömte nach Covent Garden, »Abend für Abend, wie in einem Traum«. Nijinskij verzaubert sie alle: als die linkische Puppe; als Negersklave in silbernen Hosen in *Scheherazade*; als Pierrot in dem kerzenerleuchteten Garten, wo er Tänzer in bunten Schmetterlingskostümen jagte; als der Blaue Gott zu der Musik Reynaldo Hahns, eines Freundes von Marcel Proust, aus einer Lotosblüte in einem chinesischen Garten sich erhebend; als der Geist einer Rose in einem Kostüm aus Blütenblättern oder mit seinem berühmten Sprung durch das Fenster, der die Zuschauer glauben ließ, sein Element sei die Luft. Er sprach kein Wort englisch und kaum französisch und wurde der Liebling der Dinnerparties; stumm, aber lächelnd.
Wie Strauss, so ließ sich auch Diaghilew durch den Triumph dazu verleiten, nach immer neuen Sensationen zu suchen. 1912 gelang es ihm, Paris zu schockieren. Er inszenierte zwei Ballette nach der Musik zweier französischer Komponisten: Maurice Ravels *Daphnis et Chloé*, für diesen Zweck geschrieben und von Strawinsky als eines »der besten Stücke eines französischen Komponisten« bezeichnet, und Debussys *L'Après-midi d'un Faune*, dessen Musik bereits bekannt war. Der Skandal, den es entfesselte, hatte jedoch nichts mit der Musik zu tun. Nijinskij tanzte den Faun in einem hautengen, gefleckten Trikot, mit einem winzigen Schwanz, einer Perücke mit goldenen Löckchen und zwei kleinen, gekrümmten Hörnern. In einer zwölf Minuten dauernden Szene jagte er nach Nymphen in griechischen Gewändern, und als ihm die letzte unter Zurücklassung ihres Schleiers entschlüpfte, ließ er sich auf diesen fallen, als vollziehe er den Liebesakt. Die Choreographie stammte diesmal von Nijinski selbst. Als der Vorhang fiel, gab es Gezisch, Pfiffe und Schimpfworte, gemischt mit den Rufen *épatant*! und *Bis, bis*! Daraufhin tanzte das Ensemble das Stück noch einmal unter »unbeschreiblichem Chaos«. Am nächsten Morgen veröffentlichte Gaston Calmette, der Chefredakteur des *Figaro*, auf der ersten Seite einen mit vollem Namen gezeichneten Leitartikel unter dem Titel *Un Faux Pas*, lehnte die »außergewöhnliche Zurschaustellung tierischer Erotik und schamloser Gesten« ab und verlangte die Absetzung in den folgenden Vorstellungen. *Le Gaulois* stimmte dem, wenn auch weniger aufgeregt, zu und bezeichnete die Schlußszene als *de trop*, während *Le Temps* mit der üblichen Würde und Distanz »die berechtigte Unzufriedenheit« der Franzosen über diesen »bedauerlichen Mißgriff« zum Ausdruck brachte. Das Gerücht, der Polizeipräfekt habe auf Verlangen Calmettes eine Verfügung gegen die weitere Aufführung erlassen, machte die Runde. In den Klubs, Salons, Cafés und den Foyers der Kammer sprach man von nichts anderem; Paris war für einige Zeit wieder in zwei Lager gespalten. Der temperamentvolle russische Botschafter M. Iswolskij stellte die Frage, ob der *Figaro* mit

seinem Angriff die französisch-russische Allianz treffen wolle, und *Le Matin* veröffentlichte am nächsten Tag einen Brief Rodins, in dem dieser Nijinskij verteidigte, weil er »die Freiheit des Instinktes und der menschlichen Gefühle« im Ballett wieder hergestellt habe. Die Kontroverse übertrug sich auf Rodin. Seine Anhänger gaben ein Manifest heraus, bei dem Jules Lemaître und Maurice Barrès nun auf der gleichen Seite standen wie Anatole France und Octave Mirbeau zusammen mit dem Ex-Präsidenten Loubet und den ehemaligen Ministerpräsidenten Clemenceau, Léon Bourgeois und Briand, dem Botschafter Iswolskij und dem Baron d'Estournelles. Forain hingegen blieb unverändert »anti« und veröffentlichte im *Figaro* eine gegen Rodin gerichtete Karikatur. Nachdem für die zweite Vorstellung jeder Platz zu Höchstpreisen verkauft worden war, wurde das anstößige Detail gestrichen und der Faun starrte lediglich mit schmerzlicher Trauer auf den Schleier.

In Wien, wo wegen des Balkankrieges die Stimmung antislawisch war, konnte ein Fiasko nur mit knapper Not abgewendet werden. Bei den Proben der Wiener Königlichen Oper spielte das Orchester, das die schwierigsten Partituren mühelos vom Blatt las, die russische Musik mit ostentativer Abneigung und absichtlich falsch. Monteux war hilflos, und als der erboste Diaghilew laut über das Benehmen der »Schweine« schimpfte, legten die Musiker ihre Instrumente hin und verließen den Orchesterraum. Erst nachdem man Diaghilew am nächsten Tag eine Entschuldigung abgerungen hatte, konnte die Krise beigelegt werden. In Berlin besuchte der Kaiser die Aufführungen von *Kleopatra* und *Feuervogel*, wobei ihm die erstere besser gefiel. Anschließend rief er Diaghilew zu sich und sagte ihm, er wolle seine Ägyptologen in die Vorstellung schicken, offenbar unter dem Eindruck, daß Baksts phantastisches Bühnenbild authentisch und das russische Potpourri eine Offenbarung echter Musik aus dem ptolemäischen Ägypten sei.

Strauss kam ebenfalls zu der Vorstellung und beglückwünschte anschließend Strawinsky, wobei er ihm einen typischen Rat gab. An den gedämpften, geheimnisvollen Beginn des *Feuervogels* anknüpfend, während der Prinz in den Zauberwald hineinreitet, meinte er: »Sie machen da einen Fehler, in dem Sie das Stück pianissimo beginnen lassen; da hört das Publikum nicht zu. Sie müssen es zu Beginn mit einem plötzlichen Krach überraschen. Dann folgt es Ihnen, und Sie können mit ihm machen, was Sie wollen.«

Strauss für das Ballett zu gewinnen, war der naheliegende nächste Schritt. Der Ruf des russischen Ensembles hatte inzwischen das Interesse Hugo von Hofmannsthals geweckt, der schließlich die Verhandlungen eröffnete. Nachdem Diaghilew seine finanziellen Bedingungen gestellt hatte, schlug er Strauss ein Ballett über das Thema Orest und die Furien vor, bei dem Nijinskij die »fürchterlichen Taten und die schrecklichen Leiden des Helden«

darstellen und die Furien am Schluß »furchtbar und triumphierend« in einem Tanz der Zerstörung hervorbrechen sollten. Dies war kein sonderlich origineller Einfall, aber Hofmannsthal lockte mit dem Argument, daß sich hier eine Gelegenheit böte für »wundervolle, ernste, grandiose Musik ... Denken Sie einmal darüber nach und, bitte, lehnen Sie nicht ab.« Er fügte eine Notiz über die finanziellen Bedingungen bei, die »Diaghilew sich erlaubt, Ihnen zu unterbreiten«. Als Strauss die Idee prompt zurückwies, bot Hofmannsthal ihm rasch ein zweites Libretto für ein Ballett an, das die Geschichte Josephs und der Frau des Potiphar zum Inhalt hatte und das er zusammen mit dem Grafen Harry Kessler geschrieben hatte, einem deutschen Literaten, Amateurpolitiker und Kunstmäzen, für den, wie für andere Deutsche der liberalen Richtung kein Platz im öffentlichen Leben war. In dem Versuch, Strauss unter Druck zu setzen, schrieb Hofmannsthal, daß Diaghilew, der das Libretto gut fand, einen russischen oder französischen Komponisten mit der Vertonung beauftragen werde, falls er ablehnen solle. Das genügte. »Joseph ist ausgezeichnet«, antwortete Strauss. »Ich beiße an. Habe bereits mit dem Entwurf begonnen.«

Bald ergaben sich jedoch Schwierigkeiten. Das Libretto, so wie es die beiden anspruchsvollen Autoren angelegt hatten, war eine metaphysische Version der Geschichte von Johannes dem Täufer und Salome, in der Joseph ein Gottsucher war, dessen Geheimnis das des Wachstums und der Verwandlung, dessen Heiligkeit die des Schaffens und Zeugens und dessen Vollkommenheit die jener Dinge ist, die noch nicht sind. Er wird einem sinnlichen Weib gegenübergestellt, die von der Ahnung des Göttlichen, das sie nicht fassen kann, ruiniert wird. Diese Gedanken ließen sich nicht leicht in Musik und noch viel weniger im Tanz ausdrücken. Strauss hatte Bedenken und beschwerte sich schließlich darüber, daß dieser keusche Joseph ganz und gar nicht auf seiner Linie sei. Und wenn ihn etwas langweile, dann könne er es nicht musikalisch ausdrücken. Er wandte ein, daß der Joseph in dem Ballett nichts anderes tat, als sich den Verführungsversuchen der Königin zu widersetzen. »Dieser Gottsucher kostet furchtbar viel Mühe«. Hofmannsthal erklärte in aller Ausführlichkeit, daß Josephs Widerstand der Kampf des Mannes in seiner intensivierten Verstandeskraft gegen das Verlangen des Weibes sei, das ihn herabzuziehen sucht, eine Erklärung, die wenig dazu beitrug, die Lustlosigkeit von Strauss hinsichtlich seiner Aufgabe zu beseitigen. Seine ersten Entwürfe, die er Hofmannsthal im Dezember 1912 vorspielte, beunruhigten seinen Mitarbeiter und machten ihm klar, daß zwischen beiden etwas nicht in Ordnung sei, das einmal in aller Offenheit ausgesprochen werden müsse. Zunächst jedoch drängte er Strauss, sich nicht durch die Anforderungen des Tanzes beengen zu lassen, sondern »ungehemmten, reinen Strauss« zu schreiben und seine eigene Persönlichkeit mit jeder nur denkbaren Freiheit musikalisch auszudrücken. Joseph hingegen blieb auch weiterhin keusch und Strauss wenig phantasievoll. Inzwischen hielt Diaghilew für die Saison 1913 eine neue Premiere bereit.

Le Sacre du Printemps von Igor Strawinsky hatte ein elementares Thema: das Wiedererwachen der Natur im Frühling. Es war eine Verherrlichung heidnischer Riten, bei der sich eine Jungfrau opfert, um das Leben der Erde zu erneuern. Im Gegensatz zu der müden Abgeklärtheit des *Joseph* war Strawinskys Szenario ein schlichtes Rahmenwerk für die Tänzer und die Musik. Er begann nicht mit einem Paukenschlag, wie Strauss ihm geraten hatte, sondern mit einem weichen Tremolo der Holzbläser, so als wolle er das Naturgeheimnis des Knospens andeuten. Wenn sich der Vorhang hebt, steigert sich die Musik zu elementarer rhythmischer Gewalt Niemals zuvor hatte man den Orchesterapparat mit solcher Kraft und solchem Feuer eingesetzt. Die Musik erreicht eine Intensität und Spannung, einen lodernden Höhepunkt, der alle Hoffnungen eines neuen Zeitalters ausdrückt. Es war die Verkörperung des 20. Jahrhunderts. Mit einem einzigen Schritt war damit ein Gipfelpunkt der modernen Musik erreicht, der spätere Generationen entscheidend beeinflussen sollte. Dies war für das 20. Jahrhundert das, was Beethovens ›Eroica‹ für das 19. gewesen war, und sollte, wie sie, unübertroffen bleiben.

Die Premiere fand am 28. Mai 1913 unter der Leitung von Monteux statt. Beinahe hätte es einen Tumult im Theater gegeben. Die völlige Aufgabe der bisher gültigen Gesetze von Harmonie, Melodik und Struktur erschien wie musikalische Anarchie. Man glaubte, dies sei der blasphemische Versuch, die Musik als Kunst zu vernichten, und reagierte mit Pfiffen, Pfuirufen und spöttischem Gelächter. Gegendemonstranten antworteten mit wildem Trotzgeschrei.

Ein junger Mann erregte sich so sehr, daß er einem Amerikaner im Publikum mit den Fäusten auf den Kopf trommelte, der seinerseits so aufgewühlt war, daß er die Schläge eine ganze Zeit lang überhaupt nicht verspürte. In einer Loge stand eine elegant gekleidete Dame plötzlich auf und schlug einem Mann, der in der angrenzenden Loge saß und zischte, ins Gesicht. Saint-Saëns erhob sich voller Entrüstung und verließ den Saal; Ravel schrie: »Genial!« Die Tänzer konnten in dem höllischen Krach die Musik nicht mehr hören und Nijinskij, der die Choreographie für das Ballett geschrieben hatte, stand zwischen den Kulissen, hämmerte den Rhythmus mit den Fäusten und schrie verzweifelt: »*Ras, Dwa, Tri*!« Monteux sah hilfeflehend zu Diaghilew hinüber, der ihm bedeutete weiterzuspielen und in das Publikum rief, man solle sich das Stück doch anhören. »Erst anhören, dann zischen«, schrie Gabriel Astruc, der französische Theaterdirektor wutentbrannt. Nach Schluß der Aufführung strömte das Publikum in die Cafés, um den Kampf dort fortzusetzen, und die Kritiker trugen ihn in die Presse. Da man die Musik kaum gehört hatte, bestanden die geäußerten Meinungen überwiegend aus Emotionen. Erst ein Jahr später, als das Werk im April 1914 in einem Konzert in Paris wieder aufgeführt wurde, erkannte man seine wirkliche Bedeutung. Mit der Aufführung des *Sacre du Printemps*, die ein Jahrzehnt der Neuerungen in der Kunst beschloß, waren sämtliche Ausdrucksformen, die das kommende halbe Jahrhundert bestimmen sollten, formuliert.

In diesem Sommer vollendete Strauss die *Josephslegende*. Hofmannsthal traf sich in Venedig mit Diaghilew und Bakst und plante eine Produktion, die »so verschwenderisch und herrlich« werden sollte, »wie man sie sich nur vorstellen kann«. Die Handlung sollte nicht in Ägypten, sondern im Venedig Tintorettos und Veroneses spielen, denn eine zu große Akkuratesse könnte der Freiheit der Phantasie nur hinderlich sein, wie Graf Kessler erklärte.

Strauss war hingegen schon mit einer Reihe neuer Arbeiten beschäftigt und machte Schlagzeilen. Als er im Juli *Eine deutsche Motette* für Chor und Orchester vollendete, wurde dieses Ereignis sogar der *New York Times* per Telegramm mitgeteilt. Zur Eröffnung einer neuen Konzerthalle in Wien im November komponierte er ein *Festliches Präludium* für ein Orchester von noch nie dagewesener Größe: hundertfünfzig Musiker, darunter acht Hörner, acht Trommeln, sechs zusätzliche Trompeten und eine Orgel. Das paßte recht gut in ein Jahr nationaler Hochstimmung, in das die Hundertjahrfeier der Völkerschlacht bei Leipzig und gleichzeitig das fünfundzwanzigjährige Regierungsjubiläum des Kaisers fiel.

Für die Hundertjahrfeier wurde ein Buch herausgegeben mit dem Titel *Deutschland in Waffen*, zu dem der Kronprinz in der Einführung schrieb, daß es vor allen anderen Völkern Deutschlands heilige Pflicht sei, eine Armee und eine Flotte in steter, höchster Alarmbereitschaft zu unterhalten. Nur dann, gestützt auf unser gutes Schwert, könne es den Platz an der Sonne einnehmen, der ihm gebühre, der ihm aber nicht freiwillig eingeräumt werde. Obwohl die »gigantische Feuersbrunst« der Nationen nicht so leicht gelöscht werden könne, wenn sie erst einmal begonnen habe, dürfe dies die Deutschen nicht davon zurückhalten, zum Schwert zu greifen, denn das Schwert werde bis zum Ende dieser Welt der entscheidende Faktor bleiben.

Größere Sachlichkeit fand sich in einer Studie von Karl Helfferich, Mitglied des Direktoriums der Deutschen Bank, *Deutschlands Volkswohlstand, 1888 bis 1913*, die eine Fülle von Zahlen über den »stürmischen und triumphalen Aufschwung« der letzten fünfundzwanzig Jahre enthielt. Helfferich wies nach, daß die Bevölkerung um mehr als ein Drittel zugenommen hatte; daß der Geburtenüberschuß in Deutschland höher lag als in allen anderen Ländern, mit Ausnahme Rußlands; daß die wirtschaftlichen Möglichkeiten und die Nachfrage nach Arbeitskräften schneller gewachsen waren als die Bevölkerung; daß die Produktivität der deutschen Arbeiter und der Prozentsatz der produktiv tätigen Bevölkerung gestiegen war und daß die Statistiken für Produktion, Transportvolumen, Konsum, Kapitalbildung, Investitionen, Spareinlagen und andere Faktoren des wirtschaftlichen Lebens einen aufwärts gerichteten Trend zeigten. Helfferichs Buch war voll von Phrasen wie »enorme Entwicklung«, »riesiger Fortschritt«, »ungeheure Ausdehnung« und »gigantisches Wachstum«.

In diesem Jahr fragte ein Engländer, der durch Elsaß-Lothringen reiste, einen Kellner in Metz, als was für ein Landsmann er sich denn fühle. »Muß-Preußen«, antwortete der Mann und während der weiteren Reise hörten die Gefährten des Engländers ihn immer wieder murmeln: »Muß-Preuße – wir werden recht bald alle Muß-Preußen sein.«

Die Furcht vor jener selben Sünde des Hochmuts, die Kipling dazu angeregt hatte, im Jubilee Year Englands sein »Recessional« zu schreiben, erfüllte nun auch hier und da einen nachdenklichen Deutschen. Walter Rathenau, der selbstkritische und gebildete Leiter der von seinem Vater gegründeten AEG, veröffentlichte in der *Zukunft* ein langes Gedicht mit dem Titel »Festlied«, dessen Tenor der Protest gegen die organisierte Begeisterung war, die für die Hundertjahrfeier mobilisiert wurde. Auch er sah die apokalypitsche Vision und begann sein Gedicht mit einer Textstelle aus Hesekiel: »Du Menschenkind, so spricht der Herr, HErr vom Lande Israel: Das Ende kommt, das Ende über alle vier Örter des Landes. Nun kommt das Ende über dich ... Das Ende kommt, es kommt das Ende, es ist erwacht über dich; siehe, es kommt.« Rathenau zitiert nicht weiter, aber der Leser, der die entsprechende Stelle bei Hesekiel aufgeschlagen hätte, würde dort das Urteil über Tyrus gefunden haben: »... und habest durch deine Klugheit und deinen Verstand solche Macht zuwege gebracht und Schätze von Gold und Silber gesammelt und habest durch deine große Weisheit und Hantierung so große Macht überkommen; davon bist du so stolz geworden, daß du so mächtig bist –; darum spricht der HErr also: Weil sich denn dein Herz erhebt, als wäre es eines Gottes Herz, darum siehe, ich will Freude über dich schicken ... die sollen ihr Schwert zücken über deine schöne Weisheit ... sie sollen dich hinunter in die Grube stoßen, daß du mitten auf dem Meer sterbest wie die Erschlagenen.«

Stimmen wie die Rathenaus, der nicht ganz den Mut hatte, seinen eigenen bedeutenden Namen darunter zu setzen, sondern unter einem Pseudonym schrieb, verhallten ungehört. Das deutsche Nationalgefühl war derart ausgeprägt, daß Max Reinhardts Inszenierung von Hauptmanns *Festspiel* aus Anlaß der Hundertjahrfeier von den Nationalisten angegriffen und auf Verlangen des Kronprinzen abgesetzt wurde, weil es die Befreiung betonte und nicht das Schwert, das sie erkämpft hatte. Diese Stimmung erreichte einen Höhepunkt in Zabern, einem kleinen elsässischen Städtchen, wo die

Spannungen zwischen der deutschen Garnison und der Zivilbevölkerung deutsche Offiziere dazu hinriß, Zivilisten anzugreifen und zu verhaften. Selbstverständlich verstärkte dieser Zwischenfall die feindselige Einstellung gegen Deutschland. Als das Kriegsgerichtsverfahren, das gegen Oberst Reuter, dem Kommandeur der Garnison Zabern, anhängig gemacht worden war, mit einem Freispruch endete, wurde das Problem der Macht der Armee gegenüber den Rechten des Bürgers zu einer politischen Kernfrage in Deutschland. Wenn die Gesetze für Offiziere keine Gültigkeit mehr hätten, so sagte ein Mitglied der Zentrumspartei im Reichstag, »dann *finis Germaniae*«. Die Mehrheit des Hauses spendete stürmischen Beifall, aber Oberst Reuter erhielt den Roten Adlerorden dritter Klasse und ein Glückwunschtelegramm des Kronprinzen: »Weiter so.«

Die Gemeinschaftsproduktion von Richard Strauss und dem russischen Ballett, die als ein bedeutendes Ereignis erwartet wurde, sollte im Mai 1914 unter Leitung des Komponisten aufgeführt werden. In dem Versuch, Strauss' bisherige Karriere zusammenzufassen, fand Lawrence Gilman bei ihm eben jene gleiche Zwiespältigkeit, die den Historikern seines Landes so oft solches Kopfzerbrechen bereitet hatte. Seine besten Arbeiten, schrieb Gilman, wie etwa der Beginn des *Zarathustra*, das Finale des *Don Quichote*, die Liebespassage aus *Ein Heldenleben*, die Erkennungsszene zwischen Orestes und Elektra, stellten Musik von »überwältigender kosmischer Erhabenheit« dar. *Elektra*, sein Meisterstück, würde eines Tages als »eines der großartigsten Werke der Musik« anerkannt werden. Andererseits konnte er aber auch einen »Grad an Geschmacklosigkeit erreichen, der unfaßbar war«, eine ohrenbetäubende Banalität an den Tag legen, daß sich einem »die Haare sträubten« und einen mit seiner »unglaublich selbstzufriedenen Art«, Musik ohne Sinn und Zusammenhang, Vernunft oder Logik zu schreiben, in Rage versetzen. Stets vermochte er jedoch, die Gemüter zu bewegen, entweder durch hohe Kunst oder durch himmelschreienden Kitsch, aber die Tatsache als solche war unbestreitbar. Gilman, der damals *Sacre du Printemps* noch nicht gehört hatte, schloß, daß Strauss »als Neuerer in der Musik unerreicht ist ... der dynamischste, rücksichtsloseste und widersinnigste aller Komponisten ... die hervorragendste Erscheinung in der Musikwelt seit Wagner«.

Strauss kam im April zu den Proben nach Paris. Nijinskij, für den die Rolle geschrieben worden war, tanzte sie nicht, da Diaghilew ihn in einem Anfall von eifersüchtiger Wut wegen seiner Heirat aus der Truppe ausgeschlossen hatte. Ein neuer junger Tänzer des kaiserlichen Balletts, Léonide Massine, schlank, kaum siebzehn Jahre alt, mit großen braunen Augen, trat an seine Stelle. Ida Rubinstein übernahm den Part der Königin, und der spanische Maler José Maria Sert ergänzte die Bühnendekoration Baksts. Die Szenerie war ein Palladio-Saal, mit Brunnen, goldenen Säulen, Marmorfußboden und riesigen Schalen, die bis oben hin mit Früchten gefüllt waren. Potiphars Frau, in purpurnen Brokat gekleidet, war umgeben von ihren Sklaven in rosa und goldenen Gewändern und den riesenhaften Mulatten ihrer Leibgarde, die goldene Peitschen in der Hand hielten. Damit auch die Tiere nicht fehlten, liefen zwei russische Wolfshunde herum. Vergeblich bemüht sich eine bunte Folge von Tänzern, die »beinahe leidenschaftliche Lebensmüdigkeit« der Königin zu vertreiben, bis schließlich ein schlafender Schafhirte, Joseph, in gelbe Seide gehüllt, hereingetragen wird. Als er erwacht, beginnt er den Tanz seiner Suche nach dem Göttlichen, und augenblicklich wird die leidenschaftliche Lebensmüdigkeit der Königin von leidenschaftlicher Begierde verdrängt. Joseph aber weist jeden ihrer heftigen Versuche, ihn zu verführen, ab. Sie verleumdet ihn; die Wachen bereiten seine Folterung und seinen Tod vor, aber er wird von einem Erzengel gerettet, der ihn unter den Klängen sphärischer Musik davonträgt, während Potiphars Frau sich mit ihrer Perlenkette erdrosselt.

Obwohl das Libretto weitgehend für lächerlich befunden und die Musik als »zweitklassiger Strauss« beurteilt wurde, war die Aufführung dennoch so prunkvoll und gleichzeitig lasziv, daß jedermann sein Vergnügen daran hatte. Der Abend endete mit einem fröhlichen Galasouper bei Larue, das der Komponist für seine Freunde gab, die aus Deutschland, Österreich und Italien zu der Premiere gekommen waren. Es gab frische Erdbeeren und erlesene Weine, und am Schluß wurde jedem Gast vom Ober die Rechnung für seinen Verzehr überreicht.

Die Ballettgesellschaft ging Ende Mai nach London und hatte während ihrer zweimonatigen Saison »außerordentlichen Erfolg«. Schaljapin erhielt für seine Rolle als Iwan der Schreckliche die Note »unübertrefflich«; die letzte Oper Rimskij-Korsakows, *Coq d'Or* und Strawinskys neuestes Werk, *Die Nachtigall*, wurden bejubelt und der »ultra-moderne« *Joseph*, der am 23. Juni unter der Leitung des Komponisten gegeben werden sollte, erregte höchste Erwartung. Bei den Proben mit der Karsawina, die anstelle der Rubinstein tanzte, demonstrierte Strauss, wie er die Verführungsszene dargestellt haben wollte. Während er laut die Musik sang, kam er von der äußersten Ecke ihrer Garderobe »angelaufen und polterte durch den Raum auf das Sofa zu, das das Lager Josephs darstellte«.

Am Abend der Aufführung war die Drury Lane bis auf den letzten Platz besetzt; im Publikum schimmerten und funkelten Perlen und Brillanten; man war »aufs äußerste gespannt und erwartete ein unvergeßliches Erlebnis«. Einem jungen Mann inmitten der nackten Schultern und des fröhlichen Gelächters schien es, als kenne einer den anderen, wie bei einer »riesigen, aber exklusiven Party«. In Anwesenheit des Premierministers und Mrs. Asquiths, der russischen Ballettgesellschaft und des renommierten Komponisten war dieser Abend »ein Ereignis von beinahe internationaler Bedeutung«. Als der Applaus ertönte, lehnte sich der junge Mann im ersten Rang nach vorne und konnte beobachten, wie der hochgewachsene deutsche Komponist seinen Platz vor dem Orchester einnahm, »in bester Verfassung und unerschütterlich«.

Wenn die Musik ihm auch keine neuen Lorbeeren einbrachte, so war der Besuch für Strauss doch persönlich sehr befriedigend. Er dirigierte das Queens Hall Orchester, das unter seiner Leitung eine Auswahl aus Strauss' eigenen Werken sowie Stücke von Mozart brachte. Das Konzert wurde als eines der besten der Saison beurteilt. Am 24. Juni erhielt er, mit der »schönsten aller Doktorroben« angetan, dem karmesinroten und cremefarbenen Brokat eines Doktors der Musik, von der Universität Oxford die Ehrendoktorwürde.

Einen Monat später, am 25. Juli, beschloß das russische Ballett seine Saison mit einer Doppelvorstellung von Strauss' *Joseph* und Strawinskys *Petruschka*. An diesem Abend wies der Österreichische Botschafter zu gleicher Stunde in Belgrad die serbische Antwort auf ein österreichisches Ultimatum zurück, erklärte den Abbruch der Beziehungen und kehrte nach Wien zurück.

VII

Wachablösung

England: 1902-1911

7 Wachablösung

Lord Salisbury war 1903 gestorben und konnte das Funktionieren der Demokratie bei der ersten Parlamentswahl des neuen Jahrhunderts nicht mehr miterleben; allerdings hätte der Ausgang ihn wohl schwerlich überrascht. Eine neue Schicht der Gesellschaft war im Aufstieg begriffen; sie war noch nicht ganz so weit, daß sie die Stelle der Patrizier hätte einnehmen können, diese aber durch ständigen Druck und durch ihre Vertreter im Parlament zur Seite drängen konnte. Die Ära des *demos* begann.

Sie begann mit dem Schrei: *Pigtail*!. Während des Wahlkampfes von 1906 gellte er durch die Wahkreise Englands mit einer Bösartigkeit, die ebenso groß war wie die Belanglosigkeit der angesprochenen Frage. Die »chinesische Sklaverei« erwies sich als das dankbarste Wahlkampfthema, und die Liberalen spielten es so bewußt hoch, wie die Tories in den Khaki-Wahlen von 1900 die patriotischen Slogans strapaziert hatten. Die »Sklaven«, um die es sich handelte, waren chinesische Akkordarbeiter, die mit Zustimmung der Unionistenregierung für die Arbeit in den Goldminen Südafrikas angeheuert worden waren. Von den Plakatsäulen flammte die Anklage mit Darstellungen von Chinesen, die in Ketten gelegt, getreten oder ausgepeitscht wurden. Plakatträger paradierten als Chinesen verkleidet durch die Straßen. In Karikaturen erschienen die Geister britischer Soldaten, die im Burenkrieg gefallen waren und nun fragend auf die umzäunten Lager hinwiesen, in denen man die Chinesen zusammengepfercht hatte: »Mußten wir dafür unser Leben hingeben?« Den Arbeitern hämmerte man ein, die Tories würden im Falle ihres Sieges die chinesischen Arbeitskräfte auch nach England bringen und Plakate mit einem chinesischen Kuli in Zopf und Strohhut lauteten: »*Tory British Workingman*«. Graham Wallas, ein liberaler Parteigänger, berichtet, daß diese Graphiken, als Lichtbilder bei politischen Versammlungen vorgeführt, »augenblicklich einen Schrei der Entrüstung gegen Mr. Balfour« auslösten. Das Publikum hätte nicht sagen können, ob es menschliche Entrüstung war, oder ob es aus Furcht vor der Konkurrenz der billigen Arbeitskräfte aufheulte. Hinter beiden jedoch meinte Wallas die Furcht vor dem Fremden entdecken zu können, die in dem fremdartigen Chinesenzopf versinnbildlicht war. Die häßlichen gelben Gesichter erregten »einen augenblicklichen Haß gegen die mongoloide Rasse, und dieser Haß übertrug sich auf die Konservative Partei«. In dem Schrei der Entrüstung bei solchen Massenversammlungen vernahm Wallas einen Ton, der den Einzug des Irrationalen in die Politik und das öffentliche Leben ankündigte.

Neue Männer appellierten an neue Wählermassen; sie wurden, genau wie die Groschenpresse, durch die Existenz dieser neuen Schichten auf die politische Bühne gerufen. Die Menschen waren belesener und damit natürlich leichter erreichbar und leichter zu beeinflussen. Das Boulevardblatt *Daily Mail* hatte eine Auflage von über einer halben Million, mehr als zehn Mal so viel wie die *Times*. Autos ermöglichten den Kandidaten, ein größeres Publikum zu erreichen, und die Zuhörerzahlen in den ständig wachsenden Städten wurden immer größer. Jenes Element des Irrationalen war nicht unbedingt vom Übel; es konnte durchaus, wenn auch aus den falschen Gründen, das richtige Ergebnis hervorbringen. Es war nicht einmal notwendigerweise auf die Kreise beschränkt, die Matthew Arnold »den Pöbel« nannte, aber sein Effekt war größer, denn der Pöbel war größer geworden.

Als Arthur Balfour nach der Beendigung des Burenkrieges im Jahre 1902 ohne Komplikationen der Regierungsgeschäfte als Premierminister von Lord Salisbury übernahm, rollten die Wellen des Wandels bereits unaufhaltsam heran. Die Konjunkturlage war gut, aber die Konkurrenz des Auslandes bedrängte die britische Vormachtstellung auf dem Weltmarkt, drang in die englischen Märkte ein und übernahm die Führung in den neuen Industriezweigen. Im Mutterland war das Leben für die oberen Klassen immer noch äußerst angenehm; aber Arbeitslosigkeit, Hunger und Mangel, all diese Übel, Ungerechtigkeiten und Unzulänglichkeiten, die man unter dem Begriff »soziale Frage« zusammenfaßt, staute sich als Flut der Unzufriedenheit, die weder ignoriert noch unterdrückt werden konnte, am Wall der Privilegien. Die Forderung eines neuen Zeitalters verlangte entschlossene Aktionen von der Regierung, mehr Phantasie, mehr positive Intentionen und Maßnahmen als zuvor. Die Liberalen, die nun zum ersten Mal nach zehn Jahren in der Opposition eine Chance sahen, glaubten diesen Anforderungen gerecht werden zu können.

Sie waren beileibe keine einheitliche Gruppe und sind es nie gewesen. Die generelle Philosophie des Liberalismus begünstigte hier wie überall Wandlung und Reform, aber sie bot sich in tausend verschiedenen Facetten dar, die durch ideologische und gesellschaftliche Unterschiede bedingt waren. Die herausragenden Persönlichkeiten innerhalb der Liberalen Partei reichten von Whig-Aristokraten, wie Lord Rosebery, und Landadeligen, wie Sir Edward Grey, bis zu erfolgreichen Geschäftsleuten wie Campbell-Bannerman, und landlosen Intellektuellen, wie Asquith und Morley, und schloß auch jenen einzigartigen und fremden Emporkömmling aus dem keltischen Randgebiet, Lloyd George, ein. Einige unter ihnen waren »Little Englanders«, die das Empire als einen »gigantischen Tummelplatz zur Unterhaltung der Aristokratie« ansahen, wie John Bright es ausdrückte; andere waren ebenso entschiedene Imperialisten wie die Tories, es gab Angehörige der anglikanischen Kirche, Nonkonformisten, Befürworter der Home Rule und solche, die sich der Loslösung Irlands entschieden widersetzten. Es gab leidenschaftliche Radikale, die für eine Neuverteilung von Reichtum und politischer Macht kämpften; andere waren Industriemagnaten und hatten keine andere Sorge, als Geld zu verdienen. Diejenigen, die aus Überzeugung und nicht einfach aus Familientradition oder aus Opportunismus liberal waren, glaubten, daß zwischen ihnen und den Tories eine Kluft bestand, »die so breit ist, wie eh und je«, eine Kluft, wie zwischen »dem Quietisten und dem Reformer«, wie Herbert Samuel es formulierte, der selbst von reformerischem Eifer durchdrungen und davon überzeugt war, daß die Prinzipien des Liberalismus »nichts anderes sind als die Anwendung des religiösen Geistes auf das öffentliche Leben«. Es gab ernsthafte Männer unter ihnen, aber auch Opportunisten und Demagogen und sogar solche, wie etwa Lloyd George, die all dies zugleich waren. Sie standen draußen, in der Opposition und es drängte sie nach der Regierungsgewalt; sie hielten sich bereit, die Aufgaben einer neuen Zeit zu meistern.

Ihre Gegner waren gespalten und durch zahlreiche innenpolitische Streitigkeiten zerrissen, die nach dem Burenkrieg mit besonderer Vehemenz hervorgebrochen waren. Der ganze Haß und Neid der Nonkonformisten gegen das Establishment entlud sich in einem nationalen Gewittersturm anläßlich des Education Act von 1902. Weitgehend von Balfour unterstützt und konzipiert, zielte dieses Gesetz darauf ab, neben dem Grundschulwesen auch die weiterführenden Schulen der Verantwortung des Staates zu unterstellen, um somit allen den Zugang zur Bildung zu ermöglichen und ein einheitliches Niveau unter den Schulen zu schaffen. Genau wie der Compulsary Act von 1870 hatte auch dieses Gesetz einen wirtschaftlichen Hintergrund: nämlich die Erkenntnis, daß die Nation ohne eine Anhebung des Bildungsniveaus im internationalen Wettbewerb nicht würde bestehen können. Was seine Bedeutung für den Fortschritt betraf, so war dieses Gesetz vielleicht das wichtigste des gesamten Jahrzehnts, aber es hatte eine parteiorientierte Nebenwirkung. Da es die Schulen der »etablierten Kirche« – gemeint war natürlich die anglikanische Kirche – bevorzugte und de facto finanziell unterstützte, während die Board Schools, die unter lokaler Aufsicht standen, abgeschafft werden sollten, brachte das Gesetz die Nonkonformisten, die traditionell liberal waren, in Harnisch. Es lieferte damit den Anlaß für eine Aussöhnung zwischen dem imperialistischen und dem radikalen Flügel der Partei, die sich über der Frage des Burenkrieges und der Home Rule zerstritten hatten. Die Debatten im Unterhaus nahmen jenen besonderen

Richard Strauss

Friedrich Nietzsche, Weimar 1900

Ein Gartenlokal in Berlin

Nijinski als Faun: Entwurf Léon Bakst

Charakter an, der für den Kampf der Hochkirche gegen die Niederkirche typisch war. Methodistische Geistliche schrieben erbitterte Briefe an die Zeitungen; man bezeichnete das Gesetz als »den größten Verrat seit der Kreuzigung«; in den Dörfern wurden Protestversammlungen abgehalten und Vereine gebildet, die sich mit dem gleichen heiligen Zorn weigerten, die Schulsteuer zu bezahlen, mit dem die Roundheads einst König Charles ihre Steuergelder versagt hatten. Lloyd George, der Sprecher des walisischen Disestablishment, ermutigte diese Vereinigungen mit höchst pathetischen Reden. Die Menschen stürzten sich mit solcher Begeisterung in diese Neuauflage des Religionskrieges, daß es schien, als habe der Burenkrieg eine allgemeine Streitlust geweckt, aber nur zwei Prozent der Bevölkerung die Möglichkeit der physischen Teilnahme gegeben.
Die Forderung nach dem Wahlrecht für Frauen ließ weitere Schwierigkeiten befürchten, und die, die diese Forderung erhoben, bezeichneten sich unverhohlen als »militant«. Sie organisierten sich 1903 unter der Führung von Mrs. Pankhurst in Opposition zu der von Mrs. Fawcett geleiteten Suffragettengruppe, die sich die Erringung des Wahlrechts mit dem friedlichen Mittel der Überredung zum Ziel gesetzt hatte. Ihre ersten Experimente mit militanten Methoden beschränkten sich auf Zwischenrufe und das Entrollen von Transparenten bei politischen Versammlungen; die Bewegung steckte noch in ihren Anfängen, aber sie war, wie Lady Balfour schrieb, ein weiterer Beweis für den »Sturm, der durch die Gesellschaft fegt«.
Zur gleichen Zeit forderten die südafrikanischen Bergwerksbesitzer die Genehmigung, chinesische Arbeitskräfte einstellen zu dürfen, da die afrikanischen Arbeiter nach dem Krieg soviel Arbeit fanden, daß sie ihre bescheidenen Bedürfnisse befriedigen konnten, und daher knapp geworden waren. Der Abschluß von solchen Arbeitsverträgen hatte aber eine Reihe recht unangenehmer Nebenwirkungen versprochen, vor denen die Regierung zurückschreckte. Die Bergwerksbesitzer jedoch blieben hart, da sie sonst die Arbeit nicht wieder aufnehmen konnten; das Investitionskapital war festgelegt; die Aktienkurse der Bergwerksgesellschaften purzelten, und der *Economist* stellte ganz offen fest, daß es eine Frage des Geldes war. »Wenn die englischen und ausländischen Geldgeber, deren Aktienanteil an den Minen in Transvaal einen Wert von 200 Millionen Pfund darstellt, ihre Investition mit Zinsen zurückhaben wollen, dann muß die Frage der Arbeitskräfte im richtigen Geiste angepackt werden.«
Widerstrebend gab die Regierung nach, die Chinesen wurden angeworben und in Lagern untergebracht; die Liberalen, die selbst den Abschluß von Arbeitsverträgen in Britisch-Guayana eingeführt hatten, gaben sich aufs äußerste empört. Die Chinesenlager waren nicht viel schlimmer als die düsteren, teuflischen Slums in England, wo sich oft 25 Familien in einen Wasserhahn und eine Toilette teilen und ein Bett für drei Personen

und der Raum darunter für zwei Personen zum Schlafen ausreichen mußten. Aber die Intensität der humanitären Gefühle wächst mit der Entfernung vom Objekt. Es ist stets leichter, Jerusalem in Afrika als zu Hause neu zu errichten. Außerdem roch die Frage der chinesischen Arbeitskräfte zu deutlich nach Geld, ein Geruch, der schon dem Burenkrieg seit Beginn angehaftet hatte. Dies entwertete den moralischen Anspruch, den die Imperialisten der Sache des Empires stets zu geben versuchten.

Zu all dem kam dann noch Joseph Chamberlains Kreuzzug für eine Schutzzollpolitik. Als er seine Schutzzollkampagne begann, mobilisierte er damit gegen seine Partei die grundsätzliche Einstellung der Briten zur Berechtigung und Richtigkeit des Laissez-faire. Gleichzeitig wurden in der Bevölkerung Erinnerungen an die verhaßten Getreidegesetze und die Furcht vor einer Erhöhung der Lebensmittelpreise wach und verschaffte den Liberalen ein weiteres Wahlkampfthema, das diese mit dem Slogan »Free Food!« auch gleich ausnutzten. Außerdem spaltete sich seine Partei in die alten und die neuen Konservativen, in Geld und Land. Fabrikbesitzer und Geschäftsleute, die Exponenten dessen, was H. G. Wells den »kommerzialisierten Imperialismus mit all seiner Kraft und Energie« nannte, befürworteten den Schutzzoll. Als Imperialist und Geschäftsmann sah Chamberlain darin ein Mittel, das Mutterland und all seine Kolonien in einem riesigen einheitlichen Zollsystem zu vereinigen, den Handel innerhalb des Empires zu beleben und die Wirtschaftslage zu Hause zu verbessern, den Zusammenhalt des Imperiums zu stärken und die Steuereinkünfte für die Sozialgesetzgebung zu erhöhen. Und nicht zuletzt bot sich ihm hier ein Anlaß zur Befriedigung seines persönlichen Ehrgeizes. Er spielte innerhalb des britischen Kabinetts die gleiche Rolle wie Deutschland innerhalb der Völkerfamilie: dynamisch, ehrgeizig, machthungrig und sich seiner Fähigkeiten bewußt, in seinen Augen für die Führungsposition geeignet und verärgert darüber, daß sie von einem anderen eingenommen wurde. Mit der Zollreform unternahm er den Versuch, das Amt zu usurpieren, das man ihm versagt hatte. Aber das Kabinett zerbrach an ihr. Chamberlain selbst trat zurück, trug aber nachher sein Anliegen nur noch eifriger durch das ganze Land. Fünf Vertreter der Freihandelsidee, darunter der Herzog von Devonshire und der Finanzminister, traten ebenfalls zurück. Aus den hinteren Rängen wechselte ein sehr tatkräftiges junges Parteimitglied, Winston Churchill, der gleichfalls für den Freihandel eintrat, von den entrüsteten Tories als »Schuft« beschimpft, zu den Liberalen über. Im Unterhaus gab es endlose und turbulente Debatten über Vorzugszölle, Prämien, Dumping und andere fiskalische Mysterien. Die Öffentlichkeit, die zwar kaum verstand, um was es sich drehte, ergriff Partei; »Free-Food«-Vereine bildeten sich neben den Anti-Schulsteuer-Vereinen, und das britische Volk war auf dem besten Weg, ebenso streitsüchtig zu werden wie das französische.

Premierminister Balfour, geschickt, über allem stehend und keinem politischen Dogma verschrieben, weigerte sich, eine feste Position zu beziehen, teils weil er keine gesicherte Basis dafür sah, teils weil er glaubte, daß die Strategie des goldenen Mittelweges die beste Politik sei, um seine Partei zusammen und seine Regierung im Amt zu halten. Er sah keinen Sinn in der doktrinären Beharrung auf dem Freihandelsprinzip, und erkannte auf der anderen Seite die Vorteile, die gewisse Formen des Schutzzolles für die britische Industrie mit sich brachten, wenngleich er keinesfalls geneigt war, das gesamte Programm Chamberlains zu akzeptieren. Seine einzige tiefe und echte Überzeugung war, daß das Einhalten einer bestimmten politischen Richtung durch die Konservativen wichtiger war als Freihandel oder Schutzzölle, und er hatte dafür zu sorgen, daß das so blieb. Während sich seine Kollegen stritten, Minister zurücktraten und es in der eigenen Partei Abtrünnige gab, wich er jedem Druck aus und teilte dem Haus kühl mit, daß er seine Pflichten schlecht erfüllen würde, wenn er »Übereinstimmung auf einem Gebiet vorgäbe, wo keine Übereinstimmung herrscht«. Er brachte seine philosophischen Zweifel in diesen Streitfragen mit solchem Gewicht vor, daß die Mitglieder beider Seiten fasziniert waren. Dazu aufgefordert, seine Haltung bezüglich der Spannungen zwischen den Befürwortern des Freihandels und den Schutzzollpropagandisten innerhalb seiner eigenen Partei zu erklären, »gab er dem Haus eine brillante Vorstellung seiner verachtungsvollen Spötterei«. Er zog alle Register seines parlamentarischen Könnens und manövrierte die Regierung über einen Zeitraum von zwei Jahren hinweg durch eine Sitzung nach der anderen. Dabei schien ihm seine schwierige Aufgabe geradezu Spaß zu machen. Dennoch blieben seine Gefolgsleute unzufrieden, denn sie wollten einen Führer, der die Führung in der Partei auch tatsächlich ausübte. Er aber vollführte, wie Harry Cust meinte, einen Tanz auf dem Hochseil.

Balfours Motive waren dabei jedoch äußerst begründet und ernsthaft. Er wollte so lange wie möglich im Amt bleiben, um die Entente und besonders nach der Tangerkrise die Arbeit des Verteidigungsausschusses zu konsolidieren. Er hatte die Umrüstung der Artillerie auf die neue 18-Pfünder-Schnellfeuerkanone angeordnet und war entschlossen, wie er später einmal erklärte, »nicht zurückzutreten, ehe wir uns nicht so weit auf diese Ausgaben festgelegt haben, daß keine liberale Reigerung sich mehr von dieser Position zurückziehen kann«. Chamberlain blieb jedoch hartnäckig, und Balfours Seiltanz wurde zunehmend schwieriger, als die Erbitterung in seiner Partei und die Ungeduld der Opposition wuchsen.

Über allem lag der Schatten des sozialen Problems. Untersuchungen und Berichte, die plötzlich nach 1900 erschienen, zeigten mit grausamer Deutlichkeit sowohl den Tatbestand der extremen Ungleichheit in der Verteilung des materiellen Besitzes als auch die sich daraus ergebenden Konsequenzen. In B. S. Rowntrees Studie, *Poverty: A Study of Town Life*, erschienen 1901, im letzten Band von Charles Booths *Life and Labour of the People of London*, erschienen 1903, in L. Chiozza Moneys *Riches and Poverty*, erschienen 1905, in den Berichten der Königlichen Kommission für Arbeitsfragen und in den Studien der Fabian Society über Mittellose, Kranke und Geisteskranke häuften sich die Beweise dafür, daß das reichste Land der Erde auf einem Bevölkerungsfundament ruhte, von dem ein Drittel »in chronischer Armut lebte und nicht einmal die elementarsten Bedürfnisse des Lebens befriedigen konnte«. Chiozza Money wies nach, daß die wirtschaftliche Ungleichheit in England besonders stark ausgeprägt war. In Frankreich, dessen Bevölkerungszahl ungefähr der Englands entsprach, gab es zweimal so viel kleine Bauernhöfe im Werte zwischen 500 und 10 000 Pfund wie in England, während Großbritannien dreimal so viele Gutshöfe von über 50 000 Pfund Wert und viermal so viele im Wert von über 250 000 Pfund besaß als Frankreich.

Die Berichterstatter warteten mit Fakten auf: Schlaf, Ernährung, sanitäre Bedingungen und sogar die Atemluft waren nicht ausreichend, um den elementarsten menschlichen Ansprüchen zu genügen. Professor Huxley hatte ausgerechnet, daß 25 Kubikmeter Luft pro Person der Idealzustand war. Selbst ein Armenhaus bot noch wenigstens 8 Kubikmeter. In den Slums jedoch lebten die Menschen zu dritt in einem Schlafzimmer von 20 Kubikmetern oder zusammen mit den Kindern zu acht oder neun Personen in einem Raum von 34 Kubikmetern. Es gab Ungeziefer; ein Stück Papier auf dem Fußboden diente als Toilette; eine sonntägliche Fischportion von 70 Gramm pro Person deckte den Eiweißbedarf einer achtköpfigen Familie. Die Kinder waren anfällig, bleich und hatten Karies; wenn sie zur Schule gingen, saßen sie teilnahmslos auf ihren Plätzen oder schliefen ein. Bildungsmangel und Apathie waren genauso Produkte der Armut wie die Krankheit; die Slums waren ein Sumpf vergeudeten Lebens. Auf dem Lande war die Übervölkerung in den Dörfern teilweise ebenso schlimm. In einer Hütte in Oxfordshire schliefen acht Familienmitglieder in zwei Betten und hatten zwei dünne Decken als Schutz vor der Kälte; in einer Hütte in Yorkshire teilten sich die Eltern und ihre fünf Töchter in zwei Betten in einer Dachkammer; in Somerset schliefen eine Mutter und drei ihrer Kinder in einem Raum und fünf weitere Kinder beiderlei Geschlechts im Alter bis zu neunzehn Jahren in einem anderen.

Die Arbeitsbedingungen für ungelernte und nichtorganisierte Arbeiter entsprachen ihren Lebensbedingungen in den Slums. Die Arbeiter der Shawfield Chemical Works in Glasgow erhielten 1897, dem Jahr des Diamantenen Jubiläums, 3 oder 4 Pennies Stundenlohn bei einem Zwölf-Stunden-Tag und einer Sieben-Tage-Woche inmitten von giftigen Dämpfen und ohne Mittagspause. Sie aßen ihr Mittagsbrot an den Öfen stehend, und wenn sie sonntags einmal frei nahmen, dann wurden sie mit dem Entzug des Lohnes für den nächsten Tag bestraft. Der Besitzer der Fabrik, Lord Overtoun, war ein Wohltäter der Menschheit, der jedes Jahr 10 000 Pfund an die Wohlfahrt gab, und ein führendes Mitglied der Sunday Observance and Sunday Rest Societies. In anderen Industriezweigen konnten die Arbeiter verhaftet werden, wenn sie sich einen Tag ohne Erlaubnis frei nahmen. Wenn sie jedoch darum nachfragten, konnte der Antrag abgelehnt werden; blieben sie der Arbeit dennoch fern, dann wurden sie oft für einen Tag ins Gefängnis gesperrt. Gelernte Arbeiter, die einer der englischen Gewerkschaften, den ältesten in Europa, angehörten, hatten es etwas besser. Ihr Anteil an der erwachsenen männlichen arbeitenden Bevölkerung betrug etwa ein Fünftel und lag damit höher als in irgendeinem der anderen europäischen Länder. Sie hatte ihre eigenen Versicherungs- und Pensionskassen, hinter denen riesige Fonds standen, und außerdem profitierten sie von den niedrigen Preisen in ihren eigenen Kooperativen. Trotzdem befanden sie sich gegenüber den Kapitalisten immer noch in der Defensive, denn die stets gegenwärtige Drohung der Arbeitslosigkeit schwächte ihre Position und machte sie verwundbar.

Englands Wirtschaft hatte sich bis 1900 wieder von der Depression der neunziger Jahre erholt und erlebte insgesamt gesehen einen kräftigen Konjunkturaufschwung. Reedereien, Werften, Banken und Fabriken hatten alle Hände voll zu tun; die Kohlebergwerke arbeiteten mit voll ausgelasteten Kapazitäten, und obwohl die Engländer in der chemischen, der Elektro- und anderen Industrien nicht so unternehmungsfreudig waren wie ihre ausländischen Konkurrenten, gab die allgemeine Wirtschaftslage keinerlei Anlaß zur Besorgnis. Aber die Ungleichheit in der Verteilung des Reichtums wurde nicht kleiner, sondern nahm zu. Die Reichen lebten in unerhörtem Luxus und Müßiggang, während die Kaufkraft der Löhne geringer und das Menschenmaterial immer schlechter wurde. Die Minimalgröße für Rekruten der britischen Armee wurde von 1,60 Meter im Jahre 1883 auf 1,50 Meter im Jahre 1900 herabgesetzt.

Irgend etwas war mit diesem System nicht in Ordnung. Irgendwie hatten die großartigen technischen und materiellen Errungenschaften der jüngsten Vergangenheit die Gesellschaft deformiert. In den Vereinigten Staaten, wo sich dieser Prozeß mit noch größerer Geschwindigkeit vollzog, sah sich Torstein Veblen zu einer Untersuchung über die Wirtschaftsunternehmen veranlaßt. Die *Muckrakers* prangerten die Zustände in den Slums und auf den Schlachthöfen an und durchstöberten die Akten der Standard Oil. In England drängten Reformer, Schriftsteller, engagierte Journalisten, Mitglieder der Fabian Society, Sozialisten und Radikalliberale ungeduldig auf Abhilfe. H. G. Wells erhob seine nachdrücklich warnende Stimme. Der materielle Fortschritt ohne Planung würde in eine Zukunft führen, wie er sie

1899 in *When the Sleeper Wakes* beschrieb: Hochhäuser und Riesenstädte, Verhärtung bei den Kapitalisten, Niedergeschlagenheit und Verzweiflung bei den Arbeitern; eine Zukunft, in der »alles größer, schneller, gedrängter war«, kurz, »eine Übersteigerung der gegenwärtigen Tendenzen«. Wie ein Häher, der unermüdlich auf den Übeln der Zivilisation herumhackt und seine krächzenden Warnschreie ausstößt, verlangte er 1900 in *Anticipations* und 1905 in *A Modern Utopia* die Errichtung der Neuen Republik als einer geplanten Gesellschaft und diskutierte ausführlich die Verbesserungsmöglichkeiten, die die Wissenschaft den Menschen in die Hand gegeben hatte. Friede, Autarkie und Reform, die alten liberalen Glaubenssätze reichten nicht mehr aus. Der optimistische Liberalismus des 19. Jahrhunderts war dahin. Ein »ungehaltener Pessimismus« inspirierte Charles Masterman 1902 zu *From the Abyss* und 1905 in *In the Peril of Change.* Masterman war ein junger liberaler Journalist, literarischer Redakteur der *Daily News*, ein gläubiger Anhänger der Hochkirche und mit einer Lyttelton verheiratet; sein Onkel gehörte dem Kabinett Balfour an und er selbst zu der neuen Gruppe der Liberalen, die sich über die Tendenzen, welche den Versprechungen und Hoffnungen des 19. Jahrhunderts diametral zuwiderliefen, verwirrt und beunruhigt zeigte. Keiner Gruppe gehörte der Volkswirtschaftler J. A. Hobson an, Verfasser des 1901 erschienenen *The Social Problem.* Er stellte fest, daß die glänzenden Hoffnungen des frühen Liberalismus durch die Doktrin vom Überleben des besser Angepaßten zunichte gemacht und daß die Kräfte des Fortschritts von der Förderung des materiellen Wohlstandes absorbiert waren. Da die Wirtschaftspolitik das soziale Problem nicht hatte lösen können, war er der Ansicht, daß es notwendig sei, eine neue Sozialwissenschaft zu schaffen, um eine »ausreichende Basis für die Kunst des sozialen Fortschritts zu haben«. Hobson sah den Kernpunkt des gesamten Fragenkomplexes in der Arbeitslosigkeit, die für ihn eine Verschwendung menschlicher Produktivkräfte war, wobei übrigens auch die untätigen Reichen, von denen einer Volkszählung aus dem Jahre 1891 zufolge 250 000 Männer im Alter zwischen zwanzig und fünfundsechzig ohne Beruf oder Beschäftigung waren, in diese Kategorie fielen. Zu wenig Konsum, als Folge der Unterbeschäftigung, war die Hauptursache des Übels. Der Imperialismus war daher nicht des weißen Mannes Bürde, die er in purem Edelmut auf sich genommen hatte, sondern ganz schlicht die wirtschaftliche Ausweichreaktion, um die in der Heimat fehlenden Märkte zu kompensieren. Hobsons Ansichten, 1901 in *The Psychology of Jingoism* und 1902 in *Imperialism* dargelegt, fanden zwar Beachtung, aber sie erregten sowohl bei den Imperialisten als auch bei den Fabianern, die an die Ideologie des Imperialismus glaubten, Anstoß. Hobson erhielt nie eine Professur, weder von einer der großen Universitäten noch von der London School of Economics, die 1894 von den Fabianern gegründet worden war, um jene neue Wissenschaft zu betreiben, die Hobson gefordert hatte.

Die Fabian Society strebte einen Sozialismus ohne Marx und Revolution an – gewissermaßen eine Art Macbeth ohne Mord – einen intellektuellen, respektablen, graduellen, sachlichen, praktischen, englischen »Gas-und-Wasser«-Sozialismus, den die beiden Webbs mit ihren Ideen, ihrer unermüdlichen Energie und endlosen Kleinarbeit sowie Bernard Shaw mit seinem klaren, gesunden Menschenverstand formulierten und propagierten. Die Fabian Society war eine intellektuelle Lobby, die in den achtziger Jahren gegründet worden war, ihre Pläne und Vorstellungen in den *Fabian Tracts* niedergelegt und es sich zum Ziel gesetzt hatte, die bestehenden politischen Institutionen dem Endziel des Sozialismus zuzuführen. Die Fabianer gehörten zu den B's in Beatrice Webbs Klassifizierung der Menschen in A's (Aristokraten, Artisten und Anarchisten) und B's (Benefizianten, Bourgeois und Bürokraten). Sie bemühten sich daher auch nicht um Anhängerschaft in der Arbeiterklasse, sondern zogen es, William Morris zufolge, vor, »kultivierte Menschen allmählich von unseren Vorstellungen zu überzeugen« und die Regierung schrittweise in der Richtung auf ihre Ziele hin zu beeinflusssen. Sie hatten großartige Erfolge bei Gleichgesinnten, blieben aber eine akademische Truppe, sieben- oder achthundert Mann an der Zahl, weit von den Menschen entfernt, zu deren Wohl sie sich mühten. Als Gebildeter konnte man in England unmöglich in eine Gewerkschaft gehen. Die Fabianer zweifelten das marxistische Dogma von der Unvermeidlichkeit des Klassenkampfes an und glaubten, Arbeiter und Angestellte müßten ihre Ziele innerhalb der bestehenden kapitalistischen Ordnung zu erreichen suchen, denn es war ja schließlich das Überschußkapital der Unternehmer, das ihnen ihren Arbeitsplatz gab. Shaw »widerlegte« Marx in seinen Vorlesungen und hielt seine Zuhörer mit seinen bestimmten, provozierenden und kühnen Gedanken in atemloser Spannung, während er eineinhalb Stunden lang seine Ideen in kurzen, knappen Sätzen über sie ausgoß. In *Major Barbara* sprach er in der Gestalt des Munitionsmagnaten Undershaft über das »Verbrechen der Armut«. »Was Sie ein Verbrechen nennen ist nichts: hier ein Mord, da ein Diebstahl. Was macht das schon? Das sind die Unglücks- und Krankheitsfälle des Lebens: In London gibt es nicht einmal fünfzig wirkliche professionelle Verbrecher. Aber es gibt Millionen armer Menschen, elender Menschen, schmutziger Menschen, unterernährter und miserabel gekleideter Menschen. Sie vergiften uns moralisch und physisch: sie ersticken das Glück der Gesellschaft: sie zwingen uns, unsere eigenen Freiheiten aufzugeben und fürchterliche Grausamkeiten zu organisieren, aus Furcht, daß sie sich gegen uns erheben und uns in ihren Abgrund hinabziehen könnten. Nur Narren fürchten das Verbrechen: wir hingegen fürchten die Armut.«

Die Webbs attackierten dieses Verbrechen mit Bergen von Dokumentationen und dem für England typischen Mittel der gesellschaftlichen Einflußnahme und der Konversation. Unbeugsam und mit kalter Leidenschaft an der Verbesserung der Gesellschaft arbeitend, waren sie im Grunde genommen autoritär, denn die Schwerfälligkeit der Demokratie machte sie ungeduldig. Sie traten für Schutzzölle, für Joseph Chamberlain (den zu heiraten Beatrice einmal erwogen hatte) und alles das ein, was den Staat stärkte und mehr Einnahmen für neue Kanalisationsanlagen, Suppenküchen und Arbeitslosenversicherung versprach. Sie konnten keine Liberalen brauchen, die weder die imperialistischen noch die sozialistischen Erfordernisse des neuen Zeitalters begriffen, und hatten wenig Vertrauen in eine Labour-Partei, die wegen ihrer Unerfahrenheit nicht in der Lage sein würde, ihre Forderungen durchzusetzen. Was benötigt wurde, das war eine starke Partei, die keine Torheiten beging, ein nüchternes geschäftsmäßiges Verständnis für die nationalen Belange aufbrachte und die Zukunft wie eine Gouvernante fest bei der Hand nahm, sie in saubere Kleider steckte, ihr das Gesicht wusch und die Nase putzte, aufrecht auf den Stuhl setzte und ihr gesittete Tischmanieren beibrachte. Dazu war jedoch nur die Konservative Partei imstande, die, von Joseph Chamberlain erneuert und von Mr. und Mrs. Webb beraten, England den Segen eines Tory-Sozialismus bringen würde.
Der orthodoxe Sozialismus wurde von der Socialist Democratic Federation unter der Führung von H. M. Hyndman vertreten. Hyndman war wohlhabend und Absolvent von Eton und Trinity College, Cambridge, das er im gleichen Jahr besucht hatte wie der Prinz von Wales. Die SDF war zwar absolut auf den Marxismus eingeschworen, aber trotzdem weit von der Arbeiterklasse entfernt; sie vertrat die extremsten revolutionären Doktrinen des kontinentalen Sozialismus, aber es fehlte ihr an Gefolgsleuten, und so blieb sie eine Stimme ohne Resonanzboden. »Ich könnte nicht weitermachen«, sagte Hyndman, »wenn ich die Revolution nicht am nächsten Montagmorgen um zehn Uhr erwartete.« Offenbar nahm er jedoch an, diese Revolution würde vom Himmel herabfallen, denn die Arbeiter figurierten in seinen Vorstellungen nicht als die Initiatoren. »Eine Sklavenklasse kann sich nicht selbst befreien«, führte er aus. »Die Führung, die Initiative, die Schulung und die Organisation muß von denen kommen, die in einer anderen sozialen Stellung geboren und in jungen Jahren dazu angehalten worden sind, von ihren Talenten Gebrauch zu machen.« Er wetterte über die für England typische Praxis der regierenden Klasse, aufsteigende Arbeiterführer zu kooptieren, die sich nur zu bereitwillig an die dominierende Minorität (gemeint waren die Liberalen) verkauften, nachdem sie »ihre Ausbildung von begüterten Sozialisten erhalten haben, die sich für sie opfern«. Einige seiner Freunde, die behaupteten, Hyndman habe sich aus Trotz gegen die Welt für den Sozialismus entschieden, weil man ihn

nicht in die Kricket-Elf von Cambridge aufgenommen hatte, vermuteten hinter solchen Sprüchen eine Art Rechtfertigungsversuch. Zusammen mit Robert Blatchford, dem Chefredakteur des *Clarion*, und anderen ernsthaften Geistern agitierte Hyndman in Versammlungen, Artikeln, Schriften und Vorträgen unablässig für jenen Montagmorgen, den er nicht überlebt hätte und den die englischen Arbeiter gar nicht wollten.

Im Jahre 1901 erhielt das schwankende Gleichgewicht der politischen Kräfte einen entscheidenden Stoß. Die Taff-Vale-Entscheidung des Oberhauses, die dieses in seiner Funktion als Appellationsgericht gefällt hatte, machte die Gewerkschaften für die Schäden, die durch Streiks entstanden, haftbar und gefährdete damit die gewerkschaftlichen Pensions- und Leistungsfonds. Das war jener Schritt der herrschenden Klasse, der die englischen Arbeiter von der Notwendigkeit, sich politisch zu organisieren, überzeugte. Bis dahin hatten sie es vorgezogen, ihren Kampf direkt gegen die Unternehmer zu führen, und zwar über ihre Gewerkschaften und nicht mittels politischer Aktionen über das Parlament. Die englische Arbeiterschaft gab ihre politische Unterstützung den Liberalen und ließ sich nicht zur Unterstützung einer sozialistischen Partei mobilisieren, da sie den Klassenkampf ablehnte. »Die englische Arbeiterklasse ist eine Bourgeoisklasse«, sagte Clemenceau. Genossen vom Kontinent fanden die Kongresse der englischen Gewerkschaften langweilig und fade, weil die Mitglieder nicht an theoretischen Diskussionen, sondern lediglich an materiellen Gewinnen interessiert waren. Für einen Franzosen, so sagte ein Besucher, bedeuteten solche Gewinne lediglich eine Stärkung der Kraft für die soziale Revolution; für die englischen Arbeiter waren sie Selbstzweck, während sie die »fundamentalen Prinzipien und ewigen Wahrheiten« höchstens ärgerlich fanden. Sie waren nicht an einem neuen Sozialsystem interessiert, »sondern daran, in dem bestehenden besser behandelt zu werden«, wie Morley sagte.

1892 fanden die ewigen Wahrheiten jedoch eine Stimme in Keir Hardie, der die schottischen Bergarbeiter mit dem Eifer eines Propheten organisiert hatte. Hardie, damals sechsunddreißigjährig, war ein gutaussehender Mann von kleiner Statur mit feurigen braunen Augen und über der hohen Stirn glatt zurückgestrichenem Haar. Er war in einer ärmlichen Hütte im Kohlenbergbaugebiet von Lanarkshire geboren und aufgewachsen, in einem einzigen Raum, in den sich zwei Erwachsene und neun Kinder teilten. Seine Mutter hatte es irgendwie geschafft, ihm Lesen und Schreiben beizubringen. Mit sieben Jahren fing er als Laufbursche bei einem Bäcker an, um Geld zu verdienen. An einem der wöchentlichen Zahltage – sein Vater war gerade arbeitslos, die Mutter lag wieder einmal im Kindbett und im Haus war nichts zu essen – ging der Kleine, der einzige Geldverdiener der Familie in strömendem Regen drei Kilometer zu seinem Arbeitsplatz und kam zum zweiten Mal fünfzehn Minuten zu spät zur Arbeit. »Der Meister will dich sprechen. Geh rauf!« sagte das Mädchen hinter der Theke. Als er den Raum betrat, wo der Arbeitgeber und seine Familie zum Frühstück um einen Mahagonitisch saßen, auf dem dampfender Kaffee und frische Brötchen standen, erfuhr er, daß er entlassen sei und als Strafe für seine Verspätung für die letzte Woche keinen Lohn bekomme. Auf dem Weg nach unten drückte ihm das Dienstmädchen in stummem Mitleid ein Brötchen in die Hand.

Hardie glaubte an den Klassenkampf bis zum letzten. Die Liberalen waren für ihn nicht besser als die Tories, sondern lediglich eine andere Spielart der Arbeitgeberklasse. Als er sich 1888 zum ersten Mal als unabhängiger Kandidat der Arbeiter für Mittel-Lanark aufstellen ließ, erklärte ihm der liberale Kandidat, Sir George Trevelyan, wie unsinnig es doch sei, daß sie gegeneinander kämpften und damit den Tories den Sieg in die Hände spielten. Falls Hardie seine Kandidatur zurückziehe, würden ihm die Liberalen einen sicheren Sitz und die Erstattung der Wahlausgaben bei der nächsten Wahl zusagen und ihm als Parlamentsmitglied ein Gehalt von 300 Pfund zahlen. Hardie, der in seinem Leben noch nie soviel Geld verdient hatte, lehnte ab. Zwar verlor er diese Wahl mit nur 617 von insgesamt 7000 Stimmen. Vier Jahre später jedoch wurde er als Unabhängiger für South West Ham gewählt. Als er seinen Platz im Unterhaus einnahm, nicht wie alle anderen seiner Klasse, die hier eingezogen waren, im respektablen schwarzen Bratenrock, sondern in Tweedanzug und Mütze, war es, als habe man über Westminster die rote Fahne gehißt. Er ließ sich von der kapitalistischen Umarmung nicht einfangen. Während einer Debatte über das Arbeitslosenproblem packte ihn der Zorn, als kein mitfühlendes Wort über die Hungernden fiel, und er explodierte: »Ihr feisten Ungeheuer!« Bei einer anderen Gelegenheit, als ein Abgeordneter die Arbeitslosen als faule Vagabunden beschimpfte, die nicht arbeiten wollten, meinte Hardie, daß man eine gleichgroße Zahl von Vagabunden »jeden Tag auf der Rotten Row in Zylinder und Gamaschen« sehen könne. Wenn er mit stolz erhobenem Haupt und in aufrechter Haltung vor einer Versammlung sprach, wie eine in Granit gemeißelte Statue des emanzipierten Arbeiters, dann schien er »Gleichheit, Freiheit und triumphales Selbstvertrauen« auszustrahlen und auf die Arbeiterklasse übertragen zu wollen. Da er weder ein Gehalt bezog noch aus einem politischen Fonds unterstützt wurde, verdiente er seinen Lebensunterhalt für sich, seine Frau und seine Kinder mit journalistischen Arbeiten; sein höchstes Jahreseinkommen betrug 210 Pfund.

1889 gab der verzweifelte Streik der Dockarbeiter, die einen Stundenlohn von sechs Pennies wollten, den Anstoß zur Organisierung der ungelernten Arbeiter in Industriegewerkschaften. Diese Bewegung setzte sich während der neunziger Jahre fort. Ihre Initiatoren waren von einem Gefühl »religiöser Pflicht« erfüllt. Den Arbeitern war es nur schwer begreiflich zu machen, daß Tarifverhandlungen ihnen mehr einbringen würden als »die erbitterten Streiks, in denen sich ihre unterdrückten Emotionen gewaltsam Bahn brachen«.

Der Streik der Dockarbeiter tobte im Herzen Londons und führte der Hauptstadt die rauhe Wirklichkeit eines Arbeitskampfes nachdrücklich vor Augen. Junge Leute wie Herbert Samuel wurden durch ihn veranlaßt, in die Politik zu gehen. Als er seinen Bruder bei dessen Kandidatur für das LCC (London County Council) unterstützte, sah er in Whitechapel die unmenschlichen Arbeits- und ärmlichen Lebensbedingungen der Streikenden und war so sehr entsetzt, daß er sich »in diesem Augenblick« entschloß, sich »um einen Sitz im House of Commons zu bewerben und an der Sozialgesetzgebung mitzuwirken«. Der Streik machte auch einen streitbaren Gewerkschaftler, John Burns von den Amalgamated Engeneers, der Gewerkschaft der Lokomotivführer, im ganzen Land bekannt. Er wurde »der Mann mit der roten Flagge« genannt, weil er stets eine kleine Fahne bei sich hatte, wenn er vor einer Versammlung sprach. Obwohl die Dockarbeiter nicht zu seiner Gewerkschaft gehörten, übernahm er die Streikleitung, um seinen Kollegen Ben Tillett und Tom Mann auszuhelfen. Er achtete auf ein gutes Einvernehmen mit der Polizei, organisierte Lebensmittelausgaben und erreichte ein Abkommen, das den Dockarbeitern ihren »Sechser« (Sixpence) zugestand – sehr zum Mißvergnügen Kropotkins, der davon überzeugt war, daß man hier eine gute Gelegenheit hatte vorbeigehen lassen. »Wenn Burns mit seinen 80 000 Mann keine Revolution macht«, schrieb er, »dann nur, weil er um seinen Kopf fürchtet«. Burns war jedoch trotz dieser Zeit des aggressiven Sozialismus zu sehr Engländer, um revolutionär zu sein. Er konnte sich nie mit Hardies kategorischer Weigerung, mit den Kapitalisten zusammenzuarbeiten, einverstanden erklären und zog es vor, die Sache der Arbeiter mit den Verbündeten durchzufechten, die sich jeweils anboten. Nach seiner Wahl ins LCC arbeitete er eng mit den Liberalen zusammen. Sein Haß gegen Keir Hardie erreichte, Beatrice Webb zufolge, »die Ausmaße einer Manie«.

Bei dem Gewerkschaftskongreß von 1893 sammelte Hardie genügend Anhänger um sich und gründete die Unabhängige Arbeiterpartei (Independent Labour Party), deren Vorsitzender er wurde. Sie blieb dem marxistischen Ziel des Gemeineigentums an »allen Produktionsmitteln, Verteilungs- und Tauschwegen« treu und wollte, damit keine Fehler gemacht würden, »die Führung in der Revolution übernehmen, auf die uns die wirtschaftlichen Bedingungen zutreiben«. Es kann kaum überraschen, daß infolgedessen die finanzielle Unterstützung durch die Gewerkschaften minimal blieb. Bei den Parlamentswahlen von 1895, die Lord Salisbury an die Macht brachten, war kein einziger Kandidat der ILP erfolgreich. Dies war das »kostspieligste Begräbnis seit dem Napoleons«, kommentierte Burns, nicht ohne Befriedigung, wobei ihm Mrs. Webb zustimmte. Für die Arbeiter sei es »Selbstmord«, unabhängig handeln und einen Drei-Parteien-Wettbewerb austragen zu wollen. Der konservative Journalist J. L. Garvin sprach jedoch die Vermutung aus, daß die ILP trotz dieses Fiaskos sich durchaus zu »einem zunehmend mächtigeren und beunruhigenderen Faktor in der englischen Politik« entwickeln konnte.

Zur gleichen Zeit stiegen die Mitgliederzahlen in den Unternehmervereinigungen – die als Reaktion auf die Forderungen der Arbeiter gegründet worden waren – rapide an. Die Verbände trafen eine Übereinkunft, nichtorganisierte Arbeiter zu beschäftigen. Um für den Fall eines Streiks eine »Reserve« zu haben, legten sie ein Register für freie Arbeitskräfte an, was schlicht ein anderer Name für eine Streikbrecherkartei war. 1897 gelang es ihnen, den Streik der alten und mächtigen Amalgamated Engineers – bei dem dreißig Wochen dauernden Ausstand ging es um den Acht-Stunden-Tag – zu brechen. Dann gingen sie zur Offensive über und konnten sich auch gegenüber anderen Gewerkschaften bei der Wiedereinführung der Akkordarbeit und der Ablehnung von Überstundentarifen durchsetzen. In verschiedenen Fällen stellte die Regierung dabei Truppen zur Unterstützung bereit. Um nichts dem Zufall zu überlassen, gründeten die Arbeitgeberverbände 1898 das Employers Parliamentary Council, um jegliche Gesetzgebung, die ihren Interessen zuwiderlief, im Keime zu ersticken.

1900 näherten sich eine Reihe von Gewerkschaften, die etwa ein Viertel der gesamten organisierten Arbeiterschaft vertraten, zögernd und widerwillig der politischen Arena und bildeten zusammen mit der ILP und der Hyndman-Gruppe das Labour Representation Committee mit dem Ziel, politischen Kandidaten Wahlhilfe zu leisten. Vorübergehend schloß sich auch die Fabian Society dem Ausschuß an, allerdings ohne allzu große Begeisterung. Ramsay McDonald, ein vierunddreißigjähriger Schotte, der aus kleinen Anfängen zu einem der Mitbegründer der ILP aufgestiegen war und ein hervorragendes Gespür für das politisch Notwendige und politisch Richtige besaß, wurde zum Geschäftsführer des Komitees gewählt. Als die Hyndman-Gruppe entdeckte, daß die Intellektuellen nun doch nicht die Politik kontrollieren sollten, zog sie sich wieder zurück und die Fabianer, die solche Bestrebungen als »nicht in unserem Sinne« befanden, spielten nie eine Rolle. Die Kohlenbergbau-, Textil- und die übrigen alten Gewerkschaften blieben auch weiterhin reserviert. Von den vierzehn Kandidaten, die das Komitee für die Wahl von 1900 aufstellte, wurden in zwei, Hardie und John Burns, gewählt.

Dann begann sich das Taff-Vale-Urteil auszuwirken. Aufgrund dieser Entscheidung begannen nun auch andere Unternehmer, Schadensersatzansprüche zu erheben, und die Gewerkschaften verloren einen Prozeß nach dem anderen. Da sie mit ihren Fonds hafteten, standen mit einem Mal das lang anerkannte Streikrecht und die harterkämpften Vorteile der Tarifverhandlungen auf dem Spiel. Von dem alten Prinzip der direkten Aktion enttäuscht und entmutigt, wandten sich die Gewerkschaften nun der Politik zu und waren entschlossen, Taff Vale auf die einzig mögliche Weise wieder rückgängig zu machen: über das Parlament. Die Mitgliedschaft von Gewerkschaftlern im Labour Representation Committee verdoppelte sich innerhalb von zwei Jahren, und als sich die Kassen der Gewerkschaften öffneten, gewann das Komitee 1902 und 1903 drei Nachwahlen. Will Crooks, ein ehemaliger Küfer und Stadtrat, der in einem Armenhaus geboren war, Arthur Henderson von den Ironfounders und David Shackleton, ein Weber, nahmen nun ihre Plätze im Unterhaus ein, dem »besten Club Londons«.

Hier wehte nun in der Tat ein neuer Wind. Aber er genügte noch nicht, um die Klasse, die von den Tories vertreten wurde, ernsthaft zu beunruhigen. Die Haltung blieb auch weiterhin überwiegend selbstzufrieden. Die Tory-Philosophie akzeptierte die Tatsache des Arbeitskräfteüberschusses als einen Kernpunkt des Profitsystems, ein natürliches Gesetz der Wirtschaft, das man nicht durch gesetzgeberische Maßnahmen aus dem Gleichgewicht bringen durfte. Das Leben der oberen Klasse war auch weiterhin so behaglich und vergnüglich, daß es ihr schwerfiel, die dringend notwendigen Reformen dessen, was die *Times* unbeirrbar »Mängel der sozialen Ordnung« nannte, zu begreifen. Als Keir Hardie den ersten sozialistischen Antrag im House of Commons einbrachte und zwanzig Minuten lang darüber sprach, wie das Übel des Profitsystems, das am Burenkrieg, am Boxeraufstand und an den Londoner Slums schuld war, durch die Vergesellschaftung des Land- und Kapitalbesitzes abgeschafft werden könne, lächelte Mr. Balfour, von einer Dinnergesellschaft zurückkommend, dem Speaker zu, zweifelsohne in der Gewißheit, daß die bestehende Ordnung sich zu seinen Lebzeiten nicht ändern würde.

1905 ergab sich im Zuge der bevorstehenden Parlamentswahlen die Notwendigkeit, Konzessionen zu machen. In ihrem Werben um Stimmen der Arbeiter ernannten die Konservativen eine Königliche Kommission für Arbeitsfragen, die die Möglichkeit einer Wiedereinführung des Prinzips der Nichthaftung untersuchen sollte. Sie ließen sogar die Trades Dispute Bill, die die Taff-Vale-Entscheidung umgestürzt hätte, im Komitee durchgehen und zwei Lesungen im Haus überstehen, wenn sie auch nicht so weit gingen, sie zu verabschieden. Sie trugen der Frage der Arbeitslosigkeit ausreichend, wenn auch nicht besonders fortschrittlich Rechnung, indem sie den Unemployed Workmens Act verabschiedeten, der die Einrichtung von Arbeitsämtern zum Ziel hatte, die die Arbeitslosen registrieren, ihnen bei der Arbeitsbeschaffung helfen und in einzelnen Fällen Unterstützung zahlen sollten. Das Gesetz war jedoch auf London beschränkt und blieb Flickwerk.

Die Tories besaßen kein wirkliches Sozialprogramm, ganz einfach, weil sie keines wollten.

Als Oppositionspartei brauchten die Liberalen die Unterstützung der Arbeiterschaft, um gewinnen zu können, besonders um mit einem solchen Abstand gewinnen zu können, daß sie von den Stimmen der irischen Abgeordneten unabhängig waren. Für sie konnte das Auftauchen unabhängiger Arbeiterkandidaten den Untergang bedeuten. Angesichts der Gefahr eines Zweifrontenwahlkampfes, der sie nur Stimmen kosten konnte, brauchten die Liberalen nun nicht nur Unterstützung, sondern Verbündete. Die Arbeiterschaft, vertreten durch Ramsay McDonald, war bereit, die Vorschläge der Liberalen zu hören. 1903 arbeiten er und Herbert Gladstone, der Chefeinpeitscher der Liberalen, ein geheimes Abkommen aus, in dem die Liberalen sich damit einverstanden erklärten, in 35 Wahlkreisen auf die Aufstellung von Kandidaten zu verzichten, als Gegenleistung für die Unterstützung der gewählten Labourvertreter im Unterhaus. Keir Hardie, der zu den Beratungen nicht hinzugezogen wurde, hätte dieses Arrangement wahrscheinlich nicht nur als einen Verrat, sondern obendrein noch als überflüssig bezeichnet. Die Liberalen würden seiner Ansicht nach über kurz oder lang einsehen müssen, daß sie ohne die Stimmen der Arbeiter machtlos waren; an diesem Punkte angelangt würden sie dann entweder zu Labour übergehen oder »den Tory-Pfad einschlagen«.

Mitte Januar 1906 fanden die Parlamentswahlen statt, wie damals üblich zwei Wochen hindurch. Die chinesische Sklaverei, Schutzzoll gegen Freihandel, die Schulsteuer, Taff Vale, all die Streitfragen, die in den vergangenen drei Jahren die Gemüter erhitzt hatten, ertönten von neuem. »Chinesische Arbeiter in den Bergwerken von Wales?«, lautete die rhetorische Frage von Lloyd George. »Das verhüte Gott!« Die Stimme des Demagogen und die Kräfte des Irrationalen verstärkten noch das allgemeine Gefühl, daß die Tories zu lange an der Macht gewesen waren, und diesmal hatten der Demagoge und die Irrationalen recht. Die Menschen wollten einen Wechsel in den Machtpositionen, und folglich fand er auch statt.

Die Liberalen siegten mit einem riesigen Erdrutsch. Sie kehrten mit einer noch nie dagewesenen Mehrheit von 513 zu 157 ins Parlament zurück; allerdings waren dies nicht alles Liberale. Labour erhielt 53 Sitze, davon 29 Kandidaten des Labour Representation Committee, und organisierte sich zum erstenmal im Haus als anerkannte Partei mit eigenem Einpeitscher. Die übrigen 24 waren Vertreter der Gewerkschaften, *Lib-Labs* genannt, die sich dem Einpeitscher der Liberalen Partei unterstellten und erst 1909 zur Labour Party stießen. Alle 53 stimmten zusammen mit dem Liberalen, wie auch die 83 irischen Abgeordneten, wodurch die siegreiche Partei eine absolute und beinahe schwierig zu handhabende Majorität von 326 Stimmen besaß. Selbst ohne die Iren und Labourleute hätte ihre eigene Majorität von 220 Stimmen ausgereicht, sie von allen Gruppenverpflichtungen zu befreien. Zum ersten Mal hatten sie, was Gladstone sich immer gewünscht hatte und was ein Tory eine »schreckliche Anomalie« nannte: eine liberale Mehrheit, die von den Stimmen der Iren unabhängig war.

Die Labour-Erfolge waren jedoch noch überraschender, und die Folgerungen, die sich daraus ergaben, waren nicht zu übersehen. Ein Freund Sir Almeric Fitzroys, der seinen Sitz in Lancashire verloren hatte, schrieb seine Niederlage dem Aufstieg der Arbeiterpartei zu. Er glaubte nicht, daß die Zollfrage oder irgendein anderes Wahlkampfthema das Ergebnis sonderlich beeinflußt hatte, sondern einzig »die Überzeugung, die zum ersten Mal in der Arbeiterklasse lebendig wurde, daß ihre Erlösung vom sozialen Übel in ihren eigenen Händen liegt«.

Dieser neuen Kraft auf der politischen Bühne Rechnung tragend, wurde John Burns zum Vorsitzenden des Local Government Board ernannt und war damit der erste Arbeiter, der einen Kabinettsrang erhielt. »Ich gratuliere Ihnen, Sir Henry«, antwortete er, als Campbell-Bannerman, der neue Premier, ihm den Posten anbot, »das wird die populärste Berufung sein, die sie ausgesprochen haben«, und er hatte recht damit. Nachdem er die Umarmung der regierenden Klasse eine Woche lang genossen hatte, berichtete er Beatrice Webb: »Ich bin ein anderer Mensch als vor einer Woche.« Das Vergnügen, das er an seinem Ministeramt fand, war so offenkundig, daß Sir Edward Grey an den Ausspruch des Naturforschers Gilbert White erinnert wurde: »Im Juni ist die Schildkröte wohlgemut und geht auf den Zehenspitzen.«

Für die Tories war es die überwältigendste Wahlniederlage einer Partei seit Menschengedenken. In dem Debakel verlor sogar Balfour seinen Sitz, ebenso sein Bruder Gerald, sein Vetter Lord Hugh Cecil und »der traurigste Fall von allen«, wie *Punch* lamentierte, Henry Chaplin, Squire of England und neununddreißig Jahre lang Mitglied des Unterhauses. Sie alle erhielten jedoch ihre Sitze in Nachwahlen zurück, aber inzwischen regierte der »neue Demos« mit einer triumphalen, sicheren Majorität.

Während der hektischen Tage des Wahlkampfes nahm Balfour mit seiner außerordentlichen Fähigkeit, sich von der Gegenwart zu lösen, in Manchester sich die Zeit, um die Antwort auf eine ältere und nicht weniger dringliche Frage zu suchen als die, ob er als Premierminister wiedergewählt würde oder nicht. Im Jahre 1903 war Joseph Chamberlain von Theodor Herzl, dem Sprecher der Zionisten, gebeten worden, die Ausstellung einer Kolonisierungscharta für die Sinai-Halbinsel zu unterstützen. Da Chamberlain nicht in der Lage war, die britischen Behörden in Ägypten zu bewegen, sich damit einverstanden zu erklären, bot er den Juden Uganda als

Ersatz für Palästina an, weil er sie als wertvolle Hilfe für die Kolonisierung schätzte. Trotz der Leiden der Ostjuden während der russischen Pogrome und ihres verzweifelten Bemühens, einen Fluchtweg aus Europa zu finden, lehnte der Zionistenkongreß das Angebot ab, und Balfour wollte nun wissen warum. Auf dem Höhepunkt des Wahlkampfes befragte er einen seiner politischen Referenten, einen Mr. Dreyfus, danach, und dieser erbot sich, einen Freund und glühenden Zionisten mitzubringen, den in Rußland geborenen Dr. Chaim Weizmann, damals ein zweiunddreißigjähriger Chemieprofessor an der Victoria-Universität in Manchester. Balfour, der sein Wahlkampfhauptquartier in einem Hotel in Manchester aufgeschlagen hatte, räumte seinen Besuchern fünfzehn Minuten ein und hörte ihnen dann eineinhalb Stunden lang zu. Weizmann war sehr nervös bei der Aussicht, dem renommierten Staatsmann in seinem holperigen Englisch die ganze Geschichte, die Hoffnungen, Meinungsverschiedenheiten und unterschiedlichen Strömungen seines Volkes in fünfzehn Minuten auseinanderlegen zu müssen. »Ich hub an mit einer langen, feierlichen Rede über die Bedeutung der zionistischen Bewegung ... daß nur eine tiefe religiöse Überzeugung, die sich in modernen politischen Begriffen ausdrückte, die Bewegung am Leben erhalten habe und daß Palästina und nur Palästina die Basis dieser Überzeugung sein könne. Jedes Abweichen von Palästina war – nun, eine Art Abfall vom Glauben. Ich schwitzte Blut und versuchte, mich weniger pathetisch auszudrücken ... Plötzlich sagte ich: ›Mr. Balfour, stellen Sie sich vor, ich gäbe ihnen Paris anstelle von London. Würden Sie akzeptieren?‹

Er richtete sich auf, sah mich an und antwortete: ›Aber, Mr. Weizman, wir haben London.‹

›Das stimmt‹, sagte ich. ›Aber wir hatten Jerusalem, als London noch ein Sumpf war.‹ Er lehnte sich zurück und sah mich unverwandt an ... Ich habe ihn dann erst 1914 wiedergesehen.« Über die spätere Deklaration, die seinen Namen tragen sollte, sagte Balfour später, daß sie »insgesamt gesehen dasjenige war, auf das er mit dem größten Gefühl der Befriedigung zurückblickte«.

Am Morgen nach seiner Wahlniederlage besuchte Balfour einen Freund, der ihn zum erstenmal in seinem Leben »ernstlich besorgt« sah. Abends jedoch las er ein Buch vor dem Schlafengehen, kam am nächsten Tag zum Lunch herunter, »recht ausgeruht und gutgelaunt«, und spielte am Nachmittag Golf. Auch am darauffolgenden Tag war er heiter und zeigte keinerlei Interesse an den weiteren Wahlresultaten, »er sah nicht einmal in die Zeitung«. Er schrieb die Niederlage der aufsteigenden Arbeiterbewegung zu und dem Wunsch der Wählerschaft nach einem Wechsel. Die eigentlichen Wahlkampffragen hatten seiner Ansicht nach kaum eine Rolle gespielt, denn

die Besucher der Wahlversammlungen hätten den Argumenten überhaupt nicht zugehört.
Während seines sorglosen Golfspiels hatte Balfour nachgedacht. »Die Wahl von 1906 hat eine neue Ära eingeleitet«, schrieb er am nächsten Tag an den Sekretär des Königs, Francis Knollys, und der Aufstieg der Arbeiterpartei sei der entscheidende Faktor gewesen. In Briefen an seine Freunde, die Balfour in diesen Tagen schrieb, teilte er seine Gedanken mit: Dies sei mehr als nur der »gewöhnliche Wechsel von einer Partei zur anderen ... Was hier geschehen ist, hat nichts zu tun mit den Fragen, über die wir uns in den letzten Jahren gestritten haben«. Campbell-Bannerman sei »lediglich ein Stück Kork, das auf einem Wildbach tanzt, den er nicht kontrollieren kann«. Die ganze Bedeutung des dramatischen Geschehens könne man nur verstehen, wenn man es unter den Gesichtspunkten der gleichen Bewegung sehe, »die in St. Petersburg ein blutiges Massaker, Unruhen in Wien und Sozialistenproteste in Berlin hervorgerufen hat«. Balfours Gedanken eilten weit voraus zu den Konsequenzen dieser neuen Entwicklung. In diesem Augenblick eines überwältigenden Sieges der Liberalen schrieb er, er glaube, daß dieser Sieg »mit dem Auseinanderbrechen der Liberalen Partei enden wird«. Von diesen neuen Aspekten des Kampfes eher belebt denn bedrückt, versicherte er Knollys, daß er keinesfalls vorhabe, sich aus der Politik zurückzuziehen, denn »ich bin äußerst gespannt zu sehen, was nun passiert«.
Deutlicher als die meisten seiner Zeitgenossen spürte er den Beginn einer Wachablösung, eines Machtwechsels, der nicht ein bloßer Übergang von der Regierungspartei an die Opposition war, sondern tiefergehend der Übergang der Macht auf eine neue Klasse, die, wenn auch im Augenblick noch weit vom Besitz der Macht entfernt, durch ihren Druck auf die Inhaber der Machtposition Aufruhr in den Schichten der Gesellschaft verursachte.
Inzwischen war er jedoch ohne Mandat. »Ich werde mich bestimmt nicht wie ein Dienstbote, der keine Stellung hat, hinstellen und im ganzen Land verkünden, daß ich ehrlich und fleißig bin«, bemerkte er. Nachdem er in der City von London einen Sitz hatte erringen können, kehrte er als Führer der Opposition ins Unterhaus zurück.
Auch andere Beobachter sahen in dem Sieg des Liberalismus die Vorboten zu seiner Auflösung. Für die Sozialisten war dies der marxistische Imperativ. Robert Blatchford sagte voraus, daß die Liberale Partei versuchen würde, »eine halbherzige Politik zu machen, in der Hoffnung, keinen ihrer gemäßigten Anhänger zu vergrämen«. Falls sie versuchen sollte, wirklich wirksame Sozialgesetze durchzusetzen, verlöre sie die Unterstützung ihrer kapitalistischen Parteigänger, die dann zu den Tories übergehen würden. Unternahm sie im Bereich der Sozialreform nichts, ging sie der Unterstützung der Radikalen verlustig, durch die sie ins Amt gekommen war. In

jedem Fall wäre dies die letzte Regierung der Liberalen. »Der unvermeidliche Zerfall der Liberalen Partei ist der sicherste all der Faktoren, die unsere Sache vorantreiben.«

Das Parlament von 1906 überzeugte die Tories von dem Machtanspruch des Sozialismus und der damit verbundenen Bedrohung für das Weiterbestehen der Privilegien. Bis dahin waren die begüterte Aristokratie und der Landadel der Überzeugung gewesen, sie sprächen für die Massen, ihre nationalen Interessen seien die gleichen und sie seien in diesem Sinne eine Einheit. Sie glaubten an die wohltätige Wirkung der Tory-Demokratie, solange diese nicht mit der bestehenden Ordnung in Konflikt kam, und meinten, die Massen glichen der Landarbeiter- und Dienstbotenklasse, die sie kannten. George Wyndham, in Balfours Kabinett Minister für Irland, ein überzeugter und treuer Tory, der 1906 seinen Sitz behalten hatte, glaubte, wie er seiner Mutter schrieb, daß er gewonnen habe, »weil die Arbeiter mich lieben. Ich habe mir ihre Herzen gewonnen ... Immer wieder habe ich von der großen Familie unseres Empire gesprochen, von der fairen Behandlung der Ausländer, dem ruhmreichen Glanz unseres Empire für unsere Kinder und ein wenig von dem Christentum in unseren Schulen ... Ich habe mein Herz ihren Herzen geöffnet und wir empfinden eine gegenseitige Zuneigung. Ich habe mit dem Torytum, dem Empire und der Finanzreform gewonnen. Die Iren haben für mich gestimmt; die Fischer haben für mich gestimmt; die Soldaten und die Handwerker haben für mich gestimmt! Ganz einfach, weil wir einander mögen und die Traditionen der Vergangenheit und den Ruhm der Zukunft lieben.«

Wyndhams bezauberndes Rokokobildchen war, gleichgültig, welches nun die Gründe für seine Wahl gewesen sein mochten, in England wie auch in der übrigen Welt des Jahres 1906 einfach unzutreffend. Die Klasse der Landbevölkerung verschwand allmählich und strömte in die Städte; zwischen dem neuen industriellen Proletariat, das an ihre Stelle trat, und den Patriziern gab es weder Liebe noch gemeinsame Interessen. Wyndham und Seinesgleichen wußten nichts von den Bergleuten und Stahlarbeitern, von den Menschen, die in den monotonen Reihenhäusern der Vorstädte wohnten. Winston Churchill, der in Blenheim Palace auf die Welt gekommen war, sagte, als er während des Wahlkampfes in Manchester in eine besonders graue Straße einbog: »Stell dir vor, man müßte in einer solchen Straße wohnen, könnte niemals etwas Schönes sehen, niemals etwas Gutes essen – niemals etwas Gescheites sagen!« Die, denen dieses Schicksal zugefallen war, waren die neuen Wähler.

Von den 337 Liberalen waren 154 (40 Prozent) Geschäftsleute, 85 Rechtsanwälte, 65 »Gentlemen«, 25 Schriftsteller und Journalisten, 22 Offiziere und die restlichen 22 waren Universitätsprofessoren, Lehrer, Ärzte und Idealisten. Der größte Teil der besiegten Tories bestand immer noch aus

»Gentlemen« (etwa 30 Prozent) gefolgt von Geschäftsleuten (25 Prozent) und Offizieren (20 Prozent). Fast die Hälfte des Hauses, 310 Abgeordnete, war neu und hatte noch nie in einem Parlament gesessen. Ein Lord zeigte sich bei einem Besuch des Unterhauses erleichtert, denn nur wenige waren in »ungewöhnlicher Kleidung« erschienen. Der Korrespondentenveteran des *Punch*, Sir Henry Lucy, fand jedoch, daß Ton, Charakter und gesellschaftliche Form des Hauses »revolutioniert« wurden. Die Iren waren eine rauhe Bande und bekannt für ihre schlechten Manieren, die sie mit Bedacht pflegten; sie zeigten sich unbeeindruckt von den Traditionen des Hauses. Es war englisch, also haßten sie es. Da die liberale Majorität sie nicht brauchte, galten sie auch nicht viel. Sie konnten wenig tun, höchstens ihrem Ärger durch Krach und Obstruktion Luft machen und alle Gesetze, die nicht die Home Rule betrafen, zu verhindern suchen. Ihr langer, erbitterter und bisher stets erfolgloser Kampf um die Beseitigung der englischen Herrschaft und die Errichtung einer unabhängigen Regierung war durch die Größe des liberalen Sieges nicht aussichtsreicher, sondern schier hoffnungslos geworden.
Als Balfour ins Unterhaus zurückkehrte, zeigte die feindliche Majorität offen und unverhüllt ihre Abneigung gegen ihn als Führer und Symbol der besiegten Partei. Die neuen Parlamentsmitglieder waren, wie Austen Chamberlain berichtet, »intolerant und roh zu ihm ... verhöhnten ihn und unterbrachen ihn ständig«. Unbeirrt, freundlich wie immer, blieb er auch jetzt Herr der Lage in der Debatte und hatte innerhalb von einem halben Jahr seinen Einfluß wiederhergestellt und den Respekt seiner Gegner gewonnen, die spürten, »daß er dem Haus eine gewisse Distinktion verlieh«. Eine Reihe der neuen Regierungsmitglieder waren seine persönlichen Freunde; der Mann jedoch, der jetzt auf seinem alten Platz auf der anderen Seite des Speakertisches saß, gehörte nicht dazu. Campbell-Bannerman war für den »historischen Charme« Balfours unempfänglich, wie ein Kollege sagte, »er konnte ihn einfach nicht spüren«. Zu Beginn der Legislaturperiode versuchte C.-B. denn auch, diesen Charme zu durchlöchern. Als Balfour aufgefordert wurde, die Haltung seiner Partei zu der Frage einer Resolution gegen die Zollreform darzulegen, gelang es ihm, sich so geschickt wie stets herauszuwinden. Der neue Premierminister war außer sich. »Schluß mit diesen Narrenpossen!« explodierte C.-B. Sein Vorgänger sei »wie die alten Bourbonen – er hat nichts dazu gelernt. Er kommt hierher zurück mit der gleichen sorglosen Art, der gleichen subtilen Dialektik, der gleichen leichten und frivolen Spiegelfechterei in der Behandlung großer Fragen. Aber er kennt den neuen Geist des Unterhauses schlecht, wenn er glaubt, er könne mit diesen Methoden hier ankommen. Ich sage, Schluß mit dieser Narretei!« Es war ein mannhafter Versuch, der ein weites Echo fand, aber die Aura Balfours nicht zerstörte.

Der neue Geist des Unterhauses jedoch wurde von Männern geprägt, die weder mit Balfour, dem Patrizier, noch mit dem Liberalen alter Schule Campbell-Bannerman etwas gemein hatten. Die beiden herausragenden Mitglieder des neuen Kabinetts – H. H. Asquith, der Sohn eines Nonkonformisten und Wollhändlers aus Yorkshire, und David Lloyd George, der Sohn eines walisischen Schullehrers –, die beide nacheinander Premierminister werden sollten, betrachteten das Regierungsgeschäft nicht als eine ererbte Funktion, sondern als professionelle Karriere. Ihrer Herkunft und ihrem Temperament nach völlig verschieden, hatten beide jedoch ihren Weg ins Parlament über die juristische Laufbahn gemacht.
Der dynamischste der neuen Minister, Lloyd George, war Handelsminister, ein Posten, der nicht zu den gewichtigsten Ämtern im Kabinett gehörte, aber er verschaffte ihm einen Platz in der ersten Reihe des Unterhauses. In ihm sah A. G. Gardiner, der Chefredakteur der *Daily News* und ein besonders scharfsinniger Kommentator des politischen Geschehens, »das Vorzeichen einer neuen Zeit. Der Mann aus dem Volke in der Position der Macht«. Wenn es auch noch nicht die absolute Macht war, so gab es doch keinen Zweifel daran, daß sich Lloyd George auf dem Wege dahin befand. Er war zweiundvierzig Jahre alt, elf Jahre jünger als Asquith und elf Jahre älter als Winston Churchill. 1890 war er von einer Landgemeinde in Wales ins Parlament gewählt worden, um den walisischen Nationalismus zu vertreten; er war Nonkonformist, hatte sich dem Disestablishment verschrieben und trat als Radikaler für soziale Reformen ein. Seine politische Bibel in jungen Jahren war *Les Misérables* von Victor Hugo gewesen, und eine billige Ausgabe davon trug er stets bei sich, wenn er reiste. Mit seiner Stellungnahme gegen den Burenkrieg hatte er das Risiko eines beruflichen Boykotts und sogar das eines tätlichen Angriffs auf sich genommen, was von einem beachtlichen Grad sowohl an moralischem als an körperlichem Mut zeugte. Er besaß feste politische Grundsätze, aber keine Skrupel. Von kleiner Statur, gut aussehend, furchtlos, rücksichtslos, mit einer scharfen Zunge, hellen blauen Augen, einem braunen Schnurrbart und von Vitalität strotzend, war er ein Liebling der Frauen, verstand es allerdings immer wieder geschickt die Schlingen einer legalen Verbindung zu vermeiden. Als Redner war er die Sarah Bernhardt der politischen Bühne. Er versetzte seine Zuhörer mit seinem keltischen Dialekt und seinen gefühlsbetonten Appellen in helle Begeisterung. Kein rhetorischer Kunstgriff war ihm in der Öffentlichkeit zu theatralisch, kein Argument zur Mobilisierung der Massen zu extrem; als Minister jedoch war er umsichtig, geschickt und sich stets bewußt, daß »England vom Handel lebt«, wie er einmal sagte, und daß keine Partei allein auf Labour gestützt existieren konnte. Sein größtes Talent war ein akuter, intuitiver und unfehlbarer sechster Sinn für die Forderung des Augenblicks, verbunden mit der Überzeugung, daß er der Mann war, der

ihr gerecht werden konnte. Er »stürzte sich wie ein Habicht auf eine gute Gelegenheit«, und hielt er sie erst einmal in seinen Fängen, dann konnten die Führer seiner Partei nicht mehr an ihm vorbei und mußten ihn einsetzen, selbst wenn er, wie Chamberlain bei den Tories, der Kuckuck im Nest war und sie für sich arbeiten ließ.

Vor ihm stand als Finanzminister Asquith, hinter ihm drängte Winston Churchill nach, der als Unterstaatssekretär im Kolonialministerium im erweiterten Kabinett saß – der Lohn für seinen Übertritt zu den Liberalen. Asquith war ein professioneller, kalter Rechner, der aufgrund seiner Ausbildung und seines Urteilsvermögens, weniger aufgrund seiner Überzeugung stets wußte, was notwendig und zu tun war. Er war unerbittlich in seiner Logik und hart in der Debatte. »Holen Sie mal den Vorschlaghammer«, befahl C.-B., als Balfour die Liberalen wieder einmal genüßlich in Stücke riß, und man holte Asquith. Er hatte ein Stipendium für Oxford bekommen und dort mit Auszeichnung abgeschlossen. Wie Gardiner schrieb, gehörte er zu den Besten, die das Balliol-System hervorgebracht hatte; er vermied den Übereifer und »mißtraute den großen Idealen, selbst wenn es seine eigenen waren«. Er begriff alles, war aber selbst völlig unoriginell, dabei von einer Fertigkeit des Standpunkts und einer Leidenschaftslosigkeit wie ein Richter – der perfekte Ausschußvorsitzende. Nach einer erfolgreichen Karriere als Rechtsanwalt war er 1892 unter Gladstone Kabinettsminister geworden. Schon bald sah man in ihm den kommenden Mann, obwohl er sich in der Gesellschaft noch so wenig zu bewegen wußte, daß er seiner eigenen Frau den Arm zu bieten pflegte, um sie zu Tisch zu führen. Diese Schwierigkeit wurde jedoch überwunden, als seine erste Frau starb und Margot Tennant, die einen Blick für kommende Männer hatte, sich entschloß, ihn zu heiraten. Er fügte sich reibungslos in die Elite ein; er hatte »keinen Egoismus, keinen Neid und keine Eitelkeiten«, sagte eine Bekannte über ihn. Er herrschte durch seinen Intellekt, aber er provozierte keine Reaktionen. Die Öffentlichkeit konnte sich nie ein Bild von ihm machen oder ihm ein Etikett anheften, und für die Geschichte bleibt er ein Mann ohne Gesicht.

Die Regierung enthielt eine Reihe von Peers, die allerdings nicht zu den großen Gutsbesitzern gehörten. Der schon recht betagte Marquis von Ripon, der später zurücktrat, war darunter, außerdem Lord Tweedmouth, der geisteskrank wurde und ebenfalls zurücktrat, und Lord Crewe, der Sohn Lord Roseberys, der den damaligen Prinzen von Wales (den späteren König George V.) durch seine Angewohnheit »entsetzte«, im House of Lords einfach ein Jackett anstelle des üblichen Cut zu tragen. Der einzige Vertreter der hohen Aristokratie war der Renegaten-Tory Winston Churchill. Nicht allein der Freihandel hatte ihn zu den Liberalen gebracht. Er wußte, als er 1904 die Partei wechselte, daß die Tories auf dem absteigenden Ast waren. Da er jedoch ein Kabinettsamt anstrebte, wollte und konnte er nicht warten. Er war zwar der Enkel eines Herzogs, mußte sich jedoch seinen Lebensunterhalt selbst verdienen. Journalismus und Schriftstellerei brachten wohl Geld ein, aber nicht die Gelegenheiten, auf die er wartete. In Amerika wäre ein Mann von seiner Tatkraft ins Geschäftsleben eingestiegen. Für einen Engländer von seiner Herkunft gab es eben nur die Teilnahme am Regierungsgeschäft, wenn er von seinen Talenten Gebrauch machen wollte.

Er begriff die Problematik, die mit der sozialen Frage verbunden war. Und da er glaubte, daß die Liberalen in der Lage wären, sie zu lösen, wollte er an dieser Lösung seinen entscheidenden Anteil haben. Abgesehen von seinem Ehrgeiz trieb ihn auch seine tiefe Zuneigung und Verehrung für seine ehemalige Nurse Mrs. Everest. An ihr erlebte er das Schicksal der alten, arbeitslosen Menschen, »die niemanden haben, der sich um sie kümmert, und nichts, wovon sie auf ihre alten Tage leben können«. 1904 sah er seine Chance, griff zu und hatte zum damaligen Zeitpunkt die richtige Wahl getroffen. Von nun an pries er in all seinen Reden den Liberalismus als »die Sache der Millionen, die am Rande stehen«, als die wahre Heimat der Arbeiterklasse im Gegensatz zu dem schädlichen und unheilstiftenden Sozialismus. Er wußte genau, daß die Liberalen der Labourparty die Stimmen der Gewerkschaften abjagen mußten, wenn sie sich auf lange Sicht halten wollten. Also machte er sich als Kabinettsmitglied daran, sie zu gewinnen. Er arbeitete eng mit Lloyd George zusammen, entwarf gemeinsam mit ihm Gesetze, Lohnregelung, Arbeitszeit, Pension- und Sozialversicherung betreffend und setzten diese im Parlament durch. In einer Rede in Glasgow im Oktober 1906 formulierte Churchill ein Programm, in dem er praktisch die Gedanken der Fabianer zum Wohlfahrtsstaat übernahm und dem weit voraus war, was die Regierung vorhatte, deren Juniorenkreis er angehörte. »Wir wollen eine Grenze ziehen, und niemand soll mehr unterhalb dieser Grenze leben und arbeiten müssen«, erklärte er kühn, fuhr fort mit dem Vorschlag, daß der Staat als ein »Reservearbeitgeber« für die Arbeiter fungieren könne und forderte außerdem die Einführung von Minimallöhnen und die Verstaatlichung der Eisenbahnen. Beatrice Webb war höchst befriedigt: »Winston hat das Webb-System kapiert«, vermerkte sie in ihrem Tagebuch, und nachdem er dies geschafft hatte, konnte er als »glänzend und außerordentlich befähigt« klassifiziert werden.

Der größte Opportunist, der durch die Zeitumstände nach oben geschwemmt wurde, erschien in den Reihen der Tories. F. E. Smith, ein neues Parlamentsmitglied, dreiunddreißig Jahre alt, sollte später einmal unter dem Namen Lord Birkenhead Lordkanzler werden. Seine Jungfernrede im Jahre 1906 war das sensationellste Parlamentsdebüt der damaligen Zeit. Smith war wie Asquith Rechtsanwalt und ein Self-Made-Man; er hatte ebenfalls ein Stipendium für Oxford erhalten, wo er als Star der Union sämtliche Tricks, Schachzüge und Finten der Debattierkunst erlernt hatte. Als Abenteurer ohne Beziehungen zum Großgrundbesitz und dessen Interessen, war er darauf gefaßt, sich seinen Weg mit Intelligenz, Mut, brennendem Ehrgeiz und purer Unverschämtheit selbst zu erkämpfen. Als er sich zum ersten Mal im Unterhaus erhob und inmitten der entmutigten Überbleibsel des Tory-Debakels das Wort ergriff, sahen die Unterhausmitglieder »einen jungen Mann, der mit ausgesuchter Eleganz gekleidet war, schlank und glatt rasiert, mit einem langen scharfgeschnittenen Gesicht, einer gepflegten Frisur und einem zornigen Blick«. Er stand da, die Hände in den Hosentaschen und einem verächtlichen Ausdruck auf dem Gesicht, und hielt mit seiner sanften, selbstsicheren Stimme eine Rede von »brillanter Unverschämtheit und voll beleidigendem Spott«. Sein Vortrag war so verletzend im Ton und so vollendet in der Form, daß die Zuhörer kaum das Fehlen eines wirklichen Themas bemerkten. Seine Rede war ein Feuerwerk an Ironie, Sarkasmus und persönlichen Anspielungen, das er vor den erstaunten Augen der Liberalen abbrannte. Die Tories horchten auf, überrascht und erfreut. Als der Redner eine leicht veränderte Version von Lloyd Georges Wahlkampfbemerkung über die chinesischen Sklavenarbeiter in den Kohlebergwerken von Wales wiedergab und Lloyd George ihn aus der ersten Reihe unterbrach: »Das habe ich nicht gesagt«, blieb Smith ungerührt. »Einen zeitweiligen Gedächtnisverlust voraussehend«, sagte er aalglatt, »habe ich hier die Ausgabe des *Manchester Guardian* vom 16. Januar«, und nachdem er das betreffende Zitat vorgelesen hatte, fügte er mit aufreizender Unverschämtheit hinzu: »Ich bin geneigt, dem Wort des Reporters eher Vertrauen zu schenken als dem des höchst ehrenwerten Gentleman.«

Diese ganze Vorstellung war ein Sieg des Kalküls. Smith hatte erkannt, daß in der augenblicklichen Situation der Angriff notwendig war, um die geschlagene Partei wieder mit neuem Mut zu erfüllen. Von da an war er eine wachsende Macht. Da ihm jedoch der Rückhalt einer wohldurchdachten Regierungskonzeption fehlte, fuhr er zwar schnell, aber richtungslos. Seine geistigen Fähigkeiten waren ebenso bemerkenswert wie die Manieren Lord Lansdownes; sie seien ihm zu Kopfe gestiegen, meinte Margot Asquith, Ideen und Grundsätze interessierten ihn nicht, sondern nur das Spiel der Mächte. Er war vollkommen von seiner Fähigkeit überzeugt, diese manipulieren zu können. In einer Anekdote hieß es später, er habe noch während seiner Zeit in Oxford zusammen mit Sir John Simon eine Münze darüber entscheiden lassen, wer von den beiden in welche Partei gehen solle, da keine der Parteien beide zusammen verkraften konnte. Wenn dies auch wahrscheinlich nicht der Wirklichkeit entspricht, so war doch die Tatsache, daß man sich diese Geschichte über ihn erzählte und sie für möglich hielt, recht bezeichnend. Nach einer Rede Winston Churchills vor Arbeitern sagte Smith in der Öffentlichkeit: »Die Sozialisten täten gut daran, Winston Churchill nicht allzusehr über den grünen Klee zu loben, denn er wäre durchaus imstande, ihnen die Kleider zu stehlen, während sie baden – falls sie baden, was ich bezweifle.« Dies war eine Art von Spott, die unverzeihlich war. Außerdem deutete sich an, daß hier eine neue Art von Männern sich auf dem Weg nach oben befand. Churchills Antwort: »Mr. Smith ist mit konstanter Bosheit vulgär«, verhinderte nicht, daß sie später die besten Freunde wurden.

Der Regierungswechsel ließ auch einen lang vergessenen Konflikt wieder akut werden. Wenn auch die Liberalen das Unterhaus beherrschten, so konnten die Konservativen, falls sie sich wirklich bedroht fühlten, stets auf das Veto des Oberhauses zurückgreifen, wie etwa 1893, als sie Gladstones Home Rule Bill blockiert hatten. Zwischen den Vorkämpfern des Wandels und den Verteidigern des Status quo, zwischen der Politik der Reform und dem Festhalten am Überkommenen bahnte sich ein weiterer Zusammenprall an. Die Voraussage Lord Salisburys erfüllte sich. Er hatte den entscheidenden Punkt berührt, als er sagte: »Wir werden unsere gesetzgeberische Arbeit so einzurichten haben, daß wir sowohl den Klassen wie auch den Massen einigermaßen gerecht werden. Das ist bei den Klassen jedoch besonders schwierig, denn jedes Gesetz tendiert dazu, die Ordnung, mit der sie einverstanden sind, zu verändern, und das ist für sie besonders beunruhigend.« Wurde diese Unruhe im Oberhaus allzu groß, dann würde es sich sperren, nicht weil dort Lords, sondern weil dort die Verteidiger des Status quo saßen. Die wiederholte Anwendung des Vetos jedoch würde eine Verfassungskrise auslösen. »Solange ich da bin«, hatte Lord Salisbury weiter gesagt, »wird nichts geschehen; ich verstehe mich mit meinen Lords sehr gut. Aber wenn ich einmal abtrete, dann wird man Fehler machen, und das Oberhaus wird mit dem Unterhaus in Konflikt geraten«.

Balfour machte den ersten Schachzug, noch ehe das Parlament zusammengetreten war. In einer Rede in Nottingham am Abend seiner Wahlniederlage sagte er, es sei die Pflicht aller Konservativen sicherzustellen, daß ihre Partei »in der Regierungsposition oder als Opposition das Schicksal dieses großen Empires stets unter Kontrolle behalte. Asquith deutete dies später als den Versuch, die Macht der Konservativen auf dem Umweg über das Oberhaus wiederherzustellen. Ob dies nun zutraf oder nicht, die Ereignisse nahmen bald ihren Lauf. Im April 1906 brachte die liberale Regierung ihr eigenes Erziehungsgesetz ein, das die umstrittenen Bestimmungen des Gesetzes von 1902 aufhob und die staatliche Unterstützung der religiös gebundenen Schulen abschaffte. Darauf reagierte die Partei der Hochkirche ebenso zornig wie die Nonkonformisten 1902. Es war allen Beteiligten klar, daß dies die Eröffnung der Schlacht zwischen den beiden Häusern war. »Möglicherweise glauben die Minister«, schrieb Lord Esher, »all ihre Gesetze würden vom Oberhaus annulliert werden und je eher sie den Kampf aufnähmen, desto besser.«

Balfour befürchtete wie sein Onkel, die Lords könnten sich dazu verleiten lassen, Fehler zu machen. Er wies Lord Lansdowne, den Führer der Konservativen im Oberhaus, sofort darauf hin, daß die Strategie der Regierung wahrscheinlich darauf hinauslaufe, Gesetze mit wesentlich schärferen Bestimmungen als notwendig zu verabschieden, im Vertrauen darauf, daß die Lords sie abändern oder zurückweisen und damit genug Angriffsflächen gegen sich selbst schaffen würden. Dann wäre es für die Liberalen ein leichtes, vor das Volk zu treten und die Forderung nach einer Begrenzung des Vetorechts zu erheben. Bisher, so warnte er, seien die Lords noch nie dazu aufgerufen worden, eine Rolle zu spielen, »die gleichermaßen bedeutungsvoll, vielschichtig und schwierig ist wie in diesem Fall«.

Der Ton der Debatte über das Erziehungsgesetz im Oberhaus ließ jedoch keine Anzeichen von Vorsicht erkennen, und die Atmosphäre wurde noch gespannter, als die Lords vom Unterhaus ein Gesetz über das Mehrstimmrecht erhielten, das darauf abzielte, den alten Brauch, daß Gutsbesitzer mit Grundbesitz in mehreren Wahlkreisen auch mehrere Stimmen hatten, abzuschaffen. »Jetzt passiert etwas«, prophezeite Lloyd George und rieb sich förmlich die Hände dabei. »Ich kann Ihnen versichern, daß es auf diesem Spielfeld recht bald ein großartiges Fußballspiel geben wird.« Im Dezember erfüllten sich seine Voraussagen und die Warnung Lord Salisburys, als die Lords sowohl das Erziehungsgesetz als auch das Gesetz zum Mehrstimmrecht rundheraus ablehnten. Bezeichnenderweise ließen sie das Gesetz zur Schlichtung von Arbeitskämpfen passieren, obwohl ihnen das eigentlich mindestens genauso wenig wenn nicht noch weniger gepaßt haben dürfte. Die Liberalen hätten natürlich gerne gesehen, wenn sie es blockiert hätten. Das Gesetz hob das Taff-Vale-Urteil auf und war im Unterhaus gegen den eigentlichen Willen sowie den Widerstand einiger Minister eingebracht und verabschiedet worden. Sie mußten jedoch dem Druck der Arbeitervertreter, denen sich einige der Radikalen zugesellt hatten, nachgeben. »Wir konnten gegen die Zahl derjenigen, die sich darauf festgelegt hatten, nicht ankommen«, meinte der Kriegsminister Haldane später. Vorsichtig steuerte Lansdowne das Gesetz durch das Oberhaus, denn die Lords wollten die Arbeiter nicht verärgern und dadurch ihre Allianz mit den Liberalen stärken.

Asquith machte das Beste aus der Ablehnung der beiden anderen Gesetze, bezeichnete die Situation als »unerträglich« und warnte, es müsse ein Weg gefunden werden, »durch den der Wille des Volkes, der sich in seinen gewählten Vertretern ausdrückt, zur Geltung gebracht werden kann«.

Seine Herausforderung war unmißverständlich, und das Oberhaus reagierte prompt. Die Tagungsstätte von Englands 544 Peers mit erblicher Würde, darunter 22 Herzögen, der Bischöfe und Lordrichter war ein dunkler, hoher, eichengetäfelter Raum von rund 30 Meter Länge mit beiderseits aufsteigenden Reihen mit rotem Leder gepolsterter Bänke. In die farbigen Glasfenster waren die Porträts der englischen Könige seit der Zeit Wilhelms des Eroberers eingelassen. Wände und Decke waren mit gotischen Verzierungen und heraldischen Emblemen überladen. Zwischen den Fenstern standen die Statuen der Barone, die 1215 König Johann ohne Land die Magna Charta abgenötigt hatten und, ohne sich dessen bewußt gewesen zu sein, die Begründer des parlamentarischen Systems waren. Nun blickten sie ein wenig grimmig auf das herab, was sie eingeleitet hatten. An einer Schmalseite des Raumes unter einem goldenen Baldachin stand der Doppelthron des Königspaares, flankiert von den hohen Kandelabern, die wie Wachsoldaten in strammer Haltung dastanden. Unterhalb des Thrones präsidierte der Lordkanzler auf dem »Woolsack«, einer quadratischen, gepolsterten Bank. In den Querbänken des Ganges saßen die Prinzen der königlichen Familie und parteilose Peers. Führende Persönlichkeiten und Richter aus der englischen Geschichte führten an den Seitenwänden ein Schattendasein. Das Licht war gedämpft, der Ton gewöhnlich würdevoll und ernst.

Nun, angesichts des Angriffs, begannen sich die Bänke, die zumeist nur recht dünn mit etwa 50 der Peers besetzt gewesen waren, allmählich zu füllen. Lansdowne ermutigte seine Parteifreunde dazu, das Wort zu ergreifen, hörte ihnen sogar zu, wenn sie es taten, und unterstützte ihre Bemühungen mit der huldvollen Art des Grandseigneurs, die ihn auszeichnete. Lord Curzon gab der Debatte Niveau mit Argumenten, »die denen der übrigen Peers so unendlich überlegen sind, daß es schwer ist zu glauben, daß er jemals im Unrecht sein könnte«. Auch der neue Lordkanzler der Liberalen, Lord Loreburn, trug durch seine Persönlichkeit sehr zur Belebung der Atmosphäre bei und machte dem Haus das Kompliment, daß es stets hellwach sei, wenn er auf dem »Woolsack« sitze. Lord Loreburn, ehedem Sir Robert Reid, hatte sich als »Fighting Bob« einen Namen gemacht; er war Schotte und ein bekannter Kricketspieler, der sogar für Oxford angetreten war, dazu ein Radikaler, der sich den Imperialisten energisch widersetzt hatte. Er war im Unterhaus ein »scharfer Redner« gewesen, der nun die Opposition »in einem Ton, der auch den ärgsten Sünder zu Tränen rühren mußte« zurechtwies und »mit der allergrößten Selbstverständlichkeit die aufreizendsten Anträge stellte«. Lord Curzon bestätigte Lord Loreburn, er sei »die Höflichkeit in Person, die fleischgewordene Überredungskunst und die inthronisierte Würde«.

Auf den Querbänken schmollte der letzte Premierminister der Liberalen,

Lord Rosebery, der von der Führung der Partei zurückgetreten war und als C.-B. Parteiführer wurde »emphatisch, ausdrücklich und ein für alle Mal« erklärt hatte, daß er als Imperialist und Gegner der Home Rule »unter diesem Banner nicht dienen« könne. Rosebery war seit Eton für seine Brillanz, seinen Witz und seinen Charme bekannt. Als Derbysieger und Mann einer Rothschild war er zu sehr an den Erfolg gewöhnt, als daß er sich nun hätte anpassen können. Wenn er schmollte, dann konnte er seinen Freunden »eiskalte Blicke zuwerfen und sie mit seinem beißenden Sarkasmus vernichten; wenn er sich charmant gab, war er von Bewunderung umgeben. Wegen seiner Unstetheit verlor die Öffentlichkeit das Vertrauen in ihn; in diesem Zusammenhang erinnerte sich A. G. Gardiner an die Geschichte eines Bauern, den man einmal fragte, ob Woodsworth denn nicht sehr kinderlieb gewesen sei, und der geantwortet hatte: »Schon möglich, aber die haben ihn nicht gemocht.«

Während der Krisenjahre der Home Rule war Rosebery der Führer der Bewegung gewesen, die das Oberhaus durch einige Änderungen des Erbprinzips reformieren wollten. Dreimal hatte Rosebery einen Antrag mit diesem Ziel eingebracht, in der Hoffnung, daß die Selbstreform den Angriffen auf das Vetorecht den Boden entziehen würde. Diese Reformbewegung lebte nun unter der Führung von Lord Curzon wieder auf. Selbst Winston Churchill, der überall mitmischte, machte in der *Nation* in einem Artikel mit der Überschrift »A Smooth Way with the Peers« Vorschläge zu dieser Reform. Sein System sah vor, daß in jeder Legislaturperiode höchstens 250 Peers für das Oberhaus benannt werden sollten, und zwar in einem Verhältnis, welches die Sitzverteilung im Unterhaus widerspiegelte. Dadurch würden die »lethargischen, unbedeutenden, uninformierten Elemente und solche von schlechtem Ruf« ausgeschlossen. Die meisten dieser Reformvorschläge zielten darauf ab, daß die Peers aus ihren eigenen Reihen diejenigen auswählen sollten, die wegen ihrer Fähigkeiten oder Verdienste am geeignetsten waren. Viele hingegen zogen jedoch das einfachere Prinzip vor, und zwar aus den gleichen Gründen, die einst Lord Melbourne bewogen hatten zu sagen, er finde den Hosenbandorden gut, »denn er hat absolut nichts mit irgendeinem verdammten Verdienst zu tun«. Balfour sympathisierte mit dieser Haltung. Er riet Lord Lansdowne, »das fatale Eingeständnis zu vermeiden, daß das alte Prinzip der erblichen Qualifikation absolut keine Qualifikation sei ... Ich denke, daß der Zufall der Geburt mit seiner, wie einige es nennen, nackten Absurdität leichter verteidigt werden kann als Geburt plus Verdienst«. Die Regierung unternahm nichts, um die Reform des Oberhauses voranzutreiben. Sie wollte ja nicht reformieren, sondern suchte nur nach einem Anlaß und einem Vorwand, um das Vetorecht zu beschneiden.

Angesichts dieser erregenden Entwicklung wurde Lloyd George recht ungehalten über die einseitige Ausrichtung seiner Wähler auf den walisischen Nationalismus und äußerte unvorsichtigerweise: »Ich sage meinen Landsleuten folgendes: Wenn sie hören, daß die Regierung ihre Artillerie in Stellung bringt, um einen Angriff auf die Lords zu beginnen, dann sollten diejenigen Waliser, die die Regierung lieber mit etwas anderem beschäftigt sähen, gefälligst den Mund halten, bis diese Zitadelle erstürmt ist.« Die militärische Ausdrucksweise erregte in weiten Kreisen höchstes Erstaunen und größten Unwillen, so daß der unbedachte Redner eilends nach Wales reisen mußte, um mit der Hand auf dem Herzen zu erklären: »Werde ich das Land verraten, das ich liebe? Gott weiß, wie teuer mir mein Wales ist.«

Im Juni 1907 teilte Campbell-Bannerman dem Unterhaus mit, daß nun der Zeitpunkt gekommen sei, den Anspruch der Lords zurückzuweisen, die von Mr. Balfour bestärkt würden und »auf dessen Signal im House of Lords blitzschnell die Fallgitter« herunterkämen. Lloyd Georges Wahl der Metaphern war nicht weniger pittoresk. Das Oberhaus sei keinesfalls der Wachhund der Verfassung, so meinte er, sondern »Mr. Balfours Pudel«. C.-B. brachte eine Resolution ein, in der es hieß, daß »die Rechte des anderen Hauses, Gesetze dieses Hauses zu verändern oder abzulehnen, beschränkt werden müssen, um dem Willen des Volkes zu seinem Recht zu verhelfen«, so daß innerhalb einer Legislaturperiode die endgültige Entscheidung des Unterhauses zur Geltung kam. Die Labour Party brachte sofort einen Zusatzantrag ein, in dem die Abschaffung des Oberhauses verlangt wurde. An der Tatsache, daß eine Resolution und kein Gesetz eingebracht wurde, wird der rein propagandistische Charakter dieser Regierungsmaßnahme deutlich, und nachdem die Resolution verabschiedet worden war – ohne den Zusatz von Labour – geschah auch nichts weiter.

In diesem Sommer versammelte sich in Den Haag die zweite Friedenskonferenz. Im April des darauffolgenden Jahres 1908 trat C.-B., der sein Lebensende erwartete, zurück. Er starb einen Monat später. Seine Nachfolge trat Asquith an, der das Kabinett nach seinen Vorstellungen neu gestaltete. Vier sehr fähige Unterstaatssekretäre wurden in den Kabinettsrang erhoben, und zwar Walter Runciman, der Sohn eines reichen Reeders, Herbert Samuel, der Sohn eines jüdischen Bankiers und wie Asquith ein ausgezeichneter Schüler in Balliol, und Reginal McKenna, Sohn eines Londoner Beamten und sehr erfolgreicher Mathematikstudent in Cambridge. Seine Ernennung zum Ersten Lord der Admiralität anstelle von Lord Tweedmouth erinnerte Morley an eine Begebenheit aus dem Jahre 1882, als er Gladstone einmal einen bestimmten Kandidaten für dieses Amt vorgeschlagen hatte und dieser mit großem Ernst und einer abwehrenden Handbewegung gesagt hatte: »Nun, für die Admiralität, meine ich, wollen wir doch das, was man einen ›Gentleman‹ nennt!«. »Das muß man sich nur einmal ansehen«, seufzte Lord Esher über das neue Kabinett. »Überrannt von der Mittelklasse.«

Die bedeutendste Veränderung im Kabinett war Lloyd Georges Aufstieg in Asquiths vormalige Position des Finanzministers, während sein eigener Platz als Handelsminister nun von Winston Churchill, dem vierten der avancierten Unterstaatssekretäre, eingenommen wurde. Churchills Karriere wäre an diesem Punkte beinahe zu Ende gewesen, als er eine Nachwahl in Manchester bestehen mußte, und zwar aufgrund einer alten Sitte, derzufolge ein Parlamentsmitglied, das zu Kabinettsehren aufgestiegen ist, seinen Sitz durch eine Wahl erneut bestätigen lassen muß. Churchill verlor unter dem schadenfrohen Gelächter der Tory-Presse. Seine Niederlage zeigte bereits an, daß die Waage nach dem ungewöhnlichen Sieg der Liberalen von 1906 wieder zurückschwang. Dies unterstrich für die Liberale Partei die Notwendigkeit, sich der Unterstützung der Arbeiterschaft zu versichern. In Dundee, wo Churchill unverzüglich einen neuen Sitz erhielt, behauptete er, daß die Liberalen nur mit der Unterstützung der Arbeiter die Stärke haben würden, die notwendig war, um ihre Gesetze im Oberhaus gegen die wachsenden Kräfte der Tory-Reaktion durchpeitschen zu können. »Mit eurer Unterstützung werden wir sie überwältigen ... Aber wir müssen diese Unterstützung bekommen.«

Wie sich später herausstellte, wurde keines der Sozialgesetze, die das energische Team von Lloyd George und Churchill einbrachten, im Oberhaus blockiert. Der Coal Mines Act, der im Bergbau den Acht-Stunden-Tag einführte, der Trade Boards Act, der Minimallöhne für Akkordarbeit in den Bereichen festlegte, wo bisher Hungerlöhne gezahlt worden waren, der Workman's Compensation Act, der die Unternehmer für Arbeitsunfälle haftbar machte und der Old Age Pension Act, die Altersversorgung, wurden allesamt verabschiedet, und das Team machte sich nun an den Entwurf eines Volksversicherungsgesetzes zur Arbeitslosen- und Krankenversicherung, das die Krönung der liberalen *Welfare*-Gesetzgebung bilden sollte. Das Oberhaus ließ all diese Gesetze aus den gleichen Gründen wie beim Trade Disputes Act passieren. Der drohende Konflikt mit dem Unterhaus konnte dadurch jedoch nicht aufgehalten werden.

Die Angriffslust, der Widerstandsgeist und die Emotionen dieses Konfliktes entluden sich schließlich in einer Explosion anläßlich eines neuen Gesetzes, der Licensing Bill. Sie war seit fünfundzwanzig Jahren das Lieblingskind der liberalen Abstinenzler, meist Nonkonformisten, die den Alkoholkonsum der unteren Klassen einschränken wollten. Das Gesetz war somit die Einlösung eines Wahlversprechens der Regierung an die nonkonformistischen Wähler. Es war darauf abgestellt, die Zahl der Gaststätten innerhalb eines Zeitraumes von 14 Jahren durch Entzug der Konzession um 30 000 zu senken, und zwar in bestimmter Proportion zur Bevölkerungs-

dichte. Da die Lokale von Brauereien und Alkoholfabrikanten verpachtet wurden, traf das Gesetz auf den erbitterten Widerstand der Interessengruppen, von dem der alkoholfreudigen Öffentlichkeit ganz zu schweigen. Die gesamte Unternehmerschaft verbündete sich mit den Alkoholfabrikanten; das Gesetz nahm die gleichen düsteren Dimensionen an wie die Home Rule Bill und die Bedrohung durch den Sozialismus. Balfour bezeichnete es als einen unverhohlenen Angriff auf die Besitzrechte, und die Konservativen reagierten genauso scharf darauf wie die Arbeiterklasse auf die chinesischen Arbeitskräfte. Eine außerordentliche Versammlung der konservativen Peers wurde im Lansdowne House am Berkeley Square einberufen. Die Landpeers oder »Hinterwäldler«, wie sie genannt wurden, die nie zuvor über irgend etwas, das außerhalb des Bereiches ihrer eigenen Grafschaft lag, befragt worden waren, wurden nun zusammengerufen. Einige von ihnen hatten noch nie im Oberhaus das Wort ergriffen; andere waren noch nicht einmal im Oberhaus gewesen, verwechselten das Lansdowne House mit dem House of Lords und meinten, die endgültige Entscheidung sei bereits dort zu fällen. »Einige von uns ... kamen gerade von der Jagd zurück, und man konnte Erfahrungen über die abgelaufene Saison austauschen und die möglichen Sieger bei den Frühjahrs-Rennen diskutieren.« Sie alle waren sich einig, daß das Gesetz abgelehnt werden müsse, und »vertagten sich zu einem guten Lunch im Carlton Club«.
In diesem Fall stand das Volk auf ihrer Seite, wie sich in einer Nachwahl in Peckham zeigte, die mit dem Thema der Alkoholbeschränkung ausgefochten wurde. Sie verwandelte eine liberale Mehrheit von 2000 Stimmen in eine gleichgroße konservative Majorität. Im Augenblick waren die Liberalen doch mehr an dem Prinzip und weniger an ihrer Popularität interessiert. Die hochmütige Zurückweisung des Gesetzes durch die Versammlung im Lansdowne House reizte sie bis aufs Blut. Im November 1908, als das Gesetz offiziell im Oberhaus abgelehnt wurde, ließ Churchill »wutschnaubend« in einer Privatunterhaltung durchblicken, daß die Entscheidung der Liberalen bereits feststand. »Wir werden ihnen im nächsten Frühjahr einen Haushalt hinaufschicken«, sagte er, »der ihnen Angst und Schrecken einjagen wird; sie haben den Klassenkampf angefangen, und jetzt sollen sie sich nur ja in acht nehmen.« In Wirklichkeit hatte die Licensing Bill nicht das geringste mit Klassenkampf zu tun, noch war es der Klassenkampf allein, sondern es war der aufgestaute Druck eines neuen Zeitalters, der bei den Liberalen ein Unbehagen auslöste.

1909, im Jahr der großen Budgetschlacht, sah sich der Liberalismus mit den Realitäten einer Welt konfrontiert, die zu schwierig waren für die Wiedererrichtung eines neuen Jerusalem. Das liberale Programm hatte nicht den erwarteten Erfolg bei der Arbeiterklasse. Im Gegenteil, Labour und die

Liberalen entfernten sich voneinander. Labour war von dem Ausmaß seiner eigenen Macht, die sich 1906 manifestiert hatte, beeindruckt und wurde zusehends aggressiver; sobald die Gewerkschaften ihre Handlungsfreiheit durch den Labour Disputes Act zurückerlangt hatte, begannen sie mit Streiks. Liberale, die dem Unternehmerstand angehörten, reagierten natürlich auch wie Unternehmer. Der Pakt hielt nicht mehr stand, und in zwei Drei-Parteien-Nachwahlen des Jahres 1907 siegten die Labourkandidaten. Der Sieg Victor Graysons, eines fanatischen Sozialisten in West Riding in Yorkshire, ließ größte Befürchtungen wach werden. Als ehemaliger Theologiestudent, der nicht nur ein Rednertalent, sondern auch eine Neigung zum Alkohol besaß, predigte er den Sozialismus als die Erlösung der Armen mit einem Eifer, der wie Feuer durch die Arbeitersiedlungen raste. Seine ungebührlichen Auftritte im Unterhaus hatten zur Folge, daß er zweimal suspendiert wurde. Überall in Europa erregte er Aufmerksamkeit. Der deutsche Kaiser, so wurde behauptet, habe vorgeschlagen, England mit ein oder zwei Armeekorps zu besetzen und zu erklären, daß er nicht als Feind, sondern als Enkel Königin Viktorias gekommen sei, um England »von der Sozialistenbande, die dieses Land beherrscht«, zu befreien. Zusammen mit König Edward wolle er dann das Parlament auflösen und eine autokratische Monarchie als Vasall Deutschlands errichten.
Die Engländer waren sich zunehmend der Bedrohung durch Deutschland bewußt. »Das Problem ist nun«, schrieb Lord Esher 1908 an einen Freund, »daß wir in Europa einen Konkurrenten haben, der an Größe, Geist und Bildung der schärfste ist, dem wir je gegenüber gestanden haben«. Die Notwendigkeit, dieser Gefahr begegnen zu müssen, war ein weiterer Schlag für das liberale Credo. Der traditionell pazifistische Liberalismus wurde gröblich verletzt, als Asquith und seine imperialistisch gesinnten Freunde, die die Außenpolitik kontrollierten, Sir John vier weitere Dreadnoughts bewilligten. Die Konservativen waren jedoch immer noch nicht zufrieden und riefen: »*We want eight and we won't wait.*« (»Wir wollen acht und zwar sofort.«) Haldanes Territorialarmee wurde ebenfalls von den Pazifisten seiner Partei übel aufgenommen. Sie brachten vor, daß sie zuviel koste und zuviele Geldmittel von der Sozialreform abziehe. Mit der entschiedenen Unterstützung des Königs wurde sie jedoch gegen die pazifistischen Proteste durchgesetzt. »Wir leben ohne Zweifel in einer sehr schweren Zeit«, meinte König Edward, »aber noch hoffe ich, daß der Friede erhalten bleibt – weil Europa *Angst* vor dem Krieg hat.«
Das Thema »Invasion« beschäftigte sowohl die offizielle Politik als auch die breite Öffentlichkeit. Der Verteidigungsausschuß führte 1908 eine Invasionsuntersuchung durch und lud den Ex-Premier vor, um seine Ansichten über das bisherige Beweismaterial zu hören. Balfour sprach eine Stunde lang und gab eine ausführliche, geschlossene und »aufschlußreiche« Darstellung,

»hervorragend in Stil und Form«, wie das Ausschußmitglied Lord Esher berichtet. Asquith, Grey, Haldane und Lloyd George waren derart überwältigt, daß sie keine einzige Frage an ihn stellten. »Übereinstimmend war man der Ansicht, daß dies die gründlichste Darstellung der Frage war, die bisher gegeben wurde«.

Die Schlußfolgerungen des Ausschusses, daß nämlich eine erfolgreiche Invasion nicht zu befürchten sei, waren der Öffentlichkeit nicht bekannt, die bei der Vorstellung eines feindlichen Einfalls eine grausig lustvolle Faszination empfand. Erskine Childers hatte das Thema 1903 in einem pakkenden Roman *The Riddle of the Sands* aufgeworfen, und William Le Queux folgte emphatischer, wenn auch weniger gekonnt, mit seinem Roman *The Invasion of 1910*, der im Jahre 1906 in Fortsetzungen in der *Daily Mail* erschien und für den in London mit Plakatträgern in preußischer Uniform und Pickelhaube geworben wurde. 1909 wurde Guy du Mauriers Drama *An Englishman's Home*, das die Invasion eines »Kaisers aus dem Norden« dramatisierte, im Wyndham Theatre achtzehn Monate lang vor ausverkauftem Haus gespielt. Die Idee der Invasion wurde zu einer Psychose. Henry James, der in Rye an der englischen Südküste lebte, fühlte sich »ungeschützt«, wie er 1909 einem Freund voller Nervosität berichtete. Er sorgte sich: Denn »wenn (er sagte nicht falls) der deutsche Kaiser den nächsten Krieg in dieses Land trägt, dann sind meine Kamine, die ziemlich weithin sichtbar sind, möglicherweise sein erstes Angriffsobjekt«.

Die Aussicht auf einen Krieg machte alles gegenstandslos, wofür der orthodoxe Liberalismus eintrat, aber die Regierung hatte sich zu beugen. Mittlerweile tobte an der Heimatfront der Kampf der Geschlechter. Die Suffragettenbewegung, Charles Masterman zufolge »ein Ventil für unterdrückte Energien«, entfesselte einen seltsamen Haß der Geschlechter, ein allgemeines »Auflodern der Feindschaft«, wie H. G. Wells es bezeichnete, die ganz auf der Ebene der übrigen bemerkenswert heftigen Auseinandersetzungen lag, die England im ersten Jahrzehnt des 20. Jahrhunderts zerrissen. Wells glaubte, der Hauptimpuls der Suffragetten – dieses Schwarmes »höchst aufgebrachter menschlicher Wesen« – sei »Rachsucht«, ein Ausbruch gegen den uralten und arroganten Anspruch des Mannes auf Überlegenheit. Ihr offener Krieg brach beinahe unverzüglich nach Beginn der liberalen Regierungszeit aus und wurde durch die wiederholten Verschiebungen und Weigerungen der Regierung, ein Gesetz zum Frauenwahlrecht einzubringen, ausgelöst. Da sie durch legale Mittel ihr Ziel nicht erreichen konnten, nahmen die Frauen schließlich zu Maßnahmen Zuflucht, die dem Wesen nach der »Propaganda der Tat« entsprachen und daher auch ihrem Geist nach anarchistisch waren. Sie tauchten bei jeder politischen Versammlung auf, trotz aller Vorsichtsmaßnahmen der Saalordner, und übertönten die Redner mit Glockengebimmel und Sprechchören, in denen sie das Wahlrecht forderten. Sie belagerten das House of Parliament und die Büros in Whitehall, attackierten Minister auf den Stufen zu ihren Ministerien, brachten einmal sogar den Erziehungsminister Mr. Birrell zu Fall und traten ihn gegen das Schienbein; sie warfen die Fensterscheiben der großen Kaufhäuser ein, steckten Briefkästen in Brand, drangen ins Parlament vor und unterbrachen die Sitzungen, indem sie sich an das Geländer der Ladies Gallery ketteten und ununterbrochen »Wahlrecht für Frauen!« schrien.

1909 unter der liberalen Regierung, wurden eingekerkerte Suffragetten erstmals künstlich ernährt, ein außergewöhnlich abscheulicher Vorgang, bei dem sich das Opfer, das dies durch seinen Hungerstreik provoziert hatte, wie auch die Beamten, die die Prozedur vornahmen, wie wilde Tiere balgten und wanden. Die künstliche Ernährung wurde mittels eines Gummischlauches durchgeführt, der in den Mund, manchmal auch durch die Nasenlöcher bis in den Magen geführt wurde. Während die Gefangene in einem Stuhl festgebunden und von Wärtern oder Wärterinnen festgehalten wurde, pumpte man ihr flüssige Nahrung in den Magen. Draußen auf der Straße marschierten derweil die Suffragetten mit Plakaten: »Macht Schluß mit der Zwangsernährung!« Eine Suffragette warf sich bei einem Empfang bei Hofe dem König vor die Füße und rief: »Euer Majestät, bitte, verhindern Sie die Torturen an Frauen.« In den Gefängnissen fuhren die Suffragetten mit ihren Hungerstreiks, die die Behandlung auslösten fort. Die irrationalen Kräfte gewannen weiter an Boden.

Immer wieder enttäuscht von Asquiths Versprechungen, das Wahlrecht durchzusetzen, die er lediglich gab, um die Ordnung aufrechtzuerhalten und nie hielt, begannen die Frauenrechtlerinnen nach 1910 in der National Gallery Bilder zu zerfetzen und Feuer an Kricketpavillons, Rennbahntribünen, Erholungshotels und sogar an Kirchen zu legen. Sie unterbrachen den Gottesdienst in St. Paul's und Westminster, drängten dem König bei Hofe Petitionen auf, lieferten der Polizei »schmerzliche und peinliche« Handgemenge, erzwangen ihre Verhaftung und Einkerkerung. Sie ertrugen Hunger und Schmerz mit einer verrückten Tapferkeit, setzten sich Demütigungen und Brutalitäten aus und nahmen schließlich, wie Emily Davidson, die sich beim Derby 1913 vor die Pferde warf, sogar den Tod auf sich. Obwohl diese extremen Formen erst zwischen 1910 und 1914 auftraten, so waren Praktiken und Gesinnung bereits 1909 sehr aktiv und beunruhigend.

Männer, sonst respektierliche Bürger, reagierten wie Wochenendsäufer, die heimkommen und ihre Frau verprügeln. Als eine Versammlung in der Albert Hall im Dezember 1908, bei der Lloyd George sprach, von militanten Frauenrechtlerinnen gesprengt wurde, die die Parole »Taten, keine Worte« schrien und ihre Mäntel aufrissen, unter denen Gefängniskleidung zum Vorschein kam, gebärdeten sich die Saalordner, laut *Manchester Guar-*

dian, »wie wahnsinnig vor Wut, stürzten sich auf die Frauen und warfen sie mit einer Brutalität hinaus, die dem Beobachter Übelkeit verursachte; sie stießen sie gegen die Sitze, warfen sie die Stufen hinunter und schleiften sie an den Haaren hinaus«. Bei anderen, ähnlichen Gelegenheiten schlug man sie absichtlich auf die Brüste. Vielleicht wurden diese Wutausbrüche dadurch hervorgerufen, daß die Frauen sich aller typisch weiblichen Reizmittel begaben und statt dessen den Angriff als Mittel, ihre Forderungen durchzusetzen, wählten, wodurch sie keine Geschlechtswesen mehr schienen. Das berührte grundsätzliche Dinge. »Diese Xanthippen, diese geschlechtslosen Mannweiber, diese Zweibeiner«, donnerte ein nonkonformistischer Geistlicher von der Kanzel herab und sagte damit mehr aus als alle Leitartikel in den Zeitungen. Diese eigenartige physische Wut, die durch den Kampf der Frauen um ihr Wahlrecht entfesselt wurde, war das beunruhigendste Phänomen der liberalen Ära.

1909 waren die Liberalen und ihre Verbündeten von zunehmendem Pessimismus erfüllt. »Tausend traurige und verblüffende Rätsel« hatten auf irgendeine geheimnisvolle Weise die einfachen Wahrheiten der Politik ersetzt, schrieb Masterman, der inzwischen Unterstaatssekretär im Innenministerium geworden war. 1909 veröffentlichte er ein Buch mit dem Titel *The Condition of England*, das eine tiefe Mutlosigkeit erkennen ließ. Er sah die Welt vertikal in »Nationen bis an die Zähne bewaffnet« und horizontal in Arm und Reich gespalten. »Ob es in der Zukunft noch weitere Fortschritte geben wird, ist zweifelhaft und ungewiß. Die Menschheit läßt sich am besten mit einer gestrandeten Schiffsbesatzung vergleichen, die sich auf einen kleinen, vom Sturm und von den Wellen umtobten Felsen gerettet hat; erst wenn die Nacht dem Morgen weicht, werden wir wissen, wer überlebt hat.«

In seiner Umgebung sah Masterman eine selbstzufriedene Gesellschaft, die sich in der Illusion der Sicherheit wiegte, aber »von all den Illusionen, die sich das beginnende 20. Jahrhundert gemacht hat, ist die der Sicherheit die vielleicht erstaunlichste«. Er sah anstelle der Sicherheit »gigantische Kräfte neuerfundener Maschinen, Aufruhr unter den Völkern, soziale Unzufriedenheit ... Ungeheure Werkzeuge der Vernichtung werden einer Zivilisation in die Hand gegeben, die nicht genügend Selbstkontrolle besaß« und in der »der materielle Fortschritt die moralische Weiterentwicklung übertroffen hat«.

James Bryce, ebenfalls Mitglied der liberalen Regierung als Minister für Irland und seit 1907 Botschafter in Washington, war von dem, was Mittelpunkt seines Lebens gewesen war, der demokratischen Entwicklung, zutiefst enttäuscht. In einer Vortragsreihe »Hindrances to Good Citizenship«, die er 1909 in Yale hielt, gestand er ein, daß die Wirklichkeit der Demokratie die Versprechungen der Theorie nicht erfüllt hatte. Die Zahl derjenigen, die

Lesen und Schreiben konnten, habe sich innerhalb der letzten siebzig Jahre um das Zwanzigfache erhöht, aber »der Prozentsatz derjenigen, die beim Wählen nachdenken, hat weder mit der Erziehung des Volkes noch mit der Ausdehnung des Wahlrechts Schritt gehalten«. Der »normale Durchschnittsbürger« zeige im öffentlichen Leben nicht die angeborene Weisheit, die die Theoretiker der Demokratie in ihm vermutet hatten. Er war mehr an Pferdewetten interessiert als an Wahlen. Die alten Übel des Klassenhasses, der Korruption und des Militarismus waren geblieben, und neue Übel waren dazugekommen. Obwohl es den Menschen zweifellos besser ging als zuvor, war der Glaube des 19. Jahrhunderts von der Regierung des Volkes durch das Volk als der höchsten Weisheit »enttäuscht« worden. Für den Mann, der sich einst als einen »beinahe professionellen Optimisten« bezeichnet hatte, war dies ein besonders schmerzliches Eingeständnis.

Die Philosophen des Liberalismus mußten, wenn sie sich umsahen, eine ähnlich schmerzliche Entdeckung machen, und zwar hatte sich das Laissez-faire, das Kernstück des liberalen Credos, als untauglich erwiesen. Es war schuld an den Hungerlöhnen, der Arbeitslosigkeit und der Landflucht, Übel, mit denen die Liberalen, die für die ausgedehnten Staatseingriffe Fabianscher Prägung noch nicht bereit waren, nicht fertig werden konnten. Im neuen Jahrhundert mit einem Mandat ausgestattet, das es in dieser Stärke noch nie in der Parteigeschichte gegeben hatte, gelang es ihnen in ihren drei Regierungsjahren nicht, die großen Versprechungen von 1906 zu verwirklichen. 1910 hatte die Zahl der Streiks und der Streikenden den Höchststand seit 1893 erreicht. »Wir begannen allmählich das Vertrauen, das wir bei den Arbeitern hatten, zu verlieren«, gab Haldane zu, und »das machte sich nach und nach bemerkbar«. J. A. Hobson und L. T. Hobhouse, der Wirtschafts- und der Moralphilosoph der sozialen Planung, waren zu dem Schluß gekommen, daß weder der Mensch noch die Gesellschaft richtig funktionierten. In *The Crisis of Liberalism* schrieb Hobson 1909, falls der Liberalismus keine positivere Rolle spielen könnte, dann drohe »ihm die gleiche Sterilität und Unfähigkeit, die den Liberalismus in den meisten Ländern des Kontinents befallen hat«.

Hobhouse und eine Reihe anderer Autoren befaßten sich mit der verwunderlichen Tatsache, daß sich die Menschen gerade dort, wo es zu ihrem eigenen Besten war, nicht vernünftig benahmen. Die Primitivität, mit der die breite Masse politisch reagierte, die Wirkung der Sensationspresse und das neue Phänomen der Massenbegeisterung für den »Zuschauersport« waren beunruhigend. Henri Bergsons Idee vom Menschen, der durch eine Kraft, den *élan vital* getrieben wird, hatte einen neuen Zweig der Wissenschaft ins Leben gerufen, die Sozialpsychologie, die untersuchen wollte, welche Rolle Emotionen und Instinkte als Grundlage des menschlichen Verhaltens spielten. Eine der bedeutendsten Studien in England über die geistigen Prozesse, die hier wirksam wurden, war Hobhouses *Democracy and Reaction*, die 1909 erschien. Hobhouse war ursprünglich ein Oxford Fellow, sein großes Interesse an der Arbeiterbewegung hatte ihn jedoch dazu veranlaßt, der Universität den Rücken zu kehren und als Redakteur beim *Manchester Guardian* einzutreten. Er stellte fest, daß die Menschen »keine Zeit zum Nachdenken haben, aber auch dann nicht überlegen, wenn sie die Zeit dazu hätten«. Ihre Ansichten spiegeln getreulich »die populären Pamphlete und die Schlagzeilen der Zeitungsjungen wider ... Es ist zwecklos, an diese neue Öffentlichkeit der Straße und der Straßenbahnen mit Begriffen der Vernunft zu appellieren«.

Das waren die Massen, die »Pigtail!« geschrien hatten. Das Phänomen des Herdenverhaltens wurde plötzlich in seinem Wesen erkannt. Der Kolumbus dieser Entdeckung war ein Chirurg, Wilfred Trotter, der dem Phänomen einen Namen gab, ihm den Status eines Objekts für wissenschaftliche Erforschung verlieh und seinen ersten Ausflug in die Soziologie mit einer schlichten Feststellung beschloß, die in ihrem Pessimismus bisher unerreicht war. »Er war ein stiller Mensch«, beschrieb ihn einer seiner Freunde. Er hatte ein großes Interesse an der Philosophie, an Literatur und Naturwissenschaft. 1908 war Trotter sechsunddreißig Jahre alt; dreißig Jahre später sollte er »der größte Chirurg des Jahrhunderts in diesem Land« genannt werden. Er hatte den »Kopf und die Züge eines Gelehrten, und seine Strenge wurde durch ein Lächeln von großem Charme und menschlicher Wärme gemildert«. In seinen beiden Aufsätzen über den »Herdeninstinkt« im *Sociological Review* von 1908 und 1909 führte er aus, daß das Verhalten des Menschen von jener gleichen finsteren und dunklen Macht des Unbewußten bestimmt wurde, dessen Entdeckung das Ende der viktorianischen Ära angezeigt hatte. Er sah das Unbewußte als eine Kraft, die »keine Individualität, keine Willensfreiheit und keine Selbstbeherrschung« besaß. Sie war »irrational, kollektiv, feige, grausam ... und beeinflußbar«. Aufgrund des dem Menschen innewohnenden Dranges nach Anerkennung durch die Gesellschaft war er dieser Kraft unbarmherzig ausgeliefert und von der Gruppenreaktion abhängig. Im Gegensatz zu Kropotkin, der in *Mutual Aid* davon ausgegangen war, daß der Herdeninstinkt positiv sei, sah Trotter in ihm einen bedrohlichen Faktor, da seine Funktionsweise im Unbewußten und Irrationalen lag. »Man braucht nur wenig Vorstellungskraft, um zu begreifen, wie groß die Wahrscheinlichkeit ist, daß sich der Mensch schließlich doch als eine Fehlentwicklung der Natur erweist«, schloß er.

Auch zwei andere Forscher schrieben 1908 über den Herdeninstinkt, nämlich William McDougall in *Social Psychology* und Graham Wallas in *Human Nature in Politics*. Wallas' Leben und Gedanken waren auf die *Great Society* gerichtet, wie der Titel eines Buches lautete, das er 1914 ver-

öffentlichte. Zusammen mit Shaw und den beiden Webbs bildete er die Junta der Fabianer, bis er sich 1904 aus Protest gegen die Unterstützung des Zollgesetzes zurückzog. Als Mitglied des LCC, Vorsitzender der Londoner Schulbehörde, Mitbegründer und Professor der London School of Economics war Wallas, nach seinen eigenen Worten, ein »arbeitender Denker«. Wells beschrieb ihn als einen »ziemlich unordentlichen, ein wenig pedantischen aber herzensguten Mann«, mit Schnurrbart und Kneifer, dessen Vorlesungen, obwohl teils langweilig und übertrieben umständlich, dennoch »packend und inspirierend« waren. Ein anderer seiner Schüler, G. D. H. Cole, sagte von ihm, daß er »der anregendste Lehrer war, den ich je hatte«. In *Human Nature in Politics* untersucht er, daß der Mensch nicht nach rationalen Grundsätzen handelt. Seine Hoffnung war, daß die neuen Methoden der Psychologie und Soziologie den Weg zu einem aufgeklärteren Verhalten der Menschen in ihrem eigenen Interesse führen würde.
Wallas wollte die Darwinsche Lehre nicht akzeptieren, die die angeborene Aggressivität der menschlichen Natur als unvermeidlich hinnahm und die Menschheit zu rücksichtslosem Kampf als Vorbedingung ihrer Entwicklung zu verdammen schien. Aber er sah voraus, daß, falls man das irrationale Element nicht unter Kontrolle bekam, die Nationen in eine Reihe von Kriegen verwickelt werden würden, bis schließlich nur noch England und Deutschland oder die Vereinigten Staaten und China übrigblieben und dann nach einem »Harmageddon im Pazifik nur noch ein Empire besteht«. Die Bewohner der Erde, deren Zahl um die Hälfte gesunken sein würde, müßten dann von neuem beginnen. Dieser Prozeß schien bereits im Gange zu sein, denn »Deutschland und wir marschieren dem Schrecken eines Weltkriegs entgegen«, und zwar allein deshalb, weil Nation und Empire zu Wesenheiten geworden und »unsere Sympathien darin abgekapselt sind«.

Lloyd Georges Budget von 1909 war die mit Vorbedacht gelegte Lunte, die einen der großen Konflikte dieser nach den Worten eines der Beteiligten, »so unvergleichlich streitsüchtigen und beunruhigenden« liberalen Ära entzündete. Da das Prestige der Liberalen sank, waren sich die Parteiführer darüber im klaren, daß sie die nächste Wahl ohne ein populäres Wahlkampfthema verlieren würden. Man begann bereits Vermutungen darüber anzustellen, schrieb Gardiner, »wann die Wahl stattfinden und wie hoch die Liberalen verlieren würden«.
Als Finanzminister mußte Lloyd George 16 Millionen Pfund für zusätzliche Ausgaben im Jahre 1909 bereitstellen, ein Drittel davon für die acht Dreadnoughts, für die sich die Regierung entschieden hatte, und zwei Drittel für die Durchführung des Gesetzes zur Altersversorgung. Er wollte dieses Defizit durch eine Besteuerung der Reichen decken, die zwar weder unangemessen war noch gar einer Ausplünderung gleichkam, dafür aber so

provozierend wie möglich konzipiert worden war, um die Lords dazu zu verleiten, das Gesetz abzulehnen und eine Krise »Oberhaus gegen Volkswillen« auszulösen. Das Budget sah eine Erhöhung der Einkommensteuer nach einer abgestuften Skala von 9 Penny auf 1 Schilling 2 Penny pro Pfund und eine Zusatzsteuer von 6 Penny auf Einkommen von über 5000 Pfund vor. (Bereits bei der Heraufsetzung der Einkommensteuer auf 11 Penny pro Pfund im ersten Budget der Liberalen hatte die Tochter des Herzogs von Rutland gesagt: »Wir dachten alle, Papa würde sterben, so bleich sah er aus.«) Der neue Haushalt erhöhte außerdem die Erbschaftssteuer auf maximal 10 Prozent für Gutshöfe im Wert von 200 000 Pfund und darüber, erhob eine Steuer auf Motoren und Kraftstoff, die zu der damaligen Zeit nur die Reichen traf, und außerdem eine Alkohol- und Tabaksteuer, die sich jedoch als ein politischer Fehlgriff erwies.

Allerdings nicht diese Maßnahmen, sondern eine zwanzigprozentige Steuer auf »arbeitslose Einkommen« aus Landbesitz, Verkauf oder, im Erbfall plus einer jährlichen Steuer von einem halben Penny pro Pfund, auf nicht kultiviertes Land und unausgenutzte Ausbeutungsrechte versetzte die gesamte landbesitzende Klasse – wie beabsichtigt – in rasenden Zorn. Die Landklauseln verlangten eine Registrierung wie auch eine Schätzung und Bewertung des Grundbesitzes, was den Landeigentümern so erschien, als habe der Steuereinnehmer bereits seinen Fuß über ihre Schwelle gesetzt und sei der Staat in die privatesten Bereiche des Bürgers eingedrungen. Lloyd George verschärfte diese Wirkung noch durch seine spöttischen Reden und Appelle an das Volk, die so marktschreierisch waren wie Mark Antons Trauerbekundungen über Cäsars Tod. Er personifizierte den Gegner als »die Herzöge« und erklärte vor einem Publikum von 4000 Arbeitern in Limehouse im Londoner East End: »Ein richtiger Herzog in vollem Staat kostet genauso viel an Unterhalt wie die Wartung von zwei Dreadnoughts ... verbreitet genauso viel Schrecken und lebt länger.« Als die Regierung Geld für die Dreadnoughts haben wollte, so fuhr er fort, »da haben wir unter den Arbeitern den Hut herumgehen lassen und alle haben ihre Pfennige hineingeworfen«, aber wenn »der P. M. und ich an die Pforten des Belgravia [Clubs] anklopfen« und »die großen Gutsbesitzer bitten, etwas für die alten Bergleute zu geben, um sie vor dem Armenhaus zu bewahren, dann heißt es: ›Nur einen halben Penny, nicht mehr!‹, und sie lassen ihre Hunde auf uns los; jeden Tag kann man sie bellen hören ... Es ist nicht recht, daß der alte Arbeiter seinen Weg zum Grab blutend und mit Blasen an den Füßen gehen muß, durch das Gestrüpp und die Dornen der Armut. Wir werden ihm einen neuen, leichteren und erfreulicheren Pfad durch die wogenden Kornfelder bahnen.«

Für einen Minister der Krone war dies eine Vorstellung, die nur Lloyd George geben konnte, ohne dabei zu erröten. Falls der Premierminister deswegen verlegen gewesen sein sollte, dann gab er dies jedenfalls nicht zu erkennen, ein Umstand, der den König beunruhigte. Er ließ verlauten, daß er »nicht verstehen könne, wie Asquith stillschweigend« einen Ton zulassen konnte, den »bis vor wenigen Jahren kein Premierminister gestattet haben würde«.

Der Zorn entlud sich in der Haushaltsdebatte, genau wie die Regisseure es gewünscht hatten. Die konservativen Führer tobten und protestierten. Lord Lansdowne nannte Lloyd George eine »diebische Elster«. Mr. Chaplin bezeichnete das Budget als den ersten Schritt in einem sozialistischen Krieg gegen die Besitzenden; die Law Society erklärte eine Landsteuer für ungesetzlich und undurchführbar; eine Versammlung der führenden Persönlichkeiten der Londoner City unter Vorsitz von Lord Rothschild protestierte gegen die Einschätzung des Grundbesitzes durch »unverantwortliche Tribunale« von der Art, die »einen Stuart den Kopf und einen zweiten den Thron gekostet haben«. Der Herzog von Norfolk kündigte an, er werde einen Holbein, den er der National Gallery ausgeliehen hatte, verkaufen müssen; der Earl von Onslow bot Teile seines Gutes in Surrey zum Verkauf an, und Kipling porträtierte in einem hysterischen Gedicht, »The City of Brass«, ein England, das, von den Schürern des Hasses gespalten und völlig gelähmt durch die Tributzahlungen, »die allen denen, die gearbeitet und sich abgemüht haben, um zu Besitz zu kommen« auferlegt werden, schließlich ohne Verteidiger dastand und »nach bedingungsloser Kapitulation aus der Reihe der Nationen« verschwand. Nicht weniger kassandrisch meinte Lord Rosebery, die Maßnahme sei »kein Budget, sondern eine Revolution«. Hinter ihr stünde »die große, schleichende und heimtückische Gefahr des Sozialismus«, und dieser sei »das Ende ... des Glaubens, der Familie, des Besitzes, der Monarchie, des Empire«. Seine Rede vor einer Versammlung von Geschäftsleuten in Glasgow wurde am nächsten Morgen »bei jeder Landhaus-Party in England, Schottland und Wales mit der größten Freude gelesen«.

Ein neues Parlamentsmitglied der Labourpartei, Philip Snowden, der eines Tages selbst einmal Finanzminister werden sollte, sagte, daß es notwendig sei, die Reichen ärmer zu machen, um die Armen reicher machen zu können, und dieser Haushalt sei der Beginn der Demokratie. Balfour konterte mit dem Argument, daß »man die Armut nicht durch die Abschaffung des Reichtums beseitigen könne« und »man solle die Demokratie nicht mit Raub verwechseln«. Der Herzog von Rutland, einem Schlaganfall nahe, schlug vor, daß man allen Parlamentsmitgliedern der Labourpartei das Maul stopfen solle. Während sich die Erbitterung steigerte, sah sich der König gezwungen zuzugeben, daß die »dummen und boshaften Bemerkungen und Sprüche« der Landbesitzer und Kapitalisten unendlich viel Schaden anrichteten.

Jedermann, die breite Masse eingeschlossen, war sich bewußt, daß hier das Vetorecht und nicht der Haushalt auf dem Spiel stand. Als Minoru in diesem Sommer das Derby gewann, rief ein Mann aus der jubelnden Menge: »Nun, König, jetzt hast du das Derby gewonnen – geh nach Hause und lös das verdammte Parlament auf!« Churchill gab in einer Rede in Leicester im September seiner Freude auf den Kampf Ausdruck, der vermutlich das Veto der Lords »zerschmettern« würde, falls sie das Haushaltsgesetz ablehnten. Balfour konzentrierte alles auf die Bestimmungen zur Bewertung des Landes, die als »Zwangsregistrierung«, so behauptete er, in einem Finanzgesetz verfassungswidrig seien. »Wie können Sie es wagen, dies als ein Finanzgesetz zu bezeichnen?« Tatsächlich gab es, wie Lord Salisbury einmal anläßlich einer früheren Haushaltsdebatte gesagt hatte, keinerlei verfassungsmäßige Gründe gegen eine Ablehnung des Haushaltsgesetzes durch die Lords – aber es gab praktische: Sie konnten nicht gleichzeitig damit auch die Regierung hinauswerfen. Jedoch den Haushalt abzulehnen und die Regierung im Amt zu belassen würde zu einer völlig verfahrenen Situation führen. Trieb man die Regierung derart in die Enge, dann konnte ihre Reaktion nur sein, den König zu bitten, so viele Peers zu ernennen, daß im Oberhaus eine liberale Majorität gegeben war, wenn nötig fünfhundert. In dieser Sintflut mußte der Erbadel untergehen. Trotzdem waren die Konservativen gegen den Kompromiß. Nur mutig handeln, meinte Lord Milner, und im übrigen *Damn the consequences.* Dies war dann auch, mit Zustimmung Balfours und unter seiner Führung, die Entscheidung.

»Die gesamte politische Welt zittert vor Aufregung«, schrieb Beatrice Webb in ihr Tagebuch. Würden die Lords das Budget ablehnen oder nicht? Die Debatte im Oberhaus wurde am 22. November eröffnet und dauerte zehn Tage. Die Damen des Hochadels und viele Besucher, darunter der König von Portugal, drängten sich auf der Tribüne; hochbetagte Lords kamen aus allen Teilen des Landes nach London; viele »kannten nicht einmal den Weg ins Parlament«; insgesamt 400 Mitglieder versammelten sich, die größte Zahl seit der Ablehnung der Home Rule. Von dem alten Ex-Lordkanzler Lord Halsbury bis zu dem jungen Lord Willoughby de Broke, dem Sprecher des Landadels, erklärten die ehrenwerten Mitglieder des hohen Hauses es als ihre Pflicht gegenüber dem Land, das Gesetz abzulehnen. Der liberale Lord Ribblesdale verabscheute zwar Lloyd George als einen »halben Hanswurst und halben Straßenräuber«, aber er sah keinen wirklich ernsthaften Grund für »das Schluchzen der Reichen. Wenn es zu einer Abstimmung kommt, dann bin ich für die Regierung«.

Lord Rosebery riet zu der Verabschiedung des Gesetzes und warnte vor dem Risiko, »die Existenz der zweiten Kammer aufs Spiel zu setzen«. Der Höhepunkt war die Rede Lord Curzons, der besten Rede im Haus seit vierzig Jahren, wie ein tief beeindruckter Peer meinte. Die Regierung, so führte Curzon aus, beabsichtige jedes Gesetz einzubringen, wie es ihr gerade so passe, vorausgesetzt, man konnte es mit dem Etikett »Finanzgesetz« versehen, die Lords zu zwingen, es zu verabschieden – »ein revolutionäres und unerträgliches Ansinnen«; das käme ja einer Einkammerregierung gleich. Trotz der möglichen Konsequenzen riet er zur Ablehnung, in der Hoffnung, daß das Oberhaus nach einer Reform als ein »wesentlicher Bestandteil« der Verfassung und nicht als ein »bloßes Phantom handeln könne, das gleichermaßen machtlos wie lächerlich ist«.

Die namentliche Abstimmung wurde am 1. Dezember 1909 beantragt, die Lords begaben sich in die Lobbies und die Zählung ergab 350 dagegen, 75 dafür, also Ablehnung. Am nächsten Tag kündigte der Premierminister inmitten lauter Begeisterung im Unterhaus an, daß hiermit ein Bruch der Verfassung vorliege und die Regierung nun vor das Volk treten werde. Damit forderte er die Parlamentsauflösung. Auf der *frontbench* der Opposition saß Balfour, der erkältet war, in der gewohnten Weise zurückgelehnt, hustete, klopfte sich auf die Brust, schluckte eine Tablette und zog ein Schnupfenmittel in der Nase hoch.

Während der Vorbereitungen auf die Wahl konzipierte die Regierung Asquith ein Parlamentsgesetz, mit dem das Veto des Oberhauses abgeschafft werden sollte. Sie wollte es nach ihrer Wiederwahl einbringen. Der Entwurf sah vor, daß das Vetorecht für Gesetze, die vom Speaker als Finanzgesetze erklärt worden waren, nicht mehr galt und daß andere Gesetze, wenn sie dreimal vom Unterhaus verabschiedet worden waren, rechtskräftig wurden, ob die Lords zustimmten oder nicht. London war voll von Gerüchten über die Ernennung von Peers; jeder, vom Dichter bis zum Teehändler, »sogar Hilaire Belloc«, wie Wilfred Blunt boshaft notierte, sah eine Grafenkrone auf sein Haupt herniederschweben. Asquith ließ inzwischen durchblicken, daß er bereits eine Zusage des Königs habe, was jedoch nicht zutraf.

Im Verlaufe des Wahlkampfes für die Wahl im Januar 1910 wurde deutlich, daß Lloyd George mit all seinen rhetorischen Ausfällen gegen die Lords keinen Erfolg gehabt hatte. Die Öffentlichkeit hatte kein Interesse an den Peers; Haldane stellte fest, daß 40 Prozent der Wähler unentschieden und 20 Prozent »höchst uninteressiert« waren; kurz, es wurde wieder alles wie früher. Alfred Austin, der in Frankreich Ferien machte, nahm die Wahl todernst; da sein Wahlkreis jedoch ein sicherer konservativer Distrikt war, sah er sich von der Verpflichtung befreit, nach Hause zurückkehren zu müssen, um seine Stimme abzugeben; »aber ich ließ mir jeden Tag vom Carlton Club die Ergebnisse herübertelegraphieren«. »Inzwischen«, so schrieb Beatrice Webb, »warten wir alle mit großer Spannung auf den Ausgang der Schlacht.« Dieser Ausgang war unerfreulich. Die Liberalen wurden zwar wiedergewählt, aber ihre Mehrheit war so gering, daß sie nun wieder von den Stimmen der irischen Abgeordneten abhängig waren. Die Labourpartei, die durch das Osborne-Urteil von 1908, das die Verwendung von Gewerkschaftsgeldern für politische Zwecke verbot, behindert wurde, verlor zehn Sitze. Die Konservativen gewannen 105 Mandate zurück, was normalerweise zu einem Sieg ausgereicht hätte, wenn sie nicht von einer so niedrigen Ausgangsbasis hätten beginnen müssen. Beide Seiten saßen also in einer Falle. Um das Budget durchsetzen zu können, brauchten die Liberalen die Stimmen der Iren, aber diese mochten das Haushaltsgesetz wegen der darin enthaltenen Whisky-Steuer nicht. Als Preis für ihre Unterstützung forderten sie von Asquith, daß die Regierung die Abschaffung des Oberhausvetos durchsetzte, um so den Weg für ein neues Home-Rule-Gesetz freizumachen. Während ihrer vierjährigen Regierungszeit hatten die Liberalen nicht ein einziges Mal eine Home Rule Bill eingebracht, aber nun wurde es, wie Speaker Lowther sagte, »die Crux der gesamten Situation«. Die Iren waren nicht mehr in der Position des hoffnungslosen Bittstellers, sondern erschienen nun wie eine »düstere, mächtige« Kraft und machten den Zusammenhang zwischen den beiden Komplexen »direkt, unverhüllt und unmißverständlich« klar. Ob sie wollte oder nicht, die Regierung war nun darauf festgelegt, die Schlacht bis zum bitteren Ende durchzuführen – der Ernennung von Peers oder zumindest einem diesbezüglichen Versprechen des Königs. Die Ereignisse steigerten sich von diesem Augenblick an in einer Weise, wie dies seit dem Reformgesetz nicht mehr vorgekommen war.

Asquith brachte die Parliament Bill offiziell im Februar 1910 ein, verbunden mit der Ankündigung, daß er im Falle der Ablehnung des Gesetzes durch die Lords die Krone bitten würde, die notwendigen Schritte zu unternehmen. Es folgte eine turbulente Zeit, angefüllt mit Intrigen, Verhandlungen, inner- und zwischenparteilichen Tauschgeschäften hinter den Kulissen, Besuchen und Konsultationen in Landvillen und Konferenzen mit dem Erzbischof von Canterbury. Beinahe unbeachtet wurde inzwischen das Haushaltsgesetz, das der Auslöser zu alle dem gewesen war, verabschiedet, wie Lansdowne es für den Fall eines liberalen Wahlsieges versprochen hatte. Aber der Haushalt war ja jetzt auch gar nicht mehr wichtig; die Parliament Bill, über der der lächerliche Schatten von 500 »Retorten«-Peers schwebte, hatte ihn verdrängt. Obgleich diese Frage die Bemühungen, Leidenschaften und äußersten politischen Fähigkeiten von Krone, Ministern und Opposition monatelang in Anspruch nahm, war sie kein echtes politisches Problem. Es ging nicht um grundsätzliche Fragen des Menschenrechts wie in der Dreyfus-Affäre. Die Liberalen behaupteten zwar, daß es sich hier um die Macht der Lords drehe, die den Willen des Unterhauses blockieren konnten, aber in Wirklichkeit, so gab Herbert Samuel zu, »haben sie fast alle unsere Sozialgesetze durchgehen lassen«, ausgenommen das Erziehungs- und das Alkoholgesetz, wobei das erstere der beiden ohnehin ein Konglomerat von Kompromissen war, mit denen niemand zufrieden war, und das andere kaum eine Angelegenheit, an der die englische Verfassung hätte zerbrechen können. Was die Liberalen wirklich dazu veranlaßte, mit voller Wucht weiter anzugreifen, war die Notwendigkeit, sich für den Fehlschlag ihres Programms und dafür, daß sie ihre Ehre an die Iren verkauft hatten, rechtfertigen zu müssen. Die Berechtigung zu ihrem Vorgehen bezogen sie, wie Masterman darlegte, daraus, daß ihrer Ansicht nach das Oberhaus eine Institution war, die »den Wandel zutiefst verabscheut und ihn nur dann zuläßt, wenn sie durch Furcht dazu getrieben wird ... Das Haus kann nicht viel mehr tun, als die Arbeit anderer modifizieren, kontrollieren oder vernichten. Es entwickelt keine eigene, konstruktive Initiative für ein Volk, daß sich schwierigen Problemen gegenüber sieht«.

Was die Konservativen zu ihrem ebenso heftigen Widerstand veranlaßte, war ihre Entschlossenheit, die letzte Bastion der Privilegien zu verteidigen. Das Vetorecht oder die konservative Mehrheit im Oberhaus verlieren, würde bedeuten, daß sie dann auch die letzte Möglichkeit, den Vormarsch der sie belagernden Klassen aufzuhalten, aus der Hand geben mußten. Für sie war die Macht in den Händen des Volkes, wie Masterman, der mit ihnen in diesem Punkte übereinstimmte, schrieb, gleichbedeutend mit Sintflut. »Sie betrachten unsere Kultur als einen kleinen Flecken bebauten Bodens, der sich wie durch ein Wunder Jahrhundert um Jahrhundert erhalten hat« und den Aufstieg der Massen als den Ansturm des Pöbels auf einen stillen Garten, »wo er die Blumen mit der Wurzel ausreißt ... und die schöne Landschaft mit Papierfetzen und zerbrochenen Flaschen verunstaltet.« Ihr Widerstand war jedoch geschwächt durch eine Spaltung in ihren eigenen Reihen. Als Parteiführer war Balfour dafür, die Ernennung neuer Adeliger, die im Oberhaus eine permanente liberale Mehrheit geschaffen hätte, um jeden Preis zu verhindern. Das war nach seiner Ansicht die »Revolution«. Den Verlust des Vetorechts, mit anderen Worten, die Verabschiedung der Parliament Bill sah er als das kleinere Übel an. Im Gegensatz zu ihm stand eine Gruppe von Lords, die *Diehards*, die sich allmählich herausgebildet hatte. Sie leitete ihren Namen von einem alten traditionsreichen Regiment ab. Ihr Symbol und Wortführer war jener »uralte Recke eines kampferprobten Geschlechts«, Lord Halsbury, ihr aktiver Organisator Lord Willoughby de Broke, der 19. Baron seiner Familie, eines der 18 Oberhausmitglieder, deren Titel bereits vor dem Jahre 1500 bestanden hatten. Ehe er den Titel erbte, war er im Unterhaus gesessen. Der Zweiundvierzigjährige, eine Persönlichkeit mit geistvollem Charme, besaß neben politischem Flair »unbändige Energie und ein großes Talent für eindrucksvolle und geistvolle Reden«. Sein Vater hatte als letzten Wunsch geäußert, daß sein Sohn alles in seinen Kräften Stehende tun möge, »um zu verhindern, daß in irgendeinem Zusammenhang mit der Jagd Automobile verwendet würden«. Sein Urgroßvater hatte unermüdlich gegen das Reformgesetz gestimmt und war

als Verteidiger der bestehenden Ordnung viele stumme Tode in der vordersten Linie gestorben. Willoughby de Broke sah in der Industrialisierung und der Demokratie Kräfte, die »in entsetzlicher Weise auf unsere Nation als Ganzes gewirkt haben«; er redete meist in Begriffen aus der Jäger- oder Reitersprache und trieb die Hinterwäldler wie ein Jagdhund zusammen. In einem Rundbrief beschwor Lord Halsbury jeden einzelnen von ihnen, »mannhaft für sein verfassungsmäßiges Erbrecht zu kämpfen und jedem Versuch der Intrige zu trotzen«.
Inmitten all dieser Spannungen und Wirren starb plötzlich und unerwartet König Edward. Extreme Tories behaupteten, die Schändlichkeit der Regierung sei schuld an seinem Tod gewesen, und betrachteten die Liberalen als Königsmörder. Ein allgemeines Gefühl, daß sich hier ein Anker gelöst hatte und ein anerkannter Ordnungsfaktor nicht mehr war, griff um sich. Die Menschen spürten irgendwie, daß die vertraute königliche Gestalt zwischen England und dem Wandel, zwischen England und der Bedrohung von außen gestanden hatte. Als er starb, erwarteten die Menschen, daß sich die Dinge nun verschlimmern würden. »Ich hatte stets das Gefühl, daß er die Dinge irgendwie zusammengehalten hat«, sagte ein Edwardianer.
In einem Gedicht zu diesem Anlaß drängte der Poeta Laureatus die Engländer, ihre »schicksalhaften Fehden« und das »zänkische Geschrei« zu beenden und einen »Gottesfrieden« zu schließen. In dem Bemühen, dem neuen König zum Zeitpunkt seiner Thronbesteigung eine Krise zu ersparen, kamen die Parteien überein, in einem Verfassungsrat den Versuch einer Einigung zu unternehmen, wobei vier Führer jeder Seite, darunter Asquith und Lloyd George sowie Balfour und Lansdowne vertreten sein sollten. In 21 Sitzungen im Sommer und Herbst 1910 diskutierten und handelten sie, untersuchten Möglichkeiten für ein Volksreferendum und kamen schließlich einer Übereinstimmung nahe, nur um dann an der Home Rule zu scheitern. Die Konferenz bewies jedoch zumindest, daß das Parlamentsgesetz kein fundamentaler Streitpunkt war, sondern daß die Politiker lediglich den Kampf nicht mehr aufgeben konnten oder wollten. Lloyd George, der ganz gewiß ein Realist war, machte einen letzten Versuch. Da die Prinzipienfragen inzwischen ohnehin restlos verwässert waren, trat er an Balfour mit dem Vorschlag heran, eine Koalition zu bilden, die von dem Druck der extremen Parteiflügel befreit, sowohl für das Vetorecht wie für die Home-Rule-Frage eine Lösung finden konnte. Er wolle die Ernennung der Peers im Grunde genauso wenig wie Balfour, beteuerte er, denn »wenn ich in die Zukunft sehe, weiß ich, daß unsere hochherrschaftlichen Gemüsehändler der sozialen Reform wesentlich feindlicher gegenüberstehen würden als ihre Hinterwäldler«. Da man annimmt, daß Lloyd George seine erste Offerte an Balfour ohne das Wissen Asquiths gemacht hat, ist es möglich, daß er ebenfalls vorhatte, den Premierminister auszubooten, was ihm dann

schließlich sechs Jahre später auch gelang. Als Asquith von dem Vorschlag hörte, trat er weder dafür ein, noch lehnte er ihn ab, sondern hielt sich getreu seinem Motto »Abwarten und Tee trinken« im Hintergrund.

Da Balfour der Überzeugung war, daß das britische Regierungssystem auf der gegenseitigen Kontrolle zweier Parteien basierte und eine Koalition lediglich im Falle eines nationalen Notstandes geboten sei, lehnte er ab. Er glaubte auch nicht wirklich daran, daß die Liberalen den König zwingen konnten, ihnen das notwendige Versprechen zu geben. Außerdem meinte er, daß die Parliament Bill weniger »Schaden für das Allgemeinwohl« anrichten würde als die Ernennung neuer Peers. Schließlich rechnete er damit, daß man die Zahl der neuen Peers auf ein Minimum beschränken und die »Revolution« einer permanenten liberalen Mehrheit im Oberhaus vermeiden konnte, falls sich nur genügend konservative Mitglieder der Stimme enthielten.

Als sowohl der Verfassungsrat wie auch der Koalitionsvorschlag fehlschlugen, wurde für Dezember 1910 eine erneute Parlamentswahl ausgeschrieben, die zweite innerhalb eines Jahres. Da die Gleichgültigkeit der Öffentlichkeit unverändert blieb, war das Resultat, abgesehen von dem Verlust zweier Sitze für die Liberalen, das gleiche wie in der Januarwahl. Das Land kümmerte sich »zu wenig um die Abschaffung des Oberhauses, um dafür auf die Barrikaden zu gehen«, schrieb Wilfrid Blunt.

Durch geschicktes Taktieren war es Asquith vor der Wahl gelungen, von König Georg das entscheidende Versprechen, die Ernennung der Peers betreffend, zu erhalten, denn dieser war durch die widersprüchlichen Ratschläge und ausgefallenen Manöver seiner Ratgeber unsicher geworden. Die unerfreuliche Vision, den englischen Erbadel in einem »Bataillon von Notadeligen« untertauchen zu sehen, befriedigte niemanden, und die Aussicht auf das Gelächter und den Spott der Welt schon gar nicht. Trotzdem marschierte die Regierung weiter, teils weil es inzwischen ohnehin unmöglich geworden war einzuhalten, und teils weil sie glaubte, daß die Lords im Falle der Konfrontation es eher vorziehen würden, ihr Vetorecht aufzugeben, als sich von der Mittelklasse überrennen zu lassen. Zu einem zeitlich nicht mehr genau bestimmbaren Punkt entwarf Asquith eine Liste von rund 250 Namen für diesen Ausverkauf an Adelstiteln, die, wenngleich sich auch Sir Thomas Lipton darunter befand, insgesamt Lloyd Georges abfällige Bemerkung über die Gemüsehändler nicht verdiente. Außer Lipton standen auf der Liste Asquiths Schwager H. J. Tennant, sein glühender Verehrer und späterer Biograph J. A. Spender, Sir Edgar Speyer, Bertrand Russell, General Baden-Powell, General Sir Ian Hamilton, der Jurist Sir Frederick Pollock, die Historiker Sir George Trevelyan und G. P. Gooch, der südafrikanische Millionär Sir Abe Bailey, Gilbert Murray, J. M. Barrie, Thomas Hardy und Anthony Hope, der Autor von *The Prisoner of Zenda.*

Im Februar 1911 wurde die Parliament Bill erneut dem Unterhaus vorgelegt, begleitet von »lautem Hurrageschrei, das nicht nur Triumph, sondern auch Entschlossenheit und Verbissenheit verriet«. »Wir sind alle zum Äußersten entschlossen, und falls die Lords das Gesetz zurückweisen – es gibt nichts, was uns lieber wäre«, schrieb Herbert Samuel. Das Unterhaus verabschiedete das Gesetz im Mai und leitete es ordnungsgemäß zur Beratung »an anderer Stelle« weiter.

Im Juli begann der große Transportarbeiterstreik, der eine neue Phase im unterirdischen industriellen Krieg einleitete. Er markierte den Wandel von den »individuellen Streiks« zu Aktionen, die dem Vorbild der Syndikalisten folgten, und in denen die Arbeiter nicht nur einen bestimmten Arbeitgeber, sondern gleich eine ganze Industrie bestreikten. Die ungelernten Arbeitskräfte hatten inzwischen auch das Vertrauen in die politische Methode verloren, die ihnen keine Lohnerhöhung brachte, und revoltierten gegen ihre Führer in der Labourpartei, die sich, nachdem sie erst einmal in Westminster etabliert waren, völlig von den parlamentarischen Spielregeln in Anspruch genommen waren, wobei McDonald allmählich Keir Hardie verdrängte. Die Masse der Arbeiter wollte jedoch Lohnerhöhungen und die Anerkennung ihrer Gewerkschaften durch die Arbeitgeber. Sie verlangten nach direkter Aktion und wurden zunehmend aggressiver. Bei dem Streik von 30 000 Bergarbeitern im Rhondda-Tal in Wales, wenige Monate zuvor, hatte es Übergriffe auf das Eigentum der Minenbesitzer gegeben. Ben Tillett und Tom Mann, die Führer des ersten großen Streiks der Dockarbeiter im Jahre 1889, predigten nun die Doktrin des Syndikalismus, die, von Sorel und der französischen CGT abgeleitet, den Glauben an die Revolution mit der Gewerkschaftsbewegung verband und die politische Aktion zugunsten der letzten Waffe, dem Generalstreik, ablehnte. Mann und Tillett faßten 36 Einzelgewerkschaften der Seeleute, Feuerwehrmänner, Köche und Kellner, Dockarbeiter und Transportarbeiter in der National Transport Workers' Federation zusammen. Als die Reeder sich weigerten, mit ihnen zu verhandeln, wurde im Juni der Streik ausgerufen. Er dauerte 72 Tage und betraf 77 000 Arbeiter. Als er sich von London nach Liverpool, Hull, Cardiff, Bristol und Southampton ausdehnte, ruhte in fast allen Häfen der Verkehr, es gab Unruhen, Plünderung und Brandstiftung. »Das ist die Revolution«, sagte ein aufgeregter Unternehmer dem Vertreter des Handelsministeriums. »Die Männer haben neue Führer, die bisher unbekannt waren; wir wissen nicht, wie wir mit ihnen fertig werden sollen.«

Zu diesem Zeitpunkt, am 1. Juli, traf das deutsche Kanonenboot *Panther* vor Agadir in Marokko ein und löste damit eine internationale Krise aus, die mehrere Wochen lang die Gefahr eines Krieges heraufbeschwor. Im August, mitten in der Krise, schlossen sich vier Eisenbahnergewerkschaften dem Streik der Seeleute und Dockarbeiter an. Damit drohte der totale Zusammenbruch des Transportwesens. Der Innenminister Winston Churchill stellte Militärkonvois zur Verfügung, um die lebensnotwendigen Zugverbindungen aufrecht zu erhalten, und entsandte Militär in die Streikzentren. Tom Mann wurde für seinen Aufruf an die Soldaten, nicht auf britische Arbeiter zu schießen, falls man ihnen das befehlen sollte, wegen Aufhetzung der Truppe zur Befehlsverweigerung verhaftet und verurteilt. Obwohl der Streik gemäß der Notstandsregelung wegen der außenpolitischen Krise beigelegt wurde, folgten während der nächsten drei Jahre weitere Ausstände im selben Umfang. Nach den Schüssen von Liverpool konzentrierten sich die Stimmen der Gewerkschaftsmitglieder auf die eigenen Vertreter, und die Allianz mit dem Liberalismus ging zu Ende. Im Schlachtgetümmel des Klassenkampfes klang das Echo von Churchills Bitte an Labour: »Aber wir müssen diese Unterstützung auch bekommen« wie gedämpfter Hornklang aus weiter Ferne. Nach der Trennung von der Arbeiterschaft begann für den Liberalismus der Weg in die politische Wüste.

Vor diesem Hintergrund entfaltete sich der Krönungssommer, der heißeste seit Generationen, mit der goldenen Fülle einer geöffneten Rose. Allabendlich gab es Dinnergesellschaften und extravagante Empfänge, nachmittags waren die Garten-Parties, an den Wochenenden die Landhausparties, Picknicks und glitzernde Kostümbälle. Selbst die Hitze war »großartig – einen solchen Sommer gibt es nur selten in England«. Die Henley-Regatta wurde unter idealen Wetterbedingungen ausgetragen, die Riten der Saison – Polo in Ranaleagh, das Eton-Harrow-Kricketmatch in Lords und die Gold Cup in Ascot – fanden bei herrlichem Sonnenschein statt. Weder die Aussicht auf den Krieg, der Streik der Transportarbeiter noch gar die mögliche Ernennung neuer Peers konnte die gehobene Stimmung der Festlichkeiten trüben. Die Zeitungen redeten von Krise, und ungehaltene Adlige brummelten über diese »ausgesprochene Revolution«. Auf einem Maskenball bei Claridge's erschien jedoch ein Gast frech mit Peersmantel und Krone, auf die er »Nr. 499« geklebt hatte. Lady Curzon wurde bei einem Ritterturnier, das Mrs. Cornwallis-West, die Mutter Churchills veranstaltete und zu dem die Eintrittskarte zwanzig Pfund kostete, zur Königin der Schönheit gewählt. Das russische Ballett gab sein Londoner Debut in Covent Garden. Die Pawlowa und Nijinski tanzten bei privaten Parties, darunter bei einer unter freiem Himmel in Strawberry Hill, einstmals phantastisch-gotisches Heim von Horace Walpole. Die jetzige Besitzerin, Lady Michelham, besaß Perlenschnüre von insgesamt 20 Meter Länge. Nach der Tanzvorführung gab es ein Dinner für 60 Personen, bei dem die Vorspeise die Form eines Leuchtturms hatte, der von innen erleuchtet und von Gartenammern umgeben war, die Seemöwen darstellen sollten und von der Brandung einer weißen Soße überspült wurden. Bei einer Hausparty in

Blenheim saßen der Herzog, sein Vetter Winston Churchill, Neil Primrose, der Sohn Lord Roseberys, und F. E. Smith bis zur Abenddämmerung in einem von Kerzen erleuchteten Zelt, auf umgestülpten Fässern und spielten Karten. »Um was sollen wir spielen, F. E.?«, fragte Marlborough. »Um dein verdammtes Schloß, wenn du willst«, antwortete Smith. Allerdings ist nicht überliefert, was er dagegen setzte.

Und dennoch war es nicht mehr das gleiche England wie im Jubilee year. Die Streiks gemahnten an die aufstrebende Macht der Arbeiterklasse, und Agadir erinnerte an die Bedrohung durch Deutschland. Die Sicherheit einer Epoche, die in der englischen Erinnerung noch lange als die Zeit der »goldenen Souveräne, der Ehre und der riesigen roten Flächen auf der Landkarte« lebendig bleiben sollte, war vorbei. Die Fröhlichkeit war »fieberhaft«; der Kostümball der Saison wurde von F. E. Smith und nicht von der Herzogin von Devonshire gegeben (der Herzog war 1908 gestorben), und in London war der letzte von Pferden gezogene Omnibus aus den Straßen verschwunden; Autotaxen, die es um die Jahrhundertwende noch nicht gegeben hatte, übertrafen nun an Zahl – es gab 6300 – die 5000 Kutschen.

Die wohlhabende Klasse empfand das Leben und sich selbst immer noch als höchst vergnüglich. Bei einer Party, die Mrs. Hwfa Williams gab und auf der der Marquis de Soveral durch seinen Witz brillierte, fand man die Unterhaltung allgemein so interessant, daß die Gäste, die zum Lunch gekommen waren, bis ein Uhr nachts blieben. Vielleicht war wirklich das Vergnügen, vielleicht aber auch die Langeweile der Grund; Langeweile, weil man nichts anderes zu tun hatte. Das Gelächter, die Freude, die Streiche und die unbestreitbar vorhandene gute Laune der Privilegierten waren nur Facetten der Langeweile. Die endlosen Gespräche »bei Luncheons, beim Tee und Dinner, bei den Bällen und Versammlungen, die oft bis spät in die Nacht anhielten«, so glaubt Masterman, seien der Ausdruck »einer Gesellschaft, die sich danach sehnt, interessiert zu sein, sich meist jedoch langweilt; die erfüllt war von der festen Überzeugung, daß sie ›die Spielregeln einhalten‹ müsse und daß die ihren die richtigen Spielregeln wären«. Es war »eine Versammlung intelligenter, sympathischer und oft liebenswürdiger Menschen ... die mit verzweifeltem Ernst versuchten, etwas aus einem Leben zu machen, das von den Mühen des Geldverdienens frei war«. Da er dies im Jahre 1909 schrieb, nannte Masterman diese Langeweile noch nicht eine Langeweile des Friedens, doch klang es, wenn er von der »derzeitigen Pax romana« sprach, die »über die westlichen Rassen Europas gekommen« sei, beinahe wie ein Seufzer des Bedauerns.

In der ersten Juliwoche änderte das Oberhaus die Parliament Bill ab, und zwar machte es die Aufhebung des Vetorechts bei Finanzgesetzen rückgängig und nahm die Home Rule von den Gesetzen aus, die ohne seine Zustimmung verabschiedet werden konnten. Am 18. Juli teilte Asquith Balfour offiziell in einem Schreiben mit, daß er das Versprechen des Königs habe, Peers ernennen zu dürfen, daß die Abänderungen unannehmbar seien und er entschlossen, vor dem Unterhaus eine Erklärung abzugeben, des Inhalts, daß er für den Fall einer Ablehnung des Gesetzes in seiner ursprünglichen Form durch die Lords die Krone bitten würde, die entsprechenden Schritte zu unternehmen. Die *Diehards* gingen mit dem gleichen Feuereifer an die Organisierung des Widerstandes, mit dem die ersten amerikanischen Kolonisten einst Palisaden zum Schutz vor Indianerüberfällen errichtet hatten. »Sie sollen ihre Peers nur ernennen«, verkündete Lord Curzon bei einer Versammlung der *Diehards*, »wir werden bis zum letzten Atemzug unseren Graben verteidigen und nicht weichen«. Ihre Gegner nannten diese Gruppe daher *Ditchers* (von »ditch« = Graben). Unter ihnen befand sich auch der neue Marquis von Salisbury sowie dessen Schwager, der Earl of Selborne, von den Unterhausmitgliedern gehörten dazu sein jüngerer Bruder Lord Hugh Cecil, Austen Chamberlain, George Wyndham und zwei Abenteurer, Sir Edward Carson und F. E. Smith. Während dieses heißen Juli arbeitete Lord Willoughby de Broke fieberhaft daran, die Peers zusammenzutrommeln, er veranstaltete Versammlungen und verpflichtete Redner. Am 12. Juli unterzeichneten 53 Peers, darunter fünf Herzöge, einen Brief an Lord Lansdowne, in dem sie ankündigten, daß sie bei der letzten Lesung der Parliament Bill für eine Ablehnung stimmen würden, »sogar dann wenn die Konsequenz die Ernennung von Peers sein sollte«.

Balfour und Lansdowne, der vom König gebeten worden war, ihn nicht zu diesem verabscheuungswürdigen Experiment zu zwingen, beriefen ein Schattenkabinett der Opposition, dessen Mehrheit bereit war, die Empfehlung der Kapitulation zu befolgen. Das hieß, sollte es zu einer namentlichen Abstimmung über die Parliament Bill kommen, dann würde sie sie verabschieden, da die Verteidigung bis zum letzten Atemzug eine zwar löbliche Prinzipientreue bedeutete, das Vetorecht aber nicht retten würde. Falls die Regierung nicht bluffte, wäre das Ergebnis dann lediglich der Verlust des Vetorechts *plus* die Ernennung von Peers. Aber die *Ditchers* blieben unnachgiebig. Die namentliche Abstimmung zu verlangen, so sagte Lord Halsbury, sei seine »heilige Pflicht vor Gott und Vaterland«. Unter der Voraussetzung, daß die *Hedgers*, wie die Anhänger Balfours und Lansdownes nun genannt wurden, sich der Stimme enthielten, brauchten die *Ditchers* nur genügend Stimmen, um die 75 liberalen Peers zu überstimmen. Willoughby de Broke glaubte, sechzig Stimmen sicher zu haben und hoffte auf achtzig.

Um doch noch zu einer gemeinsamen Aktion zu kommen, wurde erneut eine Versammlung nach Lansdowne House einberufen, zu der sich die *Hedgers* und die *Ditchers* einfanden. Lord Curzon hatte sich inzwischen zu der Ansicht Balfours bekehrt, aber der alte Lord Halsbury beharrte ingrimmig darauf, daß er »wenn notwendig als einziger die namentliche Abstimmung verlangen, aber niemals kapitulieren« werde. Man drängte Balfour, eine weitere Sitzung des Schattenkabinetts einzuberufen, aber er war inzwischen zu ungeduldig und gereizt wegen der »theatralischen« Attitüde der *Diehards*, besonders der Unterhausmitglieder wie Smith und Chamberlain. Das einzige, wozu er sich noch bereit fand, war ein offener Brief an die *Times*, den er an einen »verwirrten Peer« richtete und in dem er die Notwendigkeit für die Verabschiedung des Gesetzes darlegte. Die *Ditchers* antworteten darauf, das Gesetz werde ein Ein-Kammer-System schaffen, und sie könnten sich »angesichts der beabsichtigten Revolution durch bloße Stimmenthaltung« nicht vor der Verantwortung drücken. Als Höhepunkt ihrer Kampagne organisierten sie ein großartiges Bankett zu Ehren Lord Halsburys, zu dem die Nachfrage nach Karten das Fassungsvermögen des Festsaales überstieg. Begleitet von martialischen Reden und Toastes bekräftigte Lord Halsbury, der »sehr krank, besorgt und müde« aussah, die Entschlossenheit seiner Gruppe, bis zum bitteren Ende zu kämpfen, und erhielt begeisterte Ovationen. Lord Milner, dessen »zum Teufel mit den Konsequenzen« am Anfang der Ereignisse gestanden hatte, war selbstverständlich unter den Anwesenden. Von den übrigen Sprechern bezichtigte Austen Chamberlain Asquith, er habe »die Opposition getäuscht, die Krone in eine Falle gelockt und das Volk betrogen«.

Am 24. Juli, als der Premierminister vor dem Unterhaus seine Erklärung abgeben sollte, organisierten die Anhänger der *Ditchers* eine Protestdemonstration, die in den »heftigsten Tumult des Unterhauses seit Menschengedenken« ausartete. Der ganze Ärger, die ganze Wut einer Klasse, die sich in der Defensive befand, explodierte in einem unglaublichen Ausbruch des Hasses und der Hysterie. Smith beteiligte sich aus Freude am Angriff daran, Lord Hugh aus leidenschaftlicher Überzeugung. In ihm konzentrierte sich all der Haß der Cecils gegen den Wandel, jedoch ohne Kontrolle durch die Cecilschen Skepsis, die seinen Vetter Arthur so sehr auszeichnete. Seine Überzeugungen waren gewissermaßen weißglühend. Er sah Unheil in der materialistischen Gesellschaft, in der Abwendung von der Kirche und vom Grundbesitz und in der Abwendung der Demokratie von den »natürlichen« Führern. Hochgewachsen, mit nach vorn hängenden Schultern wie sein Vater als junger Mann, einem finsteren, schmalen Gesicht und der Angewohnheit seines Vaters, stets nervös mit seinen langen Händen zu spielen, sah er aus und benahm er sich wie Savonarola. Churchill, bei dessen Hochzeit im Jahre 1908 Cecil der Brautführer gewesen war, schrieb über ihn, daß er in ihm »zum ersten Mal in meinem Leben einen wirklichen Tory kennengelernt habe, ein Wesen aus dem 17. Jahrhundert«. In der Privatunterhal- und die *Ditchers* einfanden. Lord Curzon hatte sich inzwischen zu der An-

war, ihm zuzuhören«. Im Unterhaus hielt er die Mitglieder einmal mit einem Diskurs über den Unterschied zwischen Erastianern und Mitgliedern der Hochkirche »über eine Stunde lang in atemloser Spannung«. Asquith betrachtete ihn als »den besten Redner, nicht nur im Unterhaus, sondern überhaupt«. Cecil war mit seiner Rednergabe der englische Albert de Mun.
Bei einem Besuch Gladstones in Hatfield war Hugh, damals noch ein kleiner Junge, in das Schlafzimmer des Gastes gestürmt, hatte ihn mit seinen kleinen Fäusten traktiert und geschrien: »Du bist ein böser Mann!«
»Wie kann ich denn ein böser Mann sein, wenn ich der Freund deines Vaters bin?« fragte Gladstone, der nicht umsonst in tausend Parlamentsdebatten dominiert hatte. Aber sein Gegner ließ sich nicht in eine Debatte locken; er war sehr bestimmt in seinen Ansichten. »Mein Vater wird dir mit einem großen Schwert den Kopf abschlagen«, war seine Antwort.
Das Schwert war nun gegen Asquith gezückt. Um drei Uhr nachmittags summte das Haus vor Erregung, jeder Platz war besetzt, die Mitglieder standen in kleinen Gruppen eng beisammen in den Gängen, und auf den Tribünen saßen die Zuschauer dichtgedrängt. Der Premierminister betrat den Saal, ein wenig nervös, das Gesicht leicht gerötet. Die Liberalen erhoben sich von ihren Sitzen, schwenkten ihre Sitzungsprogramme und brachten ihm eine dreiminütige Ovation, während die Opposition mit »wütenden Rufen« antwortete und ihrerseits in Jubel ausbrach, als Balfour hereinkam. Als Asquith sich erhob um zu sprechen, wurde er, noch ehe er ein Wort herausbringen konnte, von Zwischenrufen wie »Verräter!« und »Redmont!« – eine Anspielung auf das Schwert Irlands, das über seinem Haupt hing – unterbrochen. Es folgte ein dumpfes, anhaltendes Gemurmel *Divide ... 'vide ... 'vide,* das anhub, lauter wurde und wieder verstummte, aber jedesmal, wenn Asquith zum Sprechen ansetzte, erneut anschwoll. (»Divide« ist der Antrag auf namentliche Abstimmung, zu der sich die Abgeordneten in ihre betreffenden Lobbies auf»teilen«.) Im Quergang an der *front bench* der Opposition, stand mit loderndem Blick Lord Hugh Cecil, aschfahl im Gesicht, das durch eine »unglaubliche Leidenschaft« verzerrt wurde, und wiegte seine eckige Gestalt linkisch im Takt der Schreie. Er war von einem derartigen Fanatismus besessen, daß er glaubte, jede Taktik sei nunmehr erlaubt, so würdelos und beschämend sie auch sein mochte; alles war durch den Zweck geheiligt. Asquith sah mit einer Mischung aus Verachtung und Verwunderung auf seine tobenden Gegner; schließlich ruhte sein Blick mit dem faszinierten Ausdruck eines Mannes, der von dem rastlosen Auf und Ab eines gefangenen Tigers gebannt dasteht, auf Cecil. Auf den Rängen stiegen einige Damen voller Erregung auf ihre Stühle. Sir Edward Grey stellte sich mit grimmiger Miene neben Asquith, als wolle er ihn beschützen. Auf der gegenüberliegenden Seite lehnte Balfour und betrachtete seine Parteifreunde mit einem Ausdruck des Erstaunens und des Ab-

scheus. Asquith versuchte wiederholt, seine Erklärung zu verlesen, aber seine Worte gingen unter in den Schreien .... *vide* ... *vide*, »Wer hat den König ins Grab gebracht?« und »Diktator!«. Die wenigen Worte, die er herausbrachte, erbitterten seine Gegner nur noch mehr und lösten weitere Tumulte aus. Trotz aller Bemühungen des Speakers weigerten sich die Demonstranten, Ruhe zu geben. Dreiviertel Stunden lang stand Asquith auf seinem Platz, bis er schließlich »weiß vor Wut« sein Manuskript zusammenfaltete und sich hinsetzte.

Als Balfour sich erhob, um das Wort zu ergreifen, antworteten die Liberalen zunächst nicht mit den gleichen Mitteln, aber als F. E. Smith, von dem man annahm, er sei der Initiator gewesen, aufstand, brach die Hölle los. Es sei gar nicht möglich, bei der Schilderung der Leidenschaften, die an diesem Nachmittag im Unterhaus durchbrachen, zu übertreiben, schrieb der Korrespondent der *Times*. Wiederum war der Speaker machtlos, und nach zwei Stunden fortgesetzten Tumultes, in den sich der vereinzelte Ruf eines Labourabgeordneten mischte: »Es lebe die soziale Revolution«, schloß der Speaker die Sitzung, zum ersten Mal in der Geschichte des Hauses wegen »ungebührlichen Betragens«.

Das Geschrei und die Beleidigungen der »Cecil-Szene«, wie sie später genannt wurde, löste allgemein Erstaunen aus. Keinem Premierminister war bisher eine so respektlose Behandlung widerfahren. Die Presse war voll von ärgerlichen Kommentaren und Leserbriefen, in denen das Für und Wider erörtert wurde. Viele waren der Ansicht, daß sich die Demonstration ebenso gegen Balfour gerichtet habe wie gegen Asquith. Blunt notierte, daß F. E. Smith, George Wyndham und Bendor (der Herzog von Westminster) »in allerbester Laune waren über den von ihnen angezettelten Aufruhr und glauben, daß sie Balfour damit die Hände gebunden haben«.

Nach der Veröffentlichung der nicht verlesenen Erklärung Asquiths am darauffolgenden Tage gab es keine Rückzugsmöglichkeit mehr. Die konservativen Führer sahen sich mit der Möglichkeit konfrontiert, daß die Aufrührer tatsächlich jene »Revolution« herbeiführen würden, die Balfour am meisten zu vermeiden gesucht hatte, – die Schaffung einer permanenten Mehrheit der Liberalen im Oberhaus. Falls die *Diehards* mehr als 75 Stimmen mobilisieren konnten, dann war die zwangsläufige Folge eine Ernennung von Peers – es sei denn, die Regierung bluffte. War es ein Bluff? Viele glaubten es immer noch; aber keiner war dessen sicher. Außerdem war ungewiß, wieviele der Peers tatsächlich mit den *Diehards* stimmen würden. In dieser entscheidenden Situation mußten sich Lansdowne und die *Hedgers* der peinvollen Notwendigkeit unterziehen, genügend konservative Peers zu finden, die bereit waren, das Prinzip, wenn nicht gar ihre Ehre zu opfern und für eine Regierungsvorlage zu stimmen, die ihnen zutiefst verhaßt war. Es war der einzige Ausweg, eine eventuelle Mehrheit der *Diehards* zu verhindern.

Wieviele würden dieses Opfer bringen müssen und wieviele würden im letzten Moment den Mut haben, dies durchzustehen? Das waren weitere qualvolle Ungewißheiten der Situation.

Am 10. August, dem Tag, da der Schierlingsbecher geleert werden mußte, erreichte die Hitze eine Rekordhöhe von über 40 Grad, und die Spannung in Westminster war kaum noch meßbar, denn im Gegensatz zu früheren politischen Krisen war dieses Mal der Ausgang nicht klar. Um vier Uhr nachmittags war das Oberhaus vollbesetzt, die größte Zahl von Peers, die sich jemals hier versammelt hatte; die Besuchergalerien waren dicht besetzt, und die Peers standen in den Gängen und den Foyers. Sie trugen Cutaways, graue Zylinder, Gamaschen und helle Westen, und nach dem Dinner erschienen viele in Frack und weißer Schleife. Die *Diehards* hatten kleine Sträußchen von weißem Heidekraut, das die Herzogin von Somerset geschickt hatte, im Knopfloch, während viele der *Hedgers* eine rote Rose trugen. Als Halsbury mit der Haltung eines Ritters, der in die Schranken tritt, zu seinem Platz ging, vermeinte ein Beobachter ein leises Klirren der Sporen zu vernehmen. In einem schrillen Appell an das Gewissen forderte er die Ablehnung des Gesetzes. Lord Curzon sprach für die Mehrheit, und als er sich »bleich und erregt« wieder setzte, sprang Lord Selborne auf und bekräftigte in »schneidendem Ton und mit dramatischen Gesten« erneut die Entschlossenheit, bis zum letzten Atemzug kämpfen zu wollen. Die Spannung steigerte sich bei der Rede des liberalen Oberhausführers, Lord Crewe, dessen Hinweise auf die »verständliche Abneigung« des Königs sowie seine eigene betrübte Schlußbemerkung, daß diese »ganze Geschichte mir, ich gestehe es offen, zuwider ist« die Vermutungen zu bestätigen schien, daß die Regierung nur bluffe. Besorgt zählte man die mögliche Stimmverteilung, rechnete und zählte erneut. Von sechs Peers, die während der Dinnerpause am gleichen Tisch saßen und von denen zwei, Lord Cadogan und Lord Middleton, ehemalige konservative Kabinettsmitglieder gewesen waren, hatte sich noch keiner entschieden. Als Lord Camperdown, einer der »opferwilligen« Peers, nach der Dinnerpause seine Absicht ankündigte, für die Regierungsvorlage zu stimmen, antwortete der Herzog von Norfolk wütend, daß er mit seiner Gruppe zusammen mit den *Diehards* abstimmen werde, falls auch nur ein einziger der konservativen Peers das Gesetz unterstützen sollte. Lord Morley, der die Peerswürde erst seit knapp drei Jahren trug, war dennoch »tief bewegt«, als er gezwungen war, den Beschluß der Regierung darzulegen, daß die Ablehnung des Gesetzes mit »einer umfassenden und sofortigen Ernennung von Peers« beantwortet werden würde. Auf Verlangen wiederholte er die Erklärung. Totenstille legte sich über die Versammlung. Der Erzbischof von Canterbury beschwor die Mitglieder, nicht ein Ereignis zu provozieren, das ihr Haus und das gesamte Land »dem

Gespött« ausliefern würde. Lord Rosebery, dessen Unentschlossenheit jedermann verwirrt und von dem man angenommen hatte, er werde sich der Stimme enthalten, sprang plötzlich von seinem Sitz auf und verkündete in der »letzten, kürzesten und schmerzlichsten Rede meines Lebens«, daß er für die Regierungsvorlage stimmen werde. Da »das House of Lords, so wie wir es kennen, verschwinden wird«, ganz gleich was geschehe, wolle er es nie wieder betreten; tatsächlich machte er dieses Versprechen wahr.

Um zehn Uhr vierzig abends wurde unter »größter Erregung« die persönliche Abstimmung beantragt. Die Peers, die sich der Stimme enthalten wollten, drängten sich, sofern sie noch Platz fanden, auf den Stufen des Thrones zusammen, wo sie sich aufhalten konnten, ohne abstimmen zu müssen. Der Rest der Konservativen, der zur Stimmenthaltung entschlossen war, verließ unter Führung von Lord Lansdowne den Saal. Die beiden Gruppen, die sich nun versammelten, um sich in die beiden Lobbies zu begeben, erschienen den gespannten Zuschauern auf den Galerien ungefähr gleich stark zu sein. Die Abstimmung wurde von den *tellers* vorgenommen, die jeden der Peers bei seiner Rückkehr aus der Lobby mit einem weißen Stab an der Schulter berührten. Langsam erschienen die beiden Gruppen wieder im Saal, und von den offenen Türen hörte man das Zählen der *tellers:* »Eins, zwei, drei, vier ...« Eine Viertelstunde, die manchen wie eine ganze Stunde vorkam, dauerte der Vorgang. Bei einer zufälligen Unterbrechung auf der Regierungsseite hörte man den unverzagten Lord Halsbury sagen: »Bitte! Ich wußte, daß wir sie schlagen würden.« Lord Morley wartete gespannt auf das Auftauchen der Batistärmel der anglikanischen Bischöfe, denn er war sicher, daß sie für die Regierung stimmen würden. Die *tellers* brachten die Ergebnisse dem Chefeinpeitscher, Lord Herschell, der sie auf einem Stück Papier an den Lordkanzler weitergab. Inmitten tiefster Stille erhob sich Lord Loreburn vom »Woolsack«, schüttelte die Locken seiner Perücke zurecht und verkündete mit deutlicher Stimme das Resultat: für das Gesetz 131, dagegen 114, Mehrheit 17. Unfähig, ihre Emotionen zu beherrschen, zischte Lady Halsbury von der Peeresses' Gallery. Keine Hochrufe, keine Begeisterung kam aus den Reihen der Sieger. Nur ein paar Parlamentsmitglieder sausten mit der Nachricht in ihr Haus hinüber, wo der Ausgang mit Triumphgeschrei begrüßt wurde. Unverzüglich verließen die Lords den Saal, und nach fünf Minuten war er leer. 37 konservative Peers, 2 Erzbischöfe und 11 Bischöfe hatten für die Regierungsvorlage gestimmt. Diejenigen von ihnen, die an diesem Abend im Carlton Club erschienen, wurden von einer tumultartigen Versammlung mit Rufen wie »Schande!« und »Judas!« empfangen.

»Die Schleusen der Revolution sind geöffnet«, lamentierte Lord Northcliffes in der *Daily Mail* am nächsten Tag. Aber es floß kein Wasser hindurch. Nach der Abschaffung des Vetorechts war nun der Weg frei für das Home-

Rule-Gesetz, das die Regierung in der nächsten Sitzung vorlegte. Im Endeffekt erwies sich der Sieg über die Lords als irrelevant. Der Widerstand gegen die Home Rule verlagerte sich lediglich und provozierte mit der Ulster-Rebellion eine weitere und noch ernstere Krise, in der die Existenz der Parliament Bill überhaupt keine Rolle mehr spielte. Es bedurfte schließlich eines größeren Aufruhrs als jenem um die Abschaffung des Vetorechts, damit die englische Politik von dem irischen Alpdruck befreit würde.

Einige Wochen später bemerkte Sir Edward Grey zu Winston Churchill: »Was für ein bemerkenswertes Jahr dies doch gewesen ist: die Hitze, die Streiks und jetzt die internationale Lage.«

»Aber, aber«, meinte Winston, »Du hast die Parliament Bill vergessen.« Ein Freund, der diese Unterhaltung aufzeichnete, fügte hinzu: »Er hatte es wirklich vergessen, wir alle hatten es vergessen.«

Am Morgen nach der Abstimmung im Oberhaus nahmen die Hitze und der Transportarbeiterstreik, der sich zu einem Generalstreik auszuweiten und zu »einer wirklichen Gefahr der sozialen Revolution« zu entwickeln drohte, die Aufmerksamkeit des Landes gefangen. Ein wehmütiger Peer konnte »nirgendwo Anzeichen dafür entdecken, daß das Land eine Verfassungskrise durchgemacht hatte«. Am selben Tag verabschiedete das Unterhaus ein Gesetz von vielleicht noch größerer Tragweite: die Payment of Members Bill, die den Parlamentsmitgliedern in Zukunft jährliche Diäten in Höhe von 400 Pfund zugestand. Die Konservativen hatten es lange und erbittert bekämpft, während die Labourseite es natürlich energisch befürwortet hatte. Sie argumentierte, daß die Weigerung, Diäten auszusetzen, der Arbeiterklasse das Recht vorenthalte, im Parlament durch Männer aus ihren eigenen Reihen vertreten zu werden. Besonders nach dem Osborne-Urteil, das die Verwendung von Gewerkschaftsmitteln zur Bezahlung der Mitglieder verboten hatte, wurden die Diäten gebraucht. Für die Gegner bedeuteten die Abgeordnetengehälter das Ende der Politik als Betätigungsfeld für Gentlemen, und daher war dies »noch verheerender« als die Parliament Bill. Sie würden einen neuen und »unerträglichen Typ von Berufspolitiker« schaffen, beschwerte sich Austen Chamberlain. Damit sei die »letzte Barriere vor dem Ansturm reiner Abenteuerer« gefallen, meinte die *Times*, die damals einem recht großen Abenteurer, Lord Northcliffe, gehörte. Außerdem werde das Gesetz eine »Invasion« auf die öffentlichen Ehrenämter bewirken, »die zur Zeit so kompetent von Männern ausgeübt werden, die es sich leisten können, keine Interessen zu haben«. Auf die Patrizier, die von Geldneid frei waren und sich an der Regierungstätigkeit aus einem Gefühl der Verpflichtung gegenüber dem Land beteiligten, mochte dieses Argument zutreffen, aber es war überholt. Die Anforderungen der Gesellschaft waren über den Patrizier hinausgewachsen, und außerdem hatte er stets ein beträchtliches Interesse gezeigt, wenn es darum ging, die Bastionen seiner

Kaste zu verteidigen. Die Parlamentsdiäten waren somit lediglich ein weiterer Schritt auf dem Wege zur Wachablösung.
Der nächste Schritt folgte zwangsläufig: Balfour trat von der Führung der Konservativen Partei zurück, die er im Unterhaus zwanzig Jahre lang ausgeübt hatte. Diese Ankündigung erfolgte am 8. November 1911 nach seiner Rückkehr von einem Kuraufenthalt in Bad Gastein und löste eine politische »Sensation« aus. Zwar hatte sich unter dem Slogan B. M. G. (Balfour Must Go) eine Bewegung formiert, die seinen Rücktritt forderte und unter dem Einfluß F. E. Smiths und Austen Chamberlains von dem jungen, aufrührerischen Flügel getragen wurde; aber man hatte doch angenommen, daß Balfour um die Führung kämpfen würde. Jedoch die Endphase der Veto-Krise, die Erbitterung über die sinnlose Schlacht, die Tatsache, daß die *Ditchers* dem Prinzip den Vorzug vor der klaren Überlegung gegeben hatten, der zunehmende Einfluß solcher Abenteurer wie Smith, den er verabscheute; und der Angriff auf seine Führerschaft, der sich in dem geschmacklosen Auftritt der »Cecil-Szene« manifestiert hatte – all dies hatte Balfour in einen Zustand verärgerter Gleichgültigkeit versetzt, wie eine Geste der Verachtung wirkte es, daß er die entscheidende Abstimmung gar nicht mehr abgewartet hatte, sondern am Tage davor nach Bad Gastein abgereist war. Während seines Aufenthalts, umgeben von »Wasserfällen, Tannen und Schluchten«, überdachte er die Dinge und kam zu einem Entschluß. Er war jetzt dreiundsechzig Jahre alt, sein Interesse an der Philosophie war immer noch groß, und die Aussicht, zurückzukehren und zuerst in seiner Partei und dann im Land, um gegen die Tendenzen einer neuen Zeit um die Herrschaft kämpfen zu müssen, schien ihm wenig verlockend. Er gehörte einer Tradition an, in der das Regieren Aufgabe der Patrizier war, während sich, wie er in seiner Rücktrittsrede sagte, inzwischen die Anforderungen an Regierungsmitglieder und Gesetzgeber so sehr verändert hatten, daß die Angelegenheiten des Staates auf solche übertragen werden sollten, die darauf vorbereitet seien, »Politiker zu sein und nichts als Politiker, die in der politischen Maschinerie als Berufspolitiker tätig sind«. Der Ansturm der Massen auf die stillen Gärten, den Masterman in seiner Darstellung über den Aufstieg des Volkes beschrieben hatte, fand statt, und Balfour war zu sehr Philosoph, um sich dem entgegenzustemmen.
Sein Nachfolger wurde keiner der beiden Hauptkandidaten – weder Walter Long, der den Landadel vertrat, noch Austen Chamberlain, denn sie widerlegten sich gegenseitig – sondern Bonar Law, ein Stahlfabrikant aus Glasgow, der in Kanada geboren war, regelmäßig Zeitung las, als Vegetarier von Milch, Gemüse und Reispudding lebte und die Unterstützung eines weiteren Abenteurers hatte, seines Landsmannes Max Aitken, der bald Lord Beaverbrook heißen sollte.
Balfours Abgang löste eine Flut von Pressekommentaren und politischem

Klatsch aus und brachte ihm von Asquith eine Huldigung ein als dem »distinguiertesten Mitglied der großartigsten beratenden Körperschaft der Welt«. George Wyndham meinte mehr verbittert als wahrheitsgemäß, daß Balfours Weigerung zu kämpfen im Grunde seiner Gleichgültigkeit entspringe, die daher rühre, daß er »in der Politik eine zu wissenschaftliche Haltung« einnehme. »Er weiß«, so sagte Wyndham, »daß es einst eine Eiszeit gegeben hat und daß es wieder eine geben wird.«

VIII

Jean Jaurès

Die Sozialisten: 1890-1914

8 Jean Jaurès

Der Sozialismus war eine internationale Bewegung. Dies ging aus der offiziellen Bezeichnung der Organisation hervor, die ihn vertrat: Zweiter Internationaler Arbeiterkongreß. Dies unterstrich auch seine Hymne, die »Internationale«, und sie versprach außerdem, daß die Internationale morgen die ganze Menschheit umfassen würde. Dem Gründungskongreß des Jahres 1889 standen gemeinsam ein Franzose und ein Deutscher vor, Edouard Vaillant und Wilhelm Liebknecht. Zur Zeit ihrer größten Stärke umfaßte die Zweite Internationale die sozialistischen Parteien aus 33 Nationen und Nationalitäten, darunter Deutschland, Frankreich, England, Österreich, Ungarn und Böhmen, Rußland, Finnland, Holland, Belgien, Spanien, Italien, Schweden, Norwegen, Dänemark, Serbien, Bulgarien, Indien, Japan, Australien und die Vereinigten Staaten. Ihre Fahne war knallrot, als Symbol für das Blut der Arbeiter. Ihre Grundthese war, daß die Solidarität der Arbeiterklasse die nationalen Grenzen in eine Trennungslinie quer durch die Gesellschaft verwandelt hatte. Als gemeinsamer Feiertag wurde der 1. Mai festgelegt, um die brüderliche Einheit des Proletariats zu demonstrieren. Ihr Kampfruf lautete: »Proletarier aller Länder, vereinigt euch!«
Ob nun die Bergleute, Fabrikarbeiter, Landarbeiter, Dienstboten und die übrigen Angehörigen der arbeitenden Klasse, in deren Interesse der Sozialismus existierte, tatsächlich international fühlten und dachten oder nicht, ihre Führer glaubten es jedenfalls, handelten danach und rechneten darauf. Bei dem Amsterdamer Sozialistenkongreß des Jahres 1904, während des russisch-japanischen Krieges, saßen der russische Delegierte Plekanow und der Japaner Katajama nebeneinander. Als die beiden Männer sich die Hände reichten, erhoben sich die 450 Delegierten und spendeten ihnen tosenden Beifall. Als sowohl Plekanow wie auch Katajama eine Rede hielten und erklärten, daß der Krieg ihren Ländern durch den Kapitalismus aufgezwungen worden und kein Kampf des russischen gegen das japanische Volk sei, hörte man ihnen mit »beinahe ehrfürchtigem Schweigen« zu und bedachte sie mit frenetischem Jubel.
Der Sozialismus gründete sich gleichermaßen auf das Konzept des Klassenkampfes wie auf seinen schließlichen Ausgang, die Vernichtung des kapitalistischen Systems. Er betrachtete sowohl die regierende Klasse als auch

die Bourgeoisie als seine Feinde. Dieses Gefühl war jedoch wechselseitig. Das Wort »Sozialist« hatte einen Beigeschmack von Blut und Terror, wie der Begriff »Jakobiner« zu einer früheren Zeit. In dem Vierteljahrhundert seit ihrer Gründung in Paris im Jahre 1889 am Hundertsten Jahrestag der Französischen Revolution hatte die Zweite Internationale wachsende Feindschaft in der regierenden Klasse ausgelöst. Wien war »vor Furcht gelähmt« als Viktor Adler, der Führer der österreichischen Sozialisten, am 1. Mai einen eintägigen Generalstreik und Massendemonstrationen für die gesamte Monarchie ausrief, um die Stärke der vereinigten Arbeiterschaft zu demonstrieren. Als Adler einen Marsch der Arbeiter über die Kastanienalleen des Prater ankündigte, wo gewöhnlich nur die Kutschen der Wohlhabenden erschienen, zitterten die Reichen und ihre Verbündeten und erwarteten, der Pöbel werde Häuser anzünden, Geschäfte plündern und auf seinem Weg unvorstellbare Grausamkeiten begehen. Geschäftsinhaber ließen ihre eisernen Rolläden herunter; Eltern hielten ihre Kinder von der Straße fern; an jeder Straßenecke war Polizei postiert, und Truppen lagen in Bereitschaft. Die Bourgeoisie sah vor ihren Füßen »die unbarmherzige Hölle, deren offener Schlund unter der Gesellschaft gähnt«, wie Henry George es in *Progress and Poverty* bezeichnete. Sie wurde sich der zunehmenden Bedrohung des »Hauses des Habens durch das Haus des Wollens« bewußt.

Als die Zweite Internationale gegründet wurde, waren der Zwölf-Stunden-Tag und die Sieben-Tage-Woche für nichtorganisierte Arbeiter üblich. Der freie Sonntag und der Zehn- oder Neun-Stunden-Tag waren harterkämpfte Privilegien der in den Gewerkschaften organisierten Arbeiter, die kaum ein Fünftel der arbeitenden Bevölkerung ausmachten. Edwin Markham, erschüttert von der entschlossenen, brutalen Gestalt auf Millets Bild »Mann mit der Hacke«, brachte sowohl die Angst wie auch die Verantwortung der Gesellschaft in einem Gedicht zum Ausdruck, das nach dem Bild benannt ist:

> Die Menschheit, durch dies schrecklich Los betrogen,
> Geplündert und entwürdigt und enterbt,
> Schreit in Protest zum Richter dieser Welt;
> Protest, der auch ein Evangelium enthält.
> Was wird die Zukunft diesem Menschen bringen?
> Wie dann Bescheid der haßerfüllten Frage geben,
> Wenn Sturm und Aufruhr diese Welt erschüttern?
> Was bringt sie Königen und ihren Reichen –
> Jenen, die ihn dazu machten, was er ist –
> Dann, wenn sein dumpfer Terror schreit zu Gott
> Furchtbar, nach Jahrhunderten des Schweigens.

1889, als die Menschen noch ein Ohr für Poesie hatten, verursachte Markhams Gedicht eine Sensation. In ganz Amerika druckten es die Zeitungen nach; es wurde in Leitartikeln diskutiert; Geistliche verwendeten es in ihren Predigten; Schulkinder lernten es auswendig; Diskussionsgruppen erhitzten sich darüber und Kommentatoren nannten es »den Aufschrei des Zeitgeistes« und neben Kiplings »Recessional« das »bedeutungsvollste Gedicht unserer Zeit«.

Das Gewissen der Öffentlichkeit, das auf die Vision eines Künstlers und das Wort eines Poeten ansprach, reagierte mit Furcht und Zorn, als es mit der Wirklichkeit konfrontiert wurde. Als die Textilarbeiter in Fourmiers, einem kleinen Industriestädtchen in Frankreich, 1891 eine Maidemonstration für den Acht-Stunden-Tag organisierten, griff die Polizei die Marschierenden an. In dem anschließenden Kampfgetümmel wurden zehn Menschen getötet, darunter einige Kinder. »Seien Sie vorsichtig«, warnte Clemenceau in der Kammer. »Die Toten haben eine große Überzeugungskraft. Man muß den Toten Aufmerksamkeit schenken ... Ich sage Ihnen, der primäre politische Faktor unserer Tage ist die Revolution, die unvermeidlich kommen wird ... Der Vierte Stand ist im Begriff, sich zu erheben und seine Hand nach der Macht auszustrecken. Jetzt muß sich ein jeder entscheiden. Entweder man tritt dem Vierten Stand mit Gewalt entgegen, oder man begrüßt ihn mit offenen Armen. Der Augenblick der Wahl ist gekommen.«

Zunächst bestand jedoch wenig Neigung, ihn mit offenen Armen zu begrüßen. Als die Sozialisten- und Gewerkschaftsführer Belgiens nach zwei gescheiterten blutigen Versuchen 1893 schließlich mit der Organisierung eines Generalstreiks zur Erzwingung des allgemeinen Wahlrechts für Männer, der unabdingbaren Voraussetzung für den Griff nach der Macht, Erfolg hatten, mußten zwölf Menschen unter den Kugeln der Soldaten ihr Leben lassen. Als der Pullman-Streik in den USA 1894 den gesamten Zug- und Postverkehr lahmlegte, schrieb der Richter William Howard Taft aus Cincinatti, ein keineswegs unbeherrschter Mann, seiner Frau: »Es wird notwendig sein, daß das Militär einige aus diesem Mob tötet, ehe der Aufruhr beendet werden kann. Bisher haben sie nur sechs erschossen ... Das ist nicht genug, um das Volk zu beeindrucken.« Dies war Klassenkampf par excellence.

Das Endziel des Sozialismus war die Abschaffung des Privateigentums und eine neue Verteilung der materiellen Güter, so daß jedermann genug bekam. Das Ziel war das gleiche wie das des Anarchismus; was den permanenten Konflikt zwischen den beiden Gruppen auslöste, war die Überzeugung der Sozialisten, daß Organisation und politische Aktivität zur Durchsetzung dieses Ziel notwendig war.

Kollektiver Besitz war die Lösung, die beide Gruppen für das erschreckende Rätsel parat hatten, das das 19. Jahrhundert aufgegeben hatte: je größer der materielle Fortschritt, desto größer und bitterer die daraus resultierende

Armut. Marx leitete aus diesem Rätsel das zentrale Thema seines Systems ab: Dieser dem Kapitalismus inhärente Widerspruch werde seinen Zusammenbruch herbeiführen. Er bewies seine These durch eine wirtschaftsgeschichtliche Analyse. Die Wirkung der industriellen Revolution hatte darin bestanden, die Arbeiter von unabhängigen Produzenten, die ihre eigenen Werkzeuge hatten, in Fabrikarbeiter zu verwandeln, besitzlose, mittellose Mitglieder der Gesellschaft, die hinsichtlich ihres Lebensunterhalts von den Kapitalisten abhängig waren, die die Produktionsmittel besaßen. Infolge der Akkumulation des kapitalistischen Profits, der vom Mehrwert der Produkte der Arbeiter herstammte, wurden die Expropriateure immer reicher und die Expropriierten immer ärmer. Dieser Vorgang konnte nur in einem gewaltsamen Zusammenbruch der bestehenden Ordnung enden. Die Arbeiterschaft, klassenbewußt aufgewachsen und auf dieses Ereignis vorbereitet, würde sich erheben, wenn die Zeit reif dafür war, und die neue Ordnung einleiten.

Die marxistische Doktrin von der Verelendung und dem Zusammenbruch war die religiöse Formel des Sozialismus, ähnlich dem »einen Gott« einer anderen Religion. Sie behaftete den Sozialismus und die Arbeiterbewegung mit dem chronischen Schisma zwischen der absoluten Forderung nach dem Zusammenbruch und der Revolution auf der einen und der Möglichkeit einer allmählichen Reform innerhalb der bestehenden Ordnung auf der anderen Seite. Als Schisma zwischen dem zukünftigen Absoluten und dem gegenwärtigen Möglichen war es seit dem Augenblick der Geburt vorhanden, als die Gründer von 1889 sich über der Frage, ob eine Zusammenarbeit mit den politischen Parteien der Bourgeoisie erlaubt sei oder nicht, in zwei Kongresse spalteten. Die orthodoxen Marxisten beschuldigten die französischen Possibilisten (von »possible« = möglich), sich in den Pariser Bahnhöfen auf die Lauer gelegt und die nichtsahnenden Delegierten aus der Provinz zum falschen Kongreß geleitet zu haben. Während der nächsten fünfundzwanzig Jahre beeinflußte diese Spaltung jeden Akt, jede Entscheidung und jede politische Formulierung der Arbeiterbewegung. Sie unterschied zwischen greifbarem Gewinn und bedingungslosem Klassenkampf, trennte Pragmatiker von Theoretikern und Gewerkschaften von den politischen Parteien, die Arbeiter, die heute eine Aufbesserung ihrer Löhne kürzere Arbeitszeiten und Sicherheit wollten, von den Führern, die in ihrem Namen für die politische Macht von morgen agitierten.

Die marxistische Prämisse belastete den Sozialismus mit einem chronischen Dilemma, das sich aus der Spaltung ergab: Als eine Bewegung der arbeitenden Klassen brauchte sie die Unterstützung der Arbeiter; diese waren aber nur zu gewinnen, wenn man praktische Resultate vorweisen konnte. Andererseits verlangsamte aber jedes praktische Ergebnis den Prozeß der Verelendung oder hielt ihn gar auf. Als Johannes Miquel, der in seiner

Jugend ein glühender Sozialist war, zusammen mit einem Freund über die Straße ging und sein Begleiter in die Tasche griff, um einem Bettler Geld zu geben, hielt Miquel ihn zurück und sagte: »Verzögere nicht die Revolution!« Dies war die bis zum äußersten Extrem geführte logische Konsequenz marxistischer Gedankengänge. Jede Reform setzte eine gemeinsame Basis für die feindlichen Klassen voraus; die Revolution jedoch ging von der Annahme aus, daß diese Basis nicht gegeben sei. Wenn es aber keine gemeinsame Basis gab, worin lag dann der Sinn von Maßnahmen, die nicht zu diesem Endziel führten? Die orthodoxen Sozialisten umgingen diese klaffende Lücke in ihrem Glaubensbekenntnis, indem sie sagten, die Reformen sollten auch weiterhin den besitzenden Klassen abgerungen werden, um die Arbeiter für den letzten Kampf zu stärken. Die sozialistischen Parteien in den verschiedenen Ländern formulierten jeweils ein Maximalprogramm für die Zerstörung des Kapitalismus und den Sieg des Klassenkampfes und ein Minimalprogramm für die Reformen, die man inzwischen innerhalb des bestehenden Systems anstreben wollte. Die Gemäßigten, oder »Opportunisten« wie ihre Gegner sie nannten, konzentrierten sich zunehmend auf das Minimalprogramm und die Erringung der politischen Macht, die notwendig war, um diese Minimalziele durchzusetzen, während die Orthodoxen sich weigerten zuzugestehen, daß zwischenzeitliche Erfolge mit dem Grundsatz der »Verelendung« zu vereinbaren waren.

Was die Notwendigkeit der Revolution betraf, so waren die sozialistischen Parteiprogramme unpräzise. Sie gingen darüber hinweg, teils, um an die Wähler appellieren zu können, teils weil dies immer noch ein umstrittener Punkt war. Der Sozialismus war keine starre Doktrin, unempfänglich für Modifizierungen, sondern variierte, je nach den Zeitumständen, dem Land, der Sachlage und der jeweiligen Splittergruppe. Ob ein Sozialist wirklich von der Revolution überzeugt war oder nicht, war im wesentlichen eine Sache seines Temperaments. Für einige gab es »nichts außer der Revolution«. Für andere zählte nur das sozialistische Zeitalter, ganz gleich wie es erreicht wurde. Die orthodoxen Marxisten waren jedenfalls von der Unausweichlichkeit des Zusammenbruchs überzeugt, sie betrachteten den Kapitalismus folglich nicht als ein System, das man reformieren konnte, sondern als den Feind, den man zerstören mußte, als einen lebenden Tyrannen, der mit den Waffen seiner Klasse ausgestattet war: Gerichten, Armeen, Richtern, der Legislative, der Polizei, gerichtlichen Verfügungen und Aussperrung.

Das Besitztum hatte schon zu lange regiert, die Welt mit Schlechtigkeit erfüllt und die Menschen gegeneinander aufgehetzt. Die Zeit für einen Umsturz war gekommen. Die sozialen Mißstände, die der Kapitalismus geschaffen hatte – Armut, Analphabetentum, Rassenvorurteile und Krieg, der lediglich eine andere Form der kapitalistischen Ausbeutung war – wür-

Arthur James Balfour

Streik der Kumpel, 1910: Bergwerksbesitzer vor Downing Street 10

KAPITALISTEN

Streik der Seeleute, 1911

David Lloyd George

den hinweggefegt und durch die soziale Harmonie ersetzt werden. Von falschem Patriotismus befreit würden die Arbeiter, die untereinander brüderlich verbunden waren, nicht mehr gegeneinander kämpfen. Von den Begierden und Enttäuschungen, die ihnen durch den Kapitalismus aufgezwungen wurden, erlöst, konnte jeder einzelne »ungehindert seine Persönlichkeit entfalten«, da ihm unter dem Kollektivsystem sowohl die Freiheit als auch die notwendigen Mittel garantiert waren.

Als Vorkämpfer für eine neue und bessere Lebensordnung schien seinen Befürwortern dem Sozialismus ein heiliger Glaube innezuwohnen und die moralische Verpflichtung, sich dieses Ideals würdig zu erweisen. Da Viktor Adler davon überzeugt war, daß der Genuß von Alkohol die Arbeiterklasse entwürdigte und zerstörte, wurde er zum Abstinenzler, um ein persönliches Beispiel zu geben. Der Sozialismus war ein Lager für große Worte. Als Angelika Balabanow, eine junge russische Revolutionärin, in Brüssel studierte und den sozialistischen Rednern im belgischen Parlament zuhörte, »erschien mir das Parlament als ein geheiligter Ort, in dem Wissenschaft, Wahrheit und Gerechtigkeit ... die Kräfte der Tyrannei und der Unterdrückung, die gegen die Arbeiterklasse gerichtet waren, überwinden würden«.

Das Ziel des Sozialismus gab dem Leben seiner Anhänger Inhalt, Sinn und Begeisterung und ersetzte vielfach den persönlichen Ehrgeiz oder das Profitstreben. Da die Bewegung arm war, fehlte auch die Korruption. Da sie weder Lebensunterhalt noch Gewinn bot, waren ihre Führer zumeist Idealisten. Hier ging es um eine Sache und nicht um Karriere. Sie gab ihren Jüngern etwas, wonach sie streben konnten, und erfüllte sie mit einer Leidenschaft, die sich über die Grenzen der Sprache hinweg mitteilte. Auf einem Sozialistenkongreß sprach der Spanier Pablo Iglesias so beredt in seiner Muttersprache, daß die Zuhörer begeistert applaudierten, obwohl sie kein Wort hatten verstehen können. Den Arbeitern, die in immer größerer Zahl sozialistisch wählten – nach der Jahrhundertwende in Millionenzahlen –, gab sie Selbstachtung und eine Individualität. Ein Arbeiter brauchte sich nun nicht mehr als ein unbedeutendes, anonymes Mitglied der Masse zu fühlen, sondern er war ein Bürger mit einem festen Platz in der Gesellschaft, und mit einer politischen Bindung. Im Gegensatz zum Anarchismus gab ihm der Sozialismus eine Partei, der er angehören konnte, und da die Nessel der Revolution nicht angefaßt werden mußte, anstelle der gesetzlosen Tat einen akzeptablen Weg, auf dem er sein Ziel erreichen konnte.

Die Sache zog Männer an wie Amilcare Cipriani, einen der Mitbegründer des Kongresses von 1889. Er war der Typ des ewigen Rebellen, hatte mit den Rothemden Garibaldis und als Freiwilliger auf Kreta in dem Aufstand gegen die Türken gekämpft und war 1893 in Brüssel aufgetaucht, um sich den Genossen beim Generalstreik anzuschließen. »Er sah großartig aus in einem weiten Umhang und mit einem weichen Filzhut, mit dem schwarzen graumelierten Bart und den feurigen Augen.« Stets trug er eine Reisetasche mit sich, die »ohne Zweifel mehr Sprengstoff als Toilettenartikel enthielt ... bereit, in jeder Ecke der Welt für die Sache der Revolution zu kämpfen«.

Sie zog auch Männer der oberen Klasse an, denen ihr Gewissen keine Ruhe ließ, wie den Amerikaner Robert Hunter, der mit der Tochter des Bankiers und Philanthropen Anson Phelps Stokes verheiratet war. Wie andere aus seiner Klasse war Hunter über die Zeitungsartikel der *Muckraker* aufgestört und wurde durch sie veranlaßt, nach Möglichkeiten zu suchen, der sozialen Ungerechtigkeit abzuhelfen. Einen ersten Eindruck von der Armut bekam er im Armenhaus. Er wandte sich dem Sozialismus zu und schrieb 1908, im Alter von achtundzwanzig Jahren, ein schmales Bändchen *Poverty*, das bald als klassisches Werk galt. Mit der zu seiner Zeit üblichen Gefühlsbewegtheit beschrieb er ein Tal in Italien: »So lachend und so friedlich, mit Tausenden von Gärten auf den Terrassen an seinen herrlichen Hängen und einem Himmel, der die Seele erhebt; mit Männern, Frauen und Kindern, deren Gesichter mit den großen Augen und den eingefallenen Wangen einem das Herz im Leibe umdrehen ... Großer Gott, ist das Tal von Tirano nicht genügend Anschauungsunterricht für die Notwendigkeit, den Sozialismus in Italien einzuführen? Die Gesichter verfolgen einen beim Essen und die Speisen verursachen dir Übelkeit ... Jeder Mensch in Italien, der ein Herz hat, muß zum Sozialisten werden.«

Solche Täler wie das des Tirano gab es in jedem Land, und sie machten aus den Intellektuellen, die sie zu Gesicht bekamen, und den Arbeitern, die darin geboren wurden, Sozialisten. Ihnen gemeinsam war der Glaube, daß der Mensch es in der Hand habe, das Elend zu beseitigen. Die Hindernisse jedoch waren massiv; die Festung des Besitzes war alt, mächtig und stark bewehrt. Aber die Unzufriedenheit der Arbeiterklasse wuchs, und sie betraf ebenso die soziale Ungerechtigkeit wie die materiellen Bedürfnisse. Die Arbeiter wehrten sich gegen die Ungleichheit beim Wahlrecht, das vom Besitz abhängig gemacht war. Sie sträubten sich gegen die Ungerechtigkeiten bei der militärischen Dienstpflicht, von der die Privilegierten sich freikaufen konnten, gegen die Voreingenommenheit des Gesetzes, das gegen die Reichen anders als gegen die Armen angewandt wurde, gegen die Formen der erblichen Privilegien aller Art, die die herrschende Klasse ganz selbstverständlich in Anspruch nahm. Der Sozialismus rief die Bedürfnisse der Arbeiter ins Bewußtsein und artikulierte sie. Die Gleichgültigkeit der Massen, die Bakunin ernüchtert hatte und Lassalle dazu veranlaßt, gegen »die verdammte Bedürfnislosigkeit der Armen« zu wettern, begann zu schwinden. Sie fingen an zu begreifen, was sie wollten, wenn dieses Wollen auch insgesamt gesehen nicht die Revolution war. Die Tatsache, daß der

Sozialismus sie miteinschloß, gab einen zusätzlichen Anreiz und Impuls, wie etwa im Falle des Julius Braunthal, der der österreichischen sozialistischen Partei »um der Revolution willen« im Alter von vierzehn Jahren beitrat. Doch die Revolution übte auf die Intellektuellen, die überzeugt waren von ihrer Fähigkeit, die Gesellschaft führen zu können, eine größere Anziehungskraft aus als auf die Arbeiter.

Wie ein Riß in einer Holzplanke, der sich nicht schließen läßt, so war auch die Kluft zwischen den Intellektuellen und den Arbeitern im Sozialismus unüberbrückbar. Der organisierte Sozialismus nannte sich zwar eine »Arbeitervereinigung«, in Wirklichkeit aber war er nichts dergleichen. Es war keine Bewegung *der*, sondern *für die* Arbeiter, und darin liegt ein bedeutsamer Unterschied. Obwohl sie sich zu Sprechern der Arbeiter machte, und auf ihre Bedürfnisse und Wünsche hinwies, wurden die Ziele, Ideen und Doktrinen von den Intellektuellen formuliert, wie auch die Führungsfunktionen im wesentlichen ihnen zufielen. Die Arbeiterklasse war der Klient und später, bei wachsenden Zahlen, auch das notwendige Werkzeug, um den Kapitalismus zu stürzen. In dieser Rolle erschien sie dann als Held, dem die sentimentale Zuneigung galt. In den Illustrationen zu einem englischen Pamphlet über den Londoner Kongreß von 1896 erschien der Arbeiter als eine kräftige, sympathische Burne-Jones-Gestalt im Arbeitskittel, begleitet von langgliedrigen heroischen Frauengestalten mit lockigem Haar. Das waren nicht mehr die selben Menschen wie bei Zola – schmutzig, roh, hungrig, schwindsüchtig und dem Akohol verfallen. Der Wirklichkeit entsprach weder das eine noch das andere Bild: weder Lumpenproletariat noch wilde Revolutionäre mit krausem Bart und geballter Faust. Die Arbeiterklasse war ebenso wenig homogen wie die anderen Klassen auch. Die sozialistische Doktrin hingegen verlangte, daß sie eine Einheit sei, mit Arbeitergesinnung, Arbeiterwille und Arbeiterzielen. In Wirklichkeit ließ sich das alles nicht so einfach feststellen. Die Sozialisten idealisierten die Arbeiter, und Idealisierung bedeutet stets Überschätzung.

Wegen interner Unstimmigkeiten legte der Gründungskongreß von 1889 keine Doktrin fest, die für die Mitgliederparteien verbindlich war. Übereinstimmung konnte nur in vier Resolutionen erzielt werden, in denen vier Punkte außer dem Maximalprogramm als angemessene Ziele des Sozialismus genannt wurden: der Acht-Stunden-Tag, das allgemeine Wahlrecht für Männer, die Einführung einer Bürgerwehr anstelle der Heere aus Berufssoldaten und die Festlegung des 1. Mai als dem Tag, an dem die Stärke der Arbeiterklasse demonstriert werden sollte.

Während es sich beim ersten Punkt um die entscheidende Forderung der Arbeiter handelte, war der zweite von fundamentaler Bedeutung für das Ziel und das Programm des Sozialismus. Das Stimmrecht war der Weg, auf dem die Massen ihr zahlenmäßiges Übergewicht in politische Macht umsetzen konnten. Aus eben diesem Grund widersetzte sich dem die regierende Klasse. Gleiches Wahlrecht gab es zu diesem Zeitpunkt nur in Frankreich und in den Vereinigten Staaten sowie in Deutschland bei Wahlen auf nationaler, jedoch nicht auf lokaler Ebene. In den meisten anderen Ländern waren Besitzlose nicht wahlberechtigt, oder es gab ein Mehrklassenwahlrecht, aufgegliedert nach Steuerzahlern, Akademikern und Familienvätern. Die Sozialisten forderten jedoch die Durchsetzung des Prinzips, daß jeder Mann eine Stimme haben solle.

Auf den 1. Mai als Tag der Arbeit, die letzte der vier Resolutionen, einigte man sich auf Wunsch der American Federation of Labor, die ihre Kampagne für den Acht-Stunden-Tag am 1. Mai 1890 eröffnen wollte. Der Antrag wurde auf Vorschlag eines französischen Gewerkschaftlers angenommen, aber die Reaktionen waren geteilt, denn die deutschen Sozialisten wollten sich nicht auf eine Geste festlegen lassen, die möglicherweise die Obrigkeit verärgern und Gegenmaßnahmen auslösen konnte.

Dennoch waren es die Deutschen, die in der Internationale die größte Autorität besaßen. Als Angehörige der ältesten und größten unter den sozialistischen Parteien genossen die deutschen Genossen besonderes Prestige, und da Marx ein Deutscher war, betrachteten sie sich selbst als Fels Petri, um nicht zu sagen als Vatikan des Sozialismus. Nach der Aufhebung der Sozialistengesetze im Jahre 1890 erhielten sie bei den Reichstagswahlen 1,4 Millionen Stimmen, fast 20 Prozent der Gesamtstimmenzahl, und 35 Sitze, ein Sieg, der die Sozialisten der übrigen Welt blendete. In der Praxis paßte sich die Sozialdemokratische Partei Deutschlands infolge ihres guten Abschneidens bei den Wahlen und ihrer Bindung an die Gewerkschaften den Möglichkeiten an. In der Theorie hingegen blieb sie unerschütterlich auf dem Boden der marxistischen Theorie, und auf dem Erfurter Parteitag von 1891 bestätigte sie die marxistische Geschichtsauffassung als die offizielle Haltung der Partei.

Das Erfurter Programm erklärte, daß der Mittelstand, die kleinen Geschäftsleute und die Bauern ausgepreßt würden und zusammen mit dem Proletariat in die Verelendung absänken. Je mehr sich die Massen und damit das Arbeitskräftereservoir vergrößerte, desto schärfer werde die Trennung zwischen Expropriateuren und Expropriierten hervortreten. Da das Endziel des kollektiven Besitzes der Produktionsmittel nur durch die Eroberung der politischen Macht erreicht werden konnte, mußte es das Ziel der Partei sein, die politische Kontrolle zu erlangen, wobei sie auf die Gewerkschaften als Quelle für ihre Wählerstimmen zurückgriff, aber weiterhin die politische Richtung bestimmte.

Der Erfurter Aufruf zur politischen Aktion prägte die Zweite Internationale, rief jedoch den wütenden Widerstand der Anarchisten hervor, die sich bereits auf der Ersten Internationalen mit den Marxisten über diese Frage zerstritten und die Versammlung gesprengt hatten. Zu dem Kongreß in Zürich von 1893 waren sie nicht eingeladen worden, erschienen aber trotzdem, woraufhin der deutsche Vorsitzende August Bebel sie anfuhr, sie hätten »weder Prinzipien noch ein Programm«. In Zürich war man an »die deutschen Methoden gewöhnt«, und so hatte er keine Schwierigkeiten sie gewaltsam hinauswerfen zu lassen. Aus Protest gegen dieses Vorgehen erklärte Amilcare Cipriani seinen Rücktritt als Delegierter. Die Anarchisten zogen sich zurück und hielten in einem Lokal einen kleinen Gegenkongreß ab, während die Mehrheit einstimmig eine Resolution annahm, die »die Notwendigkeit der Organisation der Arbeiter zu politischen Aktionen« anerkannte. Nur jene Parteien und Gruppen konnten sich in Zukunft Sozialisten nennen und an den Kongressen teilnehmen, die sich zu diesem Grundsatz bekannten. Da die Sozialisten jedoch den Ast, auf dem sie saßen, nicht absägen wollten, machten sie eine Ausnahme für die Gewerkschaften, die künftig zugelassen wurden, ohne das politische Prinzip ausdrücklich anerkannt zu haben. Dem belgischen Delegierten Emile Vandervelde zufolge wurden die schwierigen Probleme in einer Atmosphäre »größter Ruhe« gelöst. Hingegen schien es einem jungen britischen Delegierten, J. R. Clynes von der Textilarbeitergewerkschaft, der noch nie zuvor im Ausland gewesen war, alles andere als ruhig. Er war erstaunt über die »verbalen Orgien«, die Heftigkeit der romanischen und slawischen Delegierten, über die Ausbrüche von Feindschaft – einmal ließ ein Delegierter sogar ein Messer aufblitzen – und über das Schreien und Toben. Clynes meinte, bei den Sozialisten finde die natürliche Kampfeslust ihr Ventil in Flügelkämpfen, deren Vehemenz er taktloserweise den »nationalen Rivalitäten und dem Haß aus den vergangenen Kriegen« zuschrieb.

Als Clynes einmal im Zürcher See schwimmen ging, bemerkte er »auf der Wasseroberfläche einen rötlichen Bart, der langsam auf mich zutrieb«, und unter diesem Bart tauchte Bernard Shaw auf, der als Vertreter der Fabian Society ebenfalls als Delegierter am Kongreß teilnahm. Da er den Marxismus und die Revolution bereits abgeschrieben hatte, sparte Shaw in seinen Berichten über den Kongreß nicht mit Verachtung für Wilhelm Liebknecht und dessen Methode, seine Anhänger durch die »Rhetorik der Barrikaden« zu düpieren. Die deutschen Führer, so behauptete er hinterher, seien vierzig Jahre hinter der Zeit zurück. Mit siebenundsechzig Jahren war Liebknecht, der die Partei im Jahre 1875 gegründet hatte, nun ihr Senior. Er stammte aus einer Familie, die bis zurück ins 18. Jahrhundert Universitätsprofessoren hervorgebracht hatte, war wegen seiner Teilnahme an der Revolution von 1848 ins Gefängnis gegangen und hatte anschließend dreizehn Jahre lang in England im Exil gelebt. Aus dieser Zeit datiert seine enge Freundschaft mit Karl Marx. Als er 1900 starb, säumten 100 000 Trauernde und Schaulustige die Straßen, die der Trauerzug nahm.

Die deutsche Partei wurde von allen, außer Shaw, als die Hoffnung des Sozialismus angesehen, der Fackelträger in jenem Land, in dem Marx den Ausbruch der Revolution erwartete. Jedermann war von der Größe und Stärke der vorbildlichen Parteiorganisation, ihren 28 Sekretären und Organisatoren, ihren Ausbildungsprogrammen für die Parteihelfer und ihren steigenden Mitgliederzahlen tief beeindruckt. In den Wahlen von 1893 erhöhten die Sozialdemokraten ihre Stimmenzahl auf 1,75 Millionen, fast 25 Prozent der Gesamtstimmen. Damit waren sie die stärkste Fraktion. Da es gegen ihre Grundsätze war, sich mit einer der bürgerlichen Parteien zu verbünden, blieben die Sozialdemokraten im Reichstag trotz ihrer Größe eine relativ unbedeutende Gruppe in einem Gremium, das selbst recht wenig Bedeutung besaß. Allein die Tatsache ihrer Existenz jedoch übte auf die Regierung einen stummen Druck aus und machte sie für Konzessionen zugänglicher. Der Kaiser, der 1890 in dem ersten sorglosen Hochgefühl über die Entlassung Bismarcks die Sozialistengesetze aufgehoben hatte, wurde rasch wieder anderen Sinnes. 1895 entschied er, daß die Sozialdemokraten eine »Verräterbande« seien, die »den Namen Deutsche nicht verdienen«, und 1897 meinte er, daß die Partei, »die nicht aufhört, die Person des Allerhöchsten Herrschers anzugreifen, mit Stumpf und Stil ausgerottet werden« müsse. 1895 wurde Liebknecht wegen Majestätsbeleidigung verhaftet. Von der Rede, in der die beleidigenden Äußerungen fielen, sagte Shaw, daß »Mr. Balfour sie morgen mit Zustimmung ganz Englands vor der Primrose League halten könnte«. Diese Verhaftung war jedoch kein Anzeichen von gezielter Verfolgung, denn dasselbe hätte jedermann in Deutschland widerfahren können.

Die nationalen Bande der deutschen Sozialisten waren stärker als die Klassenverbundenheit: Sie waren eher gehorsam denn kühn. Trotz ihrer Größe wagte die Partei es bis 1907 nicht, den Internationalen Sozialistenkongreß in Deutschland abhalten zu lassen. Wenn ihre Führer auch zündende und markige Reden hielten, so waren sie doch in ihren Handlungen sehr besonnen; sie beschränkten die Mai-Demonstrationen auf den Abend, damit es keine Kollisionen mit der Arbeitszeit gab. Arbeitsruhe, sagte Liebknecht, war Generalstreik und »Generalstreik ist Generalunsinn«. In München waren die Maiparaden bis 1901 verboten und danach nur unter der Bedingung erlaubt, daß sie außerhalb der Stadtgrenze stattfanden und sich auf dem Weg dahin keine Massen in den Straßen zusammenballten. Kolonnen von Sozialisten, »die Taschen voller ›Radi‹«, marschierten in Begleitung ihrer Frauen und Kinder ohne Lärm und sehr rasch durch die Stadt zu einem Biergarten in einem Außenbezirk, wo sie ihr Bier tranken und ihre Rettiche verzehrten. Einem Exilrussen schien dies »absolut keine Mai-Demonstration des Sieges der Arbeiterklasse« zu sein.

Es ging ihnen allerdings auch besser als den russischen Arbeitern. Unter dem intensiven Druck der deutschen Industrialisierung wuchs die Zahl der Beschäftigten rascher als die Bevölkerung zunahm. Die Gewerkschaften waren unter diesen Umständen bei der Durchsetzung von Lohnerhöhungen recht erfolgreich. Die Sozialgesetzgebung, die ursprünglich von Bismarck diktiert worden war, um die Arbeiter enger an den Staat zu binden, war die fortschrittlichste in der ganzen Welt. 1903 waren 18 Millionen Arbeiter gegen Betriebsunfälle versichert; 13 Millionen hatten Altersversorgung, 11 Millionen Krankenversicherung. Insgesamt wurden jährlich 400 Millionen Mark für soziale Wohlfahrt ausgegeben. Es gab gesetzliche Regelungen hinsichtlich der Arbeitszeit und der Löhne, der Freizeit, der Beschwerdeverfahren, der Sicherheitsmaßnahmen sowie die Zahl der Fenster und Toiletten, die in einer Fabrik vorhanden sein mußten. Mit der typischen Gründlichkeit wollten die Herrscher Deutschlands die körperliche Leistungsfähigkeit sicherstellen, überließen so wenig wie möglich dem Zufall und erließen für alles Erdenkliche Vorschriften. Professor Delbrück verteidigte 1897 öffentlich das Recht auf Tarifverhandlungen mit der Begründung, daß der Arbeitsfriede im Interesse der nationalen Einheit und Verteidigungsbereitschaft gewahrt bleiben müsse. Die Arbeiterschaft durch wohlüberlegte Zugeständnisse ruhig zu halten, sah man als die beste Methode an, um den Sozialdemokraten, die von der herrschenden Klasse mit wachsender Furcht und Feindseligkeit betrachtet wurden, das Wasser abzugraben.

August Bebel, der Diktator der Partei, sei so eine Art »Schattenkaiser«, meinte die Bourgeoisie. Er war klein und schmal mit weißem Haar und einem Spitzbart. 1840 war er in ärmlichen Verhältnissen in Köln geboren worden. Sein Vater war Feldwebel, seine Mutter ein Dienstmädchen. Er wurde Drechsler und schloß sich 1861 der deutschen Arbeiterbewegung an. Liebknecht gewann ihn für den Sozialismus. 1872 wurde er wegen Vorbereitung zum Hochverrat und wegen Majestätsbeleidigung zu Gefängnis verurteilt. Er schrieb neben anderen Werken das meistgelesene sozialistische Buch in deutscher Sprache »Die Frau und der Sozialismus« (1883). Sein Verstand auf ein Dutzend ostelbische Junker verteilt, meinte Mommsen, würde ausreichen, um jeden von ihnen unter seinesgleichen als geistige Leuchte erstrahlen zu lassen. Im Reichstag, wo er mit Bismarck in »heftigem Ton« debattiert hatte, galt er als der Sprecher der Armen und Elenden. Er wurde von den Arbeitern geliebt und verehrt, denn sie sahen in ihm einen Genossen und Kameraden. Er würde der »Todfeind der bürgerlichen Gesellschaft und der bestehenden politischen Ordnung« sein, bis diese zerstört seien, verkündete er auf einem Parteitag im Jahre 1903. Dies war die übliche Diktion. In Wirklichkeit machte er sich keine großen Illusionen über die Masse seiner Anhänger. »Sehen Sie sich diese Burschen an«, sagte er 1892 zu einem Korrespondenten der *Times*, während sie einem vorbeimarschierenden Wachbataillon nachsahen. »Achtzig Prozent von ihnen sind Berliner und Sozialdemokraten, aber wenn es zum Aufruhr käme, würden sie mich auf ein Kommando von oben abschießen.«

Von den hervorragendsten Gestalten der Zweiten Internationale stammten nur Bebel und Keir Hardie aus der Arbeiterklasse. Karl Kautsky, vierzehn Jahre jünger als Bebel, Schriftsteller und Journalist, war der Hauptverfasser des Erfurter Programms und der Interpret der Marxschen Doktrin. Der gebürtige Prager stammte aus einer Intellektuellen- und Künstlerfamilie. Der Österreicher Viktor Adler war Arzt. Emile Vandervelde war der Sohn reicher Eltern, die er als einen »Modellfall bourgeoiser Tugenden« bezeichnete, und Jaurés, der Franzose, kam aus dem Kleinbürgertum.

Als Arzt kannte Adler die Schäden, die durch Unterernährung, Überarbeitung und Schmutz hervorgerufen wurden. Er wollte die Arbeiter in ein neues Dasein der »Gesundheit, Kultur, Freiheit und Würde« führen. Adler stammte aus einer reichen jüdischen Prager Familie und hatte Medizin studiert, um den Armen helfen zu können. Er kleidete sich in Lumpen eines Ziegeleiarbeiters und untersuchte die Arbeitsbedingungen in einer Wiener Ziegelei, wo die Arbeiter in Baracken der Fabrik lebten, wo sie wie in einem Gefängnis bewacht wurden, fünf oder sechs Familien in einem Schlafraum hausten und statt mit Geld mit Wertmarken entlohnt wurden, die nur in den fabrikeigenen Geschäften gültig waren. Ehe er die österreichische Sozialistische Partei gründete, war er 1889 nach Deutschland, England und in die Schweiz gereist, um die Lebensverhältnisse der Arbeiter zu studieren und die Sozialgesetzgebung auf ihre Anwendbarkeit auf österreichische Verhältnisse hin zu prüfen. Adler war klein, hager, eine beinahe zerbrechliche Gestalt mit buschigem Haar und Schnurrbart, goldenem Kneifer, einem bleichen Gesicht und leicht vornüberhängenden Schultern. Neben der Musik liebte er besonders Ibsen und Shelley. Auch er sah die Revolution als Endziel, war aber gleichzeitig davon überzeugt, daß zwischenzeitliche Reformen notwendig waren, damit man die Arbeiter körperlich und geistig auf ihre Aufgabe vorbereiten konnte. Der Kampf um diese Reformen gegen einen »Despotismus, der durch Schlamperei gemildert wird«, wie er die Habsburger Monarchie zu beschreiben pflegte, war von vielen Rückschlägen begleitet und ließ Adler allmählich in seiner Überzeugung wankend werden. Trotzki, der ihn um 1900 herum kennenlernte, fand in ihm einen Skeptiker, der so weit war, alles zu tolerieren und sich an alles anzupassen.

In Belgien, dessen Bevölkerungsdichte die größte in ganz Europa war und wo sich der Industrialisierungsprozeß rasch und gewaltsam vollzogen hatte, glich das Leben der Arbeiter, nach den Worten eines Augenzeugen, einem »Inferno«. Textilfabriken, Stahlwerke, Bergwerke, Steinbrüche, Docks und Werften zermahlten Arbeitskräfte wie eine Mühle das Korn. 25 Prozent der Arbeiter verdienten weniger als umgerechnet 40 Cents am Tag; weitere

25 Prozent erhielten zwischen 40 und 60 Cents. Eine Untersuchung in Brüssel ergab, daß 34 Prozent der Arbeiterfamilien in einem einzigen Raum hausten. Die belgische Analphabetenrate war die höchste in ganz Nordeuropa, denn die Kinderarbeit war in einem solchen Ausmaß verbreitet, daß nur wenige Kinder überhaupt die Möglichkeit hatten, zur Schule zu gehen. Die 1885 gegründete belgische Arbeiterpartei hatte »Wichtigeres zu tun als sich mit politischen Doktrinen zu befassen«. Sie wurde auch von der Spaltung innerhalb des Sozialismus nicht berührt, ganz einfach, weil sie es sich nicht leisten konnte. Sie war die am besten konsolidierte, die diszipliniertester und bedeutendste sozialistische Partei in Europa und ausgesprochen proletarisch, wenngleich sie von dem unermüdlichen Vandervelde geführt wurde, der, Jurist von Beruf, ein gewandter und hervorragender Redner und kompetenter Autor auf dem Gebiet der Arbeitsfragen war. Er war umschwärmt von weiblichen Anhängern der Sozialistenbewegung, die ihn »charmant und sehr anziehend fanden«. Zusammen mit den Gewerkschaften organisierte die Partei ein System von Kooperativen, in denen die Arbeiter sozialistisches Brot und sozialistische Schuhe kaufen konnten, sozialistisches Bier tranken, sozialistische Ferien machten und an der Université Nouvelle, wo der französische Anarchist und Geograph Elisée Reclus Vorlesungen hielt, eine sozialistische Erziehung und Bildung erhielten. Die Universität war 1894, im gleichen Jahr, in dem auch die London School of Economics entstand, gegründet worden und bildete den Schlußstein einer sozialistischen Welt, die innerhalb einer kapitalistischen Gesellschaft entstanden war.

Da das mit dem Blut der Arbeiter erkaufte erweiterte Wahlrecht nunmehr in Kraft war, konnte die Arbeiterpartei Belgiens 1894 28 Abgeordnete in das bürgerlichste Parlament Europas entsenden. Der Einzug dieses geschlossenen Blocks, »der unnachgiebig und rücksichtslos entschlossen war, die Waffen gegen jede Institution des bestehenden Regimes zu ergreifen«, rief in der regierenden Klasse Angst und unter den Gläubigen die plötzliche Vision hervor, Belgien könnte das erste Land sein, in dem der Sozialismus verwirklicht werden würde. Als 1902 der zweite Versuch unternommen wurde, das Wahlrecht nach dem Prinzip: jedem Mann eine Stimme mit einem Generalstreik zu erlangen, waren viele in der Bewegung nicht gerne bereit, die Fortschritte, die man gemacht hatte, wieder aufs Spiel zu setzen, aber der militante Flügel gewann die Oberhand. Die herrschende Klasse war jedoch noch stark genug, um den Streik mit einer »mörderischen Schießerei«, in den Straßen von Löwen zu unterdrücken, wobei acht Streikende getötet wurden. Es dauerte mehrere Jahre bis die Partei sich von dieser Niederlage erholt hatte.

Was Karl Marx für Deutschland bedeutete, das bedeutete die Revolution und die Kommune für Frankreich. Der französische Sozialismus war intellektueller, aber aufgrund der extremen Aufsplitterung nicht so festgefügt und daher nicht so autoritativ wie in Deutschland. Der marxistische Mutterboden war die französische Arbeiterpartei, die Jules Guesde 1879, beraten von Marx und Engels, gegründet hatte. Zwei Jahre später trennte sich Paul Brousse von ihr und gründete die Gruppe der Possibilisten. Sie vertrat das Prinzip, daß die Emanzipation der Arbeiter ohne Revolution möglich sei. Edouard Vaillant, der Erbe des alten Kommunekämpfers Blanqui, führte eine unabhängige Sozialistische Revolutionspartei. Von dieser spaltete sich wiederum ein extremer Flügel ab, der sich nach seinem Führer Jean Allemane die Allemanisten nannte. Guesde, der sich selbst als Hüter des marxistischen Gedankenguts betrachtete, predigte unablässig und unermüdlich gegen Abtrünnige und falsche Propheten. Mit dem dünnen schwarzen Haar, das bis fast auf die Schultern reichte, dem Gesicht eines leidenden Christus und dem Kneifer auf der langen, scharfen Nase, bot er das Bild eines Eiferers, der nie auch nur einen Augenblick lang den totalen Krieg gegen die kapitalistische Ordnung vergißt. »Der Tourquemada mit Brille« wurde er von Zeitgenossen genannt, und Zola sagte von ihm, seine Reden seien gekennzeichnet durch »eine ganze Skala leidenschaftlicher Gesten und seinen chronischen Husten«. Für Guesde gab es nur die Revolution und keine Halbheiten; auch nicht die Spur einer Zusammenarbeit mit der feindlichen Klasse war gestattet. Er war ein Impossibilist und gehörte zu jener Kategorie von Marxisten, die über ihre eigenen Prophezeiungen, die Katastrophe betreffend, entsetzt in Trübsal und Düsterkeit verfallen. Die Menschheit war so sehr in ihren materialistischen Unternehmungen befangen und stand am Rand der völligen Auflösung. Möglicherweise kam der Sozialismus also zur Rettung der Menschheit zu spät, wenn man seine Reformen noch länger aufschob. »Was können wir Sozialisten denn noch mit einer solch verderbten Gesellschaft anfangen?« fragte er während der Dreyfus-Affäre. »Wir werden zu spät kommen; die Menschen werden verrottet sein, wenn die Zeit kommt, da wir unser Haus errichten wollen.«

1893 errangen die französischen Sozialisten wie ihre Genossen in Belgien einen eindrucksvollen Wahlerfolg: über eine halbe Million Wählerstimmen und damit 37 Abgeordnete in der Kammer. Unter ihnen ragte der erst seit kurzem bekannt gewordene Jean Jaurès hervor, dessen Führerrolle im Carmaux-Streik in seinem Heimatdistrikt Tarne ihm die Sympathien des ganzen Landes eingetragen hatte. Die Bergarbeiter von Carmaux, einem Schauplatz langer und erbitterter Arbeitskämpfe, setzten 1892 die Wahl ihres Gewerkschaftssekretärs, eines Sozialisten, zum Bürgermeister durch. Als die Firma sich weigerte, ihm die Freizeit zu gewähren, die er zur Ausübung seiner politischen Pflichten benötigte, nahm er sich diese Zeit einfach und wurde natürlich prompt entlassen. Das war ein Schlag ins Gesicht für die Wähler, ein Hohn auf das Wahlrecht, den jedes dieser Kinder der

Revolution sofort begriff. Als die Bergleute einen Proteststreik ausriefen, machte sich der damalige Philosophieprofessor Jaurès zu ihrem Berater, Führer und Sprecher. Sein Gegner, der Marquis de Solages, Herr von Carmaux, Besitzer von Erzminen, Glasfabriken und Wäldern mit einem Adelstitel und einem Mandat im Parlament, war die Inkarnation des Kapitalismus. Jaurès kämpfte mit Streiks und mit Wahlen fast sein ganzes Leben hindurch einen unermüdlichen Kampf gegen ihn. Als Kandidat der Französischen Arbeiterpartei im Distrikt Carmaux kam Jaurès ins Parlament.

Jaurès war klein, untersetzt, ein »robuster Holzfäller« mit einem »offenen und humorvollen« Gesicht und von der Wärme und Lebensfreude des Südens. »Er interessiert sich für alles und nimmt an allem regen Anteil«, sagte Vandervelde. Mit seiner Stimme, die das Volumen und die Tragweite einer Kirchenorgel hatte, seiner Überlegenheit in der Debatte, seiner ungewöhnlichen Intelligenz, unerschöpflichen Energie und seiner unerschütterlichen Begeisterung fiel ihm die Führerrolle beinahe von selbst zu. Wenn er sprach, war er dauernd in Bewegung, warf den bärtigen Kopf in den Nacken oder lehnte sich mit seinem ganzen Gewicht aggressiv nach vorne, wobei er wild mit seinen kurzen Armen gestikulierte. »Schultern und Knie zittern ihm unter der Last seiner Gedanken. Die ganze kraftvolle Fülle seines außergewöhnlichen Geistes und seiner Überzeugung gießt er mit seinen Worten über die Welt aus, um die Menschen, die an ihm glauben, in eine bessere Zukunft zu führen!« In ihm schien sich das Festgegründete der Erde mit der Unruhe des Feuers zu verbinden. Seiner Formulierungskunst galt die allgemeine Bewunderung, so daß selbst seine politischen Gegner kamen und ihm zuhörten, als handele es sich um die Racine-Rezitation eines berühmten Schauspielers. Ein Gast hörte auf einer Abendgesellschaft einmal, wie Jaurès über Astronomie diskutierte, und schrieb: »Die Wände des Raumes schienen sich aufzulösen und wir schwebten im Äther. Die Damen vergaßen, sich die Nase zu pudern, die Herren das Rauchen und die Diener, sich um ihre eigene Mahlzeit zu kümmern. Remy de Gourmont hingegen meinte bissig: »Jaurès denkt mit seinem Bart.« Doch der Mann, der *Les Preuves* geschrieben hatte, war in seiner Jugend der Stolz der Ecole Normale gewesen und fähig, präziser zu denken als die meisten Menschen. Wenngleich die sozialistische Bewegung in Frankreich keinen offiziellen Führer hatte, da sie in einem dauernden Prozeß der Aufsplitterung, Vereinigung und erneuten Abspaltung begriffen war, wurde Jaurès doch allmählich als Führer anerkannt und verdrängte Guesde.

Er war der Sozialist schlechthin, nicht vom Standpunkt der Doktrin aus, sondern was die Idee und die Sache betraf. Er glaubte, daß der Mensch gut sei, daß man die Gesellschaft besser machen könne und daß der Kampf zur Veränderung der sozialen Zustände täglich gekämpft werden müsse, und zwar mit den Mitteln, die sich innerhalb der gegebenen Möglichkeiten anboten. Er kämpfte diesen Kampf, wo immer sich Gelegenheit dazu bot: während des Blutbads von Fourmiers, in Carmaux, bei den *lois scélérates*, beim Einkommensteuergesetz und in der Dreyfus-Affäre. Sein Sozialismus stammte nicht von Marx; er war, so erklärte Jaurès, ganz einfach »das Resultat geschichtlicher Vorgänge und endloser, zeitloser Leiden«. Seine lateinisch geschriebene Dissertation *De primis socialismi germanici lineamentis apud Lutherum, Kant, Fichte et Hegel* behandelte die Ursprünge des deutschen Sozialismus beginnend mit Luther. Er wurde 1885 als Republikaner ins Parlament gewählt, und war mit seinen sechsundzwanzig Jahren das jüngste Mitglied. Dann hatte er sich enttäuscht von der Politik ab- und wieder dem akademischen Leben zugewandt und war Professor an der Universität Toulouse geworden, wo seine Vorlesungen alsbald sowohl bei den Arbeitern und Bürgern der Stadt als bei den Studenten und seinen Professorenkollegen außerordentlichen Zulauf fanden. Die Arbeiterkämpfe in Toulouse und im Departement Tarn führten ihn wieder ins öffentliche Leben zurück. 1890 bekannte er sich zum Sozialismus. Edouard Vaillant sagte einmal, es gebe keine Revolution, die Jaurès nicht befürwortet habe, aber Jaurès' Vorstellungen von Revolution waren mehr auf die Übernahme als auf den Sturz des Staates gerichtet. Sein Marxismus war flexibel; er war Patriot und dachte gleichzeitig international, und er glaubte an die individuelle Freiheit nicht weniger stark als an den Kollektivismus. »Wir Sozialisten haben auch einen freien Geist; wir wehren uns gegen den Druck von außen«, sagte er. Falls die sozialistische Gesellschaft der Zukunft den Menschen nicht erlauben würde »zu singen, zu wandern und unter freiem Himmel nachzusinnen« wann immer sie wollten, dann sei sie unannehmbar. Er lehnte das marxistische Konzept vom Bourgeois-Staat, mit dem die Arbeiter nichts gemeinsam haben, ab. Die Arbeiterklasse war für ihn nicht ein Außenseiter, der vor der Tür stand und darauf wartete, die Macht an sich zu reißen, sondern ein Teil des bestehenden Staates. Aber sie mußte sich jetzt bemerkbar machen und den Mittelstand als einen Verbündeten für ihre Reformbestrebungen zur Durchsetzung der sozialistischen Ideale gewinnen.

Sein Glaube hatte die Kraft einer Lokomotive. »Wissen Sie, woran man einen Artikel von Jaurès erkennt?« fragte Clemenceau. »Ganz einfach; all seine Verben stehen im Futur.« Dennoch war er von allen Sozialisten der pragmatischste, niemals doktrinär, stets ein Mann der Aktion. Er lebte durch die Tat, und das bedeutete für ihn Fortschritt, Rückzug, Anpassung, ein ständiges Geben und Nehmen. Ein formelles Dogma, das seine Handlungsfreiheit beschränkt hätte, war ihm ein Greuel. Ein tätiger Idealist, schlug er immer Brücken, sowohl zwischen den Menschen als zwischen den Ideen. Zusammen mit ihm wurden 1893 eine Reihe weiterer sozialistischer Abgeordneter gewählt, darunter Alexandre Millerand, ein erfolgreicher

Rechtsanwalt, Réne Viviani, der mehr wegen seines bewegenden Vortrags als wegen des Inhalts seiner Reden berühmt war, und ein weiterer Rechtsanwalt, Aristide Briand, der jüngste der Gruppe, dessen Intelligenz, Fähigkeiten und Ehrgeiz sich als stärker erweisen sollten als seine Überzeugung. Briand »weiß alles und versteht nichts«, sagte Clemenceau und fügte hinzu, sollte man ihn je beschuldigen, die Türme von Notre Dame gestohlen zu haben, dann wolle er Briand als Verteidiger. Die sozialistischen Abgeordneten im Parlament von 1893–1898 machten dem Volk ihre Gedanken, Ziele und ihre unmittelbaren Forderungen bekannt. Untereinander hatten sie sich 1896 auf eine Minimaldefinition einigen können, die als das St.-Mandé-Programm bekannt ist. Millerand hatte es formuliert. Es hieß darin, »ein Sozialist ist der, der den Grundsatz des Kollektiveigentums vertritt«. Das Programm nannte als eines der wesentlichen Ziele des Sozialismus die Verstaatlichung der Produktions- und Distributionsmittel und die Übernahme der politischen Macht auf dem Wege über das allgemeine Wahlrecht und die internationale Zusammengehörigkeit der Arbeiterklasse. In der Kammer verlangten sie Zwischenreformen, wie etwa den Acht-Stunden-Tag, die Einkommen- und die Erbschaftssteuer, die Altersversorgung, die Reform der Städteverordnung, die Gesundheits- und Sicherheitsbestimmungen für Fabriken, Bergwerke und Eisenbahnen. Mit Jaurès und Guesde, dessen durchdringende Stimme die Bourgeoisie erzittern ließ, wenn er die marxistische Geschichtsinterpretation von dem unvermeidlichen Marsch in den Zusammenbruch darlegte, an der Spitze, de Mun als Führer der in die Defensive gedrängten Konservativen und einer ausführlichen Wiedergabe und Kommentierung sämtlicher Reden in den Zeitungen entwickelte sich die Debatte zu einem gewaltigen Turnier der Ideen. Von nun an war der Sozialismus eine der geistigen Hauptströmungen im französischen Leben.

Die französischen Gewerkschaften, beeinflußt von der Ablehnung der politischen Aktion durch die fanatischen Syndikalisten, schlossen sich 1896 in der Confédération Générale du Travail zusammen und hielten Distanz zum Sozialismus. Die Spannungen erreichten 1896 auf dem Londoner Kongreß der Zweiten Internationalen einen Höhepunkt, dem »tumultartigsten und chaotischsten« von allen, als die Anarchisten (darunter Jean Grave, der die Stahlarbeiter von Amiens vertrat), mit dem Mandat der französischen Gewerkschaft ausgerüstet, einen letzten Versuch machte, ihre Mitgliedschaft in der sozialistischen Familie zu beanspruchen. Die französischen Parteien zerfielen darüber in einander wütend befehdende Splittergruppen. Bei einer Aussprache vor der Vollversammlung konnte man durch die geschlossenen Türen »einen Höllenlärm und wüstes Geschrei« vernehmen. Nach sechstägigem Ringen, in dem die alte Streitfrage zwischen Marx und Bakunin erneut ausgetragen wurde, beschloß der Kongreß endlich, die Anarchisten ein für alle Mal auszuschließen. Eine Phase des Sozialismus ging zu Ende. Kaum jemand zweifelte daran, daß neue Fragen auftauchen würden, über die sich der rechte und der linke Flügel des Sozialismus nicht würden einigen können und die die Spaltung zwischen dem Absoluten und dem Möglichen aufrechterhalten würden.

Ehe sich diese Erwartung jedoch erfüllte, kam zunächst der Sozialismus in den Vereinigten Staaten in ein neues Stadium, als im Zuge der Durchführung einer gerichtlichen Verfügung anläßlich des Pullman-Streiks aus Eugene Victor Debs ein Sozialist wurde. Er war von seinem Vater, einem elsässischen Emigranten, nach Eugène Sue und Victor Hugo benannt worden. Debs war mit *Les Miserables* von Hugo aufgewachsen, das für Vater und Sohn gleichermaßen eine Bibel war. Von seinem vierzehnten Lebensjahr ab arbeitete er als Feuerwehrmann bei der Eisenbahn, gründete später die Brotherhood of Locomotive Firmen und trat 1892 im Alter von siebenunddreißig Jahren aus der Organisation aus, um alle Eisenbahner in einer Industriegewerkschaft, der American Railway Union, zu vereinigen. Als die Pullman Company 1893 und 1894 die Löhne um 25 bis 33¹/₃ Prozent senkte, ohne jedoch die Miete in den gesellschaftseigenen Mietshäusern herabzusetzen, den Geldgebern jedoch weiterhin ihre Dividende zahlte, rief Debs zu einem Sympathiestreik auf, der alle Züge betreffen sollte, die Pullman-Wagen mitführten. Diese Aktion umfaßte schließlich mehr als 100 000 Mann und entwickelte sich zum bisher größten Streik in den Vereinigten Staaten. Die Eigentümer der 24 Eisenbahngesellschaften, die ein Gesamtkapital von 818 Millionen Dollar repräsentierten, mobilisierten sämtliche Kräfte des Kapitalismus und schlugen zurück, Gerichte und Regierungstruppen als Deckung im Rücken. 3000 Polizisten im Gebiet von Chicago wurden gegen die Streikenden herangezogen, 5000 professionelle Streikbrecher wurden als Hilfssheriffs vereidigt und bewaffnet, und schließlich wurden 6000 Mann Bundes- und staaliche Truppen in Bereitschaft versetzt, allerdings weniger zum Schutze des Eigentums und der Bevölkerung als mit dem Ziel, den Streik zu brechen und die Gewerkschaft zu vernichten. Ein Armeeoberst wünschte sich, während er sich in einer Chicagoer Kneipe betrank, seinem Regiment befehlen zu dürfen, jeden »mit dem dreckigen weißen Band«, dem Emblem der Streikenden, erschießen zu dürfen.

Obgleich sich die Gewerkschaft bereit erklärt hatte, genügend Personal für die notwendigen Posttransporte freizustellen, wurde die Frage der Postzustellung nun zur Grundlage der weitreichendsten gerichtlichen Verfügung gemacht, die je erlassen wurde. Die gerichtliche Verfügung, als verlängerter Arm des Staates zum Schutz des Eigentums eingesetzt, war die hervorragendste Waffe der Kapitalisten und die verhaßteste dazu. Staatsanwalt Olney, der vor seinem Eintritt in das Kabinett Anwalt mehrerer Eisenbahngesellschaften gewesen und immer noch Direktor einiger der bestreikten Linien war, überzeugte Präsident Cleveland von der Notwendigkeit dieses Schrittes. Der Bundesstaatsanwalt in Chicago formulierte mit Unterstützung der Richter Grosscup und William Wood vom Bundesbezirksgericht die Verfügung, und die beiden verkündeten dann im Gerichtssaal ihr eigenes Machwerk. Als Gouverneur Altgeld sich weigerte, Bundestruppen anzufordern, bescheinigten die Richter, daß es sich hier um eine dringliche Maßnahme handle, womit sie ihre Verfügung rechtfertigten. Es war ein Krieg zwischen »der Klasse der Produzierenden und der Geldmacht in unserem Lande«, wie Debs es ausdrückte. Er weigerte sich, der Verfügung Folge zu leisten, wurde zusammen mit einigen Mitarbeitern verhaftet, ohne Haftprüfungsverfahren ins Gefängnis gebracht, 1895 vor Gericht gestellt und zu einer sechsmonatigen Gefängnisstrafe verurteilt.

Nach seiner Verhaftung gaben die Streikenden, die inzwischen dem Verhungern nahe waren, auf. 30 Menschen waren getötet, 60 verletzt und mehr als 7000 verhaftet worden. Bei der Wiedereinstellung verlangte die Pullman Company von den Arbeitern, daß sie ihr Recht, einer Gewerkschaft beizutreten, aufgaben. Die American Railway Union wurde zerschlagen, aber der Streik hatte aus Debs einen Helden und das Instrument der gerichtlichen Verfügung zu einem Teufelswerkzeug gemacht. Die Aktion bewies außerdem, daß ein Streik nicht gewonnen werden konnte, wenn sich die Regierung auf die Seite des Kapitals stellte, und daher mußte sich die Arbeiterklasse um politische Macht bemühen.

Debs brütete im Gefängnis über diese Lehre nach. Er las *Progress and Poverty*, Bellamys *Looking Backward*, die *Fabian Essays*, Blatchfords *Merrie England* und Kautskys Kommentar zum Erfurter Programm. Keir Hardie besuchte ihn. Debs gewann die Überzeugung, daß es um die Sache der Arbeiterklasse im kapitalistischen System hoffnungslos bestellt war. Als die Kräfte Mark Hannas und McKinleys in den Präsidentschaftswahlen von 1896 Bryan und die Ideologie der *Populists* besiegten, sah er diese Überzeugung bestätigt. Der Kapitalismus war zu stark, als daß er noch reformiert hätte werden können; man mußte ihn zerstören. Andererseits war die regierende Klasse nicht weniger feindlich gegen »den revolutionären Debs« eingestellt. Auf seinem Wahlfeldzug für McKinley sagte Theodor Roosevelt in einer Privatunterhaltung: »Der Geist, der zur Zeit bei einem großen Teil unserer Bevölkerung vorherrscht, kann nur unterdrückt werden, indem man zehn oder zwölf ihrer Führer herausgreift, sie an die Wand stellt und erschießt. Ich glaube, daß es dazu kommen wird. Diese Führer bereiten eine soziale Revolution vor und untergraben die amerikanische Republik.«

Debs verkündete seinen Übertritt zum Sozialismus am 1. Januar 1897 in einem Manifest in der *Railway Times*. Er sagte: »Die Zeit ist reif für eine Erneuerung der Gesellschaft. Wir stehen am Vorabend eines gewaltigen Wandels.« Zusammen mit anderen Arbeiterführern gründete er in Anlehnung an den Namen der deutschen Partei die Amerikanische Sozialdemokratie, die zur Partei des amerikanischen Sozialismus wurde. In ihren Anfangsjahren, als sie noch weniger als 4000 Mitglieder zählte, wurde sie mit der goldenen Uhr von Debs Bruder Theodore finanziert, der sie in regelmäßigen Zeitabständen versetzen mußte, damit die Zeitung nicht einging. Jedesmal, wenn Theodore Debs in der Tür der Pfandleihe in der Loop (dem Geschäftsviertel von Chicago) erschien, rief der deutsche Inhaber seiner Kassiererin über die Schulter zu: »Gib dem sozialistischen Herrn vierzig Dollar.« Die politische Ära des amerikanischen Sozialismus sollte aber erst im Laufe der ersten zwölf Jahre des neuen Jahrhunderts anbrechen, als Debs unter veränderten Bedingungen viermal Präsidentschaftskandidat seiner Partei war und im *Red Special* der Eisenbahner auf seinem Wahlfeldzug durch das Land zog.

Zunächst jedoch war sein Rivale die Sozialistische Arbeiterpartei, die sich überwiegend aus im Ausland geborenen Mitgliedern rekrutierte und im wesentlichen auf dem Papier und im Geiste ihres fanatischen Diktators Daniel de Leon existierte. Als Sohn holländisch-jüdischer Eltern auf Curaçao geboren und in Deutschland erzogen, war er davon überzeugt, daß nur er dazu befähigt war, den Klassenkampf anzuführen. Als Zweiundzwanzigjähriger war er in die Vereinigten Staaten gekommen. Er erwarb an der Columbia University einen akademischen Grad in Rechtswissenschaften und hielt dann als Privatdozent Vorlesungen über die Geschichte Lateinamerikas. Seine Gegner in den Gewerkschaften lehnten ihn deshalb später als »Professor« ab. In seiner Wochenzeitung *The People* warb er unaufhörlich mit glühenden Worten für die Ideen des Sozialismus. Er kandidierte für den Staat New York, für den amerikanischen Kongreß und für das Gouverneursamt, jedoch ohne nennenswerten Erfolg. Um die organisierte Arbeiterschaft für die politische Aktion heranzuziehen, gründete er die Socialist Trade and Labor Association, deren wesentlichstes Resultat jedoch darin bestand, daß sie den Ärger des Gewerkschaftsführers Samuel Gompers erregte. Politische Aktionen waren in den Augen von Gompers Teufelsspuk und de Leon die »finsterste Figur«, die je im Sozialismus aufgetaucht war. 1901 spaltete sich unter der Führung von Morris Hillquit und Victor Berger eine große Gruppe aus Opposition zur Diktatur de Leons von der Sozialistischen Arbeiterpartei ab und trat der Organisation von Debs bei, die sich nun Socialist Party of America nannte.

Samuel Gompers, der erbittertste Gegner des Sozialismus, war der Prototyp des Gewerkschaftlers, der zur revolutionären Strömung in Opposition stand. Er war ein typischer Vertreter jener Auffassung, daß der Kampf der Arbeiter innerhalb des kapitalistischen Systems geführt werden müsse. Obwohl außerlich häßlich – er war klein und untersetzt und wirkte mit seinem riesigen Kopf und den schweren, groben Zügen beinahe grotesk – war er eine eindrucksvolle Persönlichkeit und beherrschte jede Versammlung, bei der er erschien. Wenn er in der Federation eine seiner antisozialistischen Tiraden vom Stapel ließ, pflegte ihm einer seiner alten Gegner aus der Buchdruckergewerkschaft, der ihn gerne neckte, von unten zuzurufen: »Mach sie fertig, Sam, mach sie fertig!« Sam war unermüdlich. Er hatte die Alte Welt abgelehnt und mißtraute der sozialistischen Tradition gründlich, obwohl er ihr im Grunde fest verhaftet war. Als junger Mann war er Zigarrendreher gewesen. Dort war es üblich, daß einer laut aus einem Buch vorlas, während seine Kollegen seine Akkordquote miterfüllten. Auf diese Weise hatte er Marx, Engels und Lassalle kennengelernt. »Lerne vom Sozialismus, aber schließe dich ihm nicht an«, hatte ihm sein Mentor, ein exilierter schwedischer Marxist, geraten. »Schau dir dein Gewerkschaftsprogramm an«, pflegte er zu sagen, »und wenn die Idee nicht damit übereinstimmt, dann ist sie falsch.«

Mit seinem Glauben an die neue Gesellschaft Amerikas wies Gompers den Pessimismus der marxistischen Prämissen zurück. Er war fest davon überzeugt, daß die Arbeiterbewegung sich aus der Politik heraushalten müsse und ihre Macht in direkten Tarifverhandlungen mit den Arbeitgebern ausspielen solle. Die Regelung der Löhne, der Arbeitszeiten und -bedingungen müßten durch Maßnahmen der Gewerkschaften und nicht durch legislative Schritte erreicht werden. 1881, im Alter von einunddreißig Jahren gründete er die Federation in einem Raum von knapp acht mal zehn Metern, mit einem Küchentisch als Schreibpult, einer Holzkiste als Stuhl und einer Tomatenkiste, die ihm ein freundlicher Gemüsehändler geschenkt hatte, als Aktenschrank. Bis 1897 hatte die AFL 265 000 Mitglieder, 1900 eine halbe Million und 1904 eineinhalb Millionen. Als Bryan sich 1896 um die Stimmen der organisierten Arbeiter bemühte und Gompers versprach, ihn in seinem Kabinett zum Minister zu machen, stand dieser auf und verkündete, daß er »unter keinen Umständen« je ein politisches Amt annehmen werde. Er ließ auch nicht zu, daß die AFL Bryan und die *Populists* unterstützte, denn »diese Streitfragen des Mittelstandes« lenkten, wie er sagte, die Arbeiter von ihren eigenen Interessen ab, die in den Gewerkschaften und nirgendwo sonst lagen.

Als seine Macht wuchs, rasierte er sich seinen Walroßschnurrbart ab, trug einen Kneifer, einen Prinz-Albert-Mantel und einen Zylinder. Wie John Burns, fand auch er Geschmack daran, sich in der Gesellschaft der Großen zu bewegen und mit Mark Hanna oder August Belmont zu verhandeln. Aber er wirtschaftete nie in seine eigene Tasche und starb als armer Mann. Wenn er den Klassenkampf auch ablehnte, so blieb er doch stets zutiefst klassenbewußt. »Ich bin ein Arbeiter. Mit jedem Nerv, jeder Faser und jedem meiner Gedanken bin ich auf der Seite derjenigen, die das Wohl meiner Arbeitskollegen fördern.« Die Aufgabe der Gewerkschaftsmitglieder war es, »sich umfassender zu organisieren, enger zusammenzuschließen, ihre Kräfte zu vereinigen, für Bildung zu sorgen und sich darauf vorzubereiten, ihre Interessen zu wahren, so daß wir als freie amerikanische Bürger vereint und entschlossen an die Wahlurne gehen, dieses Land aus den Händen der plutokratischen Verderber befreien und es in die Hände des Volkes legen können.« Das war in Wirklichkeit praktischer Sozialismus. Sozialistisch war auch seine Reaktion, als er fünfzehn Jahre später auf einer Europareise einige Touristen antraf, die über die Zustände in den Amsterdamer Slums entsetzt waren. Er betrachtete ihren Schock als die Reaktion eines jeden mitfühlenden Menschen gegen diese »grobe Beleidigung« der Zivilisation: »Warum revoltiert man nicht irgendwie dagegen?« Der Sozialismus war aber im wesentlichen die Bewegung derjenigen, die sich dazu gedrängt fühlten, »irgendwie« zu revoltieren, und Gompers war, wie Morris Hillquit feststellte, ein Sozialist, ohne es zu wissen.

In Europa brach 1899 ein neuer Zwist in den Reihen der Sozialisten aus, als Waldeck-Rousseau in dem Versuch, eine breite Basis für seine Regierung zu finden und die Dreyfus-Affäre zu »liquidieren«, Millerand einen Kabinettsposten anbot und dieser annahm. Es war das erste Mal, daß ein Sozialist die unsichtbare Schwelle in das bürgerliche Lager überschritt, um mit einem Teil der Bourgeoisie zusammenzuarbeiten. Obwohl Jaurès die Sozialisten, oder zumindest einen Teil von ihnen, dazu gedrängt, überredet und gebracht hatte, sich der bürgerlichen Dreyfus-Gruppe in dem Kampf um die Rettung der Republik anzuschließen, war es doch wieder etwas ganz anderes, in eine bürgerliche Regierung einzutreten. Millerands Entschluß stellte die fundamentale Frage nach der Zusammenarbeit, die von nun an immer drängender wurde, da die Sozialisten mit jedem Jahr eine größere Rolle im Leben ihrer Nation spielten. Das Dilemma war eindeutig: Sollte man sich zur orthodoxen, dafür aber sterilen Reinheit der Ideologie verdammen lassen und auf den Sturz des Kapitalismus warten, oder mit den bürgerlichen Parteien links vom Zentrum zusammenarbeiten, sie gegen die Reaktion unterstützen und sie zu Reformen antreiben? Diese Frage umfaßte noch ein weiteres Problem: Ließ sich das Ziel des Sozialismus vielleicht auf lange Sicht nicht auch auf dem Wege der Reform erreichen?

Während *le cas Millerand* die französischen Sozialisten in Aufruhr stürzte, ergab sich das gleiche Problem auch in Deutschland, allerdings nicht in der Praxis, sondern, wie es sich für die Deutschen gehört, in der Theorie. Es kam aus einer absolut unverdächtigen Quelle und wurde von einem Mann aus dem inneren Kreis aufgeworfen, Protegé von Marx und Engels, Freund und Mitarbeiter Liebknechts, Bebels und Kautskys und Mitglied des Gründungskongresses von 1889. Die Tatsache war ebenso schockierend als hätte einer der Jünger Christus widersprochen. Der Mann, der sich erkühnte,

Marx zu revidieren, hieß Eduard Bernstein, und seine neue Doktrin wurde, als wage sie es nicht, sich einen Namen beizulegen, einfach unter dem Begriff »Revisionismus« bekannt. Bernstein war Bankangestellter gewesen und im Alter von neunzehn Jahren in die Schweiz ins Exil gegangen, im Jahr 1878, in dem Bismarck die Sozialistengesetze verkündete. In der Schweiz gab Bernstein eine Zeitung, *Sozialdemokrat*, heraus, die so gut war, daß er den Beifall von Marx und die Zustimmung von Engels erhielt, der sie als die beste Zeitung, »die die Partei bisher gehabt hat«, bezeichnete. 1888 machte ihr die deutsche Regierung das Kompliment, die Schweiz zu drängen, sie solle die Redaktion der Zeitung ausweisen. Bernstein ging nach London, wo er wie der Meister seine Zeit im Leseraum des Britischen Museums verbrachte. Auch nach der Aufhebung der Sozialistengesetze unternahm er keinen Versuch, nach Deutschland zurückzukehren. Er stand zwar noch unter Anklage wegen Anstiftung zum Aufruhr, doch hätte er hiergegen leicht Einspruch erheben können. Er schrieb jedoch gerade ein Buch über die englische Revolution unter dem Gesichtspunkt der marxistischen Geschichtsinterpretation, und außerdem fand er die Atmosphäre in London äußerst angenehm. In diesen Jahren arbeitete er als Korrespondent für die neue Parteizeitung *Vorwärts* und für Kautskys *Neue Zeit*. Das Hauptquartier der deutschen Sozialisten in London war das Haus von Engels im Regent Park, wo sich die Exildeutschen zu abendlichen Diskussionen um einen Tisch versammelten, der stets reichlich mit Butterbroten, Bier und zu der entsprechenden Jahreszeit mit Weihnachtsstollen gedeckt war. Bei Engels' Tod im Jahre 1895 wurden Bebel und Bernstein zu seinen literarischen Testamentsvollstreckern bestimmt.

Im darauffolgenden Jahr, als sei durch Engels' Tod ein Zwang von ihm gewichen, erschienen Bernsteins erste ketzerische Artikel. Er war damals sechsundvierzig Jahre alt, eine außerordentlich vornehme Erscheinung mit randloser Brille und schon ein wenig schütterem Haar. Er sah aus wie ein Bankangestellter, der es nach vielen Jahren zum Zweigstellenleiter gebracht hat. Das einzige hervorstechende Merkmal war seine lange und auffallend große Nase. Als guter Freund von Graham Wallas hatte er die Fabianer genau kennengelernt. Er hegte lange Zeit ein Vorurteil gegen sie, weil sie bereit waren, mit der kapitalistischen Ordnung zusammenzuarbeiten. Andererseits beeindruckte ihn aber die Funktionsweise des demokratischen Systems in England. Er konnte vor der Tatsache, daß der Kapitalismus aus irgendeinem Grunde dem zwangsläufigen Zusammenbruch nicht näher kam, nicht die Augen schließen. Trotz der offenkundigen Ungleichheit in der Verteilung der Reichtümer und der »zunehmenden Verelendung«, die Marx prophezeit hatte, war das System paradoxerweise und unzweifelhaft stark und sogar aggressiv. Die Welt schien sich unerklärlicherweise in einer kontinuierlichen Spirale der Prosperität zu befinden, von der auch die unteren Schichten profitierten. In der Form wachsender Beschäftigung wirkte sie der »zunehmenden Verelendung« entgegen. Die Atmosphäre Londons und des Exillebens setzten Bernstein dem nagenden Zweifel und der Unabhängigkeit seiner Gedanken aus. Immer mehr verstärkte sich in ihm der Verdacht, daß die Geschichte nicht dem Pfad folgte, den Marx für sie abgesteckt hatte. Sie gehorchte nicht dem deutschen Diktat, das Hegel formuliert und Marx erhärtet hatte. Mit dem rätselhaften Lächeln einer Mona Lisa war die Geschichte ihren eigenen Weg gegangen und dem kategorischen Imperativ ausgewichen.

Bernstein befand sich nun in der Lage eines Mannes, der die biblische Darstellung von der Erschaffung der Welt zu bezweifeln beginnt. Alle Qualen des Glaubenszweifels hielten ihn gepackt. Er war launisch und gereizt und ging sogar so weit, sich um eine Stelle bei einer Bank in Transvaal zu bemühen. Eleanor Marx schrieb an Kautsky, daß Bernstein in schlechter Stimmung sei und sich Feinde schaffe. Aber der intellektuelle Mut siegte. Von 1896 bis 1898 veröffentlichte Bernstein in der *Neuen Zeit* eine Artikelserie über »Probleme des Sozialismus«, die unverzüglich Entrüstung und Hetztiraden auslöste. Im deutschen Sozialismus brach eine fanatische Kontroverse aus und steigerte sich noch, als Bernstein seine Gedanken in eine Rede einbaute, die er im Oktober 1898 zum deutschen Parteitag nach Stuttgart schickte und später in einem Buch *Die Voraussetzungen des Sozialismus*, das im März 1899 veröffentlicht wurde, erweiterte.

Darin führte er die Tatsachen auf, die im Gegensatz zu den marxistischen Voraussagen standen: der Mittelstand war nicht im Auflösungsprozeß begriffen; die Zahl der vermögenden Personen nahm nicht ab, sondern zu. In Deutschland sank die Arbeiterklasse nicht immer tiefer ins Elend, sondern machte langsam Fortschritte. Das Kapital akkumulierte sich nicht bei einer kleiner werdenden Zahl von Kapitalisten, sondern verteilte sich auf eine immer größer werdende Gruppe von Aktien- und Wertpapierbesitzern. Die wachsende Güterproduktion wurde nicht allein von den Kapitalisten verbraucht, sondern auch der Konsum des Mittelstandes und mit steigendem Einkommen auch der der Arbeiterklasse nahm zu. Der Verbrauch von Zukker, Fleisch und Bier stieg in Deutschland immer mehr an. Je weiter die Streuung des Kapitals, desto geringer war die Chance, daß eine einzelne wirtschaftliche Krise den totalen Zusammenbruch auslöste. Falls der Sozialismus hierauf wartete, so konnte er, warnte Bernstein, unter Umständen bis in alle Ewigkeiten warten. Kurz: Die beiden grimmigen Zwillinge Verelendung und Zusammenbruch waren nicht mehr als bloße Schreckgespenster.

Anstelle der marxistischen Dialektik entwickelte Bernstein den Gedanken einer kapitalistischen Wirtschaft, die durchaus imstande war, sich einer unbegrenzten Expansion anzupassen und so den unvermeidlichen Zusammenbruch zu vermeiden. In diesem Falle würde die bestehende Ordnung auch weiterhin bestehen bleiben. Wenn sich aber der Zusammenbruch nun doch nicht als unvermeidlich herausstellen sollte, dann mußte es das Ziel der Sozialisten sein, eine ethische Demokratie zu schaffen, die auf der Unterstützung durch alle Klassen, nicht nur des Proletariats allein, basierte. Wenn man also die revolutionären Ziele fallen ließ, so erklärte Bernstein weiter, getragen von einer Welle von Optimismus, dann konnten die Arbeiter die Unterstützung der Bourgeoisie für Reformen innerhalb der bestehenden Ordnung gewinnen.

Was daraus für den »Millerandismus« folgte, war klar. Wenn der Sozialismus und der Kapitalismus keine sich gegenseitig ausschließenden Alternativen mehr darstellten und die Gesellschaft als Kombination aus beiden weiterbestehen würde, dann war es nicht mehr sinnvoll für den Sozialismus, sich gegen die Übernahme einer Rolle in der Politik zu stemmen.

Die Revisionsideologie bedeutete im Endeffekt die Aufgabe des Klassenkampfgedankens. Sie war ein Speer, der den Sozialismus mitten ins Herz traf, und Bernstein scheute sich nicht, hieraus die Konsequenzen zu ziehen. Die Arbeiter, so gab er weiterhin zu bedenken, waren nicht, wie Marx angenommen hatte, eine zusammenhängende, homogene Klasse; sie waren sich ihrer Zugehörigkeit zum »Proletariat« nicht bewußt und würden es auch niemals sein. Sie teilten sich in landwirtschaftliche und industrielle, gelernte und ungelernte, Fabrik- und Heimarbeiter auf, mit unterschiedlichen Interessen und unterschiedlichem Verdienstniveau. Viele standen dem Sozialismus feindlich oder zumindest gleichgültig gegenüber und neigten eher dazu, bürgerliche Moral und bürgerliche Gewohnheiten anzunehmen, als die sozialistische Verachtung für das Bürgertum zu teilen.

Wenn aber nicht zuallererst der Klasse die Loyalität der Arbeiter galt, dann folgte hieraus, daß ihre Interessen wie die aller anderen Bürger mit den nationalen Interessen ihres Landes verknüpft waren. Hier zeigte sich der erschreckende Aspekt des Revisionismus. Bernstein verbannte das grausame Edikt des Kommunistischen Manifests »Der Arbeiter hat kein Vaterland.« Wenn jeder Arbeiter so wie in Deutschland wählen konnte, dann erwarb er politische Rechte und Pflichten und mußte daher in den Begriffen des nationalen Interesses denken.

Der Revisionismus spaltete die Sozialisten. Bernsteins unerschrockene Formulierung der Tatbestände war denen, die schon seit längerem ihre eigenen Zweifel gehegt hatten, eine Bestätigung. Die Parteiführer beeilten sich, die Angriffe des Ketzers zu widerlegen. Man beschuldigte ihn, »englisch« zu sein. Kautsky wies jedes seiner Argumente in einem Buch, *Bernstein und das sozialdemokratische Programm*, zurück und versuchte auf diese Weise, ihn endgültig zu erledigen, aber es gelang nicht. Der Zweifel griff um sich und schlich sich in jede Versammlung, jede Zeitungsredaktion und jeden

Programmausschuß. Angesichts der Anklage, er ignoriere das Endziel des Sozialismus, gab Bernstein eine schockierende Antwort: »Ich bekenne offen, daß ich wenig Interesse an dem habe, was gemeinhin das ›höchste Ziel des Sozialismus‹ genannt wird. Dieses Ziel, was immer es auch sein mag, bedeutet mir nichts, die Bewegung alles.« Er beschloß, sich persönlich zu verteidigen. Freunde intervenierten zu seinen Gunsten bei der Regierung, Kanzler von Bülow, der erkannte, daß er ein Unruhefaktor innerhalb der sozialistischen Partei sein würde, ließ die Anklage fallen. Bernstein kehrte 1901 zurück und erhielt 1902 bei einer Nachwahl einen Sitz im Reichstag. Er wurde Herausgeber einer Revisionistenzeitung und das Orakel der Revisionistenfraktion, die sich innerhalb der Partei bildete und immer größer wurde.

Die Anziehungskraft des Revisionismus bestand darin, daß er die sozialistische Isolation aufhob, die Tür zur politischen Aktivität aufstieß und dem Ehrgeiz Raum gab. Er erlaubte den Sozialisten, sich als Teil ihres Landes zu fühlen, wie sehr dieses Gefühl auch im Gegensatz zur Forderung des Propheten stehen mochte. Er erkannte eine weitere Realität: daß nämlich kaum wahrnehmbar und auf eine Weise, die Marx nicht vorausgesehen hatte, ein Machtwechsel innerhalb der Klassen vonstatten ging – so unmerklich wie Wasser, das durch einen Damm sickert.

Der Revisionismus hatte jedoch einen Nachteil, auf den Adler hinwies. Von Viktor Adler hieß es, er hätte wie Montaigne das Symbol der Waagschalen und den Wahlspruch »*Que sais-je?*« annehmen sollen, denn er suchte im Guten das Übel und in jedem Übel das Gute. In einem Brief an Bernstein schrieb er, daß dieser zwar die Zweifel, die alle Sozialisten zu der damaligen Zeit bewegten, offen ausgesprochen habe, daß sich Adler jedoch im Endeffekt auf die Seite der Revolutionäre stellen werde, denn der Revisionismus enthalte die tödliche Gefahr, daß »die Sozialisten den Sozialismus aus den Augen verlieren«.

In der Welt der französischen Sozialisten waren zur selben Zeit die durch den *cas Millerand* ausgelösten Auseinandersetzungen sogar noch hitziger und unversöhnlicher als in Deutschland. Obwohl Jaurès über Millerands Annahme des Amtes bestürzt gewesen war, sprach er sich, als man ihn zwang, Stellung zu beziehen, für die Zusammenarbeit aus. Auf dem französischen Parteitag im Dezember 1899 in Paris bestritt er, daß die Zusammenarbeit zur politischen Korruption führen werde, wie die Marxisten behaupteten. Da es, so argumentierte er, unmöglich war vorauszusagen, wann das kapitalistische System zusammenbrechen werde, mußte man sich um Reform bemühen, während man den Weg dafür bereitete. »Wir dürfen nicht aus der wirkungslosen Distanz kämpfen«, sagte er, »sondern müssen ins Herz der Zitadelle vordringen.« Wütende Reden seiner Gegner waren die Antwort. »Groß, schmal, ausgemergelt, mit Augen, in denen ein schwarzes Feuer brannte«, predigte Guesde die Reinheit des Marxismus und zitierte Liebknecht, während ein erregter Ministerialist, wie die Gefolgsmänner von Millerand genannt wurden, »Nieder mit Liebknecht!« rief. Der Schock, der sich auf den Gesichtern der Guesdisten abmalte, war nicht minder groß, als hätte jemand in Notre Dame »Nieder mit Gott!« geschrien. Nach drei Tagen intensivster Debatte wurde der Antrag gestellt: »Gestattet der Klassenkampf es einem Sozialisten, einer bürgerlichen Regierung beizutreten? Ja oder Nein.« Die Abstimmung ergab »Nein«, aber unmittelbar darauf folgte ein weiterer Beschluß, der den »Ministerialismus« unter bestimmten außergewöhnlichen Umständen erlaubte. Nach der Aufforderung Jaurès zur Einigkeit gelang es, den Parteitag mit einer Gummiformel zu beenden, durch die jedoch kein einziger der bestehenden Konflikte gelöst wurde. Danach bildeten sich zwei Parteien: Guesde, Vaillant und Marx's Schwiegersohn, Paul Lafargue, gründeten die Sozialistische Partei Frankreichs, die sich gegen »jeglichen Kompromiß mit irgendeiner Fraktion der Bourgeoisie« aussprach und sich der Vernichtung des Kapitalismus verschrieb. Jaurès, Millerand, Briand und Viviani bildeten die Französische Sozialistische Partei, die für ein Reformprogramm zur »unmittelbaren Verwirklichung« eintrat.

In der ganzen Welt, in jeder sozialistischen Parteizentrale und jedem Versammlungsraum, wo eine rote Fahne in der Ecke verstaubte, verschärften der Revisionismus und der *cas Millerand* die frühere Spaltung. Während die doktrinären Sozialisten sich an die ursprünglichen Prinzipien klammerten, begannen die Revisionisten zu entdecken, daß der Sozialismus wie die Politik eine Kunst des Möglichen war. Mehr denn je zerstritten, versammelte sich die Zweite Internationale zu ihrem Fünften Kongreß im September 1900 in Paris, mitten während der Weltausstellung. Die Stadt war voller Besucher, und die Aufmerksamkeit der ganzen Welt konzentrierte sich auf Paris. Daher waren die Führer der Sozialisten eifrigst bemüht, einen offenen Bruch zu vermeiden, Kautsky entwarf eine Resolution, in der die Zustimmung zu Millerands Schritt zwar verweigert, dieser aber auch nicht verdammt wurde. Die Delegierten nannten sie eine Kautschuk-Resolution, weil sie so dehnbar war. Sie wurde heftig umstritten, von de Leon in einem furiosen Wortspiel zerfetzt und beschäftigte die Delegierten beinahe während der Dauer des gesamten Kongresses. Dem deutschen Delegierten Erhard Auer entschlüpfte ein Ausdruck des Bedauerns darüber, daß sich in Deutschland leider wohl kaum Anlaß zu einem *cas Millerand* ergeben werde. Damit hatte er eine Grundtatsache seines eigenen Landes aufgedeckt. Er löste mit seiner Bemerkung donnernden Applaus, wütendes Zischen und eine erhitzte Debatte in den Korridoren aus. Schließlich wurde die Kautsky-Resolution unter der meisterhaften Regie von Jaurès, der wie stets auf

Einigkeit bedacht war, gegen die Stimmen einer unversöhnlichen Minderheit angenommen. Jaurès' Thema war hier wie bei seinem eigenen Kongreß: »Wir sind alle gute Revolutionäre; das müssen wir betonen und daher laßt uns einig sein!« Aber die rauhe Wirklichkeit war weniger harmonisch als der fromme Wunsch.

Angesichts des Burenkrieges, der Kämpfe auf den Philippinen und des Boxeraufstandes fanden die Delegierten es nicht schwer, sich über eine Resolution zu einigen, die Rosa Luxemburg eingebracht hatte und in der es hieß, daß der Kapitalismus nicht infolge wirtschaftlicher Bedingungen, sondern wegen der imperialistischen Rivalitäten zusammenbrechen werde. Sie empfahl den sozialistischen Parteien durch Organisation und Erziehung der Jugend für den Klassenkampf, durch Opposition gegen die Militär- und Flottenausgaben und durch antimilitaristische Protestdemonstrationen gegen den Krieg zu arbeiten. Die Resolution wurde gemeinsam mit einer Erklärung, daß die Friedenskonferenz in Den Haag nichts als ein Schwindel sei, einstimmig verabschiedet.

Das einzige konkrete Ergebnis des Kongresses war der Beschluß, eine ständige Organisation in der Form eines Büros in Brüssel einzurichten, dem Vandervelde als Vorsitzender und Camille Huysmans, ebenfalls ein Belgier, als Geschäftsführer vorstanden. Die Institution sollte Interimsresolutionen herausgeben, die Tagesordnung für die Kongresse entwerfen und, falls sich die Notwendigkeit ergab, außerordentliche Sitzungen einberufen, zu denen die Mitgliedsländer dann je zwei Delegierte entsenden durften. Da der Etat, der dem Büro zugestanden wurde, äußerst schmal war, erhielt es nie eine besondere Bedeutung oder Exekutivmacht und diente außer als Briefkasten lediglich als Bestätigung dafür, daß die Nervenstränge der Internationale äußerst dünn waren.

Der Revisionismus machte immer größere Fortschritte. Obwohl Jaurès die Zusammenarbeit als ein unvermeidliches Faktum verteidigte, weigerte er sich doch, Bernsteins Zurückweisung der Theorie zu übernehmen. Zu der Kontroverse zwischen Bernstein und Kautsky sagte er vor einem sozialistischen Studentenkongreß im Jahre 1900: »Ich bin insgesamt gesehen für Kautsky.« Bernstein, so sagte er, habe unrecht bezüglich der fließenden Übergänge zwischen Proletariat und Bourgeoisie. Zwischen der Klasse, die die Produktionsmittel besaß, und der Klasse, die besitzlos war, »*gibt* es eine definitive Demarkationslinie«, obwohl natürlich Abstufungen vorhanden waren. Dann schwang sich Jaurès, wieder in seiner vertrauten Umgebung als Professor, auf den Flügeln der Philosophie zu einem Höhenflug. »Von Weiß zu Schwarz, von Purpur zu Rot, von der Nacht zum Tag gibt es stets diese unmerklichen Übergänge, von denen Heraklit sagte, daß im Tag immer ein wenig Nacht und in der Nacht ein wenig Tag sei ... Tatsächlich ist es typisch für die Extreme, daß sie über intermediäre Nuancen erreicht werden ...« Jaurès legte diesen Punkt noch ausführlicher dar und hielt sein Publikum gefangen, bis er dann mit einer plötzlichen Kehrtwendung wieder auf die Kernfrage zurückkam. Wie »radikal antagonistisch« die Klassen auch immer waren, es bedeutete nicht, daß es keine vertragliche Zusammenarbeit geben könne. Er schloß mit einem Appell an die sozialistische Einheit, »inmitten lauter Zustimmung, anhaltendem Applaus und den Rufen ›Vive Jaurès!‹«.

Jaurès praktizierte die Zusammenarbeit täglich als einer der vier Vizepräsidenten der Kammer nach seiner Wiederwahl im Jahre 1902 und wurde praktisch zum Führer des linken Blocks der Parteien, die die Regierungspolitik in ihren Kämpfen gegen die Armee und die religiösen Orden unterstützten. Das Leben drängte ihn in die Bahn des Revisionismus. Er nahm an Gartenparties der britischen Botschaft und 1903 an einem Bankett im Elysée Palast zu Ehren des italienischen Königspaares teil. Auf dem Kongreß seiner Partei in Bordeaux im gleichen Jahr legte er dar, daß der Staat nicht, wie Guesde behauptete, ein undurchdringlicher Block war, sondern daß er für Reformen zugänglich sei. Während man eine nach der anderen durchsetzte, würde man eines Tages entdecken, daß der Staat der Arbeiter den der Bourgeoisie abgelöst habe, und »wir werden uns bewußt, daß wir in die Zone des Sozialismus eingetreten sind, so wie die Seeleute von einer in die andere Hemisphäre hinüberwechseln, ohne daß es auf dem Ozean eine Linie gäbe, die diesen Übergang markiert«. Er gab jedoch zu, daß das Problem der Vereinbarung von Kollaboration und Klassenkampf »kompliziert« sei. Auf dem Dresdener Parteitag des gleichen Jahres mußten auch die deutschen Sozialisten diese schmerzliche Entdeckung machen.

Die Frage kulminierte in der »Kniehosen-Debatte«. Die Sozialdemokraten hatten gerade mit über drei Millionen Stimmen und 81 Mandaten im Reichstag einen neuen großartigen Wahlerfolg errungen. Unter diesen Umständen die starre marxistische Isolation aufrecht zu erhalten sei sinnlos, folgerte Bernstein. Er drängte die Partei, die Vorrechte, die ihr ihrer parlamentarischen Stärke nach zustanden, namentlich den einen der Vizepräsidenten zu stellen, in Anspruch zu nehmen. Da hiermit aber ein offizieller Besuch beim Kaiser in Hoftracht verbunden war, lieferte dieses Problem Diskussionsstoff für tagelange leidenschaftliche Auseinandersetzungen. Man stelle sich nur einen Sozialisten vor, zürnte Bebel, der sich mit Kniehosen, Strümpfen und Schnallenschuhen aufputzt! Die Sozialdemokratische Partei hoffähig zu machen, sei eine Beleidigung gegenüber der gesamten Arbeiterklasse. Bernstein meinte, daß es weniger darum gehe, was die Sozialisten anzögen, sondern was sie im Parlament taten, aber die streitenden Parteien waren von der schrecklichen und dennoch so verlockenden Vorstellung derart gefangen, daß sie nicht auf ihn hörten.

Die Debatte über den Revisionismus dauerte drei Tage bei einer Beteiligung von 50 Rednern. Eine Gruppe unter der Führung von Rosa Luxemburg forderte Bernsteins Ausschluß. Rosa Luxemburg war 1870 in Polen als Tochter eines jüdischen Holzhändlers geboren worden. Sie war klein, beinahe zerbrechlich und äußerlich nicht besonders reizvoll, abgesehen von ihren schönen schwarzen Augen, in denen das Feuer einer übergroßen Leidenschaft für die Revolution brannte. Sie hinkte auf einem Fuß und die eine Schulter war etwas verwachsen, aber sie hatte einen scharfen Verstand und eine kräftige, klare Stimme. Sie sprach mit einem leicht polnischen Akzent und war eine bemerkenswerte Rednerin. Mit ihrem rhetorischen Geschick nahm sie sogar einmal einen Polizeiinspektor, der einer ihrer Versammlungen zugeteilt war, derart gefangen, daß er seinen Auftrag völlig vergaß und begeistert applaudierte. Rosa schickte ihm einen Zettel: »Es ist eine Schande, daß ein so vernünftiger Mensch wie Sie bei der Polizei ist, aber es wäre eine noch größere Schande, wenn die Polizei ein solches Beispiel der Menschlichkeit verlieren würde. Applaudieren Sie nicht mehr.«

Zusammen mit Karl Liebknecht, dem Sohn Wilhelms, repräsentierte sie den militanten, revolutionären linken Flügel, der sich in Leipzig konzentrierte und dessen Organ, die *Leipziger Volkszeitung,* von Franz Mehring herausgegeben wurde. Für den Revisionismus, oder den »parlamentarischen und gewerkschaftlichen Kretinismus« wie sie es nannte, mit seiner »bequemen Theorie des friedlichen Überganges von einer Wirtschaftsordnung zur anderen«, hatte sie nichts als tiefe Verachtung übrig. Sie glaubte, daß die revolutionären Kräfte und schöpferischen Energien der nicht organisierten Massen spontan hervorbrechen würden, wenn die Geschichte dies verlangte. Die Aufgabe der Partei, wie sie sie sah, bestand darin, in der Voraussicht auf dieses historische Ereignis die Massen zu belehren, zu führen, zu begeistern und nicht die revolutionären Impulse durch Reformen zu verweichlichen.

Zwischen den Radikalen und den Revisionisten stand der Parteirat als Vermittler, dem es so nicht schwer fiel, sein Gleichgewicht zu bewahren. Wie einer der Führer, Georg Ledebour, sagte, war die Partei zu 20 Prozent radikal, zu 30 Prozent revisionistisch und der Rest »folgt Bebel, wohin er auch immer geht«. Bebel setzte den üblichen Kompromiß durch. Ohne Bernstein auszustoßen, lehnte der Dresdner Parteitag seinen Antrag für die Zusammenarbeit ab und verabschiedete eine Resolution, in der die Einstellung zum Klassenkampf, »den wir bisher so siegreich geführt haben«, bekräftigt und jegliche Politik oder Taktik der »Anpassung an die bestehende Ordnung entschieden« zurückgewiesen wurde. Somit blieb der größte sozialistische Block in Europa dem Marxismus auf dem Papier treu, während sich in der täglichen Praxis der Revisionismus immer mehr durchsetzte.

Die Revisionisten verschlossen ihre Augen nicht vor dem, was das Aufgeben des Primats des Klassenkampfes mit sich brachte. Der Nationalismus lag in der Luft, und sie spürten seine belebende Kraft. Als Sozialisten wollten sie am Leben ihrer Nation teilnehmen und nicht, davon ausgeschlossen, auf das Versprechen eines Zusammenbruchs, der niemals kommen würde, warten müssen. Bernstein wies im *Socialist Monthly* auf die Erfahrungen der Engländer mit dem Imperialismus und seine volkswirtschaftliche Bedeutung hinsichtlich der Beschäftigungsquote hin, um sein Argument zu stützen, daß das Schicksal der Arbeiterklasse mit den Auslandsinteressen ihrer Nation, das hieß mit ihren Auslandsmärkten, »unlöslich verbunden sei«. Die Interessen der Arbeiter, so sagte er unverblümt, mußten einer »Weltpolitik ohne Krieg« gelten.

Während die Deutschen in Dresden debattierten, kam es auf dem Parteitag der russischen Sozialdemokraten in London, an dem 60 Abgeordnete teilnahmen, zu einem Bruch von historischer Bedeutung wegen des Revisionismus. Obwohl weder ein *cas Millerand* noch ein Streit um die Hoftracht in Sicht war, spaltete sich die Versammlung über der Frage einer zukünftigen Zusammenarbeit in Bolschewiki und Menschewiki. Die ersteren beharrten auf der Revolution und der Diktatur des Proletariats ohne jegliche zwischenzeitliche Anpassung; die letzteren glaubten, daß dies nicht erreicht werden könne, ehe Rußland nicht durch eine bürgerliche Phase mit parlamentarischer Regierung gegangen sei, während der die Sozialisten mit den liberalen Parteien zusammenarbeiten mußten.

Als Mitglied der Zweiten Internationale war die russische Partei bei den internationalen Kongressen stets durch ihren Gründer Georgi Plekanow vertreten, der schon so lange im Exil lebte, daß er den Kontakt zu den Ereignissen im eigenen Vaterland verloren hatte. Davon abgesehen, hatten die Exilrussen wenig Verbindung zu den Sozialisten der Länder, in denen sie lebten. Sie gingen völlig in den heftigen Parteikämpfen ihrer eigenen Kongresse auf, so daß sie auf internationaler Ebene kaum in Erscheinung traten. Auf seinem Weg durch London, Paris, Genf und München schleuderte Plekanows Rivale, der Führer der Bolschewiki, Lenin, unbarmherzige Angriffe gegen den »Opportunismus« und den »Sozialchauvinismus«. Hin und wieder besuchte er das Büro in Brüssel, aber niemand, so berichtet Vandervelde, schenkte diesem »kleinen Mann mit den eng zusammenstehenden Augen, dem rostroten Bart und der monotonen Stimme, der unablässig mit exakter, eisiger Höflichkeit die traditionellen marxistischen Lehrsätze erläuterte«, besondere Aufmerksamkeit.

Überall machten die Realitäten des politischen Lebens den Revisionismus zu einer Notwendigkeit, ob die Marxisten dies wollten oder nicht. Die Industrie befand sich in einer Expansion; damit stiegen auch die Mitgliederzahlen der Gewerkschaften und vergrößerte sich der Einfluß der Arbeiterklasse. Während die Auseinandersetzung zwischen Arbeitgeber und -nehmer mit unverminderter Heftigkeit weiterging, nahmen die Vertreter der sozialistischen Parteien in allen europäischen Parlamenten an Zahl zu. In Italien, wo die landwirtschaftlichen Gewerkschaften und Kooperativen weitgehend sozialistisch waren, wuchs die Partei von 26 000 Stimmen und sechs Parlamentssitzen im Jahre 1892 auf 175 000 Stimmen und 32 Sitze im Jahre 1904 an. In Frankreich spielte die Partei Jaurès', begleitet von den Verwünschungen Guesdes und seiner Anhängerschaft, eine bedeutende Rolle im Leben der Nation. Jaurès war de facto, wenn auch nicht nominell der Führer der Regierungsmajorität in der Kammer. Nun bereitete er sich darauf vor, die Herrschaft des riesigen deutschen Monolithen anzugreifen, und zwar auf dem nächsten Kongreß der Internationale im August 1904 in Amsterdam.

Das Duell zwischen Bebel und Jaurès machte die Amsterdamer Versammlung für jeden der Anwesenden zu dem unvergeßlichsten aller Kongresse der Zweiten Internationale. Von den rund 500 Delegierten waren jeweils etwa 200 imstande, die Sprache der Redner zu verstehen. Das Podium war mit rotem Tuch drapiert, auf dem ein goldenes Monogramm aus den Initialen I. S. C. prangte. Das »S« schlang sich um das »I« und wies eine auffällige Ähnlichkeit mit einem wohlbekannten Symbol des Kapitalismus auf. Darüber verkündete ein Transparent die Devise, der jedermann noch zustimmen konnte: *Proletaariers van alle Landen. Vereinigt U!*

Die Zahl der Parteien war beträchtlich. England hatte vier Delegationen: die ILP, geführt von Keir Hardie, die Socialist Democratic Federation unter Hyndman, das Labour Representative Committee unter Shackleton und eine Gruppe der Fabianer. Frankreich war mit drei Delegationen vertreten, die Vereinigten Staaten mit zwei, darunter der unvermeidliche de Leon, der wie immer gegen alles wetterte. Er wandte sich gegen den »Gesellschafts- und Picknick«-Charakter des Kongresses und gegen die Delegierten, die während der Reden mit Papier raschelten, sich unterhielten und umherspazierten, ihren ausländischen Freunden einen Besuch abstatteten, sich einander vorstellten, kamen und gingen und die Türen laut zuschlugen. Er bezeichnete Jaurès als ein »unfähiges Ärgernis in der sozialistischen Bewegung« und Bebel als ihren »bösen Geist«, Adler als »absurd« und Vandervelde als einen »Komiker«. Hyndman war »zu dumm«, um zu verstehen, was eigentlich vorging, die englischen Gewerkschaften »katastrophal«, Shackleton ein »Strohmann der Kapitalisten« und Jean Allemane ein »schwachsinniger Schwätzer«. Die einzige Partei, die die Arbeiterklasse nicht mit dieser »revisionistischen Strohdrescherei« verriet, war seine eigene: jederzeit »mit blankem Säbel« bereit.

Kooperation war die Frage, die gelöst werden mußte und auf Verlangen von Guesde auf die Tagesordnung gesetzt wurde. Bebels Ziel war es, bei der Internationale die Dresdener Resolution durchzudrücken. Sie sei für den Sozialismus zu allen Zeiten und unter allen Umständen die einzig mögliche Richtschnur, so erklärte er, da sie den fundamentalen Gegensatz zwischen proletarischem und kapitalistischem Staat klar betone. Bei dieser Gelegenheit wies er auf die zunehmende Stärke der deutschen Partei hin. Jaurès erwiderte darauf, wenn die Sozialisten in Frankreich so stark wären wie sie, dann würden »sie etwas tun«. Zwischen der scheinbaren deutschen Stärke und ihrem wirklichen Einfluß, sagte er, indem er zum Angriff überging, bestehe ein verblüffender Kontrast. Warum? Weil »es unter ihren Arbeitern keine revolutionäre Tradition gibt. Sie haben sich das Wahlrecht nie auf den Barrikaden erkämpfen müssen. Sie haben es von oben erhalten«. Die vielen Abgeordneten waren machtlos, denn der Reichstag selbst war machtlos. Eben diese Hilflosigkeit der deutschen Sozialisten war es, die es ihnen ermöglichte, eine kompromißlose Haltung in Fragen der Doktrin einzunehmen. Was zur Zeit am schwersten auf Europa lastete, war nicht der kühne Versuch der französischen Sozialisten, eine Rolle im Leben ihres Landes zu spielen, »sondern die tragische Unfähigkeit der deutschen Sozialdemokratie«. Leidenschaftlich verteidigte er seine Hauptthese: daß die Sozialisten, ohne ihre Prinzipien aufzugeben, die »Marschkolonne« des demokratischen Prozesses sein müßten, wenn es notwendig sein sollte, auch im Bündnis mit den bürgerlichen Parteien.

»Ohne Zweifel ist Deutschland ein reaktionärer, feudaler Polizeistaat und das am übelsten regierte Land in Europa«, abgesehen von der Türkei und Rußland, gab Bebel zu. »Aber wir brauchen wohl kaum jemanden von außerhalb, der uns sagt, wie betrüblich die Lage bei uns ist.« Jaurès' Politik, so sagte er, werde das Proletariat korrumpieren. Die Dresdner Resolution war die einzige sichere Richtschnur. Rosa Luxemburg beschimpfte Jaurès mit schrillen Tönen als den »großen Verderber«. Als er sich erhob, um zu antworten, und fragte, wer für ihn übersetzen wolle, sagte sie: »Ich, wenn Sie wollen, Bürger Jaurès.« Worauf er sich mit einem breiten Lächeln in der Runde umsah und sagte: »Ihr seht, Bürger, selbst im Kampf gibt es noch Kollaboration.«

Die Mehrheit weigerte sich jedoch, das Prinzip des Klassenkampfes aufzugeben, und stimmte gegen Jaurès für die Dresdener Resolution, aber in einem Geiste, der die doktrinären Gegensätze mit persönlicher Sympathie überwand, wie Vandervelde sagte. »Wir erinnerten uns der Dreyfus-Affäre« und des »großartigen Kampfes«, den Jaurès gegen die vereinten Kräfte der Reaktion geführt hatte, aber die Majorität konnte sich nicht dazu aufschwingen, die ideologische Nabelschnur zu Marx zu durchtrennen. In einem letzten Versuch, die Risse, die der Revisionismus verursacht hatte, zu kitten, nahm der Kongreß zum Abschluß eine Resolution an, in der er es für »unumgänglich« erklärte, daß von nun an in jedem Land nur eine einzige sozialistische Partei bestehe. Alle, die den Namen »Sozialisten« beanspruchten, mußten sich für die Einheit im Interesse der Arbeiterklasse der gesamten Welt einsetzen, der gegenüber sie für die »tödlichen Konsequenzen der Fortdauer ihrer Kontroversen« verantwortlich sein würden.

Ein Problem, mit dem sich die Sozialisten bisher noch kaum beschäftigt hatten, kündigte sich in Amsterdam an. Unter dem fernen Echo des russisch-japanischen Krieges diskutierten die Delegierten die Verantwortung der Arbeiterklasse gegenüber der Gesellschaft im Falle eines weiteren Krieges sowie die Durchführbarkeit eines Generalstreiks. Der marxistische Eifer der Deutschen erkaltete bereits bei bloßer Nennung des Wortes. Von einem Generalstreik zu reden, das war eine Sache; eine einheitliche Stellungnahme dazu zu erreichen, etwas ganz anderes. Was die deutschen Gewerkschaften anging, so war der »politische Massenstreik«, wie sie es nannten, mit dem Bannfluch belegt. Wenn das Vaterland angegriffen würde, sagte Bebel, dann würde er, so alt er auch sei, wie jeder andere Sozialdemokrat das Gewehr zur Hand nehmen und sein Vaterland verteidigen. Auf dem Weg nach draußen sagte Jaurès ernst zu Vandervelde: »Ich denke, mein Freund, ich werde mich dem Studium militärischer Fragen zuwenden.«

Nach seiner Rückkehr versuchte Jaurès als loyaler Sozialist und der Amsterdamer Entscheidung folgend eine Annäherung an Guesde. Im darauffolgenden Jahr vereinigte er die beiden Parteien wieder unter dem Namen Sozialistische Partei, Französische Sektion der Internationale der Arbeiter, nach ihren französischen Initialen allgemein SFIO genannt. Sie erklärte, »keine Partei der Reform, sondern eine Partei des Klassenkampfes und der Revolution« zu sein und wies die Zusammenarbeit zurück. Dies war zwar nach außen hin eine Niederlage für Jaurès, aber er maß Worten nicht allzuviel Gewicht bei. Er ließ der Doktrin Taten folgen und konnte Guesdes Formel um so eher zustimmen, da er der wirkliche Führer der Union war. Die Zusammenarbeit war für ihn nicht Selbstzweck, sondern eine Möglichkeit, voranzukommen.

Für einige war sie jedoch tatsächlich in politischem Sinne verderblich. Im Jahre 1906, dem gleichen Jahr, in dem die ILP ins House of Commons einzog und John Burns Minister wurde, erhielten die französischen Sozialisten 880 000 Stimmen und 54 Sitze in der Kammer. Briand, der sich im Zusammenhang mit der Entmachtung der religiös gebundenen Schulen aktiv engagiert hatte, erhielt das Angebot, Erziehungsminister zu werden. Er nahm an und trat während des anschließenden erbitterten Streits aus der Partei aus. Wenige Monate später folgte ihm Viviani, der Arbeitsminister geworden war, ins Kabinett. Zusammen mit Millerand nannten sie sich nun unabhängige Sozialisten. Sie erhielten in der Folgezeit eine Reihe von Kabinettsämtern. Briand stieg, innerhalb von drei Jahren zum Ministerpräsidenten auf, Viviani folgte ihm fünf Jahre später. Indem sie die Zusammenarbeit bis zur letzten logischen Konsequenz durchführten, wurden sie wie Botschafter Iswolski sagte, »durch die Macht vernünftig«.

1905 fand das große marxistische Ereignis, die Revolution, plötzlich und überraschend statt – allerdings in der falschen Weise und im falschen Land. Rußland war noch nicht so hochindustrialisiert, wie Marx dies als notwendige Voraussetzung für den Zusammenbruch vorgesehen hatte. Die Erhebung war auch nicht das Werk selbstbewußter, disziplinierter Proletarier, sondern ganz einfach aufs höchste gereizter und erbitterter Menschen. Niemand war überrascht, als sie fehlschlug, aber das wirklich Überraschende an dem Vorgang ist die Tatsache, daß der Sozialismus praktisch überhaupt nicht davon berührt wurde.

Die ganze Welt war über die Schüsse der Kosaken entsetzt, die in die Marschkolonne der Arbeiter gefeuert hatten, die zum Winterpalast marschieren und dort dem Zaren eine Petition überreichen wollten. Als die Nachricht von dem »teuflischen Massaker« bei einem Gewerkschaftskongreß in Liverpool eintraf, sammelte man spontan 1000 Pfund für die Hinterbliebenen der ermordeten Männer. Als der Protest der russischen Arbeiter im Oktober zum Generalstreik wurde und das Regime sich in seiner Angst dazu genötigt sah, eine Verfassung zuzugestehen, hinterließ dies als Sieg der Arbeiterklasse einen tiefen Eindruck. Die Arbeiter in Europa hielten Massenversammlungen ab, jubelten und schwangen rote Fahnen. »Lang lebe die russische Revolution! Lang lebe der Sozialismus!« schrien italienische Landarbeiter, rund zweieinhalbtausend Kilometer von St. Petersburg entfernt. Aber von dem russischen Feuer sprang kein Funke über und entzündete die allgemeine Feuersbrunst. Die so lange ersehnte Erhebung war eingetreten, aber die westliche Arbeiterklasse war nicht bereit, den Kapitalismus zu stürzen. Nur die österreichischen Sozialisten nutzten die Situation geschickt aus, um ihre Kampagne für das allgemeine Wahlrecht auf einen Höhepunkt zu treiben.

Viktor Adler machte sich die durch die Ereignisse in Rußland genährte Angst der Herrschenden zunutze und rief in Wien einen Generalstreik für den 18. November aus. Einen Monat brauchte er für die Vorbereitungen. Einem Parteimitglied gelang es nicht, seine Arbeitskollegen in der Fabrik, die keine Sozialisten waren, zu bewegen, sich der Demonstration anzuschließen; niemand wollte etwas von der Revolution oder dem geplanten Streik wissen, »oder ein politisches Thema überhaupt auch nur mit der Beißzange anpacken«. Die Demonstration war dennoch ein Erfolg. Die Mariahilferstraße war schwarz vor Menschen, die sich in so dichten Reihen drängten, daß es eine ganze Stunde dauerte, bis man den einen Kilometer bis zur Ringstraße zurückgelegt hatte, wo sich die Kolonne mit anderen Gruppen aus allen Teilen der Stadt traf. Der Marschtritt der Massen, die geballten Fäuste, die roten Fahnen ließen erneut Mme. Hennebaus Vision in *Germinal* von Zola auftauchen. Das österreichische Regime war von der Demonstration erschreckt, gab nach und versprach das allgemeine Wahl-

recht für Männer, das 1907 in Kraft trat und praktisch das einzige positive Ergebnis der russischen Revolution darstellt.
Die deutschen Sozialdemokraten veranstalteten ebenfalls Demonstrationen für eine Reform des Dreiklassenwahlrechts in Preußen. Beim Dreiklassenwahlrecht konnte die große Zahl der kleinen Steuerzahler nicht mehr Vertreter wählen als das Drittel der kleineren Mittelklasse und die wenigen Reichen, die das letzte Drittel ausmachten. Die Sozialisten erhielten stets ihr Drittel in den Gemeindewahlen, aber die Kontrolle bekamen sie nie, trotz höherer Wählerzahlen. Sie konnten es sich auch nicht auf den Barrikaden erkämpfen und bestätigten damit Jaurès' Seitenhieb, denn gegen den Stahl, aus dem die preußische Regierung geschmiedet war, richteten ihre Demonstrationszüge nichts aus.
Eine weitere Auswirkung der russischen Revolution war der Verlust von Wählerstimmen. Bei den Wahlen des Jahres 1907 stimmten die durch die Fortschrittspartei vertretenen Wähler der Mittelklasse in Deutschland, die wenn es darauf ankam, stets gemeinsam mit den Sozialdemokraten gegen die reaktionären Parteien gestanden hatten, für die konservativen Kandidaten. Von Einfluß war auch die Propaganda des Flottenvereins und der pangermanistischen Vereine gewesen, die durch die Wahl eine überwältigende Bestätigung des Imperialismus und des Nationalismus anstrebten. In der »Hottentotten-Wahl«, wie sie wegen der Kämpfe in den afrikanischen Kolonien genannt wurden, verloren die Sozialisten zum ersten Mal seit 1890 Sitze.
Leon Trotzki war verzweifelt über die Unterdrückung der russischen Revolution, die nun »hoffnungslos und für immer zertreten« schien, und zeigte sich erschüttert über die Interesselosigkeit in den Reihen der europäischen Sozialisten. 1907 traf er mit Kautsky zusammen, einem kleinen, vornehmen Mann mit klaren blauen Augen, schneeweißem Haar und Bart, der wie ein »freundlicher Großpapa« aussah, obwohl er erst dreiundfünfzig Jahre zählte. Auch er stand einer »Übertragung der revolutionären Methoden auf Deutschland« ablehnend gegenüber. Auf dem Papier hatte die Revolution etwas Bestechendes; die Realität der Straße wurde weniger begeistert begrüßt. Der Fehlschlag in Rußland bewies, daß die Arbeiterklasse in den westlichen Ländern insgesamt gesehen nichts von der Revolution wissen wollte. Als Ergebnis wurde der Revisionismus bestärkt, und das bedeutete eine Abkehr vom Klassengedanken und die Annäherung an den Nationalismus.
Der industrielle Krieg ließ an Heftigkeit nicht nach. Ab 1905 folgten die Arbeiter mehr und mehr den Lehren des Syndikalismus und der direkten Aktion. Ihr Einfluß war in Frankreich am kräftigsten, wo die Anarchisten lange und heftig die parlamentarischen Methoden als Schwindel gebrandmarkt hatten, der die Arbeiterbewegung von den revolutionären Zielen auf

politische Fragen ablenkte und die Führung durch Intellektuelle begünstigte. Den Syndikalisten erschienen die sozialistischen Politiker und Mitglieder des nationalen Parlaments mehr und mehr als Mitglieder der bürgerlichen Welt, deren Sitten und Gebräuche sie übernahmen und damit die Verbindung zur Arbeiterklasse verloren. Die Syndikalisten hielten daran fest, daß der Klassenkampf mit wirtschaftlichen und nicht mit politischen Mitteln ausgetragen werden müsse, mit Streiks, und nicht mit Wortgefechten. Infolge der zunehmenden Infiltration der Anarchisten nahm die Gewerkschaftsbewegung den revolutionären Syndikalismus an und erklärte die direkte Aktion auf dem CGT-Kongreß von 1906 zu ihrer offiziellen Doktrin. Direkte Aktionen gegen die Arbeitgeber bestanden in Streik, systematischem Bummeln, Boykott und Sabotage. Direktaktionen gegen den Staat waren Propaganda, Massendemonstration, Ablehnung des Militarismus und Patriotismus, jenes Blendwerks der Kapitalisten, das nur dazu diente, sie an der Macht zu halten. Jeder durch die Arbeiter erzielte Erfolg galt als Stärkung für den Endkampf und den letzten, wichtigsten Akt des Klassenkampfes – den Generalstreik, die »Revolution« der verschränkten Arme«, die die bürgerliche Welt lähmen, die Arbeiterklasse emanzipieren und ihr die Kontrolle über die Produktionsmittel in die Hand geben würde.

In Italien, wo die Unterdrückung der Arbeiterbewegung durch Polizei und Militär seit langem in brutaler Form durchgeführt wurde, war die Kluft zwischen den Klassen, die Haß und Furcht aufgerissen hatten, sehr tief. Zweimal, 1904 und 1906, versuchte man den Generalstreik, jedesmal mit dem Ergebnis, daß bei blutigen Auseinandersetzungen Menschen getötet wurden. In Frankreich zeigte der Zusammenbruch zahlreicher Streiks während Clemenceaus radikaler Regierung von 1906 bis 1909 die Diskrepanz zwischen den Predigten der Syndikalisten bezüglich des Generalstreiks und der tatsächlichen Macht der Arbeiter. Die Arbeiterschaft Frankreichs setzte sich noch immer weitgehend aus Landarbeitern zusammen, und außerdem bestand ein Großteil der Industriewerke aus Kleinbetrieben. Noch nicht einmal die Hälfte aller Industriearbeiter waren Mitglieder der CGT und infolge des alten Streits zwischen Anarchisten und Sozialisten öfter uneins mit der Partei als in gemeinsamer Haltung verbunden.

Die Arbeitgeber wehrten sich energisch mit Entlassungen und Aussperrungen gegen die Bemühungen der CGT, die neuen Industriezweige zu organisieren. Häufig wurden sie dabei von Militär unterstützt, das zum Schutz der Nichtstreikenden vor Gewalttätigkeiten notwendig sei, wie Clemenceau behauptete. 1906 bei den Bergarbeiterstreiks im Norden in Nantes, 1907 beim Streik der Weinbergarbeiter im Midi und 1908 beim Streik der Bauarbeiter setzte die Regierung Truppen ein. Ergebnis: 20 Tote und 667 Verletzte. Streiks der Postangestellten und Lehrer unterdrückte man mit der Drohung der Entlassung aus dem Beamtenverhältnis und der Behauptung,

Beamte besäßen kein Streikrecht. Die CGT-Offiziellen, die die Streiks organisiert hatten, wurden unter der Anklage der Anstiftung zum Aufruhr verhaftet. Gegen den hartnäckigen Widerstand der Unternehmer war 1900 eine maximale Arbeitszeit von elf Stunden pro Tag und 1906 ein Verbot der Sonntagsarbeit und ein Altersversorgungsgesetz durchgesetzt worden. Die Härte der Regierung gegenüber der Streikwelle der Clemenceau-Jahre war jedoch die Bestätigung eines unsentimentalen und nüchternen Ausspruchs des Ministerpräsidenten: »Frankreich gründet sich auf Eigentum, Eigentum und nochmals Eigentum.« Das Eingreifen des Staates rief Zorn und Enttäuschung hervor. Die Zuflucht der radikalen Regierung zu Gewaltmaßnahmen, so sagte Jaurès 1909, und ihr »Versagen bei der Reformierung der Gesellschaft haben Interesselosigkeit, Murren und eine unterschwellige Unzufriedenheit verursacht ...« Im selben Jahr schuf eine ähnliche Unzufriedenheit mit der liberalen Regierung in England das gleiche Klima des Widerstandes.

In den Vereinigten Staaten hatte der Gegenangriff der Unternehmer, gedeckt durch Gerichtsurteile, die sich auf das Sherman Anti-Trust-Gesetz stützten, um Demonstrationen, Boykott und Streiks als Beschränkungen der Wirtschaft für ungesetzlich zu erklären, ebenfalls an Stärke zugenommen. Wie Signalfeuer in alter Zeit, so sandte der Syndikalismus seine Botschaft über den Atlantik. Mit der Gründung der International Workers of the World im Jahre 1905 nahm er konkrete Formen an. Die IWW war eine seltsame Allianz zwischen Debs, »Big Bill« Haywood von der Western Federation of Miners und de Leon und als solche vom europäischen Gesichtspunkt aus eine unmögliche Kombination von Sozialismus und Syndikalismus. Sie predigte die Doktrin der direkten Aktion, während Debs, ihr Held, als sozialistischer Kandidat für das Präsidentenamt der Vereinigten Staaten in die Wahlschlacht zog.

Der amerikanische Sozialismus blieb wie der russische von der Versuchung der Kollaboration verschont, da er keine Vertreter im Kongreß hatte und keine Rolle in der Regierung spielte, noch nicht einmal auf kommunaler Ebene. Debs hatte sich inzwischen völlig die Doktrin: Klassenkampf bis zum letzten! zu eigen gemacht. Die Arbeiter sollten Revolutionäre sein und keine Kompromisse mit der bestehenden Ordnung schließen. Ihr Ziel war es nicht, die Löhne zu erhöhen, sondern das Lohnsystem abzuschaffen. Er sah im Syndikalismus die Verbindung des ursprünglichen sozialistischen Geistes der Revolution mit der Möglichkeit, das anvisierte Ziel mit den Methoden der Gewerkschaften zu erreichen, mit denen er aufgewachsen war. Mit einem Schreiben im Dezember 1904 lud er 30 Gewerkschaftsführer zu einer Diskussion ein über »Wege und Möglichkeiten, die arbeitende Bevölkerung Amerikas unter den richtigen revolutionären Prinzipien zu vereinigen«. An der Eröffnungsversammlung am 27. Juni 1905 in

Chicago nahmen Bergleute, Holzfäller, Eisenbahner, Brauereiarbeiter und andere Industriegewerkschaftler sowie sozialistische Parteien teil. Die IWW bezeichnete sich als den »kontinentalen Kongreß« der Arbeiterklasse mit dem Ziel, die gelernten und ungelernten Arbeitskräfte in einer großen Industriegewerkschaft zusammenzufassen, den Kapitalismus zu stürzen und die sozialistische Gesellschaft zu errichten. Ihr Standpunkt bezüglich der letzten Waffe des Syndikalismus kam in dem Slogan »Eine große Gewerkschaft – ein großer Streik« zum Ausdruck. Wie Haywood – ein einäugiger Riese und »ein Bündel primitiver Instinkte« – meinte, werde die IWW in die Gosse hinabsteigen, die »Pennbrüder« und Gelegenheitsarbeiter aufsammeln und ihnen zusammen mit der gesamten Masse der Arbeiter einen angemessenen Lebensstandard verschaffen. Sie lehnten Kollektivverträge, Übereinkünfte und politische Bemühungen strikte ab und wollten mit Propaganda, Boykott, Sabotage und Streik als Waffen kämpfen. Die Regierung, die Politik und die Wahlen waren Humbug; das Land mußte von den Gewerkschaften regiert werden.

Die Ablehnung der politischen Aktion seitens der IWW löste eine Reihe von Abspaltungen aus, bei denen die Splittergruppen wie Späne unter Axthieben nur so stoben. Debs wurde von einigen sozialistischen Kollegen wegen der Spaltung der Arbeiterbewegung scharf verurteilt. De Leon machte sich 1908 selbständig und fuhr fort, von seinem schwächer gewordenen Vorposten für die ursprünglichen Prinzipien zu kämpfen. Für Debs galt nur das Ziel, und jeder Weg, der dorthin führte, ob politisch oder über die direkte Aktion, war für ihn akzeptabel. Trotz der syndikalistischen Prinzipien der IWW stellte er sich 1908 wiederum als Kandidat der sozialistischen Partei für das Präsidentenamt. Auf den Versammlungen im ganzen Land sammelten Haywood und andere die Pennies und Fünfcentstücke der Arbeiter, damit man Debs einen Schlafwagen und eine Lokomotive für den Wahlkampf mieten konnte. Wenn der *Red Special* mit flatternden roten Fahnen auf dem Dach und an der hinteren Plattform vorbeifuhr, ließen die Lokführer ihre Dampfpfeifen ertönen. Debs verstand es, seinen Zuhörern den Glauben an die Realisierbarkeit der sozialistischen Ideen einzuflößen. Er brauchte weder Musikkapellen noch Lautsprecher – seine Stimme, sein Lächeln und seine ausgebreiteten Arme waren genug. Er »glaubt wirklich daran, daß es so etwas wie Nächstenliebe unter den Menschen geben kann«, sagte ein verbitterter Funktionär und gab zu, daß es ihm weh tue, wenn ihn jemand mit »Genosse« anredete. »Aber wenn Debs ›Genosse‹ sagt, dann ist es o.k. Er meint es wirklich.« Ganze Familien kamen in Pferdewagen mit roten Fahnen in den Peitschenhaltern meilenweit über die Prärie, um den *Red Special* zu empfangen. Fackelzüge in den Städten, Massenversammlungen und Kinder mit roten Blumensträußen schufen eine Illusion, an die Debs allmählich selbst zu glauben begann. Die Sozialisten, so schrieb

er einem Freund, seien »hier draußen so zahlreich wie die Heuschrecken« und die Farmer »revolutionär bis ins Mark und bereit zu handeln«. Die »Plutokraten« würden sich schon noch wundern, wenn es erst an Stimmenauszählen ging. Aber das Wahlergebnis war enttäuschend: 400 000 Stimmen, genauso viel wie 1904.
1910, während der Welle der allgemeinen Reformbewegung in den Vereinigten Staaten, erhielt Victor Berger, der in Milwaukee gewählt wurde, als erster Sozialist einen Sitz im Kongreß. Zusammen mit ihm wurden ein sozialistischer Staatsanwalt, ein staatlicher Rechnungsprüfer und zwei sozialistische Richter gewählt, außerdem 21 sozialistische Stadträte von 35 insgesamt. 1911 erhielt Schenectady einen sozialistischen Bürgermeister, und 1912 waren die Bürgermeister in 56 Gemeinden Sozialisten. Aber dies waren Siege der Revision, und die erfolgreichen Kandidaten Intellektuelle – Rechtsanwälte, Journalisten, Geistliche – und keine Arbeiter. Die Arbeiterbewegung an beiden Flügeln, die IWW und die AFL, weigerte sich, aktiv in der Politik tätig zu werden. Als die großen Parteien sich 1912 in einem Zweifrontenkampf um die Präsidentschaft befanden, kandidierte Debs wieder. Wieder schien, wie Victor Berger im Milwaukee *Leader* schrieb, der Sozialismus die kommende Macht zu sein und »wir stürmen darauf zu mit der rasenden Geschwindigkeit einer Lokomotive«. Auf seiner Wahlreise durch die Armenviertel von New Yorks Lower East Side stand Debs auf einem Lastwagen, der »langsam durch ein Meer von Menschen rollte, das sich von einem Ende der dunklen Mietskasernenstraße bis zum anderen ausdehnte«. Das Wahlergebnis betrug 900 000 Stimmen, doppelt so viel wie beim letzten Mal, aber immer noch erst sechs Prozent der Gesamtwählerstimmen. Die IWW errang ihren größten Sieg in diesem Jahr in Lawrence, Massachusetts, wo sie einen Streik der Textilarbeiter gegen eine Lohnsenkung organisierte. Sie ernährte und versorgte eine ganze Arbeiterstadt zwei Monate lang und setzte anschließend die Lohnerhöhung durch. Aber die bittere und brutale Niederlage im Paterson-Streik kurze Zeit später leitete den Abstieg des amerikanischen Syndikalismus ein.

In Deutschland gelang es der syndikalistischen Theorie vom Generalstreik nie so recht Fuß zu fassen. Als typisch deutsche Organisation war die Gewerkschaft zu diszipliniert, als daß sie eine Maßnahme, die alle Pflicht und Ordnung negierte, hätte annehmbar finden können. Die Arbeiterklasse, die Kuno Francke 1905 als »wohlerzogen« gelobt hatte, teilte die Neigung zur Autoritätsgläubigkeit und zum Gehorsam, die in Deutschland überentwickelt schien. Die deutschen Sozialisten waren realistisch in ihrer Beurteilung des Streiks. Bebel widersetzte sich seiner Anwendung zu politischen Zwekken, weil Streik seiner Ansicht nach nur unter außergewöhnlichen Bedingungen und unter der Voraussetzung einer revolutionären Gesinnung bei den Arbeitern organisiert werden konnte. Diese fehlte seinen Landsleuten, wie er nur zu gut wußte. Als die Radikalen auf dem Parteitag in Mannheim 1906 einen Massenstreik für den Fall eines Krieges vorschlugen, wies Bebel diesen Gedanken als sinnlos zurück. In einem Krieg würde das Militär Recht und Gesetz in die Hand nehmen; Widerstand wäre Wahnsinn, und ohnehin würden die Massen vom chauvinistischen Fieber ergriffen werden. Bebel wenigstens gab sich niemals irgendwelchen Illusionen hin oder förderte sie.

In Mannheim fand außerdem ein entscheidender, wenn auch stummer Machtkampf statt, dessen Ausgang sowohl für den deutschen wie auch den internationalen Sozialismus entscheidende Bedeutung haben sollte. Kautsky brachte eine Resolution ein, mit dem Ziel, die Gewerkschaften in politischen Fragen der Partei zu unterstellen. Ihre Aufgabe war es, wie Kautsky feststellte, das Los der Arbeiter zu verbessern, bis zu jenem Tag, da der Sozialismus verwirklicht sei. Die Aufgabe der Partei hingegen war es, dieses Höchstziel zu erreichen, und daher mußten ihre Entscheidungen maßgebend sein.

Während der voraufgegangenen zehn Jahre war die Mitgliederzahl bei den deutschen Gewerkschaften von 250 000 auf 2 500 000 gestiegen und proportional dazu waren auch die Geldmittel reichlicher geworden. Ganz anders als in Frankreich standen sie in enger Verbindung zur Partei und waren deren wichtigstes Wählerreservoir. Sam Gompers war bei seiner Europareise 1909 von den Streikgeldern, die die Gewerkschaften im Fall eines Streiks oder bei Aussperrungen zahlten, von der Organisation und ihrer Disziplin und von den verbesserten Arbeitsbedingungen sowie den Lohnerhöhungen tief beeindruckt. Ungelernte Arbeiter verdienten drei Mark, gelernte Arbeiter sechs Mark am Tag. Es gab geregelte Essenszeiten; Geldstrafen und andere Bußen wurden am Schwarzen Brett bekannt gegeben, das Recht auf Organisation war von der Regierung anerkannt, ausgenommen bei Beamten und Landarbeitern. Kinderarbeit unter dreizehn Jahren war gesetzlich verboten und für die dreizehn- und vierzehnjährigen auf sechs Stunden pro Tag begrenzt. Gompers war befriedigt, daß solche Fortschritte die marxistische Theorie von der fortschreitenden Verelendung widerlegten, und ließ sich zu einem Lobgesang auf den deutschen Arbeiter anregen, denn dieser schien ihm in einem Zeitalter mit »der größten Produktion, dem größten Reichtum, der besten Allgemeinbildung und den berechtigsten Hoffnungen für seine Klasse, die es je in der Menschheitsgeschichte gegeben hat« zu leben. Selbst wenn Gompers in marxistischem Enthusiasmus übertrieb, so besaß der deutsche Arbeiter doch unbestritten einen Platz innerhalb der Gesellschaft und der bestehenden Ordnung. Dies wirkte nicht gerade belebend auf den revolutionären Eifer der Gewerkschaften. Die Befürchtung, daß sie zu sehr in die bestehende Ordnung eingebaut

werden könnten, hatte Kautsky zu seiner Resolution veranlaßt, mit der er sie der politischen Kontrolle der Partei unterwerfen wollte.
Der Antrag wurde von der Mehrheit glatt abgelehnt, und zwar aus Furcht vor der Reaktion der Gewerkschaften. Als Theorie waren Kautskys Ideen schön und gut. Ging es aber um die praktischen Dinge, dann war der Parteirat höchst realistisch. Die Ablehnung des Antrages bedeutete natürlich einen Sieg für die Gewerkschaften. Da Kautskys Analyse andererseits aber völlig richtig gewesen war, bedeutete diese Entscheidung auch, daß in dem Land mit dem größten sozialistischen Einfluß das Arrangement mit der bestehenden Ordnung mehr galt als das Endziel des Sozialismus. Bernsteins einstige ketzerische Formulierung: »Das Endziel bedeutet mir nichts ...«, war nun die gültige Politik. Nach Mannheim wurde die tägliche Praxis zunehmend wirklichkeitsnäher und revisionistischer, ungeachtet dessen, daß die offizielle Parteierklärung bei Kongressen und zeremoniellen Anlässen weiterhin die marxistischen Formeln wiederholten.
Mit der steigenden revisionistischen Flut kam auch der Nationalismus. Im Reichstag formulierte der sozialistische Abgeordnete Gustav Noske am 25. April 1907, kurz vor Beginn der zweiten Haager Konferenz, diese Tendenz in einer sensationellen Rede. Es sei eine »bürgerliche Illusion« zu glauben, alle Sozialisten träten für die Abrüstung ein. Sie wünschten sich zwar für die Zukunft den Frieden, aber die internationalen wirtschaftlichen Konflikte seien in der gegenwärtigen Zeit zu groß, als daß man die Abrüstung anstreben könne. Die Sozialisten würden sich jedem Versuch, Deutschland in die Enge zu treiben, ebenso heftig widersetzen wie die Herren von der Rechten. »Wir sind stets für eine bewaffnete Nation eingetreten«, sagte er zum maßlosen Erstaunen seiner Parteifreunde und dem ebenso großen Beifall der Rechten. Kautsky widersprach ihm in scharfem Ton; er führt aus, daß die deutschen Sozialdemokraten sich im Falle eines Krieges zuerst als Proletarier und erst in zweiter Linie als Deutsche fühlen würden; dennoch sammelte Noske viele Gefolgsleute um sich.
In Deutschland war es ebenso an der Tagesordnung wie in England, von einem bevorstehenden Konflikt zwischen beiden Ländern zu sprechen. Ein übriges taten noch die Parolen des Flottenvereins vom »nächsten Krieg«, vom »Feind England«, von »Englands Plan, uns 1911 zu überfallen« und das Feldgeschrei der Pangermanisten: »Deutschland gehört die Welt!« In jedem Land wuchs im selben Maß, in dem das Gerede von Krieg anschwoll, der Patriotismus. Tiefer verwurzelt im Unbewußten als alle Klassensolidarität erwies sich etwas, das nicht über Nacht durch das Kommunistische Manifest ausgelöscht werden konnte. Der Arbeiter hatte ein Vaterland wie jeder andere Mensch auch, so bedauerlich dies auch für die Brüderlichkeit der arbeitenden Klasse in aller Welt sein mochte.
Eine schrille Stimme des Widerspruchs erhob sich in Frankreich, die die

entgegengesetzte Meinung vertrat wie Noske in Deutschland. Sie gehörte dem Sozialisten Gustave Hervé, einem fanatischen Propheten des Antimilitarismus und Antipatriotismus. Einst Anhänger von Déroulède, war er zum anderen Extrem übergewechselt und während der Dreyfus-Affäre im ganzen Land bekannt geworden, als er den Wunsch geäußert hatte, solange es Militärbaracken gebe, wolle er die Trikolore auf dem Misthaufen flattern sehen. Das hatte zu seiner Entlassung als Lehrer geführt und zu einer Anklage wegen Anstiftung zur Meuterei, gegen die ihn Briand mit Erfolg verteidigte. Für Hervé war das Mysterium der *patrie* ein blutrünstiger Moloch, der die Arbeiter verschlang. Ungeachtet weiterer Prozesse und einer Gefängnisstrafe setzte er seine Kampagne gegen die Armee und das Vaterland fort. »Wir werden die Mobilmachung mit einer Revolution beantworten!« schrie er. »Der Bürgerkrieg ist der einzige Krieg, der nicht sinnlos ist.« Auf dem Parteitag der Französischen Sozialistischen Partei im Jahre 1906, mitten während der Marokko-Krise, und erneut auf dem Parteitag von 1907 nahmen diese Vorstellungen in einer Resolution Gestalt an. Die Syndikalisten als getreue Anhänger Sorels, Bergsons und Nietzsches eilten ihm zu Hilfe. Sie waren die Kultpfleger des Generalstreik-»Mythos«, aber nicht die Männer, die aufgerufen werden sollten, ihn durchzuführen, denn die gab es nicht. Die CGT kam nicht zu den Kongressen der SFIO und hatte ohnehin den Generalstreik für die Zwecke der Revolution und nicht zur Verhinderung des Krieges reserviert.

Als Repräsentant der alten Garde der Marxisten führte Guesde die Opposition gegen Hervé und wies darauf hin, daß der Krieg ein Bestandteil des kapitalistischen Systems und der Vorbote seines Todeskampfes und es daher vergeblich sei, ihn verhindern zu wollen; außerdem liege das nicht im Interesse der Sozialisten.

Als der führenden Persönlichkeit seiner Partei oblag, es nun Jaurès, den Parteitag auf eine gemeinsame Formel zu bringen. Überzeugt davon, daß eine gerechte Gesellschaftsordnung bereits in Reichweite war, sah er im Krieg die große zerstörerische Kraft – nicht die Chance der Arbeiterklasse, sondern den Feind des Arbeiters. Den Krieg zu verhindern, das sollte in den nächsten Jahren sein Hauptziel werden. Er hatte lange daran festgehalten, der Generalstreik sei »revolutionäre Romantik«, außer er war sowohl hinsichtlich der Durchführung wie auch seiner Ziele gut organisiert. Auf der anderen Seite war er die einzige Möglichkeit, mit der die Arbeiterklasse ihre Macht fühlen lassen und einen drohenden Krieg verhindern konnte. Jaurès tendierte außerdem dazu, den Generalstreik zu diesem Zeitpunkt zu unterstützen, weil es geboten war, dem Syndikalistenflügel eine Konzession zu machen, um die wertvolle Einheit der SFIO zu bewahren. Er war nicht weniger Realist wie Bebel, blieb aber dabei Idealist. Mit dem Problem des Generalstreiks setzte er sich dergestalt auseinander, daß er sich einredete, die Massen würden im Falle des Krieges schon irgendwie den notwendigen revolutionären Eifer zeigen und sich in einem spontanen und wirksamen Protest erheben, der keiner vorherigen Planung und Organisation bedurfte. In dieser Frage, die von so entscheidender Bedeutung war, steckte Jaurès den Kopf in den Sand. Er stimmte einer Resolution zu, die zwar weniger präzise als die von Hervé war, aber den französischen Sozialismus auf alle Formen der Antikriegsagitation festlegte, darunter parlamentarische Maßnahmen, öffentliche Versammlungen, allgemeine Proteste, »selbst der Generalstreik und der Aufstand«.

Dies waren nicht mehr als rhetorische Forderungen, aber Jaurès glaubte oder redete sich ein, daß die »unermüdliche Agitation« dieses Ziel verwirklichen könne. Er gab sich jedoch nicht mit der Hoffnung hierauf zufrieden, sondern praktizierte die Agitation in sozialistischen Massenversammlungen und auf Vortragsreisen durch Frankreich. Von nun an schien es, als ob Jaurès »an jeder französischen Eisenbahnstation« – sei es in Lille, Dijon, Nîmes, Bordeaux, Guise, Reims, Avignon, Toulon, Marseille und natürlich Carmaux – »irgendwann einmal aus dem Zug stieg, den Koffer in der Hand, der große Reisende des Friedens«. Auch im Ausland, in London, Brüssel und in anderen europäischen Hauptstädten erhob er seine Stimme, als wolle er seine Zuhörer mit einem Feuer erfüllen, das, wenn notwendig, in flammende Aktion umgesetzt werden konnte. Anläßlich eines Besuches in England, bei dem ihn Vandervelde begleitete, besuchten sie Hatfield, den Stammsitz der Cecils, der Jaurès, wie er sagte, mehr interessierte als Oxford.

Das Problem des Krieges, das Bestreben, die extremen Richtungen von Hervé und Noske zu versöhnen, beherrschte von nun an den Sozialismus. Der Konflikt wurde beim nächsten Sozialistenkongreß offenbar, der im August 1907 zum ersten Mal auf deutschem Boden stattfand. Wenngleich Berlin eine Hochburg des Sozialismus war, wagten es die Parteioberen nicht, den Kongreß unter den Augen des Kaisers abzuhalten. Sie wählten Stuttgart zum Tagungsort. 886 Delegierte aus 26 Nationen und Nationalitäten versammelten sich im größten Auditorium der Stadt. Darunter befanden sich Ramsay McDonald aus England, de Leon und Big Bill Haywood aus den Vereinigten Staaten, Plekanow, Lenin, Trotzki und Alexandra Kollontai als Vertreter der verschiedenen russischen Parteien. Frau Kana aus Indien, die »roten Jungfrauen« Rosa Luxemburg und Clara Zetkin und unter den vielsprachigen Dolmetschern Angelica Balabanow aus Italien, in Begleitung eines »ungestümen, aufsässigen, bulligen jungen Mannes mit einem finsteren Gesicht«, Benito Mussolini. Als Demonstration der sozialistischen Stärke wurde am Eröffnungstag, einem Sonntag, außerhalb der Stadt eine Versammlung unter freiem Himmel abgehalten. Die Arbeiter kamen mit ihren Familien von überall her und füllten die Straßen, die zum Versammlungsplatz führten, wo ein Dutzend rotdrapierte Tribünen für die Redner aufgestellt worden waren. Musikkappellen spielten und Chöre sangen sozialistische Lieder, während eine wachsame Polizei die Vorgänge von zwei Fesselballonen aus beobachtete. Um zwei Uhr nachmittags hatten sich über 50 000 Menschen versammelt, um den sozialistischen Berühmtheiten mit »außerordentlicher Begeisterung, aber durchaus diszipliniert« zuzuhören. In seiner Rede beglückwünschte Bebel das englische Proletariat zu seinem erst kürzlich errungenen Wahlerfolg und bemerkte, vielleicht nicht ohne eine Spur von Neid, er sei sicher, daß der Kampfgeist der englischen Partei nicht beeinträchtigt werde, nun, da John Burns von der Regierung geschickterweise ins Kabinett aufgenommen worden sei. Lauter Jubel begleitete Jaurès' Rede, die er in Deutsch hielt. Er behielt zwar eine deutsche Übersetzung seiner Rede nach einmaligem Durchlesen im Gedächtnis und konnte lange Passagen von Goethe auswendig, aber sein Umgangsdeutsch reichte nicht einmal aus, um sich ein Hotelzimmer zu nehmen.

In der Kongreßhalle hatte trotz der bewundernswerten deutschen Organisation dennoch jedermann verständlicherweise das Gefühl, unter den Augen der Polizei zu tagen. Als Harry Quelch, ein englischer Delegierter, die Haager Konferenz, die damals gerade tagte, respektloserweise eine »Tafelrunde von Dieben« nannte, setzte Kanzler Bülow, der selbst recht wenig Respekt vor der Konferenz hatte, die württembergische Landesregierung unter Druck und ließ Quelch ausweisen. Bebel, der sich sofort in seiner Haut nicht mehr wohl fühlte, protestierte noch nicht einmal. Quelchs leerer Stuhl wurde während der restlichen Kongreßtage mit Blumen geschmückt.

Wie gewöhnlich beriet der Kongreß in verschiedenen Ausschüssen über Wahlrecht, Frauenfrage, Minderheiten, Immigration, Kolonialismus und so weiter, aber die Aufmerksamkeit konzentrierte sich diesmal auf den Ausschuß für Antimilitarismus. Die Pflicht der Arbeiterklasse angesichts des zunehmenden Militarismus und der Kriegsdrohung, dieses Thema, das die Franzosen auf die Tagesordnung gesetzt hatten, löste eine fünftägige Debatte aus. In seiner Eröffnungstirade schlug Hervé wiederum die Massenbefehlsverweigerung vor als Antwort auf die Mobilmachung, also im Grunde die Rebellion. Da sich Rebellion leicht in Revolution verwandeln ließ, wurde Hervé von den deutschen Radikalen unter der Führung von Rosa Luxemburg und Karl Liebknecht unterstützt. Hingegen bewegte sich die Majorität der Partei von den alten Marxisten wie Bebel und Kautsky bis zu den neuen Nationalisten der Noske-Prägung geschlossen nach rechts. Da sie »sozusagen in Hörweite der Wilhelmstraße« debattierten, wie Vandervelde es ausdrückte, dämpften die Deutschen ihr übliches verbales Kreuzfeuer, doch war dies nicht allein Besonnenheit; die Akzentverlagerung war ideologisch. Einige gaben das offen zu; andere bestritten es, standen aber bereits im Begriff, sich nach der nationalen Haltung auszurichten und den Realitäten einer Ära der nationalen Expansion anzupassen, durch die der Arbeiter materielle Vorteile erringen konnte. »Es stimmt nicht, daß der Arbeiter kein Vaterland hat«, erklärte Georg von Vollmar, ein führender Revisionist. »Die Liebe zu den Menschen hält uns nicht davor zurück, auch gute Deutsche zu sein.« Er und seine Gruppe, so sagte er, würden keinen Internationalismus akzeptieren, der antinational sei.

Jaurès brachte die gleiche Resolution ein, die soeben vom französischen Parteitag verabschiedet worden war. Sie legte den Schwerpunkt auf die »Agitation«, betonte und betrachtete den Generalstreik als letzte Waffe.

Die Annahme, ein Generalstreik ohne Planung und Organisation könne wirksam und erfolgreich sein, war genauso unsinnig wie die Annahme, eine Armee könne ohne Befehle, Quartier, Versorgungsdepots, Transportmittel, Verpflegung und Munition kämpfen. Selbst wenn die Zweite Internationale sich auf einen Generalstreik hätte einigen können, so besaß sie doch nicht, die Autorität ihren Mitgliedern gegenüber, um ihnen Befehle erteilen zu können, und jedes Land hätte seinen Streik getrennt vom Nachbarland organisieren müssen. Falls die Aktion jedoch nicht simultan und international war, dann würden die Arbeiter, die ihn am wirksamsten durchführten, ihr Land der Niederlage ausliefern. Wie Guesde unermüdlich betonte, konnte ein Generalstreik nur bei einer organisierten und disziplinierten Arbeiterschaft erfolgreich sein. Falls er aber erfolgreich war, wäre das Ergebnis lediglich, daß das höher entwickelte Land dem unterentwickelten militärisch nicht mehr gewachsen sein würde. Der Zwiespalt war schrecklich und unlösbar. Jaurès sorgte dafür, daß er in Grenzen blieb, denn für ihn war der Generalstreik mehr eine die Massen entflammende Idee als eine reale Möglichkeit. Als er einmal zusammen mit Bernstein in Stuttgart spazierte, versuchte er ihn von der belebenden Wirkung einer solchen Erklärung für den Streik zu überzeugen. »All meine Einwände betrafen die praktische Undurchführbarkeit des Streiks«, sagte Bernstein später, »aber immer wieder kam er auf den *moralischen* Wert einer solchen Verpflichtung zurück«. Wie Clemenceau einmal viel später meinte, war es die Tragik von Jaurès, daß »er die Brüderschaft unter den Völkern mit einem so unerschütterlichen Glauben predigte ... daß er blind war gegenüber der brutalen Realität der Fakten«.

Bebel widersetzte sich dem Generalstreik mit der Begründung, eine solche Aktion sei absolut undurchführbar. Da die deutsche Partei im Gegensatz zu der französischen eng an die Gewerkschaften gebunden war, versuchte sie die Streikfrage vom gewerkschaftlichen Gesichtswinkel aus zu betrachten. Obgleich jedes einzelne Gewerkschaftsmitglied ein guter Sozialist sein mochte, wollten die Gewerkschaften ihre Fonds doch nicht unbesonnen gegen die Macht des Staates aufs Spiel setzen. Die finanziellen Reserven reichten ja noch nicht einmal für einen Generalstreik im Friedensfalle aus. In einer Nation, die vom Kriegsfieber ergriffen ist, gegen die Verteidigung des Vaterlandes zu opponieren, sagte Bebel, würde die Sozialisten in eine unmögliche Position bringen. Sogar Kautsky stimmte ihm zu. Insgeheim trösteten er und gleichgesinnte Freunde sich genau wie Jaurès mit dem Gedanken, daß die erzürnten Arbeiter im Falle eines Krieges »irgendwie« dagegen rebellieren würden.

Wo aber blieb die Stimme des Arbeiters, des Mannes, der unmittelbar von all diesem Gerede um den Streik betroffen war? Es gab sie nicht. Der Arbeiter war zu Hause, kümmerte sich um seine Arbeit, seinen Chef, die zerbrochene Fensterscheibe, das kranke Kind, das tägliche Brot heute und den Feiertag morgen. Wenn er an Streik dachte, dann nur im Zusammenhang mit Lohnerhöhung. Wenn er an Krieg dachte, dann nur als an ein vages, heroisches Ereignis mit einer Aura von Tapferkeit und Abenteuer. Er hielt mehr davon, in den Krieg zu ziehen als gegen ihn zu streiken; er wollte die Ausländer hinauswerfen und sein Land verteidigen. Bebel kannte seine Leute nur zu gut. »Macht euch nichts vor«, sagte er zu einem englischen Delegierten und wiederholte seine alte Feststellung, daß in dem Augenblick, da das Vaterland in Gefahr war, »jeder Sozialdemokrat das Gewehr nehmen und an die französische Grenze marschieren wird«.

Falls Bebel immer noch der Papst des Sozialismus war, dann war er ein sehr weltlicher Papst. Die Fackel der sozialistischen Tugenden war an Jaurès übergegangen, »die größte Hoffnung der Zweiten Internationale«, wie Vandervelde in seiner Eröffnungsrede sagte. Jaurès war voller Energie, stürzte sich mit Begeisterung in seine Kampagne wider den Krieg und freute sich, in Deutschland zu sein. In einem Bierlokal auf dem Lande ergriff er einen vollen, schaumgekrönten Bierkrug und sagte »Bier! Vandervelde, deutsches Bier!« mit einer ungekünstelten Begeisterung, die sein Begleiter unwiderstehlich fand. Eines Nachts, als man von einem Ausflug zurückkehrte und durch Tübingen kam, bestand er darauf, sich trotz Dunkelheit und strömendem Regen die berühmte Universität anzusehen, obwohl es viel zu finster war, um überhaupt etwas sehen zu können.

Bebel warf das ganze Gewicht seiner Partei in die Waagschale, um die Festlegung auf den Generalstreik zu verhindern, weniger, weil er von seiner Undurchführbarkeit überzeugt war, sondern weil er befürchtete, daß seine Regierung Vergeltungsmaßnahmem ergreifen und möglicherweise sogar die Sozialistengesetze wieder einführen könnte. Seine Partei, inzwischen in die Jahre gekommen und mit Erfolgen gesegnet seit jenen Tagen, da Engels gesagt hatte: »Die Legalität bringt uns um«, hatte wenig Verlangen danach, wieder in den Untergrund zu gehen. Aber Bebel mußte nicht nur gegen die umstrittene französische Resolution kämpfen, sondern auch gegen den radikalen Flügel seiner Partei, der einen beachtenswerten

Bündnispartner gefunden hatte. Rosa Luxemburg zeigte ihn einem Bekannten und sagte: »Das ist Lenin. Sieh dir nur seinen eigenwilligen Dickschädel an.« Beide waren nicht davon abzubringen, daß eine Resolution des Kongresses zum Thema Militarismus die Arbeiterklasse an ihre Pflicht, den Krieg in die Revolution zu verwandeln, erinnern solle. In privaten Sitzungen verhandelte Lenin immer wieder mit Bebel, der darauf beharrte, daß die Resolution nichts enthalten dürfe, was es dem Staatsanwalt in Berlin ermögliche, die Partei für ungesetzlich zu erklären. Nach vielen Umformulierungen und Diskussionen, die Lenin zwar überlang, aber dialektisch recht interessant fand, wurde eine befriedigende Formel gefunden und der Hauptresolution angefügt.

In der Fassung, die ein Ausschuß unter Bebels Vorsitz ausgearbeitet hatte, vereinigte die endgültige Version alle Gesichtspunkte, außer Hervés Rebellionsstreik, in einer Form, die darauf abgestimmt war, weder den Staatsanwalt in Berlin noch eine wichtige Delegation des Kongresses zu verstimmen. Bebel hatte sich durchgesetzt. Der Generalstreik wurde in der Resolution nicht erwähnt. Der Klassenkampf wurde wiederum bestätigt, die Forderung nach einer Bürgerwehr anstelle der stehenden Heere erhoben und der Krieg als ein der Natur des Kapitalismus inhärantes Phänomen gebrandmarkt. Der Beschluß stellte aber auch fest, daß »die Internationale sich nicht imstande sieht, die Aktionen der Arbeiterklasse gegen den Militarismus in starrer Form vorzuschreiben«. Sie empfahl die »unermüdliche Agitation« und sprach sich für eine Abrüstung und den Gedanken der internationalen Schlichtung aus. Der Zusatz Lenins und Rosa Luxemburgs, auf einen angemessenen Ton zurechtgestutzt, rief die Arbeiterklasse und ihre parlamentarischen Vertreter dazu auf, ihr Äußerstes zu tun, den Ausbruch eines Krieges »durch die Mittel, die ihnen am geeignetsten scheinen« zu verhindern; falls es trotzdem zum Krieg komme, so war es ihre Aufgabe, für seine schnelle Beendigung zu sorgen und unterdessen »die Krise mit aller Macht auszunutzen und die Abschaffung des Kapitalismus zu beschleunigen«.

1909 gab es einen überraschenden Proteststreik gegen den Krieg, der allerdings sehr tragisch endete. Es war keine organisierte Bewegung, sondern wie bei der russischen Oktoberrevolution ein spontaner Ausbruch. Die »rote Woche« in Barcelona, von den Spaniern *la semana tragica* genannt, war ein Massenprotest gegen die Einziehung von Soldaten für einen Feldzug in Marokko, den die Arbeiter als einen Krieg betrachteten, der für die Interessen der Bergwerksbesitzer des Rif geführt würde. Ein Streik, der von der Arbeitervereinigung von Barcelona ausgerufen worden war, wurde über Nacht zu einem Protest, insbesondere der Frauen, gegen den Krieg, die Herrschenden, die Kirche und alle Elemente eines Unterdrückerregimes. Die

Erhebung erstickte im Gewehrfeuer und im Blut der Getöteten. Zwar erregte das Gerichtsverfahren und die Hinrichtung eines Mannes, Francisco Ferrer, den Zorn der Sozialisten, aber niemand zog aus dem ganzen Geschehen den Schluß, daß man sich mit den Problemen und der Technik einer Revolte befassen mußte.
Im gleichen Jahr rief die Nationale Vereinigung der Arbeiter in Schweden einen Generalstreik aus, um gegen die Zunahme von Aussperrungen durch die Unternehmer zu protestieren. Am Streik nahmen etwa 500 000 Arbeitnehmer teil. Er dauerte einen Monat und wurde schließlich beendet, weil die Regierung mit der Abschaffung und dem Verlust der Altersversorgung drohte und für die wichtigsten Arbeiten Arbeitsbrigaden organisiert worden waren. Es ist eben leichter, Aktivität zu organisieren, als die Untätigkeit der »verschränkten Arme«.
Im gleichen Jahr wurden die Schatten des Krieges wieder drohender, als Österreich-Ungarn die Herzegowina und Bosnien annektierte, was einer offenen Herausforderung Rußlands gleichkam, die sich das Zarenreich jedoch gefallen lassen mußte angesichts der noch nicht völlig überwundenen Schwierigkeiten im eigenen Land. Noch dazu erklärte der deutsche Kaiser, daß er »in schimmernder Wehr« Seit' an Seit' mit seinem Verbündeten stehe. Die österreichischen Sozialisten konnten eine Welle nationalen Stolzes nicht zurückdämmen. Die sozialistische *Arbeiterzeitung* in Wien veröffentlichte eine Serie chauvinistischer Artikel, die die serbische Bourgeois-Presse zum Anlaß nahm, mit hämischen Kommentaren darauf hinzuweisen, daß die internationale Solidarität der Arbeiterklasse offenbar nicht so solide war, wie immer behauptet wurde.
In England erfaßte die antideutsche Welle auch Blatchford, der trotz seines Sozialismus als alter Soldat den Burenkrieg unterstützt hatte. Zusammen mit Hyndman führte er nun im *Clarion* eine Kampagne für die allgemeine Wehrpflicht. Keir Hardie brandmarkte sie als Verräter am Sozialismus und glaubte immer noch daran, »daß die organisierte Arbeiterschaft sich rigoros weigern wird, noch einmal an einer solchen Blutorgie teilzunehmen«. Hardie stand keineswegs allein. Der Mythos von der Einheit der Arbeiter, die in heroischem Klassenbewußtsein zusammengeschweißt waren, erwies sich als stark. Sam Gompers, der wie Hardie selbst der Arbeiterklasse entstammte und sein ganzes Leben den Arbeitern und ihren Problemen gewidmet hatte, glaubte ebenfalls daran. Als er 1909 nach Europa kam, um am Internationalen Gewerkschaftskongreß teilzunehmen, war sein stärkster Eindruck die »solidarische Haltung der Massen in ganz Europa«. Immer noch der ahnungslose Sozialist, glaubte er daran, der Kampf der Arbeiter um ihre Rechte habe den Vorrang vor »den Kriegen der Nationen, in denen der Arbeiter nichts verloren hat«. Er wußte und erklärte in einem anderen Zusammenhang, daß ein Generalstreik im augenblicklichen Stadium der

organisierten Arbeiterschaft »unmöglich« war; dennoch war er sich der »tiefverwurzelten Entschlossenheit« seiner Klasse sicher und meinte, sie werde sich weigern, jene letzte Konsequenz des militärischen Gehorsams auf sich zu nehmen und einen anderen Arbeiter niederzuschießen. Der Geist der internationalen Gewerkschaftskongresse, wo die Delegierten miteinander sprachen und zusammen das Brot brachen, würde sich, so schrieb er, durch ihre Berichte allen organisierten Arbeitern mitteilen, die diesen Geist begreifen und sich weigern würden, einander umzubringen. »Selbst die Nichtorganisierten« würden die Berichte lesen und den Delegierten nach deren Rückkehr zuhören und ebenfalls diese Haltung übernehmen. Die Politiker wüßten ganz genau, daß auf ihren Befehl »An die Front!« eine »Massendemonstration für den Frieden« folgen werde – Gompers wagte es nicht, »Massenungehorsam« zu sagen. »Man stimmt allgemein darin überein«, schloß er, »daß das größte Hindernis für einen Krieg der Völker in Europa heute die entschlossene, ablehnende Haltung der Arbeiter in den verschiedenen Ländern ist«.

Gompers war ebenso praktisch und zäh und dachte so realistisch wie jeder andere Mann auch, aber seine Zeit war sentimental. Daß er wie Jaurès glauben konnte, durch einen »Massenstreik« könne ein endgültiges Halt! ausgesprochen werden, zeigt das Ausmaß, in dem die Idee der heroisierten Arbeiterklasse Wurzeln geschlagen hatte.

Das Ziel seiner Europareise war es gewesen, die AFL der International Federation of Trade Unions anzuschließen. Falls irgendeine Aktion der organisierten Arbeiterschaft gegen den Krieg Gewicht haben sollte, dann konnte nur diese Organisation ihr dazu verhelfen, vorausgesetzt, sie besaß die Absicht und die Mittel dazu. Sie hatte jedoch keines von beiden. Die Organisation war 1903 auf Vorschlag der englischen und französischen Gewerkschaften allerdings gegen den Willen der deutschen gegründet worden und repräsentierte 27 Gewerkschaftsverbände mit einer Gesamtmitgliedschaft von über 7 Millionen in 19 Ländern. Diese Zahlen der International Federation waren jedoch wesentlich imposanter als ihre wirkliche Funktion, die im wesentlichen organisatorischer Art war. Sie unterrichtete die Mitgliedergewerkschaften über die Wirtschaftslage und tat ihr Bestes, die Versuche der Arbeitgeber, ausländische Streikbrecher anzuwerben, zu vereiteln. Um die großen und finanziell gut gestellten deutschen Gewerkschaften zu beruhigen, war die Zentrale in Deutschland und Carl Legien, der Chef des Deutschen Gewerkschaftsbundes, ihr Geschäftsführer. Bei ihren in zweijährigem Turnus stattfindenden Kongressen sprach man nicht gern über politische und soziale Fragen, die meist von den Franzosen angeschnitten wurden. 1909 sammelte die Federation einen Streikhilfefonds von 643 000 Dollar zur Unterstützung des schwedischen Generalstreiks, der zum größten Teil jedoch aus schwedischen und deutschen Beiträgen und nur

in sehr geringem Maße aus englischen, französischen und amerikanischen Geldern bestand. Die Solidarität war keineswegs total. Da der deutsche Einfluß in der Organisation dominierte und sie eine nichtpolitische Orientierung hatte, befaßte sie sich nicht mit den Problemen eines internationalen Generalstreiks.
Eine ihrer stärksten Mitgliedsgewerkschaften war der Internationale Transportarbeiterverband der Seeleute, Dockarbeiter und Eisenbahner. Er war 1896 gegründet worden und vertrat 42 Gewerkschaften in 16 Ländern mit einer Gesamtmitgliedschaft von 480 000. In die ITF hatte Hardie, der genau wie Jaurès vornehmlich mit dem Problem der Verhinderung des Krieges befaßt war, seine Hoffnungen bezüglich eines internationalen Streiks im Falle des Krieges gesetzt. Wenn die Transportarbeiter allein oder zusammen mit der Internationale der Bergleute die Arbeit niederlegten, dann sei es möglich, so glaubte Hardie, den Krieg zu verhindern. Auch hier bestand das Problem wiederum darin, daß die Aktion in allen Ländern gleichzeitig stattfand, aber in seinem Eifer übersah Hardie dies und brachte auf dem nächsten Sozialistenkongreß im August 1910 in Kopenhagen seine Vorschläge dazu vor.
Als Tagungsort der Internationale war Kopenhagen ein Symbol für die Bedeutung, die der Sozialismus inzwischen gewonnen hatte. Die dänische sozialistische Partei war eine der stärksten unter den kleineren Ländern. Sie kontrollierte die Stadtverwaltung der Hauptstadt. Das Kongreßkomitee war entschlossen, die Welt mit seinem Organisationstalent und seiner Tüchtigkeit zu beeindrucken. Es gab prächtige Empfänge, und der sozialistische Bürgermeister der Stadt hielt die Begrüßungsansprache. Vandervelde antwortete ihm mit seiner »vollen, tiefen und sonoren Stimme, die einem das Herz bewegt« und brachte das Gefühl der Delegierten in dieser Stunde, in der »ein freies Volk, Herr über sein Rathaus, die Rote Internationale willkommen heißt«, zum Ausdruck. Die Zahl der sozialistischen Wähler in der Welt betrug inzwischen acht Millionen. Die französischen Sozialisten hatten gerade im Mai wieder einen neuen Wahlsieg mit über einer Million Stimmen errungen und die Zahl ihrer Abgeordneten von 54 auf 76 erhöht. Briand, der sich noch immer einen unabhängigen Sozialisten nannte, war tatsächlich Ministerpräsident geworden, wenn dies auch kein Anlaß zu ungetrübter Freude war. Der Sozialismus schien ein Stadium erreicht zu haben, in dem er sich sehr effektvoll als das »furchtbare Gewissen« der Menschheit produzieren konnte.
In Kopenhagen sprach dieses Gewissen aus Keir Hardie, der zusammen mit Edouard Vaillant eine Resolution einbrachte, in der empfohlen wurde, daß die »angeschlossenen Parteien und Arbeiterorganisationen die Ratsamkeit und Durchführbarkeit eines Generalstreiks erwägen, besonders in jenen Industriezweigen, in denen Kriegsmaterial hergestellt wird, und zwar als

eine Möglichkeit, den Krieg zu verhindern«. Auf dem nächsten Kongreß möge darüber ein Beschluß gefaßt werden. Als Hardie seinen Antrag einbrachte, gab er zu, daß die Arbeiter noch nicht so weit waren, gegen einen Krieg zu streiken, aber er klammerte sich an die Hoffnung, daß sie so weit sein würden, wenn die Zeit dazu gekommen war. »Wir müssen sie führen«, sagte er. Seine Resolution wurde von Vandervelde und von Jaurès unterstützt, der um so mehr geneigt war, mit ihr zu sympathisieren, als er mitten in einem erfolgreichen Versuch begriffen war, die CGT näher an die SFIO heranzubringen. Dies hing zum Teil auch davon ab, daß man den Generalstreik akzeptierte. Darüber hinaus brachte ihn die Sorge über die Bürokratisierung innerhalb der deutschen Partei zunehmend dazu, die Notwendigkeit von Massenaktionen zu erwägen.

Deutsche und Österreicher stemmten sich vereint gegen Hardies Antrag, und zwar mit der gleichen Begründung wie schon früher: Die Propagierung eines Generalstreiks im Falle des Krieges könne zur gerichtlichen Verfolgung wegen Verrat und zur Konfiskation der Gelder führen. Bebel selbst, krank und alt, war nicht mehr anwesend, aber selbst ohne ihn reichte der deutsche Druck aus, um eine Ablehnung des Antrages zu erreichen. Als Kompromiß wurde die Resolution zur weiteren Überarbeitung an das Brüsseler Büro verwiesen und sollte dem nächsten Kongreß erneut vorgelegt werden. Sogar dies schien den Deutschen noch zu weit zu gehen. Nur widerwillig ließen sie sich von Vandervelde überreden, der damit argumentierte, daß im Falle ihrer Weigerung die Briten und Franzosen den Plan allein weiterverfolgen würden. Eine Resolution über den Antimilitarismus wurde verabschiedet, die praktisch den gleichen Wortlaut hatte wie die Stuttgarter, abgesehen von dem Zusatz, die organisierte Arbeiterschaft der Mitgliedsländer solle erwägen, ob die Ausrufung eines Generalstreiks nicht notwendig sei, um das Verbrechen eines Krieges zu verhindern. Ebenso nervös, wenn auch nicht ganz so schnell wie die Kapitalisten in Den Haag über die Abrüstung beraten hatten, erledigten die Sozialisten den Generalstreik.

Wenige Wochen später erfolgte der brutale Beweis, daß die Arbeiter nicht in der Lage waren, einen Transportarbeiterstreik zu gewinnen. In Frankreich brach Ministerpräsident Briand im Oktober einen gegen alle privaten und staatlichen Eisenbahnen gerichteten Generalstreik der Eisenbahner, indem er die Arbeiter für drei Wochen für militärisch dienstverpflichtet erklärte. Damit galt jedes Fehlen am Arbeitsplatz als Desertion. Mit dem Hinweis auf die nationale Verteidigung rechtfertigte Briand diese Maßnahme als von seinem patriotischen Gewissen diktiert. Selbst einem alten Sozialisten diktierte sein Gewissen nicht, die Gesellschaften wegen höherer Löhne unter Druck zu setzen, deretwegen die Arbeiter gestreikt hatten.

Inzwischen schrieb man das Jahr 1910. Die Wachablösung, deren erste Vorboten Balfour bereits in der englischen Parlamentswahl von 1906 zu erkennen geglaubt hatte, war noch nicht abgeschlossen, sondern noch in vollem Gange. Bei einer echten Kraftprobe, wie etwa bei dem französischen Eisenbahnerstreik, konnte die Arbeiterschaft noch keine wirkliche Macht mobilisieren. Internationale Solidarität war ein schönes Trugbild. Wenn die Sozialisten auch weiter noch davon redeten und daran glaubten, so befanden sie sich mehr im Bereich der Hoffnungen und Theorien, denn auf dem Boden der Realität. Während die Sozialisten in Kopenhagen über die Möglichkeiten eines Streiks in den Rüstungsindustrien diskutierten, tagten eben jene Leute, die in diesem Fall entscheidend sein würden, die Internationalen Transportarbeiter, die ihrem Wesen nach wirklich internationalste aller Gewerkschaften, ebenfalls in Kopenhagen. Während des Burenkrieges hatten die mit den Buren sympathisierenden Holländer auf einen internationalen Boykott der britischen Seefahrt gedrängt. Die ITF-Führer hatten den Vorschlag jedoch glatt abgelehnt mit der Begründung, daß zu diesem Zeitpunkt einfach keine Möglichkeit bestehe, die Arbeiter an einer internationalen Bewegung mit politischem Hintergrund zu interessieren. Etwas anderes war es, wenn es um Ziele der Gewerkschaften ging. Jetzt, im Jahre 1910, riefen sie für das nächste Jahr einen internationalen Streik gegen die Reeder aus, um eine Reihe von Mißständen zu beseitigen.

Die treibenden Kräfte waren in diesem Falle die britischen Delegierten Ben Tillett und Havelock Wilson, während der deutsche Delegierte Paul Müller sich energisch dagegen aussprach, genau wie seine Landsleute, die sich dem Vorschlag Hardies auf dem sozialistischen Kongreß widersetzten. Ein Streik der Seeleute sei zum gegenwärtigen Zeitpunkt »absoluter Wahnsinn«, sagte Müller, und müsse unweigerlich mit einer Katastrophe enden. Die Herren würden triumphieren, die Gewerkschaften ihren Einfluß verlieren, die Arbeiter mittellos werden und schließlich gezwungen sein, kniefällig um Frieden zu bitten. Da ein Ausstand der Seeleute wie der Streik gegen den Krieg sich zum Vorteil der Länder auswirken würde, die nicht streikten, und außerdem England und Deutschland sich in der Seefahrt als Rivalen gegenüberstanden, war das internationale Prinzip absolut entscheidend. Paul Müller wurde heftig unter Druck gesetzt und umgestimmt, und der Kongreß akzeptierte einstimmig den Seeleutestreik gegen die »brutale und unbillige« Weigerung der Reeder in allen Ländern, die gewerkschaftlichen Forderungen nach einer Vermittlungsinstanz zu diskutieren.

Bei den nächstfolgenden Versammlungen des Seeleute-Komitees im November und März in Antwerpen, erklärten die Engländer weiterhin, daß sie auf jeden Fall streiken würden, und die Belgier, Holländer, Norweger und Dänen verpflichteten sich zur Solidarität. Die Deutschen behaupteten, daß sie keinen Anlaß zum Streik hätten und zogen sich zurück. Der Stichtag wurde auf den 14. Juni festgesetzt. In der Zwischenzeit revidierten auch die Dänen und Norweger ihre Haltung, die ersteren, weil es ihnen gelungen war, ein sehr günstiges Fünf-Jahres-Abkommen abzuschließen, die letzteren, weil sie sich zu schwach fühlten, ihre Forderungen durchzusetzen, nachdem sie zuvor abgelehnt worden waren. Die Briten streikten dennoch, und daraus entwickelte sich der große Transportarbeiterstreik des Krönungssommers. Die Belgier und Holländer hielten Wort, aber ihre Aktion wurde durch die dramatischen Ereignisse in England in den Hintergrund gedrängt. Die ITF organisierte Sympathiestreiks in anderen Häfen, verhinderte damit die Rekrutierung von Streikbrechern und half den britischen Seeleuten, ihre Forderungen durchzusetzen. Insgesamt gesehen wurde die Streiksolidarität, auf die man ursprünglich gehofft hatte, nicht erreicht. Wie in einer Vorschau zeigte dieses Ereignis aus dem Jahre 1911, was von der Arbeiterklasse bei einer internationalen Aktion zu erwarten war.

Der Sozialismus hingegen blieb standhaft bei seiner Behauptung, die Arbeiter der Welt würden sich im Falle eines Krieges »erheben«. In dieser Hinsicht teilten sie die Tendenz ihrer Zeit, die Realität mit einem Mantel von Sentimentalität zu umgeben. Die Öffentlichkeit wurde zu dieser Zeit noch nicht von jenen Ärzten, Schriftstellern und Sozialpsychologen repräsentiert, die allmählich begannen, den Menschen ohne Illusionen zu betrachten. Sie waren noch die Avantgardisten, Schwarzseher wie Wedekind. Die Masse zog die rosigen Aussichten vor: die makellosen, perlengleichen, nackten Schönheiten von Bouguereau, die unglaublich hübschen Gibson-Girls – Geschöpfe, die es nirgends wirklich gab. Genauso verhielten sich, auf ihre Weise, die Sozialisten.

Der Blick durch die rosarote Brille herrschte auch in Deutschland vor, wo die Sozialdemokraten in der Reichstagswahl von 1912 einen erstaunlich hohen Prozentsatz der Gesamtstimmen – 32 Prozent, insgesamt 4 250 000 Wähler – und 110 Sitze erhielten. Die Partei wuchs so schnell und schien so mächtig, daß sie in den Augen ausländischer Sozialisten »unwiderstehlich« und der Augenblick nahe war, an dem die sozialistische Bewegung die »Mehrheit des Volkes umfaßte und die Ketten des feudalistisch-kapitalistischen Staates abschütteln würde«. Die Existenz so vieler Sozialdemokraten im Lande bedeutete, daß die Sozialisten im gleichen Verhältnis auch in der Armee zugenommen hatten. Bald würde es unmöglich sein, die Armee gegen die Arbeiter einzusetzen.

Aber die Diskrepanz zwischen der Größe und der tatsächlichen Macht, auf die Jaurès bereits auf dem Amsterdamer Kongreß hingewiesen hatte, blieb bestehen, ja sie wurde sogar noch spürbarer, als die Partei wuchs. Den Gebrauch, den die deutschen Sozialisten von ihrem Wahlsieg des Jahres 1912 machten, war wenig imposant. Als die Regierung in diesem Jahr die Streitkräfte um drei Armeekorps erweiterte, stimmten sie gegen das Durchführungsgesetz, aber sie gingen nicht so weit, sich der Steuer zu widersetzen, mit der die Aktion finanziert werden sollte. Als Philipp Scheidemann zum Ersten Vizepräsident des Reichstages gewählt wurde und daraufhin erklärte, daß er sich nicht dem offiziellen Hoch auf den Kaiser anschließen werde, löste dies eine Neuauflage der Kniehosendebatte aus, an der sich diesmal jedoch alle Parteien, nicht nur die Sozialdemokraten beteiligten. Die entscheidende Frage war, was Scheidemann tun würde, wenn der Zweite Vizepräsident nicht anwesend war, und ob Bebel zugestimmt hatte, daß die Sozialisten in das übliche Hoch auf den Kaiser einstimmen durften oder nicht. Zuletzt wurde Scheidemanns Wahl widerrufen, weil er von seinen Grundsätzen nicht abgehen wollte. Damit war dieses schwierige Problem umgangen.

Innerhalb der Sozialdemokratie hielt der Revisionismus Schritt mit dem zunehmenden Nationalismus. Die Tatsache, daß der Sozialismus Erfolge zu verzeichnen hatte, lenkte ihn vom Maximalprogramm ab und auf das Minimalziel und das Mögliche hin. Die Morgenröte der Revolution wurde schwächer. Die Gläubigen wiederholten zwar die marxistischen Formeln mit unverdrossenem Eifer, aber überzeugt waren nur die immer noch »Illegalen« – die Russen. Bei einer Versammlung der Leipziger Radikalen bezeichnete ein österreichischer Sozialist, der dort zu Besuch weilte, seine Gastgeber als Revolutionäre. »Wir? Revolutionäre?« unterbrach ihn Franz Mehring. »Bah! *Da* sind die Revolutionäre«, sagte er und wies auf Trotzki, der ebenfalls anwesend war.

Für Jaurès war es mittlerweile zur wichtigsten Aufgabe geworden, eine Politik zur Verhinderung des Krieges zu entwerfen und durchzusetzen, die sowohl dem Verteidigungsbedürfnis Frankreichs wie auch dem sozialistischen Credo Rechnung trug. Auch in seinem Land wurde der Nationalismus, der Revanchegedanke, der die Kriegslust anfachte, immer stärker. Der Druck Deutschlands war allgegenwärtig, die Schatten von Sedan wurden immer länger. Für extreme Logiker wie Guesde waren der Friede und das Interesse der Arbeiterklasse nicht notwendigerweise identisch; für Jaurès dagegen waren sie es. Er war inzwischen zu der Überzeugung gelangt, daß der einzige Weg, die Kriegsgefahr zu bannen und zugleich nicht gegen die Prinzipien des Sozialismus verstieß, die Aufstellung eines Volksheeres war. War die gesamte Nation eine Armee von Reservisten mit sechsmonatiger Grundausbildung und einem Offizierskorps, das sich aus den Mannschaftsrängen rekrutierte, dann konnte sie nicht in eine Kriegstreiberei zugunsten und im Interesse der kapitalistischen Kriegshetzer hineingezogen werden. In einem Verteidigungskrieg im Falle einer Invasion, so argumentierte er, konnte nur eine solche Armee des Volkes darauf hoffen, die furchtbare »Überschwemmung« aufzuhalten, wie sie sich mit dem Einsatz von Reservisten an der Front bei den Deutschen ankündigte.

Jaurès' Kampagne war nicht bloß sozialistische Rhetorik. Wie in der Dreyfus-Affäre mit *Les Preuves*, so begab er sich auch jetzt daran, die Durchführbarkeit seines Planes zu demonstrieren. Innerhalb von drei Jahren studierte er die Möglichkeiten zur Reorganisation des Militärapparates und arbeitete einen Plan dazu aus. Er legte das Ergebnis in einem Gesetz nieder, das er im November 1910 der Kammer vorlegte, und 1911 in einem Buch von 700 Seiten, *L'Armée Nouvelle*. Er predigte seine Botschaft unermüdlich in der Kammer, in *l'Humanité*, der sozialistischen Zeitung, die er gegründet hatte und nun leitete, in Versammlungen und Vorträgen. Die Kohorten der Rechten, besonders die aggressive *Action Française*, beschimpften ihn als »Verräter«, pro-deutsch und »Pazifist«.

Der Balkan, wo die Interessen Rußlands und Österreichs aufeinanderstießen, war, wie jedermann wußte, der Unruheherd Europas. Als im Oktober 1912 der Balkanbund – Serbien, Bulgarien, Griechenland und Montenegro – von Rußland bestärkt der Türkei den Krieg erklärte, schien der furchtbare Augenblick gekommen. In Belgrad beobachtete Trotzki den Auszug der 18. Serbischen Infanterie mit neuen khakifarbenen Uniformen, Korksandalen und einem kleinen grünen Zweig an der Mütze. Sie sahen aus »wie Männer, die zum Schlachtopfer bestimmt sind«. Nichts machte ihm die Bedeutung des Krieges so klar wie diese grünen Zweige und die Korksandalen. »Ein Gefühl für die Tragödie der Geschichte ergriff Besitz von mir, mich überwältigte die Machtlosigkeit gegenüber dem Schicksal und das Mitleid mit der menschlichen Kreatur.«

Um die Einheit der Arbeiterschaft in der Antikriegsfrage zu demonstrieren, berief das Brüsseler Büro einen außerordentlichen Kongreß ein, der am 24. und 25. November in Basel stattfand. 555 Delegierte aus 23 Ländern eilten dorthin. Ein Manifest, das bereits vom Büro formuliert worden war, wurde einstimmig verabschiedet. Darin erklärte man sich bereit, »jedes Opfer« zur Verhinderung des Krieges zu bringen, ohne jedoch genau zu sagen, welche Opfer. Es sprachen Keir Hardie, Adler, Vandervelde und andere sozialistische Redner, und als Höhepunkt schließlich Jaurès, der inzwischen stillschweigend als führende Persönlichkeit innerhalb der Bewegung anerkannt worden war. Bebel war zwar anwesend, aber sein Stern war im Sinken. Er trat hier zum letzten Mal auf internationaler Ebene in Erscheinung. Jaurès sprach von der Kanzel der Kathedrale, die die kirchlichen Behörden dem Kongreß trotz der bürgerlichen Befürchtungen vor den »gefährlichen« Folgen zur Verfügung gestellt hatte. Der Klang der Kirchenglocken, so sagte Jaurès, erinnere ihn an das Motto von Schillers »Lied von der Glocke«: *Vivos voco, mortuos plango, fulgura frango*. Dann lehnte er sich nach vorne und verkündete den atemlos lauschenden Delegierten: »Ich rufe die Lebenden, daß sie sich gegen jenes Unheil wehren, das am Horizont auftaucht. Ich beweine die zahllosen Toten, die dort im Osten vermodern. Ich werde die Donnerkeile des Krieges zerbrechen, die das Unglück vom Himmel herabschleudern.«

Es kam jedoch anders, und es waren die kapitalistischen Politiker, die die Donnerkeile zerbrachen, indem sie im Dezember 1912 eine Konferenz nach London einberiefen, auf der der Krieg begrenzt, und bei einem erneuten Zusammentreffen im darauffolgenden Mai beendet wurde, ehe er sich in einen Konflikt zwischen Österreich und Rußland ausweiten konnte.

Im März 1913 wurde in Frankreich eine Maßnahme beschlossen, die in direktem Gegensatz zu Jaurès' Kampagne stand: Die Wehrdienstzeit wurde von zwei auf drei Jahre verlängert und damit die Armee vergrößert. Jaurès machte seinen ganzen Einfluß geltend, um dies zu verhindern, und stritt für ein Volksheer. Während der nun folgenden sechs Monate beherrschte das Dreijahresgesetz das politische Leben Frankreichs. Die Befürwortung des Gesetzes wurde zum Schlachtruf der Nationalisten und der Widerstand dagegen das Symbol der Linken. Jaurès bezeichnete die Maßnahme in der Kammer als ein »Verbrechen gegen die Republik«. Anläßlich einer Protestversammlung unter freiem Himmel, bei der er sprach, versammelten sich 150 000 Menschen. Als Führer der Opposition galt er als der bedeutendste Sprecher des Friedens, war er aber auch das Ziel wütender Angriffe, in denen ihm Pazifismus und eine pro-deutsche Haltung vorgeworfen wurde. Nach siebenwöchiger hitziger Debatte wurde das Gesetz am 7. August verabschiedet. Beharrlich wie damals, als er nicht eher geruht hatte, bis Dreyfus und Picquart rehabilitiert waren, kämpfte er nun um die Aufhebung des Gesetzes.

In diesem Jahr starb Bebel im Alter von 73 Jahren. Drei Tage lang defilierten Arbeiter und Sozialisten aus vielen Ländern an seinem Sarg vorbei, der von Hunderten von Kränzen und Buketts aus roten Blumen umgeben war. Die Führung der Partei ging auf seinen designierten Nachfolger Hugo Haase über, einen Rechtsanwalt und Abgeordneten aus Königsberg. Im August 1913 wurde in Anwesenheit von Andrew Carnegie und Vertretern aus 42 Staaten, die sich dem Ständigen Gerichtshof angeschlossen hatten, in Den Haag der Friedenspalast eingeweiht, in einer, wie die *Times* es bezeichnete »äußerst glücklichen Zeit«. Eine Untersuchung über französische Studenten im Jahre 1913 zeigte, daß das Wort »Krieg« auf sie eine Faszination ausübte, »die durch den ewigen Kampfinstinkt in den Herzen der Menschen immer wieder aufs neue Nahrung erhält«.

Die Macht der Arbeiterklasse nahm weiter zu. Die Mitgliedschaft in den deutschen und englischen Gewerkschaften erreichte 1914 je drei Millionen, in Frankreich eine Million. Die dänischen Sozialisten waren die stärkste Partei in ihrem Land; die italienischen Sozialisten erhöhten in der Wahl von 1913 ihre Sitzzahl im Parlament von 32 auf 52; in Frankreich stieg sie in den Aprilwahlen von 1914 von 76 auf 103. Die belgischen Sozialisten erhielten 500 Gemeinderatssitze, außerdem 30 Parlamentsmandate und 7 Sitze im Senat. Durch den hartnäckigen Widerstand der herrschenden

Klasse gegen die Erweiterung des Wahlrechts zutiefst erbittert, wähnten sie sich nun stark genug, ihre Forderung mit einem Generalstreik durchsetzen zu können. Gegen die ungeduldigen Radikalen, die auf sofortiges Handeln drängten, bestanden Vandervelde und seine Mitarbeiter auf langen und sorgfältigen Vorbereitungen; aber auch diesmal schlug die Aktion fehl, obwohl sich 400 000 Arbeiter an dem zweiwöchigen Streik beteiligten.

Der Zehnte Kongreß der Zweiten Internationale stand für den August 1914 in Wien bevor, und zwar sollte bei diesem Anlaß der 50. Jahrestag der Gründung der Ersten Internationale und der 25. Gründungstag der Zweiten gebührend gefeiert werden. Der Glaube an das Ziel und den Zweck der Bewegung war immer noch stark. Im Mai traf sich ein deutsch-französisches Komitee in Basel, geführt von Jaurès und Hugo Haase, um Möglichkeiten einer Annäherung zwischen beiden Ländern zu erörtern. Das Vorhaben war gut gemeint, aber es gedieh nie über das Verhandlungsstadium hinaus. In England wandte sich Keir Hardie mitten in einer Rede vor einer Versammlung der ILP im April plötzlich an die Kinder aus der sozialistischen Sonntagsschule, die hinter dem Podium saßen und sprach sie direkt an. Er beschrieb ihnen, wie schön die Welt der Natur und die Welt der Menschen sein könnte. Er sprach davon, wie unnötig Krieg und Armut seien und wie sehr er versucht habe, ihnen eine bessere Zukunft zu verschaffen. Wenn er und seine Kampfgenossen auch keinen Erfolg gehabt hatten, so konnten sie, die Kinder, dieses Ziel doch immer noch erreichen. »Wenn dies meine letzten Worte wären, dann würde ich euch sagen: Arbeitet auf diesen Tag hin!«

Die Nachricht, daß serbische Patrioten Ende Juni den Erzherzog Franz Ferdinand, den österreichischen Thronfolger, in einer obskuren Stadt des annektierten Bosnien ermordet hatten, gehörte zu der Art von Sensationen, an die sich die Welt inzwischen schon gewöhnt hatte. Sie geriet in Vergessenheit, ohne die Öffentlichkeit sonderlich zu alarmieren. Einen Monat später, am 24. Juli, kam, wie ein Blitz aus heiterem Himmel, die Meldung, daß Österreich Serbien ein Ultimatum von solcher »Brutalität« gestellt hatte, daß »es nur als der vorsätzliche Versuch einer Provokation zum Krieg verstanden werden kann«, wie der sozialdemokratische *Vorwärts* schrieb. Die Möglichkeit einer Krise großen Ausmaßes öffnete sich wie ein Abgrund vor Europas Füßen. Würde es ein zweites Agadir oder einen zweiten Balkankrieg geben, voller Ränke und waghalsiger Manöver, aber schließlich doch noch abgewendet werden können? Die Menschen warteten in verzweifelter Hoffnung. »Wir vertrauten auf Jaurès«, schrieb Stefan Zweig viel später, daß er den sozialistischen Widerstand organisieren und den Krieg verhindern werde.

Die sozialistischen Führer konferierten. Wenn man darauf wartete, erst im nächsten Monat eine Demonstration in Wien zu veranstalten, konnte es bereits zu spät sein. Die Bereitschaft zum Krieg, eine allgemeine Kriegslust, lag in der Luft. Das Brüsseler Büro berief für den 29. Juli eine Notstandssitzung der Parteiführer ein. Jaurès, Hugo Haase, Rosa Luxemburg, Adler, Vandervelde, Keir Hardie, sowie Vertreter aus Italien, der Schweiz, Holland, der tschechischen, der ungarischen und der verschiedenen russischen Parteien versammelten sich in einem »Gefühl der Hoffnungslosigkeit und der ohnmächtigen Enttäuschung«. Was konnten sie tun? Wie konnten sie den Willen der Arbeiterklasse zum Ausdruck bringen? Wie sah dieser Wille überhaupt aus? Niemand stellte diese Frage, aber niemand zweifelte daran, daß es ein Wille zum Frieden war. Die Antwort auf diese Frage war bereits zwei Tage zuvor gegeben worden, als in Brüssel der Kongreß der Gewerkschaften tagte, an dem Léon Jouhaux, der Führer der CGT, und Carl Legien, der Chef der deutschen Gewerkschaften teilnahmen. Jouhaux versuchte immer wieder herauszubekommen, wie die deutschen Gewerkschaften handeln würden. Die Franzosen würden, so sagte Jouhaux, den Streik ausrufen, falls die Deutschen mitzögen. Aber Legien schwieg. Auf jeden Fall wurden keine Pläne hierzu ausgearbeitet.

Die ganze Woche hindurch tobte die sozialistische Presse in allen Ländern gegen den Militarismus, drängte die Arbeiterklasse aller Nationen »zusammenzustehen«, »sich zu vereinigen« und die Militaristen zu entmachten, »unermüdliche Agitation« zu betreiben, so wie die Internationale es vorgesehen hatte. *La Bataille Syndicaliste*, das Organ der französischen Gewerkschaften, erklärte: »Die Arbeiter müssen die Kriegserklärung mit einem revolutionären Generalstreik beantworten.« Die Arbeiter strömten zu Massenversammlungen zusammen, hörten die Ermahnungen, marschierten und schrien Parolen, aber es gab keine Anzeichen für den Willen zu streiken, ebenso wenig wie es Pläne für den Generalstreik gab.

An einem regnerischen Tag versammelten sich die Führer der Sozialisten in Brüssel im Maison du Peuple, dem stolzen neuen Haus der belgischen Arbeiterbewegung mit Theater, Büros, Sitzungszimmern, einem Café und Läden der Kooperativen. Als sie eintrafen, erfuhren sie, daß Österreich Serbien den Krieg erklärt hatte, daß aber noch keine der anderen Nationen in den Konflikt verwickelt war. Die Hoffnung, daß sich die Arbeiter doch noch irgendwie erheben würden – jenes »irgendwie«, an das sie sich so lange geklammert hatten war das einzige, was ihnen blieb. Jeder hoffte, daß der andere die Nachricht von einem großen, spontanen Ausbruch in seinem Land bringen würde, der das »Nein!« der Arbeiter ausdrückte. Adlers Bericht gab jedoch keine Hoffnung auf eine Erhebung in Österreich. Haase war zu ruhelos, um still sitzen zu können, berichtete von Protesten und Massenversammlungen in Deutschland und versicherte seinen Genossen, daß »der Kaiser keinen Krieg will, nicht aus Menschenliebe, sondern aus Feigheit. Er hat Angst vor den Konsequenzen.« Jaurès machte den

Eindruck eines Mannes, »der alle Hoffnungen auf eine normale Lösung aufgegeben hat und auf ein Wunder wartet«. Hardie war sicher, daß die britischen Transportarbeiter einen Streik ausrufen würden, aber das war nichts Neues. Wenige Wochen zuvor hatte er geschrieben: »Nur die Verbindung der gewerkschaftlichen und der sozialistischen Bewegung wird die Arbeiter in die Lage versetzen, die Regierung zu kontrollieren, und auf diese Weise den Krieg verhindern.« Das einzige Land, wo eine solche Verbindung stattgefunden hatte, war Deutschland. Die Delegierten redeten den ganzen Tag, aber die einzige Entscheidung, die sie trafen, war die Vorverlegung des Kongresses auf den 9. August in Paris, wo die Diskussion wieder aufgenommen werden sollte.

An diesem Abend wurde im Cirque Royale eine Massenversammlung abgehalten, bei der sich Arbeiter aus allen Stadtteilen und Vororten Brüssels einfanden. Als die Führer auf das Podium stiegen, legte Jaurès seinen Arm um die Schulter Haases. Diese Geste sollte dartun, daß es zwischen Frankreich und Deutschland keine Feindschaft gab. Als er auf dem Höhepunkt der Versammlung das Wort ergriff, steigerte sich seine Beredsamkeit, bis die Halle unter seinen Worten erbebte. Er »zitterte, so intensiv waren sein Gefühl, seine Besorgnis und der Wunsch, den bevorstehenden Konflikt irgendwie zu verhindern«. Als er geendet hatte, strömte die begeisterte Menge auf die Straßen und bildete einen Demonstrationszug. Sie trugen Plakate mit der Aufschrift *Guerre à la guerre,* sangen die Internationale oder riefen in Sprechchören ihren Schlachtruf.

Am nächsten Tag, als die Delegierten abreisten, verabschiedete sich Jaurès von Vandervelde und sprach ihm Mut zu. »Es wird wie bei Agadir sein – auf und ab – aber es ist unmöglich, daß sich das nicht lösen läßt. Komm, ich habe noch ein paar Stunden Zeit bis zu meinem Zug. Laß uns ins Museum gehen; ich möchte gern die flämischen Primitiven sehen.« Aber Vandervelde mußte nach London und konnte nicht mitkommen. Er sah Jaurès nicht wieder. Auf der Rückfahrt nach Paris schlief Jaurès vor Erschöpfung im Zug ein. Sein Begleiter Jean Longuet betrachtete »sein wunderschönes Gesicht« und plötzlich erfaßte ihn das Gefühl »er könnte tot sein. Ich war starr vor Furcht.« Bei der Ankunft in Paris wachte Jaurès jedoch wieder auf und ging in die Kammer, um mit einigen Abgeordneten zu sprechen, und von dort ins Büro der *Humanité,* um einen Artikel für die nächste Morgenausgabe zu schreiben.

Angelica Balabanow und weitere Delegierte, die mit einem anderen Zug aus Brüssel abgefahren waren und am nächsten Morgen in Basel beim Frühstück saßen, sahen zwei Genossen vom deutschen Parteirat in höchster Erregung an ihrem Restaurant vorbeieilen. »Es gibt keinen Zweifel mehr daran, daß es Krieg gibt«, berichtete einer aus der Reisegesellschaft, der mit den Deutschen gesprochen hatte. »Sie sind hier, um das Geld der deutschen

Partei in Sicherheit zu bringen.« In Berlin versicherte Kanzler Bethmann-Hollweg an diesem Tag dem preußischen Ministerpräsidenten, daß »von der sozialdemokratischen Partei nichts zu befürchten war« und daß es »keinen Generalstreik und keine Sabotage geben wird«.

Am 31. Juli, dem Tag des deutschen Ultimatums an Rußland und der deutschen Teilmobilmachung, war die Bevölkerung in Paris voller Spannung und Sorge angesichts der Erkenntnis, daß Frankreich am Rande eines Krieges stand. Das Kabinett tagte ununterbrochen, der deutsche Botschafter traf mit unheilverkündender Miene im Außenministerium ein und verließ es wieder. Das Leben schien stillzustehen. Jaurès suchte an der Spitze einer Delegation das Büro des Ministerpräsidenten, seines ehemaligen Genossen Viviani, auf und kehrte zurück, um in der Kammer mit seinen Parteifreunden zu konferieren. Um neun Uhr verließ er das Büro der *Humanité*, erschöpft und sorgenvoll, und speiste mit einer Gruppe von Kollegen im Café Croissant gleich um die Ecke auf der Rue Montmartre zu Abend. Während er dort am Tisch saß, mit dem Rücken zum Fenster, erschien draußen auf der Straße ein junger Mann, der ihm seit dem vorhergehenden Abend bereits gefolgt war. Erfüllt, wie sich später herausstellte, von dem blinden Eifer des Superpatrioten richtete er eine Pistole auf den »Pazifisten« und »Verräter« und drückte zwei Mal ab. Jaurès fiel seitwärts über den Tisch und war fünf Minuten später tot.

Die Nachricht verbreitete sich wie ein Lauffeuer in Paris. Eine riesige Menschenmenge versammelte sich vor dem Restaurant. Die Polizei brauchte fünfzehn Minuten, um dem Ambulanzwagen eine Gasse zu bahnen. Als man Jaurès heraustrug, herrschte Totenstille. Während die Ambulanz, begleitet von Polizisten auf Fahrrädern, davonfuhr, erhob sich plötzlich aus der Menge der Ruf »*Jaurès! Jaurès Vive Jaurès!*«, als solle die Tatsache seines Todes damit abgeleugnet werden. Die Menschen waren wie betäubt vor Schmerz. Viele weinten auf offener Straße. »Das bricht mir das Herz«, sagte Anatole France, als er davon erfuhr. Das Kabinett, dem die Nachricht während seiner Nachtsitzung von einem schreckensbleichen Adjutanten überbracht wurde, war wie versteinert. Die Vision eines Arbeiteraufstandes und Bürgerkrieges am Vorabend des Kriegsausbruches tauchte auf. Der Ministerpräsident richtete einen Appell zur Einheit und Besonnenheit ans Volk, Truppen wurden in Alarmbereitschaft versetzt, aber am nächsten Morgen herrschte angesichts der nationalen Gefahr nur große Trauer und tiefe Stille. In Carmaux legten die Bergleute die Arbeit nieder. »Sie haben eine mächtige Eiche gefällt«, sagte einer von ihnen. In Leipzig irrte ein spanischer Sozialist, der an der Universität studierte, stundenlang blindlings durch die Straßen. »Alles war in Blut getaucht.«

Die Nachricht vom Tode Jaurès' erschien am Samstag, dem 1. August, in den Zeitungen. Am Nachmittag desselben Tages machten Frankreich und

Deutschland mobil. Ehe der Abend hereinbrach, marschierten Reservisten mit Bündeln unter dem Arm und Blumen in der Hand zu den Bahnhöfen, während an den Straßenrändern die Zivilisten standen, winkten und jubelten. Begeisterung und Erregung waren in allen Ländern gleich. In Deutschland hielten die Sozialisten am 3. August einen Parteirat ab, um zu entscheiden, ob sie für die Kriegskredite stimmen sollten. Nur wenige Tage zuvor hatte der *Vorwärts* den Vorwand des Defensivkrieges noch verhöhnt. Nun aber sprach die Regierung von der russischen Gefahr und der französischen Aggression. Bernstein, der Revisionist der marxistischen Ideologie, versicherte seinen Genossen, daß die Regierung den Sozialisten eine »goldene Brücke« bauen wolle und führte als Beweis die Tatsache an, daß der Außenminister zu dem großen Verlust, der sie mit dem Tod von Jaurès getroffen hatte, offiziell kondolierte. Von den insgesamt 114 sozialistischen Abgeordneten sprachen sich nur 14, darunter Haase, Rosa Luxemburg, Karl Liebknecht und Franz Mehring, gegen die Kredite aus, aber sie fügten sich der Entscheidung der Mehrheit. Am nächsten Tag stimmten die Sozialdemokraten einstimmig mit den übrigen Reichstagsmitgliedern für die Kriegskredite.

Der Kaiser verkündete: »Ich kenne keine Parteien mehr. Ich kenne nur noch Deutsche.« In Frankreich sagte M. Deschanel, der Präsident der Kammer, in seinem Nachruf auf Jaurès zu den Abgeordneten, die sich von ihren Plätzen erhoben hatten: »Hier gibt es keine Gegner mehr. Es gibt nur noch Franzosen.« In keinem Parlament widersprachen die Sozialisten solchen Erklärungen der primären Loyalität. Léon Jouhaux, der Chef der CGT, erklärte: »Im Namen des Syndikats, im Namen aller Arbeiter, die zu ihren Regimentern geeilt sind, und jener, die wie ich morgen ausrücken werden, verkünde ich, daß wir bereitwillig auf das Schlachtfeld ziehen, um den Angreifer zurückzuschlagen.« Ehe der Monat vorüber war, saß Vandervelde im belgischen Kriegskabinett und Guesde in Frankreich in einer Regierung der »heiligen Einheit«. Guesde ein Minister! Gibt es einen schlagenderen Beweis für die Macht des Patriotismus?

In England, wo die Gefahr für die Nation geringer war als auf dem Kontinent, sprachen sich Keir Hardie, Ramsay McDonald und einige Liberale gegen die Kriegserklärung aus. Sonst gab es nirgendwo Uneinigkeit, Streiks, Proteste, ein Zögern, das Gewehr gegen die Arbeiter eines anderen Landes zu richten. Als der Ruf erging, identifizierte sich der Arbeiter, von dem Marx gesagt hatte, er habe kein Vaterland, mit seinem Land und nicht mit seiner Klasse. Er erwies sich als ein Mitglied der Volksfamilie wie jeder andere Bürger auch. Seine Macht, die angeblich den Kapitalismus stürzen sollte, richtete sich nun gegen ein anderes Ziel, den Ausländer. Die Arbeiterklasse zog willig, ja sogar begierig in den Krieg – wie der Mittelstand, wie die Oberschicht.

Am 4. August wurde Jaurès beerdigt, und in Europa brach der Krieg aus. Über seinem Grab ertönten die Glocken, die er in Basel angerufen hatte, für ihn und für alle Welt: »Ich rufe die Lebenden. Ich beweine die Toten!«

Nachwort

Die vier Jahre, die nun folgten, waren »vier Jahre der intensivsten und heroischsten Anstrengungen, die die Menschheit je auf sich genommen hat«, wie Graham Wallas schrieb. Als diese Anstrengungen vorüber waren, versanken Illusionen und Vorstellungen, die bis 1914 möglich gewesen waren, langsam in der Flut der unendlichen Enttäuschung und Desillusionierung. Für den Preis, den die Menschheit hatte bezahlen müssen, war ihr vor allem die schmerzliche Erkenntnis ihrer eigenen Grenzen zuteil geworden.

Die europäische Kultur, die sich in ihrem großen Jahrhundert zu so stolzer Höhe erhoben hatte, war ein Bauwerk, errichtet aus Größe und Leidenschaft, Reichtum und Schönheit, aber mit finsteren Verliesen. Die Menschen dieses Jahrhunderts waren im Vergleich zu späteren Generationen von größerem Selbstbewußtsein und Selbstvertrauen erfüllt. Sie waren hoffnungsvoller, lebten sorgloser, fröhlicher und verstanden sich besser auf die Kunst der Gesellschaft und der Konversation. Ihr Lebensstil war glänzender, extravaganter und eleganter. Es gab größere Ungerechtigkeit und Heuchelei, mehr Elend und Armut, mehr Sentimentalität und mehr falsche Gefühle, weniger Mittelmäßigkeit, mehr Würde in der Arbeit, größeres Verständnis für die Natur und größeren Eifer. Die Alte Welt hat vieles von dem, was sie einst besaß, verloren, was auch immer sie dafür gewonnen haben mag. Emile Verhaeren, der belgische Dichter und Sozialist, überschrieb 1915 ein Werk im Rückblick auf diese Zeit: »Dem Manne gewidmet, der ich war.«

Literaturhinweise und Anmerkungen

Das Quellenverzeichnis ist nach Kapiteln geordnet und beschränkt sich (mit Ausnahme von ein oder zwei Werken) auf solche Werke, auf die in den Fußnoten Bezug genommen wird; es erhebt weder Anspruch auf Vollständigkeit noch unbedingte Systematik. Es ist ganz einfach eine Liste dessen, was ich an Literatur benutzt habe, und oftmals dessen, worauf ich zufällig gestoßen bin; persönliche Berichte aus erster Hand überwiegen stark, während interpretierende Sekundärliteratur vergleichsweise wenig vertreten ist. Wenn sie zur Vervollständigung des Bildes herangezogen worden ist, dann habe ich solche Quellen benutzt, die dem untersuchten Objekt zeitlich am nächsten waren, nicht etwa weil die älteren Bücher besser sind als die heutigen, sondern weil die die Gesellschaft und die Zeit, über die ich berichten wollte, besser wiedergeben. Ergebnisse der modernen historischen Forschung haben mir jedoch in vielen Fällen als sicherer Unterbau gedient, so etwa Halévys großartige und verläßliche Enzyklopädie der englischen Geschichte, Pinsons und Kohns Studien über Deutschland, Morisons Ausgabe von Roosevelts Briefen und zwei außerordentlich tatsachenreiche Biographien über Männer, die im Zentrum ihrer Zeit standen, Goldbergs *Jaurès* und Mendelssohns *Churchill.* Beide Werke sind, obwohl sie sich auf eine einzelne Persönlichkeit konzentrieren, dennoch detaillierte Geschichtsbilder der jeweiligen Epoche, umfangreich und sorgfältig dokumentiert. In etwas kleinerem Rahmen erfüllten Gingers *Debs* und Painters *Proust* die gleiche Funktion.

Ohne einige der zeitgenössischen Untersuchungen hätte ich nicht auskommen können, darunter Batemans Studie über das Einkommen aus Landbesitz in England, Jack Londons und Jacob Riis' Berichte über die Zustände unter der in Armut lebenden Bevölkerung und Quillards Studie über die Spendenaktion zugunsten der Witwe Oberst Henrys. Eine Reihe von Romanautoren waren mir als Gesellschaftshistoriker von unschätzbarem Wert, darunter V. Sackville-West, Anatole France und Proust, ebenso einige der Memoirenschreiber der damaligen Zeit, wie etwa Blum und Daudet in den sich befehdenden Lagern der Dreyfus-Affäre, Lady Warwick, Sir Frederick Ponsonby, Lord Esher, Wilfred Blunt, Baronin von Suttner, Stefan Zweig und ganz besonders Vandervelde, der als einziger unter den

Sozialisten einen intimen persönlichen Einblick in sein Milieu gab, in der Art, wie er bei Mitgliedern der regierenden Klasse in solcher Fülle zu finden ist. Aber vielleicht noch wertvoller sind jene gelegentlich auftretenden Beobachter des historischen Geschehens, die sowohl ein besonders tiefes Verständnis für die Ereignisse ihrer Zeit als auch das Talent besitzen, dies zum Ausdruck zu bringen und das, was um sie herum geschieht, mit einem Blitz des Erkennens zu erhellen: Romain Rolland oder Masterman sind Beispiele hierfür. Auch Trotzki besaß, wie seine unvergleichliche Bemerkung über die serbische Infantrie zeigt, jene geheimnisvolle Gabe, die historische Bedeutung des Augenblicks zu begreifen – beinahe zu fühlen – und sie in Worte zu fassen, obgleich dies nicht das zentrale Thema seines Buches war. Von den angegebenen Quellen ist Reinachs Werk (vgl. dazu auch die Fußnoten zu Kapitel 4) unzweifelhaft das hervorragendste; was Informationswert und Brillanz angeht, so ist A. G. Gardiner am aufschlußreichsten. Das Überraschendste an dieser Bibliographie ist die Tatsache, daß sich (außer Henry Adams, den ich wenig geschmackvoll finde) darunter keine einzige erstklassige Autobiographie eines amerikanischen Verfassers findet.

In dem Bemühen, die Zahl der Fußnoten nicht ins Uferlose auszuweiten, habe ich ausschließlich jene Zitate mit Fußnoten versehen, bei denen die Quelle nicht offenkundig ist. Zitate, Handlungen oder Erklärungen einer Person, die nicht mit einer Fußnote belegt sind, sind jeweils aus Memoiren oder anderen Veröffentlichungen dieser Person, die in der Bibliographie aufgeführt sind, entnommen. Sollte beispielsweise der Leser wissen wollen, welches in Kapitel 4 die Quelle für den Hinweis ist, daß Leon Blum und sein Freund Pierre Louys im Verlauf der Dreyfus-Affäre entgegengesetzte Positionen einnahmen und einander danach nie mehr begegneten, so sollte er das Literaturverzeichnis auf die Namen der Beteiligten hin durchsehen. Er wird ein Buch von Blum finden und kann dann davon ausgehen, daß Blum meine Quelle war. Bezüglich der Episode, wo die Gäste von Mme. Melba Pfirsiche aus dem Fenster werfen, oder wenn Lord Ribblesdale über den Status eines Lord zitiert wird, ist die Quelle jeweils das Buch der betreffenden Persönlichkeit, das in der Bibliographie aufgeführt ist. In verschiedenen Fällen, so etwa bei dem Besuch von Strauss bei Edgar Speyer oder seinen Bemerkungen zu Beecham ist der Memoirenschreiber und die jeweilige Hauptperson der Schlüssel zur Quelle. Wo keine besondere Fußnote angegeben ist, gibt im allgemeinen der Name der Person, die im Zusammenhang mit einer Konversation, Korrespondenz oder einem Ereignis erwähnt wird, den nötigen Hinweis zur Auffindung der Quelle. Wenngleich diese Methode auch vom Leser verlangt, sofern er interessiert ist, die Seite mit dem betreffenden Zitat in den genannten Werken selbst aufsuchen zu müssen, so hat sie doch den Vorteil, eine kontinuierliche Weitergabe von Fehlern zu vermeiden; außerdem hätte jedes andere Verfahren die Fußnoten zu einer dem Text vergleichbaren Länge ausgedehnt.

In den Fällen, wo eine Quelle in mehreren Kapiteln Verwendung gefunden hat, ist sie dort verzeichnet, wo sie schwerpunktmäßig hingehört. Die Abkürzung *DNB* steht für *Dictionary of National Biography*, *DAB* für *Dictionary of American Biography*; mit *The Times* ist die Londoner Zeitung und mit *NYT*, *die New York Times* gemeint. Mit Sternchen versehene Quellen bezeichnen Werke von besonderem Informationswert oder Interesse.

1 Die Patrizier

Literaturverzeichnis

ADAMS, WILLIAM SCOVELL, *Edwardian Heritage*, 1901–06, London, Muller, 1949.

ASQUITH, EARL OF OXFORD AND, *Fifty Years of British Parliament*, 2 vols., Boston, Little, Brown, 1926.

ASQUITH, MARGOT(Countess of Oxford and Asquith), *Autobiography*, Bd. I and II, London, Butterworth, 1920.

AUSTIN, ALFRED, *Autobiography*, 2 Bd., London, Macmillan, 1911.

BALFOUR, LADY FRANCES, *Ne Obliviscaris*, 2 Bd., London, Hodder & Stoughton, o. J.

*BATEMAN, JOHN, *The Great Landowners of Great Britain and Ireland*, 4. Aufl., London, Harrison, 1883.

BATTERSEA, CONSTANCE, LADY, *Reminiscences*, London, 1922.

BENNETT, ARNOLD, *Journals*, 3 Bd., New York, Viking, 1932.

BENSON, E. F., *As We Were*, New York, Longmans, 1930.

BIRKENHEAD, FIRST EARL OF, *Contemporary Personalities*, London, Cassell, 1924.

BLUNT, WILFRID SCAWEN, *My Diaries*, 2. Bd., New York, Knopf, 1921.

BUCHAN, JOHN, *Pilgrim's Way* (engl. Titel: *Memory hold-the-door*), Boston, Houghton Mifflin, 1940.

CARPENTER, RT. REV. WILLIAM BOYD, *Some Pages of My Life*, New York, Scribner's 1911.

CECIL, LADY GWENDOLYN, *Life of Robert, Marquis of Salisbury*, 4 Bd., London, Hodder & Stoughton, 1921–32.

CHAMBERLAIN, SIR AUSTEN, *Down the Years*, London, Cassell, 1935.

CHANDOS, VISCOUNT(OLIVER LYTTELTON), *Memoirs*, London, Bodley, 1962.

CHURCHILL, RANDOLPH SPENCER, *Fifteen Famous English Homes*, London, Verschoyle, 1954.

—, *Lord Derby*, London, Heinemann, 1959.

CHURCHILL, WINSTON S., *A Roving Commission: My Early Life*, New York, Scribner's, 1930.

COOPER, LADY DIANA (MANNERS), *The Rainbow Comes and Goes*, Boston, Houghton Mifflin, 1958.

CREWE, MARQUESS OF, *Lord Rosebery*, New York, Harper, 1931.
CURZON, LORD, *Subjects of the Day*, New York, Macmillan, 1915.
DUGDALE, BLANCHE E. C., *Arthur James Balfour*, 2 Bd., New York, Putnam's, 1937.
ESHER, VISCOUNT REGINALD, *Journals and Letters*, hsgg. v. Maurice V. Brett, 3 Bd., London, Nicholson & Watson, 1934–48.
FITZROY, SIR ALMERIC, *Memoirs*, 2 Bd., London, Hutchinson, o. J.
FORD, FORD MADOX, *Return to Yesterday*, New York, Liveright, 1932.
*GARDINER, A. G. (Verleger der *Daily News*), *Pillars of Society*, New York, Dodd, Mead, 1914.
*——, *Prophets, Priests and Kings*, London, Dent, 1914 (neue Auflage, Erstauflage 1908).
*HALÉVY, ÉLIE, *A History of the English People in the 19th Century*, Bd. V, 1895–1905; Bd. VI, 1905–14, New York, Doran, 1922.
HAMILTON, LORD FREDERICK, *The Days Before Yesterday*, New York, Doran, 1920.
HARRIS, FRANK, *Oscar Wilde*, His Life and Confessions, New York, The Author, 1916.
HOLLAND, BERNARD (früher Privatsekretär des Herzogs), *Life of the Duke of Devonshire*, London, Longmans, 1911.
JEBB, LADY, *With Dearest Love to All: The Life and Letters of Lady Jebb*, hgg. v. Mary Reed Bobbitt, London, Faber, 1960.
KENNEDY, A. L., *Salisbury, 1830–1903: Portrait of a Statesman*, London, Murray, 1953.
KIPLING, RUDYARD, *Something of Myself*, London, Macmillan, 1951.
LAMBTON, HON. GEORGE, *Men and Horses I Have Known*, London, Butterworth, 1924.
LEE, SIR SIDNEY, *King Edward VII*, 2 Bd., New York, Macmillan, 1927.
LESLIE, SHANE, *The End of a Chapter*, New York, Scribner's, 1916.
LONDONDERRY, MARCHIONESS OF, *Henry Chaplin: A Memoir*, London, Macmillan, 1926.
LOWELL, ABBOTT LAWRENCE, *The Government of England*, 2 Bd., New York, Macmillan, 1908.
LUCY, SIR HENRY, *Diary of a Journalist*, New York, Dutton, 1920.
——, *Memories of Eight Parliaments, 1868–1906*, London, Heinemann, 1908.
LYTTELTON, EDITH, *Alfred Lyttelton*, London, Longmans, 1917.
MACKINTOSH, ALEXANDER (Parlamentskorrespondent für die Provinzpresse), *From Gladstone to Lloyd George*, London, Hodder & Stoughton, 1921.
MAGNUS, SIR PHILIP, *Edward VII*, New York, Dutton 1964.
——, *Gladstone*, New York, Dutton, 1954.
MARSH, EDWARD, *A Number of People*, New York, Harper, 1939.
MELBA, NELLIE, *Melodies and Memories*, New York, Doran, 1926.
MIDLETON, EARL OF (ST. JOHN BRODRICK), *Records and Reactions*, London, Murray, 1939.
MONEY, SIR LEO GEORGE CHIOZZA, M.P., *Riches and Poverty*, 10. dchges. Aufl. London, Methuen, 1911.
MORLEY, JOHN, VISCOUNT, *Recollections*, 2 Bd., New York, Macmillan, 1917.
MOUNT, CHARLES MERRILL, *John Singer Sargent*, London, Cresset, 1957.
NEVILL, RALPH, *London Clubs*, London, Chatto and Windus, 1911.
NEVINS, ALLAN, *Henry White*, New York, Harper, 1930.

August Bebel

Keir Hardie

›Streik‹: Gemälde von Théophile Steinlen

Jean Jaurès

NEVINSON, HENRY W., *Changes and Chances*, New York, Harcourt, Brace, 1923.
—, *More Changes and Chances*, New York, Harcourt, Brace, 1925.
NEWTON, LORD, *Lord Lansdowne*, London, Macmillan, 1929.
—, *Retrospection*, London, Murray, 1941.
NICOLSON, HAROLD, *Helen's Tower*, London, Constable, 1937.
NORDAU, MAX, *Entartung*, 2 Bde., 1892/93.
PLESS, DAISY, PRINCESS OF, *Better Left Unsaid*, New York, Dutton, 1931.
PONSONBY, ARTHUR, *The Camel and the Needle's Eye*, London, Fifield, 1910.
—, *The Decline of Aristocracy*, London, Unwin, 1912.
*PONSONBY, SIR FREDERICK (First Lord Syonsby), *Recollections of Three Reigns*, New York, Dutton, 1952.
PONSONBY, SIR HENRY, *His Life from His Letters*, hsgg. v. Arthur Ponsonby, New York, Macmillan, 1943.
RAVERAT, GWEN, *Period Piece*, New York, Norton, 1952.
RIBBLESDALE, THOMAS, LORD, *Impressions and Memories*, London, Cassel, 1927.
RONALDSHAY, EARL OF, *Life of Lord Curzon*, 3 Bd., London, Benn, 1928.
RUSSELL, GEORGE W. E., *Prime Ministers and Some Others: A Book of Reminiscences*, New York, Scribner's, 1919.
*SACKVILLE-WEST, V., *The Edwardians*, London, Hogarth, 1930.
SITWELL, SIR OSBERT, *Left Hand, Right Hand*, Boston, Little, Brown, 1944.
—, *Great Morning*, London, Macmillan, 1948.
STRACHEY, JOHN ST. LOE (Verleger des *Spectator*), *The Adventure of Living*, New York, Putman's, 1922.
VICTORIA, QUEEN, *Letters*, hsgg. v. G. E. Buckle, Vol. III, 1896–1901, New York, Longmans, 1932.
*WARWICK, FRANCES, COUNTESS OF, *Life's Ebb and Flow*, New York, Morrow, 1929.
—, *Discretions*, New York, Scribner's, 1931.
WHARTON, EDITH, *A Backward Glance*, New York, Appleton-Century, 1934.
WILDE, OSCAR, *Briefe*, hsgg. v. Rupert Hart-Davis, Reinbek, Rowohlt, 1966.
WILLOUGHBY DE BROKE, RICHARD GREVILLE VERNEY, LORD, *The Passing Years*, Boston, Houghton Mifflin, n. d.
WILSON-FOX, ALICE, *The Earl of Halsbury, Lord High Chancellor*, London, Chapman & Hall, 1929.
*WYNDHAM, GEORGE, *Life and Letters*, hsgg. v. J. W. MacNeil and Guy Wyndham, 2 Bde., London, Hutchinson, n.d.
YOUNG, KENNETH, *Arthur James Balfour*, London, Bell, 1963.

Fußnoten

17 »eine beinahe beklemmende Überfülle«: H. H. Asquith, I, 273, 275.
18 »Nervenstürme«: Kennedy, 353.
19 Familienmitglieder warfen mit Kissen: Francis Balfour, I, 311.
19 »Armer Buller«: Young, 168.
19 Unterhaltung mit Lord Roberts: Russell, 54–55.
19 Das Pferd, ein »unbequemes Adjunkt«: Cecil, I, 176.
19 Gespräch mit Dumas, Junior: *The Times*, 24. Aug., 1903.
19 Salisbury beim Radfahren: Kennedy, 241.
20 Pepys über den Park von Hatfield: zitiert nach R. Churchill, *Fifteen Homes*, 74.
20 »Jump, dammit ...«: ibid., 71.

20 »Ziemlich erstaunliche Dummheit«: Cecil, I, 1.
21 Birkenhead über die Cecils: Birkenhead, 177.
21 Zitat Disraelis: Mackintosh, 50–51.
21 »Dieser schwarze Mann«: ibid.,
21 Morley, »brillant-pikante Unbesonnenheit«: zitiert nach H. H. Asquith, II, 277
21 »Jeder Satz für seine Argumentation«: Riddlesdale, 173.
22 »Ich dachte, er sei tot«: *National Review*, »Lord Salisbury: His Wit and Humor«, Nov., 1931, 659–68.
22 »Wann ist das endlich vorbei«: Carpenter, 237.
22 Kollegen beschwerten sich: Cecil, III, 177.
22 »Hier noch ein klein wenig wegnehmen«: Ribblesdale, 174.
22 Salisburys Charme: Hicks Beach, zitiert nach Cecil, III, 178.
23 »Ich hab sie alle durch«: *Nat. Review*, op.cit., 665.
23 Gladstones Zitat: Mackintosh, 50–51.
23 Salisbury über den Mob und das Unterhaus: Lucy, *Eight Parliaments*, 114.
24 Zitat Königin Viktorias: Carpenter, 236.
24 »Schlecht zu Fuß«: F. Ponsonby, 67.
24 »Ach, ich denke, . . .«: Benson, 164.
24 »Ein Bündel in sich gespaltener . . .«: *Quarterly Review*, Okt., 1883, 575.
24 Artikel im *Quarterly Review:* die Zitate aus Salisburys Artikel sind aus Cecil, I, 149, 157–60 und 196 entnommen.
26 Rede gegen Disraelis Politik: 5. Juli 1867, *Hansard*, 3. Serie, Vol. 188, 1097 ff.
26 »Grimmiger Entschlossenheit«: Gardiner, *Prophets*, 150.
26 »Position ohne Macht«: Cecil, II, 5.
27 Lord Curzons Zitat: Ronaldshay, I, 282.
27 »Sicher und behaglich«: Buchan, 75.
27 Herzog Devonshire über Harcourts Budget: *Annual Register*, 1894, 121.
27 »Bazillus . . . inkubiert«: *The Times*, 17. Juli, 1895, Leitartikel.
28 »Herrschende Kräfte«: zitiert nach Magnus, *Gladstone*, 433.
28 Dufferin lernt Persisch: Nicholson, 246.
29 »Jenes verdammte Pünktchen«: Leslie, 30–31.
30 »Diener des Adels«: T. P. O'Connor zitiert nach R. Churchill, *Derby*, 45.
30 Etons »Nieten«: Willoughby de Broke, 133.
31 Cecil Balfours Scheckbetrug: Young, 11.
31 Sargents Porträt von Ribblesdale: Mount, 148.
31 »Ce grande diable«: Ribblesdale, XVII.
32 »Eine Schar olympischer Götter«: Clermont-Tonnerre (siehe Kapitel 4), I, 175.
32 »Flottille weißer Schwäne«: E. Hamilton, 7.
33 Die Gentlemen über »eine schöne Frau«: Sackville-West, 122.
34 »Bohemiens in Samt und Seide«: Benson, 157.
35 Prinz von Wales zu Churchills Buch: W. Churchill, 155.
35 Beresford zu den »Souls«: zitiert nach Nevins, 81.
36 Zwei Paar Augenbrauen: Melba, 226.
36 »ich mag keine Poeten«: Wyndham, I, 67.
36 Harry Custs »fatale Zügellosigkeit«: Margot Asquith zitiert nach Nevins, 81.
36 Lord Morleys Polizeidetektiv: Fitzroy, II, 463.
37 »Exklusive und mächtige Gruppe«: W. Churchill, 89.
37 »Kannten einander . . . recht gut«: Willoughby de Broke, 180.
37 Jowetts Studenten: Newton, *Lansdowne*, 6.
38 »Endlose Zahl exzellenter Dinners«: Willoughby de Broke, 30.
38 »Nonchalante Würde«: Leslie, 43.
39 »Der arme, arme Kerl«: Marsh, 183.
39 »Mit Stiefeln und Sporen«: Gardiner, *Prophets*, 214.
40 »Aus der Höhe des Sattels«: Warwick, *Discretions*, 78.
40 Chauncey Depees Telegramm: Robert Rhodes James, *Rosebery*, London, 1963, 355.

40 »Die Polizisten schwenkten ihre Helme«: Lee, II, 421.
40 Londesboroughs Pferdegespann: Sitwell, *Left Hand*, 154.
41 Lord Roberts Equipage nach Hause: Raverat, 178.
41 Blunts Sonett: »On St. Valentine's Day«.
41 Herzog Rutlands Hauskaplan: Cooper, 20.
41 Squire Chaplin bei der Jagd: Lambton, 133; Londonderry, 277, 240.
43 »Selbstsicher«, Sitwell, *Great Morning*, 10. 121–22.
43 Oberst Brabazons Beschreibung: W. Churchill, 67; seine Aussage: Esher, I, 362.
44 Daten über Einkommen und Landbesitz: Bateman, *passim*.
45 Das Existenzminimum wurde von B. S. Rowntree mit 21 Shilling, 8 Pennies für eine fünfköpfige Familie berechnet: *Poverty, A Study of Town Life*, 1901.
46 *Eau de Nil* – Satin: Warwick, 230.
47 »Dann bwingen Sie miw . . .«: W. Churchill, 68.
48 »Das ärmliche Gewimmel«: A. Ponsonby, *Camel*, 12.
49 Kipling über Chauvinismus: *American Notes* (siehe Kap. 3), 45.
49 »Weil er wußte, was er wollte . . .«: Whyte (siehe Kap. 5), II, 115.
50 »Eine Serie mikroskopischer Vorteile«: zitiert nach *Monthly Review*, Okt., 1903, »Lord Salisbury«, 8.
50 Morley Roberts: zitiert nach Peck (siehe Kap. 3), 428.
52 »All seine schlechten Eigenschaften«: Hyndman (siehe Kap. 7), 349.
52 »Ich bin ein Problem«: Brief an More Adey vom 27. Nov. 1897, *Letters*, 685.
53 Lord Arthur Somerset: Magnus, *Edward VII*, 214–15.
54 Swinburne »absolut unmöglich«: H. Ponsonby, 274.
54 »Mach mit«: Hyndman (siehe Kap. 7), 349.
54 »Ich wage es nicht . . .«: Marsh, 2.
54 Austin über Deutschland und Albert den Großen: zitiert nach Adams, 76, n. 3.
55 Salisbury über Austins Gedicht: Viktoria, *Letters*, 24.
55 Zitat eines amerikanischen Beobachters: Lowell, II, 507.
55 Austins Jubiläumswunsch: Blunt, I, 280.
56 Lord Newton über die Lords: *Retrospection*, 101.
56 Rosebery beklagte sich: Crewe, 462.
57 Halybury »lehnte jede Veränderung ab« Newton, *Lansdowne*, 361; »fröhlicher
57 Zynismus«: Gardiner, *Prophets*, 197; Carlton-Club: Wilson-Foy, 122; Lord
57 Coleridge: ibid., 124.
58 »Instinkt für's Regieren«: zitiert nach Halévy, V, 23, n. 2.
58 »Der größte Gentleman«: Newton, *Lansdowne*, 506.
59 »Neuartiges Pflichtgefühl«: Holland, II, 146. Sämtliche Zitate, Anekdoten und übrigen Daten über den Herzog sind dieser Quelle entnommen, sofern nichts anderes angegeben ist.
60 »Nimmt alles auf die leichte Schulter«: H. Ponsonby, 265.
60 »Verdammt langweilig«: Mackintosh, 113.
60 »Eine der schönsten Frauen Europas«: F. Hamilton, 201.
61 »Kein Gesicht . . .«: F. Ponsonby, 52.
62 »Gewisse ererbte Instinkte« und »eine Schuld gegenüber dem Staat«: Esher, I, 126.
62 »Er verlor die Dinger . . .«: H. Ponsonby, 265, n.
64 Proben zur Krönungszeremonie: Lucy, *Diary*, 193.
64 »Nervös, Winston?«: R. Churchill, *Fifteen Homes*, 105.
64 »Ein exzellenter Gesellschafter«: F. Ponsonby, 294.
66 Zitat des *Spectator* und alle weiteren Zitate in diesem Abschnitt sind aus: Strachey, 406, 398; Holland, II, 211, n. 1; *The Times*, 25. März, 1908.
66 »Er sei ein Ferkel«: Mackintosh, 91.
66 »Ehrenpflicht«: Sir George Otto Trevelyan, zitiert nach A. Ponsonby, *Decline*, 101.
66 Beschreibung Long und Chaplins: Gardiner, *Pillars*, 217; *Prophets*, 212.
67 »Unerschütterliche Ruhe«: Gardiner, *Prophets*, 213.

67 »Wie war ich, Arthur?«: Londonderry, 171.
68 »Auf den Schulterblättern sitzen«: zitiert nach Young, 100.
68 »Der beste Kopf«: zitiert nach Chamberlain, 206.
68 William James: Brief vom 26. April 1895, *The Letters of William James*, hrsg. von H. James, Boston, 1920.
68 »Welch ein Unterschied«: Battersea, Tagebucheintragung vom 6. Sept. 1895.
»Elegante Neigung des Kopfes«: Margot Asquith, I, 162.
69 Darwin über Frank Balfour: Young, 8.
69 Cambridger Freunde: Esher, I, 182; Freunde in der Gesellschaft: Russell, 63.
70 Balfour über das Judentum: Dugdale, I, 324.
70 Harry Custs Dinner: Bennett, I, 287.
71 Daisy White: Nevins, 81.
72 »Nicht schlecht«: Frances Balfour, II, 367.
72 »Komische Ansichten«: ibid., 93.
72 »Jungbrunnen«: ibid.; »Frische, Heiterkeit ...«: Fitzroy, I, 28.
72 Lord Randolph: *Life of Lord Randolph Churchill*, von Winston Churchill, II, 459–60.
73 Balfour über den Sozialismus: zitiert nach Halévy, V, 231.
73 »Was *ist* denn eigentlich eine Gewerkschaft?«: Lucy Masterman (siehe Kap. 7), 61.
73 »Mein Onkel ist ein Tory«: Margot Asquith, I, 154.
74 Winston Churchill gebraucht »gottlos«: Blunt, II, 278.
74 »Rücksichtslos wie Cromwell«: Young, 105.
74 »Überraschte seine Gegner«: zitiert nach Russell, 66.
75 »Der mutigste Mann seiner Zeit«: Blunt, II, 278.
75 Debattierte mit »kühnem Scharfsinn«: Morley, I, 225–27.
75 »Ein bißchen mehr Grips«: zitiert nach Buchan, 156.
75 »Gewehrkugel auf eine Seifenblase«: Andrew White (siehe Kap. 5), II, 430.
75 »Verliere nie die Beherrschung«: zitiert nach Morley, I, 227.
76 »Dieses verdammte schottische Krockuett«: Lyttleton, 204.
76 Bemerkung zu Lady Rayleigh: Fitzroy, II, 49; bezauberte Frau Wagner: Esher, I, 312.
77 »Ungeheure Energie Arthurs«: ibid., 340.
77 »Liest keine Zeitung«: Whyte (siehe Kap. 5), II, 120.
77 Prinz von Wales über Balfour: Halévy, VI, 231.
77 Königin bewunderte ihn: F. Ponsonby, 69.
77 Königin »sehr beeindruckt«: Journal vom 11. Sept. 1896, Viktoria, 74.
77 Prousts Haushälterin: zitiert nach Havelock Ellis (siehe Kap. 4), 377.
78 Königin Viktoria, »Niemand hat jemals«: zitiert nach Hector Bolitho, *Reign of Queen Victoria*, 366.
78 Kipling »eine Art Optimismus«: Kipling, 147.
79 Sir Edwar Clarke, »Das großartigste Gedicht«: zitiert nach Amy Cruse, *After the Victorians*, London, 1938, 123.
79 »Joes Krieg«: Kennedy, 315.
79 Salisbury über Chamberlain: Dugdale, I, 67.
80 Balfour zu Lady Elcho: Young, 129.
Chamberlains Teeparty: Frances Balfour, II, 211.
80 »Der Unterschied zwischen Joe und mir«: zitiert nach Julian Amery, *Life of Joseph Chamberlain*, IV, 464.
81 »Welchem unserer zahlreichen Feinde ...«: zitiert nach Adams, 78.
81 Herzog Argyll: Frances Balfour, II, 318.
82 Salisbury und der deutsche Botschafter: Hatzfeld ans Auswärtige Amt, am 31. Juli 1900, *Große Politik* (siehe Kap. 5), XVI, 76.
82 Lady Salisbury: Frances Balfour, II, 290.
83 *Le Temps* »Was heute ... zu Ende geht«: zitiert nach *The Times* vom 15. Juli, 1902
83 »Gehen Sie augenblicklich nach oben«: Blunt, I, 366.

2 Ideologie und Realität

Literaturverzeichnis

ARCHER, WILLIAM, *The Life, Trial and Death of Francisco Ferrer*, New York, Moffat, Yard, 1911.

BARNARD, HARRY, *Eagle Forgotten: The Life of John Peter Altgeld*, Indianapolis, Bobbs-Merrill, 1938.

BERKMAN, ALEXANDER, *Prison Memoirs of an Anarchist*, New York, Mother Earth Publishing Co., 1912.

BRENAN, GERALD, *The Spanish Labyrinth*, Cambridge, University Press, 1950.

CHANNING, WALTER, »The Mental Status of Czolgosz, the Assassin of President McKinley«, *American Journal of Insanity*, October, 1902, 233–78.

CHARQUES, RICHARD D., *The Twilight of Imperial Russia*, London, Phoenix, 1958.

CORTI, EGONC, CONTE, *Elisabeth, die seltsame Frau*, Graz, A. Pustet, 1934.

**Crapouillot, Numéro Spécial, l'Anarchie*, Paris, January, 1938.

CREUX, V. C., *Canovas del Castillo, sa carrière, ses œuvres, sa fin*, Paris, Leve, 1897.

DAVID, HENRY, *History of the Haymarket Affair*, New York, Farrar & Rhinehart, 1936.

GOLDMAN, EMMA, *Living My Life*, Vol. I, New York, Knopf, 1931.

HAMSUN, KNUT, *Hunger*, deutsch 1891.

HARVEY, GEORGE, *Henry Clay Frick*, New York, Scribner's, 1928.

HUNTER, ROBERT, *Poverty*, New York, Macmillan, 1904.

ISHILL, JOSEPH, *Peter Kropotkin*, New Jersey, Free Spirit Press, 1923.

—, ed., *Elisée and Elie Reclus, in Memoriam*, New Jersey, Oriole Press, 1927.

KERENSKI, ALEXANDER, *The Crucifixion of Liberty*, New York, John Day, 1934.

KROPOTKIN, FÜRST PETER, *The Conquest of Bread*, New York, Putnam's, 1907.

—, *Mutual Aid*, London, Heinemann, 1902.

*—, *Paroles d'un Révolté*, Paris, Flammarion, 1885.

—, »Anarchism«, in *Encyclopedia Britannica*, 11. Aufl.

*LONDON, JACK, *Menschen der Tiefe*, Berlin, Universitas-Verlag, o. J.

*MAITRON, JEAN, *Historie du Mouvement Anarchiste en France, 1880–1914*, Paris, Société Universitaire, 1951.

MALATESTA, ENRICO, *A Talk Between Two Workers*, engl. 8. Aufl., London, Freedom Press, o. J.

MALATO, CHARLES, »Some Anarchist Portraits«, *Fortnightly Review*, September, 1894.

MILIUKOV, PAUL, SEIGNOBOS, CHARLES, and EISENMANN, L., *Histoire de Russie*, Bd. III, Leroux, o. J.

MIRSKY, D. S., *Russia: A Social History*, London, Cresset, 1931.

NEVINSON, HENRY W., *The Dawn in Russia: Scenes in the Russian Revolution*, New York, Harper, 1906.

NICOLAEVSKY, BORIS, *Azev, the Spy*, engl., New York, Doubleday, Doran, 1934.

*NOMAD, MAX, *Apostles of Revolution*, Boston, Little, Brown, 1939.

—, *Rebels and Renegades*, New York, Macmillan, 1932.

PILAR, PRINZESSIN V. BAYERN, and CHAPMAN-HUSTON, MAJOR D., *Alfonso XIII: A Study of Monarchy*, New York, Dutton, 1932.

REGIS, DR. EMMANUEL, *Les Régicides dans l'histoire et dans le présent*, Paris, Masson, 1890.

*Riis, Jacob A., *How the Other Half Lives*, New York, Scribner's, 1890.
*Savinkov, Boris V., *Memoirs of a Terrorist*, tr. Joseph Shaplen, New York, Boni, 1931.
Sorel, Georges, *Réflexions sur la violence*, Paris, Pages Libres, 1908.
Vizetelly, Ernest Alfred, *The Anarchists*, London, John Lane, 1911.
Woodcock, George, and Avakumovic, Ivan, *The Anarchist Prince: A Biographical Study of Prince Kropotkin*, London, Boardman, 1950.

Seit Fertigstellung dieses Kapitels sind noch drei weitere informative Werke erschienen: *Anarchism*, von George Woodcock, Penguin Books, 1963; The Anarchists, von James Joll, Eyre & Spottiswoode, 1964; und *The Anarchists*, eine Anthologie, hsg. von Irving L. Horowitz.

Fußnoten

Ich habe es nicht als notwendig erachtet, in diesem Kapitel jedes Ereignis oder Zitat mit einer gesonderten Fußnote zu belegen, da sie sich dem jeweiligen Sachverhalt entsprechend in leicht identifizierbare Quellengruppen einteilen lassen, und zwar wie folgt:
Bezüglich der Lage der Armen sind Riis, London, Hunter und Chiozza Money meine wesentlichen zeitgenössischen Gewährsleute. Für die Gedanken und Theorien der Anarchisten in den verschiedenen Ländern und für Zitate aus ihren Schriften erwies sich Eltzbacher als besonders ergiebig. Sämtliche Zitate über den französischen Anarchismus stammen, sofern nicht anders angegeben, von Maitron und Malato (der selbst zu den französischen Anarchisten gehört), und sie werden durch *Crapouillet* und Vizetelly ergänzt. Die Zitate Emma Goldmans und Alexander Berkmans habe ich ihren jeweiligen Memoiren entnommen. Information über Johann Most stammt im wesentlichen aus dem Kapitel über ihn in Nomads *Apostles*. Die Zitate in dem Abschnitt über die spanischen Anarchisten sind im wesentlichen aus zeitgenössischen Berichten der amerikanischen Presse entnommen. Channing ist meine Hauptquelle über Czolgosz. Savinkow, selbst Mitglied der Terrorbrigade, und Nicolajewsky sind meine wesentlichsten Quellen, was den russischen Anarchismus betrifft (und waren derart faszinierend, daß mein erster Entwurf über die russischen Verhältnisse übermäßig lang wurde und um ein Fünftel gekürzt werden mußte).
Zitate und Ereignisse, die durch die obigen Bemerkungen nicht erfaßt werden, sind gesondert erwähnt.

86 »Ein Tagtraum verzweifelter Romantiker«: Nomad, *Rebels*, 13.

88 »Wer seine Hand ausstreckt«: entnommen seinen *Confessions of a Revolutionary*. »Regiert werden ...«: entnommen seiner *Idée générale de la révolution au vingtième siècle*, Epilog.

88 »Abstrakte Idee des Rechts«: Bakunin meinte, dies sei Proudhons Ansatzpunkt gewesen, zitiert nach Nomad, *Apostles*, 15.

89 »Unwiderstehlich«: zitiert nach Eltzbacher, 138.
Bakunin an seine Frau: zitiert nach Nomad, *Apostles*, 205.

90 »Die Adeligen hätten den Zaren getötet« sowie die revolutionäre Bewegung »gebrochen und demoralisiert«: Kerensky, 44–45.

91 Henry James' »finstere, anarchische Unterwelt«: aus dem Vorwort zu seiner *Princess Casamassima*, einer Novelle, die im Milieu des Anarchismus spielt

und 1886 erschien. Angeblich war Johann Most das Vorbild zu dem in der Handlung selbst nicht auftretenden Anarchistenführer Hoffendahl. Eine andere literarische Verarbeitung des Themas ist Joseph Conrads etwas substanzarme Geschichte »An Anarchist«, die im August 1906 in *Harper's Weekly* abgedruckt wurde und deren Kernaussage zu sein scheint, daß Anarchisten Menschen mit »weichem Herzen und schwachem Verstand« sind. In seinem späteren Roman *The Secret Agent* befaßt er sich mehr mit den Komplotten und Verschwörungen. Weder James noch Conrad waren an dem tieferliegenden gesellschaftlichen Ursprung und der sozialen Philosophie des Anarchismus interessiert.

91 Zitate von August Spieß: David, 32–39.

92 »Der Tag des Jüngsten Gerichts«: die Geschichte wurde von Robert Blatchford erzählt und ist zitiert nach London, 298.

93 »Was ist Eigentum?«: Titel seines zweiten Traktats, *Qu'est ce que la propriété?*, 1840.

93 »Peiniger der Menschheit«: aus *Dieu et l'Etat*, 2. Ausgabe, 1892, 11.

93 Die beiden Fälle von vollendetem und versuchtem Selbstmord: Riis, 47 und London, 205–07.

94 »Acht Stunden Arbeit«: zitiert nach Maitron, 186.

94 Nevinson über Kropotkin: *Changes and Chances* (siehe Kap. 1), 125.

95 Shaw über Kropotkin: zitiert nach Woodcock, 225.

95 »Alles bringt ihn näher«: *Paroles*, 8–10.

95 »Trägheit derjenigen, ...«: *Paroles*, 275–76.

96 Brousse, »Die Idee ist auf dem Vormarsch«: zitiert nach *Crapouillot*, 15.

96 »Durch Dolch, Revolver und Dynamit«: zitiert nach ibid., 15.

96 »Männer des Mutes«: *Paroles*, 285.

96 »Eine einzelne Tat«: ibid., 285.

96 Märzausgabe von *La Révolte:* zitiert nach Maitron, 240.

97 Debatte mit Ben Tillett und Tom Mann: Ford (siehe Kap. 1), 110.

97 Pläne für die anarchistische Gesellschaft: Kropotkins *Revolutionary Studies, Conquest of Bread, L'Anarchie dans l'evolution social.* Malatestas *Talk Between Two Workers.*

97 Shaws Traktat: Tract No. 45, am 16. Okt. 1891 als Vortrag gehalten und im Juli 1893 als Manuskript veröffentlicht.

98 Einladung der Royal Geographic Society: Woodcock, 227.

99 Reclus »unwiderstehliche Anziehungskraft«: Vandervelde (siehe Kap. 8), 37.

99 Jean Grave »still, unermüdlich und anspruchslos«: Malato, 316.

100 Malatestas Abenteuer: Nomad, *Rebels*, 1–47.

101 »So wie das letzte Mal«: Ishill, *Kropotkin*, 40.

101 »Alle erwarten die Geburt«: ibid., 9.

102 »Glänzende moralische Größe«: Victor Serge in *Crapouillot*, 5.

102 »Revolution und Haß zu atmen schien«: Malato, 317.

105 Kropotkin und Malatesta lehnen Ravachol ab: in *La Révolte*, vom 17. und 18. Januar 1892 sowie *l'En Dehors* vom 28. Aug. 1892; zitiert nach Maotron, 204, 221.

105 »Miniatur-Borgias«: Nomad, *Rebels*, 26.

109 Attentat auf Frick: außer Berkman siehe auch Harveys *Frick* sowie *Harper's Weekly* vom 6. Aug. 1892.

111 Altgeld und die Begnadigung: Barnard, 217, 246; *NYT* vom 28. Juni 1893.

111 »Madrid ist trostlos«: Pilar, 50.

112 Pallas' Anschlag auf Martinez de Camos: Creux, 295–96; *Crapouillot; NYT* vom 25. und 30. Sept. 1893.

113 Anschlag in der Oper von Barcelona: *NYT* vom 9. Nov., 20. Dez. 1893 und 3. Jan. 1894.

113 Folterung in Montjuich: Brenan, 168, n. 1.

114 Asquith-Balfour Debatte über die Anarchisten: *Spectator* vom 18. Nov. 1893,

706 sowie vom 2. Dez. 1893, 791; *NYT* vom 11. Nov. 1893.

116 Paris »absolut paralysiert«: Ford (siehe Kap. 1), 107.

116 »Zeit des Segens«: Nomad, *Apostles*, 11.

116 Octave Mirbeau: Daudet (siehe Kap. 4), 70.

117 »Kein Elend in der Welt«: Suttner (siehe Kap. 5), I, 313.

117 Karikatur des Präsidenten in beschmutztem Pyjama: in *Père Peinard* vom 4. Juli 1897.

117 Sebastien Faures »harmonische und wohlklingende Stimme«: Malato, 316.

118 »Qu'importe les victimes ...« zitiert nach Maitron, 217. (Der Ausspruch wird jedoch auch oft zitiert *Qu'importes les vagues humanités que le geste soit beau?*, aber diese Version klingt etwas zu sehr poliert und nicht spontan.) Gräfin d'Uzes: Maitron, 215.

122 Clemenceau über Henrys Hinrichtung: in *La Justice* vom 23. Mai 1894, zitiert nach Maitron, 226.

124 Massenprozeß gegen 30 Anarchisten, Felix Fenéon,: Roman (siehe Kap. 4), 59, 95.

125 »Jede Revolution endet«: zitiert nach Nomad, *Apostles*, 6. Canovas: Pilar, 40; Millis (siehe Kap. 3), 80–81; *Nation* vom 12. Aug. 1897; *Review of Reviews*, No. 1897.

127 Brief aus Montjuich: zitiert nach *Crapouillot*.

128 Angiolillo: Creux, 301–15; Nomad, *Rebels*, 23.

129 Kaiserin Elisabeth und Luigi Lucheni: Corti, 456–93.

132 Attentatsversuch auf den Kaiser: *Spectator* vom 22. Okt. 1898; *NYT* vom *15./16. Okt. 1898.*

132 Bakunin über die Deutschen als Anarchisten: Nomad, *Apostles*, 169, n. 5.

133 Internationale Polizeikonferenz in Rom: Maitron; Vizetelly, 238.

133 König Umberto und Gaetano Bresci: *Outlook* vom 10. Okt. 1900; *Harper's Weekly* vom 4. Aug. 1900; *NYT vom 3. Aug. 1900; Review of Reviews*, Sept. 1900, 316–22.

135–136 Czolgosz: Channing; Nomad, *Apostles*, 298–99; *NYT* vom 9. Sept. 1901.

137 Zitate aus *Harper's* und *Century*: *Harper's Weekly* vom 23. Dez. 1893 und 28. Aug. 1897. »The Assassination of Presidents« vom J. M. Buckley, in *Century*, Nov. 1901.

137 Roosevelt über die Anarchisten: *NYT* vom 5. Dez. 1901.

139 *Blackwood's*: Juli 1906, 128, anläßlich eines versuchten Attentats auf König Alfonso.

139 Lyman Abbott: *Outlook* vom 22. Febr. 1902.

140 Ermordung Canalejas: *Literary Digest* vom 23. Nov. 1912; *Living Age*, vom 12. Dez. 1912.

140 »Über das Maß des Erträglichen«: aus Shaws Vorwort zu *Major Barbara*, datiert vom Juni 1906, anläßlich des *Attentatsversuchs auf König Alfonso*.

140–142 Die russischen Sozialrevolutionäre: Außer Savinkow und Nicolajewsky, allgemeine Daten aus Charques, Miliukow und Kerensky.

142 »Revolution ersticken«: Miliukow, 1056.

143 Großfürsten Sergej: Nevinson.

143 »Eine formlose Masse«: Savinkow, 106–7.

143 Der Zar und sein Schwager auf dem Sofa: Bülow (siehe Kap. 5), II, 178.

3 Ein Traum geht zu Ende

Literaturverzeichnis

Es gibt zwei ausführliche Biographien über Reed: von Samuel McCall, der zusammen mit ihm im Kongreß war und später Gouverneur von Massachusetts wurde, und von Professor Robinson. Beide Werke sind aufgeführt. Freunde, Kollegen vom Kongreß, Reporter und andere Zeitgenossen, die über Reed geschrieben haben, sind unter anderem:

BROWMAN, W. H., »Thomas Brackett Reed«, *New England Magazine*, April, 1890.

DAY, HOLMAN F., »Tom Reed Among His Neighbors«, *Saturday Evening Post*, January 3, 1903.

DE CASSERES, BENJAMIN, »Tom Reed«, *American Mercury*, February 1930.

FULLER, HERBERT B., *Speakers of the House*, Boston, Little, Brown, 1909.

HINDS, ASHER C., »The Speaker of the House of Representatives«, *American Political Science Review*, May, 1909.

KNIGHT, ENOCH, »Thomas Brackett Reed: An Appreciation", *New England Magazine*, April, 1904.

LEUPP, FRANCIS E., »Personal Recollections of Thomas Brackett Reed«, *Outlook*, September 3, 1910.

*LODGE, HENRY CABOT, »Thomas Brackett Reed«, Abdruck in *The Democracy of the Constitution and Other Essays*, New York, Scribner's, 1915.

*MCCALL, SAMUEL, *The Life of Thomas Brackett Reed*, Boston, Houghton Mifflin, 1914.

MCFARLAND, HENRY, »Thomas Brackett Reed«, *American Review of Reviews*, January, 1903.

PORTER, ROBERT P., »Thomas Brackett Reed of Maine«, *McClure's*, October, 1893.

*ROBINSON, WILLIAM A., *Thomas B. Reed, Parliamentarian*, New York, Dodd, Mead, 1930.

ROOSEVELT, THEODORE, »Thomas Brackett Reed and the 51st Congress«, *Forum*, December, 1895.

Weitere Quellen

ADAMS, HENRY, *The Education of Henry Adams*, Boston, Houghton Mifflin, 1918.

—, *Letters*, hsgg. v. Worthington Chauncey Ford, 2 Bd., Boston Houghton Mifflin, 1930–38.

ALEXANDER, DE ALVA STANWOOD, *History and Procedure of the House of Representatives*, Boston, Houghton Mifflin, 1916.

BARRY, DAVID S., (Washingtoner Korrespondent der New York *Sun* und des Providence *Journal*), *40 Years in Washington*, Boston, Little, Brown, 1924.

BISHOP, JOSEPH BUCKLIN, *Theodore Roosevelt and His Times*, 2 Bd., New York, Scribner's, 1920.

BOWERS, CLAUDE G., *Beveridge and the Progressive Era*, Boston, Houghton Mifflin, 1932.

BRYCE, JAMES, *The American Commonwealth*, 3 Bd., London, Macmillan, 1888.

*CLARK, CHAMP, *My Quarter Century of American Politics*, 2. Bd., New York, Harper, 1920.

CROLY, HERBERT, *Marcus Alonzo Hanna*, New York, Macmillan, 1912.

CULLOM, SENATOR SHELLY M., *Fifty Years of Public Service*, Chicago, McClurg, 1911.

DUNN, ARTHUR WALLACE, *From Harrison to Harding*, 2 Bd., New York, Putnam's, 1922.

DUNNE, FINLEY PETER, *Mr. Dooley in Peace and War*, Boston, Small, Maynard, 1898.

FOULKE, WILLIAM DUDLEY, *A Hoosier Autobiography*, Oxford Univ. Press, 1922.

FUESS, CLAUDE MOORE, *Carl Schurz, Reformer, 1829–1906*, New York, Dodd, Mead, 1932.

GARRATY, JOHN A., *Henry Cabot Lodge: A Biography*, New York, Knopf, 1953.

GODKIN, EDWIN LAWRENCE, *Life and Letters*, hsgg. v. Rollo Ogden, 2 Bd., New York, Macmillan, 1907.

GOMPERS, SAMUEL, *70 Years of Life and Labour*, 2 Bd., London, Hurst & Blackett, 1925.

GRIFFIN, SOLOMON B., *People and Politics Observed by a Massachusetts Editor*, Boston, Little, Brown, 1923.

HARRINGTON, FREDERICK, »The Anti-Imperialist Movement in the United States«, *Miss. Valley Hist. Rev.*, September, 1935.

HOAR, SENATOR GEORGE FRISBIE, *Autobiography of 70 Years*, 2 Bd., New York, Scribner's, 1905.

HOWE, M. A. DEWOLFE, *Moorfield Storey: Portrait of an Independent*, Boston, Houghton Mifflin, 1932.

JAMES, HENRY, *Charles William Eliot*, 2 Bd., Boston, Houghton Mifflin, 1930.

KIPLING, RUDYARD, *American Notes*, New York, Munro's, 1896.

KOHLSAAT, H. H., *From McKinley to Harding: Personal Recollections of Our Presidents*, New York, Scribner's, 1923.

LANZAR, MARIA C., »The Anti-Imperialist League«, *Philippine Social Science Revue*, August and November, 1930.

LODGE, HENRY CABOT, Hsg., *Selections from the Correspondence of Theodore Roosevelt and H. C. Lodge*, 2 Bd., New York, Scribner's, 1925.

LONG, JOHN D., *The New American Navy*, 2. Bd., New York, Outlook, 1903.

LYON, PETER, *Success Story: The Life and Times of S. S. McClure*, New York, Scribner's, 1963.

MCELROY, ROBERT, *Grover Cleveland*, 2. Bd., New York, Harper, 1925.

MAHAN, CAPTAIN ALFRED THAYER, *The Influence of Sea Power on History*, New York, Sagamore Press, 1957.

—, *From Sail to Steam* (Autobiographie), New York, Harper, 1907.

—, *The Interest of America in Sea Power*, Boston, Little, Brown, 1897. Gesammelte Artikel aus *Atlantic Monthly, Harper's Monthly, Forum* and *North American Review*, 1890–97.)

MILLIS, WALTER, *The Martial Spirit*, New York, 1931.

MITCHELL, EDWARD P., *Memoirs of an Editor*, New York, Scribner's, 1924.

NORTON, CHARLES ELIOT, *Letters* hsgg. v. Sara Norton und M. A. DeWolfe Howe, 2 Bd., Boston, Houghton Mifflin, 1913.

PECK, HARRY THURSTON, *Twenty Years of the Republic*, New York, Dodd, Mead, 1906.
PERRY, R. B., *Thought and Character of William James*, Harvard Univ. Press, 1948.
PETTIGREW, SENATOR RICHARD F., *Imperial Washington, 1870–1920*, Chicago, Kerr, 1922.
PLATT, THOMAS COLLIER, *Autobiography*, New York, Dodge, 1910.
POWERS, SAMUEL LELAND, *Portraits of Half a Century*, Boston, Little, Brown, 1925.
PRINGLE, HENRY F., *Theodore Roosevelt*, New York, Harcourt, 1931.
PULESTON, CAPTAIN WILLIAM D., *Mahan*, Yale Univ. Press, 1939.
ROOSEVELT, THEODORE, *An Autobiography*, New York, Scribner's, 1920.
*—–, *The Letters*, hsgg. v. Elting E. Morison, Bd. I und II, Harvard Univ. Press, 1951.
SCHURZ, CARL, *Reminiscences*, Bd. III (weitergeführt v. Frederic Bancroft), New York, McClure, 1908.
SPRING-RICE, CECIL, *The Letters and Friendship*, hsgg. v. Stephen Gwynn, 2 Bd,. Boston, Houghton Mifflin, 1929.
STEALEY, ORLANDO O., *Twenty Years in the Press Gallery*, New York, Selbstverlag), 1906.
STOREY, MOOREFIELD, *The Conquest oft the Philippines by the United States*, New York, Putnam's, 1926.
SULLIVAN, MARK, *Our Times*, Bd. I und II, New York, Scribner's, 1926.
TAYLOR, CHARLES CARLISLE, *The Life of Admiral Mahan*, New York, Doran, 1920.
VANDERBILT, KERMIT, *Charles Eliot Norton*, Harvard Univ. Press, 1959.
VILLARD, OSWALD GARRISON, *Fighting Years*, New York, Harcourt, 1939.
WOLFF, LEON, *Little Brown Brother*, New York, Doubleday, 1961.

Fußnoten

Sämtliche biographische Fakten, Anekdoten und Zitate von oder über Reed sind von Lodge, McCall oder Robinson entnommen; abweichende Fälle sind gesondert erwähnt. Die Zitate Roosevelts entstammen der Morison-Ausgabe von Roosevelts *Letters*, wobei jeweils das Datum des Briefes erwähnt, der Hinweis auf den betreffenden Band und die Seitenzahl hingegen nicht verzeichnet ist.

146 »Kolossales Kindergesicht«: de Casseres. Die folgenden Zitate in diesem Abschnitt stammen in der Reihenfolge von Clark, I, 287; Leupp; McCall, 248; Dunn, I, 165; Foulke, 110; Porter. »Der fähigste Debattenredner« sagte Rep. John Sharp Williams, Fraktionsführer der Demokraten im Haus; »der größte parlamentarische Führer« sagte Lodge und »die weitaus brillanteste Erscheinung« sagte Clark, II, 10.

147 Henry Adams über seinen Bruder John: *Letters*, II, 55, vom 1. Sept. 1894.

148 Bryce, »Apathie«: III, 326–28.

149 Lewis Moris, »Zum Teufel mit den Konsequenzen«: »Biographical Sketches of the Four Signers from New York«, *Americana*, Aug. 1914, 627.

150 »Fregatte unter Schaluppen« und »Wie eng«: Day.

151 »Gesetzgebung behindert«: Abgeordneter Frye aus Maine.

151 »Alle Weisheit«: Clark, I, 286.

153 Demokraten »insgeheim« für Reed: Porter.
153 Palmerstones Beliebtheit: Peck, 276.
153 Choate-Anekdote: Barry, 142.
154 »Tom Reed zum Dinner«: Lodge, Corresp., I, 77, 120.
154 »Theodore, wenn es irgend etwas gibt...«: zitiert nach George Stimpson, *A Book About American Politics*, New York, 1952, 342.
154 »Theodore wird niemals Präsident werden«: Leupp.
154 »Ehrgeizig wie Luzifer«: Cullom, 243.
155 »Tyrannei der Minderheit«: Dunn, I, 35.
157 »Das größte Gesicht«: Clark, I, 277–78.
157 ff. »Der Speaker ordnet an...«: Sämtliche Zitate des Speakers und der Abgeordneten im Zusammenhang mit dem Kampf um die Beschlußfähigkeit sind dem *Congressional Record* des 51. Kongreß, erste Sitzung, entnommen.
157 ff. »Die Hölle brach los«: Dunn, I, 27. Zitate von Reportern und anderen Augenzeugenberichten über den Kampf um das Quorum stammen aus Dunn, I, 24–32; Peck, 200–202; Fuller, 219–21. Die *New York Times* berichtet am 30. und 31. Januar auf der ersten Seite in einem vierspaltigen Artikel über die Kongreßsitzung.
160 Reeds Regeln: Fuller, 228.
160 Roosevelt über Reeds Reform: *Forum*, Dez. 1895.
161 »In eine Zitrone gebissen«: Mount (siehe Kap. 1), 192. Sargent hatte Schwierigkeiten mit der Anfertigung des Porträts und vernichtete den ersten Entwurf. »Seine äußere Erscheinung paßt irgendwie nicht zu seiner geistigen Größe. Was kann man da als Maler tun?... Bei einem weniger bedeutenden Mann hätte ich ein besseres Porträt malen können. Er war äußerst angenehm im Umgang.« Reed behauptete, daß das Bild ihm gefalle, »wenn ich auch bereit bin zuzugeben, daß das Porträt nicht ganz so gut aussieht wie das Original«. Es hängt heute in der Speaker's Lobby des Kapitols. Da es nach Ansicht des Autors die Persönlichkeits Reeds nur unzureichend wiedergibt, ist auf eine Reproduktion hier verzichtet worden.
161 »Sie könnten sich etwas Schlimmeres einfallen lassen«: Brownson.
161 »Eisberg im Weißen Haus«: Platt, 215.
161 »Das Haus hat mehr Verstand«: Alexander, 27.
162 »Über die Grenzen des Landes«: »The United States Looking Outward«, Dez. 1890.
162 »Die Stimme...«: Puleston, 133. Sämtliche biographischen Daten, Anekdoten und Zitate von oder über Mahan sind Pulestons Werk entnommen, falls nichts anderes angegeben ist.
162 »Um Gottes Willen!...«: Clark, I, 281–82.
163 Roosevelt las »in einem durch«: Letters, I, 221, vom 12. Mai 1890.
164 Entstehung des Buches »Sea Power«: Mahan, From Sail to Steam.
165 Der Kaiser über Mahan: zitiert nach Taylor, 131.
165 Marineminister White: Fuller, 211.
166 Mahan über die Juden: *From Sail to Steam.*
168 »Verzweifelten Ernst«: zitiert nach Garraty, 52.
168 Die Kommentare der Senatoren Morgan, Frye und Cullom: Millis, 29.
169 Union League Club: *NYT* vom 18. Dez. 1895.
170 »Admiräle? Niemals!«: zitiert nach Taylor, 12.
171 »Großer Einfluß auf alle...«: zitiert nach Godkin, I, 221.
171 Lowell über *Nation*: Godkin, I, 251; Bryce über die *Evening Post*, ibid., 232;
171 Gouverneur Hill, Villard, 123.
172 Godkin über die USA im Jahre 1895: Life and Letters, II, 1877, 202.
172 William James über die »Lust am Kampf«: Brief an Frederic Myers, vom 1. Januar 1896, Perry, 244.
172 »Dieser Schrei«: *NYT* vom 30. Dez. 1895.
172 »Weltmännische Erscheinung«: Daniel Gregory Mason, »At Home in the

Nineties«, *New England Quarterly Review*, März 1936, 64.

173 Student über Norton: William D. Orcutt, *Celebrities on Parade*, 41; Josephine Preston Peabody, *Diary and Letters*, 73.

173 Norton an Godkin und einen englischen Freund: zitiert nach Vanderbilt, 211; an Leslie Stephen, Brief vom 8. Jan. 1896. *Letters*, II, 236.

173 Henry Adams, »Brackige Wasser des fin-de-siècle«: *The Education*, 31. Die weiteren Zitate in diesem Abschnitt sind aus: *Letters*, II, und zwar der Reihenfolge nach vom 9. Sept. 1894; 3. Aug. 1896, 114; 1. April 1896, 103; 25. April 1895, 68; 31. Juli 1896, 111; 17. Febr. 1896, 99; 25. Sept. 1895; 88.

174 Norton, »Wie interessant«: Brief an S. G. Ward, vom 26. April 1896, *Letters*, II, 244.

175 »Der Zar ordnet an«: Fuller, 238.

175 »Gelassene Größe«: Powers.

175 Lektüre von Richard Burton: Stealey, 413.

176 »Eine Politik ...«: Knight.

176 Roosevelt über Reeds Wahlkampagne: Briefe vom 18. Okt. 1895; 27.Dez. 1895; 26. Jan. 1896.

176–178 Reeds Kampagne: Robinson, 326–34; Griffin, 344; Platt, 313.

177 Henry Adams über Reed: Brief an Brooks Adams, vom 7. Febr. 1896, *Letters*, II, 96.

177 »Schokoladenbaiser«: Robinson, 362, erklärt, diese Äußerung werde Reed »zugeschrieben«. Kohlsaat, 77, sagte, sie stamme von Roosevelt, und Peck zufolge war dies eine »beliebte Redewendung« Roosevelts, was die Urheberschaft nicht ausschließt. Dem Verfasser schien jedoch die pittoreske Art der Formulierung auf Reed hinzudeuten.

178 Roosevelt an Reed: McCall, 228; an Lodge: 13. März 1896.

178 »Mit einem Wort«: Pringle, 159.

179 Altgeld an Darrow: zitiert nach Ginger (siehe Kap. 8), 188.

179 »Die Fabriksirene«: ibid., 191.

179 »Mark Hannas Ära«: Norman Hapgod, *The Advancing Hour*, 1920, 76–77.

180 Zeitungsauflage durch »Krieg« gesteigert: Kennedy Jones, zitiert nach Halévy (siehe Kap. 1), V, 9.

180 Eliots Rede in Washington: New Yorker *Evening Post* vom 18. Mai 1896.

181 »Degenerierte Söhne Harvards«: Roosevelt an Lodge, Brief vom 29. April 1896.

181–182 Beschreibung Eliots: Zusätzlich zu der Biographie von James wurden als Quellen benutzt:

BROWN, ROLLO Walter, *Harvard Yard in the Golden Age*, New York, 1948.

HOWE, M. A. DE WOLFE, *Classic Shades*, Boston, 1928.

MORISON, SAMUEL ELIOT, *Three Centuries of Harvard*, Harvard Univ. Press, 1937.

SEDGEWICK, ELLERY, *The Happy Profession*, Boston, 1946.

181–182 »Eliza«; James, I, 33–24; »Mißverstanden«: Morison, 358; »Gefühl der feindseligen Zuhörerschaft«: Brown, 27; »Rücken wie ein Ruderer«, Sedgewick, 371–72; »noble Erscheinung«: Howe, 185; »Der Gentleman, der zugleich ...«: ibid.; »Er wird doch überall gerühmt«: James, II, 69; »Erste Privatmann«: ibid., 92; »Emblem des Triumphes«: Sedgewick, 371–72.
»Wenn wir es nicht schaffen«: 29. April 1896.

182 Minister Long über Roosevelt: Bishop, I, 71; Lodge an Roosevelt: 8. März 1897, zitiert ibidem.

183 McClure an seinen Chef vom Dienst: Lyon, 148; an Page: ibid., 167.

183 »Nichts Unrechtes«: zitiert nach Puleston, 182; Roosevelts Antwort: 3. März 1897.

184 Schurz' Besuch bei McKinley: Fuess, 350.

184 Der *Spectator* über den Vertrag: Ausgabe vom 19. Juni 1897.

184 »Das Empire hat Zeit«: Illustrated American, Dez. 1897.

185 »Diese sturmgepeitschten Schiffe«: aus *Influence of Sea Power on the French Revolution*.

185 Reed über Senator Proctor: Dunn, I, 234.

186 Pressekommentare: zitiert nach Morison und Commanger, *Growth of the American Republic,* II, 324.

186 »Eine Zyklon aufhalten«: *NYT* vom 7. April 1898.

186 Roosevelt an Mahan: 21. März 1898.

186 Mr. Dooley über die Philippinen: Dunne, 43. Als Mr. Dooley Mr. Hinnissy fragte, ob er wisse, wo die Philippinen lägen, antwortete Hinnissy stellvertretend für die herrschende Auffassung: »*Mebbe I cudden't, but I'm f'r takin' thim in, annyhow.*« Mr. Dooley war sich seiner Sache nicht ganz so sicher. »*Th' was is still goin' on; an' ivry night, whin I'm countin' up the cash, I'm askin' mesilf will I annex Cubia or lave it to the Cubians? Will I take Porther Ricky or put it by? An' what shud I do with the Ph'lippeens? Oh, what shud I do with thim?*«: ibid., 46–47.

186 McKinley über die Philippinen: Kohlsaat, 68.

186 Lodge, »Die Inseln auf jeden Fall halten«: an Henry White 4. Mai 1898, Nevins, (siehe Kap. 1), 136.

187 »Alles über Bord«: Text der Rede in *Letters,* II, 261–69.

187 Der Politiker, der die Lynchparty vorschlug, war der Ehrenwerte Thomas J. Gargan.

188 Die Anti-Imperialisten: Lanzar, Harrington, Howe, Fuess.

188 »Eine abscheuliche Sache«: *Mark Twain – Howells Letters,* Harvard Univ. Press, 1960, II, 673, n. 4. Siehe auch Mark Twains »To the Person Sitting in Darkness«, *North American Review,* Febr. 1901.

188 Godkin über »minderwertige Rassen«: 24. März 1898, 216.

188 Schurz' Argument: Schurz, 441.

189–190 Beveridges Reden: Bowers, 68–70, 76; Storey, 38; W. E. Leuchtenberg, »Progressivism and Imperialism«, 1898–1916«, *Miss. Valley Hist. Rev.*, Dez. 1952.

190 »Wir sind ein großes Volk«: Dunne, 9.

190 »Die Machtposition . . .«: 29. März 1898.

191 Beveridge über Reed: an George W. Perkins, vom 31. Mai 1899, Bowers, 71.

191 »Opposition fast ausschließlich . . .«: Lodge, *Corres.* I, 302, Brief vom 31. Mai 1898.

191 Reed bat Clark: Dunn, I, 289.

193 Lodge, »Wir sind eine der führenden Weltmächte«: an Henry White, Brief vom 12. Aug. 1898, Nevin's *White,* 137.

193 »Die fröhlichen Jugendjahre« und »*Deus Vult!*«: Puleston, 201.

193 Schurz, »die große neutrale Macht«: Fuess, 354.

194 Saratoga-Konferenz: *NYT* vom 20. Aug. 1898.

194 Carnegie, »Lassen Sie uns zusammenstehen«: Harvey, *Gompers,* (siehe Kap. 8), 89–90.

195 »Reed fürchterlich verbittert«: Lodge, *Corres.* I, 370, Brief vom 20. Dez. 1898.

197 Bryan und der Vertrag: Dunn, I, 283; Hoar, I, 197; II, 110; Pettigrew, 206. Die Manipulation mit Richterämtern und anderen Bestechungspraktiken der Republikaner werden in W. S. Holt, *Treaties Defeated by the Senate,* Johns Hopkins, 1933, 171, und in Garraty, *Lodge,* 201–02, behandelt.

198 »Härteste Kampf«: ibid.

198 William James: *Letters,* II, 289; Perry, 240.

198 Norton, »Amerikas einzigartige Position«: *Letters,* II, 290, Brief vom 18. Nov. 1899.

198 Moorfield Storey, »Wir verleugnen«: Howe, 221.

198 Reed »einflußreichster Mann«: Letters, II, Nr. 976, vom 3. März 1898.

198 Storey an Hoar: Howe, 218–19.

199 »Griff ins Wespennest«: *NYT* vom 23. April 1899.

199 »Launisch und bissig«: Dunn, I, 298.

199 »Erschöpfung und Ekel«: *NYT* vom 21. Febr. 1899.

200 *Tribune:* zitiert nach Robinson, 380; *Times* vom 19. und 23. April 1899.

200 Godkin über Reed: *Letters*, II, 239, 241.

200 »Die Öffentlichkeit«: *NYT* vom 10. April 1899.

201 »Wie geht's dem Pferd?«: Pringle, *Life and Times of William Howard Taft*, 1939, I, 236.

202 »Wir werden als Treuhänder Gottes . . .«: zitiert nach Wolff, 303.

202 »Der Geist des Militarismus«: *Life and Letters*, 243.

202 Admiral Dewey über das Präsidentenamt: Sullivan, I, 311.

203 »Der böse Geist«: Fuess, 66.

203 Dritte Partei und Versammlung im Plaza Hotel: Pettigrew, 320–21; Fuess, 326–63.

203 Aguinaldo über die Wahl: Wolff, 252.

203 »Wähler mit der zugehaltenen Nase«: Lanzar, 40.

203 *Nation's* unzufriedene Leser: 18. Okt. 1900, 307.

204 Lodge über Manila: zitiert nach Wolff, 304.

204 Roosevelt über die Expansion: ibid., 332.

204 Dumdum-Geschosse: ibid., 305.

205 Nortons Elegie: Brief vom 12. März 1901, an S. G. Ward, Vanderbilt, 217. Senator Hoar hatte im Frühjahr 1901 einen Versuch unternommen, den Bruch zwischen den Antiimperialisten und der Regierung zu heilen. Allerdings mißglückte dies gründlich. Als Vorsitzender der Harvard Alumni Association bot er McKinley den juristischen Ehrendoktor der Universität an, ohne jedoch die Harvard Corporation hiervon zu unterrichten. Obwohl Präsident Eliot McKinley als einen »engstirnigen, gewöhnlichen Mann« ansah (James II, 118), gab die Corporation ihre Einwilligung. Aber als das Board of Overseers um seine Zustimmung gebeten wurde, gab es einen Sturm der Entrüstung, der von Moorfield Storey und Wendell Phillips Garrison, den prominentesten der Antiimperilisten in diesem Gremium, entfacht wurde. Es gab viel Erbitterung, die Auseinandersetzung war »äußerst scharf« und Theodore Roosevelt, der völlig außer sich war und Storey als einen »Schurken« beschimpfte, organisierte brieflich die Stimmentscheidung der noch unentschlossenen Mitglieder des Board. Durch eine Indiskretion erfuhr Godkin davon und veröffentlichte die Tatbestände am 25. April 1901 in *Nation*, wodurch wiederum McKinley von dem Widerstand gegen ihn unter den Overseers Kenntnis erhielt. Obwohl das Board schließlich der Verleihung der Ehrendoktorwürde zustimmte, angeblich mit 26 zu 3 Stimmen, erschien McKinley nicht bei der Verleihungsfeierlichkeit und folglich wurde der Grad, der *in absentia* nicht verliehen werden konnte, überhaupt nicht verliehen. Roosevelt, *Letters*, III, Nr. 2010, 2012; Howe, 177; *NYT* vom 3. und 9. Mai 1901.

205 »Dieser verdammte Cowboy«: Kohlsaat, 100.

205 23 Pokerhands: A. B. Paine, *Mark Twain*, III, 1163.

205 Cannon über Reed: zitiert nach McFarland.

4 J'accuse

Literaturverzeichnis

BARCLAY, SIR THOMAS, *Thirty Years: Anglo-French Reminiscences, 1876–1906*, Boston, Houghton Mifflin, 1914.

*BARRÈS, MAURICE, *Scènes et doctrines du Nationalisme*, Paris, Plon, 1925.

BENDA, JULIEN, *La Jeunesse d'un clerc*, Paris, Gallimard, 1936.

BERTAUT, JULES, *Paris, 1870–1935*, New York, Appleton-Century, 1936.

*BLUM, LÉON, *Souvenirs de l'Affaire*, Paris, Gallimard, 1935.

BORDEAUX, HENRY, *Jules Lemaître*, Paris, Plon, 1920.
BOUSSEL, PATRICE, *L'Affaire Dreyfus et la Presse*, Paris, Colin, 1960.
BRUNETIÈRE, FERDINAND, *Après le Procés: Réponse à Quelques »Intellectuels«*, Paris, Perrin, 1898.
CAMBON, PAUL, *Correspondence, 1870–1924*, 3 Bd., Paris, Grasset, 1940.
CASTELLANE, MARQUIS BONI DE, *How I Discovered America*, New York, Knopf, 1924.
*CHAPMAN, GUY, *The Dreyfus Case: A Reassessment*, New York, Reynal, 1955.
CLARETIE, JULES, »Souvenirs du Dîner Bixio«, *La Revue de France*, 15. Juni, 1. und 15. Juli, 1. und 15. August, 1923.
CLEMENCEAU, GEORGES, *Contre la Justice*, Paris, Stock, 1900.
CLERMONT-TONNERRE, ELIZABETH (DE GRAMONT), DUCHESSE DE, *Mémoires*, 3 Bd., Paris, Grasset, 1928.
*DAUDET, LÉON, *Au Temps de Judas: Souvenirs de 1880 à 1908*, Paris, NLN, 1920.
DELHORBE, CECILE, *L'Affaire Dreyfus et les Ecrivains Français*, Paris, Attinger, 1932.
ELLIS, HAVELOCK, *From Rousseau to Proust*, Boston, Houghton Mifflin, 1935.
FRANCE, ANATOLE, *M. Bergeret à Paris*, Paris, Calmann-Lévy, 1902.
GARD, ROGER MARTIN DU, *Jean Barois*, Paris, Gallimard, 1921.
GARRIC, ROBERT, *Albert de Mun*, Paris, Flammarion, 1935.
GIRAUD, VICTOR, *Les Maîtres du l'Heure* (Jules Lemaître), Bd. II, Paris, Hachette, 1919.
GOLDBERG, HARVEY, *The Life of Jean Jaurès*, Univ. of Wisconsin Press, 1962.
GUILLEMINAULT, GILBERT, Hsg., *La Belle Epoque*, 3 Bd., Paris, Denoël, 1957.
HYNDMAN, H. M., *Clemenceau*, New York, Stokes, 1919.
IBELS, H. G., *Allons-y!: Histoire Contemporaire*, Paris, Stock, 1898.
JAURÈS, JEAN, *Les Preuves: Affaire Dreyfus*, Paris, *La Petite République*, 1898.
LETHEVE, JACQUES, *La Caricature et la presse sous la Troisième République*, Paris, Colin, 1961.
LONERGAN, W. F. (Korrespondent des *Daily Telegraph*), *Forty Years of Paris*, New York, Brentano's, 1907.
MARTET, JEAN, *Le tigre* (Clemenceau), Paris, Albin Michel, 1930.
MASUR, GERHARD, *Prophets of Yesterday*, New York, Macmillan, 1961.
MEYER, ARTHUR, *Ce que mes yeux ant vu*, Paris, Plon, 1912.
—, *Ce que je peux dire*, Paris, Plon, 1912.
*PAINTER, GEORGE D., *Proust: The Early Years*, Boston, Little Brown, 1959.
PALÉOLOGUE, MAURICE, *An Intimate Journal of the Dreyfus Case*, New York, Criterion, 1957.
PÉGUY, CHARLES, »Notre Jeunesse«, *Cahiers de la Quinzaine*, 1910.
POUQUET, JEANNE SIMON, *Le Salon de Mme Arman de Caillavet*, Paris, Hachette, 1926.
PROUST, MARCEL, *A la recherche du temps perdu*, Paris, Gallimard, 1921–27.
*QUILLARD, PIERRE, *Le Monument Henry: Liste des Souscripteurs*, Paris, Stock, 1899.
RADZIWILL, PRINZESSIN KATHARINA, *France Behind the Veil*, New York, Funk & Wagnalls, 1914.
*RADZIWILL, PRINZESSIN MARIE, *Lettres au Général du Robilant*, Bd. II, 1896–1901, (Im Anhang ihre Korrespondenz mit General de Galliffet), Bologna, Zanichelli, 1933.

**REINACH, JOSEPH, *Histoire de l'Affaire Dreyfus*, 7 Bd., Paris, Charpentier, 1901–11.
ROLLAND, ROMAIN, *Mémoires*, Paris, Albin Michel, 1956.
ROMAN, JEAN, *Paris Fin de Siècle*, New York, Arts, Inc., 1960.
SOREL, GEORGES, *La Révolution Dreyfusienne*, Paris, Rivière, 1911.
VIZETELLY, ERNEST ALFRED, *Emile Zola*, London, John Lane, 1904.
—, *Paris and Her People*, New York, Stokes, o. J.
ZEVAÈS, ALEXANDRE, *L'Affaire Dreyfus: Quelques Souvenirs personnels, La Nouvelle Revue*, January, February, March, 1936, Bd. 141 und 142.
ZOLA, EMILE, *La Vérité en Marche* (Gesamtausgabe), Paris, Bernouard, 1928.

Fußnoten

Da ich nicht die Absicht hatte, in diesem Kapitel über die Geschichte des Falles Dreyfus zu berichten, sondern vielmehr die Reaktion der französischen Gesellschaft auf diese Affäre zu schildern, habe ich auf eine Dokumentierung der historischen Ereignisse insoweit verzichtet, als es sich nicht um widersprüchliche oder ungeklärte Tatbestände handelt. Die wichtigste und wesentlichste Quelle war Reinachs stupendes Werk mit seiner Überfülle von Fakten, Texten, Dokumenten, Erkenntnissen, Kommentaren, Augenzeugenberichten, Charakterisierung der bedeutenden Persönlichkeiten, die er selbst gekannt hat, und seiner eigenen Erfahrungen, wie etwa jener Augenblick bei de Muns Rede in der Kammer, als »ich über meinem Haupt den Haß von dreihundert hypnotisierten Zuhörern spürte«. Er hatte es sich zur Aufgabe gemacht, alles, was im Zusammenhang mit der Affäre gesagt oder getan wurde, aufzuzeichnen und zu berichten, darunter neben den wesentlichen Ereignissen auch solche Randdetails, wie den Wutausbruch Scheurer-Kestners über die Unverschämtheit des Reporters oder den außerordentlich weitsichtigen Kommentar Graf Wittes. Als einer der Hauptbeteiligten und nicht bloßer Beobachter der Ereignisse wurde Reinach mehr als irgendein anderer der Akteure, vielleicht mit Ausnahme Zolas, beleidigt, verleumdet und karikiert. Unter solchen Umständen ein Werk von solchem historischen Wert geschaffen zu haben, ist eine Leistung, die in der Geschichtsschreibung vielleicht einzigartig und bisher unübertroffen ist. Sämtliche Zitate in diesem Kapitel, die nicht durch Fußnoten gekennzeichnet sind, finden sich in Reinachs Werk, wo sich die jeweilige Stelle mit Hilfe des ausführlichen Sachregisters, das allein den gesamten siebten Band ausfüllt, finden läßt.
Die wohl fundierteste Darstellung des Standpunktes der Nationalisten findet sich bei Barrès, während Daudet die lebendigste und bissigste Beschreibung geliefert hat. Die beste Darstellung in neuerer Zeit – verläßlich, objektiv und nicht zu lang – ist die Arbeit von Chapman. Für die Darstellung der Vorfälle in Auteuil und Longchamps habe ich auf zeitgenössische Presseberichte zurückgegriffen.

208 »Selbst unter den Engeln Zwietracht«: in *Journal des Débates*, 8. März 1903, anläßlich des Todes von Gaston Paris, zitiert nach Barrès, 9.
210 »In Ihrem Alter . . .«: zitiert nach Lonergan, 76.
213 Lavisse über die Armee: *Histoire de France Contemporaine*, III, 379.
213 Anatole France, »Alles, was uns geblieben ist«: Die Gestalt ist M. Pammeton de la Barge in *M. Bergeret à Paris*, 65–70.
214 Zitat des Grafen von Haussonville: Paléologue, 147.

214 »Frankreich liebt den Frieden ...«: sagte Albert Vandal, Mitglied der Academie Française, zitiert nach dem *Figaro* vom 25. Sept. 1898.

215 Die Damen erhoben sich vor General Mercier: Proust, *Guermantes*, II, 150. Die Herzogin von Guermantes verursachte eine Sensation, als sie bei einer Abendgesellschaft der Prinzessin von Lignes sitzen blieb, während die übrigen Damen aufstanden. Nicht zuletzt hierdurch verlor der Herzog die Wahl zum Vorsitzenden des Jockey Club.

215 »Sie können ihn gerne behalten«: Reinach, I, 2.

216 »Falls Dreyfus freigesprochen wird ...«: Paléologue, 44.

216 Beobachter wird an Dante erinnert: ibid., 198–99.

218 Bülow, »Drei Großmächte ...«: C. Radziwill, 298.

218 Pariser Klatsch über Bestechung de Rodays: Radziwill, *Letters*, 106.

218 Zola, »eine schändliche Krankheit«: *l'Aurore* vom 13. Mai 1902, zitiert nach Boussel, 216.

218 Ernest Judets Angst vor Clemenceau: Daudet, 43.

218 Arthur Meyers Laufbahn: C. Radziwill, 297–307.

219 Rochefort und der angebliche Brief des deutschen Kaisers: Blum, 78–80; Boussel, 157–59. Der Artikel über den Brief erschien am 13. Dezember 1897 in *l'Intransigeant*.

220 Boisdeffre und die Prinzessin Mathilde: Radziwill, *Letters*, 133–35. Prinzessin erzählte dem Kaiser hiervon, der daraufhin meinte: »Für mich kann es nur gut sein, daß ein solcher Mann an der Spitze des französischen Generalstabs steht ... Ich hoffe, man läßt ihn dort, wo er ist.«

220 »Das Syndikat«: Die Vorstellung der Rechten vom Syndikat werden von Daudet, 11–17, in aller Ernsthaftigkeit dargelegt, während Anatole France sie in Kapitel 9 seines *M. Bergeret* lächerlich macht. Die *Dépêche de Toulouse* bestätigte am 24. Nov. 1897 die Existenz eines *Syndikat D.* und dessen Ausgaben in Höhe von 10 Mill. Franc: zitiert nach Boussel, 138. Andere Anschuldigungen von *Libre Parole, l'Intransigeant, Jour, Patrie, Eclair, Echo de Paris* hat Reinach, III, 20, unter den jeweiligen Daten verzeichnet; siehe auch »Le Syndicat«, *l'Aurore* vom 1. Dez. 1897, in Zola, 13–19.

221 »Etwas Großartiges ...«: Graf Harry Kessler, zitiert nach Masur, 297.

222 Henry Adams über Drummonts Buch: *Letters*, 110, 116, Briefe vom 27. Juli und 4. Aug. 1896.

223 »Geheime und gnadenlose Verschwörung«: zitiert nach Herzog, 30.

223 Herzog d'Uzès höchst erfreut: ibid., 31.

224 Sozialistische Kritik über Lazares Pamphlet: Zevaès, v. 141, 21.

225 »Selbst der Herzog Saint-Simon«: Reinach, II, 618, n. 1.

228 Esterhazy, »Hände eines Straßenräubers«; »elegant und verräterisch«: C. Radziwill, 326–27; Benda, 181.

228 Scheurer-Kestner wie ein Hugenotte des 16. Jh.: Rolland, 290.

228 Die Menge im Jardin Luxembourg: 1908 von Clemenceau in einer Rede anläßlich der Enthüllung eines Scheurer-Kestner-Standbildes geschildert.

229 Clemenceau über Monet: zitiert nach J. Hampdon Jackson, *Clemenceau and the Third Republic*, New York, 1962, 81.

229 »Allein die Künstler ...« Martet, 286.

229 Clemenceau über Esterhazy, die Jesuiten und die Gerechtigkeit: zitiert nach Boussel, 143; Reinach, III, 265. Das Ausmaß, in dem die Aufmerksamkeit der damaligen Öffentlichkeit der Affäre gewidmet war, läßt sich an den fünf Bänden von Clemenceaus gesammelten Aufsätzen ablesen, und zwar: *L'Iniquité* (162 Artikel aus *l'Aurore* und *La Justice* bis etwa Juli 1898); *Vers la Réparation, 1899* (135 Artikel aus *l'Aurore*, Juli bis Dezember 1898); *Des Juges*, 1901 (40 Artikel aus *l'Aurore*, August bis Dezember 1899); *La Honte*, 1903, (65 Artikel aus *La Dépêche de Toulouse*, September 1899 bis Dezember 1900).

229 »Generale des Debakels« et seq.: Reinach, II, 258.

230 Anton Radziwill: Spring-Rice (siehe Kap. 3), I, 184.

230 Witte, »Ich sehe im Augenblick . . .«: Reinach, II, 542, n. 1.

230 Jules Ferry, »die Menschheit ohne Gott . . .«: zitiert nach Goldberg, 39.

231 Léon Bourgeois zu den Ralliés: zitiert nach Chapman, 23.

231 de Muns Rede vor der Akademie: 10. März 1898. Veröffentlicht in seinen *Discours politiques et Parlamentaires.*

231–233 de Muns Laufbahn: Garric, *passim*; über den Sozialismus: ibid., 94.

234 Galliffet, »versteht immer noch nicht«: Brief an die Prinzessin Radziwill vom 22. Sept. 1899, 342.

235 Gräfin de Noailles, »zu schön . . .« und »lächelte lediglich«: C. Radziwill, 337–38.

235 »Sichere Bewußtsein«: Clermont-Tonnerre, 113.

235 Rochefoucauld: »fossile Starrheit« war Prousts Charakterisierung des Prinzen Guermantes, für den Rochefoucauld das Vorbild war. »Im Jahre 1 000 ein Niemand«: zitiert nach Painter, 189.

235 »Ahnen fielen zu früh«: Painter, 200.

235 *Gratin* nicht gastfreundlich: Clermont-Tonnerre, 113.

236 Englischer Gast des Herzogs von Luynes: Wyndham (siehe Kap. 1), I, 346, 480.

236 Thiers über den Grafen von Paris: zitiert nach Spender, *Campbell-Bannerman,* (siehe Kap. 5), II, 59.

236 Gamelba: Lonergan, 120–21.

236 »Diese ganze Dreyfus-Geschichte« und »absolut unerträglich«: Proust, *Guermantes,* I.

237 »Koloß mit schmutzigen Füßen«: Flaubert, *Correspondence,* 18. April, 1880.

239 »Pornographisches Schwein«, »Merde« und andere Reaktionen: du Gard, 8.

240 Björnson, »bekümmert und bestürzt«: Reinach, III, 314.

240 »Die Szene ist Frankreich . . .«: zitiert nach Herzog, 144.

240 Tschechow über Zolas Prozeß: Ernest J. Simmons, *Chekhov, A Biography,* Boston, 1962, 412–12.

241 »Unterdrückte Mordlust«: Paléologue, 131.

241 »Paris zittert«: Hyndman (siehe Kap. 7), 301

241 Zolas Prozeß: Paléologue, 131–33; Hyndman, *Clemenceau,* 176–77; Viztelly, 450–56; *et al.*

242 Labori, »nicht nur eine Kapazität«: zitiert nach Chapman, 175.

243 »Hör Dir das an«: Guilleminault, I, 189.

243 Clemenceau, »kein einziger Dreyfusanhänger«: Hyndman (siehe Kap. 7), 301.

243 Henry Adams über das Zola-Urteil: *Letters,* 151, vom 26. Febr. 1898.

244 Anatole France »stand aus dem Bett auf«: aus einem unveröffentlichten Tagebuch Daniel Halévys, zitiert nach Delhorbe, 95.

244 »Gehört zu uns«: Daudet, 66.

244 Monets Streit mit Degas: Stephen Gwynn, *Claude Monet,* New York, Macmillan, 1934, 92.

244 Degas las *Libre Parole*: Chapman, 182; über die *arrivistes*: zitiert nach George Slocombe, *Rebels of Art: Manet to Matisse,* New York, 1939, 158.

245 Debussy und Puvis de Chavannes: Painter, 356; Reinach, III, 248, n. 2.

245 »Wenn ich unterschreibe . . .«: Clemenceau in *l'Aurore* vom 18. Jan. 1898.

245 Emile Duclaux, Revision im Labor: Reinach, III, 169.

246 Degas, »Wenn er malt . . .«: René Gimpel, *Carnets,* Paris, 1963.

247 Gaston Paris: Reinach, IV, 150, n. 5; Paul Stapfer, Zevaés, 141, 202.

247 Dörfer bezogen Stellung: Barclay, 135.

247 Dîner Bixio: Claretie. Sämtliche Anekdoten über den Bixio stammen aus dieser Quelle.

248 Premiere von *Les Loups*: Rolland, 291–91.

248 Kritiker, »Wir dürsteten . . .«: Adolphe Brisson über »l'Aiglon« im *Figaro* vom 13. März 1900.

248 »An einem Tag . . .«: zitiert nach Reinach, IV, 151.

249 Die Salons: Bertaut, 163–73; Wharton (siehe Kap. 1), 261, 273; Painter, 130,

201, 281; bezüglich Mme. Strauss siehe insbesondere Bertaut, Painter, 110–16, Paléologue; bezüglich Mme. Arman siehe Puquet, *passim*, Clermont-Tonnerre I, 4–5, 13; Blum, 98; über Mme. Aubernon: Paléologue, 114, Suttner (siehe Kap. 5), I, 282–84; über Mme. de Loynes: besonders Meyeyr, *Ce que je peux dire*, 250–53, 287; Castellane, 195.

251 Lemaître, »Die Republik ...«: zitiert nach Giraud, 72.

251 »Que faites vous, Maître?«: Barclay, 142.

251 Ausschußsitzungen der Liga: Meyer, op. cit., 253–63; Daudet, 89.

253 de Vogüé, »jetzt ist der verhaßte Fall ...«: Paléologue, 151.

254 Jaurès rezitiert Gedichte des 17. Jh.: Goldberg, 226.

254 »Großartiges Klangvolumen«: Rolland, 298; »wie eine große Katze ...«: *ibid.*

255 Sozialisten über Zolas Prozeß: Jaurès, *Œuvres*, VI, 197, zitiert nach Goldberg; Reinach, III, 255, IV, 148; Zevaés, v. 141., 97, 199.

255 Jaurès, »wie mich das peinigt«: zitiert nach Goldberg, 220.

257 »Weil wir scheinbar ... ablehnen«: aus einem Brief vom 7. Nov. 1898, im Guesde Archiv, Amsterdam, zitiert nach Goldberg, 243.

258 Komitee der Wachsamkeit: Zevaés, v. 141, 203.

258 André Buffet telegraphiert dem Kronprätendenten: Die Einzelheiten der rechtsgerichteten Verschwörung und ihrer Finanzierung sind den Akten des späteren Prozesses gegen Déroulède entnommen; Reinach, IV, 332–42.

258 »Eine neue Kommune«: Radziwill, *Letters*, 155.

258 »Die Seele eines Unterleutnants«: André Maurois, *Histoire de la France*, deutsch 1951.

259 »Heiligtum des Verrats« *et seq.*: Paléologue, 187–90.

259 Anarchisten über Dreyfus-»Parade«: Boussel, 170–72; Maitron (siehe Kap. 2), 307–18.

260 Mme. de Greffulhes Brief an den Kaiser: André Germain, *Les clés de Proust*, 1953, 43. (Ich verdanke diese Quelle dem Biographen Prousts, George D. Painter.)

260 Meinungsänderung der Guermantes: beschrieben in *Sodome* und *La Prisonnière*.

260 Ein Offizier zu Galliffet: Claretie, 50.

260 »Der Friede hängt ...«: zitiert nach Goldberg, 245.

261 Kommentare zur Sammelaktion für Henrys Witwe: Quillard, *passim*.

262 Loubets Wahl: Paléologue, 203; »Die Republik ist sicher«: zitiert nach Chapman, 254.

262 »Innerhalb einer Woche ...«: zitiert nach Goldberg, 247.

263 Gelder der Antisemitischen Liga: Reinach, IV, 573, n. 4; V, 133, 254, n. 1., basiert auf Beweismaterial anläßlich des Déroulède-Prozesses.

263 *Le Temps*, »Welche andere Nation ...«: Ausgabe vom 6. Juni 1899.

263 William James, »eine jener moralischen Krisen ...«: *Letters*, II, 89, Brief vom 7. Juni 1899.

263 Angriff auf Loubet in Auteuil: *Figaro* vom 5. Juni 1899.

264 Der Rennsonntag in Longchamps: *Le Temps* vom 12./13. Juni 1899. Henri Léon, der zynische Führer der Nationalisten in *M. Bergeret à Paris* beschreibt, wie die Randalierer nach seinem Kommando »*Pa-na-ma! De-mis-sion!*« schrien. »Ich gab ihnen den Takt an und die betonten jede einzelne Silbe. Es war eine Sache mit Pfiff.«

266 Lucien Herrs Argument: aus *Vie de Lucien Herr* von Charles Andler, zitiert nach Goldberg, 254.

266 Spaltung der Sozialisten über der Frage der Regierungsunterstützung: Zevaés, v. 142, 47.

266 Marquis de Galliffets Silberplatte im Magen: Castellane, 99; die »Art eines Bandenchefs«: Reinach, V, 168–69; über die Verhaftung der Mitglieder seines Klubs: Radziwill, *Letters*, 340; »Mut, Unverschämtheit ...«: Reinach, loc. cit.

267 Millerand »Katze im Regenschauer«: Suarez (siehe Kap. 8), I, 259.

267 »Diese Burschen einmal einladen«: aus Louis Thomas, *Le Général de Galliffet*, 1910, 247 (von Painter übernommen).

268–269 Prozeß in Rennes: Augenzeugenberichte von Marcel Prévost, New York *Herald*, 8./9. August; Severine und anderer, zitiert nach Reinach, V; Barrés, 146; Zevaés, v. 142, 53; Benda, 211; Londoner *Times*, New Yorker *Tribune* vom 8./9. August. Es scheint eine Naturerscheinung zu sein, daß die Unterschiede in der Darstellung mit der Stärke der Emotion zunehmen: Der *Times* zufolge war Dreyfus' Haar »weiß«, dagegen »grau-braun« in der *Tribune*; sein Schnurrbart war, wie die *Times* berichtet, »pechschwarz«, für die *Tribune* hingegen »fuchsrot«.

270 G. A. Henty: Hyndman, 184.

271 Galliffet »Ich rühre mich nicht aus meinem Büro«: Radziwill, *Letters*, 340.

271 Labori, »wie ein Herkules«: Meyer, *Mes Yeux*, 152.

271 »Ich habe Dreyfus erschossen!«: Paléologue, 241.

271 Viktorias Telegramm: Reinach, V, 544.

271 Clemenceau: in *l'Aurore* vom 10. Sept. 1899.

271 Gräfin de Noailles in Tränen: Painter, 299.

272 Reaktion des Auslandes: *The Times* vom 12., 13., 14., Sept. 1899; Barclay, 162.

272 Griegs »Verachtung«: Finck, *Grieg* (siehe Kap. 6), 104.

273 Galliffet, »eine tolle Sache«: Lonergan, 169.

5 Krieg oder Frieden

Literaturverzeichnis

Offizielle Protokolle und Veröffentlichungen über die beiden Friedenskonferenzen in Den Haag sind:

DEUTSCHLAND, AUSWÄRTIGES AMT, *Die Große Politik der Europäischen Kabinette*, Berlin, 1924–25. Band 15: *Rings um die Erste Haager Friedenskonferenz.* Band 23: *Die Zweite Haager Friedenskonferenz.* (In den Fußnoten *GP*.)

FRANKREICH, MINISTÈRE DES AFFAIRES ETRANGÈRES, Documents Diplomatiques, *Conférence Internationale de la Paix*, 1899, Paris, Imprimerie Nationale, 1900.

—, *Deuxième Conférence Internationale de la Paix*, 1907, Paris, Imprimerie Nationale, 1908.

GROSSBRITANNIEN, FOREIGN OFFICE, *Correspondence respecting the Proposal of HM the Emperor of Russia for a Conference on Armaments*, Russia, No. 1 (1899), Cd. 9090, London, HMSO.

—, *Correspondence respecting the Peace Conference held at The Hague in 1899*, Misc. No. 1 (1899), Cd. 9534, London, HMSO. (Das Material dieser beiden Bände ist in den Fußnoten als F. O. 83, 1695–6–7–8–9 und 1700. Diese Nummern beziehen sich auf die handschriftlichen Originale im Public Record Office, auf die ich zurückgegriffen habe.)

—, *Correspondence respecting the Second Peace Conference held at The Haag in 1907*. Misc. No. 1 (1908), Cd. 3857, London, HMSO.

—*Further Correspondence*, Cd. 4174, Misc. No. 5 (1908).

HAAG, *The Proceedings of The Hague Peace Conference*, 4 Bd., Übersetzung der offiziellen Texte (ursprünglich veröffentlicht vom niederländischen Außenministerium), verfaßt in der Division of International Law of the Carnegie Endowment for International Peace; hsgg. v. James Brown Scott, Oxford Univ. Press, 1920–21, Bd. I, 1899; Bd. II, III, IV, 1907.

VEREINIGTE STAATEN, *The Hague Peace Conferences of 1899 and 1907*, hsgg. v. James Brown Scott, 2 Bd., Baltimore, John Hopkins Press, 1909. Der zweite Band enthält Instruktionen und Berichte der amerikanischen Delegierten sowie die Korrespondenz der Jahre 1904 und 1906, die sich auf die Einberufung der zweiten Konferenz bezieht.

Weitere Quellen

ADAM, PAUL, »Physionomie de la Conférence de la Haye«, *Revue de Paris*, August 1, 1907, 642–72.
BACON, ADMIRAL SIR REGINALD HUGH, *The Life of Lord Fisher of Kilverstone*, 2 Bd., London, Hodder & Stoughton, 1929.
BERGENGREN, ENK, *Alfred Nobel*, engl., London, Nelson, 1962.
BÜLOW, BERNHARD, FÜRST VON, *Denkwürdigkeiten*, hsgg. v. F. v. Storkhammer, 4 Bd., Berlin, Ullstein Verlag o. J.
CHIROL, SIR VALENTINE, *Fifty Years in a Changing World*, New York, Harcourt, 1928.
CHOATE, JOSEPH HODGES, *The Two Hague Conferences*, Princeton Univ. Press, 1913.
CURTI, MERLE, *Peace or War: The American Struggle, 1636–1936*, New York, Norton, 1936.
DAVIS, CALVIN DE ARMOND, *The United States and the First Hague Peace* Conference, Cornell Univ. Press, 1962.
DILLON, E. J., *The Eclipse of Russia*, New York, Doran, 1918.
FISHER, JOHN ARBUTHNOT, LORD, *Records*, London, Hodder & Stoughton, 1919.
—, *Fear God and Dread Nought: Correspondence of Lord Fisher*, hsgg. v. Arthur J. Marder, Bd. 1, 1854–1904, Harvard Univ. Press, 1952; Bd. 2, 1904–14, London, Cape, 1956.
FULLER, J. F. C., *Armament and History*, New York, Scribner's, 1945.
HENDRICK, BURTON J., *The Life of Andrew Carnegie*, 2 Bd., Garden City, Doubleday, 1932.
HULL, WILLIAM I., *The Two Hague Conferences*, Boston, Ginn, 1908.
JESSUP, PHILIP G., *Elihu Root*, 2 Bd., New York, Dodd, Mead, 1938.
LEMONON, ERNEST, *La Seconde Conférence de la Paix*, Paris, 1908.
MOWAT, ROBERT B., *Life of Lord Pauncefote*, Boston, Houghton Mifflin, 1929.
NEF, JOHN J., *War and Human Progress*, Harvard Univ. Press, 1950.
NOWAK, KARL FRIEDRICH, *Germany's Road to Ruin*, New York, Macmillan, 1932.
PALMER, FREDERICK, *With My Own Eyes*, Indianapolis, Bobbs Merrill, 1932.
PINSON, KOPPEL S., *Modern Germany*, New York, Macmillan, 1954.
SPENDER, J. A., *The Life of Sir Henry Campbell-Bannermann*, 2 Bd., Boston, Houghton Mifflin, 1924.
STEAD, W. T., »Character Sketch: Lord Fisher«, *Review of Reviews*, February 1910.
*SUTTNER, BERTHA VON, *Memoirs*, 2 Bd., Boston, Ginn, 1910.
TATE, MERZE, *The Disarmament Illusion*, New York, Macmillan, 1942.
**Temps, Le*, Reports of Special Correspondent at The Hague.
USHER, ROLAND, *Pan-Germanism*, Boston, Houghton Mifflin, 1913.
*WHITE, ANDREW D., *Autobiography*, 2 Bd., New York, Century, 1905.

*WHYTE, FREDERIC, *Life of W. T. Stead*, London, Cape, 1925.
WITTE, COUNT SERGEI, *Memoirs*, New York, Doubleday, 1921.
WOLFF, THEODOR (Hsg. des *Berliner Tageblatt), The Eve of 1914*, übers. v. E. W. Dickes, New York, Knopf, 1936.

Fußnoten

Als wesentlichste Quelle für das, was in Den Haag geschah und gesagt wurde, dienten mir die Berichte der Delegierten an ihre Regierungen, die in der Foreign Office Correspondence und der Großen Politik enthalten sind; weiterhin das Tagebuch Andrew Whites, das seiner Autobiographie entnommen ist, sowie die Berichte des Sonderkorrespondenten von *Le Temps*. Noch unter dem unmittelbaren Eindruck der Ereignisse geschrieben, sind dies weitaus lebendigere Darstellungen als die langweiligen Wortprotokolle, die später gesammelt und veröffentlicht wurden. (Der Korrespondent von *Le Temps* zeichnet mit X oder manchmal mit XX, was möglicherweise auf zwei Journalisten hindeutet. Anfragen bei *Le Monde*, Nachfolger von *Le Temps*, und beim Archivar des Quai d'Orsay haben keinerlei Anhaltspunkte hinsichtlich der Identität der anonymen Schreiber erbracht.) Falls nichts anderes angegeben ist, sind sämtliche Zitate der Delegierten den genannten Quellen entnommen; gesonderte Hinweise auf die Quelle sind nur bei wichtigen Fällen aufgeführt. Sämtliche Angaben über die Baronin Suttner, die Briefe Nobels eingeschlossen, stammen aus ihren Memoiren. Die Zitate Roosevelts sind seiner Korrespondenz (siehe Kap. 3) entnommen.

276 »Der Zar mit dem Ölzweig ...«: *Neue Freie Presse*, zitiert nach *Figaro*, Presserundschau, vom 30. Aug. 1898.
277 »Wie herrliche Musik ...«: sowie die übrigen Pressezitate in diesem Abschnitt: *ibid.* und in den Presserundschauen von *The Times* und *Le Temps* vom gleichen Datum.
277 Kipling: Das Gedicht wurde zuerst in *Literature* vom 1. Okt. 1898 veröffentlicht.
278 »Ein Schlag ins Wasser«: zitiert nach *Figaro* vom 31. Aug. 1898. »Deutschlands Zukunft«: Nowak, 237.
278 Liebknecht: Suttner, II, 198.
278 Godkin, »großartiger Aufruf«: *Evening Post*, vom 29. Aug. 1898.
282 Olney über die Ablehnung des Vertrages: Mowat, 171.
282 Julien Benda: (siehe Kap. 4), 203.
282 Daten über Energieverbrauch: W. S. und E. S. Woytinsky, *World Population and Production*, New York, 1953, 930, Tabelle 394.
284 »Der Tod auf dem Kutschbock«: zitiert nach Masur (siehe Kap. 4), 237.
284 Salisburys Guildhall-Rede: *The Times* vom 10. Nov. 1897.
284 Der Zar und die Kammerzofen seiner Mutter: zitiert nach David Shub, *Lenin*, 72.
285 Brief des Zaren an seine Mutter: *Secret Letters of the Last Czar*, hrsg. von E. J. Bing, New York, 1938, 131.
285 Kuropatkin und die Entstehung der Friedenskonferenz: Witte, 96–97; Bericht des deutschen Botschafters Radolin an Kanzler Hohenlohe vom 13. Juli 1899, GP, XV, Nr. 4350; Dillon, Gespräch mit Kuropatkin, 275–77.
286 »Die Menschen davon abhalten«: zitiert nach Witte II, 70.
287 »Um den Preis des Selbstmordes«: *et seq.*: Bloch, xxxi, lxii, 349, 355–56.
Bericht des britischen Botschafters: Sir Charles Scott an Salisbury, 25. Aug. 1898, Cd. 9090.

288 »Der größte Blödsinn«: Warwick, 138.
288 Reaktion der Diplomaten: GP, XV, Nrn. 4223, 4224, 4236, 4237, 4248, 4249; weiterhin Foreign Office, Plunkett aus Brüssel am 11. Jan. 1899 und Rumbold aus Wien am 3. Febr. 1899.
289 »Idiot«: GP, XV, Nr. 4233.
290 »An mein Volk«: Pinson, 279.
290 »Wenn Euer Kaiser ...«: *ibid.*, 278; »Es gibt nur einen Herrn ...«: *ibid.*;
290 »in Europa keine andere Macht«: zitiert nach Bernadotte Schmitt, *The Coming of the War, 1914*, New York, 1930, I, 29; »der alte Verbündete«: zitiert nach Chirol, 275.
290 Prinz von Wales, »Wie anders ...«: zitiert nach Witte II, 113–14.
290 Bemerkung der Kaiserin: Bülow, I, 275; Zitat Eulenburgs, *ibid.*
290 Telegramm an den Zaren und die folgenden Randbemerkungen: GP, XV, Nrn. 4222, 4216, 4228, 4231.
291 Murawiew zu Eulenburg: *ibid.*, 4231.
292 Kuno Francke über Deutschland: »German Ideals of Today«, *Atlantic Monthly*, Dez. 1905.
293 Pan-Germanisten und »Wir wollen Gebiete«: *Encyc. Brit.*, »Pan-Germanism«. Dewey über die Deutschen: Palmer, 115.
293 Hay, »Für die deutsche Mentalität«: zitiert nach A. L. P. Dennis, in *American Secretaries of State*, hrsg. von S. F. Bemis, IX, 124.
293 »Schafsköpfe«: Pinson, 278.
293 »Nicht mal der zahmste Liberale«: Wolff, 310.
294 »Trag stets einen schwarzen Anzug«: zitiert nach Pinson, 286.
294 Bülow kopiert Balfour: Nowak, 226.
294 Holsteins Einstellung und Bülows Demarchen: GP, XV, Nrn. 4255, 4217, 4245, 4246, 4247.
295 Resolutionen: F. O. 83, 1699.
295 Balfour, »Zuversichtliche Haltung«: *ibid.*
295–298 Stead: Alle Angaben über Stead sind aus Whytes Biographie, mit Ausnahme der Anekdote der Reinkarnation Charles' II. (Esher I, 229), der Bemerkung des Prinzen von Wales über den Zaren, »weich wie Wasser« (Warwick, 136) und der russischen Beschwerde (Bericht des Botschafters Sir Charles Scott vom 14. Jan. 1899, F. O. 83, 1699.)
299 Henley, »Kampfeslust«: aus »Rhymes and Rhythms, Nr. XVI, zuerst in *Poems*, 1898 veröffentlicht.
299 Nevinson: *Changes and Chances* (siehe Kap. 1), 130.
301 Mahan, »Kein größeres Unglück«: zitiert nach Puleston (siehe Kap. 3), 171.
301 »Selbstsichere Gewißheit«: T. S. Eliot, »The Waste Land«.
302 Yeats' Gedicht: in seiner Autobiographie, *The Trembling of the Veil*, 415.
303 Boston Peace Crusade, »Ständiges Tribunal«: Davis, 62.
303 McKinley bedrängt: *ibid.*, 68.
304 Der deutsche Kaiser über Mahan: GP, XV, Fußnote zu 4250.
304 Bourgeois, »liebenswürdig, elegant«: Zevaés (siehe Kap. 4), v. 141, 202; »kultivierte einen Bart«: Suarez (siehe Kap. 8), I, 420.
305 »Dem Krieg abzuschwören«: General Barail, zitiert nach *Figaro* vom 31. Aug 1898.
305 Mme. Adam, »Ich bin für Krieg«: Suttner, II, 233.
305 »Leeres Korn zu dreschen«: zitiert nach Davis, 88.
306 Baron Stengels Schrift: Drummond ans F. O. am 6. April 1899; Tate, 230, n. 44.
306 »Nie nachgeben«: Mowat, 300; »Seele von einem Mann«: *ibid.*, 295.
306 »Wenn Peel aufbrauste«: Birrell (siehe Kap. 7), 126–27.
307 Fisher: Alle Angaben über ihn sind aus Bacons Biographie, mit Ausnahme der letzten Bemerkung, »Das tat ich auch«, die aus Fishers *Records*, 55, stammt.
308 Den Haag während der Konferenz: im wesentlichen Reportagen des Korrespon-

denten von *Le Temps,* Ausgaben vom 10., 20., 24. und 25. Mai; *Figaro* vom 20. Mai; Mowat, White, Suttner. Das Huis ten Bosch habe ich 1963 selbst besucht.

309 »das Versehen eines Druckers«: zitiert nach Davis, 86.

309 Beernaert, »Größter Zyniker«: Neal Ascherson, *The King Incorporated*, London, 1963, 142.

311 Münster, »politischen Plebs«: GP, XV, 4327.

311 Reichstagsmitglieder: *The Times* vom 11. Mai 1899.

312 Fisher, »Vermenschlichung des Krieges« et seq.: Stead, *Review of Reviews,* Febr. 1910, 117.

312 Hotel Kurhaus: *Letters,* I, 142.

313 Stead über Fisher: zitiert nach Bacon, I, 121.

313 Fisher erfuhr vom deutschen Marinedelegierten: *ibid.*, 128, 177.

313 »Größte Ernsthaftigkeit«: zitiert nach Taylor (siehe Kap. 3), 99.

314 Fisher zur Prisenfrage: Bacon, I, 128.

314 Kapitän Siegels Argumentation: GP, XV, 4274.

316 Ardaghs Rede über Dumdum-Geschosse: 14. Juni, F. O. 83, 1695.

317 »Friedensengel«: zitiert nach Reinach (siehe Kap. 4), V, 173, n. 2.

317 »Mahnendes Gewissen der Gesellschaft«: Hunter (siehe Kap. 8), 30.

318 d'Estournelles Anekdote: White, 300.

319 »Ziel dieses Schwindels«: GP, XV, 4276.

319 Bemühung, Deutschlands Zustimmung zur Schlichtungsfrage zu erreichen: White, II, 265–313. Pauncefote Memorandum, 19. Juni, F. O. 83, 1695, und andere Berichte in F. O. 83, 1700; GP, XV, 4276, 4280, 4284, 4317, 4320, 4349.

320 Kaiser, »Ich habe zugestimmt ...«: GP, XV, 4320.

321 »Fast makabrer Fleiß«: *Le Temps,* Leitartikel vom 27. Juli.

321 Mahan blockiert Schiedsgericht: Puleston (siehe Kap. 3), 211; White, 338–41.

323 »Eine Seite im Schicksalsbuch«: Clynes (siehe Kap. 7), 98; »Mit Beben«: M. Radziwill, *Letters* (siehe Kap. 4), 2. Jan. 1900, 237.

323 Der deutsche Kaiser an Krupp: aus dem Krupp-Archiv, zitiert nach William Manchester, »The House of Krupp«, *Holiday,* Dez. 1960, 110.

323 300 Männer, »alle untereinander bekannt«: zitiert nach Kessler (siehe Kap. 8), 121.

323 »Dann, im Jahre 1900«: Yeats in seiner Einführung zu *Oxford Book of Modern Verse.*

324 Zitat von Henry Adams: *Education,* 494–95.

324–325 Weltausstellung: *l'Illustration* sowie *Le Monde Illustré passim* während der Sommermonate; *Outlook* vom 8. Sept. und 10. Nov. 1900 sowie 5. Jan. 1901; *Harper's Monthly,* Sept. 1900; *Blackwoods's,* Juli 1900; *Nation,* 18. Juni 1900.

326 »Lediglich eine Frage weniger Jahrzehnte«: Zweig (siehe Kap. 6), 3.

326 Balfour wollte Mahan berufen: Magnus, *Edward VII,* 306.

328 Jusserand und Philander Knox über Roosevelt: Jules Jusserand, *What Me Befell,* Boston, 1934, 241; Sullivan (siehe Kap. 3), II, 438.

328 Roosevelts Besuch bei Eliot: James, *Eliot* (siehe Kap. 3), II, 159.

329 Roosevelt, »verrückte Theorie«: an Spring-Rice am 21. Dez. 1907, VI, 871;

329 »schließlich alles verliert«: *ibid.*

329 »Kann Hale nicht ausstehen«: an Speck von Sternberg am 16. Juli 1907, V, 721;

329 »Verweichlichung«: an Whitelaw Reid am 11. Sept. 1905, V, 19.

329 »Das ist mein Mann«: Bülow, I, 658.

329 d'Estournelles Besuch bei Roosevelt: Suttner, II, 390–91.

330 Hay, »Alles arrangiert«: Tyler Dennett, *John Hay,* New York, 1933, 346.

331 Fishers Vorschlag, die Deutsche Flotte zu bombardieren: Bacon, II, 74–75.

332 »Ach, dieser verdammte Reichstag«: Bülow, II, 36–37.

332 Zar ließ in Washington durchblicken: Roosevelt an Carl Schurz am 15. Sept. 1905, V, 30–31. Der Brief an Root vom 14. Sept. 1905, V, 26.

332 C.-B. »aufrichtig und gutmütig«: Lee (siehe Kap. 1), II, 442.
333 »Kann dieses Land . . .«: in der Albert Hall am 21. Dez. 1905, Spender, II, 208.
333 »Abscheulich, anmaßend und absolutistisch«: Bacon, I, 207.
334 Iswolski, »Fimmel der Juden . . .«: GP, XXIII, 7879.
335 C.-B., »es lebe die Duma«: C.-B. hielt die Rede in Französisch, Spender, II, 246.
335 Der Kaiser hoffte, die Konferenz »möge nicht stattfinden«: GP, XXIII, 7879; über sein Gespräch mit Edward, *ibid.*; siehe auch 7823, 7825, 7826.
335 »Wachsam, aggressiv, militant«: an Oscar Straus am 27. Febr. 1906, V, 168.
335 »Sentimentale Anwandlungen«: an Reid am 7. Aug. 1906, V, 348; Gespräch mit Graf Gleichen: Lee, II, 437. Auch Graf Witte fand die Annehmlichkeiten in Amerika wenig zufriedenstellend. Die einzige gute Mahlzeit, die er während seines Amerikaaufenthaltes anläßlich der Friedenskonferenz in Portsmouth bekommen habe, so sagte er, sei an Bord von Morgans Yacht serviert worden (Witte, 196).
336 Die Flotte, »ein Faktor zur Sicherung des Friedens«: Brief vom 22. Sept. 1906, V, 421.
336 Carnegie bereit, Gebäude in Den Haag zu stiften: Hendrick, II, 164.
336 Root, »Fehlschläge notwendiger Schritte«: Jessup, II, 70.
337 Erste Ausgabe der *Nation*: 2. März 1907.
337 »Vermutlich kommt er in der nächsten Woche . . .«: Lee, II, 467.
337 Sir Edward Grey sowie die übrigen diplomatischen Schritte: Nevins (siehe Kap. 1), 249, 252, 258–59; Hull, 49–50; U. S., Scott, II; GP, XXIII, 7750, 7869, 7927, 7986.
338 Carnegies Besuch beim Kaiser: Hendrick II, 299–318.
339 Mahans Bericht: Puleston (siehe Kap. 3), 270, 280.
340 Deutsche Offiziere tranken auf »den Tag«: Usher, 1.
340 »Sie diskutierten mit mir . . .«: Buchan, (siehe Kap. 1), 55.
340 Root, »Wir treiben auf einen Krieg . . .«: Jessup, II, 25.
340 Lansdowne über das Altersversorgungsgesetz: *The Times* vom 21. Juli 1908.
341 Marquis de Soveral: Warwick, *Discretions*, 20; siehe auch Ponsonby, 216 (beide Kap. 1).
342 Roosevelt über Pauncefote: zitiert nach Mowat, 297.
342–343 Baron Biebersteins Erscheinung und Gehabe: Gardiner, *Pillars*, (siehe Kap. 1), 160–68; Barclay (siehe Kap. 4), 281. Seine Äußerungen über die anderen Delegierten: an Bülow am 28. Juli 1907, GP, XXIII, 7961.
343 Austins Brief an die *Times*: vom 17. Oktober 1907.
343 Domela Nieuwnhuis: Adam, 655.
344 Frys Rede und die Kommentare: Hull, 72–74; White, II, 291.
344–346 Konferenzverlauf: Scott I, 110, *et seq.* Baron Biebersteins Bericht an Bülow, GP, XXIII, 7963; Greys Demarchen bezüglich des Prisenrechts ist Nr. 11, F. O. Korrespondenz, Cd, 3857.
346 Roosevelt, »die Entwicklung nicht verfolgt«: Brief vom 2. Juli 1907, V, 700;
346 »nichts als Abscheu«: 16. Juli 1907, V, 720–21.
347 »zerbröckelnde Staaten . . .«: M. H. Hazeltine, »The Second Peace Conference«, *North American Review*, Nov. 1907.
347 »Friedens- oder Kriegskonferenz?«: zitiert nach Choate, 40.
348 »Langsam, tastend und spärlich«: Choate, 22.

6 Ein Heldenleben

Literaturverzeichnis

ALDRICH, RICHARD (Musikkritiker der New York *Times*), *Concert Life in New York, 1902–23*, New York, Putnam's, 1941.

BAUMONT, MAURICE, *L'Affaire Eulenberg et les Origines de la guerre mondiale*, Paris, Payot, 1933.

BEECHAM, SIR THOMAS, *A Mingled Chime*, New York, Putnam's, 1943.

—, *Frederick Delius*, New York, Knopf, 1960.

BERTAUX, FELIX, *A Panorama of German Literature, 1871–1931*, engl., New York, Whittlesey, 1935.

BIGELOW, POULTNEY, *Prussian Memories, 1864–1914*, New York, Putnam's 1915.

BRANDES, GEORGE, *Friedrich Nietzsche*, New York, Macmillan, o. J.

CLADEL, JUDITH, *Rodin*, New York, Harcourt, 1937.

*DEL MAR, NORMAN, *Richard Strauss*, New York, Free Press of Glencoe, 1962.

DUKES, ASHLEY, *Modern Dramatists*, Chicago, Sergel, 1912.

EKMAN, KARL, *Jean Sibelius*, New York, Knopf, 1938.

FINCK, HENRY T., *Grieg and His Music*, London, John Lane, 1909.

*—, *Richard Strauss*, Boston, Little, Brown, 1917.

—, *Success in Music*, New York, Scribner's, 1909.

GILMAN, LAWRENCE, *Nature in Music and Other Studies*, London, John Lane, 1914.

GOOCH, G. P., *Germany*, New York, Scribner's, 1925.

GRIGORIEV, S. L. (Manager von Diaghilev), *The Diaghilev Ballet, 1909–29*, London, Penguin Ed., 1960.

HAMBURGER, s. Hofmannsthal.

HASKELL, ARNOLD L., (Leiter des Covent Garden Royal Ballet), *Diaghileff*, New York, Simon & Schuster, 1935.

HELFFERICH, KARL, *Germany's Economic Progress and National Wealth, 1888–1913*, Berlin, Stilke, 1913.

HOFMANNSTHAL, HUGO VON, *Dramen*, hsgg. v. Herbert Steiner, Frankfurt, S. Fischer Verlag.

HUNEKER, JAMES, *Overtones*, New York, Scribner's, 1904.

JEFFERSON, ALAN, *The Operas of Richard Strauss in Britain*, London, Putnam's, 1963.

KARSAVINA, TAMARA, *Theatre Street*, London, Constable, 1948.

KESSLER, COUNT HARRY, *Walter Rathenau*, Berlin, V.-A. Klemm, 1928.

KOHN, HANS, *The Mind of Germany*, New York, Scribner's, 1960.

LAWTON, MARY, *Schumann-Heink*, New York, Macmillan, 1928.

LEHMANN, LOTTE, *Five Operas and Richard Strauss*, New York, Macmillan, 1964.

LOWIE, ROBERT HARRY, *Toward Understanding Germany*, Univ. of Chicago Press, 1954.

MAY, ARTHUR J., *The Habsburg Monarchy*, Harvard Univ. Press, 1951.

MILLER, ANNA IRENE, *The Independent Theatre in Europe, 1887 to the Present*, New York, Long & Smith, 1931.

NEMIROVITCH-DANTCHENKO, VLADIMIR, *My Life in the Russian Theatre*, Boston, Little, Brown, 1936.

NEWMAN, ERNEST, *Richard Strauss*, London, John Lane, 1908.
NIJINSKY, ROMOLA, *Nijinsky*, New York, Simon & Schuster, 1934.
POLLARD, PERCIVAL, *Masks and Minstrels of New Germany*, Boston, Luce, 1911.
*ROLLAND, ROMAIN, *Correspondance; Fragments de Journal* (No. 3 in *Cahiers Romain Rolland*), Paris, Albin Michel, 1951.
—, »Souvenirs sur Richard Strauss«, in *Les Œuvres Libres*, Nouv. Serie, No. 27, Paris, 1948.
ROSENFELD, PAUL, *Musical Portraits*, New York, Harcourt, 1920.
—, *Discoveries of a Music Critic*, New York, Harcourt, 1936.
SCHOENBERNER, FRANZ, *Confessions of a European Intellectual*, New York, Macmillan, 1946.
SHAW, GEORGE BERNARD, *The Sanity of Art* (Erstveröffentlichung 1895), New York, Boni, 1907.
SHAW, STANLEY, *William of Germany*, New York, Macmillan, 1913.
SOKOLOVA, LYDIA, *Dancing for Diaghilev*, New York, Macmillan, 1961.
SPEYER, EDWARD, *My Life and Friends*, London, Cobden-Sanderson, 1937.
*STRAUSS, RICHARD, und HOFMANNSTHAL, HUGO VON, *Briefwechsel*, hsg. v. Willi Schuh, Zürich, Atlantis Verlag.
STRAVINSKY, IGOR, *Autobiography*, New York, Simon & Schuster, 1936.
TERRY, ELLEN, *The Russian Ballet*, London, Sidgwick, 1913.
THOMAS, ROSE FAY, *Memoirs of Theodore Thomas*, New York, Moffat, Yard, 1911.
THOMPSON, OSCAR, *Debussy, Man and Artist*, New York, Dodd, Mead, 1937.
TOVEY, DONALD FRANCIS, *A Musician Talks*, 2 Bd., Oxford Univ. Press, 1941.
VAN VECHTEN, CARL, »The Secret of the Russian Ballet« und »Igor Stravinsky: A New Composer«, in *Music After the Great War and Other Studies*, New York, Schirmer, 1915.
MAHLER-WERFEL, ALMA, *And the Bridge Is Love*, New York, Harcourt, 1958.
WOOD, SIR HENRY, *My Life of Music*, London, Gollancz, 1938.
WYLIE, I. A. R., *The Germans*, Indianapolis, Bobbs-Merrill, 1911.
*ZWEIG, STEFAN, *Die Welt von gestern*, Frankfurt/M., S. Fischer Verlag.

Fußnoten

Sämtliche biographischen Angaben über Strauss sowie sämtliche Zitate über ihn von deutschen Kritikern und Musikwissenschaftlern sind, sofern nicht anders gekennzeichnet, aus dem Buch von Finck übernommen. Gesonderte Hinweise auf Kommentare oder Anekdoten von Rolland, Beecham, Newman, Frau Mahler-Werfel, Speyer, Strawinsky und anderen, deren Schriften oben angegeben sind, sind nur dann vermerkt, wenn die Quelle nicht offensichtlich ist. Durch einen glücklichen Zufall war es mir aufgrund der Aufführung von Strauss' Werken durch die bekannteren Orchester anläßlich der Hundertjahrfeier möglich, seine wesentlichen Werke innerhalb weniger Monate zu hören. Viele Programmhefte dieser Konzerte erwiesen sich als recht nützlich, sind jedoch in der Biographie nicht erwähnt.

350 »Erschauerten bei der Musik . . .«: Rolland, *Journal*, 125.
351 Frankfurts Musikleben: Speyer, 79.

352 Bayreuth: Strawinsky, 60; Beecham, 55; Ekman, 125.
355 *Waldsymphonie:* Grove's *Dictionary of Music,* »Program Music«.
355 »Sie sind nur Imitatoren«: zitiert nach Speyer, 143.
356 Bruckner beim deutschen Kaiser: Werner Wolff, *Anton Bruckner,* New York, 1942, 103.
357 »So jung, so modern ...«: zitiert nach *Current Biography,* 1944, »Strauss«.
360 »Positive Abscheu«: Brandes, 113.
360 Rodin über Nietzsche: Anne Leslie, *Rodin,* New York, 1937, 200.
362 »In Deutschland ... zuviel Musik«: *Souvenirs,* 232–33.
362 Brünhildes Pferd: Haskell, 156.
362 Philip Ernst: *Current Biography,* 1942, »Max Ernst«.
363 Nord- und Süddeutsche: Wylie, 29–38.
363 Max Liebermanns Zitat: Frederic William Wile, *Men Around the Kaiser,* Philadelphia, 1913, 168.
363 Berliner Zimmerwirtin: Zweig, 113.
363 »Äußerst grob ...«: Chirol (siehe Kap. 5), 266.
363 Berliner Mode: Wylie, 192–93.
364 Sieben Mahlzeiten am Tag: Obwohl es unwahrscheinlich klingt, berichtete dies der amerikanische Botschafter James W. Gerard, *My Four Years in Germany,* New York, 1917, 56.
365 Studenten in Preußen: Charles Singer, *et al., A History of Technology,* Oxford Univ. Press, 1958, V, 787–88.
365 Zirkus Barnum: Dexter Fellows, *This Way to the Big Show,* New York, 1936, 22; H. L. Watkins, *Barnum and Bailey in the Old World, 1897–1901,* 45. (Den Hinweis auf diese Quellen verdanke ich Mrs. Janise Shea.)
365 Der Kaiser in russischer Uniform: Nemirowitsch-Dantschenko. Die Angaben in diesem und den folgenden vier Abschnitten sind hauptsächlich aus dem Kapitel »The Kaiser and the Arts« in Stanley Shaws Buch übernommen. Die Verleihung des Preises an Wildenbruch ist aus Lowie, 41; die Rhodes-Stipendiaten aus *Letters,* Cecil Spring-Rice, II, 119; die Anekdote mit Peer Gynt aus Fincks *Grieg,* 145–46.
368 »Bismarck hat der Nation ...«: zitiert nach Kohn, 187–88.
369 Strauss' Gespräch mit dem Kaiser wurde Rolland erzählt, zitiert nach Del Mar, 180–81.
370 Strauss' Verlobung: *ibid.* 121–22.
370 Frau Strauss: Lehmann, Kap. 2 und 3.
370 Schrie »wie am Spieß«: Del Mar, 182.
370 Toast auf Strauss: Wood, 216.
371 »Jetzt gehst komponieren«: zitiert nach William Leon Smyser, in *The New Book of Modern Composers,* hrsg. von David Ewen, New York, 1961, 396;
371 »Leg den Bleistift weg«: zitiert nach F. Zweig, *Stefan Zweig,* New York, 1946, 103.
373 »Der Geist Neros ...«: *Journal, 22. Jan. 1898, 118.*
374 »Der Arbeitsmann«: Pinson (siehe Kap. 5), 262.
Kritiker mußten selbst bezahlen: Huneker, in *NYT* vom 24. Nov. 1912.
376 »Wenn die Leute ...«: Thompson, 183.
376 Sibelius, »Spiel sie noch einmal«: von William Golding berichtet, zitiert nach Maurice Dolbier, in der New Yorker *Herald Tribune* vom 21. April 1964.
376 Debussy über Strauss: Thompson, 182–83.
376 Strauss über Debussy: Caesar Searchinger, »Richard Strauss As I Knew Him«, *Saturday Review of Literature,* vom 29. Okt. 1949.
378 Sargent und die Zigeunerkapelle: Mount (siehe Kap. 1), 217.
379 Thomas, »der größte Musiker ...«: Thomas, 502.
379 »Groß, breit, geräumig ...« Charles Moore, *The Life and Times of Charles Follen McKim,* Boston, 1929, 83.
379 Tiffanys Haus: Werfel, 47–48.

379 »Ein Tag in meiner Familie«: Gilman, *Harper's Weekly*, 9. März 1907.
380 »Sämtliche Elefanten Indiens ...«: Beecham, *Delius*, 129.
380 Grieg an Delius, *ibid.*, 129.
380 »Mangel an Höflichkeit«: Rolland, 213.
381 »Tyrisches Purpur und Silber«: Wilde an Frances Forbes Robertson, Brief vom 23. Febr. 1893, *Letters* (siehe Kap. 1), 333.
381 *Salome* von der *Times* abgelehnt: zitiert nach *ibid.*, 335 n.
Beardsleys Zeichnungen: *ibid.*, 344, n. 3.
384 »Das Leben grausam und düster«: an A. C. Benson am 29. Juni 1896, *Henry James: Letters to A. C. Benson*, London, 1930, 35.
384 »Ein Strudel der Sexualität ...«: Horace B. Samuel, *Modernities*, London, 1914, 135.
386 Stern von Bethlehem: Del Mar, 281.
386 Die Hüte der Kaiserin: Mary Ethel McAuley, *Germany in War Time*, Chicago, 1917, 183; das Doppelbett: Palmer (siehe Kap. 5), 222; *Feuersnot* abgesetzt: Del Mar, 236.
386 Der Kaiser über *Salome* und Strauss' Kommentar: Del Mar, 281.
386 *Salome* in New York: *Outlook* vom 9. Febr. 1907; Gilman, *Harper's Weekly* vom 9. Febr. 1907; Aldrich, 172–79.
387 *Salome* in London: Beecham, 161, 168–73.
387 von Hofmannsthal: Zweig, 46–48; Hamburger, xxvii; Bertaux, 95.
389 »Es gibt nur eine Kaiserstadt«: May, 309.
389 »Leutselig und tolerant« und Kaiser Franz Joseph hat nie ein Buch gelesen:
Zweig, 19, 21.
389 Roosevelt über den österreichischen Gentleman: zitiert nach Wharton (siehe Kap. 1), 277.
389 Karl Lueger: Zweig, 105; May, 311.
390 Hofmannsthals Notizen über griechische Themen: Hamburger, XXXII. Die verbreitete Annahme, daß Hofmannsthals Elektra von Freud beeinflußt sei, entbehrt einer konkreten historischen Dokumentierung und ist nicht haltbar. Ernest Jones, der Biograph Freuds, weist darauf hin (*Freud* I, 360 und II, 8), daß die Veröffentlichung von Freuds *Traumdeutung* im November 1899 in den intellektuellen Kreisen Wiens kein Interesse auslöste. Wenngleich Hofmannsthal auch ein Exemplar des Buches besaß, so gibt es doch keinen Hinweis darauf, zu welchem Zeitpunkt er es erwarb. Auch in seiner Korrespondenz erwähnt er es nicht. Hamburger, XXXIII.
391 »Der Gipfel zeitgenössischen Ruhms«: Dukes, 68.
392 Die Eulenburg-Affäre: Baumont; Wolff (siehe Kap. 5).
393 Hülsen-Haeselers Tod: Zedlitz-Trützschler, Robert Graf von, *Zwölf Jahre am deutschen Kaiserhof*, Stuttgart. Die Episode wird in jeder Biographie des Kaisers erwähnt.
394 Die Rhodes-Stipendiaten: Spring-Rice, II, 119.
395 Professor Simmel: Schönberger, 55–56.
395 Hundertjahrfeier: *ibid.*, 58.
395 Strauss' Jahreseinkommen: Finck, *Success in Music*, 14.
396 Die Proben zu *Elektra*: Schumann-Heink (Lawton, 322–25). Dieser Version zufolge sagte Strauss: »Ich kann die Heink immer noch hören.« Dies bedeutete vermutlich, daß das »Lauter« an sie gerichtet war. Finck hingegen, der erklärt, er habe die Geschichte von Frau Schumann-Heink selbst gehört, behauptet das Gegenteil und seine Version wird allgemein akzeptiert. Für den Verfasser ist es jedoch rätselhaft, aus welchem Grund Strauss die Stimme der Sängerin, deren Part er selbst komponiert hatte, in der Orchestermusik untergehen lassen wollte. Da ich jedoch nicht als einzige das Verhalten von Strauss als zuweilen verwunderlich empfinde, habe ich die allgemein anerkannte Version wiedergegeben.

396 *Elektra*-Premiere: Arthur Abell, in *Musical Courier* vom 17. Febr. 1909; Hermann Bahrs Artikel, zitiert nach Rosenfeld, *Discoveries*, 141–42.

397 *Elektra* in London: Finck, 252–53; Beecham, 147; Jefferson, 22; Shaw in *Nation* am 19. März 1910.

398 Strauss über die Hosenrolle des Octavian: Lehmann, Kap. 2.

400 Gräfin de Noailles, »etwas Neues . . .«: zitiert nach Haskell, 184.

400 Rodin, »Die klassische Bildhauerei . . .«: zitiert nach Albert E. Elsen, *Rodin*, New York, Museum of Modern Art, 1964.

400 Blériots Triumph: Zweig, 196.

401 Beschreibungen der Rubinstein, Pawlowa und Karsawina: Haskell, 188.

402 Bakst sprang auf einen Stuhl: Grigoriew, 39.

402 *Scheherazade*: Terry, 41–44.

402 Karsawina, »Glaubwürdigkeit«: Van Vechten, 81.

402 *Feuervogel*-Premiere: Sofern nichts anderes angegeben ist, stammen die Angaben über die und andere Aufführungen von Strawinskys Werken aus seinem Buch.

403 »Das Leben voller Aufregung« und »Abend um Abend«: Leonard Woolf, *Beginning Again*, New York, 1963–64, 37.

404 *Faun*-Premiere: Nijinski, 172–74; Cladel, 218–21; *Le Gaulois* vom 30. Mai; *Le Temps* vom 31. Mai; *Figaro* 29.-31. Mai; *Current Lit.*, Aug. 1912, »The Faun That Has Startled Paris«.

405 Vorfall in Wien: Nijinski, 194–95.

405 Kaiser über *Kleopatra:* Strawinsky, 67.

407 *Sacre*-Premiere: Strawinsky, 72; Nijinski 202; *Figaro* vom 31. Mai; *Le Temps* vom 3. Juni; *Le Gaulois*, vom 1. Juni 1913; Van Vechten war der Amerikaner der die Hiebe auf den Kopf erhielt.

408 Kessler-Zitat: zitiert nach *Lit. Dig.* vom 20. Juni 1914.

408 Kronprinzen-Zitat: zitiert nach *The Times* vom 1. Mai 1913.

409 »Muß-Preußen«: Ford (siehe Kap. 1), 402–03.

409 Rathenaus »Festlied«: in *Zukunft* vom 26. Okt. 1912, 128–36. Das Pseudonym lautete »Herwart Raventhal«.

410 Zabern, *finis Germaniae* und »Immer feste drauf«: Wolff (siehe Kap. 5), 314–44. Ein ausführlicher Bericht der Zabern-Affäre findet sich in J. Kaestlé, *l'Affaire de Saverne*, Strasbourg, n. d. und Charles D. Hazen, *Alsace-Lorraine Under German Rule*, New York, 1917.

410 Gilman: *North American Review*, Jan. 1914.

411 Londoner Saison der Ballettgesellschaft: *Annual Register*, Part II, 73.

411 Aufführung in der Drury Lane: Siegfried Sassoon, *The Weald of Youth*, 245.

412 Strauss in Oxford: *The Times* vom 25. Juni 1914.

7 Wachablösung

Literaturverzeichnis

(zusätzlich zu den in Kapitel 1 angegebenen Quellen)

BIRKENHEAD, EARL OF, *Contemporary Personalities*, London, Cassell, 1924.

BIRKENHEAD, SECOND EARL OF, F. E., *Earl of Birkenhead*, by his son, London, Eyre & Spottiswoode, 1960.

BIRRELL, AUGUSTINE, *Things Past Redress*, London, Faber, 1937.

BROCKWAY, FENNER, *Inside the Left*, London, Allen & Unwin, 1942.

BRYCE, JAMES, VISCOUNT, *The Hindrances to Good Citizenship* (Yale Lectures), Yale Univ. Press, 1909.

CLYNES, JOHN ROBERT, *Memoirs*, Bd. I, London, Hutchinson, 1937.
FULFORD, ROGER, *Votes for Women*, London, Faber, 1957.
GARDINER, A. G., *Portraits and Portents*, New York, Harper, 1926.
HEARNSHAW, F. J. C., Hsg., *Edwardian England, 1901–10*, London, Benn, 1933.
HOBSON, JOHN ATKINSON, *The Social Problem*, London, Nisbet, 1901.
HUGHES, EMRYS, *Keir Hardie*, London, Allen & Unwin, 1956.
HYNDMAN, HENRY M., *The Record of an Adventurous Life*, New York, Macmillan, 1911.
JENKINS, ROY, *Mr. Balfour's Poodle*, London, Heinemann, 1954.
JONES, THOMAS, *Lloyd George*, Harvard Univ. Press, 1951.
*MASTERMAN, C. F. G., *The Condition of England*, London, Methuen, 1909.
MASTERMAN, LUCY, *C. F. G. Masterman: A Biography*, London, Nicholson, 1939.
*MENDELSSOHN, PETER DE, *The Age of Churchill, 1874–1911*, London, Thames & Hudson, 1961.
NICOLSON, HAROLD, *King Georg the Fifth*, London, Constable, 1952.
NOWELL-SMITH, SIMON, Hsg., *Edwardian England, 1901–14*, Oxford Univ. Press, 1964.
PANKHURST, E. SYLVIA, *The Suffragette*, New York, Sturgis, 1911.
—, *The Suffragette Movement* (re-issue), London, Longmans, 1932.
POPE-HENNESSY, JAMES, *Lord Crewe: The Likeness of a Liberal*, London, Constable, 1955.
SAMUEL, HERBERT, *Grooves of Change* (English title: *Memoirs*), Indianapolis, Bobbs-Merrill, 1946.
—, *Liberalism*, London, Richards, 1902.
SOMERVELL, D. C., *The Reign of George the Fifth*, New York, Harcourt, 1935.
SPENDER, J. A., *Life of H. H. Asquith*, 2 Bd., London, Hutchinson, 1932.
TROTTER, WILFRED, *Instincts of the Herd in Peace and War*, London, Allen & Unwin, 1916 (auch Oxford Univ. Press, 1953, mit einem Vorwort von F. M. R. Walshe).
ULLSWATER, VISCOUNT (JAMES LOWTHER), *A Speaker's Commentaries*, 2 Bd., London, Arnold, 1925.
WALLAS, GRAHAM, *Human Nature in Politics*, Boston, Houghton Mifflin, 1909 (auch 3. Ausg., New York, Knopf, 1921).
WEBB, BEATRICE, *Our Partnership*, London, Longmans, 1948.
WELLS, H. G., *Experiment in Autobiography*, New York, Macmillan, 1934.
WILLIAMS, MRS. HWFA (FLORENCE), *It Was Such Fun*, London, Hutchinson, 1935.

Fußnoten

(Die oben nicht enthaltenen Quellen finden sich bei Kap. 1)

414 Chinesische Sklaverei: Lyttleton, 320-21; Pope-Hennessy, 69; Wallas, 127; Hearnshaw, 94.
415 Groschenpresse (engl. Yellow press): war ein damals häufig gebrauchter Begriff: Lucy Masterman, 216.
416 »Gigantischer Tummelplatz«: zitiert nach Cecil, I, 167.
416 Education Act, »der größte Verrat«: zitiert nach Adams, 123.
417 *Economist*: zitiert nach Adams, 103.
417 Die Lebensbedingungen in engl. Slums: entnommen aus dem Kapitel »Domestic Life« von Margharita Laski, in Nowell-Smith.

417 Akkordarbeit in Britisch Guinea: Alfred Lyttleton sprach am 21. März 1904 im Unterhaus über diesen Punkt und wies nach, daß die Arbeitsbedingungen unter den damaligen Regierungen Gladstone und Roseberry wesentlich härter waren als in Südafrika und außerdem, daß die Verträge fünf Jahre (gegenüber drei in den Goldminen) liefen. (Hansard, IV, 132, 283 ff.)

418 »Schuft«: Mackintosh, 222.

419 Balfour über die Zollfrage: Fitzroy, I, 191, 220; Spender, *C.-B.*, II, 102.

419 Harry Custs Zitat: Sir Ronald Storrs, *Memoirs*, 37.

419 Balfour entschlossen, »nicht zurückzutreten«: Young, 232.

420 »In chronischer Armut«: Hobson, 12.

420 Arbeitsbedingungen in den Shawfield Chemical Works: Hughes, 91.

421 Arbeiter ins Gefängnis: Gompers (siehe Kap. 8), 29–30.

421 Minimalgröße der Rekruten: Nowell-Smith, 181.

422 H. G. Wells Warnung: *Autobiography*, 550.

423 A's und B's: Lord Beveridge, *Power and Influence*, 66–67.

423 Morris, »allmählich überzeugen«: Hunter, (siehe Kap. 8), 87.

424 Beatrice Webb und Joseph Chamberlain: Margaret Cole, *Beatrice Webb*; New York, 1946, 21.

424 »Ich könnte nicht weitermachen ...«: zitiert nach Hesketh Pearson, *Shaw*, 68; »Eine Sklavenklasse«: Hyndman, 397.

424 Aus Trotz zum Sozialismus gekommen: White (siehe Kap. 5), I, 98.

425 Clemenceau, »Bourgeoisklasse«: zitiert nach Hyndman, 300.

425 »Ewige Wahrheiten«: Hunter, 120.

425 Keir Hardie: Hughes, *passim*; Brockway, 17–18.

426 »Feiste Ungeheuer«: und »jeden Tag auf Rotten Row«: Hunter, 230.

426 »Religiöse Pflicht« und »die erbitterten Streiks«: Clynes, 83, 85.

427 »Wenn Burns ...«: zitiert nach Webb, 23.

427 Ziele der ILP: Hughes, 66–67.

427 »Kostspieligstes Begräbnis« und Garvins Zitat: Hughes, 76.

428 »Nicht in unserem Sinne«: Edward Pease, zitiert nach Halévy, V, 263, n. 2.

429 »Mängel der sozialen Ordnung«: Ausgabe der *Times* vom 23. Aug. 1902.

429 Balfour von einer Dinnergesellschaft zurückkommend: Parlamentarischer Korrespondent der *Daily News*, zitiert nach Hughes, 113.

430 Geheimes Abkommen: Mendelssohn, 322.

430 »Den Torypfad einschlagen«: Hughes, 69.

431 »Schreckliche Anormalität«: Willoughby de Broke, 249.

431 »Die populärste Berufung«: Webb, 325; erinnerte Grey an Whites Ausspruch: zitiert nach Lucy Masterman, 112.

432 Balfour und Weizmann: Dugdale, I, Kap. 19; Chaim Weizmann, *Trial and Error*, New York, 1949, Kap. 8.

432 Balfour »ernstlich besorgt«: Newton, *Retrospection*, 146–47.

433 Balfours Briefe über die Wahl: Brief an Knollys, zitiert in Lee II, 449; andere in Esher, II, 136; Young, 225.

433 Blatchfords Voraussage: zitiert nach *The Times* vom 19. Jan. 1906.

434 »Niemals was Gescheites sagen«: Marsh, 150.

435 Berufsverteilung der neuen M. P.s: Jenkins, 7.

435 »Ungewöhnliche Kleidung«: Newton, *op. cit.*, 149; schlechte Manieren der Iren: *ibid.*, 99.

435 C.-B. und Balfour: Birrell, 243.

436 »England lebt vom Handel«: zitiert nach Gardiner, *Prophets*, 54.

437 »Vorschlaghammer«: *ibid.*, 54.

437 Bot seiner eigenen Frau den Arm: Blunt II, 300.

437 »Keinen Egoismus ...«: zitiert nach Gardiner, *Pillars*, 122.

438 Churchill durch Mrs. Everest beeinflußt: *Roving Commission*, 73. Alle weiteren Zitate Churchills sind, soweit nicht anders bezeichnet, aus Mendelssohn.

438 F. E. Smith: Gardiner, *Pillars*, 95–103; *Portraits*, 122–28.

440 Salisbury über die Krise: Margot Asquith; 157; H. H. Asquith, *Fifty Years*, I, 174.

440 Balfour in Nottingham: *The Times* vom 16. Jan. 1906.

441 Balfour und Lansdowne: Newton, *Lansdowne*, 354.

441 »Jetzt passiert was ...«: in Llanelly am 29. Sept. 1906, Lee II, 456.

442 Lord Curzons Debattierkust: Newton, *Retrospection*, 161.

442 Loreburn: Willoughby de Broke, 260; Curzon, *Subjects of the Day*, 228.

443 Roseberry, »eiskalte Blicke«: F. Ponsonby, 382.

443 Churchill in *Nation*: 9. März 1907.

443 Balfour über die »erbliche Qualifikation«: zitiert nach Young, 266.

444 »Fallgitter« und »Pudel«: Diese Ausdrücke zieren die Debatte anläßlich der Ablehnung der Licensing Bill durch das Oberhaus, die am 24. Juni 1907 im Unterhaus geführt wurde.

444 Morley erinnert sich an Gladstone: zitiert nach Esher, II, 303.

446 Versammlung der »Hinterwäldler«: Willoughby de Broke, 246–47.

446 Churchill, »wutschnaubend«: Lucy Masterman, 114.

447 Victor Grayson: Brockway, 24–25; Halévy, VI, 105.

447 Kaiser Wilhelms Vorschlag zur Rettung Englands: Blunt, II, 210.

447 König Edward, »eine sehr schwere Zeit«: zitiert nach Magnus, 417.

447 Invasionspsychose: I. F. Clark, »The Shape of Wars to Come«, *History Today*, Febr. 1965.

448 Henry James: Brief vom 8. Jan. 1909, *Letters*, hrsg. von Percy Lubbock, New York, 1920, II, 121.

449 Suffragettenbewegung: Außer bei Pankhurst und Fulford finden sich Berichte über die Anschläge der Suffragetten in dem periodisch erscheinenden *Annual Register*. Die Versammlung in der Albert Hall ist übernommen aus: Nevonson, *More Changes*, 321–25, ebenso »Diese Zweibeiner«, 306.

450–453 Pessimismus der Liberalen: Masterman, 84, 120, 289; Bryce, 15, 39, 228; Hobson und Hobhouse, zitiert nach C. H. Driver, »Political Ideas«, in Hearnshaw; Beschreibung Trotters' *DNB*; Trotter zitiert: *ibid.*, 47; Beschreibung Wallas': Wells, 509, 511; Cole, 222; Wallas zitiert, 284–85.

453 »Streitsüchtig und beunruhigend«: *DNB*, Lowther.

454 »Papa würde sterben«: Cooper, 11.

454–455 Die Rede in Limehouse: am 30. Juli 1909. Das Mißfallen des Königs kam in einem Brief an Lord Crewe zum Ausdruck, der in vollem Wortlaut in Pope-Hennessy, 72–73, wiedergegeben ist. Die übrigen Reaktionen und Kommentare sind im wesentlichen aus dem *Annual Register* übernommen. Roseberys Rede in Glasgow: Crewe, 511–12; Kiplings Gedicht erschien am 28. Juni in der *Morning Post* und seitdem nur noch ein weiteres Mal, nämlich in der *Definitive Edition* seiner Gedichte, London, Hodder & Stoughton, 1940; »Dummen und boshaften Bemerkungen«: zitiert nach Magnus, 431.

456 »Lös das verdammte Parlament auf«: Fitzroy I, 379.

456 Balfour und Salisbury über das Finanzgesetz: Dugdale, II, 56; *Annual Register*, 1909, 118.

457 ff. Debatte im Oberhaus über das Budget, *et seq.*: Da die Engländer nichts mehr lieben als eine politische Krise, ist die Literatur über das Budget und das Parliament-Gesetz so umfangreich, daß sie nicht zu überblicken ist. Selbst in dem erst kürzlich erschienenen Buch, *Churchill as I Knew Him*, von Lady Violet Bonham-Carter, der Tochter Asquiths, wird diese Krise erwähnt. Jede Biographie und Autobiographie der führenden Persönlichkeiten und jedes politische Memoirenwerk der damaligen Zeit diskutiert sie. Die Hauptquellen darüber sind: Newton, *Lansdowne*; Young, *Balfour*; Spender, *Asquith*; Lee, *Edward VII*; Nicholas, *George V*; Wilson-Fox, *Halsbury*; Pope-Hennessy, *Crewe'*; Ronaldshay, *Curzon;* Crewe, *Rosebery;* Willoughby de Broke, *Memoirs*, und Roy Jenkins Buch über die gesamte Episode, *Mr. Balfour's Poodle.* Die größeren Parlamentsdebatten wurden in vollem Wortlaut in der *Times*

wie auch im Hansard wiedergegeben und die beachtenswerten Vorfälle in der Presse des langen und breiten beschrieben. Daher werden für die Angaben auf den folgenden Seiten nur jene Quellen angegeben, die möglicherweise schwierig zu finden wären.

457 Haldane, »höchst uninteressiert«: zitiert nach *Annual Register*, 245.

458 Speaker Lowther über die Iren: Ullswater, II, 85; »düster und mächtig« sowie »unmißverständlich klar«: Morley, II, 349–50.

459 »Uralte Recke«: aus einem Gedicht, von einem Bewunderer verfaßt und in der *Morning Post* veröffentlicht, zitiert nach Pope-Hennessy, 123.

460 »Die Dinge zusammengehalten«: Sackville-West, 307.

460 Gedicht des Laureaten: Austin, II, 292.

460 »Hochherrschaftlichen Gemüsehändler«: Lucy Masterman, 200, nach einem Bericht von Lloyd George.

461 Asquiths Liste: Spender, *Asquith*, I, Anhang.

462 »Alle zum Äußersten entschlossen«: *Grooves of Change*, 39.

463 Transportarbeiterstreik; »Die Revolution«: zitiert nach Halévy, VI, 456.

463 Tom Mann verhaftet; Clynes, 154.

463 Die Hitze, »großartig«: Sir Edward Grey, *Twenty-Five Years*, London, 1925, I, 238.

463 Lady Michelhams Party: Williams, 192–93.

464 »Um dein Schloß«: Birkenhead, 175.

464 Die »goldenen Souveräne«: Cyril Connolly in einer Buchkritik von Nowell-Smiths Buch, in *The Sunday Times* vom 18. Okt. 1964.

464 Der Letzte von Pferden gezogene Bus: Somervell, 28; Nowell-Smith, 122.

466 Hugh Cecil: Churchill, 201; weiterhin Churchill, *Amid These Storms*, New York, 1932, 22; sowie Gardiner, *Pillars*, 39.

468 Die Cecil-Szene: außer den Berichten in der Tagespresse finden sich auch Schilderungen der Szene in *Punch* vom 2. und vom 16. August; in *Illust. London News* vom 29. Juli.

468 »Ungebührlichen Betragens«: *The Times*, Parlamentsberichte, vom 25. Juli 1911.

469 Die sechs Peers am gleichen Tisch: Midleton, 275.

471 »Du hast das Parliament-Gesetz vergessen«: Christopher Hassall, *Edward Marsh*, London, 1959, 173–74.

471 »Eine wirkliche Gefahr« und ein wehmütiger Peer: Newton, *Retrospection*, 187.

472 Balfour, »nichts als Politiker«: zitiert nach Young, 315.

473 Asquiths Tribut: Guildhall Rede vom 9. Nov., *Fifty Years* II, 129–31.

473 Wyndham, »Eiszeit«: Blunt, II, 339.

8 Jean Jaurès

Literaturverzeichnis

Balabanoff, Angelica, *My Life as a Rebel*, New York, Harper, 1938.

Beer, Max, *The General History of Socialism and Social Struggles*, Bd. II, New York, Russell & Russell, 1957.

Bernstein, Edouard, *My Years of Exile*, New York, Harcourt, 1921.

Braunthal, Julius, *In Search of the Millennium*, London, Gollancz, 1945.

Cole, G. D. H., *A History of Socialist Thought*, Bd. III, *The Second International, 1889–1914*, Teil I und II, London, Macmillan, 1956.

Coleman, McAlister, *Eugene V. Debs*, New York, Greenberg, 1930.

DELEON, DANIEL, *Flashlights of the Amsterdam Congress*, New York, Labor News, 1929.
DESMOND, SHAW, *The Edwardian Story*, London, Rockliff, 1949.
DULLES, FOSTER RHEA, *Labor in America*, New York, Crowell, 1960.
(L'EGLANTINE), *Jean Jaurès; Feuilles Eparses*, Brussels, l'Eglantine, 1924.
FISCHER, LOUIS, *The Life of Lenin*, New York, Harper, 1964.
FYFE, HAMILTON, *Keir Hardie*, London, Duckworth, 1935.
GAY, PETER, *The Dilemma of Democratic Socialism: Bernstein's Challenge to Marx*, New York, Collier, 1962.
GINGER, RAY, *The Bending Cross: A Biography of Eugene Debs*, Rutgers Univ. Press, 1949.
*GOLDBERG, HARVEY, *The Life of Jean Jaurès*, Univ. of Wisconsin Press, 1962.
GOMPERS, SAMUEL, *Labour in Europe and America*, New York, Harper, 1910. (Autobiographie s. Kap. 3.)
HARVEY, ROWLAND HILL, *Samuel Gompers*, Stanford Univ. Press, 1935.
HENDERSON, ARCHIBALD, *Bernard Shaw*, New York, Appleton, 1932.
HILLQUIT, MORRIS, *Loose Leaves from a Busy Life*, New York, Macmillan, 1934.
*HUNTER, ROBERT, *Socialists at Work*, New York, Macmillan, 1908.
INTERNATIONALER SOZIALISTENKONGRESS, *Sitzungsberichte*, einzelne veröffentlicht. Nr. 1, 1889, Paris, und 3, Zürich, in deutscher Sprache, unter der Bezeichnung Protokoll. Nr. 4, 1896, London, ist in englischer Sprache; Nr. 2 und Nr. 5–8 sind in französischer Sprache, Titel *Compte rendu analytique*. Nr. 5 wurde 1901 in Paris von den *Cahiers de la Quinzaine* veröffentlicht.
JAURÈS, JEAN, *Bernstein et l'Evolution de la Méthode socialiste* (Vortrag, gehalten bei der Tagung sozialistischer Studenten am 10. Februar 1900. Irrtümlich 1910). Paris, Broschüre der Sozialistischen Partei, 1926.
JOLL, JAMES, *The Second International, 1889–1914*, London, Weidenfeld, 1955.
KLEENE, G. A., »Bernstein vs. ‚Old-School' Marxism«, *Annals of Am. Academy*, November, 1901, 1–29.
KRUPSKAJA, NADESCHDA K., *Erinnerungen an Lenin*, Berlin, Verlag f. Lit. u. Politik, 1929.
LORWIN, LEWIS, L., *Labor and Internationalism*, New York, Brookings, 1929.
—, *The International Labor Movement*, rev. Ausgabe d. vor., New York, Harper, 1953.
MANN, TOM, *Memoirs*, London, Labour Publishing Co., 1923.
ORTH, SAMUEL P., *Socialism and Democracy in Europe*, New York, Holt, 1913.
ROSENBERG, ARTHUR, *Die Entstehung der deutschen Republik, 1871–1918*, Berlin, Ernst Rowohlt Verlag, 1928.
SCHORSKE, CARL E., *German Social Democracy, 1905–17*, Harvard Univ. Press, 1955.
STEWART, WILLIAM, *J. Keir Hardie*, London, ILP, 1921.
SUAREZ, GEORGES, *Briand, sa vie, son œuvre*, Bd. I und II, Paris, Plon, 1938.
TROTZKI, LEO, *My Life*, New York, Scribner's, 1930.
*VANDERVELDE, EMILE, *Souvenirs d'un Militant Socialiste*, Paris, Denoël, 1939.
VAYO, JULIO ALVAREZ DEL, *The Last Optimist*, New York, Viking, 1950.

Fußnoten

Falls nichts anderes angegeben ist, sind sämtliche Zitate von Jaurès aus Goldberg, die von Debs aus Ginger, die Bernsteins aus Gay entnommen. Angaben über Gompers, soweit sie biographischer Art sind, stammen aus seiner Autobiographie, soweit sie die europäische Arbeiterbewegung angehen aus seinem Buch *Labour in Europe and America.* Die Zitate Vanderveldes, de Leons und anderer sind jeweils ihren eigenen Werken entnommen.

476 »Beinahe ehrfürchtigem Schweigen«: Hunter, 319.
477 Wien, »von Furcht gelähmt«: Zweig (siehe Kap. 6), 61; Braunthal, 56.
477 Kommentare zu Markhams Gedicht: Sullivan (siehe Kap. 3), II, 236–47.
478 Clemenceau über Fourmiers: Alexandre Zevaés; *Histoire de la 3me République*, Paris, 1926, 342.
478 Taft über den Pullman-Streik: *DAB*, Taft.
479 Marxisten beschuldigen die französischen Possibilisten: Joll, 33.
480 »Verzögere nicht die Revolution«: Bülow, (siehe Kap. 5), I, 672. Miquel wurde später ein Konservativer und von 1890–1900 Finanzminister.
480 »Nichts außer der Revolution«: de Leon, 192.
481 Applaus für Pablo Iglesias, Hyndman, 396.
481 Beschreibung Ciprianis: Vandervelde, 44.
482 Hunter über das Tal des Tirano: in *Socialists at Work*, 55.
482 »Verdammte Bedürfnislosigkeit«: Dieses Zitat war damals recht verbreitet, ohne daß jemand die Urheberschaft für sich beansprucht hätte. Ohne das Adjektiv erschien es 1884 in einem Traktat der Fabianer, *Why Are the Many Poor*, wobei wiederum die Quelle anonym blieb. Professor Gay hat es in seinem Buch über Bernstein William Morris zugeschrieben. Als *Verdammte Bedürfnislosigkeit* zitiert Shaw es im Vorwort seines Stückes *Major Barbara*, wobei er einen deutschen Ursprung andeutet, jedoch nicht konkret belegt. Obwohl deutsche Historiker zögern, einen Urheber des Zitats zu benennen, habe ich es Lassalle zugeschrieben, und zwar aufgrund der Angaben George Lichtheims in einem Brief an mich.
483 Das engl. Pamphlet über den Kongreß 1896: Walter Crane, *Cartoons for the Cause, 1886–96*: London 1896.
485 Kongreß in Zürich: Vandervelde; 144.
485 Shaw über Liebknecht: Henderson, 220.
486 Der deutsche Kaiser über die Sozialisten: Michael Balfour, *The Kaiser and His Times*, London 1964, 159.
486 »Mr. Balfour von der Primerose League«: Joll, 76.
486 »Generalstreik ist Generalunsinn«: ibid., 76.
486–487 1. Mai in München: Krupskaja, I, 67.
487 Bebel, ein »Schattenkaiser«: Rosenberg, 44.
487 Mommsen über Bebel: Hunter, 227; »heftigem Ton«: *ibid.*, 226; »Todfeind«: zitiert nach Pinson, 212; »Sehen Sie sich die Burschen an«: Chirol (siehe Kap. 5), 274.
488 Adler: Braunthal, Trotzki, Balabanoff, Joll, 38; »Despotismus«: Braunthal, 52.
489 »Wichtigeres als nur Doktrinen«: Hunter, 134.
489 Vandervelde, »charmant und anziehend«: Balabanoff, 15.
489 »Unnachgiebig und rücksichtslos« Vandervelde, 46.
490 »Torquemada mit Brille«: Nomad, *Rebels* (siehe Kap. 2), 65.
490 »Was können wir Sozialisten . . .«: Goldberg, 226.
491 Jaurès, »offen und humorvoll«: Hyndman, 298; »seine Schultern zitterten«: Severine, in *l'Eglantine*, 7–8; diskutiert Astronomie, *ibid.*; »Denkt mit seinem Bart«: Clermont-Tonnerre (siehe Kap. 4), II, 251.
491 Vaillant über Jaurès: Hunter, 79.
492 Clemenceau, »alle Verben«: Roman (siehe Kap. 4), 91.
493 Der Londoner Kongreß: Vandervelde, 145.
494 Armeeoberst in Chicago: Ginger, 139.
495 Verfügung unter Mitarbeit von Grosscup und Wood: Allan Nevins, *Grover*

Cleveland, New York, 1932, 618.
495 Roosevelt, »an die Wand stellen« Pringle (siehe Kap. 3), 164.
496 Theodore Debs Golduhr: Coleman, 201.
496 Beinahe »grotesk«: Hillquit, 93.
497 »Mach sie fertig!«: Harvey.
497 »Streitfragen des Mittelstandes«: zitiert nach Dulles, 181.
497 »Ich bin ein Arbeiter«: Hillquit, 95.
502 »Ich bekenne offen ...«: Braunthal, 91; Gay, 74.
502 Viktor Adler: de Leon, 37; Brief an Bernstein, Braunthal, 100.
503 »Groß, schmal und ausgemergelt« sowie »Nieder mit Liebknecht«: Goldberg, 262.
503 Bedauern Erhard Auers: de Leon, 66–67.
505 Kniehosen-Debatte in Dresden: Gay, 232, n. 39.
506 Rosa Luxemburg: Balabanoff, 22; Vayo, 61.
506 Georg Ledebours Schätzungen: Trotzki, 215.
506 Die Dresdener Resolution: Pinson, 215–16.
507 »Weltpolitik ohne Krieg«: *ibid.*, 214.
508 Amsterdamer Kongreß: Vandervelde, 152–62; de Leon, *passim*.
509 Bebel, Vaterland verteidigen: Vandervelde, 161.
510 Iswolski über Briand und Viviani: Goldberg, 455.
511 »Teuflisches Massaker«: Clynes, 103.
511 Italiener begrüßen die russische Revolution: Balabanoff, 54.
511 Österreichischer Wahlrechtsstreik: Braunthal, 64–68.
514 »Eigentum, Eigentum ...«: zitiert nach Goldberg, 363.
514 Debs Einladungsschreiben: Coleman, 227–28.
515 »Bündel primitiver Instinkte«: zitiert nach Dulles, 211.
516 »Langsam durch ein Meer von Menschen«: Ernest Poole, zitiert nach Ginger, 281.
517 Mannheimer Parteitag: Schorske, 56.
518 Noskes Rede im Reichstag: Pinson, 215.
519 »Mobilmachung mit Revolte beantworten«: D. W. Brogan, *France Under the Republic*, 429.
520 »Der Reisende des Friedens«: M. Auclair, *La Vie de Jean Jaurès*, zitiert nach Goldberg, 381.
520 Besuch in Hatfield: Vandervelde in *l'Eglantine*, 38–40.
520 Beschreibung Mussolinis: Desmond, 207.
521 Fesselballone der Polizei: *The Times* vom 19. und 20. Aug. 1907.
521 Zwischenfall mit Herry Quelch: Balabanoff, 82; Trotzki, 205.
522 Zitat Georg von Vollmars: Pinson, 215–16.
522 Clemenceau über Jaurès: in *l'Homme Libre* vom 2. Aug. 1914.
523 Erzürnten Arbeiter rebellieren: Braunthal, 206.
523 »Macht Euch nichts vor ...«: Desmond, 206.
523 Jaurès in Tübingen: Vandervelde, 167.
524 »Das ist Lenin«: zitiert nach Fisher, 58.
524 Lenins Verhandlungen mit Bebel: Lenin, »Der Internationale Sozialistenkongreß in Stuttgart«, *Werke* 5. Auflage, Moskau, 1961, XVI, 67–74, 514–15.
524 Die Stuttgarter Resolution: Beer, II, 156.
525 Wiener *Arbeiterzeitung*: zitiert nach Trotzki, 211.
526 Blatchford und Hyndman für Wehrpflicht: Halévy (siehe Kap. 1), VI, 395.
527 Hardies Auffassung: Clynes, 25.
527 »Sonore Stimme«: Reportage in *Le Peuple*, zitiert nach Vandervelde, 170.
527 8 Mill. sozialistische Wähler: *The Times* vom 31. Aug. 1910.
527 Hardie in Kopenhagen: Cole, 83–83; Hughes, 197–98; Stewart, 302.
529 ITF und der Burenkrieg: Nach Angaben von K. A. Golding, Research Secretary, ITF, London.
530 ITF-Streik 1911: Die Debatte um den Streik in Kopenhagen, 1910 nach *The*

Times vom 25.–29. Aug. Die weitere Entwicklung nach Mr. Goldings Angaben.

530 Der deutsche Sozialismus »unwiderstehlich«: Braunthal, 46.

531 Die Scheidemann-Debatte: *The Times* vom 19. Febr. und 9. März 1912.

531 »Wir? Revolutionäre?«: Trotzki, 213.

532 Kongreß in Basel: »gefährliche Folgen«: *Annual Register*, 1912, 367.

533 Jaurès' Rede: Joll, 155.

533 Untersuchung über französische Studenten: *Les Jeunes Gens d'Aujourd'hui*, zitiert nach Wolff (siehe Kap. 5), 275.

534 »Wenn dies meine letzten Worte wären ...«: Brockway, 39.

534 *Vorwärts* über das österr. Ultimatum: Vayo, 78.

534 »Wir vertrauten auf Jaurès ...«: Zweig (siehe Kap. 6), 199.

535 Jouhaux Vorschlag an Legien: Joll, 162.

535 *La Bataille Syndicaliste: ibid.*, 161.

535 Brüsseler Konferenz: Balabanoff, 4, 114–118; Vandervelde, 171; Stewart, 340; Joll, 164.

536 »Nur die Verbindung ...«: Fyfe, 136.

536 Zitat Jean Longuets: Goldberg, 467.

537 Bethmann-Hollweg: Joll, 167.

537 Jaurès' Tod: *Humanité, Figaro, Echo de Paris*, 1./2. August.

537 Spanischer Sozialist in Leipzig: Vayo, 81.

538 Bernstein, »goldene Brücke«: Hans Peter Hansen, *Diary of a Dying Empire*, Indiana Univ. Press, 1955, 15.

538 Der Kaiser, Deschanel, Jouhaux: *The Times, Echo de Paris* vom 5. August.

Nachwort

540 Graham Wallas: Vorwort zur 3. Ausgabe von *Human Nature in Politics*, 1921.

540 Emile Verhaeren: *La Belgique sanglante*, Paris, 1915, *Dédicace*.

Bildnachweis

Bilder nach Seite 40
1. Radio Times Hulton Picture Library
2. Mit frdl. Genehmigung der Trustees of the Tate Gallery, London
3. Mit Genehmigung des Metropolitan Museum of Art, Wolfe Fund, 1927
4. Aus Country Life v. H. A. Tipping, English Homes

Bilder nach Seite 104
1. Brown Brothers
3. Mit frdl. Genehmigung des Museums of the City of New York

Bilder nach Seite 168
2. Brown Brothers
3. Brown Brothers

Bilder nach Seite 328
1. Mit frdl. Genehmigung des kgl. Archivs, Den Haag
2. Brown Brothers
4. Brown Brothers

Bilder nach Seite 392
1. Mit frdl. Genehmigung von Dr. Franz und Alice Strauss
3. Brown Brothers

Bilder nach Seite 456
1. Radio Times Hulton Picture Library
2. Brown Brothers
3. Brown Brothers
4. Sammlung Mancell, London

Namens- und Sachwortregister

Nation (New York) 128, 170 ff., 179, 188, 192, 203, 329